Jürgen Becker/Peter Lerche/
Ernst-Joachim Mestmäcker (Hrsg.)

Wanderer zwischen Musik, Politik und Recht

Festschrift für Reinhold Kreile zu seinem 65. Geburtstag

Nomos Verlagsgesellschaft
Baden-Baden

Die Deutsche Bibliothek – CIP-Einheitsaufnahme

Wanderer zwischen Musik, Politik und Recht: Festschrift für Reinhold Kreile zu seinem 65. Geburtstag / Jürgen Becker … (Hrsg.). – 1. Aufl. – Baden-Baden: Nomos Verl-.Ges., 1994
ISBN 3-7890-3481-9
NE: Becker, Jürgen [Hrsg.]; Kreile, Reinhold: Festschrift

1. Auflage 1994

Vorwort

Professor Dr. Reinhold Kreile, ein »Wanderer zwischen Musik, Politik und Recht«, erhält diese Festschrift an der eher zufälligen Wegmarke seines 65. Geburtstages am 1. Dezember 1994 von Gefährten und Freunden, die seinen bisherigen Lebensweg zu guten Teilen begleiten durften und auch seinen weiteren Erfolgsweg mit ihm zusammen zurücklegen möchten.

Musik, Politik und Recht sind die Säulen, auf denen das Lebenswerk von Reinhold Kreile ruht. Er studierte Musikwissenschaft, Politologie und Jurisprudenz. Musik füllt einen Teil seines Lebens. Will man die Disziplinen benennen, deren Entwicklung Reinhold Kreile anregend und konzipierend mitgestaltet hat, so sind es zuerst das Steuerrecht, das Urheberrecht und die Medien. Gleichwohl würde man den Kern dieser Wirksamkeit verfehlen, wenn man sie disziplinär einordnen würde. Erst in der Verbindung von wissenschaftlicher Analyse und Kritik mit höchst verantwortungsvollen Tätigkeiten tritt jene Eigenschaft hervor, die mehr als alles andere Reinhold Kreiles Erfolg und Ausstrahlung begründet und erklärt. Es ist die Urteilskraft, die Kenntnis der Sachen und auch der Menschen, welche berufliche Stationen und scheinbar weit auseinanderliegende Funktionen miteinander verbindet: gesuchter und hochangesehener Anwalt, 20 Jahre Mitglied des Deutschen Bundestages, Vorsitzender und Mitglied von Aufsichtsräten und Beiräten von Industrieunternehmen, Banken und Rundfunkanstalten, Professor an der Münchener Hochschule für Fernsehen und Film und schließlich Vorstand und Generaldirektor der GEMA. Seine Freunde wissen, daß er für sich selbst der Musik die größte Bedeutung beimißt. Und es scheint eine Weisheit des Jubilars zu sein, sich in Politik und Musik von ähnlichen Gesetzen leiten zu lassen, wie sie für Melodie und Harmonie gelten.

Von Musik, Politik und Recht handeln die Beiträge der Festschrift, in denen sich die Vielfalt des Wirkens von Reinhold Kreile spiegelt. Einige der Beiträge* zeichnen zugleich Züge der Persönlichkeit des Jubilars. Der Reichtum seiner Veröffentlichungen, zusammengefaßt in seiner Bibliographie, legt Zeugnis ab von der weitgespannten Wirksamkeit des wissenschaftlichen und publizistischen Praktikers Reinhold Kreile.

* R. Barzel, S. 23; G. Bendig, S. 53; Ch. Bruhn, S. 127; A. Everding, S. 179; H. Friedrich, S. 187; S. Hofheinz, S. 303; G. Kahn-Ackermann, S. 323; J. Kaiser, S. 331; F. Klein, S. 349; J. Kreile, S. 363; H. Oeller, S. 465; M. Purzer, S. 513; K. Stocker, S. 741.

In Richard Wagners Tetralogie »Der Ring des Nibelungen« - die Vorlieben des Jubilars für Komponist und Werk sind schon Legende - resümiert der »Wanderer« (Wontan):

»Viel erforscht' ich,
erkannte viel:
Wicht'ges konnt' ich
manchem künden,
. . .
lohnend lehrt' ihn mein Wort.«

Mit Blick auf eine solche Wanderschaft möchten Herausgeber und Autoren dieser Festschrift Reinhold Kreile ermutigen, seinen Weg wie bisher fortzusetzen, im Dienste an Musik, Politik und Recht.

Die Herausgeber

Inhaltsverzeichnis

Manfred Abelein

Die Rolle der Europäischen Bank für Wiederaufbau und Entwicklung (EBWE) im Transformationsprozeß der osteuropäischen Staaten

Containment, die vom politischen Vordenker zur Zeit des Kalten Krieges, George F. Kennan, definierte Anstrengung des Westens, den kommunistischen Osten einzudämmen, um seiner Ausbreitung in der Art der einander mitreißenden fallenden Dominosteine zu wehren, ist mittlerweile überholt. Die politischen Beziehungen zwischen den ehemaligen Blöcken scheinen inzwischen auf dem Wege der Normalisierung zu sein. Die Politiker haben erkannt, daß langfristig nur eine Öffnung gegenüber dem Osten, politische Anerkennung und Dialogbereitschaft das Fortbestehen der neuen Demokratien garantieren können.

Die wohl größte Gefahr für den Gesundungsprozeß des Ostens liegt in der Ungewißheit der politischen Situation. Während in den Visegrad-Staaten Polen, Ungarn, Tschechische Republik und Slowakei die politische Lage momentan entspannt ist, gibt es allein im Gebiet der ehemaligen Sowjetunion mehr als 160 Grenzstreitigkeiten, um nur auf das ethnische und territoriale Konfliktpotential hinzuweisen. Von den 23 Grenzen zwischen den einzelnen Republiken sind nur drei nicht von einem der beiden Anrainerstaaten in Frage gestellt. Die Konsequenzen eines lokalen Konfliktes für die Stabilität der gesamten Region müssen nicht eigens angesprochen werden. Doch auch Europa als Ganzes kann vor der Brisanz der Lage die Augen nicht verschließen. Die Frage, ob der Westen eine politische Krise im Osten unbeschadet überstehen wird, steht im Raum. Die Antwort ist zwar im Moment nicht fällig, doch es ist bei weitem nicht klar, wie sie ausfallen wird. Nicht zuletzt durch die bedrohliche geographische Nähe aber kann sich Europa einen weiteren Kriegsschauplatz, wie den auf dem Balkan, nicht leisten.

Es besteht wohl kein Zweifel daran, daß dauerhafter politischer Dialog und konsequente Einbindung der osteuropäischen Staaten in internationale Vertragssysteme ein wesentlicher Beitrag zur Konsolidierung der Reformbestrebungen sind. Der Westen ist allein schon aus Interesse an der eigenen Sicherheit dazu verpflichtet, in dieser Richtung aktiv zu werden. Die Europäische Gemeinschaft spielt hierbei eine nicht zu vernachlässigende Schlüsselrolle. Wenn es ihr gelingen sollte, die Ziele des Maastrichter Vertrags umzusetzen und die noch bestehenden Differenzen über einzelne Vertragsteile aus der Welt zu schaffen, dann hat die entstehende wirtschaftlich und politisch stabile Gemeinschaft Vorbildcharakter, dem nachzueifern allein schon der gesunde Menschenverstand gebietet. Die Ausdehnung der Europäischen Gemeinschaft wäre der effektivste Schritt einer soliden Einbeziehung des Ostens. Doch dies steht laut Planung noch in unbestimmter Zukunft, sofern es jemals dazu kommen sollte.

Für die momentane Situation gilt jedoch zumindest, daß die politische Öffnung nur als erster Schritt einer viel weiter gehenden Annäherung gelten kann. Der zweite und nicht minder wichtige Schritt muß im wirtschaftlichen Bereich stattfinden, wenn die Hinwendung des Ostens zur Demokratie von Dauer sein soll. Ein vom Westen praktiziertes wirtschaftliches *Containment* aus Angst vor dem Verlust der ökonomischen Vormachtstellung in der Welt wäre ein Spiel mit dem Feuer, das unabsehbare Folgen für den Westen, ja die politische und wirtschaftliche Lage in der Welt im allgemeinen haben könnte.

Der Zusammenhang ist klar: wirtschaftliche Verhältnisse und politische Gegebenheiten in einem Staat stehen bekanntermaßen in einem engen Interdependenzverhältnis. Die politische Stabilität wird von einer wirtschaftlich prekären Lage nachhaltig bedroht. Entsprechende Beispiele aus der Geschichte sind hinreichend bekannt. Auch wenn wirtschaftliche Momente nicht die einzigen Faktoren sind, die das politische Umfeld bestimmen, so ist jedoch unverkennbar - die Erfahrung, aus der Geschichte, bestätigt dies -, daß katastrophale wirtschaftliche Verhältnisse der Unzufriedenheit mit dem bestehenden System und der Neigung zu politischem Extremismus eher förderlich als abträglich sind.

In diesem Zusammenhang gilt es zu bedenken, daß die Geduld der Bevölkerung direkt proportional zur Verschlechterung der Versorgungslage abzunehmen scheint, und die Bevölkerung der ehemaligen Planwirtschaftsstaaten nach den Jahrzehnten der Konsumentbehrung nun rasch deutliche Erfolge erwartet. Auch hierzu sind genügend geschichtliche Parallelen bekannt. Um so mehr müßte sich der Westen des Ernstes der Lage bewußt sein und noch konsequenter auf eine Lösung hinarbeiten, denn Wirtschaftshilfe dient letztlich in unser aller Interesse der Friedenssicherung.

Es kommt jedoch auch hier darauf an, den Weisungen des ökonomischen Prinzips zu folgen und bei minimalem Input die effektivste Form der Hilfe anzustreben. Maximalen und gleichzeitig raschen Output gebietet die kritische Lage im Osten. Minimaler Input deshalb, weil unverkennbar auch die westlichen Industriestaaten nicht von der Rezession verschont geblieben sind. Was Deutschland betrifft, so wurden die Kosten der Wiedervereinigung deutlich unterschätzt. Es erscheint nur legitim, daß die bedeutenden, finanziellen Anstrengungen, die das Land bisher zugunsten Osteuropas unternommen hat, nicht länger im gleichen Maße fortgeführt werden können. Angesichts des außerordentlichen Bedarfs an Finanzmitteln in Osteuropa wäre ein Versiegen des Investitionsstroms fatal. Eine gerechtere Aufteilung der Lasten des Aufbaus der osteuropäischen Wirtschaft ist daher notwendig.

Die Europäische Bank für Wiederaufbau und Entwicklung (EBWE), die am 15. April 1991 offiziell ihre Arbeit aufgenommen hat, reiht sich ein in den Reigen der im Osten operierenden internationalen Organisationen, wie etwa Weltbank, Internationaler Währungsfonds, Europäische Investitionsbank oder Europäische Kommission. Nach ihrer Charta verfolgt die EBWE das Ziel, den Übergang der mittel- und osteuropäischen Länder zu offenen Marktwirtschaften zu fördern und private unternehmerische Aktivitäten zu unterstützen. Außerdem besteht eine klare politische Zielgerichtetheit dergestalt, daß die Empfängerländer sich zu den Prinzipien der Demokratie, des Pluralismus und der Rechtsstaatlichkeit bekennen müssen.

Im einzelnen liegen die Hauptaufgaben der Bank in der Unterstützung bei der Durchführung von strukturellen Reformen. Dies impliziert Unterstützung im Aufbau einer effektiven Finanzstruktur und eines leistungsfähigen Währungssystems, Hilfe beim Abbau von Staatsmonopolen und bei der Dezentralisierung der Wirtschaft, Modernisierung und Privatisierung von Staatsunternehmen, Hilfe bei der Etablierung von klein- und mittelständischen Unternehmen, Förderung und Lenkung von ausländischen Privatinvestitionen, sowie Verbesserung der Infrastruktur. Besonderes Augenmerk legt die Bank auch auf die Einhaltung von Umweltschutzauflagen und die Sanierung von überalterten und mit unzureichenden Sicherungsmechanismen ausgestatteten Atomkraftwerken.

Die Zahl der Mitgliedsländer und -organisationen der EBWE hat sich seit ihrer Gründung, bedingt durch die Auflösung der UdSSR und die Teilung der CSFR von 39 auf 54 erhöht, wobei von diesen Staaten lediglich 22 Empfängerländer sind. Derzeit verfügt die Bank über ein gezeichnetes Kapital in Höhe von ECU 10 Mrd wovon ECU 3 Mrd von den Mitgliedern einzuzahlen sind.

Hinsichtlich des Aufbaus der Bank hat sich im Herbst 1993 insofern eine Veränderung ergeben, als die ursprüngliche Teilung in eine *Merchant Banking*- und eine *Development Banking*-Abteilung zugunsten einer einzigen, beide Bereiche umfassenden *Banking*-Abteilung aufgegeben wurde. Nichtsdestoweniger besteht weiterhin eine Aufteilung der gewährten Kredite von 60 % für den Privatsektor und 40 % für den staatlichen Sektor - im wesentlichen Projekte aus dem Bereich der Infrastruktur -, die die ehemalige Aufteilung widerspiegeln.

Die EBWE vergibt Darlehen und Bürgschaften und beteiligt sich auch mit Eigenkapital an Unternehmensinvestitionen, wobei sie keine Mehrheitsbeteiligungen oder Mitverantwortung in der Unternehmensleitung übernimmt.

Im *private sector* Bereich, der die Privatisierung von ehemaligen Staatsunternehmen einschließt, werden in der Regel Darlehen in konvertierbaren Währungen vergeben, wobei die Höhe etwa ein Drittel der Projektkosten nicht überschreiten und mindestens 5 Mio ECU betragen soll. Als Sicherheiten dienen meist Vermögenswerte der Unternehmen. Staatliche Garantien werden nicht verlangt. Der Eigenkapitalanteil der Unternehmen soll etwa bei 20-30 % liegen. Vor dem Kreditzuschlag hat das Unternehmen in einem detaillierten Projektantrag zur Wirtschaftlichkeit und zum erwartenden Risiko Stellung zu nehmen, sowie ausführliche Informationen zu Struktur und Management und Marktsituation zu liefern. Die Laufzeit der Kredite ist in der Regel 10 Jahre bei maximal drei tilgungsfreien Jahren.

Im *public sector* Bereich sind die Darlehensnehmer meist der Staat, staatliche Unternehmen oder andere öffentliche Einrichtungen. Die Höhe der Darlehen kann bei einer maximalen Laufzeit von 15 Jahren bis zu 100 % betragen.

Die EBWE steht nicht in Konkurrenz zu kommerziellen Banken. Sie finanziert vielmehr nach dem Subsidiaritätsprinzip, das heißt in Fällen, wo der Darlehensnehmer keinen Zugang zu anderen (kommerziellen) Finanzquellen hat (»*lender of last resort*«), vorausgesetzt natürlich, daß das vorgelegte Projekt von der EBWE nach eingehender Prüfung als kreditwürdig eingestuft wird. Die Bank sieht sich auch als Katalysator für Kofinanzierung mit anderen internationalen Finanzinstitutionen, wie etwa der Weltbank. Für Geschäftsbanken ergibt sich bei der Kofinanzierung der Vorteil, Anteil am bevorrechtigten Gläubigerstatus der EBWE zu erhalten. Kreditkosten können durch die Risikoteilung und eventuellen Verzicht auf Rückstellung reduziert werden.

Zusätzlich zu den reinen *Banking*-Aufgaben leistet die EBWE technische Hilfe auf der Grundlage von Spezialfonds, die von einzelnen Mitgliedsländern der Bank, wie auch der EG Kommission (als Teil der sog. PHARE und TACIS Programme) zur Verfügung gestellt werden. Derzeit stehen hierfür etwa 100 Mio ECU zur Verfügung, wobei die EG mit etwa 40 % den größten Einzelbeitrag leistet. Diese technische Hilfeleistungen umfassen vor allem projektvorbereitende Studien und Beratungsleistungen mit Schwerpunkt im Finanz- und Energiesektor; der Bereich Privatisierung und Restrukturierung rangiert an dritter Stelle.

Die EBWE übernimmt grundsätzlich keine Exportgarantien und vergibt keine subventionierten Kredite, sogenannte »soft loans«. Außerdem wird sie nicht im Versicherungswesen tätig. Gegenwärtig werden Anstrengungen unternommen, um insbesondere mittelständische Unternehmen zu fördern.

Insgesamt hat die EBWE folgende Erfolgsbilanz vorzuweisen:

	Anzahl (genehmigt)	Wert (ECU Mio.)	Anzahl (ausgezahlt)	Wert (ECU Mio.)
Investitionen (Darlehen und Beteiligungen)	156	3759	77	556
Technische Hilfe Projekte	522	140	352	48

Stand per 31. Dezember 1993

Die in obiger Tabelle aufgeführten *Operations* werden in Stichproben im Nachhinein von der *Project Evaluation*-Abteilung genauestens geprüft, um für zukünftige Projekte Risikofaktoren zu minimieren und positive Erfahrungen zu sammeln.

Mehr noch als Hilfe in Form von Zuschüssen und Darlehen, die auch psychologisch problematisch sind, ist eine Form der Wirtschaftshilfe vonnöten, die wesentlich nachhaltiger und umfassender eine wirtschaftliche Sanierung der osteuropäischen Wirtschaft ermöglicht: der Abbau von Protektionismus im Westen. Protektionistische Handelsschranken, wie sie unter anderem die europäische Gemeinschaft aus verständlicher Sorge um Absatzmärkte aufgebaut hat, sind in der jetzigen Lage kontraproduktiv.

Hilfe zur Selbsthilfe und dies bei gleichzeitigem Abbau der Handelsschranken erscheinen als sicherstes Rezept für den Gesundungsprozeß der Wirtschaft und die Rettung der Demokratie. Sie versorgen das Land nicht nur mit zur Tilgung von

Auslandsschulden nötigen harten Devisen, sondern erhöhen durch nachfragebedingten Abbau der Arbeitslosigkeit und Erhöhung des verfügbaren Pro-Kopf-Einkommens den Konsum im Inland. Auch in den westlichen Industrieländern würde sich dies günstig auf die Gesamtwirtschaft auswirken, da der Bedarf an Konsumgütern im Osten noch lange nicht gedeckt sein wird.

Letztlich muß die Arbeit der EBWE dazu führen, daß die Wirtschaft der mittel- und osteuropäischen Staaten aus eigener Kraft funktioniert; die EBWE kann mit ihren - angesichts des gigantischen Ausmaßes der Aufgaben - relativ bescheidenen Mitteln nur die Rolle des Anlassers spielen. Laufen muß dann der Motor von alleine.

Rainer Barzel

Reinhold Kreile im Deutschen Bundestag

Reinhold Kreile, der »Neue« von vorauseilend bekanntem Format, hatte es verstanden.

Was hatte er verstanden?

Kreile wurde 1969 in den Deutschen Bundestag gewählt. Ich war Vorsitzender der CDU/CSU-Bundestags-Fraktion, zu der Kreile nun stieß.

Fraktionsvorsitzender, - das ist ein auf geheimer Wahl durch die Kolleginnen und Kollegen gegründeter Posten auf Zeit, - einflußreich, aber mit »täglicher Kündigung«! Wer da vorsitzt, kann nur bitten, überzeugen, - wenn er Glück hat -: führen. Anordnen kann er - den Kollegen gegenüber - nichts. Mit Tricks und Manipulationen erreicht er keine Wiederwahl.

Die Position »Wer zahlt, schafft an« ist ihm nicht einmal im Traum erreichbar. Er übersteht höchstens drei Regierungswechsel, weil die Zahl der vom Kanzler ausgewählten Minister nur einen winzigen Bruchteil der Zahl der Aspiranten ausmacht, von denen - zudem - mehr als eine Handvoll glauben (und behaupten), »feste Zusagen« des Kanzlers für die Berufung ins Kabinett zu haben. Die da zu kurz kommen, lasten das in der Regel dem Fraktionsvorsitzenden an: Der hätte sich ja nachhaltiger und deutlicher engagieren können ... Wenn die Zu-Kurz-Gekommenen die Mehrheit haben, geht zuerst der Vorsitzende in die Knie.

Nach der Bundestagswahl 1969 potenzierten sich unsere (und auch meine) Probleme: Kanzler Kiesinger war abgewählt, die »Große Koalition« ging zu Ende, und wir kamen - ungewollt und ungeübt - zum ersten Male in die Opposition. Der heftige Kampf um die Ostverträge entbrannte sofort.

Das Trittfassen als Opposition erforderte zumindest eine gleiche Kraftanstrengung. Es galt, Formen zu finden, Inhalte zu geben und neue Strukturen zu gestalten. Bewährten Ministern mußten in der Fraktion neue Möglichkeiten, z.B. als Arbeitskreis- oder Ausschuß-Vorsitzende, eröffnet werden. Bewährten Parlamentariern durften nicht »die Alten« »vor die Nase« gesetzt werden. Auslaufenden Karrieren sollte der Weg zu neuen Ufern - zumindest - erschwert werden. Und unsere Führungsfragen - Parteivorsitzender, Fraktionsvorsitzender, Oppositionsführer - harrten dringend überzeugender Lösungen.

Nicht genug damit: Das Wahlergebnis hatte Mandate ins Rutschen und besonders viele neue Abgeordnete ins Haus gebracht.

Vom Vorsitzenden der Fraktion wird erwartet, daß er - über Nacht - alle Kolleginnen und Kollegen kennt, beim richtigen (!) Namen nennt, ihnen hilft, den erstrebten Platz im erbetenen Ausschuß zu erhalten, etc., etc.

In diese turbulente Lage hinein war Reinhold Kreile gewählt worden. Sie kam - dank seiner Persönlichkeit - seinem raschen Aufstieg in Bonn zustatten.

Tag auf Tag bat ich je zwölf von den neuen Mitgliedern der Fraktion für eine Stunde zum Gespräch um den runden Tisch in meinem Büro. Café gab es da, Mineralwasser oder Wein. So ließ sich schon am Tisch erkennen, wem kameradschaftliche Hilfsbereitschaft zu eigen war oder wem vor allem Ellenbogen zur Verfügung standen.

In meiner Begrüßung stiftete ich - dem Himmel sei es eingräumt - gesucht Verwirrung: Ich hieß sie alle von Herzen willkommen im Parlament. Das Wort stamme aus dem Lateinischen und hieß bekanntlich auf deutsch »ZUHÖREN!«.

Alsbald war die Runde gespalten: Die Reaktionen reichten vom verständnislosen Kopfschütteln über besserwisserisch hoch gezogene Augenbrauen bis zur offenen Belehrung, daß »parlare« aber doch »reden« bedeute. Wenige gaben beim Herausgehen zu verstehen, daß sie meinen Rat durch die Blume verstanden hatten. Kreile hatte es verstanden!

»Sie raten also«, sagte er - schmunzelnd, leise und mit Witz aus den Augen - zum Abschied, »es wäre besser für uns Neue, hier erst einmal zuzuhören!« Ich nickte und sah ihm in die Augen. »Der ist tatsächlich wer«, dachte ich.

*

Reinhold Kreile mied Lautstärke, Aufgeregtheit und Wichtigtuereien: Die Termine, die Gänge und Türen hatten nicht ihn im Griff, sondern er sie. Er kam nicht heran durch die langen Korridore, schritt auch nicht in den Saal, hastete weder in die Sitzung noch ans Mikrophon. Er ging einfach, war da, strahlte Ruhe aus, Höflichkeit und Fröhlichkeit. So fiel er in den Bonner Drängeleien auch anderen auf. Er schien ja unendlich viel Zeit und auf den anderen nur gewartet zu haben.

So wurde er bedeutsam in Bonn, machte Karriere, weil er sie nicht suchte.

Kreile machte sich seinen Namen mit überlegener Sachkenntnis und klarem, kurzem Vortrag in den Besprechungen, - durch Zuhören, Geduld, Nachsicht und - Takt. Wer sich so Einfluß zu gewinnen wußte, dem wuchs bald allgemeines Gehör auch auf die politischen Entscheidungen zu; dessen Rat und Meinung wollte man auch zu Fragen hören, die nicht direkt seine Fachgebiet betrafen. Zugleich: Wem so allgemeiner Respekt zufiel, der hatte zugleich für »seine Sachen« bessere Chancen. So gewann Reinhold Kreile zunehmend Gewicht.

(Andere versuchten es nach diesem Rezept: Solange auf den Vorstand schimpfen, bis du ihm angehörst! Das führte oft - schneller - »nach vorn«; aber selten auf Dauer).

*

Ein musischer Mensch in der Bonner Hektik und Schubserei? Ja, seht her: Wir haben da einen Juristen aus München, der liest und spielt auch Noten, nicht nur mit Paragraphen . . . Aber der ist doch eine Figur von Strauss? Warum sollte und wollte, wer Bescheid wußte, das nicht wissen? Die, auf die es ankam, wußten: Dieser exzellente Kopf ist selbst wer, kein »Beiboot« eines »Dickschiffs«. So ging er auch nicht unter, als der Große nicht mehr da war.

Fast überflüssig noch zu schreiben, daß Kreile bald Sitz und Stimme im Vorstand der Fraktion bekam und als Justitiar der Fraktion in die engere Führung gewählt wurde.

*

Reinhold Kreile hat durch seine Arbeit die Gesetzgebung in Deutschland nachhaltig beeinflußt. Einige der Themen zeichnet dieses Buch nach. Durch seine Art und seinen erwogenen Rat, durch das Fernsein von Lautstärke, Vordrängelei und Gemeinplätzen gewann er Statur und Gehör bis weit hinein in die deutsche Politik.

Ich bezeuge das mit Respekt und mit Dank. Der »Neue«, der gleich auffiel, blieb »anders«. Wir alle wurden so bereichert. Kreile tat dem Parlament gut. Er diente Deutschland.

Jürgen Becker

Verwertungsgesellschaften als Träger öffentlicher und privater Aufgaben

I. *Einleitung*

Die Idee vom Schutz des geistigen Eigentums, die im 18. Jahrhundert in den Köpfen von Philosophen und Juristen gereift, und als Menschenrecht und Grundrecht (Art. 14 GG) in der Verfassung der Bundesrepublik Deutschland verankert worden ist, hat bis heute in der Geschichte des Urheberrechts nichts von ihrer motorischen Kraft eingebüßt. Mit ihrer Hilfe hat sich das subjektive Recht des Urhebers, das im Urheberrecht des 19. und 20. Jahrhunderts seine Ausgestaltung gefunden hat, seine positiv-rechtliche Anerkennung verschafft. An der Perfektionierung des geltenden deutschen Urheberrechtsgesetzes (UrhG) hatte der Jubilar als Abgeordneter des Deutschen Bundestages wesentlichen Anteil. Das belegen seine am Ende dieser Festschrift aufgeführten Reden im Deutschen Bundestag und seine zahlreichen, die Gesetzgebung begleitenden und inspirierenden literarischen Beiträge. An der Spitze der GEMA (Gesellschaft für musikalische Aufführungs- und mechanische Vervielfältigungsrechte) ist es dem Jubilar vergönnt zu erfahren, daß sich die im UrhG u.a. auch mit seiner Hilfe eingeräumten Ansprüche des Urhebers auch in der Praxis realisieren lassen. Die Umsätze der GEMA, die von 1989 (DM 717,945 Mio.) bis 1993 (DM 1,190 Mrd.) - am 1. Januar 1990 trat Reinhold Kreile an die Spitze der GEMA - um mehr als die Hälfte, genau um 65,8 %, gestiegen sind, können jedenfalls mit als Indiz dafür herangezogen werden, daß der Jubilar als Gesetzgeber gute Arbeit geleistet hat, deren Ernte er nun - dank der Errungenschaften der deutschen Urheberrechtsordnung und der effizienten Arbeitsweise der GEMA - für die in der GEMA zusammengeschlossenen sowie für die mit ihr über Gegenseitigkeitsverträge mit ausländischen Schwestergesellschaften verbundenen schöpferischen Menschen einfahren kann.

II. *Die Urheberrechtsordnung als Gesamtsystem*

Für den in der Praxis tätigen Urheberrechtler gewinnt die von Dr. Adolf Dietz entwickelte These immer mehr an Aktualität und Überzeugungskraft, daß das moderne Urheberrecht im Sinne einer umfassenden Urheberrechtsordnung nicht nur als ein System der gesetzlichen Gewährleistung von Ausschlußrechten an bestimmten Kategorien geschützter Werke verstanden werden kann. Das moderne Urheberrecht ist vielmehr ein »Gesamtsystem«, das sich in »mindestens vier Subsysteme gliedert, nämlich das sog. materielle Urheberrecht (mit den Urheberrechtsschranken), das Urhebervertragsrecht, das Recht der Verwertungsgesellschaften und das Recht der verwandten Schutzrechte (droits voisins)«[1]. Nimmt man diese Gliederung einer modernen Urheberrechtsordnung zum Maßstab, dann muß, so folgert *Dietz* ganz richtig, diese sinnervollerweise auch einer künftigen europäischen Urheberrechtsordnung zugrunde gelegt werden.

Bedingt durch die technologischen Errungenschaften und die sich damit ständig erweiternden und verändernden Verwertungsmöglichkeiten - man denke nur an die Auswirkungen der digitalen Technik[2] - hat sich das Gebiet des Urheberrechts wie kaum ein anderes Rechtsgebiet ständig fortentwickelt.

Mit dem materiellen Urheberrecht, das den Urhebern ausschließliche Verwertungsrechte und dort, wo diese nicht durchsetzbar sind, gesetzliche Vergütungsansprüche (vgl. §§ 27, 54 UrhG) gewährt, hat der deutsche Gesetzgeber für die schöpferischen Menschen die Grundlage der wirtschaftlichen Gewährleistung des Urheberrechtsschutzes geschaffen. Im Urheberrechtswahrnehmungsgesetz (UrhWG), das das Recht der Verwertungsgesellschaften normiert, hat er die Voraussetzungen für eine effiziente Realisierung der Urheberansprüche verankert: Wenn der Staat einerseits Schutz gewährt, weil auch er »den untrennbaren Zusammenhang von Urheberschutz, Kulturentwicklung und Gedeihen der Kulturindustrie und der Medien erkannt hat«, muß er andererseits die Basis für Strukturen legen, auf der sich dieser Schutz verwirklichen läßt. Darin wird die »gegenseitige Bezogenheit« der einzelnen Teile der urheberrechtlichen Gesamtkonzeption deutlich[3]. Die Einsicht in die Notwendigkeit von Verwertungsgesellschaften gehört inzwischen zur europäischen Urheberrechtstraditon. Auch die EG-Kommission geht bei ihren Harmonisierungsbemühungen bestimmter Teilbereiche des Urheberrechts der Mitgliedstaaten der Europäischen Union von der Notwendigkeit von Verwertungsgesellschaften aus und hat dies, namentlich in den Richtlinien zum Vermiet- und Verleihrecht[4] und zum Satelliten- und Kabelrundfunk[5], inzwischen auch festgeschrieben.

III. *Verwertungsgesellschaften zwischen der Erfüllung privater und öffentlicher Aufgaben*

Verwertungsgesellschaften in Deutschland beziehen ihre Legitimation einmal aus dem verfassungsrechtlich garantierten Schutz des geistigen Eigentums und zum anderen aus der modernen Urheberrechtsgesetzgebung, die dem Urheber eine Reihe von Nutzungsrechten einräumt, die er jedoch ohne Hilfe von Verwertungsgesellschaften kaum wahrnehmen kann. Der Schöpfer von Werken der Musik ist im Zeitalter der Massennutzungen nicht mehr in der Lage, sein Aufführungsrecht, sein Senderecht oder sein Vervielfältigungs- und Verbreitungsrecht

---

1 Adolf *Dietz*, Das Urheberrecht in Spanien und Portugal, 1990, S. 13 f.
2 Vgl. dazu ausführlich Jürgen *Becker*/Thomas *Dreier*, Urheberrecht und digitale Technologie, UFITA-Schriftenreihe, 1994.
3 *Dietz*, a.a.O., S. 191.
4 ABl. Nr. L 346/61 vom 27.11.1992.
5 ABl. Nr. L 248/15 vom 6.10.1993.

bei Aufnahmen seiner Werke auf Tonträger oder Bildtonträger so wahrzunehmen, daß er in den Genuß sämtlicher Früchte seiner Arbeit kommt. Er bedient sich deshalb einer Verwertungsgesellschaft, der er diese Rechte zur treuhänderischen Wahrnehmung überträgt. Im Bereich der Musik dient ihm dafür allein die GEMA, die in Deutschland ein faktisches Monopol besitzt.

Für den Nutzer musikalischer Werke hat die Monopolstellung der GEMA den Vorteil, daß er das musikalische Weltrepertoire aus einer Hand, schnell, unbürokratisch und zu kalkulierbaren Kosten erhält. Im Zeitalter von Multimediaprodukten, die ein ganzes Bündel von Rechten in sich vereinen, gewinnt dies weiter an Gewicht. Die Bedeutung von Verwertungsgesellschaften wird deshalb im digitalen Zeitalter weiter zunehmen.

Die Initiative zur Gründung einer Verwertungsgesellschaft auf dem Gebiet der Musik in Deutschland geht zurück auf das Jahr 1903. Initiatoren waren Komponisten und Verleger. Besondere Verdienste hat sich dabei der Komponist Richard Strauss erworben, der deshalb als Vater der heutigen GEMA gelten darf[6].

Ging der deutsche Urheberrechts-Gesetzgeber ursprünglich noch davon aus, daß der Urheber, wenn auch nur unter Schwierigkeiten, seine ihm durch die moderne Urheberrechtsgesetzgebung eingeräumten Nutzungsrechte selbst wahrnehmen kann, setzt er inzwischen auch im materiellen Urheberrecht das Bestehen von Verwertungsgesellschaften voraus, indem er z.B. bestimmt, daß Vergütungsansprüche für das Vermieten und Verleihen von Vervielfältigungsstücken (§ 27 UrhG) sowie für Vervielfältigungen zum privaten Gebrauch (§§ 53, 54 UrhG) nur durch Verwertungsgesellschaften geltend gemacht werden können.

Mit der Vergütungsregelung nach §§ 53, 54 UrhG durch Schaffung einer Vergütungspflicht für Abspielgeräte und Leerkassetten[7] verhilft der deutsche Gesetzgeber dem Urheber zu einem, wenn auch nur geringen Ausgleich für die Eingriffe in sein geistiges Eigentum und die Verluste, die ihm durch das technisch einfache, millionenfach praktizierte private Kopieren seiner Werke entstehen. »Da in diesen Bereichen im Gegensatz zur herkömmlichen Verwertung von Werken durch Unternehmen der sog. Kulturindustrie eine systematische Kontrolle von Urheberrechtsverletzungen nicht mehr möglich ist, andererseits aber eine Freistellung aller (privaten) Überspielungsvorgänge vom Urheberrecht wegen der auf der Hand liegenden Beeinträchtigung der herkömmlichen Urheberrechtsverwertung nicht

---

6 Zur Entstehungsgeschichte von Verwertungsgesellschaften s. Reinhold *Kreile*/Jürgen *Becker*, Aufgaben und Arbeitsweise von Verwertungsgesellschaften, in: Handbuch der Musikwirtschaft, 2. Aufl., 1993, S. 453 ff.; vgl. auch Hans Hugo *von Rauscher auf Weeg*, Das Urheberrecht und seine Verwertung, Festschrift zum hundertjährigen Bestehen der Deutschen Vereinigung für gewerblichen Rechtsschutz und Urheberrecht und ihrer Zeitschrift, Band II, 1991, S. 1265 ff.; Wilhelm *Nordemann*, Entwicklung und Bedeutung der Verwertungsgesellschaften, in: Festschrift zum hundertjährigen Bestehen der Deutschen Vereinigung für gewerblichen Rechtsschutz und Urheberrecht und ihrer Zeitschrift, Band II, 1991, S. 1197 ff.

7 Vgl. dazu ausführlich Reinhold *Kreile*, Einnahme und Verteilung der gesetzlichen Geräte- und Leerkassettenvergütung für private Vervielfältigung in Deutschland, in: GRUR Int. 1992, S. 24 ff.; Reinhold *Kreile*, Vervielfältigung zum privaten Gebrauch, eine Herausforderung an den Kulturstaat und seine Urheberrechtsgesetzgebung, in: ZUM 1991, S. 101 ff.; Jürgen *Becker*, Der Schutz des schöpferischen Menschen bei der privaten Vervielfältigung seiner Werke, in: VG WORT (Hr.), Geist und Recht, 1992, S. 33 ff.

hingenommen werden kann,« hat der deutsche Gesetzgeber mit den gesetzlich festgelegten Vergütungsregelungen eine »indirekte Methode der Realisierung der Urheberansprüche gesucht«, die für die Verwertungsgesellschaften eine unabdingbare Voraussetzung darstellen[8].

Darüber hinaus weist der Gesetzgeber in §§ 7 und 8 UrhWG den Verwertungsgesellschaften in ihrer Eigenschaft als Solidargemeinschaften kulturelle und soziale Aufgaben zu, die diese, namentlich durch ihre Vorsorge- und Unterstützungseinrichtungen sowie durch die Förderung kulturell bedeutender Werke und Leistungen erfüllen. Im Jahr 1993 beliefen sich die sozialen und kulturellen Zuwendungen allein der GEMA über einen Betrag in Höhe von ca. DM 34 Mio. Verwertungsgesellschaften sind deshalb in Deutschland nicht nur Inkassoorganisationen, sondern sie haben darüber hinaus auch den gesetzlichen Auftrag, die schöpferischen Menschen zu fördern und zu schützen. Dem Staat nehmen sie damit einen nicht unbeträchtlichen Teil seiner sozialen und öffentlichen Kulturverantwortung ab.

Mit einem so weiten Spektrum von Aufgaben, erhält die Tätigkeit von Verwertungsgesellschaften in Deutschland eine besondere rechtliche Qualität: Obwohl Verwertungsgesellschaften in den Formen des Privatrechts handeln - GEMA, VG WORT und VG BILD/KUNST sind rechtsfähige wirtschaftliche Vereine kraft staatlicher Verleihung gem. § 22 BGB - leisten sie neben ihrer aus dem Schutz des geistigen Eigentums fließenden Pflicht zur Realisierung von Urheberansprüchen traditionell Aufgaben, denen sich der Staat selbst annehmen müßte, wenn es Verwertungsgesellschaften nicht gäbe. Das Urheberrecht, das die wirtschaftliche Basis nahezu aller schöpferischen Menschen darstellt, ohne die es weder Kultur noch einen »Kulturstaat« gäbe, auf den Öffentlichkeit wie Politiker in Deutschland gleichermaßen stolz sein dürfen, liefe jedenfalls auf dem Gebiet der Musik ohne die GEMA ins Leere. Schutz und Sicherung der wirtschaftlichen Grundlage der schöpferischen Menschen liegen daher im Sozial- und Kulturstaat im unmittelbaren öffentlichen Interesse: Sie haben Gemeinwohlcharakter[9]. Indem Verwertungsgesellschaften sich auf der Grundlage ihrer Satzungen, aber auch durch gesetzlichen Auftrag (u.a. auch §§ 7 und 8 UrhWG) dieser Bereiche annehmen, erfüllen sie öffentliche bzw. staatliche Aufgaben[10]. Nicht zu Unrecht werden Verwertungsgesellschaften im Hinblick auf ihre effektive und kostensparende Inkassotätigkeit auch mit der staatlichen Finanzverwaltung verglichen[11].

Es entspricht der staatlichen Ordnung der Bundesrepublik Deutschland, die vor allem im Einzugsbereich des sozialen Staatszieles durch das Subsidiaritätsprinzip geprägt ist[12], daß Aufgaben des Gemeinwohls auch von Individuen oder gesellschaftlichen Verbänden wahrgenommen werden, »wenn sie bereit und fähig sind, den öffentlichen Interessen, die auf dem Spiele stehen, zu genügen«[13].

8 Adolf *Dietz,* a.a.O.(s. Fn. 1), S. 136.
9 Vgl. Udo *Steiner,* Kulturauftrag im staatlichen Gemeinwesen, in: VVDStRl 42, 1984, S. 16.
10 Zur Unterscheidung zwischen öffentlicher und staatlicher Aufgabe vgl. Josef *Isensee,* in: Isensee/ Kirchhof, Handbuch des Staatsrechts, Band III, 1988, § 57 Rn. 136 ff.
11 So auch Adolf *Dietz,* in: Das Urheberrecht in der Europäischen Gemeinschaft, 1978, Ziff. 46.
12 Vgl. *Isensee,* a.a.O., Rn. 165 ff.
13 *Isensee,* a.a.O., Rn. 167.

Den Beweis dafür, daß sie dazu bereit und fähig ist, braucht die GEMA nicht anzutreten. Die Fakten sprechen für sich: Mit Erträgen, die im Geschäftsjahr 1993 DM 1 Mrd. 190,7 Mio. betrugen, sichert die GEMA die materielle Lebensgrundlage tausender schöpferischer Menschen auf dem Gebiet der Musik (1993 zählte die GEMA 34.855 Mitglieder) vollständig oder partiell mit Hilfe einer effizienten und im Vergleich kostengünstigen Verwaltung (ihre Verwaltungskosten liegen stets zwischen 13 und 14 %) und erbringt dabei, wie bereits beschrieben, soziale und kulturelle Leistungen in nicht unbeträchtlicher Höhe. Die Stellung der GEMA im Wirtschaftsleben Deutschlands wird deshalb mit »Träger einer staatsentlastenden Tätigkeit« umschrieben[14]. Korrelat der staatsentlastenden Tätigkeit von Verwertungsgesellschaften ist eine besondere Fürsorgepflicht des Staates für diese Institutionen und die in ihnen zusammengeschlossenen schöpferischen Menschen.

Die Zuordnung einer Organisation zum bzw. in die Nähe des Staatlichen, schließt die Verwendung einer der Organisationsformen des Privatrechts nicht aus[15]. Es gibt in der deutschen Rechtsordnung eine Reihe von Beispielen, bei denen sich der Staat zur Erfüllung seiner Aufgaben Privater bedient. Prominentes Beispiel hierfür ist der Technische Überwachungsverein (TÜV), der den Staat bei seiner Aufgabe entlastet, für die Sicherheit der Bevölkerung Sorge zu tragen. In Anbetracht der Aufgaben, die durch Verwertungsgesellschaften erbracht werden, liegt das tertium comparationis nicht weit.

Verwertungsgesellschaften werden zwar nicht in die staatliche Organisation einbezogen und sind insofern auch kein »Trabant oder Satellit der öffentlichen Verwaltung«[16], sie sind aber aus der »Wahrnehmung bloß privater, wirtschaftlicher Interessen herausgehoben und mit der höheren Legitimität und Pflichtbindung einer Tätigkeit im öffentlichen Interesse ausgestattet«[17]. Ihr Wirken vollzieht sich in der »Wahrnehmung einer aufgegebenen Verantwortung und in realisierbarer Verantwortlichkeit«[18].

Der hier für Verwertungsgesellschaften im allgemeinen und für die GEMA im besonderen gewonnene Befund deckt sich mit den empirischen Erkenntnissen der Staats- und Verwaltungswissenschaft, die zwischen Privatem und Öffentlichem »Übergangs-, Grau- oder Zwischenzonen« zuläßt, da es sich im Bereich von »Private Government« und öffentlicher Verwaltung um ein Gebiet handelt, in dem es schwerfällt, »eindeutige Zuordnungen und Klassifizierungen vorzunehmen, es

14 Vgl. KG Berlin, Urteil vom 28. April 1989 (Krt U 5680/86), S. 38 unter Bezugnahme auf Wilhelm *Herschel,* Die Verwertungsgesellschaften als Träger staatsentlastender Tätigkeit, in: UFITA Bd. 50, Teil A, 1967 II, S. 22 ff.

15 Vgl. Walter *Krebs,* Verwaltungsorganisation, in: Isensee/Kirchhof, Handbuch des Staatsrechts, Band III, 1988, § 69 Rn. 7.

16 Gunnar Folke *Schuppert,* Die Erfüllung öffentlicher Aufgaben durch verselbständigte Verwaltungseinheiten, 1981, S. 76.

17 Diese von Martin *Bullinger* gefundene Umschreibung der »öffentlichen Aufgabe« der Presse, läßt sich auch auf die besondere Stellung von Verwertungsgesellschaften übertragen (Freiheit von Presse, Rundfunk, Film, in: Isensee/Kirchhof, Handbuch des Staatsrechts, Bd. VI, 1989, § 142, Rn. 67.

18 Für die Zugehörigkeit zum Bereich der Öffentlichkeit ist dies für Konrad *Hesse* ein Kriterium, in: VVDStRL 17, S. 11 ff.

vielmehr darauf ankommen muß, nach Kriterien Ausschau zu halten, die inmitten all der fließenden Übergänge den jeweiligen Organisationen annähernd Konturen verleihen«[19].

IV. *Folgerungen aus der Staatsnähe von Verwertungsgesellschaften*

1. *Die Pflicht zu sozialen und kulturellen Leistungen*

Für jedes der vier Subsysteme der urheberrechtlichen Gesamtordnung gelten vom Gesetzgeber festgelegte Schranken. Das ist nicht anders in anderen nationalen Urheberrechtsordnungen und wird durch die internationalen Urheberrechtskonventionen, namentlich der Revidierte Berner Übereinkunft (RBÜ) (z.B. Art. 2bis, 9 Abs. 2, 10bis, 11bis Abs. 2, 13) sanktioniert.

Das geistige Eigentum ist im Vergleich zum Sacheigentum für gesetzgeberische Ausgestaltungen besonders offen. Das ergibt sich aus seiner Eigentümlichkeit, denn »solange nicht der Gesetzgeber gesprochen hat«, ist noch nichts »greifbar«[20]. Der Gesetzgeber hat deshalb die Aufgabe, »bei der inhaltlichen Ausprägung des Urheberrechts sachgerechte Maßstäbe festzulegen, die eine der Natur und sozialen Bedeutung des Rechts entsprechende Nutzung und angemessene Verwertung sicherstellen«[21].

So obliegt es ihm, nicht nur den Inhalt, sondern auch die Schranken der urheberrechtlichen Gewährleistungen, die die urheberrechtliche Gesamtordnung durchziehen, zu bestimmen. Für den Urheber bedeutet dies, daß seine Individualbelange, seine Berechtigungen und Befugnisse, sein »verfassungsrechtlich garantierter Anspruch auf eine angemessene Nutzung der schöpferischen Leistung und die schutzwürdigen Interessen der Allgemeinheit (vom Gesetzgeber) in einen gerechten Ausgleich und ein ausgewogenes Verhältnis« gebracht werden müssen[22]. Einen besonderen Rechtfertigungsgrund für Beschränkungen der urheberrechtlichen Befugnisse sieht das Bundesverfassungsgericht im »sozialen Bezug des geistigen Eigentums«. Solche als »Sozialbindung« bezeichneten Beschränkungen begrenzen die umfassende Gebrauchs- und Verfügungsbefugnis des Urhebers an seinen Werken, so wie sie auch den anderen, »klassischen« Formen des Eigentums im Interesse den Gemeinwohls Grenzen ziehen. Sie müssen allerdings vom Gesetzgeber und von den Gerichten im Einzelfall konkretisiert werden.

Dem Konkretisierungsauftrag ist der deutsche Gesetzgeber mit den im Sechsten Abschnitt des UrhG (§§ 45 ff.) näher spezifizierten Ausnahmen von der Ausschließlichkeit der Verwertungsrechte nachgekommen.

Unabhängig davon, daß die Beschränkungen der Verwertungsrechte, die der

---

19 *Schuppert,* a.a.O., S. 77 unter Bezugnahme auf Werner *Weber,* einen der besten Kenner des Bereichs staatlicher Organisationen, und mit weiteren Nachweisen.

20 Vgl. Reinhold *Kreile,* Die Sozialbindung des geistigen Eigentums, in: Wege und Verfahren des Verfassungslebens, Festschrift für Peter Lerche zum 65. Geburtstag, 1993, S. 256.

21 BVerfGE 49, S. 392.

22 BVerfGE a.a.O, S. 394.

Gesetzgeber auch mit dem Segen des Bundesverfassungsgerichts verfügt hat, von den Urhebern zuweilen als zu weitreichend angesehen werden[23], darf das urheberrechtliche Schutzniveau und damit die Möglichkeit der wirtschaftlichen Verwertung geschützter Werke in Deutschland im internationalen Vergleich gut und gern als eines der höchsten angesehen werden.

Nicht von ungefähr gehört Deutschland nach den USA und Japan zum drittgrößten Musikmarkt der Welt. Namentlich den Musikurhebern aus aller Welt, insbesondere aber denen aus dem anglo-amerikanischen Raum, die auf keine Übersetzungen ihrer Werke angewiesen sind, steht der 80 Mio. Verbraucher zählende deutsche Markt zur Verwertung ihrer Werke weit offen. Sie gehören damit zu den großen Nutznießern des hohen deutschen Urheberrechtsschutzes.

Schranken und Auflagen für den Gebrauch des geistigen Eigentums finden sich aber nicht nur im materiellen Urheberrecht, sondern insbesondere auch im Recht der Verwertungsgesellschaften, sub specie im Urheberrechtswahrnehmungsgesetz. Dazu gehören insbesondere die für die Verwertungsgesellschaften geltenden Auflagen und Beschränkungen wie Wahrnehmungszwang (§ 6), der sehr weitreichende Abschlußzwang (§ 11), die Pflicht zur Aufstellung von Tarifen (§ 13) sowie das gesamte Verfahren zur Beilegung von Tarifstreitigkeiten, das den Urheber in der Preisgestaltung für seine Werke stark beschränkt (§ 14 ff.) und schließlich die Pflicht der Verwertungsgesellschaften zur Kulturförderung (§ 7, Satz 2) und zu Vorsorge- und Unterstützungseinrichtungen (§ 8).

Die rechtliche Zulässigkeit dieser Einschränkungen richtet sich nach den für das materielle Urheberrecht oben beschriebenen Kriterien, sie wurden bislang nicht in Frage gestellt.

Sozial- und Förderungsfonds gehören zum Wesensmerkmal und zu den Grundprinzipien kontinental-europäischer Verwertungsgesellschaftstradition. In diesen Einrichtungen manifestiert sich eindrucksvoll die allen Verwertungsgesellschaften zugrundeliegende Solidargemeinschaft, von der der deutsche Gesetzgeber bei der Normierung des Rechts der Verwertungsgesellschaften im UrhWG ausgehen konnte, da er das Prinzip der Solidargemeinschaft als sog. »vorkonstitutionelles« Recht der Verwertungsgesellschaften vorgefunden hat.

In Deutschland ist die Tradition von Sozial- und Förderungsfonds so alt wie die GEMA selbst bzw. ihre Vorläufer-Gesellschaften. So gehörte es bereits zu den Grundlagen der 1903 u.a. von Richard Strauss gegründeten »Anstalt für Musikalische Aufführungsrechte«, daß nach Abzug der Verwaltungskosten von den »eingegangenen Gebühren« ein Betrag von 10 % für die Unterstützungskasse der Genossenschaft abgezogen wurde[24]. Auch der internationale Dachverband der Verwertungsgesellschaften, die CISAC (Confédération Internationale des Sociétés d'Auteurs et Compositeurs, Paris), hat in ihre Vertragstexte, die die Wahrnehmung von Urheberrechten durch Gegenseitigkeitsverträge betreffen, Bestimmungen aufgenommen, die es den Verwertungsgesellschaften erlauben, von dem Tan-

---

23 Vgl. *Kreile,* a.a.O. (s. Fn. 17), S. 259 ff.

24 Vgl. Anstalt für Musikalisches Aufführungsrecht, Denkschrift der Genossenschaft Deutscher Tonsetzer, 1904. S. 46 f.

tiemenaufkommen, das einer anderen nationalen Verwertungsgesellschaft zufällt, einen Abzug von 10 % vorzunehmen, um sie eigenen Pensions-, Hilfs- oder Unterstützungskassen zuzuführen. Die CISAC-Vertragsbestimmung der Verwertungsgesellschaften ist eine ausdrückliche Bestätigung und Respektierung einer jahrzehntelang international geübten Praxis des Sozialabzuges[25] und muß auch im Zusammenhang mit der durch die RBÜ gewährleisteten Inländerbehandlung aller Urheber in den Mitgliedstaaten der Berner Konvention gesehen werden, die von den jeweiligen nationalen Urheberrechtsordnungen - wie das deutsche Beispiel eindrucksvoll zeigt - profitieren. Wer an dieser Praxis rührt, muß wissen, daß er damit gleichzeitig das Inländerprinzip in Frage stellt. Die Solidargemeinschaft der Urheber macht nämlich nicht vor nationalen Grenzen halt, sie gilt vielmehr weltweit. Es ist deshalb schwer verständlich, daß im Rahmen der gegenwärtig in der WIPO geführten Diskussionen über ein Protokoll zur Berner Konvention vom Generaldirektor der WIPO, Dr. Arpad *Bogsch,* die Praxis des Sozial- und Kulturabzuges angegriffen wird.

Seit Erlaß des deutschen Urheberrechtswahrnehmungsgesetzes im Zuge der großen Urheberrechtsreform im Jahre 1965 bestimmen § 7 UrhWG, daß »kulturell bedeutende Werke und Leistungen zu fördern sind« und § 8 UrhWG, daß die Verwertungsgesellschaft »Vorsorge- und Unterstützungseinrichtungen« einrichten »soll«.

Aus dem Umstand, daß Gesetzesaufträge in sog. »Soll-Vorschriften« gekleidet sind, folgern namhafte Urheberrechtler, daß diese Vorschriften keine verpflichtende Rechtsgrundlage für die kulturellen und sozialen Einrichtungen der Verwertungsgesellschaften enthielten, sondern lediglich moralische Appelle, Empfehlungen oder Ermunterungen zur Selbsthilfe darstellten[26].

Unter den strengen Kriterien des deutschen Verwaltungsrechts, die allein zur Auslegung von »Soll-Vorschriften« auch im Urheberrecht herangezogen werden müssen, ist diese Deutung falsch.

Die Schaffung kultureller und sozialer Einrichtungen steht ganz und gar nicht im freien Ermessen von Verwertungsgesellschaften. Wenn nämlich nach deutschem Verwaltungsrecht eine Verwaltungsbehörde tätig werden »soll«, und insofern kann hier eine Verwertungsgesellschaft mit einer Verwaltungsbehörde verglichen bzw. gleichgesetzt werden, so ist sie dazu verpflichtet und kann nur in Ausnahmefällen bzw. atypischen Situationen davon absehen. Die atypischen Umstände unterliegen gerichtlicher Kontrolle, d.h. eine Verwertungsgesellschaft müßte dartun und beweisen, warum sie auf solche Einrichtungen verzichtet. Unter finanziellen Gesichtspunkten könnten die deutschen Verwertungsgesellschaften, die alle über ein beachtliches Urheberrechtsaufkommen verfügen, den Nachweis atypischer Umstände wohl nur schwer erbringen. Aus der Nichtbeachtung der §§ 7, 8 UrhWG können die Mitglieder von Verwertungsgesellschaften durchaus

25 Vgl. Christian *Hauptmann,* Die Vergesellschaftung des Urheberrechts, UFITA-Schriftenreihe, 1994, Bd. 117, S. 76.

26 Vgl. *Nordemann,* in: Fromm/Nordemann, 8. Aufl., 1994, § 7, 8 WahrnG, Rn. 1; *Reinbothe,* in: Schricker, § 8 UrhWG, Rn. 2; *Hauptmann,* a.a.O., S. 71.

auch Ansprüche gegen die Verwertungsgesellschaften herleiten[27]. »›Soll‹ in einer Rechtsvorschrift bedeutet daher für die typischen Fälle ein ›Muß‹«[28].

Diese Deutung von »Soll-Vorschriften« findet ihre Grundlage insbesondere auch in der Rechtsprechung: In seinem Urteil vom 2. Dezember 1959 hat das Bundesverwaltungsgericht entschieden: »Soll-Vorschriften« sind - solange die Verwaltung nicht besondere Umstände dartun und beweisen kann, die ausnahmsweise ein Abweichen von der Regel zulassen - für die Verwaltung ebenso verbindlich wie »Muß-Vorschriften«[29].

Für Karl *Larenz* macht es sachlich »keinen Unterschied«, ob der Gesetzgeber »die Formulierung wählt, der Verletzer ›sei‹ zum Schadensersatz verpflichtet, oder er ›solle‹ Schadensersatz leisten. Der Sinn ist in beiden Fällen der gleiche: Es handelt sich um die Auferlegung (und nicht nur um die Konstatierung) eines Gebotes, einer Pflicht«[30].

Nach Auffassung der Bundesregierung, vertreten durch die Bundesjustizministerin Sabine Leutheusser-Schnarrenberger, ist der »10-%-Abzug für kulturelle und soziale Zwecke ... durch das Urheberrechtswahrnehmungsgesetz ganz eindeutig gedeckt. Mehr als das: er entspricht sozusagen der Wunschvorstellung des Gesetzes«. Lediglich bei der Ausgestaltung ihrer kulturellen und sozialen Einrichtungen sind die Verwertungsgesellschaften frei; hier hat der Gesetzgeber, so die Ministerin, bewußt darauf verzichtet, »den in den Entscheidungsorganen der Verwertungsgesellschaften vertretenen Urhebern darüber strikte Vorschriften zu machen«. Dies wäre »aus liberaler Sicht eine Einbuße an Autonomie in der Regelung eigener Angelegenheiten«[31].

Die rechtliche Verortung der GEMA in der Grauzone zwischen Staat und Gesellschaft hat vor dem Hintergrund ihrer faktischen Monopolstellung Auswirkungen für die Erfüllung ihrer Aufgaben: Die Erfüllung sozialer und kultureller Aufgaben, deren finanzielle Grundlage bei der GEMA ein 10%iger Abzug von den Lizenzeinnahmen aus dem Aufführungsrecht ist, steht in engem Zusammenhang mit der verfassungsrechtlichen Verpflichtung des Staates zur Förderung der Kunst[32], die sich natürlich nicht darin erschöpfen kann, daß der Staat nur für akzeptable Zugangsbedingungen zur öffentlichen Kultur sorgt. Sondern diese Verpflichtung besteht auch gegenüber denen, die den Kulturstaat überhaupt erst ermöglichen. Ein unmittelbarer Bezugspunkt zwischen der Staatsaufgabe »Kulturpflege« und dem verfassungsrechtlichen Sozialauftrag ist die Sorge um die materielle Versor-

---

27 A.A. *Nordemann*, a.a.O.

28 Vgl. *Eyermann/Fröhler/Kornmann*, Verwaltungsgerichtsordnung, 9. Aufl., 1988, § 114, Rn. 10; Hartmut *Maurer*, Allgemeines Verwaltungsrecht, 9. Aufl., 1994, § 7, Rn. 11, *Wolff/Bachoff*, Verwaltungsrecht, Bd. I, 9. Aufl., 1974, § 31 II b; *Erichsen*, in: Erichsen/Martens, Allgemeines Verwaltungsrecht, 9. Aufl., § 10, Rn. 13; Gunther *Schwerdtfeger*, Öffentliches Recht in der Fallbearbeitung, 9. Aufl., 1993, Rn. 84.

29 DVBl. 1960, S. 252 f. Gleichlautend BVerwGE 16, S. 224 ff.; BVerwGE 49, S. 16 ff.; BVerwGE 40, S. 323 ff; BVerwGE 64, S. 318 ff.; OVGE Münster 15, S. 79 ff.

30 Methodenlehre der Rechtswissenschaft, 1969, S. 182.

31 Vgl. Antworten der Ministerin auf Fragen der GEMA, in: GEMA-Nachrichten, Ausgabe 149, Mai 1994, S. 8.

32 Vgl. Udo *Steiner*, Kulturpflege, in: Isensee/Kirchhof, Handbuch des Staatsrechts, Bd. III, 1988, § 86, Rn. 3.

gung und soziale Absicherung der schöpferischen Menschen, der sich auch die GEMA verpflichtet weiß.

2. *Angemessene Vergütungen*

Das in Deutschland geltende Prinzip der »kulturspezifischen Ausformung des verfassungsrechtlichen Sozialstaatsprinzips«[33] muß sich auch auf die Vergütungen auswirken, die die Urheber für die Nutzung ihrer Werke beanspruchen können, namentlich dort, wo die Vergütungshöhe vom Gesetzgeber selbst festgelegt wird, wie dies bei den Vergütungen für das private Vervielfältigen der Fall ist (vgl. Anlage zu § 54 Abs. 4 UrhG). Sind diese Sätze, was derzeit der Fall ist, zu niedrig[34], dann kommt der Staat hier seinen verfassungsrechtlichen Verpflichtungen nicht mehr nach. Bleibt der Staat weiter säumig, dann ist der Weg der schöpferischen Menschen im Zweifel bis vor das Bundesverfassungsgericht vorgezeichnet.

Bei den sonstigen Tarifen, die die GEMA für die Nutzung der Werke ihrer Mitglieder aufstellt bzw. mit Nutzervereinigungen oder Rundfunk- und Fernsehveranstaltern aushandelt, wäre ein Eingreifen des Staates bzw. des Gesetzgebers erst dann erforderlich, wenn die »Tarifautonomie«, die in diesem Bereich herrscht, nicht mehr greift und die GEMA auch mit Hilfe der Schiedsstelle beim Deutschen Patentamt oder den Gerichten (dazu ausführlich unten III.) nicht mehr in der Lage wäre, Tarife für ihre Mitglieder zu angemessenen Bedingungen durchzusetzen. Die Intervention des Staates wäre vor allem deshalb geboten, weil das der Tarifautonomie immanente Instrument des Arbeitskampfes zur Durchsetzung einer (Tarif-) Forderung, für die in der GEMA zusammengeschlossenen schöpferischen Menschen, für die ein gesetzlicher Kontrahierungszwang besteht (§ 11 UrhWG), nicht in Frage kommt.

3. *Kontrolle*

a) *Die Monopolstellung von Verwertungsgesellschaften*

Das Urheberrecht gewährt dem Urheber das ausschließliche Recht, sein Werk zu nutzen; der Urheber hat also in bezug auf sein Werk eine gesetzlich gewährleistete Monopolstellung. Die Zusammenfassung aller Rechte in der Hand einer Verwertungsgesellschaft wie der GEMA auf musikalischem Gebiet hält der deutsche Gesetzgeber für notwendig. Sie dient gleichermaßen den Interessen der Urheber wie auch den Interessen der Verwerter. Nur auf diese Weise können die Rechte der Urheber wirtschaftlich effizient verwaltet und kann den Verwertern der Erwerb der erforderlichen Rechte erleichtert werden. Deshalb hält der Gesetzgeber die Monopolstellung der GEMA für »zweckmäßig und wünschenswert«. Von

---

33 *Steiner,* a.a.O., Rn. 6.

34 Zum Nachweis vgl. Jürgen *Becker,* Der Schutz des schöpferischen Menschen bei der privaten Vervielfältigung seiner Werke, in: VG WORT (Hr.) Geist und Recht, 1992, S. 33 ff. Vgl. dort ebenfalls Ferdinand *Melichar,* Notwendige Maßnahmen auf dem Gebiet der Reprographieregelung, S. 61 ff.

der bei der Urheberrechtsreform 1965 ursprünglich vorgesehenen gesetzlichen Monopolstellung der Verwertungsgesellschaften wurde Abstand genommen, weil dies im Hinblick auf eine mögliche Beschränkung des Grundrechts der freien Berufswahl (Art. 12 GG) auf verfassungsrechtliche Bedenken stieß. Da derzeit keine Gründe für die Einführung eines gesetzlichen Monopols ersichtlich sind, kann die Frage, ob der Gesetzgeber hier nicht übervorsichtig war, vorerst dahingestellt bleiben. Die Gründung einer Verwertungsgesellschaft als Ausübung eines Berufs gehört jedenfalls nicht zum Alltäglichen.

Folgende Mißbräuche hält der Gesetzgeber für möglich:

Die Verwertungsgesellschaft könne dadurch, daß sie einzelnen Urhebern oder Inhabern verwandter Schutzrechte die Wahrnehmung ihrer Rechte verweigert, die Betroffenen wirtschaftlich schwer schädigen, da diese in der Regel zu einer selbständigen Wahrnehmung ihrer Rechte nicht in der Lage sind. Auf der anderen Seite könne die Verwertungsgesellschaft in Ausnutzung ihrer Monopolstellung den Verwertern urheberrechtlich geschützter Werke, also etwa den Musikveranstaltern, den Rundfunkunternehmen etc. für die Einräumung der erforderlichen Rechte unangemessen hohe Vergütungen abfordern oder in sonstiger Weise unbillige Bedingungen stellen. Weitere Gefahren könnten sich aus der Treuhandstellung der Verwertungsgesellschaften ergeben. Die Urheber, die ihre Rechte der Verwertungsgesellschaft zur Wahrnehmung übertragen, vertrauten ihr damit auch den wesentlichen Teil ihres Vermögens an. Es müsse sichergestellt sein, daß dieses Vermögen sachgemäß verwaltet werde und die in Wahrnehmung der anvertrauten Rechte eingezogenen Vergütungen gerecht verteilt würden[35].

b) *Der Einfluß der Verwaltung durch kartellrechtliche Kontrolle*

Das juristische Problem der Macht - staatlicher oder wirtschaftlicher - ist neben ihrer Rechtfertigung (Legitimation) das ihrer Mäßigung durch Kontrolle. In der innerstaatlichen Rechtsordnung und darüber hinaus ist Kontrolle als Substitut für fehlendes Gleichgewicht (checks and balances) zwingend. Besonders erprobt und durch Rechtsprechung konkretisiert ist diese Relation von Kontrollen und Gleichgewichtsdefiziten im Wettbewerbsrecht. Der Sachverhalt ist in Art. 86 des EG-Vertrages einfach und klar formuliert: Eine beherrschende (d.h. eine durch Wettbewerb nicht hinreichend balancierte) »Stellung auf dem Gemeinsamen Markt oder auf einem wesentlichen Teil desselben« ist wettbewerbsrechtlich zwar nicht verboten, aber ihr Mißbrauch zieht Sanktionen nach sich, und der Verhängung solcher Folgen gehen natürlich entsprechende, verfahrensrechtlich normierte Kontrollen voraus. Auch am deutschen Gesetz gegen Wettbewerbsbeschränkung läßt sich das exemplifizieren (vgl. § 22 GWB - Marktbeherrschende Unternehmen)[36].

---

35 Begründung des Regierungsentwurfes zum Urheberrechtswahrnehmungsgesetz, in: UFITA Bd. 46, 1966 I, S. 273.

36 Jürgen *Becker*, Gewaltenteilung im Gruppenstaat, 1986, S. 250 f.

Gleichgewichtsdefizite können und müssen unter gewissen Voraussetzungen durch Kontrollen kompensiert werden, wie das Wettbewerbsrecht lehrt.

Die wettbewerbsrechtlichen Regelungen des Gesetzes gegen Wettbewerbsbeschränkungen (GWB), namentlich das wettbewerbsrechtliche Diskriminierungsverbot (§ 26 GWB) und die Regeln über markbeherrschende Unternehmen (§ 22 Abs. 2 GWB), - die GEMA wurde bereits bei der Schaffung des GWB vom 27.7.1957 als typisches marktbeherrschendes Unternehmen angesehen[37] - finden deshalb Anwendung auf Verwertungsgesellschaften und zwar im Außenverhältnis zu den Werknutzern und im Innenverhältnis zu den Berechtigten[38]. Darüber hinaus unterliegen Verwertungsgesellschaften noch einer spezifischen Mißbrauchsaufsicht nach § 102 a GWB, die das Bundeskartellamt berechtigt, Verwertungsgesellschaften Maßnahmen zu untersagen und Verträge und Beschlüsse für unwirksam zu erklären, die einen Mißbrauch ihrer Stellung im Markt darstellen[39]. In der Praxis ist § 102 a GWB jedoch bislang eher bedeutungslos geblieben[40]. Neben der Aufsicht durch das Bundeskartellamt in Berlin unterliegen Verwertungsgesellschaften in Deutschland einer konkurrierenden, parallelen Aufsicht durch den Präsidenten des Deutschen Patentamts in München (ausführlich unten III. 1.). Das Nebeneinander beider Aufsichtsinstitutionen wurde höchstrichterlich sowohl durch das Berliner Kammergericht, wie auch durch den Bundesgerichtshof bestätigt[41]. Ergänzt wird die nationale deutsche Kartellaufsicht durch das Europäische Wettbewerbsrecht. In Betracht kommt die Anwendung des Verbots wettbewerbsbeschränkender Vereinbarungen und abgestimmter Verhaltensweisen in Art. 85 EG-V und die des Verbots der mißbräuchlichen Ausnutzung einer beherrschenden Stellung im Gemeinsamen Markt in Art. 86 EG-V. »Nach der Rechtsprechung des Europäischen Gerichtshofs verfügen Verwertungsgesellschaften über eine beherrschende Stellung auf einem wesentlichen Teil des Gemeinsamen Marktes für die Wahrnehmung der zu ihrem Tätigkeitsbereich gehörenden Nutzungsrechte, wenn sie ihre Dienstleistungen im Gebiet eines Mitgliedstaates als einziges Unternehmen anbieten.« Für urheberrechtliche Verwertungsgesellschaften enthält der EG-Vertrag keine Sonderregelung. »Daraus folgt, daß Aufsichtsmaßnahmen des Patentamts nach § 18 UrhWG, angenommene Einigungsvorschläge der Schiedsstelle nach den §§ 14, 15 UrhWG und selbst gerichtliche Entscheidungen über die Angemessenheit von Tarifen und Gesamtverträgen nach § 16 UrhWG der Beurteilung nach den (EG-) Wettbewerbsregeln unterliegen. Diese Vorschriften gelten ebenso wie das nationale Kartellrecht neben dem Gemeinschaftsrecht. Führt die Anwendung dieser Vorschriften im Einzelfall zu Konflikten, so daß die Gebote des Gemeinschaftsrechts nicht befolgt werden können,

---

37 Vgl. Joachim *Löhr,* Die Aufsicht über Verwertungsgesellschaften, 1992, S. 16.

38 Vgl. Kurt *Stockmann,* Die Verwertungsgesellschaften und das nationale und europäische Kartellrecht, in: Jürgen Becker (Hg.), Die Verwertungsgesellschaften im Europäischen Binnenmarkt, UFITA-Schriftenreihe, 1990, Bd. 91, S. 29, 31.

39 s. ausführlich Hans-Jürgen *Menzel,* Die Aufsicht über die GEMA durch das Deutsche Patentamt, 1986, S. 90 ff.

40 Vgl. Wernhard *Möschel,* in: Immenga/Mestmäcker, Kommentar zum Kartellgesetz, 2. Aufl., 1992, § 102 a.

41 Ausführlich *Stockmann,* a.a.O., S. 33 ff.

ohne gegen die des nationalen Rechts zu verstoßen, so kommt dem Gemeinschaftsrecht Vorrang zu«[42].

Das europäische Recht (Art. 86 Satz 2 EG-V) verfügt ebenso wie das deutsche Recht (§ 22 GWB) über das notwendige Instrumentarium, die Höhe von Urhebervergütungen, d.h. Tarife von Verwertungsgesellschaften, unter dem Gesichtspunkt des Mißbrauchs einer beherrschenden Stellung zu überprüfen. Der Europäische Gerichtshof hat von der Möglichkeit zur Überprüfung der Höhe von Tarifen einer Verwertungsgesellschaft im Rahmen des langjährigen Tarifstreits der französischen Verwertungsgesellschaft SACEM mit den Diskotheken in Frankreich Gebrauch gemacht und es als Indiz für den Mißbrauch einer beherrschenden Stellung angesehen, wenn eine Verwertungsgesellschaft für die von ihr erbrachten Leistungen Tarife anwendet, »die bei einer auf der gleichen Grundlage erfolgten Gegenüberstellung merklich höher sind als die in den anderen Mitgliedstaaten praktizierten Tarife«[43].

Die Konsequenz dieses Urteilsspruchs des EuGH kann nur eine europäische Tarifharmonisierung sein - gem. dem europarechtlichen Harmonisierungsprinzip natürlich auf hohem Niveau -, die sich jedoch nur durch eine enge Zusammenarbeit der europäischen Verwertungsgesellschaften auch auf dem Gebiet der Tarifgestaltung realisieren läßt, was u.U. wiederum auf Bedenken der europäischen Wettbewerbshüter in der DG IV der Kommission stößt.

Daran wird deutlich, daß die Anwendung der reinen Lehre des Wettbewerbsrechts auf Verwertungsgesellschaften dem Sinn und Zweck von Verwertungsgesellschaften nur schwer gerecht werden kann. Aus solchen und ähnlichen Überlegungen hat bereits in den siebziger Jahren Adolf *Dietz* den Schluß gezogen, »daß es besser ist, auf dem Weg über eine besondere Regelung des Rechts der Verwertungsgesellschaften gewissen Gefahren aus deren Rechtsstellung gegenüber den Urhebern einerseits und gegenüber den Werknutzern andererseits zu begegenen, als diese Gefahren auf dem für diese Zusammenschlüsse nur schwer tauglichen Weg des Wettbewerbs- und Kartellrechts zu bekämpfen«[44].

Ohne Änderung der geltenden nationalen und europäischen kartellrechtlichen Normen läßt sich dies jedoch kaum praktizieren. Ein Ausgleich zwischen den besonderen Bedürfnissen von Verwertungsgesellschaften und den strengen Regeln des Kartellrechts könnte jedoch in der Zwischenzeit über den durch den Vertrag von Maastricht neu in das Gemeinschaftsrecht aufgenommenen »Kultur-Artikel« (Art. 128) gefunden werden, der die Kommission verpflichtet, »den kulturellen Aspekten bei ihrer Tätigkeit aufgrund anderen Bestimmungen dieses Vertrages«, d.h. auch den Bestimmungen des Kartellrechts, Rechnung zu tragen.

Ein mißbräuchliches (Tarif-) Verhalten, das gem. § 22 Abs. 5 GWB ein Einschreiten des Bundeskartellamts erforderlich gemacht hätte, ist im Bereich der

---

42 Vgl. Ernst-Joachim *Mestmäcker,* Zur Rechtsstellung urheberrechtlicher Verwertungsgesellschaften im europäischen Wettbewerbsrecht, in: Festschrift für Fritz Rittner zum 70. Geburtstag, 1991, S. 291 f.

43 Rs. 395/87, Rn. 38; Rs. 110/88, Rn. 25.

44 Das Urheberrecht in der Europäischen Gemeinschaft, a.a.O., Rn. 571.

GEMA bisher noch nicht aktuell geworden. In diesem Bereich der Verwaltung gilt demzufolge der Grundsatz: Prävention geht vor Sanktion.

Wettbewerbsrechtliche Aufsicht und Preisaufsicht dienen der Sicherung grundlegender Verhaltensanforderungen im Wettbewerb und in der Vertragsgestaltung. Wirtschaftsaufsicht nach dem Kartellgesetz schützt die Wettbewerbsordnung und den marktwirtschaftlichen Wettbewerb[45]. Bei der Auslegung der Wettbewerbsregeln, ob nationale oder europäische, muß den wirtschaftlichen und rechtlichen Besonderheiten Rechnung getragen werden, die für die kollektive Wahrnehmung von Urheberrechten durch Verwertungsgesellschaften gelten.

Rechtsdogmatisch gehört die Kartellaufsicht zur »Wirtschaftseingriffsverwaltung«[46]. Sie ist Teil der öffentlichen Verwaltung und bedient sich bei ihren Entscheidungen des Verwaltungsakts, dem klassischen Instrument des Verwaltungsrechts, der gerichtlich angefochten werden kann (§ 62 GWB). Eine Besonderheit dabei ist, daß hierfür nicht die Verwaltungsgerichte zuständig sind, sondern es eine besondere zivilrechtliche Verweisung zum Berliner Kammergericht und danach zum BGH gibt.

In einem Rechts- und Sozialstaat gibt es per definitionem keine Ausübung von Macht, gleichgültig ob wirtschaftliche oder staatliche, die nicht institutionell und verfahrensrechtlich durch staatliche Rechtssetzung reglementiert und durch staatliche Organe kontrolliert wäre, die nicht wenigstens marginal in das Staatsganze integriert und dem Ganzen verpflichtet wäre. Dafür gibt es ein historisch erprobtes, einfaches und unverzichtbares Prinzip: Je stärker die Macht, umso intensiver die Integration in das Staatsganze und umso gewichtiger die Kontrollen. Wegen ihrer wirtschaftlichen und kulturellen Bedeutung, aber auch wegen ihrer Staatsnähe gilt dies auch für Verwertungsgesellschaften.

c) *Ergänzende Kontrollinstrumente*

Angesichts der Monopolstellung von Verwertungsgesellschaften und ihrer spezifischen Tätigkeit, die in Deutschland bis zur Gründung der VG WORT 1958 allein durch die GEMA bestimmt war, galt das Kartellrecht als nicht ausreichend, um Verwertungsgesellschaften in das Staatsganze zu integrieren und hinreichend zu kontrollieren.

Der deutsche Gesetzgeber hat deshalb bei der großen Urheberrechtsreform 1965 die deutschen Verwertungsgesellschaften durch Erlaß des UrhWG einer zusätzlichen besonderen staatlichen Aufsicht durch das Deutsche Patentamt unterstellt und ihre Rechte und Pflichten gesetzlich definiert und abgegrenzt. Die gesetzliche Fixierung dient der Rechtssicherheit. Sie hat außerdem das Gesamtsystem der Urheberrechtsordnung im Dietz'schen Sinne vervollständigt.

Ergänzt wird die besondere Art der Aufsicht durch die Vereinsaufsicht des Bürgerlichen Gesetzbuches (§ 22, § 33 Abs. 2, § 43 BGB), der die vereinsrechtlich

---

45 Vgl. Peter *Badura*, Wirtschaftsverwaltungsrecht, in: von Münch/Schmidt-Aßmann, Besonderes Verwaltungsrecht, 9. Aufl. 1992, S. 224.

46 Vgl. Siegfried *Klaue*, in: Immenga/Mestmäcker, Kommentar zum Kartellgesetz, 2. Aufl. 1992, § 48, Rn. 3.

organisierten Verwertungsgesellschaften (GEMA, VG WORT, VG BILD/KUNST und VG MUSIKEDITION) unterliegen und durch die Aufsicht nach dem Gesellschaftsrecht, soweit Verwaltungsgesellschaften als Gesellschaften mit beschränkter Haftung (GmbH) organisiert sind (GVL sowie die Filmverwertungsgesellschaften).

Es ist jedoch von grundsätzlicher Bedeutung, daß sich die GEMA durch eine Vereinbarung mit dem Bundesministerium der Justiz schon 1952 freiwillig einer staatlichen Aufsicht unterworfen hatte, welche vom Präsidenten des Deutschen Patentamts wahrgenommen wurde. Es ist verständlich und legitim, daß der Gesetzgeber angesichts sich neu bildender Verwertungsgesellschaften die Kontrolle auf eine gesicherte rechtliche Basis stellen wollte, und es lag nahe, die bereits funktionierende freiwillige Aufsicht über die GEMA, die ihre Bewährungsprobe bereits bestanden hatte, zum Vorbild für die allgemeine staatliche Aufsicht über die deutschen Verwertungsgesellschaften durch das Deutsche Patentamt zu wählen.

Die Unterstellung unter eine freiwillige Kontrolle hat dazu beigetragen, der GEMA, die durch das Urheberrecht und das in ihren Gremien praktizierte Demokratieprinzip bereits hinreichend legitimiert ist, auf eine weitere gesicherte Legitimationsgrundlage zu stellen und ihr Ansehen bei Komponisten, Textdichtern und Verlegern, bei den Musiknutzern sowie in der Öffentlichkeit zu stärken.

d) *Das Charakteristische der Kontrolle über Verwertungsgesellschaften in Deutschland*

Die Kontrolle über Verwertungsgesellschaften in Deutschland ist umfangreich, engmaschig und effizient. Nur wenige Institutionen in Deutschland, ob staatliche oder private, ob Monopolbetriebe oder solche, die dem Wettbewerb ausgesetzt sind, sind mit einem so dichten Kontrollnetz überzogen. Obwohl die Verwertungsgesellschaften dadurch »ungünstiger als andere Unternehmen«[47] gestellt werden, empfinden sie selbst dieses Kontrollsystem weniger als Behinderung, denn als wichtige Säule ihrer Legitimation. Es gibt nur wenige andere gesellschaftliche oder staatliche Institutionen, die wie Verwertungsgesellschaften ihren Legitimationsbeweis stets von neuem erbringen müssen, weil der Schutz des geistigen Eigentums und die Durchsetzung der Rechte der schöpferischen Menschen in breiten Kreisen der Bevölkerung und sogar bei Politikern wenig populär ist und zum Teil auf völliges Unverständnis stößt.

Charakteristisch für die Kontrolle über Verwertungsgesellschaften in Deutschland ist der maßvolle Einfluß der öffentlichen Verwaltung - d.h. durch Kartellamt und Deutsches Patentamt - bei ihrer Überwachungstätigkeit sowie der lückenlose Rechtsschutz gegen die gesamte Breite der Tätigkeit von Verwertungsgesellschaften. So ist das Beziehungsgeflecht der Verwertungsgesellschaften zu ihren Mitgliedern und zu den Verwertern, aber auch das Netzwerk der Verwertungsgesellschaften (auf dem Gebiet der Musik) innerhalb der Europäischen Union geprägt

---

47 Heinrich *Hubmann*, Urheber- und Verlagsrecht, 6. Aufl., 1987, S. 72.

durch (wenige) Verwaltungsentscheidungen sowie durch eine Fülle von Urteilen von Instanzgerichten sowie durch höchstrichterliche Rechtsprechung. Ein mißbräuchliches Verhalten von Verwertungsgesellschaften gegenüber Berechtigten durch unangemessene Mitgliedsvoraussetzungen oder gegenüber Verwertern durch überhöhte Tarife ist damit nahezu ausgeschlossen. Bei Streit hierüber ist das bestehende Kontrollsystem geeignet, auf schnelle Weise den Rechtsfrieden wieder herzustellen.

V. *Der Einfluß von Verwaltung und Rechtsprechung auf Verwertungsgesellschaften unter dem Regime des UrhWG*

Die rechtliche Stellung der Verwertungsgesellschaften in Deutschland beruht auf der durch die GEMA geprägten Tradition. Das UrhWG vom 9. September 1965 stellt die Tätigkeit aller Verwertungsgesellschaften aber auf eine gesicherte rechtliche Grundlage.

1. *Die Aufsicht durch das Deutsche Patentamt*

Das UrhWG unterstellt Verwertungsgesellschaften der Aufsicht des Präsidenten des Deutschen Patentamts (§ 18 UrhWG), der im Einvernehmen mit dem Bundeskartellamt über Anträge auf Erteilung der Erlaubnis zum Geschäftsbetrieb einer Verwertungsgesellschaft und über den Widerruf der Erlaubnis entscheidet (§ 18 Abs. 2 UrhWG).

Die Wahl des Deutschen Patentamts als Aufsichtsbehörde liegt nahe, da dieses bereits bei Erlaß des UrhWG als Vertretung des Bundesjustizministeriums gemäß der freiwilligen Vereinbarung mit der GEMA vom 10. Januar 1952 die Aufsichtsbefugnisse über die GEMA ausgeübt hat. Da für Fragen des Urheberrechts in Deutschland der Bundesminister der Justiz die Federführung besitzt, ist die Beauftragung des Präsidenten des Deutschen Patentamtes logisch, da das Patentamt zum Geschäftsbereich des Bundesjustizministeriums gehört und durch seine Tätigkeit auf dem Gebiet des Patentrechts beim Schutz des geistigen Eigentums besonders erfahren ist. Der Präsident des Deutschen Patentamts soll darauf achten, »daß die Verwertungsgesellschaft den ihr nach dem Urheberrechtswahrnehmungsgesetz obliegenden Verpflichtungen ordnungsgemäß nachkommt« (§ 19 Abs. 1 UrhWG). In diesem Rahmen konzentriert sich die Aufsicht auf das Recht, Auskunft über alle die Geschäftsführung einer Verwertungsgesellschaft betreffenden Angelegenheiten verlangen zu können, das Recht, in die Geschäftsbücher Einsicht zu nehmen und an den Sitzungen bestimmter Gesellschaftsorgane teilnehmen zu können. Diese Rechte werden ergänzt durch Unterrichtungspflichten der Verwertungsgesellschaften wie Satzungsänderungen, Tarife, Gesamtverträge etc. (§ 20 UrhWG). Natürlich steht es jedem Nutzer frei, sich beim Präsidenten des Deutschen Patentamtes über das Tarifgebahren einer Verwertungsgesellschaft zu beschweren.

»Eine abstrakte Überprüfung der teilweise äußerst komplexen Tarifwerke« ist auch nach Auffassung des deutschen Gesetzgebers dem Patentamt kaum möglich,

»weil sich die Anhaltspunkte für die Beurteilung der Angemessenheit in der Regel erst aus dem konkreten Sachverhalt ergeben, auf den ein bestimmter Tarif angewandt werden soll«. Eine Möglichkeit, die Verwertungsgesellschaft direkt anzuweisen, ihre Tarife zu ändern, besteht deshalb nicht, da hierfür das UrhWG ein spezielles Verfahren vorsieht. Amt und persönliches Ansehen geben dem Präsidenten des Deutschen Patentamts jedoch Einflußmöglichkeiten außerhalb dieses Verfahrens, deren positive Wirkungen für diese Art der Aufsicht charakteristisch sind.

Die Verwertungsgesellschaften haben bisher keinen Anlaß dafür geboten, die Reichweite der Aufsicht durch das Patentamt evtl. gerichtlich präzisieren zu lassen. Allein die Existenz dieser Aufsicht, die vom Präsidenten des Deutschen Patentamts mit Geschick und Umsicht ausgeübt wird, hat präventive Wirkung, da keine Verwertungsgesellschaft ein Interesse an einem Konflikt mit der Aufsichtsbehörde haben kann und deshalb die Suche nach dem Konsens immer im Vordergrund steht. Die Aufsicht durch das Deutsche Patentamt ist deshalb durch ihre geräuschlose Effizienz gekennzeichnet.

2. *Der Wahrnehmungszwang*

Für Verwertungsgesellschaften besteht doppelter Kontrahierungszwang. Nach § 6 Abs. 1 UrhWG ist jede Verwertungsgesellschaft verpflichtet, die zu ihrem Tätigkeitsbereich gehörenden Rechte und Ansprüche auf Verlangen der Berechtigten wahrzunehmen. Dieser Wahrnehmungszwang nach innen tritt an die Seite des Kontrahierungszwangs nach außen gegenüber den Nutzern (§§ 11, 12 UrhWG)[48].

Der Wahrnehmungszwang gründet in der faktischen Monopolstellung von Verwertungsgesellschaften wie z.B. der GEMA auf dem Gebiet der Musik. Da bestimmte Rechte von Urhebern und Inhabern verwandter Schutzrechte nur über Verwertungsgesellschaften wirksam wahrgenommen werden können, würde die Weigerung der Verwertungsgesellschaft, mit einem Berechtigten zu kontrahieren, für den Betroffenen zu schweren wirtschaftlichen Schäden führen. Da z.B. die GEMA ein nachhaltiges Interesse daran hat, das musikalische Weltrepertoire zu verwalten, läge es nicht in ihrem Sinne, einen Berechtigten abzuweisen. So kann denn auch der Wahrnehmungszwang nur für die Fälle eingeschränkt werden, die zu einer »unbilligen Belastung der Verwertungsgesellschaft« führen würden: Dazu gehört, daß die Verwertungsgesellschaft nur zur Wahrnehmung der zu ihrem Tätigkeitsbereich gehörenden Rechte und Ansprüche verpflichtet ist, die sich in der Regel aus der Satzung bzw. aus dem Gesellschaftervertrag der Verwertungsgesellschaft ergeben.

---

48 Vgl. Reinhold *Kreile*/Jürgen *Becker*, Aufgaben und Arbeitsweise von Verwertungsgesellschaften, in: Handbuch der Musikwirtschaft, 2. Aufl., 1993, S. 453 (462 ff.).

3. *Der Abschlußzwang*

Grundsätzlich ist jede Verwertungsgesellschaft verpflichtet, auf der Grundlage der von ihr wahrgenommenen Rechte jedermann auf Verlangen zu angemessenen Bedingungen Nutzungsrechte einzuräumen oder Einwilligungen zu erteilen (§ 11 UrhWG). Auch dieser Kontrahierungszwang ist Folge der Monopolstellung von Verwertungsgesellschaften. § 11 UrhWG sieht keine Ausnahme von dieser Verpflichtung vor. Grundsätzlich darf davon ausgegangen werden, daß jeder Urheber und damit auch seine Verwertungsgesellschaft möchte, daß Werke gelesen, betrachtet, gespielt etc., d.h. genutzt, werden. Dennoch sind Fälle denkbar, die z.B. der GEMA »die Lizenzverweigerung erlauben, wenn nicht gebieten«. Allerdings ist »dies nur dann . . . gerechtfertigt, wenn das Interesse der Verwertungsgesellschaft unter Berücksichtigung der Belange des Verwerters als vorrangig anzusehen ist«[49]. Welches solche Fälle sind, muß im Einzelfall festgestellt werden. In der Verletzung von Leistungsschutzrechten jedenfalls hat das Oberlandesgericht München keine gerechtfertigte Ausnahme vom Abschlußzwang gesehen.

4. *Zahlung unter Vorbehalt/Hinterlegung*

Kommt bei Verhandlungen zwischen Verwertungsgesellschaft und Nutzer eine Einigung über die Höhe der Vergütung für die Einräumung der Nutzungsrechte nicht zustande, so werden auf gesetzlicher Grundlage die Nutzungsrechte eingeräumt, »wenn die von der Verwertungsgesellschaft geforderte Vergütung unter Vorbehalt an die Verwertungsgesellschaft gezahlt oder zu ihren Gunsten hinterlegt worden ist« (§ 11 Abs. 2 UrhWG). Kommt der Nutzer diesen Voraussetzungen nach, ist die Nutzung berechtigt. Diese Vorschrift verhindert, daß bei einem Streit über die Höhe der Vergütung einerseits die Verwertungsgesellschaft dadurch auf ihren Vertragspartner Druck ausübt, daß sie die Einräumung der gewünschten Rechte bis zur gerichtlichen Entscheidung des Streits hinauszögert, »oder sich durch unangemessen hohe Forderungen dem Kontrahierungszwang faktisch entzieht«[50]. Andererseits ist es dem Verwerter verwehrt, das Repertoire der Verwertungsgesellschaft zu nutzen, ohne dafür bezahlen zu müssen. Wenn bei einem Streit über die Höhe des Tarifs durch Schiedsstelle bzw. Gericht festgestellt worden ist, daß der von der Verwertungsgesellschaft geforderte Betrag zu hoch war, wird das zuviel gezahlte Geld, das verzinslich angelegt werden muß, dem Verwerter wieder ausbezahlt. Bei dem berühmten (Tarif-) Streit zwischen der GEMA und der Deutschen Landesgruppe der IFPI e.V. wurden bis zur Entscheidung des OLG München im Jahre 1987 von den deutschen Schallplattenproduzenten DM 120 Mio. hinterlegt.

---

49 Beschluß des OLG München vom 22. April 1993 (29 U 2194/93); vgl. auch *Fromm/Nordemann*, 8. Aufl., 1994, § 11 UrhWG, Rn. 2.

50 Einzelheiten s. *Schricker/Reinbothe*, Urheberrecht, 1987, § 11 UrhWG, Rn. 8.

5. *Tarife und Gesamtverträge*

Der Rechtsrahmen für die Festsetzung von Tarifen einer Verwertungsgesellschaft ist im UrhWG festgelegt. Verwaltung und Rechtsprechung nehmen auf die Bildung von Tarifen nur dann Einfluß, wenn zwischen Verwertungsgesellschaften und Nutzern Streit über die Höhe von Tarifen und sonstigen Tarifbedingungen entsteht. Das Streitschlichtungsverfahren ist ebenfalls im UrhWG geregelt. Einfluß seitens der Verwaltung besteht hier durch die Schiedsstelle beim Deutschen Patentamt. Die Rechtsprechung nimmt Einfluß, weil sämtliche Tarife von Verwertungsgesellschaften richterlicher Kontrolle unterzogen werden können.

Jede Verwertungsgesellschaft ist verpflichtet, Tarife über die Vergütung aufzustellen, die sie aufgrund der von ihr wahrgenommenen Rechte und Ansprüche fordert (§ 13 UrhWG). Dadurch soll im Interesse der Allgemeinheit eine gleichmäßige Behandlung aller gleichgelagerten Fälle durch die Verwertungsgesellschaft sichergestellt, zugleich aber auch den Verwertungsgesellschaften in ihrem eigenen Interesse erspart werden, in jedem Einzelfall langwierige Verhandlungen über Art und Höhe der zu zahlenden Vergütung zu führen. Für nahezu sämtliche Nutzungsarten musikalischer Werke hat die GEMA z.Zt. etwa 65 Tarife aufgestellt und veröffentlicht. Natürlich gibt es immer wieder Nutzungsvorgänge, für die das Tarifwerk der GEMA keinen unmittelbar passenden Tarif enthält. In diesen Fällen ist die GEMA berechtigt, »grundsätzlich von dem Tarif auszugehen, der nach seinen Merkmalen der im Einzelfall vorliegenden Art und Weise und dem Umfang der Nutzung möglichst nahe kommt«[51].

Die Verwertungsgesellschaften sind verpflichtet, mit »Vereinigungen, deren Mitglieder nach dem UrhG geschützte Werke oder Leistungen nutzen oder zur Zahlung von Vergütungen nach dem UrhG verpflichtet sind«, zu angemessenen Bedingungen Gesamtverträge (§ 12 UrhWG) abzuschließen.

Die GEMA hat zur Zeit ca. 343 Gesamtverträge mit den unterschiedlichsten Verbänden und Vereinigungen abgeschlossen, die jedoch eines gemein haben, die Vertretung von Nutzern von Musik: So bestehen Verträge mit der Bundesvereinigung der Musikveranstalter, dem Deutschen Bühnenverein, den Schaustellerverbänden, dem Allgemeinen Deutschen Tanzlehrerverband, dem Deutschen Sängerbund, dem Verband der Deutschen Konzertdirektionen, dem Bund Deutscher Karneval, dem Hauptverband des Deutschen Einzelhandels etc.

Die Verwaltungsvereinfachung, die sich für die Verwertungsgesellschaften durch den Abschluß von Gesamtverträgen ergibt, honorieren diese mit Abschlägen für den Einzelnutzer in Höhe bis zu ca. 20 % auf die jeweiligen Tarife.

Die Verpflichtung zum Abschluß eines Gesamtvertrages entfällt, wenn der Verwertungsgesellschaft ein solcher Abschluß nicht zuzumuten ist, weil z.B. die Vereinigung eine zu geringe Mitgliederzahl umfaßt.

Die im Rahmen von Gesamtverträgen zwischen der Verwertungsgesellschaft und einer Nutzungsvereinigung vereinbarten Tarife, gelten als »Tarife« im Sinn von § 13 Abs. 1 UrhWG. Sie sind nicht allgemein verbindlich, sondern nur für die

---

51 Urteil des BGH vom 1. Juni 1983, ZR 98/81.

Mitglieder der fraglichen Vereinigung, die den Gesamtvertrag abgeschlossen hat. Für »Außenseiter« gilt der Normaltarif außerhalb des Gesamtvertrages, der in der Regel um 25 % höher liegt, als der gesamtvertraglich vereinbarte Tarif[52].

Der (Normal-) Tarif einer Verwertungsgesellschaft hat die Bedeutung eines Angebots zu angemessener Vergütung. »Für die durch Gesamtvertrag vereinbarten Tarife gilt nichts anderes. Ein Werknutzungsvertrag mit dem einzelnen Werkverwerter kommt dadurch noch nicht zustande. Vertraglich festgelegt ist insoweit lediglich die Bereitschaft und Verpflichtung der Verwertungsgesellschaft, mit den Verbandsmitgliedern zu den vereinbarten Bedingungen, insbesondere zu dem fraglichen Tarif, Werknutzungsverträge abzuschließen. Die durch Gesamtvertrag vereinbarten Tarife haben daher ebenfalls nur die Bedeutung entsprechender Vertragsangebote für die danach mit den Verbandsmitgliedern abzuschließenden Einzelverträgen über die Werknutzung. Kommt es zu einem Einzel-Vertragsabschluß, so bleibt der dann vereinbarte Tarif - gleichgültig, ob vorher einseitig oder aufgrund des Gesamtvertrags angeboten - maßgebend; eine Prüfung der Angemessenheit scheidet grundsätzlich aus«[53]. Der Gesamtvertrag verpflichtet die Verwertungsgesellschaft, den Verbandsmitgliedern die vereinbarten Tarife anzubieten, führt also lediglich zu einem entsprechenden Vertragsangebot, ist aber insoweit für die Verwertungsgesellschaft bindend.

Bei der Aufstellung von Tarifen sollen die deutschen Verwertungsgesellschaften auf religiöse, kulturelle und soziale Belange der zur Zahlung der Vergütung Verpflichteten angemessene Rücksicht nehmen (§ 13 Abs. 3 UrhWG).

6. *Berechnungsgrundlage für Tarife*

Berechnungsgrundlage für alle Tarife sollen in der Regel die »geldwerten Vorteile« sein, die der Musiknutzer durch die Verwertung geschützter Werke erzielt (§ 13 Abs. 3 UrhWG). Darin spiegelt sich der durch eine umfassende Rechtsprechung in einer Reihe europäischer Länder gefestigte urheberrechtliche Grundgedanke wider, wonach der Urheber angemessen am wirtschaftlichen Nutzen seiner Werke zu beteiligen ist.

Maßstab für diesen wirtschaftlichen Nutzen soll der wirtschaftliche Erfolg des Verwerters, seine aus der Nutzung des Urheberrechts hervorgegangene Vermögensvermehrung sein, soweit dieser wirtschaftliche Erfolg im Zusammenhang mit der Nutzung steht. Das bedeutet, daß bei der Tarifgestaltung der Umsatz des Verwerters zugrundegelegt werden sollte. Bei Nutzungsvorgängen, bei denen alleiniger oder hauptsächlicher Zweck die Darbietung z.B. urheberrechtlich geschützter Musik ist, läßt sich dies ohne weiteres berechnen: so bei Konzertveranstaltungen anhand der Eintrittspreise, aber auch beim Rundfunk mittels Gebühren- und Werbeeinnahmen. Dort wo die geldwerten Vorteile mangels unmittelbarer Einnahmequellen nicht oder nur schwer festzustellen sind, wie z.B. bei der Background-Mu-

---

52 *Schricker/Reinbothe*, § 13 Rdnr. 3.

53 Otto-Friedrich Freiherr *von Gamm*, Die Tariffestsetzung durch die urheberrechtlichen Verwertungsgesellschaften, in: Festschrift für Rudolf Nirk, 1992, S. 316 f.

sik in Supermärkten, Boutiquen, Ladenpassagen etc. können auch andere Berechungsgrundlagen herangezogen werden (so § 13 Abs. 3 Satz 2 UrhWG). Dies sind in der Regel pauschalierte Tarife, die sich an Raumkapazitäten, Zweck und Dauer der Veranstaltung etc. orientieren.

Zur Frage, welcher prozentuale Beteiligungssatz bei der Nutzung von musikalischen Werken angemessen ist, haben sowohl die Schiedsstelle beim Deutschen Patentamt als auch das Schweizerische Bundesgericht Stellung genommen. Beide gehen davon aus, daß für die Urheberrechtsentschädigung 10 % der Bruttoeinnahmen international üblich seien. Nach Auffassung des Schweizerischen Bundesgerichts hat sich diese 10%ige Entschädigung als »praktikabler Grenzwert herausgebildet und wird sowohl national als auch international als gemeinhin anerkannte Usance befolgt.« Das Schweizerische Bundesgericht bewertet diese 10%ige Urheberrechtsentschädigung als einzigen, allgemein akzeptierten Anhaltspunkt für die Bemessung von Urheberrechtsentschädigungen z.B. im Kabelbetrieb[54].

Die Schiedsstelle beim Deutschen Patentamt legt ihrer Spruchpraxis ebenfalls den 10%igen Beteiligungssatz für alle Urheber unter Hinweis auf die schweizerische aber auch die österreichische Praxis zugrunde[55].

Besteht ein Werk aus Beiträgen mehrer Urheber, dann müssen sich alle Urheber, d.h. z.B. musikalische, literarische, graphische etc., den 10%igen Beteiligungssatz untereinander aufteilen. Leistungsschutzberechtigte müssen jedoch extra, d.h. zusätzlich, honoriert werden.

Vor dem Hintergrund der Praxis und Rechtsprechung hat der schweizerische Gesetzgeber im neuen Urheberrechtsgesetz vom 9. Oktober 1992 den Grundsatz der Angemessenheit in eine Gesetzesform gegossen. Die einschlägige Norm im neuen schweizerischen Urheberrechtsgesetz (Art. 60 Abs. 2) lautet:

> »Die Entschädigung beträgt in der Regel höchstens zehn Prozent des Nutzungsertrags oder -aufwands für die Urheberrechte und höchstens drei Prozent für die verwandten Schutzrechte; sie ist jedoch so festzusetzen, dass die Berechtigten bei einer wirtschaftlichen Verwaltung ein angemessenes Entgelt erhalten«.

Die Frage nach der angemessenen Vergütung beeinhaltet die Frage nach dem Wert der urheberrechtlichen Leistung. Auf die Schwierigkeit, diesen Wert zu bestimmen, braucht hier nicht hingewiesen zu werden. Angesichts der kollektiven Verwertung musikalischer Rechte kann sich ein Marktpreis für die Leistung eines Komponisten kaum entwickeln. »So sehr ein Anhaltspunkt für die Angemessenheit von Tarifen die Entscheidungsfindung erleichtern mag und echte Alternativen nicht erkennbar sind, darf die 10-%-Regel nur als Hilfestellung aufgefaßt werden, als eine Art Meßlatte, die eine Verschiebung nach unten, aber auch nach oben zuläßt. Jedenfalls darf sie nicht als feste obere Grenze betrachtet werden. Eine Richtgröße darf nicht dazu verführen, sie wie eine gesetzliche Vorgabe zu behan-

---

54 Vgl. Urteil des Schweizerischen Bundesgerichts vom 7. März 1986, in: Eidgenössische Schiedskommission für die Verwertung von Urheberrechten, Entscheide und Gutachten 1981 - 1990, S. 183 (191).

55 Vgl. Sch-Urh 1/86, in: ZUM 1987, S. 183.

deln. Dies würde zu einer Verletzung der Eigentumsgarantie führen und die Tarifautonomie der Verwertungsgesellschaften verletzen. Letztendlich kann sie nur als Behelf dienen und ist daher kritisch zu betrachten. Schließlich gibt es auch Stimmen, die im Interesse der Urheber eine Steigerung der Richtgröße für wünschenswert erachten«[56].

Die von den Verwertungsgesellschaften aufgestellten Tarife gelten ausdrücklich nur für die erlaubte Nutzung (Musikwiedergabe). Holt ein Nutzer von der Verwertungsgesellschaft die erforderliche Erlaubnis zur Nutzung des Repertoires nicht ein, ist die Verwertungsgesellschaft nach höchstrichterlicher Rechtsprechung berechtigt, einen hundertprozentigen Zuschlag zum Normaltarif zu erheben. Die Gerichte begründen diesen Zuschlag damit, daß die Aufdeckung von Urheberrechtsverletzungen durch die einzelnen Urheber praktisch nicht möglich ist. »Nur durch die Einrichtung einer besonderen Überwachungsorganisation und unter entsprechend hohem Aufwand kann verhindert werden, daß der Urheberrechtsschutz in diesem Bereich nicht weitgehend leerläuft«[57].

7. *Tarifüberprüfung*

Die Tarife von Verwertungsgesellschaften sind in vollem Umfang gerichtlich überprüfbar. Für die gerichtliche Überprüfung der Anwendbarkeit und/oder Angemessenheit von Tarifen sind die ordentlichen Gerichte (Zivilgerichte) zuständig. Einer gerichtlichen Klage muß jedoch grundsätzlich ein Verfahren vor der »Schiedsstelle beim Deutschen Patentamt« vorausgehen, soweit die Angemessenheit und/oder die Anwendbarkeit eines Tarifs vorprozessual bestritten wird.

a) *Das Verfahren vor der Schiedsstelle beim Deutschen Patentamt*

Die Schiedsstelle (§ 14 UrhWG)[58] ist ein beim Deutschen Patentamt, der Aufsichtsbehörde über die Verwertungsgesellschaften, gebildetes Verwaltungsorgan, das aus einem Vorsitzenden und zwei Beisitzern besteht, die alle die Befähigung zum Richteramt haben müssen. Obwohl die Schiedsstelle ein Teil der öffentlichen Verwaltung ist, sind seine Mitglieder neutral und unabhängig wie Richter, d.h. sie sind an keine Weisungen übergeordneter Dienststellen gebunden.

Die Tätigkeit der Schiedsstelle erschöpft sich nach erfolglos versuchter gütlicher Streitbeilegung (§ 14 Abs. 5 UrhWG) auf die Vorlage eines unverbindlichen Einigungsvorschlags, der von den Beteiligten angenommen werden kann aber nicht muß. Stellt sich im Laufe eines bereits begonnenen Rechtsstreits heraus, daß ein Tarif im Streit ist, so wird das Verfahren ausgesetzt und die Schiedsstellenentscheidung abgewartet.

Die Schiedsstelle ist zuständig für alle urheberrechtlichen Streitigkeiten, an denen eine Verwertungsgesellschaft beteiligt ist, wenn der Streitfall die (Einzel-)

---

56 Vgl. Angelika *Strittmatter,* Tarife vor der urheberrechtlichen Schiedsstelle, 1994, S. 148 f.
57 Urteil des BGH vom 10.3.1972 (I ZR 160/70).
58 Zur Entstehung der Schiedsstelle vgl. ausführlich Jörg *Reinbothe,* Schlichtung im Urheberrecht, 1978; Margret *Möller,* Die Urheberrechtsnovelle '85, 1986, S. 59 ff.

Nutzung von Werken oder Leistungen, die nach dem Urheberrechtsgesetz geschützt sind, betrifft (§ 14 Abs. 1 Nr. 1 UrhWG) oder den Abschluß oder eine Änderung eines Gesamtvertrages (§ 14 Abs. 1 Nr. 2 i.V.m. § 12 UrhWG). Die Zuständigkeit der Schiedsstelle erstreckt sich auf Streitfälle aller Art: Streitfälle über die Einräumung von Nutzungsrechten allgemein, z.B. für die Nutzung von Musik in einer Live-Aufführung, in Diskotheken, Läden etc., oder für die Herstellung einer Schallplatte, Abschluß oder Änderung eines Gesamtvertrages z.B. mit Nutzervereinigungen, darunter auch mit den in der Deutschen Landesgruppe der IFPI zusammengeschlossenen Schallplattenproduzenten über die Angemessenheit oder die Anwendung eines Tarifs. Darüber hinaus kann die Schiedsstelle angerufen werden bei Streit über einen Anspruchsgrund, die Verletzung von Urheberrechten, die Vergütungspflicht oder die Aktivlegitimation einer Verwertungsgesellschaft[59].

Die Schiedsstelle soll auf »gütliche Beilegung des Streitfalles hinwirken«. Dem Bemühen um einen Vergleich hat daher stets die Entscheidung der Schiedsstelle zur Vorlage eines Einigungsvorschlags vorauszugehen. Kommt eine gütliche Streitbeilegung nicht zustande, dann hat die Schiedsstelle den Beteiligten einen schriftlich begründeten Einigungsvorschlag zu machen (§ 14 a) Abs. 2 UrhWG).

Die von der Schiedsstelle vorgeschlagene Vereinbarung muß gerecht und angemessen sein. Ob eine Vergütung angemessen ist, wird sie anhand objektiver Kriterien ermitteln und sich von eigenen Ermittlungsergebnissen leiten lassen[60].

Geht bei der Schiedsstelle nicht innerhalb eines Monats nach Zustellung des Einigungsvorschlags ein schriftlicher Widerspruch von zumindest einer der Parteien ein, so gilt der Einigungsvorschlag als angenommen. Damit wird kraft Gesetzes eine Vereinbarung zwischen den Parteien fingiert, die den Inhalt des Einigungsvorschlags der Schiedsstelle aufweist (§ 14 a) Abs. 3 UrhWG).

Bei Streitfällen über Gesamtverträge (§ 14 c UrhWG) gilt die Besonderheit, daß der Einigungsvorschlag der Schiedsstelle den gesamten Inhalt des Gesamtvertrages enthalten muß.

b) *Gerichtliche Tarifüberprüfung*

Der Einfluß der Rechtsprechung auf die Tarife von Verwertungsgesellschaften ist allgegenwärtig, da die Tarife z.B. der GEMA voll umfänglich justitiabel sind. Für die Frage der Angemessenheit von Tarifen ist dies von besonderer Bedeutung, da auf diese Weise verhindert wird, daß Verwertungsgesellschaften ihre faktische Monopolstellung dazu mißbrauchen, den Nutzern unbillige Bedingungen zu diktieren. Den Gerichten obliegt es, namentlich bei Streitigkeiten über Tarife, im Sinne einer gerechten Konfliktsregelung eine gerechte Entscheidung zu treffen, die auf einen Ausgleich der Interessen zwischen Urhebern und Nutzern zielt. Das UrhWG enthält die »Spielregeln«, wie Streitfälle über die Angemessenheit von Tarifen in einem rechtsstaatlichen Verfahren gelöst werden müssen.

---

59 *Reinbothe,* a.a.O., § 14 Rn. 1; Beschluß der Schiedsstelle in: ZUM 1987, S. 188.
60 Vgl. *Reinbothe,* a.a.O., § 14 a) Rn. 8.

Das UrhWG bestimmt, daß bestimmte Streitfälle, an denen einen Verwertungsgesellschaft beteiligt ist, und die in § 14 UrhWG (s. oben) definiert sind, im Wege der Klage erst geltend gemacht werden können, nachdem ein Verfahren vor der Schiedsstelle vorausgegangen ist. Dies ist eine unabdingbare Prozeßvoraussetzung. Diese Regel hat den Zweck, die Sachkunde der Schiedsstelle auch im Rahmen eines Gerichtsverfahrens zu nutzen und die Gerichte soweit wie möglich zu entlasten.

Dies gilt für Streitigkeiten zwischen Verwertungsgesellschaften und Einzelnutzern, soweit die Anwendbarkeit und Angemessenheit eines Tarifs fraglich ist. Beruft sich eine der Parteien auf die Unanwendbarkeit oder Unangemessenheit eines Tarifs im Laufe eines schon anhängigen Rechtsstreits, dann ist der Rechtsstreit auszusetzen (vgl. oben, III. 7. a)), damit der jeweiligen Partei Gelegenheit gegeben werden kann, innerhalb von zwei Monaten die Schiedsstelle anzurufen. Macht sie hiervon keinen Gebrauch, so gilt der von der Verwertungsgesellschaft bestimmte Tarif als akzeptiert.

Bei Streitigkeiten über Abschluß oder Änderung von Gesamtverträgen kann eine Klage erst erhoben werden, nachdem das Verfahren vor der Schiedsstelle durchgeführt und durch Einigungsvorschlag abgeschlossen worden ist. Dabei ist es unerheblich, worauf sich der Gesamtvertragsstreit bezieht, ob also etwa Anwendbarkeit oder Angemessenheit von Tarifen oder andere Nutzungsvoraussetzungen im Streit sind.

Für den Rechtsweg bei Streitigkeiten mit Einzelnutzern enthält das UrhWG abgesehen von § 17 keine Besonderheiten. Dagegen bestimmt es (§ 16 Abs. 4), daß bei Gesamtvertragsstreitigkeiten stets das Oberlandesgericht München im ersten Rechtszug ausschließlich zuständig ist. Das Oberlandesgericht setzt den Inhalt der Gesamtverträge, insbesondere Art und Höhe der Vergütung nach eigenem Ermessen fest. Diese Festsetzung ersetzt eine entsprechende Vereinbarung zwischen den Parteien, d.h. zwischen der Verwertungsgesellschaft und der jeweiligen Nutzervereinigung.

Eine Gesamtübersicht über die Entscheidungspraxis von Schiedsstelle und Gerichten ist bei der Fülle der bisher ergangenen Entscheidungen im Rahmen dieser Abhandlung nicht möglich. Eine Analyse, aus der sich eine Entscheidungssystematik herleiten ließe, steht, soweit ersichtlich, noch aus.

Da die Verwertungsgesellschaften verpflichtet sind, aufgrund der von ihnen wahrgenommenen Rechte jedermann auf Verlangen »zu angemessenen Bedingungen« Nutzungsrechte einzuräumen oder Einwilligungen zu erteilen (§ 11 Abs. 1 UrhWG) und die Verwertungsgesellschaften über die Vergütungen, die sie aufgrund der von ihnen wahrgenommenen Rechte fordern, Tarife aufstellen müssen (§ 13 Abs. 1 Satz 1 UrhWG), dreht sich stets alles um die Frage, ob die von einer Verwertungsgesellschaft angebotenen Bedingungen, insbesondere hinsichtlich der Höhe der Vergütung, »angemessen« sind. Dies ist von Schiedsstelle und Gerichten voll nachprüfbar.

Die »Angemessenheit« ist ein Rechtsbegriff und damit einer Auslegung zugänglich. Der Rechtsbegriff der Angemessenheit einer Vergütung oder eines Tarifs stellt sich als die rechtliche Wertung einer Reihe faktischer Voraussetzungen dar (vgl. oben III. 6.). Geht es um die Angemessenheit von Tarifen, so hat die Verwertungsgesellschaft die Beweislast für die faktischen Umstände, mit denen sie die Angemessenheit ihres Tarifs begründet. Ob diese Umstände für die Angemessenheitsprüfung relevant sind, ob und welche anderen Umstände in Betracht kommen und welcher Tarif sich anhand aller relevanten Umstände als angemessen darstellt, unterliegt der rechtlichen Wertung durch Schiedsstelle und Gerichte.

Die Praxis zeigt, daß immer dort, wo über die Angemessenheit oder Anwendbarkeit eines Tarifs zwischen Verwertungsgesellschaften und Nutzern, deren Ziel stets die geringstmögliche Vergütung ist, gestritten wird, aus dem Zusammenspiel von Schiedsstelle und Gericht entweder der anzuwendende Tarif erwächst, oder die Parteien angesichts einer drohenden Auseinandersetzung, die in schwierigen Fällen auch mehrere Jahre dauern kann, einen für beide Seiten akzeptablen Kompromiß finden.

Mit den Bestimmungen des UrhWG hat der deutsche Gesetzgeber Verwertungsgesellschaften wie Nutzern ein Instrument in die Hand gegeben, das geeignet ist, zwischen den Interessen der schöpferischen Menschen und den Nutzern ihrer Werke einen fairen Ausgleich zu schaffen. Es hat den Anschein, als würden die deutschen Verwertungsgesellschaften von einigen ihrer europäischen Schwestergesellschaften darum beneidet.

VI. *Schluß*

Der Anteil des Staatlichen oder des Privaten an Verwertungsgesellschaften kann und muß nicht exakt quantifiziert zu werden. Der empirische Befund sollte die These belegen, daß Verwertungsgesellschaften bei all ihren Tätigkeiten sowohl private wie auch öffentliche Aufgaben erfüllen und deshalb auch der staatlichen Fürsorge unterliegen. Ihre Legitimation wird gestärkt durch das engmaschige Netz ineinander greifender und sich gegenseitig ergänzender Kontrollen, auf die die GEMA nicht nur nach Beanstandungen reagiert, sondern die der GEMA ihre Verantwortlichkeit[61] gegenüber ihren Mitgliedern, gegenüber Nutzern und gegenüber der Gesellschaft stets ins Bewußtsein rückt. So bildet jedenfalls auch die GEMA ein anschauliches Beispiel dafür, wie verwoben in Deutschland Staat und Gesellschaft sind.

61 Dazu *Schuppert,* a.a.O. (o. Fußn. 16), S. 92.

Günter Bendig

Reinhold Kreile in Bayreuth

Ein oberfränkisches Waldweben rund um Wagners Grünen Hügel

»Eine zierliche Fresse zeigst du mir da, lachende Zähne im Leckermaul!« Siegfrieds übermütige Worte, als er dem schnaubenden Lindwurm gegenübersteht, zählen zu den beliebtesten Zitatmöglichkeiten aus Richard Wagners Textdichtung zum »Ring des Nibelungen«. Dieser Möglichkeiten gibt es unendlich viele, und manches genüßliche Zusammensein nach einer der Opern des Meisters gewinnt erst seine unverwechselbare Färbung, wenn im passenden Augenblick ein hehres Wort von Wotan, ein lästerlicher Fluch des Alberich oder eine boshafte Bemerkung des Herrn Beckmesser in die Runde geworfen werden.

Solch angeregtes »Nachsitzen« gehört zu meinen ältesten Erinnerungen an Reinhold Kreile. Wir lernten uns als Stuhlnachbarn im »Ring« kennen, und da hat man immerhin fast eine Woche Zeit, sich zu beschnuppern, denn zu den vier langen Aufführungen kommen zwischendurch noch zwei spielfreie Tage, an denen man sich zu einem Ausflug aufs Land verabreden kann, falls man Gefallen aneinander gefunden hat. Um es kurz zu sagen: aus der einen Woche sind Jahrzehnte geworden. Und wie oft haben wir seitdem nachsitzen dürfen, nicht nur in der alten Markgrafenstadt am Roten Main.

Reinhold Kreile, das merkte ich bald, ist ein profunder Kenner der Werke Wagners. Die Texte hat er immer wieder durchgearbeitet, um neue, tiefere Erkenntnisse über innere Zusammenhänge zu gewinnen. Der Musik steht er ohnehin so nahe wie kaum ein anderer. Am Klavier und an der Orgel hat er es oft genug bewiesen. Fürwahr ein Musensohn - in einer höchst seltenen Verbindung mit seinem Wirken als Anwalt und Finanzfachmann, als Urheberrechtler und Politiker.

Wenn das Temperament mit ihm durchging, konnte er wie ein Junge sein. Wir streiften durch den schönen Park rund um das Schloß von Thurnau, mit dem Wagen eine halbe Stunde entfernt von der Festspielstadt. Der berühmte Wilhelm Kempff wohnte dort, einer der Großen unter den deutschen Pianisten. Heute hat der Deutschlandfunk, dessen Verwaltungsrat lange Jahre von Reinhold Kreile geleitet worden ist, in dem romantischen Flecken einen Sender errichtet. Wir aber wollten in Thurnau einen von Kreiles ehemaligen Mitschülern treffen, und bis wir ihn endlich fanden, wurde der jetzt so würdige Herr Professor nicht müde, den Gesuchten mit lausbubenhaft krähender Stimme bei seinem einstigen Spitznamen zu rufen.

Ich spürte rasch, daß Reinhold Kreile, dieses Phänomen an blitzendem Geist und Sinnenfreude, an glasklarem Intellekt und bukolischer Lust am Leben, dem »Après-Wagner« durchaus nicht abgeneigt war - ein Begriff, den wir aus dem Hang der Ski-Fans abgeleitet hatten, das sportliche Vergnügen zu späterer Stunde mit anderen Mitteln fortzusetzen und in froher Runde gleichsam vom Einzelerlebnis ins Soziale zu transzendieren.

Zwei Beispiele für solch löbliches Bemühen sind mir besonders in Erinnerung geblieben. Im Lohengrin-Jahr 1958, mit einer wundersam oratorischen Inszenierung Wieland Wagners ganz in Blau-Gold und mit dem gerade für Bayreuth entdeckten ungarischen Tenor Sándor Kónya, frohlockten wir in unserem damals bevorzugten Restaurant über einen neu auf die Liste gesetzten Frankenwein, der trefflicher nicht zu der Oper vom Schwanenritter hätte passen können: eine 1956er Rödelseer Schwanleite von geradezu wagnerischer Erhabenheit im machtvoll fruchtigen Bouquet. Der ganze Kreis, in dem wir zusammensaßen, war begeistert - nicht zuletzt der inzwischen längst verewigte Geiger Antonio Mingotti, damals Musikkritiker in München und Autor mancher Bücher, unter anderem über George Gershwin. Zusammen mit uns beschwor er den Wirt, diese Schwanleite nur ja nicht ausgehen zu lassen, und der gute Mann leistete dann auch heilige Eide darauf, reichlich davon im Keller zu haben. Vier Tage später indes hatte alle Herrlichkeit ein Ende. Wir Lohengrine mußten ohne Schwan nach Hause ziehn. Ein nächster, wie schon von Leo Slezak erhofft, war nicht in Sicht.

Das zweite Beispiel ist dagegen durchaus unrealistischer und erdenferner Art. Die Markgräfin Wilhelmine von Bayreuth, Schwester des Preußenkönigs Friedrich II., hat in der Nähe ihrer Residenzstadt eine Eremitage ausgebaut, mit teils schon vorhandenen Schlössern, Grotten und weitläufigen Parkanlagen, die heute zu einem beliebten Ziel der Festspielgäste geworden sind. Es gibt auch einige Ausflugsgaststätten, und eine davon hatten wir zu einem »Après-Wagner« auserkoren. Es war ein sonniger Julitag gewesen, und so versprachen auch die Abendstunden einen ungetrübten sommerlichen Genuß im Garten.

Alles ließ sich sehr schön und sanft an, musikalisch gesehen gewissermaßen »con sordino«, doch so ganz allmählich begann der oberfränkische Wettergott ein immer grantigeres Spielchen mit uns. Wir waren sechs oder acht Zecher, die ersten Regentropfen klatschten uns ins Glas, und wir spannten bald einen der großen Sonnenschirme auf. Der Garten war rasch von allen Gästen verlassen, nur unsere Tafelrunde hielt unbeirrt aus - auch, als der Regen immer stärker wurde. Je mehr es schüttete, desto lebhafter und fröhlicher wurde unsere Unterhaltung, und als der umfunktionierte Sonnenschirm die Flut von oben nicht mehr ausreichend von uns abhalten konnte, stand Reinhold Kreile wie ein Held auf und schleppte aus der Nachbarschaft zwei weitere heran und vereinte sie mit dem ersten zu einer genialen Kleeblattanlage. Weltverloren saßen wir wohl noch zwei Stunden unter diesem Dach, an allen Seiten rauschten die inzwischen sindflutartigen Wasser zu Boden, und wir alle ließen uns nicht von Wagner, vom Sommer und von unserer Freundschaft abbringen.

Der Wein war bei all dem eigentlich gar nicht wichtig, auch nicht jene Rödelseer Schwanleite im Lohengrin-Jahr 1958. Es ging um das Zusammensein - und um die geistige Nahrung des Gesprächs, der Rede und Gegenrede, der ernsten und auch heiteren Annäherung. Genau so ging es Reinhold Kreile mit Wagner. Er liebte ihn, ohne eigentlich Wagnerianer zu sein: in dem Sinne von Fanatismus und Ausschließlichkeit. In seiner Wohnung in Bonn, als er noch dem Bundestag angehörte, hat er mir und meiner Frau Kostbarkeiten der französischen Klaviermusik vorgespielt, und seine Augen leuchteten dabei genau so, als habe er gerade Wotans Abschied und Feuerzauber erlebt, in Richard Wagners Festspielhaus droben auf dem Grünen Hügel.

Weithin unbekannt ist dagegen ein anderes Kapitel: seine Lust, es seinen vielen schreibenden Freunden aus der Zunft der Musikkritiker gleich- oder besser ähnlich zu tun. Antonio Mingotti, den Meister köstlicher musikalischer Anekdoten, habe ich schon genannt, aber besondes auch Joachim Kaiser gehört dazu, mit seinem Sprachrohr der Süddeutschen Zeitung. Gleich nebenan sozusagen war damals jedoch auch ein namentlich Unbekannter am Werk - so wie die Nibelungen in Schwarzalberichs düsterem Reich. Unter einem Pseudonym veröffentlichte dieser Unbekannte im Münchener Merkur höchst geistvolle Rezensionen, ungewöhnlich zierlich im gedanklichen Ansatz und im sprachlichen Schliff. Weil sie aus Bayreuth kamen, fragte ich meinen Nebenmann neugierig nach dem Urheber. Und siehe da: Nach einem Augenblick der Verlegenheit und des Zögerns offenbarte er sich, mit der Bitte um Diskretion, als Autor dieser Berichte.

Für mich war es fortan ein besonderes Vergnügen, die Rezensionen jenes geheimen Musikkritikers zu lesen. Es war mit ihnen so wie mit dem Wein, der ihm nie voll durch die Kehle rinnen wollte, und wie mit der Liebe zu Wagner, die bei ihm nicht zu einem einseitigen Wagnerianismus ausarten konnte: Auch als Kritiker stimmte er nie in den Chor der Posaunisten ein, die mit Macht zum Sturm blasen, ob sie nun donnernd loben oder zerschmetternd verreißen. Reinhold Kreile liebte vielmehr immer die Miniatur, gleichsam auf Goldgrund: mit einem winzigen, von anderen nicht bemerkten Angelpunkt, an dem er seine Sicht von den Dingen aufhängen konnte. Das große Schwadronieren war nicht seine Sache, und wenn er über Wagner schrieb, diesen Riesen, machte er sich lieber kleiner.

Es interessierte ihn auch nicht im geringsten, mit welcher Phonstärke etwa ein Tenor seine Schmiedelieder oder Winterstürme durch das Haus donnerte. Musikalität und künstlerisches Feingefühl zählten für ihn, nicht eitle Stimmprotzerei. Lieber eine vergleichsweise kleine Stimme, wie sie Rudolf Schock bei seinem 1959er Stolzing in Bayreuth vorführte, dafür aber eine überzeugende Stilsicherheit im geschmeidigen Wagnergesang. Und die hat Schock, der danach nicht mehr auf dem Grünen Hügel aufgetreten ist, ja auch in einigen guten bis sehr guten Schallplattengesamtaufnahmen beweisen können.

Bei all dieser intensiven Beschäftigung mit Richard Wagner habe ich mich immer wieder gefragt, was wohl für Reinhold Kreile so besonders faszinierend ist an Bayreuth. Natürlich spielt da auch das fränkische Land mit, seine Heimat, und auch die Barockstadt der Markgräfin Wilhelmine, während der Festspiele ein glanzvoller Treffpunkt der Wagnertrunkenen aus aller Welt. Die Sprachen schwirren dann nur so durcheinander, ein modernes Babylon, extravagante Damen lustwandeln mit mächtigen Bernhardinern durch das Pausenzeremoniell rund um die Scheune, wie man das Festspielhaus respektlos zu nennen pflegt. Und in jedem Jahr lassen sich neue Wetten darauf abschließen, wer diesmal den größeren Wagner-Enthusiasmus an den Tag legen wird: die Franzosen oder die Japaner. Schließlich die Landschaft rund um die Festspielstadt: die Fränkische Schweiz, das Fichtelgebirge, das nahe Kulmbach mit der Plassenburg und nicht zuletzt die magischen Anziehungspunkte Banz und Vierzehnheiligen.

Dazu kommen nicht nur die Bayreuther Gasthöfe, sondern auch die vielen draußen auf dem Land, die mit Schäufele und Klößen, mit Nürnbergerle auf Kraut oder Leberkäs und Röstkartoffeln locken. Die spielfreien Tage laden außerdem zu einem Ausflug nach Wunsiedel ein, wo nicht nur der Olympier Goethe durch bizarre Felsenlabyrinthe geklettert ist und der berühmte Sechsämtertropfen seine Heimat hat, sondern auch die älteste Freilichtbühne Deutschlands zu finden ist - auf der Luisenburg. Papa Heuss hat hier immer demonstrativ hofgehalten und das politisch einst so belastete Bayreuth peinlich gemieden. Der Vorteil lag für ihn auf der Hand. Keine Vorstellung auf der romantischen Felsenbühne dauert länger als eineinhalb Stunden, und es gibt hier keine Götterdämmerung, sondern unter anderem auch vergnügliche Possen von Nestroy oder Raimund, besetzt mit erstklassigen Mimen auch aus Wien und München.

Dies alles fällt natürlich auch in die Waagschale, wenn von der Anziehungskraft der Festspielstadt Bayreuth die Rede ist. Bei Reinhold Kreile aber habe ich den Eindruck, daß noch etwas anderes hinzukommt: etwas, das ihn als Politiker ganz besonders bewegt. Beim »Ring des Nibelungen«, diesem auf vier Abende verteilten Riesenwerk, haben wir uns nachbarlich kennengelernt - und hier glaube ich inzwischen einen nicht unwichtigen Schlüssel zu seiner Annäherung an Richard Wagner sehen zu dürfen: Das Problem der Machtverhältnisse in Walhall, also im Hause des fatal in Eide verstrickten Regierungschefs Wotan, ruft in ihm aktuelle Parallelen wach. Mit einem windigen Feuergott Loge kann sich auch der Premier nicht alle Probleme vom Halse schaffen, und die ganze Sache entwickelt sich unaufhaltsam in Richtung Untergang.

Nicht weniger fesselnd aber auch die Machtverschiebungen im Hause Richard Wagners. 1876 hat er sein eigenes Theater festlich eröffnet, acht Jahre später übernahm seine Witwe Cosima die Leitung, ihr folgten Siegfried Wagner, seine Witwe Winifred mit ihrem Hitlerkult und nach dem Krieg dann die Wagnerenkel Wieland und Wolfgang - mit einer nicht unbeträchtlichen Kinderschar, die nun ihrerseits versuchen, sich etwas von dem Erbe zu sichern, was ihnen jedoch Wolfgang, der alleinige Festspielleiter, zu verwehren wußte. Wieder ein Machtkampf, der Reinhold Kreile in seinen Bann zog. Und eine Lösung, an der er nicht unbeteiligt war: der Übergang des privaten Festspielbetriebs in eine Stiftung.

So erklärt sich wohl, über die Liebe zur Musik hinaus, diese anhaltende Hinwendung zu Richard Wagner. Immer wieder ist jener magische Grüne Hügel für einen Tag oder für mehrere eine geliebte geistige Heimat von Reinhold Kreile. Er hat deren viele, aber wenn die Winterstürme dem Wonnemond weichen, kribbelt es ihm schon im Herzen und in den Beinen, bald mit Viktor von Scheffel aufs neue ins Land der Franken zu fahren.

Und wenn ich Glück habe, sitze ich neben ihm irgendwann mal wieder einen »Ring« ab. Vier Tage - mit zwei spielfreien. Fast eine Woche also.

Hojotoho!

Kurt Biedenkopf

Zum Wirtschaftsstandort Deutschland

Abgesehen von unseren gemeinsamen juristischen Interessen und meinem Wunsch nach Einblicken in die Welt der Musik, die der Jubilar auf das Vortrefflichste zu gewähren in der Lage ist, verbindet uns eine besondere Neigung zur Wirtschafts- und Ordnungspolitik. Als Kollegen im Deutschen Bundestag und bei vielen Anlässen außerhalb des Parlamentes haben wir in den vergangenen rund zwanzig Jahren unsere wirtschaftspolitischen Vorstellungen ausgetauscht, auch unsere Sorge, daß die Wirtschaftspolitik in den Sog populistischer Tendenzen und sozialpolitisch bemäntelter Umverteilung geraten könnte. Beide großen Volksparteien sind solchen Versuchungen ständig ausgesetzt und schon häufig zum Opfer gefallen.

Es ist deshalb besonders bedeutsam, daß mit wachsendem Interesse an den Standortbedingungen der deutschen Wirtschaft auch die nüchterne Einschätzung des wirtschaftlich Möglichen und ordnungspolitisches Denken wieder eine Chance erhalten, gehört und beachtet zu werden. Die seit den siebziger Jahren praktizierte Politik, die Grenzen staatlicher Inanspruchnahme des Bruttosozialproduktes dort zu vermuten, wo auch die Grenzen der Belastbarkeit der Wirtschaft erreicht sind, hat sich als nicht zukunftsfähig erwiesen.

Wie die mit der Einheit sichtbar gewordenen Defizite zeigen, haben wir die Grenzen der Belastbarkeit unserer Gesellschaft und damit auch der Wirtschaft in den zurückliegenden Jahrzehnten ständig überschritten. Nur kurzfristig gelang es, den Staatsanteil an der volkswirtschaftlichen Gesamtleistung zu verringern. Inzwischen hat er erneut einen Höchststand erreicht, was nicht nur in der Einheit, sondern auch in den Schwächen unserer wirtschaftlichen Leistungsfähigkeit seinen Grund hat, die mit der Einheit sichtbar geworden sind.

Richtig verstanden bietet uns die politische Beschäftigung mit dem Wirtschaftsstandort Deutschland Gelegenheit, die seit Beginn der siebziger Jahre zunehmend in Vergessenheit geratenen, zumindest unsere politische Praxis nicht länger bestimmenden Zusammenhänge zwischen Wirtschafts-, Finanz- und Sozialpolitik neu zu entdecken und politisch fruchtbar werden zu lassen. Damit würde zugleich das ordnungspolitische Denken wiederbelebt, dem wir die noch heute wirksamen Grundlagen für den erfolgreichen Wiederaufbau des westlichen Teils Deutschlands und seine Rückkehr in den Weltmarkt als eine der leistungsfähigsten Volkswirtschaften verdanken. Mit den folgenden Beiträgen will ich dazu einen Beitrag leisten.

I. *Die Ausgangssituation:*

1. Die Wirtschaft Westeuropas entwickelte sich in den vierzig Jahren von 1949 bis 1989 unter Bedingungen einer historischen Ausnahmesituation. Die westeuropäischen Länder hatten einen glänzenden Start. Sie waren technisch-naturwissenschaftlich neben den USA die führenden Staaten der Welt. In Deutschland waren das Wissenskapital und das Humankapital durch die Kriegszerstörungen verdeckt, ähnlich wie in Japan. Aber auch Deutschland zählte am Kriegsende zu den wissenschaftlich führenden Nationen der Welt.

Die Nachkriegszeit war der Beginn eines enormen, in seinen Dimensionen bisher nicht gekannten innovatorischen Schubs. Die technisch-naturwissenschaftlichen Fähigkeiten verbanden sich mit den Kräften, die der Krieg gebunden hatte und die nun frei geworden waren. Die demographische Situation aller beteiligten westlichen Industrienationen war - trotz der Kriegsverluste - günstig. In Westdeutschland wurden die Verluste durch den Flüchtlingsstrom mehr als ausgeglichen, der sich aus dem Osten in den Westen Deutschlands ergoß. Das wissenschaftlich-organisatorische, aber auch das unternehmerische Potential wurde bis Anfang der 60er Jahre nachhaltig durch die Flüchtlinge aus der DDR ergänzt und verstärkt. Der Wiederaufbau der westdeutschen Wirtschaft war zusätzlich begünstigt durch den niedrigen Wert der DM. Er erlaubte der neuen Bundesrepublik zu exportieren und schützte ihre Wirtschaft vor Importen.

Mit dem »Westen«, also Westeuropa und den Vereinigten Staaten, waren die starken Industrienationen und ihre Volkswirtschaften weitgehend unter sich. Westeuropa war als Folge der deutschen und der europäischen Teilung frei von den historischen Lasten, die der Westen Westeuropas stets für die Mitte und den Osten Westeuropas hatte übernehmen müssen. Der starke Westen Deutschlands war von den Lasten des früheren innerdeutschen Lastenausgleichs befreit.

Die zweite und die dritte Welt waren praktisch ausgegrenzt. Die zweite Welt war durch die kommunistische Ideologie und die sowjetische Fremdherrschaft gelähmt. Ihre wirtschaftlichen Möglichkeiten konnten sich nicht entfalten. Sie wurden deshalb auch nicht als Konkurrenz wirksam. Der Handel der westlichen Bundesrepublik mit dem Ostblock war kaum bedeutender als ihr Handel mit der Schweiz. Die dritte Welt war der ersten praktisch ausgeliefert. Sie lieferte fast ausschließlich Rohstoffe und Energie. Der größte Teil ihrer Bevölkerungen waren Analphabeten. Jeder Versuch einer Industrialisierung scheiterte daran, daß es an den notwendigsten Voraussetzungen fehlte (Stahlwerk in Indien!).

Die Ressourcen der Welt schienen unbegrenzt. Sie kamen zum großen Teil aus den Entwicklungsländern und standen im wesentlichen den westlichen Industrienationen zur Verfügung, die deshalb auch die Preise bestimmen konnten. Selbst die Versuche der ölfördernden Länder, sich durch die Bildung von Preiskartellen aus der wirtschaftlichen Abhängigkeit vom Westen zu lösen, scheiterten nach kurzer Zeit. Die Fähigkeit des Westens, sich mit Hilfe seiner innovativen Potentiale an die veränderte Lage anzupassen, war zu groß. Tatsächlich beförderte der Ölschock des Jahres 1973 die innovative Entwicklung des Westens und reduzierte seine Abhängigkeit von den Ölstaaten.

Die ökologischen Ressourcen schienen ebenfalls unerschöpflich. Warnungen, daß die ständige Ausweitung des Umweltverbrauchs zu Gefahren für die Umwelt und letztlich für die Menschheit selbst werden könnte, wurden bis in die 70er Jahre kaum zur Kenntnis und dann lange nicht ernst genommen. Der materiellen, durch Wirtschaftswachstum gekennzeichneten Expansivität waren scheinbar keine Grenzen gesetzt. Für die Bewältigung der Verteilungsprobleme stand in der Regel ein ausreichender Zuwachs des Bruttosozialproduktes zur Verfügung. Sozialpolitische Erwartungen konnten weitgehend aus dem durch Wirtschaftswachstum erzeugten Zuwachs befriedigt werden. Reichte der Zuwachs nicht aus, wurde er durch Staatsverschuldung und Geldentwertung angereichert. Wirklich ernsthafte Verteilungskonflikte waren selten.

Zumindest die westeuropäischen Volkswirtschaften wurden auch nicht durch außenpolitische Krisen und ihre Kosten belastet. Die Aufgaben der NATO wurden im wesentlichen von den USA wahrgenommen. Die Europäer finanzierten im späteren Verlauf der Entwicklung die Budgetdefizite, mit denen die USA den Vietnamkrieg finanzierten. In ihrer eigenen wirtschaftlichen Entwicklung wurden sie dadurch nicht wesentlich - jedenfalls weniger als die USA - beeinträchtigt. Der Aufwand, den sie selbst für die Aufrechterhaltung militärischer Potentiale betreiben mußten, behinderte zu keinem Zeitpunkt die wirtschaftliche Aufwärtsentwicklung.

Unter den Bedingungen dieses Zusammentreffens historisch einmaliger günstiger Bedingungen konnte sich eine enorme wirtschaftliche Dynamik entwickeln. Sie führte zu einer bis dahin unbekannten Steigerung des Massenwohlstandes. Einkommen und soziale Sicherheit vervielfachten sich, trotz zunehmender inflationärer Entwicklungen. Die Sicherung eines angemessenen, nicht linearen, sondern exponentiellen Wirtschaftswachstums wurde in Deutschland Ende der sechziger Jahre zum eigentlichen Ziel der Wirtschaftspolitik erklärt. Dieses Ziel ging nicht nur in die Wirtschaftspolitik aller westlicher Staaten ein. Es bestimmte zunehmend auch die Institutionen der Wirtschafts-, Finanz- und Sozialpolitik Westdeutschlands. Von der Bevölkerung und ihrer politischen Führung wurde ein stetiges und angemessenes Wirtschaftswachstum zunehmend als Normalzustand verinnerlicht.

2. Mitte der siebziger Jahre begann die Dynamik der wirtschaftlichen Entwicklung in Westeuropa an Momentum zu verlieren. In Deutschland kam es 1974 zu einer fast eruptiven Steigerung der Einkommen im öffentlichen Dienst. Die zweite Ölpreiserhöhung 1979 wurde weit weniger elastisch aufgefangen als die erste. Zwar wuchs die gesamtwirtschaftliche Leistung in diesem Jahr wieder um rund 4 %. Aber die Arbeitslosigkeit nahm zu. Die Bundesregierung hielt deshalb trotz Wirtschaftswachstum weitere konjunkturpolitische Maßnahmen für erforderlich. Zu Beginn der achtziger Jahre stagnierten das Bruttosozialprodukt und die Einkommen der Arbeitnehmer.

Als Folge der hochschul- und bildungspolitischen Auseinandersetzungen Ende der sechziger Jahre wanderte der Schwerpunkt der Hochschulpolitik von der Elite- zur Breitenausbildung. Der richtige Gedanke, soziale und ökonomische Barrieren des Hochschulzugangs zu beseitigen, wurde nicht mit einer entsprechenden Leistungs- und Begabungskontrolle beim Zugang verbunden. Man ließ es zu, daß der Grundsatz der Chancengleichheit zu einem Recht auf ein Hochschulstudium pervertiert wurde. Dies führte in wenigen Jahren zu einer Überlastung der Hochschulen, die bis heute nicht überwunden werden konnte. Während 1970 1,2 Studenten auf einen Studienplatz entfielen, waren es 1991 2 Studenten.

Obwohl unser Land seinen Wohlstand nicht Rohstoffen oder anderen Bodenschätzen, sondern allein seinen wissenschaftlichen, technischen und organisatorischen Fähigkeiten verdankt, wurde die staatliche Förderung von Forschung und Wissenschaft in den zurückliegenden zehn Jahren in Relation zum Bruttoinlandsprodukt nicht wesentlich erweitert. In einigen Bereichen wurde sie eher eingeschränkt. Beispiel: Mitte der 70er Jahre unterstützte die Bundesregierung die Informatik mit rund 600 Mio DM. Dies entspricht einem heutigen Betrag von rund 1 Mrd. Tatsächlich wurde dieser wichtige Bereich 1993 mit 200 Mio DM gefördert, oder real mit rund 20 % der früheren Förderung. Die gesamten Forschungsausgaben betrugen in Westdeutschland 1987 57,3 Mrd (in Preisen von 1985). Bis 1991 stiegen sie auf 62,9 Mrd, oder in vier Jahren um rund 9,7 %. Sie sind damit insgesamt wesentlich geringer als der Schuldendienst der öffentlichen Gebietskörperschaften. Für den Hochschulbereich wurden 1990 30,3 Mrd aufgewendet, etwas weniger als für Bergbau, Landwirtschaft (ohne EG-Leistungen) und Regionalförderung. Der Aufwand für die Hochschulen 1990 entsprach ziemlich genau dem Aufwand für Sozialhilfe im gleichen Jahr.

Gleichzeitig stiegen die Subventionen für den Steinkohlenbergbau. Sie betragen rund 100 000 DM pro Arbeitsplatz und werden ausschließlich aus beschäftigungspolitischen Gründen gewährt. Das Argument der Versorgungssicherheit wird nicht länger bemüht, da es angesichts der sonstigen Importabhängigkeiten im Energiebereich kaum plausibel begründet werden kann. Ihre langfristige Sicherung ist politisch bereits zugesagt. Auch hier dominiert die Tendenz, Bestehendes zu erhalten, über die Notwendigkeit, Neues zu fördern.

Wachsenden Ansprüchen an den Staat, die Wirtschaft und das Sozialsystem steht keine entsprechende Steigerung der volkswirtschaftlichen Gesamtleistung mehr gegenüber. Das Defizit wird durch Staatsverschuldung und Geldentwertung ausgeglichen. Von Mitte der 70er Jahre bis heute nahm die Verschuldung der Gebietskörperschaften ständig zu. Einschließlich der Schulden von Bahn und Post stieg sie von 320,2 Mrd 1975 (31,2 % des BSP) auf 1.038 Mrd 1989 (46,2 % des BSP). Unter dem Eindruck der Kosten der Wiedervereinigung schnellte sie bis 1993 auf 1.964,4 Mrd empor. Das enspricht 62,9 % des BSP. Die Schuldenquote hat sich praktisch verdoppelt. Zugleich stieg auch der Preisindex für die Lebenshaltung von 1975 = 100 über 136,4 in 1982 und 153,5 in 1989 auf 176,3 in 1993. Der Geldwert nahm entsprechend ab. Eine Mark von 1975 ist 1993 nur noch 57 Pfennige wert. Der Anteil der Investitionen am BIP sinkt.

In der gleichen Zeit verringert sich der Innovations- und Qualitätsvorsprung der deutschen Wirtschaft gegenüber konkurrierenden Anbietern im Weltmarkt. Wichtige Konkurrenten, wie Japan, erreichen das deutsche Niveau oder übertreffen es. Auf den wachstumsstärksten, das heißt besonders innovationsträchtigen Exportmärkten geht der Welthandelsanteil Deutschlands spürbar zurück, so im Markt für Datenverarbeitungs-Zubehör, der seit Beginn der 80er Jahre die höchsten Wachstumsraten aufweist. Ähnliches gilt für die Märkte für Halbleiterbauelemente, automatische Datenverarbeitung und Telekommunikation. Während es Anfang der 70er Jahre noch in zehn Wirtschaftsbereichen führend war, zählt Westdeutschland zu Beginn der 90er Jahre nur noch in zwei Gebieten zur Spitze. Seine komparativen Wettbewerbsvorteile bei wissensbasierten Produkten nehmen von Mitte der 70er Jahre bis 1990 ab.

Was ungehindert weiter wuchs, war die Dichte der gesetzlichen und administrativen Regelungen aller wirtschaftlichen Tätigkeit. Die staatlichen Zuständigkeiten expandierten ebenso wie der Staatsanteil am BSP. Die Abgabenbelastung der Einkommen der Arbeitnehmer nahm zu. 1994 werden von 10 DM, die die Bürger erwirtschaften, fast 5,60 DM durch die Hand des Staates gehen. Von den effektiven Kosten seines Arbeitsplatzes wird der Durchschnittsverdiener noch 53 % als Netto-Lohneinkommen erhalten; der Rest geht als Steuern und Abgaben an den Staat.

3. Mit dem Ende der Nachkriegszeit und der deutschen und europäischen Teilung endete auch die historische Ausnahmesituation. Die Restriktionen und Fehlentwicklungen, auf die seit Mitte der 70er Jahre mit zunehmender Dringlichkeit hingewiesen worden war, werden nun allgemein sichtbar. Die ökologischen Grenzen werden auch wirtschaftlich wirksam, ebenso die Begrenztheit der Ressourcen. Die Produkte sind teilweise veraltet. Demographische Begrenzungen kündigen sich an, vor allem in Westeuropa. Die mentalen Kräfte der Bevölkerung sind schwächer geworden. Genießen, verzehren, konsumieren werden als Ausdruck der Selbstverwirklichung begriffen. Die Leistungs- und Opferbereitschaft haben abgenommen.

Gewachsen ist der Anspruch an Staat und Gesellschaft, durch kollektive Risikovorsorge von wirtschaftlichen und sozialen Risiken weitgehend freigestellt zu werden. Die jahrelange Vernachlässigung einer intensiven Elitebildung wirkt sich ebenso aus wie die nachhaltige Betonung des Gleichheitspostulats. Die innovativen Kräfte sind geschwächt. An die Stelle der Erneuerung, auch durch die schöpferische Zerstörung das Alten, ist zunehmend die Erhaltung des Bewährten getreten. Unternehmer unternehmen weniger Neues als daß sie Bestehendes verwalten. Aus Unternehmern sind vielfach Manager geworden.

Der Osten Europas beginnt, sich aus seiner ideologischen Lähmung zu befreien. Zwar hat sich nach dem Zusammenbruch der Sowjetunion noch keine stabile neue Ordnung entwickelt. Aber der Zeitpunkt ist absehbar, zu dem der Osten Westeuropas, dank seines niedrigen Lebensstandards und damit geringer Arbeitskosten zum attraktiven Produktionsstandort für traditionelle Techniken werden kann.

Die Dritte Welt drängt mit Macht in die Weltmärkte. Der Analphabetismus ist nachhaltig zurückgegangen. In einer wachsenden Zahl ehemals unterentwickelter Länder werden große Anstrengungen in Ausbildung und Elitebildung unternommen. Zunehmend erwerben sie die Fähigkeit, ebenso gut zu produzieren wie der Westen, aber zu wesentlich geringeren Kosten.

Die Auflösung der Ausnahmesituation stößt im Westen auf Strukturen, Institutionen und Verhaltensweisen, die durch eben diese Ausnahmesituation geprägt und im Grunde für sie geschaffen sind. In ihnen sind die Erfahrungen mit der historischen Ausnahme zum institutionellen Normalfall geronnen. Ihre Funktionsweisen, ihre Zielvorgaben und ihr praktisches Verhalten sind wohlstands- und wachstumsorientiert. Obwohl die Bedingungen nicht mehr bestehen, unter denen sie entstanden und gewachsen sind, reproduzieren sie weiterhin die bisherigen Verhaltensweisen und damit die Erfahrungen der zurückliegenden Jahrzehnte der Ausnahme.

Mehr noch: Weil sie durch die Zeit der Ausnahme geprägt sind, diese Zeit gewissermaßen wie einen Bauplan in sich tragen, können sie die Veränderungen nicht erfassen, die ihnen praktisch die Grundlage entziehen. Als Institutionen können sie sie nicht wahrnehmen. Deshalb wehren sie sich gegen jeden Versuch, die Veränderungen bewußt zu machen. Sie bewahren das Tradierte mit dem Argument, es habe sich bewährt und müsse deshalb beibehalten werden. Sie tun dies aus Überzeugung, denn sie können das Neue nicht erkennen, das dem Bewährten die Grundlage seiner Bewährung entzieht.

Vor allem aber machen sie jede nur denkbare Anstrengung, um zu verhindern, daß das Neue in wirksamer Weise aufgedeckt und damit bewußt gemacht wird. Sie wissen: Nur wenn es ihnen gelingt, wirkliche Diskussionen über die Veränderungen zu verhindern, können sie dem Zwang entgehen, sich unter veränderten Bedingungen neu legitimieren zu müssen - was sie nicht können. Die Einsteinsche Erkenntnis, daß eine Theorie die Fehler, die sie produziert, nicht verhindern und damit auch nicht beheben kann, gilt für staatliche und gesellschaftliche Institutionen in gleicher Weise. Mit ihrem Widerstand gegen die Erkenntnis, daß ihre Bedingungen sie verändert haben, lähmen sie zugleich jede, auf die Bewältigung der Veränderungen gerichtete Kreativität. Weil wir die neuen Probleme und Herausforderungen nicht wirksam beschreiben und bewußt machen können, können wir sie auch nicht begreifen. Was man nicht begreifen kann, kann man auch nicht gestalten.

So ist es nur verständlich, daß wir auf die neuen Herausforderungen bisher nicht mit einem erneuten Innovationsschub, sondern mit dem Versuch reagieren, uns der geringer gewordenen Nachfrage nach unseren Produkten und Leistungen durch Kontraktion anzupassen. Nicht die Frage steht in der gegenwärtigen Debatte um die richtigen Strategien im Vordergrund, wie neue Impulse, schöpferische Initiativen und neue Kräfte mobilisert werden könnten. Vielmehr diskutieren wir vor allem über Modelle einer weiteren Arbeitszeitverkürzung. Von ihr versprechen wir uns eine gerechtere Verteilung der vorhandenen Arbeit. An die Stelle einer Innovations- tritt eine Verteidigungsstrategie.

4. Mit den Institutionen, die die historische Ausnahmesituation der Nachkriegszeit zur Grundlage und ihre Gestaltung als raison d'etre in sich tragen, verhält es sich ähnlich wie mit dem Konflikt von Kapital und Arbeit. Er war einst, in den Anfängen und der Entwicklung der modernen Industriegesellschaft, der bestimmende Konflikt. Er prägte die Institutionen, die sich zu seiner Bewältigung gebildet hatten. Noch lange, nachdem dieser Konflikt seine prägende Wirkung verloren hatte, fuhren diese Institutionen fort, ihn zu reproduzieren, um sich auf diese Weise zu legitimieren. Jahrelang leisteten sie erbitterten Widerstand gegen jeden Versuch, die wirtschaftlichen, sozialen und gesellschaftlichen Veränderun-

gen zu thematisieren, die dem traditionellen Konfliktschema die Grundlage entziehen würden.

Erst in jüngster Vergangenheit ist es gelungen, den Konflikt zwischen Kapital und Arbeit auf das zu reduzieren, was er heute ist: ein normaler Verteilungskonflikt im Rahmen eines Vertragsverhältnisses. Mit dem Ministerium für Wirtschaft und Arbeit im Freistaat Sachsen wird er gewissermaßen offiziell aufgehoben. An den Folgen dieser Entwicklung werden die Gewerkschaften und Arbeitgeberverbände noch lange zu tragen haben. Einen wesentlichen Teil ihrer Bedeutung haben sie bereits verloren. In ihrer bisher bekannten institutionellen Rolle werden sie in den kommenden Jahrzehnten verschwinden. Die sozialen Systeme, die auf dem gleichen historischen Konflikt gründen und ebenfalls den »kleinen Mann« zur ideologischen Leitfigur haben, werden sich erschöpfen und zerfallen, wenn es nicht gelingt, sie auf den Grundlagen zu erneuern, die in Zukunft für die gesellschaftliche Entwicklung prägend sein müssen.

Den Institutionen, Verfahrensweisen und Gewohnheiten, die sich in der Ausnahmesituation der Nachkriegsordnung herausgebildet haben, wird es ebenso gehen. Auch sie werden von der Wucht der Tatsachen, von der Wirklichkeit der neuen europäischen Normalität erschüttert und in Frage gestellt werden. Diese Erschütterung wird weit umfassender sein, als diejenige, die den institutionalisierten Konflikt von Kapital und Arbeit überwunden hat. Denn die Prägungen unserer Wirtschafts- und Sozialgesellschaft, unseres Staatsverständnisses und unserer persönlichen Gewohnheiten, Erwartungen und Ansprüche durch die Nachkriegszeit erfassen Staat und Gesellschaft als Ganzes. Werden sie in Frage gestellt, sind alle betroffen, nicht nur die Arbeitnehmer oder die Mitglieder der Gewerkschaften. Deshalb wird auch der Widerstand gegen jeden Versuch, ihre in der Nachkriegsordnung erworbene Legitimation in Frage zu stellen, auf den entschiedenen Widerstand der Institutionen und derer stoßen, die mit ihnen und durch sie handeln, Macht ausüben und nur in ihrer raison d'être denken können.

II. *Was ist zu tun?*

1. Als erstes ist ein klares Bekenntnis erforderlich: In dieser Phase des Umbruchs sind wir alle Suchende. Niemand weiß auf die neue Lage eine Antwort. Niemand hat mit den Folgen des Umbruchs und ihrer Gestaltung Erfahrungen, auf die er zurückgreifen kann. Das heißt zugleich: Wir müssen den Mut zu dem Eingeständnis haben, daß unsere bisherigen Antworten nicht mehr die Vermutung der Richtigkeit für sich haben. Was sich in der Vergangenheit an institutionellen Vorkehrungen bewährt hat, ist nicht bereits deshalb geeignet, auch in Zukunft bewahrt zu werden. Eher spricht eine Vermutung dafür, daß es sich unter den neuen Bedingungen nicht bewähren wird, weil es für sie nicht geschaffen wurde.

Dieser Mut ist nicht nur der eigenen Überwindung wegen notwendig, die immer mit der Entscheidung verbunden ist, sich von bekanntem Denken zu trennen. Er wird vor allem von denen gefordert, von denen erwartet wird, daß sie im Rahmen ihrer gesellschaftlichen und politischen Führungsaufgaben anderen Gewißheiten vermitteln, das heißt, sie vom Risiko und der Last der Ungewißheit freistellen. Genau diese Last wird jedoch allen mit dem Bekenntnis zugemutet, daß wir vielleicht die richtige Frage an die neue Wirklichkeit, aber noch nicht die richtige Antwort kennen.

Mut erfordert es deshalb auch, darauf zu verzichten, die neuen Fragen mit den alten Antworten zu bedienen. Die Versuchung, so zu handeln, ist groß. Alle bestehenden Institutionen, Organisationen und tradierten Schemata legen uns nahe, oft fordern sie uns auf, es weiter mit den alten Antworten zu versuchen. Sie drohen uns mit der Verweigerung von Legitimation und Konsens und mit sozialem Unfrieden für den Fall, daß wir uns dem Ritual alter Antworten versagen, uns um neue Antworten bemühen und damit zugleich ihre, in der alten Ordnung wurzelnde Legitimation in Frage stellen.

Dennoch: Wir werden kaum eine Chance haben, mit unserer Ordnung in der neuen Wirklichkeit zu bestehen, ohne das klare Bekenntnis, daß unsere vornehmste Aufgabe darin besteht, den neuen Fragen Akzeptanz zu verschaffen und damit die Suche nach neuen Antworten auszulösen.

2. Auch wenn wir Suchende sind, sind wir nicht blind. Schon heute können wir einiges zu der Richtung sagen, in der wir suchen müssen, um fündig zu werden. Blind sind wir als Gesellschaft nur dann, wenn wir uns weigern zu sehen. Wir weigern uns zu sehen, wenn wir uns den Tatsachen verweigern, in denen sich die Veränderungen ankündigen oder manifestieren.

Diese Verweigerung kann die verschiedensten Formen annehmen. Sie kann darin bestehen, die Existenz relevanter, aber mit bisherigem Denken nicht vereinbarer Tatsachen oder Sachverhalte zu leugnen. Sie kann sich in der Entschlossenheit äußern, die Erörterung derartiger Tatsachen zu unterdrücken, Widerspestige mit dem Bann des Abweichlers, des Illoyalen, des Störenfrieds, des Gefährders mühsam erworbener Legitimationen, Pfründe und Sicherheiten zu belegen und auf diese Weise auszugrenzen in der Hoffnung, daß eine mögliche Gefolgschaft abgeschreckt werden möge.

Sie kann aber auch in der folgenlosen Thematisierung des Wandels auftreten. Mit ihr wird der Gefolgschaft das Gefühl vermittelt, die Führung wisse den neuen Weg oder doch wenigstens, wo er gefunden werden könne. Sie könne deshalb die Ungewißheit über die fortdauernde Gültigkeit des Alten und die Erfahrung ihrer Widersprüchlichkeit durch neue Gewißheit überwinden. Und sie spreche aus dieser Gewißheit von der Notwendigkeit des Umdenkens und der Veränderung. Solange es gelingt, die Hoffnung auf diese Gewißheit zu erhalten, wird es politisch möglich sein, sich durch Veränderungsrhetorik der Auseinandersetzung mit der neuen Wirklichkeit zu verweigern. In Zeiten des Umbruchs ist ihr Erfolg nur von kurzer Dauer.

3. Um sehend werden zu können, müssen wir das Gewachsene der Vergangenheit in Frage stellen. Wir müssen akzeptieren, daß es nicht mehr möglich ist, einmal begründete Besitzstände wie die Schichten eines Korallenriffs aufeinander zu türmen und die Handlungsspielräume für die Bedienung neuer politischer Bedürfnisse aus dem Zuwachs der Verteilungsmasse zu gewinnen. Veränderungen

werden in Zukunft nur möglich sein, wenn wir zugleich in überholte Besitzstände eingreifen und die dort gebundenen Ressourcen freilegen. Dies bedeutet, die Legitimationsvermutung der betroffenen Besitzstände zu widerlegen und einen gesamtgesellschaftlichen Konsens für ihre Überwindung einzuwerben. Es bedeutet weiter, gegen mögliche Besitzstandskartelle vorzugehen, sie aufzubrechen und so die politischen und gesellschaftlichen Öffnungen zu bewirken, ohne die neue Antworten und neue Wege keine Chance haben, gefunden und begangen zu werden.

4. Wir müssen begreifen und akzeptieren, daß sich die gegenwärtigen Veränderungen weit umfassener und globaler vollziehen als je zuvor. Die richtige Erkenntnis von der einen Welt, unserem Planeten, gilt nicht nur für den Schutz der Umwelt. Er gilt inzwischen gleichermaßen auch für die weltweite wirtschaftliche wie kommunikative Vernetzung. Aus ihr ist eine Interdependenz erwachsen, die unsere nationalen wie wirtschaftlichen Souveränitäten zunehmend begrenzt, ohne daß wir uns diesen Begrenzungen und ihren Folgen dauerhaft entziehen könnten.

Das heißt: Wir teilen unser wirtschaftliches Schicksal nicht nur, wie dies früher der Fall war (als die starken Volkswirtschaften noch weitgehend unter sich waren) mit den anderen hochentwickelten Industrienationen: mit Partnern also, die unseren Lebensstandard, unsere Ziele und Wertvorstellungen, aber auch unsere Art von Interessen und damit unsere politische und geistige Grundbefindlichkeit teilen. In Zukunft teilen wir unser wirtschaftliches Schicksal zunehmend mit allen Völkern und Kulturen der Erde, die gelernt haben zu produzieren, was wir produzieren, zu forschen wie wir forschen, systematisch zu denken, wie wir es ihnen vorgemacht haben - und all dies auf der Grundlage eines weit geringeren Lebensstandards, einer andersartigen Kultur und einer weit jüngeren und dynamischeren Bevölkerung.

Dies jedoch bedeutet, daß sich auch das wirtschaftliche Wachstum nicht mehr nur in den industriellen Demokratien westlicher Prägung vollziehen und seine Früchte auf sie verteilen wird. Es wird zunehmend in den aufstrebenden Industrieländern erzeugt und verteilt werden. Schon deshalb werden die Wachstumsraten, die wir erzielen und über deren Ergebnis wir verfügen können, viel kleiner sein, als sie es in der Vergangenheit waren. Mit Sicherheit werden sie nicht ausreichen, um neue Dringlichkeiten und Notwendigkeiten zu bedienen, ohne in bestehende Besitzstände eingreifen zu müssen.

Dabei werden auch solche Besitzstände betroffen sein, die nicht nur von begrenzten Sonderinteressen, sondern in der Ausnahmezeit von uns allen begründet wurden. Ob unsere demokratischen Institutionen, die Vielzahl der Mitwirkungsrechte, die wir begründet haben, die Kompliziertheit unserer rechtlichen und administrativen Verfahren, die Methoden unserer politischen Willenbildung ausreichen werden, auch allgemein erworbene Besitzstände ohne revolutionäre Umbrüche zu revidieren: Daran wird sich entscheiden, wie wir auf die neue Zeit und ihre neuen Fragen antworten werden.

5. Nicht die politische Führung, sondern das Volk wird deshalb auch letztlich darüber entscheiden, welchen Weg wir einschlagen werden, um auf die Veränderungen zu reagieren und die neue Wirklichkeit zu gestalten, die sie gebracht haben

und immer noch bringen. Aufgabe der Führung wird es sein müssen, (1) dieser Entscheidung eine möglichst breite Wissensgrundlage zu sichern und, wenn sie gefallen ist, sie (2) wirksam umzusetzen. Zu (1) heißt das: Über die Konsequenzen jeder möglichen Entscheidung aufklären, Vor- und Nachteile, Folgen und Risiken wahrheitsgemäß beschreiben, ihre Auswirkungen für unsere Kultur, unsere Wertordnung und unsere Zukunftsfähigkeit zu erläutern und sich dabei nicht von den Sonderinteressen an der einen oder anderen möglichen Alternative beeinflussen zu lassen.

Durch diese Aufgabe, die schwierig genug ist, erhält das Gebot der Unabhängigkeit des politischen Amtes, der Verantwortlichkeit gegenüber dem eigenen Gewissen und dem allgemeinen Wohl, eine neue Bedeutung. Aus ihr werden sich Anforderungen an politische Erkenntnis- und Gestaltungsverfahren und an die Organisation von Führung ableiten lassen, die sich wesentlich von bestehenden Praktiken unterscheiden werden.

Wer die politische Bewältigung der neuen Aufgabe ernst nimmt, wird nicht zufrieden sein können mit den herrschenden Formen von Führungsauswahl und Führungsverantwortung in allen Bereichen der Politik, der Wirtschaft und der Wissenschaft. Auch hier setzen sich die bewahrenden immer mehr gegen die erneuernden Kräfte und Verfahren durch. Er wird die praktische Entleerung der verfassungsrechtlichen Richtlinienkompetenz durch Entscheidungsgremien ohne verfassungsrechtliche Legitimation ebensowenig akzeptieren können wie wesentliche Aspekte der gegenwärtigen legislativen Praxis. Mit anderen Worten: Die erfolgreiche Suche nach neuen Antworten auf die neuen Fragen und deren spätere Realisierung verlangt eine Erneuerung auch der praktischen Verfahren politischer Entscheidungsfindung.

6. Praktisch können wir auf die neuen Herausforderungen in dreierlei Weise antworten:

a) Wir können uns einer umfassenden Innovationsanstrengung unterziehen, die alle wirtschaftlichen, wissenschaftlichen und gesellschaftlichen Bereiche einbezieht. Das heißt: Wir sind bereit, einen neuen Innovationsschub auszulösen und uns die dafür erforderlichen Leistungen abzuverlangen. Dies wäre die Entscheidung für Erneuern und Neubeginn, für den erneuten Aufbau unserer Wirtschaft und damit die erneute Legitimation unseres Lebensstandards durch Leistung: die Entscheidung eines auf die Zukunft ausgerichteten Volkes.

b) Wir entscheiden uns, den bisherigen Weg weiter zu gehen. Das heißt, wir verzichten auf eine wirkliche Erneuerung unserer Wirtschaft, ihrer Produkte und Leistungen. Wir bewahren vor allem und erneuern nur wenig. Unsere Produkte und Leistungen werden dadurch nicht schlechter als bisher. Aber sie werden denen anderer Volkswirtschaften mit wesentlich geringerem Lebensstandard immer ähnlicher, in dem Maße, in dem diese lernen, so gut zu produzieren und zu leisten wie wir. Als Folge wird sich unser Lebensstandard zunehmend dem dieser Völker angleichen, nachdem wir zunächst die Rücklagen und Vermögen verzehrt haben, die wir unseren Leistungen während der dynamischen Phase verdanken. Dies wäre die Entscheidung für Bewahren und Verzehr des Erreichten: die Entscheidung eines alternden Volkes, dem die Vergangenheit näher ist als die Zukunft.

c) Wir entscheiden uns, das Erreichte gegen Einflüsse von außen, gegen die Veränderungen im Weltmarkt zu schützen. Wir optieren für Protektionismus. Wir mauern unsere Volkswirtschaften - in Deutschland oder in Westeuropa - wieder ein und versuchen, uns selbst genug zu sein. Vielen erscheint dieser Weg als der »Dritte Weg«, eine Art Königsweg aus dem Dilemma, zwischen Entbehrung und Verarmung wählen zu müssen. Er findet deshalb zunehmend Befürworter, auch in der europäischen Gemeinschaft.

Letztlich jedoch würden wir diesen Weg, der uns als Produzenten schützen soll, als Konsumenten selbst vereiteln. Denn als Verbraucher würden wir Wege suchen - und finden -, die günstigeren Angebote des Weltmarktes zu erreichen und damit unsere Kaufkraft zu stärken. Wir würden als Konsumenten die Mauern untergraben, die wir als Produzenten um unsere Volkswirtschaft errichtet hätten. Die Verarmung könnten wir damit hinauszögern. Aber der Niedergang unserer Wettbewerbsfähigkeit wäre am Ende um so nachhaltiger. Denn dank des Schutzes vor Wettbewerb hätte unsere Volkswirtschaft insgesamt verlernt, im Wettbewerb zu bestehen. Sie hätte diejenigen verloren, die dem Schutz mißtrauen und ihre Fähigkeiten deshalb lieber außerhalb der Mauern entfalten.

7. Für welchen dieser Wege - oder für welche Gemengelage aus den drei Alternativen und mit welcher Tendenz - wir uns auch immer entscheiden: Immer wird die Entscheidung mit tiefgreifenden Veränderungen unserer gewohnten Lebensweisen verbunden sein.

Entscheiden wir uns für die dynamische Alternative, für umfassende Innovationen und deren Umsetzung, dann werden wir tief in die bestehenden Erhaltungsbesitzstände eingreifen müssen. Der konsumtive Teil des BIP muß zugunsten des investiven verringert, in allen Bereichen von Forschung und Entwicklung müssen zusätzliche Leistungen verlangt und die Ausbildungs- und Bildungsanstrengungen müssen in allen Bereichen des Bildungssystems verstärkt werden.

Wählen wir die zweite Alternative, dann werden wir eine einschneidende und dauerhafte Verringerung unseres Lebensstandards in Kauf nehmen müssen. Die innenpolitischen Verteilungskonflikte werden sich nachhaltig verschärfen. Im Unterschied zur ersten Alternative werden sich die damit verbundenen Beschränkungen jedoch nicht in politisch geordneter Weise vollziehen. Noch werden sie durch die Aussicht begründbar sein, nach einer Zeit gesamtgesellschaftlicher Anstrengung wieder einen wissenschaftlich technischen Vorsprung im weltweiten Wettbewerb zu erzielen.

Die protektionistische Alternative schließlich wird uns zwar einen zeitlichen Aufschub gewähren. Ihre langfristigen Folgen werden sich jedoch nur unwesentlich von denen der zweiten Alternative unterscheiden. Allenfalls werden sie endgültiger sein.

Die gegenwärtig herrschenden wirtschaftlichen und gesellschaftlichen Verhältnisse werden wir in keinem Falle bewahren können. Denn die drei dominierenden Einflüsse auf die zukünftige Entwicklung Europas sind zu stark, als daß es uns gelingen könnte, sich ihren Auswirkungen zu entziehen. Sie sind:

a) Die demographische Entwicklung unseres Volkes und - mit zeitlicher Verzögerung - die der anderen europäischen Völker.

b) Die Ausweitung des Welthandels durch die aktive Teilnahme von immer mehr Völkern der bisherigen dritten Welt und einer immer bewußteren Entwicklung ihrer Volkswirtschaften, ihrer Bildungssysteme und ihrer Eliten.

c) Der Umbau Osteuropas und der Wiedereintritt des ehemaligen Ostblocks, also der zweiten Welt, in die europäische und die weltweite wirtschaftliche und politische Entwicklung.

8. Für die Bewältigung all dieser Veränderungen steht uns kein gesichertes Wissen zur Verfügung. Es gibt für sie keine Lehrbücher. Deshalb neigen wir dazu, an den alten Lehrbüchern festzuhalten. Solange wir dies tun, werden wir der neuen Lage hilflos gegenüberstehen. Die alten Lehrbücher werden uns eine Gewißheit suggerieren, die sie nicht vermitteln können. Ihr Einfluß wird uns gleichzeitig daran hindern, uns vom bisherigen Denken frei zu machen und nach neuen Antworten zu suchen.

Das Gemeinschaftsgutachten der Konjunkturforschungs-Institute vom Herbst 1993 und seine Aufnahme durch die Öffentlichkeit demonstriert in eindrucksvoller Weise eine derartige Denkblockade: Die einzige, allgemeinzugängliche Botschaft, die von ihm ausging, war die Hoffnung, im Jahr 1994 werde unsere Wirtschaft wieder um ein Prozent wachsen. Dieser Schätzwert, der die Schlagzeilen aller Zeitungen und die Spitzenmeldungen der elektronischen Medien füllte, ist ohne jede praktische Bedeutung. Er liegt im Unschärfebereich einer seriösen Schätzung. Selbst wenn es eintreten würde, hätte ein derartiges Wachstum keinerlei Auswirkungen auf die wirtschaftliche Wirklichkeit. Aber die Botschaft ist uns vertraut. Sie ist die uns allen bekannte alte Antwort auf eine alte, nie besonders originelle Frage; eine Antwort, die uns genau in die Sackgasse geführt hat, aus der wir jetzt einen Ausweg suchen.

III. *Entscheidung für Dynamik*

1. Die Entscheidung für die dynamische, innovative Alternative bedeutet eine Entscheidung gegen die vorrangige Sicherung des Bestehenden und für nachhaltige Veränderungen. Sie verlangt, wie inzwischen weitgehend anerkannt ist, eine hohe Bereitschaft zum Umdenken und zum Verzicht auf bisher gewohnte Wege und Gewohnheiten. Ein Gebirge von Besitzständen muß überwunden, Verkrustungen müssen aufgebrochen werden. Wir werden es in der Praxis dieser Veränderungen mit weitverbreitetem, zähem Widerstand, mit Verweigerungen und dem zunächst nachhaltigen Versuch zu tun bekommen, den eigenen Besitzstand zu Lasten anderer vor jeder Beeinträchtigung zu schützen.

Eine neue Dynamik wird unsere wirtschaftlichen, sozialen und gesellschaftlichen Verhältnisse tiefgreifend und nachhaltig verändern. Ein neuer innovativer Schub - vergleichbar dem der 50er und beginnenden 60er Jahre - wäre mit weniger Gleichheit, weniger sozialer Sicherheit, weniger Vorhersehbarkeit und weniger staatlicher Risikobewältigung verbunden. Der wirtschaftliche und gesellschaftliche Leistungswettbewerb wäre wesentlich intensiver, die Ausbildung und

Förderung von Leistungseliten wesentlich betonter als gegenwärtig. Dabei wäre keineswegs gewährleistet, daß der angestrebte Erfolg mit diesen Veränderungen sicher erreichbar wäre. Sicher ist nur, daß ohne die notwendige Veränderungsbereitschaft eine Erneuerung der Dynamik unserer Wirtschaft nicht möglich sein wird.

Eine Politik, die sich für diese Alternative entscheiden will, ist deshalb gut beraten, die Bevölkerung nicht nur über die erwarteten Erfolge, sondern auch über die mit ihr verbundenen Risiken aufzuklären. Denn jeder Versuch, die Wirtschaft und die Gesellschaft zu revitalisieren, wird vergeblich bleiben, wenn er nicht vom Willen der Bevölkerung getragen wird, sich, ungeachtet der damit verbundenen Eingriffe in Gewohntes, Beschränkungen der Besitzstände und dem Risiko eines ungewissen Ausgangs, einer derartigen gesamtgesellschaftlichen Anstrengung zu unterziehen.

2. Dieser Wille muß auch zu einer Veränderung unserer Führungsauswahl führen. Die gegenwärtigen Methoden der Führungsauswahl in Politik, Wirtschaft und Wissenschaft sind unbefriedigend. Sie sind Ausdruck der zunehmenden Betonung der bewahrenden im Verhältnis zu den erneuernden Tendenzen in unserem Lande. Nicht der Erneuerer, der Innovator, sondern derjenige hat derzeit die größeren Chancen, mit Führungsaufgaben betraut zu werden, der die Gewähr dafür bietet, Bestehendes zu stabilisieren.

Unternehmen wie politische Parteien fördern Führungspersonal aus den eigenen Reihen, das durch die bisherigen Verhaltensweisen und Ziele der Organisation geprägt ist. Sie tendieren dazu, Anpassungsfähigkeit und Konformität höher zu bewerten als Innovation und Selbständigkeit. Außenberufungen sind die Ausnahme, nicht die Regel. Querberufungen aus einem Bereich der Gesellschaft in einen anderen finden kaum statt.

Damit berauben sich Staat und Gesellschaft der befruchtenden Wirkungen, die von einer Mobilität der Eliten ausgehen. Zeiten der langandauernden Stabilität sind vor allem Zeiten für Kopisten, nicht für Veränderer. Ein Führungspersonal, das in erster Linie ausgewählt wurde, um die bestehenden Verhältnisse zu reproduzieren und dabei zu verbessern, ist jedoch nicht geeignet, eben diese Verhältnisse grundlegend zu verändern.

3. Jeder Versuch, einen neuen Innovationsschub auszulösen, wird sich mit den besonderen Schwierigkeiten auseinandersetzen müssen, die einer Politik der Veränderung aus der demographischen Entwicklung unseres Volkes erwachsen. Die Deutschen werden im kommenden Jahrzehnt im Durchschnitt 50 Jahre alt sein. Es gibt keine historischen Erfahrungen, die uns die Frage beantworten, ob und in welchem Umfang ein alterndes Volk in der Lage ist, im Innovationswettbewerb mit Völkern zu bestehen, die wesentlich jünger sind. Sicher ist, daß wir uns in diesem Wettbewerb nicht auf die natürlichen Innovationsimpulse verlassen können, die durch die Abfolge der Generationen ausgelöst werden.

Die notwendige Veränderungsbereitschaft muß deshalb auf andere Weise gefördert werden. Eine wesentliche Rolle wird dabei die Organisation eines lebenslangen Lernens spielen. Sie muß durch entsprechende Verfahren, durch Tarifverträge und durch eine geeignete Gestaltung unserer Bildungseinrichtungen unterstützt werden.

4. Die dynamische Alternative kann nur mit Unterstützung der gesellschaftlichen Organisationen durchgesetzt werden, die wesentlich zur Gestaltung der gesellschaftlichen Rahmenbedingungen beitragen, also vor allem der Gewerkschaften und Arbeitgeberverbände. Sie müssen ermutigt werden, sich mit den neuen Sachverhalten auseinander zu setzen. Dies beginnt mit der Verständigung über die Natur und die Bedeutung der neuen Sachverhalte, die politisch und gesellschaftlich gestaltet werden müssen. Ohne eine derartige Verständigung wird es kaum möglich sein, Übereinstimmung über die notwendigen Maßnahmen zu erzielen. Ohne eine wenigstens grundsätzliche Übereinstimmung der Organisationen kann es der Politik wiederum kaum gelingen, den notwendigen gesamt-gesellschaftlichen Konsens herbeizuführen.

5. Schließlich muß das innovative Potential der Wissenschaft für die Suche nach neuen Antworten gewonnen werden. Dies ist nicht nur eine Frage der Motivation, sondern auch der Reform der Institutionen und Verfahren. Mit ihr müssen die Folgen der Fehlentwicklungen überwunden werden, die in den vergangenen 20 Jahren aufgetreten sind. Vorrangig geht es dabei um eine Erneuerung der Hochschulen, insbesondere ihres Management, eine Neubestimmung ihrer Prioritäten und um eine, den neuen Herausforderungen entsprechende Gestaltung und Förderung der Forschungspolitik. Im Bereich der öffentlichen Ausgaben müssen die Gewichtungen zugunsten der Forschung nachhaltig verändert werden. Unser Land wird im Innovations-Wettbewerb scheitern, wenn wir wesentlich mehr Mittel dafür aufwenden, Bestehendes zu bewahren als Neues zu fördern.

Soweit Schulen und Hochschulen betroffen sind, werden die notwendigen Veränderungen und Erneuerungen scheitern, wenn es bei den gegenwärtigen Entscheidungsverfahren bleibt. Seit Jahren erweist sich die unzureichende Kooperation unter den Ländern und zwischen Bund und Ländern als eines der nachhaltigsten Hindernisse für eine grundlegende Erneuerung unseres Bildungssystems. Anstelle einer qualitativen Erneuerung hat sich die Tendenz durchgesetzt, die entstandenen Defizite durch quantitative Expansion zu bewältigen.

Selbst wenn man den Hochschulen ihre derzeitigen finanziellen Forderungen erfüllen würde, würde sich die Qualität von Forschung und Lehre in den defizitären Bereichen jedoch nur unwesentlich verbessern. Seit Jahrzehnten sind, zum Beispiel, in wichtigen Bereichen der Geisteswissenschaften alle Versuche einer inneren Koordination der Studienpläne an den geringen Möglichkeiten gescheitert, das als richtig Erkannte auch durchzusetzen. Was deshalb vor allem fehlt, ist die wirkliche Bereitschaft zur Selbstverwaltung: auch im Sinne wirksamer Leistungskontrolle, der Fähigkeit, innerhalb der Hochschulen Prioritäten zu verändern, Ressourcen neu zuzuweisen und eine Führungsstruktur zu akzeptieren, die den Hochschulen und ihren Fakultäten und Fachbereiche ein Mangement sichert, das den Aufgaben eines modernen Dienstleistungsunternehmens gerecht werden kann. Die verfassungsrechtlich garantierte Freiheit von Forschung und Lehre ist damit durchaus vereinbar.

6. Bereits diese wenigen Punkte lassen die politischen und gesellschaftlichen Schwierigkeiten und Hindernisse erkennen, die überwunden werden müssen, wenn es wirklich zu einer Erneuerung des Wirtschaftsstandortes Deutschland kommen soll. So nützlich die bisherigen Vorschläge für Maßnahmen und Programme auch gewesen sein mögen und so notwendig ihre Umsetzung, so sicher ist auch, daß sie sich weitgehend im konventionellen Bereich bewegen. Noch immer sind die politische Führung, aber auch weite Teile der Wirtschaft und der Wissenschaft offenbar der Ansicht, daß es sich bei den aufgetretenen Problemen letztlich doch um solche handele, die mit bisher bekannten und erprobten Mitteln überwunden werden könnten.

Reformen, die diesen Namen wirklich verdienen und sich nicht in längst überfälligen Korrekturen erschöpfen, werden deshalb kaum diskutiert, geschweige denn politisch vorbereitet. Das gilt für die Organisation des Arbeitsmarktes oder den Zusammenhang von Arbeits- und Sozialverhältnis ebenso wie für die Vorbereitung unserer Sozialsysteme auf die Folgen der demographischen Revolution. Alle Versuche, derartige Maßnahmen zur Diskussion zu stellen, sind bisher an dem durch die Reaktion der politischen Parteien verstärkten Widerstand der betroffenen Besitzstände gescheitert. Selbst das, was lediglich der Beseitigung bestehender und längst als solcher erkannten Hindernisse dienen könnte, erweist sich als ungewöhnlich schwierig und überfordert offenbar die vorhandenen politischen Kräfte.

Ihren Grund hat diese Schwäche nicht zuletzt in der Auflösung der Einheit der Wirtschafts-, Finanz- und Sozialpolitik in zahlreiche Teilbereiche und der Praxis, diese jeweils als selbständige politische Fragestellungen zu behandeln und zu gestalten. Mit der Wirtschaftspolitik ist es jedoch wie mit dem römischen Liktorenbündel: Nur solange es durch das einigende Band zusammengehalten wird, sind die einzelnen Stäbe davor geschützt, zerbrochen zu werden. Das einigende Band der Wirtschaftspolitik ist die Ordnung, die das Ganze verbindet und erst zu einer Einheit werden läßt. Löst man die Ordnung auf, indem man sie mißachtet, um ihrer begrenzenden Wirkung zu entgehen, so mag dies die politischen Handlungsspielräume im Einzelfall vergrößern. Der Preis für eine derartige Erweiterung des politischen Ermessens besteht jedoch im Verlust der Ordnung und der wachsenden Widersprüchlichkeit des Ganzen, die seine Folge ist.

Zunehmende Widersprüchlichkeit bedeutet abnehmende Leistungsfähigkeit des Ganzen. Kann die Politik dies nicht erkennen und die Ursachen für den Leistungsrückgang beseitigen, bleibt sie also »im System« und handelt damit systemimmanent, so wird sie den Rückgang der Leistungsfähigkeit mit weiteren punktuellen Interventionen, Umverteilungen der Ressourcen und – mit wachsender Widersprüchlichkeit – auch des Mangels beantworten, den die sinkende Effizienz der Wirtschaft erzeugt. Nur eine wirkliche Rückbesinnung auf die praktische Bedeutung ordnungspolitischen Denkens kann uns vor dem Teufelskreis bewahren, in den wir sonst geraten. Fortschritt ist hier, um mit Brecht zu sprechen, der Weg zurück zur Vernunft. Reinhold Kreile ist nicht müde geworden, ihn zu predigen und selbst voranzugehen.

Dieter Blumenwitz

Die Auslegung völkerrechtlicher Verträge unter besonderer Berücksichtigung von Doppelbesteuerungsabkommen

Unterschiedliche Steuersysteme prägen nach wie vor das Bild in den verschiedenen Mitgliedstaaten der Europäischen Union (ehemals Europäische Gemeinschaft). Im Unterschied zu vielen anderen wirtschaftlich relevanten Bereichen hat auf dem Gebiet der direkten Steuern (z.B. Einkommens-, Körperschafts- und Quellensteuer) noch keine Harmonisierung stattgefunden. Daraus resultierende Konflikte vornehmlich in Form von Doppelbesteuerungen, die in vielerlei Hinsicht zu Wettbewerbsverzerrungen führten, wurden bislang in der Praxis durch ein fast lückenloses Vertragsnetz bilateraler Doppelbesteuerungsabkommen zwischen den Mitgliedstaaten bewältigt. Durch diese zweiseitigen Verträge, nicht durch ein einheitliches multilaterales Abkommen, sind die europäischen Staaten ihrer Verpflichtung zur Beseitigung der Doppelbesteuerung innerhalb der Gemeinschaft aus Art.220 2. Spiegelstrich EGV nachgekommen.

Aufgabe der Doppelbesteuerungsabkommen ist es, durch die Vermeidung von Doppelbesteuerungen Rechtssicherheit zugunsten sowohl der Vertragspartner als auch der Steuerpflichtigen zu schaffen sowie eine gleichmäßige Verwirklichung der Steuergesetze in den Vertragsstaaten sicherzustellen. Diese Aufgaben können die Doppelbesteuerungsabkommen aber nur dann erfüllen, wenn sie in den jeweiligen Vertragsstaaten möglichst übereinstimmend angewandt und als Voraussetzung dafür einheitlich ausgelegt werden. Probleme für eine einheitliche Auslegung resultieren zum einen daraus, daß letztere den unterschiedlichen Einflüssen der jeweils betroffenen Steuerrechtsordnungen ausgesetzt ist, zum anderen aus der Verwendung einer hohen Anzahl unbestimmter Rechtsbegriffe in den Abkommen.

Auslegung im weiteren Sinne bedeutet, einen Text zum Verständnis zu bringen. Juristen verstehen unter Auslegung die Klarstellung oder die Verdeutlichung eines Gesetzestextes[1]. Dies gilt auch für die Auslegung völkerrechtlicher Verträge, somit insbesondere auch für die Doppelbesteuerungsabkommen. Für deren Auslegung sind in erster Linie völkerrechtliche Auslegungsregelungen zu beachten.

---

1 *Larenz*, Methodenlehre, 5. Aufl. 1983, S. 299.

I. *Die für die Auslegungsfrage wichtigen völkerrechtlichen Grundbegriffe*

1. *Die Vertragsnorm als Quelle des Völkerrechts*

Die völkerrechtliche Vertragsnorm ist Quelle des zwischenstaatlichen Rechts. Sie berechtigt und verpflichtet grundsätzlich nur die Staaten als die eigentlichen Subjekte des Völkerrechts. Der Bürger und auch der Steuerpflichtige werden zunächst nicht betroffen; sie nehmen nur indirekt - »mediatisiert« durch ihren Heimatstaat - an dem Geschehen teil. Das Vertragsrecht ist nicht die einzige Quelle des Völkerrechts. Es entwickelt sich im Schoße des internationalen Gewohnheitsrechts. Erst der Satz des universellen Gewohnheitsrechts »pacta sunt servanda« vermittelt den Verträgen ihre rechtlich bindende Funktion. Das Gewohnheitsrecht wird so zutreffend als die primäre, das Vertragsrecht als die sekundäre Quelle des Völkerrechts angesprochen. Für die Rechtsanwendung steht allerdings das bi- oder multilaterale Vertragsrecht im Vordergrund. Das Statut des Internationalen Gerichtshofs[2] nennt es an erster Stelle; der Gerichtshof wendet gem. Art. 38 Abs. 1 Statut an:

> »a) *internationale Übereinkünfte* allgemeiner oder besonderer Natur, in denen von den streitenden Staaten ausdrücklich anerkannte Regeln festgelegt sind;
> b) das *internationale Gewohnheitsrecht* als Ausdruck einer allgemeinen, als Recht anerkannten Übung;
> c) die von den Kulturvölkern anerkannten *allgemeinen Rechtsgrundsätze.«*

Die zuletzt genannten »allgemeinen Rechtsgrundsätze« sind nur subsidiäre Rechtsquelle. Sie ist erforderlich, weil die Völkerrechtsordnung nur sporadischen Charakter hat: Gewohnheitsrecht und Vertragsrecht schwimmen nur wie größere und kleinere Inseln im zwischenstaatlichen Raum. Muß im Einzelfall ein Zwischenraum überbrückt und rechtlich strukturiert werden, können die Staaten Anleihe nehmen bei den sehr viel perfekter entwickelten Rechtskulturen im innerstaatlichen Bereich.

Bei der Heranziehung innerstaatlicher Rechtsnormen zur völkerrechtlichen »Lückenfüllung« ist jedoch größte Vorsicht geboten[3]. Die großen Rechtskulturen haben zwar, zumindest was die Besteuerung anbelangt, ein grandioses Rechtsgebäude errichtet; auch kommen sie in Kernbereichen mitunter zu durchaus übereinstimmenden Ergebnissen. Doch ist die Besteuerung Ausdruck der Subordination des einzelnen unter die Staatsgewalt, das zwischenstaatliche Recht aber ein koordinationsrechtliches Gefüge. Schon wegen dieses wesensmäßigen Unterschiedes können innerstaatliche Besteuerungsregelungen, sollten sie innerstaatlich auch weltweite Anerkennung finden, nicht ohne weiteres zur Lückenfüllung im Völkerrecht herangezogen werden. Im übrigen enthält das allgemeine Völker-

---

2 BGBl. 1973 II, S. 505.

3 Vgl. *Blumenwitz,* Rechtsvergleichung und Völkerrecht, in: Sozialrechtsvergleich im Bezugsrahmen internationalen und supranationalen Rechts, Schriftenreihe für Internationales und Vergleichendes Sozialrecht, Bd. 2, 1978, S. 75-91.

recht keine Rechtsgrundlage für das Besteuerungsrecht der Staaten, so daß hier eine ergänzungsfähige Ausgangsnorm fehlt. Methodisch richtig ist es demgegenüber, aus Parallelabkommen allgemeine Rechtsgrundsätze herzuleiten und zur ergänzenden Auslegung von Doppelbesteuerungsabkommen heranzuziehen[4], da diese Verträge auf koordinationsrechtlicher Basis abgeschlossen werden.

2. *Die Vertragsnorm als Bestandteil des innerstaatlichen Rechts*

Der völkerrechtliche Vertrag ist nicht nur Quelle des zwischenstaatlichen Rechts, er ist auch Bestandteil der innerstaatlichen Rechtsquellenhierarchie. Das gilt vor allem für die sog. gesetzesinhaltlichen Verträge (vgl. Art. 59 Abs. 2 Satz 1, 2. Alt. GG: »Verträge, welche . . . sich auf die Gegenstände der Bundesgesetzgebung beziehen«). »Gesetzesinhaltlich« sind die Verträge der Bundesrepublik Deutschland, zu deren Durchführung und Erfüllung der Gesetzgeber tätig werden muß. Hier unterscheidet man unmittelbar anwendungsfähige und nicht unmittelbar anwendungsfähige Verträge (*»self-executing«* und *»non self-executing«*). Erstere sind als Völkerrechtsnormen schon so ausgebaut und formuliert, daß sie im innerstaatlichen Bereich wie vom Gesetzgeber erlassene Regelungen angewendet werden können; letztere erfordern im Rahmen der Vertragserfüllung ausführende Gesetzgebung. *»Self-executing«* und *»non self-executing«* ist in erster Linie eine Frage der Normtechnik. Im Zweifelsfall gilt ein Vertrag als nicht unmittelbar anwendungsfähig, d.h. es muß zwischen dem völkerrechtlichen Vertrag und den innerstaatlich Betroffenen noch der Gesetzgeber oder Verordnungsgeber treten. Musterbeispiel für unmittelbar anwendungsfähige Verträge sind die Abkommen des sog. Einheitsprivatrechts[5] i.S.v. Art. 36 EGBGB n.F., da der Sinn des Vertrages gerade in der Schaffung einheitlicher Rechtsnormen im gesamten Vertragsgebiet besteht.

Der aus einer Vertragsnorm hergeleitete Rechtssatz steht in der Regel im Verhältnis der Spezialität zu den innerstaatlichen Gesetzen, d.h. er steht nicht im Rang über den Bundesgesetzen, sondern verdient bevorzugte Anwendung nur wegen seines spezielleren Inhalts. Das spätere Gesetz kann die in der Durchführung eines völkerrechtlichen Vertrags gesetzten innerstaatlichen Normen einschränken oder gänzlich aufheben. Allerdings gilt hier der Grundsatz der völkerrechtsfreundlichen Auslegung: Im Zweifel ist anzunehmen, daß der Gesetzgeber in Erfüllung völkerrechtlicher Verträge gesetztes Recht nicht aufheben und sich völkerrechtskonform verhalten wollte - schon um zu vermeiden, daß die Bundesrepublik Deutschland als Völkerrechtssubjekt völkerrechtlichen Regreßansprüchen ausgesetzt wird.

Ausnahmsweise kann eine Vertragsnorm für sich Vorrang gegenüber dem einfachen Gesetzesrecht beanspruchen, nämlich dann, wenn sie eine Norm des Gewohnheitsrechts neu bestätigt. Maßgeblich für die Normqualität ist dann nicht die

---

4 Vgl. *K. Vogel*, Abkommensvergleich als Methode bei der Auslegung von Doppelbesteuerungsabkommen, in: StbJb 1983/84, S. 373 ff.

5 Vgl. *Kropholler*, Internationales Einheitsrecht, Tübingen 1975; *v. Bar*, Internationales Privatrecht, Bd. I, München 1987, S. 22 ff.

äußere Form (Vertragsrecht, Art. 59 Abs. 2 GG), sondern ihr sachlicher Inhalt (allgemeine Regel des Völkerrechts, Art. 25 GG). In diesem Sinne kodifizierte das Wiener Übereinkommen über das Recht der Verträge (WÜRV) vom 23. Mai 1969, das im Mittelpunkt dieser Ausführungen steht, in weiten Bereichen bestehendes Gewohnheitsrecht. Nach der Hinterlegung der 35. Ratifikationsurkunde (Österreich) ist der multilaterale Vertrag am 27. Januar 1980 gem. seines Art. 84 Abs. 1 in Kraft getreten; für die Bundesrepublik Deutschland wurde er am 20. August 1987 verbindlich[6]. Bereits in der dem Grundvertragsurteil des Bundesverfassungsgerichts vom 31. Juli 1973 vorangegangenen mündlichen Verhandlung vom 19. Juni 1973 hat die Bundesregierung auf die die Auslegung völkerrechtlicher Verträge betreffenden Art. 31 ff. WÜRV als geltendes Völkergewohnheitsrecht zurückgegriffen[7]. Die in Art. 4 WÜRV vorgesehene Nichtrückwirkung des Übereinkommens (es findet »nur auf Verträge Anwendung, die von den Staaten geschlossen werden, nachdem das Übereinkommen für sie in Kraft getreten ist«) gilt »unbeschadet der Anwendung der in diesem Übereinkommen niedergelegten Regeln, denen Verträge unabhängig von dem Übereinkommen auf Grund des Völkerrechts unterworfen wären« - und dies sind in erster Linie die gewohnheitsrechtlich geltenden Regeln.

Die besondere Bedeutung des WÜRV auch für die Auslegung von Doppelbesteuerungsabkommen hat die jüngste Rechtsprechung des BFH durchaus erkannt; so verweist das Gericht in einer Entscheidung vom 27. Januar 1988[8] zutreffend auf Art. 31 und 32; in einer weiteren Entscheidung vom 14. Dezember 1988[9] wird erläutert, daß sich »die Gerichte der Vertragsstaaten an dem Wortlaut des Doppelbesteuerungsabkommens in seiner gewöhnlichen Bedeutung und in seinem Sinnzusammenhang (Art. 31 Abs. 1 WÜRV)« zu orientieren haben. Das Finanzgericht Köln nimmt in seiner Entscheidung vom 16. Oktober 1986[10] ausdrücklich Bezug auf das WÜRV. Unter Hinweis auf Art. 32 WÜRV legt das Gericht dar, daß der wirkliche Parteiwille zur Zeit des mehr als ein halbes Jahrhundert zurückliegenden Vertragsschlusses (DBA - Italien 1925) kein primäres Auslegungskriterium sein, sondern allenfalls als »ergänzendes Auslegungsmittel« Berücksichtigung finden kann. Methodisch richtig wird ausgeführt, daß die im 3. Abschnitt des WÜRV enthaltenen völkerrechtlichen Interpretationsregeln als Völkergewohnheitsrecht anzusehen und damit über Art. 25 GG innerstaatlich anwendbar sind. Als reine Vertragsnormen hätten die Auslegungsvorschriften des Übereinkommens wegen seiner Nichtrückwirkung (Art. 4 WÜRV) keine Anwendung auf das Doppelbesteuerungsabkommen aus dem Jahre 1925 finden können. Unerörtert blieb allerdings die Frage, ob der Ausschluß der *»travaux préparatoires«* und damit die Ver-

6 BGBl. 1987 II, S. 757.
7 Vgl. Der Grundlagenvertrag vor dem Bundesverfassungsgericht - Dokumentation zum Urteil vom 31. Juli 1973 . . . hrsg. vom Presse- und Informationsamt der Bundesregierung in Zusammenarbeit mit dem Bundesverfassungsgericht, o.J. (1975), S. 324 ff. Der Europäische Gerichtshof für Menschenrechte hat das WÜRV bereits 1975 im Falle Golder herangezogen (Urteil vom 21. Februar 1975, Série A, Vol. 18, S. 5 ff.); s.a. Schiedsgerichtshof für das Abkommen über die deutschen Auslandsschulden, Entscheidung vom 16. Mai 1980 über die Young-Anleihen, GYIL 23 (1980), S. 414 ff.
8 I R 241/83, BStBl. II 1988, S. 574.
9 I R 148/87, BStBl. II 1989, S. 319.
10 II K 233/85, EFG 1987, S. 230.

nachlässigung des subjektiven Willens der Vertragsparteien bei Vertragsschluß schon 1925 Bestandteil des allgemeinen Völkergewohnheitsrechts war[11].

3. *Die Verknüpfung von zwischen- und innerstaatlichem Recht*

Der gesetzesinhaltliche Vertrag - hierzu zählen auch die Doppelbesteuerungsabkommen mit ihrer unmittelbaren Auswirkung auf die Besteuerung - berührt, wie oben dargelegt, die zwischenstaatliche wie auch die innerstaatliche Ebene. Ob es sich hier um einen Rechtskreis oder um zwei bzw. mehrere Rechtskreise handelt, hängt von der grundsätzlichen Struktur des Rechtsuniversums ab, die nur ganz kursorisch gestreift werden kann. Ein *monistisches* und ein *dualistisches* Grundkonzept stehen sich unversöhnlich gegenüber.

Man spricht von *Monismus,* wenn völkerrechtliche und innerstaatliche Normen in einen Rechtskreis zusammengeführt, in eine Rechtsquellenpyramide eingeordnet werden können. Monismus mit Primat des Staatsrechts bedeutet, daß innerstaatliches Recht der Völkerrechtsnorm übergeordnet wird; die Völkerrechtsnorm entsteht durch die Selbstbindung des souveränen Staates nach außen; dies war das Dogma der Souveränitätstheorie des 19. Jahrhunderts und Inhalt der Völkerrechtsdoktrin der sozialistischen Staaten. Monismus mit Primat des Völkerrechts rückt letzteres in die Spitze der alles Recht umfassenden Normenpyramide; diese Theorie ist Ausdruck der normativistischen Wiener Rechtsschule und ansatzweise verwirklicht in der österreichischen Bundesverfassung.

Die weit überwiegende Zahl der Verfassungsordnungen geht vom *Dualismus,* also von der prinzipiellen Trennung des völkerrechtlichen und des innerstaatlichen Rechtsbereichs aus. Modifikationen ergeben sich aus der Art der Wechselbeziehungen zwischen den grundsätzlich geschiedenen Rechtskreisen. Wir sprechen von strengem Dualismus, wenn die völkerrechtliche und die innerstaatliche Normenpyramide nahezu bezuglos nebeneinander bestehen (britische Konzeption), von gemäßigtem Dualismus, wenn - wie in der vom Grundgesetz gestalteten Ordnung - die grundsätzlich getrennten Bereiche miteinander verknüpft und verbunden werden. Maßgebliches Kriterium sind hier - neben der allgemeinen Völkerrechtsfreundlichkeit unserer Verfassungsordnung - die schon erwähnten Art. 25 und 59 Abs. 2 GG.

Auch um die Art und Weise der Verknüpfung einer Völkerrechtsnorm mit dem innerstaatlichen Recht rankt sich seit einem Jahrhundert ein nicht enden wollender Theoriestreit: Handelt es sich um *Transformation, Adaption* oder *Vollzug?* Wird demzufolge der innerstaatliche Rechtsanwender mit einer genuinen Völkerrechtsnorm oder mit der in innerstaatliches Recht transformierten Norm konfrontiert werden?

Für den Praktiker bleibt festzuhalten, daß auch ferner liegende, grundsätzliche Völkerrechtsfragen ihren Schatten auf die Auslegungsfrage werfen können. Tröstlich erscheint, daß in der innerstaatlichen, aber auch in der zwischenstaatlichen Praxis nichts so heiß gegessen wird, wie es die Theoretiker aufkochen.

---

11 Vgl. *Mössner,* Rechtsprechungs-Report Internationales Steuerrecht, Heine 1991, S. 264 Rz. 510.

II. *Die verschiedenen Auslegungsarten*

Der Anwender von Doppelbesteuerungsabkommen muß zur Kenntnis nehmen, daß im Rahmen der herrschenden dualistischen Konzeption immer mindestens drei Rechtsanwendungsbereiche berücksichtigt werden müssen:
- der innerstaatliche Rechtsbereich der Bundesrepublik Deutschland, in dem sich Völkervertragsrecht entfaltet und wirksam wird
- die Völkerrechtsordnung, die die Bundesrepublik Deutschland als Völkerrechtssubjekt mit dem Vertragspartner verbindet
- die innerstaatliche Rechtsordnung des Vertragspartners, in der die vereinbarten Vertragsnormen ebenfalls anzuwenden sind.

Aus der Sicht des Völkerrechts wird demgemäß zwischen einer authentischen, judiziellen und einer individuellen Auslegung völkerrechtlicher Verträge unterschieden.

1. *Die individuelle Auslegung*

Unter individueller Auslegung versteht man die Auslegung durch die einzelnen Parteien des völkerrechtlichen Vertrages[12]; hierzu zählt auch die Vertragsinterpretation durch die nationalen Gerichte beider Vertragsseiten[13]. Bei dieser Auslegung ergeben sich zahlreiche Wechselbezüge zwischen dem Völkerrecht auf der einen Seite und dem innerstaatlichen Recht, insbesondere dem nationalen Verfassungsrecht, auf der anderen Seite. Diese Wechselwirkungen waren Gegenstand eingehender Beratungen auf der Salzburger Tagung der Deutschen Gesellschaft für Völkerrecht (April 1981)[14]. Es kann heute ganz allgemein von einer »normativen Durchdringung von Vertrags- und Verfassungsbegriffen unter Berücksichtigung einer durch den Vertrag geschaffenen gemeinsamen Wertordnung« gesprochen werden. Die Stellung des völkerrechtlichen Vertrags im innerstaatlichen Recht führt zu einer Konkurrenz zwischen Anforderungen des nationalen Rechts und des Völkerrechts. In den Staaten Westeuropas ist hierbei eine deutliche Tendenz zur völkerrechtskonformen Auslegung völkerrechtlicher Verträge erkennbar. Der allgemeine Grundsatz, daß sich eine Vertragspartei nicht auf Bestimmungen ihres innerstaatlichen Rechts als Rechtfertigung für die Nichteinhaltung eines Vertrages durch sie berufen kann (Art. 27 WÜRV), besagt jedoch nicht, daß innerstaatliches Recht bei der Auslegung von Verträgen generell ausgeblendet werden müßte[15]. Abgesehen von Fällen, in denen im Vertragstext ausdrücklich oder still-

---

12 Dies ist der Normalfall im Bereich der Doppelbesteuerungsabkommen; vgl. *Vogel/Prokisch,* Generalbericht zum Kongreß in Florenz von 1993 über die Auslegung von Doppelbesteuerungsabkommen, in: Cahiers de droit fiscal international, Vol. LXXVIIIa, Interpretation of double taxation conventions, S. 26.

13 Vgl. *Schreuer,* The Interpretations of Treaties by Domestic Courts, in: BYIL 45 (1971), S. 255 ff.

14 Vgl. Berichte der Deutschen Gesellschaft für Völkerrecht, Heft 23 (1982) mit den Referaten von *Ress* (S. 7 ff.) und *Schreuer* (S. 61 ff.).

15 Denn soweit Doppelbesteuerungsabkommen keine Regelung treffen, sei es, weil die Vertragsparteien die Frage nicht regeln wollten, sei es, weil man die Möglichkeit von Überschneidungen nicht erkannt hat, gilt das innerstaatliche Recht des jeweiligen Vertragsstaates. In diese Richtung geht

schweigend auf innerstaatliche Bestimmungen Bezug genommen wird[16], können Vertragstermini - mangels genuiner völkerrechtlicher Begriffsbildung - nur unter Rückgriff auf das nationale Begriffsverständnis der Vertragsparteien ausgelegt werden. Die Doppelbesteuerungsabkommen bieten hierfür mannigfache Beispiele[17]. Letztlich gibt es jedoch keine besondere »harmonisierende« Interpretationsmethode, die für alle Fälle einen Ausgleich zwischen den Anforderungen des innerstaatlichen und des zwischenstaatlichen Rechts herbeiführen könnte.

2. *Die judizielle Auslegung*

Die judizielle Auslegung völkerrechtlicher Verträge durch internationale Gerichte und Schiedsgerichte ist grundsätzlich nur den zwischenstaatlichen Normen verpflichtet. Jede mit der Anwendung eines Doppelbesteuerungsabkommens verbundene Auslegungsfrage, die zum zwischenstaatlichen Konflikt führt, kann von den Vertragsstaaten dem Internationalen Gerichtshof zur Entscheidung vorgelegt werden (Art. 36 Abs. 1, 1. Alt. Statut IGH). Auf der Grundlage des Europäischen Übereinkommens zur friedlichen Beilegung von Streitigkeiten vom 29. April 1957[18] - Mitglieder sind die Westeuropäischen Staaten - kann nach Abwicklung gewisser Vorverfahren auch einseitig geklagt werden (Art. 36 Abs. 1, 2. Alt. Statut IGH). Eine eigene internationale Gerichtsbarkeit im Bereich des internationalen Steuerrechts gibt es hingegen bislang noch nicht[19].

3. *Die authentische Auslegung*

Eine authentische Auslegung kommt nur durch das Einvernehmen der Vertragsstaaten zustande.

Der völkerrechtliche Begriff der authentischen Auslegung muß von der Begriffsbildung in älteren deutschen Entscheidungen unterschieden werden. So hat der RFH in mehreren Fällen eine Erklärung des Reichsfinanzministers über die Auslegung eines

---

auch die Auslegungsregel des Art. 3 Abs. 2 des OECD-Musterabkommens für Doppelbesteuerungsabkommen: »Bei der Anwendung des Abkommens durch einen Vertragsstaat hat, wenn der Zusammenhang nichts anderes erfordert, jeder im Abkommen nicht definierte Ausdruck die Bedeutung, die ihm nach dem Recht dieses Staates über die Steuern zukommt, für die das Abkommen gilt.«; Art. 3 Abs. 2 wurde wörtlich z.B. vom niederländisch-belgischen Doppelbesteuerungsabkommen übernommen; vgl. hierzu im Zusammenhang mit einem Fall aus der niederländischen Gerichtspraxis *Smit*, EurTax 1992, S. 57 ff.; vgl. ausführlich zu Art. 3 Abs. 2 OECD-Musterabkommen *Vogel/Prokisch* (o. Fußn.12), S.43 ff. Viele Doppelbesteuerungsabkommen, insbes. diejenigen, die schon vor den OECD-Entwürfen geschaffen wurden, enthalten allerdings keine dem Art. 3 Abs. 2 OECD-Musterabkommen entsprechende Vorschrift. Dies gilt z.B. für das deutsch-österreichische Doppelbesteuerungsabkommen von 1954. Vgl. hierzu *Lang*, RIW 1992, S. 573 ff.

16 Mit solchen Verweisungen sind allerdings häufig Probleme verbunden, da eine einheitliche Auslegung in diesen Fällen nur dann erreicht wird, wenn der andere Staat an die Qualifikation des Anwendestaates gebunden ist. Aus diesem Grunde wird in der neueren Vertragspraxis versucht, über ausdrückliche Definitionen oder Auslegungsregelungen in den Abkommen selber Bezugnahmen auf das innerstaatliche Recht zu vermeiden. Vgl. hierzu *Vogel/Prokisch* (o. Fußn.12), S.42.

17 Vgl. hierzu das Beispiel des deutsch-österreichischen Doppelbesteuerungsabkommen, *Lang*, RIW 1992, S. 573/575.

18 Vgl. *Vogel/Prokisch* (o. Fußn.12), S. 26.

19 BGBl. 1961 II, S. 82; internationale Quelle UNTS 320, 243.

Doppelbesteuerungsabkommens als »authentische Interpretation« und daher als verbindlich bezeichnet[20]. Im Sinne der völkerrechtlichen Terminologie, die diesem Beitrag zugrunde liegt, handelt es sich hier um eine »individuelle« Auslegung (vgl. oben II 1) durch die Behörde eines Vertragsstaates, nicht aber um eine »authentische« Auslegung der Vertragsstaaten.

Auf die immer mögliche authentische Vertragsinterpretation weist Art. 31 Abs. 3 lit. b WÜRV hin. Die Vorschrift regelt, daß zur Auslegung eines Vertrages jede spätere Übereinkunft der Vertragsparteien über die Auslegung oder die Anwendung seiner Bestimmungen zu berücksichtigen ist. Für die authentische Interpretation gibt es völkerrechtlich kaum Schranken; die Grenze zwischen der authentischen Interpretation und der Änderung vertraglicher Normen ist fließend. Ihre Schranke findet die authentische Auslegung jedoch an innerstaatlichen Verfassungsnormen, die den Vertragsschluß regeln. Im Rechtsstaat verfügt die Exekutive nicht frei über die Normen eines gesetzesinhaltlichen Vertrags. Demgegenüber unterliegt die judizielle Auslegung keinen verfassungsrechtlichen Schranken, da der völkerrechtliche Vertrag, der das internationale Gericht beruft, jede Vertragsauslegung im Rahmen seiner Zuständigkeit (gegebenenfalls Kompetenzkompetenz) deckt.

Hinsichtlich der Doppelbesteuerungsabkommen ist die authentische Auslegung z.T. formalisiert. Sollten Qualifikationskonflikte zu Doppelbesteuerungen führen, so können gem. Art. 25 Abs. 3 Satz 2 OECD-MA[21] Beratungen zwischen den Vertragsstaaten stattfinden. Der BFH hat es als rechtlich unbedenklich betrachtet, daß ein FG der Auslegung eines Abkommens eine Verständigungsvereinbarung zugrundelegte, »weil diese von den Vertragsparteien gegebene Erläuterung . . . ihren Willen wiedergebe«[22]; diese Begründung aus dem Jahr 1963 trifft den Kern der später in Art. 31 Abs. 3 lit b WÜRV formulierten allgemeinen Auslegungsregel.

III. *Die völkerrechtlichen Auslegungsregeln*

Das Völkerrecht unterscheidet allgemeine und besondere Auslegungsregeln. Die sog. »general rules of interpretation« werden im Art. 31 WÜRV zusammengefaßt[23].

1. *Die allgemeinen Auslegungsregeln*

Art. 31 Abs. 1 WÜRV bestimmt, daß ein Vertrag nach Treu und Glauben, in Übereinstimmung mit der gewöhnlichen, seinen Bestimmungen in ihrem Zusammenhang zukommenden Bedeutung und im Lichte seines Zieles und Zweckes

---

20 StuW 1931, 1809, 1810: DBA Ungarn, RStBl. 1939, 878: DBA Italien.
21 Vgl. hierzu näher *Vogel/Prokisch* (o. Fußn.12), S.37.
22 BStBl. III 1963, 212, 213: DBA Schweiz.
23 Vgl. zu diesen Auslegungsregelungen der WÜRV im Zusammenhang mit Doppelbesteuerungsabkommen detailliert *Vogel/Prokisch* (o. Fußn.12), S. 31 ff.

auszulegen ist. Während der Art. 1 somit grundsätzlich klarstellt, daß die »gewöhnliche« Bedeutung der Ausdrücke (engl. *»terms«*, franz. *»termes«*) maßgeblich ist, muß gem. Art. 31 Abs. 4 WÜRV einem Ausdruck eine »besondere« Bedeutung beigelegt werden, »wenn feststeht, daß die Vertragsparteien dies beabsichtigt haben«.

a) *Die objektive Interpretation*

Das WÜRV bekennt sich damit zur sog. objektiven Auslegungsmethode und lehnt zugleich die ältere subjektive Auslegungsmethode ab, die versucht, den psychologischen Willen der Vertragsparteien zu erforschen.

Zu Recht führt deshalb der BFH zur Interpretation von Doppelbesteuerungsabkommen aus, es gehe nicht an, lediglich die einseitige subjektive Vorstellung des deutschen Vertragspartners bei der Auslegung zugrunde zu legen[24]. Auch die subjektive Auffassung des anderen Vertragspartners, die in einem Verfahren im deutschen Inland ohnehin selten bekannt werden wird, kann bei der Auslegung ausgeblendet bleiben. Erst wenn die Vorstellungen der Vertragsparteien sich zu einer »authentischen Interpretation« (s.o. II 3) verdichten und dadurch auch »objektiviert« werden, sind sie für die Auslegung bedeutsam, wenn nicht sogar bestimmend[25].

Doppelbesteuerungsabkommen werden regelmäßig mehrsprachig abgeschlossen. Bei der textuellen Auslegung müssen deshalb verschiedene sprachliche Fassungen berücksichtigt werden[26]. Nach der in Art. 33 Abs. 1 WÜRV formulierten allgemeinen Auslegungsregel ist der Text in jeder Sprache in gleicher Weise maßgebend. Diesem Umstand wird auch im innerstaatlichen Ratifikationsverfahren Rechnung getragen. Das Vertragsgesetz gem. Art. 59 Abs. 2 Satz 1 GG liegt den gesetzgebenden Körperschaften in den authentischen Vertragssprachen vor. Der deutsche Richter darf sich bei der Auslegung nicht auf die Vertragsfassung in seiner Muttersprache beschränken, sondern muß immer auch die fremdsprachliche Fassung heranziehen. Er darf aber - bis zur Darlegung des Gegenteils - davon ausgehen, daß die Ausdrücke des Vertrags in jedem authentischen Text dieselbe Bedeutung haben (Art. 33 Abs. 3 WÜRV). Ergibt der Vergleich der authentischen Texte einen Bedeutungsunterschied, so muß er interpretativ aufgelöst werden; ist dies im Rahmen der Grenzen der grammatikalischen Auslegungsmethode nicht möglich, muß diejenige Bedeutung zugrundegelegt werden, die unter Berücksich-

---

24 Vgl. BStBl. II, 1975, 604, 605: DBA USA 1954/65; s.a. BStBl. II 1975, 584, 585: DBA Niederlande; ferner FG Köln zum DBA Italien 1925 (o. Anm. 10).

25 Vgl. auch den *Hooge Raad van Nederland* in einem Urteil im Zusammenhang mit dem niederländisch-belgischen Doppelbesteuerungsabkommen, in dem das Gericht ausführt, daß eine einseitige Auslegung durch einen Vertragspartner grundsätzlich bedeutungslos ist; vgl. dazu *Smit,* EurTax 1992, S. 57/59.

26 Die hieraus resultierenden Probleme machen die Forderung nach einer internationalen Steuersprache verständlich. Ansätze hierfür bieten die Musterabkommen von OECD und UNO. Vgl. hierzu *Vogel/Prokisch* (o. Fußn. 12), S. 27; vgl. ferner Einzelheiten bei *Mössner,* Auslegung mehrsprachiger Staatsverträge, AVR 15 (1971/72), S. 273; *Hilf,* Die Auslegung mehrsprachiger Verträge, Berlin/Heidelberg 1973.

tigung von Ziel und Zweck des Vertrags die Wortlaute am besten miteinander in Einklang bringt (Art. 33 Abs. 4 WÜRV). Die Verbindlichkeit kann sich so auf das kleinste gemeinsame Vielfache reduzieren. Soweit sich der textuelle Widerspruch nicht auflösen läßt, ergibt sich eine Kollisionslücke: Der zu regelnde Sachverhalt bleibt ungeregelt.

In der wissenschaftlichen Literatur[27] zu den Doppelbesteuerungsabkommen wird in diesem Zusammenhang auf Art. 5 Abs. 3 DBA Italien 1925 verwiesen. Die Vorschrift stellt den Dividenden gleich die Einkünfte aus vergleichbaren »Wertpapieren«; in der italienischen Fassung heißt es dagegen *»valori mobiliari«*. Im Gegensatz zum deutschen Wertpapierbegriff schließt der (weitere) italienische Begriff der *»valori mobiliari«* den GmbH-Anteil mit ein. Wegen der Wortdivergenz ist für diejenigen *»valori mobiliari«*, die keine Wertpapiere sind (engerer deutscher Begriff), keine wirksame Regelung getroffen worden[28].

Art. 31 WÜRV leitet den Konsens der Vertragsparteien nicht ausschließlich aus dem Wortlaut her *(textuelle Methode)*, sondern verlangt auch die Berücksichtigung des Vertragszweckes *(teleologische Methode)*. Wenn der Gegenstand des Vertrags dies erfordert, ist funktionelle Auslegung nicht ausgeschlossen, wenn nicht sogar geboten. In den unterschiedlichen Funktionen, die dem Recht der Doppelbesteuerungsabkommen zugeschrieben werden, liegt die Ursache des zwischen Wissenschaft und Rechtsprechung entbrannten Streits über die richtige Interpretation von Doppelbesteuerungsabkommen[29].

Wie wirken die Normen eines Doppelbesteuerungsabkommens auf das nationale Steuerrecht ein? Sicher liegt der Doppelbesteuerung der Konflikt zweier nationaler Steuerrechtsordnungen zugrunde. Dies legt nahe, das in Lehre und Rechtsprechung am weitesten ausgebaute und dogmatisch am besten durchdrungene System kollisionsrechtlicher Normen, das Internationale Privatrecht, mit seinen gängigen Begriffsbildern wie Qualifikation, Sachnormverweisung und internationaler Entscheidungsharmonie zu Rate zu ziehen. Die Besteuerung von Personen in zwei Staaten unterscheidet sich jedoch grundsätzlich von der internationalprivatrechtlichen Regelung der Anwendbarkeit von Sachnormen. Kann man sich hier von seiner quasi vorstaatlich-grenzüberschreitenden Natur leiten lassen und die Entscheidungsharmonie zum obersten teleologischen Auslegungskriterium erheben, steht dort der autonome nationale Besteuerungsanspruch im Vordergrund. Jeder Staat nimmt sich bis auf weiteres das Recht, seinen Steueranspruch nach freiem Belieben auf weltweit verwirklichte Sachverhalte auszudehnen. Die Besteuerung ist - wenn man mögliche vertragliche Bindungen außer Acht läßt - eine genuin innerstaatliche Angelegenheit im Sinne von Art. 2 Ziff. 7 UN-Charta. Die Vermeidung der doppelten Besteuerung von Personen in zwei Staaten ist - solange sich nicht

---

27 *K. Vogel*, DBA-Kommentar, 2. Aufl. 1990, Einleitung, Rdnr. 72, S. 36.

28 Vgl. RFH RStBl. 1935, 1160; RStBl. 1936, 1206: DBA Schweiz.

29 Vgl. *Mössner*, Zur Auslegung von Doppelbesteuerungsabkommen, in: Festschrift für Seidl-Hohenveldern, S. 403-426 einerseits und *Wassermeyer*, Die Auslegung von Doppelbesteuerungsabkommen durch den Bundesfinanzhof, in: StuW 1990, S. 404-412; vermittelnd *K. Vogel*, Doppelbesteuerungsabkommen und ihre Auslegung, StuW 1982, S. 111 ff., 286 ff.; *ders.*, DBA-Kommentar, 2. Aufl. 1990, Einleitung Rdnr. 59 ff. und Art. 3, Rdnr. 56 ff.

ein allgemeines Menschenrecht gegen Doppelbesteuerung entwickelt[30] - ein rein innerstaatliches Problem. Staaten werden ausschließlich aus verfassungsrechtlichen oder wirtschaftspolitischen Erwägungen veranlaßt, in bestimmten Steuerfällen mit Auslandsberührung Steuerbefreiung oder Steuerermäßigung zu gewähren.

Im internationalen Steuerrecht können deshalb nicht wie in weiten Bereichen des internationalen Privatrechts einseitige Kollisionsnormen im Interesse der Entscheidungsharmonie zu allseitigen Kollisionsnormen ausgebaut werden. Es geht um den Kernbereich staatlicher Souveränität und nicht um das aus staatspolitischer Sicht relativ belanglose Ping-Pong-Spiel mit Verweisung, Weiterverweisung und Rückverweisung. Mir scheinen deshalb die Abgrenzung der Personalhoheit (die bekanntlich zu Doppelstaatigkeit und Staatenlosigkeit führen kann), die Abgrenzung der mit der Personalhoheit unmittelbar verbundenen Wehrpflicht oder die Abgrenzung der Strafhoheit (mit den daraus resultierenden Auslieferungsverträgen) eher geeignet zu sein, Zweck und funktionale Bedeutung der Abgrenzung (nicht Verteilung!) nationaler Steuergüter näher zu beleuchten.

b) *Die Interpretation im Kontext*

Gegenstand der Vertragsauslegung ist nicht der isolierte Vertragstext, sondern der Vertragstext in seinem Zusammenhang[31]. Zum »Kontext« des Vertrages zählen seine Präambel und Anlagen sowie

- jede sich auf den Vertrag beziehende Übereinkunft, die zwischen allen Parteien anläßlich des Vertragsschlusses getroffen wurde, Art. 31 Abs. 2 lit. a WÜRV (das sog. *Interpretations-Agreement,* hierzu zählt auch der Konsens über den Dissens),
- jede Urkunde, die von einer oder mehreren Parteien anläßlich des Vertragsschlusses abgefaßt und von den anderen Parteien als eine sich auf den Vertrag beziehende Urkunde angenommen wurde, Art. 31 Abs. 2 lit. b WÜRV (das sog. - einseitige - *Interpretations-Instrument;* hierzu zählen *nicht* die »Denkschrift« oder die sog. »Technical Explanations« zu einem Doppelbesteuerungsabkommen[32], da sie in aller Regel dem Vertragspartner nicht notifiziert und von diesem auch nicht als zum Vertrag gehörig anerkannt (*»accepted«*) werden können).

c) *Die subsidiären Auslegungsmittel*

Zum Kontext des Vertrages zählen nicht die Materialien, die Vorarbeiten zum Vertrag (die sog. *»travaux préparatoires«*), die wie die Umstände, unter denen er

---

30 Trotz der in zahlreichen bilateralen Abkommen enthaltenen Steuerbefreiungen und Steuerermäßigungen können die existenten Doppelbesteuerungsabkommen noch nicht als ein Indiz für das Herausbilden entsprechender allgemeiner Regeln des Völkergewohnheitsrechts angesehen werden, denn Doppelbesteuerungsabkommen sind typische Austauschverträge; sie sind nicht als *»law-making treaties«* konzipiert. Durch die zunehmende Orientierung an den Musterabkommen der OECD und UNO verlieren sie allerdings ein Stück ihres Charakters von Austauschverträgen und nähern sich den Normverträgen an. Vgl. *Vogel/Prokisch* (o. Fußn.12), S. 34.

31 Vgl. hierzu ausführlich *Vogel/Prokisch* (o. Fußn.12), S. 34

32 S. *K. Vogel,* a.a.O., Einleitung, Rdnr. 71.

zustande kam, gemäß Art. 32 WÜRV nur als ergänzende Auslegungsmittel (*»supplementary means of interpretation«*) sudsidiär herangezogen werden können. Sie erlangen Bedeutung, um entweder

- die nach Art. 31 WÜRV (primäre Auslegungsmittel) erfolgte Auslegung zu bestätigen, oder um
- den Sinn des Vertrages zu ermitteln, wenn der Text mehrdeutig oder dunkel (*»obscure«*) ist, oder wenn
- die Vertragsauslegung durch die Mittel des Art. 31 WÜRV zu einem offensichtlich sinnwidrigen oder unvernünftigen Ergebnis führt.

Im Zusammenhang mit den »Vorarbeiten« und den »Umständen« können nur solche Dokumente gewürdigt werden, die auch der Gegenseite zur Kenntnis gebracht wurden. Denkschriften und innerstaatliche Erläuterungen, die der Vertragsgegner nicht zu kennen braucht, sind auch keine subsidiären Auslegungsmittel; werden sie aus Anlaß des Vertragsschlusses notifiziert, sind sie Auslegungs-Instrumente.

2. *Besondere Auslegungsregeln*

Neben den im WÜRV kodifizierten Auslegungsregeln haben die Völkerrechtslehre, die internationalen Gerichte und Schiedsgerichte weitere Interpretationsnormen entwickelt, die für sich keine allgemeine Bedeutung in Anspruch nehmen können und nicht in Bezug zu besonderen Vertragstypen stehen. Sie haben keine eigenständige Bedeutung und müssen vom Konsens der Vertragsparteien gedeckt sein.

Die einzelnen Auslegungsregeln können hier nur kurze Erwähnung finden:

a) *Contra proferentem*

Der StIGH hat im Falle der *»Brazilian Loans«* (1929)[33] unklare Formulierungen zu Lasten jenes Vertragsteils ausgelegt, der sie vorgeschlagen hat (*»contra proferentem«*). Die Auslegungsregel hat deshalb keine allgemeine Bedeutung, da Verträge in der Regel auf der Ebene nicht nur formeller, sondern auch materieller Gleichheit ausgehandelt und auch gemeinsam formuliert werden. Auch wenn in manchen Ländern Steuergesetze im Verhältnis der Über- und Unterordnung im Zweifel gegen den Fiskus ausgelegt werden[34], kann dies kein Gesichtspunkt bei der koordinationsrechtlichen bilateralen Abgrenzung des Rechts zur Besteuerung im zwischenstaatlichen Bereich sein.

b) *In dubio mitius*

Im Mossul-Fall (1925) ist der StIGH[35] davon ausgegangen, daß Einschränkungen der staatlichen Freiheit in Zweifelsfällen restriktiv zu interpretieren sind (*»in*

---

33 Series A, No. 21, S. 114.

34 Vgl. z.B. zu *Frankreich:* Conseil d'Etat req. n. 22.621, Dr. Fisc. 1982 Comm. 397; zu *Belgien: Y. van Houtte,* Beginselen von het Belgisch belastingrecht, Bd. 1 (1966), S. 264 f.

35 Series B, No. 12, S. 25.

dubio mitius«). Das Prinzip der restriktiven (*»verfassungskonformen«*) Auslegung völkerrechtlicher Verträge ist in den letzten Jahren zu Unrecht in den Mittelpunkt von Auslegungskontroversen gerückt. Das Bundesverfassungsgericht hat ihr in seinen spektakulären Ostvertragsentscheidungen das Wort geredet[36]. Es darf aber nicht übersehen werden, daß es sich hier um politische - nach der Terminologie des Bundesverfassungsgerichts gar um »hochpolitische« - Verträge handelte, die - wegen ihrer zahlreichen Formelkompromisse - von vorneherein mehreren Auslegungen Raum boten. *»In dubio mitius«* darf jedenfalls nicht dazu führen, eine vertraglich vorgesehene Beschränkung unwirksam zu machen[37].

c) *Effet utile*

Häufig wird bei der Auslegung von Verträgen auf den »effet utile« verwiesen: Eine Auslegung darf nicht dazu führen, daß einem Vertrag oder einem Vertragsteil seine volle Wirksamkeit genommen wird (*»ut res magis valeat quam pereat«*). Diese Auslegungsregel stellt eine Konkretisierung des bereits in Art. 31 Abs. 1 WÜRV enthaltenen Grundsatzes von Treu und Glauben dar und findet ihre Schranken in Wortlaut und Geist des Vertrages.

Wie bei der Schilderung der gegenseitigen Durchdringung von innerstaatlichem und zwischenstaatlichem Recht schon angemerkt, gibt es neben der »verfassungskonformen« auch die *»völkerrechtskonforme«* Auslegung. Letztere besagt, daß Vertragsbestimmungen im Lichte des allgemeinen Völkerrechts und jener Grundsätze auszulegen sind, die den Gegenstand beherrschen, dem der Vertrag angehört[38]. Hier handelt es sich um einen speziellen Aspekt des Art. 31 Abs. 3 lit. c WÜRV.

Die berühmte *»implied powers«*-Regel beruht auf einer teleologisch-funktionellen Auslegung, die nur im Bereich der (vertraglichen) Verfassung internationaler Organisationen eine Rolle spielen kann. Internationale Organisationen dürfen nämlich - angloamerikanischer Tradition folgend - im Rahmen ihres Aufgabenbereichs auch solche Mittel einsetzen, die ihnen zwar nicht ausdrücklich eingeräumt worden, aber zur Erreichung des Organisationszweckes notwendig sind[39].

Die *»implied powers« des EuGH* hat der BFH bei der Anwendung von § 4 Nr. 8a UStG i.V.m. Art. 13 Teil B lit. d. Nr. 1 der Sechsten Richtlinie des Rates vom

---

36 Vgl. *Blumenwitz*, Die Ostverträge im Lichte des internationalen Vertragsrechts (1982).

37 Vgl. StIGH 1923 im Fall *Wimbledon*, Series A, No. 1, S. 25.

38 IGH im *Passage-Streit*, ICJ Reports 1957, S. 142 und im Namibia-Gutachten, ICJ Reports 1971, S. 47; vgl. auch StIGH im Fall der *Oder-Kommission* (1929); Series A, No. 23, S. 26. Der Vertragsgegenstand kann es allerdings auch gebieten, daß außerhalb des Vertrags stehende - allgemeine - Völkerrechtsregeln nicht zur Anwendung gelangen. Man spricht dann im Hinblick auf die besondere Vertragsgestaltung von einem *»self-contained regime«*; vgl. IGH, ICJ Rep. (1980), S. 3 ff (40): ». . . the rules of diplomatic law, in short, constitute a self-contained regime which, on the one hand, lays down the receiving State's obligations regarding the facilities, privileges and immunities to be accorded to diplomatic missions and, on the other, foresees their possible abuse by members of the mission and specifies the means at the disposal of the receiving State to counter any such abuse. These means are, by their nature, entirely efficacious.«; ferner *Simma*, Self-contained regimes, in: Netherland Yearbook of International Law, Vol. 16 (1985), S. 111 ff.

39 Vgl. *Seidl-Hohenveldern*, Das Recht der Internationalen Organisationen, 5. Aufl. 1992, S. 230 ff. und bereits das Rechtsgutachten des StIGH über die Zuständigkeiten der ILO (1926), Series B, No. 13, S. 18. Andererseits können mit der *»implied powers«*-Regel nicht Ziele angestrebt werden, die vertraglich ausgeschlossen sind.

17.5.1977 zur Harmonisierung der Rechtsvorschriften der Mitgliedstaaten über Umsatzsteuern (Umsatzsteuerfreiheit für die Gewährung und Vermittlung von Krediten und die Verwaltung von Krediten durch Kreditgeber) zu spüren bekommen (vgl. BVerfGE 75, 223); größere Konflikte sind unumgänglich, sollte der Gemeinschaft ein eigenes Steuerfindungsrecht eingeräumt werden[40].

Das Völkerrecht kennt keine starre Bindung an den historischen Parteiwillen (Art. 31 Abs. 3 lit. a und b WÜRV). Im Lichte seines Zieles und Zweckes kann ein Vertrag auch *»evolutiv«* oder *»dynamisch«* interpretiert werden. Hauptanwendungsfälle sind die multilateral vereinbarten Menschenrechte. Eine ausdrückliche Evolutivklausel enthalten die jüngst in Maastricht vereinbarten Ergänzungen des Gemeinschaftsrechts.

Ausblick

In Anbetracht des gegenwärtigen Entwicklungsstandes des internationalen Steuerrechts und des Festhaltens am Souveränitätsdogma erscheint es abschließend betrachtet noch nicht möglich zu sein, einseitige Kollisionsnormen - im Interesse der internationalen Entscheidungsharmonie - interpretativ zu allseitigen Kollisionsnormen auszubauen - also den Weg einzuschlagen, den die moderne Dogmatik des internationalen Privatrechts weist. Immerhin kann sich mit globaler Durchsetzung der Marktwirtschaft und weiter wachsendem grenzüberschreitendem Engagement der Steuerbürger auf internationaler Ebene die Frage nach einem *»Menschenrecht gegen Doppelbesteuerung«* stellen; entsprechende Überlegungen könnten dann auch bei der Interpretation bilateraler Doppelbesteuerungsabkommen Berücksichtigung finden.

Zunächst werden jedoch die entscheidenden Impulse für eine Harmonisierung der in- und ausländischen Besteuerung des Steuerbürgers noch vom innerstaatlichen Bereich auszugehen haben. Durch weitere Anstrengungen der Steuerrechtsvergleichung und der Rechtstatsachenforschung müssen die grenzüberschreitenden Problemfelder erkundet und angemessene, auch der Rechtssicherheit dienende Vertragsregelungen entwickelt werden. Die Bundesrepublik Deutschland ist zwar im Rahmen ihrer Souveränität nach außen bei der Verfügung über das von ihr beanspruchte Steuergut frei. Bindungen können sich aber aus den Grundrechten und aus den hieraus abzuleitenden Auslandsschutzpflichten ergeben. Daß die Verletzung dieser Schutzpflicht letztlich mittels Verfassungsbeschwerde verfolgt

---

40 Nach der Maastricht-Entscheidung des Bundesverfassungsgerichts können Konflikte zwischen der Verfassungsordnung der Bundesrepublik Deutschland einerseits und den *»implied powers«* der Europäischen Gemeinschaften (= Europäische Union) andererseits wieder spürbar werden: »Wenn eine dynamische Erweiterung der bestehenden Verträge sich bisher auf eine großzügige Handhabung des Art. 235 EWGV im Sinne einer ›Vertragsabrundungskompetenz‹, auf den Gedanken der inhärenten Zuständigkeiten der Europäischen Gemeinschaften (›implied powers‹) und auf eine Vertragsauslegung im Sinne einer größtmöglichen Ausschöpfung der Gemeinschaftsbefugnisse (›effet utile‹) gestützt hat (. . .), so wird in Zukunft bei der Auslegung von Befugnisnormen durch Einrichtungen und Organe der Gemeinschaften zu beachten sein, daß der EU-Vertrag grundsätzlich zwischen der Wahrnehmung einer begrenzt eingeräumten Hoheitsbefugnis und der Vertragsänderung unterscheidet, eine Auslegung deshalb in ihrem Ergebnis nicht einer Vertragserweiterung gleichkommen darf; eine solche Auslegung von Befugnisnormen würde in Deutschland keine Bindungswirkung entfalten.« Vgl. BVerfG in: NJW 1993, 3047/3057

werden kann, hat das Bundesverfassunsgericht ausdrücklich anerkannt. Gleichzeitig weist das Gericht jedoch auf den »breiten Raum politischen Ermessens« hin, den die Bundesregierung für sich bei internationalen Vertragsverhandlungen in Anspruch nehmen darf; deshalb kann ein Beschwerdeführer nicht die verfassungsgerichtliche Feststellung begehren, daß »eine bestimmte sachliche Regelung zugunsten des Beschwerdeführers bei den Vertragsverhandlungen hätte erreicht werden müssen« (BVerfGE 40, 141 ff.). Die Bundesregierung wird immer vortragen können, eine den Grundrechten des Steuerpflichtigen mehr entsprechende Regelung im Doppelbesteuerungsabkommen sei an der Zustimmung ihres Vertragspartners gescheitert.

Arno Bordewin

Finanzgerichte und Urheberrechte

I. *Vorbemerkung*

Reinhold Kreile ist in der glücklichen Lage, Beruf und Neigung miteinander versöhnt zu haben. Er ist im »Hauptberuf« Jurist. Er ist aber nicht nur »juristisch«, sondern auch »musisch« vielseitig begabt, ist Musikliebhaber und selbst hervorragender Pianist. Wer wäre also mehr als *Reinhold Kreile* berufen gewesen, als Vorstand und Generaldirektor der »Gesellschaft für musikalische Aufführungs- und mechanische Vervielfältigungsrechte« an der Spitze der wirtschaftlich bedeutendsten, ältesten und bekanntesten Verwertungsgesellschaft in Deutschland zu stehen und dort dem Vereinszweck der GEMA zu dienen, nämlich den Urheber zu schützen und seine Rechte wahrzunehmen? *Reinhold Kreile* hat auch in der Politik vieles bewegt. Über viele Jahre war er finanz- und steuerpolitischer Sprecher der Fraktion der CDU/CSU im Finanzausschuß des Deutschen Bundestages. Zu den nicht wenigen Schwerpunkten seiner Tätigkeit dort gehörte auch das Steuerrecht. Und so durfte auch der Verfasser dieses Beitrags, der damals im Bundesfinanzministerium tätig war, oft erleben, wie es *Reinhold Kreile* gelang, die nicht immer ganz gelungenen Entwürfe der Bürokratie transparent zu machen, bessere Lösungsvorschläge aufzuzeigen und einer besseren Lösung auch den Weg zu bahnen. Das Steuerrecht knüpft vielfältig an wirtschaftliche Vorgänge an. Es muß sich deshalb auch dem Urheberrecht zuwenden. Denn aus Urheberrechten fließen Einkünfte, und Urheberrechte können Vermögenswerte sein. Die Steuer kann hieran in vielfältiger Form anknüpfen, so vornehmlich bei Einkommen-, Vermögen-, Umsatz- und Erbschaftsteuer. Urheber- und Steuerrecht haben deshalb so mannigfache Berührungspunkte, daß der Urheberrechtler sich zwangsläufig auch mit steuerrechtlichen Fragen befassen muß. Selbstverständlich gilt dies auch umgekehrt für den Steuerrechtler und hier auch und nicht zuletzt für die Richter der Finanzgerichte und des Bundesfinanzhofs. Der Steuer- und Urheberrechtler *Kreile* wird dies immer wieder erfahren haben. Die nachfolgende kleine Fallsammlung, die nur die veröffentlichten Entscheidungen seit 1983, und auch von diesen nur einen kleinen Teil, erfaßt, mag dies belegen.

II. *Urheberrechte im Steuerprozeß - eine kleine Fallsammlung*

1. *Das Tanzorchester und die Gewerbesteuer*

Der Gewerbesteuer unterliegen (nur) die »stehenden« Gewerbebetriebe im Inland (§ 2 Abs. 1 GewStG). Freiberufler, auch Wissenschaftler, Schriftsteller und Künstler werden von ihr verschont. Immer wieder und in immer neuen Varianten stellt sich deshalb im Einzelfall die Frage, ob eine ausgeübte Tätigkeit gewerblicher oder freiberuflicher Natur ist. Im Falle des BFH-Urteils vom 19. August 1982[1] stellte die Frage sich bei einem in der Rechtsform einer Gesellschaft bürgerlichen Rechts sehr erfolgreich betriebenen Tanzorchester, zu dessen Repertoire gängige Melodien, auch Eigenkompositionen der Orchestermitglieder gehörten. Das Finanzamt hatte die Gewerbesteuerpflicht bejaht und deshalb einen Gewerbesteuerbescheid erlassen.

Das Finanzgericht und der Bundesfinanzhof folgten dem nicht. Der Gewerbesteuerbescheid wurde aufgehoben. Erfreulicherweise stellte der Bundesfinanzhof sich auf einen sehr fortschrittlichen Standpunkt: »Bei der Beurteilung, ob musikalische Darbietungen künstlerischen Charakter haben, lassen sich nicht mehr gewisse Arten von Musik von vornherein ausschließen.« Ebenso wie die musikalische Betätigung im Bereich der Jazz-, Pop- und Rockmusik könne auch die Darbietung von Tanz und Unterhaltungsmusik eine künstlerische Tätigkeit i.S. des § 18 des Einkommensteuergesetzes sein. Der Bundesfinanzhof lehnt es also offensichtlich ab, zwischen der sog. E-Musik und der U-Musik zu unterscheiden und nur die Interpreten der letzteren als »Künstler« anzuerkennen. Die Gründe, die die GEMA bewegen, für Komponisten, Textdichter und Musikverleger auf dem Gebiet der U-Musik höhere Beiträge als für Komponisten, Textdichter und Musikverleger auf dem Bereich der E-Musik zu erheben, schlagen so auf das Steuerrecht gottlob nicht durch. Die wesentlichen Kennzeichen für künstlerische Fähigkeiten seien die hochentwickelte manuelle Geschicklichkeit der Musiker, die Tongebung, die rhythmische Genauigkeit, die Sauberkeit der Intonation sowie die Wendigkeit in der Umsetzung des musikalischen Textes. Die Entscheidung könne allerdings kaum von einem Laien, sondern »häufig« nur aufgrund des Gutachtens eines Sachverständigen getroffen werden. Es sei hingegen, so der Bundesfinanzhof, nicht möglich, die Kriterien für die Abgrenzung nach den Grundsätzen des Urheberrechts zu ermitteln. Die »kleine Münze« des Urheberrechts (§ 2 Abs. 2 Urheberrechtsgesetz --UrhG--), die z.B. auch Adreßbücher und Preislisten als Werke schützt und Entsprechungen auch auf musikalischem Gebiet habe, könne für die Grenzziehung zwischen künstlerischer und nichtkünstlerischer Tätigkeit nicht maßgebend sein.

Man hätte sich freilich auch eine andere Argumentation vorstellen können, nämlich diese: Künstler i.S. des § 18 des Einkommensteuergesetzes ist (auch), wer ein Musikwerk (§ 2 Abs. 1 Nr. 2 UrhG) vorträgt oder aufführt oder bei dem Vortrag oder der Aufführung eines solchen Musikwerkes künstlerisch mitwirkt, deshalb Künstler i.S. des § 73 UrhG ist und als solcher allein oder mit dem Orchester Schutzrechte i.S. der §§ 74 ff. UrhG erwirbt. Daß der/die Künstler über die einschlägigen und berufstypischen Fertigkeiten verfügt/verfügen, könnte dann, ohne einen »Sachverständigen« bemühen zu müssen, getrost aus dem finanziellen Erfolg der musikalischen Darbietung, die sich im Gewerbesteuerbescheid widerspiegelt, gefolgert werden.

---

1 IV R 64/79, BStBl II 1983, 7.

2. *Das Entgelt für die Überlassung des Drehbuchs*

Zu den Einkünften aus Vermietung und Verpachtung gehören nach § 21 Abs. 1 Nr. 3 EStG auch die »Einkünfte aus zeitlich begrenzter Überlassung von Rechten, insbesondere von schriftstellerischen, künstlerischen und gewerblichen Urheberrechten«. Ist der Inhaber des Rechts beschränkt steuerpflichtig, so unterliegen die Einkünfte aus der Nutzungsüberlassung der Besteuerung in der Bundesrepublik Deutschland u.a. dann, wenn das Urheberrecht in einer inländischen Betriebsstätte verwertet wird (§ 49 Abs. 1 Nr. 6 EStG) und die Bestimmungen des jeweils einschlägigen Doppelbesteuerungsabkommens der inländischen Besteuerung nicht im Wege stehen.

Im Falle des BFH-Beschlusses vom 1. Dezember 1982[2], ergangen im Verfahren des vorläufigen Rechtsschutzes gemäß § 69 der Finanzgerichtsordnung, hatte ein inländisches Filmproduktionsunternehmen von einer ausländischen Gesellschaft gegen Entrichtung einer Einmalzahlung alle Nutzungsrechte an einem Drehbuch für einen Spielfilm erworben, und zwar ausschließlich (§ 31 Abs. 3 UrhG); das einschlägige Doppelbesteuerungsabkommen stand der Besteuerung der ausländischen Gesellschaft nicht entgegen. Das Finanzamt zog gemäß § 50a Abs. 5 EStG das deutsche Filmproduktionsunternehmen durch Haftungsbescheid zum Steuerabzug (25 v.H. der gezahlten Verfügung) heran. Der Bundesfinanzhof hatte keine ernstlichen Zweifel an der Rechtmäßigkeit des Haftungsbescheids. Nach Auffassung des Bundesfinanzhofs ergab sich die beschränkte Steuerpflicht aus der Vorschrift des § 49 Abs. 1 Nr. 6 EStG; nach dieser Vorschrift unterliegen der inländischen Besteuerung u.a. Einkünfte aus Vermietung und Verpachtung, wenn das (vermietete) Recht in einer inländischen Betriebsstätte verwertet wird. Demgegenüber hatte das FA sich zur Begründung der Steuerpflicht nicht auf § 49 Abs. 1 Nr. 6 EStG, sondern auf § 49 Ab. 1 Nr. 3 EStG berufen, also auf die Vorschrift, die die beschränkte Steuerpflicht der Einkünfte aus selbständiger Arbeit regelt. Bei dieser Unterschiedlichkeit der rechtlichen Begründung für die Inanspruchnahme hätte man sich sehr wohl vorstellen können, daß die Rechtslage ernstlich zweifelhaft war. Der Bundesfinanzhof hatte diese Zweifel offenbar nicht. Bemerkenswert ist aber auch die Begründung, die der Bundesfinanzhof seiner Entscheidung gegeben hat. Eine »zeitlich begrenzte« Überlassung des Urheberrechts, die zu Einkünften aus Vermietung und Verpachtung führt, dürfte - so der Bundesfinanzhof - schon deshalb zu bejahen sein, weil dem Urheber ein gesetzliches Rückrufsrecht zustehe, wenn der Inhaber eines ausschließlichen Nutzungsrechts das überlassene Recht nicht oder nur unzureichend ausübt (§ 41 Abs. 1 UrhG). Bei der Einräumung eines (ausschließlichen oder einfachen) Nutzungsrechts kann (auch) eine zeitliche Beschränkung des Rechts vereinbart werden. Geschieht das nicht, so ergibt sich eine solche Beschränkung m.E. auch nicht aus dem Rückrufsrecht[3]. Das Rückrufsrecht indiziert keine zeitliche Begrenzung des Nutzungsrechts, sondern soll dem Rechtsinhaber eine angemessene anderweitige

---

2 I B 11/82, BStBl. II 1983, 367.
3 So wohl auch *Lüdicke* in *Lademann/Söffing*, Kommentar zum EStG, § 49 Anm.

Verwertung für den Ausnahmefall ermöglichen, daß der Nutzungsberechtigte das Recht nicht oder nicht ausreichend ausübt.[3]

3. *Das Entgelt für den Kauf des Bauplans vom Gesellschafter-Geschäftsführer der GmbH*

Nach § 2 Abs. 1 Nr. 4 UrhG sind auch die Entwürfe eines Werkes der Baukunst urheberrechtlich geschützt. Im Falle des BFH-Urteils vom 9. Februar 1983[4] hatte der alleinige Gesellschafter und Geschäftsführer (T) einer GmbH, ein Architekt, die Baupläne für die Errichtung einer Großwohnanlage gefertigt. Der Geschäftszweck der GmbH bestand in der Projektierung und Errichtung ebensolcher Bauten. Nachdem sich herausstellte, daß das Projekt nicht zu realisieren war, »kaufte« die GmbH den Entwurf von T für 600 000 DM, aktivierte ein entsprechendes Recht in ihrer Bilanz und schrieb dieses alsdann gewinnmindernd ab. Das Finanzamt erkannte diese Gewinnminderung nicht an. In dem Kauf des wertlos gewordenen Urheberrechts liege eine »verdeckte Gewinnausschüttung«, die nach § 8 Abs. 3 Satz 2 des Körperschaftsteuergesetzes den Gewinn nicht mindern dürfe.

Dazu führte der Bundesfinanzhof aus, das Urheberrecht sei gemäß § 7 UrhG in der Person des T entstanden. Das Urheberrecht sei - mit Ausnahme bestimmter, im Streitfall nicht vorliegender Merkmale - nicht übertragbar (§ 29 UrhG). Das Urheberrecht sei daher auch durch den »Kaufvertrag« nicht übertragen worden. Vielmehr sei davon auszugehen, daß T den Vorentwurf in seiner Eigenschaft als Arbeitnehmer (Geschäftsführer) der GmbH gefertigt und im Anschluß hieran der GmbH die Nutzungsrechte an dem Entwurf stillschweigend übertragen habe[5]. Für die steuerrechtliche Beurteilung unter dem Gesichtspunkt der verdeckten Gewinnausschüttung hatte dies entscheidende Bedeutung. Bei der gegebenen Sachlage - Projektierung von Bauten als Geschäftszweck der GmbH und Erstellung einer entsprechenden Planung durch T - hätte es einer im voraus getroffenen klaren vertraglichen Vereinbarung zwischen der GmbH und T bedurft, wenn dieser hätte berechtigt sein sollen, außerhalb seiner Tätigkeit als angestellter Geschäftsführer Entwürfe zu erstellen und über die Nutzungsrechte auf eigene Rechnung zu verfügen. Die steuerrechtliche Qualifizierung des Vorgangs als verdeckte Gewinnausschüttung, also nicht als fremdübliche Vergütung für die Überlassung eines Nutzungsrechts, hatte nach § 8 Abs. 3 Satz 2 des Körperschaftsteuergesetzes zur Folge, daß die Abschreibungen auf die an T gezahlten Beträge das Einkommen der GmbH nicht mindern durften und deshalb dem Gewinn hinzugerechnet werden mußten.

4. *Das Musikverlagsrecht und der Tonträger bei der Bewertung des Betriebsvermögens*

Bei der Gewinnermittlung durch sog. Betriebsvermögensvergleich, wie er sich aus der Handelsbilanz ergibt, dürfen Urheberrechte ebenso wie andere immate-

4 I R 229/81, BStBl. II 1983, 487.

5 *Ulmer*, Urheber- und Vertragsrecht, 3. Aufl., 401, 402.

rielle Vermögensgegenstände des Anlagevermögens nur angesetzt (»aktiviert«) werden, wenn sie von einem Dritten entgeltlich erworben wurden (vgl. § 248 Abs. 2 des Handelsgesetzbuchs). Entsprechendes gilt nach dem Grundsatz der Maßgeblichkeit der Handelsbilanz für die Steuerbilanz (§ 5 Abs. 1 EStG) und der ausdrücklichen Regelung in § 5 Abs. 2 EStG auch für die steuerliche Gewinnermittlung. Zu den immateriellen Vermögensgegenständen (= Wirtschaftsgütern) in diesem Sinne gehören auch die Urheberrechte und Leistungsschutzrechte nach dem UrhG, aber z.B. auch gewerbliche Schutzrechte sowie das Verlagsrecht nach dem Verlagsgesetz. Für die Gewinnermittlung hat das vor allem die Folge, daß - sofern nicht ein entgeltlicher Erwerb von einem Dritten, der das Recht überträgt bzw. einräumt, vorliegt - Aufwendungen zur Erlangung des Rechts sofort bei Anfall als Betriebsausgaben den Gewinn mindern. Dazu ist allerdings zu bemerken, daß aus bilanzrechtlicher Sicht trotz der urheberrechtlichen Bestimmung in § 29 Abs. 2 Satz 2 UrhG auch ein Urheberrecht Gegenstand eines Anschaffungs- bzw. Veräußerungsgeschäfts sein kann, nämlich vor allem dann, wenn die Ausübung des Rechts ohne zeitliche Begrenzung und gegen Zahlung eines festen Betrags übertragen wird.[6]

Anders war dies bis vor kurzem bei der sog. Einheitsbewertung des Betriebsvermögens. Der dabei nach den Vorschriften des Bewertungsgesetzes ermittelte »Einheitswert« des Betriebsvermögens, nach welchem sich insbesondere die Besteuerung des Vermögens nach dem Vermögensteuergesetz und des Gewerbekapitals nach dem Gewerbesteuergesetz richten, bezog immaterielle Wirtschaftsgüter des Anlagevermögens auch ein, wenn sie nicht von einem Dritten im bilanzrechtlichen Sinne entgeltlich erworben worden waren. Dies führte z.B. dazu, daß ein Musikverlag die ihm vom Komponisten eingeräumten unbeschränkten und ausschließlichen »Werknutzungsrechte« (Verlagsrechte gemäß § 8 des Verlagsgesetzes) als gewerbe- und vermögensteuerpflichtige Rechte mit ihren »Teilwerten« ansetzen mußte. Bei dieser durch § 109 des Bewertungsgesetzes in damaliger Fassung geltenden Vorgabe billigte der Bundesfinanzhof die Auffassung des Finanzamts, daß als Wert der Rechte der Kapitalwert der künftig zu erwartenden Nettoerträge bei einer voraussichtlichen Nutzungsdauer der Rechte von fünf Jahren anzusetzen sei.[7]

Nicht besser erging es einem Produzenten von Schallplatten und anderen Tonträgern. Vergeblich machte er geltend, die ihm zustehenden Leistungsschutzrechte an den Tonträgern (§ 85 UrhG) seien mangels sicherer Bewertbarkeit keine selbständig bewertbaren Wirtschaftsgüter. Das Finanzamt, das den Wert der Tonträger pauschal mit einem Drittel der jeweiligen Produktionskosten angesetzt hatte, setzte sich vor Gericht durch. Der Bundesfinanzhof lehnte es im Urteil vom 9. Dezember 1983[8] auch ab, das Leistungsschutzrecht nach § 85 UrhG einem Urheberrecht i.S. von § 110 Abs. 1 Nr. 5 des Bewertungsgesetzes gleichzustellen. Das Leistungsschutzrecht nach § 85 UrhG weise wesentliche Unterschiede zum

---

6 Vgl. auch unter II. 2.
7 BFH-Urt. vom 11. 11. 1983 III R 25/77, BStBl. II 1984, 187.
8 III R 6/76, BStBl. II 1984, 190.

Urheberrecht i.S. des § 11 UrhG auf. Nur Urheberrechte dieser Art seien nach § 110 Abs. 1 Nr. 5 Satz 2 des Bewertungsgesetzes bei natürlichen Personen von der Vermögenssteuer befreit.

Der Bundesfinanzhof hat in den Urteilen III R 25/77 und III R 6/76[9] nachdrücklich auf die Schwierigkeiten und Unsicherheiten bei der Wertermittlung für immaterielle Wirtschaftsgüter, die nicht entgeltlich von einem Dritten erworben werden, hingewiesen. Der Gesetzgeber hat aber erst geraume Zeit später Einsicht bewiesen. Seit der Änderung des § 109 des Bewertungsgesetzes durch das Steueränderungsgesetz 1992[10] gilt bei der Einheitsbewertung des Betriebsvermögens der Grundsatz der Maßgeblichkeit der Steuerbilanz und damit mittelbar der Handelsbilanz. So darf auch in den geschilderten Streitfällen für die Verlags- bzw. Leistungsschutzrechte keine Vermögen- und Gewerbekapitalsteuer mehr erhoben werden. Der Schallplattenproduzent kann, sollte das Finanzamt weiterhin anderer Auffassung sein, darauf hinweisen, der Bundesfinanzhof habe im Urteil III R 6/76[11] ausdrücklich klargestellt, daß der Tonträger kein (nach wie vor anzusetzendes) »materielles« Wirtschaftsgut sei: »Allerdings sind sie (die Tonträger) immaterielle und nicht materielle Werte, weil bei ihnen nicht das stoffliche Erzeugnis, sondern die darauf festgehaltene Tonfolge . . . im Vordergrund steht . . .«

5. *Die Umsatzsteuer bei der Vermietung von Video-Kassetten*

Einen eminent urheberrechtlichen Bezug weist das Umsatzsteuergesetz in § 12 Abs. 2 Nr. 7 auf. Durch Anwendung des ermäßigten Steuersatzes begünstigt wird dort (Buchst. c) vornehmlich »die Einräumung, Übertragung und Wahrnehmung von Rechten, die sich aus dem Urheberrechtsgesetz ergeben«. In den Genuß des ermäßigten Steuersatzes wollte im Falle des BFH-Urteils vom 29. November 1984[12] auch der Inhaber einer Videothek gelangen, der die von ihm gekauften oder gemieteten Video-Kassetten Privatpersonen zur ausschließlichen Benutzung im privaten nichtöffentlichen Bereich vermietete. Das Finanzamt, das Finanzgericht und der Bundesfinanzhof waren jedoch übereinstimmend der Auffassung, der Videothekar müsse den vollen Steuersatz (§ 12 Abs. 1 des Umsatzsteuergesetzes --UStG--) bezahlen. Für diese rechtliche Beurteilung war entscheidend, daß die Auslegung des § 12 Nr. 7 Buchst. b UStG sich an der vorgegebenen urheberrechtlichen Rechtslage zu orientieren habe und daß dieser zufolge die Vermietung durch den Videothekar keine »Überlassung zur Vorführung« sei. Zwar umfaßt das Vervielfältigungs-, Verbreitungs- und Aufführungsrecht des Films (§ 2 Abs. 1 Nr. 6 i.V.m. §§ 16 ff. und §§ 89 ff. UrhG) auch die sog. Videorechte. Aufgrund des Videorechts kann der Filmhersteller das Recht zur Herstellung und Verbreitung von Video-Kassetten unter Bereitstellung des Werkstücks (Master-Band) einem Videovertriebshändler übertragen. Dieser gibt das Nutzungsrecht

9 A.a.O. Fußn. 7 und 8.
10 Artikel 13 Nr. 20 des Steueränderungsgesetzes 1992 vom 25. 2. 1992, BGBl. I, 297, BStBl. I, 146, 169.
11 A.a.O. Fußn. 8.
12 V R 96/84, BStBl. II 1985, 271.

im gebotenen Umfang an den Videothekar weiter. In der Person des Videothekars endet aber, so der Bundesfinanzhof, die Kette der Urheberrechtseinräumungen. Mit dem Verkauf oder der Vermietung durch den Videothekar an dessen Kunden als Letztverbraucher werden diesem keine urheberrechtlichen Rechtspositionen eingeräumt. Die dem privaten Kunden ermöglichte »Selbstvorführung« des Films ist danach keine »Filmvorführung« i.S. des § 12 Abs. 2 Nr. 7 Buchst. b UStG und auch keine Überlassung eines Urheberrechts i.S. des § 12 Abs. 2 Nr. 7 Buchst. c UStG.

Die Entscheidung ist sorgfältig begründet und wird sicher Bestand haben. Dennoch bleibt ein »Restzweifel«. Ist es nicht doch so, daß auch das Recht der Selbstvorführung ein abgespaltenes Nutzungsrecht ist, welches sich über mehrere Zwischenstationen aus dem umfassenden Nutzungsrecht des Filmherstellers ableitet?

6. *Das Namensrecht der Erfinderin*

Mit einer ganz eigentümlichen Rechtsgestaltung befaßte sich das Finanzgericht Baden-Württemberg in seinem Urteil I 221/82 vom 12. März 1985[13]. Die Klägerin, Frau R, hatte bestimmte kosmetische Präparate entwickelt. Sie räumte nun in einem »Lizenzvertrag« einem Kosmetikwaren-Hersteller das ausschließliche Recht ein, ihren Namen auf bestimmten kosmetischen Präparaten in auffallender Form zu führen. Dafür wurde Frau R mit bestimmten Sätzen am Umsatz dieser Produkte beteiligt. Bei ihrer Vermögensteuererklärung machte Frau R geltend, ihr Lizenzrecht unterliege nicht der Vermögensteuer. Dafür berief sie sich auf die Vorschrift des nach § 110 Abs. 1 Nr. 5 Satz 2 des Bewertungsgesetzes. Danach gehören beim (unbeschränkt steuerpflichtigen) Erfinder und Urheber die eigenen Erfindungen und Urheberrechte nicht zum steuerpflichtigen »sonstigen Vermögen«. Das Finanzamt folgte dieser Auffassung nicht; es setzte das Lizenzrecht mit einem geschätzten Wert als Vermögenswert an. Der Einspruch wurde als unbegründet zurückgewiesen.

Das Finanzgericht schloß sich der Auffassung des Finanzamts an. Gegenstand der vertraglichen Vereinbarung zwischen Frau R und dem Kosmetikwaren-Hersteller sei nämlich nicht eine Erfindung oder ein Urheberrecht, sondern das Namensrecht der Klägerin. Das Namensrecht habe im Streitfall, »wenn auch begünstigt durch die kreative Tätigkeit des Namensträgers, einen eigenen, feststellbaren Wert erreicht, der auch ohne die geistige Tätigkeit des Steuerpflichtigen nutzbar ist«. Das Namensrecht sei unter dieser Voraussetzung als selbständiges immaterielles Wirtschaftsgut zu behandeln, das an der Steuerbefreiung für Erfindungen und Urheberrechte nicht mehr teilnehme. Man kann dazu sicher auch eine andere Auffassung vertreten. Der Fall vermittelt davon unabhängig aber die verblüffende Erkenntnis, daß immaterielle Wirtschaftsgüter, die sich in steuerrechtlicher Sicht nicht im Betriebsvermögen, sondern im Privatvermögen des Steuerpflichtigen befinden (wie im Streitfall), ab 1994 steuerlich ungünstiger behandelt werden als immaterielle Wirtschaftsgüter im Betriebsvermögen. Dazu verweise ich auf Fall 4.

---

13 EFG 1985, 471.

Immaterielle Anlagegüter im Betriebsvermögen, soweit nicht entgeltlich von einem Dritten »angeschafft«, bleiben nach der Änderung des § 109 des Bewertungsgesetzes durch das Steueränderungsgesetz 1992 von der Vermögensteuer verschont. Anders ist es bei immateriellen Vermögensrechten, die sich im Privatvermögen befinden; sie werden - mit Ausnahme von Erfindungen und Urheberrechten beim unbeschränkt steuerpflichtigen Erfinder/Urheber selbst und nach seinem Tode bei seinem Ehegatten bzw. seinen Kindern - wie bisher mit dem »gemeinen« Wert, d.h. dem bei einer Einzelveräußerung erzielbaren Preis (§ 10 Bewertungsgesetz), erfaßt. Ich meine, daß der Gesetzgeber hier zu kurz gegriffen hat. Rechte, die im Betriebsvermögen wegen der Unsicherheit ihrer Bewertung nicht mehr erfaßt werden, dürfen m.E. auch bei Zugehörigkeit zum Privatvermögen nicht mit Vermögensteuer belastet werden.

7. *Die Wohnsitzverlegung des Erfolgsautors*

Ein Filmverlag erwarb 1975 die Verfilmungsrechte an dem Roman X des berühmten Schriftstellers Y. Y hatte schon vor geraumer Zeit, nämlich 1962, seinen Wohnsitz in das (wohl aus Gründen des Steuergeheimnisses nicht näher bezeichnete) »Ausland« verlegt. Y erhielt vom Filmverlag für das Filmrecht 200 000 DM, zahlbar in Teilbeträgen 1975 bis 1977. Die Beträge werden dem Y vertragsgemäß und ungekürzt ausbezahlt. Damit war das Finanzamt, das diesen Sachverhalt bei einer Betriebsprüfung beim Filmverlag feststellte, nicht einverstanden. Es erließ gegen den Filmverlag als Schuldner der Vergütung gemäß § 50 a Abs. 4, 5 EStG einen Haftungsbescheid, mit dem es 50 000 DM, also 25 v.H. der Bruttovergütung, als Einkommensteuer des beschränkt steuerpflichtigen Y festsetzte.

In dem sich anschließenden finanzgerichtlichen Verfahren waren die Beteiligten übereinstimmend der Auffassung, daß Y mit den Einkünften aus der Übertragung des Verfilmungsrechts in der Bundesrepublik Deutschland in der Tat beschränkt einkommensteuerpflichtig war. Beschränkt einkommensteuerpflichtig sind nach § 49 Abs. 1 Nr. 3 EStG nämlich die Einkünfte aus selbständiger Arbeit i.S. des § 18 EStG - und zu diesen gehören auch die Einkünfte aus schriftstellerischer Tätigkeit -, wenn die selbständige Arbeit »im Inland ausgeübt oder verwertet wird oder worden ist«. Unstreitig war auch, daß Y in Ausübung seines literarischen Urheberrechts (§ 2 Abs. 1 Nr. 1 UrhG) ein Verfilmungsrecht (§ 88 UrhG) bestellt und sich damit im Rahmen seiner freiberuflichen Tätigkeit als Schriftsteller bewegt hatte. Soweit so gut! Das Gesetz macht die Sache nun aber beim Steuerabzug ein wenig komplizierter. Denn statt des Abzugssatzes von 25 v.H. soll der deutlich geringere Satz von 15 v.H. gelten, »soweit die Tätigkeit . . . im Inland ausgeübt wird oder worden ist«. Der Differenzierung soll die Vorstellung zugrunde liegen, daß bei *Ausübung* der Tätigkeit im Inland höhere Betriebsausgaben anfallen als bei bloßer *Verwertung* im Inland[14]. Die ganze Tragweite der Regelung und der Differenzierung nach Abzugsätzen ergibt sich daraus, daß mit dem Steuerabzug, der die Bruttovergütung ohne Abzug irgendwelcher Betriebsausgaben er-

14 *Schmidt*, Kommentar zum EStG, 12. Aufl., § 50 a Anm. 3 d.

faßt, die Einkommensteuer abgegolten ist (§ 50 Abs. 5, § 50 a Abs. 4 Sätze 5 und 6 EStG).

Im Streitfall hatte Y die freiberufliche Tätigkeit, nämlich das Schreiben eines Romans, im Inland ausgeübt, wenn auch schon vor vielen Jahren, nämlich im Jahre 1961. Andererseits wurde die freiberufliche Tätigkeit 1975 auch im Inland verwertet, nämlich im Betrieb des Filmverlags durch die Verfilmung des Romans. So war guter Rat teuer. Dieser bestand nun nicht in einer Addition der beiden Steuersätze auf 40 v.H. (25 v.H. für Verwertung und 15 v.H. für Ausübung des Rechts), sondern nach dem Urteil des Bundesfinanzhofs in dieser Sache[15] darin, daß der Steuersatz von 15 v.H. anzuwenden sei. Diese Erkenntnis leitet der Bundesfinanzhof vornehmlich aus der Entstehungsgeschichte des »Verwertungstatbestandes« ab. Diese ergebe, daß der Verwertungstatbestand »zurücktreten« müsse, wenn auch der »Ausübungstatbestand« erfüllt sei. Die Deduktion des Bundesfinanzhofs ist sicherlich lückenlos und schlechthin überzeugend. Damit ist aber auch (erneut) unter Beweis gestellt, zu welch unverständlichen Einzelfallentscheidungen steuerliche Sonderregelungen führen können. Denn es darf wohl unterstellt werden, daß Y zu Zeiten, als er den Roman als unbeschränkt steuerpflichtiger Autor im Inland schrieb, seine sämtlichen Betriebsausgaben abgezogen hat. Damit erweist sich die spätere Anwendung des niedrigeren Steuersatzes, die ja höhere Betriebsausgaben bei der Ausübung der Tätigkeit im Inland abgelten soll, im Streitfall aus steuersystematischer Sicht als eine nicht begründbare Vergünstigung, die wir dem Y aber gleichwohl sehr herzlich gönnen.

8. *Die Umsatzbesteuerung der Video-Peep-Show*

Im Fall Nr. 5 haben wir zur Kenntnis nehmen dürfen, daß der Videothekar, der seinen Kunden Videokassetten zur »Selbstvorführung« vermietet, nicht in den Genuß des ermäßigten Umsatzsteuersatzes kommt. Begünstigt wird durch § 12 Abs. 2 Nr. 7 Buchst. b UStG die Überlassung von Filmen zur Auswertung und Vorführung und die Vorführung von Filmen. Die Überlassung des Videofilms zur »Selbstvorführung« fällt, so wurde entschieden nicht darunter[16]. Nun meinte das Finanzamt im Falle eines sog. Video-Treffs, in welchem interessierte Personen Filme pornographischen Inhalts in Einzelkabinen gegen Einwurf von Münzen in einen Automaten betrachteten, auch hierbei handele es sich um eine nicht begünstigte »Selbstvorführung«. Denn immerhin könne der Betrachter bestimmen, welchen der verschiedenen Filme, die ihm zur Auswahl standen, er präferierte.

Dieser Auffassung mochte das FG Düsseldorf im Urteil vom 10. Januar 1989[17] nicht folgen. Das FG bestätigte die bisherige Rechtsprechung, nach der für die Auslegung des Merkmals »Filmvorführung« die urheberrechtliche Rechtslage maßgebend sei und bezog sich dabei auf das Videothekar-Urteil des BFH. Danach sei der ermäßigte Steuersatz im Streitfall anzuwenden. Denn bei der Steuerung der Filme in die diversen Videokabinen handele es sich um eine öffent-

---

15 BFH-Urt. vom 12. 11. 1986, BStBl. II 1987, 372.
16 A.a.O. Fußn. 12.
17 1 K 165/88 U, EFG 1989, 259.

liche Filmvorführung im Sinne des § 19 Abs. 4 UrhG, nicht um eine nichtbegünstigte nichtöffentliche Selbstvorführung. Fürwahr eine nicht uninteressante Variante des Öffentlichkeitsbegriffs. Das FG weiß dies wohl zu belegen. Es könne, so das FG, durchaus sein, daß der Gesetzgeber seinerzeit an diese Variante der »Öffentlichkeit« nicht gedacht habe. Aber: Es sei zu berücksichtigen, »daß die vom Gesetzgeber verwendeten Begriffe keinen zeitlosen, von der Fortentwicklung der lebensmäßigen Verhältnisse losgelösten Inhalt haben«. Zudem: Das Ziel des UrhG erfordere, die streitige Form der Filmwiedergabe unter den Begriff der Vorführung zu subsumieren: »Die Verbreitung von Filmen in den Einzelkabinen ist in gleicher Weise wie die Vorführung in herkömmlichen Kinos geeignet, das vom Gesetzgeber für schutzwürdig gehaltene Interesse, die Verwertung der Filme weitgehend den Urhebern vorzubehalten, zu beeinträchtigen.«

Der BFH hatte daran offenbar nichts auszusetzen. Denn er hat durch Urteil vom 18. Juni 1993[18] die Rechtsausführungen des FG bestätigt.

Kurz danach hat die Rechtslage sich allerdings geändert. Die Vorschrift des § 12 Abs. 2 Nr. 7 Buchst. b UStG ist durch das »Gesetz zur Umsetzung des föderalen Konsolidierungsprogramms« - FKPG - vom 23. Juni 1993[19] erheblich eingeschränkt worden. Nach der geänderten Gesetzesfassung sind die Überlassung von Filmen zur Auswertung und Vorführung sowie die Filmvorführungen nur noch begünstigt, »soweit die Filme nach § 6 Abs. 3 Satz 1 Nr. 1 bis 4 des Gesetzes zum Schutze der Jugend in der Öffentlichkeit gekennzeichnet sind«. Die Vorführung von Filmen, die für Jugendliche unter 18 Jahren nicht freigegeben sind, ist danach nicht mehr begünstigt. So wird denn wohl auch der Betreiber der Video-Peep-Show fortan 15 v.H. Umsatzsteuer zahlen und (auch) so zur föderalen Konsolidierung beitragen.

Damit möchte ich meinen kleinen Streifzug durch die Grenzbereiche von Urheber- und Steuerrecht abschließen. Ich hoffe, er hat aufgezeigt, wie vielfältig die Verbindungslinien zwischen beiden sind.

---

18 V R 19/89, n.v.
19 BGBl. I 1993, 944, BStBl. I 1993, 510, 521.

Pierre Boulez

Dirigieren: Métier, Magie oder was?*

Ich will ganz am Anfang beginnen.

Wann empfindet man die Notwendigkeit, Dirigent zu werden? Ist es aus einem tiefen Wunsch, einem instinktiven Bedürfnis heraus? Oder mehr oder weniger gezwungenermaßen, bedingt durch die Umstände?

Es gibt Dirigenten ganz unterschiedlicher Herkunft: Komponisten, Sänger, Instrumentalisten aus so verschiedenen Bereichen wie Flöten oder Kontrabaß, sehr häufig bewegt von dem Wunsch, die eigenen Möglichkeiten auszuweiten.

In einem sehr frühen Alter kann es nicht kommen. Ohnehin überleben Wunderkinder nur selten. (L. Maazel ist eine der ganz wenigen Ausnahmen.) In der Regel beginnt man mit dem Dirigieren nach einer hinreichend fortgeschrittenen Musikausbildung. Man muß eine Partitur lesen können, was unendlich komplizierter ist als nur einen Orchester-Part oder einen Klavierauszug zu lesen. Man muß Mindestkenntnisse verschiedener Instrumentenfamilien besitzen. All dies erlernen nicht einmal die Begabtesten sofort.

Was reizt nun Musiker am Dirigieren? Lassen Sie uns einen raschen Blick zurück in die Geschichte werfen.

Der Dirigent war nicht immer eine der Hauptpersonen im Musikleben. Bis zu Mahlers Zeit in Wien wurde der Name des Dirigenten in der Ankündigung einer Aufführung nicht einmal erwähnt, obwohl der Dirigent als solcher im Laufe des 19. Jahrhunderts aufkam.

Anfangs standen die Komponisten im Vordergrund: Mendelssohn in Leipzig (Gewandhaus), Weber in Dresden, Berlioz und Wagner. Es gab auch andere, wie Spohr oder Habeneck in Paris, der *kein* Komponist war. Auch Liszt dirigierte regelmäßig in Weimar (Premiere von Lohengrin).

Berlioz und Wagner haben über die Kunst des Dirigierens geschrieben. *Berlioz* auf sehr praktische Weise über die Technik des Dirigierens: wie man die verschiedenen Taktmaße schlägt, wie man ein Orchester auf der Bühne aufbaut, wo man den Chor und die Solisten postiert. Wenn man dieses Kapitel von Berlioz liest, könnte man ihm den Titel geben: Geburt eines Berufes.

Wagner ging mehr auf die Interpretation selbst ein, und besonders interessant ist zu lesen, was er über Beethoven schreibt, denn zum ersten Mal denkt ein Komponist (und noch dazu ein so großer) darüber nach, wie die Musik eines Vorgängers aufgeführt werden sollte, über die Flexibilität der Phrasierung, des Tempos,

---

* Übersetzung aus dem Englischen durch Frau Brigitte Marcolla-Robert, München.

über die Art stylistischer Annäherung, der es nach seinem Empfinden bedurfte, um der Musik gerecht zu werden.

Von da an gab es Schüler, nicht von Berlioz, aber von Wagner. Der berühmteste ist immer noch von Bülow; und so begann eine deutsche Tradition sehr berühmter Dirigenten, die ihr Leben hauptsächlich dem widmeten, was wir als Klassik und Romantik bezeichnen, und von denen zwei auch die herausragendsten Komponisten ihrer Zeit waren: Mahler und Strauss.

Die Tradition des Komponisten-Dirigenten ging danach nicht verloren, wurde aber allmählich zur Ausnahme; zur Regel wurden immer mehr Dirigenten, die vor allem und ausschließlich Interpreten waren.

In Frankreich war es Berlioz, der zum Vorbild für Dirigenten wurde, und viele Orchester entstanden im letzten Drittel des 19. Jahrhunderts. Das Orchester begann, zu einer Institution zu werden, und regelmäßig wurden Sinfoniekonzerte veranstaltet.

Wer von Orchestern und Sinfoniekonzerten spricht, meint natürlich Dirigenten. Und viel mehr als im Bereich der Oper begannen die Dirigenten, zu den Hauptpersonen im Musikleben großer Städte zu werden.

Was machte den Dirigenten eigentlich nach und nach zu einer *zentralen* Figur? Was waren - und sind noch immer - die besonderen Begabungen, die unbedingt notwendig sind, um Dirigent *und* musikalischer Leiter zu werden? Historisch gesehen, waren diese beiden Funktionen eng miteinander verknüpft; und sie sind es heute noch immer.

Wie bei anderen Interpreten kann man Dirigenten allzu leicht in zwei Kategorien einteilen:

1. diejenigen, die hauptsächlich mit ihrem Instinkt reagieren, im Französischen sagen wir: »er hat eine gute Hand« (häufig gefolgt von: »aber kein Hirn!«)
2. diejenigen, die rationaler vorgehen; über sie hört man dann, sie seien kalt, logisch, was im wesentlichen bedeutet: ohne Emotion, ohne Gefühl.

So einfach sind die Dinge nicht. Der Instinkt kann nicht überleben ohne ein gewisses Maß von Rationalität, und sei sie noch so simplistisch, und Rationalität wird einfach zusammenfallen vor der Ausdruckskraft der Musik oder auch schon, wenn sie mit dem Genuß des Klangs an sich konfrontiert wird.

Gewiß ist es nicht immer leicht, das ideale Gleichgewicht zwischen Instinkt und Überlegung zu finden. Doch bevor man auch nur den Versuch unternimmt, dieses Maß von Vollendung zu erreichen, muß man eine Reihe von Dingen auf technischer Ebene lernen, eine Reihe von Fertigkeiten beherrschen.

Ich werde später noch darüber sprechen, wie man diese Fertigkeiten erlernen kann, denn es ist sehr schwierig, die verschiedenen Lernphasen zu beschreiben. Man kann nicht an seiner Technik arbeiten wie dies der Spieler eines Musikinstruments oder ein Sänger kann. Und man braucht auch nicht zu üben. Stellen sie sich einen Geiger vor, der ein Jahr lang sein Instrument überhaupt nicht gespielt hat! Aber ein Dirigent kann nach einem Freijahr wieder dirigieren und wird nicht mehr und nicht weniger Probleme haben als zuvor.

Es gibt einen wesentlichen Unterschied zwischen der Technik eines Instrumentalisten zum Beispiel und der Technik eines Dirigenten. Natürlich gewinnt man an

Erfahrung, an Flexibilität und Sicherheit, wenn man jeden Tag dirigiert; aber Ihre Muskeln brauchen es nicht unbedingt, wenn ich so sagen darf, wie die Muskeln eines Geigers, die, ständig trainiert werden müssen.

Was sind dann die technischen Voraussetzungen für einen Dirigenten? Lassen Sie uns nun auf das *Métier* zu sprechen kommen.

Die erste Frage, die offensichtlichste sozusagen, aber auch die oberflächlichste, ist: *Taktstock oder nicht?*

Ich finde das überhaupt nicht wesentlich. Diese Entscheidung muß ganz individuell getroffen werden. Wenn Ihre Gestik klar und verständlich ist, wird ein fehlender Taktstock nichts an Klarheit einbüßen lassen. Und ist Ihre Gestik unpräzise, vage, dann wird der Taktstock nichts daran verbessern.

Wenn man an die massigen Taktstöcke des 17., 18. und sogar des 19. Jahrhunderts denkt, dann sind unsere Stöcke eigentlich sehr dünn; vielleicht werden sie, wenn wir an Darwins Theorie glauben, eines Tages sogar ganz verschwinden? Ich halte andere Dinge für sehr viel wichtiger als dieses kleine Stück Holz, und ich möchte mich daher weitaus grundlegenderen Faktoren zuwenden.

Ich würde die Welt der Notenwerte in zwei Arten von Komponenten aufteilen:

1. diejenigen mit *absoluten* Werten
2. diejenigen mit *relativen* Werten.

Absolute Werte sind: *die Tonhöhe* = Intervalle - Intonation.

Man muß über eine (soweit wie möglich) absolute Kontrolle der Tonhöhe verfügen. Verlangt die Partitur ein Es, so kann man ein D als Näherungswert nicht akzeptieren. Hier ist kein Kompromiß möglich. Die Wahrheit einer Partitur, wenn ich dieses Wort benutzen darf, beginnt mit der Wirklichkeit der Tonhöhe. Und eine Tonhöhe tritt niemals isoliert auf. In einer melodischen Linienführung ist sie horizontal mit anderen Tonhöhen verknüpft; oder sie ist vertikal an andere Tonhöhen gebunden, um einen Akkord zu bilden. Die Tonhöhenabstände horizontal oder vertikal herauszuhören, ist sicherlich eine *absolute* Notwendigkeit.

Absolute Werte anderer Art sind die Notenlängen; bindet man diese Längenwerte in einen Zusammenhang ein, so erhält man eine rhythmische Figur. Auch hier hat man Proportionen, die präzise definiert sind; und diese Proportionen müssen streng beachtet und unter Kontrolle gehalten werden.

Es gibt jedoch auch *relative* Werte.

Ich habe gerade von Rhythmen gesprochen. Was aber diesen rhythmischen Figuren erst zu einer Gestalt verhilft, die Geschwindigkeit, das *Tempo* - das ist sehr relativ. Es hängt im wesentlichen von *subjektiven* Faktoren ab: von der in einem jeden Augenblick stattfindenden psychologischen Konfrontation zwischen dem Werk und einem selbst.

In diese Kategorie würde ich auch die *Ausgewogenheit der verschiedenen Klangfarben* einordnen. Diese ist auch in sehr hohem Maße von den akustischen Gegebenheiten einer Konzerthalle abhängig, allerdings auch in gleicher Weise von der Klangfarbe, welche ein jeder Instrumentalist zum Ensemble beiträgt; und selbstverständlich auch vom Komplexitätsgrad der Partitur.

Der dritte *relative* Wert ist für mich der *Spannbogen* eines Werkes, also der Pfad, dem man folgen muß, um die Form selbst zustande zu bringen. Dies beruht auf dem Gleichgewicht, das zwischen den verschiedenen Episoden eines Werkes oder innerhalb eines Satzes eines Werkes herzustellen ist. Dieser Spannbogen läßt sich auf verschiedene Weisen realisieren, und das ist die Essenz der Interpretation.

Gewiß ändern sich diese Komponenten mit dem Stil der dargebotenen Werke; man kann an Werke aus dem frühen 19. Jahrhundert nicht auf dieselbe Weise herangehen wie an Werke aus unseren Tagen. Die Elemente, die man unter Kontrolle haben muß, sind zwar immer noch da, aber man kann sie nicht auf dieselbe Weise unter Kontrolle bringen. In der tonalen Welt beispielsweise läßt sich die Intonation leichter unter Kontrolle bringen, denn man verfügt über ein Vokabular an Akkorden, welches nach präzisen Regeln absolut festgelegt ist. Kennt man diese Regeln, so sind die einzelnen Bestandteile eines Akkords klar, und jede Abweichung wird sich leicht entdecken lassen.

In einer nichttonalen Welt, in der ein allgemeines Regelwerk nicht mehr existiert, muß man sämtliche Bestandteile eines Akkords genau analysieren, um die *falsche* Komponente im Vergleich zu dem, was in der Partitur niedergelegt ist, herauszufinden. Wenn man über absolutes Gehör verfügt, ist das Kontrollieren in beiden Fällen viel einfacher: Man erkennt die *falsche* Note, weil es einfach nicht diejenige ist, die man hören will - genauso, wie man nicht gelb und blau miteinander verwechseln kann bzw. die Zahl 4 mit der Zahl 7. Das ist eine Tatsache, um die man nicht herumkommt. Wenn man nicht über ein absolutes Gehör verfügt (und dies hat nichts mit einem musikalischen Wert zu tun; es ist eine rein physische Begabung), dann muß man sich auf die Analyse von Tonhöhenabständen verlassen; und das bedeutet, daß man das Verhältnis zwischen einer Tonhöhe und einer anderen überprüfen muß. Man hört beispielsweise eine große Terz statt einer kleinen Terz. Man sieht freilich, daß zu dieser Art von Kontrolle ein etwas längerer Analyseprozeß mit dem Vergleich von zwei Objekten gehört.

Man kann auch sagen, daß sich eine Tonsprache, die im wesentlichen harmonisch ist (zum Beispiel die von Ravel), auf viel einfachere Weise richtig ausbalancieren läßt; oder daß im Gegenteil eine Tonsprache, die im wesentlichen Gebrauch von Kontrapunkt und von Klangschichten macht (beispielsweise Orchesterstücke von Alban Berg), schwieriger auszubalancieren ist, weil man eine Art Hierarchie zwischen den verschiedenen Schichten etablieren muß.

Ebenso muß man die Evolution der Rhythmik berücksichtigen, die seit beinahe dem Beginn dieses Jahrhunderts sehr radikal verlaufen ist.

Bei klassischen Werken hat man - meistens - symmetrische Perioden und ein sehr regelmäßiges Tempo. Im Verlauf der Romantik, und insbesondere seit Wagner, ist die Regelmäßigkeit der Perioden in den meisten Fällen verschwunden, und das Tempo steckt voller sehr stark hervorgehobener Kontraste. Insbesondere bei Debussy haben die Tempi bisweilen einen konstant fließenden Charakter, was ohne ein gewisses Maß an Künstlichkeit oder Manieriertheit sehr schwierig zu erreichen ist. Und bei Strawinsky und Bartók sowie später bei Messiaen hat sich der rhythmische Pulsschlag drastisch verändert.

Wenn ich diese Evolution vereinfachend darstellen wollte, so würde ich sagen, daß das Metrum auf einem großen Wert basiert, der in kleinere, gleich große Bestandteile unterteilt ist: 4/4, 3/4, usw.

Bei Strawinsky andererseits gründet der rhythmische Puls seit dem *Sacre du Printemps* auf einer kleinen Einheit, die entweder mit 2 oder mit 3 multipliziert wird, was einen unregelmäßigen Pulsschlag hervorbringen kann: 5/8 = 3+2; 7/8 = 2+2+3 / 2+3+2 / 3+2+2. Bei Strawinsky ist allerdings das Tempo sehr stabil. Bei Messiaen kann sich das Tempo abrupt ändern, und zwar ohne jede *Vorwarnung*.

Bei Werken von Ligeti findet sich die Überlagerung verschiedener Periodizitäten, und man muß imstande sein, sie hörbar zu machen. In einigen meiner eigenen Werke sind die Einsätze nicht einmal nach einem rhythmischen Muster verteilt, sondern werden einem jeden Musiker individuell zugeteilt, und zwar in einer Reihenfolge, die der Dirigent ad libitum wählen kann. In einigen Werken von Berio oder Stockhausen haben einige Musiker Passagen mit individuellem Tempo und müssen danach sozusagen ins Mittelfeld zurückgebracht werden. Es gibt noch viele andere Beispiele, welche diese sehr radikale Evolution verdeutlichen.

Die Gestik selbst mußte dieser Evolution folgen; und dasselbe tat die Technik des Probens - weil man nicht nur mit den angemessenen Gesten dirigieren, sondern seine Proben auch den Anforderungen des Werkes anpassen muß.

- Wenn die Musik bekannt ist, wenn Stilart und Schreibweise vertraut sind, dann ist das, was man in sie hineinlegen muß, im wesentlichen Phrasierung, Antriebskraft. Das Dirigieren ist da als eine Geste des Einbindens. Die Balance ist bekannt, ebenso wie das Gewicht der verschiedenen Themen und Stimmen. Viele Dinge geraten von selber richtig. Die Gestik kann verhältnismäßig frei sein, da keine *Gefahr* eines Mißgeschicks besteht, abgesehen vielleicht von einem Gedächtnisfehler oder einer Unaufmerksamkeit.
- Wenn die Musik sehr dicht ist, wie beispielsweise das letzte der *Drei Orchesterstücke op. 6* von Alban Berg, muß man im Hinblick auf die Ausgewogenheit zwischen den verschiedenen Bestandteilen der Polyphonie mit großer Sorgfalt vorgehen. Nahezu nichts ist wirklich vorgegeben, festgelegt. Es ist von absolut entscheidender Wichtigkeit, die Prioritäten zu etablieren.
- Wenn der Rhythmus unregelmäßig ist (Strawinsky, Messiaen), dann darf die Gestik nicht vage sein; sie muß sehr klar sein, sehr präzise: Der Musiker muß in jedem Moment wissen, wo der Takt ist. Die Gestik braucht dann eine sehr präzise Geometrie, und diese muß stets dieselbe sein. Wenn man beispielsweise Debussy dirigiert, ist diese Art Gestik Unsinn. Man muß im Gegenteil über eine Flexibilität des Taktschlages verfügen, was jedoch nicht einen Mangel an Präzision impliziert.
- Wenn man Musik dirigiert, bei der die Einsätze den Musikern individuell gegeben werden, muß man während der Proben sehr klare Einsatzregeln aufstellen; der Musiker muß absolut sicher sein, was der Einsatz für ihn bedeutet und was von ihm erwartet wird. Sonst kommt es zu Geschwätz und Durcheinander.

Und sicherlich wird nicht immer auf dieselbe Weise geprobt. Man gestaltet eine Probe so, daß sie dem Stück gerecht wird.

- Wird ein Werk oder ein Teil eines Werkes als zusammenhängend begriffen, muß man es in seiner Kontinuität proben, da es wichtig ist, den Bogen des Satzes, eines Werkes festzulegen. (Dies gilt für die Wagner-Oper genauso wie für Debussys Pelléas et Mélisande).
- Ist das Werk wie ein Puzzle aufgebaut (Bläsersymphonie, Strawinsky),

probt man die Stellen, die auf denselben Grundsätzen beruhen, nebeneinander. Dann wird das Puzzle wieder zusammengesetzt, und jeder wird verstehen, wie das Werk aufgebaut ist.

Dasselbe gilt für die Variationen op. 31 von Schönberg. Man probt zuerst die Variationen, die für großes Orchester geschrieben sind, und dann diejenigen für Kammerensembles. Wenn das Werk dann in seiner Kontinuität aufgeführt wird, sind die beiden Klangkörper mit ihren kontrastierenden Merkmalen sofort zu unterscheiden.

So gesehen, kann eine Probe ein sehr direktes, sehr praktisches Lehrstück in Komposition sein, ganz ohne Worte! Gerade das kann für Dirigenten schwierig sein: ein bestimmtes Wissen mit ganz direkten Forderungen zu übermitteln.

Ich habe sehr wenige Workshops im Dirigieren abgehalten. Aber ich habe mehr als einmal festgestellt, daß die Schwierigkeit für junge Dirigenten darin liegt, ihre Absichten in praktische Begriffe umzusetzen. Es ist wichtig, seine Absichten klar aufzuzeigen, wenn man sich nicht auf esoterische Erläuterungen einlassen möchte, die ohnehin schnell vergessen sind.

Wenn man einem Orchester gegenübersteht, muß man überzeugen. Aber man muß mit Fakten und unmittelbar überzeugen, was beweist, daß man die notwendige Umsetzung von Gedanken in Wege, diese zu verwirklichen, bereits für sich selbst durchgeführt hat.

Selten sind Hinweise auf die gewollte Klangfarbe erforderlich, auf den rhythmischen Impuls, die an einer bestimmten Stelle implizierte Stimmung. Meiner Meinung nach sollte dies, wie wir im Französischen sagen, »un supplément d'âme«, ein gewisses Extra an Seele, sein . . .

Und unter einem sehr praktischen Gesichtspunkt würde ich hinzufügen, daß zuviele Unterbrechungen der Kontinuität der Musik bei den Proben der beste Weg sind, die Seele zu töten! Das beste ist, nach Möglichkeit in Erinnerung zu behalten, was wann falsch war, und es später zu korrigieren. Sonst verschwindet die Bedeutung des Werkes, und das Interesse läßt nach.

Sind nun die Komponisten am ehesten imstande, die Werke, die sie darbieten, zu verstehen?

Dirigieren wie ein Komponist ist nicht immer ein Kompliment: Es kann bedeuten, daß man nicht alle notwendigen Voraussetzungen für einen Dirigenten besitzt; es kann auch bedeuten, daß man zu analytisch eingestellt ist. Um fair zu sein, glaube ich, daß ein Komponist ein Werk auf andere Weise betrachtet. Gewiß betrachtet er das Werk selbst mit großer Sorgfalt, aber er bedenkt auch die unmittelbaren oder mittelbaren Konsequenzen dieses Werkes.

Was mich betrifft, so kann ich nicht vergessen, was eine Partitur für meine Entwicklung bedeutet hat und noch bedeutet. Ich achte nicht besonders auf Folgen und Folgerungen, aber ich erfasse eher intuitiv Folgen und Folgerungen, die mich als Komponist interessieren. Außerdem denke ich an den Komponisten vergangener Tage, der seine Absichten sehr sorgfältig niedergeschrieben hat - soweit Dinge schriftlich ausgedrückt werden können, die gar nicht niedergeschrieben werden können -, und ich möchte ihn nicht leichthin abtun. Ich versuche, eine

Darbietung zu erreichen, die möglichst nahe an meine Deutung der Partitur herankommt und auf Einzelheiten eingeht, aber nie den übergreifenden Bogen aus dem Auge verliert. Ich weiß, wieviel schwieriger es ist zu komponieren, als zu dirigieren . . . und meine Prioritäten liegen ganz klar.

Ein Komponist zu sein, bedeutet vielleicht, sich der geschichtlichen Evolution bewußter, manchmal schmerzlich bewußt, zu sein. Ich denke daher oft an dieses Urteil von T.S. Elliott - ich zitiere ihn nicht wörtlich, bin mir aber der Bedeutung ganz sicher -, wonach »uns jedes neue Meisterwerk eine neue Perspektive von den Meisterwerken der Vergangenheit gibt«.

Ich halte Spezialisierung daher für einen zweifelhaften Segen. Sicher wird Musik vergangener Tage werkgetreuer aufgeführt als zuvor, obwohl ich zuweilen fürchte, daß dies sehr enttäuschend sein kann. Gewiß erfordert die Musik unserer Zeit volle Aufmerksamkeit. Aber ich kann mir keine völlig getrennten Welten vorstellen, die nicht miteinander kommunizieren. Natürlich ist unser Musik-»Archiv« größer als je zuvor, trotzdem würde ich es lieber sehen, nicht nur Spezialisten zu haben (was Musiker Ärzten oder Chirurgen gleichsetzt).

Ich halte es darüber hinaus für sehr notwendig, Orchester, Kammerensembles und Opern zu dirigieren. Die Probleme sind nicht dieselben, und jeder Teil der Betätigung profitiert vom anderen. Und die Aufführung zeitgenössischer Werke gibt einem bestenfalls eine andere Perspektive von der Vergangenheit, wie T.S. Elliott es ausdrückte. Man befindet sich nicht mehr in einem toten, sterilen Museum, sondern versteht das Museum besser, welches einem dann wieder hilft, den Werken von heute mehr Solidität zu verleihen.

Wer *Museum* sagt, meint auch *Tradition.* Gibt es eine Tradition des Dirigierens? Kann man Dirigieren beibringen?

Ich bin ein sehr schlechtes Beispiel, habe ich doch Dirigieren nie studiert; aber um die Werke von Komponisten meiner Generation aufzuführen, habe ich nach und nach das Notwendige gelernt. Aber ich denke an den Anfang nicht gerade mit großem Vergnügen zurück; konfrontiert mit den vielen Schwierigkeiten zeitgenössischer Musik, mußte ich den schweren Weg gehen, obwohl dies mit einer kleinen Gruppe freundlich eingestellter Musiker geschah. Der erste Kontakt mit einem großen Orchester war ziemlich holperig. Aber man lernt schnell unter Druck. Und ich bin noch immer der Meinung, daß die Grundbegriffe sehr einfach sind, die Wirklichkeit aber sehr komplex.

Was man beibringen kann, ist eigentlich nur, wie man anfängt und wie man aufhört; wie das Anlassen und Bremsen beim Fahren: was einen noch nicht für Rennen tauglich macht. Abgesehen davon kann man darauf hinweisen, was in ganz bestimmten Fällen nützlich ist und was nicht. Jeder Dirigent hat aber seine eigene Art und Weise. Und wenn man selbst Spitzendirigenten beobachtet, erkennt man sehr schnell, daß sie auf ihre ureigenste Art Resultate erzielen.

Ich denke daher, daß man den Zusammenhang unterstreichen kann, der zwischen der Vorstellung, wie die Partitur klingen sollte, und der Gestik, die diesen Klang hervorbringt, besteht. Aber zu versuchen, die Gestik eines anderen zu imitieren, weil es bei ihm funktioniert, ist sinnlos: man übernimmt den Manierismus, aber nicht die Notwendigkeit dieser Gestik, die direkt mit der Person, die sie vollzieht, zusammenhängt.

Was man beibringen kann, ist im wesentlichen negativ: Tun Sie dies nicht, denn dies kann nicht funktionieren. Das ist nicht sehr viel, aber zumindest erkennen Sie die Magie dieser seltsamen Zeichensprache. Das Studium der Partitur ist positiver. Denn Sie können beschreiben, wie Sie die Werte der Partitur interpretieren: Klangwerte, Zeitwerte, Puls, Spannung, Flexibilität, stilistische Merkmale.

Häufig wird aus Geldmangel oder mangels Verfügbarkeit von Studentenorchestern Unterricht mit einem oder zwei Pianisten erteilt, die eine reduzierte Fassung eines sinfonisches Werkes spielen. Gewiß haben Sie dabei die Möglichkeit, auf einem Minimalniveau in Erfahrung zu bringen, welche Reaktion Ihre Gestik hervorruft. Aber das ist auch schon alles. Denn der Klang des Klaviers, sein Einsatz, seine Reaktion entspricht bei weitem nicht dem Klang, dem Einsatz und der Reaktion der Instrumente eines Orchesters. Probleme der Intonation, der Ausgewogenheit, der Lautstärke und so weiter kann man so niemals lösen. Und man hat auch nicht die Kommunikation zu diesen hundert oder mehr Individuen, die ein Orchester zu einer so faszinierenden Gemeinschaft machen. Bei einem »echten« Orchester haben Sie nicht nur den »Klang«, sondern auch die Persönlichkeit.

Ein Solist gibt Ihnen, was er mit dem Part, den er zu spielen hat, ausdrücken möchte, und gerade der Austausch zwischen seiner Persönlichkeit und Ihrer eigenen Persönlichkeit macht das Musizieren so interessant und so herausfordernd. Natürlich können Sie nicht immer mit allem und allen einig gehen - und zuweilen kann die Spannung recht schwierig zu überwinden sein. Sie können auf Halsstarrigkeit oder offene Feindseligkeit stoßen, aber das bleibt die Ausnahme.

Dennoch bleibt die Verschmelzung von Orchester und Dirigent ziemlich mysteriös. Bei einigen Orchestern scheint die Übereinstimmung zwischen Ihren Intentionen und deren Engagement, sofort da zu sein. Manchmal hingegen spürt man eine Art Distanz, Zurückhaltung, und in beiden Fällen hat man keine Erklärung dafür. Oder die Erklärungen sind nicht überzeugend.

Das gleiche kann über das Niveau der Aufführungen gesagt werden; ich meine nicht das technische Niveau, das immer gegeben sein sollte, sondern eine Qualität der Interpretation, etwas zutiefst Befriedigendes. Man weiß niemals wirklich warum. Cocteau sagte einst: »Manchmal hat das Publikum kein Talent!« Eine sehr einfache Erklärung! Aber es ist richtig, daß man das Publikum manchmal nicht spürt. Man denkt, sein Bestes zu geben, aber vielleicht täuscht man sich selbst und ist nicht so engagiert, so involviert, wie man sein könnte. Ich bin nicht der erste, der das sagt, aber eine gute Aufführung ist immer so etwas wie ein Glücksspiel. Und man weiß nie wirklich, ob die Kommunikation, ja Kommunion sogar, stattfinden wird.

Für mich gibt es noch ein letztes Geheimnis. Wenn Sie Werke aufführen, die sehr bekannt sind, können Sie vergleichen und das Niveau der Aufführung, die Qualität der Interpretation beurteilen. Wie steht es aber mit einem Werk, das (ganz) neu ist? Ich habe viele Male die Erfahrung gemacht, daß ein neues Werk, das völlig mit Überzeugung und mit einem hohen Qualitätsniveau aufgeführt wird, eine direkte Wirkung auf die Zuhörer hat. Den Wert des Stückes beurteilen zu wollen, ist wieder etwas Anderes, aber man hat den Eindruck, das dieses Stück wirklich *aufgeführt* worden ist. Die Reaktionen eines Publikums sind sehr bezeichnend; wenn ein Werk hastig zusammengestellt und ungeschickt aufgeführt wird, ist sich das Publikum der mangelnden Qualität sehr schnell bewußt.

Wie das geschieht, ist sehr schwer zu erklären. Ich vermute, die Beziehung zwischen einem Werk und einem Publikum ist vergleichbar mit einer Reflektion in einer Reihe von Spiegeln: das Werk wird über den Dirigenten an die Musiker reflektiert und über die Musiker an das Publikum. Wenn nur ein Spiegel fehlt, ist der ganze Ablauf unterbrochen.

Wissen, Technik, Métier, all das ist absolut notwendig. Aber Spontaneität bleibt das Hauptwort und das Hauptgeheimnis. Es gibt ein Paradoxon in diesem Beruf: Je mehr man gelernt hat und je mehr man weiß, umso intuitiver, spontaner kann man sein. Gerade dieses Phänomen der *erworbenen Spontaneität* steht im Mittelpunkt dessen, was man als »Interpretation« bezeichnet, und es ist keine - oder nicht nur eine - Frage des Fleißes! Werke, die man langezeit nicht angerührt hat, können sich, wenn man sie wieder aufgreift, als sehr vertraut erweisen. Da war eine Art von verborgenem Prozeß im Spiel, dessen Sie sich gar nicht bewußt waren; es ist ein Geschenk, das von nirgendwo zu kommen scheint.

Ich habe den Ruf - ob richtig oder falsch -, sehr rational, sehr logisch zu sein; aber ich freue mich, Ihnen sagen zu können, daß ich in der Tiefe meiner Logik vollkommene, totale Magie vorfinde; und das ist, was ich am Dirigieren so reizvoll finde.

György Boytha

Fragen der Unveräußerlichkeit des Urheberrechts

I. *Einführung*

In seiner Situationsanalyse und Einleitung zu der in 1992 organisierten Prager INTERGU Tagung gab Professor Reinhold Kreile eine umfassende Übersicht über das Urheberrecht im sich wandelnden Europa. Mit Blick auf die Europäische Gemeinschaft verwies er auf die Tatsache daß der Begriff »geistiges Eigentum« nunmehr offiziell auch in ihre urheberrechtliche Diktion und damit auch in die von ihr erstellten Dokumente zum Urheberrecht aufgenommen wurde. Er konnte bereits feststellen daß dieser Begriff nun auch im Bewußtsein der EG verankert ist, so wie z.B. der deutsche Gesetzgeber den Begriff »geistiges Eigentum« sogar in einen Gesetzestitel, nämlich in das Gesetz gegen Produktpiraterie als selbständigen Rechtsterminus eingeflochten hat.[1]

Die umfassende Renaissance der Anwendung der Konzeption des geistigen Eigentums auf das ganze Gebiet des gewerblichen Rechtsschutzes und Urheberrechts verbreitete sich mit unwiderstehlicher Selbstverständlichkeit, ungeachtet der nie bewältigten Schwierigkeiten die sich aus der Unvereinbarkeit der grundsätzlichen Wesenszüge des allgemeinen Eigentumsbegriffs mit der Gestaltung von ausschließlichen Rechten an Urheberwerken und gewerberechtlichen Schöpfungen ergeben, vor allem im Hinblick auf die unterschiedlichen Möglichkeiten des Besitzes des jeweiligen Rechtsobjektes und der Ausübung sowie Zeitdauer der einschlägigen Rechte. Eine naheliegende Erklärung für den rechtsdogmatisch ungenauen Gebrauch der Formel »geistiges Eigentum« ergibt sich vornehmlich aus dem Verlangen nach einer sowohl im allgemeinen Rechtsbewußtsein als auch im Rechtssystem tief verankerten Institution zum wirksamen Schutz in der marktmäßigen, dem Wettbewerb ausgesetzten Verwertung von immateriellen Produkten, deren vermögensrechtliche Relevanz zu folge der technischen und wirtschaftlichen Entwicklung stets zunimmt.

Den wirtschaftlichen Zielsetzungen des Grundvertrages der EWG entsprechend wurde darin auf das Urheberrecht überhaupt kein Bezug genommen. Im Artikel 36 befindet sich ein Hinweis bloß auf »gewerbliches und kommerzielles Eigentum«, dessen Schutz Schranken oder Verbote im Wege des freien Warenverkehrs unter bestimmten Bedingungen rechtfertigen kann. Es ist verständlich, daß in einem auf Herbeiführung eines einheitlichen Wirtschaftsmarktes ausgerichteten Abkommen nicht gewerbliche Rechte, sondern einschlägiges Eigentum erwähnt

---

1 Kreile: Das Urheberrecht im sich wandelnden Europa. INTERGU Jahrbuch 1992, Bd 8 (1993) S. 86-87.

wird. Dieser Begriff wurde dann in 1981 vom Europäischen Gerichtshof so interpretiert, daß er auch das Urheberrecht umfaßt, nachdem man im Hinblick auf die wirtschaftlichen Aspekte des Urheberrechts keinen Unterschied zwischen »Copyright« und sonstigem gewerblichen und kommerziellen Eigentum machen kann.[2] Im Sinne der EWG Verträge wird also auch das Urheberrecht als kommerzielles Eigentum verstanden.

Die am 15. Dezember 1993 abgeschlossene Uruguay Runde des GATT bezieht sich in ihrem »Abkommen über handelsbezogene Aspekte der Rechte am geistigen Eigentum« auch auf das Urheberrecht und die benachbarten Schutzrechte als Eigentumsrechte[3] und es ist bekannt, daß sich auch die Sonderorganisation der Vereinten Nationen für gewerbliche Schutzrechte, Urheberrecht und benachbarte Schutzrechte »Weltorganisation für geistiges Eigentum« nennt.

Es soll noch bemerkt werden, daß der Schutz des Eigentums in mehreren Ländern durch das Grundgesetz garantiert wird: so auch in Deutschland (1949).

Die Worte Josef Kohlers, gedruckt in 1887 sind wieder aktuell: »... früher sollte die Unzulässigkeit des geistigen Eigentums das Immaterialrecht mit in den Schlund hinabreißen; jetzt sollte umgekehrt das Immaterialrecht dem geistigen Eigentum die Tore öffnen, um von neuem in die Wissenschaft einzuziehen«.[4] Die Idee des geistigen Eigentums muß also unter den gegebenen Umständen erneut analysiert werden, wobei man, der Warnung Kohler's folgend, stets darauf achten sollte, das geistige Eigentum nicht mit dem allgemeinen Eigentumsbegriff zu identifizieren, sondern es eher als Analogie zu verstehen, mit Rücksicht auf die Ausschließlichkeit der in Frage stehenden Rechte.

Wir sollten also das Urheberrecht als geistiges Eigentum in diesem Sinne unter die Lupe nehmen, diesmal im Hinblick auf Fragen seiner Unveräußerlichkeit.

II. *Das Konzept des übertragbaren Eigentums im Entstehungsprozeß des Urheberrechts*

1./ Der Anspruch auf Eigentümerstellung im Kulturmarkt ist schon im Lichte der Geburt von ausschließlichen Nutzungsrechten an Urheberwerken zu erkennen, wo diese Rechte, nach Abschaffung der durch die Obrigkeit unmittelbar zu Gunsten von Druckern und Theatern gegebenen Privilegien, als dem Autor abkaufbare Eigentumsrechte ausgestaltet, oder als von den Autoren abgeleitete Verlagsrechte noch vor der Gestaltung von Urheberrechten gesetzlich anerkannt wurden.

Durch das berühmte Statut von Königin Anna Stuart aus 1709 ist aus dem früheren Copyright der Londoner Zunft des Buchgewerbes (Stationers' Company)

2 Musik Vertrieb Membran GmbH v. GEMA, 55 und 57/1980 (1991) 2 CMLR 44.
3 Dunkel Text, 20. Dezember 1991 (Draft MTN.TNC/W/FA).
4 Kohler: Das Immaterialgüterrecht und seine Gegner. Buschs Archiv für Theorie und Praxis des Allgemeinen Deutschen Handels- und Wechselrechts 47 (1887), 169-190. Nachgedruckt in UFITA, Jan. 1994; S. 82. Siehe weiters Beier: Die Zukunft des geistigen Eigentums in Europa. GRUR Int. 1990. Heft 9. S. 677.

ein übertragbares »authors'copyright« im wesentlichen als Eigentum an Buchexemplaren entstanden. Dieses Eigentum konnte nun auch von Druckern die nicht der Zunft angehörten für bestimmte Zeit mit Wirkung erga omnes erworben werden. Derjenige, der innerhalb der Schutzfrist Bücher druckte oder einführte »ohne vorerst die schriftliche ... Genehmigung des Eigentümers des Buches erhalten zu haben«, mußte die Beschlagnahme dieser Bücher dulden und Buße zahlen (Teil I.). Königin Anna verwendete als erste den Begriff des übertragbaren Eigentums zur legislativen Regelung des Wettbewerbs im Büchermarkt. Der Autor diente dazu als Quelle der neuartigen Ausschließlichkeit.[5]

Mehr als 80 Jahre später räumte auch in Frankreich das Privilegienwesen den Platz zu Gunsten einer auf Wettbewerb beruhenden Marktwirtschaft. In diesem Lande wurde erst im Theaterbereich eine neue Ordnung angestrebt. Die Folgen der Abschaffung des seit 1680 währenden Monopols der Comédie Française wurden durch das bekannte, noch von Ludwig XVI unterzeichnete revolutionäre Dekret von 1791 geregelt, im Sinne einer entsprechenden Marktregelung und durch Anwendung der Institution des veräußerlichen Eigentumsbegriffs. Es fing werknutzerorientiert mit der Feststellung an, daß ein jeder Bürger Theater gründen und darin Bühnenwerke jeder Art aufführen könne. Dazu hieß es dann in Artikel V, daß »die Zessionäre der Urheber für die Dauer von 5 Jahren nach dem Tod des Autors Eigentümer ihrer Werke bleiben«. Auch das in 1793 folgende Dekret über die Vervielfältigung von Autorenwerken sah im I. und II. Artikel ausdrücklich vor, daß die Urheber das Eigentum ihrer ausschließlichen Rechte zur Gänze oder teilweise übertragen können und Ihre Zessionäre dasselbe Recht 10 Jahre lang nach Ableben des Urhebers genießen.

Auch die französische Revolution hatte also die Regelung des Kulturmarktes im Auge und baute auf die Konzeption des veräußerlichen Eigentums im Interesse der Werknutzer auf. Sie wurde zwar vom Geist der Aufklärung und des Naturrechts getragen; Respekt vor dem schöpfenden Urheber und Berücksichtigung der Interessen von Unternehmern waren jedoch damals auf Grund der Eigentumstheorie schwer zu vereinbaren.

Obwohl Le Chapelier, der 3 Jahre später enthauptet wurde, nachdem er die Jakobiner verließ und sich dafür einsetzte, daß nur Eigentumsbesitzer Wahlrecht haben sollten, in seinem berühmten Bericht an das Französische Parlament feierlich erklärte, daß das »heiligste und persönlichste aller Eigentümer das aus dem Denken eines Schriftsteller enstandene Werk« sei, ließ er außer acht, daß dieses persönliche »propriété de l'auteur« gleich anläßlich der Veröffentlichung des Werks Eigentum des Werknutzers werden konnte. In Frankreich wurde statt des werkträgerorientierten copyright ein werkzentrisches, auch unverlegte Theaterstücke beruchsichtigendes, aber ebenfalls veräußerliches »propriété litteraire et artistique« geschaffen. Durch diese Institution ist es bis heute möglich, das Recht des Urhebers - das »droit du génie«, wie es Le Chapelier nannte - durch Zession

5 Ausführlicher Boytha: Die historischen Wurzeln der Vielfältigkeit des Schutzes von Rechten an Urheberwerken. In: Die Notwendigkeit des Urheberrechtsschutzes im Lichte seiner Geschichte. Herausg: Dittrich 1991. S. 69-90

in ein Recht des Unternehmers zu verwandeln. Daher die bis heute problematische Ambivalenz des Urheberrechts im französischen Recht. Dies fällt umso mehr auf, da ja in der französischen und mehreren ihr folgenden Gesetzgebungen das Folgerecht (droit de suite) am Originalexemplar des Werks dem Urheber unveräußerlich gewährt wird, ganz im Gegensatz zur Veräußerlichkeit des Verwertungsrechts bezüglich des Werks selbst.[6]

2./ Die naturrechtliche Lehre führte auch zur Anerkennung eines allgemeinen Vertragsbegriffs, wonach ein jeder das ausschließliche Recht hat, allerlei Verträge zu schließen, unabhängig davon, ob der betreffende Vertrag seinem Inhalt nach vom Gesetzgeber besonders geregelt wurde. Somit wurde das Vertragsrecht zur Schritthaltung mit der wirtschaftlichen Entwicklung befähigt und spielte eine wichtige Rolle auch im Ausbau der ausschließlichen Positionen von Werknutzern im Kulturmarkt, indem es die Übertragung der geistigen Eigentumsrechte ermöglichte.

Im Jahre 1794 führte das Preußische Allgemeine Landrecht den Begriff »Verlagsrecht« ein und sah in seinem § 998 vor, daß die Buchhändler in der Regel das Verlagsrecht nur durch einen mit dem Autor schriftlich abgefaßten Vertrag erhielten, ungeachtet der Tatsache, daß damals dem Urheber noch kein ausschließliches Recht an seiner geistigen Schöpfung zuerkannt war. Ein solches Recht wurde in Preußen erst im Jahre 1837 durch das Gesetz zum Schutze des Eigentums an Werken der Wissenschaft und Kunst gegen Nachdruck und Nachbildung gewährt. Die Gestaltung des Verlagsrechts unter der Annahme, daß es vom Urheber durch Vertrag erworben werden könne, ging auch in Österreich, als filius ante patrem, der ausdrücklichen Anerkennung des ausschließlichen Autorenrechtes voraus; auf die Regelung im Allgemeinen Bürgerlichen Gesetzbuch von 1811 folgte die Urheberrechtsgesetzgebung erst im Jahre 1846. Ähnlich war die Lage in der Schweiz, wo das Gesetz über das Obligationenrecht schon im Jahre 1881 ausführliche Regelungen des Verlagsgeschäftes enthielt, während das erste Bundesgesetz über Urheberrecht erst zwei Jahre später verkündet wurde. In Ungarn enthielt das Handelsgesetzbuch von 1875 bereits 19 Artikel über den Verlagsvertrag, vom Standpunkt der Verleger aus entworfen, während das erste ungarische Urheberrechtsgesetz erst im Jahre 1884 in Kraft treten konnte.

Die Urheberrechtsgesetze des 19. Jahrhunderts überließen die Regelung der Urheberverträge den allgemeinen Vorschriften der Zivilgesetzbücher oder den besonderen Regeln über die Verlagsverträge, in Handelsgesetzbüchern enthalten oder in einem besonderen Gesetz über das Verlagswesen, wie zum Beispiel im einschlägigen deutschen Gesetz von 1901. Die Urheberrechtsgesetze selbst erstreckten sich allmählich erst später auf den Schutz der auf die Gestaltung der Werknutzungsverträge bezogenen Autoreninteressen, um die völlige Aushöhlung der Rechte der Autoren bzw. deren unbillige Abwerbung zu verhindern.[7]

---

6 Ebenda.

7 Ausführlicher: Boytha: Ansätze für das Urhebervertragsrecht in der Revidierten Berner Übereinkunft. Zeitschrift für Rechtsvergleichung, 1987, S. 180 ff.

III. *Erkenntnis der dem Autor anhaftenden Elemente des Rechts an seinem Werk*

1./ Die seit dem 18. Jahrhundert durch Anwendung des Eigentumsbegriffs und Entwicklung der allgemeinen Vertragskonzeption erfolgte Regelung der Nutzung von Autorenwerken im Buchmarkt und im Theaterwesen führte notwendigerweise zur Berücksichtigung der Interessen des Urhebers, als Quelle der von ihm abgeleiteten Rechte am Werk. Das schon im Altertum stets bekundete innige Verhältnis zwischen dem Autor und seiner Schöpfung[8] fand in der Gewerbeorientierten Gesetzgebung nur mit großer Verzögerung gebührende Anerkennung und wurde vorerst von Philosophen und Rechtsprechung ins juristische Feld gepflanzt.

Im Ursprungsland des aus dem Eigentum an Werkexemplaren hervorgegangenen copyright fühlte sich Lord Mansfield im bekannten Streitfall Millar v. Taylor bereits 1769 gezwungen die Interessen der Verleger an einem ewigen common law Schutz von Verlagsprodukten unter dem Vorwand der unbefristeten Schutzwürdigkeit von persönlichkeitsrechtlichen Belangen der Urheber zu vertreten: ». . . der Autor könnte nicht nur um jedweden Profit gebracht werden, sondern könnte auch nicht auf seine Kosten kommen. Er ist nicht mehr Herr seines Namens. Er hat keine Kontrolle mehr über die Integrität seines eigenen Werkes. Er kann nicht verhindern daß dem etwas hinzugefügt wird. Er kann Irrtümer nicht widerrufen, noch eine fehlerhafte Ausgabe korrigieren. Er hat keine Wahl hinsichtlich der Art, in welcher und der Personen, durch welche sein Werk herausgegeben wird«.[9] Lord Mansfield hielt es aber noch nicht für nötig dem Urheber ausdrücklich entsprechende Rechte zu gewähren die bei ihm und seinen Erben, auch nach Übertragung seines copyright an einen Verleger, verbleiben. Er vertraute darauf, daß der vom Autor gewählte Verleger den Urheber aus eigenem Anlaß in die Betreuung des gedruckten Textes einbezieht, solange er selbst ausschließliches Recht auf dessen Herausgabe hat.

Es ist zu beachten, daß sich noch vor Ablauf des 18. Jahrhunderts auch in den jungen Vereinigten Staaten von Amerika Ansätze einer mehr autorenorientierten Entwicklung des englischen Copyright Systems abzeichneten. In der Verfassung von 1787 erhielt der Kongreß laut Art. I. Sec. 8 (8) gesetzgeberische Macht u.a. dem Zweck, daß der Fortschritt der Wissenschaft und nützlicher Künste durch Gewährung den Autoren und Erfindern, auf begrenzte Dauern, des ausschließlichen Rechtes in ihren Schriften beziehungsweise Entdeckungen gefördert wird. Hinsichtlich dieses gesellschafts- und urheberorientierten Auftrags sei bemerkt, daß er kein copyright, sondern ein ausschließliches Recht der Autoren ins Auge faßte, und dieses Recht ihnen für eine zu bestimmende Dauer ohne ihre Übertragung an Werknutzern vorsehend gewährte. Die gesetzgeberische Entwicklung wich von diesem Konzept in beider Hinsicht ab und blieb praktisch auf der Grundlage des Statutes der Königin Anna.

---

8 U.a: Marquardt: Das Privatleben der Römer (2. Aufl. Leipzig, 1886); Bappert: Wege zum Urheberrecht (Frankfurt/M. 1962); Visky: Geistiges Eigentum der Verfasser im antiken Rom (Nachgedruckt in UFITA 106 (1987). S. 77.)

9 Zitiert in Englisch in Philipps: Legal Outrage and Established Guile, EIPR 1981, p. 298.

Auf deutschem Boden gingen aber die einschlägigen Auffassungen bald weiter. Wie bekannt, postulierte Kant, daß ». . . in einem Buche als Schrift redet der Autor zu seinen Lesern; und der, welcher sie gedruckt hat, redet durch seine Exemplare nicht für sich selbst, sondern ganz und gar im Namen des Verfassers«. Er fuhr fort, die Reden, als Handlungen (operae) kommen »der Person des Verfassers ausschließlich zu; und derselbe hat daran ein unveräußerliches Recht (jus personalissimum), durch jeden anderen immer selbst zu reden . . .«[10] Fichte ging in diesem Sinne weiter und legte klar, daß man beim Buch drei verschiedene Realitäten unterscheiden muß: seine Substanz, d.h. die Ideen, welche es vermittelt, die intellektuelle Gestaltung dieser Ideen und die materielle Verkörperung dieser gestalteten Präsentation. Zugleich zog Fichte aus dieser Dreifältigkeit auch die rechtlichen Konsequenzen: Das Eigentum des Verlegers am Exemplar des Buches ist übertragbar; das »Eigentum« des Autors an der Form seiner Bearbeitung von Ideen ist unveräußerlich; die präsentierten Ideen hingegen werden Gemeingut für alle, die Zugang zu ihnen finden.[11]

Das Eigentum des Autors an seinem Werk wurde auch von Schopenhauer in persönlichkeitsrechtlichem Sinn aufgefaßt: »Eigentliches Eigentum, d.h. solches, welches ohne Unrecht dem Menschen nicht genommen, hingegen ohne Unrecht aufs äußerste von ihm verteidigt werden kann, das kann . . . nur dasjenige sein, was durch seine Kräfte bearbeitet ist.«[12]

Somit sind die Wurzeln sowohl der persönlichkeitsrechtlichen Auffassung des Urheberrechts also auch der Idee des unveräußerlichen geistigen Eigentums auf philosophischer Ebene bereits vor etwa 200 Jahren entstanden.

2./ Diese Überlegungen deuteten schon die Schwierigkeiten an, die aus der Doppelnatur des Urheberrechts herrühren. Der Gesetzgeber muß einerseits den persönlichkeitsrechtlichen Belangen des Urheberrechts, andererseits aber auch dem Anspruch auf Verkehrsfähigkeit desselben gerecht werden.

Aus persönlichkeitsrechtlicher Sicht lehnte der Schweizer Bluntschli die Lehre vom geistigen Eigentum bereits in 1853 entschieden ab, unter anderem deswegen, weil »das Autorrecht weist immer auf die bestimmte individuelle Person des Autors zurück, von der er sich nie völlig losmachen kann, solange es überhaupt besteht; für das Eigentum hingegen ist die Person des Eigentümers gleichgültig«.[13] Nach Bluntschli ist das Urheberrecht »ein der Person des Autors zustähendes, auf die Urheberschaft begründetes Privatrecht, ein eigentümliches Personenrecht«.[14] Bluntschli erklärte aber das Urheberrecht noch für übertragbar, was ihm später, schon nach seinem Ableben, Kohler vorgeworfen hat: »zu verwundern ist nur, . . .

---

10 Kant: Von der Unrechtmäßigkeit des Bücherabdrucks, Berlinische Monatsschrift 1785 Vol. 5. S. 403.

11 Fichte: Beweis der Unrechtmäßigkeit des Büchernachdrucks, ein Räsonnement und eine Parabel, Berliner Monatsschrift 1793 Vol. 21. S. 443 ff.

12 Schopenhauer: Ableitung des Eigentums, Vorlesungen über die gesamte Philosophie, Metaphysik der Sitten, 1820. S. 463.

13 Bluntschli: Deutsches Privatrecht, 1853. 3.A.1864. S. 112 ff. Zusammengefaßt in Rehbinder: Johann Caspar Bluntschlis Beitrag zur Theorie des Urheberrechts. UFITA, Jan. 1994. S. 34.

14 Rehbinder: N. 13. S. 36.

wie dieses Personenrecht auf einmal, wie das Recht an einem Handschuh, auf ein fremdes Menschenkind übergehen könne«.[15] Unter Hinweis auf Fichte, der den Unterschied zwischen dem Recht am Manuscript als solchem und dem Recht an seinem Inhalte, »oder vielmehr an der Form in der sich der Gedankeninhalt äußert« (der »inneren Form«), bereits erfaßte, schätzte Kohler viel mehr die Feststellung Hegel's: »Indem der Erwerber . . . an dem Exemplar als Einzelnen den vollen Gebrauch und Wert desselben besitzt, so ist er vollkommener und freier Eigentümer desselben . . . obgleichen der Verfasser der Schrift . . . Eigentümer der allgemeinen Art und Weise bleibt, dergleichen Produkte . . . zu vervielfältigen, als welche Art und Weise er nicht unmittelbar veräußert hat, sondern sich dieselbe als eigentümliche Äußerung vorbehalten kann.«[16] Es ist zu bemerken, daß Hegel mit dieser Feststellung anscheinend sowohl die Veräußerung des Eigentums am Werk als auch die bloße Genehmigung der Nutzung desselben für möglich hielt.

Kohler hat sich, trotz aller Kritik an der Anwendung des allgemeinen Eigentumsrechtes auf das Autorerrecht, nicht für eine persönlichkeitsrechtliche Lösung entschieden. Wie bekannt, erfaßte er das Urheberrecht als eine Art der Immaterialgüterrechte und Umriß gesondert ein System der Individualrechte, inbegriffen jene der Urheber.[17] Gierke ging in der von Kant angedeuteten Richtung weiter: In seinem, gegenüber dem Pandektenrecht auf die mittelalterlichen, eher personorientierten deutschen Rechte zurückgreifenden Werk »Deutsches Privatrecht« faßte er das Urheberrecht als aus der schöpferischen Tätigkeit des Autors folgendes, einheitliches Persönlichkeitsrecht auf, welches nur zusätzlich vermögensrechtliche Relevanz erlangen kann.[18] Kohler hingegen wurde zum eigentlichen Begründer der hauptsächlich im französichem Recht angewurzelten »dualistischen Theorie« des Urheberrechts, und somit der Teilung des Urheberrechts in veräußerliche und dem Autor anhaftende Rechte.

3./ Um die gleiche Zeit bemühten sich in Frankreich die Gerichte um die Gestaltung eines unveräußerlichen, werkbezogenen droit moral, neben dem veräußerlichen literarischen und künstlerischen Eigentumsrecht der Autoren. Nach widersprüchlichen Entscheidungen gelangte schließlich der Court de cassation von Paris am 25 Juni 1902 zur klaren Umschreibung des »droit moral«, wie es auch heute im Sinne des französischen Gesetzes aus 1957 ausgestaltet ist. Nämlich als Inbegriff von Rechten auf Erstveröffentlichung der Schöpfung, Anerkennung ihrer Urheberschaft, Achtung der Integrität des Werkes und Rückruf aus dem öffentlichen Vertrieb. Somit wurde die in Frankreich und in den der französischen Rechtstradition folgenden Ländern bis heute währende Dualität entwickelt, die im Jahre 1928 auch ihren Weg in die Berner Unionsübereinkunft fand.

---

15 Kohler: Die Idee des geistigen Eigentums. AcP 32 N.F. (1894) S. 141-242. Nachgedruckt in UFITA 123 (1994). S. 133.

16 Hegel, Philosophie des Rechts, § 69; zitiert und gewürdigt von Kohler, N.15. S. 130.

17 Kohler: Das Autorrecht (1880). Kohler: Urheberrecht an Schriftwerken und Verlagsrecht (1907)

18 Gierke, Deutsches Privatrecht, Vol. I. 1895, Art. 85-93.

IV. *Das Konzept des Genehmigungsrechts in der Berner Übereinkunft (1886)*

1./ Die sich entwickelnde Berücksichtigung des Autors als Quelle der Ausschließlichkeitsrechte der Werknutzer hatte tiefgreifende Folgen für die Gestaltung der ihm vom Gesetzgeber einzuräumenden Befugnisse. Auf Grund der ursprünglichen Konzeption des geistigen Eigentums war die Person des jeweiligen Eigentümers gleichgültig. Urheber und Werknutzer waren hinsichtlich ihrer Beziehungen zum Werk gleichgestellt. Die ersten einschlägigen Gesetze beriefen sich in ihren Titeln meistens auf Schutz des Eigentums an Werken. Das erste Gesetz, welches dem Sonderstatus des Autors Rechnung trug, wurde in Bayern im Jahre 1865 verabschiedet und beinhaltete schon in seinem Titel den Ausdruck Urheberrecht. Dieser Entwicklung entspricht sowohl die Präambel als auch der erste Artikel der Berner Übereinkunft, wo als Ziel gleichwohl der Schutz von Rechten der Urheber genannt wird.[19]

Aber auch der Inhalt der Werkbezogenen Rechte änderte sich. Was das Wesen des Urheberrechts anbelangt, so sind die in der Berner Übereinkunft spezifizierten Rechte - mit Ausnahme der sogenannten Urheberpersönlichkeitsrechte laut Art. 6bis - von Anfang an alle so gestaltet, daß die Urheber von Werken der Literatur und Kunst das ausschließliche Recht genießen, bestimmte Nutzungshandlungen »zu erlauben« (Art. 9, 11, 11bis, 11ter, 12, 14). Nur hinsichtlich des Übersetzungsrechts wird diese Formulierung in Art. 8 so erweitert, daß »die Urheber . . . genießen . . . das ausschließliche Recht, ihre Werke zu übersetzen oder deren Übersetzung zu erlauben«. Diese Ausnahme erklärt sich durch den Umstand daß die Übersetzungstätigkeit nicht einfach Nutzung des Werks eines anderen sein kann, sondern zugleich auch als Urheberleistung anerkannt wurde, die vom Urheber des Originalwerks auch selbst als schutzwürdige Tätigkeit vorgenommen werden kann.

Die Urheberrechte sind also in der Berner Übereinkunft den Autoren grundsätzlich als Genehmigungsrechte und nicht einfach als Nutzungsrechte oder schlichte Verbotsrechte gewährt. Die Berner Übereinkunft widerspiegelt bereits zur Zeit ihrer Entstehung den im Wesen der auf Urheberwerke bezogenen Ausschließlichkeitsrechte erfolgten Wandel: Aus dem ursprünglichen und anfangs durch öffentlich-rechtliches Privileg gesicherten Nutzungsrecht des Verlegers ist ein zivilrechtliches, durch Gesetz gewährtes Verwertungsrecht des Urhebers geworden. Der Drucker - Verleger - war daran interessiert, sich die ungestörte Nutzung des Werkes selbst zu sichern und anderen ähnliche Nutzungen zu verbieten. Der Urheber hingegen ist vornehmlich daran interessiert, sein Ausschließlichkeitsrecht zu verwerten und koordinierte Nutzungen seines Werkes anderen gegen Entgelt zu genehmigen. Dieser Erkenntnis hat übrigens auch das Welturheberrechts-Abkommen Rechnung getragen, wo im Art. IVbis »die grundlegenden

---

19 Betreffend die damals zeitgemäßen Auseinandersetzungen hinsichtlich des Titels der Berner Übereinkunft (ob dieser auf den Schutz von Urheberrechten oder des literarischen Eigentums verweisen sollte, und die als Kompromiß zur Erwähnung des Schutzes von Werken führten: siehe Boytha: Urheber- und Verlegerinteressen im Entstehungsprozeß des internationalen Urheberrechts, UFITA Bd. 85 (1979). S. 1.

Rechte, die die wirtschaftlichen Interessen des Urhebers schützen«, ebenfalls als ausschließliche Rechte bestimmte Handlungen (Vervielfältigung, öffentliche Aufführung und Rundfunksendung) zu erlauben bestimmt sind.

Aus der in den beiden großen multilateralen Urheberrechtskonventionen verankerten Konzeption der Rechte der Autoren folgt per definitionem die den Konventionen entsprechende Weise der Ausübung dieser Rechte. Das Genehmigungsrecht des Urhebers sollte vornehmlich durch Erteilung entsprechender Genehmigungen zur Nutzung des Werkes ausgeübt werden und nicht durch Übertragung des Urhebers Genehmigungsrechtes selbst. Der Werknutzer braucht grundsätzlich ein ausschließliches Recht zur Nutzung des Werkes und nicht notwendigerweise das Recht, dieselbe Nutzung anderen zu genehmigen. Anstatt Veräußerung seines eigenen Rechts soll der Urheber dem Werknutzer auf das Urheberrecht beruhende, definierte Nutzungsrechte konstitutiv einräumen, die das bei dem Urheber verbleibende Recht nur in seiner weiteren Ausübung - und dem Umfang der eingeräumten Nutzungsrechte entsprechend - einschränken, es dem Urheber aber nicht vorwegnehmen, gegenüber Dritten auch weiterhin auf Grund seines eigenen Rechtes auftreten zu können.

2./ Die eindeutige Erfassung des Wesens des Urheberrechts in der Berner Konvention als Genehmigungsrecht, das in der Person des Schöpfers eines literarischen oder künstlerischen Werkes entsteht und auf Grund welchen der Autor anderen Nutzungen seines Werkes genehmigen und ungenehmigte Nutzungen untersagen kann, ohne dieses Recht zwecks Ermöglichung von Werknutzungen ganz oder teilweise zu veräußern, erfuhr gewisse Korrekturen während der Revision der Berner Übereinkunft zu Rom in 1928.

Im Laufe der Rom-Konferenz wurde, auf Grund einer Textvorlage Italiens, die Notwendigkeit des ausdrücklichen Konventionsschutzes von persönlichkeitsrechtlichen Urheberinteressen erörtert und die Einführung des Art. 6bis über gewisse Urheberpersönlichkeitsrechte in die Übereinkunft beschlossen.[20] Der Schutz dieser Rechte wurde aber nicht an sich, sondern in Gegenüberstellung zu den anderen Rechten der Urheber geregelt. Diese anderen Rechte wurden im Text der Berner Übereinkunft nun als vermögensrechtliche Befugnisse bezeichnet. Laut dem Wortlaut des Art. 6bis (1) behält der Autor sein Urheberpersönlichkeitsrecht »unabhängig von seinen vermögensrechtlichen Befugnissen, und selbst nach deren Abtretung«. Damit wurde die französische Dichotomie des Urheberrechts, die Teilung der Rechte der Urheber in eigentumsmäßig-vermögensrechtliche Befugnisse und das separate droit moral, unter ausdrücklicher Duldung der Veräusserung vermögensrechtlicher Befugnisse des Urhebers in die Berner Konvention übernommen.[21]

20 Siehe Note 7.
21 Actes de la Conférence réunie à Rome du 7 mai au 2 juin 1928 (Bern, 1929), Generalbericht von Piola Caselli wiedergegeben in »Centenaire de la Convention de Berne«, Ausg. von OMPI, 1986.

V. *Monistische Unveräußerlichkeit des Urheberrechts in nationalen Gesetzgebungen*

1./ Die aus der dualistischen Auffassung des Urheberrechts resultierenden Schwierigkeiten und theoretischen Inkonsequenzen[22] trugen zur Rechtfertigung der monistischen Auffassung des Urheberrechts in verschiedenen deutschsprachigen und anderen mitteleuropäischen Ländern bei.

Es ist gekünstelt, die persönlichkeitsrechtlichen Belange von den vermögensrechtlichen hinsichtlich einzelner Nutzungen des Werkes zu trennen. Bei der Erstveröffentlichung geht die Entscheidung betreffend die Freigabe des Werks an die Öffentlichkeit bzw. hinsichtlich des dafür erzielbaren Entgeltes Hand in Hand. Bei der Genehmigung einer Adaptierung des Werks in eine andere Kunstgattung werden sowohl das droit moral bezüglich der Änderung des Originalwerkes als auch ökonomische Rechte hinsichtlich seiner Auswertung in einer anderen Form berührt. Werden nun diese Rechte von verschiedenen Personen ausgeübt, so kann die geplante Nutzung am Streit der Berechtigten scheitern. Diesen Überlegungen entsprechend sah der österreichische Gesetzgeber bereits in 1895 vor, daß der Urheber sein einheitliches Recht nur »der Ausübung nach übertragen« kann, der Substanz nach hingegen nicht (Art. 16)[23]. Demgemäß war dann in 1936 im neuen österreichischen Bundesgesetz über das Urheberrecht an Werken der Literatur und Kunst und über verwandte Schutzrechte - im wesentlichen das Werk von Karl Lissbauer - das Urheberrecht so ausgebildet, daß es gleichermaßen vermögensrechtliche Rechte (Abschn. III 1) und den Schutz geistiger Interessen (Abschn. III 2) umfaßt. Das Gesetz sieht vor, daß dieses Recht inter vivos (betreffend alle seine Komponenten, nicht nur die sogenannten persönlichkeitsrechtlichen Befugnisse) unübertragbar ist, unbeschadet jedoch der Möglichkeit, es zu vererben (§ 23). Hinsichtlich der Nutzung des Werkes durch andere sieht das Gesetz ein System der Erteilung von Bewilligungen vor. Der Urheber kann anderen gestatten, das Werk auf den dem Urheber vorbehaltenen Verwertungsarten zu nutzen, und kann dazu einem anderen auch ein ausschließliches »Werknutzungsrecht« einräumen, beruhend auf dem bei ihm verbleibenden »Verwertungsrecht« (§§ 24, 26).[24]

Aus dieser Konzeption folgt, daß die Ermächtigung der Werknutzer nicht durch Übertragung des Genehmigungsrechts des Urhebers, sondern durch Erteilung der Genehmigung auf Grund dieses Rechtes erfolgen soll. Hinsichtlich geregelter Werknutzungen von Werken tritt anstelle der Rechtsübertragung (oder wenigstens gleichwertig dazu) die Einräumung ausschließlicher Nutzungslizenzen. Diesem

22 Ausführliche Analyse bei Dietz, Das Droit moral des Urhebers im neuen französischen und deutschen Recht (München, 1968).

23 Vgl. Rabel, Die Übertragbarkeit des Urheberrechts nach dem österreichischen Gesetz vom 26.12.1985, Grünhut's Zeitschrift für Privat und Zivilrecht 27 (1900). S. 71-180; nachgedruckt in UFITA 108 (1988), S. 185.

24 Vgl. Mitteis, Grundriß des Österreichischen Urheberrechts (1936); Dittrich, Österreichisches und Internationales Urheberrecht (Wien, 1974); Dillenz, Materialien zum österreichischen Urheberrecht (Wien, 1986).

Beispiel folgte nach dem II. Weltkrieg auch die Bundesrepublik Deutschland durch das Urheberrechtsgesetz von 1965, theoretisch untermauert von Eugen Ulmer[25].

2./ Die geschilderte mitteleuropäische Entwicklung der Erfassung und Regelung des Urheberrechts blieb nicht ohne Einfluß auf die Urheberrechtsgestaltung mancher der Sowjetunion unterworfenen Ost-Mittel-europäischen Staaten. Der Umstand, daß sich die Sowjetunion auf Grund ihrer schon vor dem zweiten Weltkrieg ideologisch zementierten Urheberrechtsgesetzgebung niemals der Berner Union anschließen, ja selbst dem Welturheberrechtsabkommen erst in 1973 und nur in seiner 1952 Fassung beitreten konnte, zugleich aber die von ihr beherrschten Berner Unionsstaaten nicht aus jenem internationalen System aussondern lassen wollte, die Beteiligung an welchem sie selbst um den Preis von minimalen Zugeständnissen immer mehr in Erwägung gezogen hat, ermöglichte in diesen Staaten eine relative selbständige Entwicklung des Inhaltes des Urheberrechts. Diese Bewegungsfreiheit wurde in den verschiedenen betroffenen Staaten unterschiedlich wahrgenommen. Bulgarien und Ungarn konnten sich bereits 1974 auch den materiellrechtlichen Artikeln der 1971 Pariser Fassung der Berner Konvention anschließen; die Tschechoslowakei hat dies in 1980 getan. Polen und Rumänien verblieben bei der 1928 Rom Fassung.

In manchen dieser Länder erwies sich die mitteleuropäische Urheberrechtsentwicklung als europäischer Wegweiser. Auswirkungen der sowjetischen Entwicklung setzten sich hier lediglich auf jenen Gebieten durch, die für die zentrale Planwirtschaft und hinsichtlich der einschlägigen Ideologie auch im Interesse der staatlichen Kontrolle des Kulturmarktes für wichtig gehalten wurden. Zu erwähnen sind vor allem die verschiedenen gesetzlichen Lizenzen, die von der Berner Konvention überhaupt ermöglicht wurden. Oder das auf dem arbeitsrechtlich orientierten Leistungsprinzip aufbauende degressive Tarifssystem von »Bogenhonoraren«, anstatt der marktmäßigen Beteiligung der Urheber an Erlösen aus der Verwertung ihrer Werke.

Der Gedanke der mitteleuropäischen Unveräußerlichkeitskonzeption ist zwar auch im sowjetischen Urheberrecht aufgetaucht, konnte sich aber gegen die Prinzipien des staatlichen Eigentums und der Zurückstellung des Individiums gegenüber der Kollektive nicht allgemein durchsetzen.[26] Das russische Zivilgesetzbuch sieht ihrem Wesen nach zweierlei Urheberverträge vor: Nutzungsverträge, wo der Urheber das Recht zur Nutzung des Werks für eine bestimmte Zeitdauer mit schuldrechtlicher Wirkung einräumt (Art. 503, 510) und die in bestimmten Fällen vorgeschriebenen sogenannten »Lizenzverträge«, die eigentlich Zessionsverträge sind und die Übertragung des Urheberrechts mit dinglicher Wirkung zum Gegenstand haben (Art. 503, 516). Auch so konnten sich aber in der Sowjetunion

25 Ulmer, Urheber- und Verlagsrecht (1951; 3. Aufl, Berlin - Heidelberg, New York, 1980). S. 195-113; S. 353-382.

26 Vgl. Gavrilov: Zur Entwicklung des sowjetischen Urheberrechts, GRUR Int. 1983, S. 782-792, insbes. S. 790.

keine dauernden Eigentumsrechte einzelner staatlicher Werknutzerbetriebe bilden, da das Gesetz die Übertragung von Urheberrechten auf ganz kurze Zeiten beschränkt hat, um jeweilige zentrale Änderungen des Werknutzersystems durch keine rechtlichen Komplikationen zu erschweren.

3./ Vier Tage nach dem bundesdeutschen Urheberrechtsgesetz wurde am 13. September 1965 auch das Urheberrechtsgesetz der DDR verkündigt. Hinsichtlich Konzeption und Unveräußerlichkeit folgte es nach seinem Wortlaut der oben geschilderten österreichisch-deutschen Entwicklung. Laut § 13 war das Urheberrecht als ein »sozialistisches Persönlichkeitsrecht« definiert, aus welchem sich nicht-vermögensrechtliche (§§ 14-17) und vermögensrechtliche (§ 18) Befugnisse des Urhebers ergeben. § 19 (1) sah vor, daß das Urheberrecht nicht übertragbar sei, der Urheber kann lediglich die Befugnisse zur Nutzung seines Werks auf andere übertagen. Das Gesetz sah auch die Einräumung des Verlagsrechts vor, das Laut dem Gesetz im Vertrag örtlich, zeitlich oder in anderer Weise beschränkt werden durfte. In der Praxis konnten aber die in deutscher Sprache veröffentlichenden »volkseigenen« Verlagshäuser gegenüber den schwächer gestellten individuellen Autoren unbeschränkte Einräumung des Verlagsrechts durchsetzen. In 1975 wurde schon behauptet, daß »das Verlagsrecht . . . wird dem Verlag in der Regel für alle Auflagen und Ausgaben sowie für alle Länder und Sprachen unter Einbeziehung des Übersetzungsrechts übertragen (Weltverlagsrecht)«.[27] Heute sind schon auch auf dem ehemaligen Gebiet der DDR die einschränkenden Vorkehrungen des im bundesdeutschen Urheberrechtsgesetz geregelten Urhebervertragsrechtes hinsichtlich Einräumung von Nutzungsrechten maßgebend.

Im tschechoslowakischen Gesetz aus 1965 wurde der Inhalt des Urheberrechts eindeutig monistisch erfaßt, in dem die nicht-vermögensrechtlichen und vermögensrechtlichen Befugnisse des Autors im Artikel 12 (1) zusammen und miteinander verknüpft aufgezählt wurden. Hinsichtlich der Unveräußerlichkeit hieß es im Artikel 19, daß der Urheber lediglich sein Werknutzungsrecht übertragen kann. Die Übertragung des Nutzungrechtes erfolgt im Wege der Erteilung der Einwilligung (insbes. § 24). Das Urheberrecht wurde also im Sinne der Genehmigungsrechts-Konzeption der Berner Konvention gestaltet. Dazu stellte Knap fest, daß »sonst kann das Urheberrecht weder im ganzen noch hinsichtlich seiner einzelnen Befugnisse übertragen werden«[28]. Er verwies anderorts auf die mitteleuropäische Theorie der konstitutiven Einräumung von Nutzungsrechten.[29]

Im rumänischen Urheberrechtsgesetz aus 1956 wurde das Urheberrecht auch als Einheit nicht-vermögensrechtlicher und vermögensrechtlicher Rechte aufgefaßt, indem diese Befugnisse ungetrennt und vermischt aufgezählt werden (Art. 3). Hinsichtlich Unübertragbarkeit des Urheberrechts wird im Sinne des österreichischen Gesetzes von 1895 festgestellt, daß »der Urheber kann die Ausübung seiner Rechte für beschränkte Zeit Dritten überlassen«.

---

27 Urheberrecht, Herausg. Püschel, H. Leipzig, 1975, S. 323.
28 In »Quellen des Urheberrechts« (Herausg. Möhring - Schutze - Ulmer - Zweigert), 1977/1986. »Tschechoslowakei«, VIII/1/b: Rechtsnachfolge im Vertragsweg.
29 Knap, K.: Czechoslovak Copyright, in Bulletin of Czechoslovak Law, Vol. 19, 1980, S. 31.

Das ungarische Gesetz aus 1969 (ergänzt zu letzt in 1994) baut zwar dem Anscheine nach auf das dualistische Konzept, indem es die der Person des Urhebers anhaftenden Rechte und die Vermögensrechte gesondert behandelt (Art. 8-12 bzw. 13-15), wobei es nur hinsichtlich der ersteren ausdrücklich erwähnt wird daß sie unveräußerlich sind (Art. 12 (1)). Dem Inhalt nach entspricht aber das Gesetz von Anfang an der Konzeption der monistischen Unveräußerlichkeit des subjektiven Urheberrechts. Art. 10 lautet: »Das der Person des Urhebers anhaftende Recht wird durch jede unbefugte Änderung oder Nutzung seines Werkes verletzt.« Betreffend Vermögensrechte heißt es in Nr. 13 übereinstimmend: »Werknutzungen wie immer bedürfen der Zustimmung des Urhebers, es sei denn, daß das Gesetz abweichend verfügt.« Im Ungarischen Gesetz wird also das Urheberrecht als Genehmigungsrecht gestaltet, wobei eine jede ungenehmigte Werknutzung sowohl das Persönlichkeitsrecht als auch das Vermögensrecht des Autors verletzt. Im Abschnitt V. werden die über die Nutzung des Werks geschlossenen Verträge allgemein als »Nutzungsverträge« bezeichnet. Laut Art. 28 erwirbt der Nutzer, »- soweit durch Rechtsvorschrift nicht abweichendes bestimmt wird - ein ausschließliches Nutzungsrecht nur in Fällen, wo dies im Vertrag ausdrücklich vereinbart wurde«. Dieses Nutzungsrecht kann aber mit Zustimmung des Urhebers übertragen werden (Art. 28 (2)). So eine Zustimmung kann natürlich bereits im Nutzungsvertrag vereinbart werden. Dadurch wird sinngemäß auch die Vergabe von Sublizenzen ermöglicht. Nach Ablauf der Schutzfrist hören laut Art. 12 (3) auch die persönlichen Rechte des Urhebers auf Genehmigungsrechte zu sein; danach können nunmehr dazu bestimmte Organisationen nach eigenem Ermessen gegen Nutzungen auftreten, die der Integrität des Werks oder dem Ruf des Autors schaden (quasi Denkmalschutz).

In der ungarischen Rechtstheorie wurde auch ausdrücklich auf die dem Gesetz zu Grunde liegende monistische Auffassung des unveräußerlichen Urheberrechts Bezug genommen.[30]

4./ Einen anderen Weg schlugen die Gesetzgeber in Bulgarian und Polen ein. Art. 20 des bulgarischen Urheberrechtsgesetzes aus 1951 (auch nach Änderung des Gesetzes in 1990) sieht vor, daß »der Autor bestimmte, aus seinem Urheberrechte folgende Rechte an ein Verlagshaus, Theater oder andere Unternehmungen oder Gesellschaften übertragen kann«.

Art. 30/1/ des polnischen Urheberrechtsgesetzes (1952/1975) sieht unverändert vor, daß die Vermögensrechte des Autors auf andere übertragen werden können.

---

30 In deutsch z.B. Boytha: Ungarn (1977), In: »Quellen des Urheberrechts« (Note 28.), insbes. Einführung; I/2/c, betitelt: Einheit von Persönlichkeitsrechten und Vermögensrechten. »Die dem Urheber gemäß § 7 URG zustehenden, seiner Person anhaftenden Rechte und Vermögensrechte müssen also als Komponenten des einen umfassenden Urheberrechts gewertet werden . . . Aus dem Gesetz folgt also daß der engen Verflochtenheit der Vermögensrechte mit den Persönlichkeitsrechten entsprechend der Urheber auch die Vermögensrechte als solche nicht übertragen kann.« Er kann vielmehr nur anderen Nutzungrechte enräumen die aber selbst ausschließlich und übertragbar sein können. Usw.

VI. *Fortwährendes Ringen mit der innenwohnenden Ambivalenz des Urheberrechts*

1./ Die französische dualistische Konzeption bereitet stets Schwierigkeiten hinsichtlich der Auslegung der von dem unveräußerlichen droit moral unabhängigen Übertragbarkeit des literarischen und künstlerischen Eigentums. Obwohl das Urheberrechtsgesetz den Begriff »Lizenz« (concession) nicht einmal erwähnt, versuchen Gerichte den Rechtsbegriff »Übertragung« (cession) so auszulegen, daß er keineswegs als bedingungslose Veräußerung des betreffenden Vermögensrechtes verstanden wird. Der einschlägige Titel II des Gesetzes trägt den Titel »De l'exploitation des droits patrimoniaux de l'auteur« (etwa »Über die Ausbeutung der Vermögensrechte des Urhebers«), bezeichnet aber das dem Werknutzer übertragene Recht nicht. Artikel 35 besagt daß die totale oder teilweise Zession der Rechte des Urhebers an seinem Werke mit proportioneller Beteiligung des Urhebers an den Erlösen aus der Verwertung seines Werkes verbunden sein soll. Betreffend Aufführungsverträge spricht Artikel 43 sogar von »Autorisierung« und nicht »Zession«, wie auch Art. 45 hinsichtlich Rundfunksendungen. Die Worte Zession und Autorisierung deuten im französischen Urheberrecht gleichwohl auf Verpflichtungen des Werknutzers, sei er Zessionär im eigentlichen Sinne des Wortes oder autorisierte Person, die eher den Rechtswirkungen einer Lizenz als jenen der Eigentumsübertragung entsprechen. Der Werknutzer bleibt einerseits im Rechtsverhältnis zum Urheber, und wird, andererseits, keineswegs zur freien Verfügung über sein erworbenes Recht befugt, wie es bei Zessionären oder Eigentümern ansonsten üblich ist. Das Urteil des Tribunal de grande instance de la Seine vom 11. Mai 1968 bestätigte den Grundsatz, daß im französischen Recht die Zession von Urheberrechten keine bedingungslose Überlassung des betreffenden Eigentumsrechts bedeutet.[31] Ein wichtiger Schritt in Richtung unveräußerliches Urhebereigentum im französischen Recht.

2./ Andersgeartete Schwierigkeiten sind im Lichte des neuen Urheberrechtsgesetzes von 1992 in der Schweiz zu erblicken, wo die einheitliche Auffassung des Urheberrechts, seine Deutung als Bestimmungsrecht und die Feststellung seiner allgemeinen Übertragbarkeit miteinander durch Interpretation in Einklang zu bringen sind. Art. 9 sichert dem Urheber sowohl das ausschließliche Recht am eigenen Werk und auf Anerkennung der Urheberschaft, als auch ausdrücklich das Veröffentlichungsrecht. Art. 10 Abs. 1 besagt, daß der Urheber »hat das ausschließliche Recht zu bestimmen, ob, wann und wie das Werk verwendet wird«. Demnach geht es letzten Endes um ein Genehmigungsrecht im Sinne der Berner Konvention; der Urheber kann es ja nicht bestimmen, daß sein Werk z.B. innerhalb eines Jahres in Buchform verlegt wird, wenn kein Verleger dazu bereit ist. Laut Abs. 2. hat aber der Urheber »insbesondere des Recht« nachfolgend aufgezählte Nutzungen vorzunehmen, z.B. Werkexemplare herzustellen oder das Werk

31 Interpretation des Zessionsbegriffes durch die französische Rechtsprechung theoretisch zusammengefaßt von Desbois, H.: Le droit d'auteur en France. 3. Ausgabe, 1978; S. 606-612.

aufzuführen, zu senden, Computerprogramme zu vermieten, usw. Demnach besteht also des Urhebers ausschließliches Bestimmungsrecht aus Nutzungsrechten. Art. 11 sieht dann ein gesondertes ausschließliches »Recht zu bestimmen« vor, ob, wann und wie die Werkintegrität berührt werden darf.

Persönlichkeits- und wirtschaftsorientierte Ausschließlichkeitsrechte werden im Gesetz vermischt und unter dem gemeinsamen Titel »Verhältnis des Urhebers oder der Urheberin zum Werk« aufgezählt, was auch als eine Art von einheitlicher Erfassung des Urheberrechts verstanden werden kann.

Daraufhin besagt dann Art. 16 in einem neuen Kapitel einerseits undifferenziert, daß das Urheberrecht übertragbar ist (dem Wortlaut des Gesetzes nach also »das ausschließliche Recht am eigenen Werk«, gleichwohl als Recht auf Anerkennung der Urheberschaft und zur Bestimmung der Verwendung des Werks). Andererseits, daß die Übertragung eines im Urheberrecht enthaltenen Rechtes (offensichtlich sowohl eines Bestimmungsrechtes als auch eines Nutzungsrechtes) die Übertragung anderer Teilrechte nur dann mit einschließt, wenn dies vereinbart ist.

Trotz dieser allumfassend formulierten Übertragbarkeit des eher monistisch angedeuteten Urheberrechts bzw. seiner Teilrechte bemerkt Rehbinder, unter Bezugnahme auf ein Urteil des schweizer Bundesgerichtes aus 1931, daß »die Urheberpersönlichkeitsrechte sind jedoch, entgegen dem Wortlaut des Gesetzes, unübertragbar«.[32]

3./ Die Ambivalenz des Urheberrechts scheint also noch immer nicht überzeugend in Griff bekommen zu sein.[33] Letzten Endes geht es seit der Geburt des Urheberrechts um den Ausgleich der Interessen der Autoren, die zur Förderung der schöpferischen Tätigkeit sowie Sicherung des entsprechenden Status der Schöpfer in der Gesellschaft gewahrt werden müssen, und der Interessen der Werknutzer, denen zwecks Sicherung einer effektiven Verbreitung der Autorenwerke weitestgehend Rechnung getragen werden muß. Dieser Interessenausgleich soll nicht nur auf dem Gebiet des Vertragsrechts, sondern bereits bei der Ausgestaltung des Inhalts der werkbezogenen Ausschließlichkeitsrechte angestrebt werden.

Das Hin- und Her zwischen persönlichkeitsrechtlichen und vermögensrechtlichen Auffassungen, zwischen droit moral und übertragbarem Eigentum gefährdet die entsprechende Gestaltung jenes Rechts, das den untrennbar zusammengehörenden Aspekten der Werkschöpfung und Werkverbreitung gleichwohl gerecht werden soll.

Dieses Bedürfnis wurde bereits auch von den Europäischen Gemeinschaften erkannt, deren Grundvertrag auf geistigem Eigentum basiert. Im Grünbuch über Urheberrecht und die technologische Herausforderung vom 7. Juni 1988 wurden kulturelle Überlegungen ebenfalls klar formuliert. In Punkt 1.4.1 heißt es dort, daß die wirtschaftlichen Interessen die vom Urheberrecht geschützt werden sol-

---

32 Urheberrechtsgesetz. Herausgegeben und kommentiert von Rehbinder, M., 1993, S. 28.

33 Vgl. Boytha, G.: Ambivalente Züge des Urheberrechts. In: Urheberrecht und kulturelle Entwicklung. FS. zum 60. Geburstag von U. Uchtenhagen, 1987.

len, mit kulturellen Interessen und kulturellen Bedürfnissen untrennbar verflochten sind. In Punkt 1.4.4 wird weiter festgehalten, daß Kreativität des Schutzes bedarf; es braucht die Gewährung eines höheren Status und es bedarf der Förderung. Dem entspricht Punkt 1.4.5 wonach es aus dem Schutz der Kreativität folgt, daß die Schöpfer gebührenden Respekt für die Integrität ihrer Werke genießen und das Recht deren Nutzung zu genehmigen. Das Entgelt für Werknutzungen muß im allgemeinen der Nutzung des Werkes entsprechen.

Die am 17. Januar 1991 erlassene »Fortsetzung zum Grünbuch« geht noch weiter, indem sie im Punkt 8.3.1 ausdrücklich Bezug auf Artikel 27 (2) der »Universalen Deklaration der Menschenrechte« (Vollversammlung der Vereinten Nationen, 1948) nimmt und festsetzt, daß Vermögensrechte mit dem Recht des Autors verbunden sind, aus der wirtschaftlichen Benutzung seines Werks Nutzen zu ziehen. Persönliche Rechte (droit moral) entspringen der Tatsache daß das Werk eine Widerspiegelung der Persönlichkeit des Autors ist.

Das in Maastricht in 1992 zur Errichtung der Europäischen Union unterzeichnete Abkommen widmete einen besonderen Titel (IX) der »Kultur«. Im Artikel 128 heißt es dort, daß die Mitgliedstaaten auch auf dem Gebiet der künstlerischen und literarischen Schöpfung fördernd zusammenarbeiten sollen.

Der Urheber und seine untrennbaren persönlichkeitsrechtlichen sowie vermögensrechtlichen Beziehungen zu seinem Werk, auch hinsichtlich Nutzungen desselben durch andere, wurden somit im Hinblick auf die Gestaltung des Europarechts ebenfalls anerkannt.

VII. *»Unveräußerliches Urhebereigentum« und seine praktischen Vorzüge*

1./ Es scheint, daß die Berücksichtigung der fortwährenden Interessen des Autors bezüglich des Schicksals seines Werkes mit der Sicherung der Stellung der Werknutzer in der Marktwirtschaft bisher am besten im Sinne der mitteleuropäischen Theorie der Unveräußerlichkeit von monistisch erfaßten Genehmigungsrechten der Urheber vereinbart werden konnte. Auf der Grundlage solcher unveräußerlichen Verwertungsrechte kann der Werknutzer ausschließliche Nutzungsrechte erwerben, die ihn zur Vermarktung des Werks ebenso befähigen, als ob er selbst zum Inhaber des Rechts des Urhebers geworden wäre, ohne aber dem Urheber sein ausschließliches Recht zu nehmen, welches durch die Genehmigung der Nutzung nur in seiner Ausübung beschränkt wird.

Wenn nun jetzt aus verschiedenen eingangs erwähnten Gründen der Begriff »geistiges Eigentum« umfassend auch für das Urheberrecht durchgreift, so sollte die bereits erzielte Urheberrechtskonzeption folgerichtig als unveräußerliches Eigentumsrecht des Urhebers verstanden werden. Dadurch wird auch den sich aus der Urheberschaft ergebenden Besonderheiten des per analogiam angewandten Eigentumsbegriffs Rechnung getragen. In Weiterentwicklung dieser Analogie könnten dann die vom Urheber erteilten Nutzungsrechte mit den vom Eigentümer eingeräumten Mietrechten, die Sublizenzen mit Untermieten verglichen werden. Im Lichte der Geschichte der Urheberrechtstheorie ist es aber geboten darauf zu achten, daß das eigenständig gewordene Urheberrecht nicht im allgemeinen Eigentumsrecht aufgeht. Es handelt sich um mehr als Eigentum.[34] Neben Diebstahl soll auch die Mißachtung der Beziehungen der schöpfenden Person zu ihrem Werk bekämpft werden.

2./ Zum Schluß soll noch auf einige praktische Konsequenzen hingewiesen werden, die sich aus der Unveräußerlichkeit des Urheberrechts im Gegensatz zu seiner Übertragbarkeit ergeben.

a./ Ein konstitutiv erteiltes ausschließliches Nutzungsrecht ermächtigt den Werknutzer auch zur Prozeßführung im eigenen Namen, zur Geltendmachung seiner Ausschließlichkeitsposition. Sollte er aber aus irgendwelchen Überlegungen die nötigen Handlungen unterlassen, so kann der Urheber auf Grund seines bei ihm verbliebenen Verwertungsrechts (»Eigentumsrechts«) auch selber gegen den Rechtsverletzer vorgehen. Es müssen bloß die Möglichkeiten des Vorgehens beider Berechtigten koordiniert werden.

In Artikel 48 des spanischen Urheberrechtsgesetzes aus 1987 wird ausdrücklich verfügt, daß gegen Verletzungen der dem Werknutzer eingeräumten Rechte dieser und der Rechtsinhaber, der ihm das Recht eingeräumt hat, gleichwohl auftreten können.

b./ Wo der Urheber kein Recht mehr besitzt, werden grundsätzliche Urheberrechtsprobleme zwischen Unternehmen der Kulturindustrie ausgefochten, ohne daß die betroffenen Autoren, deren Werke von den sich streitenden Industriellen auf verschiedene Art genützt werden, persönlich oder über ihre Vertreter im Prozeß ihre eigenen Interessen zur Geltung bringen könnten.[35]

c./ Anders als bei der Übertragung von Urheberrechten, muß im Falle der Erteilung von Nutzungsrechten bei Nichterfüllung der vertraglichen Verpflichtungen des Werknutzers beim Erlöschen des Vertrages oder beim Aufhören der Existenz des Werknutzers nicht für die Rückübertragung des Eigentumsrechts an den Urheber bzw. für eine besondere diesbezügliche gesetzliche Regelung gesorgt werden.

d./ Im Falle des Konkurses eines Werknutzers, der Eigentümer des auf ihn übertragenen Urheberrechts geworden ist, kann dieses Recht Bestandteil der Konkursmasse werden und als Teil seines Vermögens auf Gläubiger übergehen, die im Hinblick auf die Verbreitung der betroffenen Werke aus finanziellen bzw. persönlichkeitsrechtlichen Überlegungen dem Urheber unerwünscht sind.

e./ Der Rechtsnachfolger des Urhebers, auf den das Urheberrecht durch Vertrag übertragen wurde, kann mangels anderweitiger Vereinbarung das Recht auf Dritte mit dinglicher Wertung übertragen, ohne daß dazu die Zustimmung des Ur-

---

34 Boytha, G.: Whose Right is Copyright? In FS. für Eugen Ulmer zum 80. Geburtstag, GRUR Int. 1983. Heft 6/7, S. 379 ff.

35 Vgl. z.B. Columbia Pictures Industries Inc. (und sieben andere Filmproduzenten) v. Stichting tot Expoitatie Central Antenna-Inrichtung Amstelveen, Obersten Gerichtshof der Niederlande, Nr. 11739, 30. Oktober 1987; Williams & Wilkinson Co. v. United States (420 US 376, 1975), inwieweit das Photokopieren von Zeitschriftenartikeln als freie Werknutzung gelten kann; Universal City Studios, Inc. (und andere) v. Sony Corporation of America (und andere), 104 S.Ct. 774, 1984 (der sogenannte Betamax Fall).

hebers einzuholen wäre. Das Schicksal des Werks kann sich somit völlig dem Wissen und den Einspruchsmöglichkeiten des Urhebers entziehen. Unqualifiziertes Eigentum kann sogar beschlagnahmt oder enteignet werden. Auch das spricht für die Unveräußerlichkeit des eigentumsmäßigen Urheberrechts.

2./ Im Lichte der mitteleuropäischen Rechtsentwicklung ist es kein Zufall, daß die GEMA eine Wahrnehmungsgesellschaft ist: Sie wird nicht Eigentümerin der von ihr verwalteten Rechte. Es kann aber zweifellos behauptet werden, daß sie ihre Aufgaben ebenso erfolgreich zu erfüllen vermag, als ob ihr diese Rechte übertragen worden wären. Sie handelt keineswegs weniger wirksam und bahnbrechend als manche Gesellschaften, auf welche die Inhaberschaft von musikalischen Urheberrechten übergeht. Mit seiner international geachteten Tätigkeit an der Spitze der GEMA hat Professor Kreile zum Beweis der Vereinbarkeit der Unveräußerlichkeit des Urheberrechts mit den praktischen Bedürfnissen der modernen Marktwirtschaft überzeugend beigetragen.

Christian Bruhn

Menschliches, Zwischenmenschliches

I. *Der Fall Kreile*

Mit seinem Sohn, der - wie mein jüngerer - Johannes heißt, und der wie sein Vater promovierter Anwalt ist, fachsimpelt er gern nach Mitternacht auf Parties, wo sich die beiden dann für eine Weile etwas von der Gesellschaft absetzen. Mit mir bespricht er wichtige Dinge oder schwierige Fälle am liebsten Samstags oder Sonntags, wenn er allein im sechsten Stock des riesigen GEMA-Gebäudes »Schularbeiten« macht.

Reinhold Kreile ist ein Mann, der wohl zeitlebens darüber nachgedacht hat, wie man eine gewisse Richtung zielstrebig verfolgt, wie man eine Sache vernünftig angeht und wie man ein Anliegen zur positiven Durchführung bringt, ohne die Gegenseite, den Kontra-Interessenten mehr zu verärgern oder gar zu verletzen, als absolut unvermeidbar. Ein Mann der demokratischen Mehrheit, ein Mann der Harmonie also. Wobei er, was seinen musikalischen Geschmack angeht, durchaus auch Dissonantes erträgt, ja schätzt.

Sein Name war mir schon lange bekannt, bevor wir uns in der GEMA begegneten, aus dem SPIEGEL und aus Münchner Kreisen, in welch letzteren er mit Hochachtung ausgesprochen wurde. Allerdings hielt ich den Bundestagsabgeordneten Dr. Kreile für einen Finanz-Macher und Freund und Steuersparer der Großindustrie, erst später wurde mir bewußt, daß es sich bei ihm ebenso um einen ausgefuchsten Urheberrechtler handelt. (Noch später hat er mir eines Abends die ganze Geschichte erzählt, mit fröhlicher Verschmitztheit auf meine bohrenden Fragen antwortend). Aber auch der Finanzexperte war mir für die GEMA ausgesprochen recht, und so stimmte ich trotz völlig gegensätzlicher politischer Überzeugung für den Mann, der nun seit dem 1. Januar 1990 die GEMA-Geschicke in der Hand hat (unter der gestrengen Kontrolle und unterstützt durch die von ihm ausdrücklich gewünschte Mitarbeit des Aufsichtsrates). Die Stimmabgabe hat sich als richtig erwiesen.

II. *Morgenröte*

Der kleine Reinhold wurde als Sohn eines Münchner Beamten mehr zufällig in Aschaffenburg, dem äußersten westlichen Zipfel Bayerns, geboren. In Heidelberg hörte er als Zehnjähriger zum erstenmal die Matthäuspassion. Eine Tante, Volksschulrektorin, bezahlte dem von Hause aus nicht übermäßig bemittelten Buben den Klavierunterricht, als Gegenleistung mußte er sie dafür begleiten, Wagner, Walküre, Sieglinde. Der Wagner-Bazillus war impliziert. Was den Knaben nicht hinderte, auch Mozart und Puccini zu lieben.

Reinhold verletzte sich die Hand mit einer Platzpatronenpistole, meinte, mit dem Klavierspiel sei es zu Ende, brachte es aber durch Heilgymnastik und »ungeheuer viel üben« zu einer bis heute besonders geläufigen und geschickten linken Hand.

Im humanistischen Theresien-Gymnasium zu München waren seine Pole die Musik und die Literatur. Er war auch einer der wenigen, die nach dem Krieg eine gewisse Distanz zur importierten U.S.-Musik bewahrten, nicht recht anfällig für die Hits, die damals doch für die meisten jungen Leute eine Art lang entbehrter Lockspeise bedeuteten. (Ich z. B. bin noch heute von den klassischen amerikanischen Songs gefangen und begeistert). Dafür war Reinhold dann Redakteur für Klassische Musik bei der Münchner Schülerzeitschrift »Steckenpferd«.

Mit den Lehrern konnte es der geborene Diplomat natürlich gut, den Damen gegenüber pflegte er - so ein Mitschüler - eine Art altmodische Courtoisie, die ja beim schönen Geschlecht schon immer besser ankam als neuzeitliche Burschikosität. Sein Abiturium war selbstverständlich tadellos.

III. *Die fröhliche Wissenschaft*

Das Studium bemühte man sich damals so schnell wie möglich durchzuziehen. Reinhold finanzierte sich seine Studien der Rechtswissenschaft als Organist, aber auch als Musikkritiker bei den *Frankfurter Heften* und war zudem als Musikjournalist für den Hessischen Rundfunk tätig. Lernwütig studierte er auch Volkswirtschaft, Soziologie und Musikwissenschaft.

In den ersten drei Semestern wurde andererseits nicht allzuviel getan, und das *Erste* Staatsexamen fiel dementsprechend nicht besonders rühmlich aus. Ein ihm wohlgesinnter Landgerichtsdirektor meinte, daß dies Ergebnis unter Reinhold Kreiles Niveau sei, und prompt war das *Zweite* dann schon von Kreilescher Art: Nämlich bestens. Irgendwann muß dem jungen Mann in dieser Zeit die Erkenntnis gekommen sein, daß vielleicht doch kein ganz großer Musiker aus ihm werden würde. Hoffentlich war sie richtig.

IV. *Unzeitgemäße Betrachtungen I*

»Was sich nicht ändert, stirbt«, sagt der Indianer, und wer im Leben nicht einen Lernprozeß sieht, der erst mit dem Tode endet, hat dasselbe wohl nicht richtig begriffen, außerdem versäumt er vieles. Ich begann also in der zweiten Hälfte meines sechsten Lebensjahrzehntes zu lernen, wie man Politik *macht.* Was Politik *ist,* wußte ich schon, nämlich das Nötige veranlassen, um Zustände zum Besten der Gesamtheit zu verändern, und sie fängt damit an, wie man mit seinem Nachbarn auskommt. (Auch in der Musik geht es darum, die bestmöglichen - und dem Nachbarn möglichst gefallende - Resultate zu erzielen, musikalisch wie finanziell, aber dabei ist mehr Pädagogik als Politik gefragt. Außerdem eine geringfügig anders gelagerte Begabung). Ich schaute also dem alten Hasen Kreile auf die Finger beim GEMA-politischen Tun, und er stand auch nicht an, mir bisweilen Ratschläge zu erteilen, die meiner Ungeduld Einhalt geboten und der Sache dienten. -

Die Gesamtheit der GEMA-Mitglieder setzt sich zusammen aus Komponisten der sogenannten U-Musik (U wie Unterhaltung), Komponisten der E-Musik (E wie Ernst des Lebens), Textdichtern und Verlegern, wobei beide letztgenannten zwei Gruppen wiederum im U- bzw. E-Bereich tätig sind. Hier nun in Übereinstimmung der drei Kurien (Komponisten, Textdichter und Verleger) »Zustände zum Besten der Gesamtheit zu verändern«, erscheint mir oft wie die Quadratur des Kreises. Was dem einen Mitglied durchaus nützlich erscheint, könnte dem anderen schaden, was den ersten eine gerechte Lösung dünkt, kommt dem zweiten vor, als wolle man ihn nun seiner schwerverdienten Moneten berauben (und fast nur um die geht es bei Künstlern, glauben Sie mir, denn mit Kunst, oder was man dafür hält, seinen Lebensunterhalt zu bestreiten, ist nicht einfach). Den GEMA-Verteilungsplan, das Herzstück allen GEMA-Seins, »zum Besten der Gesamtheit zu verändern«, also gewisse Unebenheiten abzuhobeln, ist ohne Anfall von Spänen nicht möglich. Besteht doch z. B. die Komponistenkurie aus lauter Einzelindividuen, jeder macht im Grunde eine andere, zunächst einmal ihn allein selig machende Musik (und dafür sollten die Kollegen doch eigentlich Verständnis haben). -

Auch ist der Aufsichtsrat nur eine Art gewähltes Kabinett, das Parlament ist die Mitgliedervollversammlung, das »Volk« sind die nicht anwesenden Mitglieder. Gleichzeitig aber - und ganz wie im richtigen Leben - stellen die GEMA-Mitglieder die Reederei, also die Eigner des GEMA-Schiffes dar, während das »gewählte Kabinett« bemüht ist, einen Schiffsführer zu finden, der seine (des Aufsichtsrats) und die Erwartungen der Mitglieder optimal zu erfüllen imstande ist und der das empfindliche Fahrzeug auch in schweren Zeiten sicher zu steuern vermag.

V. *Also sprach Zarathustra*

Nach diesem kurzen philosophischen wie auch GEMA-technischen Exkurs bin ich mit dem letzten Satz schon wieder ganz bei Professor Kreile. Für ihn nämlich ist Politik, und um solche handelt es sich selbstredend, wenn von der beruflichen Stellung des Künstlers und seiner Sachwalter in der Gesellschaft und von seinem angemessenen Entgelt die Rede ist, für ihn ist Politik Metier, und das ist gut so, denn *mein* Metier bleibt trotz einiger Lernerfolge (s.o.) ein anderes. Ein Politiker und Urheberrechts- und Steueranwalt wie Prof. Dr. Kreile ist für die GEMA gemacht. (Vielleicht hat der liebe Gott aber auch die GEMA für Prof. Kreile gemacht.)

Einen durch und durch musischen Menschen haben wir in ihm. Nicht nur, daß er ein ausgezeichneter Organist, Pianist und Blattleser, ein profunder Kenner und Liebhaber der Konzert- und Opernliteratur ist, es gibt sogar frühe Orchester-Kompositionen von ihm - und in Sachen U-Musik hat er (s.o.) das Nötige in Windeseile nachgelernt. Er ist außerdem durch seinen beruflichen Werdegang mit den Anliegen, Sorgen und Nöten von Künstlern und ihren geschäftlichen Partnern bestens vertraut.

Mit Reinhold Kreile in die Oper zu gehen, ist ein exzellentes Vergnügen. Er kennt jedes einschlägige Werk, hat es unter den unterschiedlichsten Dirigenten und mit den verschiedensten Sängern und Stars erlebt. Er weiß, wie man eine Oper richtig darstellt, was an ihr dramaturgisch wichtig und was weniger geglückt ist, was man geschickt zur Wirkung bringen und was man besser weglassen sollte. Als guter Deutscher liebt er Wagner und weiß um die wundersamen Verquickungen von Gedanken und Gefühlen mit der Musik im Schaffen dieses großen Meisters.

VI. *Unzeitgemäße Betrachtungen II*

Mit Wagner hat man als Mozart-Vergötterer, Brahms-Liebhaber und Gershwin-Bewunderer ja so seine Schwierigkeiten. Vielleicht ist es ja auch kein Zufall, daß gerade wir U-Komponisten besonders empfindlich sind, wenn es in der E-Musik kulinarisch wird. Denn das ist ja eigentlich *unsere* Domäne.

Ach ja, das »Unterhaltende« in der Musik! Wo fängt es an, wo hört es auf? Zwinkert es nicht bei Tschaikowsky, lächelt es nicht bei Puccini, nimmt es sich nicht was heraus bei Sibelius und Grieg, läßt es sich nicht ertappen bei Smetana, Suppé und Bizet? Wer von den Großen hatte nicht schon einen auf der Grenze des Profanen balancierenden Einfall? Und wie rein und schier ist die Freude der gebildeten Stände, wenn dann so ein leichtes, glitzerndes, laszives und unterhaltsam-melodisches Moment sich bemerkbar macht! Nur den allergrößten Geistern gelingt es, auch das Einfache musikalisch ins Erhabene zu rücken. -

Ich gebe ja zu, daß meine Musik streckenweise der Erhabenheit entbehrt (statt ihrer gibt es dann ein Augenzwinkern), aber wie fassungslos erstaunt sind manche Menschen, mit denen man sich eine ganze Weile gut unterhalten hat, wenn offenbar wird, daß ich mein Brot mit Schlagermusik verdient habe. Ich erinnere mich, daß Ivan Nagel meinte, mit jemandem, der Lehárs Musik schön fände, könne er nicht reden. Was wir dann auch nicht mehr taten.

Dagegen Kreile: Die fast kindlich-offene Neugier, mit der er einem Doldinger-Konzert lauscht, das absolute Verständnis für Dinge, die den Schlager, also die Popmusik angehen, die ja das musikalische Manna der meisten Menschen ist, diese Eigenschaften scheinen mir beispielhaft. Der U-Musik, die logischerweise den Großteil des GEMA-Inkassos ausmacht, steht er zwar manchmal staunend, selten ratlos, meist vorsichtig-anteilnehmend gegenüber, nie aber naserümpfend oder ablehnend. Daß man mit tonaler Musik mehr Umsatz machen kann, leuchtet ihm ein, stellt ja die Obertonreihe anfangs einen Dur-Akkord dar und wurde deshalb zur Grundlage abendländischer Musik überhaupt. (Doch darüber mehr in meinem noch ungeschriebenen Aufsatz »Die Entdeckung der Terz und die Folgen«).

VII. *Der Wille zur Macht*

Grundlage für die Existenz von Komponisten, Textdichtern und den zur Verbreitung ihrer Werke notwendigen Verlegern ist der von Richard Strauss ins Leben gerufene wirtschaftliche Verein, die Inkassogesellschaft für die Nutzung der Urheberrechte, heute GEMA genannt. Die Aufsichtsratssitzung dieser Gesellschaft beginnt mit dem Bericht des Vorstandes. Mit genußvoller Ruhe breitet Professor Kreile seinen gelben Block vor sich aus, dessen viele Seiten mit schwarzer Tinte in Doktorhandschrift bedeckt sind (besonders wichtige Sätze sind farbig markiert), legt seine Armbanduhr mit dem Zifferblatt aufrecht stehend links vorn vor sich hin und beginnt mit deutlichem Vergnügen seinen Vortrag.

Daß diese Stunden im Aufsichtsrat freundlich-ironisch »Unterricht« genannt werden, liegt zum einen daran, daß der Vorstand ja in der Tat das fünfzehnköpfige Gremium über den Stand der Dinge unterrichtet, ist zum anderen aber auch darauf zurückzuführen, daß Reinhold Kreile nicht ungern doziert, was wiederum den Grund hat, daß er möchte, daß jedes Mitglied des Aufsichtsrates die Sachlage versteht und einsichtig findet. Einsicht in die Imponderabilien der GEMA, eine gläserne GEMA also, die auch für Tarifpartner und außenstehende Verbraucher ein verständliches Bild ihres nicht immer verstandenen Tuns abgibt, das ist sein Ziel.

Es ehrt den Vorstand sehr, die Erstellung einer Liste mit Schwachstellen veranlaßt zu haben, und dies nicht etwa gleich bei Amtsübernahme, sondern erst nach Jahren eigener Verantwortung.

Zurück zur Sitzung: Wir, Aufsichtsrat, Vorstand und Verwaltung, arbeiten uns nun weiter durch die unterschiedlichsten Sachgebiete, manche von ihnen lassen die E-Komponisten derart unberührt, daß sie zu schwätzen beginnen wie unartige Schulknaben, dann aber nerven die eben noch so unaufmerksamen Kollegen das gesamte Gremium Aufsichtsrat, weil sie einen der ihren unbedingt kooptieren wollen, wo doch Freund Sikorski und ich strikte Gegner dieses nicht immer nützlichen und glücklichen Verfahrens sind. Der um Vermittlung und zum Friedensstifter gebetene Kreile glättet mit gewohnt menschlich-sachlicher Routine die Wogen, und weiter gehts.

Das Ausland und hier besonders das englischsprachige beobachtet die Arbeit der GEMA manchmal mit unbegründetem Mißtrauen. Nun ja. Vielleicht liegt's ja an Folgendem:

VIII. *Jenseits von Gut und Böse*

Mein Englisch ist - berufsbedingt - geringfügig besser als das Professor Kreiles, es ist die Sprache, bei der ich die geringste Portalangst verspüre. Wer aber beschreibt mein Erschrecken und die gnadenlose Demütigung, die uns, nein mir, in New York bei einer Veranstaltung der Songwriters Hall of Fame wiederfuhr. (Bert Kämpfert erhielt postum einen Award). In der Vorhalle des Festsaales stürzte eine junge Dame auf uns zu mit der Frage »Issa*duu*«? Ratlos blickten Kreile und ich uns an. »Isssa*duuu*«? wiederholte ungeduldig die Fragerin, doch wir vermochten ihr Begehren nicht zu verstehen, zweifelten gar daran, daß es sich um die Sprache Shakespeares handele. Der Zweifel war nur zum Teil berechtigt. Denn viel zu spät, und lange nachdem die Dame uns ein eindeutiges Zeichen gemacht hatte, klarstellend, wie sie unsere geistigen Fähigkeiten generell beurteile, allzuspät kam es mir: Sie hatte »Is that two« gefragt, kurz für »Is that the second floor«. O Schande. -

IX. *Mensch und Übermensch*

Es würde ja naheliegen, noch viel über den Menschen Reinhold Kreile zu berichten, wenn sein Leben nicht beinah ausschließlich aus der Arbeit für die GEMA bestünde. Da aber trotz der angestrebten Luzidität der GEMA manche Angelegenheiten als intern zu betrachten sind, muß einiges späteren Chronisten vorbehalten bleiben. So wäre beispielsweise die ungeheure taktische Geschicklichkeit, mit der der GEMA-Vorstand das langsame Sich-Annähern der europäischen Verwertungsgesellschaften unterstützt, ja handhabt, einen eigenen Aufsatz wert, doch ist's ein schwebend Verfahren noch.

Auch war seine letztendlich erfolgreiche Tätigkeit bei der sogenannten Amalfi-Regelung eine an sich recht delikate. Ging es doch für die deutschen Sub-Textdichter (das sind diejenigen Damen und Herren, die Weltschlager ins Deutsche zu übertragen sich angelegentlich bemühen), um viel, ging es doch aber auch um das allgemeine Verständnis des Urheberrechts. Die Lösung, wiewohl von den Poeten trotz finanzieller Abfederung nur mürrisch mitgetragen, war eine positive, galt es doch, jahrzehntelang eingeführte Usancen nicht gänzlich auszuhebeln, sondern zum Nutzen und im Interesse der Original-Urheber behutsam anzupassen. Kreile sei Dank.

X. *Ecce Homo*

Seine Frau Eva lernte Reinhold Kreile, zünftig, wie es sich für einen Bayern gehört, auf der Wies'n, also auf dem Oktoberfest kennen. Eine Freundin hatte beide zusammengeführt, weil intelligente Menschen, wie sie richtig meinte, sich doch kennenlernen müssen. Es funkte folgerichtig auch unmittelbar.

Mit der Pünktlichkeit hatte der junge Kreile es nicht so, zur Verlobungsfeier erschien er als letzter. Zu Beginn der Hochzeitsreise mußte er auf den bereits fahrenden Zug springen, in welchem seine junge Frau zitternd und bebend ohne Geld und Papiere saß. Er hatte noch ein paar Zeitungen kaufen müssen. -

Als das junge Paar einmal Gäste zur Bahn brachte, mußte Eva gar die Notbremse ziehen, denn beide waren nicht rechtzeitig zum Aussteigen gekommen, und bis Rosenheim wär's dann doch a bissl weit gewesen.

Was die Hochzeit selbst anbetraf, so duldete Eva keinen Aufschub, obwohl Reinholds Dissertation, die eigentlich termingerecht fertig geworden wäre, wegen Tod des Doktorvaters noch einmal umgeschrieben werden mußte. Frau Eva, den eigenen Doktor schon in der Tasche, mußte einen noch-nicht-Promovierten heiraten.

Reinhold Kreile hat Angst vor Dummheit und schätzt vernünftige Menschen, aber auch Dampfnudeln, Tafelspitz und die blaue Blume der Romantik. Vielleicht wäre er auch ganz gern Operndirigent geworden, aber als GEMA-Boss scheint er recht zufrieden, und die GEMA mit ihm. Der Barockmensch, der gern im Florenz der Renaissance gelebt hätte, der Ausgleichende, der Vermittelnde, der Behutsame und der Gerechte, nun wird er 65 Jahre alt. Und er wird - so vermute ich - auch weiterhin nach seinem Prinzip verfahren:

> Das Machbare sogleich angehen, das Ideelle im Auge behalten und bei allem Tun den Menschen und seine ihm innewohnende Unzulänglichkeit nicht zu vergessen: Kreile mit Weile.

Ich kann mir keinen geeigneteren Kapitän für das GEMA-Schiff vorstellen.

Arved Deringer

Kulturhoheit der Länder und Europäische Union

- Randbemerkungen zu Art. 128 des Vertrages zur Gründung der Europäischen Gemeinschaft (EG) vom 7. Februar 1992 -[1]

I. *Einführung*

Je mehr die europäische Integration fortschreitet, je mehr sie über die Wirtschaft hinaus auch andere Bereiche erfaßt, umso mehr wächst die Spannung zwischen der Gemeinschaft und den deutschen Bundesländern, die in dieser Entwicklung eine »bundesstaatliche Erosion«[2], eine Gefährdung ihrer »Staatlichkeit« sehen. Ein besonders umstrittenes Spannungsfeld ist die Kultur[3] - gleichgültig, ob man einen weiten oder einen engen Kulturbegriff zugrunde legt[4] -, weil die deutschen Länder die »Kulturhoheit« als zum Kernbereich ihrer »Staatlichkeit« gehörend ansehen und jede Tätigkeit der Gemeinschaft, die sich, sei es auch nur mittelbar, auf Bereiche der Kultur auswirkt, als Gefährdung ihrer Kulturhoheit empfinden.

Es ist deshalb zu begrüßen, daß mit dem durch das Vertragswerk von Maastricht neu eingeführten Art. 128 EGV der Gemeinschaft eine formelle, wenn auch sehr begrenzte, Zuständigkeit in Fragen der Kultur gegeben wird. Damit werden auch frühere Tätigkeiten der Gemeinschaft, die sich auf den Bereich der Kultur auswirken,[5] nachträglich legitimiert. Zum Verständnis dieses Artikels seien jedoch einige Bemerkungen zum Problem des Föderalismus in der Europäischen Gemeinschaft allgemein vorausgeschickt.

---

1 Der Art. 128 des EWG-Vertrages vom 25. März 1957, BGBl. 1957 II S. 766, zuletzt geändert durch die Einheitliche Europäische Akte (EEA) vom 28. Februar 1986, BGBl. 1987 II 451, gab dem Rat die Befugnis, in bezug auf die Berufsausbildung allgemeine Grundsätze aufzustellen. Die allgemeine und berufliche Bildung sind jetzt in den durch den Vertrag über die Europäische Union vom 07. Februar 1992, BGBl. 1992 II 1251 neu eingeführten Art. 126 und 127 geregelt. Der durch den gleichen Vertrag eingeführte neue Art. 128 regelt den Beitrag der Gemeinschaft auf dem Gebiete der Kultur.

2 *Hailbronner*, JZ 1990, 149, 150; *Scholz*, in: »Europa 1992 - Durchbruch zur Europäischen Union« (Hrsg. Mainhard *Knocke*) 1989, 31.

3 Abgeordneter *Freimut Duve* in der Einleitung der Öffentlichen Anhörung von Sachverständigen zu dem Thema »Kulturpolitik in der EG nach Maastricht«. 65. Sitzung des Innenausschusses des Deutschen Bundestages am 14. Juni 1993, Protokoll 65/3.

4 Zu dieser Unterscheidung Sachverständiger Prof. *Koslowski* in der Anhörung, a.a.O. (FN 3) 65/5 ff.

5 Vgl. die Übersicht in Anhang A der Mitteilung der Kommission vom 29. April 1992 an den Rat, das Europäische Parlament und den Wirtschafts- und Sozialausschuß über »Das Neue Kultur-Konzept der Gemeinschaft«, KOM (92) 149 endg.; ferner bei Hildegard *Schneider* im § 29 Kultur- und Bildungspolitik in Albert *Bleckmann*, Europarecht, 1990.

II. *Deutsches Modelldenken*

»Die Diskussion über den Vertrag von Maastricht . . . und seine Vereinbarkeit mit dem Grundgesetz . . . krankt daran, daß meist die Vorgeschichte und Realität der Gemeinschaft und des Fortschritts zur Union nicht genau genug in den Blick genommen und die Beurteilung allein an deutscher Tradition und deutschem Verfassungsverständnis orientiert wird.«[6]

1. *Staatenbund oder Bundesstaat*

Das gilt besonders für die bekannte Frage, ob die Europäische Union ein Staatenbund oder ein Bundesstaat ist bzw. werden soll und ob die Staatlichkeit des Bundes und erst recht der Länder durch sie gefährdet wird.[7] Dabei wird jedoch übersehen, daß

»das klassische Gegensatzpaar von Staatenbund und Bundesstaat, wie es sich vor allem in der deutschen Verfassungsgeschichte entwickelt hat, der heutigen Realität der internationalen Beziehungen nur noch bedingt gerecht wird.«[8]

Das BVerfG hat daher in seinem Urteil vom 12. Oktober 1993[9] mit gutem Recht den neutralen Ausdruck »Staatenverbund« gewählt. Denn

»man kann nun einmal die Europäische Union als eine politische Einheit eigener Art in verfassungsrechtlicher Hinsicht nicht an Kategorien und Maßstäben orientieren, die am Typ des herkömmlichen Nationalstaats gebildet worden sind.«[10]

Man kann sich sogar fragen, ob nicht der klassische, souveräne Nationalstaat, wie er sich in Europa im vorigen Jahrhundert und besonders nach dem Ersten Weltkrieg entwickelt hat, der Vergangenheit angehört.[11] Auf keinen Fall kann man die Vorstellungen der Verfassung *eines* Mitgliedstaates, hier also der deutschen, zum Maßstab für die Rechtsordnung der Europäischen Gemeinschaft machen, denn diese kann sich nur auf der Grundlage der Tradition aller Mitgliedstaaten bilden.[12] Es wäre daher verdienstvoll, wenn bei der deutschen wissenschaftlichen Diskussion mehr als bisher die Rechtsordnungen der anderen Mitgliedstaaten und die dortige Literatur zur Kenntnis genommen würden.[13] Europarecht ist nun einmal heute, soweit es um die rechtliche Gestaltung der Gemeinschaft geht, kein

---

6 *Everling*, DVBl. 1993, 936, 937.
7 *Rupp*, ZRP 1993, 211, 212.
8 *Tomuschat*, im Bonner Kommentar, Art. 24 Anm. 47 (Zweitbearbeitung April 1981).
9 Urteil des Zweiten Senates vom 12. Oktober 1993, - 2 BvR 2134/92, 2 BvR 2159/92 - EuGRZ 1993, 428 ff.
10 Zweifelnd *Ossenbühl*, DVBl. 1993, 629, 635.
11 *Weissmann*, in: Aus Politik und Zeitgeschichte, B 14/93; *v. Simson/Schwarze*, Europäische Integration und Grundgesetz, 1992, 77; *Everling*, Diskussionsbeitrag in EuR, Beiheft 1/91, 43.
12 *Everling*, a.a.O. (FN 6) 944; *Kirchhof*, in: »Föderalismus und Europäische Gemeinschaften« (Hrsg.: *Merten*) 1992, 109 f. unter Berufung auf *Tomuschat* (FN 8), Art. 24 Anm. 79.
13 *Everling*, a.a.O. (FN 6), 945.

Spezialgebiet, sondern ein wichtiger und fast zentraler Teil des Staatsrechts. Gerade für das Staatsrecht liegen besondere Chancen darin, nationale Verfassungsvorstellungen aller Mitgliedstaaten in den Prozeß des Ringens um Struktur und Rechtsordnung der Europäischen Gemeinschaft einzubringen.[14] Im Grunde erleben wir bereits, für viele unbewußt, die Entwicklung einer »europäischen Verfassungsgeschichte«.[15] Bei ihr ist von dem auszugehen, was historisch-politisch zwingend notwendig ist, was kommen muß, und dafür sind die geeigneten Rechtsformen zu suchen, statt an dem Bestehenden festzuhalten. Das gilt auch für die zukünftige Rolle und Gestalt der deutschen Bundesländer.

2. *Das »Europa der Regionen«*

Ein anderes Beispiel dafür, wie stark die Diskussion von der deutschen Situation bestimmt wird, ist die von den deutschen Ländern ins Spiel gebrachte Idee eines Europa der Regionen. Aus der Sicht der deutschen Länder ist diese Idee verständlich und legitim, weil sie damit den Verlust an Einfluß über die Bundesregierung durch unmittelbaren Einfluß auf Gemeinschaftsebene zu kompensieren hoffen. In den meisten anderen Mitgliedstaaten ist der Begriff der Regionen als selbständige, vom Staat unabhängige Einheiten jedoch unbekannt, und eine konsequente Durchführung würde für die Verfassungsstrukturen der anderen Mitgliedstaaten, insbesondere Frankreichs, erhebliche Änderungen bedeuten.

Trotzdem hat in den letzten Jahren der Gedanke der Regionen, auch in den anderen Mitgliedstaaten, selbst bei den Regierungen und der EG, zunehmend Anklang gefunden, weil

> »die Vielfalt der Völker und Volksgruppen Europas, seine Kulturen und Sprachen, Nationen, Geschichte und Traditionen, Regionen und autonome Gemeinschaften«[16]

in einem Europa der Regionen besonders zum Ausdruck kämen. Im Grundsatz ist die Idee auch sinnvoll, soweit es darum geht, die Probleme der Regionen bei den Organen der Gemeinschaft geltend zu machen; denn daß die Vertretung der Regionen durch die nationalen Regierungen nicht immer wirkungsvoll ist, läßt sich kaum bestreiten. Das Europäische Parlament hat dementsprechend in einer Entschließung zur »Regionalpolitik in der Gemeinschaft und Rolle der Regionen« vom 18.11.1988[17] sich für eine dezentrale Ordnung in den Mitgliedstaaten ausgesprochen und regionale Einheiten mit einem gewissen Maß an eigenständigem Gestaltungsspielraum und Kompetenzen befürwortet.[18] Insoweit ist die Einführung eines »Ausschusses der Regionen« durch die Verträge von Maastricht (EGV

---

14 *v. Simson/Schwarze*, a.a.O. (FN 11) 73 unter Hinweis auf *Schwarze* in: »40 Jahre Grundgesetz«, Freiburger Rechts- und Staatswissenschaftliche Abhandlungen; Band 50, 1990, 209, 230.

15 *Häberle*, EuGRZ 1992, 429; *Kirchhof*, EuR Beiheft 1/1991, 11 ff., spricht von »Europa-Verfassungsrecht«.

16 *Häberle*, a.a.O. (FN 15) 435; *Hrbeck*, in: Festschrift *Börner* (1992), 125, 130 ff.

17 ABl. EG Nr. C 326, 289 ff. vom 19.12.1988.

18 *Hrbek*, a.a.O. (FN 16) 125 ff., 134 f.; siehe auch *Engel* in: »Die deutschen Länder in Europa« (Hrsg. *Borkenhagen/Bruns-Klöss/Memminger/Stein)*, 1992, 183, 185 f.

Art. 198 a bis 198 c) ein Erfolg der Länder, auch wenn dieser nicht als »Organ« der Gemeinschaft gilt, sondern dem Wirtschafts- und Sozialausschuß gleichgestellt ist.[19]

Die deutschen Länder aber wollen mehr; sie streben eine »Regionalkammer« an, die den anderen Organen der Europäischen Gemeinschaft gleichgestellt sein und eigene Mitwirkungsrechte im Entscheidungsverfahren auf Gemeinschaftsebene haben soll.[20] Unklar ist dabei, welche Stellung diese Regionalkammer neben Rat und Parlament haben soll. Wenn in diesem Zusammenhang immer wieder von einem dreistufigen Aufbau Europas gesprochen wird, kann dies doch nur bedeuten, daß unterhalb der Mitgliedstaaten eine dritte Ebene existiert, die je nach der Verfassung des einzelnen Mitgliedstaates aus Staaten oder nicht-staatlichen Einheiten besteht,[21] und daß die Struktur in den einzelnen Mitgliedstaaten von der Gemeinschaft nicht in Frage gestellt werden darf.[22] Dagegen kann diese dritte Ebene wohl kaum neben der oder gar an der zweiten Ebene vorbei im Entscheidungsprozeß der Gemeinschaft auf gleicher Ebene wie Rat und Parlament eingeordnet werden.[23]

Die Einbeziehung der Länder und Regionen in den Integrationsprozeß würde auch nicht, wie das manche meinen,[24] die demokratische Legitimität der Gemeinschaft verstärken; denn in dem Ausschuß der Regionen oder in einer zukünftigen Regionalkammer wären die Regionen auch nur durch ihre Exekutiven vertreten, also im Falle der deutschen Länder durch die Regierungen - und nicht die Landtage -, in anderen Mitgliedstaaten durch - vielleicht nicht einmal gewählte - Spitzen der Regionen. *Kewenig*[25] sagt daher mit Recht,

> »die berechtigte Kritik an dem Demokratisierungsprozeß in der EG kann auf keinen Fall die Idee rechtfertigen, die deutschen Länder und ihre Ministerpräsidenten gleichsam zu »Ersatzhütern« von Rechtsstaat und Demokratie zu machen.«

Im übrigen müßten bei einer konsequenten Durchführung des Gedankens eines »Europa der Regionen« auch die deutschen Kommunen beteiligt werden, zumal in den anderen Mitgliedstaaten die Regionen häufig aus kommunalen Einheiten bestehen dürften.

---

19 Im einzelnen *Hrbek*, a.a.O. (FN 16) 138 ff.; *Hoppe/Schulz*, in: *Borkenhagen* u.a. (Hrsg., FN 19) 28 ff.

20 *Hrbek*, a.a.O. (FN 16) 130 ff., 135.

21 Denn die anderen Mitgliedstaaten können ja nicht zur Einführung der deutschen bundesstaatlichen Gliederung verpflichtet werden (*Everling*, a.a.O. (FN 6) 945.

22 *Hrbek*, a.a.O. (FN 16) 129; *Scholz*, NJW 1992, 2594, 2599.

23 Unabhängig davon, wie nach der jeweiligen Verfassung die Regionen gegenüber ihrer Regierung ihren Willen geltend machen können.

24 *Clostermayer*, in: *Borkenhagen* u.a. (Hrsg.), a.a.O. (FN 18) 172.

25 *Kewenig*, Diskussionsbeitrag in »Das Bund-Länder-Verhältnis im europäischen Einigungsprozeß«, Forschungsinstitut der Deutschen Gesellschaft für Europäische Politik, 1992, 56.

III. *Art. 79 Abs. 3 des Grundgesetzes*

1. *Inhalt und Bedeutung*

Dem oben nur angedeuteten Fragezeichen hinter die zukünftige Rolle der deutschen Bundesländer wird natürlich Art. 79 Abs. 3 des Grundgesetzes entgegengehalten, nach dem Änderungen des Grundgesetzes unzulässig sind, welche die Gliederung des Bundes in Länder, die grundsätzliche Mitwirkung der Länder bei der Gesetzgebung oder die in den Art. 1 und 20 niedergelegten Grundsätze (Grundrechte, Demokratie, Rechtsstaat) berühren. Nach nahezu einhelliger Auffassung[26] ist dies eine absolute, unüberwindbare Schranke für den Vorrang des Europäischen Gemeinschaftsrechts, d.h. für Vorschriften des Gemeinschaftsrechts, die in die genannten Bereiche eingreifen. Denn

> »die Ermächtigung aufgrund des Art. 24 Abs. 1 GG ist . . . nicht ohne verfassungsrechtliche Grenze. Die Vorschrift ermächtigt nicht dazu, im Wege der Einräumung von Hoheitsrechten für zwischenstaatliche Einrichtungen, die Identität der geltenden Verfassungsordnung der Bundesrepublik Deutschland durch Einbruch in ihr Grundgefüge, in die sie konstituierende Struktur, aufzugeben . . . Das gilt namentlich für Rechtsakte der zwischenstaatlichen Einrichtung, die, gegebenenfalls zufolge entsprechender Auslegung oder Fortbildung des zugrunde liegenden Vertragsrechtes, wesentliche Strukturen des Grundgesetzes aushöhlen.«[27]

Die Bundesregierung dürfte also solchen Vorschriften nicht zustimmen und wenn sie, mit oder ohne ihre Zustimmung, erlassen würden, dürfte sie diese in Deutschland nicht durchsetzen.[28]

So sehr dem in dieser generellen Formulierung zuzustimmen ist, muß doch im konkreten Fall die Frage erlaubt sein, wo die nichtüberschreitbare Grenze liegt. Diese Frage ist auch deshalb wichtig, weil andere Mitgliedstaaten andere Grenzen[29] haben können und die Entwicklung des Gemeinschaftsrechts blockiert wäre, wenn es immer wieder bei dem einen oder anderen Mitgliedstaat an eine solche Grenze geriete.

2. *Beispiel Grundrechte*

a) *Unangreifbar nur der »Wesensgehalt« der Grundrechte*

Das sei zunächst am Beispiel der Grundrechte erläutert. In dem »Solange-Beschluß II« heißt es in Fortsetzung des obigen Zitates:

---

26 *Tomuschat*, a.a.O. (FN 8) Art. 24 Anm. 50 mit Zitaten; *Hailbronner*, a.a.O. (FN 2) 150 mit Zitaten; u.a. m.

27 BVerfGE 73, 339, 375 f. (Solange II).

28 *Kirchof*, in: *Merten* (Hrsg.), a.a.O. (FN 12), 110 unter Hinweis auf BVerfGE 37, 271, 279 f.

29 *Stein*, Europäische Integration und nationale Reservate, in: *Merten* (Hrsg.), a.a.O. (FN 12) 91 ff.

»Ein unverzichtbares, zum Grundgefüge der geltenden Verfassung gehörendes Essential sind jedenfalls die Rechtsprinzipien, die dem Grundrechtsteil des Grundgesetzes zugrundeliegen. ... Art. 24 Abs. 1 GG gestattet nicht vorbehaltlos, diese Rechtsprinzipien zu relativieren. Sofern und soweit mithin einer zwischenstaatlichen Einrichtung i.S. des Art. 24 Abs. 1 GG Hoheitsgewalt eingeräumt wird, die im Hoheitsbereich der Bundesrepublik Deutschland den Wesensgehalt der vom Grundgesetz anerkannten Rechte zu beeinträchtigen in der Lage ist, muß, wenn damit der nach Maßgabe des Grundgesetzes bestehende Rechtsschutz entfallen soll, stattdessen eine Grundrechtsgeltung gewährleistet sein, die nach Inhalt und Wirksamkeit dem Grundrechtsschutz, wie er nach dem Grundgesetz unabdingbar ist, im wesentlichen gleichkommt.«

Unabdingbar ist also nur der »Wesensgehalt« der Grundrechte. Wo allerdings die Grenze liegt und wann in der Gemeinschaft entwickelte Grundrechte dem Grundrechtsschutz des Grundgesetzes nicht gleichkommen, ist bisher ungeklärt. Deshalb zunächst zwei, gegenläufige, Beispiele zu Art. 12 GG.

b) *Art. 12 des Grundgesetzes*

Für die Apotheken hat das BVerfG die Zulassungsbeschränkung in § 3 Abs. 1 ApothekenG für verfassungswidrig erklärt;[30] dagegen hat es die Zulassungsbeschränkung für den Güterfernverkehr in § 9 Abs. 1 GüKG aufrechterhalten.[31] In beiden Fällen war die Entscheidung nicht das Ergebnis einer logischen Deduktion aus dem Text des Grundgesetzes, sondern einer sorgfältigen Abwägung zwischen betroffenen Interessen einschließlich dem Interesse der Allgemeinheit. Eine solche Abwägung könnte heute selbst in Deutschland und könnte erst recht in anderen Mitgliedstaaten wie in der Gemeinschaft insgesamt anders ausfallen. Bei den Apotheken ist nach der Rechts- und Interessenlage in anderen Mitgliedstaaten nicht auszuschließen, daß es zu einer gemeinschaftsweiten Zulassungsbeschränkung kommt. Beim Güterfernverkehr ist inzwischen die Zulassungsbeschränkung praktisch gefallen, weil der freie Verkehr für Unternehmen aus anderen Mitgliedstaaten weitgehend zugelassen ist.[32]

Müßte im Falle der Apotheken der deutsche Gesetzgeber die Zulassungsbeschränkung wieder einführen bzw. die gemeinschaftsrechtlich verordnete Zulassungsbeschränkung ins deutsche Recht übernehmen, obwohl sie nach Auffassung des BVerfG dem Grundgesetz widerspricht, oder könnte er die Wiedereinführung ablehnen, weil die Zulassungsbeschränkung verfassungswidrig sei und nach Art. 79 Abs. 3 GG der Gemeinschaft keine Kompetenz zur Einführung einer solchen Zulassungsbeschränkung übertragen werden konnte? Während beim Güterfernverkehr die Aufhebung der Zulassungsbeschränkung den Wesensgehalt des Grundrechts der Berufsfreiheit wohl nicht verletzte, weil sie *mehr* Freiheit schafft, wäre die Antwort bei den Apotheken schwierig. Sie könnte wohl nur so lauten,

---

30 BVerfGE 7, 377, 444.

31 BVerfGE 40, 196 ff.

32 XXV. Gesamtbericht über die Tätigkeit der Europäischen Gemeinschaften 1991, Rz. 697, XXVI Gesamtbericht 1992, Rz. 654 ff. und XXVII. Gesamtbericht 1993, Rz. 310 ff.

daß der Wesensgehalt des Grundrechtes der Berufsfreiheit grundsätzlich die Freiheit sei, daß aber, wenn man schon eine Einschränkung für zulässig halte, diese bei einer anderen Interessenabwägung möglich sei.

c) *Recht der Auskunftsverweigerung*

Ein anderes Beispiel ist das von *Kirchhof*[33] erwähnte Recht der Auskunftsverweigerung bei Gefahr der Selbstbezichtigung, das nach deutscher Rechtsauffassung ein allgemeiner Rechtsgrundsatz ist. Entgegen der Stellungnahme des Europäischen Parlamentes[34] hat seinerzeit der Rat in die EWG-VO Nr. 17, die Durchführungsverordnung zu den Art. 85 und 86 EWGV, keine entsprechende Vorschrift aufgenommen. Inzwischen hat der EuGH die Frage entschieden, indem er nach einem sehr sorgfältigen, wertenden Vergleich der Rechte aller Mitgliedstaaten sagte, daß nach den Rechtsordnungen der Mitgliedstaaten ein Recht zur Verweigerung der Zeugenaussage gegen sich selbst nur natürlichen Personen zustehe, daß aber die vergleichende Untersuchung nicht den Schluß zulasse, daß ein solcher dem Recht der Mitgliedstaaten gemeinsamer Grundsatz auch zugunsten juristischer Personen und in bezug auf Zuwiderhandlungen wirtschaftlicher Art, insbesondere auf dem Gebiet des Wettbewerbsrechts, bestehe. Er hat dann allerdings aus dem Erfordernis der Wahrung der Rechte der Verteidigung, die der Gerichtshof als fundamentalen Grundsatz der Gemeinschaftsrechtsordnung ansieht, abgeleitet, daß die Kommission den Unternehmen nicht die Verpflichtung auferlegen dürfe, Antworten zu erteilen, durch die sie das Vorliegen einer Zuwiderhandlung eingestehen müßten, für die die Kommission den Beweis zu erbringen habe.[35] Damit war der europäische Standard niedriger als der deutsche. Kann sich trotzdem ein deutsches Unternehmen auf das weitergehende deutsche Recht berufen, wenn z.B. das Bundeskartellamt im Auftrage der Europäischen Kommission oder die Kommission selber eine Auskunft anforderte?

d) *Wertende Rechtsvergleichung notwendig*[36]

Besonders das letzte Beispiel zeigt, daß der europäische Grundrechtsstandard nicht in jedem Fall den Grundrechten des GG, noch dazu in der oft sehr differenzierten Auslegung des BVerfG, entsprechen muß, sondern daß der EuGH aus den allen Mitgliedstaaten gemeinsamen Grundsätzen und den Zielen der Gemeinschaft einen eigenen Grundrechtsstandard entwickeln muß, der sich im Zweifel an die allgemeine Entwicklung der Menschenrechte anlehnen würde.

---

33 A.a.O. (FN 15) 20.

34 Bericht des Abgeordneten *Deringer*, EP-Dokument 57 v. 07.09.1961, Rz. 121; zitiertä in den Schlußanträgen des Generalanwalts *Darmon* in der Rs Orlem/Kommission, Rs 374/87, Rspr. EuGH 1989, 3301, 3325.

35 Urteil vom 18.10.1989 in der Rs Orlem a.a.O. (FN 34) 3743, 3350 f.

36 *Pernice*, Grundrechtsgehalt im Europäischen Gemeinschaftsrecht, 1979, 27 ff.

3. *Bundesstaatlichkeit*

Wesentlich schwieriger ist die Grenzziehung bei der »Bundesstaatlichkeit«. Geschützt ist nach Art. 79 Abs. 3 GG nur »die Gliederung des Bundes in Länder« und »die grundsätzliche Mitwirkung der Länder bei der Gesetzgebung«.

a) *Staatlichkeit der Länder*

Sicher würde eine Neugliederung der Länder, wenn sich in den Verträgen eine Kompetenz dafür fände, an Art. 79 Abs. 3 GG scheitern. Die, sei es auch nur mittelbare, Übertragung einer solchen Kompetenz aufgrund von Art. 24 Abs. 1 GG verstieße gegen Art. 79 Abs. 1 GG.[37] Denn die Gliederung des Bundes in Länder stellt für Art. 24 GG und damit auch für das europäische Gemeinschaftsrecht eine unüberwindbare Schranke dar.[38] Das BVerfG legt allerdings den Begriff »Gliederung in Länder« weiter aus.

> »Art. 79 Abs. 3 GG verbietet eine Änderung des Grundgesetzes, durch welche ›die Gliederung des Bundes in Länder‹ berührt wird. Die ›Länder‹ sind hier, wie es dem Begriff und der Qualität des Bundesstaates entspricht, gegen eine Verfassungsänderung gesichert, durch die sie Qualität von Staaten oder ein Essential der Staatlichkeit einbüßen. . . . Die Länder im Bundesstaat sind nur dann Staaten, wenn ihnen ein Kern eigener Aufgaben als ›Hausgut‹ unentziehbar bleibt.«[39]

Art. 79 Abs. 3 GG schützt also auch die Existenz der einzelnen Länder als Staaten. Die Länder sind nur dann Staaten, wenn ihnen ein *Kern eigener Aufgaben als »Hausgut« unentziehbar bleibt.*[40] Es ist mehrfach versucht worden, zu definieren, was zu diesem »Kern«, zum »Hausgut« gehört und was zum dispositiven Bestand, bisher jedoch ohne eindeutiges, allgemein anwendbares Ergebnis.[41] Tatsächlich hat der Bund im Laufe der Jahre manche Aufgaben und Zuständigkeiten der Länder übernommen, ohne daß dies ihre Existenz als Staaten gefährdet hätte[42] Auch die Europäische Gemeinschaft ist schon häufig auf Gebieten tätig geworden, die zum Teil sogar in die ausschließliche Gesetzgebungszuständigkeit der Länder gehören. Die einzelnen Eingriffe überschritten jedoch bisher noch nicht die Grenze des Art. 24 Abs. 1 bzw. 79 Abs. 3 GG, solange und da den Ländern hinreichende Zuständigkeiten verblieben.[43] Der Kernbestand, das »Hausgut« der Länder, ist bisher auch nicht ernsthaft beeinträchtigt worden.[44] Selbst die »Beschneidung, ja der Entzug einer besonders wichtigen Gesetzgebungszuständig-

---

37 *Kirchhof*, a.a.O. (FN 15) 20; *v. Simson/Schwarze*, a.a.O. (FN 11) 34.
38 *Stein*, a.a.O. (FN 29) 106; *Joos-Scheuerle*, EuR 1989, 226, 234.
39 BVerfGE 34, 9, 19 f.
40 *Pernice*, DVBl. 1993, 909, 911.
41 *Kewenig*, JZ 1990, 458, 461; *Hailbronner*, a.a.O. (FN 2) 151; besonders skeptisch *Stein*, a.a.O. (FN 29) 106.
42 *Ossenbühl*, DVBl. 1989, 1230, 1233.
43 *Hailbronner*, a.a.O. (FN 2) 150.
44 *Joos-Scheuerle*, a.a.O. (FN 38) 234.

keit . . . führte nicht gleichsam per definitionem zum Verlust der Eigenstaatlichkeit«.[45]

b) *Kulturhoheit*

Das gilt auch für die Kulturhoheit, deren ausschließliche Träger die Länder sind und die wesentliches Element des bundesstaatlichen Aufbaus in der Bundesrepublik Deutschland ist.[46] Die Kulturhoheit der Länder dürfte - jedenfalls in ihrem Kern - ein unverzichtbarer Bestandteil des »Hausgutes« sein.[47] Die sachliche Rechtfertigung dafür ist u.a., daß die Kultur am stärksten zur Persönlichkeitsbildung des einzelnen beiträgt und daß bei den Ländern und Kommunen aufgrund ihrer Bürgernähe die größte Chance zur Entwicklung der Persönlichkeit besteht.[48] Aber auch in dem Bereich der Kultur-, vor allem der Bildungspolitik, ist die Europäische Gemeinschaft schon mehrfach tätig geworden, allerdings nicht aufgrund einer - nicht vorhandenen - Kompetenz für die Kultur, sondern im Rahmen ihrer Aufgabe, den Binnenmarkt mit freiem Verkehr für Waren, Dienstleistungen, Arbeitnehmer und Kapital zu schaffen, d.h. aufgrund sog. »Querschnitts-Kompetenzen«.[49] Daß sich diese Maßnahmen zwangsläufig auch auf den Sektor Kultur auswirkten, daß aber die inhaltliche Ausgestaltung der Kultur- und Bildungspolitik Sache der Mitgliedstaaten ist, konnte die der Europäischen Gemeinschaft übertragenen Befugnisse nicht einschränken.[50]

> »In Übereinstimmung mit dem weitaus größten Teil der Literatur hat der EuGH bisher alle Versuche zurückgewiesen, auf nationale Vorbehalte und Souveränitätsvorstellungen gestützte Beschränkungen des gemeinschaftlichen Normsetzungsprozesses zu rechtfertigen.«[51]

Auch auf dem Gebiet der Kultur- und Bildungspolitik gibt es allerdings bisher noch keine Maßnahmen der Europäischen Gemeinschaft, die an Art. 79 Abs. 3 GG scheitern müßten.[52]

c) *Die Fernsehrichtlinie als Beispiel*

c1) Eine hervorragende Illustration der gesamten Problematik ist der Streit um die Fernsehrichtlinie,[53] die von acht Bundesländern vor dem Bundesverfas-

---

45 *Kewenig*, a.a.O. (FN 41) 461.
46 BVerfGE 6, 309, 354.
47 *Kewenig*, a.a.O. (FN 41) 462; *Geis*, DÖV 1992, 522, 528.
48 *Geis*, a.a.O. (FN 47) 522, 528.
49 *Ress*, Kultur und Europäischer Binnenmarkt, Gutachten für das Bundesministerium des Inneren, 1991, 37; *Schweitzer*, in: *Merten* (Hrsg.), a.a.O. (FN 12) 467; *Kewenig*, a.a.O. (FN 41) 462, 464.
50 *Kewenig*, a.a.O. (FN 41) 464; *Berggreen/Hochbaum*, in: *Borkenhagen* (Hrsg.), a.a.O. (FN 18) 48; *Hochbaum*, DÖV 1992, 285, 286; *Sparr*, Kulturhoheit und EWG-Vertrag, 1991, 33 und dort FN 72 und 73.
51 *Hailbronner*, a.a.O. (FN 2) 151.
52 *Stein*, in: *Merten* (Hrsg.), a.a.O. (FN 12) 107; *Pernice*, a.a.O. (FN 40) 912.
53 Richtlinie des Rates vom 03.10.1989 zur Koordinierung bestimmter Rechts- und Verwaltungsvorschriften der Mitgliedstaaten über die Ausübung der Fernsehtätigkeit, ABl. EG Nr. L 298/22 vom 17.10.1989; dazu ausführlich und überzeugend *Kewenig*, a.a.O. (FN 41) 458 ff.

sungsgericht angegriffen wird. Soweit dabei geltend gemacht wird, daß der EWG-Vertrag gar keine Kompetenz für den Erlaß der Richtlinie enthält, ist das eine Frage, die nur der EuGH entscheiden kann.[54] Der aber würde nach seiner bisherigen Rechtsprechung zu Fragen des Rundfunks die Zuständigkeit zweifellos bejahen, zumal er durch das Urteil Debauve[55] einen wesentlichen Anstoß für den Erlaß der Richtlinie gegeben hat.

Das BVerfG könnte dann nur noch feststellen, daß

- entweder der EuGH die anerkannten Wege der richterlichen Rechtsvorbildung verlassen hat und seine Entscheidung deshalb einen Mißbrauch darstellt,[56] oder
- daß der Europäischen Gemeinschaft eine solche Kompetenz gar nicht übertragen werden konnte, weil sie in die Rundfunkhoheit der Länder eingreift und damit deren durch Art. 79 Abs. 3 GG geschützte Staatlichkeit ernsthaft gefährdet.

Die erste Frage ist, auch wenn man über die Auslegung der einschlägigen Vorschriften des EWG-Vertrages geteilter Meinung sein kann, sicher zu verneinen.

c2) Die zweite Frage verlangt ein näheres Eingehen auf den Inhalt der Richtlinie. Diese regelt bekanntlich einerseits Umfang und Art der Werbung, den Jugendschutz und das Recht der Gegendarstellung, andererseits enthält sie die berühmte Quotenregelung. Was die ersten drei Punkte angeht, so ist ernsthaft nicht zu bestreiten, daß unterschiedliche Regelungen auf diesen Gebieten in den verschiedenen Mitgliedstaaten grenzüberschreitendes Fernsehen unmöglich machen oder erheblich erschweren, wie der Fall Debauve zeigt. Das gilt zwar nicht für die Ausstrahlung von Programmen über Satellit oder terrestrische Frequenzen, weil der Direktempfang nicht verhindert werden kann. Verhindert werden könnte aber die Weitergabe von Programmen aus anderen Mitgliedstaaten in Kabelnetzen, die heute in vielen Gegenden unentbehrlich sind.[57]

Wie die Abschaffung dieser Hindernisse durch die Europäische Gemeinschaft die Rundfunkhoheit der Länder ernsthaft berühren sollte, ist nicht ersichtlich. Denn damit werden nur Randbereiche geregelt; eine umfassende Kompetenz der Europäischen Gemeinschaft für das Rundfunkwesen wird dadurch nicht in Anspruch genommen.[58] Den Ländern bleibt nach wie vor die volle Befugnis zur Regelung der Struktur und Tätigkeit der öffentlichen und privaten Rundfunkanstalten, der Vorschriften für die Programmgestaltung und die Finanzierung. Selbst wenn man aber in den drei Punkten der Richtlinie einen ernsthaften Einbruch in die Rundfunkhoheit der Länder sehen wollte, bliebe die Frage, ob dadurch der Kern ihrer Zuständigkeit, ihr »Hausgut«, *so stark* beeinträchtigt würde, daß sie *nicht mehr als Staaten* anzusehen sind.[59]

---

54 *Kewenig*, a.a.O. (FN 41) 150, 159 unter Hinweis auf BVerfGE 73, 339, 378 ff (Solange II).
55 Vom 18.03.1980, Rs 52/79, Slg. 80, 833.
56 *Kewenig*, a.a.O. (FN 41) 460 mit Zitaten aus der Rechtsprechung des BVerfG.
57 *Deringer*, ZUM 1986, 627 ff.
58 So das Argument der Bundesregierung vor dem BVerfG, *Joos-Scheuerle*, a.a.O. (FN 38) 231.
59 Eindeutig verneinend *Kewenig*, a.a.O. (FN 41) 461; würden die Bundesländer unter Berufung auf ihre Rundfunkhoheit etwa auch die Anwendung der Art. 85, 86 EWGV auf deutsche Rundfunkan-

c3) Ein eigener Punkt ist die Quotenregelung.[60] Wäre diese rechtlich bindend, so wäre sie vermutlich ein Eingriff in die Programmgestaltung der Rundfunkanstalten. Unklar wäre nur, wie sie durchgesetzt werden könnte. Bemerkt sei lediglich, daß die Quotenregelung nicht von der angeblich so regelungswütigen Brüsseler Bürokratie stammt, denn in dem Grünbuch war sie nicht enthalten, sondern sie war die Bedingung einiger Mitgliedstaaten für die Zustimmung zur Richtlinie. Die Bundesregierung hat daher in dem Verfahren vor dem BVerfG argumentiert, sie habe der Richtlinie nur zugestimmt - und das sei ein Teil des politischen Kompromisses gewesen - unter der Voraussetzung, daß die Quotenregelung lediglich eine unverbindliche Empfehlung darstelle.[61] Deshalb ist auch insoweit eine Beeinträchtigung der Rundfunkhoheit nicht festzustellen.

c4) Welches wären im übrigen die Konsequenzen, wenn das BVerfG die Richtlinie tatsächlich als verfassungswidrig bezeichnen würde? Sie bliebe als Gemeinschaftsrecht wirksam. Nur müßten die Länder sie nicht beachten und die Bundesregierung dürfte sie den Ländern gegenüber nicht durchsetzen. Theoretisch könnte die Kommission in einem solchen Falle nach Art. 169 EWGV gegen die Bundesregierung vorgehen, was zu einem tiefgreifenden Konflikt führen würde. Die Länder könnten z.B. für die Werbung eine andere Regelung vorsehen als die Richtlinie. Wäre diese strenger, so würde sie die deutschen Rundfunkanstalten im Wettbewerb benachteiligen, denn gegenüber den Programmen aus den anderen Mitgliedstaaten könnten die Länder sie nicht durchsetzen, wie sich logisch aus dem Debauve-Urteil ergibt. Wäre sie dagegen großzügiger, dann könnten die deutschen Rundfunkanstalten ihre Fernsehprogramme nicht in andere Mitgliedstaaten senden, weil ihnen dort die Richtlinie entgegengehalten würde. Bei den beiden anderen Punkten (Jugendschutz und Recht der Gegendarstellung) wäre die Situation die gleiche. Es ist daher nicht ersichtlich, welchen praktischen Zweck ein Erfolg der Bundesländer beim BVerfG haben könnte - es sei denn, es ginge um die Klärung einer Grundsatzfrage.

4. *Die Zielkonflikte*

Das Beispiel der Fernsehrichtlinie zeigt anschaulich, mit welchen Zielkonflikten bei weiter zunehmender Integration gerechnet werden muß. Da ist einmal der allgemeine Zielkonflikt zwischen den Verfassungen der einzelnen Mitgliedstaaten und dem Gemeinschaftsrecht, das die Zielsetzung der Union verwirklichen soll, und dabei nur auf den Gemeinsamkeiten aller Verfassungen aufbauen kann.[62] Da

---

stalten verhindern wollen? *Kirchhof*, a.a.O. (FN 12) hält die Bundesstaatlichkeit für unzugänglich für europarechtliche Einwirkungen (112 f.), betrachtet es aber noch als offen, »ob und inwieweit das Bundesverfassungsgericht gegen eine europarechtliche Regelung und deren Vollzug angerufen werden kann, wenn verfassungsrechtliche Regelungen außerhalb des Grundrechtskatalogs, z.B. das Bundesstaats- oder das Demokratieprinzip gerügt werden« (117 f.).

60 Dazu *Ehlermann*, EuR, Beiheft 1/91, 34 ff., der die Quotenregelung für verbindlich und zulässig hält.

61 *Joos-Scheuerle*, a.a.O. (FN 38) 231.

62 *Everling*, a.a.O. (FN 6) 944 f.

ist der auf der besonderen deutschen Situation beruhende Zielkonflikt zwischen der »grundgesetzlich garantierten Eigenstaatlichkeit der deutschen Länder«[63] und der sachlich notwendigen ständigen Ausweitung der Aufgaben und Kompetenzen der Europäischen Gemeinschaft.

Da ist schließlich der verfassungsinterne Konflikt zwischen dem Bekenntnis des Grundgesetzes zum Vereinten Europa in der Präambel sowie dem neuen Art. 23 Abs. 1 und dem unüberwindbaren Schutz der Bundesländer in Art. 79 Abs. 3.

Wollte die Bundesrepublik Deutschland die durch Art. 79 Abs. 3 GG geschützten Grundsätze als unabdingbar verteidigen, dann würde sie die Gemeinschaft vor eine Zerreißprobe stellen und das andere Verfassungsziel, die europäische Vereinigung, gefährden.[64] Die Verfassungskommission hat deshalb mit Recht versucht, den Konflikt zwischen den Defiziten der europäischen Verfassungsentwicklung und den »Unantastbarkeiten« der deutschen Verfassungsordnung durch die pragmatische Lösung des Art. 23 zu überbrücken. Denn »der Grundsatz: der Föderalismus geschehe und wenn die Europäische Einigung unterginge - als Alternative überzeugt auch niemanden«.[65] Im Grunde genommen ist es eine Quadratur des Zirkels, daß der Bund im Zuge fortschreitender Integration die deutsche föderative Struktur nicht antasten soll, die der »Ewigkeitsgarantie« des Art. 79 Abs. 3 GG unterfällt, daß aber seitens der Länder die Integration der Bundesrepublik in die Europäische Gemeinschaft weder blockiert noch wesentlich erschwert werden darf.[66]

IV. *Die Finalität*

Im Grunde leidet die wissenschaftliche Diskussion bisher daran, daß sie sich ganz überwiegend auf das Heute konzentriert und nur fragt, ob der gerade zur Entscheidung stehende nächste Schritt verfassungsrechtlich möglich ist oder nicht, ohne dabei das Endziel im Auge zu haben. Es fehlt an der Erörterung der Finalität.[67]

1. *Rechtsentwicklung bisher*

Wer in der EWG, EGKS und EURATOM nur einen wirtschaftlichen Zweckverband sah,[68] mußte sich natürlich bei jedem neuen Schritt, insbesondere bei der Einheitlichen Europäischen Akte und dem Vertragswerk von Maastricht, fragen, ob diese Schritte durch die Zustimmung zu den Ausgangsverträgen gedeckt sind,

---

63 *Stoiber*, EA 1987, 573.

64 *Everling*, a.a.O. (FN 6) 945 und EuR 1990, 190, 202; *Voscherau*, in: »Das Bund-Länder-Verhältnis . . .« a.a.O. (FN 25) 37, 45; *Scholz*, NJW 1990, 941, 945.

65 *Voscherau*, a.a.O. (FN 25) 39, 51.

66 *Joos-Scheuerle*, a.a.O. (FN 38) 233.

67 *Ipsen*, Festschrift *Börner*, 1992, 163, 176 f.; *Stauffenberg-Langenfeld*, ZRP 1992, 253; *Everling*, a.a.O. (FN 11) 43.

68 *Scholz*, a.a.O. (FN 22), 2593, 2594.

ob sie nicht eine völlig neue Qualität schaffen und ob sie vielleicht nur mit einer Volksabstimmung, wenn überhaupt, möglich seien.

Wer die Entwicklung von Beginn an, wie der Verfasser als Mitglied des Europäischen Parlamentes, aktiv begleitet und mit den Gaullisten über den Begriff der Supranationalität gestritten hat, wer die großen europäischen Persönlichkeiten aus der Nähe erlebt hat, der kann nur mit Verwunderung feststellen, daß das eigentliche Ziel einer echten Politischen Union - damals sprachen wir vom Europäischen Bundesstaat - heute so in Zweifel gezogen wird. Denn es war von Anfang an eine »nach Ursprung, Inhalt und Zielsetzung primär politisch ausgerichtete Bewegung«.[69]

Sicher war die Schaffung eines Gemeinsamen Marktes mit freiem Verkehr für Waren, Dienstleistungen, Arbeitnehmern und Kapital das erste Ziel, aber dahinter stand der Gedanke an eine Rechtsgemeinschaft, wie sie inzwischen vor allem durch die Rechtsprechung des EuGH entstanden ist, und letztlich eine politische Gemeinschaft, die in der Lage sein sollte, einheitlich zu entscheiden und zu handeln.[70] Gemessen an den Kriterien des deutschen Verfassungsrechts ist bisher die Grenze zur Staatlichkeit noch nicht überschritten.[71] Auch mit dem Vertragswerk von Maastricht ist das wohl noch nicht geschehen,[72] obwohl nach Ansicht mancher Autoren schon mit Maastricht eine andere Qualität, eine neue Dimension erreicht wird, ein erster Schritt des Hinüberwachsens von der Wirtschaftsgemeinschaft in eine politische Gemeinschaft.[73]

2. *Die Zukunft*

Wer realistisch denkt, kann die Augen nicht davor verschließen, daß die Staaten Europas - und das schließt Schritt für Schritt auch die bisher nicht zur EG gehörenden ein - in absehbarer Zeit eine politische Einheit werden müssen, die in der Lage ist, auch in großen politischen Fragen schnell zu entscheiden und gemeinsam zu handeln.[74] Das zeigt nicht nur das Versagen der EG gegenüber Jugoslawien; es gilt ebenso für solche Probleme wie die Umweltpolitik, die Wirtschafts- und Währungspolitik, die Bekämpfung der Kriminalität, das Asylantenproblem und viele andere mehr.

---

69 *Hallstein*, Der unvollendete Bundesstat, 1969; *Everling*, a.a.O. (FN 6) 937, (FN 11) 43 und (FN 64) 197, 198; *Bohr-Albert*, ZRP 1993, 61, 63; *Alber*, in: *Knocke* (Hsg.), (FN 2) 109 ff.

70 *Carlo Schmid* anläßlich der Konstituierenden Sitzung des Deutschen Rates der Europäischen Bewegung am 13. Juni 1949: »Europa muß man schon als Bundesstaat wollen, wenn man ein wirkliches Europa will«; zitiert nach *Schäfer*, in: *Isensee* (Hrsg.), Europa als politische Idee und als rechtliche Form, 2., 1994, 31.

71 *Tomuschat*, a.a.O. (FN 8), Art. 24 Anm. 47 und Zitate; *Pernice*, a.a.O. (FN 40) 922; *Zuleeg*, DVBl. 1992, 329, 330; *Kirchhof*, a.a.O. (FN 12) 111.

72 So *Everling*, a.a.O. (FN 8) 938, 941; *v. Simson/Schwarze*, a.a.O. (FN 11) 42 f.; BVerfG vom 12.10.1991, EuGRZ 1993, 429, 430.

73 *Voscherau*, in: »Das Bund-Länder-Verhältnis . . .« a.a.O. (FN 25) 34 f.; *Oppermann*, in: a.a.O. (FN 25) 21; *Scholz*, in: a.a.O. (FN 22) 2594; *Ossenbühl*, a.a.O. (FN 10) 629, 931; *Rupp*, NJW 1993, 38, 40 und a.a.O. (FN 7) 211, 212.

74 *v. Simson/Schwarze*, a.a.O. (FN 11) 4 f.; 14 »Zur Schaffung eines zu einheitlichem Handeln und Auftreten fähigen, politisch organisierten Europas gibt es auf die Dauer keine Alternative«, 31 »überstaatliche Bedingtheit des Staates« und 77.

So verständlich es ist, daß bei dem Zusammenwachsen der Mitgliedstaaten ständig Interessenkämpfe stattfinden - und sei es auch nur um die Kontingentierung von Bananen[75] - so unerläßlich ist es, daß dafür Entscheidungsverfahren gefunden werden, die nicht ein solches Bild der Unfähigkeit geben, wie es bei den Vereinten Nationen in der Regel der Fall ist. Aufgabe der Staatsrechtler, die dabei auch die Historiker, die Politik- und die Gesellschaftswissenschaftler beteiligen sollten, wäre dann, eine Organisationsform zu finden, die nach dem Verfassungsrecht aller Mitgliedstaaten zulässig ist und den »Rechts- und Handlungsverbund der Staaten fördert, die Identität der Staaten und ihrer Völker aber wahrt.«[76] Nicht auszuschließen wäre, daß die Tradition des Bundesstaates, erst recht die des Nationalstaates, mit den so gefundenen Strukturen Europas nicht mehr vereinbar wäre.[77] Dagegen wäre eine Verlagerung von Aufgaben auf die Ebene der Regionen durchaus denkbar; denn diese Europäische Union soll und wird kein Einheitsstaat sein, nicht einmal im Sinne der Vereinigten Staaten von Amerika, sondern sie muß die Vielheit und Buntheit Europas organisch umfassen. Allerdings müssen sich die deutschen Bundesländer darüber klar sein, daß sie dann ihre bisherige Stellung kaum beibehalten könnten, während andererseits eine Stärkung der Regionen in anderen Mitgliedstaaten eine schwer durchzusetzende Schwächung der zentralen Gewalten bedeutete.

Ob man dieses »Gebilde« dann als Bundesstaat oder Staatenverbund oder wie auch immer bezeichnet, ist weniger bedeutsam. Entscheidend wird die Verteilung der Aufgaben und Kompetenzen sein; vor allem aber braucht dieses »Gebilde« effiziente und doch demokratische Entscheidungsstrukturen. Die Rolle des Europäischen Parlamentes und einer etwaigen Regionalkammer werden daher nicht leicht zu bestimmen sein.

Über eines sollten sich die Autoren dieser europäischen »Verfassung« klar sein: Wenn jeder Schritt der Entwicklung eine Volksabstimmung verlangt, wie es in der deutschen Literatur, z.T. sogar schon für Maastricht, verlangt wird,[78] wird das Ziel kaum zu erreichen sein. Denn über alle verständlichen sachlichen Bedenken hinweg - und es gibt immer Sachverständige, die Bedenken haben - ist es nach den Erfahrungen mit Maastricht fraglich, ob es immer wieder gelingt, die Völker zu überzeugen. Zwar ist dieses »europäische Gebilde« nur denkbar, wenn es von dem Bewußtsein der Völker getragen wird; aber dieses muß wachsen und das

---

75 Gibt es das zwischen den Bundesländern nicht?

76 Siehe dazu die ausführlichen Überlegungen bei *Kirchhof*, in: *Isensee* (Hrsg.), »Europa als politische Idee und als rechtliche Form«, 2., 1993, 89 ff.; *Voscherau*, in: »Das Bund-Länder-Verhältnis«, a.a.O. (FN 25) 39 spricht von einer »ehrlich gemachten europäisch-föderalen Verfassungsordnung . . ., die an die Stelle der horizontalen Koordination von Nationalstaaten die vertikale Verfassungsordnung eines europäischen Bundes setzt, eines voll demokratisch legitimierten Bundes mit ganz engen zentralstaatlichen Kompetenzfeldern«; s. ferner die 33. Assistentagung Öffentliches Recht in Bonn am 2. bis 5. März 1993 »Auf dem Wege zu einer europäischen Staatlichkeit?«, Bericht von Christoph *Mecking*, EuR 1993, 207 ff.

77 *Voscherau*, in: »Das Bund-Länder-Verhältnis . . .«, a.a.O. (FN 25) 35, 39; *v. Simson/Schwarze*, a.a.O. (FN 11) 78; *Pernice*, a.a.O. (FN 40) 923; *Everling*, EuR, a.a.O. (FN 64) 197.

78 *Everling*, a.a.O. (FN 6) 943; *Ossenbühl*, a.a.O. (FN 10) 630, 632 f.; *Tomuschat*, a.a.O. (FN 8), Art. 24 Anm. 48; *Rupp*, a.a.O. (FN 73) 40; *Kirchhof*, in: *Isensee*, a.a.O. (FN 76) 99: »Der europäische Staat könnte nur im Gründungsakt durch ein europäisches Staatsvolk legitimiert werden.«

Wachsen kann nicht ständig durch mehr oder weniger emotionale Einflüsse gestört werden.

V. *Europäische Identität?*

1. *Braucht man ein »europäisches Volk«?*

Dazu drei Zitate:

> »Die Europäische Gemeinschaft (EWG) ist eine internationale Organisation, die nicht Marktbürger zu einem Staatsvolk der ›EWG-Bürger‹ zusammenfaßt.«[79]
>
> »Die Herausbildung eines europäischen volkseigenen Identitätsbewußtseins, von dessen Existenz keine Rede sein kann, wird auch künftig nicht zu erwarten sein.«[80]
>
> »Von den Anhängern der Vision eines europäischen Bundesstaates (Vereinigte Staaten von Europa o.ä.) wird leicht übersehen, daß jede Demokratie ein Staatsvolk voraussetzt. Trotz der Unionsbürgerschaft fehlt es daran auf der Ebene der Gemeinschaft, wahrscheinlich auf Dauer.«[81]

Auch das BVerfG stellt in seinem Urteil vom 12.10.1993[82] fest, daß der Vertrag über die Europäische Union nicht einen europäischen Staat begründe, sondern einen von den Mitgliedstaaten getragenen Staatenverbund und daß die Legitimation durch das Europäische Parlament zur Zeit nur eine »stützende« sei, u.a. deshalb, weil es nicht nach einem in allen Mitgliedstaaten übereinstimmenden Wahlrecht gewählt werde. Das Gericht geht aber davon aus, daß »die demokratischen Grundlagen der Union schritthaltend mit der Integration ausgebaut werden und daß im Fortgang der Integration in den Mitgliedstaaten eine lebendige Demokratie erhalten bleibt.«

Es übernimmt also offensichtlich nicht die von *Ossenbühl*[83] als möglich angesehene These, daß die »Europäische Union strukturbedingt die Verwirklichung demokratischer Grundprinzipien nicht zulasse« und Art. 23 Abs. 1 GG deshalb die weitere Entwicklung der Union bis zum Stadium eines europäischen Bundesstaates versperre.

Zugegeben sei, daß es bis heute ein europäisches Staatsvolk nicht gibt, daß es noch an einer echten Identifikation der Gemeinschaftsbürger mit der EG fehlt und daß sich ein Gemeinschaftsbewußtsein allenfalls in Ansätzen feststellen läßt.[84]

Trotzdem sei die Frage erlaubt, ob die These, daß ein Staat stets ein Staatsvolk voraussetzt, das ihn prägt und sich mit ihm identifiziert, nicht zu sehr von der Idee des Nationalstaates beeinflußt ist, aber der geschichtlichen Wirklichkeit kei-

---

79 *Kirchhof*, a.a.O. (FN 15) 12.
80 *Ipsen*, a.a.O. (FN 67) 163, 177.
81 *Oppermann/Classen*, NJW 1993, 5, 8; s.a. *Ossenbühl*, a.a.O. (FN 10) 634; *Bohr/Albert*, a.a.O. (FN 69) 61.
82 a.a.O. (FN 9) 436, 439, 446.
83 a.a.O. (FN 10) 635.
84 *Everling*, a.a.O. (FN 6) 942.

neswegs entspricht. Die These trifft schon für die deutschen Bundesländer nicht unbedingt zu. Die meisten von ihnen waren »Neuschöpfungen« der Besatzungsmächte, die z.T. auf willkürlichen Grenzziehungen beruhten.[85]

> »Angesichts der großen Mobilität in der modernen Industriegesellschaft, des hohen Ausländeranteils, der Millionen von Flüchtlingen . . . und der zum Teil nicht historisch gewachsenen Ländergrenzen in Deutschland ist selbst bei uns fraglich, ob die deutschen Länder wirklich die wichtigste Einheit für die gefühlsmäßige Verwurzelung der Menschen sind.«[86]

Die Einwohner von Nordrhein-Westfalen fühlen sich wohl kaum als Nordrhein-Westfalen, sondern als Kölner, Bonner, Rhein-, Münster- oder Sauerländer.

Andererseits gab es in der Geschichte große politische Organisationen, wie das Römische Reich, das Habsburger Reich oder die Sowjetunion, die zweifellos Staatsqualität hatten, aber viele Völker umfaßten. Bei ihnen mußte die Bindung der einzelnen andere Gründe haben als die Nation. Die Europäische Union könnte ebenso von einem gemeinsamen Rechts- und Kulturbewußtsein getragen sein.

2. *Die Europäische Rechtsgemeinschaft*

Schon heute läßt sich feststellen, daß - nicht zuletzt durch die weitschauende Rechtsprechung des EuGH - auf vielen Gebieten ein gemeinsames europäisches Rechtsbewußtsein entstanden ist. Das mag zwar in erster Linie für die Kreise gelten, die von der europäischen Entwicklung in der einen oder anderen Weise »betroffen«, mit ihr verbunden sind. Aber

> »gerade der Rechtsstaatsgedanke mit seinen beiden zentralen Komponenten,
> - der Bindung aller staatlichen Gewalt an Recht und Gesetz und
> - den Grundrechten zur Sicherung des individuellen Freiheitsraumes des Staatsbürgers
>
> ist in unserer Zeit wie keine andere Idee geeignet, einem Defizit an Identifizierung des Bürgers mit Europa zu begegnen und damit den Mangel an gefühlsmäßigen Grundlagen eines gemeinsamen europäischen Staatsbewußtseins zu substituieren, das für Legitimität und Andauer von Herrschaft von einer Bedeutung ist, die mancherorts unterschätzt wird. . . .
>
> Das Momentum dieses Gedankens kann für das Zusammenwachsen der europäischen Nation fruchtbar gemacht werden, wenn es uns gelingt, stellvertretend für ein europäisches ›Nationalgefühl‹ das zu entwickeln, was Dolf Sternberger für den nationalen deutschen Bereich einmal mit dem Begriff ›Verfassungspatriotismus‹ umschrieben hat, also jenes Gefühl von Zusammengehörigkeit, das auf einer gemeinsamen Überzeugung von bestimmten Grundwerten beruht.«[87]

---

85 *Ossenbühl*, a.a.O. (FN 42) 230.

86 *Schauer*, Europa der Vernunft, 1993, 25.

87 *Scholz*, a.a.O. (FN 2) 21 f.; s.a. *v. Simson/Schwarze*, a.a.O. (FN 11) 21; *Kirchhof*, a.a.O. (FN 76), 89 ff.

Dieser Prozeß wird lange dauern, aber er ist im Gange, mehr als viele glauben, und muß ständig unterstützt werden.

3. *Die europäische Kulturgemeinschaft*

Darüber hinaus muß und wird die Europäische Union auch eine kulturelle Einheit werden.[88] War zunächst die Wirtschaftsgemeinschaft Ziel der Integration, wird seit Jahren immer klarer, daß die europäische Integration auch eine kulturelle Dimension haben,[89] daß sie von ihren Bürgern als eine Wert- und Schicksalsgemeinschaft begriffen werden muß.[90]

In der Feierlichen Deklaration auf der Tagung des Europäischen Rates in Stuttgart am 19.06.1983 wurde daher als eines der Ziele »eine engere kulturelle Zusammenarbeit« vereinbart, »um das Bewußtsein eines gemeinsamen kulturellen Erbes als Teil der europäischen Identität zu verstehen«[91] und in der Präambel des Entwurfes des Europäischen Parlamentes für einen Vertrag zur Gründung der Europäischen Union vom 14.02.1984 heißt es: »daß es für Europa immer wichtiger wird, seine Identität zu bestätigen.«[92]

Die Entwicklung einer kulturellen Einheit in Europa ist, entgegen *Kirchhof*[93] auch nicht deshalb ausgeschlossen, weil in der Gemeinschaft neun verschiedene nationale Sprachen gesprochen werden und das Schul- und Bildungswesen in den Mitgliedstaaten entsprechend unterschiedlich ist. Das gleiche galt für das Römische und das Habsburger Reich sowie die Sowjetunion. Die politische Aufgabe ist deshalb heute, den seit dem späten Mittelalter durch das Aufkommen der Nationalstaaten und nationalen Kulturen eingetretenen Differenzierungsprozeß in Europa wieder aufzufangen.[94]

4. *Art. 128*

Vor diesem Hintergrund ist auch Art. 128 zu verstehen und zu bewerten. Er wird zwar vielfach kritisiert, weil sein »offener« Wortlaut sehr unterschiedlich ausgelegt werden kann. Aber er bietet gerade deshalb eine gute Grundlage für die zukünftige Zusammenarbeit der Gemeinschaft mit den Mitgliedstaaten und vor allem den deutschen Bundesländern auf dem Gebiete der Kultur. Voraussetzung al-

---

88 *Alber*, in: »Europa 1992 . . .« a.a.O. (FN 2) 122.

89 *Leo Tindemans*, Bericht an den Europäischen Rat über eine Europäische Union, Bulletin EG Beilage 1/76; *Ress*, Gutachten, a.a.O. (FN 49) 43; *Pernice*, a.a.O. (FN 40) 912, 921; *Häberle*, a.a.O. (FN 15); *Bohr/Albert*, a.a.O. (FN 69) 62.

90 *Berggreeen*, Recht der Jugend und des Bildungswesens, 4/1992, 436; ebenda auch *Konow*, 434.

91 Wiedergegeben ebenda a.a.O. (FN 2) 125, 126.

92 Wiedergegeben in: »Europa 1992 . . .« a.a.O. (FN 2) 138; s.a. Bericht des Abgeordneten *Barzani* v. 03.12.1992 (A-3-0396192) Erwägung A zum neuen Kulturkonzept der Gemeinschaft (FN 5) und dazugehörige Entschließung des Europäischen Parlamentes vom 21.01.1993 (ABL. EG C 42/173) Erwägung H und Ziff. 1; Bericht des Abgeordneten *Canavaro* v. 01.12.1993 (A-3-0386/93) Erwägung A und Ziff. 32; ferner die Ausführungen des Sachverständigen *Koslowski* in der Anhörung des Innenausschusses (FN 3).

93 A.a.O. (FN 76) 71.

94 *Schäfer*, in: *Isensee* a.a.O. (FN 76) 25.

lerdings ist, daß die Kommission auf ihre Neigung zum Perfektionismus verzichtet und daß die Länder nicht aus jeder Frage eine Grundsatzfrage machen. Die Zusammenarbeit zwischen Gemeinschaft und Ländern muß in der »Dialektik zwischen der Herstellung eines europäischen Kulturbewußtseins und der Bewahrung und Formation des nationalen Kulturerbes geschehen.«[95]

Alle Beteiligten müssen eben mit dem Spannungsverhältnis leben:

> »Einerseits bedarf die Gemeinschaft, um ihren Weg zu der politischen Einheit zu vollenden, der Entwicklung einer kulturellen Identität; gleichzeitig aber soll der gesamte Reichtum europäischer Kultur erhalten und vor einem Aufgehen in einer neuen, künstlichen ›Einheitskultur‹ bewahrt werden.«[96]

---

95 *Koslowski* a.a.O. (FN 3) 65/10. Zu der gesamten Problematik siehe auch »Europäische Kultur: Das Zukunftsgut des Kontinents«, hrsgg. von der Bertelsmann-Stiftung 1990 mit Beiträgen von Werner *Weidenfeld*, Hermann *Lübbe*, Werner *Maihöfer* und Joseph *Rovan*.

96 *Bohr/Albert*, a.a.O. (FN 68) 63.

Milo Dor

Die verschwundenen Geigen

In der berüchtigten Nazizeitung »Der Stürmer«, die der 1946 als Kriegsverbrecher zum Tod verurteilte und hingerichtete Gauleiter von Franken Julius Streicher gegründet und herausgegeben hatte, erschien im Juni 1939 eine Artikelserie, in der Johann Strauß, der »deutsche Walzerkönig« vor »verbrecherischen jüdischen Machenschaften« in Schutz genommen wurde.

Das Attentat, das der junge jüdische Emigrant H. S. Grynszpan am 7. November 1938 auf den deutschen Botschaftsrat in Paris Ernst vom Rath verübt hatte, gab Hitler und seinen Gefolgsleuten den Anlaß, gegen die vielen in Großdeutschland, zu dem nun auch Österreich und das Sudetenland gehörten, noch verbliebenen Juden offen und brutal vorzugehen. Die Organisatoren brauchten nur zwei Tage, um einen »spontanen« Volkszorn zu entfachen, der zur sogenannten Kristallnacht führte. In dieser Nacht des 9. November wurden von den SS- und SA-Angehörigen, sowie von den Nazirowdis in Zivil mehr als 250 Synagogen in die Luft gesprengt oder in Brand gesteckt und zahlreiche jüdische Geschäfte und Wohnhäuser zerstört. Die Juden wurden auf die Straße gezerrt, zu Tode geprügelt oder schwer verletzt. 20 000 von ihnen wurden verhaftet. In der Folge wurden die Juden völlig aus dem Wirtschaftsleben ausgeschaltet, ihr Vermögen wurde kurzerhand beschlagnahmt, um die von Göring verhängte Kontribution von einer Milliarde Reichsmark zu decken.

Im Zuge der Abrechnung mit den von Hitler gehaßten Juden, die schließlich zur »Endlösung«, das heißt zur systematischen Ermordung von Menschen jüdischer Herkunft in Europa geführt hatte, begannen die Nazis auch die Juden anzugreifen, die durch ihre Ehen mit Ariern vor den Folgen der ominösen Nürnberger Gesetze mit ihren Arierparagraphen geschützt zu sein glaubten. Manche »deutschstämmigen« Eheleute gaben dem Druck der öffentlichen Meinung und dem Trommelfeuer der Goebbelschen Propagandamaschinerie nach, ließen sich von ihren jüdischen Partnern scheiden und überließen sie ihrem Schicksal, viele jedoch blieben standhaft und brachten so ihre Angetrauten durch die Wirren der Nazizeit und des Krieges durch, wie Rudolf Ferdinand Edler von Meyszner seine Frau Alice, geborene Strauß, die am 24. April 1945 eines natürlichen Todes in Wien starb.

Alice Meyszner-Strauß war die einzige Tochter von Adele Strauß, geborene Deutsch, die 1874 den Bankier Anton Strauß geheiratet hatte. Ein Jahr darauf wurde Alice geboren und zwei Jahre später starb Anton Strauß. 1882, nach der Trennung von seiner zweiten Frau Lily, tröstete sich Johann Strauß mit der vierundzwanzigjährigen Witwe, die er erst fünf Jahre später nach etlichen behördlichen Hindernissen heiraten konnte. Alice, die Tochter seiner Frau, behandelte er wie sein eigenes Kind und widmete ihr, als sie neunzehn wurde, zu ihrem ersten

Hausball einen Walzer. Dieser Walzer war keine Glanzleistung in seinem reichhaltigen Oeuvre, aber er war ein echter Strauß.

Die verwöhnte Stieftochter des Walzerkönigs heiratete mit einundzwanzig Jahren den allgemein geschätzten Maler und Illustrator erotischer Literatur Marquis Franz von Bayros, der im gastfreundlichen Haus des weltberühmten Komponisten verkehrte und ihm das Bild »Ein Abend bei Strauß« widmete. Die Ehe dauerte nicht lange, denn 1899 – es war übrigens das Todesjahr von Johann Strauß – heiratete Alice, diesmal evangelisch, den bekannten Pianisten Richard Epstein, der Professor am Wiener Konservatorium war. 1911 ließ sie sich jedoch, natürlich geschieden, von dem ungarischen Staatsbeamten Johann Perchy adoptieren, um vermutlich das Zusammenleben mit dem älteren Mann zu rechtfertigen. Sie soll auch eine dritte Ehe mit einem gewissen Herrn Seidler eingegangen sein, doch dafür konnte man bisher keinen amtlichen Nachweis finden. 1929 heiratete sie den schon erwähnten Rudolf Ferdinand Edlen von Meyszner, der um sieben Jahre jünger war als sie, in den schweren Zeiten jedoch in unverbrüchlicher Treue zu ihr hielt.

Obwohl die vierundsechzigjährige Frau auf den Photos aus dieser Zeit einen ganz netten und gepflegten Eindruck machte, wurde sie vom »Stürmer« als eine »alte, scheußliche Judenvettel« apostrophiert. Um das zu verdeutlichen, wurde ihr Bild von der »Schriftleitung« entsprechend retuschiert. Selbst ihre zwei Söhne aus der zweiten Ehe mit dem Pianisten Epstein wurden in den Schmutz gezogen.

»Der erste Sohn, Tully genannt, war *ein berüchtigter Kommunistenführer«,* schrieb der anonyme Mitarbeiter des »Stürmer«. »Er flüchtete vor dem Umbruch nach Amerika. Der andere, Dr. Hanns Epstein, gibt an, Chemiker zu sein, obwohl er noch nie einen Beruf ausgeübt hat . . . Wenn sich aber Hanns Epstein, wider seine Gewohnheit zu irgendeiner Arbeit verstieg, dann wurde regelmäßig ein größerer oder kleinerer Betrug daraus. Er ist sittlich völlig verkommen . . . Hanns Epstein ist homosexuell . . . *Es ist notwendig, diesen Volksschädling von der Allgemeinheit abzusondern.«*

Durch die Angriffe verunsichert und zur Verzweiflung getrieben, versuchte Alice Meyszner-Strauß den Beweis zu erbringen, die natürliche Tochter von Johann Strauß zu sein, und führte dazu ihre Hausdame sowie eine weitere Bekannte als Zeugen an.

Die »Volljüdin« Meyszner, behauptete der nicht genannt sein wollende Verfasser der Artikelserie, wolle sich durch diesen Schwindel lediglich einen Vermögensvorteil verschaffen.

»Mit dieser Gaunerei hat sie sich selbst als Angehörige der jüdischen Rasse gekennzeichnet. Ihr ganzes Denken und Trachten kreist nur um materielle Dinge.«

Schließlich wurde jedoch die Katze aus dem Sack gelassen. Der ganze Entrüstungssturm war nur entfesselt, um die Beschlagnahme der unschätzbaren Hinterlassenschaft von Johann Strauß zu rechtfertigen.

»Die Jüdin Meyszner besitzt heute noch in ihrer Wohnung Gusshausstraße 12 eine Unmenge kostbarer Erinnerungswerte an die Künstlerfamilie Johann Strauß«, schrieb der allwissende Anonymus im »Stürmer«. »Darunter befinden sich die *zwei Geigen* von Johann Strauß Vater und Sohn. Sie sind in einem kostbaren Schreine verwahrt. Weiter befinden sich dort der Konzertflügel von Johann

Strauß, sein Harmonium, sein Taktstock usw. An sonstigen wertvollen Erinnerungen an den Walzerkönig besitzt die Jüdin Büsten und Medaillen, einen silbernen Lorbeerkranz, die Orden von Johann Strauß, viele Originalpartituren (u.a. »Fledermaus«, »Zigeunerbaron«, »An der schönen blauen Donau« usw.), wertvollste Gemälde von Lenbach, Horwitz usw. usw.. Es ist unmöglich, all diese Dinge einzeln aufzuführen - dem raschen Eingreifen der Behörden gelang es, diese großen Werte bei der Jüdin Meyszner zu beschlagnahmen. Es war aber auch *höchste Zeit.«*

All diese Gegenstände, Noten und Manuskripte, hatte Alice Meyszner von ihrer 1930 im vierundsiebzigsten Lebensjahr verstorbenen Mutter Adele Strauß bekommen, die sie wiederum von ihrem Mann Johann geerbt hatte. Als Johann Strauß starb, war er für die damaligen Verhältnisse ein reicher Mann. Sein Vermögen, das aus mehreren Häusern bestand, hinterließ er der österreichischen Gesellschaft für Musik, die sich dafür verpflichten mußte, seiner Frau Adele eine Apanage von 4000 Gulden alle Jahre zu zahlen. Ihr, die sicherlich noch ein eigenes, wenn auch bescheidenes Vermögen besaß, hinterließ er noch die Rechte an seinen Werken, sozusagen als Aufgeld zu ihrer nicht gerade üppigen Rente.

Die Nazis stießen sich daran, daß die Tantiemen, deren Nutznießung durch die Erben auf dreissig Jahre nach dem Tod des Künstlers beschränkt war, in die »jüdischen Hände« flossen. Johann Strauß, und übrigens auch Millöcker, wären demnach ab 1930 »frei« gewesen. In der Erwartung einer Verlängerung der Schutzfrist auf fünfzig Jahre, über die man verhandelte, wurde sie durch die sogenannte Lex Strauß vorläufig um zwei Jahre verlängert. Adele Strauß starb 1930, so daß ihre Tochter noch etwas weniger als zwei Jahre in den Genuß der Tantiemen kommen konnte. Ab 1932 durfte man die Melodien von Johann Strauß nach Belieben spielen und bearbeiten, ohne dafür irgend jemandem etwas zu zahlen. Das war, wie die Wiener sagen, ein gefundenes Fressen für die Schallplatten- und Filmindustrie. Kaum jemand weiß, daß der beliebte Schlager der Dreißiger Jahre »Sag beim Abschied leise Servus«, den zuerst Willy Forst gesungen hatte, nicht von Peter Kreuder, sondern von Johann Strauß stammte, und zwar aus seiner weniger gelungenen Operette »Die blinde Kuh«; Kreuder hatte dabei nur ein bißchen den Rhythmus geändert.

Die Artikelserie im »Stürmer« verfolgte jedoch im Sommer 1939 ein ganz bestimmtes Ziel.

»Die Jüdin Adele Strauß riß nicht nur die Tantiemenrechte an sich. Sie verstand es auch, nach dem Tode ihres Gatten *alle persönlichen Erinnerungsstücke an Johann Strauß an sich zu raffen . . .* Was sie nicht an sich brachte, das ergaunerte sich ihr Schwager, der Jude Josef Simon. So waren gar bald fast alle Erinnerungen an den Walzerkönig im Besitz der Jüdin Adele Strauß und des Juden Simon.«

Josef Simon war Bankier und einige Zeit Besitzer des Theaters an der Wien, in dem die meisten Operetten von Johann Strauß uraufgeführt wurden. Er heiratete Luise Deutsch, eine der jüngeren Zwillingsschwestern Adeles, und wurde so Schwager von Johann Strauß. Simon war ein leidenschaftlicher Sammler von Kunstgegenständen. So war es natürlich, daß er alles daran setzte, um möglichst viele Erinnerungsstücke an seinen berühmten Schwager zu kaufen, um sie aufzubewahren. So brachte er zuletzt eine ansehnliche Johann-Strauß-Sammlung zusammen.

»Im Besitz des Juden Simon befanden sich«, stellte der »Stürmer« fest, »Noten, Manuskripte, Abdrucke der Kompositionen, Korrespondenzen, Verlags- und Theaterverträge, Porträts, Karikaturen, Zeitungsbilder, Diplome, Konzert- und Ballprogramme, Theaterzettel, Zeitungsblätter, Plakate, Orden, Schmuckgegenstände, kurz alles, was an den Walzerkönig erinnert.«

1928 bot nach dem Tod von Josef Simon sein Sohn, Dr. Hans Simon, diese Sammlung der Österreichischen Nationalbibliothek zum Kauf an. Das Geschäft kam nicht zustande, obwohl die Käufer mit der geschätzten Summe von 250 000 Schilling einverstanden zu sein schienen; sie wollten sie lediglich nicht auf einmal zahlen, sondern in Raten, dafür aber die jeweils übriggebliebene Summe mit sechs Prozent Zinsen belasten.

Erst neun Jahre später, also 1937, wurde die Sammlung Simon den Städtischen Sammlungen angeboten. Der Gesamtwert der Sammlung wurde auf nur 118 373 Schilling geschätzt, wobei man sich merkwürdigerweise auf ein Gutachten aus dem Jahre 1928 berief. Der Termin, bei dem man die Sammlung durchsehen und endgültig schätzen sollte, wurde einige Male aufgeschoben, bis sich nach dem »Anschluß« und der Machtübernahme der Nazis eine billigere Lösung fand.

Die Hetzartikel im »Stürmer« veranlaßten Alice Meyszner-Strauß, ihre Strauß-Sammlung der Gemeinde Wien zu übergeben. In dem Brief der Städtischen Sammlungen vom 27. Juni 1939 an die Magistratsabteilung 50 wurde mit Genugtuung festgestellt:

»In den letzten Tagen hat Alice Meyszner-Strauß den in ihrem Besitz befindlichen Teil des Strauß-Nachlasses geschenkweise der Stadt Wien übergeben . . . Frau Simon, die den Rechtsanwalt Dr. Rochlitzer mit der Wahrnehmung ihrer Interessen beauftragt hat, befindet sich im Ausland (sie ist Jüdin). Da es durchaus nötig ist, alle auf Johann Strauß bezüglichen Dokumente, die Manuskripte usw. an einer einzigen Stelle zu vereinigen, wird die im Interesse des Volkes gelegene Überlassung der Sammlung Simon entweder im Zuge gütlicher Übereinkunft mit dem genannten Rechtsanwalt oder, wenn dies nicht zum Ziele führen würde, im Wege der Staatspolizei (Beschlagnahme) zu erwirken sein. Der Referent, Dr. Blaschko, Fernruf A 17580, erklärte sich freundlicherweise bereit, auf Grund einer entsprechenden Zuschrift der Stadt Wien die nötigen Verfügungen zu veranlassen . . .«

Doch der Anwalt der Frau Simon kam der Beschlagnahme zuvor und gab die ihm anvertraute Sammlung heraus, die von der Direktion der Städtischen Sammlung als »Eigentum von Frau Simon« bezeichnet wurde.

So wurde der Wunsch der neuen Machthaber im Wiener Rathaus erfüllt, die ihn in einem früheren Brief formuliert hatten:

»Eine solche vollständige Sammlung des mit Johann Strauß zusammenhängenden Materials hat nicht nur für die Stadt Wien, als deren hervorragender und ihr Wesen am klarsten repräsentierender Sohn Johann Strauß anzusehen ist, größte Bedeutung, sondern das ganze deutsche Volk ist an der Vereinigung der bisher verstreuten Strauß-Sammlung an einer und zwar öffentlichen Stelle interessiert.«

Beinahe zu gleicher Zeit behauptete »Der Stürmer« großmäulig:

»Wenn Johann Strauß heute lebte, dann wäre er Antisemit. In seiner Musik liegt ein wahrhaft völkisches Empfinden. Aus seiner Musik spricht ein echt deutscher

Mann zu uns. Und gerade weil wir das wissen, darum dürfen wir dieses große Vermächtnis nicht durch jüdische Schwindeleien besudeln lassen.«

Dabei hatten die antisemitischen Eiferer unwissentlich oder auch absichtlich übersehen, daß der Begründer der zu internationalem Ruhm aufgestiegenen Wiener Strauß-Familie der getaufte Johann Michael Strauß war. Er wurde 1820 in Ofen (Buda) geboren und zog mit seinem Herrn, dem Grafen von Roggendorff, dessen Bediensteter er war, nach Wien, wo er sich später als Tapezierer betätigte. Am 11. Februar 1762 heiratete er im Stephansdom die um neun Jahre jüngere Rosalia Buschin. Da im Trauungsbuch 60 vol. 210 der Dompfarre als seine Eltern Wolf und Theresia Strauß, beide jüdisch, angegeben waren, hatte er vielleicht erst in Wien den christlichen Glauben angenommen, um heiraten zu können. Wie dem auch immer sei, fanden es die selbsternannten Wächter über die Reinheit der Rasse für notwendig, das Blatt mit dieser Eintragung aus dem Trauungsbuch herauszuschneiden, weil es angeblich beschädigt war, es ins Sippenamt nach Berlin zu schicken und dort durch eine Photokopie zu ersetzen, auf der die Vermählung von Johann Michael Strauß mit Rosalia Buschin fehlte. Auch im Index zum Trauungsbuch wurde der Hinweis darauf gestrichen. Das herausgerissene Blatt tauchte erst nach dem Krieg wieder auf.

Der radikale Antisemitismus wurde nicht erst durch den zu Anfang hochgejubelten Einmarsch der deutschen Truppen nach Wien importiert, er war hier durchaus auf dem eigenen Mist gewachsen. Er hatte zwei starke Wurzeln, die gegen Ende des vergangenen Jahrhunderts üppige Blüten zu treiben begannen. Die eine Wurzel war in der deutschnationalen Bewegung des Ritter von Schönerer beheimatet und die andere in der kleinbürgerlichen christlich-sozialen Partei, deren prominentester Vertreter Karl Lueger war, der als Bürgermeister eine geraume Zeit die Wiener Politik bestimmte. Hier ein typisches Beispiel für die sicherlich wohldurchdachten Äußerungen dieses allgemein geschätzten und beliebten Bürgermeisters:

»Unsere Kirche muß sich der unwürdigen Rolle einer Dienerin judenliberaler Staatsgewalten entledigen, muß wieder zurückkehren zu dem Volke und . . . wenn sie in dem Volke wieder die Überzeugung wachrufen wird, daß in ihr Schutz und Schirm gegen die jüdische Unterdrückung gefunden wird, dann wird auch die Befreiung des christlichen Volkes von den schmachvollen Fesseln der Judenknechtschaft eintreten und mit dem Ende der Judenherrschaft, aber auch erst dann, wird das Ende des Antisemitismus sein.«

In dieser Atmosphäre des offenen und radikalen Antisemitismus fand es Eduard, nach Johann und Josef der jüngste der drei Brüder Strauß für notwendig, am Ende seiner »Erinnerungen«, die 1906 bei Deuticke erschienen waren, gegen Angriffe auf seine Familie zu polemisieren. Vielleicht hatten sie ihn überhaupt veranlaßt, dieses Buch zu schreiben, dessen Reinerträgnis er »in seiner Gänze wohltätigen Zwecken ohne Unterschied der Nation und Confession« widmete.

»Man wird wohl ein zweites Land suchen müssen, in welchem Männer, deren Namen durch ihre Leistungen in der Welt gekannt und geschätzt waren und noch sind«, schrieb er, »fünfzig Jahre nach ihrem Tode von Leuten, ohne Competenz, welchen ob ihrer Jugend das Wirken dieser großen Männer nur nach unverläßlichen Quellen bekannt sein kann, ein ›Nachruf‹ hämischer und das Talent dieser großen Männer herabsetzender Tendenz nachgeschleudert wird, wie ein solcher im August des Jahres 1905 als Feuilleton in einem hiesigen Blatte veröffentlicht wurde - Lanner und Strauß hätten, so hieß es dort, die Melodien der ›Straßen-Barden‹ von dazumal in sich aufgenommen (sic!) und dann in ›etwas veränderter Form‹ (wie gnädig!) in ihre Tanzweisen gebracht.«

Viel betroffener schien Eduard Strauß jedoch von einer anderen Behauptung der nicht genannten Artikelverfasserin.

»Was ferner die Feuilletonistin bezüglich der Confession von Johann Strauß Vater für eine neue Entdeckung gemacht hat und was sie davon in einer für eine ganze Religionsgemeinschaft nicht sehr schmeichelhaften Weise mitteilt, bleibt der Ruhm dieser Entdeckung, welche sie noch mit einem geheimnisvollen Schleier umgibt, ihr gern vorbehalten«, schrieb er auf der letzten Seite seines Buchs. »Die bisher von Johann Strauß Vater erschienenen Biographien scheinen ihr aber nicht bekannt zu sein, denn sonst hätte sie dort weit zurückreichende ›Taufscheine‹ lesen können.«

In seinen »Erinnerungen« geht Eduard nur bis zu seinem Großvater Franz Borgias Strauß zurück und läßt dessen Vater Johann Michael Strauß einfach unter den Tisch fallen. Für ihn, aber auch für die damalige Gesellschaft war die Angelegenheit durch die Taufe seiner nächsten Vorfahren erledigt. Ein getaufter Jude galt nicht mehr als Jude.

Ich habe vergeblich versucht, in den Wiener Zeitungen aus dem Monat August 1905 den Artikel der maliziösen Dame zu finden, mit der sich Eduard Strauß auseinandersetzen zu müssen glaubte. Dafür habe ich aber einen Einblick in die Sprache der Presse bekommen, in der offenbar der erwähnte Artikel erschienen ist.

Hier einige Überschriften aus dem »Deutschen Volksblatt« vom August 1905:

»Polnisch-jüdische Umtriebe«.

»Jüdische Güterschlächter«.

»Die Friedensverhandlungen und die Juden«.

»Eine jüdische Diebsfirma en gros«.

»Koschere Blütenlese aus der ›Wiener Zeitung‹:

Die Sonntagsnummer der ›Wiener Zeitung‹ zählt unter der Rubrik ›Konkurse‹ folgende Namen auf: Sternlieb & Borkes, Blau & Comp., Herkel & Jordan, J. Kohn, Eduard Deutsch, L. Knofely. Welche Rechenkünstler können herausbringen, wie hoch das Profitchen ist, das da herausgeschlagen wird?«

Mir wurde klar, daß von hier eine direkte Linie zum »Stürmer« führte, der zur erbarmungslosen Verfolgung und planmäßigen Ermordung von Millionen Juden einen wesentlichen Beitrag geleistet hatte. Das Vermögen der im letzten Augenblick geflüchteten oder aus allen Gegenden Deutschlands und der besetzten Gebiete in die Todeslager verschleppten und dort umgebrachten Juden wurde »zu Gunsten des Deutschen Reichs« beschlagnahmt. Darunter befand sich auch das geraubte Erbe der Musikerfamilie Strauß. Der Anwalt der Familie Simon, Dr. Rochlitzer, bekam folgende Antwort auf seine Anfrage:

»Unter Bezugnahme auf Ihre Zuschrift vom 13. Jänner 1940 wird mitgeteilt, daß bezüglich der in Frage stehenden Strauß-Lannersammlung ein Beschlagnahmeverfahren bei der geheimen Staatspolizei anhängig ist und damit auch die Entscheidung über alle, die Eigentumsverhältnisse an der Sammlung berührende Fragen (Abt. IV Dr. Blaschko) übergegangen ist.«

Damit die Beschlagnahme rechtens durchgeführt werden konnte, wurde Frau Luise Simon ausgebürgert. Damit schien die Angelegenheit erledigt, zumal das Finanzamt Moabit in Berlin, das für die beschlagnahmten Vermögen zuständig war, die Sammlung für 40 000 Reichsmark der Stadt Wien verkaufte. Im Mai 1942 wurde das Geschäft nach einem Gemeindebeschluß getätigt.

Die Wiener Studenten Eugenie Hartzell und Christoph Wagner haben eine Seminararbeit über die Sammlungen Strauß-Simon und Strauß-Meyszner geschrieben, in der sie alle Phasen dieser »Geschäftstransaktionen« mit authentischen Dokumenten belegten.

Als der Nazispuk endlich vorbei war, flatterte im Herbst 1945 ein Brief des Rechtsanwalts Hunna auf den Tisch der neuen Ratsherren der Wiener Stadtgemeinde, der sie zuerst in Erstaunen und dann in Schrecken versetzte. Frau Luise Simon, die im Exil lebte, wollte gern wissen, was mit der Strauß-Sammlung geschehen sei, die »damals dem ehemaligen Bundesdenkmalamt treuhändig zur Aufbewahrung übergeben wurde«.

Der Schrecken mußte noch größer geworden sein, als man feststellte, daß die zurückgeforderten Schriften und Gegenstände aus der Strauß-Sammlung gar nicht in Wien waren. Man hatte sie, in ein Dutzend Kisten verpackt, nach Schloß Stixenstein in Niederösterreich verschickt, um sie vor Bombenangriffen in Sicherheit zu bringen. Man brauchte im Rathaus Zeit, um die Sache zu klären. Dementsprechend fiel auch die erste Reaktion vom 26. September 1946 aus:

». . . Aus den angeführten Tatsachen geht somit hervor, daß bereits im Jahre 1937 eine eindeutige Verkaufsabsicht bestand. Es überrascht uns daher, daß Frau Luise Simon nunmehr die Rückgabe der Sammlung anstrebt. Die Direktion der Wr. Stadtbibliothek, die begreiflicherweise das größte Interesse hat, diese Sammlung der Stadt Wien und damit der Öffentlichkeit wie der Wissenschaft zu erhalten, darf sich darauf berufen, bei deren Erwerbung im besten Glauben und in durchaus einwandfreier Gebarung gehandelt zu haben.«

Es vergeht ein halbes Jahr, bis das entzogene Vermögen von der Gemeinde Wien als Besitz der Frau Luise Simon anerkannt wurde.

Am 19. April 1947 verlangte Dr. Hunna die Rückgabe der Sammlung an die Eigentümerin und führte dazu folgendes an:

»Wie Sie wissen, ist alles, was Sie für den guten Glauben und die einwandfreie Gebarung der Stadt Wien anführen, nach dem Wortlaut des Gesetzes unerheblich. Tatsache ist, daß es sich bei dem Eigentum meiner Mandantschaft um entzogenes Vermögen handelt, daß die Eigentümerin irgendeinen Gegenwert nie erhielt und die Stadt Wien daher (die Sammlung) von Nichtberechtigten erworben hat, nur von diesen kann sie den Kaufpreis zurückverlangen.«

Nun ging es um die Herstellung eines Rechtsgutachtens und eines genauen Verzeichnisses der Sammlung. Ende 1947 wurden mit den Erbinnen der verstorbenen Frau Simon, das heißt mit ihrer Tochter und ihrer Enkelin Verhandlungen aufgenommen, da deren rechtmäßiger Besitz nicht mehr angezweifelt wurde. Da einiges zu fehlen schien, wurden die vorhandenen Objekte auf 20 000 Schilling geschätzt.

Zugleich wurde der Vertreter der Erbinnen in Kenntnis gesetzt, daß der Kauf im Augenblick aus finanziellen Gründen nicht möglich sei.

1948 bestimmte die Rückstellungskommission den Wert der Sammlung mit 150 000 Schilling. Die Gemeinde rief das Bundesdenkmalamt zu Hilfe, das durch eine Verfügung die Entscheidung der Rückstellungskommission praktisch außer Kraft setzte. Wollte die Gemeinde Wien die Sammlung behalten, mußte sie jedoch den Preis mit den Erben vereinbaren und auch bezahlen. Inzwischen bat sie um Genehmigung zur Verwendung aller Erinnerungsstücke bei einer Ausstellung 1949 anläßlich des fünfzigsten Todestages von Johann Strauß, mußte sich aber verpflichten, sie versichern zu lassen. Die Versicherungssumme betrug 250 000 Schilling. Es war genau die Summe, die Dr. Hans Simon 1928 für die Sammlung seines Vaters verlangt hatte, nur war das Geld damals weitaus mehr wert als zwanzig Jahre später.

Die Gemeinde bemühte sich verzweifelt, Geld für den Ankauf aufzutreiben, weil sie vor allem die Konkurrenz des Bundes fürchtete, der sie zu Gunsten der Nationalbibliothek ausstechen könnte. Zu ihrem Überdruß meldete sich auch noch über einen Vermittler Frau Ada Crespo de la Serna, die Erbin der verstorbenen Alice Meyszner-Strauß.

Nach vielem Hin und Her einigten sich im Sommer 1952 alle Beteiligten über den Ankauf der beiden Sammlungen, sowie die handschriftliche Originalpartitur der Operette »Der Zigeunerbaron« von Johann Strauß, die Dr. Hanns Epstein gehörte. Die Verkäufer bekamen am Ende des Jahres 300 000 Schilling, durften aber je einen Teil der Notenautographe und Briefe, sowie einige Bilder, darunter das Bild »Ein Abend bei Strauß« von Franz von Bayros, behalten und sogar ausführen.

Der heutige Aufenthaltsort der damals freigegebenen Manuskripte ist unbekannt. Ebenso der Verbleib der Geigen von Johann Strauß Vater und Johann Strauß Sohn, die Frau Crespo de la Serna beanspruchte. Sie sind auch nicht im Besitz der Gemeinde Wien. Man weiß nicht, wann und wie sie verschwunden sind.

Vielleicht hatte sie sich eine der Nazigrößen angeeignet. Vielleicht wurden sie gestohlen und insgeheim ins Ausland verkauft, wie man es oft mit gestohlenen Gemälden berühmter Maler tut, die dann in Safes der neuen Besitzer Staub anlegen, weil sie sich nicht trauen, ihre Kostbarkeiten jemandem zu zeigen. Was macht man aber mit den Geigen, auf denen einst die zwei populärsten Musiker Wiens gespielt haben?

Johann Strauß Vater und Sohn waren keine Virtuosen, sie spielten gerade so gut, um in einem guten Orchester nicht unangenehm aufzufallen, seine Kompositionen schrieb der Sohn mit Hilfe eines Harmoniums, doch die Geigen waren ein sichtbares und greifbares Symbol ihrer Musik, die bis heute lebendig, kraftvoll und frisch geblieben ist, wie zur Zeit ihrer Entstehung.

Rolf Dünnwald

Die Verpflichtung der Verwertungsgesellschaften zur Rechtswahrnehmung zu angemessenen Bedingungen

I. *Einschlägige Gesetzesbestimmungen*

Nach welchen Vorschriften sich die Rechtsbeziehung zwischen Verwertungsgesellschaft und Berechtigten bestimmt, ergibt sich aus dem Gesetz über die Wahrnehmung von Urheberrechten und verwandten Schutzrechten (WahrnG). Dieses Gesetz regelt Voraussetzungen, Durchführung und Kontrolle treuhänderischer Rechtswahrnehmung für Inhaber von Urheber- oder Leistungsschutzrechten insgesamt. Auf das Verhältnis zu den Berechtigten, zu deren Nutzen die Verwertungsgesellschaft tätig ist, bezieht sich unmittelbar nur die Bestimmung des § 6. Dieser normiert zwei Verpflichtungen der Verwertungsgesellschaft, zum einen die Wahrnehmung der zu ihrem Tätigkeitsbereich gehörenden Rechte und Ansprüche zu angemessenen Bedingungen (Abs. 1), zum anderen zwecks angemessener Wahrung der Belange solcher Berechtigter, die nicht als Mitglieder aufgenommen werden, die Bildung einer gemeinsamen Vertretung, wobei die Satzung der Verwertungsgesellschaft Bestimmungen über die Wahl der Vertretung durch die Berechtigten sowie über die Befugnisse der Vertretung enthalten muß (Abs. 2).

Drei weitere Bestimmungen des Gesetzes befassen sich mit dem Innenverhältnis der Verwertungsgesellschaften und sind damit von spezifischer Bedeutung für die Beziehung zu den Mitgliedern und Wahrnehmungsberechtigten, ohne daß diese darin erwähnt würden: § 7 schreibt für die Verteilung der Einnahmen vor, daß sie nach festen Regeln (Verteilungsplan), die ein willkürliches Vorgehen bei der Verteilung ausschließen, zu erfolgen hat; kulturell bedeutende Werke und Leistungen sollen dabei gefördert werden; die Verteilungsgrundsätze sind in die Satzung der Verwertungsgesellschaft aufzunehmen. § 8 befaßt sich mit der Einrichtung von Vorsorge- und Unterstützungseinrichtungen, § 9 mit der Buchführung und dem Jahresabschluß.

II. *Regelungen zu Verteilung, Vorsorge, Jahresabschluß*

Festzuhalten ist zunächst, daß die Spezialvorschriften über die Aufstellung von Verteilungsgrundsätzen und -plänen, über die Verwendung von Mitteln für soziale und kulturpolitische Zwecke sowie über die Aufstellung und Kontrolle des Jahresabschlusses keinerlei Bestimmungen darüber oder Hinweise darauf enthalten, daß und wie die Berechtigten insoweit zu beteiligen sind. Der Gesetzgeber hat sich hier jeder konkreten Festlegung enthalten. Er hat demgemäß offengelassen, ob und in welcher Weise - durch welches Organ oder Gremium, mit welchem

Stimmrecht, in Form eines echten Mitbestimmungs-Verfahrens oder bloßer Anhörung - die Wahrnehmungsberechtigten an der Beschlußfassung über die Verteilungsgrundsätze (die auch in der Satzung stehen müssen), die Verteilungspläne, die Alters- und Unterstützungseinrichtungen und den Jahresabschluß mitwirken.

III. *Regelungen zur Rechtsform von Verwertungsgesellschaften*

Im Zusammenhang damit ist weiter festzustellen, daß das WahrnG für Verwertungsgesellschaften auch keine bestimmte Rechtsform oder bestimmte organisatorische Struktur vorschreibt. Weder in den §§ 1 bis 5 des Gesetzes, die die Erlaubnispflicht und die Voraussetzungen für die Erteilung, die Versagung und den Widerruf der Erlaubnis regeln, noch an anderer Stelle oder in anderen Gesetzen finden sich hierzu spezifische Vorgaben für Verwertungsgesellschaften.

Aus § 1 Abs. 4 WahrnG ist vielmehr zu entnehmen, daß nicht nur jede juristische Person, sondern auch eine Personengemeinschaft als Verwertungsgesellschaft fungieren und sogar eine einzelne natürliche Person diese Tätigkeit - bei analoger Anwendung der für Verwertungsgesellschaften getroffenen Regelungen - ausüben kann. Dies bedeutet Freiheit in der Wahl der Rechtsform für diejenigen, die eine Verwertungsgesellschaft gründen und betreiben, und es bedeutet weiter, daß sich die organisatorische Struktur der Verwertungsgesellschaft aus den gesetzlichen Bestimmungen ergibt, die für die jeweilige konkrete Rechtsform gelten. Dies sind z.B. - um die beiden für die Praxis maßgeblichen Rechtsformen anzusprechen - für wirtschaftliche Vereine die §§ 22 bis 79 BGB, für Gesellschaften mit beschränkter Haftung die Vorschriften des GmbH-Gesetzes. Das WahrnG ändert die vereins- oder gesellschaftsrechtlichen Strukturregelungen nicht ab.[1] Sie stehen, soweit sie zwingender Natur sind, nicht zur Disposition der Gründer und Betreiber einer Verwertungsgesellschaft, aber auch nicht zur Disposition der Mitglieder oder Wahrnehmungsberechtigten.

IV. *Das Angemessenheitsgebot*

Auch § 6 WahrnG stellt ersichtlich keine solche Änderungsvorschrift dar. Die Verpflichtung der Verwertungsgesellschaft und der Anspruch der Rechtsinhaber auf angemessene Bedingungen für die Wahrnehmung beinhalten keine bestimmte Organstruktur und begründen keine rechtliche Möglichkeit zum Eingriff in zwingendes Vereins- und Gesellschaftsrecht. Eine dazu erforderliche Bezugnahme auf bestimmte zu ändernde Gesetzesvorschriften und eine entsprechend genaue Festlegung, wie die Änderung ausgestaltet sein soll, fehlen.

§ 6 Abs. 2 enthält zwar eine Organisationsvorschrift, nämlich die Verpflichtung zur Bildung einer gemeinsamen Vertretung von Berechtigten, die nicht Mitglieder der Verwertungsgesellschaft sind. Aber dadurch wird die Organstruktur des Ver-

---

1 Vgl. demgegenüber den Eingriff in das GWB durch §§ 14 c) Abs. 3, 24 WahrnG.

eins - Mitgliederversammlung und Vorstand, ggf. Aufsichtsrat oder Verwaltungsrat - nicht geändert. Auch ein gesetzlicher Anspruch der betreffenden Berechtigten darauf, daß die gemeinsame Vertretung Organstatus erhält, ist § 6 Abs. 2 nicht zu entnehmen. Es bleibt vielmehr dabei, daß es den Vereinsmitgliedern freisteht, ob sie der gemeinsamen Vertretung der Berechtigten ohne Mitgliedschaft in der Satzung den Status eines »anderen Vereinsorgans« (§ 32 BGB) geben, oder ob sie die »angemessene Wahrung der Belange« dieser Berechtigten (§ 6 Abs. 2 WahrnG) in anderer Weise sicherstellen, etwa - wie bei der GEMA und der VG WORT - durch eine satzungsmäßig festgeschriebene Anzahl von Delegierten mit Stimmrecht in der Mitgliederversammlung. Allenfalls die Frage, ob die so, ohne Rücksicht auf den Anteil am Tantiemenaufkommen und die Stimmenverhältnisse der Generalversammlung geschaffene Relation dem Erfordernis der Angemessenheit nach § 6 Abs. 2 genügt, kann dann aufgeworfen werden.[2]

Fraglich ist, ob § 6 Abs. 2 sich auch auf nicht vereinsrechtlich verfaßte Verwertungsgesellschaften bezieht. Dem Wortlaut nach stellt er auf zwei unterschiedliche Berechtigtengruppen ab, solche mit Mitgliedschaft und solche ohne Mitgliedschaft in der Verwertungsgesellschaft. Bei einer GmbH gibt es keine Mitgliedschaft und folglich keine Berechtigten mit unterschiedlichem Status. Es gibt nur die Gesellschafter einerseits und die Gesamtheit der Wahrnehmungsberechtigten andererseits. Trotzdem wird vertreten, daß die Bestimmung infolge »untechnischer« Begriffsverwendung für alle Rechtsformen von Verwertungsgesellschaften Gültigkeit habe.[3] Dem ist jedoch entgegenzuhalten, daß der Sinn der Vorschrift darin liegt, einer Gruppe von Rechtsinhabern ohne gesetzliches Stimmrecht neben den stimmberechtigten Rechtsinhabern über eine eigene Vertretung ein Mitwirkungsrecht zu gewähren, so daß die stimmberechtigten Rechtsinhaber (Mitglieder) ihr Stimmrecht nicht ohne Anhörung oder Beteiligung der anderen Berechtigten ausüben können. Eine analoge Anwendung des § 6 Abs. 2 WahrnG auf GmbH-Verwertungsgesellschaften kommt mithin nur dann in Betracht, wenn es dort Wahrnehmungsberechtigte mit unterschiedlichem Stimmrecht in der Berechtigtenversammlung oder mit unterschiedlichem gesellschaftsrechtlichem Status gibt, etwa weil ein Teil der Berechtigten zugleich Gesellschafter ist und somit selbst unmittelbar sowohl in der Berechtigtenversammlung als auch in der Gesellschafterversammlung abstimmen kann. Haben jedoch alle Berechtigten die gleichen Rechte in der und gegenüber der Verwertungsgesellschaft, ist kein Raum und kein Anlaß für die analoge Anwendung des § 6 Abs. 2 WahrnG.[4]

---

2 Vgl. hierzu *Nordemann,* GRUR 1992, 584, 586 f., in Erwiderung auf *Rehbinder,* DVBl. 1992, 216, 220; wie *Nordemann* auch *Vogel,* GRUR 1993, 513, 519 f. und schon *Schricker-Reinbothe,* Urheberrecht (1987), § 6 WahrnG Rdnr. 15.

3 Vgl. *Schricker-Reinbothe* a.a.O. Rdnr. 14; implicite auch *Nordemann* a.a.O. S. 588 und in *Fromm-Nordemann,* Urheberrecht (7. Aufl. 1988), § 6 WahrnG Bem. 8, sowie *Vogel* a.a.O. S. 521, indem sie den Beirat der Gesellschaft zur Verwertung von Leistungsschutzrechten mbH (GVL) als Vertretung gemäß § 6 Abs. 2 WahrnG qualifizieren; ebenso *Rehbinder* a.a.O. S. 221.

4 So verhält es sich bei allen derzeit bestehenden GmbH-Verwertungsgesellschaften; s. die in Urheber- und Verlagsrecht (Beck dtv 5. Aufl. 1990) abgedruckten Gesellschaftsverträge der GVL (S. 234), der GÜFA (S. 247), der VFF (S. 255), der VGF (S. 260) und der GWFF (S. 265). Gesellschafter sind nicht Berechtigte selbst, sondern Berufs- und Wirtschaftsverbände, deren Mitglieder zwar auch zu den Berechtigten zählen, aber nicht gleichzeitig selbst Gesellschafterrechte aus-

Für nicht vereinsrechtlich verfaßte Verwertungsgesellschaften, bei denen es keine unterschiedlichen Stimmrechte der Berechtigten gibt, kommt mithin nicht Abs. 2, sondern nur Abs. 1 von § 6 zur Anwendung. Der darin ausgesprochene Grundsatz, Rechte und Ansprüche zu angemessenen Bedingungen wahrzunehmen, führt nicht zu einer Verpflichtung der Verwertungsgesellschaft, den Berechtigten eine Gesellschafterstellung oder eine Organmitgliedschaft oder Stimmrechte in bestimmten Gremien der Verwertungsgesellschaft oder in sonstiger Weise mitbestimmenden Einfluß auf die Vereinssatzung bzw. den Gesellschaftsvertrag einzuräumen.[5] Der Wahrnehmungszwang nach § 6 Abs. 1 WahrnG verdrängt und modifiziert nicht die vereins- oder gesellschaftsrechtlichen Strukturvorschriften und die gesetzlichen Vorschriften über die Kompetenzen der Organe. Er richtet sich gegen die Verwertungsgesellschaft in der rechtlichen und organisatorischen Form, die ihr die Gründer und Betreiber der Verwertungsgesellschaft gegeben haben.

V. *Kein gesetzliches Monopol für Verwertungsgesellschaften*

Der Freiheit in der Wahl der Rechtsform und der organisatorischen Struktur - im Rahmen der für die betreffende Rechtsform geltenden Vorschriften des Vereins- bzw. Gesellschaftsrechts - korrespondiert das Fehlen eines gesetzlichen Monopols für Verwertungsgesellschaften. Die Gründung von Verwertungsgesellschaften für verwandte Tätigkeitsbereiche oder sogar von im gleichen Tätigkeitsbereich konkurrierenden Verwertungsgesellschaften ist möglich. Sie steht jeder natürlichen Person, jedem Berufsverband, jeder Interessengruppe offen. Hinter der Zurückhaltung des Gesetzgebers in der Ausformung von Verpflichtungen der Verwertungsgesellschaften gegenüber den Berechtigten stand offensichtlich nicht nur die Erfahrung, daß es regelmäßig die Berechtigten und ihre Berufsverbände selbst sind, die sich ihre Verwertungsgesellschaften schaffen, sondern auch das Bewußtsein, daß Berechtigtengruppen und Berufsverbände, denen eine als fremdbestimmt empfundene Verwertungsgesellschaft gegenübertritt, in der Lage sind, die Verwertungsgesellschaft zu wechseln oder eine neue Verwertungsgesellschaft zu gründen. Jedenfalls darf dieser Umstand des fehlenden gesetzlichen Monopols bei der Auslegung des § 6 WahrnG und der Bewertung der §§ 7 bis 9 WahrnG nicht außer acht gelassen werden.

Von daher ist die schon in der Gesetzesbegründung enthaltene These verständlich, als angemessen seien in der Regel die Bedingungen anzusehen, die die Verwertungsgesellschaft auch ihren Mitgliedern auferlegt.[6] Auch wenn dies als Rechtssatz zu eng angelegt sein mag, beinhaltet das Angemessenheitsgebot des

---

üben können und deshalb auch nicht über ein stärkeres Stimmrecht verfügen als die Berechtigten, die den Gesellschaftern nicht angehören. Die Gesellschafter sind keine Berechtigten, wie § 6 Abs. 2 WahrnG für die Mitglieder voraussetzt; dies übersieht *Rehbinder* a.a.O. S. 221 bei seiner Anwendung von § 6 Abs. 2 auf die Beiräte von GVL und VGF.

5 Vgl. *Schricker-Reinbothe* a.a.O. Rdnr. 3 (für die Mitgliedschaft).

6 Vgl. *Fromm-Nordemann* a.a.O. § 6 WahrnG Bem. 5.

§ 6 Abs. 1 die Äquivalenz von Leistung und Gegenleistung, wie sie sich im Inhalt des Wahrnehmungsvertrages einerseits und in den auf die eingebrachten Rechte erfolgenden Ausschüttungen nach einheitlich gehandhabten, Willkür ausschließenden Verteilungsplänen andererseits manifestiert.[7]

VI. *Auswirkung auf das Angemessenheitsgebot*

Eine darüber hinausgehende Bedeutung kann dem Angemessenheitsgebot des § 6 WahrnG nicht beigelegt werden.[8] Insbesondere kann nicht an die Stelle des Begriffs »angemessene Bedingungen« das Postulat gesetzt werden, daß die Bedingungen den »berechtigten Interessen beider Vertragspartner unter Beachtung des Verhältnismäßigkeitsgrundsatzes« Rechnung tragen müßten.[9]

Auch die Bestimmungen des Gesetzes zur Regelung des Rechts der Allgemeinen Geschäftsbedingungen (AGBG) gehören nicht zum Inhalt des Angemessenheitsgebots, sie gelten vielmehr neben und zusätzlich zu § 6 WahrnG, wobei lediglich die Vorschrift über die Laufzeit bei Dauerschuldverhältnissen für Wahrnehmungsverträge in § 23 Abs. 2 Nr. 6 AGBG ausdrücklich ausgeschlossen ist. Jedoch sollte die praktische Bedeutung des AGBG für Wahrnehmungsverträge nicht überschätzt werden, da diese typischerweise nicht von einem Interessengegensatz geprägt sind und Beschränkungen, Bedingungen oder Befristungen üblicherweise lediglich aus der Tatsache resultieren, daß es um eine Vielzahl von in gleicher Weise Berechtigten geht, deren Ansprüche auf sachgerechte, zügige und sparsame Rechtswahrnehmung und Verteilung beachtet werden müssen.

VII. *Zusammenfassung*

Für die Auslegung des § 6 Abs. 1 und 2 WahrnG ist zu beachten, daß das Angemessenheitsgebot im Einklang mit den im WahrnG selbst zum Ausdruck gelangten Wertentscheidungen stehen muß. Dies sind:

a) Einzelne Berechtigte oder Gruppen von Berechtigten können selbst oder durch ihre Verbände Verwertungsgesellschaften gründen.

b) Eine bestimmte Rechtsform für Verwertungsgesellschaften ist nicht vorgeschrieben.

c) Auch eine bestimmte organisatorische Struktur - etwa mit einem Aufsichtsrat, in dem die Berechtigten Sitz und Stimme haben müßten - ist im WahrnG nicht vorgegeben.

d) Es ist nicht vorgeschrieben, daß die Berechtigten in ihrer Gesamtheit selbst oder durch ihre Vertretung die Satzung oder den Gesellschaftsvertrag der Verwertungsgesellschaft festlegen oder Änderungen dieses Statuts (mit-)beschlie-

---

7 Vgl. *Fromm-Nordemann* a.a.O.; *Schricker-Reinbothe* a.a.O. Rdnr. 13.

8 »Mehr kann der Berechtigte nicht verlangen, weniger braucht er aber auch nicht hinzunehmen« (*Vogel* a.a.O. S. 518).

9 So aber *Rehbinder* a.a.O. S. 218.

ßen oder an der Bestellung, Kontrolle und Abberufung des Vorstands bzw. der Geschäftsführer mitwirken müßten.

e) An keiner Stelle im WahrnG, weder in § 6 Abs. 1 und 2 noch in den speziell das Innenverhältnis betreffenden Vorschriften §§ 7 bis 9, ist eine bestimmte Form der Mitwirkung der Berechtigten (alleinige Entscheidung, Mitbestimmung, Vetorecht, Mitsprache, Anhörung, Beratung o.dgl.) vorgeschrieben.

f) Das WahrnG räumt Verwertungsgesellschaften keine Monopolstellung ein. Jedermann steht es frei, die Erlaubnis zum Geschäftsbetrieb der Rechtswahrnehmung für eine Mehrheit von Berechtigten zu beantragen.

Die Offenheit des WahrnG in diesen Punkten läßt nur den Schluß zu, daß den Verwertungsgesellschaften vom Gesetzgeber bewußt ein weiter Gestaltungs- und Ermessensspielraum eingeräumt worden ist. Das auf die *Tätigkeit* einer Verwertungsgesellschaft abgestellte Angemessenheitsgebot darf nicht[10] in eine Inhaltsbestimmung für Rechtsform und organisatorische Struktur der Verwertungsgesellschaften umgedeutet werden.

10 Hierzu führt jedoch die extensive, vom Gesamtzusammenhang des WahrnG gänzlich losgelöste Auslegung des § 6 durch *Rehbinder* a.a.O.

Carl-Eugen Eberle

Öffentlich-rechtliches Fernsehen im digitalen Zeitalter

Immer schon waren es technische Entwicklungen, welche die Fortentwicklung des Rundfunks und insbesondere des Fernsehens maßgeblich beeinflußten. Heute stehen wir an der Schwelle eines derart gewaltigen technologischen Umbruchs im Bereich des Fernsehens, daß sich letztlich nur noch darüber streiten läßt, ob es sich überhaupt noch um eine Evolution oder bereits um eine Revolution im Bereich der neuen Medien handelt. Die derzeit absehbare Neuerung besteht nicht nur darin, daß Fernsehsignale in digitaler und komprimierter Form übertragen werden mit der prognostizierten Folge, daß sich derzeit bestehende Übertragungskapazitäten um den Faktor 6 - 10 vergrößern werden. Unter Einbeziehung bereits geplanter Satellitenprojekte ist deshalb damit zu rechnen, daß in Europa innerhalb weniger Jahre die Übertragung von bis zu 400 Fernsehprogrammen möglich erscheint, die sämtliche mittels einer handelsüblich zu erwerbenden, preisgünstigen Satellitenempfangsanlage empfangbar sein werden. Der digitale Entwicklungssprung wird über die Vermehrung der Kanäle und der Programmangebote hinaus enorme Veränderungen in der Nutzung der Medien durch den Zuschauer zur Folge haben. Der Zuschauer wird selektiver sehen können; er wird mit dem Anbieter kommunizieren und insbesondere bestellen können, was er sehen will. Er wird nicht zuletzt Inhalte aus den verschiedensten medialen Diensten mischen und zu einem neuen individuellen und integralen Gesamtangebot zusammenfügen können. All dies ist Ausdruck einer neuen Multifunktionalität des Mediums, in der sich Telekommunikation und Fernsehen, Datenbankinformationen und PC-Funktionen unter der Bezeichnung *Multimedia* miteinander zu einem neuen Ganzen verbinden[1].

Die digitale Kompression wird damit Informationswissen von genereller bis zu höchst spezieller Art ermöglichen. Nicht mehr jedes mediale Angebot wird auf jeden Zuschauer ausgerichtet sein. Neues Nutzungsverhalten wird tiefgreifende Auswirkungen auf Inhalt und Struktur der angebotenen Dienste haben.

Mehrere Gründe sprechen dafür, daß diese technische Revolution bedeutsame Impulse nicht zuletzt auch für die Fortentwicklung der Rundfunkordnung in Deutschland und Europa setzen wird. So wird allein schon mit der Schaffung quasi-unbeschränkter Übertragungskapazitäten ein Engpaß beseitigt, der für das Bundesverfassungsgericht ehedem eine maßgebliche Rahmenbedingung für die Aus-

1 Zu den Erscheinungsformen und Entwicklungen vgl. Das ZDF vor den Herausforderungen des digitalen Fernsehens (ZDF-Schriftenreihe Heft 46), Mainz 1994. Frühe Hinweise auf die mit diesen Entwicklungen verbundenen Fragen gab bereits *Bullinger,* Kommunikationsfreiheit im Strukturwandel der Telekommmunikation, Baden-Baden 1980, S. 23 ff. Zur jüngsten Entwicklung vgl. jetzt *Europäische Kommission,* Strategische Optionen für die Stärkung der Programmindustrie im Rahmen der audiovisuellen Politik der Europäischen Union (Grünbuch), Brüssel 1994, S. 6 ff.

gestaltung der deutschen Rundfunkordnung darstellte[2]. Als weitere Folge der Digitalisierung scheinen neue Dienste wie *Pay-TV*[3], *Pay-per-View*[4], *Video-on-Demand*[5] und in ihren Ausprägungen noch gar nicht exakt beschreibbare Dienste auf dem Felde des interaktiven Fernsehens möglich, die sich nur schwer in die Konturen des bisher gebräuchlichen Rundfunkbegriffs einordnen lassen. Hieraus ergeben sich zahlreiche Fragen nach dem Regelungsbedarf und nach der Regelungszuständigkeit für diese Dienste.

Die nachfolgenden Ausführungen befassen sich mit den Erschütterungen, die sich für die von der Verfassungsrechtsprechung vorgezeichnete duale Ordnung des Rundfunks erahnen lassen. Gleichzeitig soll der Versuch unternommen werden, in einigen zentralen Fragen die Fortentwicklung der dualen Rundfunkordnung anzudenken. Voraussetzung ist jedoch zunächst, daß die absehbare tatsächliche Entwicklung der Fernsehlandschaft in einem Szenario erfaßt wird. Dieses steht deshalb am Anfang der Überlegungen.

I. *Szenario einer veränderten Fernsehlandschaft*

So notwendig es ist, ein Szenario des digitalen Fernsehens zu entwerfen, so groß sind gleichzeitig die Schwierigkeiten dieses Unterfangens angesichts von Komplexität und Ungewißheit zukünftiger Entwicklungen. Wegen ihrer Auswirkungen auf die Rundfunkordnung verdienen dabei die Aspekte der Ausweitung der Übertragungskapazitäten, der Programmvermehrung und des Zuschauerverhaltens eine differenziertere Betrachtung.

1. *Faktisch unbeschränkte Übertragungskapazitäten?*

Die Ausweitung der Übertragungskapazitäten bis hin zu der Möglichkeit, in allernächster Zukunft bereits 400 Fernsehprogramme empfangbar zu machen, betrifft zunächst nur die *Satellitenverbreitung* von Fernsehprogrammen. Mit der Satellitenverbreitung ist damit eine Verbreitungsart angesprochen, die - ungeachtet ständig steigender Anschlußzahlen - doch nur von einem Teil der Fernsehzuschauer genutzt wird. Die übrigen Fernsehzuschauer empfangen ihr Programm terrestrisch oder über Kabel. Von großer Bedeutung ist deshalb zunächst die Frage, ob die Digitalisierung auch bei der terrestrischen und der Kabel-Verbreitung zu erwarten ist und dort in vergleichbarer Weise wie bei der Satellitentechnologie zu einer erheblichen Ausweitung der Übertragungskapazitäten führen wird.

---

2 Vgl. BVerfGE 12, S. 205, 261.

3 Entgeltfernsehen, bei dem der Zuschauer ein monatliches Entgelt für den Empfang eines kompletten Programmangebots bezahlt (genauer müßte es *Pay-per-Channel* heißen); zum Pay-TV insgesamt vgl. *Fuhr/Krone,* Film und Recht 1983, S. 513 ff. sowie *dies.,* Film und Recht 1984, S. 630 ff.

4 Entgeltfernsehen, bei dem der Zuschauer ein Entgelt lediglich für eine Einzelsendung bezahlt.

5 Entgeltfernsehen, bei dem der Zuschauer ein Entgelt für eine von ihm individuell ausgewählte und für ihn individuell übertragene Sendung bezahlt. Beim *Near-Video-on-Demand* werden die ausgewählten Sendungen nicht individuell auf Abruf übertragen, sondern in kurzen Abständen periodisch ausgestrahlt und so zum Abruf bereitgehalten.

Die Antwort auf diese Frage hat erhebliche Konsequenzen in zweierlei Hinsicht. Zum einen wird man feststellen können, daß solange und soweit die Empfangssituation bei der terrestrischen und/oder Kabel-Verbreitung sich nicht signifikant ändert und ein relevanter Teil der Fernsehzuschauer sich dieser überkommenen Empfangstechniken weiter bedient, eine Änderung der derzeit geltenden Rahmenbedingung der dualen Rundfunkordnung jedenfalls insoweit nicht eintritt. Das bedeutet, daß in diesem Fall die überkommenen Grundsätze der Verfassungsrechtsprechung zur Ausgestaltung der dualen Rundfunkordnung weiter gelten. Das Bundesverfassungsgericht hat dies im Niedersachsen-Urteil im Hinblick auf die Einführung des Satellitenrundfunks darin zum Ausdruck gebracht, daß man darauf abstellen muß, wie die Empfangsmöglichkeiten für die Gesamtheit der Fernsehzuschauer ausgestaltet sind: Ändert sich die Empfangssituation für einen Teil der Zuschauer (dort war es die prinzipielle Möglichkeit des Satellitenempfangs), so bleiben für die Verfassungsrechtsprechung dennoch die für die übrigen Zuschauer geltenden Empfangsbedingungen maßgeblich[6]. Daraus wird man nicht folgern können, daß neuere Entwicklungen erst dann rechtlich beachtlich sind, wenn sie sich bei allen Zuschauern durchgesetzt haben. Umgekehrt wird man allerdings folgern müssen, daß die Rechtsgrundlagen der dualen Rundfunkordnung nicht schon dann insgesamt geändert werden müssen, wenn sich die Faktenlage in Teilbereichen ändert. Jedenfalls wird die Frage, in welchem Ausmaß die Digitalisierung die Empfangssituation insgesamt verändert, für die rechtliche Beurteilung von nicht zu unterschätzender Bedeutung sein.

Ob und in welchem Umfang das Fernsehen künftig überhaupt noch nationaler Regelung zugänglich ist, wird ebenfalls von den Empfangsgewohnheiten der Zuschauer abhängen. Längst haben sich nämlich Fernsehprogramme, die primär über Satellit verbreitet werden, dem Zugriff des deutschen Gesetzgebers faktisch entzogen. Deutsche Regelungen greifen im wesentlichen praktisch nur noch gegenüber öffentlich-rechtlichen Rundfunkanstalten und solchen privaten Veranstaltern, die auf eine terrestrische Verbreitung im Inland und auf eine vorrangige Behandlung bei der Kabeleinspeisung Wert legen. Auch insoweit wird es deshalb darauf ankommen, ob terrestrische und Kabel-Verbreitung bei der Digitalisierung mit der Satellitentechnologie Schritt halten können. Setzt sich dagegen der Satellitenempfang als vorrangige Empfangstechnologie durch, dann verlieren nationale Gesetzgeber und Aufsichtsinstanzen ihren Einfluß und es bedarf einer Ausgestaltung der Rundfunkordnung auf europäischer Ebene.

2. *Programmvermehrung - auf dem Weg zum elektronischen Kiosk?*

Die erwartete Vermehrung der Übertragungsmöglichkeiten ist nicht notwendig gleichzusetzen mit einer entsprechenden Vermehrung des Programmangebots. Dies wird in der Diskussion bislang zu wenig beachtet. Vielmehr lohnt es sich, den quantitativen und qualitativen Aspekten einer möglichen Programmvermehrung im einzelnen nachzugehen.

---

6 BVerfGE 73, S. 118, 154.

a) *Programmvermehrung - quantitative Aspekte*

Maßgeblicher Faktor einer möglichen Programmvermehrung ist, daß neue Programme auch finanziert werden können. Eine gelegentlich vorhergesagte, mit der Digitalisierung einhergehende Herabsetzung der Übertragungskosten wird hierbei nur von untergeordneter Bedeutung sein: Selbst wenn man annähme, daß sich die Kosten der Satellitenverbreitung in dem Maße senken ließen wie sich die Transpondernutzung ausweiten läßt, d.h. wenn die Satellitenübertragung eines Programms künftig nurmehr 1/5 der derzeitigen Übertragungskosten erforderte, würde dies bei der Gesamtfinanzierung neuer Programme nur marginal ins Gewicht fallen. Das hängt damit zusammen, daß die Übertragungskosten eines Programms keinen allzu relevanten Faktor bei der Gesamtfinanzierung des Programms darstellen.

Unabhängig davon ist jedoch zwischen *werbefinanzierten* und *zuschauerfinanzierten* Programmen zu unterscheiden. Voraussetzung dafür, daß neue *werbefinanzierte* Programme aufgelegt werden können, ist eine Steigerung des für das Fernsehen zur Verfügung stehenden Werbevolumens insgesamt. Dies gilt jedenfalls dann, wenn die Zahl der Programme signifikant gesteigert werden soll, wie dies bei einer vollen Auslastung der neu zu schaffenden Übertragungsmöglichkeiten erforderlich wäre. Ob eine solche Steigerung des Werbevolumens insgesamt eintreten wird, scheint derzeit jedoch sehr ungewiß. Hinzu kommt, daß möglicherweise eintretende Werbezuwächse nicht notwendig neuen Programmen zufließen müssen. Die Erfahrung lehrt vielmehr, daß von einer solchen Volumenssteigerung tendenziell bereits etablierte und erfolgreiche Fernsehprogramme profitieren. Deshalb bestehen erhebliche Zweifel, ob zu erwartende neue Übertragungskapazitäten zugleich zu einer Vermehrung werbefinanzierter Fernsehprogramme führen werden.

Dagegen erscheint das Potential *zuschauerfinanzierter* Fernsehprogramme noch nicht ausgeschöpft. Dies gilt insbesondere für den Pay-TV-Sektor. Die Ausweitung und Ausdifferenzierung bestehender Angebote, insbesondere in der Hand eines Programmanbieters, wird durch Synergieeffekte begünstigt. Darüber hinaus können die Rechtekosten nutzerbezogen und somit erfolgsabhängig kalkuliert werden. Auch hier wird sich freilich zeigen, daß nur ein beschränktes Marktpotential zur Verfügung stehen wird, wenngleich dieses heute nur sehr schwer vorausgesagt werden kann.

Dies gilt in noch größerem Maße für Angebote des Pay-TV und des Video-on-Demand sowie sonstiger, im einzelnen nur schwer beschreibbarer neuer medialer Angebote, deren Einrichtung durch die Digitalisierung erst ermöglicht wird.

b) *Programmvermehrung - qualitative Aspekte*

Soweit es zu einer ihrem Umfang nach schwer einschätzbaren - Programmvermehrung kommen wird, wird dies nicht ohne Einfluß auf die Sehgewohnheiten und auf die Akzeptanz der bestehenden Vollprogramme sein. Jede Programmvermehrung führt tendenziell zu einem Verlust der Senderbindung und wohl auch zu einem Bedeutungsverlust der Vollprogramme. Diese Entwicklung wird möglicherweise durch den Zusammenhang von Zuschauerakzeptanz und Werbeeinnahmen beschleunigt: Führen Zuschauerverluste zu einer Reduzierung der Werbeeinnahmen, so kann die damit verbundene finanzielle Schwächung des Programms zu dessen Qualitätsverlust und damit zu einem weiteren Rückgang der Zuschauerzahlen führen. Eine zusätzliche Schwächung der Vollprogramme könnte sich daraus ergeben, daß herausragende Ereignisse, etwa aus dem Bereich des Sports, künftig nurmehr in der Form des Pay-per-View angeboten werden mit der Folge, daß Kompetenz und Akzeptanz der Vollprogramme aus dieser Sicht in Frage gestellt werden.

Im Zusammenhang mit dieser Entwicklung stellt sich die Frage, ob die Vollprogramme ihre Funktion als Forum und Faktor breit gefächerter öffentlicher Meinungsbildung und politischer Willensbildung auch weiterhin bewahren können, ob diese Funktion in einem sich ausdifferenzierenden und parzellierenden Markt zumindest partiell von Special-Interest-Programmen übernommen werden kann oder ob eine entsprechende mediale Meinungs- und Willensbildung künftig möglicherweise nur noch höchst eingeschränkt stattfinden wird.

c) *Zuschauerverhalten: Individualisierung, Orientierungsbedarf, Interaktion*

Bereits heute eröffnet der Bedienungskomfort der Fernsehgeräte dem Zuschauer die Möglichkeit, rasch von einem in ein anderes Programm zu wechseln und sich so seinem Bedarf entsprechend sein individuelles Fernsehprogramm zusammenzustellen. Der homo zappens stößt in seiner Funktion als individueller Programmdirektor jedoch dort an seine Grenzen, wo die Zahl der Programme in den Bereich der Unübersichtlichkeit ansteigt. Hier könnte - begünstigt durch die Digitalisierung - eine Orientierungshilfe, eine Art Programmführer (TV Guide) Platz greifen, der es dem Zuschauer ermöglicht, aus der Fülle des Programmangebots einzelne Sendungen nach bestimmten, individuell vorgegebenen Kriterien bedarfsgerecht auszuwählen. Elektronische Orientierungshilfen dieser Art könnte man sich als bedienungsfreundlich ausgestaltete Menüs vorstellen, wie sie aus der Oberfläche von Datenverarbeitungsprogrammen bekannt sind und mit deren Hilfe das Programmangebot strukturell aufbereitet und verfügbar gehalten wird. Sollte es zur Entwicklung solcher elektronischer Orientierungshilfen kommen, so wird man ihnen besondere Aufmerksamkeit widmen müssen, stellen sie doch einen Filter dar, der den Zugang zu den einzelnen Programmen gleichermaßen erleichtert wie selektiert.

Offen ist schließlich, auf welche Weise und in welchem Umfang interaktives Fernsehen zum Zwecke der Zuschauerbindung genutzt werden kann. Neue kommunikative Impulse könnten hier ebenso wie ökonomische Anreize dazu führen, daß die Zuschauer in einer bislang nicht vorhersehbaren Form an bestimmte Programme oder einzelne Sendungen gebunden werden.

II. *Duale Rundfunkordnung - Abschreibungs- oder Fortschreibungsbedarf?*

Auch wenn das soeben gezeichnete Bild einer durch die Digitalisierung geprägten Fortentwicklung der Rundfunklandschaft bislang nur in groben Zügen gezeichnet werden kann, so lassen die Konturen dieses Szenarios doch erkennen, daß diese Entwicklung das Konzept der dualen Ordnung des Rundfunks nicht unberührt läßt. Dabei ist zum einen abzuklären, ob die neuen medialen Dienste überhaupt unter den Begriff Rundfunk zu fassen und dementsprechend zu regeln sind. Zum anderen ist zu fragen, ob das Grundmuster der dualen Rundfunkordnung überhaupt noch auf die neue Fernsehlandschaft anwendbar ist.

1. *Rundfunkbegriff und neue Fernsehdienste*

Zunächst ist den Zweifeln nachzugehen, ob verschiedene durch die Digitalisierung begünstigte Fernsehdienste überhaupt zum Rundfunk zählen und deshalb in die nachfolgende Betrachtung über die Rahmenbedingungen des Rundfunks mit einzubeziehen sind. Die Zweifel könnten sich daraus nähren, daß das den herkömmlichen Rundfunkbegriff prägende Merkmal der *Veranstaltung für die Allgemeinheit*[7] durch Formen zunehmend individualisierter Leistungsbeziehungen in Frage gestellt wird. Andererseits haben die Väter der Verfassung in weitsichtiger Vorausschau den Begriff des Rundfunks im Grundgesetz nicht definiert, sondern ihn für technologische Fortentwicklungen bewußt offengehalten[8]. Rundfunk ist jeder Dienst, der sich an die Allgemeinheit wendet, der der öffentlichen Meinungs- und Willensbildung und damit dem demokratischen Prozeß dient. Auf die Angebotsform und auf die Verbreitungstechnik kommt es dabei von vornherein nicht an. Der Rundfunkbegriff ist folglich dynamisch, flexibel und pragmatisch zu verstehen[9].

Vor diesem Hintergrund läßt sich heute sagen, daß Pay-TV und Pay-per-View-Dienste zum Rundfunk zu zählen sind[10], erfüllen sie doch aufgrund ihrer Zugänglichkeit für jedermann und ihrer Organisation als Verteildienst die für die klassische Definition des Rundfunks relevanten Merkmale der »Verbreitung« »für die Allgemeinheit«[11]. Dagegen erscheint zunächst zweifelhalt, ob man auf der Basis bislang geltender und auf das herkömmliche Angebot zugeschnittener Kriterien *Video-on-Demand* als eine Form des individuellen Abrufs bestimmter Einzelsendungen noch zum Rundfunk rechnen kann. Ob man damit allerdings dem tatsächlichen Erscheinungsbild des Fernsehens, in dessen Funktionsvielfalt sich Video-on-Demand bruchlos einfügt, noch gerecht wird, ist jedoch fraglich. Denn schließlich sind die in der Form des Video-on-Demand angebotenen Sendungen ebenfalls

---

7 Zu diesem Merkmal vgl. die Definitionen und Interpretationen der Rundfunkreferenten der Länder zum Rundfunkbegriff, niedergelegt im Schliersee-Papier vom 29.4.1975, Film und Recht 1975, S. 651 ff. und im Würzburger Papier von 1979, Media-Perspektiven 1979, S. 400 sowie zur aktuellen Diskussion insbesondere *Hesse,* Rundfunkrecht, München 1990, S. 87-89 m. w. N.

8 Vgl. BVerfGE 74, S. 297, 350 ff.

9 So auch Groß, ZRP 1982, S. 235; *Fuhr/Krone,* Film und Recht 1983, S. 513, 517.

10 So schon *Fuhr/Krone,* Film und Recht 1983, S. 513, 519 f.

11 Zur Entwicklung des Rundfunkbegriffs vgl. *Fuhr/Krone,* Film und Recht 1983, S. 515 ff.

für die Allgemeinheit bestimmt. Der Unterschied zum herkömmlichen Programm besteht lediglich darin, daß diese Sendungen erstens permanent[12] zur Verfügung stehen und zweitens nicht am empfangsbereiten Fernsehgerät, sondern in der Datenverarbeitungsanlage des Anbieters ständig verfügbar gehalten werden. Aus der Sicht des Teilnehmers unterscheidet sich dieses Programmangebot jedoch nicht von dem übrigen, im Verteilwege angebotene Sendematerial. Daß die Übertragung des Programms erst auf seinen Abruf hin initiiert wird, stellt sich für ihn nicht als eine medienspezifisch relevante Besonderheit dar. Die Komplementärfunktion des Video-on-Demand, die das übrige Fernsehangebot ergänzt und komplettiert, legt es deshalb nahe, auch diesen Dienst zum Rundfunk zu zählen. Dies gilt um so mehr, als der Rundfunkbegriff dynamisch angelegt ist und auch bisher schon technische Weiterungen wie etwa den Videotext, die sich als funktionell äquivalent erwiesen haben, in sich aufgenommen hat[13].

Schwieriger zu beurteilen sind allerdings Formen interaktiven Fernsehens, die in ihren einzelnen Ausprägungen derzeit noch nicht deutlich erkennbar sind. Sie sind geprägt durch das Zusammenwachsen von Datenverarbeitung und Telekommunikation einerseits mit dem Fernsehen andererseits. Die hierbei entstehenden Mischformen von Massenkommunikation und Individualkommunikation können sicherlich nicht ohne weiteres dazu führen, daß rundfunktypische Elemente dieser Kommunikationsform aufgrund des Individualbezugs ihre Relevanz für die rechtliche Einordnung verlieren. Davon geht ersichtlich auch das Bundesverfassungsgericht aus. So hat es den Unterschied zwischen dem herkömmlichen Rundfunkempfang und dem Empfang »auf Abruf« einerseits sowie »auf Zugriff« andererseits als für den Rundfunkbegriff nicht relevant angesehen, soweit Sendungen durch Abruf »an jeden Beliebigen« übermittelt werden und Sendungen auf Zugriff »jedermann« jederzeit zugänglich sind[14]. Angesichts der im übrigen fehlenden Unterschiede zwischen Rundfunk und »rundfunkähnlicher Kommunikation«[15] hinsichtlich der Sendeinhalte, dem Verhältnis zwischen Veranstalter und Zuschauer/Zuhörer sowie der Auswahlentscheidung letzterer hält das Gericht deshalb die Rundfunkfreiheit nach Art. 5 Abs. 1 S. 2 GG für alle diese Dienste gleichermaßen einschlägig[16]. Das schließt dienstespezifische Regelungen wie z.B. im B.-W. LMedienG nicht aus, die jedoch - und darauf hat das Bundesverfassungsgericht vielfach hingewiesen - die aus der Sicht des Rundfunks gebotenen Gestaltungskriterien nicht hintanstellen können[17]. Eine Lösung könnte darin be-

12 Beim *Near-Video-on-Demand* turnusmäßig in kurzen zeitlichen Abständen, vgl. oben Fn. 5.

13 Hier geht es um den medienrechtlichen Rundfunkbegriff, an den dann insbesondere auch kompetenzrechtliche Folgerungen anknüpfen. Dies schließt nicht aus, daß unter urheberrechtlichen Aspekten die genannten Dienstleistungen nicht mehr unter eine rundfunkmäßige Verwertung fallen, sondern Gegenstand eines gesonderten Verwertungsrechts sind.

14 BVerfGE 74, S. 297, 351.

15 So die Sammelbezeichnung für den Videotextdienst sowie für sonstige Dienste (zu denen nach heutigem Verständnis auch Video-on-Demand zählen dürfte), bei denen Sendungen zum Empfang auf Abruf oder Zugriff verbreitet werden, vgl. z.B. 6. Abschnitt (§§ 39-53) B.-W. LMedienG.

16 BVerfGE 74, S. 197, 352.

17 Deshalb wurde etwa das landesgesetzlich geregelte Verbot mit Erlaubnisvorbehalt für einen Ton- und Bewegtbilddienst auf Abruf (nach heutiger Terminologie Video-on-Demand) für öffentlich-rechtliche Rundfunkanstalten für verfassungswidrig gehalten, BVerfGE 74, S. 195, 353.

stehen, daß man darauf abstellt, welche Art der Kommunikation - die massenkommunikative oder die individualkommunikative - der spezifischen Ausprägung der jeweiligen Erscheinungsform interaktiven Fernsehens ihr Gepräge gibt[18]. Auch hiernach ergäbe sich ein Ausgreifen des Rundfunks und der ihn prägenden rechtlichen Gesichtspunkte in die genannten neuen Kommunikationsformen.

2. *Wegfall der Sondersituation des Rundfunks?*

Auf den ersten Blick legt der mit der Digitalisierung einhergehende Wegfall der Frequenzknappheit den Gedanken nahe, daß die vom Bundesverfassungsgericht so bezeichnete »Sondersituation im Bereich des Rundfunkwesens«[19] ihr Ende gefunden hat mit der Folge, daß die teilweise strengen rechtlichen Rahmenbedingungen der dualen Rundfunkordnung ihre Geltung verlieren. Dem steht jedoch entgegen, daß das Kriterium der Frequenzknappheit in der Verfassungsrechtsprechung seit dem Niedersachsen-Urteil nurmehr eine untergeordnete Rolle spielt[20]. Stattdessen rückt das Gericht den klassischen Auftrag des Rundfunks in den Mittelpunkt seiner Betrachtungen, der neben seiner Rolle für die Meinungs- und politische Willensbildung, neben Unterhaltung und über laufende Berichterstattung hinausgehende Informationen eine kulturelle Verantwortung umfaßt[21]. Danach wird es auch in einer durch Programmvermehrung einerseits und Spartenparzellierung andererseits gekennzeichneten Fernsehlandschaft darum gehen müssen, daß der Rundfunk insgesamt seinen essentiellen Beitrag zur öffentlichen Meinungs- und politischen Willensbildung erbringt und seinem kulturellen Auftrag gerecht wird. Dabei wird insbesondere zu prüfen sein, ob die Parzellierung des Programmangebots in eine Vielzahl von Spartenkanälen bzw. Special-Interest-Programmen dazu führt, daß sich die Bedingungen für diese Aufgabe des Rundfunks in dem Maße verschlechtern, in dem sich das Interesse der Zuschauer von allgemeinrelevanten Themen abwendet und auf eine Vielzahl spezieller Themen ausrichtet. Dieses durch die Fernsehlandschaft beförderte Auseinanderdriften der Zuschauerinteressen erschwert die dem Fernsehen zugedachte Integrationsleistung und die Fähigkeit der Gesellschaft, ihre Mitglieder in die politische Willensbildung einzubinden und damit zugleich die Akzeptanz politischer Entscheidungen zu erhöhen[22].

Unter Berücksichtigung dieser Umstände erlangt der öffentlich-rechtliche Rundfunk als Medium und Faktor öffentlicher Meinungsbildung sowie als stetiger Garant gleichgewichtiger Meinungsvielfalt eine neue und aktualisierte Bedeutung: Er muß sowohl in seinen Vollprogrammen wie auch programmübergreifend durch

---

18 Vgl. auch die nach einzelnen Diensten differenzierende Regulierungsdichte nach §§ 39 ff. B.-W. LMedienG.

19 BVerfGE 12, S. 205, 261.

20 BVerfGE 73, S. 118, 154 ff.

21 BVerfGE 73, S. 158.

22 Auf diesen Gesichtspunkt hat schon *Bullinger,* NJW 1984, S. 385, 387 hingewiesen; vgl. auch *Grimm,* Verfassungsrechtliche Programmanforderungen und veränderte Konsumgewohnheiten im Fernsehen, in *Haungs/Graß/Maier/Veen* (Hrsg.), Civitas. Widmungen für Bernhard Vogel zum 60. Geburtstag. Paderborn u.a. 1992, S. 685, 689 ff.

Teilhabe an den sich herausbildenden neuen Formen der Meinungsbildung seiner Integrationsaufgabe nachkommen[23]. Nur so ist zu verhindern, daß bestimmte Informationen über neue Angebotsformen nur noch exklusiv und gegen Entgelt an eine selektive Zuschauerschaft vermittelt werden und es damit zu kommunikativer Chancenungleichheit kommt, die mit dem Demokratiegebot schlichtweg unvereinbar wäre. Nicht zuletzt hierin aktualisiert sich auch die Grundversorgungsaufgabe in dem Maße neu, wie die Ausdifferenzierung des Rundfunksystems in entgeltliche Special-Interest-Programme finanzschwächere Teile der Zuschauerschaft von diesem Angebot ausschließt[24].

Nur wenn die so umrissene Integrationsfunktion des öffentlich-rechtlichen Rundfunks im digitalen Zeitalter gewahrt bleibt, werden sich zu solcher Grundversorgung Spartenangebote des freien Marktes gesellen können, die ausschließlich ökonomischen Regularien unterliegen und die je nach individuellem Interesse und Finanzkraft genutzt werden können. Um Mißverständnissen vorzubeugen: Es geht demnach nicht darum, daß der öffentlich-rechtliche Rundfunk sämtliche neuen Dienste und Angebote unter dem Deckmantel einer gleichmacherischen Informationswirtschaft - Stichwort *informationeller Sozialismus* - usurpieren möchte. Es geht vielmehr darum, daß sich der öffentlich-rechtliche Rundfunk in der digitalen Ära mit einer zeitgemäßen Wahrnehmung seines Rundfunkauftrages und damit als Rundfunkunternehmen nicht etwa der Vergangenheit, sondern der Gegenwart und Zukunft präsentiert und neu definiert.

III. *Konsequenzen*

Abschließend sollen einige beispielhafte Schlußfolgerungen aus dieser Betrachtungsweise gezogen werden. Sie betreffen die Teilhabe des öffentlich-rechtlichen Rundfunks an den zu entwickelnden neuen Diensten, die Finanzierung des öffentlich-rechtlichen Rundfunks sowie die Anforderungen an elektronische Orientierungshilfen im Fernsehangebot.

1. *Funktionsgerechte Inanspruchnahme der Entwicklungsgarantie*

Die Bewertung der tatsächlichen Fortentwicklung der Fernsehlandschaft unter Berücksichtigung der rechtlichen Anforderungen führt zu dem Ergebnis, daß dem

---

23 In seinem Urteil vom 22.2.1994 - 1 BvL 30/88, NJW 1994, S. 1942 - hat das BVerfG nicht nur diese Integrationsaufgabe des öffentlich-rechtlichen Rundfunks erneut hervorgehoben (S. 1943), sondern darüber hinaus die Anpassung dieser Funktionserfüllung an die technische Entwicklung und - insofern neu - an das Verhalten der privaten Anbieter, denen gegenüber der öffentlich-rechtliche Rundfunk im dualen System konkurrenzfähig bleiben muß, für geboten erachtet (S. 1944). Dieser Gedanke ist aber auch schon in BVerfGE 74, S. 297, 350 ff., insb. 353 und BVerfGE 83, S. 238, 302 angelegt.

24 Der Gesichtspunkt des *Informationszugangs*, bislang schon als Element der Grundversorgung in der Form der Erreichbarkeit aller Rundfunkteilnehmer bekannt, ist im Urteil des BVerfG vom 22.2.1994 (NJW 1994, S. 1947) speziell als Bemessungsgrenze für eine angemessene Gebührenhöhe genannt worden; ihm wird darüber hinaus auch in dem oben im Text genannten Zusammenhang aktuelle Bedeutung zukommen.

öffentlich-rechtlichen Fernsehen unter Inanspruchnahme seiner Entwicklungsgarantie[25] eine Teilhabe an den sich abzeichnenden neuen Angeboten zu ermöglichen ist. Dies muß jedenfalls insoweit gelten, als diese Angebote zur öffentlichen Meinungs- und politischen Willensbildung beizutragen vermögen und indem auch in diesen Angeboten der Standard gleichgewichtiger Vielfalt zu wahren ist. Dies gilt besonders auch für den Bereich des Pay-TV, soweit dort - etwa in der Form von Nachrichten- und Informationskanälen - Angebote stattfinden, die für die öffentliche Meinungsbildung von besonderer Relevanz sind. Gute Argumente gibt es aber auch für einen öffentlich-rechtlichen Pay-TV-Kinderkanal, in dem die besondere Verantwortung des öffentlich-rechtlichen Rundfunks für die Gestaltung eines Kinderprogramms zum Ausdruck gebracht werden könnte. Dabei kommen die öffentlich-rechtlichen Anstalten nicht nur als eigenständige Veranstalter in Betracht, vielmehr ist auch an eine funktionsgerechte Zusammenarbeit mit privaten Veranstaltern zu denken, die von einer schlichten Programmzulieferung bis hin zu Beteiligungsmodellen ausgestaltet sein kann[26].

Dabei kommen auch ökonomische Aspekte zum Tragen. Sie bestehen darin, daß die Programmverwertung jenseits der Veranstaltung des Hauptprogramms im Sinne einer erschöpfenden Nutzung der Programmressourcen unter Wirtschaftlichkeitsgesichtspunkten erwünscht ist und gleichzeitig zu Entlastungseffekten beim Gebührenzahler führt[27]. Weitere Einsparungen können durch Synergieeffekte erzielt werden, die sich hiermit verbinden.

2. *Finanzierungsfragen*

Die Fortschreibung der dualen Rundfunkordnung, wie sie oben im Hinblick auf die Fortentwicklung der Fernsehlandschaft beschrieben wurde, beinhaltet ein Festhalten an der Mischfinanzierung des öffentlich-rechtlichen Fernsehangebots durch Gebühren und Werbung[28]. Dies gilt insbesondere vor dem Hintergrund, daß die öffentlich-rechtlichen Vollprogramme auch in Zukunft nach wie vor zentrale Aufgaben bei der Grundversorgung der Bevölkerung wahrnehmen werden[29]. Ihre Bedeutung bleibt vor allem für die Bevölkerungskreise erhalten, die - aus welchem Grund auch immer - von dem erweiterten entgeltlichen Programmangebot im

25 Zur Entwicklungsgarantie des öffentlich-rechtlichen Rundfunks vgl. Präambel zum Staatsvertrag über den Rundfunk im vereinten Deutschland vom 1.1.1992 und z.B. § 1 Abs. 2 ZDF-StV sowie zur verfassungsrechtlichen Verbürgung zuletzt BVerfG, Urteil vom 22.2.1994 (NJW 1994, S. 1944).

26 Zur Zulässigkeit einer Zusammenarbeit mit privaten Rundfunkveranstaltern vgl. BVerfGE 88, S. 238, 303 ff. sowie die einschlägigen gesetzlichen Regelungen (z.B. § 3 ZDF-StV).

27 In seiner Entscheidung vom 22.2.1994 (NJW 1994, S. 1947) hat das BVerfG den besonderen Stellenwert des Gebots der Wirtschaftlichkeit und Sparsamkeit im Hinblick auf die Ermittlung der Gebührenhöhe für den öffentlich-rechtlichen Rundfunk hervorgehoben.

28 Die Bedeutung sonstiger Einnahmen neben der Gebührenfinanzierung vor allem wegen der mit diesen Einnahmen verbundene Förderung der Staatsunabhängigkeit hat das BVerfG in seinem Urteil vom 22.2.1994 (NJW 1994, S. 1944) besonders betont.

29 Dies gilt besonders im Hinblick darauf, daß den Programmen privater Rundfunkveranstalter auch heute noch erhebliche Defizite an gegenständlicher Breite und Vielfalt bescheinigt werden, vgl. BVerfG, Urteil vom 22.2.1994 (NJW 1994, S. 1944).

Zuge der Digitalisierung keinen Gebrauch machen wollen oder können. Insofern gilt es, die chancengleiche Teilhabe auch dieser Bevölkerungskreise an der öffentlichen Meinungs- und politischen Willensbildung über das gemischt-finanzierte öffentlich-rechtliche Fernsehprogrammangebot zu gewährleisten.

An dieser Stelle gilt es jedoch auch klarzustellen, daß die Teilhabe des öffentlich-rechtlichen Fernsehens an neuen, entgeltlichen Programmdienstleistungen wie Pay-TV, Pay-per-View oder Video-on-Demand durch die Gebührenfinanzierung des öffentlich-rechtlichen Fernsehens nicht ausgeschlossen ist. Bei der Rundfunkgebühr handelt es sich um ein beitragsähnliches Entgelt, das für die Möglichkeit des Rundfunkempfangs zu leisten ist und nicht von der tatsächlichen Nutzung des Programmangebots abhängt[30]. Deshalb können - wie im Gebührenrecht allgemein üblich - neben dem Beitrag für den Anschluß als solchen darüber hinaus auch nutzungsabhängige Entgelte für spezifische Dienstleistungen erhoben werden. Dieser Gedanke liegt ersichtlich auch der Verfassungsrechtsprechung zugrunde, die einer weiteren Verwertung des durch Gebühren und Werbung finanzierten Programmvermögens der öffentlich-rechtlichen Rundfunkanstalten als Ausfluß der Rundfunkfreiheit grundrechtlichen Schutz angedeihen läßt[31]. Deshalb stehen dem Angebot entgeltlicher Fernsehdienstleistungen durch öffentlich-rechtliche Anstalten einschließlich solcher im Rahmen interaktiven Fernsehens abgaben- oder gar verfassungsrechtliche Bedenken nicht entgegen.

3. *Probleme bei der Gestaltung elektronischer Programmführer*

Im Zuge einer zu erwartenden Programmvermehrung kommt der Ausgestaltung elektronischer Orientierungshilfen (Programmführer) besondere Bedeutung zu, soweit über sie die Auswahl von Programmen und Sendungen gesteuert wird. Hier ist zum einen darauf zu achten, daß ein chancengleicher Zugang zum gesamten Programmangebot gewährleistet wird. Systeme dieser Art dürfen nicht dazu führen, daß einzelne Programmanbieter durch die Ausgestaltung der Auswahlmechanismen besonders begünstigt bzw. andere benachteiligt werden. Diese Anforderung ergibt sich nicht nur aus der Sicht der Veranstalter, die eine chancengleiche Behandlung aller Programme verlangen können. Sie folgt auch aus der Informationsfreiheit der Teilnehmer, die ebenfalls einen freien und ungehinderten Zugriff auf das gesamte Programmangebot gebietet[32]. Darüber hinaus ist aus der Sicht des öffentlich-rechtlichen Rundfunks zu beachten, daß er im Zuge der technischen Vollversorgung ausnahmslos alle Fernsehteilnehmer zu erreichen hat[33]. Diesem Kriterium ist bei der Ausgestaltung der Zugriffssysteme auf jeden Fall Rechnung zu tragen.

---

30 BVerfG, Urteil vom 22.2.1994 (NJW 1994, S. 1944).
31 BVerfGE 83, S. 238, 303 ff.
32 Zur Bedeutung des Informationszugangs auch in diesem Kontext vgl. BVerfG (Fn. 29).
33 BVerfGE 73, S. 118, 157.

IV. *Fortentwicklung der dualen Rundfunkordnung als Gemeinschaftsaufgabe*

Technische Umwälzungen sind für den deutschen Rundfunk nicht neu. Sie haben ihn geprägt und immer wieder zu neuen Ufern geführt. Bei aller berechtigten Kritik haben diese Übergänge gleichwohl dazu beigetragen, daß sich die deutsche Rundfunkordnung im weltweiten Maßstab als leistungsfähig und vital erwiesen hat. Auch die Digitalisierung ist ein Übergang zum Rundfunk von morgen. Niemand, weder der private Rundfunk noch der öffentlich-rechtliche Rundfunk allein, werden sie in Besitz nehmen oder gar autonom bewältigen können. Gemeinsam und arbeitsteilig sollten daher von allen gangbare Wege gesucht werden, die auch fortan Bestand und Entwicklung beider Partner der deutschen Rundfunkordnung sichern und damit auch in Zukunft umfassende Informations- und Meinungsfreiheit gewährleistet.

August Everding

Geburtstagsglückwunsch Professor Kreile

Reinhold Kreile - Wie er leibt und lebt

Reinhold Kreile ist geboren worden, um zu beweisen, daß Juristen nicht federfüchsige, trockene phantasielose Gesetzesausleger sind. Wenn man nicht weiß, wessen Profession er ist und ihm nur begegnet - bei all' den Anlässen, bei denen »man« sich begegnet - ist eine Zuordnung schwierig. Nein, gar nicht, das ist doch der Schauspieler, dieser Bohemien, der behäbige Väterspieler mit dem Sonntagslächeln und der pastoralen Gestik. Aber wie kommen Sie darauf, das ist doch der Bariton, ich habe ihn als Vater Germont in »Traviata« oft gehört. Nein, Herr Nachbar, pardon, ich weiß es genau, er war Postulant bei den Benediktinern, wurde aber von dieser Prediger-Sekte abgeworben, sehr geheim, gilt als Proselytenmacher. Sie müssen sich täuschen, ich habe ihn im Bundestag gesehen, ernsthaft arbeitend in einem Ausschuß. Das kann nicht sein, ich habe ihn als forensisch eloquenten Anwalt erlebt, er erheiterte den ganzen Gerichtssaal und verlor nie seine Stimmung. Ja, das kann stimmen, er stimmt auch beim Klavierspielen ganz gut überein mit einem Partner, der somit vielen die Stimmung verdirbt.

Merkwürdig, ich habe gehört, daß er dafür sorgt, daß die Tantiemen für die Komponisten stimmen.

Also liebe Mitgesellschafter, wir können nicht von demselben Mann sprechen, denn seine notierten Bemerkungen in den Aufsichtsräten - wieviele? ich weiß es nicht mehr - sind nüchtern, klar, präzise. Mag sein, aber in der Hochschule für Film und Fernsehen löst er mit leichter Hand verfahrene Situationen, und wissen Sie, wer ihm dabei hilft? - sein rechtskundiger Sohn. Ach Gott, soll das so weitergehen? Nein, der muß noch beim Vater Humor lernen.

Ja, meine Herren, wenn dieses Chamäleon derselbe Herr ist, kann es sich nur um einen handeln: Reinhold heißt er, und Kreile auch noch und der soll Geburtstag haben, einen runden.

Ach, interessant, will der aufhören?

Aufhören, - der fängt ja gerade erst an.

Na, dann Glückwunsch ihm und uns allen.

Apropos Geburtstag: Reinhold Kreile ist geboren worden, um uns zu erfreuen, zu belehren, uns abzulenken und hinzulenken. Es gibt noch so wenig gebildete kulturell interessierte, kulturell interessierende Menschen. Es ist gut, daß Sie vor 65 Jahren geboren wurden.

Norbert P. Flechsig

Das Recht an Briefen

Besonderer Schutz des geschriebenen Wortes

> Die Signatur des Zeitalters ist es, daß kein Mensch, ohne alle Ausnahmen, sein Leben in einem einigermaßen durchsichtigen Sinn, wie er früher in der Abschätzung der Marktverhältnisse gegeben war, mehr selbst bestimmen kann. Im Prinzip sind alle, noch die Mächtigsten Objekte.[1]

Die Frage nach dem Recht an Briefen ist unterschiedlich danach zu beantworten, ob das Eigentum am Brief*papier,* das Urheberrecht am Brief als *Sprachwerk* oder aber das Recht auf Diskretion des niedergelegten *Inhalts* des Briefes in Frage steht.

1. *Eigentum an Briefen*

Mit dem Absenden des Briefes erklärt der Verfasser desselben, dem Empfänger das Eigentum hieran einzuräumen. Der Empfänger wird deshalb bei Fehlen eines entsprechenden Vorbehalts Eigentümer des Briefes als materiellem Eigentum (§ 929 S. 1 BGB)[2]. Dieses Eigentumsrecht umfaßt jedoch nur den Brief als körperlichen Gegenstand. Sonstige Befugnisse, die sich aufgrund des Briefinhalts als Sprachwerk oder mit Blick auf die Diskretion der Äußerung zugunsten des Verfassers ergeben könnten, sind hiermit nicht eingeräumt. Insbesondere urheberrechtliche und persönlichkeitsrechtliche Befugnisse und sein diesbezüglicher Schutzanspruch beispielsweise vor Indiskretion bleiben somit grundsätzlich beim Verfasser zurück.

2. *Urheberschutz an Briefen*

Nach herrschender Auffassung genießen Briefe nur dann urheberrechtlichen Schutz, wenn sie über Allerweltsmitteilungen hinausgehen[3]. Dies gilt auch dann, wenn solche Briefe von berühmten Personen[4] verfaßt werden, denn der Urheberschutz an Briefen hat keine anderen Voraussetzungen als der von sonstigen

---

1 Theodor W. Adorno, Minima Moralia - Reflexionen aus einem beschädigten Leben, Suhrkamp Verlag 1973, Erster Teil - Eigentumsvorbehalt.
2 RGZ 69, 401 - Nietzsche-Briefe; Reichardt, Das Recht an Briefen, S. 12 ff.
3 Fromm/Nordemann, Kommentar zum UrhG, 8. Auflage 1994, § 2 Rdnr. 35; Schricker/Loewenheim, Kommentar zum UrhG, § 2 Rdnr. 64.
4 LG Oldenburg AfP 1987, 537 - Politikerbrief.

Schriftwerken. Es kommt daher lediglich darauf an, ob derartige Briefe unter Ausschaltung eines etwaigen historischen oder bibliographischen Interesses an der Person des Autors als Erzeugnis eines beliebigen Verfassers durch ihren originalen Gedankeninhalt oder ihre künstlerische Formgebung literarisch bedeutsam und damit urheberrechtsfähig sind.[5] Das ist bei gewöhnlichen Briefen, die sich auf alltägliche Mitteilungen beschränken, zu verneinen.[6] Es muß in dem Brief eine persönliche geistige Leistung zu Tage treten, was in der originellen Art des gedanklichen Inhalts ebenso liegen kann wie dies in der persönlichen Formgebung oder in der besonderen Sprachfassung oder dem Inhalt des Briefes zu Ausdruck kommen kann.[7] Entscheidend sind damit objektive, nicht subjektive Merkmale. Es kommt im Hinblick auf den Urheberrechtsschutz auch nicht darauf an, ob der Brief von seinem Verfasser mit der Absicht späterer Veröffentlichung geschrieben wurde und einen literarischen Wert in dem Sinne hat, daß er von Anfang an *verlagsfähig* erscheint. Erst recht sind vermögensrechtliche Interessen etwa der Erben an den Briefen unerheblich. Ferner gilt, daß der urheberrechtliche Schutz des Briefes im Zeitpunkt der Entstehung des Sprachwerkes eingreift. Das Brief*werk* muß nicht abgesandt sein und bereits sein Entwurf wird vom zivil- und strafrechtlichen Urheberschutz umfaßt.

Geht - wie gesehen - mit der Absendung und dem Empfang des Briefes als einem urheberrechtsfähigen Sprachwerk das Eigentum am Papier auf den Adressaten über, verbleiben die Befugnisse zur Vervielfältigung, Verbreitung und öffentlichen Wiedergabe im Sinne von §§ 15 ff. UrhG dem Verfasser. Die Rechtsregel des § 44 UrhG findet somit beim Brief eine unausgesprochene Parallele: Der Empfänger des Briefes als einem urheberrechtsfähigen Sprachwerk ist berechtigt, den Brief zu lesen; sonstige Nutzungsrechte sind ihm hieran im Zweifel nicht eingeräumt.

3. *Schutz vor Indiskretion und Schutz der Persönlichkeit des Verfassers*

Der Schutz des Briefgeheimnisses besteht unabhängig davon, ob urheberrechtlicher Werkschutz besteht oder aber nicht. Denn es wäre in der Tat unbefriedigend, wenn dies nur bei Briefen von literarischem Rang der Fall wäre. Vielmehr verlangt das sich im Schriftstück niederschlagende Wesen der Persönlichkeit des schreibenden Menschen Schutz,[8] wie auch der vom Briefinhalt berührte Empfänger oder Dritte diesbezüglichen Schutz in Anspruch nehmen kann, sofern aus den Umständen ein solcher Geheimhaltungswunsch - wie regelmäßig - anzunehmen ist. Der Schutz des Briefgeheimnisses besteht jedenfalls solange die Person des

---

5 RGZ 69, 401 - Nietzsche-Briefe; ebenso RGJW 1920, 452 - Bismarck-Briefe; ferner RGZ 94, 1 und RGZ 102, 134; LG Berlin UFITA Bd. 56 (1970), 349 - Alfred-Kerr-Briefe.

6 RGZ 41, 43 ff., 49 - Richard-Wagner-Brief.

7 Schricker/Loewenheim, a.a.O., § 2 Rdnr. 64.

8 BGHZ 13, 334 - Hjalmar Schacht: Das Veröffentlichungsrecht folgt aus dem allgemeinen Persönlichkeitsrecht auch dann, wenn die Aufzeichnungen nicht die individuellen Formprägungen aufweisen, die für einen Urheberschutz erforderlich sind; BGHZ 31, 308 - Alte Herren; BGHZ 36, 77 - Waffenhandel.

Briefschreibers lebt. Dies folgt aus dem allgemeinen Persönlichkeitsrecht und damit dem Anspruch des Menschen auf Diskretion und Anonymität[9], auf Eigenleben und die Bestimmung des lebensnotwendigen Eigenraums. Dieser Rechtsschutz hat seine vornehmste gesetzliche Ausprägung in Art. 10 Abs. 1 GG gefunden. Hiermit übereinstimmend wird das Briefgeheimnis in Art. 8 der Europäischen Konvention der Menschenrechte und Grundfreiheiten vom 4. November 1950[10] sowie in Art. 12 der Menschenrechtscharta vom 10. Dezember 1948 garantiert.[11]

Gesetzliche Regelungen zum Schutze des geschriebenen Wortes bestehen darüber hinaus vorrangig in strafrechtlichen Normen. Diese zeigen jedoch, daß sie nicht in erster Linie und damit zielgerichtet den Briefschreiber und seine Geheim- und Intim- sowie Privatsphäre[12] schützen sollen: Nach § 202 StGB ist jedes verschlossene Schriftstück gegen das Öffnen geschützt. Damit unterfällt nicht nur der klassische Brief dem Schutz gegen Offenbarung, sondern auch Abbildungen und andere Gedankenträger als Schriftstück sind hiervon erfaßt (§ 202 Abs. 3 StGB). Denn unter Schriftstück im strafrechtlichen Sinne ist jede Verkörperung eines Gedankeninhalts durch Schriftzeichen zu verstehen.

Bemerkenswert im vorliegenden Zusammenhang ist, daß der Rechtsschutz des § 202 StGB nicht ausschließlich und immer wie erwähnt dem Verfasser des Briefes zugute kommt. Geschützt ist derjenige, dem bei Verletzung der Norm der Anspruch auf Diskretion zusteht. Hierfür reicht es aus, daß der Inhalt des Briefes nicht für den Täter bestimmt ist. Der Schutz gegen Öffnen des Briefes knüpft formal an den Verschluß körperlicher Gegenstände an: *Wer unbefugt einen verschlossenen Brief oder ein anderes verschlossenes Schriftstück, die nicht zu seiner Kenntnis bestimmt sind, öffnet oder sich vom Inhalt eines solchen Schriftstücks ohne Öffnung des Verschlusses unter Anwendung technischer Mittel Kenntnis verschafft* wird bestraft. Entscheidend ist das Recht zum Öffnen desselben. Wer das diesbezügliche Bestimmungsrecht innehat, ohne daß er damit Eigentümer des Schriftstücks sein muß, soll strafrechtlich geschützt werden.[13] Damit wird aber zugleich deutlich, daß nicht der Briefschreiber vom strafrechtlichen Rechtsschutz erfaßt wird. Dies wird ersichtlich, wenn man sich das strafrechtliche Briefgeheimnis aus der Sicht des Adressaten vor Augen führt: Die Befugnis, über das Öffnen des Briefes zu bestimmen, hat nicht der Absender, sondern allein der Empfänger. Dieser kann diese Befugnis auf Dritte übertragen. Damit muß keine Übereignung des Briefes erfolgen. Auch der Besitzer kann zum Öffnen befugt sein und das diesbezügliche Sich-Verschaffen der Kenntnis des Inhalts verstößt mithin gegen den

---

9 Hubmann, Das Persönlichkeitsrecht, 2. Aufl., S. 209 ff.
10 BGBl. 1952/II, 686.
11 Allgemeine Erklärung der Menschenrechte, verkündet von der Generalversammlung der Vereinten Nationen am 10. 12. 1948; Beck Sartorius II, Nr. 41; *Art. 12: Niemand darf willkürlichen Eingriffen in sein Privatleben, seine Familie, sein Heim oder seinen Briefwechsel noch Angriffen auf seine Ehre und seinen Beruf ausgesetzt werden. Jeder Mensch hat Anspruch auf rechtlichen Schutz gegen derartige Eingriffe oder Anschläge.*
12 Wenzel, Das Recht der Wort- und Bildberichterstattung, 4. Aufl. 1994, Rdnr. 5.28 m.w.N.
13 Helle, Besondere Persönlichkeitsrechte im Privatrecht, S. 320 m.w.N.

diesbezüglichen Strafrechtsschutz des Besitzenden. Dieser ist sodann auch strafantragsberechtigt.[14]

Ergänzend zu erwähnen ist § 353d Nr. 3 StGB, der neben der Anklageschrift auch den Schutz anderer amtlicher Schriftstücke eines Straf-, Bußgeld- oder Disziplinarverfahrens gegen Vor-Veröffentlichung - vor öffentlicher Verhandlung oder Abschluß des Verfahrens - auch nur in wesentlichen Teilen schützt. Schutzzweck ist nicht in erster Linie die Persönlichkeit des Briefverfassers sondern die Unbefangenheit der Verfahrensbeteiligten, insbesondere Laienrichtern und Zeugen.[15]

Der Schutz vor Indiskretion geht über den Tod hinaus, wenn der Briefinhalt bereits urheberrechtlich geschützt ist; dies folgt unmittelbar aus § 64 UrhG. Entsprechendes muß dann gelten, wenn die Veröffentlichung eines auch urheberrechtlich nicht geschützten Briefes gegen die Würde und Persönlichkeit des Verstorbenen verstößt. Es erscheint angezeigt, dies in analoger Anwendung des § 22 Satz 3 KUG jedenfalls für einen Zeitraum von 10 Jahren nach dem Tode anzunehmen, ein Anspruch Dritter auf Veröffentlichung besteht auch nach diesem Zeitpunkt nicht. Der Erbe macht hierbei keinen eigenen Persönlichkeitsschutz geltend[16], vielmehr vertritt er die Interessen des Erblassers, die den Tod insoweit überdauernde Persönlichkeit des Verstorbenen.

Wo Persönlichkeitsrechte und Urheberrechte im Erbgang auseinanderfallen[17] reicht das ererbte urheberrechtliche Nutzungsrecht nicht über den gerechtfertigten persönlichkeitsrechtlichen Indiskretionsschutz hinaus: Dieser Schutz kann von demjenigen, dem er vom Verfasser zur Wahrnehmung anvertraut wurde, auch dann geltend gemacht werden, wenn das Urheberrecht im Erbgang auf Dritte übertragen wurde.

Nicht jede vom Briefschreiber ungewollte Veröffentlichung von Briefen verstößt gegen dessen Persönlichkeitsschutz. Die Zensur des Briefverkehrs von Untersuchungsgefangenen beispielsweise kann durchaus rechtens sein;[18] entsprechendes gilt für Strafgefangene[19]. Zwar durchbricht die Briefkontrolle bei Häftlingen die von Art. 2 Abs. 1 GG geschützte Privatsphäre zulässigerweise. Damit wird diese aber nicht aufgehoben und in eine öffentliche Sphäre umgewandelt. Der Grundrechtsschutz wirkt sich vielmehr gerade darin aus, daß der vertrauliche Charakter die Äußerung trotz der staatlichen Überwachung gewahrt bleibt. Etwas anderes gilt nur dann, wenn der sich Äußernde selbst die Vertraulichkeit aufhebt, so daß die Gelegenheit für Dritte, seine Äußerungen wahrzunehmen, ihm zuzurechnen sind und nicht erst durch staatlichen Eingriff geschaffen werden.[20] Es unterliegt

14 Ebenso Dreher/Tröndle, Kommentar zum StGB, 43. Aufl. § 205 StGB. Rdnr. 3.

15 Träger in Leipziger Kommentar zum StGB, 10. Aufl. § 353, Rdnr. 38.

16 Hierzu RGZ 41, 50, wonach ein solches Persönlichkeitsrecht seiner Natur nach mit dem Tode des Urhebers erlischt.

17 Hierzu der Fall BGHZ 15, 250 ff. - Cosima-Wagner-Tagebücher.

18 NJW NJW 1992, 1873 - EGMR 25. 2. 1992 - 54/1990/245/316. Hierzu auch die Tagebuchentscheidungen des BVerfGE 18, 186 und zum Urkundenbeweis von Tagebüchern NJW 1990, 563 = JZ 1990, 431 sowie BVerfG NJW 1991, 2339 - Chefarzt.

19 BGHSt NJW 1988, 1037 mit Anmerkungen von Plagemann NStZ 1987, 570, sowie Amelung NJW 1988, 1002 (. . . in Fällen schwerster Kriminalität).

20 BVerfG vom 26. 4. 1994 - 1 BvR 1689/88.

grundsätzlich der Entscheidungsgewalt jedes Menschen, ob und in welcher Form von ihm verfaßte Schriftstücke veröffentlicht werden dürfen. In den Fällen des mangelnden Selbstschutzes, in denen der Briefschreiber aber sein Rundschreiben an eine Vielzahl von Personen versendet, ohne die vertrauliche Behandlung in irgendeiner Weise sicherzustellen, muß er mit einer Veröffentlichung desselben rechnen und kann sich mithin nicht auf seinen Anspruch auf Diskretion berufen.[21] Dies kann auch dann der Fall sein, wenn Briefe an Dritte ohne Sicherungsvorkehrungen herausgegeben worden sind, die zudem nicht vorrangig Angelegenheiten der privaten Sphäre im engeren Sinne betreffen.[22] Briefe Strafgefangener verlassen die durch Art. 2 I GG geschützte Privatsphäre auch bei zulässiger Briefkontrolle nicht. Verurteilungen wegen Äußerungsdelikte in Briefen von Strafgefangenen verstoßen deshalb gegen Art. 5 Abs. 1 Satz 1 GG in Verbindung mit dem allgemeinen Persönlichkeitsrecht.[23]

Jedoch ist in diesen Fällen vorhandener Öffentlichkeit des Briefes auch zu bedenken, daß eine Entstellung des Briefes auch bei berechtigter Veröffentlichung damit nicht einhergehen darf.[24] Denn die veränderte, in sein Gegenteil gewendete Wiedergabe des Briefinhalts und der diesbezüglichen Schriftstücke vermittelt ein fehlerhaftes, unstimmiges Bild der Persönlichkeit des Verfassers und bildet damit einen Verstoß gegen den Integritätsanspruch des Verfassers. Unzulässig sind im allgemeinen nicht nur vom Verfasser nicht genehmigte Streichungen wesentlicher Teile seiner Aufzeichnungen, sondern auch Zusätze, durch die seine nur für bestimmte Zwecke zur Veröffentlichung freigegebenen Aufzeichnungen eine andere Färbung oder Tendenz erhalten, als er sie durch die von ihm gewählte Fassung und die Art der von ihm erlaubten Veröffentlichung zum Ausdruck gebracht hat.[25]

4. *Zusammenfassung*

Zusammenfassend kann zum Recht an Briefen jedenfalls soviel gesagt werden: Die ungenehmigte Veröffentlichung privater Briefe stellt regelmäßig einen unzulässigen Eingriff in die dem Verfasser gewährte Geheimsphäre, in sein informationelles Selbstbestimmungsrecht und damit in sein Persönlichkeitsrecht dar. Die Kenntnisnahme durch Dritte ist - anders als gegebenenfalls der Schutz des gesprochenen Wortes - nicht geschützt. Der Rechtsschutz gegen Briefveröffentlichung hat gegebenenfalls auch auf die persönlichkeitsrechtlichen Belange Dritter[26] Rücksicht zu nehmen, und er ist damit abwägungsabhängig.[27] Eignet der Brief urheberrechtlich Werkschutz, treten die diesbezüglichen Schutznormen des

---

21 BGHZ 31, 308 - Alte Herren.
22 BGHZ 36, 77 - Waffenhandel.
23 BVerfG vom 26. 4. 1994 - 1 BvR 1689/88.
24 BGHZ 31, 308 - Alte Herren.
25 BGHZ 13, 334, 338/339 - Leserbrief.
26 Ebenso Koumantos, in Festschrift für Heinrich Hubmann (1985): Rechte an Briefen: Eine rechtsvergleichende Skizze, S. 193 ff., 199.
27 Helle, a.a.O., S. 323.

Vervielfältigungs- und Verbreitungsverbots sowie der unerlaubten öffentlichen Wiedergabe ergänzend hinzu. Letzterer Schutz ist jedenfalls bis zum Ablauf von 70 Jahren nach dem Tode des Urhebers gewährleistet.

*

Diesem Festschriftbeitrag kommt auch ein Briefcharakter zu: Der Verfasser grüßt hiermit in aller Form den Jubilar zu seinem 65ten Geburtstag am 1. Dezember 1994 und verbindet damit laut und vernehmlich seine besten Glückwünsche. Das diesbezügliche Veröffentlichungsrecht wird somit von Natur aus eingeschränkt: *Persönlichkeitsrechtliche Interessen des Verfassers an einer Nichtveröffentlichung müssen im vorliegenden Fall einem klar überwiegenden allgemeinen oder privaten Interesse an einer Veröffentlichung weichen. Dies folgt aus der gebotenen Interessenabwägung, der Persönlichkeitsrechte bei der Abgrenzung ihres Schutzbereiches in besonderem Maße unterliegen. Die Entscheidung liegt vorliegend weder beim Verfasser dieser Grußadresse noch bei dem Jubilar, dem dieser Glückwunsch gilt*[28]. *Die Öffentlichkeit verlangt eine Veröffentlichung!*

28 Frei nach BGHZ 15, 250, 261 f. - Cosima-Wagner-Tagebücher.

Heinz Friedrich

Anfänge

Reinhold Kreile wird 65

Soviel Anfang war noch nie. Ich weiß nicht mehr, von wem der Satz stammt - aber zu traf er damals auf die Lage in den Jahren zwischen 1945 und 1955. Da gab es nichts, woran man anknüpfen konnte; man mußte die Pfähle für neue Fundamente selbst zurechtschneiden und selbst einrammen - auch die Pfähle der Tradition.

Die Trümmer, mit denen die Landschaften, die einmal Deutschland hießen, übersät waren, spiegelten das Bild eines seelisch-geistigen Trümmerfeldes, das der schreckliche Krieg in den Menschen (und insbesondere in den jungen Menschen) angerichtet hatte. Unter diesem Schutt Fundamente aufzuspüren für eine Reaktivierung produktiver Persönlichkeits-Strukturen, erschien (und war) weitaus schwieriger als die Enttrümmerung der Städte oder der Entwurf einer Währungs-Reform.

Anfänge. Wer auch immer wo auch immer nach 1945 anpackte - er wirkte an einem Anfang mit. Gewiß: eine Stunde Null der totalen tabula rasa gab es auch 1945 nicht. Aber die schreckliche Stille des Schocks nach einer gewaltigen Katastrophe, die gab es. Sie vermittelte die Erfahrung des NICHTS, vor der sich nur noch die verzweifelte Energie der nackten, kreatürlichen Existenz behaupten konnte. Daß im Gefolge dieses Schock-Erlebnisses der entmythisierte, will sagen: ent-Heideggerte Existenzialismus Sartres zu einer Art Überlebens-Philosophie der ersten Nachkriegsjahrzehnte wurde, ist unter solchen Umständen kaum verwunderlich.

Die jungen Menschen, dem Inferno entronnen, beflügelte, indem sie sich der inneren und äußeren Trümmer zu entledigen versuchten, eine ungeahnte Lebenskraft und ein, unter den vorgegebenen Umständen erstaunlicher Lebens-Optimismus. Saturierten Generationen ist diese Haltung und dieses Verhalten kaum noch nachvollziehbar; es bedarf der Ernstfälle, um solche Kräfte zu entbinden (und zu verstehen . . .).

Frankfurt/Main, Anfang der Fünfziger Jahre. Dem äußeren Anschein nach eine verwüstete Stadt. Ein urbanes Elendsviertel, in dem nur karges Leben aus den Ruinen wuchs. Aber welch ein geistiges Leben regte sich in diesem Trümmerfeld! Die leeren Fensterhöhlen und eingestürzten Mauern wurden zweitrangig angesichts jener Kultur-Heimat, die eine Stadt wie Frankfurt fern kulturpolitischer Protz- und Gesinnungs-Aktivitäten dadurch bot, daß es sie zuließ.

Die materiellen Resourcen waren knapp, aber die Mittel der Improvisation und damit der Phantasie waren unbegrenzt. »Alexanderzüge mittels Wallungen« (Benn) fanden statt; wer sich zu Wort meldete, um an ihnen teilzunehmen, wurde aufgenommen, sofern er mehr zu bieten hatte als intellektuelle Schaumschlägerei (die damals ohnehin noch nicht so heftig im Schwange war und so virtuos beherrscht wurde wie heute).

Und es meldeten sich viele zu Wort. Was aber das Erstaunliche ist: sie behielten es auch - und zwar nicht aus dem Grund, daß sie sich einen sicheren Posten zum Ausharren und Aussitzen der Macht eroberten, sondern kraft ihrer Persönlichkeit. Sie wollten nicht nur was aus sich, sondern sie wollten vornehmlich was aus der Gesellschaft machen, in der sie lebten und die mitzugestalten sie aufgerufen wurden. So jedenfalls verstanden sie damals das neue politische Zauberwort Demokratie. Daß sie dann doch nicht so dringlich aufgerufen waren, wie sie sich das in ihrer Ungeduld vorgestellt hatten, steht auf einem anderen Blatt mit dem marginalen Generations-Aktenzeichen »ohne mich«.

Einer, der damals jung war und dennoch Einsicht, Geduld und nüchterne Einschätzung der Lage aufzubringen bereit war, hieß Reinhold Kreile - ein Student fränkischer Herkunft. Er schrieb weder Gedichte noch Romane, noch entwarf er Manifeste oder entwickelte revolutionäre Thesen. Er studierte Jura und Steuerrecht nebst einigen anderen höchst nüchternen Fächern - und er profitierte ganz offensichtlich von der weltoffenen Liberalität und geistigen Präzision eines Eugen Kogon, dessen »Schüler« er in Darmstadt war.

Aber dieser gewandte, ebenso verbindliche wie fröhliche junge Mann, der schon als Student das Leben in des Wortes unmittelbarster Bedeutung »genoss«, tat dies nicht nur kulinarisch, sondern auch geistig und musisch. Er war zeit seines Lebens (und blieb es bis heute) neugierig auf geistig rege, schöpferische Menschen. Sie zogen ihn an aber er zog auch sie an, weil er sich ihnen nicht in der Rolle des Bewunderers oder Liebhabers oder Prominentensammlers näherte, sondern um mit ihnen in's Gespräch zu kommen. Und bald merkten seine Partner, daß es sich umgekehrt ebenso lohnte, mit ihm den Dialog aufzunehmen.

Auf solche Weise geriet Reinhold Kreile nicht nur in den Kreis jener Frankfurter »Genie-Knaben« im Umfeld von Horkheimer und Adorno, sondern auch in die »Gruppe 47«, mit deren Gründer und »Anführer« Hans Werner Richter ihn bis zu dessen Tod eine intensive Freundschaft verband - mit ihm und mit fast allen Literaten, mit denen er in diesem Kreis zusammentraf.

Apropos: Genie-Knaben. Wer waren sie? Manchmal treibt der Zufall seltsame Spiele, indem er Menschen zusammenwürfelt, die miteinander etwas anfangen können - die aber ohne dieses Würfelspiel nie (oder zumindest erst viel später) zueinander gefunden hätten. In unserem Erinnerungs-Fall würfelte das Schicksal junge Männer wie Joachim Kaiser und H.M. Enzensberger, Ivan Nagel und später Horst Bienek - ja: und eben Reinhold Kreile zusammen. Sie bildeten zusammen mit anderen Frankfurter Jung-Intellektuellen weder einen Club noch eine Gruppe, noch waren sie ein Männerbund. Sie trafen sich lediglich da und dort bei den verschiedenen Gelegenheiten, beabsichtigten und unbeabsichtigten, und sie redeten oder musizierten miteinander oder gingen in's Theater und debattierten über's Theater, über Vorträge, über Bücher. Gewiß: das tun junge Menschen auch heute noch. Doch die Konstellation des Anfangs gab den Debatten von damals ein anderes Gewicht. Sie entwarf Zukunft.

Ein Kulminationspunkt des damaligen Frankfurter Kulturlebens war das Nachtstudio des Hessischen Rundfunks. Es hieß zwar Abendstudio, aber da es nach

22.00 Uhr begann, war es eben doch, was ähnliche Unternehmungen in anderen Sendern auch waren: ein Nacht-Studio, zumal bis Mitternacht und oft sogar über diesen Zeitpunkt hinaus gesendet wurde. Diese Nachtstudios der Sender bestanden zumeist aus zwei Teilen: einem Wort- und einem Musikteil. Für die kulturell interessierte Hörerschaft stellten sie eine Institution dar, die sozusagen die neuesten geistigen Nachrichten übermittelte. In Frankfurt leitete Alfred Andersch das Nachtstudio. Ich war sein Assistent (später sein Nachfolger). Natürlich übten unsere wöchentlichen Nacht-Sendungen eine enorme Anziehungskraft auf junge Autoren und Musiker aus. So lernten wir, Andersch und ich, die wir um knapp zehn oder höchstens fünfzehn Jahre älter waren als diese, auch die Frankfurter Genie-Knaben, einen nach dem anderen, kennen. Sie erregten Anderschs Aufmerksamkeit, und sie faszinierten meine Frau und mich. Ihre unbekümmerte Art, mit der sie ihre Intelligenz keineswegs unter den Scheffel stellten, sondern sie glänzen ließen, hatte den Charme einer naiven Arroganz. Wir »Älteren« nahmen uns neben diesen quirligen, beredten Jungen fast ein wenig bedächtig aus. Andersch zeigte sich vom intellektuellen Charisma der jungen Leute beeindruckt. Er lud sie zur Mitwirkung in seinem Abendstudio ein. Von ihm könnte auch das Etikett »Genie-Knaben« stammen; aber bestätigen kann ich diese Vermutung nicht mehr. Vielleicht war der Begriff auch nur ein Bonmot (wie die Bezeichnung »Gruppe 47« auch), das, leichthin gesagt, zum Aufkleber wurde. Jedenfalls war es innerhalb weniger Wochen den »Kultur-Insidern« in Frankfurt geläufig.

Die Genie-Knaben trafen sich häufig in unserem Reihenhaus in Neu-Isenburg bei Frankfurt - nicht etwa, um ihr Genie-Image zu pflegen, sondern um freundschaftlich miteinander umzugehen und um interessante Leute zu treffen, die zum Beispiel zwecks Nachtstudio-Aufnahmen sich in Frankfurt aufhielten. Hier fand auch die legendäre Begegnung zwischen Carl Schmitt und Alfred Andersch statt.

Reinhold Kreile war oft mit von der Isenburger Partie. Er machte sich sogar bereits damals juristisch nützlich, indem er unsere kargen Steuererklärungen vorbereitete und formulierte. In einer Zeit, in der jede Mark kostbar war, wußten nicht nur meine Frau und ich, sondern gewiß auch andere diese Hilfe zu schätzen . . .

Ein Jurist und Steuerfachmann ist nicht aufgerufen, sich um Politik zu kümmern. Kreile war jedoch klug genug, um zu wissen (oder unbewußt zu spüren), daß politische Praxis und juristische Praxis nicht auseinanderdriften sollen, sondern gegenseitiger Wechselwirkung bedürfen, um sinnvoll zu wirken. Deshalb versagte er sich nicht der Politik, sondern brach auf, politische Erfahrungen zu sammeln und sie durch seinen juristischen Sachverstand abzuklären.

Daß er dennoch ein Genie-Knabe blieb, verdankt er seiner musischen Ader. Ohne Kunst wäre ihm das Leben, das juristische ebenso wie das politische, zuwider. Er braucht bis auf den heutigen Tag die musischen Impulse, um sich aufzuladen, und er braucht das Gespräch über die Verhältnisse unseres Daseins, die jenseits aller klärbaren Sach-Fragen liegen, um sich zu vergewissern, daß die Juristerei nicht der Lebensweisheit letzter Schluß sei.

Reinhold Kreile, der Realist, Reinhold Kreile, der Pragmatiker - er gerät in's Schwärmen, wenn die Rede auf TRISTAN kommt oder auf Mahlers Siebte oder Brendel. Und bleibt dennoch Realist und Pragmatiker. Diese Ambivalenz bewahrte ihn davor, zum »Liebhaber« der Künste zu werden. Gottlob, fügen wir hinzu. Denn die Künste brauchen ihn nicht als Liebhaber, sondern als Partner – und das heißt: als einen, der sie versteht und sich von Ihnen ergreifen läßt, sie zugleich aber auch pragmatisch davor bewahrt, daß sie sich den Realitäten der Gesellschaft entfremden.

Gerhard Frotz

Urheberrechtsgesetzliche Entwicklungen in Österreich

Die großen urheberrechtsgesetzlichen Entwicklungen in Deutschland nach dem 2. Weltkrieg sind wesentlich mit dem Wirken Reinhard Kreiles verbunden. Dieser hat sich in seiner parlamentarischen und literarischen Tätigkeit dem urheberrechtlichen Fortschritt immer verpflichtet gefühlt. Er betreibt auch in seiner heutigen national wie international bedeutenden Stellung als Generaldirektor der GEMA und Angehöriger von Leitungsgremien wichtiger einschlägiger nationaler und internationaler Organisationen mit Klugheit, Nachdruck und Gewicht die weitere Verbesserung und Modernisierung des Rechtsschutzes der Urheber. Die Hoffnung ist daher nicht unbegründet, daß der nachstehende Überblick über die jüngste urheberrechtsgesetzliche Entwicklung in Österreich das wohlwollende Interesse des Jubilars findet, dem sich der Autor freundschaftlich verbunden fühlt.

I. *Die UrhGNovelle 1993*

1. Die Geschichte des österreichischen Urheberrechtsgesetzes BGBl. 1936/111 nach dem 2. Weltkrieg ist die Geschichte zahlreicher Novellierungen. Die einzelnen Gesetzgebungsakte, acht an der Zahl (BGBl. 1949/206; 1953/106; 1972/492; 1973/142; 1980/321; 1982/295; 1988/601; 1989/612) bis zur bisher letzten UrhGNovelle 1993 (BGBl. 1993/93), sind freilich ungleichgewichtig. Es gab einerseits bloß redaktionelle Berichtigungen (etwa BGBl. 1973/142), andererseits kleine Schritte mit geringem Bodengewinn in der Modernisierung und Weiterbildung (z.B. BGBl. 1988/601 mit einer EWG- und EFTA-bezogenen Erweiterung des Grundsatzes der Erschöpfung des Verbreitungsrechts nach § 16 Abs. 3 UrhG durch Begrenzung der gesetzlichen Ausnahme in Halbsatz 2 und mit der Einführung des damit zusammenhängenden Auskunftsanspruchs nach § 87b UrhG), schließlich auch die eine oder andere »epochale« Neuheit. Erwähnenswert sind hier vor allem die vom bahnbrechenden deutschen Vorbild ausgehende, sich von diesem jedoch emanzipierende urheberfreundliche Einführung einer an das Trägermaterial anknüpfenden Urheberrechtsvergütung in den Fällen der mechanischen Vervielfältigung zum eigenen Gebrauch im Wege der Neugestaltung des § 42 UrhG (UrhGNovelle 1980 BGBl. 321); die mit derselben Novelle verabschiedete – die erstgenannte legislatorische Maßnahme rechtspolitisch gewissermaßen kompensierende – Begründung einer das Verbotsrecht des Urhebers ausschaltenden gesetzlichen Lizenz zur gleichzeitigen, vollständigen und unveränderten Weitersendung ausländischer Rundfunksendungen mit Hilfe von Leitungen (Kabel-TV-Lösung im Hinblick auf die Weitersendung terrestrischer Erstsendungen: § 59a UrhG) sowie die spätere Ausdehnung dieser in- wie ausländischen Urheberrechtskreisen nicht gerade beifällig aufgenommenen Lösung

durch § 59b UrhG auf Fälle der gleichzeitigen, vollständigen und unveränderten Übernahme von Programmen, die über Satelliten nicht vom Inland aus ausgestrahlt werden (UrhG 1989 BGBl. 612). Die UrhGNovelle 1993, die zunächst als UrhGNovelle 1992 gedacht war, dann aber erst im Jahre 1993 verabschiedet werden konnte und grundsätzlich (im einzelnen vgl. dort Art. II) mit dem 1.3.1993 in Kraft trat, gehört zu diesen Meilensteinen der neueren Rechtsentwicklung.

2. Nie zuvor hat es einen österreichischen urheberrechtsgesetzlichen Akt gegeben, der - wie es auf den ersten Blick scheinen möchte - inhaltlich so fremdbestimmt war. Nach den Erläuterungen zur Regierungsvorlage (596 Blg. St.Prot. NR XVIII. GP S. 4) ist die Novelle »im Zusammenhang mit der beabsichtigten Teilnahme Österreichs an einem Europäischen Wirtschaftsraum (EWR) . . . im Sinne des in Vorbereitung befindlichen EWR-Rechts, insbesondere des durch das künftige EWR-Abkommen als EWR-Recht übernommenen EG-Rechts« auf Umsetzung von Gemeinschaftsrecht gerichtet. Sie zielt auf Umgestaltung des österreichischen Urheberrechtsgesetzes:
erstens gemäß der vor Jahren verabschiedeten sog. Computerrichtlinie (= Richtlinie des Rates der Europäischen Gemeinschaften vom 14.5.1991 über den Rechtsschutz von Computerprogrammen [91/250 EWG], ABl. Nr. L 122 S 4, vom 17.5.1991 [EWR/Anh. XVII: 391 L 0250]);
zweitens auf der Grundlage von Art. 2 des Protokolls 28 zum EWR-Übereinkommen in Fortsetzung des von der UrhGNovelle 1988 zu § 16 Abs. 3 UrhG eingeschlagenen Weges in Richtung auf eine generelle Anerkennung der EWR- und EFTA-weiten Erschöpfung des Verbreitungsrechts für alle Werkstücke;
drittens im Hinblick auf die bei der Konzeption der Erläuterungen erst in Vorbereitung befindliche, am 19.11.1992 aber ergangene Richtlinie 92/100 EWG des Rates zum Vermietrecht und Verleihrecht sowie zu bestimmten dem Urheberrecht verwandten Schutzrechten im Bereich des geistigen Eigentums (im folgenden: RL) auf »Einführung« eines Vermiet- und Verleihrechts des Urhebers und Leistungsschutzberechtigten.

Freilich darf, was den Anlaß der UrhGNovelle 1993 betrifft, nicht übersehen werden, daß die amtierende österreichische Bundesregierung schon in ihrer Regierungserklärung eine zeitgemäße Neuordnung des Urheberrechts angekündigt hatte und daß dazu, auch aufgrund von nachdrücklichen und nachhaltigen Forderungen aus Urheberrechtskreisen, die Einführung eines solchen Vermiet- und Verleihrechts ebenso gehörte wie der Abbau oder die Entschärfung freier Werknutzungen, der die Novelle zusätzlich Aufmerksamkeit schenkt. Und im Hinblick auf den Urheberrechtsschutz von Computerprogrammen ist zu würdigen, daß dieser in den vergangenen Jahren nicht nur ein beliebtes Dissertationsthema, sondern auch ein evidentes Anliegen der Praxis war, das zumindest aus Rechtssicherheitsgründen eine gesetzliche Regelung dringend angezeigt erscheinen lassen mußte.

3. Obwohl der äußere Umfang der UrhGNovelle 1993 nicht sehr groß ist - den Löwenanteil hat die Einführung eines dem »VI. Abschnitt Sondervorschriften für gewerbsmäßig hergestellte Filmwerke« (§§ 38 - 40) angehängten neuen Abschnittes »VI.a. Sondervorschriften für Computerprogramme« mit seinen Vorschriften der §§ 40a bis 40e UrhG verschlungen -, ist der sachliche Gehalt dieser

mit der Regierungsvorlage übereinstimmenden Novelle bedeutend. Er wird im folgenden skizziert:

a) Das in § 16 UrhG geregelte Verbreitungsrecht des Urhebers als ausschließliches Recht schloß nach der österreichischen herrschenden Meinung immer schon das Vermietrecht und das Verleihrecht ein. Diese »Subrechte« sind jedoch im Einzelfall von dem in § 16 Abs. 3 UrhG ebenso allgemein normierten Grundsatz der Erschöpfung des Verbreitungsrechts existentiell bedroht. Danach erlischt das auf (körperliche) Werkstücke bezogene Verbreitungsrecht, sobald das Werkstück mit Einwilligung des Berechtigten durch Übertragung des Eigentums in Verkehr gebracht worden ist - freilich mit der überkommenen Einschränkung, daß der Urheber, wenn er seine Einwilligung nur für ein bestimmtes Gebiet erteilt hat, für Verbreitungen außerhalb dieses Gebietes berechtigt bleibt.

Nachdem - wie angedeutet - schon die 88er Novelle diese Einschränkung des Erschöpfungsgrundsatzes für solche Schallträger abgeschafft hatte, »die in einem Mitgliedsstaat der Europäischen Wirtschaftsgemeinschaft oder der Europäischen Freihandelsassoziation mit Einwilligung des Berechtigten in Verkehr gebracht worden sind«, und damit den Anwendungsbereich des Erschöpfungsgrundsatzes nicht unbeträchtlich ausgeweitet hatte (statt die engere Lösung zu wählen, die genannten Mitgliedsstaaten der EWG und der EFTA jeweils zu einem einzigen »bestimmten Gebiet« zusammenzufassen !), generalisiert die UrhGNovelle 1993 zunächst die 1988 gewählte Lösung, indem sie den Begriff »Schallträger« durch den Begriff »Werkstücke« ersetzt. Die anschließende Umsetzung der Vermiet- und Verleihrichtlinie geht folgerichtig davon aus, daß urheberrechtliche Vermiet- und Verleihrechte (und - hier vernachlässigte - entsprechende Rechte von Leistungsschutzberechtigten) nun noch stärker als zuvor dem Erschöpfungsrisiko ausgesetzt sind und daß die europarechtliche Richtlinie und die inländische rechtspolitische Forderung genau betrachtet darauf zielen, dieser Gefahr entgegenzuwirken oder Schadensfolgen auszugleichen. Die UrhGNovelle 1993 nimmt demzufolge das Vermietrecht in dem neuen § 16a Abs. 1 UrhG von der Regelung des § 16 Abs. 3 UrhG (alt) kurzerhand überhaupt aus, schafft also, soweit § 16a Abs. 1 UrhG (neu) nicht wieder durch § 16a Abs. 4 UrhG (neu) eingeschränkt wird, ein erschöpfungsfreies Vermietrecht. In dem neuen § 16a Abs. 2 UrhG kompensiert sie die fortgeltende Anwendung von § 16 Abs. 3 UrhG (alt) auf das Verleihen von Werkstücken mittels eines zwar dem Urheber zugesprochenen, indessen nur von Verwertungsgesellschaften geltend zu machenden Anspruchs auf angemessene Vergütung (vgl. dazu Art. 5 Abs. 1 RL). Die Konsequenz dieser differenzierenden Lösung ist, daß der Abgrenzung des Vermietens vom Verleihen, der die Begriffsbestimmungen in § 16a Abs. 3 UrhG (neu) dienen sollen, erhebliche praktische Bedeutung zukommen wird. Man darf auch voraussagen, daß diese Abgrenzung, die nicht den schuldrechtlichen Begriffsbildungen folgt, sondern danach getroffen wird, ob die Gebrauchsüberlassung (unmittelbar oder mittelbar) »Erwerbszwecken dient«, Rechtsanwendungsschwierigkeiten bereiten wird, obwohl sie dem österreichischen Urheberrecht nicht fremd ist (vgl. dazu im Bereich der freien Werknutzung von Werken der Tonkunst die Vorschrift des § 53 Abs. 1 Z. 3 UrhG).

Die erwähnte Regelung von § 16a Abs. 4 UrhG (neu) schließt die Anwendung von § 16a Abs. 1 und 2 UrhG (neu) für das Vermieten und Verleihen zum Zweck der Rundfunksendung (§ 17 UrhG) sowie des öffentlichen Vortrags und der öffentlichen Aufführung und Vorführung (§ 18 UrhG) und überhaupt für Werke der angewandten Kunst (des Kunstgewerbes) aus. Insoweit wird daher die Stammregelung von § 16 UrhG (alt) uneingeschränkt perpetuiert. Die Annahme der Erläuterungen (aaO S. 8), aufgrund von § 16 Abs. 4 UrhG (alt), wonach dem an einem Werk der bildenden Kunst bestehenden Verbreitungsrecht Werkstücke nicht unterliegen, »die Zugehör einer unbeweglichen Sache sind«, bedürfe die richtlinienmäßige Ausklammerung eines Vermiet- und Verleihrechts an Bauwerken (dazu nunmehr Art. 2 Abs. 3 RL) keiner weiteren Umsetzung, scheint diskussionsbedürftig. Da auch Bauwerke Werkstücke iS von § 16 Abs. 1 UrhG (alt) sein können, dürfte die gewünschte Lösung allenfalls im Wege von Größenschlüssen aus § 16 Abs. 4 UrhG (alt) erzielbar sein: Schluß vom Werkstück als Zugehör (= Hilfssache) auf Werkstücke als Bestandteile von Bauwerken (und Bauwerksliegenschaften) und von diesen auf Bauwerke selbst.

Die intendierte richtliniengetreue Einführung eines Anspruchs des Urhebers und Leistungsschutzberechtigten nach § 16a Abs. 5 Satz 1 UrhG (neu) - vgl. dazu jetzt Art. 4 RL - gegen Werknutzungsberechtigte und Filmhersteller, die anderen das Vermieten oder Verleihen der Werkstücke gegen Entgelt gestattet haben, auf einen angemessenen Anteil an diesem Entgelt, ist wohl als eine zwingende urhebervertragsrechtliche Schutzvorschrift zu verstehen und erweckt Assoziationen zum Folgerecht. Sie ist, wie ihre Ausdehnung durch Satz 2 leg. cit., ein Fortschritt, wird aber mit großer Sicherheit zu praktischen Schwierigkeiten führen, zumal der Beteiligungsanspruch nicht verwertungsgesellschaftenpflichtig ist.

b) Keine wirklichen urheberrechtsgesetzlichen Ansatzpunkte bestanden im österreichischen Recht hingegen für das sachliche Hauptanliegen der UrhGNovelle 1993, den Urheberrechtsschutz von Computerprogrammen richtlinienkonform gesetzlich zu verankern. Dazu schien es zunächst nützlich, wenn nicht geboten, in § 2 Z. 1 UrhG (alt) klarzustellen, daß Computerprogramme zu den »Sprachwerken« als Unterbegriff der »Werke der Literatur« zählen, wenn sie, was der nunmehr dort bezogene § 40a UrhG (neu) in Abs. 1 sagt, »das Ergebnis der eigenen geistigen Schöpfung ihres Urhebers sind«. Die im Vergleich zu § 1 Abs. 1 UrhG (alt) merkwürdig unbeholfen formulierte und zudem mit Rücksicht auf diese - rechtssystematisch an sich auch die in § 40a Abs. 2 UrhG (neu) beschriebenen Computerprogramme treffende - Einleitungsbestimmung scheinbar überflüssige »Sondervorschrift« soll eine spezifische Funktion erfüllen: Die Erläuterungen rechtfertigen diese Sondervorschrift damit (aaO. S 9), sie solle der Rechtsprechung anderer EU-Mitgliedsstaaten, insbesondere Deutschlands die Grundlage dafür entziehen, bei Computerprogrammen eine besondere Werkhöhe als Schutzvoraussetzung zu fordern, an den Werkcharakter von Computerprogrammen also höhere Anforderungen zu stellen als bei anderen Werkarten, und sie sei deswegen getrennt ergangen, und nicht als Ergänzung in § 1 UrhG aufgenommen worden, um Umkehrschlüsse bezüglich des Schutzes anderer Werke als Computerprogramme zu verhindern - was nicht ganz einleuchtet, wenn bei anderen Werkarten (angeblich) auch keine höheren Anforderungen gestellt werden.

Die UrhGNovelle 1993 geht davon aus, daß Computerprogramme grundsätzlich automatisch den allgemeinen urheberrechtlichen Rechtsschutz genießen, was insbesondere Bedeutung hat für den Urheberpersönlichkeitsschutz, vor allem den Schutz geistiger Interessen (§§ 19 ff. UrhG). Sie begnügt sich daher letztlich mit wenigen weiteren »Sondervorschriften«. Während Versuche zur gesetzlichen Einführung eines allgemeinen Dienstnehmerurheberrechts in Österreich bisher gescheitert sind, gewährt § 40b UrhG (neu) begrenzt auf Computerprogramme inzidenter zwar ein solches Dienstnehmerurheberrecht. Der Regelungsschwerpunkt liegt aber nicht hierauf, sondern auf der automatisch eintretenden - und nur abdingbaren - »Belastung« des Urheberrechts des Dienstnehmers mit einem unbeschränkten Werknutzungsrecht des Dienstgebers, der ex lege auch zur Ausübung der in den §§ 20 (Urheberbezeichnung) und 21 Abs. 1 (Werkschutz) UrhG (alt) bezeichneten Rechte berechtigt wird, weil all dies erforderlich sei, um dem Dienstgeber die wirtschaftliche Verwertung der in seinem Unternehmen geschaffenen Computerprogramme zu ermöglichen. Ebensowenig dienstnehmerfreundlich ist die neue Bestimmung des § 40c UrhG, wonach Dritten (idR so dem Dienstgeber) zustehende Werknutzungsrechte (abdingbar) ohne Einwilligung des Urhebers auf einen anderen übertragen werden können und dem Urheber zusätzlich das Recht zur vorzeitigen Auflösung des Vertragsverhältnisses nach § 29 UrhG (alt) entzogen wird. Insoweit folgt die UrhGNovelle 1993 dem Vorbild des für gewerbsmäßig hergestellte Filmwerke getroffenen § 40 Abs. 2 und 3 UrhG (alt). Es liegt auf der Hand, daß die im Interesse der Dienstgeber gewählte Lösung eines ex lege eintretenden Erwerbs von Werknutzungsrechten samt Schutzrechten und von Übertragungsrechten mit dem Korrektiv privatautonomer Abdingbarkeit die Verhandlungsposition der Urheber von Computerprogrammen bei Gesprächen über eine angemessene Vergütung des Werknutzungsrechts außerordentlich schwächt. Der verbreiteten rechtspolitischen Forderung nach einem Urheberrechtsschutz durch verstärkten Ausbau des Urhebervertragsrechts entspricht die UrhGNovelle 1993 nicht.

Es liegt auf der vom Novellengesetzgeber eingeschlagenen dienstgeberfreundlichen Linie, entspricht aber in der Tendenz durchaus seit langem vorgebrachten berechtigten Wünschen nach einer Überprüfung der Sinnhaftigkeit und einem Abbau von die Verwertungsrechte beschränkenden freien Werknutzungen, wenn § 40d UrhG (neu) in Abs. 1 Computerprogramme von der Anwendung der Bestimmungen über die freie Vervielfältigung zum eigenen Gebrauch ausnimmt. Hingegen konnte sich der Novellengesetzgeber nicht dazu entschließen, jenseits des Umsetzungszwanges, also freiwillig andere möglicherweise einschlägige freie Werknutzungen von Computerprogrammen (etwa § 45 UrhG: Schulbuchfreiheit oder § 46 UrhG: Zitatfreiheit) zu unterbinden. Dies verdient hier keine Kritik. Die »Durchforstung« der Vorschriften der §§ 41 ff. UrhG über die freien Werknutzungen ist ein wünschenswertes allgemeines Gesetzgebungsprogramm, das der damals von mir geleitete österreichische Arbeitskreis »Urheberrecht« schon vor rund 20 Jahren angeregt hat; Computerprogramme sind insoweit grundsätzlich auch nicht anders zu behandeln als andere Werke der Literatur. Ein Anzeichen dafür, daß der österreichische Gesetzgeber eines Tages bereit sein könnte, dieses Gesetzgebungsprogramm konsequent durchzuführen, um bei den freien Werknutzungen generell moderne sachgerechte Lösungen einzuführen, findet sich in den mit der UrhGNovelle 1993 geschaffenen neuen §§ 45 Abs. 3, 51 Abs. 2 und 54 Abs. 2 UrhG. Darauf ist unter c) zurückzukommen.

Ist der Ausschluß der freien Werknutzung nach § 42 UrhG (alt) für Computerprogramme gemäß § 40d Abs. 1 UrhG sachgerecht, so kann umgekehrt nicht übersehen werden, daß die Eigenart dieses Sprachwerkes und dessen Funktion spezifische neue freie Werknutzungen erfordern, die zudem abgesichert werden müssen. Solche Werknutzungen enthalten die Abs. 2 und 3 des § 40d UrhG (neu) im Hinblick auf für die bestimmungsgemäße Benutzung von Computerprogrammen durch den »Nutzungsberechtigten« notwendige Vervielfältigungen und Bearbeitungen samt der Vervielfältigung zur Herstellung von Sicherungskopien sowie auf bestimmte Verhaltensweisen zur Beobachtung, zur Untersuchung und zum Testen des Programmfunktionierens; § 40d Abs. 4 UrhG (neu) untersagt Verzichte auf diese Rechte nach den vorstehenden beiden Absätzen.

Schließlich behandelt § 40e UrhG (neu) die sog. Decompilierung und spricht zunächst unverzichtbar aus, daß der Programmcode vervielfältigt und die Codeform übersetzt werden dürfen, wenn bestimmte in den Ziff. 1-4 des § 40e Abs. 1 UrhG genannte Bedingungen erfüllt sind. Sodann begrenzt § 40e Abs. 2 UrhG (neu) die Verwendung und Weitergabe der so gewonnenen Informationen.

c) Die Änderung von § 16 Abs. 3 UrhG mußte eine Änderung des geltenden Auskunftsanspruches nach § 87b UrhG nach sich ziehen. Die Erweiterung bestehender Straftatbestände (§§ 91 und 92 UrhG) ist unmittelbar oder mittelbar Folge der Umsetzung der Computerrichtlinie und nützlich. Von größerer Bedeutung, auch als Anzeichen, wohin zukünftig die Rechtsentwicklung gehen könnte, sind die oben erwähnten Neuschöpfungen der §§ 45 Abs. 3, 51 Abs. 2, 54 Abs. 2 UrhG. Alle diese Vorschriften betreffen freie Werknutzungen: § 45 UrhG an Werken der Literatur, § 51 an Werken der Tonkunst, § 54 an Werken der bildenden Künste. Die Vorgangsweise des Novellengesetzgebers ist einheitlich. Er läßt in all diesen Fällen die Werknutzung ohne Zustimmung der Berechtigten nach wie vor zu, schützt deren Interessen aber durch Gewährung eines (in der Geltendmachung) verwertungsgesellschaftenpflichtigen Anspruchs auf angemessene Vergütung. In der Sache selbst geht das Gesetz hier über von der freien Werknutzung zur gesetzlichen Lizenz - freilich nur was die Vervielfältigung und Verbreitung für den Schul- und Unterrichtsgebrauch betrifft. Für den erfaßten Bereich ist die Lösung sachgerecht; Bildung kann nicht auf Kosten gerade der Urheber vermittelt werden, und die von der Zahlungspflicht betroffenen Verleger werden die so entstehenden Mehrkosten über den - in Österreich heute im Rahmen der Schulbuchaktion letztlich vom Bund zu zahlenden - Preis wieder hereinbekommen. Die Einschaltung der Verwertungsgesellschaften dient der rationellen Abwicklung und der Erzielung einheitlicher angemessener Vergütungssätze. Das Rezept der UrhGNovelle 1993 ist gewiß geeignet, auch andere Vorschriften über freie Werknutzungen zu entschärfen, darf aber nicht als Allheilmittel verstanden werden.

II. *Die UrhGNovelle 1994*

1. Es gibt diese UrhGNovelle 1994 nicht, und ob es sie als solche geben wird, ist zweifelhaft. Erschienen ist vielmehr am 15.4.1994 als 1563 Blg.St.Prot.NR XVIII. GP die Regierungsvorlage eines Bundesgesetzes, »mit dem das Urheberrechtsgesetz und die Urheberrechtsgesetznovelle 1980 geändert werden (Urheberrechtsgesetz-Novelle 1994 - UrhGNovelle 1994)«. Diese Vorlage sollte noch in der im Herbst dieses Jahres 1994 ablaufenden Gesetzgebungsperiode durch das Parlament verabschiedet werden - wozu es aber nicht mehr gekommen ist, so daß die Vorlage nach den Wahlen neu eingebracht und behandelt werden muß. Niemand kann zur Zeit das weitere Schicksal des geplanten Gesetzes voraussagen, obwohl es wahrscheinlich ist, daß zumindest der wesentliche Inhalt der Regierungsvorlage in eine neue Vorlage eingeht und doch noch als UrhGNovelle 1994 - vielleicht auch als UrhGNovelle 1995 - in Kraft tritt. Die Gründe für die eingetretene Verzögerung sind nicht publiziert; es spricht einiges dafür, daß die mit der Novelle beabsichtigte Verbesserung der Rechtsstellung der Filmurheber in den beteiligten Kreisen nicht ausdiskutiert worden ist oder daß sich einfach der österreichische Staatsrundfunk ORF als Filmhersteller querlegte gegen eine geplante neue Bestimmung (als Satz 2 von § 38 Abs. 1 UrhG), wonach die gesetzlichen Vergütungsansprüche des Urhebers (nunmehr) dem Filmhersteller und dem Urheber je zur Hälfte zustehen sollen, soweit sie unverzichtbar sind und der Filmhersteller mit dem Urheber nichts anderes vereinbart hat.

Mit Rücksicht auf diese Ausgangslage ist es einerseits durchaus sinnvoll, das Gesetzgebungsvorhaben vorzustellen, andererseits wegen der Änderungsmöglichkeiten jedoch unzweckmäßig, Details zu referieren.

2. Kommt die Neuregelung auch nur in ihren wesentlichen Zügen, so wird sie unzweifelhaft zu den großen urheberrechtsgesetzlichen Novellen gehören. Das Programm der Redaktoren ist umfangreich:

a) Zunächst sollen zwei weitere einschlägige EWG-Richtlinien umgesetzt werden:

aa) einmal die Richtlinie 93/83/EWG des Rates vom 27.9.1993 zur Koordinierung bestimmter urheber- und leistungsschutzrechtlicher Vorschriften betreffend Satellitenrundfunk und Kabelweiterverbreitung (ABl. Nr. L 248 vom 6.10.1993, S. 15), die zwar zwei Regelungsbereiche hat, aber als Satellitenrichtlinie bezeichnet wird und grundsätzlich bis zum 1.1.1995 umgesetzt werden muß, was im Gegensatz zur Computerrichtlinie nicht unbeträchtliche Änderungen des geltenden Urheberrechtsgesetzes notwendig macht, worauf noch eingegangen wird;

bb) zum anderen die Richtlinie 93/98/EWG des Rates vom 29.10.1993 zur Harmonisierung der Schutzdauer des Urheberrechts und bestimmter verwandter Schutzrechte (ABl. Nr. l 290 vom 24.11.1993, S. 9), die bis zum 1.7.1995 umgesetzt werden muß und ebenfalls Änderungen gesetzlicher Bestimmungen und den weiteren Ausbau der verwandten Schutzrechte erfordert.

b) Die weitere Absicht ging dahin, (eben noch innerhalb der Legislaturperiode !) die in der Regierungserklärung angekündigte (und natürlich mit der

UrhGNovelle 1993 schon begonnene!) zeitgemäße Neuordnung des Urheberrechts fortzusetzen.

Die unter diesem Blickwinkel gebildeten Fortbildungsschwerpunkte, von denen die ersten vier im wesentlichen dem von den Salzburger Urheberrechtskongressen verabschiedeten noch offenen urheberrechtsgesetzlichen Forderungsprogramm entsprechen, sind nach den Erläuterungen (aaO. S. 9):

aa) die Einführung eines eingeschränkten Ausstellungsrechts in Form eines Vergütungsanspruchs;

bb) die Einführung einer Reprographievergütung, durch die in diesem Bereich die Vervielfältigung zum eigenen Gebrauch abgegolten wird;

cc) die Verbesserung der Rechtsstellung der Filmurheber (gesetzliche Vermutung der Beteiligung an gesetzlichen Vergütungsansprüchen);

dd) Verschärfung der strafrechtlichen Vorschriften bei gewerbsmäßig begangenen Urheberrechtsverletzungen;

ee) bestimmte Erleichterungen des Zugangs zu urheberrechtlich geschützten Werken im Bereich von Unterricht und Wissenschaft;

ff) Einführung einer gesetzlichen Lizenz für die Aufführung von Filmen mit Hilfe handelsüblicher Videokassetten in Beherbergungsbetrieben.

In das Novellierungsprogramm wurde nicht aufgenommen die Einführung eines Folgerechts iS von Art. 14ter RBÜ nach deutschem Vorbild, obwohl dieses in dem zur Begutachtung versendeten Ministerialentwurf noch enthalten war. Dafür waren viele Umstände maßgebend: der Widerstand des inländischen Kunsthandels und seine Unterstützung durch namhafte Künstler; der Widerstand des Bundesministeriums für wirtschaftliche Angelegenheiten; der fehlende Kampfgeist des Bundesministeriums für Unterricht und Kunst; vor allem aber das am 20.10.1993 ergangene »Phil Collins«-Urteil des EuGH, das in seiner Konsequenz der Totengräber des konventionsrechtlich geltenden Prinzips der materiellen Gegenseitigkeit im Bereich der Mitgliedsstaaten des europäischen Wirtschaftsraumes ist, was einerseits österreichischen Künstlern auch ohne Einführung des Folgerechts in Österreich die Geltendmachung von Vergütungsansprüchen in Deutschland erlaubt, was andererseits bei einer solchen Einführung dazu führen würde, daß Künstler aus Großbritannien und Italien (also aus Ländern, deren Gesetze das Folgerecht nicht kennen) in Österreich Vergütungsansprüche stellen könnten. Man kann es den Redaktoren nicht verdenken, wenn sie in dieser Situation zu der Auffassung kamen, diese erzeuge in der EU einen großen Harmonisierungsdruck, und es sei ratsam, die weitere Entwicklung in der EU und im Europäischen Wirtschaftsraum abzuwarten.

3. Zunächst empfehlen sich einige wenige konkretisierende Bemerkungen zum besseren Verständnis der genannten Fortbildungsschwerpunkte, wobei die gewählte Reihenfolge grundsätzlich beibehalten wird:

a) Was das Recht zur Ausstellung von Werkstücken betrifft, so verfolgen die Redaktoren zutreffend zwei Grundannahmen: erstens sei die (kommerzielle) Ausstellung eines Werkstückes (der bildenden Künste) eine unter § 16 Abs. 1 UrhG fallende Verwertungshandlung; zweitens werde sie bei der Veräußerung eines solchen Werkstückes (mit der willentlichen Übertragung des Eigentums am

Werkstück) nicht typischerweise abgegolten. Es liegt auf der Hand, daß man dann eine interessengerechte Lösung mit einer dem Verleihen von Werkstücken entsprechenden Sonderlösung zum Verbreitungsrecht erzielen kann. Diese soll für das öffentliche Ausstellen von Werkstücken der bildenden Künste als § 16b UrhG eingeführt werden und dem Urheber, wenn die Ausstellung »zu Erwerbszwecken entgeltlich« erfolgt, einen verwertungsgesellschaftspflichtigen Anspruch auf eine angemessene Vergütung gewähren. Die Regelung von § 16a Abs. 5 UrhG soll sinngemäß gelten.

b) Die schon seit vielen Jahren diskutierte Reprographievergütung ist rechtssystematisch bei den freien Werknutzungen, und dort bei der bisher in § 42 UrhG geregelten Vervielfältigung zum eigenen Gebrauch anzusiedeln. Die (als solche obsolete) Regierungsvorlage sieht hier eine völlige Umgestaltung vor, mit der gleichzeitig auch das erwähnte Ziel des erleichterten Zugangs zu urheberrechtlich geschützten Werken im Bereich von Unterricht und Wissenschaft erreicht werden soll.

Der bisherige § 42a UrhG soll zu § 42c UrhG (neu) werden, damit die beabsichtigte Neuregelung zusammenhängend in den §§ 42 (neu), 42a (neu) und 42b (neu) UrhG Platz findet. Die bisherige Leerkassettenlösung für mechanische Überspielungen zum eigenen Gebrauch nach § 42 Abs. 5 - 7 UrhG soll als § 42b (neu) UrhG verselbständigt und dort um eine Gerätelösung für die nunmehr neu zu regelnden Fälle reprographischer Vervielfältigungen zum eigenen Gebrauch erweitert werden, was die Möglichkeit eröffnet, beide Lösungen in den Abs. 1 und 2 gewissermaßen dem Grunde nach vorzustellen, um im Anschluß daran für beide Lösungsbereiche gemeinsame Folgeregelungen über die Person des Leistungspflichtigen, die Bemessung der Vergütung, die Verwertungsgesellschaftenpflicht und einen - unter bestimmten Voraussetzungen - gegen die Verwertungsgesellschaft gerichteten Rückzahlungsanspruch treffen zu können.

In § 42 UrhG (neu) sollen als Abs. 3 und Abs. 4 zwei neue freie Werknutzungen eingebaut werden: die Vervielfältigung zum eigenen Schulgebrauch, die mit Rücksicht auf die Bedürfnisse von Schulen und Hochschulen die nach § 42 Abs. 1 UrhG bestehenden Grenzen der Vervielfältigung zum eigenen Gebrauch erweitert, weil nunmehr auch mehr als »einzelne« Vervielfältigungsstücke zulässig sein sollen und selbst eine Qualifizierung der Lehrveranstaltung als »öffentlich« kein Hindernis bilden soll; die Vervielfältigung zum eigenen Gebrauch von Sammlungen, die im Interesse von öffentlichen Sammlungen (Museen, Bibliotheken udglm) die Herstellung von Vervielfältigungsstücken auch dann erlauben soll, wenn diese - unter genannten Voraussetzungen - der Öffentlichkeit zugänglich gemacht werden sollen. Man darf diese Erweiterungen der freien Werknutzungen durchaus im Zusammenhang damit sehen, daß die Regierungsvorlage durch Änderungen der §§ 45 und 51 UrhG (alt) - angeblich einem Bedürfnis der Praxis Rechnung tragend - die dortigen freien Werknutzungen auf das »große« literarische und musikalische Zitat ausdehnen, und zwar vergütungspflichtig ausdehnen will. Hier sind abrundend auch die geplanten Neuregelungen zur privilegierten Überlassung von Bild- oder Schallträgern an Bundesanstalten für audiovisuelle Medien (§ 56a UrhG neu), zur vergütungspflichtigen Benutzung von Bild- oder Schallträgern in

Bibliotheken (§ 56b UrhG neu) sowie zur vergütungspflichtigen öffentlichen Wiedergabe von Werken der Filmkunst und damit verbundenen Werken der Tonkunst im Unterricht der Schulen und Hochschulen (§ 56c UrhG neu) zu nennen.

Besonders hervorzuheben ist die geplante Neuregelung in § 42 Abs. 5 UrhG, wonach bestimmte Vervielfältigungen stets nur mit Einwilligung des Berechtigten zulässig sein sollen und wozu - was angesichts der Reprographielösung sehr wichtig ist - die Vervielfältigung ganzer Bücher oder Zeitschriften (mit Grenzen) gehören soll.

Die Vorschrift des § 42a UrhG (neu) ist ein erweiterter § 42 Abs. 3 UrhG (alt). Die Erweiterung ist wesentlich: Wenn die Vervielfältigung mit Hilfe reprographischer oder ähnlicher Verfahren vorgenommen wird, darf dies auch entgeltlich geschehen.

c) Was die Rechtsstellung der Filmurheber betrifft, die in Österreich durch die in § 38 Abs. 1 UrhG (alt) enthaltene Regelung geprägt wird, wonach die Verwertungsrechte an gewerbsmäßig hergestellten Filmwerken dem Filmhersteller zustehen, so sind anfänglich geplante Verbesserungen (Ablösung dieser cessio legis durch die gesetzliche Vermutung der Einräumung eines unbeschränkten Werknutzungsrechts!) im Meinungsstreit auf der Strecke geblieben. Die Regierungsvorlage beschränkt sich nunmehr auf eine - natürlich ebenfalls umstrittene - Regelung, die den Filmurhebern im Bereich der Vergütungsansprüche wirtschaftliche Vorteile bringen soll und räumt im Gegenzug den Filmherstellern Erleichterungen bei der Bearbeitung von Filmwerken ein. Die erstgenannte Regelung, die inhaltlich schon einleitend wiedergegeben wurde, wird ggf in § 38 Abs. 1 UrhG (alt) eingefügt werden, die zweitgenannte besteht in der Anfügung folgenden Satzes an § 39 Abs. 4 UrhG (alt): »Soweit diese Urheber mit dem Filmhersteller nichts anderes vereinbart haben, bedarf es dieser Einwilligung nicht für Übersetzungen und Überarbeitungen einschließlich der Fertigstellung des unvollendet gebliebenen Filmwerks, die nach den im redlichen Verkehr geltenden Gewohnheiten und Gebräuchen zur normalen Verwertung des Filmwerks erforderlich sind und die geistigen Interessen der Urheber am Werk nicht beeinträchtigen.«

d) Die strafrechtlichen Vorschriften des UrhG (§§ 91 - 93) sollen durch die beabsichtigte Novelle einerseits durch Anfügung eines Satzes an § 91 Abs. 1 über die Nichtstrafbarkeit bestimmter sozusagen sozialadäquater Eingriffe bereinigt, andererseits durch Anfügung eines Abs. 2a für den Fall der gewerbsmäßigen Begehung der in § 91 Abs. 1, 1a oder 2 UrhG geregelten strafbaren Handlungen verschärft werden; der dafür vorgesehene Strafrahmen beträgt (anders als im deutschen Recht mit seinen fünf Jahren) zwei Jahre.

e) Die in der Regierungsvorlage besonders herausgestellte Einführung einer gesetzlichen Lizenz für die Aufführung von Filmen mit Hilfe handelsüblicher Videokassetten in Beherbergungsbetrieben gehört systematisch zu den bereits oben zu lit. b) erwähnten beabsichtigten Neuregelungen im Gebiet der §§ 54 ff UrhG und ist konkret als eine Art Reaktion darauf zu verstehen, daß die IFPI Ende 1987 einen im Jahre 1983 zwischen ihrer Landesgruppe Österreich und dem Verband der Konzertlokalbesitzer und aller Veranstalter Österreichs (KLBV) abgeschlossenen Vertrag gekündigt hat, der der österreichischen Fremdenverkehrs-

Festakt

zur Übergabe der Festschrift an

Professor Dr. Reinhold Kreile

Reinhold Kreile

Mit Ihrer Zusage machen Sie mir nicht nur die größte Freude, sondern auch ein großes Geschenk.

Ich bitte deswegen sehr herzlich, von jeglichen weiteren Geschenken und Aufmerksamkeiten abzusehen.

Professor Dr. Jürgen Becker
Professor Dr. Peter Lerche
Professor Dr. Ernst-Joachim Mestmäcker
geben sich die Ehre,

Herrn Prof. Dr. E.-J. Mestmäcker

zur Übergabe der Festschrift
an Herrn Professor Dr. Reinhold Kreile
anläßlich seines 65. Geburtstags
zu einem Festakt in die
Bayerische Akademie der Schönen Künste,
Max-Joseph-Platz 3,
80539 München
am 1. Dezember 1994, 17.00 Uhr
einzuladen.

Im Anschluß an den Festakt
bitten der Jubilar und Frau Dr. Eva Kreile
um 19.30 Uhr zu einem Abendessen
in den Bayerischen Hof, Promenadeplatz 2-6.

u. A. w. g. bis 17. November 1994
auf beiliegender Karte

GEMA
Rosenheimer Straße 11
81667 München
Tel.: 089 / 4 80 03 - 611
Fax: 089 / 4 80 03 - 620

Dunkler Anzug

Festakt
zur Übergabe der Festschrift an
Professor Dr. Reinhold Kreile

Bayerische Akademie der Schönen Künste

1. Dezember 1994

wirtschaft den Erwerb der für Videovorführungen notwendigen Rechte sicherte. Die Neuregelung, mit der der österreichische Gesetzgeber praktisch wieder den gleichen Weg einschlägt, den er schon mit den oft kritisierten §§ 59a und 59b UrhG (damals im Interesse der österreichischen Kabel-TV-Unternehmen) gegangen ist, soll als § 56d in das UrhG eingeführt werden. Die gesetzliche Lizenz zur öffentlichen Aufführung von Werken der Filmkunst mit Hilfe eines zu Handelszwecken hergestellten Bild- oder Schallträgers, dessen Verbreitung nach § 16 Abs. 3 UrhG zulässig ist, setzt voraus, daß die Zuschauer ohne Entgelt zugelassen werden und daß seit der deutschsprachigen Erstaufführung des Filmwerks mindestens zwei Jahre vergangen sind. Der Anspruch des Urhebers auf angemessene Vergütung soll verwertungsgesellschaftspflichtig sein.

4. Die größten Aussichten auf alsbaldige Neueinbringung und Verabschiedung haben naturgemäß jene Bestimmungen der alten Regierungsvorlage, mit denen die beiden genannten Richtlinien umgesetzt werden sollen.

a) Die Schutzfristenrichtlinie bereitete den Redaktoren, was die Dauer der Fristen betrifft, keine besonderen Kopfschmerzen, weil das Schutzfristniveau im österreichischen Recht ohnehin hoch ist. Lediglich bei den Filmwerken, für die das UrhG noch eine Frist von nur 50 Jahren kennt, und bei Laufbildern und Rundfunksendungen mit einer geltenden Frist von 30 Jahren müssen Anpassungsmaßnahmen getroffen werden. Da freilich mit solchen Fristen stets Berechnungsfragen Hand in Hand gehen und da die Richtlinie zudem materiellrechtliche Vorschriften enthält (Schutzrecht für zuvor unveröffentlichte Werke), ist der Anpassungsbedarf nicht so klein, wie es zunächst scheinen mochte. Die Einzelheiten zu den Berechnungsfragen sind in einem Überblick wie diesem nicht vermittelbar; insoweit wird auf die Regierungsvorlage und das spätere Gesetz verwiesen. Die erforderliche Neuregelung für »nachgelassene Werke« soll als § 76b UrhG (neu) eingeführt werden. Danach erhält derjenige, der ein nichtveröffentlichtes Werk, für das die Schutzfrist abgelaufen ist, erlaubterweise veröffentlicht, für die Dauer von 25 Jahren ab Veröffentlichung Verwertungsrechte wie ein Urheber.

b) Von allen einschlägigen bisherigen EG-Richtlinien greift die Satellitenrichtlinie am tiefsten in den Bestand des österreichischen Urheberrechts ein. Sie zwingt zur Aufgabe der ehemals als Notwendigkeit verstandenen und damit gerechtfertigten Vorschriften der §§ 59a und 59b UrhG. Das österreichische Urheberrecht muß die dort gewährten gesetzlichen Lizenzen abschaffen zugunsten der konventionellen Lösung des privatautonomen Rechteerwerbs der Kabel-TV-Unternehmen von den Berechtigten oder ihren Verwertungsgesellschaften, wobei die genannten Vorschriften als solche erhalten bleiben und mit neuem Inhalt versehen werden sollen.

Es ist überaus interessant, wie die Redaktoren das Umsetzungs- und damit Umstellungsproblem lösen wollen. Das Hauptaugenmerk muß sich dabei nicht auf die in § 59b UrhG (neu) nachgeschobene Vertragshilfelösung richten, die eingreift, wenn ein Vertrag über die Bewilligung der Weitersendung (wider Erwarten) nicht zustandekommt, sondern auf die Neufassung von § 59a UrhG. Sie lautet:

»(1) Das Recht, Rundfunksendungen von Werken einschließlich solcher über Satellit zur gleichzeitigen, vollständigen und unveränderten Weitersendung mit Hilfe von

Leitungen zu benutzen, kann nur von Verwertungsgesellschaften geltend gemacht werden; dies gilt jedoch nicht für das Recht, Verletzungen des Urheberrechts gerichtlich zu verfolgen.

(2) Rundfunksendungen dürfen zu einer Weitersendung im Sinn des Abs. 1 benutzt werden, wenn der weitersendende Rundfunkunternehmer die Bewilligung dazu von der zuständigen Verwertungsgesellschaft (§ 3 VerGesG, BGBl. Nr. 112/1936) erhalten hat. Mit Beziehung auf diese Bewilligung haben auch die Urheber, die mit der Verwertungsgesellschaft keinen Wahrnehmungsvertrag geschlossen haben und deren Rechte auch nicht auf Grund eines Gegenseitigkeitsvertrages mit einer ausländischen Verwertungsgesellschaft wahrgenommen werden, dieselben Rechte und Pflichten wie die Bezugsberechtigten der Verwertungsgesellschaft.

(3) Die Abs. 1 und 2 gelten jedoch nicht, soweit das Recht zur Weitersendung im Sinn des Abs. 1 dem Rundfunkunternehmer, dessen Sendung weitergesendet wird, zusteht.«

Der in § 59a Abs. 1 Halbsatz 1 UrhG (neu) aufgestellte Vorbehalt der Geltendmachung des Kabelweitersenderechts durch Verwertungsgesellschaften darf keine falsche Vorstellung über das geplante System des Rechteerwerbs erwecken. Dieses System hat gewissermaßen zwei Stufen: Zunächst – in der ersten Stufe – wird der Kabelrundfunkunternehmer trachten müssen, die für die Kabelweitersendung erforderliche Bewilligung vom Rundfunkunternehmer, dessen Sendung weitergesendet werden soll, vertraglich zu erwerben; die Redaktoren gehen davon aus, daß es gerade im Fall der Kabelweitersendung ausländischer Satellitensendungen gut möglich ist, daß der Satellitenrundfunkunternehmer auch über dieses Recht verfügt. Wenn dies nicht möglich ist, weil der Rundfunkunternehmer der Ursprungssendung dieses Recht zur Weitersendung seiner Sendung nicht erworben hat, dann und erst dann (vgl. § 59a Abs. 3 UrhG neu) greift in einer Art zweiten Stufe die Lösung nach § 59a Abs. 2 UrhG (neu) ein, die gewissermaßen zur Inanspruchnahme der nationalen Verwertungsgesellschaften im Inland zwecks vertraglichen Rechteerwerbs führt.

Die beabsichtigte Neuregelung steht also im Einklang mit der Satellitenrichtlinie einem vertraglichen Rechteerwerb der Kabelnetzbetreiber von den programmschöpfenden Sendeunternehmen, deren Sendungen eingespeist und weiterverbreitet werden sollen, nicht nur nicht entgegen, sondern sieht einen solchen Rechteerwerb sogar als den gesunden Normalfall an. Auf diesem Wege könnte sich die Vorstellung, die in Österreich insbesondere von Fritz Senger vertreten wurde, daß nämlich die Kabelnetzbetreiber als Unternehmer, die weder ein Programm gestalten, noch darauf den geringsten Einfluß haben, noch das wirkliche Sendeprogramm mit Sicherheit voraussehen können, vom Rechtsverkehr mit den Rechteinhabern und ihren Verwertungsorganisationen abgekoppelt werden sollten, und daß die Rechteinhaber zwar Anspruch auf vollen Schutz, jedoch nicht etwa auf eine doppelte Vergütung haben, interessengerecht realisieren lassen. Denn rechtstheoretisch ist es leicht denkbar, daß jedes programmschöpfende Rundfunkunternehmen die Senderechte nicht nur für die eigene Sendung, sondern auch für deren Kabelweiterverbreitung in den dafür in Betracht kommenden Ländern – die schon aus Werbegründen ohnehin bekannt sind – von den Rechteinhabern oder ihren Organisationen zugunsten der Kabelnetzbetreiber entgeltlich erwirbt und daß es demnach bei jedem programmschöpfenden Rundfunkunternehmen zu einer sog. »Zentrallizensierung« kommt, woran sich vertragliche Vereinbarungen der Kabelnetzbetreiber oder ihrer Organisationen mit den programmschöpfenden Rundfunkunternehmen oder ihren Organisationen anschließen müssen. Beim Erwerb der Rechte müßte selbstverständlich der tatsächlichen oder potentiellen Zuschauerzahl im gesamten »Empfangsgebiet«, das durch die Kabelweiterverbreitung ggf. sehr vergrößert wird, in der Bestimmung der Vergütungshöhe Rechnung getragen werden. Ob sich ein solches richtlinienkonformes und auch dem österreichischen Urheberrecht de lege ferenda entsprechendes Modell in die Praxis umsetzen läßt, hängt ausschließlich davon ab, ob alle Beteiligten von der Einfachheit und Vorteilhaftigkeit einer solchen Vorgangsweise für alle Seiten überzeugt werden könne. Den Jubilar bitte ich, dies als eine Anregung zum Nachdenken zu verstehen.

Ernst W. Fuhr

Einfügung von Werbung bei Ausstrahlung von Kinospiel- und Fernsehfilmen nach europäischen Regelungen*

I. *Einführung*

Am 31. 8. 1991 haben die Ministerpräsidenten der Deutschen Länder einen Staatsvertrag über den Rundfunk im vereinten Deutschland geschlossen. Nach Ratifikation in den Länderparlamenten trat der Staatsvertrag am 1. 1. 1992 in Kraft.

Unter den acht eigenständigen Regelungskomplexen des Staatsvertrages befaßt sich Artikel 1 Rundfunkstaatsvertrag 1991[1] u.a. mit der Einfügung von Werbung bei der Ausstrahlung von Kinospiel- und Fernsehfilmen. Die Notwendigkeit der Novellierung des bisherigen Rundfunkstaatsvertrages 1987 wurde in der allgemeinen Einführung zum RfStV 91 zwar in erster Linie mit der Vereinigung Deutschlands aber auch mit der Anpassung des Deutschen Rundfunkrechts an europäische Regelungen begründet[2]. In der Umsetzung dieser europäischen Vorgaben erhielt § 26 Abs. 4 RfStV 91 (wortgleich § 27 Abs. 4 des Landesrundfunkgesetzes von Rheinland-Pfalz - LRG) folgende Fassung:

> »Abweichend von Abs. 3 Satz 2 dürfen Werke, wie Kinospielfilme und Fernsehfilme mit Ausnahme von Serien, leichten Unterhaltungssendungen und Dokumentarsendungen, sofern sie länger als 45 Minuten dauern, nur einmal je vollständigem 45-Minutenzeitraum unterbrochen werden. Eine weitere Unterbrechung ist zulässig, wenn diese Sendungen mindestens 20 Minuten länger dauern als zwei oder mehr vollständige 45-Minutenzeiträume.«

Die amtliche Begründung zu § 26 RfStV 91 bekräftigt, daß diese Bestimmung den europäischen Regelungen, insbesondere Art. 14 Abs. 2 und 4 der Europaratskonvention (EFÜ), entspricht[3].

Auf der Grundlage von § 31 RfStV 91 verabschiedete die Direktorenkonferenz der Landesmedienanstalten

a) am 20. 1. 1992 vorläufige Auslegungs- und Anwendungsgrundsätze zu den Werberichtlinien des RfStV 91.

---

* Der Beitrag wurde am 15. 3. 1994 abgeschlossen. Herrn Ass. jur. Paul Klickermann danke ich für die hilfreiche Unterstützung.

1 Im Text RfStV 91 abgekürzt.

2 Ring: Medienrecht, Rundfunk, Neue Medien, Presse, Technische Grundlagen, Internationales Recht; Ergänzungslieferung: 1. 1. 1993. Begründung zum Staatsvertrag über den Rundfunk im vereinten Deutschland, unter Allgemeines, Seite 1.

3 S. Fn. 2, Begründung zu § 26 Abs. 4 RfStV 91, Seite 29.

b) am 26. 1. 1993 gemeinsame Werberichtlinien zur Konkretisierung rundfunkrechtlicher Bestimmungen. Da man den Fernsehveranstaltern eine Übergangszeit einräumen wollte, traten sie erst am 1. 10. 1993 in Kraft.

Die gemeinsamen Werberichtlinien unterscheiden sich inhaltlich wesentlich von den Werberichtlinien zum RfStV 87 und den vorläufigen Auslegungs- und Anwendungsgrundsätzen zu den Werberichtlinien zum RfStV 91 vom 20. 1. 1992.

Nach den Werberichtlinien zum RfStV 87 und den unter a) genannten Grundsätzen konnten nämlich bei der Bemessung der Sendedauer eines Kinospiel- oder Fernsehfilms nicht nur An- und Absagen sowie - unter bestimmten Voraussetzungen - Erläuterungen als Berechnungsgrundlage mitgerechnet werden, sondern auch die zwischengeschaltete Werbung (sog. Bruttoprinzip)[4]. Die zwischengeschaltete Auslegungs- und Anwendungsgrundsätze der Landesmedienanstalten wurden auch nach Inkrafttreten des RfStV 91 am 1. 1. 1992 bis zum 30. 9. 1993 weiterhin bei der Berechnung der Sendedauer des Films mitgerechnet[5]. Die ab 1. 10. 1993 geltenden neuen Werberichtlinien sehen bei der Berechnung der Sendedauer eine Einbeziehung der zwischengeschalteten Werbung nicht mehr vor. In Ziffer 10 der neuen Werberichtlinien vom 26. 1. 1993 heißt es nämlich u.a.:

> Abs. 4 S. 4: »Kinospielfilme und Fernsehfilme dürfen einmal unterbrochen werden, wenn sie länger als 45 Minuten dauern; zweimal bei 90-minütiger Dauer, dreimal bei über 110-minütiger Dauer.«
>
> Abs. 5: »Bei der Berechnung der Dauer einer eigenständigen Fernsehsendung werden An- und Absagen sowie Erläuterungen, die im Zusammenhang mit der Sendung stehen, mitgerechnet.«

Im Zusammenhang mit der Umsetzung europäischer Regelungen in den RfStV 91 ist es zwischen den privaten Fernsehveranstaltern in der Bundesrepublik Deutschland und den Landesmedienanstalten zu verwaltungsgerichtlichen Auseinandersetzungen gekommen[6]. Das Problem ist, ob die Richtlinie zur Koordinierung bestimmter Rechts- und Verwaltungsvorschriften der Mitgliedstaaten über die Ausübung der Fernsehtätigkeit (RiL)[7] und das Übereinkommen über das grenzüberschreitende Fernsehen (EFÜ)[8] das sog. »Bruttoprinzip« oder das sog. »erweiterte Nettoprinzip« vorschreiben. Beim Bruttoprinzip bestimmt sich die Zahl von Werbeinseln, die die Ausstrahlung von Kinospiel- und Fernsehfilmen unterbrechen dürfen, nach der zeitlichen Dauer des Films unter Einbeziehung der

---

4 Hartstein/Ring/Kreile, Rundfunkstaatsvertrag, Kommentar zum Staatsvertrag der Länder zur Neuordnung des Rundfunkwesens, 1. Auflage 1989, Begründung zu Art. 3 Abs. 3 RfStV 87, Seite 338.

5 Unveröffentlichtes Rechtsgutachten im Verfahren VG Neustadt 17. 12. 1993, Az. 3 L 5678/93, OVG Koblenz vom 18. 2. 1994, 2 B 10185/94; Engel: Die Geltung des Bruttoprinzips für die Unterbrechung von Spiel- und Fernsehfilmen durch Werbung, Seite 1, Osnabrück; erstattet für den Verband Privater Rundfunk und Telekommunikation e.V.

6 VG Neustadt 17. 12. 1993, Az. 3 L 5678/93; OVG Koblenz 18. 2. 1994, 2 B 10185/94; VG Frankfurt 7. 1. 1994, 5 G 3796/93; VG München 22. 2. 1994, M 3 S 94.392.

7 ABl. EG Nr. L 298 vom 17. 10. 1989, Seite 23 ff.; berichtigt in ABl. 1989 L 331/51.

8 European Treaty Series 1989, Nr. 132; Council of Europe, Doc. CM (88) 218, Stand: 15. 3. 1989.

zwischengeschalteten Werbezeiten. Beim sog. erweiterten Nettoprinzip werden demgegenüber die zwischengeschalteten Werbezeiten nicht mitgerechnet.

II. *Europäische Regelungen*

Die EG-Fernsehrichtlinie (RiL) und das Fernsehübereinkommen des Europarates (EFÜ) stellen die Grundpfeiler des Europäischen Medienrechts dar. Sie schufen mit ihren Mindestregeln für die Veranstaltung grenzüberschreitenden Fernsehens eine europäische Medienrechtsordnung. Während das Fernsehübereinkommen sich nur auf das grenzüberschreitende Fernsehen erstreckt (Art. 3 EFÜ), betrifft die EG-Fernsehrichtlinie auch das innerstaatliche Fernsehen (Art. 20 RiL). Bei der EG-Fernsehrichtlinie geht es primär um den freien Rundfunk im (Fernseh-) Binnenmarkt mit freiem Dienstleistungsverkehr, bei der Konvention um eine rechtsvereinheitlichende Fernsehordnung[9]. Beide Regelungsmaterien weisen nicht nur eine wechselseitig verknüpfte Entstehungsgeschichte auf, sondern die Inhalte stimmen dann weitestgehend überein, wenn sie gleiche Sachverhalte regeln[10]. Die Bestimmungen über die Einfügung von Werbung bei der Ausstrahlung von Kinospiel- und Fernsehfilmen sind jedoch vom Wortlaut her in den jeweiligen Regelungswerken unterschiedlich formuliert.

1. *Art. 11 Abs. 3 RiL*

Die Vorschrift regelt das Einfügen von Werbung wie folgt:

> (3) »Die Übertragung audiovisueller Werke wie Kinospielfilme und Fernsehfilme (mit Ausnahme von Serien, Reihen, leichten Unterhaltungssendungen und Dokumentarfilmen) kann für jeden vollen Zeitraum von 45 Minuten einmal unterbrochen werden, sofern ihre *programmierte Sendezeit* mehr als 45 Minuten beträgt. Eine weitere Unterbrechung ist zulässig, wenn die *programmierte Sendedauer* um mindestens 20 Minuten über zwei oder mehrere volle 45-Minuten-Zeiträume hinausgehen.«

Auslegungsprobleme bereitet der Begriff »programmierte Sendezeit« (Die Worte Brutto- oder Nettoprinzip werden expressis verbis im Richtlinientext nicht verwendet). Über die Frage, welches Berechnungsprinzip Art. 11 Abs. 3 RiL vorgibt, bestehen unterschiedliche Auffassungen.

Die Vertreter des Bruttoprinzips sind der Meinung, daß die EG-Kommission und der EG-Ministerrat zum damaligen Zeitpunkt trotz unterschiedlichem Wortlaut der Werbeunterbrechungsbestimmungen in der RiL und dem EFÜ auf die

---

9 Delbrück: Die europäische Regelung des grenzüberschreitenden Rundfunks – Das Verhältnis von EG-Richtlinie und Europaratskonvention, Zeitschrift für Urheber und Medienrecht (ZUM) 8/9/1989, Seite 377 ff.

10 Paschke, Medienrecht, § 6 Rn. 135; unveröffentlichtes Rechtsgutachten im Verfahren s. Fn. 5, Dörr: Das Nettoprinzip für die Unterbrechung von Spiel- und Fernsehfilmen durch Werbung und das Europäische Medienrecht, Saarbrücken, Seite 6, erstattet für die Landeszentrale privater Rundfunkveranstalter Rheinland-Pfalz.

geplante Sendezeit des Fernsehveranstalters, also dessen im Programmschema für die konkrete Sendung ausgewiesene Sendezeit (Programm einschließlich zwischengeschalteter Werbung), abgestellt haben[11]. Nur diese Schlußfolgerung lasse das Ratsdokument vom 10. 4. 1989[12] zu, in dem es heißt:

> »Der Rat und die Kommission erklären, daß die in den Abs. 3 und 5 vorgesehenen Sendezeiten nach der geplanten Sendezeit zu berechnen sind.«

Im übrigen ergebe sich auch aus Art. 14 Abs. 3 EFÜ und der Entstehungsgeschichte der genannten Vorschriften das Bruttoprinzip[13].

Die EG-Kommission und der EG-Ministerrat waren bemüht, die EG-Fernsehrichtlinie den Bestimmungen des Fernsehübereinkommens des Europarates anzupassen[14].

Nach dem ersten Richtlinienvorschlag der Kommission vom 30. 4. 1988 sollten Werbeunterbrechungen in jeder »natürlichen« Pause einer Sendung erlaubt sein. Dies war wegen der Fülle der möglichen Werbeunterbrechungen bei den Verhandlungen nicht durchzusetzen[15].

Wie aber eine berechenbare Festlegung der Anzahl der Werbeunterbrechungen im voraus zur Vermeidung einer Zerstückelung der Sendungen erfolgen sollte, blieb lange Zeit, insbesondere zwischen der Bundesrepublik Deutschland und Großbritannien streitig. Die bilateralen Verhandlungen führten schließlich zu einem Kompromißpaket, welches auf der zweiten europäischen Medienministerkonferenz vom 23./24. 11. 1988 in Stockholm angenommen wurde. Dieser sog. »Londoner Kompromiß«, der im wesentlichen die *inhaltliche* Deckungsgleichheit zwischen Art. 11 RiL und Art. 14 EFÜ enthielt, lag dem Europäischen Rat am 2./3. Dezember 1988 auf seiner Sitzung in Rhodos vor. Er nahm den Richtlinienvorschlag der EG-Kommission zur inhaltlichen Anpassung an das Fernsehübereinkommen zur Kenntnis und billigte ihn als »Gemeinsamer Standpunkt« am 13. 4. 1989[16].

Über die Frage, was der Kompromiß nun tatsächlich beinhaltet, bestehen Meinungsverschiedenheiten.

Die Vertreter des Bruttoprinzips meinen, daß die Bundesrepublik Deutschland als Gegenleistung für die Bereitschaft Großbritanniens die Höchstdauer der zulässigen Sendezeit für Werbung in Art. 18 RiL zu reduzieren, dem englischen Wunsch entsprochen habe, die Unterbrecherwerbung nach dem Bruttoprinzip zu berechnen. Hierfür spreche die im englischen Entwurf verwendete Formulierung »scheduled duration«, die in Großbritannien für das Bruttoprinzip benutzt wird.

---

11 Unveröffentlichtes Rechtsgutachten im Verfahren s. Fn. 5, Hoffmann/Schardt: Zur Definition der Programmdauer in § 26 Abs. 4 RfStV sowie im Rahmen der Werberichtlinien der Landesmedienanstalten, Seite 4.

12 Europäische Gemeinschaft, Der Rat, Doc. 5859/89 vom 10. 4. 1989; s. Fn. 11, Hoffmann/Schardt, Seite 5, Rn. 8.

13 S. Fn. 5, Engel, Seite 4 ff.

14 Höfling/Möwes/Pechstein, Europäisches Medienrecht, 1991, Seite 4.

15 S. Fn. 14, Höfling/Möwes/Pechstein, Seite 15/16.

16 S. Fn. 10, Dörr, Seite 6.

Anläßlich der Übersetzung in die französische Fassung und die anschließende »unsaubere« Rückübersetzung ins Englische sei der Begriff »programmed duration« in den Text zu Art. 11 Abs. 3 RiL hereingerutscht[17].

Die Vertreter des Nettoprinzips bewerten das Ergebnis der Verhandlungen, die zum Londoner Kompromiß führten, als Abkehr vom Bruttoprinzip. Nur unter der Voraussetzung, daß die »programmierte Sendezeit« bzw. »programmierte Sendedauer« unter Ausschluß der zwischengeschalteten Werbung berechnet werde, habe die Bereitschaft der deutschen Delegation zur Reduzierung der Mindestdauer von 60 auf 45 Minuten bestanden. Außerdem habe das Verfahren zur Zusammenarbeit mit dem Europäischen Parlament gem. Art. 189c EGV dazu geführt, daß der überprüfte Richtlinienvorschlag für die Sitzung des EG-Ministerrats am 16. 6. 1989 den Begriff »programmierte Sendezeit« im vorgenannten Sinne enthielt[18].

Im Schrifttum wird die Verankerung des Bruttoprinzips in Art. 11 Abs. 3 RiL teilweise mit der Begründung abgelehnt[19], daß bei Einbeziehung der Unterbrecherwerbung die Sendedauer manipuliert werden könnte. Diesem Einwand wird unter Hinweis auf Art. 18 RiL und Art. 11 RiL widersprochen[20]. Es werde nämlich übersehen, daß der Fernsehveranstalter bei der Plazierung von Werbung an zusätzliche zeitliche Einschränkungen durch Art. 18 Abs. 2 RiL und Art. 11 Abs. 4 RiL gebunden ist. Danach ist die Sendezeit für Werbeeinschaltungen pro Programmstunde auf maximal 12 Minuten beschränkt. Außerdem ist vorgeschrieben, daß der zeitliche Abstand zwischen zwei Werbesendungen mindestens 20 Minuten betragen muß.

Die britische Verhandlungsdelegation hat bei ihrer Forderung, das Bruttoprinzip in der RiL zu verankern, u.a. speziell mit der Nachrichtensendung »News at Ten« argumentiert. Diese Sendung, die beim Fernsehpublikum in Großbritannien in hoher Gunst steht, ist täglich für eine Sendezeit von 30 Minuten einschließlich der zwischengeschalteten Werbung programmiert. Durch den Londoner Kompromiß konnte diese Sendeform beibehalten werden. Möglich war dies aber nur, wenn das Bruttoprinzip in Art. 11 Abs. 3 RiL verankert ist. Daher müssen bei der Berechnung der »programmierten Sendezeit« bzw. »programmierten Sendedauer« die Verhandlungsdelegationen vom Bruttoprinzip ausgegangen sein. Hierfür spricht auch ein Schreiben des Home Office vom 24. 10. 1988, das dies im »Annex A« bestätigt[21]. In dem Schreiben heißt es u.a.:

> »The explanatory memorandum already makes clear that »duration« means scheduled duration, so that the position of a 30 minute scheduled news programme like »News at Ten« would not be affected by this rule.«

---

17 S. Fn. 5, Engel, Seite 4 unten, Seite 5.
18 S. Fn. 10, Dörr, Seite 11-14.
19 S. Fn. 14, Höfling/Möwes/Pechstein, Seite 87; Herkströter: Werbebestimmungen für den privaten Rundfunk nach dem RfStV, ZUM 1992, 394 ff.; s. Fn. 10, Dörr, Seite 16.
20 S. Fn. 11, Hoffmann/Schardt, Seite 6/7.
21 Informationsschreiben des britischen Home Office vom 24. 10. 1988.

Die Verhandlungspartner haben im Nachhinein gegenläufige Erklärungen zum Verhandlungsergebnis abgegeben. Diese Erklärungen sind jedoch für die Auslegung des im Kompromißweg gewählten Begriffs der »programmierten Sendezeit« bzw. »programmierten Sendedauer« nur von untergeordneter Bedeutung.

Für die Auslegung von sekundärem Gemeinschaftsrecht finden nämlich nur gemeinschaftsspezifische Auslegungsregeln Anwendung[22]. Erklärungen einzelner Mitgliedsstaaten sind genauso irrelevant wie die Erklärungen der Kommission[23]. Für die Interpretation der Regelung ist der Sinn und Zweck nach objektivem Verständnis entscheidend[24].

Der Europäische Gerichtshof zieht zwar oftmals die historische Auslegungsmethode heran[25], sie tritt jedoch gegenüber dem objektiv-teleologischen Ansatz zurück[26]. Die normgesetzgeberischen Absichten sind für die Ermittlung des Normgehalts wesentlich (z.B. die mit der Richtlinie verbundenen Begründungserwägungen)[27]. Protokollerklärungen, wie das Ratsdokument vom 10. 4. 1989[28], sind als Auslegungsinstrument grundsätzlich problematisch, da sie i.d.R. nicht veröffentlicht werden. Soweit sie aber subjektive Rechte und Pflichten begründen, müssen sie allerdings bei der Norminterpretation miteinbezogen werden[29].

Wenn man unter Berücksichtigung dieser Grundsätze den Normgehalt von Art. 11 Abs. 3 RiL ergründen will, ist eine gemeinschaftstheoretische Sichtweise erforderlich.

Die Entstehung der EG-Fernsehrichtlinie als zentrales Regelungswerk über den Rundfunk hat ihren Ursprung in der Rechtsprechung des Europäischen Gerichtshofes zur Dienstleistungsfreiheit i.S. der Art. 59 ff. EGV[30]. So muß auch die Auslegung von Art. 11 Abs. 3 RiL an der Dienstleistungsfreiheit gemessen werden.

Gem. Art. 189 Abs. 3 EGV ist die Richtlinie für jeden Mitgliedstaat, an den sie gerichtet wird, hinsichtlich des zu erreichenden Ziels verbindlich. Der Begriff »Ziel« muß im Sinne von »Ergebnis« verstanden werden; es handelt sich um eine »obligation de resultat« in Form eines rechtlichen, wirtschaftlichen und sozialen Gesamtzustandes[31]. Die verbindliche Zielsetzung ist in der Herbeiführung eines

---

22 Schwarze, EuR 1983, Seite 31 ff. m.w.Nachw.

23 Streinz, Europarecht, Seite 118, Rn. 420.

24 EuGH, Urteil vom 8. 1. 1984, Rs 327/82, Ekro/Produktschap voor Veen Vlees, Slg. 1984, Seite 107 ff., NJW 1982, Seite 1181.

25 EuGH, Urteil vom 8. 11. 1977, Rs 36/77, AIMA/Greco, Slg. 1977, Seite 2059 ff.; Urteil vom 10. 12. 1985, Rs 290/84, Hauptzollamt Schweinfurt/Mainfurcht, Obstverwertung, Slg. 1985, Seite 3909 ff.

26 Everling: Probleme atypischer Rechts- und Handlungsformen bei der Auslegung des europäischen Gemeinschaftsrechts, in Bieber/Ress: Die Dynamik des europäischen Gemeinschaftsrechts 1987, Seite 427 ff.

27 EuGH, Urteil vom 25. 1. 1977, Rs 65/76, Derycke, Slg. 1977, Seite 29 ff.; Urteil vom 21. 2. 1979, Rs 138/78, Stölting/Hauptzollamt Hamburg-Jonas, Slg. 1979, Seite 713 ff.

28 S. Fn. 12.

29 Pechstein: Die Bedeutung von Protokollerklärungen zu Rechtsakten der EG, EuR 1990, Seite 255 ff.

30 EuGH, Urteil Debauve, Slg. 1980, Seite 833 ff.; Urteil Bond van Adverteerdes, Slg. 1988, Seite 2085 ff.; Urteil Sacchi vom 30. 4. 1974, Rs 155/73, Slg. 1974, Seite 409 ff.

31 Groeben/Thiersing/Ehlermann, Kommentar zum EWG-Vertrag, Art. 189, Rn. 38.

erwünschten künftigen - und damit in der Beseitigung oder Änderung eines unerwünschten gegenwärtigen - Zustandes zu verstehen. Die Wahlfreiheit in Art. 189 Abs. 3 EGV bezieht sich nur auf die Form und das Mittel, um dem Gemeinschaftsrecht Geltung zu verschaffen[32]. Die Richtlinie i.S.v. Art. 100, 100a EGV ist folglich ein Angleichungsinstrument im Rahmen eines zweistufigen Angleichungsverfahren: Erlaß der dem Gemeinschaftsrecht zuzuordnenden Richtlinie und Vollzug durch die jeweils geeigneten Rechtsakte der Mitgliedstaaten[33]. Ziel der Angleichung muß sein, daß gleiche Sachverhalte in allen Mitgliedstaaten im Ergebnis gleich behandelt werden[34].

Die Ziele der EG-Fernsehrichtlinie sind in den Erwägungsgründen dargelegt, die auch den Normgehalt von Art. 11 Abs. 3 RiL prägen. So heißt es[35]:

> »Es sind Maßnahmen zu treffen, die den Übergang von den nationalen Märkten zu einem gemeinsamen Markt für die Herstellung und Verbreitung von Programmen sichern und die unbeschadet der Funktion des Fernsehens, das Allgemeininteresse zu wahren, faire Wettbewerbsbedingungen gewährleisten.«

An anderer Stelle[36]:

> »Die Rechts- und Verwaltungsvorschriften der Mitgliedstaaten über die Ausübung der Tätigkeit des Fernsehveranstalters und des Kabelbetreibers weisen Unterschiede auf, von denen einige den freien Verkehr von Sendungen innerhalb der Gemeinschaft behindern und den Wettbewerb innerhalb des Gemeinsamen Marktes verzerren könnten.«

Solange ausländische Sender, in deren Land für die zwischengeschaltete Werbung das Bruttoprinzip gilt[37], in den EG-Mitgliedstaaten empfangen werden können, kann ein freier Dienstleistungsverkehr unter fairen Wettbewerbsbedingungen im Gemeinsamen Markt dann nicht gewährleistet werden, wenn im Empfangsstaat strengere Regelungen zur Einfügung von Werbung gelten, es sei denn, die EG-Fernsehrichtlinie läßt selbst Beschränkungen zu. Nach der teleologischen Auslegungsmethode ist festzustellen, daß der Normgehalt von Art. 11 Abs. 3 RiL das sog. Bruttoprinzip enthält. Dem widerspricht Art. 11 Abs. 5 RiL nicht. Er stellt nur fest, daß dann, wenn die programmierte Sendezeit (Programm plus zwischengeschaltete Werbung) weniger als 30 Minuten beträgt, die zwischengeschaltete Werbung nicht ausgestrahlt werden darf. Da das Bruttoprinzip in Art. 11 Abs. 3 RiL verankert ist, sind die EG-Mitgliedstaaten daran gebunden.

Sollte es zu dieser Frage in einem Mitgliedstaat zu einer gerichtlichen Auseinandersetzung kommen, so müßte sie, falls sie für das gerichtliche Verfahren entscheidungserheblich ist, im Rahmen eines Vorabentscheidungsverfahrens gem. Art. 177 EGV dem Europäischen Gerichtshof vorgelegt werden.

---

32 Geiger, Kommentar zum EG-Vertrag, Art. 189, Rn. 8 ff.
33 S. Fn. 32.
34 S. Fn. 31, Groeben/Thiersing/Ehlermann, Art. 100, Rn. 36.
35 S. Fn. 7, Seite 23.
36 S. Fn. 7, Seite 24.
37 S. Fn. 11, Hoffmann/Schardt, Seite 12 ff. (15); s. Fn. 10, Seite 21 ff.

2. *Art. 14 Abs. 3 EFÜ*

Das Europäische Übereinkommen über das grenzüberschreitende Fernsehen[38] ist nach Unterzeichnung der Bundesrepublik Deutschland am 1. 5. 1993 in Kraft getreten. Einige Bundesländer haben dem Fernsehübereinkommen bereits zugestimmt[39]. Die Einfügung von Werbung bei der Ausstrahlung von Filmen bestimmt sich nach Art. 14 Abs. 3 EFÜ, der besagt:

> »Die Verbreitung audiovisueller Werke wie Kinospielfilme und Fernsehfilme (mit Ausnahme von Serien, Reihen, leichten Unterhaltungssendungen und Dokumentarsendungen) darf unter der Voraussetzung, daß diese länger dauern als 45 Minuten, einmal je vollständigen 45-Minuten unterbrochen werden. Eine weitere Unterbrechung ist zulässig, wenn diese Werke mindestens 20 Minuten länger dauern als zwei oder mehr vollständige 45-Minuten-Zeiträume.«

Im Unterschied zum Begriff »programmierte Sendezeit« in Art. 11 Abs. 3 RiL wird als Berechnungsgrundlage für die Anzahl zulässiger Werbeunterbrechungen in Art. 14 Abs. 3 EFÜ darauf abgestellt, wie lange audiovisuelle »Werke . . . dauern«. Bei der Interpretation dieser Norm sind in der Literatur unterschiedliche Ergebnisse festzustellen. So wird aus dem Wortlaut und dem erläuternden Bericht zum EFÜ (Ziff. 188–195) abgeleitet, daß bei der Bemessung der Sendedauer die Unterbrecherwerbung nicht mitgerechnet wird. Die unmittelbar vor- bzw. nachfolgende An- und Abmoderation sowie der Vorspann werden gemäß internationaler Praxis allerdings eingerechnet, nicht aber die Dauer der Unterbrecherwerbung[40] (sog. erweitertes Nettoprinzip). Ob dieser Regelungsgehalt aufgrund der Verwendung des Begriffs »audiovisuelle Werke« aus Art. 14 Abs. 3 EFÜ entnommen werden muß, ist fraglich. Trotz unterschiedlichen Wortlauts der beiden Regelungswerke hinsichtlich der zulässigen Werbeunterbrechung muß nämlich davon ausgegangen werden, daß Art. 11 Abs. 3 RiL und Art. 14 Abs. 3 EFÜ vom Inhalt her deckungsgleich sind, also beide das Bruttoprinzip festlegen. Die EG-Kommission wollte – wie bereits ausgeführt – seinerzeit ihren Richtlinienvorschlag an das Fernsehübereinkommen des Europarates anpassen[41]. Bei den Anpassungsüberlegungen hat man den unterschiedlichen Wortlaut der Werbeunterbrechungsregelung in beiden Vorschriften bestehen lassen, da man sich einig war, daß sie ungeachtet dessen vom Inhalt her jedenfalls identisch sind.

Die Interpretationsüberlegungen zum Normgehalt von Art. 14 Abs. 3 EFÜ müssen hier nicht vertieft werden. Sie können deshalb offen bleiben, weil gem. Art. 27 EFÜ diese Vorschrift für das Verhältnis der Mitgliedstaaten untereinander keine Anwendung findet. Die Bestimmung lautet:

---

38 S. Fn. 8.
39 So Rheinland-Pfalz mit Gesetz vom 2. 3. 1993, GVBl. 1993, 119.
40 S. Fn. 10, Dörr, Seite 16/17 (für ein erweitertes Nettoprinzip), s. Fn. 14, sinngemäß Höfling/Möwes/Pechstein, Seite 87.
41 S. Fn. 14, Höfling/Möwes/Pechstein, Seite 4 ff.

»In ihren gegenseitigen Beziehungen wenden die Vertragsparteien, die Mitglieder der EWG sind, Gemeinschaftsvorschriften an und wenden daher die sich aus diesem Übereinkommen ergebenden Bestimmungen nur insoweit an, als es zu einem bestimmten Regelungsgegenstand keine Gemeinschaftsvorschrift gibt.«

Mit dem Anwendungsvorrang des Gemeinschaftsrechts ist - soweit es die Werbeunterbrechung bei der Ausstrahlung von Kinospiel- und Fernsehfilmen betrifft - Art. 11 Abs. 3 RiL für die EG-Mitgliedstaaten maßgeblich. Das EFÜ findet nur für das Verhältnis der Konventionsstaaten untereinander, also bei grenzüberschreitendem Fernsehen, Anwendung. Die Regelung, die verbindliche Festlegungen für die *nationale* Rechtsordnung europäischer Staaten enthält, ist hingegen die RiL.

3. *Die unmittelbare Wirkung von Art. 11 Abs. 3 RiL*

a. *Vorrang des Gemeinschaftsrechts*

Der Europäische Gerichtshof hat zwar nicht die Kompetenz, die Frage der Normenkollision mit Nichtigkeitsfolgen für das nationale Recht verbindlich zu entscheiden[42], jedoch hat er deutlich gemacht, daß er von einem Vorrang des Gemeinschaftsrechts kraft Eigenständigkeit der Gemeinschaften ausgeht[43]. Im Vordergrund steht das Prinzip der Funktionsfähigkeit der EG. Zudem enthalten Art. 5 EGV für das primäre, Art. 189 Abs. 2 EGV für das sekundäre Gemeinschaftsrecht nicht nur Sach-, sondern auch Kollisionsnormen und belegen den Vorrang des Gemeinschaftsrechts. Seitdem hat der Europäische Gerichtshof immer wieder den Anwendungsvorrang betont[44], unter anderem mit der Begründung, daß Art. 87 Abs. 2 EGV den Vorrang des Gemeinschaftsrechts betätige[45].

Dieser Grundsatz wurde im »Solange II-Beschluß«[46] und im »Kloppenburg-Beschluß«[47] Bestandteil der Rechtsprechung des Bundesverfassungsgerichts. Lediglich die Konkretisierung des Prüfungsmaßstabes und die Aktivierung des Prüfungsvorbehalts bei Gemeinschaftsrechtsakten bleibt auch nach dem Maastricht-Urteil offen[48].

b. *Unmittelbare Geltung von sekundärem Gemeinschaftsrecht*

Im Gegensatz zu den Verordnungen besitzen die Richtlinien keine unmittelbare Wirkung in den Mitgliedstaaten (Art. 189 Abs. 3 EGV). Sie schreiben den Mitgliedstaaten als Adressaten das zu erreichende Ziel vor, überlassen ihnen aber die

---

42 S. Fn. 23, Streinz, § 3 VII 2, Rn. 200.
43 EuGH, Urteil Costa/ENEL, Rspr. 1964, Seite 1251 ff., Seite 1269 ff.
44 EuGH, Rs 106/77, Staatliche Finanzverwaltung/Simmerthal, Rspr. 1978, S. 629 ff., 643 ff.; Rs 249/85, Albako/Bundesanstalt für landwirtschaftliche Marktordnung, Rspr. 1987, Seite 2345 ff.
45 EuGH, Rs 14/68, Wilhelm/Bundeskartellamt, Rspr. 1969, Seite 1 ff.
46 BVerfGE 73, Seite 339 ff.
47 BVerfGE 75, Seite 223 ff.
48 BVerfGE, Urteil vom 12. 10. 1993, NJW 1993, 3047 ff.

Wahl der Vorgehensweise. Ihre Geltung tritt daher erst nach der Umsetzung durch die Mitgliedstaaten ein. Die innerstaatlichen Vorschriften müssen den Erfordernissen der Rechtssicherheit und -klarheit genügen. Die Befolgung der Richtlinie durch Erlaß von Verwaltungsvorschriften für die mitgliedstaatliche Umsetzungspflicht reicht nicht aus[49]. Da die unterschiedliche Ausgestaltung von Art. 189 Abs. 2 und 3 EGV nicht dazu zwingt, den Richtlinien jegliche unmittelbare Wirkung abzusprechen, hat die Rechtsprechung des Europäischen Gerichtshofs[50] unter folgenden Voraussetzungen eine unmittelbare Wirkung angenommen:

1. Die Richtlinie muß hinreichend bestimmt sein, so daß daraus (ohne Umsetzungsspielraum für den nationalen Gesetzgeber) unmittelbare Rechte abgeleitet werden können (»self-executing-Charakter« der Richtlinie).
2. Die zur Zielerreichung in der Richtlinie gestellte Frist muß abgelaufen sein.
3. Richtlinien, die den Bürger belasten, haben insoweit keine unmittelbare Wirkung.

Auch das Bundesverfassungsgericht hat die vom Europäischen Gerichtshof entwickelte Rechtsprechung zur direkten Wirkung von Richtlinien für vereinbar mit dem deutschen Vertragsgesetz zum EG-Vertrag gehalten, weil sich der Gerichtshof hierbei im Rahmen der Rechtstradition halte[51]. Soweit die Richtlinie unmittelbare Wirkung entfaltet, hat sie Anwendungsvorrang[52].

c. *Die Umsetzung der EG-Fernsehrichtlinie*

Gem. Art. 25 RiL mußten die EG-Mitgliedstaaten ihrer Umsetzungspflicht bis spätestens am 3. Oktober 1991 nachkommen. Angesichts der verfassungsrechtlichen Kompetenzprobleme bei der Umsetzung der EG-Fernsehrichtlinie, haben die deutschen Länder als Träger der Rundfunkhoheit eine eindeutige Zuordnung einzelner Bestimmungen zu Vorschriften der Richtlinie unterlassen. In der Präambel zum Rundfunkstaatsvertrag haben sie ausgeführt, daß der Staatsvertrag der europäischen Entwicklung des Rundfunks Rechnung tragen solle[53]. Darüber hinaus wird in der Begründung zu § 26 RfStV 91 erläuternd darauf hingewiesen, daß einige europäische Regelungen, insbesondere aus der Europaratskonvention, übernommen worden sind. Die Tatsache, daß sich die deutschen Länder zumindest verbal sehr zurückhaltend mit der EG-Fernsehrichtlinie befaßt haben, ist wohl darauf zurückzuführen, daß Bayern beim Bundesverfassungsgericht beantragt hat, die EG-Fernsehrichtlinie wegen Nichtberücksichtigung der Länderinter-

---

49 EuGH, EuZW 1991, 440 - TA-Luft; Rs 361/88 und Rs C-59/89, Kommission/Bundesrepublik Deutschland vom 30. 5. 1991.

50 Seit Rs 9/70 Grad/Finanzamt Traunstein, Leberpfennig, Rspr. 1970, Seite 825 ff.; Rspr. 1974, 1337 - van Duyn; Rspr. 1982, 70 - Becker; Rspr. 1990 I, 3343 - Foster/British Gas; Rspr. 1986, 72 - Marshall; Rspr. 1990 I - Marleasing; Rs C-6/90 und C-9/90 - Francovich, Urteil vom 19. 11. 1991.

51 BVerfGE 75, Seite 223 ff.

52 EuGH, Slg. 1987, Seite 3969 ff.; Slg. 1991, Seite 5357 ff.

53 S. Fn. 2, Begründung zum RfStV 91, Seite 1.

essen für verfassungswidrig zu erklären. Im Eilverfahren wurde der Antrag abgelehnt[54]. Das Hauptverfahren ist noch anhängig.

Entscheidend ist somit die Frage, ob der Rundfunkstaatsvertrag sowie die daraus entwickelten landesrechtlichen Bestimmungen die Vorschriften der EG-Fernsehrichtlinie umgesetzt haben. Hinsichtlich der Einfügung von Werbung in Kinospiel- und Fernsehfilme ist keine wortgetreue Umsetzung der Richtlinie in nationales Recht erfolgt. Art. 11 Abs. 3 RiL spricht von »programmierter Sendezeit« bzw. »programmierter Sendedauer«, hingegen verwendet § 26 Abs. 4 RfStV 91 den Begriff »Werke« und »dauern«, also insoweit die Formulierung des Art. 14 Abs. 3 EFÜ. Diese divergierenden Regelungsinhalte haben dazu geführt, daß nunmehr entgegen der Vorgabe von Art. 11 Abs. 3 RiL aufgrund der von den Landesmedienanstalten erlassenen Werberichtlinien ein erweitertes Nettoprinzip gelten soll. In den Erwägungsgründen zu § 26 Abs. 4 RfStV 91 wird nur ausdrücklich auf das Fernsehübereinkommen Bezug genommen. Die EG-Fernsehrichtlinie mit ihren verbindlichen Vorgaben wird als solche nicht erwähnt. Dies belegt, daß der landesgesetzgeberische Wille zur Umsetzung der RiL nicht bestanden hat[55].

d. *Bestimmtheits- und Unbedingtheitsgebot*

Eine Richtlinie, die von den zuständigen Landesgesetzgebern nicht in innerstaatliches Recht transformiert worden ist, kann - wie bereits unter 3.b. Ziff. 1-3 dargelegt - trotzdem unmittelbare Geltung haben. Voraussetzung ist u.a., daß sie hinreichend genau und unbedingt ist, so daß aus ihr die Rechte entnommen werden können[56]. Die Prüfung muß sich auf 3 Gesichtspunkte erstrecken: Die Bestimmung des Personenkreises, dem die vorgesehenen Rechte zugute kommen sollen, die inhaltliche Genauigkeit der Regelung und schließlich die Verpflichteten. Soweit mangels Bestimmtheit eine unmittelbare Wirkung abgelehnt wird, kann unter bestimmten Voraussetzungen eine Staatshaftung wegen Verletzung gemeinschaftsrechtlicher Verpflichtungen bestehen[57].

Nach den vom Europäischen Gerichtshof entwickelten Kriterien hat die EG-Fernsehrichtlinie in der Bundesrepublik unmittelbare Wirkung. Die Bestimmung des Verpflichteten und des Begünstigten geht eindeutig aus Art. 2 RiL und Art. 27 RiL hervor. Auch was den Inhalt der Rechte anbelangt, wird Art. 11 Abs. 3 RiL den Grundsätzen der Bestimmtheit in ausreichendem Umfang gerecht. Art. 11 Abs. 3 RiL regelt nämlich unmißverständlich, welche Werke unter seinen Anwendungsbereich fallen, wie oft sie durch Werbepausen unterbrochen werden dürfen und daß - entgegen Dörr[58] - für die Berechnung der Sendedauer

---

54 BVerfGE vom 11. 4. 1989, -BvG 1/89-.

55 Kleist: Europäische Medienrechtsordnung - Auswirkungen auf die Landesmedienpolitik, in DLM, Jahrbuch 1992, Seite 90 ff. (92); Dörr/Hümmerich: Einfluß des Europarechts auf die Tätigkeit der Rundfunk- und Fernsehveranstalter in der Bundesrepublik Deutschland, EMR-Schriftenreihe, Band 5.

56 EuGH, Urteil vom 19. 11. 1991, verb. Rs C-6/90 und C-9/90 - Francovich.

57 S. Fn. 56.

58 S. Fn. 10, Dörr, Seite 20-22.

das Bruttoprinzip gilt[59]. Denn die Begriffe »programmierte Sendezeit« bzw. programmierte Sendedauer« bringen deutlich zum Ausdruck, daß für die Berechnung der Dauer der Sendung nicht die tatsächliche (reine) Laufzeit, z.B. eines Spielfilms, sondern die vom Veranstalter im Programmausdruck vorgesehene Gesamtsendezeit für diesen Spielfilm, also einschließlich etwa zwischengeschalteter Werbung maßgeblich ist. Wäre es anders, hätte der Richtliniengeber nicht auf die vom Sender festgesetzte »programmierte Sendedauer«, sondern auf die vom Filmproduzenten vorgegebene »reine Laufzeit«, z.B. des Spielfilms, Bezug nehmen müssen. Der Normbefehl des Art. 11 Abs. 3 RiL ist damit hinreichend eindeutig im Sinne des Bruttoprinzips, um den Anforderungen an die unmittelbare Geltung zu genügen.

e. *Inländerdiskriminierung gem. Art. 3 RiL*

Gem. Art. 3 RiL ist es den Mitgliedstaaten erlaubt, für Fernsehveranstalter, die ihrer Rechtshoheit unterworfen sind, strengere oder ausführlichere Bestimmungen in den von der EG-Fernsehrichtlinie erfaßten Bereichen vorzusehen. Unabhängig davon, ob die deutschen Fernsehveranstalter im Vergleich zu den ausländischen Konkurrenten dann, wenn z.B. in der Bundesrepublik Deutschland das erweiterte Nettoprinzip gelten sollte, diskriminiert werden[60], stellt sich die Frage, unter welchen Voraussetzungen Art. 3 RiL angewendet werden kann. Um vom Regelungsgehalt des Art. 11 Abs. 3 RiL abweichen zu können, wird Art. 3 RiL im Verhältnis zu Art. 19 RiL und Art. 20 RiL gesehen.

Die Vertreter des Bruttoprinzips sind der Meinung, daß Art. 3 RiL als lex generalis für den Bereich des harmonisierten Werberechts von der spezielleren Bestimmung des Art. 19 RiL verdrängt werde. Art. 19 RiL erlaube nur Abweichungen von Art. 18 RiL. Dies werde in einem Vergleich mit Art. 20 RiL deutlich, der sich ausschließlich auf Sendungen bezieht, die weder unmittebar noch mittelbar in einem anderen Mitgliedstaat empfangen werden können[61]. Dagegen wird eingewendet, daß weder Art. 19 RiL noch Art. 20 RiL eine Sperrwirkung gegenüber Art. 3 RiL erkennen lasse[62]. Art. 19 RiL beziehe sich nur auf den Anwendungsbereich von Art. 18 RiL. Die Vorschrift des Art. 20 RiL erlaube - unbeschadet des Art. 3 RiL - großzügigere und strengere Regelungen als die in Art. 11 Abs. 2 bis 5 RiL sowie in Art. 18 RiL festgelegten Bedingungen es vorsehen.

Der Anwendungsbereich von Art. 3 RiL muß am Gemeinschaftsrecht, insbesondere an Art. 6 EGV, gemessen werden. Das Diskriminierungsverbot bestimmt, daß - unbeschadet besonderer Bestimmungen des EG-Vertrages - jede Diskriminierung aus Gründen der Staatsangehörigkeit in seinem Anwendungsbereich verboten ist. Nicht unter den EG-Vertrag fällt die Schlechterstellung des Inländers gegenüber dem Ausländer durch das nationale Recht in den Fällen, in denen die Stellung des Inländers keinen Bezug zu gemeinschaftsrechtlichen Sachre-

59 S. Fn. 5, Engel, Seite 12 ff.
60 S. Fn. 10, Dörr (bezweifelnd), Seite 24.
61 S. Fn. 5, Engel, Seite 13/14.
62 S. Fn. 10, Dörr, Seite 24.

gelungen aufweist[63]. Der Europäische Gerichtshof folgt nicht der Auffassung, daß jede Ungleichbehandlung des Inländers schon deshalb als eine Störung des Gemeinsamen Marktes zu betrachten sei, weil dieser die absolute Chancengleichheit erfordere[64]. Im Verhältnis zum Gemeinschaftsrecht ist die Bundesrepublik Deutschland nicht genötigt, das eigene Recht im Rahmen der Inländerdiskriminierung an das EG-Recht anderer Staaten anzugleichen. Sie darf die eigenen Bürger und die auf ihrem Gebiet ansässigen Unternehmen ohne weiteres schlechter behandeln als es das Gemeinschaftsrecht für den Kreis seiner Normadressaten vorsieht[65]. Die Schlechterstellung darf aber nicht soweit gehen, daß Bürger dadurch unverhältnismäßige Nachteile (z.B. beim wirtschaftlichen Wettbewerb) in grundrechtlich geschützten Positionen erleiden oder ihre sonstigen Rechtspositionen ausgehöhlt werden[66].

Außerdem muß der Fernsehveranstalter im Binnenmarkt faire Wettbewerbsbedingungen vorfinden. Sie haben sich an den Zielen des Gemeinsamen Marktes zu orientieren. So wird in einem Urteil des Europäischen Gerichtshofes im Fall Schul[67] u.a. ausgeführt:

> »Der Begriff Gemeinsamer Markt . . . stellt ab auf die Beseitigung aller Hemmnisse im innerstaatlichen Handel mit dem Ziele der Verschmelzung zu einem einheitlichen Markt, dessen Bedingungen demjenigen eines wirklichen Binnenmarktes möglichst nahekommen.«

Ein fairer Wettbewerb wäre aber bei Anwendung des erweiterten Nettoprinzips z.B. in der Bundesrepublik Deutschland als zulässige strengere Werberegelung im Rahmen von Art. 3 RiL nicht mehr gewährleistet, wenn ausländische Fernsehveranstalter Kinospiel- und Fernsehfilme senden, die in der Bundesrepublik Deutschland empfangen werden können, deren »programmierte Sendezeit« bzw. »programmierte Sendedauer« sich nach dem Bruttoprinzip richtet. Dies läßt sich an folgendem Beispiel verdeutlichen:

Jeder Fernsehveranstalter benötigt als wichtige Bestandteile seines Programms eine Vielzahl von Spielfilmen. Diese Spielfilme werden auf dem internationalen Spielfilmlizenzmarkt gehandelt. Die Lizenzpreise richten sich nach Angebot und Nachfrage. Die Nachfrage ist sehr groß. Sie übersteigt – soweit es qualitätsvolle Spielfilme betrifft – in der Regel bei weitem den Angebotsmarkt. Der Fernsehveranstalter seinerseits kalkuliert für sein Kaufpreisangebot pro Spielfilmlizenz einen Betrag, der sich an den zu erwartenden Werbeeinnahmen bei der Ausstrahlung des Spielfilms orientiert. Der Kaufpreis eines Spielfilms muß sich bei dessen Ausstrahlung nämlich zumindest refinanzieren. Je mehr Werbeunterbrechungen bei der Ausstrahlung von Spielfilmen zugelassen sind, um so höher kann das Kaufpreisangebot des Fernsehveranstalters liegen. Der Fernsehveranstalter, bei dem das Bruttoprinzip für die Spielfilmwerbeunterbrechungen gilt, kann daher für

---

63 EuGH, Urteil vom 20. 2. 1992 – Steen.
64 Grabitz, Kommentar zum EWG-Vertrag, Art. 7, Rn. 6.
65 NJW 1985, Seite 2856, 2860 ff.
66 Fastenrath, Inländerdiskriminierung, JZ 1987, Seite 175 ff.

die jeweiligen Spielfilme höhere Lizenzpreise zahlen, als derjenige, bei dem das Nettoprinzip Geltung hat. Der Fernsehveranstalter, der - nach der inländischen Gesetzgebung - dem Nettoprinzip unterliegt, kann somit bei den attraktiven, publikumswirksamen Spielfilmen finanziell nicht mehr mithalten und muß auf den Erwerb der Lizenzen für derartige Spielfilme verzichten. Hierin liegt eine wettbewerbsverzerrende Diskriminierung. Wettbewerbsverzerrende Diskriminierungen können aber nicht - wie bereits ausgeführt - Regelungstatbestand einer harmonisierenden Richtlinie sein[67]. Auf der 72. Tagung des Studienkreises für Presserecht und Pressefreiheit in Mainz wurde zu diesem Thema u.a. geäußert:

> »EG-rechtlich wäre die Inländerdiskriminierung - ungeachtet der ausdrücklichen Zuständigkeitsregelung in der Richtlinie als sekundäres Gemeinschaftsrecht - möglicherweise dann zu beanstanden, wenn sie Dienstleistungen beträfe, die nach Art. 59 EGV gegenüber Diskriminierungen zu schützen wären. Folgt man dieser Prämisse, dann dürfte es jedenfalls für grenzüberschreitendes Fernsehen keine die Richtlinie verschärfenden nationalen Sonderregelungen geben.«[68]

Europaweit empfangbare Fernsehsendungen sind grenzüberschreitende Dienstleistungen[69]. Für solche Dienstleistungen gilt das Diskriminierungsverbot des Art. 6 EGV und die Freiheit des Dienstleistungsverkehrs gem. Art. 59 EGV. Vom Normgehalt des Art. 11 Abs. 3 RiL kann unter Heranziehung des Art. 3 RiL nicht abgewichen werden. Dies würde gegen das Gemeinschaftsrecht verstoßen.

III. *Ergebnis*

Die EG-Fernsehrichtlinie wirft Probleme auf, die nur gemeinschaftsorientiert gelöst werden können. Für die Einfügung von Werbung gem. Art. 11 Abs. 3 RiL gilt zwingend das Bruttoprinzip. Dem Bestimmtheitsgebot wird in Zusammenhang mit den Bestimmungen der EG-Fernsehrichtlinie und den Erwägungsgründen mit dem Begriff »programmierte Sendezeit« bzw. »programmierte Sendedauer« Rechnung getragen. Ein Wortinterpretationsvergleich mit dem im ersten Entwurf zur Richtlinie verwendeten Begriff »scheduled duration« läßt keine andere Schlußfolgerung zu. Strengere Bestimmungen für die Einfügung von Werbung können wegen der hierdurch eintretenden Wettbewerbsverzerrungen nicht mit Art. 3 RiL gerechtfertigt werden.

---

67 Eberle, Das Europäische Recht und die Medien am Beispiel des Rundfunkrechts, Archiv des Presserechts 1/93, Seite 422 ff.

68 S. Fn. 67, Eberle, AfP, 1/93, Seite 427, s. auch Festschrift für Werner Thieme zum 70. Geburtstag, herausgegeben von Bernd Becker, Hans Peter Bull, Otfried Seewald, S. 955.

69 S. Fn. 7, Begründungserwägungen, Seite 23.

IV. *Exkurs*

Rechtssicherheit und -klarheit zu den aufgeworfenen Grundsatzfragen kann letztendlich nur dadurch erreicht werden, daß dem Europäischen Gerichtshof im Rahmen eines gerichtlichen Verfahrens, für dessen Ausgang gerade diese Fragen entscheidungserheblich sind, ein Fragenkatalog vorgelegt wird. Man könnte hierbei an folgende Vorlagefragen denken:

1. Ist Art. 11 Abs. 3 RiL dahin auszulegen, daß bei der Berechnung der »programmierten Sendezeit« die zwischengeschaltete Werbung mit einzubeziehen ist?
2. Bejahendenfalls: Ist Art. 11 Abs. 3 RiL hinreichend genau und unbedingt, daß die Bestimmung unmittelbare Wirkung im nationalen Recht entfaltet?
3. Bejahendenfalls: Darf der Regelungsgehalt von Art. 11 Abs. 3 RiL vom nationalen Gesetzgeber gegenüber einem Fernsehveranstalter, dessen Programm in den EG-Mitgliedstaaten empfangen werden kann, aufgrund des Art. 3 RiL eingeschränkt werden?

Klaus Geiger

Rechtssicherheit und Vollziehbarkeit

I. *Einführung*

Der Ruf nach Steuervereinfachung gehört sozusagen zur Grundausstattung jeder steuerpolitischen Festrede, dargeboten einem offenbar stets geduldigen Auditorium. Taten sind indes nur selten gefolgt, es scheinen vielmehr jedem abgeschlagenen Haupt der Steuerhydra zwei andere Köpfe nachzuwachsen, ohne daß ein neuer Herakles in Sicht wäre.

An einer dieser seltenen Taten war der Jubilar entscheidend beteiligt. Hier ist zwar nicht der Ort, umfassend den Einfluß *Reinhold Kreiles* auf die Steuergesetzgebung zu würdigen, dies geschieht vielmehr an anderer berufener Stelle.[1] Vorab sei aber festgehalten, daß der Jubilar entscheidend daran mitgewirkt hat, die seinerzeitige Reform der *Grunderwerbsteuer* im Bundestag durchzusetzen. Dies war eine Reform, wie sie im Lehrbuch steht: Wegfall aller komplizierten Ausnahmen und Befreiungen, kräftige Senkung des Tarifs, ohne daß das Aufkommen insgesamt geschmälert wurde.[2] Im bescheidenen Rahmen erhielt *Reinhold Kreile* hierfür übrigens die »Taufkirchner Ente«, einen Preis, den ein Kreis steuerrechtlich Interessierter unter Führung des viel zu früh verstorbenen *Max Hofbauer* gestiftet hatte.

Die Schwerpunkte der vom Jubilar geprägten Steuerpolitik lagen allerdings mehr dort, wo sich Wirtschaft und Steuerrecht eng berühren, sich überkreuzen oder auch aufeinanderprallen. Erinnert sei an die Reform der *Körperschaftssteuer,* an die steuerneutrale Transformation der *EG-Bilanzrichtlinie* in das deutsche Einkommenssteuerrecht[3] oder daran, wie aus der Entscheidung des Großen Senats des BFH vom 25.06.1986 zur *Geprägerechtssprechung*[4] unter angemessener Würdigung der steuerlichen Systematik die notwendigen gesetzgeberischen Konsequenzen gezogen wurden. Bei all diesen bedeutenden Gesetzgebungsakten stand stets auch das Bemühen des Jubilars um Rechtssicherheit und Vollziehbarkeit steuerlicher Regelungen im Vordergrund.[5] Diese essentiellen steuerpolitischen Tugenden scheinen aber immer stärker und nachhaltiger vom Aussterben bedroht zu sein.

---

1 *Klein,* Der Steuerpolitiker Reinhold Kreile im Deutschen Bundestag, S. 349 ff.
2 Beim neuen Steuersatz von 2 % ist vielmehr das Aufkommen weit überproportional gestiegen!
3 *Kreile,* Der Finanzausschuß und die steuerneutrale Transformation der EG-Bilanzrichtlinie, DStZ 1987, 449.
4 GrS 4/82, BStBl 1984 II, 751.
5 *Kreile,* Von der Geprägerechtsprechung zur Geprägegesetzgebung, DStZ 1986, 4.

II. *Gefährdung der Rechtssicherheit?*

1. *Die Rechtssicherheit, ein Standortfaktor*

Strassl hat dargelegt, wie sehr die Gradwanderung im Spannungsfeld zwischen Zivilrecht und Steuerrecht die Rechtssicherheit gefährden kann, wie weit die *wirtschaftliche Betrachtungsweise,* unter Abkehr von überkommenen Regeln des Zivilrechts, der Erkennbarkeit des Rechts widerstreitet, ja es ausschließen mag, daß der betroffene Steuerbürger mit einiger Sicherheit voraussehen kann, ob das, was er tut, rechtens ist. Dies könne er jedoch nicht, wenn selbst der Richter sich bei der Rechtssuche auf einem schmalen Grad bewegt.[6] Nicht nur die Rechtssprechung scheint indes immer schwerer kalkulierbar zu werden, auch Steuerverwaltung und Gesetzgebung gelingt es zunehmend, den Steuerzahler mit neuen Regelungen zu überraschen.

Engels hat darauf hingewiesen, daß die Rechtssicherheit ein zentraler Standortfaktor ist, sie werde aber in der Standortdebatte nicht einmal erwähnt.[7] Das Prinzip von Treu und Glauben, die Verläßlichkeit staatlicher Organe gehören ebenso zum Wesensgehalt der liberalen Marktwirtschaft wie Privateigentum, Wettbewerb, Eigenverantwortung und offene Außenwirtschaft. Zu den grundlegenden Aufgaben staatlicher Organe muß gehören, diese Elemente zu gewährleisten, nicht, sie zu gefährden. Bei zahllosen Entscheidungen kommt dem Steuerrecht grundlegende Bedeutung zu, der Investor muß wissen, mit welchen Abschreibungssätzen er kalkulieren kann, ob ein etwaiger Verlust steuerlich anerkannt wird, ob ein Veräußerungsgewinn voll, ermäßigt, oder, da außerhalb der Fristen des § 23 EStG erzielt, gar nicht besteuert wird, und vieles mehr.

2. *Wer ist Unternehmer?*

Betrachten wir, um einen wichtigen Bereich herauszugreifen, Kommentare und Rechtssprechung zu § 15 EStG, wo der wirtschaftlichen Betrachtungsweise für die Frage, wer Unternehmer bzw. Mitunternehmer ist, besonderes Gewicht zukommt. Die Judikatur ist nahezu unübersehbar, Mitunternehmerschaften wurden anerkannt oder abgelehnt, Verlusten der steuerliche Ausgleich versagt, Zinsen und Mietzahlungen den gesellschaftsrechtlichen Vergütungen zugeordnet, Familiengesellschaften abgesegnet, stille Gesellschafter als Mitunternehmer eingestuft, Betriebsaufspaltungen negiert. Beim Studium all dieser Regelungen und Entscheidungen kann man ermessen, welche Kräfte in dem immer differenzierteren Steuerwesen gebunden sind, welcher Einsatz von Steuerbeamten, Finanzrichtern, Rechtsanwälten, Steuerberatern und Wirtschaftsprüfern zur Bewältigung solcher Innenreibung notwendig ist und einer produktiven Tätigkeit verlorengeht.[8]

---

6 *Strassl,* Ludwid Schmidt - Ein Juristenportrait, Ertragsbesteuerung, Festschrift für *Ludwig Schmidt,* 9.
7 *Engels* in Wirtschaftswoche 1994 Nr. 11, 182.
8 *Engels* in Wirtschaftswoche 1993 Nr. 43, 194.

Den Betroffenen wäre vermutlich nicht zum Lachen, wenn sie in der Festschrift zu Ehren eines allseits geschätzten und geachteten Richters des BFH das wirklich gelungene Bonmot *Knobbe-Keuk's* lesen würden: »Unzähligen Kommanditisten hat er die rote Karte als Mitunternehmer gezeigt . . ., auf der anderen Seite hat er auch viele Steuerpflichtige, die Nichtgesellschafter waren, zum Mitunternehmer befördert. Saldiert man beides, die von ihm verhinderten und die von ihm rekrutierten Mitunternehmer, so kommt man wahrscheinlich auf eine Gesamtzahl von Mitunternehmer, die nicht wesentlich anders liegt, als sie ohne Ludwig Schmidt liegen würde.«[9]

3. *Hektische Gesetzesänderungen*

Bei den vorgenannten Fällen läßt sich immerhin einwenden, daß stark differenzierte und »hybride« vertragliche Gestaltungen unter dem risikoreichen Vorbehalt stehen mögen, daß ihnen gegebenenfalls die steuerliche Anerkennung versagt wird. Gewiß aber kann der Investor erwarten, daß *gesetzliche* Regelungen Bestand haben und geplante Änderungen so langfristig vor ihrem Inkrafttreten bekannt sind, daß wirtschaftliche Dispositionen auf festem rechtlichem Grund getroffen werden können.

Seit langem und in zunehmendem Maße sind indes Abschreibungsregeln des § 7 EStG zur finanzpolitischen Manövriermasse geworden, die dazu dient, echten oder vermeintlichen Ersatz für an anderer Stelle entstandene Aufkommenslücken zu schließen. So enthält die aktuelle Beck'sche Textausgabe zu § 7 Abs. 5 EStG fünf unterschiedliche Fassungen, wobei die neueste Änderung durch das Mißbrauchsbekämpfungs- und Steuerbereinigungsgesetz vom 21.12.1993 (StMBG) noch gar nicht mitgerechnet ist.

Das Standortsicherungsgesetz vom 13.9.1993 strich einmal mehr mit Wirkung vom 1.1.1994 die degressive Abschreibung für gewerblich genutzte Immobilien im Betriebsvermögen in Höhe von je 10 % in den ersten vier Jahren. Die AfA für sonstige Gebäude, die betrieblich genutzt wurden, aber zum Privatvermögen gehörten, blieb dagegen unverändert, ein Umstand, der in offiziösen Verlautbarungen des BMF ausdrücklich hervorgehoben wurde.[10] Demgemäß konnten all diejenigen, die sich mit der Errichtung oder dem Erwerb solcher Gebäude befaßten, davon ausgehen, daß diese Regelung Bestand haben werde. Schon einige Wochen später galt das allerdings nicht mehr; mit dem am 29. Dezember 1993 im BGBl veröffentlichten StMBG entfiel auch die degressive Abschreibung für diese sonstigen Gebäude zum 01.01.1994. Merkwürdig berührte darüber hinaus, daß diese Leistung des Vermittlungsausschusses eine Regelung als »Mißbrauch bekämpfte«, die der Gesetzgeber in besseren Zeiten einmal als konjunkturelle Fördermaßnahme eingeführt hatte. Offenbar waren sich die Mitglieder des Vermittlungsausschusses auch gar nicht bewußt, wie sehr sie mit einem Federstrich in wirtschaftliche Dispositionen eingriffen, Planungskosten wertlos machten und gut geplante

---

9 *Knobbe-Keuk,* Sind aller guten Dinge drei? a.a.O. (FN 6), 741.

10 *Zeitler,* Auswirkungen des Standortsicherungsgesetzes auf die steuerliche Praxis, BB 1993, 1704 (1709).

Investitionen im Milliardenumfang in teure Ladenhüter verwandelten. Dabei verteuert nach einer Schätzung des Bundesministerium für Wirtschaft eine so einschneidende Änderung der AfA einen Gewerbebau um ca. 20 %.[11]

Zwischen Ende Dezember 1993 und Anfang März 1994 wuchs allerdings die Einsicht des Bundesfinanzministeriums: Für solche Neubauten des Privatvermögens, für welche der Bauantrag bis Ende 1993 gestellt worden war und die bis Ende 1994 veräußert werden, gilt nun doch noch die degressive Abschreibung. Die gegebene Begründung, die Neuregelung habe zahlreiche Probleme geschaffen, da sich die Betroffenen auf die neue Rechtslage nicht einstellen konnten, unterstellt dem Gesetzgeber eine beachtliche Inkompetenz und läßt auch die Rechtsgrundlage einer solchen Verwaltungsregelung offen.

Es stellt sich auch die Frage, wo die betriebswirtschaftliche Rechtfertigung dafür liegt, für gewerblich genutzte Gebäude im Privatvermögen eine doppelt so lange Nutzungsdauer zu unterstellen, wie für gleiche Gebäude, die im Privatvermögen gehalten werden, zumal die 50-%-ige AfA, sofort oder auf 5 Jahre verteilt, für gleiche Gebäude in den Fördergebieten bis Ende 1996 erhalten bleibt, was dort - wie man immer klarer sieht - zu entsprechenden Überkapazitäten und späteren Sanierungsfallen führen wird.

4. *Der gewerbliche Grundstückhändler*

Mancher Steuerzahler wähnte sich in Sicherheit vor dem Fiskus, da er die Spekulationsfrist des § 23 EStG genau beachtet hatte, fand sich aber unversehens in die Zahl der Gewerbetreibenden eingereiht, mit der fatalen Folge, daß seine Immobiliengeschäfte als Gewerbebetrieb qualifiziert waren und damit nicht nur der GewSt, sondern auch der viel kräftiger zugreifenden ESt unterlagen. Nach dem Motto: »Aller guten Dinge sind drei«[12] liegt *steuerfreie* Vermögensverwaltung vor, wenn nur drei einzelne Objekte innerhalb von fünf Jahren angeschafft oder errichtet und dann veräußert werden; ab dem 4. Objekt aber gehört man zum Kreis der gewerbetreibenden Grundstückshändler. Diese Regelung soll der Verwaltungsvereinfachung und der Rechtssicherheit dienen.[13]

Ein Blick in den zugehörigen Erlaß der Finanzverwaltung[14] zeigt, welche zahlreichen neuen Fragen, Probleme und Rechtsunsicherheit diese Drei-Objekt-Grenze geschaffen hat: Was ist ein Objekt, was fällt in den Fünfjahres-Zeitraum,[15] wie lange besaß der Steuerpflichtige zuvor schon das Objekt, wie nutzte er es, welchen Wert hat es?

Ein besonders umfassendes und schwieriges Problem wirft neuerdings die Frage auf, inwieweit Grundstücksveräußerungen von Gesamthandgemeinschaften dem einzelnen Gesamthänder zuzurechnen sind. Die nur auf den ersten Blick ein-

---

11 *Rieker,* Bonn schockt die Baubranche, im Rheinischer Merkur vom 18.03.1994, 12.
12 s. FN. 6 u. 9.
13 BFH vom 18.11.1991, XI R 23/90 BStBl II 1992, 135.
14 BdF vom 20.12.1990 BStBl I 1990, 884.
15 Gibt es also neben § 23 EStG eine neue, durch die Rechtsprechung verlängerte »Spekulationsfrist«?

fache Drei-Objekt-Regelung hat vielleicht ein Problem gelöst, aber jedenfalls neue Probleme geschaffen.

Der VIII. Senat des BFH hat judiziert: »Ist eine natürliche Person an mehreren Personengesellschaften beteiligt, die sich mit dem An- und Verkauf von Grundstücken beschäftigen, ohne daß diese Gesellschaften die Drei-Objekt-Grenze überschreiten, so ist die natürliche Person durch die Beteiligung an diesen Personengesellschaften als gewerblicher Grundstückshändler tätig, wenn alle Personengesellschaften und der betreffende Gesellschafter selbst zusammengenommen mehr als drei Objekte an- und verkaufen.«[16]

Danach schlägt also die schlicht vermögensverwaltende und damit steuerfreie Tätigkeit schon dadurch in eine steuerpflichtige Aktivität um, daß der Steuerpflichtige an einer Personengesellschaft beteiligt ist, die möglicherweise ohne Wissen und Willen des Gesellschafters Grundstücke veräußert.

Anders hat der X. Senat des BFH das Problem gesehen: Die Veräußerung von Anteilen an einem geschlossenen Immobilienfonds wurde nicht als Grundstücksspekulationsgeschäft gem. § 23 Abs. 1 Ziff. 1 a EStG qualifiziert, sondern als Veräußerung von Anteilen an einer vermögensverwaltenden Gesellschaft. Den Durchgriff durch die gesamthänderische Beteiligung auf die Wirtschaftsgüter des Gesamthandvermögens lehnte der Senat ab.[17]

Seit September 1992 liegt das Problem nunmehr dem Großen Senat des BFH zur Entscheidung vor. Der Vorlagebeschluß des XI. Senats lautet: »Können Grundstücksverkäufe einer GbR einem Gesellschafter, der auch eigene Grundstücke veräußert, in der Weise zugerechnet werden, daß unter Einbeziehung dieser Veräußerungen ein gewerblicher Grundstückshandel des Gesellschafters besteht?«[18]

Allerdings wollte inzwischen der Gesetzgeber dem Großen Senat die Arbeit anscheinend abnehmen: Durch das StMBG wurde § 23 Abs. 1 EStG dahingehend geändert, daß nunmehr bei der Veräußerung von Anteilen an einer Gesamthandgemeinschaft nicht der Gesellschaftsanteil als veräußert gilt, sondern das Bruchteilseigentum an den Wirtschaftsgütern der Gesellschaft. § 39 Abs. 2 Ziff. 2 AO ist ausdrücklich als anwendbar erklärt worden. Damit hat das Steuerrecht neuerdings einen markanten Bruch zum Zivilrecht geschaffen, indem seit jeher überkommene Regeln zur Gesamthand steuerrechtlich beiseite geschoben werden.

Fraglich ist, ob der Große Senat des BFH auch in derartigen Fällen noch der Drei-Objekt-Theorie folgen will, nachdem es doch in solchen Fällen offenkundig an einem entscheidenden Merkmal der gewerblichen Tätigkeit fehlen könnte, nämlich an der nachhaltigen Betätigung des Gesellschafters einer Personengesellschaft am wirtschaftlichen Verkehr.[19]

---

16 BFH vom 20.11.1990 VIII R 15/87 BStBl II 1991,345.
17 BFH vom 04.10.1990 X R 148/88 BStBl II 1992, 211.
18 BFH vom 02.09.1992 XI R 21/91 DStZ 1993, 604.
19 Vergl. dazu insgesamt *Schmidt*, EStG § 15, Anm. 12 d: In solchen Fällen sei auf die Einzelumstände abzustellen.

5. *Eine neue Einkunftsart?*

Dieser Ausschnitt aus den vielfältigen einkommensteuerrechtlichen Problemen zeigt, wie groß die Rechtsunsicherheit in Steuerfragen sein kann und wie wenig voraussehbar die steuerlichen Konsequenzen wirtschaftlichen Handelns oft sind. Dabei wäre für unseren Fragenkreis der Ausgangspunkt des § 15 Abs. 2 EStG relativ einfach gelagert. Die Legaldefinition zählt sechs Merkmale für eine gewerbliche Tätigkeit auf, nämlich vier positive: selbständig, nachhaltig, Gewinnerzielungsabsicht und Teilnahme am allgemeinen wirtschaftlichen Verkehr, sowie zwei negative Merkmale: keine Land- und Forstwirtschaft und nicht selbständige Arbeit. Hinzu kommt ein weiteres nicht gesetzlich normiertes Merkmal, das in der Tat schwieriger zu erfassen ist: »Eine gewerbliche Tätigkeit liegt nur dann vor, wenn der Rahmen einer privaten Vermögensverwaltung überschritten wird.«

Es darf nachhaltig bezweifelt werden, insbesondere angesichts neuerer Entscheidungen und Regelungen, ob die Drei-Objekt-Theorie wirklich ein Beitrag zu größerer Rechtssicherheit war oder ob sie nicht Steuerpflichtige zu gewerblichen Grundstückshändlern machte, bei denen man mangels entsprechender allgemeiner Betätigung am wirtschaftlichen Verkehr ganz anderer Meinung sein konnte. Eine pauschal angewandte Drei-Objekt-Grenze läßt außeracht, mit welcher Intensität und Nachhaltigkeit, also mit welcher »Gewerblichkeit«, sich der Steuerpflichtige dem Verkauf seiner Objekte gewidmet hat. Im Interesse der Rechtssicherheit ist es geboten, die Merkmale gewerblicher wirtschaftlicher Betätigung nicht so exzessiv zu interpretieren, wie dies in den vergangenen Jahren geschehen ist. Es kann nicht Aufgabe von Verwaltung und Rechtssprechung sein, den Boden einer über 100 Jahre alten Tradition des deutschen Einkommenssteuerrechts zu verlassen und § 2 EStG eine weitere Einkunftsart »Gewerbliche Vermögensverwaltung« anzuhängen. Zu beachten ist hier die abschließende Regelung des § 23 EStG, wonach private Veräußerungsgewinne im deutschen Einkommenssteuerrecht nur dann steuerpflichtig sind, wenn sie innerhalb der Spekulationsfrist dieser Bestimmung liegen. Aus guten Gründen[20] ist dem deutschen Steuerrecht die Steuerpflicht der *Capital Gains* unbekannt geblieben, sie kann auch nicht über eine ausufernde Interpretation des Begriffs »Gewerblichkeit« ohne Gesetzgeber eingeführt werden.

III. *Gleicher Rang der Einkunftsarten?*

1. *Unterschiede*

§ 2 EStG geht von einer Gleichrangigkeit der sieben Einkunftsarten aus, in denen sich gleichermaßen die steuerliche Leistungsfähigkeit manifestieren soll, die wiederum Grundlage für eine dem Gleichheitssatz entsprechende Besteuerung nach der persönlichen Leistungsfähigkeit ist. In der Steuerwirklichkeit bestehen

20 Vergl. Gutachten der *Steuerreformkommission* 1972, II, 43 ff.

aber, wie jedermann weiß, große Belastungsunterschiede zwischen den einzelnen Einkommensarten, teilweise wird hierzu die Meinung vertreten, diese Unterschiede führten zu verfassungswidrigen Ergebnissen.[21] Allerdings war das Bundesverfassungsgericht bisher anderer Ansicht und die Gründe für Belastungsunterschiede sind in der Tat vielfältig: Zum einen beruhen sie auf gesetzgeberischen Entscheidungen, wie neuerdings die Einführung des Sondertarifs für gewerbliche Einkünfte durch § 32 c EStG oder die Steuerfreiheit bzw. sonstige Sonderregelungen für bestimmte Einkünfte, in denen sich durchaus steuerliche Leistungsfähigkeit ausdrücken würde. Ganz entscheidend ergeben sich die Unterschiede aber aus dem Zwang der Verhältnisse, aus den Grenzen für vernünftigen Verwaltungsaufwand, aus der berechtigten Sorge, es könnten volkswirtschaftliche Schäden durch eine verfehlte Besteuerungspraxis entstehen. Wie man gesehen hat, und was man wirklich früher hätte sehen müssen, schließt die *Flüchtigkeit des Kapitals* unter vernünftigen und vertretbaren Rahmenbedingungen einen Zugriff des Fiskus nahezu aus, wenn nicht der Steuerpflichtige von sich aus zahlungsbereit ist, eine Voraussetzung, die schwerlich gegeben sein kann, wenn man Umfrageergebnissen glaubt, wonach über 60 % der Befragten kein Verständnis für die Besteuerung von Zinsen aufbrachten.[22] Auch bei der *Einheitsbewertung des Grundbesitzes* ist der Verwaltungsvollzug so schwierig und offenkundig von so geringer politischer Akzeptanz getragen, daß Theorie des Bewertungsgesetzes und Praxis unüberbrückbar auseinanderklaffen.

Die These von der Verfassungswidrigkeit der Belastungsunterschiede bei den Einkunftsarten steht daher auf schwankendem Boden, da der Gesetzgeber durchaus berechtigt ist, aus vielfältigen Überlegungen heraus Belastungsunterschiede zuzulassen. Der über 100 Jahre alte Katalog der sieben Einkunftsarten könnte zudem auch nicht abschließendes Indiz für steuerliche Leistungsfähigkeit sein, bei genauerer Betrachtung wirkt er eher wenig durchdacht und zufällig aneinandergereiht. Hieran konnten auch einige Bereinigungsversuche des jüngsten StMBG nichts ändern.

2. *Die Kapitaleinkünfte*

Die verwaltungsmäßigen Grenzen einer auf dem Papier vorgeschriebenen Besteuerung sind mit Inkrafttreten des *Zinsabschlaggesetzes* vom 09.11.1992[23] besonders kraß hervorgetreten. Hier hat sich gezeigt, daß steuerlicher Rigorismus in die Irre führt und daß gerade in diesem schwierigen Bereich Pragmatismus, der von den Grenzen des Machbaren weiß, letztlich bessere und damit auch gerechtere Ergebnissen bringt.

Zunächst war dem ersten Versuch zur Durchsetzung einer Quellensteuer auf Zinseinkünfte ab 01.01.1989 nur eine kurze Lebensdauer beschieden, wobei der damalige Finanzstaatssekretär und heutige Bundesbankpräsident bei der Strei-

---

21 *Schmidt/Seeger*, EStG, § 2, Anm. 3.
22 Münchner Merkur vom 07.04.1994, 1.
23 BGBl 92 I, 1853.

chung offenbar kräftig mitgeholfen hat[24]. Allerdings hat dann die Entscheidung des Bundesverfassungsgerichts vom 27.06.1991[25] den Gesetzgeber gezwungen, mit dem Zinsabschlagsgesetz vom 09.11.1993 wiederum einen Rückzieher zu machen. Gewiß könnte man *Tietmeyer* folgen,[26] wenn er laut Handelsblatt ausgeführt hat, das Bundesverfassungsgericht habe die wirtschaftspolitische Tragweite seiner Entscheidung nicht gesehen und die Bundesregierung sei nur den Vorgaben aus Karlsruhe nachgekommen.

Vielleicht hätte sich der Steuergesetzgeber angesichts dieser Entscheidung des Bundesverfassungsgerichts auf den altrömischen Grundsatz besinnen sollen »imposibilia nemo obligatur«, anstatt sich immer tiefer in steuerrechtlichem Dickicht zu verirren, wie etwa bei der Erfassung des Zwischengewinns bei Kapitalanlagegesellschaften. Allerdings ist anzuerkennen, daß zunächst der Wille vorhanden war, aus dem Zinsurteil des Bundesverfassungsgerichts das Beste zu machen, indem die bemerkenswert hohen Freibeträge von DM 6000,-/12.000,- eingeführt wurden, was ein erster vorsichtiger Schritt in die richtige Richtung hätte sein können.

3. *Volkswirtschaftlicher Schaden*

Leider aber haben die Erfahrungen seit Anfang 1993 gezeigt, daß der volkswirtschaftliche Schaden des Zinsabschlaggesetzes ungewöhnlich groß ist und Nachteile der »kleinen Kapitalertragssteuer« des Jahres 1989 noch deutlich übertrifft. Das *IFO-Institut für Wirtschaftsforschung* hat in einer neuen Untersuchung dargelegt, daß trotz des verzehnfachten Freibetrages das Zinsabschlagsgesetz nicht dafür garantieren konnte, daß sich die Verhaltensweisen von Steuerpflichtigen, die sich zuvor schon in Kapitalflucht oder Nichtanmelden von Kapitaleinkünften geäußert hatten, schlagartig in eine staatstragende Gesinnung wandeln würden. IFO schätzt die Kapitalein*künfte,* die 1993 durch die »recht massiven Ausweichreaktionen und Umweggeschäfte« dem Zinsabschlag (und damit wohl auch der Einkommenssteuer) entzogen wurden, auf gut 30-40 Milliarden.[27] Diesen Kapitaleinkünften müßte ein verlagertes Kapital von 600-700 Milliarden zugrunde liegen.[28]

Gesicherte Zahlen gibt es allerdings nicht, insbesondere nicht für die Nachbarländer Schweiz und Österreich. Immerhin sind die »Erfolgsmeldungen« der luxemburger Banken- und Fondstöchter deutscher Banken bemerkenswert. Luxemburger Fonds verwalteten 1993 480 Milliarden DM, der Zuwachs betrug 120 Milliarden.[29] Die Deutsche Bank Luxemburg konnte 1993 die Zahl ihrer Kunden um 28 % erhöhen.[30] Der Oberfinanzpräsident von Freiburg Altehoefer hat anläßlich

---

24 *Wenger,* Bekämpfung der Steuerhinterziehung durch Verzicht auf Zinsbesteuerung in Handelsblatt vom 07.04.1994, 3.

25 BVerfg. E 84, 239.

26 a.a.O., (FN 24).

27 Ifo Schnelldienst 7/1994, 3.

28 Das von der *Deutschen Bundesbank* zuletzt für 1992 ausgewiesene Geldvermögen der privaten Haushalte belief sich auf 3.415 Milliarden und verzinste sich um ca. 5 %, vergl. Deutsche Bundesbank, Monatsbericht 10/93, 19 ff.

29 Handelsblatt vom 18.03.1994, 13.

30 Handelsblatt vom 18.03.1994, 13.

einer Anhörung durch den Finanzausschuß des Deutschen Bundestages geschätzt, daß seit 1991 aus Deutschland 330 Milliarden geflohen sind, eine Schätzung, die sich am unteren Rand bewegt.[31] Bei der Hypo-Lux stieg das Depotvolumen 1993 um 123 % auf 4,9 Milliarden, bei anhaltendem Trend.[32] Die Zahlen ließen sich fortsetzen, nicht nur für die Banken, sondern auch für die Versicherungsbranche. Hier ist das Prämienaufkommen der *Lebensversicherer* in Luxemburg von 680 Millionen im Jahr 1992 auf ca. 850 Millionen im Jahr 1993 gewachsen, eine Entwicklung, die nicht zuletzt mit der Neuregelung der Zinsbesteuerung bei den Versicherungen zusammenhängen dürfte.[33]

Zyniker könnten vielleicht meinen, diese Entwicklung dürfe den Fiskus nicht stören, derartiges Fluchtkapital sei ohnehin, mit und ohne Quellensteuer, noch nie versteuert worden. Dabei bliebe allerdings eine andere negative Folge völlig unberücksichtigt: Erträge und Gewinne aus diesem Anlagegeschäft werden nicht mehr in Frankfurt oder München, sondern in Luxemburg erwirtschaftet, mit den entsprechenden negativen Folgen für das Aufkommen an Körperschaftssteuer und Gewerbesteuer. Arbeitsplätze fallen im Inland weg und entstehen im Ausland neu. So ist in der Bankbranche Luxemburgs 1993 die Zahl der Arbeitsplätze um etwa ein Drittel auf knapp 18.000 Bankangestellte gewachsen.[34] Gestiegen sind dafür die Kosten der inländischen Banken. Nach einer Schätzung des Deutschen Genossenschaftsverbandes sind allein bei den Genossenschaftsbanken 1993 durch den Zinsabschlag DM 800 Millionen Kosten entstanden, nach derselben Schätzung hatten alle deutschen Banken 1993 allein für die Freistellungen vom Steuerabzug DM 2 Milliarden aufzuwenden.[35]

Allerdings hat dieser Trend den Gesetzgeber bislang offenbar nicht mehr sonderlich bremsen können. Weitere erhebliche Erschwernisse sind für die Fondswirtschaft mit dem Ende 1993 in Kraft getretenen StMBG hinzugekommen, die noch gar nicht quantifizierbar sind.

4. *Welcher Ausweg?*

Der Verfasser fühlt sich nicht verpflichtet, im Rahmen diese knappen Beitrags Alternativen zur geltenden Regelung aufzuzeigen. Es sei aber an die seit jeher bewährte und von breiter politischer Übereinstimmung getragene Behandlung der Zinsen bei Lebensversicherungen erinnert, die doch im wesentlichen unumstritten ist. Jedenfalls hätte man noch stärker berücksichtigen müssen, daß es bei einer weltweit offenen freien Marktwirtschaft nicht möglich ist, Kapital im Inland festzuhalten und daß eine Quellensteuer auf Kapital nur im Rahmen einer Devisenzwangswirtschaft mit strengen Kontrollen für den Kapitaltransfer wirklich umsetzbar wäre.

Angesichts des Fehlschlages der Zinsabschlagssteuer melden sich indes schon wieder die Stimmen selbsternannter »Experten«, welche eine völlige Durchbre-

31 Handelsblatt vom 23.09.1993, 3.
32 Süddeutsche Zeitung vom 10.03.1994, 30.
33 Wirtschaftswoche Nr. 42 vom 15.10.1993, 9.
34 Süddeutsche Zeitung a. a. O. (FN 32).
35 Frankfurter Allgemeine Zeitung vom 08.03.1994, 26.

chung des ohnehin schon löchrig gewordenen deutschen Bankgeheimnisses fordern. Hier ist der Gesetzgeber aufgefordert, weiteren Schaden vom inländischen Kapitalmarkt abzuwenden.

IV. *Einheitswerte oder was?*

1. *Die neuste Entscheidung des Bundesverfassungsgerichts*

Im Vergleich zur Entscheidung des Bundesverfassungsgerichtes zur Besteuerung der Kapitaleinkünfte sind in der jüngsten steuerrechtlichen Entscheidung dieses Gerichts zur Einheitsbewertung des Grundbesitzes vom 14.12.1993 die Akzente offenbar anders gesetzt:[36] »Die Vorstellung, daß alle Vermögensgegenstände oder - im Fall der Einkommensbesteuerung- alle Arten von Einkünften ausnahmslos nach den gleichen tariflichen Bestimmungen besteuert werden müssen, findet schon im geltenden Steuerrecht keine ausreichende Grundlage. Sie wird durch die Anordnungen niedrigerer Steuertarife, durch Absetzungsmöglichkeiten, Freigrenzen, Freibeträge und ähnliche Sondervorschriften weitgehend in Frage gestellt. Grundsätzliche verfassungsrechtliche Bedenken gegen diese gesetzgeberische Praxis sind, soweit ersichtlich, bisher nicht vorgebracht worden.«

In der Tat verlangt beispielsweise kein Steuerexperte wohl ernstlich, die *Capital Gains* nach dem Vorbild der USA in die Einkommensbesteuerung einzubeziehen. Ein solches Vorhaben hat schon die Steuerreformkommission in ihrem umfassenden Gutachten abgelehnt.[37] Auch sonst gibt es Ausnahmebestimmungen, die Einkommen, obgleich Ausdruck steuerlicher Leistungsfähigkeit, unbesteuert lassen (vergl. z.B. §§ 6 b, 6 c, 17, 21, 34 EStG). Es ist legitim, daß der Gesetzgeber neben dem Leistungsfähigkeitsprinzip andere Überlegungen in seine Entscheidungen einfließen läßt: Dies können vielerlei außerfiskalische Zielsetzungen der Standort- und Strukturpolitik, der Konjunktur-, Wachstums-, Sozial-, Einkommens- und Vermögenspolitik sein. Vor allem aber darf er die Hauptaufgabe jeglicher Steuererhebung nicht aus den Augen verlieren: auf möglichst rationale und billige Weise den notwendigen Ausgabebedarf der öffentlichen Hand zu finanzieren. Entscheidend kommt es darauf an, für sprudelnde Steuerquellen zu sorgen nicht diese zuzuschütten, dafür zu sorgen, daß die Flut der Einnahmen nicht die Richtung ändert und in das Ausland strömt, daß der Verwaltungsaufwand in einem vernünftigen Verhältnis zum Steueraufkommen steht und daß die »Abwehrkosten« der Steuerzahler nicht zu sehr dessen produktive Tätigkeit behindern.

Anders als beim Kapital ist bei der Einheitsbewertung nicht die Flüchtigkeit des Steuerobjektes das Problem, sondern die *offenbare Unmöglichkeit,* entsprechend der Konzeption des Bewertungsgesetzes zu einem angemessenen Wert für völlig unterschiedlich orientierte Steuern zu kommen. Seit vielen Jahren schon wird die Verfassungswidrigkeit der Einheitswerte behauptet und in nahezu allen

36 BVerfg. 1 BvL 25/88 vom 14.12.1993, BB 1994, 270.
37 a.a.O. (FN 20).

Abhandlungen der letzten Jahre, die sich mit diesem Problem befassten, konnte man von der Erwartung lesen, nun werde alsbald das Bundesverfassungsgericht der bisherigen verfassungswidrigen Steuerpraxis ein Ende setzen und den Gesetzgeber »endlich« zum Handeln zwingen. Dabei waren die Motive durchaus unterschiedlich, man konnte aus den Texten nicht nur wissenschaftliches Interesse, sondern auch Schadenfreude, Furcht und politisches Kalkül herauslesen.

Entgegen all diesen Erwartungen hat das *Bundesverfassungsgericht* in seiner Entscheidung vom 14.12.1993[38] die gegenwärtig geltenden Einheitswerte nicht für verfassungswidrig erklärt, sondern in einem obiter dictum lediglich festgestellt, es würden hierzu in »Rechtsprechung und Literatur - auch bei Zugrundelegung der von § 121 a BewG generell angeordneten Erhöhung um 40 von Hundert - verfassungsrechtliche Bedenken vorgebracht, *die sich nicht ohne weiteres* von der Hand weisen lassen«. Vor allem hat das Gericht diese Bedenken für die Fälle in Frage gestellt, in denen von einem Einheitswert abhängende Steuern nicht mehr aus dem Ertrag, sondern »aus der Substanz« gezahlt werden müssen.

Dies sind deutliche Hinweise auf die in der Steuerrechtswissenschaft vertretene Ansicht, daß sich die Vermögenssteuer nur als Sollertragssteuer rechtfertigen lasse und daher die Sollerträge der Vermögensgegenstände die Bemessungsgrundlage darstellen müßten. Kirchhof folgert dies aus Art. 14 GG. Artikel 14 Absatz 2 GG regele eine gemäßigte Sozialbindung und damit Besteuerbarkeit des ruhenden Eigentums und eine gesteigerte Sozialbindung und Besteuerbarkeit des Eigentumsgebrauchs.[39]

Diese bemerkenswerte Zurückhaltung des Bundesverfassungsgerichts ist in vielfacher Hinsicht begrüßenswert. Andere Entscheidungen haben Gesetzgebung und Verwaltung bereits vor nur schwer lösbare Probleme gestellt, neben dem Zinsurteil z.B. auch die Entscheidungen zum steuerfreien Existenzminimum und zum Familienlastenausgleich. Vielleicht haben bei dieser neuen Entscheidung gerade auch pragmatische Überlegungen eine Rolle gespielt, nämlich einerseits der immense Verwaltungsaufwand, den eine Neubewertung des Grundbesitzes mit sich brächte, andererseits aber auch die relativ geringe fiskalische Bedeutung, die letztlich den Einheitswerten zukommt. Bei der Grundsteuer sind die Einheitswerte schließlich nur eine Rechengröße neben anderen, entscheidendes Gewicht haben erst die im Rahmen der kommunalen Finanzhoheit festzulegenden Hebesätze. Gewerbekapitalsteuer und Vermögenssteuer stehen ohnehin auf der gesetzgeberischen Streichliste, so hat es jedenfalls Bundeskanzler Kohl in seiner Regierungserklärung vom Januar 1991 festgelegt.[40] Bedeutung kommt den Einheitswerten mittelfristig im wesentlichen nur für die Erbschaftsteuer zu, einer Steuerquelle, die im Rahmen des öffentlichen Gesamthaushaltes als unbedeutende Ländersteuer vernachlässigt werden kann.

---

38 a.a.O. (FN 36).

39 *Meyding,* Ist eine verfassungskonforme Vermögensbesteuerung überhaupt möglich? DStR 1992, 1113 ff. mit weiteren Nachweisen; *Kirchhof,* Verfassungsrechtliche Maßstäbe für die Einheitsbewertung des Grundbesitzes, DStR 1984, 575.

40 *Meyding,* a.a.O. (FN 39), 1115.

2. *Aufwand einer Neubewertung*

Der Gedanke, durch Einheitswerte für verschiedene Steuerarten eine einheitliche Bemessungsgrundlage festzusetzen, mag vom theoretischen Ansatz her durchaus vertretbar sein, in der Praxis jedoch war er seit jeher zum Scheitern verurteilt. Seit 1935, dem Zeitpunkt des Inkrafttretens des Bewertungsgesetzes, gab es nur zwei Einheitsbewertungen. Die Einheitswerte 1935 wurden durch die Werte 1964 abgelöst und traten erst zum 01.01.1974 in Kraft. In den neuen Ländern gibt es nur die Einheitswerte 1935, soweit diese überhaupt vorhanden sind.

Bei dieser Sachlage erscheint es wenig erfolgversprechend, ernsthaft darüber nachzudenken, zu welchem Zeitpunkt neue, am geltenden Bewertungsgesetz ausgerichtete Einheitswerte in Kraft treten könnten. Es müßten für mindestens 25 Millionen Einzelgrundstücke in den alten und neuen Ländern Bewertungen durchgeführt werden. Allein dabei ergäbe sich ein Personalbedarf von 4000-5000 Mitarbeitern, neben den ca. 3000 Bewertungsbeamten, die sich mit der Fortschreibung der vorhandenen Einheitswerte befassen müßten, bis die neuen Werte in Kraft treten.[41] Gar nicht berücksichtigt ist dabei einmal mehr der Verwaltungsaufwand, der bei den Steuerzahlern entstünde. Sicherlich sind die Turbulenzen im Rahmen der vor einigen Jahren durchgeführten *Volkszählung* noch frisch im Gedächtnis, als es u.a. auch um die Erfassung des vorhandenen Wohnungsbestandes ging. Man kann sich vorstellen, welche Aufregung bis hin zu den Datenschützern entstünde, wenn in einem neuen Massenverfahren Steuererklärungen zur zuverlässigen Ermittlung der Ertragswerte abgegeben werden müßten. Wollte man dies sachgerecht machen, müßte man z.B. genau nach der Ausstattung der Gebäude fragen, was nur Sinn hätte, wenn auch Kontrollen möglich wären. Die äußerst geringe politische Akzeptanz eines solchen Vorhabens und damit sein absehbares Scheitern ist offenkundig. Künftige Entscheidungen sollten dazu den verhältnismäßig geringen Ertrag in Relation setzen, den ein so aufwendiges Verwaltungsverfahren für den Fiskus brächte, zumal erklärtermaßen die ganze Aktion kein wesentliches Mehraufkommen bringen soll.

Die Kritiker der gegenwärtig geltenden Einheitswerte beanstanden weniger die teilweise erheblichen Bewertungsunterschiede zwischen einzelnen Grundstücken, als vielmehr die Tatsache, daß die Ansätze für Grundvermögen viel geringer sind, als die Ansätze für sonstiges Vermögen. Hierin muß allerdings noch kein Verfassungsverstoß liegen, denn der Gleichheitssatz verbietet lediglich, »wesentlich Gleiches« ungleich zu behandeln, wenn kein sachlicher Grund für eine unterschiedliche Behandlung vorliegt. Es lassen sich aber viele Gründe dafür anführen, daß Grundvermögen keineswegs die gleiche steuerliche Leistungsfähigkeit verkörpert wie sonstiges Vermögen.[42]

---

41 *Meyding*, a.a.O. (FN 39), 1116; *Wolf*, Der Weg zu neuen Einheitswerten oder ihren Alternativen, DStR 1993, 541 (549).

42 *Miehler/Kronthaler*, Einheitsbewertung und kein Ende? DStZ 1992, Seite 741.

V. *Schlußbemerkungen*

Der Jubilar hat 20 Jahre dem Deutschen Bundestag angehört und dabei die Steuergesetzgebung maßgeblich beeinflußt. Zumindest aus Münchner Sicht, also aus der Ferne, besteht der Eindruck, daß er noch keinen Nachfolger in Bonn gefunden hat, der mit hinreichender politischer Kompetenz zu einer vernünftigen Weichenstellung in der Steuergesetzgebung beizutragen vermag. In den vergangenen Jahren sind jedenfalls Rechtssicherheit und die Frage, inwieweit Steuergesetze überhaupt noch in der täglichen Verwaltungspraxis, aber auch in den Beratungskanzeleien und Unternehmen, bewältigt und vollzogen werden können, viel zu sehr in den Hintergrund getreten. Perfektionismus, hypertrophe Regelungen, deren Sinn und gesetzgeberischer Hintergrund nunmehr schwer durchschaubar sind, vermitteln einer immer kleineren Kaste von Experten *Herrschaftswissen,* drohen aber das *Steuersystem* insgesamt zu ersticken. Eine baldige Umkehr ist hier dringend geboten, setzte sich die Entwicklung der letzten 10, 15 Jahre wie bisher fort, könnte man sich das Steuerrecht des Jahres 2010 kaum mehr vorstellen.

Leonhard Gleske

Einige Fragen zum wirtschaftlichen Transformationsprozeß der Länder Mittel- und Osteuropas

I. *Einführende Bemerkungen*

Der Zusammenbruch der kommunistischen Regime hat die große Chance eröffnet, die Jahrzehnte lange politische und ökonomische Teilung Europas durch die Integration der Länder Mittel- und Osteuropas in das von den Werten der politischen Demokratie und freien Marktwirtschaft geprägte System, wie es sich in Westeuropa nach dem letzten Krieg in so starkem Maße entwickelt hat, endgültig zu überwinden. Wir befinden uns erst am Beginn dieses Prozesses. Als Aufgabe stellt er vor allem an die Länder des ehemaligen Ostblocks, aber nicht weniger auch an die Länder Westeuropas hohe Anforderungen.

Die Erfahrungen der Länder Westeuropas beim Aufbau ihrer Volkswirtschaften nach den Zerstörungen und Verwerfungen des letzten Krieges können in mancher, wenn auch nicht in jeder Hinsicht nützliche Lehren für die Länder Mittel- und Osteuropas beim Aufbau ihrer Volkswirtschaften und der Öffnung ihrer Grenzen vermitteln. Aber auch die Länder Westeuropas täten gut daran, sich zu erinnern, in wie starkem Maße sie sich damals bei dem schwierigen Aufbau ihrer Volkswirtschaften auf eine großzügige Haltung der USA stützen konnten. Sie kam nicht nur in hohen finanziellen Hilfen zum Ausdruck, sondern auch in der Bereitschaft, ihre Grenzen für Importe aus Westeuropa offenzuhalten in einer Zeit, in der die meisten westeuropäischen Länder Importrestriktionen aufrechthielten. Sie wurden zwar schrittweise reduziert, galten aber doch über eine recht lange Zeit. Auch die Hinnahme relativ niedriger Löhne und unterbewerteter westeuropäischer Währungen gehört in dieses Bild.

Natürlich war diese Haltung der USA auch von ihrem Eigeninteresse geprägt, nicht nur ihrem Interesse an politischer Stabilität in Westeuropa angesichts der Konfrontation mit dem kommunistischen Regime des Ostens, sondern auch ihrem Interesse an ökonomisch stabilen Absatzmärkten für amerikanische Unternehmen. In jeder Hinsicht hat sich dieses an langfristigen Zielen orientierte Interesse für die USA ausgezahlt.

Die westeuropäischen Länder haben in ihrem Verhältnis zu den Ländern Mittel- und Osteuropas heute ähnliche langfristige Interessen: An politischer Stabilität in diesen Ländern angesichts des nicht zuletzt auch sozial schwierigen Transformationsprozesses und an der Herausbildung zukunftsträchtiger Absatzmärkte.

Wenn Erfolge im ökonomischen Transformationsprozeß in Mittel- und Osteuropa ausbleiben oder auch nur lange auf sich warten lassen, dürfte der politische goodwill der ersten Reformgeneration rasch aufgezehrt sein. Die Wahlergebnisse in einigen Ländern, so in Polen wie Rußland, verdeutlichen diese Gefahr. Neben destabilisierenden politischen Konflikten, die auch Westeuropa nicht unberührt lassen würden, drohte ein wachsender Migrationsdruck, von dem vor allem Deutschland, aber auch die übrigen EG-Länder betroffen würden. Dabei ist die Gefahr nicht auszuschließen, daß die EG-Länder sich bei Diskussionen über osteuropäische Probleme und die angemessene Reaktion hierauf zunehmend auseinanderdividieren und die EG geschwächt wird.

Gelingt es dagegen den mittel- und osteuropäischen Ländern, durch eine exportorientierte Wirtschaftspolitik, durch umfassende Privatisierung der noch im Staatseigentum befindlichen Unternehmen und die gezielte Förderung der Neugründung von Unternehmen ein befriedigendes Wirtschaftswachstum zu erreichen, so gingen hiervon positive Impulse für die westeuropäische Wirtschaft aus: Mittel- und Osteuropa kann zu einer für die EG-Länder langfristig wichtigen Exportregion werden. Der derzeitige Anteil des Osteuropa-Handels am Außenhandel der einzelnen EG-Länder übersteigt trotz relativ hoher Zuwachsraten nur bei wenigen Ländern 3 %; bei den meisten liegt er zum Teil meist unter dieser schon niedrigen Ziffer. Dies verdeutlicht das Zukunftspotential für den Außenhandel der EG mit Mittel- und Osteuropa.

Auch ein anderer Aspekt verdient Beachtung: Die mittel- und osteuropäischen Länder können zu einer für den Wettbewerb der Industrie in der EG mit den USA und Japan wichtigen Quelle von Billigimporten und preiswerten Vorprodukten werden, beides nicht zuletzt auch verbunden mit neuen Möglichkeiten für Direktinvestitionen westeuropäischer Unternehmen in diesen Ländern.

All dies setzt aber voraus, daß die EG ihre Märkte dauerhaft und ohne Einschränkung für Importe aus Mittel- und Osteuropa öffnet. Der Westen vermag kaum einen wichtigeren Beitrag zur Verbesserung der Wachstumschancen in den Reformländern zu erbringen. Die Industrieländer nehmen ihre Verantwortung nur wahr, wenn sie ihre Grenzen auch für jene Produkte öffnen, bei denen die Länder Mittel- und Osteuropas im Wettbewerb besonders gut bestehen können. Der Import »sensibler Güter« – Agrar-, Textil- und Metallprodukte – ist nicht ohne Probleme für die westeuropäischen Volkswirtschaften. Die Öffnung der Grenzen nach Osten verstärkt den enormen strukturellen Wandlungsdruck, den die westeuropäischen Länder bewältigen müssen. Wenig technologieintensive und arbeitsintensive Industrien in Westeuropa werden bei freiem Wettbewerb und Freihandel gegenüber ihren Konkurrenten aus dem Osten nicht länger wettbewerbsfähig sein. Die Integration der mittel- und osteuropäischen Volkswirtschaften verstärkt den Druck, neue Wachstums- und Beschäftigungsfelder in den EG-Staaten zu erschließen. Dabei müssen die mittel- und osteuropäischen Länder in die internationale Arbeitsteilung eingebunden werden. Die EG-Länder stehen ohnehin vor dem Zwang, den Strukturwandel zu beschleunigen, Wachstumshemmnisse abzubauen und auch eine stärkere Lohndifferenzierung zwischen Industrien und innerhalb einzelner Industrien, nicht zuletzt auch im Interesse der Vollbeschäftigung, vorzunehmen. Eine protektionistische Industriepolitik wäre, gerade auch im Interesse der entwickelten Industrieländer selbst, der falsche Weg. Für die Länder Mittel- und Osteuropas wäre er fatal; vor allem würde er langfristige Chancen für beide Seiten verbauen und die überwunden geglaubte Teilung Europas verfestigen.

In diesem Prozeß der Integration der über Jahrzehnte planwirtschaftlich organisierten Volkswirtschaften in die von marktwirtschaftlichen Prinzipien bestimmte westliche Welt liegt die Hauptlast der Anpassung bei den mittel- und osteuropäischen Ländern selbst; ebenso tragen sie die Verantwortung für eine entschieden auf grundlegende Reformen hinzielende Wirtschafts-, Währungs- und Finanzpolitik. Die Hilfe westlicher Länder und Organisationen, sei es als Kapitalgeber, als Übermittler von »know how« auf den verschiedensten Gebieten der Wirtschaftspolitik, der Unternehmensführung und Marktkenntnis, und nicht zuletzt als liberaler Partner im Handelsaustausch - alle diese Hilfe, so wichtig und entscheidend sie in vieler Hinsicht sein mag, bleibt doch subsidiär im Verhältnis zu den gewaltigen Aufgaben, die diese Länder nur selber bewältigen können.

II. *Der Transformationsprozeß*

Die Volkswirtschaften der mittel- und osteuropäischen Länder befinden sich seit einigen Jahren in einem vielschichtigen, komplizierten und langwierigen Umgestaltungsprozeß, weg von einer güterwirtschaftlichen Zentralplanung, die sich auf Staatseigentum an den Produktionsmitteln gründet, in Richtung auf eine Marktwirtschaft, die auf privatem Eigentum beruht und von frei sich im Wettbewerb bildenden Preisen bestimmt wird. Dieser Prozeß wird in den einzelnen Ländern freilich mit durchaus unterschiedlichem Willen und Nachdruck vorangetrieben.

Die bisherigen Erfahrungen in diesem Reform- und Transformationsprozeß vermitteln uns einige Lehren und Erkenntnisse:

Der Reformprozeß muß umfassend sein. Er verträgt keine Kompromißlösungen zwischen zentralverwaltungs- und marktwirtschaftlichen Elementen. Solche Lösungen haben, soweit sie wie in Ungarn und Polen bereits zu kommunistischer Zeit versucht wurden, zu unbefriedigenden Ergebnissen geführt. Einige Länder, so u.a. die Ukraine, sind dabei, diese Erfahrungen zu wiederholen.

1. *Die Bedeutung stabiler Rahmenbedingungen*

Der Reform- und Transformationsprozeß bedarf stabiler Rahmenbedingungen. Freie Preise können ihre Koordinierungs- und Allokationsfunktion in einer Marktwirtschaft nur erfüllen, wenn sie die relative Knappheit der Produktionsfaktoren und Güter auf den Märkten möglichst genau anzeigen.

Inflatorische Prozesse verzerren aber die Preisrelationen. Sie führen zu Fehlallokationen und beeinträchtigen das reibungslose Funktionieren eines marktwirtschaftlichen Systems. Der Reformprozeß muß daher von vornherein von dem Willen begleitet sein, inflatorische Prozesse, die aus der Freigabe der Preise und dem Abbau von Subventionen entstehen können, zu verhindern, oder sie, so sie als Erbe der Vergangenheit entstanden sind, einzudämmen. Eine auf Stabilität hin orientierte Geld-, Währungs- und Budgetpolitik ist eine ganz wichtige Rahmenbedingung für das Gelingen des Umstrukturierungsprozesses. Sie mag angesichts der Rigiditäten in der realen Wirtschaft auf erhebliche Schwierigkeiten stoßen und alle Stabilisierungsanstrengungen mögen zunächst nur begrenzte Erfolge zeitigen.

Umso wichtiger ist es aber, wenn vor allem die Geld- und Währungspolitik den Marktteilnehmern und den Bürgern im allgemeinen die Überzeugung vermittelt, daß sie entschieden in Richtung auf Stabilität hin betrieben wird, wenn zunächst auch die Inflationsraten noch, an westlichen Maßstäben gemessen, hoch bleiben. Solange die Geld- und Währungspolitik diese Überzeugung vermittelt, und die hohen Inflationsraten wenn auch langsam aber stetig sinken, ist schon viel gewonnen. Polen war bisher bei allen unbefriedigenden Erfolgen bei der Bekämpfung der Inflation ein gutes Beispiel für eine solche vertrauensbildende Politik. Gegenbeispiele sind Länder wie Rußland und die Ukraine, in denen die unbegrenzte Finanzierung von Staatsdefiziten und Unternehmensverlusten durch die Notenbanken beider Länder zu einer Hyperinflation geführt hat, die nicht nur soziale Probleme erzeugt, sondern auch den notwendigen Umstrukturierungsprozeß in der realen Wirtschaft hemmt.

2. *Die Reform in der Organisation der produzierenden Wirtschaft*

Alle Anstrengungen um finanzielle Stabilität wären gefährdet und führten zu einer länger anhaltenden Rezession mit großen politischen und sozialen Belastungen, wenn sie nicht von vornherein mit besonderem Nachdruck begleitet würden von grundlegenden Reformen in der Organisation der produzierenden Wirtschaft. Solange es an Wettbewerb fehlt und die für die mittel- und osteuropäischen Länder typischen Großbetriebe und Monopole im Staatseigentum, oft noch geleitet von Funktionären und Managern, die nie gelernt haben, sich im Wettbewerb am Markt zu behaupten, mit ihrer kostenorientierten Preiskalkulation den Markt beherrschen, und die in Koalition mit den Arbeitnehmern ihrer Betriebe jeglicher Rationalisierung und Kostensenkung entgegenstehen, - solange diese Unternehmensstrukturen nicht, und sei es unter dem Druck des Marktwettbewerbs, aufgebrochen werden, stößt die Inflationsbekämpfung an Grenzen. Inflationsbekämpfung darf daher nicht auf monetäre Maßnahmen beschränkt sein. Sie muß Hand in Hand gehen mit strukturpolitischen Maßnahmen. Auf sie muß besonders Nachdruck gelegt werden. Strukturpolitik muß konsequent auf Angebotsverbesserung setzen. Herstellung von Wettbewerb ist in diesem Zusammenhang besonders wichtig und Privatisierung der am meisten Erfolg versprechende Weg, dieses Ziel zu erreichen. Strukturpolitik in diesem Sinne wirkt damit auch antiinflationär und sie entlastet die monetäre Stabilisierungspolitik.

Bei den noch bestehenden monopolistischen Strukturen und den sehr langsamen Fortschritten, durch Privatisierung Wettbewerbsstrukturen zu entwickeln, läßt sich Wettbewerb am schnellsten durch Außenwettbewerb, d.h. durch Liberalisierung des Außenhandels und damit Öffnung der Märkte herstellen. Die Öffnung der Grenzen im Osten muß allerdings, wie vorhin schon ausgeführt, ihr Pendant in der Öffnung der Grenzen im Westen finden, so schwierig das in einzelnen Bereichen auch erscheinen mag.

3. *Der Wechselkurs*

In diesem Zusammenhang spielt für die mittel- und osteuropäischen Länder die Entscheidung über den »richtigen«, die Wettbewerbsrelationen widerspiegelnden Wechselkurs eine wichtige Rolle. Für die Wahl des Wechselkursregimes gibt es dabei keine ein für alle Mal gültigen Kriterien. Je nach dem Grad der wirtschaftlichen Verflechtung mit dem Ausland und der Anpassungsfähigkeit der Wirtschaft mag die Wahl auf feste oder auf flexible Wechselkurse fallen. Im Rahmen einer Stabilisierungspolitik spielt der Wechselkurs in jedem Falle eine bedeutende Rolle.

Eine enge Bindung an den Wechselkurs eines wichtigen Handelspartners mit einer internen stabilen Entwicklung bedeutet durch die Entscheidung, diese Wechselkursparität zu verteidigen, die Verpflichtung, eine stabilitätsorientierte Wirtschafts-, Geld- und Finanzpolitik zu verfolgen. Der durch diese Bindung ausgelöste Zwang zur monetären und budgetären Disziplin zahlt sich aus, wenn die eigene Geld- und Finanzpolitik im Urteil der Märkte und der Bürger glaubwürdig bleibt. Regierung und Notenbank müssen allerdings darauf achten, daß der Wechselkurs die wirtschaftlichen Gegebenheiten realistisch widerspiegelt. Wenn die Inflationsrate höher ist als die des Referenzlandes, was bisher in der Regel der Fall ist, - oder bei einem Währungskorb, der als Anker für die eigene Politik gewählt werden mag, höher als im Durchschnitt der Länder, deren Währungen den Währungskorb bilden - dann stellt sich das Problem, trotz notwendig werdender Abwertungen zur Vermeidung realer Aufwertungen das Vertrauen in die eigene Geld-, Währungs- und Finanzpolitik aufrechtzuerhalten. Das gelingt am besten, wenn die Inflationswirkungen von Abwertungen durch eine strikte Geld- und Finanzpolitik daran gehindert werden, sich im Preisniveau niederzuschlagen. Eine solche Politik ist Polen bisher einigermaßen gut gelungen. Trotz leichter Abwertungen im Rahmen eines permanenten »crawling peg« und von Zeit zu Zeit notwendig werdender größerer Abwertungsschritte ist die Rückführung der Inflationsrate bisher gelungen, auch wenn für den außenstehenden Beobachter dieser Erfolg bestenfalls als relativ einzustufen ist und man, gemessen am westlichen Standard, größere sichtbare Erfolge wünschen möchte.

Ein Land bindet seine Hände noch stärker, wenn es sich zur Einführung eines sogenannten »currency board«-Systems entschließt. Dieses System beinhaltet - neben der Wechselkursbindung - die Verpflichtung, die eigene Währung in vollem Umfang mit Devisenreserven zu decken. Die Notenbank kann also nur Geld schaffen, wenn sie entsprechende Devisenzuflüsse hat, entweder durch Kapitalzuflüsse, die sich allerdings nur einstellen, wenn die Politik dieses Landes im Ausland genügend Vertrauen hat, oder durch Exportüberschüsse, die ebenfalls eine die internationale Wettbewerbsfähigkeit fördernde innere Wirtschafts-, Währungs- und Finanzpolitik voraussetzt. Estland hat bisher mit bemerkenswertem Erfolg eine solche Politik betrieben und seine innere Geld- und Finanzpolitik diesen Zwängen eines »Currency board« untergeordnet.

Flexible Wechselkurse sind die grundsätzliche Alternative zu festen Wechselkursen. In einem System flexibler Wechselkurse vermag der Wechselkurs allerdings nicht mehr die Rolle des nominellen Ankers zu spielen. Die Geldpolitik muß sich direkt auf die Stabilität des inneren Preisniveaus ausrichten. Die Notenbank hat die Disziplin, die zu deren Verteidigung erforderlich ist, aus eigener Kraft aufzubringen. Als Indikator für den Erfolg einer solchen Politik spielt aber auch eine flexibler Wechselkurs eine bedeutende Rolle. Auch ein flexibler Wechselkurs entbindet also nicht von der Notwendigkeit einer inneren Geld-, Finanz- und Wirtschaftspolitik, die auf innere Stabilität hin orientiert ist, aber dadurch gleichzeitig die äußere Stabilität sichert. Die Stabilität des Wechselkurses - in welchem Wechselkursregime auch immer - ist letztlich das Ergebnis der inneren Wirtschafts-, Finanz- und Geldpolitik. Ein stabiler Wechselkurs ist in jedem Falle ein wichtiges Element des Vertrauens für Wirtschaft und Bürger. Er kann ökonomisches Verhalten positiv beeinflussen.

4. *Konvertibilität*

Ebenso wie der Wechselkurs ist die Konvertibilität der Währung letztlich das Ergebnis der inneren Geld-, Finanz- und Wirtschaftspolitik. In vollem Umfang kann sie in den mittel- und osteuropäischen Ländern erst hergestellt werden, wenn auf Grund einer vorrangig nach innen hin orientierten Politik stabile Zahlungsbilanzen zu erwarten sind. Das schließt Teilkonvertibilität nicht aus, z.B. für Inländer auf einem vom offiziellen Markt separierten »freien Markt«. Das sollte aber nur für eine Übergangszeit gelten; ebenso sollte die innere Wirtschafts-, Finanz- und Geldpolitik dafür sorgen, daß die freien Kurse nicht zu stark vom offiziellen Kurs abweichen. Auch das ist ein Element der Vertrauensbildung.

Stabile Zahlungsbilanzen, Voraussetzung für Konvertibilität, schließen Leistungsbilanzdefizite nicht aus, wenn ein entsprechender spontaner Kapitalimport, auf den die Länder Mittel- und Osteuropas angewiesen sind, zustande kommt. Hierfür müssen die Voraussetzungen geschaffen sein. Eine Voraussetzung ist eine Wirtschafts-, Finanz- und Geldpolitik, die auch nach außen Vertrauen schafft. Ferner gehört hierzu die Gewißheit für ausländische Investoren, über Erträge und Kapital ohne Beschränkungen durch Transfer nach außen verfügen zu können. Es müßte also die »Ausländerkonvertibilität« unter Einschluß aller mit dem Kapitalverkehr zusammenhängenden Zahlungen hergestellt werden. Die Zahlungsbilanzrisiken einer solchen Konvertibilität blieben begrenzt, wenn die zuerst genannten Voraussetzungen, nämlich eine nach außen hin Vertrauen schaffende Wirtschafts-, Finanz- und Geldpolitik, erfüllt ist.

5. *Der Aufbau funktionsfähiger Finanzmärkte*

In dem vielschichtigen, komplizierten und langwierigen Umgestaltungsprozeß der mittel- und osteuropäischen Volkswirtschaften hat der Aufbau funktionsfähiger Finanzmärkte und Banksysteme eine besondere Bedeutung. Sie sind der Transmissionsmechanismus, über den eine auf Wiedergewinnung und Erhaltung der Preisstabilität hin orientierte Geldpolitik erst ihre Wirksamkeit entfalten kann. Die für den Aufbau dieser Volkswirtschaften notwendige Ersparnis- und Kapitalbildung bedarf eines ausreichenden Maßes an innerer Stabilität, wenn sie in Gang kommen und wachsen soll. Trotz seiner wichtigen Katalysatorfunktion kann

Auslandskapital, dessen Zufluß ebenfalls stabiler Rahmenbedingungen bedarf, die eigene Spar- und Kapitalbildung höchstens ergänzen, aber nicht ersetzen. Schließlich bedarf die marktgerechte Allokation des Produktionsfaktors »Kapital«, dessen effiziente Verwendung entscheidend ist für ein stetiges und spannungsfreies Wachstum, eines differenzierten Bankensystems und funktionsfähiger Geld- und Kapitalmärkte.

In Hinblick auf die Allokationsfunktion der Banken- und Finanzmärkte stellte der Präsident der Federal Reserve Bank von New York, E. Gerald Corrigan, sogar fest: »Unter allen Elementen der Strukturreform, die erforderlich sind für den Übergang von einer zentralgeplanten und -kontrollierten Wirtschaft zu einer Marktwirtschaft, ist keines von größerer Bedeutung als die Reform des Banken- und Finanzsystems.«

Ein wichtiger Schritt zu Beginn des Transformationsprozesses in allen mittel- und osteuropäischen Ländern war und ist die Umgestaltung der vorher allumfassenden, im Dienste der Planerfüllung und Plankontrolle stehenden Staatsbanken zu einem zweistufigen Bankensystem mit einer Notenbank, die auf die Aufgabe einer solchen beschränkt und mit den für eine wirksame Geldpolitik notwendigen Befugnissen und Instrumenten ausgestattet ist und mit Kreditinstituten, die möglichst in privates Eigentum übergehen, auf jeden Fall aber ein eigenverantwortliches Management haben sollten und die, im Wettbewerb miteinander stehend, gleichwohl über einen funktionierenden Geldmarkt miteinander verbunden sind, der seinerseits das eigentliche Operationsfeld für die Geldpolitik einer mit marktwirtschaftlichen Instrumenten ausgestatteten Notenbank bildet.

Auf absehbare Zeit wird die Ersparnis- und Geldkapitalbildung in den mittel- und osteuropäischen Ländern zum größten Teil in der Form von Depositen- und Spareinlagen bei den Geschäftsbanken, Sparkassen und Genossenschaftsinstituten erfolgen. Die effiziente Verwendung dieses Geldkapitals im Kreditgeschäft wird also eine ganz wesentliche Aufgabe des Bankensystems sein.

Das entspräche auch den Erfahrungen westeuropäischer Länder in ihrer Aufbauphase nach dem Kriege. Anleihe- und Aktienmärkte dürften erst dann wirklich an Bedeutung gewinnen und Börsen ihre wichtige Marktfunktion erfüllen, wenn die Geldvermögen der privaten Haushalte mit steigendem Lebensstandard eine Größenordnung erreicht haben, in der eine stärkere Diversifizierung der Anlagen direkt oder indirekt über Versicherungen, Pensionsfonds, Investmentfonds etc. auch den Anleihe- und Aktienmärkten zugute kommt. Die Kreditinstitute werden daher in den mittel- und osteuropäischen Ländern über noch längere Zeit die entscheidende Rolle bei der Kapitalallokation spielen. Umso wichtiger ist es, daß sie sich zu effizient arbeitenden Einrichtungen entwickeln. Hiervon sind sie jedoch noch weit entfernt. In diesem zu langsam ablaufenden Prozeß spielt auch das mentale Erbe der Vergangenheit eine retardierende Rolle.

In den vergangenen Jahren sind in allen mitteleuropäischen Staaten als erste Schritte in der Reformierung des Systems zweistufige Bankensysteme entstanden. Die verschiedenen Funktionen der vorher allumfassenden Staatsbanken wurden aufgeteilt, indem aus der Staatsbank die quasi-kommerziellen Geschäfte auf neugegründete, aber weiterhin in Staatseigentum verbliebene Geschäftsbanken übertragen wurden, die nun bestimmte Regionen oder Sektoren der Wirtschaft bedienen. Die Verantwortung für die Geld- und Kreditpolitik verblieben bei den Staatsbanken, in deren Zuständigkeit auch die nun notwendig gewordene Bankenaufsicht fällt. Als Zentralbanken verfügen sie de jure über breit gefächerte geldpolitische Instrumentarien. Deren Anwendung und Wirksamkeit stößt aber, soweit sie marktwirtschaftlicher und nicht dirigistischer Natur sind, angesichts der noch nicht überwundenen Unvollkommenheit der Interbank-Geldmärkte, an Grenzen.

In den Nachfolgestaaten der ehemaligen Sowjetunion, einschließlich der baltischen Staaten, befindet sich die Herausbildung zweistufiger Banksysteme noch in unvollkommenen Anfängen. Mit dem Willen, eigene Währungen zu schaffen und sich von der Rubel-Währung zu lösen, wird eine klare Trennung von Notenbank- und Geschäftsbankfunktionen einhergehen müssen.

Wenn man von Jugoslawien absieht, das bereits 1965 ein zweistufiges Banksystem einführte, ist die Herausbildung marktwirtschaftlich strukturierter Bankensysteme mit klarer Trennung von Notenbank- und Geschäftsbankenfunktionen in den mitteleuropäischen Ländern des früheren Ostblocks eine Entwicklung, die erst mit der politischen Liberalisierung begann, also seit 1987. Einige Länder, wie Ungarn und Polen, sind auch relativ früh dazu übergegangen, die Gründung neuer privater Banken zu erlauben, z.T. unter Einschluß von ausländischen Banken oder doch mit ausländischen Beteiligungen. Diese Banken sind nicht mit dem z.T. notleidenden Kreditportefeuille der früheren Staatsbanken belastet und ihre Geschäfte sind nicht auf bestimmte Sektoren oder Regionen beschränkt. Auf der anderen Seite hat sich aber auch in einigen Ländern gezeigt, wie sehr in dem Klima des Neubeginns und bei noch unvollkommener Bankenaufsicht unsolide Kreditgeschäfte möglich geworden sind, die im übrigen leicht dazu führen können, das marktwirtschaftliche System zu diskreditieren.

Ein aus der Vergangenheit geerbtes Problem ist die de facto Segmentierung des Bankensystems und die damit verbundene geringe Risikostreuung. Das Kreditportefeuille der alten Staatsbanken wurde jeweils, sei es nach Sektoren, sei es nach Regionen, auf die ausgegründeten Banken übertragen. Trotz Lockerung früherer Einschränkungen des Kreditgeschäfts sind die Kredite der Geschäftsbanken weiterhin stark auf eine Region oder einen Sektor konzentriert geblieben. Hinzu kommt, daß die meisten Geschäftsbanken nun zwar um Einlagen konkurrieren können, der Großteil der privaten Einlagen jedoch bei den z.T. zentralisierten Sparbanken geblieben ist. Die Banken sind daher in ihrem Kreditgeschäft stark auf die Refinanzierung bei der Notenbank angewiesen.

Ein besonderes schwieriges Problem der Banken dürfte die mangelhafte Qualität ihres Kreditportefeuilles sein. In vielen Fällen mögen bereits unter dem alten System zentraler Planung erhebliche Kreditrisiken bestanden haben; jedoch bereiteten sie der Staatsbank kaum Sorge, wurden doch alle Kredite im Einklang mit den staatlichen Planungsdirektiven vergeben. Mit dem Übergang zur marktwirtschaftlichen Ordnung traten diese Risiken aber offen zu Tage, umso mehr, als sich viele der im alten Planungssystem kreditfinanzierten Investitionen in der neuen Ordnung als unrentable Fehlinvestitionen erwiesen haben. Darüber hinaus haben der Abbau von Subventionen und die Herausbildung neuer Preisstrukturen nach der Liberalisierung des Preissystems, die alle mitteleuropäischen früheren Staatshandelsländer treffende Rezession seit 1990, die Öffnung der Märkte für den internationalen Wettbewerb und der Zusammenbruch des Handels unter den Ländern des früheren Ostblocks, vor allem mit der alten Sowjetunion und ihren jetzigen Nachfolgestaaten, zu Verschlechterung der Ertragslage vieler Unternehmen beigetragen.

Das Ergebnis aller dieser Faktoren ist die Anhäufung erheblicher Kreditrisiken bei den Banken. Mangels unvollkommener Bewertungskriterien ist ihre Größenordnung kaum zu beziffern. Sie dürfte jedoch in allen mittel- und osteuropäischen Staaten außerordentlich hoch sein. Angesichts des großen Bestands notleidender Kredite und der Gefahr, die davon für das gesamte Bankensystem ausgeht, dürfte es letzten Endes erforderlich werden, diese Last zwischen Banken und Staat aufzuteilen, trotz der in den meisten Staaten schon hohen öffentlichen Verschuldung und der Notwendigkeit einer Begrenzung der Haushaltsdefizite.

Früher oder später werden die Regierungen dieser Länder die notwendigen Konsequenzen aus dieser Situation, die auch ein Erbe der Vergangenheit ist, ziehen müssen, so schmerzhaft diese dann auch für den Staatshaushalt sein mögen. Das Bankensystem hat eine Schlüsselstellung im Transformationsprozeß und sein Funktionieren ist für den schließlichen Erfolg beim Übergang zur Marktwirtschaft von entscheidender Bedeutung.

3. *Die Integration der Volkswirtschaften Mittel- und Osteuropas*

Zum Schluß einige allgemeine Bemerkungen zur Integration der mittel- und osteuropäischen Volkswirtschaften mit Westeuropa: Westeuropa erlebt seit Jahren einen Prozeß weitreichender ökonomischer Integration. Ihr Kern ist die Europäische Union. Als Mitglieder gehören ihr zwölf europäische Staaten an. Die Europäische Union ist mit zwei Problemen konfrontiert: Ihre Erweiterung durch Staaten der Europäischen Freihandelszone im Norden und in der Mitte Europas und ihrer Vertiefung durch die Entwicklung hin zu einer Wirtschafts- und Währungsunion. Es ist dies nicht nur ein ökonomischer Prozeß; er bedingt auch eine sehr weitgehende Bereitschaft zur politischen Union, wenn die Wirtschafts- und Währungsunion Bestand haben soll. Das sind immer noch sehr kontrovers diskutierte Probleme. Daher ist der Fortgang dieser Integration in Westeuropa noch unsicher, und allem Anschein nach wird sich nicht zuletzt wegen der weitreichenden politischen Implikationen des Integrationsprozesses eine differenzierte Entwicklung nach Ländergruppen ergehen.

Wie sind die Chancen der Einbeziehung der früher sozialistischen Länder Mittel- und Osteuropas in diesen Integrationsprozeß zu beurteilen? Einige dieser Länder haben ihren Willen, sich in diese Integration einzufügen, bereits deutlich zum Ausdruck gebracht. Hierbei handelt es sich mit Polen, der tschechischen Republik und Ungarn um Länder, die auf Grund ihrer Kultur und Geschichte sich schon immer dem Westen zugehörig gefühlt haben und für die daher die Einbindung in den kommunistischen Ostblock einen geschichtlich kaum akzeptablen Zwang bedeutete. Es mag daher mehr als Zufall sein, wenn die Auflösung des Ostblocks in den Reform- und Unabhängigkeitsbestrebungen in einigen dieser Länder ihren Anfang nahm.

Insoweit haben die Bestrebungen dieser Länder, schließlich Mitglieder der Europäischen Union zu werden, in der Geschichte begründete Argumente für sich. Auch die baltischen Staaten können sich auf solche Argumente berufen. Auf der anderen Seite wird man, selbst für diese Länder, geschweige denn von den noch weiter im Osten liegenden, so sie überhaupt ein entsprechendes Interesse bekunden sollten, realistischerweise mit langen Zeiträumen rechnen müssen, bis diese Länder durch eine überzeugende Wirtschaftspolitik die ökonomischen Voraussetzungen für eine Mitgliedschaft in der Europäischen Union erfüllen können. Auf diesem Wege bedürfen sie aber der wohlwollenden sowohl politischen als auch ökonomischen Unterstützung des Westens.

Peter Glotz

Der Wandel der Kommunikationskultur seit 1984

Im letzten Jahrzehnt, zwischen 1984 und 1994, war die Medienpolitik in unserem Land durch drei Entwicklungen bestimmt: Internationalisierung, Privatisierung, Kommerzialisierung. Da der Begriff »Kommerz« ideologisch strittig ist, verwenden viele die freundlicher klingenden Termini »Liberalisierung« und »Deregulierung«. Aber welche Redeweise man auch bevorzugt - und man könnte auch noch eine Deregulierung von rechts und eine von links unterscheiden - unbestreitbar ist: Dieses Jahrhundert hat unsere »Lebenswelt«, die Lebensgestalt und Lebensform unserer Gesellschaft radikal verändert. Der Mensch, so wissen wir spätestens seit Ernst Cassirer[1], lebt in einem symbolischen und nicht mehr bloß natürlichen Universum. Dieses symbolische Universum, behaupte ich, wird durch die neue Medientechnik, das heißt die Integration von Telekommunikation, Computertechnik und Unterhaltungselektronik, regelrecht umgepflügt. Ich will dafür plädieren, auf diese Entwicklung weder mit konventioneller Kulturkritik noch mit affirmativer Utopik zu reagieren[2]. Wir können die moderne Bilderflut, sachlicher ausgedrückt: die moderne Bildlichkeit verdauen, verarbeiten. Gelegentlich, da hat Norbert Bolz[3] recht, sind die Analphabeten des digitalen Zeitalters nicht die Zapper, Striver und Channel-Surfer, sondern die literarisch gebildeten Humanisten, denen »Computer and Media Literacy« fehlen. Jetzt kommt es nur darauf an, daß wir uns nicht in einem typisch deutschen »Kampf um Leitbilder« gegenseitig ermüden, sondern präzise auf die große Initiative der amerikanischen Regierung für eine »National Information Infrastructure« und die japanische Hochtechnologiepolitik reagieren. Unsere »Kommunikationskultur«, also die »durch Mitteilung erwirkte Gemeinschaft gegenseitiger bewußter Verständlichwerdung«, wie Karl Japers[4] das ausdrückt, wandelt sich respektlos schnell, sehr grundlegend - und keiner kennt das Ergebnis dieses Prozesses. Es wäre von großer Bedeutung, wenn wir uns sozusagen auf eine Archäologie der neuen Medien einließen, sie mit Begriffsthermometern wie Langsamkeit/Geschwindigkeit, Erinnerungsvermögen/Gedächtnisschwund, subkulturbildend oder auseinandertreibend (dispersiv), objektiv/konstruktiv analysierten und uns nicht verhielten wie das Kaninchen vor der Schlange.

---

1 Ernst Cassirer, Was ist der Mensch? Versuch einer Philosophie der menschlichen Kultur, 1960.
2 Merkur / 534/535, S. 747.
3 Norbert Bolz »Das kontrollierte Chaos« Vom Humanismus zur Medienwirklichkeit, Düsseldorf, Wien, New York, Moskau, 1994.
4 Karl Jaspers Philosophie, 1932, 1956[3], zitiert nach Historisches Wörterbuch der Philosophie, herausgegeben von Joachim Ritter und Karl Fried Gründer, Band 4, S. 894.

1.

Den Wandel der Kommunikation im letzten Jahrzehnt kann man natürlich unter sehr verschiedenen Blickwinkeln analysieren. Wie weit sind Nationalismus, Regionalismus und Gemeindebildung, Dissidenz, nicht einverstandene Handlungsformen[5], eine Reaktion auf die Dominanz, zum Beispiel die Dominanz der amerikanischen Massenkultur und, bis 1989, die Dominanz der offiziellen sowjetischen, von einer Nomenklatura verordneten Kultur? Wie weit ist der neue Rechtsradikalismus und Rechtspopulismus ein Produkt von Kommunikationsverweigerung, eine Antwort auf Medientabus und Kommunikationsverbote, Verschweigungsstrategien[6]? Und wie groß ist die Gefahr, daß McLuhans berühmte These »The medium is the message« über den Umweg konstruktivistischer und systemtheoretischer Erkenntnistheorien zur Zerstörung jeder journalistischen Ethik führt? Von dem schon zitierten Essener Medientheoretiker Norbert Bolz stammt auch der fragwürdige Satz: »Die Wirklichkeit erweist sich immer deutlicher als Inszenierung reiner Effekte«[7]. Wenn man von dieser Prämisse ausgeht, wird es gleichgültig, ob die Nachricht aus Belgrad, die bosnischen Muslime hätten in dem Krankenhaus von Gorazde, das von den Serben beschossen worden ist, schwere Waffen stationiert, zutrifft oder nicht. Ich demonstriere in einem einzigen Beispiel - Stichwort Medienmanagement - die neue Lage in einer nicht mehr bipolaren, sondern multipolaren, computervernetzten, faxverbundenen, aber trotzdem vermachteten und ungleichzeitigen - sowohl archaischen wie hochmodernen digitalen Welt.

Vor Beginn des zweiten Golfkrieges hatte sich eine Organisation »Bürger für ein freies Kuwait« an die amerikanische Agentur Hill & Knowlton (H&K) in Washington gewandt und um PR-Arbeit gebeten. Das Auftragsvolumen betrug 11.5 Millionen Dollar. Später wurde bekannt, daß das Geld fast ausschließlich von der Kuwaitischen Regierung zur Verfügung gestellt worden war. Matthias Mattussek berichtete am 28.9.1992 im SPIEGEL: »Hill & Knowlton inszenierte jenes berüchtigte Hearing, in dem das 15jährige kuwaitische Mädchen Nayirah unter Tränen von den Grausamkeiten der irakischen Besatzer berichtete - neugeborene Babys seien zu Dutzenden aus den Brutkästen gerissen und zu Boden geschmissen worden.

Hill & Knowlton stellte nicht nur die Zeugin zur Verfügung, sondern sorgte auch mit einem eigenen Kamerateam dafür, daß ihre Aussage von 700 Fernsehstationen des Landes gesendet wurde. Allein 53 Millionen Amerikaner sahen den Film am 10. Oktober 1990 in ABC's Nightline.

Nayirhas erschütternde Aussage, ein wesentlicher Faktor in der öffentlichen Unterstützung des Krieges gegen den Irak und von Präsident Bush oft zitiert, mußte später in großen Teilen dementiert werden. Überdies stellte sich heraus,

---

5 Diederich Diederichsen, Freiheit macht arm, Das Leben nach Rock'n Roll 1990-1993, Köln 1993, S. 34.

6 Hans Wagner, Medientabus und Kommunikationsverbote, Die manipulierbare Wirklichkeit, München 1993.

7 Norbert Bolz a.a.O., S. 258.

daß Nayirah nicht irgendeine Kuwaiterin war - sie war die Tochter des kuwaitischen Botschafters in Washington«.[8]

Dies bedeutet: Einerseits ist durch das Arsenal medientechnischer Erfindungen - Kurzwellensender, Kopierer, Fax, Computer, Satelliten usf. - die Chance von Diktatoren, zentralgeleitete, abgeschottete Kommunikationssysteme zu etablieren, erheblich geringer geworden. Andererseits existiert keine internationale Ordnung, die den systematischen Einsatz dieser Medientechniken im Sinne von Kommunikationsfreiheit organisierte. Der von der amerikanischen Militärzensur organisierte Pooljournalismus am Golf inszenierte einen »Krieg ohne Tote«, obwohl in diesem Krieg mehr als 100.000 Menschen umkamen. In Rumänien fand die erste live-übertragene Revolution der Welt statt[9]; wenn man die Hintergründe exakt durchleuchtet, entdeckt man allerdings, daß die Hinrichtung des Ehepaares Ceausescu eher übertragen wurde, um eine Revolution vorzutäuschen, die gerade nicht stattfinden sollte. Bei der Berichterstattung über die jugoslawischen Kriege müssen - oder müssten - sich die Medien täglich mit systematischer Desinformation auseinandersetzen[10]. Das Phänomen der Greuelpropaganda, erstmals wissenschaftlich beschrieben im ersten Weltkrieg, in der bipolaren Welt des kalten Krieges stark eingedämmt, kehrt triumphierend zurück. So taucht in Jugoslawien immer wieder das Motiv der ausgestochenen Augen, in Rumänien das Motiv der gehirnfressenden Hunde auf. In Jugoslawien geht das auf die Behauptung zurück, der kroatische Diktator Ante Pavelic hätte neben seinem Schreibtisch einen Korb voller Augen gehabt, die seine Leute den Serben ausgestochen hätten. Die gehirnfressenden Hunde lassen sich sogar auf die Welt der Volksmärchen zurückführen, tauchen aber in ganz konkreten Zeugenaussagen über die Hinrichtung von Elena Ceausescu auf: »Von der Frau ist ungeheurer viel Blut ausgeflossen, ihr Kopf wurde ganz zerschmettert, so daß nach dem Entfernen ihrer Leichen ihr Gehirn auf dem Boden von Hunden aufgefressen wird« so ein angeblicher Augenzeuge in vielen Medien[11]. Diese neue Lage produziert einerseits radikale Zweifel; zum Beispiel Simulationstheorien, die die Existenz von Wirklichkeit leugnen[12], andererseits hochwirksame Kampagnen, die das politische Verhalten von Regierungen, internationalen Organisationen, ganzen Mediensystemen oder Bürgerinitiativen tiefgehend beeinflussen. Es ist für die innere Freiheit, die in einer Gesellschaft herrscht, entscheidend, wie man sich auf die gleichzeitig ablaufenden Trends im Nach-89er Europa einstellt; auf den Trend zur kulturellen Globalisierung durch international verbreitete Software auf der einen Seite und auf die politische Abschottung durch staatliche, von den nationalen Eliten gelenkte Nachrichtenpolitik der anderen Seite. Ich frage also: Reagiert unser Mediensystem kri-

8 DER SPIEGEL, 28.9.1992.

9 Mihaela Cristea, Die erste live übertragene Revolution der Welt, in Peter Weibel: Von der Bürokratie zur Telekratie, Berlin 1990, S. 16 ff.

10 Norbert Mappes Niediek, Die Story ist dort, wo geschossen wird, in WOCHENPOST, 28.4.94, S.14.

11 Lazlo Beke in Weibel, a.a.O. S. 11.

12 Vgl. Florian Rötzer, Peter Weibel: Strategie des Scheins, Kunst, Computer, Medien, München 1991.

tisch und selbstkritisch auf diese Entwicklung oder mit einer Mischung von Naivität und Zynismus?

2.

Ich greife einen zweiten Aspekt unserer öffentlichen Mediendebatte auf. Jo Groebel hat ermittelt, daß täglich etwa dreieinhalb Stunden Mord und Totschlag im Fernsehen stattfinden. In den 70er Jahren waren es täglich drei Morde pro Tag im Fernsehen, heute seien es über siebzig. Ein Zwölfjähriger habe potentiell 14.000 Morde im Fernsehen beobachtet[13]. Die klassische Bewertung dieses Vorgangs lautet: Durch die Berieselung mit Sexualität und Gewalt in den Medien würden Hemmschwellen herabgesetzt. Es kann keinen Zweifel darüber geben, daß diese Diagnose im Prinzip richtig ist. Man muß einen Dreischritt konstatieren: Dramatische Medienkonzentration, Minderung der Qualitätsverantwortung bei einem Teil der Anbieter und gleichzeitig eine deutliche Abnahme des Respekts vor Privatheit und Intimsphäre: Reality TV, Beichtshows, sensationell aufgemachtes Infotainment, die Ausweidung des Privatlebens von Menschen, die aus Sensationsgründen in der Fernseharena zur Schau gestellt werden, all das hat in der Familie, am Arbeitsplatz, im gesellschaftlichen und politischen Leben Spuren hinterlassen, die unser Land verändern.

Die neue Vielfalt führt also nicht zu größeren Auswahlmöglichkeiten für das Publikum, zu einer höheren Informationskultur? Man muß versuchen, auf diese Frage eine differenzierte Antwort zu geben.

- Selbstverständlich haben die privaten Fernsehveranstalter auch positive Programminnovationen gebracht. Ich erinnere an Magazine wie SPIEGEL TV oder STERN TV und an die brillianten Interviews von Roger Willemsen in dem Pay-TV Sender Premiere. Aber es geht nicht nur um einzelne Sendungen oder Sendeformen; zum Beispiel um die Tatsache, daß Erich Böhmes »Talk im Turm« vermutlich die beste aller derzeit existierenden Talkshows ist. Es geht um den Prozess der Entautorisierung, der im autoritären Deutschland bitter nötig war, also um die Konterkarierung der deutschen Publizistenideologie, die deutschen Journalisten immer noch vorgaukelt, sie seien die politischen Vormünder ihrer Rezipienten und hätten denen politische Aufklärung von oben zu verordnen. Der Sprecher der abendlichen Fernsenachrichten als Stellvertreter Gottes auf Erden, das ist vorbei; und es ist gut, daß es vorbei ist. Auch zwingt die Konkurrenz um Einschaltquoten zu einer direkteren Kommunikation. Politische »Pflichtveranstaltungen« werden zurückgedrängt, es entsteht der Zwang, wichtige Begriffe auch für politische ungeschulte Zuschauer zu erklären. Auch artikuliert manche »Einspruch«- oder »Explosiv«-Sendung Kommunikationsbedürfnisse und Argumente aus den unteren Bildungssegmenten der Gesellschaft, die im öffentlich-rechtlichen Fernsehen der 60er oder 70er Jahre kaum

13 Jo Groebel, Sozialisation durch Fernsehgewalt. Ergebnisse einer kulturvergleichenden Studie, Publizistik 2/3/1988, S.486 ff.

zum Ausdruck kamen. Sie sind nicht einfach nur »Brüll-Journalismus«. Das pauschale Urteil, das Deutschlands berühmteste Fernseh-Ikone, Thomas Gottschalk durch sein geflügeltes Wort von der »Quoten-Nutte« formuliert hat, wird einer abgewogenen Analyse mit Hilfe kommunikationswissenschaftlicher Methoden nicht standhalten.

- Wichtiger ist noch, daß man Bildlichkeit und Schriftlichkeit nicht falsch gegeneinander ausspielt, daß man - anders ausgedrückt - über den elektronischen die Printmedien nicht vergißt. Das Gesamtvolumen des deutschen Buchmarktes bewegt sich derzeit bei etwa 15 Milliarden Jahresumsatz, wovon gut sechzig Prozent, das sind 9,1 Milliarden Mark, auf den stationären Sortimentbuchhandel entfallen. Auch heute noch gibt es durchschnittlich vier bis fünf Prozent jährlich nominalen Zuwachs. Die Zahl der jährlich erscheinenden Titel ist annähernd bei 70.000, die Gesamtzahl der auf Lager gehaltenen und lieferbaren Titel beträgt mehr als 600.000. Es gibt 390 Zeitungstitel mit 1500 lokalen Unterausgaben und einer Gesamtauflage von 34 Millionen Exemplaren, gleichzeitig 8700 Zeitschriftentitel mit einer Gesamtauflage von 420 Millionen. Auch wenn die tägliche Fernsehnutzung im letzten Jahrfünft bei Erwachsenen um 8 Minuten gestiegen ist (und jetzt bei zwei Stunden liegt), die pathetische Gegenüberstellung von Lärm und Stille, von zerstreuten Massenmenschen und konzentrierten, in die eigene Seele versenkten Schlürfern heiliger Worte, sollte man nicht übertreiben. Botho Strauss und Alain Finkielkraut, die behaupten, der Mensch sei heute nicht mehr verwurzelt, sondern verkabelt, stehen in einer langen Tradition europäischer Kulturkritik, die durchaus eine kritische Analyse verdient[14]. Noch weiß niemand, wie lebenslanges Zappen auf den Menschen wirkt. Die Schnittfolgen, kein Zweifel, sind schneller geworden. Die Chance zur Integration einer Gesellschaft wird gleichzeitig geringer. Das Publikum hat weniger gemeinsame Erlebnisse. Die Chance, am Arbeitsplatz die ersten zwanzig Minuten eines Arbeitstages über gemeinsame Fernseherlebnisse zu sprechen, nimmt ab; zu oft haben die Kollegen von heute den Vorabend mit unterschiedlicher Software verbracht. Und ohne Zweifel wird man die Medienerziehung in den Schulen umstellen müssen. Der Pädagoge Hartmut von Hentig hat kürzlich vermutet[15], daß man in zehn Jahren zwei Drittel der Unterrichtszeit in der Sekundarstufe I dazu verwenden werde, sich mit Medienerziehung zu beschäftigen. Mit dieser Vorhersage sollten sich die Kulturpolitiker in Deutschland exakt auseinandersetzen.

Nein, man muß sich heute nicht mehr hinter der Vorläufigkeit der Ergebnisse der Medienforschung verstecken. Wie fragwürdig diese Ergebnisse in vielen Fällen sein mögen: Daß sozialgefährdete Menschen durch den ständigen Konsum von Gewaltkommunikation isoliert und in gefährliche Phantasien hineingesteigert werden, kann nicht mehr bestritten werden. Es entsteht also eine neue Polarisierung, die Gefahr einer wachsenden Wissenskluft. Mit unserem Kommunikations-

---

14 Botho Strauß, Anschwellender Bocksgesang, SPIEGEL 6/Febr.1993 sowie Alain Finkielkraut, Wer will denn schon Kroate sein?, Neue Gesellschaft/Frankfurter Hefte, 12/93.

15 Hartmut von Hentig, Die Schule neu denken, Eine Übung in praktischer Vernunft, München 1993, S. 26 ff.

system von heute kann sich eine Wissenselite, die kompetent alle Medien nutzt, besser informieren als jemals zuvor. Gleichzeitig entsteht aber ein Wissensproletariat, das sich ausschließlich auf TV Nutzung und insbesondere auf Unterhaltungssendungen ausrichtet. So wird die Gesellschaft zwar »gebildeter« - der Anteil der Abiturienten stieg im Zeitraum von vierzig Jahren von 4 auf rund 30 Prozent; aber gleichzeitig bildet sich die Figur der Zweidrittelgesellschaft auch in den Bildungsstatistiken ab. In Teilen unserer Gesellschaft geht das Leseinteresse relativ zurück. Die agressive Nervosität dagegen nimmt zu. Man kann also sagen: Der berühmteste Buchtitel der Professoren Adorno und Horkheimer rechtfertigt sich täglich: »Dialektik der Aufklärung«.[16]

Wäre es also, so wird oft gefragt, nicht richtiger gewesen, die Gegner der Privatisierung der elektronischen Medien wären bei ihrem Nein geblieben? Darauf kann man heute eine eindeutige Antwort geben: Es hätte nichts geholfen. Die selben Konsortien, die jetzt unsere Senderfamilien beherrschen, hätten auf luxemburgischen oder englischen Satelliten deutsche Programme veranstaltet. Die geringen Einflußchancen, die die Mediengesetzgebung der deutschen Länder heute immerhin hat, wären dahin; die Arbeitspätze auch. Die Software aber, mit der unsere Bevölkerung versorgt wird, wäre nicht viel anders als heute. Man konnte das große, ökonomisch attraktive Deutschland nicht als medienökologische Insel in einem Meer der Privatisierung konzipieren. Selbst das kleinere Österreich wird heute gezwungen, private Veranstalter zuzulassen; das Monopol des ORF verstoße gegen geltendes europäisches Recht. Bliebe die Idee, Störsender aufzustellen wie die frühere Sowjetunion. Man muß diese Idee nicht weiter verfolgen.

3.

Ich habe bisher über die Gegenwart gesprochen. Tatsache ist, daß die Veränderungen unserer Kommunikationskultur im nächsten Jahrzehnt größer sein werden als die im gerade abgelaufenen Jahrzehnt. Die Verarbeitungskapazität unserer Gesellschaft wird auf eine harte Probe gestellt.

Die neuen Stichworte lauten: Digitale Kompression, interaktives Fernsehen, Verschmelzung aller Sparten der Telekommunikation, weitere Computerisierung neuer Dienste via Satellit und Kabel, Multimedia. Einfach ausgedrückt: Die Digitalisierung wird zu so erheblichen Kostensenkungen führen, daß ein Sender nur noch ein Zehntel der Kosten von heute verursacht. Die Vervielfältigung der Kanäle wird eine Vervielfältigung der Spartenprogramme bedeuten. Kommunikationswissenschaftlich ausgedrückt heißt das: Demnächst wird es nicht nur die elektronische Zeitung, sondern auch die elektronische Zeitschrift geben: Tenniskanäle, Basketballkanäle, Nachrichtenkanäle, Kanäle für klassische Musik, vielleicht sogar Kanäle für Aquarienfreunde und Philatelisten. Braucht man dann überhaupt noch Vollprogramme? Exakter gefragt: Mit welchen Programmqualitä-

16 Theodor W. Adorno, Max Horkheimer, Dialektik der Aufklärung, Amsterdam 1947.

ten erhält man Vollprogramme? Wie groß werden die Minderheiten der Bevölkerung sein, die sich noch vom Nachmittags- ins Vorabend- und schließlich ins Abendprogramm leiten lassen? Wie groß ist die Gefahr, daß immer mehr Menschen die gewünschten Filme (oder sonstige Software) direkt von irgendwelchen Filmarchiven oder Datenbanken abrufen? Und wie gefährlich wird die Spielwelt von NINTENDO-SEGA, also die Welt elektronischer Spiele für das ZDF oder RTL?

Für große Minderheiten unserer Gesellschaft wird sich auch das Verhältnis zum Fernsehapparat verändern. Fernsehapparat, Personal Computer und Telefon werden zusammenwachsen. Interaktives Fernsehen wird möglich. Schon heute gibt es eine noch begrenzte Zahl von Freaks, die Nacht für Nacht in ihren Single-Haushalten vor dem Computer sitzen und über Compuserve oder Internet mit Datenbanken, Mailboxen, aber auch einzelnen Zielpersonen kommunizieren. Sogar eine ebenso risikolose wie arme Sexualität ist für diese einsamen Freaks möglich. Ändert das nun die Welt? Diese Frage ist zu groß geraten. Aber man kann kleinere, angemessenere Fragen stellen. Zum Beispiel: Wie lange kann man ein »Duales System« von öffentlich-rechtlichen und privaten Fernsehanstalten erhalten, wenn es aber hundert und mehr Spartenkanäle gibt? Wie orientieren sich die Rezipienten über die Angebote von hundert, zweihundert oder fünfhundert Kanälen? Welche Benutzeroberflächen werden es den Zuschauern erlauben, eine Auswahl zu treffen? Und wie werden sich interaktive Dienste - Teleshopping, Telebanking oder die CD-ROM »Multimedia Beethoven« - auf das Kommunikationsverhalten der Menschen auswirken? All diese Fragen sind mit den geläufigen Problemstellungen - Gewalt im Fernsehen, Zerstörung der Privatheit, Gebührenfinanzierung versus Werbungsfinanzierung - nicht mehr auszudrücken. Die Chance zu jeglicher Programmdirektion jedenfalls wird im Zuge dieser Individualisierung radikal abnehmen. Wie reagiert die politische Kultur der Bundesrepublik auf diese Entwicklung?

4.

Eine erste Antwort auf diese Frage könnte lauten: Mit Furcht. Wer die Mediendebatte - die schon längst eine Medien-Telefon-Computer-Debatte, genauer gesagt: eine Debatte über gesellschaftliche Kommunikation sein mußte - in den Vereinigten Staaten verfolgt, dem erscheint unser Zeitgespräch zu diesem Thema seltsam provinziell, gefühlsgeladen und unrealistisch. In den USA versucht man, den Stier bei den Hörnern zu packen. Schon 1988 hieß eine Studie des Office of Technology Assessment, einer Beratungsagentur des Kongresses »Power on« - es war ein Maßnahmenkatalog für die Einführung der Multi-Media-Technik in den Schulen und Universitäten. Seit die neue Administration Clinton/Gore im Amt ist, wird eine systematische Politik zur Einführung einer »Nationalen Informations Infrastruktur« (NII) betrieben. Die Regierung hat für den Bereich »High Performance Computing and Communications« eine groß angelegte Initiative auf Kiel gelegt, die sowohl die politische Klasse als auch die Geschäftswelt (und allen voran die bewegliche kalifornische Computerszene) in Marsch gesetzt hat. Die

Forderung nach einer nationalen ›Information Infrastructure‹ ist eine Vision, vergleichbar der Idee Kennedys, einen Mann auf den Mond zu schießen. Kein Zweifel: Man kann aus den Deutschen keine Amerikaner machen; mit dem Einfordern von »Technikoptimismus« allein ist es nicht getan. Aber wir müssen uns klar machen: In den Vereinigten Staaten existiert eine genau überlegte, von gesellschaftlichem Konsens unterfütterte politische Strategie. Vizepräsident Gore mobilisiert die Menschen mit der Utopie, jede Schule und jede Bibliothek in jedem Land der Welt mit dem Internet zu verbinden, das inzwischen das größte Computernetzwerk der Welt ist. Wir dagegen artikulieren eher die Furcht, daß der Computer in der Schule den Kindern eine »verkrüppelte zweiwertige Logik« aufzwinge und daß Menschen, die schon als Siebenjährige Zapper (to zap: abknallen), Grazer (to graze: streifen) oder Switcher (to switch over: umschalten) waren, im gleichen Alter in LOGO programmiert haben und ihre erste Fremdsprache interaktiv von einem CD-ROM Lernsystem beigebracht bekamen, der sittlichen und seelischen Verwahrlosung anheimfallen. Ich will zu dieser deutschen Debatte drei kritische Bemerkungen machen:

1. Die Menschen stellen sich auf neue Entwicklungen ein, sie sind beweglicher als die deutsche Kulturkritik glaubt. Zu Recht rühmt Matthias Horx die »vagabundierende Zeichenkompetenz« der Computergeneration – das Artikulations- und Kritikvermögen der »Kids« sei heute derart gestiegen, »daß selbst Zwölfjährige perfekt ihre Bedürfnisse formulieren und die Eltern mit virtuoser Qualität angreifen können«. Die Computer-Kids entwickelten Filterfähigkeit, mediale Skepsis und kluge Zeitökonomie gegenüber dem Überangebot von Kommunikation; Sie würden keineswegs zu »Videoten«. Der Vielmediennutzer (Horx nennt ihn Michael) sehe folgendermaßen aus: »Michael ist es seit seiner frühen Pubertät gewohnt, mit Medien umzugehen. In seinem Kinderzimmer gab es damals im zarten Alter von fünfzehn Jahren eine Stereoanlage, und als er achtzehn war, schenkten ihm seine Eltern einen kleinen Farbfernseher. Mitte der Achtziger begann Michael, an einem Heimcomputer zu experimentieren, blieb aber ziemlich bald bei Videospielen hängen (Programmieren war ihm auf die Dauer zu mühsam), was er nach ein oder zwei Jahren zugunsten einer eher außerhäuslichen discoorientierten Phase wieder aufgab. Mit zwanzig hatte er sich das Geld für den Videorecorder zusammengespart, den er eine Zeitlang intensiv nutzte. Heute ist sein Interesse am Fernsehen abgeflaut, aber noch immer ist die Glotze sein Primärmedium. Tageszeitungen liest er manchmal, ebenso Zeitschriften. Er mag sich da nicht binden. Mal Stern, mal Spiegel, mal Die Zeit, hin oder wieder auch Tempo. Aber so richtig anfreunden kann er sich mit keinem dieser Presseprodukte. »Sein« Blatt gibt es nicht. Er vermißt es auch gar nicht. Es würde nicht in sein Konzept eines »virtuellen Mediamixes« passen. Comics etwa, in all ihren Formen, gehören für ihn zur Kultur. Auch Bücher liest er, ja doch, aber nicht entlang der Hitparade, eher anarchistisch, nach Zufällen, vom Sachbuch bis zur Reiselektüre, von trivial bis zu einem Buch über Quantenphysik. Michaels Wahrnehmung – und damit sein Weltbild – ist geprägt von der rapiden Evolution der Medien in den letzten zwanzig Jahren. Aber anders als Angehörige jener Generation, deren Mediengewohnhei-

ten durch das »Primärmedium« Buch und allenfalls das Radio geprägt wurden, hat er Fähigkeiten entwickelt, die vielen Älteren abgehen.«[17]

2. Man sollte die Gefahren der modernen Bild- und Computerkultur nicht übersehen. Computeroperationen sind ein bestimmter Typ menschlicher Wirklichkeitsverarbeitung. Wir müssen aufpassen, daß wir Modularisierung, Algorithmisierung und Simulation nicht verabsolutieren. Wir sollten uns die Welt nicht nur in linearen Abläufen, chronologischen Verläufen, gleichförmigen und gleichbleibenden Regeln verfügbar zu machen suchen, wie Hartmut von Hentig[18] es ausdrückt. Also dürfen wir von Medienpädagogik nicht nur reden, wir müssen vielmehr »die Schule neu denken«. Also müssen wir die Kartellierung, die Vermachtung unseres Kommunikationssystems verhindern, durch Ordnungspolitik und durch die Förderung nicht-kommerzieller Kommunikation, zum Beispiel öffentlich-rechtlich organisierter Rundfunkanstalten. Also brauchen wir eine systematische Leseförderung, Förderung des Mediums Buch, der Buchhandelsstruktur. Bewußte, überlegte Kommunikationspolitik ist angesagt, mit laisser-faire, laisser-aller. Aber auch eine gewisse Vorsicht gegenüber den deutschen Gemütsmenschen (Dietrich Diederichsen),[19] die wieder auf dem Marsch sind, vor dem Öko-Kitsch, der in Deutschland verbreiteter ist als irgendwo anders. Bauelemente dieser Haltung bilden Träume von »Ursprünglichkeit« und »Echtheit«, oft kombiniert mit Affekten gegen elektronische multikulturelle und ausländische Künste. Es ist das Titanic-Gefühl, der Untergangstrip. Zum Beispiel sagt der berühmte Film-Regisseur Hans Jürgen Syberberg: »Die Plastikwelt hat uns okkupiert. Wenn wir ins Auto steigen, ins Flugzeug, Schiffe betreten, wenn wir heutige Küchen erwerben, in die Fernsehwelt uns einlassen, so betreten wir die Welt der künstlichen Chemieuniversen. Die Computer sind aus diesem Material gemacht und damit unser Denken, unser Erinnern, die Simulation des Lebens«[20]. Diese Art von antitechnischer, romantischer, irrationaler Kulturkritik gibt es auch in linker Variante, bis ins Bundestagswahlprogramm der Grünen hinein, bis in manche sozialdemokratische Diskussionen. Sie isolieren Deutschland von der internationalen Mediendebatte.
3. Meine dritte Bemerkung ist ökonomischer Natur. Die Medienindustrie im weitesten Sinn ist der größte Wachstumsfaktor der Art der Gesellschaften, in denen wir leben. Der Anteil der Telekommunikation am Bruttosozialprodukt wird sich bis zum Jahr 2000 mehr als verdoppeln, auf diesem Kontinent werden dann 60 Millionen Arbeitsplätze direkt von der Telekommunikation abhängen. Siemens und Philips sind die letzten europäischen Unternehmen, die in der Halbleiterindustrie eine größere Rolle spielen; allerdings schätzt man

---

17 Mathias Horx, Trendbuch. Der erste große Trendreport, Düsseldorf, Wien, New York, Moskau 1993, S. 103/104.
18 Harmut von Hentig, a.a.O.
19 Diederich Diederichsen, a.a.O.
20 Hans Jürgen Syberberg, Vom Unglück und Glück der Kunst in Deutschland nach dem letzten Kriege, München 1990.

den Verlust, den das Haus Siemens in dieser Sparte macht, immer noch auf 200 Millionen Mark im Jahr. Über eine Computerindustrie verfügen die Deutschen nicht mehr. In der Unterhaltungselektronik haben wir noch müde Reste. Ein paar der deutschen Softwarehäuser - allerdings wirklich nur ein paar - sind vorzüglich. Aber sie sind klein. Mit dem (in den letzten fünfzehn Jahren aus dem Boden gestampften) Riesen Microsoft von Bill Gates ist das nicht zu vergleichen. Man bekommt seine Software natürlich eher stabil, wenn man 500 Kunden hat als wenn es sich um fünf oder zehn handelt. Leistungsfähig sind wir noch auf dem Feld der Telekommunikation. Unsere Strategie müßte also sein, die Telekommunikationsindustrie als Lokomotive zu benutzen und durch eine gezielte Forschungs- und Technologiepolitik uns wieder in Gebiete hineinzuarbeiten, in denen wir keine Rolle spielen, zum Beispiel optical computing und electrical engineering. Wenn uns das nicht gelingt, haben die Deutschen im 21. Jahrhundert sehr schlechte Karten.

5.

Ich schließe mit ein paar kursorischen Überlegungen zu der Frage, ob es möglich ist, diesen thesenhaft beleuchteten Wandel in der Kommunikationskultur unserer Gesellschaft durch Kommunikationspolitik in den Griff zu bekommen. Auch hier gilt es zwei Extreme zu meiden; politische Allmachtsphantasien, denen zufolge eine Großgesellschaft wie die deutsche aus einer weltweiten technischen Entwicklung unter medienökologischen Gesichtspunkten ausgekoppelt werden könnte - sowie mutloser oder aber pseudophilosophisch-zynischer Attentismus. Ein Beispiel für letzteren bietet Norbert Bolz: »Wer immer noch Programminhalte analysiert oder das Fernsehen als Bildungsanstalt mißversteht, hat natürlich keinen Sinn für kühne Gedanken zur Zukunft des Menschen und seiner Medien. Wir sollten statt dessen den Gedanken riskieren, daß die abendliche Versammlung vor dem magisch flackernden Bildschirm eine postmoderne Neuausgabe der Urhorde vor dem Lagerfeuer ist. Auch die elektronische Urhorde will sich von der Außenwelt abwenden. Auch die Nachrichten aus aller Welt dienen nur einer totalen Faszination, die in völlige Zerstreuung umschlägt«.[21]

Gegen einen derartigen Alternativradikalismus läßt sich durchaus eine Kommunikationspolitik formulieren, die sich - durch das Mittel von Modernisierungskompromissen - der Zivilisierung der Modernisierung verpflichtet weiß. Ich schließe mit ein paar vorläufigen Überlegungen, die in der Teildisziplin der Kommunikationspolitik weiter erörtert werden müssten; also nicht mit konkretistischen Vorschlägen, sondern mit der Erörterung von Problemstellungen und Arbeitsprinzipien.

1. In Zukunft wird eine isolierte Medienpolitik nicht mehr weiterführen. Sie muß zur Kommunikationspolitik erweitert werden; Problemkomplexe wie die Informations Super Highways und die transeuropäischen Netze, die Anwendung

---

21 Norbert Bolz, a.a.O., S. 291.

von Computern in der Schule, die Postreform und das Internet, sowie der Rundfunkstaatsvertrag und die in ihm enthaltenen Regelungen für Jugendschutz oder Werbung sind nicht mehr sinnvollerweise getrennt erörterbar. Wo unterschiedliche Parlamente oder Parlamentsausschüsse für diese Probleme zuständig sind, müssen neue Formen der Kooperation und der Kommunikation entwickelt werden.

2. Das führt zu einer grundlegenden Debatte über ein Grundprinzip unserer Verfassung, den Föderalismus. Die moderne Informations- und Kommunikationstechnik löst ökonomische Prozesse aus, die vom politischen System in seiner heutigen Verfaßtheit nicht mehr bewältigt werden können. Es ist auf längere Sicht ausgeschlossen, einen bundesweit oder gar europa- und weltweit ausstrahlenden Sender in einem einzelnen Bundesland zuzulassen und den Regelungen dieser kleinen politischen Einheit unterwerfen zu wollen. Deutschland braucht eine Reform seines Föderalismus, die eine neuartige Koordination der Politik der Länder, des Bundes und der Europäischen Union ermöglicht, also ein an die Logik des Grundgesetzes angepasstes Pendant zur amerikanischen Federal Communications Commission (FCC). Oder: Wenn der Marktanteil des deutschen Films (derzeit 7 bis 8 Prozent im eigenen Land) nicht noch weiter zurückgehen soll, muß die Filmförderung von Bund und Ländern so koordiniert werden, daß die deutsche und europäische Filmindustrie in Stand gesetzt wird, wieder weltweit konkurrenzfähige Filme zu produzieren und an den Kunden zu bringen.
3. Die Konzentrationstendenzen im deutschen Medienwesen lösen problematische Wirkungen aus; höchst fragwürdige Machtstellungen, zum Beispiel beim Handel mit Film- und Sportrechten. Andererseits muß die Konzentrationskontrolle berücksichtigen, daß sich auch deutsche Unternehmen auf dem europäischen Markt und dem Weltmarkt bewegen müssen. Deswegen wäre es problematisch, wenn eine großangelegte Entflechtungspolitik zwischen Printmedien und elektronischen Medien die wenigen weltweit konkurrenzfähigen deutschen Unternehmen schwächen würde oder wenn man die Zusammenarbeit zwischen Telekommunikations- und Medienunternehmen selbst bei der Entwicklung technischer Infrastrukturen, zum Beispiel für das digitale Fernsehen, verbieten würde. Es müssen also differzierte Prinzipien in der Konzentrationskontrolle entwickelt werden. Das könnte heißen: Kein generelles Verbot der Cross-Owner-Ship von Print- und elektronischen Medien, wohl aber Spezialregelungen für Schlüsselbereiche, zum Beispiel den Rechtehandel. Kein generelles Verbot der Zusammenarbeit von Telekommunikation und Medienunternehmen, wohl aber eine gesetzliche Trennung von Programmvertrieb und Programmveranstaltung. Keine dogmatische Ideologie der Binnenpluralität, wohl aber eine rigorose Politik der Offenlegung von Besitzverhältnissen der Medienunternehmen und ein klare Marktanteilsbegrenzung, beim Markt für universelles Fernsehen zum Beispiel ab 20 Prozent.
4. Zensurideen werden angesichts der Internationalisierung und Kommerzialisierung des Mediensystems immer obsoleter. Das heißt aber weder, daß Programme prinzipiell unbeeinflußbar seien noch, daß die Rezipienten nicht besser instand gesetzt werden könnten, um »Media Literacy« zu erwerben. Be-

stimmte Programme von Reality-TV sind vom Markt verschwunden, nachdem sie öffentlich wirksam kritisiert wurden. Deswegen macht es Sinn, eine systematische, wenn möglich auch international vernetzte Debatte über Programme in Gang zu halten, zum Beipiel durch eine·kleine, hochrangige Kommission beim Bundespräsidenten, die per Gesetz ins Leben gerufen und mit ausreichenden Forschungsmitteln zur Untermauerung eines Jahresberichts versehen werden müsste. Wenn man gleichzeitig an die Stelle einer schon Jahrzehnte währenden, aber halbherzigen Debatte über Medienpädagogik eine neuartige Institutionalisierung zustande brächte, hätte man gleichzeitig einen Paradigmenwechsel bewältigt, eine Veränderung der Blickrichtung von der Kontrolle der Kommunikatoren auf die Qualifizierung der Rezipienten.

5. In die gleiche Richtung wiese eine Ordnungspolitik, die es darauf abgesehen hätte, klassische Öffentlichkeiten, die es in Europa seit vielen Jahrhunderten gibt, vor der Zerstörung und Einebnung zu schützen. Das gälte für unsere Theaterkultur genauso wie für die Buchhandelsstruktur und die öffentlich-rechtlichen Rundfunkanstalten, die gerade durch ein Verfassungsgerichtsurteil erneut eine Bestands- und Entwicklungsgarantie bekommen haben.

   Das hieße aber nicht, daß innovatives Sparen und Rationalisierung bei öffentlichen geförderten oder gebührenfinanzierten Kultureinrichtungen unterlassen werden müssten. Viele dieser Einrichtungen sind überreguliert, schwer beweglich, tankerartig. Die Entscheidungsprozesse dauern zu lang, Einstellungen auf den Markt sind zu schwierig, die Produktionskosten zu hoch. Europa sollte sich dem Kommerz entzogene kulturelle Öffentlichkeiten leisten, und zwar als relevante Gesprächspartner. Dem Zwang, sich immer wieder zu reformieren, sollten sie aber nicht entzogen werden.

Ich schließe mit der Bemerkung, daß die Deutschen in der Debatte über soziale Kommunikation einen mentalen Sprung machen müssen. Der ideologische Kampf der Leitbilder muß zu Gunsten einer überlegten Modernisierungspolitik beendet werden. Deutschland muß sich mit spezifischen Beiträgen in die weltweite Entwicklung von »Multimedia« einklinken. Der Staat muß eine Moderatorenrolle für die vielfältige Entwicklung der Individual- und Geschäftskommunikation und der neuen elektronischen Lernsysteme übernehmen. Eine technologiepolitische Vision ist notwendig, und zwar eine mit gesellschaftspolitischer Zielsetzung, die soziale Ideen und Minima Moralia formulieren muß, zum Beispiel die Offenheit und Zugänglichkeit zu den wesentlichen Netzen und Medien, die Gewährleistung eines angemessenen Datenschutzes, den Schutz vor einseitiger politischer Manipulation, vor Medienmachtpolitik usf. Eine derartige »Vision« ist nur in einer großen öffentlichen Debatte herstellbar, an der möglichst viele Menschen unserer Gesellschaft beteiligt werden sollten.

Péter Gyertyánfy

Authors' Rights Protection of Computer Software in Central and Eastern Europe

Introduction

Computer software is expressly protected by the authors' rights legislation of the Czech Republic,[1] of Hungary,[2] and of the Slovak Republic[3], of Poland[4], of the Russian Federation[5] and of Bulgaria[6]. The legislation of other countries of the region will not be treated in this article. The understanding of the contents of authors' rights protection in these countries requires some background information.

All of the countries previously mentioned - except for Russia - are members of the Berne Convention for the Protection of Literary and Artistic Works (BC),[7] (The *Czech* Republic, *Hungary, Poland* and the *Slovak* Republic have concluded a so-called European Association Agreement with the European Union (EU) that binds them to develop their copyright (authors' rights) legislation in a manner that will lead to the protection of identical contents and at the same level as that of the EU.

The obligation to legally protect computer software originating from the countries of the EU, from the USA and from Japan in the above countries undoubtedly exists under the BC, (in the case of *Russia* under the Universal Convention) as both the country of origin and the country of protection acknowledge the copyright eligibility of computer programs in their national legislation. The protection of foreigners under the BC means protection according to the conditions of the national legislation (plus the acknowledgement of certain minimum rights established by the BC). It is, therefore, worthwhile to cast a glance at the basic nature of the »copyright« in these countries.

---

1 Czechoslovak Act. No. 35 of March 25, 1965, as modified and amended by the Act of March 28, 1990, No. 89/1990 Coll. The Czech Republic, after the separation of the Czechoslovak State on January 1, 1993, continues to apply it.

2 Hungarian Act No. III of 1969, as modified by Decree-Law No. 27 of 1978 and by Act No. VII. of 1994. Further on: Decree No. 15 of July 12, 1983, and No. 18 of August 24, 1988, of the Minister for Culture on the Amendment of Decree No. 9 of December 29, 1969 implementing Act No. III of 1969. Copyright 1969, p. 236-242; 1983, p. 316; 1989; insert Laws and Treaties text 1-01.

3 The Slovak Republic, after the separation of the two parts of the Czechoslovak State, continues to apply the act cited in Note 1.

4 Poland has adopted its new Law Nr. 83 on Copyright on February, 4, 1994. Official Gazette Nr. 24, 1994.

5 Law of the Russian Federation on Copyright and neighbouring rights of July 9, 1993. Entry into force on 3rd August 1993.

6 Law on Copyright and Neighbouring rights. State Gazette No. 56/29.06. 1993.

7 The Czech Republic and the Slovak Republic declared that the Berne Convention would continue to apply in these countries. Notification No. 144. WIPO January 6, 1993.

The copyright of these countries is, as a matter of fact, »authors' rights«. Due to the interrelationship of the domestic and international »copyright« laws, the main features of their national laws are in harmony with the BC. However, they follow the continental European legal tradition and vest copyright in the person of the author not only at the initial stage of the creation of the work, but they generally attach that right, inseparably and exclusively, to the person who created the work and, after death, to the authors' heirs.

The author's right, *as a whole,* is inalienable. Generally speaking, the right is an exclusive right to authorize others to use work under certain conditions. The exercise of authors' rights consists of granting exclusive or non-exclusive licenses, rather than assigning or transferring copyright. The *Polish law* however, allows the transfer of economic rights, and Sec.30 of the *Russian* Act may also be interpreted that way. The notion of »work« includes creations in literary, scientific and artistic fields, and excludes products and performances of performing arts (like sound recording). It is understandable, therefore, if we often speak about »authors' rights« instead of »copyright« in this article.

Requirement of originality

Regarding the level of originality or the quality of computer software, the situation is the same for other »work« categories - no minimum standards have been set in the Central and Eastern European authors' rights legislations. However, legal literature and case law emphasizes that an eligible »computer software work« must be (in addition to not being a total or partial copy of another, pre-existing work) distinct from the usual, banal, trivial expression of the same idea. The work has to have an individual creative element.

Subject matter

The respective authors' rights legislations identify computer software as the subject matter of protection as follows:

»The subjects of copyright protection are computer programs provided that they comply with conditions of characteristics given by this Act.«[8] ». . . computer programs and related documentation (hereinafter referred to as ›software‹)«.[9] In another legislation, the subject matter is simply termed »computer programs«[10] Formally, this approach is different from the USA, *Russian, Bulgarian* and the EC solutions, which regard »computer programs as literary works.«[11] The Polish Act

8 Czech and Slovak Act, Art. 2(1). See Note 1.
9 Hungarian Impl. Decree, 1988, Art. 1(1). See Note 2.
10 Polish Act, Art. 1.
11 EC Council Directive of May 14, 1991. It is to be noted, that Sec.4. of the Russian Act containes a very detailed definition of the computer program, including the different forms of the program.

forsees »the same protection like for literary works« (Sec. 74.) The result is the same.

The advantage of defining computer software as »literary works« is twofold. First, it disperses any doubt as to its international protection under the BC. Problems or doubts of this kind do not exist between the industralized countries and the countries under discussion.

Second, a »literary« computer program would enjoy all the wide prerogatives of this most traditional and basic work category. This aspect is relevant in only those national legislations that define authors' rights by way of work-category and/or by the exhaustive enumeration of the different restricted acts pertaining to them. This is not the case with the legislations in question. Here, the consent of the authors is required for any use of their work.[12] »Use« means, (for all work categories, including computer software) any process during the course of which the work or a part of it is communicated to the public and, basically, any reproduction of a work irrespective of whether it is effected for public or private use (except for expressly exempt cases)[13] This means full, unrestricted authors' rights protection of computer programs, even as a separately identified work category.

In Hungary, it would be illogical to term »computer software« as »literary works« in the present, non-exhaustive enumeration of work categories of the Implementing Decree. The decree enumerates literary (scientific, belletristic) works, speeches, radio plays, theater plays, etc. They are all literary works in a wide sense.

It was very logical to add computer programs to these examples. Literary works (in a restricted sense) are works communicated to the public in writing. This is not characteristic of computer programs.

The *Polish* Act interprets the notion »use« for computer programs with the same terms as the Computer Program Directive of the EEC of May 14, 1991.

The Hungarian *court practice* strengthened the special work-category character of software by acknowledging authors' rights protection of the first software development phase (such as problem analysis schemes) as software, even when this preliminary stage of the development does not result in a finished program.[14]

The Hungarian, Czechoslovak and Polish court practice has not dealt in depth with the question, what is actually protected in computer programs? The legal literature agrees that, apart from the problem that it may be difficult to tell an algorithm from an expressed form of solution, as a general mathematical rule the algorithm is denied authors' rights protection. There are no express provisions on »interface protection« either.

12 Sec. 12(1)b and Sec. 14(1) of the Czechoslovak Act; Sec. 13(1) of the Hungarian Act. See Notes 1 and 2. Sec. 18 of the Polish Act.

13 See definition in: Sec. 10(1) of the Hungarian Impl. Decree, 1988. See Note 2.

14 Supreme Court Leg. Bir. Pf III. 20197 (1985) 14.

Adaptations of computer programs

Under the *Czech, Hungarian, Slovak, Polish, Bulgarian, Russian* legislations, derivative works (such as adaptations or translations of pre-existing works) may also be the subject matter of authors' rights, provided that the new derivative work also has an individual, orgininal character distinct from thast of the pre-existing work. Rights are accorded to the author of derivative works without any prejudice to the rights of the original author. It is in this context that the Hungarian Act prescribes that »... the transcription of the software into a program language different from the original language of the software« is regarded as translation.[15] The Hungarian Supreme Court, in a leading case, stated that even non-authorized adaptations of computer programs were entitled to authors' rights protection, and non-authorized adapters can assert their claims against users independently of the author of the original version (who may, nonetheless, initiate legal proceedings).[16] In the given case, the defendant used the adapted (American, by the way) programs without authorization.

It is questionable whether the verdict would have been any different if the adapters had contractually authorized the use of the new version, inclusive of the original work. We think that in such a case, it would have been easier to determine the scope of deliberate injury to the interests of the original author, which in turn would have led to the denial of copyright protection for the adaptor.

Owner of rights, salaried authors

According to the general rules of the authors' rights legislations of Central and Eastern European countries, an author of a computer program is the natural person or a group of natural persons who created the program.

All moral rights remain vested in the author, even in the specific case of an employment relationship. The exercise of economic rights, however, undergoes certain modifications in the case of employee-author. The only exception is *Bulgaria,* where copyrights as a whole, in case of computer programs and data bases created under an employment contract, shall belong to the employer, unless otherwise agreed upon.[17]

The *Czech, Hungarian, and Slovak* rules on works created in employment also apply to computer programs. Consistent with the authors' duty to create software in the framework of their employment, the right to use the software devolves to the employer by virtue of the law. The employer's right to use the work is in the sphere defined by the terms of employment.[18] The employer's »right to use« is unlimited in time and also includes »internal« use of the software- running and filing in a

---

15 Sec. 1 of the Hungarian Impl. Decree, 1988. See Note 2.

16 Hungarian Supreme Court, September 12, 1990. Case No. Pf. IV. 20540 (1990) 4. See, with comments, in VCH/IIC No. (4) 1992, p.557.

17 Sec. 14. Bulgarian Copyright Act.

18 Sec. 17(1) of the Czechoslovak Act and Sec. 14(1) of the Hungarian Act. See Notes 1 and 2.

program library.[19] Theoretically, a certain »right to use« also remains with the employee-author, namely outside the scope defined by the terms of employment. This right, however, is subject to the consent of the employer according to the referred legislation. Consent can be witheld for serious (e.g. economic) reasons.[20]

In Poland the right of economic exploition devolves upon the employer, subject to other contractual stipulations (Sec. 74, Par.3.)

In Hungary, employee-authors have a statutory right to an additional remuneration in excess of their normal salary even in the case when the software is used exclusively by the employer. They share in the financial returns (license fees) received from third parties for the use of the software. The share is substantially lower than in the case of other works. It is the right of the employer to define a share up to 10 % (and, in special cases, between 10 % and 30 %).[21]

The *Russian* legal situation is controversial: The new copyright Act of 1993 declares that the employee is the title-holder of the copyright and a special agreement is to be concluded between employer and employee on the participation of the author in the royalty income of the employer.[22] However, the 1992 Law on computer program and database protection is still in force. It stipulates that ownership vests in the employer. The Decree enforcing the Copyright Act charges the Government as well as the Supreme Soviet to introduce appropriate changes in other legislation as far as they contrast the rules laid down in the Copyright Act.

Exclusive rights

The *Czech, Hungarian* and *Slovak* authors' rights legislation contains very few specific provisions on the exclusive rights of the authors of computer programs.[23] Therefore, the general rules of economic rights mentioned earlier under the heading »Subject Matter« apply. The right to exploit the work, generally provided to the authors in this legislation, clearly includes all the rights enumerated, for instance, in the EC Directive of 1991.

Reproduction (including loading, displaying, running, transmitting, and storing), translation, adaptation, and distribution (including rental) depends on the authorization of the author, as can be concluded, in part from the explicit and from the general rules of Czech, Hungarian, and Slovak legislations.[24] In these countries, there is one important difference from the approach of the EC Directive. Under the Czech, Hungarian and Slovak legislation, the right of distribution

---

19 This is explicitly stated in the Hungarian Impl. Decree, 1988. See Note 2.
20 Sec. 17(3) of the Czechoslovak Act and Sec. 14(1) of the Hungarian Act. See Notes 1 and 2.
21 Sec. 12(1) of the Hungarian Impl. Decree, 1988. See Note 2.
22 Sec. 14. of the Russian Copyright Act.
23 Sec. 11(5) of the Hungarian Impl. Decree, 1988. See Note 2.
24 General Provisions: Sec. 12(1)b, 14(1) and 15(2) and (4) of the Czechoslovak Act. Sec. 13(1) of the Hungarian Act. Sec. 10(1) of the Hungarian Impl. Decree, 1988. Explicit Rules: Sec. 13(2), 22, and 24 of the Czechoslovak Act. Sec. 18, 31, and 34 of the Hungarian Act. Sec. 11(5) of the Hungarian Impl. Decree, 1988. See Notes 1 and 2.

is not »exhausted« by the first sale of copies of the works in general and of computer programs in particular.[25]

The recent wave of copyright legislation in *Bulgaria* and Russia resulted in another picture, reflecting the Anglo-American.approach. The economic rights of the author are defined by an exhaustive enumeration of restricted acts, such as, among others, reproduction and distribution. The usual way of use of computer programs - i.e. the storing and running of the programs in computers - needs an interpretation in order to be covered by one or another »act of use«. In Russia, the law identifies the recording of a work into the memory of a computer as a »reproduction« explicitely. This is done in an indirect way in Bulgaria as the Act excludes computer programs from the subject matter of the free *reproduction* allowed for private use, public libraries and scientific institutions.[26] The »first sale doctrine« also prevails in these countries, except for the surviving rental rights.[27] Moreover, both the Bulgarian and the Russian Act define, under the special provisions, the looking at, storing, displaying, transmitting, adapting and modifying the program in computers as legitimate use for own purposes included in the authorization of use.[28] The new Polish Act, in its special part on computer programs, repeats the terms of the EEC Directive (Sec. 74. (4).

Limitations of exclusive rights

There are very few legal provisions in the Hungarian, Czech and Slovak Republic that would accord special exceptions to the users of computer programs. The usual exceptions formulated in accordance with the BC might be felt in certain cases as contrary to the interest of the owner of rights or too unspecified for both parties. It is also unclear whether the parties may restrict the statutory exceptions by way of contracts. As for *Hungary,* the answer is probably yes, based on Sec. 23(1) and (2) of the Hungarian Act.

The only express, specific, limiting provision on computer programs in the *Czechoslovak Act* is Sec. 15 (4). This entitles the legimate user to make operational, back-up, and archival copies. It is unclear, however, whether this »free reproduction« can be prohibited by contract. Not so in the *Polish, Bulgarian* and *Russian* law, where this freedom of the legitimate user is imperative (Sec. 75 (2), 76 and 71 as well as 25 (2) respectively).

The *Polish* and *Bulgarian* law grant to the legitimate user besides the above-mentioned special free uses, the imperative right to observe and test the program (Sec. 75 (2) 2. and sec. 71 (2) respectively).

In *Hungary* the right of the legitimate program user to make free copies for security or archival purposes has to be deduced from the general limitation made by Section 18 (1), which states »Everybody shall be authorized to make copies of

---

25 Sec. 30 of the Czechoslovak Act. Sec. 28 of the Hungarian Act. See Notes 1 and 2.
26 Sec. 18(2), 23(9) and 25 of the Bulgarian Act, Sec 4, 16 of the Russian Act.
27 Sec. 18(4) of the Bulgarian Act, Sec 16(3) of the Russian Act.
28 Sec. 70 and 25 of the Bulgarian and the Russian Act, respectively.

any published work provided that such copies are not intended for purposes of putting the work into circulation or producing income, and otherwise do not infringe upon the rightful interests of the author«.[29] This provision is in line with the corresponding Art. 9 (2) of the BC and also seems to exclude the extensive, free copying for corporate purposes. An explicit wording on computer programs would be, nevertheless, welcome.

The right of the legitimate user to correct minor errors of the program - mentioned under Sec. 25 (1) of the *Russian* Act explicitely - is undoubtedly included in Sec. 30 of the *Hungarian* Act. The subsumption of the right of the translation, adaptation, or arrangement to this »free use« clause would be, however, more than risky. The free-of charge lending of copies has just been forbidden by the recent Modification of the *Hungarian Act.* 30)

The *Czech, Hungarian* and *Slovak* legislations have no provisions on decompilation or reverse engineering. The next revision of the Acts will probably transplant the solutions of the EC Directive, due to their obligation to achieve a level of protection consistent with that of the EC. Until then, courts may interpret the present exceptions to reproduction and adaptations (e.g. in Hungary Sec. 18 (1) and (30) of the Hungarian Act) with a result equal to Art. 6 of the EC Directive. This is all the more possible, as the EC Directive itself considers decompilation as a kind of free reproduction and adaptation, and it remains in this regard in the framework of the BC.[30]

The new Polish, Bulgarian and Russian Acts have already transcribed - nearly word by word - the EC Computer Program Directive on decompilation into positive rules (Sec. 71 of the Bulgarian, Sec. 25 (2) of the Russian Act, Sec. 75 (3) of the Polish Act.

Remedies

For many years, importers of the Central and Eastern European countries have been unable to import modern computers and the respective system of software due to the restrictions of the COCOM list. Yet it would appear that such imports were made into these countries via hidden channels. For this reason, it was not legitimately possible to update, sell, or utilize the system software effected by the import ban. Central and Eastern European software distributors and persons adapting these programs did very good business, and foreign holders of program rights are now confronted with numerous unauthorized versions of their work.

Foreign and international software producers prefer contractual settlements (selling of current versions under strict conditions) to litigation with the infringers during the past one or two years. This may change in the future.

A whole set of civil-law sanctions is offered by the Acts under discussion against the infringers of authors' rights. These sanctions range from establishing

---

29 Sec. 18(1) of the Hungarian Act. See Note 2.

30 Sec. 18 July 1, 1994 Modification of the Hungarian Act. See Note 2.

(by a court) the fact of infringement, through a redress by means of a statement, to the payment of damages according to the provisions on civil-law liability.[31] The ordinary courts have competency in copyright infringement cases.

In *Hungary,* a strong deterrent has been added to the civil remedies June 15, 1993 - the infringement of authors' rights, even in the negligent form, has been declared a criminal offence by the 1993 Modification of the Penal Code No. IV of 1978. Sec. 329 (A) threatens the violators with fines up to 3.6 Million forints and with imprisonment up to 5 years. The crime includes the violation of the neighboring rights. The *Polish* and the *Bulgarian* Law (Sec. 97) as well include penal sanctions of the copyright infringement.

Duration of rights, parallel protection

Authors' rights (economic rights) in computer programs are, in general, protected during the lifetime of the author and for 50 years following the year of the author's death, or, in the case of joint authorship, following the death of the last surviving joint author. In *Hungary,* however, the term will be, from 1.7.1994 on, 70 years p. m. a.[32]

The prevailing authors' rights protection of computer programs in these countries does not mean that parallel protection by other legal instruments is excluded. In special cases, when the application software includes a »novelty«, »direct usefulness«, and »technical result«, the software may qualify for a patentable invention. Trademark, trade secrecy regulations, and unfair competition rules may also apply. This principle is expressly stated in the *Hungarian* law.[33] Even contractual stipulations can help to impede the otherwise technically easy, unauthorized reproduction of programs. Of course, these stipulations have no binding force on third persons.

Contracts

Theoretically, exclusive software rights granted by authors' rights protection can be exercised in the same way as in the case of other protected works. Software contracts often appear under different labels and often emphasize only the delivery of the material supported. They are, in reality, agreements on the mutual obligations of the transfer of rights concerning the repeated »computer use« of the intellectual creation in the form of computer running, reproduction and display.

The legislations of the countries (including the Central and Eastern European countries) following the continental European legal traditions have a deep and

31 Sec. 32 and Sec. 52 and 53 of the Czechoslovak and Hungarian Acts, respectively. (See Notes 1 and 2.), Sec. 94-95 Bulgarian Act, Sec. 48-49 of the Russian Act.

32 Sec. 33 and Sec. 15 (1) of the Czechoslovak and Hungarian Acts respectively. (See Note 2.), Sec. 27 of the Bulgarian, Sec. 27 of the Russian Act.

33 Sec. 1(2) of the Hungarian Impl. Decree, 1988. See Note 2.

structured system (i.e., general rules and genre-specific ones) of authors' licence contracts (e.g., publishing agreements, stage contracts).

They constitute a separate body of rules distinct from those of the civil code. Consequently, the contracts in question are authors' contracts for the use of works (licensing agreements).

The transborder licensing agreement for use of computer programs underlies the rules of the Private International Law in these countries. Accordingly, the applicable law of the contract is, unless the parties otherwise agree, the law of the business site or the residence of the user.[34]

Unfortunately, the specific authors' rights rules of licensing agreements concerning software contracts are still missing in the majority of the Central and Eastern European countries. Problems are solved with the help of a direct reference, in the Copyright Acts, to the rules of the civil code as auxiliary, background provisions.[35]

The present contractual practice of these countries is, generally speaking, a mixture of the usual stipulations of the different types of contracts - authors' right contract for use (licence), sale, leasing, rental, delivery, undertaking or commission. The full and smooth application of the authors' right rules of the contract for use would need, in many national legislations, the clarification of at least the following issues (besides the abovementioned rules on the content of the aquired rights of the users such as running, modification, making back-up copies etc.):

- cooperation with and responsibility for a subcontractor
- statutory obligations concerning the content of the delivery (e.g., source code, updated versions, accompanying printed materials, etc.)
- shrink-wrap licensing
- rules of delivery and acceptance, obligation of error correction, refusal of acceptance
- defective delivery and its consequences
- liability and warranty (strict? on negligence?)
- limitations of liability for damages caused by the supplied software

It is remarkable, that the *Russian* Act (Sec. 32 with a reference to the 1992 Law on the protection of computer programs) provides for regulation with respect to the »shrink-wrap« license agreements. According to these rules, in the case of mass market distribution of computer programs the license terms attached to packaged programs must be visible to the user prior to purchase in order for the licensor to be able to enforce them.

34 Hungarian Private International Law Code, Law-Decree, Nr. 13 of 1979, Sec. 25(C).

35 Sec. 53 and Sec. 3 of the Czechoslovak and Hungarian Acts, respectively, See Notes 1 and 2.

Databases

The issue of the database as a compilation of the works or other materials stored has just recently been noted by the legislators of these countries.

The *Hungarian* law states that »the provision on collections is also applicable to electronic databases.«[36] The notion of collections in Hungarian authors' rights is wide enough to include unprotected works or data as well. The three main questions to be answered on the basis of this meager material are: What kind of electronic datebases are protected? What are the exclusive rights of the owner? Is the factual data protected? Unfortunately, there is still no court practice in this matter. The task is, therefore, to interpret the general rules of the authors' rights.

In Hungary, authors' rights eligibility of databases in their totality means that they must be original (i.e. not copies of other works) and show at least some minimal degree of creativity. The originality and creativity have to appear in the collection, selection or arrangement of the compilation. An ordinary telephone book (stored digitally) would hardly meet this requirement. Even the originality of the content would not be sufficient. The materials stored may or may not be, by themselves, subject to authors' rights. The inclusion of »works« into compilations is, of course, a separate restricted act. The object of protection is the collection itself, (i.e. the manner in which the database presents the content, not the collected and stored material.)

The careful definition of the real object of »database protection« will, of course, need more detailed analysis (and provisions). By that time, computer programs will have more special regulations. Presently, the basic computer programs operating the database (and, even more importantly, the software means of accessing and presenting the information) would probably fall under »software protection« and »database protection« at the same time.

The restricted acts of the use of the databases are those previously mentioned in the discussion on computer software. They include the loading, storage, display, and rental of the database. We can imagine an interpretation according to which even the display or printout of the single unprotected factual data qualifies for an »authors' right use« of the database. In other words, searching, displaying, or printing is not possible without the use of the computer program defining the access to, and the presentation of the data, thus use of protected original expressions. Finally, although the retrieval of data that individually does not enjoy copyright protection, does not qualify as a restricted act, there may be cases when the *downloading* of a definite or substantial part of the database consisting of such data is still a separate act of reproduction in the copyright meaning. This is the case when the number of interrelated data retrieved is so high that the original character of the selection, coordination, and arrangement of the data is already manifested.

The *Polish law* protects data bases even if they do not contain works protected by copyright (Sec. 3).

---

36 Sec. 3 (B) of the Hungarian Impl. Decree, 1988. See Note 2.

A *Bulgarian* law enumerates, under the protected works »... ency-clopedias ..., databases, and other works similar to the above, which include two or more works or materials«. It also declares that »Copyright on ... databases ... shall belong to the person who has selected or arranged the works and/or materials included ...« (Sec. 3 (2) and 11 (1)).

Consequently, the same considerations and conclusions may apply in Poland and Bulgaria as just described for Hungary.

The *Russian* definition of »database« in Act. 4 of the Act refers to a syste-
copyright ownership and on free uses on databases as well (Sec. 14 and 23 (9)).

The *Russian* definition of »database« in Act. 4 of the Act refers to a systematized »set of data« only, but, evidently, this can not prejudice the otherwise possible copyright protection of works included in databases. Such specific »complications are also eligible for copyright protection (Sec. 7 (3) and Sec. 11). The above statements made on Hungarian database protection are, therefore, applicable.

Peter Hanser-Strecker

Die vielen Gesichter der Musik

Zum grafischen Schutz von Werken der Musik

Die Entwicklung des Urheberrechts basiert auf der Entwicklung des Verlagswesens und dieses auf der Erfindung des Buchdrucks mit beweglichen Lettern durch Johannes Gutenberg im 15. Jahrhundert.

Wirtschaftlich bedeutend war dabei zunächst das Buchgeschäft, während die Musikalie, d.h. eine Druckausgabe mit musikalischem Inhalt, erst seit dem 17. Jahrhundert allmählich verlegerisch interessant wurde.

Diese relativ späte Entdeckung der Musik für das Verlagswesen hängt auch damit zusammen, daß erst einmal eine einheitliche und damit allgemein verständliche Notenschrift sich herausbilden mußte. Die Notenschrift, wie wir sie heute kennen, wird in ihren wesentlichen Grundzügen seit etwa 300 Jahren verwandt.

Im Laufe der Zeit, besonders aber in diesem Jahrhundert, gibt es eine Reihe von Versuchen, die Notierung von musikalischen Abläufen anders, d.h. präziser oder individueller vorzunehmen. Bis auf den heutigen Tag hat sich dabei allerdings keine neue Notationsform durchsetzen können[1].

Es gibt neben der bekannten Notation auch noch sog.Griffschriften wie Tabulaturen z.B.für die Gitarre oder Akkordsymbole für Keyboards etc. Diese Notierungsformen haben aber die traditionelle Notenschrift, eine sog. Symbolschrift, nicht ersetzen können.

Das Erscheinungsbild der Musik ist daher von dieser traditionellen Notationsweise geprägt[2], in welcher überwiegend die westliche Musik notiert wird.

Die Aufzeichnung von musikalischen Abläufen erfolgt, wie das Wort Aufzeichnung schon besagt, durch entsprechende Zeichen.

Obwohl das zugrundeliegende Werk ein Werk der Musik im Sinne von § 2 Abs.1 Ziff 3* ist, ist die Aufzeichnung für sich genommen kein Werk der Musik, sondern kann einerseits als grafisches Werk zur Kategorie der Werke der bildenden Kunst gezählt werden: § 2 Abs.2 Ziff.4, andererseits aber auch analog von technischen Zeichnungen gemäß Ziff.7 urheberrechtlichen Schutz beanspruchen.[3]

---

* Sämtliche §§-Angaben beziehen sich auf das UrhG.

1 Vgl. hierzu das sehr instruktive Buch von Erhard Karkoschka, Das Schriftbild der Neuen Musik, Celle 1968.

2 Siehe Notenbeispiel Nr. 1.

3 Vgl. Hanser-Strecker, Zur Frage des urheberrechtlichen Schutzes des Notenbildes, UFITA 93, 1982 S. 13 ff. Auch Nordemann schließt sich (Nordemann, Urheberrecht, 8. Auflage Stuttgart 1994 S. 77) den Ausführungen des Verfassers insoweit an, als er bei Vorliegen aller Schutzvoraussetzungen einen urheberrechtlichen Schutz des Notenbildes für möglich hält.

Das Notenbild ist dabei als eine Werkkategorie sui generis anzusehen, die hinsichtlich ihrer künstlerisch-kalligrafischen Elemente nach Ziff.4 und hinsichtlich ihrer technisch-zeichnerischen Elemente als Darstellungen technischer Art (z.B als Bauausführungsplan für ein Klang-Gebäude) anzusiedeln ist.

Strittig ist, ob das Notenbild im Einzelfall auch eine persönliche geistige Schöpfung darstellt gemäß § 2 Abs. 2 und damit Schutz genießt.

Entscheidend kommt es darauf an, ob überhaupt ein Gestaltungsspielraum vorliegt, der ausgenutzt werden kann.

Erleichtert und zusätzlich angeregt wird die Diskussion in dieser Frage durch den Einsatz von Computern bzw. Notationsprogrammen für Computer.

Seit rund 20 Jahren gibt es Ansätze, den Computer analog dem Schriftsatzbereich auch für den Musiknotierungssektor einzusetzen. Solche Notationsprogramme sind in der Zwischenzeit qualitativ so verbessert worden, daß sie weltweit Verwendung finden und die bisherigen Verfahren des Notenstichs, des Notenstempelns etc. fast völlig abgelöst haben.

Die so erhältlichen und weitverbreiteten Computerprogramme wandeln die eingegebenen Daten über Tonhöhe und Tondauer in ein Notenbild um, welches für den populären Musikbereich als qualitativ ausreichend bezeichnet werden kann.

Die Mehrzahl dieser Programme erlaubt dabei nur in geringem Umfang die Möglichkeit der individuellen Einflußnahme auf das endgültige Notenbild. Insoweit kann mangels des notwendigen Spielraums davon ausgegangen werden, daß den auf diese Weise generierten Notenbildern ein urheberrechtlicher Schutz nicht zuerkannt werden kann.

Anders verhält es sich allerdings bei der Mehrzahl der in Deutschland im Musikalienhandel erschienenen bzw. verbreiteten Notenausgaben besonders für die klassiche Musik. Bei solchen für den Verkauf bestimmten Ausgaben wird der via Computer automatisch erstellte Notensatz durch zusätzliche Eingabe von zahlreichen Steuerbefehlen an die individuellen Bedürfnisse des jeweiligen Werkes und Abnehmerkreises angepaßt.

Diese individuelle Anpassung wird von in der Notenherstellung erfahrenen Personen wie z.B.ehemaligen Notenstechern oder Grafikern durchgeführt. Im Vordergrund stehen dabei die Gesichtspunkte einer Optimierung von Lesbarkeit, Übersichtlichkeit und Spielbarkeit.

Vom Takt bis zum Seitenlayout, Verteilung auf die verschiedenen Notensysteme, Stilung, Binde- und Phrasierungsbögen etc. gibt es rund 300 Gesichtspunkte für Gestaltungslösungen. Die Kombination solcher Lösungmöglichkeiten ergibt einen großen Gestaltungsspielraum der - sofern ausgenutzt und unter dem Gesichtspunkt der Kleinen Münze - die Entstehung eines geschützten Werkes im Sinne von § 2 Abs. 2 zuläßt.

Aus der Praxis einiger großer Musikverlage kann in diesem Zusammenhang darauf hingewiesen werden, daß die Eingabe der musikalischen Grundparameter wie Tonhöhe und Tondauer nur ca. 25 % des Gesamtaufwandes ausmacht; die restlichen ca. 75 % der Arbeit werden im weiteren Sinne für die oben aufgezählten Gestaltungsmöglichkeiten aufgewandt. Der materielle Aufwand, der für die Herstellung einer Notenseite betrieben werden muß, liegt damit auch zwischen 500 und 1000 % über den Kosten einer Textseite eines Buches.

Das Scannen von Musiknoten

Mit Hilfe eines Lichtstrahls können vorbestehende Notenbilder abgetastet und in elektrische Impulse umgewandelt, eingescannt werden. Die elektrischen Impulse werden in digitale Informationen verwandelt, die wiederum unbearbeitet oder bearbeitet zur Herstellung eines Notenbildes benutzt werden können.

Das Scannen ersetzt die mühsame und kostspielige Eingabe jedes einzelnen Zeichens und dessen Position im Notentext.

Diese technische Errungenschaft führt zu einer arbeitsmäßigen Erleichterung und damit auch zur Möglichkeit des Mißbrauchs.

Eine Notenausgabe, für die pro Seite z.B. 150,- DM aufzuwenden waren, läßt sich für einen Bruchteil dieses Betrages einscannen und elektronisch relativ leicht verändern, so daß die Spuren dieses elektronischen Diebstahls weitgehend beseitigt werden können.

Zur Zeit ist zwar das Einscannen von Musik noch mit viel Korrekturaufwand versehen und die elektronische Spurenbeseitigung noch recht aufwendig, aber es ist absehbar, wann auch diese Hürde eines Tages verschwunden sein wird.

Da die Spurenbeseitigung in höchster Vollendung möglich sein wird, muß bezweifelt werden, ob selbst der wirksamste urheberrechtliche Schutz nicht eine stumpfe Waffe im Kampf gegen diese elektronische Ausbeutung sein wird. Es zeichnet sich das Dilemma ab, daß der Fortschritt der Technik einhergehen wird mit einem Rückschritt der urheberrechtlichen Schutzmöglichkeiten.

Notenbild und MIDI

Sowohl die Eingabe des Notentextes via Computertastatur, mittels Klaviatur eines elektronischen Musikinstruments oder mittels Scanner verwandelt die musikalischen Informationen in solche zahlenmäßiger, d.h. digitaler Art.

Im Zuge der technischen Entwicklung auf dem Gebiet der elektronischen Klangerzeugung einerseits und der Computer (Hard- und Software) andererseits wurde nach mehreren individuellen Ansätzen von einer Reihe von Musikinstrumentenherstellern 1982 ein neuer Standard entwickelt, der die Kommunikation von musikalischen Systemen untereinander in einem Protokoll festhält.

Dies war die Geburtsstunde von MIDI: Musical Instrument Digital Interface, eines relativ einfach gehaltenen Hardwarezusatzes sowie einer Sprache, in welcher die für eine Klangerzeugung notwendigen elektronischen Schritte in Form von Kontroll- und Steuersignalen beschrieben werden.

Musikalische Abläufe werden dabei in zahlenmäßige, d.h. digitale Informationen umgewandelt, die eine Vielzahl von unterschiedlichen Musikinstrumenten, Licht- und Effektgeräten steuern können und gleichzeitig aber auch in vielfältiger Form auf dem Bildschirm eines Computers dargestellt bzw. über einen Drucker ausgedruckt werden können.

Ein Werk der Musik kann mit anderen Worten in eine MIDI-Datei transformiert werden. Eine solche MIDI-Datei ist dann nichts anderes als eine digitale Form von Notation musikalischer Abläufe. Im Unterschied zur herkömmlichen grafischen Notation, die ja nur als Vorlage dient für eine klangliche Umsetzung durch Interpreten, beschreibt eine MIDI-Datei nicht nur das musikalische Werk. Die Beschreibung beinhaltet zugleich und in der Praxis primär die komplexen Informationen, die zur Wiedergabe der Komposition via elektronischer Klangerzeugungsgeräte dienen.

Die vielfältigen Möglichkeiten der Notationsformen sollen im folgenden anhand eines Beispiels erläutert werden. Aus Gründen der Praktikabilität und der besseren Erkennbarkeit wurde ein bekanntes wie einfaches und urheberrechtlich freies Musikwerk gewählt.

Das Beispiel 1 zeigt Beethovens »Für Elise« hergestellt mit dem amerikanischen Notationsprogramm »SCORE« und in herkömmlicher Notationsform ausgedruckt.

Das Beispiel 2 zeigt das gleiche Werk, diesmal allerdings in dem Aggregatzustand, wie er von der Fachkraft in den Computer eingegeben wird.

IN10 bedeutet dabei das 10.te Notenliniensystem von unten, also das erste von oben. Und in der 4.ten Zeile von oben sind die Tonhöhen erkennbar, es beginnt mit E5/DS etc. E5 steht dabei für das 4 gestrichene E und DS für den Tonbuchstaben Dis (D sharp) etc.

Im Beispiel 3 wurden die eingegebenen Daten im sog. ASCII Standard ausgedruckt. ASCII ist dabei die Abkürzung für American Standard Code for Information Interchange, es handelt sich dabei um den international für einen Datenaustausch üblichen Code.

Beispiel 4 zeigt den Datensatz von Beispiel 2 transformiert in einen EPS Datensatz: Encapsulated Post Script: mit Hilfe dieser Datenaufbereitung wird ein Belichter angesteuert, der das Beispiel 1 ausgedruckt hat.

Beispiel 5 zeigt schließlich die gleichen Daten transformiert in einen MIDI Datensatz und dargestellt innerhalb eines typischen MIDI-Sequenzerprogramms, ein Programm also, welches ein MIDI fähiges Instrument ansteuert und dort die klangliche Umsetzung der MIDI-Daten in das gewohnte analoge Klangbild bewirkt.

Die Zahlen und Buchstaben auf dem linken Teil geben die entsprechende Tonhöhe und Tondauer an, während auf dem anderen Teil die musikalischen Ereignisse in einer Art Balkenverlaufsdiagramm wiedergegeben werden. Auf dem unteren Fünftel gibt es in der Mitte sog. Schaltflächen, vergleichbar mit denen eines Tonbandgeräts. Durch Anklicken des betreffenden Feldes kann das digital gespeicherte Musikstück dann wie eine normale Tonbandaufnahme gesteuert werden.

Alle fünf Beispiele sind analoge oder digitale Erscheinungsformen desselben Werkes. Die Beispiele 2,3 und 4 lassen dabei prima vista nicht erkennen, daß es sich bei diesen Datensätzen um ein Werk der Musik handelt.

Beispiel 1

Für Elise

L. van Beethoven
komponiert 1810

Beispiel 2

```
IN 10
21.56 200 1
TR/3
8/OE5/DS/E/DS/E/B4/DN5/C/A4/R/C/E/A/B/R/E/GS/SU/B/SO/C5/R/SD/E4/E5/
DS/E/DS/E/B4/DN5/C;
SX8/E/SX4/E/SX4/E/SX10;
F4 1/-F4 12/-F3 16/F3 20/PP 1.09;
1 -2/3 -8/10 +12/14 +16/18 -20/21 -26;
;

IN 9
20 200 1
M2/BA/3  8/R/  M2/RW/  M2/SD/OA2/E3/A/R//  M2/SO/E2/SU/E3/GS/R//
M2/SD/A2/E3/A/R// M2/RW/ M2;
E/2.6666/SX4/E/SX4/E/SX4/E/2.6666;
N120 1/N71 3.42/N120 4/N120 7/N71 7/N71 9.44;
1 -3/4 +6/7 -9;
1 +3;

IN 8
4.56 200 1
TR/OA4/R/C/E/A/B/R/E/SU/C5/B4/A/R/A/R/SO/B/C5/D/E/SD/G4/F5/E/D/F4/E5
/D;
E/SX4/E/SX4/E///SX4/E./S///E./S//;
-F4 7/F1 11;
2 +4/6 +8/11 -13/15 -17/19 -21;
;

IN 7
3 200 1
M2/BA/SD/OA2/E3/A/R//    M2/SO/E2/SU/E3/GS/R//    M2/SD/A2/E3/A/R/
MRL2/A2/E3/A/ MRR2/R// M2/C/G/C4/R// M2/G2/G3/B/R// M2;
SX4/E/SX4/E/SX8/E/SX4/E/SX4/E;
N120 1/N71 3.44/N120 4/N71 6.42/N120 13/N71 15.43/N120 16/N71
18.49;
1 -3/4 +6/7 -9/10 -12/13 -15/16 -18;
;

IN 6
4.56 200 1
TR/OC5/E4/SU/D5/C/SO/B4/R/E/SU/E5/R//SO/E/E6/R//DS5/E/R//DS/E/D/E/DS/
E/B4/DN5/C/A4/R/C/E/A;
E./S///E/SX22/E/SX4;
F3 12;
2 +4/6 +7/8 -9/10 -11/12 -14/15 -20/22 +24;
6 -7/7.98 +9/10 +11;

IN 5
3 200 1
M2/BA/SD/OA2/E3/A/R//                    M2/E2/E3/E4/R/TR/R/SO/E/
M2/SU/E5/R//SO/DS/E/R/  M2/R/DS/E/R//  M2/RW/BA/  M2/SD/A2/E3/A/R//
M2;
SX4/E/SX16/E/2.6666/SX4/E;
N120 1/N71 3.41/N120 4/N71 8.6/N120 13/N71 15.47;
1 -3/4 -6/7 +8/9 -10/11 -12/13 -15;
4.93 +6/7 -8/9 +10/11 +12;

IN 4
4.56 200 1
TR/OB4/R/E/GS/SU/B/SO/C5/R/SD/E4/E5/DS/E/DS/E/B4/DN5/C/SO/A4/R/C/E/
A/B/R/E/SU/C5/B4/A/R;
E/SX4/E/SX10/E/SX4/E/SX4/E/S;
;
2 +4/6 -8/9 -14/16 +18/20 +22;
;

IN 3
3 200 1
M2/BA/OE2/SU/E3/GS/R//  M2/SD/A2/E3/A/R//  M2/RW/  M2/A2/E3/A/R//
M2/SO/E2/SU/E3/GS/R// M2/SD/A2/E3/A/ MRL2;
SX4/E/SX4/E/2.6666/SX4/E/SX4/E/S//;
N120 1/N71 3.44/N120 4/N71 6.17/N120 7/N71 9.43;
1 +3/4 -6/7 -9/10 +12/13 -15;
;

IN 2
4.56 200 1
TR/OE4'C5/F4'C5/E4'G'C5/F4/A/C5'C/F/E//D/BF/A//G/F/E/D/C/SU/BF4/A/B/A
/G/A/B;
S///G//Q/S./32/E//S./32/SX6/E//G/32X4;
F4 6/F1 6/F4 7/F1 8/F3 9/F4 11/F1 12/F3 13 16/-F3 19/ +N189 6;
1 +3/4 +5/7 -8/9 -10/11 -12/13 -18/19 +20/22 +25;
9 +10/13 +18;

IN 1
3 200 1
M2/BA/OC4'BF3 C4'A3 C4'B3'G                   M2 F/A/C4/A3 C4 A3
M2/F/BF/D4 B3/D4 B3                     M2/F/E4 BF3'G'F/E4/B3'G'F E4
M2 F3 A C4 A3 C4 A3  M2;
SX27;
;
1 -3 4 -9 10 -15 16 -21 22 -27;
```

Beispiel 3

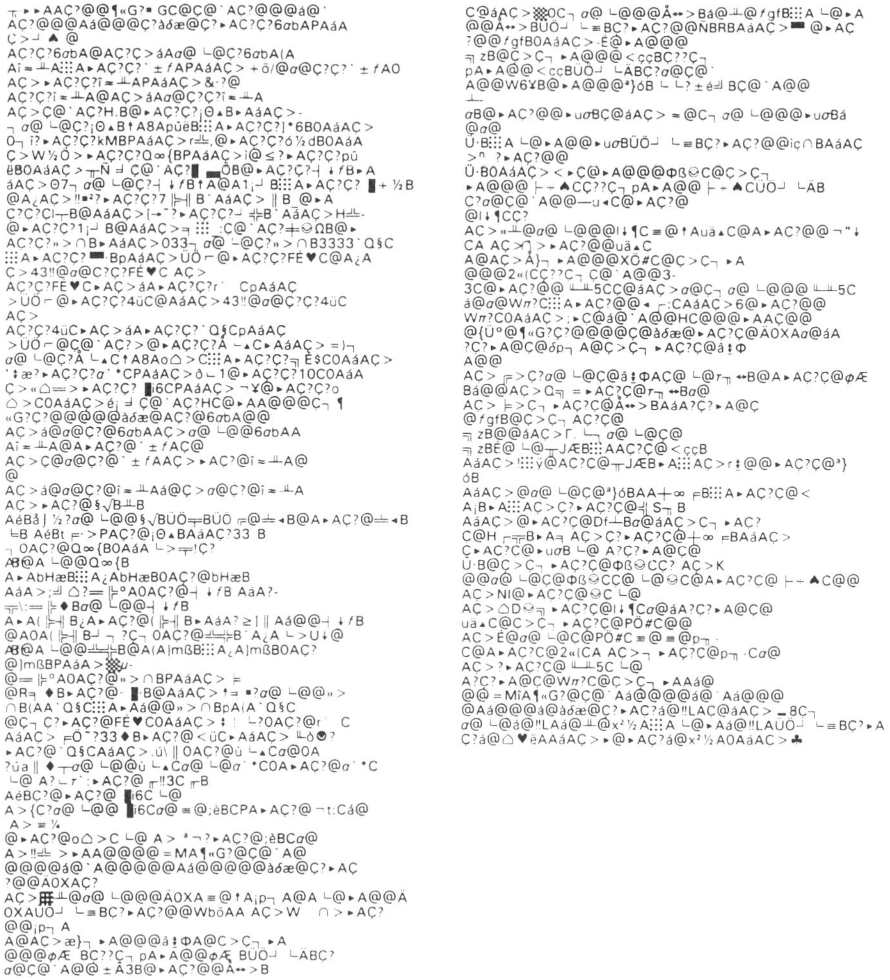

Beispiel 4

```
%!PS-Adobe-2.0 EPSF-1.2
%%Creator: SCORE (tm) Ver. 3.00
%%Title: ELI.MUS
%%BoundingBox: 38 18 580 769
%%DocumentFonts: (atend)
%%EndComments
save
/m /moveto load def /l /lineto load def
/tr /translate load def /aw /awidthshow load def
/e /eofill load def /s /stroke load def /g /gsave load def /r /grestore load def
/f /findfont load def /sf /setfont load def
/mkf /makefont load def /lw /setlinewidth load def
newpath /SCORE {
/size .01800 def /widlin 13.3433 def
size dup scale widlin lw 1 setlinejoin
/lmar 2100 def /bmar 27585 def
lmar bmar tr} def
statusdict begin /waittimeout 0 def end
g SCORE
450 -24000 m
29999 -24000 l
450 -23727 m
29999 -23727 l
450 -23454 m
29999 -23454 l
450 -23181 m
29999 -23181 l
450 -22908 m
29999 -22908 l
s
450 -24000 m
450 -19894 l
463 -24000 m
463 -19894 l
s
302 -24000 m
234 -23904 l
213 -23870 l
176 -23802 l
145 -23723 l
124 -23655 l
108 -23577 l
97 -23498 l
92 -23396 l
92 -23340 l
103 -23227 l
118 -23125 l
197 -22725 l
218 -22584 l
234 -22437 l
234 -22364 l
223 -22240 l
208 -22161 l
197 -22127 l
171 -22071 l
92 -21947 l
171 -21823 l
197 -21766 l
208 -21732 l
223 -21654 l
390 1028 l
370 1043 l
336 1057 l
302 1067 l
258 1072 l
195 1072 l
253 1062 l
277 1053 l
307 1033 l
336 999 l
351 975 l
365 936 l
375 887 l
380 828 l
380 775 l
375 697 l
365 643 l
355 599 l
341 550 l
316 497 l
297 463 l
268 424 l
234 385 l
214 365 l
180 336 l
141 307 l
112 287 l
53 253 l
-39 204 l
-39 199 l
24 229 l
126 282 l
g e r s
589 945 m
594 936 l
604 921 l
619 916 l
633 916 l
648 921 l
658 936 l
663 945 l
663 965 l
658 975 l
648 989 l
633 994 l
619 994 l
604 989 l
594 975 l
589 965 l
589 945 l
g e r s
589 677 m
594 667 l
604 653 l
619 648 l
633 648 l
648 653 l
658 667 l
663 677 l
663 697 l
```

Beispiel 4 Fortsetzung

```
24 760 l
43 741 l
68 731 l
97 726 l
107 726 l
141 731 l
165 741 l
185 755 l
199 775 l
209 794 l
214 823 l
214 838 l
209 862 l
199 882 l
180 901 l
165 911 l
146 921 l
121 926 l
97 926 l
68 916 l
53 906 l
39 882 l
24 897 l
29 931 l
39 960 l
48 979 l
73 1018 l
43 989 l
29 970 l
19 950 l
4 911 l
-4 872 l
-4 843 l
0 804 l
g e r s
73 1018 m
107 1043 l
136 1057 l
165 1067 l
195 1072 l
s
126 282 m
185 316 l
253 360 l
326 419 l
390 482 l
419 521 l
453 570 l
472 609 l
492 653 l
502 687 l
507 721 l
511 765 l
511 799 l
507 848 l
497 882 l
482 921 l
468 950 l
443 984 l
419 1009 l
234 -21529 l
234 -21456 l
218 -21309 l
197 -21169 l
118 -20768 l
103 -20667 l
92 -20554 l
92 -20497 l
97 -20396 l
108 -20317 l
124 -20238 l
145 -20170 l
176 -20091 l
213 -20024 l
234 -19990 l
302 -19894 l
239 -20018 l
202 -20103 l
176 -20187 l
155 -20300 l
150 -20396 l
150 -20435 l
160 -20537 l
181 -20655 l
208 -20762 l
234 -20875 l
276 -21078 l
287 -21157 l
297 -21270 l
302 -21349 l
302 -21439 l
287 -21591 l
265 -21665 l
234 -21744 l
197 -21806 l
97 -21947 l
197 -22088 l
234 -22150 l
265 -22229 l
287 -22302 l
302 -22454 l
302 -22545 l
297 -22623 l
287 -22736 l
276 -22815 l
234 -23018 l
208 -23131 l
181 -23238 l
160 -23357 l
150 -23458 l
150 -23498 l
155 -23593 l
176 -23706 l
202 -23791 l
239 -23875 l
302 -24000 l
g e r s
/EXEC {/exec load } bind def /ka [ {g /y exch def /x exch def x y tr
0 804 m
9 780 l
```

Beispiel 5

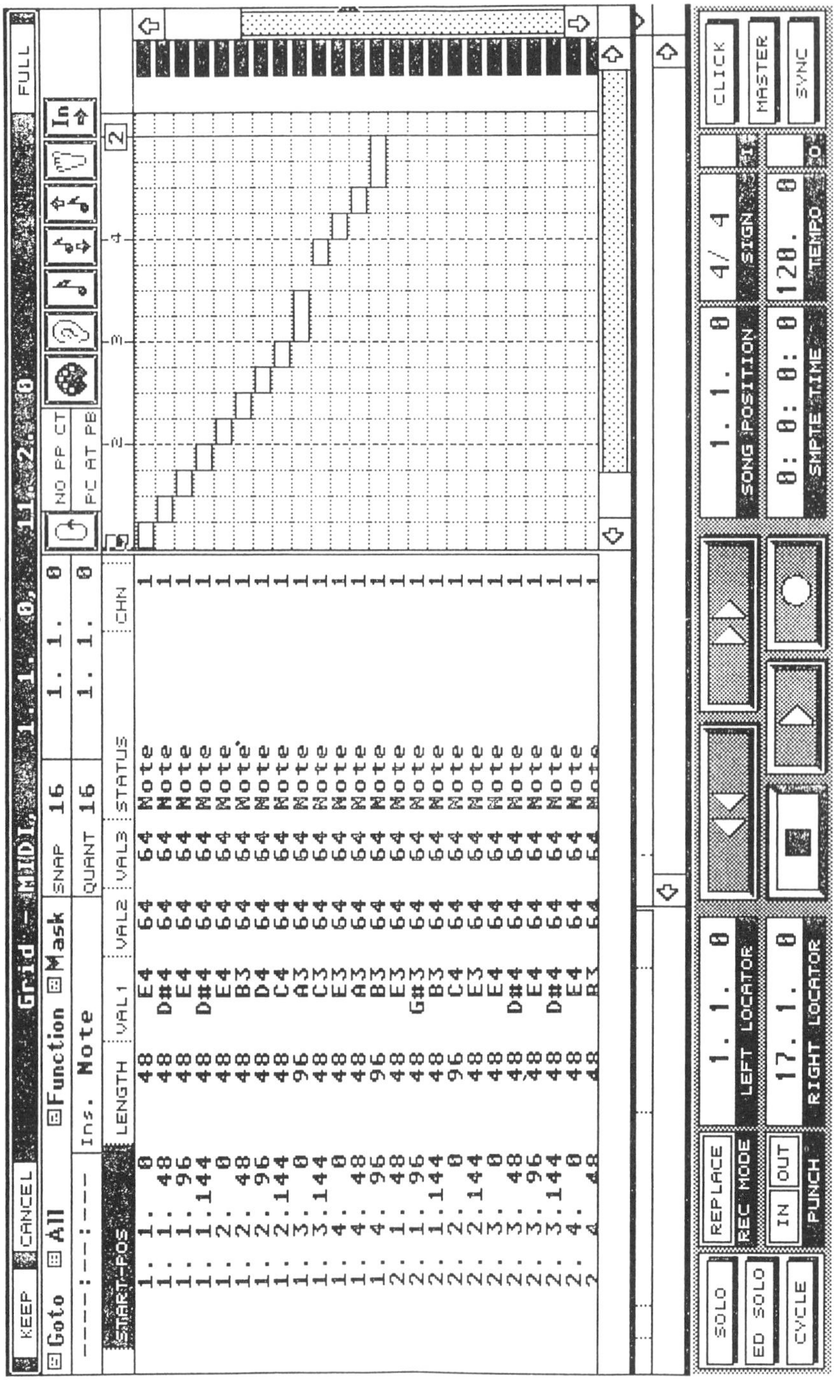
Desk File Edit Structure Functions Options Windows
KEEP
CANCEL
FULL
Goto
All
Function
Mask
SNAP 16
QUANT 16
Ins. Note
START-POS
LENGTH
VAL1
VAL2
VAL3
STATUS
CHN
SOLO
ED SOLO
CYCLE
REPLACE
REC MODE
IN
OUT
PUNCH
LEFT LOCATOR
RIGHT LOCATOR
SONG POSITION
SMPTE TIME
SIGN
TEMPO
CLICK
MASTER
SYNC

Im Gegenteil, die zahlenmäßige Codierung des Musikwerkes läßt den Schluß zu, daß dieser Aggregatzustand im Grunde eher als Computerprogramm gemäß § 2 Abs.1 Ziff.1 einzuordnen wäre.

Die heute bestehende Möglichkeit,ein Werk in einen sog. digitalen Rohzustand zu versetzen, macht es notwendig, bei der Einstufung in die entsprechenden Werkkategorien von § 2 Abs.1 Ziff.1 bis 7 das Grenzenlose dieser digitalen Grundsubstanz zu beachten.

So kann z.B. ein Datenträger, auf welchem die Daten des o.a. Musikwerkes abgespeichert sind, folgende Rechte tangieren:

1. Die Urheberrechte am Computerprogramm gemäß Ziff.1
2. Die Urheberrechte am Werk der Musik
3. Die Urheberrechte am Notenbild entspr.Ziff.2 in Verbindung mit Ziff. 7
4. Die Leistungsschutzrechte gemäß §§ 73 ff.: Die digitalen Daten können nämlich von einem Interpreten auf einem elektronischen Tasteninstrument eingespielt werden. Die Einspielung enthält dann neben den Informationen des Musikwerkes auch alle interpretatorischen Zusätze wie Agogik, Phrasierung, Pedalgebrauch etc.

Die Vervielfältigung eines solchen Datenträgers bedarf daher der Zustimmung der jeweiligen Rechtsinhaber, die im Regelfall nicht in einer Hand liegen. Im konkreten Beispiel können eventuelle Rechte und Vergütungsansprüche bestehen von demjenigen, der die Daten eingegeben hat, von dem Programmierer und zusätzlich von dem Interpreten und dem Grafiker und schließlich von dem Musikurheber, dem Komponisten. Bei Liedern können auch die Texte im Datensatz enthalten sein, so daß auch die Belange des jeweiligen Textdichters zu berücksichtigen sind.

Musikdaten werden heute schon in größeren Stückzahlen als sog. MIDI-Files vervielfältigt und verbreitet. Die einschlägigen Rechte werden dabei primär von der GEMA kontrolliert.

Da bei MIDI-Files potentiell auch die grafischen Rechte mitverwertet werden, ist es vorgesehen, daß diese Rechte ebenfalls durch die GEMA per Inkassomandat wahrgenommen werden.

Das digitale Zeitalter hat es mit sich gebracht, daß sich das Erscheinungsbild der Musik einerseits auf einen »einfachen« Datensatz bis zur Unerkennbarkeit reduzieren und andererseits im Wege vielfältiger Metamorphosen optisch wie akustisch darstellen läßt. Die Kompatibilität der digitalen Information bietet neue und ungeahnte Möglichkeiten, sie birgt aber auch erhebliche Risiken für die Urheber, da der Transfer von digitalen Informationen ebenso leicht wie nahezu unkontrollierbar geworden ist.

Es bedarf der Phantasie und Takraft aller Beteiligten um sicherzustellen, daß auch in Zukunft die Werkberechtigten angemessen an dem digitalen Medienkonsum beteiligt werden.

Erich Häußer [1]

Die Verteilung der im Rahmen der Wahrnehmung von Urheberrechten und Leistungsschutzrechten erzielten Einnahmen an Ausländer

I. *Einführung*

Am 6. Juni 1990 trafen sich Vertreter der deutschen Verwertungsgesellschaften *(GEMA, VG Wort, VG Bild-Kunst, VGF, GWFF, VFF),* der großen amerikanischen Filmproduktionsunternehmen sowie der Verbände der amerikanischen Regisseure und Drehbuchautoren *(Directors Guild of America* und *Writers Guild of America)* auf Einladung und unter Leitung des Verfassers zu einem Gespräch im Deutschen Patentamt in München, um gemeinsam über Fragen einer gerechten Verteilung der Leerkassetten- und Gerätevergütung (§ 54 Abs. 1 UrhG[2]) an ausländische, insbesondere US-amerikanische Wahrnehmungsberechtigte zu beraten. Das Gespräch war erforderlich geworden, nachdem der verständliche Wunsch amerikanischer Regisseure und Drehbuchautoren nach einer unmittelbaren Beteiligung an den auf der Grundlage des § 54 Abs. 1 UrhG erzielten Einnahmen zu Spannungen auch zwischen den in Deutschland tätigen Filmverwertungsgesellschaften beigetragen hatte.

Neben den Problemen, die ohnehin schon aus dem Charakter der Leerkassetten- und Geräteabgabe als gesetzlicher Pauschalvergütung sowie der Vielzahl der Berechtigten und der zu berücksichtigenden unterschiedlichen Rechtekategorien resultieren[3], lag eine Hauptursache dieser Differenzen in den grundsätzlichen Unterschieden, die unverändert zwischen dem deutschen Urheberrechtssystem bzw. den Urheberrechtssystemen kontinental-europäischer Prägung einerseits und den anglo-amerikanischen Systemen, speziell dem US-amerikanischen, andererseits bestehen. Diese Systemunterschiede wirken sich insbesondere deshalb äußerst hinderlich auf das gesamte Verteilungsverfahren aus, weil die Person des Urhebers oder Leistungsschutzberechtigten jeweils unterschiedlich bestimmt wird und somit zunächst zu klären ist, wer als Berechtigter in welchem Umfang an den Ausschüttungen der Verwertungsgesellschaften teilhaben darf. Vorgeschaltet ist hier regelmäßig die Frage, nach welchem nationalen Recht der urheberrechtlich relevante Sachverhalt zu beurteilen ist.

---

1 Unter Mitarbeit von *Jörg-Eckhard Dördelmann.*

2 Die Regelung des derzeitigen § 54 UrhG wird voraussichtlich noch im Jahre 1994 durch das im Gesetzgebungsverfahren befindliche *Dritte Gesetz zur Änderung des Urheberrechtsgesetzes* umgestaltet werden.

3 S. dazu bereits das Schreiben des *Präsidenten des Deutschen Patentamts* v. 7.8.1987, ZUM 1989, 506 ff.

Die Bedeutung der hier angeschnittenen Fragen ergibt sich nicht zuletzt aus der Tatsache, daß in Deutschland in jedem Jahr beträchtliche Summen zur Verteilung bereitstehen, die einen Streit aus der Sicht der Betroffenen wirtschaftlich durchaus lohnenswert erscheinen lassen. So haben die neun Verwertungsgesellschaften, die sich in der Bundesrepublik Deutschland mit Erlaubnis des *Deutschen Patentamts* betätigen, zusammen im Jahre 1992 insgesamt etwa 1,534 Milliarden DM vereinnahmt[4], die (nach Abzug der Verwaltungskosten) zur Verteilung gelangen; es ist damit zu rechnen, daß dieser Betrag auch im Jahre 1993 zumindest nicht unterschritten wird. Allein aus § 54 Abs. 1 UrhG erwirtschafteten die Verwertungsgesellschaften im Jahr 1992 mehr als 145 Millionen DM, wovon mehr als 110 Millionen DM auf den Video-Bereich entfielen.

In diesem Zusammenhang ist zu erwähnen, daß ausländische, vor allem US-amerikanische Werke und Produktionen gerade im Film- und Musikbereich einen erheblichen Marktanteil in Deutschland besitzen. Man wird daher damit rechnen können, daß sich auf längere Sicht tatsächliche oder vermeintliche Rechtsinhaber aus dem Ausland verstärkt darum bemühen werden, die Erträgnisse der Verwertungsgesellschaften für sich als Einnahmequellen zu erschließen. Dieses Bemühen erscheint grundsätzlich legitim; doch werden alle an der Wahrnehmung von Urheberrechten Beteiligten noch mehr als bisher schon darauf zu achten haben, daß die vereinnahmten Gelder den wirklich Berechtigten zufließen.

II. *Die urheberrechtliche Bestimmung der Berechtigten und des Umfangs ihrer Berechtigung*

Eine gerechte Verteilung urheberrechtlicher Vergütungen setzt zunächst voraus, daß die Berechtigten (Urheber, Leistungsschutzberechtigte) und der Umfang ihrer jeweiligen Berechtigung an den jeweiligen Vergütungen feststehen. In Fällen mit Auslandsberührung treten bei dem Versuch einer entsprechenden Feststellung die schon oben erwähnten Unterschiede zwischen den verschiedenen nationalen Urheberrechtssystemen deutlich hervor.

1. *Systemunterschiede*

Das deutsche Urheberrecht basiert auf einem Droit-moral-System kontinentaleuropäischer Prägung, das urheberrechtlichen Schutz unabhängig von der Erfüllung irgendwelcher förmlicher Voraussetzungen gewährt, am Schöpferprinzip festhält, dem Urheberpersönlichkeitsrecht große Bedeutung zumißt, einen vollständigen Übergang des Urheberrechts auf eine andere Person als die des Urhebers nur im Erbfall zuläßt und neben dem eigentlichen Urheberrecht verwandte Schutzrechte für bestimmte andere schutzwürdige Leistungen kennt. Der Urheber steht dabei im Zentrum des Schutzsystems. In dem besonders problemträchtigen

4 Nähere Angaben zum Haushaltsvolumen der einzelnen Verwertungsgesellschaften finden sich im *Jahresbericht 1993 des Deutschen Patentamts*, S. 53.

Filmbereich zeigt sich dies darin, daß die - im Gesetz nicht ausdrücklich und einzeln aufgeführten - natürlichen Schöpfer des Filmwerks Urheber sind (Regisseur, Kameramann, Cutter etc.[5]), während dem Filmproduzenten nur ein Leistungsschutzrecht zugebilligt wird (§ 94 UrhG). Die Vermutungsregel des § 89 Abs. 1 UrhG erleichtert dem Produzenten immerhin die wirtschaftliche Auswertung des Filmwerks.

Seit dem Beitritt der Vereinigten Staaten zur *Revidierten Berner Übereinkunft* mit Wirkung vom 1. März 1989 entsteht der Urheberrechtsschutz nach US-amerikanischem Recht im Grunde ebenfalls ohne die früher unbedingt erforderliche Registrierung. Trotzdem hat man dort das Registrierungsverfahren insoweit erhalten, als es gewisse Bedeutung bei der Durchsetzung urheberrechtlicher Ansprüche besitzt.[6] Das Urheberpersönlichkeitsrecht spielt dort nach wie vor eine relativ geringe Rolle; der *Berne Convention Implementation Act of 1988*[7], der die durch den Beitritt zur *Berner Übereinkunft* erforderlichen Anpassungen des *US Copyright Act* von 1976 bewirken sollte, hat hieran bedauerlicherweise wenig geändert. Insofern sind Zweifel angebracht, ob das Gesetz den Anforderungen der *Berner Übereinkunft* genügt.

Das amerikanische Gesetz stellt den Schutz kommerzieller Verwerter in den Vordergrund. Dies zeigt sich nicht zuletzt in der gerade für den Filmbereich bedeutsamen »works made for hire«-Regelung (§ 201 (b) des *US Copyright Act* von 1976), wonach bei einem Auftragswerk - und darum dürfte es sich bei einem Filmwerk im Verhältnis des Produzenten zu den ansonsten schöpferisch Mitwirkenden regelmäßig handeln - der Arbeitgeber oder Auftraggeber, für den das Werk geschaffen worden ist, als Urheber im Sinne des Gesetzes gilt. Soweit keine anderweitige schriftliche Vereinbarung getroffen worden ist, stehen dem Auftraggeber/Produzenten alle aus dem Urheberrecht fließenden Rechte zu.

2. *Die Ermittlung des anzuwendenden Rechts*

Verständlicherweise versuchen insbesondere ausländische Produzenten nicht selten, die urheberrechtliche Position, die ihnen ihr Heimatrecht gewährt, auch in Deutschland durchzusetzen. Dieses Heimatrecht bzw. das Recht des Ursprungslandes dürfte in urheberrechtlichen Fällen mit Auslandsberührung jedoch kaum anzuwenden sein.

Auf der Grundlage des Territorialitätsprinzips erachtet man im internationalen Urheberrecht überwiegend das Recht des Schutzlands als maßgeblich.[8] Entstehung, Rechtsinhaberschaft, Inhalt und Umfang des Schutzes sowie die Übertragbarkeit des Urheberrechts richten sich, soweit die Wahrnehmung von Rechten für

---

5 Vgl. *Schricker-Katzenberger*, Urheberrecht, 1987, § 89 UrhG Rn. 1; *Fromm/Nordemann-Hertin*, Urheberrecht, 8. Auflage 1994, § 89 UrhG Rn. 3 ff.

6 Vgl. §§ 401 u. 402 sowie 411 u. 412 des *US Copyright Act* von 1976 sowie § 7 des *Berne Convention Implementation Act of 1988*.

7 In Auszügen abgedruckt in *Nordemann/Vinck/Hertin/Meyer*, International Copyright, Weinheim 1990, S. 664 ff.

8 Vgl. das Schreiben des *Präsidenten des Deutschen Patentamts* vom 7.8.1987, a.a.O. (Fn. 3), 507, m.w.N.

das deutsche Territorium in Frage steht, in Kollisionsfällen demnach nach deutschem Recht. In Art. 5 Abs. 2 Satz 2 RBÜ (Pariser Fassung) hat das Schutzlandprinzip eine ausdrückliche Regelung erfahren; dort heißt es:

> »Infolgedessen richten sich der Umfang des Schutzes sowie die dem Urheber zur Wahrung seiner Rechte zustehenden Rechtsbehelfe ausschließlich nach den Rechtsvorschriften des Landes, in dem der Schutz beansprucht wird, soweit diese Übereinkunft nichts anderes bestimmt.«

Ein US-amerikanischer Filmproduzent kann demnach nur die Stellung erwerben, die ihm das deutsche Urheberrechtsgesetz in Verbindung mit dem Konventionsrecht gewährt; als Urheber wird er in Deutschland somit nicht anzusehen sein.[9] Er hat also nur die Vermutungsregel des § 89 Abs. 1 UrhG für sich und mag so über abgeleitete urheberrechtliche Befugnisse verfügen. In seiner Eigenschaft als Produzent dürfte ihm in der Regel mangels eines konventionsrechtlichen Schutzes kein eigenes Leistungsschutzrecht zustehen.

Günstiger stellt sich die Situation für Produzenten dar, die einem Mitgliedstaat der *Europäischen Union* oder des *Europäischen Wirtschaftsraums* angehören oder dort ihren Sitz haben. Denn nach der *»Phil Collins/Cliff Richard«*-Entscheidung des *Europäischen Gerichtshofs*[9a] dürfte zumindest das EG-rechtliche Diskriminierungsverbot (Art. 6 EGV; früher Art. 7 EWGV) gewissermaßen als ein Gebot zur urheberrechtlichen Inländerbehandlung aufzufassen sein, das unabhängig von den speziell urheberrechtlichen Konventionen besteht; eine ahnliche Auslegung wird nunmehr voraussichtlich auch für das Diskriminierungsverbot des Art. 4 des *Abkommens über den Europäischen Wirtschaftsraum* gelten. Einem norwegischen Filmproduzenten müßten in diesem Falle für das deutsche Territorium die gleichen Rechte zustehen wie einem deutschen Produzenten.

III. *Die verteilungsrelevanten Regelungen des Urheberrechtswahrnehmungsgesetzes und ihre Anwendbarkeit in Kollisionsfällen*

Wer sich wie das *Deutsche Patentamt* als Aufsichtsbehörde nach dem *Gesetz über die Wahrnehmung von Urheberrechten und verwandten Schutzrechten (Urheberrechtswahrnehmungsgesetz)* vom 9. September 1965[10] mit urheberrechtlichen Verwertungsgesellschaften befaßt, wird in der Regel versuchen, typische Probleme der Verwertungsgesellschaften wie auch das der Verteilung an Ausländer mit Hilfe dieses Gesetzes zu lösen.

---

9 A.a.O.
9a *EuGH,* Urt. v. 20.10.1993, GRUR Int. 1994, 53 ff.
10 BGBl. I S. 1294, zuletzt geändert durch Art. 10 Gesetz v. 19.12.1985, BGBl. I S. 2355.

1. *§§ 6-8 WahrnG*

Tatsächlich hält das *Urheberrechtswahrnehmungsgesetz* mit § 7 eine äußerst wichtige Regelung zur Verteilung der Einnahmen der Verwertungsgesellschaft bereit. Nach dieser Vorschrift haben Verwertungsgesellschaften die im Rahmen ihrer Geschäftstätigkeit erzielten Einnahmen nach festen Regeln, dem sogenannten Verteilungsplan, aufzuteilen und an die Berechtigten auszuschütten; der Verteilungsplan soll ein willkürliches Vorgehen bei der Verteilung ausschließen (Willkürverbot des § 7 Satz 1 WahrnG). Wegen ihrer großen Bedeutung für die Wahrnehmungstätigkeit sind die Grundsätze des Verteilungsplans in die Satzung der Verwertungsgesellschaft aufzunehmen (§ 7 Satz 3 WahrnG), so daß sie nur im Wege einer Satzungsänderung zu ändern sind.

Nach § 7 Satz 2 WahrnG soll daneben der Verteilungsplan dem Grundsatz entsprechen, daß kulturell bedeutende Werke und Leistungen zu fördern sind. Außerdem soll - auch dies wirkt sich auf den Verteilungsmodus aus - die Verwertungsgesellschaft Vorsorge- und Unterstützungseinrichtungen zugunsten ihrer Wahrnehmungsberechtigten einrichten (§ 8 WahrnG). Bei diesen gesetzlichen Forderungen handelt es sich zwar nicht um zwingende Vorschriften, deren Einhaltung die Aufsichtsbehörde in jedem Falle verlangen könnte. Wegen ihrer Ausgestaltung als »Soll-Vorschriften« haben sie die Verwertungsgesellschaften jedoch in der Regel zu berücksichtigen; eine völlig grundlose und generelle Mißachtung dieser Regel dürfte als Gesetzesverstoß zu werten sein.[11]

Bedeutung für das Verteilungsverfahren kann nach Meinung einiger auch § 6 Abs. 1 WahrnG besitzen, wonach eine Verwertungsgesellschaft unter bestimmten Voraussetzungen verpflichtet ist, die zu ihrem Tätigkeitsbereich gehörenden Rechte und Ansprüche auf Verlangen der Berechtigten zu angemessenen Bedingungen wahrzunehmen. Es ist allerdings umstritten, in welchem Verhältnis das Angemessenheitsgebot des § 6 Abs. 1 WahrnG und das Willkürverbot des § 7 Satz 1 WahrnG zueinander stehen[12]; die Frage soll hier jedoch nicht weiter vertieft werden.

2. *Anwendbarkeit in Fällen mit Auslandsberührung*

Die Anwendbarkeit des *Urheberrechtswahrnehmungsgesetzes* hängt grundsätzlich nicht davon ab, ob der zu beurteilende Sachverhalt eine - wie auch immer geartete - Auslandsberührung aufweist. Die Vorschrift gilt für jede Verwertungsgesellschaft im Sinne des § 1 WahrnG; dabei bleibt es ohne Bedeutung, ob die Verwertungsgesellschaft möglicherweise als »ausländisch« einzustufen ist, weil sie ihren Sitz im Ausland hat, und ob sie Nutzungsrechte, Einwilligungsrechte oder

---

11 A.M. *Fromm/Nordemann-Nordemann*, a.a.O. (Fn. 5), § 7 WahrnG Rn. 1 und § 8 WahrnG Rn. 1, der §§ 7 S. 2 und 8 WahrnG lediglich als »Kann-Vorschriften« interpretiert.

12 S. *Häußer*, Mitteilungen der deutschen Patentanwälte 1984, 64, 69 f.; ebenso *Schricker-Reinbothe*, a.a.O. (Fn. 5), § 7 WahrnG Rn. 7 m.w.N.; a.M. z.B. *Fromm/Nordemann-Nordemann*, a.a.O. (Fn. 5), § 7 WahrnG Rn. 2; *Martin Vogel*, Wahrnehmungsrecht und Verwertungsgesellschaften in der Bundesrepublik Deutschland, GRUR 1993, 513, 521.

Vergütungsansprüche wahrnimmt, die ihr ausländische Urheber oder Leistungsschutzberechtigte eingeräumt haben. Eine Gesellschaft mit Sitz in der Schweiz, in Belgien, Frankreich oder Großbritannien, die in Deutschland eine Geschäftstätigkeit im Sinne des § 1 WahrnG entfaltet, hat demgemäß die Regelungen des *Urheberrechtswahrnehmungsgesetzes* einschließlich der §§ 6-8 WahrnG prinzipiell in vollem Umfange zu beachten.

Eine Einschränkung dieses Grundsatzes folgt allerdings aus § 1 Abs. 1 WahrnG, der auf die Wahrnehmung lediglich solcher Rechte abstellt, die sich aus dem Urheberrechtsgesetz (ggf. in Verbindung mit den einschlägigen internationalen Übereinkommen bzw. zweiseitigen Staatsverträgen) ergeben, und diese beziehen sich naturgemäß nur auf das deutsche Territorium. Fraglich wäre es dementsprechend beispielsweise, inwieweit in Deutschland ansässige Verwertungsgesellschaften den Vorschriften des *Urheberrechtswahrnehmungsgesetzes* unterlägen, wenn sie für ihre Berechtigten ausschließlich Rechte auf der Grundlage des französischen Urheberrechts für das französische Territorium wahrnehmen würden.

Eine weitere Einschränkung ergibt sich aus § 6 Abs. 1 WahrnG, soweit er zur Beurteilung eines Verteilungsplans heranzuziehen ist; sie betrifft allerdings nur den räumlich-persönlichen Anwendungsbereich dieser Vorschrift selbst: Der Wahrnehmungszwang gilt nach dem Gesetz nur dann, wenn die Berechtigten, die sich auf ihn berufen, Deutsche im Sinne des Grundgesetzes sind oder ihren Wohnsitz im Geltungsbereich des *Urheberrechtswahrnehmungsgesetzes* haben. Auf der Grundlage einer gemeinschaftsrechtsfreundlichen Auslegung begünstigt die Vorschrift jedoch über ihren engen Wortlaut hinaus zumindest solche Berechtigte, die einem Mitgliedstaat der *Europäischen Union* angehören oder dort ihren Wohnsitz haben.[13] Darüber hinaus dürfte neuerdings eine noch weitere Auslegung geboten sein, die die Staatsangehörigkeit oder den Wohnsitz in einem Staat des *Europäischen Wirtschaftsraums* berücksichtigt. Schließlich spricht vieles dafür, daß sich generell Urheber und Leistungsschutzberechtigte aus Mitgliedstaaten speziell urheber- und leistungsschutzrechtlicher Konventionen jedenfalls dann auf den Wahrnehmungszwang berufen können, wenn sie die Wahrnehmung verwertungsgesellschaftenpflichtiger Rechte oder Ansprüche (z.B. der Vergütungsansprüche aus § 54 Abs. 1 UrhG) verlangen und wenn in den fraglichen Konventionen der Grundsatz der Inländerbehandlung festgelegt ist.[14]

Die begehrte Wahrnehmung durch die angerufene Verwertungsgesellschaft könnte dann allenfalls mit dem Argument abgelehnt werden, es könne auf andere Weise, insbesondere durch Einschaltung einer ausländischen Verwertungsgesellschaft, eine wirksame Wahrnehmung der fraglichen Rechte und Ansprüche erfolgen (s. § 6 Abs. 1 WahrnG a.E.). Die Aufsichtsbehörde wird im konkreten Einzelfall zu prüfen haben, ob ein solcher Einwand berechtigt ist. Dabei wird jedoch zu beachten sein, daß die Möglichkeiten des *Deutschen Patentamts* als einer deut-

---

13 Näheres hierzu bei *Häußer*, a.a.O. (Fn. 12), 70 f. S. auch *Schricker-Reinbothe*, a.a.O. (Fn. 5), § 6 WahrnG Rn. 9; *Fromm/Nordemann-Nordemann*, a.a.O. (Fn. 5), § 6 WahrnG Rn.2.

14 S. *Schricker-Reinbothe*, a.a.O. (Fn. 5), § 6 WahrnG Rn. 9; *Fromm/Nordemann-Nordemann*, a.a.O.(Fn. 5), § 6 WahrnG Rn. 2.

schen Behörde, auf eine ausländische Verwertungsgesellschaft einzuwirken, äußerst beschränkt sind, daß das Amt andererseits für die Einhaltung des § 6 Abs. 1 WahrnG durch die in Deutschland tätigen Gesellschaften Sorge zu tragen hat.

IV. *Probleme der Verteilung der Leerkassetten- und Gerätevergütung (§ 54 Abs. 1 UrhG)*

Wie bereits angedeutet wurde, zeichnet sich der Bereich der Leerkassetten- und Gerätevergütung (§ 54 Abs. 1 UrhG) durch eine außerordentlich schwierige und vielschichtige Verteilungsproblematik aus, die hier nicht im einzelnen dargestellt werden kann.[15] Es sei an dieser Stelle nur kurz darauf hingewiesen, daß grundsätzlich Wahrnehmungsberechtigte quasi aller in Deutschland mit Erlaubnis des *Deutschen Patentamts* tätigen Verwertungsgesellschaften einen Anteil an der Vergütung beanspruchen können[16], daß das *Urheberrechtsgesetz* jedoch keinerlei Hilfestellung bei der Verteilung leistet. In § 54 Abs. 6 Satz 2 UrhG heißt es vielmehr lapidar:

> »Jedem Berechtigten steht ein angemessener Anteil an den nach den Absätzen 1 und 2 gezahlten Vergütungen zu.«[17]

Was angemessen ist, wird dort nicht näher erläutert. Langjährige Auseinandersetzungen zwischen den Verwertungsgesellschaften speziell im Videobereich, der in den 80er-Jahren an Bedeutung gewann, waren die Folge.

Erste Fortschritte auf dem Weg zu einer möglichst gerechten Verteilung der Einnahmen aus § 54 Abs. 1 UrhG stellten die in den Jahren 1985 und 1986 unter Vermittlung des Verfassers ausgehandelten Aufteilungskompromisse dar, nach denen man sich - von geringen Veränderungen abgesehen - noch heute richtet. Kennzeichnend war die Schaffung einzelner »Töpfe« (z.B. für den ausländischen Spielfilm), die jeweils Gesellschaften mit gleichartigem Rechtekatalog gemeinsam zugeordnet wurden. Die an einem »Topf« beteiligten Gesellschaften mußten und müssen sich dann jeweils untereinander über dessen interne Verteilung einigen, was zuweilen nur mit weiteren Verzögerungen geschieht. Wie der Verfasser schon im Jahre 1986 betonte, kann der bisherige Aufteilungsmodus allerdings nur vorläufigen Charakter haben, da Untersuchungen zu verschiedenen aufteilungsrelevanten Faktoren damals noch nicht vorlagen. Eine Überprüfung durch die in der *Zentralstelle für private Überspielungsrechte (ZPÜ),* die die Geräte- und Leerkas-

---

15 Zu Einzelheiten s. das Schreiben des *Präsidenten des Deutschen Patentamts* vom 7.8.1987, a.a.O. (Fn. 3); ferner *Ulmer-Eilfort,* US-Filmproduzenten und deutsche Vergütungsansprüche, 1993; *Claussen,* Die Vergütung für die Überspielung zum privaten Gebrauch gemäß § 54 Absatz 1 UrhG und ihre Verteilung unter die Berechtigten, 1992; *Rossbach,* Die Vergütungsansprüche im deutschen Urheberrecht, 1990; *Kreile,* Einnahme und Verteilung der gesetzlichen Geräte- und Leerkassettenvergütung für private Vervielfältigungsrechte in Deutschland, *GEMA*-Jahrbuch 1991, S. 46 ff.

16 Vgl. *Fromm/Nordemann-Nordemann,* a.a.O. (Fn. 5), § 54 UrhG Rn. 3.

17 Auch das zu erwartende *Dritte Gesetz zur Änderung des Urheberrechtsgesetzes,* mit dem § 54 UrhG umgestaltet werden soll, wird insofern voraussichtlich keine Abhilfe schaffen.

settenvergütung im Außenverhältnis geltend macht, zusammengeschlossenen Verwertungsgesellschaften erscheint dringend erforderlich.

Manche Probleme, die gerade für die Bestimmung der den Filmproduzenten und Filmurhebern zustehenden Anteile maßgeblich sind, konnte die Vereinbarung von 1986 ohnehin noch nicht lösen. Hierzu zählen u.a. die Frage, inwieweit Vergütungsansprüche von Filmurhebern von der Vermutungsregel des § 89 Abs. 1 UrhG erfaßt werden, sowie die Frage nach der urheberrechtlichen Stellung ausländischer, insbesondere US-amerikanischer Filmproduzenten im Hinblick auf die Geräte- und Leerkassettenvergütung.

Für den US-amerikanischen Film führte das eingangs erwähnte Gespräch vom 6. Juni 1990 mit Billigung des *Deutschen Patentamts* im Ergebnis zu einem Verteilungsschlüssel, nach dem amerikanische Filmproduzenten 85 % der auf ihre Filme entfallenden Vergütung erhalten, während den Urhebern (Regisseuren, Drehbuchautoren) ein Anteil von 15 % zugeordnet wird. Der Urheberanteil wird von den Produzentengesellschaften *VGF* und *GWFF,* die zunächst aus dem dem ausländischen Spielfilm zugedachten »Topf« der *ZPÜ* bedient werden, an die eher urheberfreundliche *VG Bild-Kunst* ausgezahlt, die diese Beträge an die amerikanischen Verbände *Directors Guild of America* und *Writers Guild of America* weiterleitet. Basis der Einigung war eine Vereinbarung zwischen der *Directors Guild,* der *Writers Guild* und den großen amerikanischen Filmproduzenten vom 1. Juni 1990, die - so ein Vertreter der amerikanischen Autoren - gerade durch das damals bevorstehende Gespräch im *Deutschen Patentamt* ermöglicht worden war und nicht nur deutsche, sondern auch sonstige nicht US-amerikanische Urheberrechte betraf.

Die Kritik *Vogels*[18], der den von den Filmverwertungsgesellschaften für US-amerikanische Filmwerke angewandten und auch von den Vertretern der amerikanischen Urheber gebilligten Verteilungsschlüssel für ungerechtfertigt hält, geht fehl. Natürlich handelt es sich bei diesem Verteilungsmodus in mehrfacher Hinsicht um einen Kompromiß: Zum einen stellt die Aufteilung der Vergütung für die private Überspielung im Verhältnis 85:15 lediglich einen Einstieg, einen weiteren Schritt auf dem Weg zu einer nach den Kriterien des deutschen Urheber- und Wahrnehmungsrechts gerechten Verteilung zwischen Filmproduzenten und Urhebern dar; eine endgültige Lösung ist hierin sicherlich noch nicht zu sehen. Dementsprechend hat der Verfasser anläßlich des Gesprächs vom 6. Juni 1990 ausdrücklich betont, daß der Kompromiß nur aus pragmatischen Gründen und nur für den amerikanischen Film zu billigen sei, und dies auch nur deshalb, weil eine entsprechende Einigung unmittelbar zwischen den amerikanischen Produzenten und Urhebern vorangegangen sei, zumal da in die Lösung die Position des deutschen Rechts Eingang gefunden habe. Zu bedenken ist hierbei, welch schwache Stellung das amerikanische Urheberrecht den Urhebern im Verhältnis zum Produzenten zugesteht.[19]

---

18 *Martin Vogel,* a.a.O. (Fn. 12), 523.

19 Die Aufteilung im Verhältnis 85:15 wurde anläßlich des erwähnten Gesprächs vom 6.6.1990 von einem Vertreter der amerikanischen Autoren auf ausdrückliche Nachfrage des Verfassers als eine von den Autoren als gerecht empfundene Lösung bezeichnet.

Zum anderen ist es natürlich nicht ideal, wenn - wie hier der Fall - der Urheberanteil zwar in Deutschland über die *VG Bild-Kunst* fließt, im Endeffekt in den USA aber von berufständischen Vereinigungen *(Directors Guild, Writers Guild)* und nicht von eigentlichen Verwertungsgesellschaften verteilt wird.[20] Doch auch hier gilt wiederum, daß die Bedeutung eines Einstiegs in eine gerechte Verteilung in diesem Bereich nicht unterschätzt werden sollte. Mittel- und langfristig ist eine Verteilung mit Hilfe eigener Verwertungsgesellschaften der US-amerikanischen Urheber oder die Rechtewahrnehmung unmittelbar durch in Deutschland zugelassene Verwertungsgesellschaften anzustreben.

Schließlich erscheint es unbefriedigend, daß sonstige Filmurheber (Kameraleute, Cutter, z.T. Filmarchitekten und Kostümbildner) im Bereich des amerikanischen Films faktisch kaum berücksichtigt werden, wenn auch bei der Verteilung jeweils zunächst Rückstellungen zu ihren Gunsten gebildet werden. Auf längere Sicht sollte jedenfalls sichergestellt werden, daß auch diese Berechtigten ebenso wie ihre deutschen Kollegen in den Genuß eines angemessenen Anteils an der Leerkassetten- und Gerätevergütung kommen.

V. *Ausblick und Anregungen*

Als Quintessenz der vorstehenden Ausführungen läßt sich festhalten: Die Verteilung der in Deutschland bzw. nach deutschem Urheberrecht vereinnahmten Gelder hat grundsätzlich auch nach den in Deutschland maßgeblichen Kriterien zu erfolgen. Soweit dieses Ziel noch nicht in allen Bereichen erreicht werden konnte, sollte es doch konsequent in der Praxis mit Unterstützung der Urheberrechtswissenschaft weiter verfolgt werden. Das *Deutsche Patentamt* als Aufsichtsbehörde nach dem Urheberrechtswahrnehmungsgesetz ist jedenfalls bereit, seinen Beitrag hierzu zu leisten.

Erleichtert würde dies sicherlich durch eine Klarstellung in den einschlägigen internationalen urheberrechtlichen Konventionen, allen voran der *Revidierten Berner Übereinkunft.* So könnte beispielsweise eine Präzisierung bzw. Ergänzung des Art. 5 Abs. 2 RBÜ äußerst hilfreich sein, die inhaltlich ebensogut Aufnahme in ein mögliches *Protokoll zur Berner Übereinkunft* finden könnte, über das die *Weltorganisation für geistiges Eigentum* bekanntlich zur Zeit in unregelmäßigen Abständen in Genf berät. Art. 5 Abs. 2 RBÜ könnte beispielsweise etwa folgendermaßen lauten:

> »Der Genuß und die Ausübung dieser Rechte sind nicht an die Erfüllung irgendwelcher Förmlichkeiten gebunden; dieser Genuß und diese Ausübung sind unabhängig vom Bestehen des Schutzes im Ursprungsland des Werkes. Infolgedessen richten sich der Umfang des Schutzes einschließlich der Frage, wer als Urheber anzuerkennen ist und wem nach dem Gesetz originäre oder abgeleitete Rechte zustehen, sowie die dem Urheber zur Wahrung seiner Rechte zustehenden Rechtsbehelfe ausschließlich nach den Rechtsvorschriften des Landes, in dem der Schutz beansprucht wird (Schutzland),

---

20 Zur Kritik hieran s. *Martin Vogel*, a.a.O. (Fn. 12).

soweit diese Übereinkunft nichts anderes bestimmt. Ebenso richtet sich die Wahrnehmung urheberrechtlicher Rechte und Ansprüche einschließlich der Verteilung vereinnahmter Gelder ausschließlich nach den Rechtsvorschriften des Schutzlandes.«

Darüber hinaus wäre auch der deutsche Gesetzgeber in der Lage, die Position der Urheber und der leistungsschutzberechtigten ausübenden Künstler auch im Hinblick auf den internationalen Bereich erheblich zu stärken. Dies könnte dadurch geschehen, daß das Gesetz zumindest reine Vergütungsansprüche, die ein Produzent nicht zur umfassenden wirtschaftlichen Auswertung benötigt, als unverzichtbar bezeichnet und eine Übertragung dieser Ansprüche lediglich unmittelbar an eine von Urhebern und/oder ausübenden Künstlern getragene Verwertungsgesellschaft zuläßt. Eine solche Regelung würde Streitigkeiten über die Zuordnung der relevanten Ansprüche sowie darüber vermeiden, inwieweit eine Verwertungsgesellschaft sich bei Abfassen ihres Verteilungsplans über individualvertragliche Vereinbarungen hinwegsetzen kann.

Das *Bundesjustizministerium* ist mit gutem Beispiel vorangegangen, indem es eine derartige Regelung im *Alternativentwurf* zu § 27 Abs. 1 *Referentenentwurf eines Vierten Gesetzes zur Änderung des Urheberrechtsgesetzes* vorsieht, mit dem die *EG-Richtlinie vom 19. November 1992 zum Vermiet- und Verleihrecht* umgesetzt werden soll.[21] Es bleibt zu hoffen, daß der Gesetzgeber dem Referentenentwurf insofern in der Alternativfassung folgen wird und auch sonst dazu bereit sein wird, die regelmäßig wirtschaftlich schwächere Position der Urheber und Leistungsschutzberechtigten weiter zu stärken.

21 Der *Alternativentwurf* wurde im *Bundesministerium der Justiz* am 22.2.1994 im Rahmen einer Anhörung zum Referentenentwurf vorgelegt.

Hans Werner Henze

Klavierstück für Reinhold

Klavierstück für Reinhold
♩= 65
pp
ppp
pp
espr.
Ped.
ff

rit.
mit herzlichen
Geburtstagsgrüssen

Hans-Peter Hillig

Zur Rechtsstellung des Beirates in der urheberrechtlichen Verwertungsgesellschaft

I. *Einführung*

Bei Kapitalgesellschaften in Form der GmbH kann zusätzlich zu den gesetzlich vorgesehenen Organen (Gesellschafterversammlung, Geschäftsführer und - soweit zwingend vorgeschrieben - Aufsichtsrat) ein Beirat als fakultatives Organ geschaffen werden. Üblicherweise werden ihm Beratungs- oder Überwachungsfunktionen übertragen. Ein solches zusätzliches Organ vorzusehen und mit beliebigen Kompetenzen auszustatten, ist nach dem GmbH-Gesetz grundsätzlich zulässig. Zu beachten ist allerdings, daß die den gesetzlich vorgesehenen Organen der GmbH zwingend übertragenen Aufgaben hierdurch nicht beeinträchtigt werden dürfen. Soweit kein Aufsichtsrat vorhanden ist und die Befugnisse des Beirates nicht in der Satzung beschrieben sind, ist je nach den Umständen § 52 GmbH-Gesetz analog anwendbar, etwa wenn erkennbar ist, daß der Beirat aufsichtsratsähnliche Funktionen (z. B. Überwachung der Geschäftsführung) wahrnehmen soll.[1] Eine solche analoge Anwendung dieser Vorschrift ist jedoch nicht notwendig mit dem Begriff »Beirat« verbunden.

Von den neun urheberrechtlichen Verwertungsgesellschaften, denen das Deutsche Patentamt die nach § 1 UrhWG erforderliche Erlaubnis zum Geschäftsbetrieb erteilt hat, sind fünf Verwertungsgesellschaften in der Form einer Gesellschaft mit beschränkter Haftung konstituiert. Das sind die Gesellschaft zur Verwertung von Leistungsschutzrechten mbH (GVL), die Gesellschaft zur Übernahme und Wahrnehmung von Filmaufführungsrechten mbH (GÜFA), die Verwertungsgesellschaft der Film- und Fernsehproduzenten mbH (VFF), die Verwertungsgesellschaft für Nutzungsrechte an Filmwerken mbH (VGF) und die Gesellschaft zur Wahrnehmung von Film- und Fernsehrechten mbH (GWFF).[2] Im Hinblick auf die Zulässigkeit unterschiedlicher Rechtsformen für urheberrechtliche Verwertungsgesellschaften enthält das Urheberrechtswahrnehmungsgesetz keine besonderen Vorschriften zur Organisationsstruktur der Verwertungsgesellschaften. Bei der Schaffung des Urheberrechtswahrnehmungsgesetzes war die GVL als GmbH schon konstituiert; die damals geltende Fassung ihrer Satzung sah bereits die Bildung eines Beirates vor, dessen Mitglieder von der Gesellschaft bestimmt wurden und in dem jede Gruppe der in Betracht kommenden Berechtig-

1 Vgl. Zöllner in Baumbach/Hueck, GmbHG, 15. Auflage 1988, § 52 Rn. 13.
2 Die Satzungen dieser Verwertungsgesellschaften sind in Beck-Texte im dtv 5538, Urheber- und Verlagsrecht, 5. Auflage 1991, S. 234 ff., abgedruckt. Nur die Neufassung der Satzung der VFF vom 15.02.1991 ist hier noch nicht berücksichtigt.

ten angemessen vertreten sein mußte. Dem Gesetzgeber diente jedoch in erster Linie die GEMA, die als wirtschaftlicher Verein errichtet ist, als Leitbild einer urheberrechtlichen Verwertungsgesellschaft. In der GEMA wird den Wahrnehmungsberechtigten, die keine Mitglieder im Sinn des Vereinsrechts sind, das Recht zugestanden, aus ihrer Mitte eine bestimmte Zahl von Delegierten zu wählen, die dann stimmberechtigt an der ordentlichen Mitgliederversammlung teilnehmen dürfen. § 6 Abs. 2 UrhWG bestimmt daher, daß eine gemeinsame Vertretung der Wahrnehmungsberechtigten zu bilden ist, die nicht als Mitglieder der Verwertungsgesellschaft aufgenommen werden, und daß die Satzung der Verwertungsgesellschaft Bestimmungen über die Wahl der Vertretung durch die Wahrnehmungsberechtigten sowie die Befugnisse der Vertretung enthalten muß.

Der Ausdruck »Mitglieder« in § 6 Abs. 2 UrhWG ist untechnisch zu verstehen. Er gilt unabhängig von der jeweiligen Rechtsform der Verwertungsgesellschaft, die kein Verein zu sein braucht, für alle Personen, die in ihrem Verhältnis zu der Gesellschaft eine entsprechende Stellung wie Vereinsmitglieder haben (z. B. die Gesellschafter einer GmbH).[3] Auch die Erwähnung des Beirats in §§ 19 Abs. 3 und 20 Nr. 5 UrhWG zeigt, daß der Gesetzgeber bereits bei Schaffung des Urheberrechtswahrnehmungsgesetzes die Bildung eines Beirats als Organ einer Verwertungsgesellschaft im Blick hatte. Bei den als GmbH konstituierten Verwertungsgesellschaften ist deshalb der Beirat die gemeinsame Vertretung der Wahrnehmungsberechtigten im Sinn von § 6 Abs. 2 UrhWG. Ihre Satzung hat die Wahl der Beiratsmitglieder und die Befugnisse des Beirates zu regeln. Hinsichtlich der Ausgestaltung des Beirates im einzelnen soll der Verwertungsgesellschaft jedoch ein weiter Ermessensspielraum verbleiben.[4] Im Weg der Satzungsautonomie können insbesondere Größe und Amtsdauer des Beirates und die persönlichen Voraussetzungen für die Mitgliedschaft festgelegt werden.

II. *Zusammensetzung des Beirates und Wahl der Beiratsmitglieder*

Bei den bestehenden Verwertungsgesellschaften in der Form einer GmbH setzen sich die Beiräte aus mindestens 6 und höchstens 24 Mitgliedern zusammen. Bei der GVL gehören dem Beirat 12 Mitglieder, bei der GÜFA und der VFF 10 Mitglieder und bei VGF und GWFF 6 Mitglieder an.

Bei allen Verwertungsgesellschaften ist vorgesehen, daß jeweils eine bestimmte Zahl der Beiratsmitglieder von den Wahrnehmungsberechtigten durch Wahl bestimmt oder von den Gesellschaftern berufen wird. Bei GVL und GÜFA ist der Beirat paritätisch aus Vertretern der Wahrnehmungsberechtigten und der Gesellschafter zusammengesetzt. Bei GWFF und VGF sind 2/3 der Beiratsmitglieder Vertreter der Wahrnehmungsberechtigten und 1/3 Vertreter der Gesellschafter. Bei der VFF besteht der Beirat aus 4 Vertretern der Wahrnehmungsberechtigten und 6 Vertretern der Gesellschafter, wobei aber ein Kuriensystem vor-

3 Vgl. Amtliche Begründung zu § 6 UrhWG, BT-Drs. IV/271, S. 16.
4 Vgl. Amtliche Begründung zu § 6 UrhWG a.a.O. (FN 3).

gesehen ist. Bei der GVL müssen die von den Wahrnehmungsberechtigten gewählten Beiratsmitglieder den verschiedenen in der GVL repräsentierten Gruppen der ausübenden Künstler, Tonträgerhersteller, Hersteller von Videoclips und Veranstalter angehören. Bei der GWFF und der VGF müssen jeweils 1/3 der Beiratsmitglieder Urheber sein.

Alle Verwertungsgesellschaften schreiben für die Mitgliedschaft im Beirat besondere persönliche Voraussetzungen vor. Bei der GVL können Beiratsmitglieder nur Berechtigte werden, die als ausübende Künstler unmittelbar vor ihrer Berufung oder Wahl an drei aufeinanderfolgenden Verteilungen teilgenommen haben oder Vertreter von Tonträgerherstellern, Bild- und Tonträgerherstellern oder Veranstaltern sind, die mit der GVL einen Wahrnehmungsvertrag abgeschlossen haben. Bei der GÜFA, der GWFF und der VGF können Beiratsmitglieder nur Personen werden, die Wahrnehmungsberechtigte sind oder einen wahrnehmungsberechtigtes Unternehmen vertreten. Bei der VFF können Beiratsmitglieder nur Personen werden, die Hersteller von Filmen oder Laufbildern oder Vertreter solcher Hersteller einschließlich der Sendeunternehmen sind, die mit der VFF einen Wahrnehmungsvertrag abgeschlossen haben.

Die Amtsdauer der Beiratsmitglieder beträgt bei der GÜFA, der GWFF, der VFF und der VGF drei Jahre und bei der GVL vier Jahre.

Das kombinierte Berufungs- und Wahlverfahren für die Mitglieder des Beirates war schon zur Zeit der Schaffung des Urheberrechtswahrnehmungsgesetzes bekannt. Da der Gesetzgeber es offensichtlich für zulässig gehalten hat, wollte er an dieser Regelung nichts ändern.[5]

Gegen das kombinierte Berufungs- und Wahlverfahren ist geltend gemacht worden, es könne zu einem problematischen Übergewicht der von den Gesellschaftern repräsentierten Berufsgruppen der Wahrnehmungsberechtigten führen, weil die Gesellschafter ihren Interessen nicht nur bei der Berufung des einen Teils der Beiratsmitglieder, sondern auch noch bei der Wahl der übrigen Beiratsmitglieder Rechnung tragen könnten.[6] Diese Bedenken sind jedoch unbegründet, weil die Praxis zeigt, daß die Gesellschafter ganz offensichtlich ihr Berufungsrecht nicht dazu benutzen, die maximal mögliche Anzahl eigener Mitglieder im Beirat unterzubringen, sondern dazu, eine möglichst vollständige Repräsentanz der in der Verwertungsgesellschaft wahrnehmungsberechtigten Gruppen zu gewährleisten.[7]

III. *Aufgaben des Beirates*

Die Satzungen aller bestehenden Verwertungsgellschaften in der Form einer Gesellschaft mit beschränkter Haftung enthalten Bestimmungen über die Befugnisse des Beirates.

5 Vgl. Nordemann GRUR 1992, 584, 588.
6 Vgl. Rehbinder DVBl. 1992, 216, 221; Vogel GRUR 1993, 513, 521.
7 Vgl. Nordemann a.a.O. (FN 5).

Bei der GVL beschließt der Beirat die Bedingungen für die Wahrnehmung von Rechten und Ansprüchen und die Verteilungspläne. Ferner berät er die Geschäftsführer beim Abschluß von Gesamtverträgen und bei der Aufstellung von Tarifen. In ähnlicher Weise sind die Befugnisse des Beirates bei der GÜFA und der GWFF geregelt.

Weitergehende Kompetenzen hat der Beirat bei der VGF und VFF. Bei diesen Verwertungsgesellschaften beschließt der Beirat über folgende Gegenstände:

- die Aufstellung, Ergänzung und Änderung von Verteilungsplänen für die verschiedenen von der Verwertungsgesellschaft wahrgenommenen Rechte,
- die Aufstellung von Tarifen gemäß § 13 UrhWG, den Abschluß von Verträgen mit Verwertern und Gesamtverträgen gemäß §§ 11 und 12 UrhWG,
- den Abschluß von Gegenseitigkeitsverträgen mit anderen Verwertungsgesellschaften,
- die Führung von Prozessen in Grundsatzfragen und die Anrufung der Schiedsstelle nach § 14 UrhWG.

Darüber hinaus hat der Beirat bei der VFF auch die Beschlußkompetenz für die Festlegung der von der Verwertungsgesellschaft wahrzunehmenden Rechte, für die Aufstellung, Ergänzung und Änderung von Richtlinien für den Sozialfond und den Förderfond sowie für den Abschluß von Inkassoverträgen.

Bei der VFF und der VGF sind Beschlüsse der Gesellschafterversammlung über die o. a. Gegenstände ohne einen vorherigen Beschluß des Beirates unwirksam.

Bei der VGF kann der Beirat auch durch ein von ihm zu delegierendes Mitglied Auskunft über die Geschäftsführung verlangen und Bücher der Verwertungsgesellschaft einsehen. Insoweit besteht eine Kompetenz zur Überwachung der Geschäftsführung. Eine entsprechende Regelung galt früher auch für die VFF. Sie ist jedoch nicht mehr notwendig, weil bei der VFF zusätzlich zum Beirat ein Aufsichtsrat gebildet worden ist, dessen Aufgabe die Überwachung der Geschäftsführung ist.

Bei der VFF, der VGF und der GWFF sind der Vorsitzende des Beirats und sein Stellvertreter auch berechtigt, an der Gesellschafterversammlung teilzunehmen. Sie erhalten Abschriften aller Sitzungsprotokolle und Gesellschafterbeschlüsse.

Diese Regelungen zeigen, daß der Beirat in allen Verwertungsgesellschaften den nach § 6 Abs. 2 S. 1 UrhWG erforderlichen[8] Einfluß auf die angemessene Wahrung der Belange der Wahrnehmungsberechtigten auf die Verwaltung ihrer Rechte und Ansprüche durch die Verwertungsgesellschaft hat.

Im Schrifttum wird ein Mitspracherecht des Beirates auch bei der Berufung der Geschäftsführer und bei Änderungen des Gesellschaftsvertrages gefordert.[9] Diese Forderung kann jedoch nicht auf § 6 Abs. 2 Satz 2 UrhWG gestützt werden. Denn aus dieser Norm ergibt sich nur, daß die Satzung der Verwertungsgesellschaft Bestimmungen über die Befugnisse des Beirates enthalten muß. Hinsichtlich der Ausgestaltung der Befugnisse im einzelnen hat der Gesetzgeber der Ver-

---

8 Vgl. Fromm-Nordemann, Urheberrecht, 8. Auflage 1994, § 6 UrhWG Bem. 10; Schricker/Reinbothe, Urheberrecht, § 6 WahrnG Rdnr. 15.

9 Rehbinder a.a.O. (FN 6), Mauhs, Der Wahrnehmungsvertrag 1990, S. 140; Peinemann UFITA Bd. 52 (1969), 153, 164 f.

wertungsgesellschaft einen weiten Ermessenspielraum eingeräumt.[10] Die Befugnis zur Mitbestimmung des Beirates über Änderungen des Gesellschaftsvertrages der GmbH würde gegen die zwingende Kompetenzzuweisung des § 53 Abs. 1 GmbHG verstoßen, nach der Beschlüsse zur Änderung des Gesellschaftsvertrages der Gesellschafterversammlung vorbehalten sind.[11] Die Zuständigkeit der Gesellschafterversammlung für die Bestellung und Abberufung von Geschäftsführern nach § 46 Nr. 5 GmbHG könnte zwar durch die Satzung auf ein anderes Organ verlagert werden.[12] Da die Gesellschafter aber das wirtschaftliche Risiko der Gesellschaft tragen, können sie auch die ganz zentral bedeutsame Kompetenz für die Berufung von Geschäftsführern nicht auf den Beirat übertragen.[13] Deshalb ist in den Satzungen aller bestehenden Verwertungsgesellschaften ausdrücklich bestimmt, daß die Bestellung und Abberufung von Geschäftsführern durch die Gesellschafterversammlung erfolgt.

IV. *Verfahren des Beirates*

Das Verfahren des Beirates ist in den Satzungen der Verwertungsgesellschaften im einzelnen geregelt. Danach tagt und beschließt der Beirat grundsätzlich in Sitzungen. Der Beirat wird mindestens einmal jährlich zu einer Sitzung einberufen. Die Einberufung, die eine Tagesordnung angeben muß, erfolgt durch die Geschäftsführung. Der Beirat ist beschlußfähig, wenn mindestens die Hälfte seiner Mitglieder anwesend ist. Beschlüsse werden grundsätzlich mit einfacher Stimmenmehrheit gefaßt. Bei der GVL ruht bei einer Beschlußfassung über Verteilungspläne das Stimmrecht des Vertreters einer Gruppe, für deren Berechtigte in dem betreffenden Geschäftsjahr eine Wahrnehmung von Rechten oder Ansprüchen nicht stattgefunden hat. Bei der VFF, deren Beirat sich in drei Kurien gliedert, schreibt die Satzung die Abstimmung nach Kurien vor. Für solche Beschlüsse bedarf es einer 3/4-Mehrheit in den drei Kurien sowie des Beirates insgesamt. Auf Grund langer Erfahrung als Beiratsmitglied der VFF weiß ich, daß der Beirat in dieser Verwertungsgesellschaft seine Beschlüsse einmütig faßt und »Kampfabstimmungen« nicht stattfinden, so daß die Gefahr einer Majorisierung der Vertreter der Wahrnehmungsberechtigten nicht besteht. Beschlüsse können auch schriftlich gefaßt werden, wenn alle Beiratsmitglieder mit der schriftlichen Beschlußfassung einverstanden sind. Der Beirat wählt für die Dauer seiner Amtszeit aus seiner Mitte einen Vorsitzenden und einen Stellvertreter. Ein Beiratsmitglied kann sich grundsätzlich nur durch ein anderes Beiratsmitglied mittels schriftlicher Vollmacht vertreten lassen. Die Geschäftsführer sind zur Teilnahme an den Sitzungen des Beirates berechtigt und verpflichtet. Über die Sitzungen des Beirates wird jeweils ein Protokoll angefertigt.

---

10 Vgl. Amtliche Begründung zu § 6 UrhWG a.a.O. (FN 3).
11 Vgl. Nordemann a.a.O. (FN 5).
12 Vgl. Zöllner in Baumbach/Hueck a.a.O. (FN 1), § 46 Rn. 22; Lutter-Hommelhoff, GmbHG, 13. Auflage 1991, § 46 Rn. 11.
13 Vgl. Nordemann a.a.O. (FN 5).

Das Deutsche Patentamt ist nach § 19 Abs. 3 UrhWG berechtigt, an den Beiratssitzungen durch einen Beauftragten teilzunehmen. Nach § 20 Nr. 5 UrhWG sind ihm die Beschlüsse des Beirats unverzüglich abschriftlich zu übermitteln. Nach dem Regierungsentwurf des Urheberrechtswahrnehmungsgesetzes sollte das Deutsche Patentamt auch das Recht erhalten, gegebenenfalls die Einberufung des Beirates sowie die Ankündigung von Gegenständen zur Beschlußfassung durch den Beirat zu verlangen. Diese Befugnis ist aber bei der Verabschiedung des Urheberrechtswahrnehmungsgesetzes auf Vorschlag des Rechtsausschusses des Bundestages gestrichen worden, weil sie zur wirksamen Durchführung der Aufsicht nicht unbedingt erforderlich sei.[14]

V. *Rechtsverhältnis der Beiratsmitglieder zur Verwertungsgesellschaft*

Das Rechtsverhältnis der Beiratsmitglieder zur Verwertungsgesellschaft kann in der Satzung oder durch Vertrag zwischen der Verwertungsgesellschaft und den Mitgliedern geregelt werden. Grundsätzlich stehen die Beiratsmitglieder zur Verwertungsgesellschaft in einer körperschaftsrechtlichen Rechtsbeziehung, die durch vertragliche Rechtsbeziehungen (z. B. Dienstvertrag oder Auftrag) ergänzt werden kann. Sie haben bei der Wahrnehmung ihrer Aufgaben die Interessen der Verwertungsgesellschaft zu vertreten und sind hierbei an Aufträge nicht gebunden. Während Sorgfaltspflicht und Haftung der Aufsichtsratsmitglieder in § 52 Abs. 1 GmbHG in Verbindung mit § 93 Abs. 1 und 2 AktG gesetzlich geregelt sind, können entsprechende Pflichten der Beiratsmitglieder, insbesondere auch ihre Verschwiegenheitspflicht, nur durch die Satzung oder durch Vertrag begründet werden. Nach der Satzung der VGF gelten für den Beirat die Bestimmungen des Aktienrechts über den Aufsichtsrat entsprechend, soweit nicht zwingende gesetzliche Vorschriften oder die Satzung etwas anderes bestimmen. Die Satzungen der anderen Verwertungsgesellschaften enthalten hierzu keine Bestimmungen.

In der Satzung oder durch Gesellschafterbeschluß kann auch geregelt werden, ob die Beiratsmitglieder eine Aufwandsentschädigung für ihre Tätigkeit erhalten. Gemäß § 670 BGB haben sie Anspruch auf Aufwendungsersatz. In den Satzungen der VGF und der VFF ist bestimmt, daß die Beiratsmitglieder ehrenamtlich tätig sind und für die Teilnahme an Sitzungen Ersatz der Reisekosten und Tagesspesen nach den steuerlich zulässigen Höchstsätzen erhalten. Die Satzungen der anderen Verwertungsgesellschaften enthalten keine entsprechenden Bestimmungen.

VI. *Zusammenfassung*

Als Ergebnis ist festzuhalten:

1. Verwertungsgesellschaften in der Rechtsform der GmbH müssen nach § 6 Abs. 2 Satz 1 UrhWG zur angemessenen Wahrung der Belange der Wahrneh-

---

14 Vgl. Bericht des Rechtsausschusses des Bundestages, zu BT-Drs. IV/3402, S. 3.

mungsberechtigten, die keine Gesellschafter der GmbH sind, einen Beirat bilden, in dem die Wahrnehmungsberechtigten vertreten sind.

2. Der Beirat hat keine aufsichtsratsähnlichen Funktionen; § 52 GmbHG findet auf ihn keine Anwendung. Er muß aber Einfluß auf die angemessene Wahrung der Interessen der Wahrnehmungsberechtigten bei der Verwaltung ihrer Rechte und Ansprüche durch die Verwertungsgesellschaft haben. Diese Voraussetzung ist bei den bestehenden Verwertungsgesellschaften erfüllt.

3. Die Satzung der Verwertungsgesellschaft muß gemäß § 6 Abs. 2 Satz 2 UrhWG Bestimmungen über die Wahl der durch die Wahrnehmungsberechtigen zu wählenden Beiratsmitglieder und über die Befugnisse des Beirates enthalten.

4. Hinsichtlich der Ausgestaltung des Beirates im einzelnen verbleibt der Verwertungsgesellschaft ein weiter Ermessensspielraum. Die Satzung der Verwertungsgesellschaft kann insbesondere Größe und Amtsdauer des Beirates, persönliche Voraussetzungen für die Mitgliedschaft, die innere Ordnung und Beschlußfassung des Beirates sowie das Rechtsverhältnis der Beiratsmitglieder zur Verwertungsgesellschaft regeln.

5. Die Beiratsmitglieder stehen zur Verwertungsgesellschaft in einer körperschaftsrechtlichen Rechtsbeziehung, die durch vertragliche Rechtsbeziehungen (z. B. Dienstvertrag oder Auftrag) ergänzt werden kann. Sie haben bei der Wahrnehmung ihrer Aufgaben die Interessen der Verwertungsgesellschaft zu vertreten und sind hierbei an Aufträge nicht gebunden. Einzelheiten des Rechtsverhältnisses der Beiratsmitglieder zur Verwertungsgesellschaft können in der Satzung oder vertraglich geregelt werden.

Sylvia Hofheinz

Reinhold Kreile
Abgeordneter des Deutschen Bundestages - officium nobile
Vorstand der GEMA - officium nobile et mobile

»Der erste Eindruck, wenn die Töne mächtig einsetzten, war immer groß, und ich fühlte mich wie gen Himmel gezogen; aber nach zehn Minuten schon kam eine gewisse Schläfrigkeit über mich, und ich machte dann, daß ich wieder fortkam. So ist es mir, bei großen Musikaufführungen, mein lebelang ergangen. Man muß etwas davon verstehen, man muß folgen können.«

Der geneigte Leser wird vielleicht nicht ohne weiteres erraten, wer hier sein nur als gebrochen zu bezeichnendes Verhältnis zur Musik beschreibt, aber um Reinhold Kreile, soviel ist gewiß, kann es sich nicht handeln! Selbst Kenner der Opern- und Konzertszene müßten schon sehr genau hinsehen, um insofern eine entfernte Ähnlichkeit mit dem Autor obiger Zeilen festzustellen, als sich bei dem Jubilar gelegentlich zu Anfang einer Aufführung ein als Moment starker Verinnerlichung, keinesfalls aber als Schläfrigkeit zu bezeichnender Zustand beobachten läßt. Denn Reinhold Kreile ist hellwach, und mit unermüdlichem Engagement in der Welt des Rechts, der Politik und der Kunst tätig. Zu einer Sitzung oder Veranstaltung nicht zu erscheinen oder sie gar vorzeitig zu verlassen, käme ihm nicht in den Sinn. Und er liebt Musik und versteht ungeheuer viel davon.

Recht, Politik und Kunst - damit ist bereits der schöne, kräftige Dreiklang genannt, der den weitgespannten Tätigkeitsbereich von Reinhold Kreile sozusagen leitmotivisch durchzieht. Und das Bindeglied zwischen diesen Bereichen, die in einer äußerst fruchtbaren Wechselwirkung zueinander stehen, ist die Fähigkeit des geborenen Anwalts, der vor allem ein guter Ratgeber ist - die Fähigkeit zu klugem, abgewogenem Rat.

Wer lange Jahre für eine Einrichtung wie das Parlament arbeitet, hat immer wieder Gelegenheit, sich Gedanken über die Institution als ganzes und Beitrag und Leistung einzelner zu machen. Und man ist erfreut, wenn das eigene grundsätzliche Engagement für diese staatstragende Institution durch Anschauung und Beispiel bedeutender Persönlichkeiten und, wie dankenswerterweise in diesem Fall, durch freundschaftliche Verbundenheit genährt und gestärkt wird. Ich habe sehr viel von Reinhold Kreile über Politik und Politiker, über politisches Denken und Handeln gelernt.

Ich lernte Reinhold Kreile 1972 kennen und gehörte zu dem gewiß nicht kleinen Kreis von Personen in der Bonner Bürokratie, deren Bild vom Abgeordneten und Politiker er maßgeblich und nachhaltig geprägt hat. Worauf beruht diese Wirkung?

1. Zunächst einmal und immer wieder auf Sachkunde. Das von den Politologen so häufig beklagte Problem, den in der Gesellschaft an sich vorhandenen Sachver-

stand in den politischen Entscheidungsprozeß einzubinden und an die richtige Stelle zu plazieren, war durch die Mitgliedschaft von Reinhold Kreile im Finanzausschuß und den Vorsitz der Arbeitsgruppe Finanzen der CDU/CSU für einige Jahre sicherlich hervorragend gelöst. 2. Sachlichkeit - ich kenne keine Veröffentlichung von ihm, die als polemisch zu bezeichnen wäre. 3. Umfassende Erfahrung als Anwalt in den verschiedensten Bereichen, die gewährleistete, daß im Mittelpunkt seiner gesetzgeberischen Arbeit stets die jeweiligen praktischen Gegebenheiten und Erfordernisse standen. Daß diese Praxisnähe die beste Voraussetzung auch für die Verwirklichung ideeller Grundsätze bildet, wie die angemessene Entlohnung kreativer Arbeit, beweist der Jubilar erneut in seiner jetzigen Funktion als Anwalt aus Berufung für die Interessen der schöpferisch und künstlerisch tätigen Menschen.

All dies hätte ohne Zweifel bereits genügt, um von einem herausragenden Abgeordneten zu sprechen. Das Besondere aber, das Reinhold Kreile auszeichnet, ergibt sich erst durch die Verbindung dieser Fähigkeiten mit den folgenden Eigenschaften:

4. Ein äußerst sorgsamer Umgang mit Macht, die durchaus auch genossen, aber stets als geliehen empfunden wird (vom Besuch der Philosophenschule, die meines Erachtens allen Parlamenten angegliedert sein sollte, hätte also insofern Dispens erteilt werden können!) 5. Ein nüchterner Blick auf die Wirklichkeit und eine realistische Einschätzung der jeweiligen Interessenlage. 6. Durchsetzungsfähigkeit gepaart mit Kompromißfähigkeit und dem Streben nach Ausgleich - sicherheitshalber sei hinzugefügt, daß die Gewichtung hier bei den Betroffenen unterschiedlich ausfallen könnte. 7. Eine klare Vorstellung von dem jeweils Wünschenswerten sowie dem politisch Durchsetzbaren, und ein untrüglicher, durch lange Erfahrung noch geschärfter Blick für den taktisch erfolgversprechendsten Weg zum Ziel. Und zu guter Letzt 8. Eine phänomenale Arbeitsfähigkeit und enorme Disziplin.

Wie unschwer erkennbar, haben wir es hier mit einer vergleichsweise seltenen Spezies zu tun - dem idealtypischen Abgeordneten. Aber auch ein Abgeordneter dieses Formats braucht die Unterstützung der Bürokratie, für die das Zuarbeiten unter diesen Umständen zu einer besonders ehrenvollen und vergnüglichen Herausforderung wird - allerdings mit einem wichtigen Unterschied zwischen den Ressorts und dem Sprachendienst des Deutschen Bundestags, die beide mit Aufträgen aus dem Steuer- und dem Urheberrecht betraut wurden. Für die Ministerialbeamten muß es ein besonderer Ansporn gewesen sein, im Finanzausschuß, der den entsprechenden Sachverstand der Fraktionen bündelt, gerade auch vor diesem Abgeordneten den hauseigenen Standpunkt zu vertreten und Rede und Antwort zu stehen. Aber wenn man es auch mit einem Meister seines Fachs zu tun hatte, so bewegte man sich bei diesem Wettstreit doch in der Sache auf einem »level playing field«, wie die Amerikaner es nennen.

Nicht so der Sprachendienst. Hier bestand die nicht weniger reizvolle Aufgabe darin, sich soweit in steuer- und urheberrechtliche Zusammenhänge einzuarbeiten, daß die Übersetzung beispielsweise einer rechtsvergleichenden Darstellung der Körperschaftssteuer oder einer Rede zu urheberrechtlichen Fragen nicht nur sprachlich, sondern auch sachlich in jeder Weise als abgesichert bezeichnet werden konnte. (Nur am Rande sei erwähnt, daß die Breite und Komplexität der im Parlament behandelten Themen für einen Sprachendienst, der statt der eigentlich benötigten etwa 20 nur 9 Übersetzer und Übersetzerinnen und bis heute noch überhaupt keine Dolmetscher hat, mit das größte Problem überhaupt darstellt.)

Über diesen Betrachtungen liegt nun allerdings der Schimmer leichter Nostalgie. Denn es ist in der Tat sehr lange her, daß der Sprachendienst, wiederum im Gegensatz zu den Ressorts, die davon wohl nur träumen konnten, einen Wissensvorsprung vor dem Abgeordneten Kreile hatte, den dieser gelegentlich beklagte – bessere Englischkenntnisse! Nicht, daß Reinhold Kreile sich dem bayerischen Idiom besonders verpflichtet gefühlt hätte – der fremdsprachliche Defizit lag in der überwiegend innenpolitischen Ausrichtung seiner parlamentarischen Arbeit begründet, die ihm keine Zeit ließ, seinem Interesse für Sprachen und durchaus auch für Außenpolitik nachzugehen.

Der Wechsel zur GEMA und die in kurzer Zeit erfolgte Wahl in einige der wichtigsten internationalen Gremien ließ es im Rahmen des global angelegten Urheberrechtsgeschäfts ratsam erscheinen, hier möglichst schnell Abhilfe zu schaffen. Und, wie man hört, ist dies dem Jubilar inzwischen auch bestens gelungen, denn er stellt sich jeder neuen Herausforderung und ist am liebsten unabhängig, auch von Experten! Ich nehme also mit Bewunderung zur Kenntnis, daß er als Vorstand der GEMA internationale Verhandlungen jetzt in fließendem Englisch führt, seinem Verhandlungsziel höchstens ein wenig schneller und direkter zueilend, als dies seiner Formulierungsgabe und Diktion im Deutschen entspräche.

Was soll man einem solchen Mann wünschen? Ein wenig mehr Muße, sollte man meinen. Aber der Freundeskreis hat es aufgegeben, darauf hinzuweisen, daß auch Cicero, als Anwalt und Politiker durchaus als wahlverwandt empfunden, sein Landhaus nachweislich nicht nur aufsuchte, wenn die politischen Wogen in Rom zu hoch schlugen – besagtes Getriebe der Welt und die Fülle der anstehenden Aufgaben üben eine zu starke Anziehungskraft aus!

Also wünsche ich Reinhold Kreile sehr herzlich noch viele Jahre intensiven und erfolgreichen Wirkens! Der GEMA noch viele Jahre einen so sachkundigen und durchsetzungsfähigen Vorstand. Den schöpferisch und kreativ tätigen Menschen noch viele Jahre einen so hervorragenden Anwalt ihrer Interessen. Und dem Deutschen Bundestag von Zeit zu Zeit den Glücksfall eines solchen Abgeordneten.

Übrigens, der eingangs Zitierte war Fontane.

Rainer Jacobs

Das Verbrechen im Film

Es gibt kaum etwas, was uns Menschen mehr reizt als das Verbrechen. Dabei betrachten wir mit voyeuristischem Interesse die Entwicklung und den Ablauf der Tat, die dahinterstehenden Triebe und Motive, die - abstrakt betrachtet - niemandem von uns fern sind. Aber auch die Spannung, die in dem Geschehen selbst wurzelt, der Ruch des Verbotenen vermitteln oft einen fast magischen Reiz. Es verwundert daher nicht, daß der Film sich immer wieder besonders spektakulärer Verbrechen bemächtigt, sie nachgezeichnet und filmisch dargestellt hat. Der Postraub in England, der trickreiche Überfall auf einen Geldtransporter am New Yorker Flughafen, die Köpenickade um die Hitler-Tagebücher haben ebenso ihre filmische Nacherzählung gefunden, wie sich andererseits zahlreiche Filme um wahre oder fiktive Detektivpersönlichkeiten (z.B. Sherlock Holmes, Maigret) ranken.

Besondere rechtliche Probleme können sich bei einer *zeitnahen* Darstellung und Schilderung des Verbrechens ergeben. Sie liegen im Spannungsfeld zwischen Kunstfreiheit, Informationsrecht der Öffentlichkeit einerseits und Persönlichkeitsrecht der Opfer und Täter andererseits. Der Beitrag widmet sich diesem Spannungsfeld und den verschiedenen Aspekten, die bei der rechtlichen Beurteilung zutage treten können. Dabei stellen sich Fragen, ob der oder die Namen der Täter, die Namen der Opfer genannt werden dürfen, ob die Filmhandlung an den originalen Handlungsorten abgedreht werden darf, so daß der Filmbesucher konkrete Bezüge zur realen Tat herstellen kann. Fragen ergeben sich auch bei der Wiedergabe des Films im Fernsehen und der damit verbundenen potenzierten Publikumswirkung.

I. *Aktuelle Berichterstattung über ein Verbrechen*

Für die aktuelle Berichterstattung scheidet der Film in der Regel aus. Er braucht einen zeitlichen Vorlauf, bedingt dadurch, daß ein Treatment, ein Drehbuch erstellt werden und die Spielhandlung abgedreht werden muß. Dies ist mit dem Bedürfnis der Öffentlichkeit nach aktueller Information über die Umstände des Verbrechens nicht vereinbar. Die aktuelle Berichterstattung bleibt daher, soweit sie in beweglichen Bildern erfolgt, dem Fernsehen vorbehalten.

Bei der *aktuellen Berichterstattung* überwiegt im Spannungsfeld mit dem Persönlichkeitsrecht des Täters und des Opfers das Informationsbedürfnis und -recht der Öffentlichkeit[1]. Straftaten gehören zum Zeitgeschehen, dessen Vermittlung ureigenste Aufgabe der Medien ist. Überdies begründen die Verletzung der allgemeinen Rechtsordnung, die Beeinträchtigung von Rechtsgütern der betroffenen Bürger oder der Gemeinschaft, die Sympathie mit den Opfern und ihren Angehörigen, die Furcht vor Wiederholung solcher Straftaten und das Bestreben, ihnen vorzubeugen, ein anzuerkennendes Interesse an näherer Information über Tat, Täter und Opfer. Die Öffentlichkeit fordert daher mit Recht eine vollständige Information über eine Straftat unter Einbeziehung des Täters und des Opfers. Wegen dieses Vorrangs des Informationsinteresses der Öffentlichkeit gegenüber dem Persönlichkeitsschutz des Täters und des Opfers begegnet es keinen Bedenken, wenn in der aktuellen Berichterstattung im Fernsehen Täter und Opfer unter ihrem *vollen Namen* genannt, die Umstände der Tat geschildert und der Tatort lokalisiert werden. Das Verlangen nach Wahrheit und Objektivität der Berichterstattung verbieten in aller Regel eine Unkenntlichmachung der Namen der Beteiligten, der Tat, des Tatablaufs und der Tatumstände[2].

Im Ausnahmefall können allerdings der Jugendschutz, besonders abscheuliche Tatumstände oder der Schutz des Täters vor Volkszorn und Lynchjustiz, auch die relative Geringfügigkeit der Tat (Kleinkriminalität) auch in der aktuellen Berichterstattung eine Namensnennung, Abbildung oder sonstige Identifizierbarkeit des Täters verbieten[3]. In solchen Fällen sind Diskretion, Disziplin und Sensibilität bei den Strafverfolgungsbehörden, insbesondere aber auch bei der Presse gefragt.

II. *Filmische Darstellung des Verbrechens*

1. *Urheberrechtliche Ausgangspunkte*

Filmwerke gehören nach § 2 Abs. 1 Nr. 6 UrhG zu den urheberrechtlich geschützten Werken der Kunst. Sie werden charakterisiert durch die bewegte Bild- oder Bild-Tonfolge, die durch Aneinanderreihung fotografischer oder fotografieähnlicher Einzelbilder und damit durch ein Zusammenwirken technischer und kunstlerischer Gestaltungsmittel entsteht[4]. Das Filmwerk selbst muß eine persönliche geistige Schöpfung darstellen (§ 2 Abs. 2 UrhG). Diese kommt durch die kollektive Leistung der an der Filmherstellung beteiligten Urheber durch filmische Gestaltungsmittel zustande und ist bei Spielfilmen und Dokumentar-Spielen in aller Regel gegeben[5].

1 BVerfG NJW 1973, 1226, 1230 - *Lebach-Fall.*
2 BVerfG NJW a.a.O. 1230.
3 BVerfG NJW ebenda.
4 *Schricker/Loewenheim* Urheberrecht, 1987, § 2 Rdn. 117.
5 Näher BGHZ 90, 219, 222 - *Filmregisseur; v. Gamm* Urheberrecht, 1968, § 2 Rdn. 23 c; *Schrikker/Loewenheim* a.a.O. Rdn. 119; *Fromm/Nordemann/Vinck* Urheberrecht, 8. Aufl. 1994, § 2 Rdn. 76.

Daneben genießen aber auch die vorausgehenden Werkteile für sich selbständigen Schutz, z.B. das Exposé, das Treatment und das danach entstehende Drehbuch als Werke der Literatur, die Filmmusik als Werk der Musik, die bildenden Künste einschließlich der Werke der Baukunst (Bauten, Kulissen), die Leistungen der ausübenden Künstler (Schauspieler, Filmmusiker, Regisseur). Das Filmwerk selbst ist in seiner *Ganzheit* geschützt, die aus einer Vielzahl künstlerischer und urheberrechtlich geschützter Leistungen ent- und besteht[6].

2. *Kunstfreiheit (Art. 5 Abs. 3 S. 1 GG)*

Sowohl der Film als Ganzheit als auch dessen urheberrechtlich relevanten Teile und Vorstufen genießen, da es sich um urheberrechtlich geschützte Werke im Sinne von § 2 Abs. 1 Nr. 1 und 6 UrhG handelt, den verfassungsrechtlichen Schutz der Kunstfreiheit nach Art. 5 Abs. 3 S. 1 GG. Dies gilt auch dann, wenn die Filmhandlung - bei der Darstellung von Verbrechen - auf realen Geschehnissen beruht und es insoweit naheliegen könnte, die filmische Darstellung als eigene Wertung realer Handlungen und damit als Meinungsäußerung (i.S.v. Art. 5 Abs. 1 GG) zu qualifizieren. Der Bundesgerichtshof hat in seinem Urteil *Satirisches Gedicht*[7] vom 8. 6. 1982 für eine satirische Moritat entschieden, daß bei einem Kunstwerk nicht getrennt werden kann zwischen dem Teil, der unter die Freiheit der Meinungsäußerung nach Art. 5 Abs. 1 GG fällt, und einem anderen Teil, der der Kunstfreiheit nach Art. 5 Abs. 3 GG zuzuordnen ist. Das Privileg der Kunstfreiheit bezieht sich auf das Gesamtwerk und damit auch auf diejenigen Teile, die bei der filmischen Wiedergabe eines Verbrechens dokumentarischen Charakter haben und daher, wenn es sich um eine aktuelle Berichterstattung handeln würde, unter die Freiheit der Meinungsäußerung und das Recht der Information nach Art. 5 Abs. 1 GG fielen[8]. Eine Aufspaltung in einen dokumentarischen und einen künstlerischen Teil ist bei der filmischen Darstellung eines Verbrechens nicht möglich und zulässig.

Auch wenn das Exposé, das Treatment und ihm folgend das Drehbuch eines Films, der ein Verbrechen darstellt und nacherzählt, weitestgehend auf realen Tatsachen aufbauen, insgesamt einen realen Handlungsablauf widerspiegeln und sich damit eng an die Wirklichkeit anlehnen, kann ein solches Werk - sei es nun ein Film oder ein Dokumentarspiel - nicht ohne dichterisches Beiwerk auskommen. Die filmische Darstellung - auch im Rahmen eines Dokumentarspiels - verlangt eine sowohl zeitlich als auch thematisch verdichtete Nacherzählung[9]. Die Darstellung der Entstehung der Straftat, die Charakteristik des Täters, die Wiedergabe von Szenen aus seinem persönlichen Leben, die Rekonstruktion von Gesprächen, das Aufspüren psychologischer Vorgänge, von Beweggründen und Motiven

---

6 Näher *v. Gamm* a.a.O. Rdn. 23 a; *Schricker/Loewenheim* a.a.O. Rdn. 118; *Fromm/Nordemann/Vinck* a.a.O. Rdn. 76.
7 GRUR 1982, 627, 629 m. Anm. *Jacobs.*
8 Näher *Jacobs* GRUR 1982, 629, 630.

verlangen von der filmischen Darstellung ein Gesamtkonzept, das sich zwar an die Realität hält, diese aber in einer filmtypischen und insoweit der Realität nicht entsprechenden, verdichteten Weise wiedergibt. Auch wenn sich die Spielhandlung eng an die Wirklichkeit anlehnt, ist für den Film doch eine erhebliche Konzentration einschließlich der Zeit- und Ablaufraffungen dramaturgisch notwendig. Die sich über längere Zeit an verschiedenen Orten tatsächlich ereigneten Szenen müssen in einem Film in einem festen zeitlichen Rahmen und mit einer zielstrebigen Logik dargestellt werden. Dies entspricht der Rechtsprechung des Bundesverfassungsgerichts in dem *Lebach-Fall*[10] und in dem *Mephisto*-Beschluß[11], der den gleichnamigen Roman von *Klaus Mann* betraf. Dort ist bezüglich des Kunstwerk-Charakters einer an der Realität orientierten Schilderung ausgeführt:

> *Auch wenn der Künstler Vorgänge des realen Lebens schildert, wird diese Wirklichkeit im Kunstwerk »verdichtet«. Die Realität wird aus den Zusammenhängen und Gesetzmäßigkeiten der empirisch-geschichtlichen Wirklichkeit gelöst und in eine neue Beziehung gebracht, für die nicht die »Realitätsthematik«, sondern das künstlerische Gebot der anschaulichen Gestaltung im Vordergrund steht. Die Wahrheit des einzelnen Vorganges kann und muß unter Umständen der künstlerischen Einheit geopfert werden.*

Daraus ist zwingend zu folgern, daß ein Filmwerk - auch seine urheberrechtlich relevanten Teile - zur *Gänze* den Schutz der Kunstfreiheit nach Art. 5 Abs. 3 S. 1 GG genießt. Der künstlerische Schaffensprozeß soll und muß sich, auch wenn er sich an realen Geschehnissen zu orientieren hat, frei entwickeln können. Über die »Richtigkeit« seiner Haltung gegenüber der Wirklichkeit kann nur der Künstler selbst entscheiden. Ihm ist es überlassen und ihm obliegt es, die wirklichen Geschehnissen in eine künstlerische Form umzusetzen. Dies gilt gerade und erst recht dort, wo der Künstler sich mit aktuellem Geschehen auseinandersetzt. Gerade dieser Bereich der sogenannten »engagierten« Kunst wird von der Freiheitsgarantie des Art. 5 Abs. 3 S. 1 GG erfaßt[12].

3. *Schranken der Kunstfreiheit*

Die Freiheit der Kunst nach Art. 5 Abs. 3 S. 1 GG unterliegt - anders als das Recht auf freie Meinungsäußerung (Art. 5 Abs. 1 GG) - nicht den Schranken des Art. 5 Abs. 2 GG. Die Schrankentrias - allgemeine Gesetze, Bestimmungen zum Schutz der Jugend und Recht der persönliche Ehre - hat der Verfassungsgeber bei der Kunstfreiheit gerade nicht aufgebaut. Die Kunst ist vielmehr in ihrer Eigenständigkeit und Eigengesetzlichkeit vorbehaltlos gewährleistet. Es ist daher auch nicht angängig, die Schrankentrias des Art. 5 Abs. 2 GG auf die Kunstfreiheit sinngemäß oder analog anzuwenden. Das Bundesverfassungsgericht hat es daher

---

9 BVerfG NJW 1973, 1226, 1228 - *Lebach-Fall;* KG Ufita 54 (1969), 291, 295 - *Der Fall Angelika.*
10 BVerfG NJW ebenda.
11 BVerfGE 30, 173, 190.
12 BVerfGE a.a.O. 191 - *Mephisto.*

seit jeher abgelehnt, die Freiheit der Kunst etwa gemäß Art. 2 Abs. 1 Hs. 2 GG durch die Rechte anderer, durch die verfassungsmäßige Ordnung oder durch das Sittengesetz generell zu beschränken[13].

Gleichwohl gilt das Freiheitsrecht für die Kunst nicht schrankenlos. Die Freiheitsverbürgung in Art. 5 Abs. 3 S. 1 GG geht wie alle Grundrechte vom Menschenbild des Grundgesetzes aus, d.h. vom Menschen als eigenverantwortlicher Persönlichkeit, die sich innerhalb der sozialen Gemeinschaft frei entfaltet. Die Menschenwürde steht im Mittelpunkt des Wertsystems der Verfassung. Die Kunstfreiheit ist Teil dieses Wertsystems und hat sich an dem Leitbild der Menschenwürde zu orientieren[14]. Bei der filmischen Darstellung von Verbrechen geht es darum, den möglichen Konflikt zwischen Kunstfreiheit sowie Informationsrecht der Öffentlichkeit einerseits und Schutz der Menschenwürde andererseits auszutarieren. Die Kunst spielt sich nicht im freien Raum ab, sondern wirkt innerhalb der Gesellschaft und auf die Gesellschaft und in sie hinein. In seiner Arbeit und in seiner Auseinandersetzung mit Personen seiner Umwelt muß der Künstler daher die verfassungsrechtlich garantierte Menschenwürde achten. Er darf sich nicht rücksichts- und respektlos über die Würde der dargestellten Personen und deren Persönlichkeitsrecht hinwegsetzen. Er muß sich vielmehr innerhalb des Spannungsverhältnisses bewegen, in dem die kollidierenden Grundwerte als Teil eines einheitlichen Wertsystems neben- und miteinander bestehen können[15]. Die Kunstfreiheit hat im grundgesetzlichen Wertsystem keine isolierte Stellung; sie kann daher nicht isoliert und schrankenlos ausgeübt werden. Sie muß achten und Rücksicht nehmen auf die Menschenwürde, ohne daß sich daraus allerdings unmittelbare Einschränkungen hinsichtlich der Darstellung der realen Wirklichkeit ergeben.

Andererseits ist gerade bei Filmen, die real verübte Verbrechen darstellen, eine Kollision zwischen der Kunstfreiheit nach Art. 5 Abs. 3 S. 1 GG und der Menschenwürde des Täters und des Opfers, deren Handlungen und deren Verhaltensweisen gewissermaßen vorprogrammiert. Dieser Konflikt ist weder einseitig zugunsten der Freiheitsgarantie noch einseitig zugunsten der Menschenwürde und des allgemeinen Persönlichkeitsrechts zu entscheiden. Insbesondere darf eine Abwägung zwischen beiden Grundrechtspositionen nicht »über die Hintertür« die für die Kunstfreiheit gerade nicht geltenden Schranken des Art. 5 Abs. 2 GG wieder einführen, indem über das allgemeine Persönlichkeitsrecht und die Menschenwürde die künstlerische Behandlung von Verbrechen im Spielfilm und realer Handlungsweisen und damit auch real existierender Personen beschnitten wird[16].

Die Entscheidung darüber, ob durch die Anlehnung der künstlerischen Darstellung an Persönlichkeitsdaten der realen Wirklichkeit ein *schwerer Eingriff* in den schutzwürdigen Persönlichkeitsbereich des Täters oder des Opfers zu befürchten

---

13 Statt vieler BVerfGE ebenda - *Mephisto*.
14 Statt vieler BVerfG NJW 1973, 1226, 1230 - *Lebach-Fall*.
15 BGH GRUR 1982, 627, 628 - *Satirisches Gedicht* m. Anm. *Jacobs*.
16 *Jacobs* GRUR 1982, 629, 630.

ist, kann nur unter Abwägung aller Umstände des Einzelfalls getroffen werden[17]. In diesem Zusammenhang spielen die Vorschriften der §§ 22 ff. KUG (Recht am eigenen Bild) keine entscheidungserhebliche Rolle. Denn diese Bestimmungen sind zwar Teil der allgemeinen Gesetze im Sinne von Art. 5 Abs. 2 GG, schränken daher das Informationsgrundrecht nach Art. 5 Abs. 1 GG, auf das sich Rundfunk und Fernsehen berufen können, ein, doch nur für die aktuelle Berichterstattung[18]. Die filmische Darstellung eines Verbrechens fällt demgegenüber gerade nicht unter die aktuelle Berichterstattung und unter Art. 5 Abs. 1 GG, sondern als urheberrechtlich geschütztes Werk (i.S.v. § 2 Abs. 1 Nr. 6 UrhG) unter die Kunstfreiheit nach Art. 5 Abs. 3 S. 1, die ihrerseits nicht der Schrankentrias unterliegt.

4. *Kriterien bei der filmischen Darstellung von Verbrechen*

Bei der Abwägung zwischen der Kunstfreiheit einerseits und der Menschenwürde andererseits im Rahmen der filmischen Darstellung eines Verbrechens, wie sie jeweils im Einzelfall vorgenommen werden muß, spielen folgende Kriterien eine maßgebende Rolle:

a) Die filmische Darstellung einer Straftat sowie deren Entwicklung und Handlungsabläufe, wie es dazu gekommen ist, unter Namensnennung, Darstellung der tatsächlichen Handlungsabläufe, Beschreibung und Charakterisierung des Täters wird stets dessen Persönlichkeitsbereich erheblich beeinträchtigen. Denn der Film stellt das Fehlverhalten öffentlich zur Schau und qualifiziert die Person des Täters in den Augen der Zuschauer von vornherein negativ[19]. Dies setzt nicht einmal unbedingt voraus, daß der Täter selbst negativ beschrieben oder dargestellt wird. Schon die Darstellung der Tat selbst, die sich gegen die Gesellschaft stellt, impliziert eine negative Beurteilung des Täters und seiner Umgebung in den Augen der Zuschauer.

Dies gilt auch für Personen im Umfeld des Täters, soweit sie diesem bei der Vorbereitung und Begehung der Straftat - bewußt oder unbewußt - Hilfe geleistet haben.

Freilich muß ein Straftäter grundsätzlich hinnehmen, daß die von ihm begangene Tat öffentlich dargestellt wird, insbesondere wenn sie ein breites Öffentlichkeitsinteresse findet. Der Täter, der sich mit seiner Handlung außerhalb der Gesellschaft und gegen die gesellschaftlichen Normen stellt, kann nicht verlangen, gerade im Zusammenhang mit dieser Tat in seinem Persönlichkeitsbereich geschützt zu werden[20]. Vielmehr überwiegt auch hier das Informationsinteresse der Öffentlichkeit, und dies nicht nur für eine aktuelle Berichterstattung, sondern auch für die zeitlich deutlich spätere filmische Wiedergabe des Geschehens. Der

---

17 BVerfGE 30, 173, 190 f. - *Mephisto;* BVerfG NJW 1973, 1226, 1228 f. - *Lebach-Fall.*
18 BVerfG NJW a.a.O. 1232 - *Lebach-Fall;* vgl. auch KG Ufita 54 (1969), 291, 293 f. - *Der Fall Angelika.*
19 BVerfG NJW a.a.O. 1229 - *Lebach-Fall.*
20 BVerfG NJW a.a.O. 1230 - *Lebach-Fall.*

Täter muß sich gefallen lassen, daß seine Tat beschrieben, daß sie nacherzählt, daß sie auch filmisch ausgewertet wird, soweit sich dies auf die Tat selbst bezieht und beschränkt. Zulässig sind daher Darstellungen der typischen Charakterzüge des Täters, Darstellungen aus seinem Leben, die Wiedergabe eines Lebensbildes des Täters, um dadurch zu zeigen und deutlich zu machen, wie es zu der Tat gekommen ist, also die »Entwicklung« der Tat nachzuzeichnen[21]. Ebenso zulässig ist die Darstellung der Personen seiner Umgebung, soweit sie für die Entwicklung der Persönlichkeit des Täters und für den Handlungsablauf selbst von Wichtigkeit sind.

b) Die Abbildung des Täters selbst wird bei einer filmischen Aufbereitung der Straftat kaum eine Rolle spielen[22]. Nur dann, wenn in den Handlungsablauf dokumentarische Teile eingeblendet werden, die aus der aktuellen Berichterstattung stammen, könnte der Täter selbst im Bild wiedergegeben sein. Dies ist bei einer filmischen Darstellung des Verbrechens grundsätzlich zu vermeiden. Dem Film geht es um die Darstellung der Entwicklung, der Ausübung und des Ablaufs der Straftat, um die psychologischen und persönlichen Hintergründe des Täters, kurz um das »Psychogramm« der Tat. Dafür ist die authentische Abbildung des Täters, wie sie für die aktuelle Berichterstattung von Interesse ist, ohne Belang; sie ist insbesondere nicht durch das Informationsinteresse der Öffentlichkeit gedeckt; denn der Filmbesucher geht nicht ins Kino und sieht sich den Film nicht deswegen an, um aktuell über die Straftat informiert zu werden, sondern er will eine spannende Kriminalstory erleben mit einem anspruchsvollen Lebensbild des Täters und seines Umfeldes.

c) Aus diesem Grund ist bei der filmischen Darstellung eines Verbrechens die Namensnennung des Täters überflüssig und in jedem Fall zu vermeiden. Der richtige Name muß so *verfremdet* werden, daß auch eine verschleierte oder indirekte Namensidentifikation ausscheidet. Die Verfremdung muß so intensiv sein, daß nicht auch die verfremdeten Namen eine Identifizierbarkeit des wirklichen Namensträgers ermöglichen. Andernfalls würde der Zweck, der mit der Verfremdung verfolgt wird, verfehlt.

Gleiches gilt auch für die Personen des Umfeldes des Täters und erst recht für die Opfer. Ihr Persönlichkeitsschutz verlangt eine Art und Weise der Verfremdung, die eine Wiedererkennbarkeit und Identifizierbarkeit aufgrund der Namensnennung ausschließt.

Bei der Verfremdung muß – was mitunter vernachlässigt wird – beachtet und berücksichtigt werden, daß durch die verfremdeten Namen nicht unbescholtene Personen, deren wirkliche Namen mit den verfremdeten identisch oder ähnlich sind, in das negative Image und in den »Geruch des Verbrechens« einbezogen werden. Aus diesem Grund empfiehlt sich meistens, für den Straftäter und die Personen seiner Umgebung in der filmischen Darstellung Allerweltsnamen zu nehmen, die an den Handlungsorten häufig vorkommen. Es darf kein unbeteiligter

---

21 BVerfG NJW ebenda – *Lebach-Fall;* KG Ufita a.a.O. 294 f. – *Der Fall Angelika.*

22 Daher scheiden regelmäßig Ansprüche aus § 22 KUG aus, vgl. KG Ufita a.a.O. 293 – *Der Fall Angelika.*

Dritter durch die Wahl der »Ersatznamen« beeinträchtigt werden. Dies muß auch *funktionell* überprüft und beachtet werden: Wenn etwa ein an der Straftat Beteiligter eine bestimmte herausgehobene Funktion ausgeübt hat, dann darf der verfremdete »Ersatzname« nicht demjenigen ähneln, den der Inhaber eines solchen Amtes tatsächlich in der Realität trägt. Der Verfremdungsabstand muß also einmal gegenüber dem wirklichen Täter bzw. Beteiligten bestehen und zum anderen gegenüber demjenigen, der - ohne an der Straftat beteiligt zu sein - eine in der Spielhandlung dargestellte Funktion wahrnimmt. Wenn etwa ein Gerichtspräsident in irgendeiner Weise an dem Verbrechen beteiligt war, so muß der »Ersatzname« so gewählt werden, daß dadurch nicht Assoziationen auf den wirklichen Gerichtspräsidenten entstehen können. Der wirkliche Namensträger hätte sonst einen Unterlassungsanspruch gegen die Verwendung »seines« Namens oder eines Namens, der »seinem« ähnelt.

Diese Grundsätze gelten auch für *Firmen,* also Namen von Unternehmen, die in die Straftat einbezogen waren, sowie für Gegenstände oder Titel, die in Zusammenhang mit der Straftat standen. Mit Recht hat daher das OLG Köln in dem Film *Schtonk,* der die Veröffentlichung gefälschter Hitler-Tagebücher im *stern* nacherzählte, die Ersetzung des Titels *stern* durch den Zeitungstitel *EXPRESS* beanstandet und untersagt[23]; denn die Kölner Tageszeitung mit dem Titel *EXPRESS* hatte mit der Veröffentlichung der Hitler-Tagebücher überhaupt nichts zu tun, wurde aber durch die »Ersatzbenennung« in den Dunstkreis der Tat einbezogen.

d) Die Spielhandlung selbst kann sich, ja muß sich an dem wirklichen Handlungsablauf orientieren. Sie sollte so wirklichkeitstreu wie möglich dasjenige wiedergeben, was sich ereignet hat. Dabei ist es nötig und zulässig, für Zwecke der filmischen Darstellung Zeit- und Handlungsraffer einzusetzen, da die charakteristischen und prägenden Teile des Handlungsablaufs innerhalb einer normalen Filmlaufzeit dargestellt werden müssen. Die eingesetzten Zeit- und Handlungsraffer dürfen aber nicht zu einer Verfälschung des wirklichen Geschehensablaufs selbst oder zu einer Verfälschung der Charakter- und Lebensbilder der beteiligten Personen führen.

Eine Verfremdung des Handlungsablaufs etwa durch Verlagerung des Geschehens von den tatsächlichen *Handlungsorten* an andere Orte ist nicht nötig und eher schädlich. Es bestehen in der Regel keine Bedenken, die Spielszenen an den wirklichen Handlungsorten ablaufen zu lassen. So ist es in dem Film *Schtonk* zulässig und nicht zu beanstanden gewesen, daß die Redaktion der Illustrierten, die die Hitler-Tagebücher veröffentlichte, ihren Sitz in Hamburg hatte (wie der *stern*). Vielfach ist es auch für das Verständnis der Tat und für die »Authentizität« der Nacherzählung geradezu notwendig, die Handlungsorte beizubehalten. So hätte die Spielhandlung des englischen Postraubs nicht nach Frankreich verlegt werden können oder der Überfall auf den Geldtransport auf dem New Yorker Flughafen nicht nach Miami. Der Tatort ist in diesen Fällen gerade Teil der kriminellen Handlung und muß es auch bei der filmischen Nacherzählung bleiben. Die Wie-

23 GRUR 1992, 640.

dererkennbarkeit der Tat durch den Filmzuschauer tritt dabei in den Hintergrund; denn der Filmzuschauer identifiziert - wenn er sich an die Tat selbst noch erinnern kann - zwar die Filmhandlung mit der Tat, aber in aller Regel nicht den in dem Film dargestellten Täter mit dem realen Täter (den er entweder nicht kennt oder dessen Name er längst vergessen hat. Der Zuschauer, der wegen des Zeitablaufs zwischen Tat und Filmvorführung die Einzelheiten des Falles nicht mehr kennt oder sie auch von vornherein nie kannte, glaubt, daß ihm der Film eine authentische Darstellung der Geschehensabläufe präsentiert, und er glaubt weiter, durch die filmische Darstellung nicht etwa den wirklichen Straftäter und die wirklichen Personen seiner Umgebung zu sehen, sondern jeweils Lebensbilder des Täters und dieser Personen, so wie sie waren und wie sie sich in den konkreten Geschehensabläufen verhalten haben. Der Film vermittelt daher ein Persönlichkeits*bild,* nicht eine Persönlichkeits*identifikation,* und dafür ist die Übereinstimmung von filmischem Handlungs- und tatsächlichem Tatort aus dem Gesichtspunkt des Schutzes der Menschenwürde des Täters unschädlich.

e) Enthält die filmische Darstellung des Verbrechens gleichwohl Eingriffe in die Menschenwürde und das Persönlichkeitsrecht des Täters, seiner Umgebung und des Opfers, so werden diese nicht dadurch kompensiert und »zurückgefahren«, daß *Vorspann-* oder *Abspanntexte* auf die Fiktion oder die freie Erfindung der Personen und die nur zufällige Übereinstimmung mit lebenden Personen hinweisen. Denn einmal nimmt der interessierte Filmbesucher diese Hinweise ohnehin nicht ernst, sondern versteht sie im Gegenteil eher als »juristischen Winkelzug«, um eventuellen Ansprüchen wegen Persönlichkeitsrechtsverletzung von vornherein aus dem Weg zu gehen. Zum anderen wird der Filmzuschauer diese Vorspann- oder Abspanntexte häufig kaum zur Kenntnis nehmen, am Anfang nicht, weil er interessiert und mit Spannung den Beginn des Films erwartet, am Ende nicht, weil er schon im Aufbruch ist. Selbst wenn er einen solchen Vorspann- oder Abspanntext aber zur Kenntnis nimmt, so sieht er häufig darin einen versteckten Hinweis auf Übereinstimmungen mit realen Personen, liest aus diesen Texten also genau das Gegenteil dessen heraus, was in ihnen gesagt wird. Selbst wenn aber die Filmbesucher diese Texte ernst nehmen, so kann von ihnen allenfalls eine gewisse entlastende Wirkung ausgehen; die Beeinträchtigung im Persönlichkeitsbereich wird dadurch nicht beseitigt.

f) Nicht zu beanstanden ist in aller Regel auch die Verwendung eines *Filmtitels,* der auf die reale Tat hinweist und so die Wiedererkennbarkeit mit der realen Straftat fördert, ermöglicht und nahelegt. Dies gilt jedenfalls dann, wenn in diesem Filmtitel nicht der Name des Täters auftaucht, sondern sich der Titel beschränkt auf ein wichtiges Detail, mit dem sich die Tat in das Gedächtnis der Öffentlichkeit eingeprägt hat. So ist es bei der filmischen Darstellung der Verbrechen des Wieners *Udo Proksch* zulässig gewesen, mit dem Filmtitel *»Der Fall Lucona«* auf das auf Veranlassung des Täters in die Luft gesprengte Frachtschiff »Lucona« hinzuweisen und so die für die Filmhandlung so wichtige besondere »Illusion des Authentischen« herzustellen[24]. Auch wenn bei diesem Titel ein

24 So auch bei dem Dokumentar-Spiel *»Der Fall Angelika«* (KG Ufita a.a.O. 291) über die Mutter-Kind-Beziehung im damals geteilten Deutschland.

Großteil der Filmbesucher an den Wiener Straftäter denken sollte, so bezeichnet dieser Titel doch die Tat und seine Folgen, nicht den Täter. Dem Filmpublikum wird der Name des Täters, werden auch die Namen der Mittäter und des Umfelds der Täter weitgehend unbekannt oder aus dem Gedächtnis geschwunden sein. Die Nennung der Namen des Täters, der Mittäter und des Umfelds ist daher in dem Film mit Recht vermieden worden; der Name des Schiffes durfte dagegen verwendet werden[25].

III. *Fernsehwiedergabe eines solchen Films*

Interessante Spielfilme werden in der Regel nach einer Sperrzeit auch im Fernsehen gezeigt. Sie erreichen dort oft weitaus höhere Zuschauerquoten als bei ihrer Kinoaufführung, bedingt durch die seit vielen Jahren flächendeckende Fernsehversorgung. Dabei ist auch zu bedenken, daß sich das Fernsehen - anders als der Film - nicht nur an die interessierten Zuschauer wendet, sondern in hohem Maße auch diejenigen erreicht, die lediglich aus Routine oder aus Langeweile den Fernseher anschalten, ohne eine bestimmte Sendung sehen zu wollen. Diese Zuschauer werden unbewußt und unvorbereitet und möglicherweise auch ohne Kenntnis des wahren Sachverhalts mit der Filmhandlung konfrontiert. Bei ihnen kann sich daher in besonderer Weise eine negative Charakteristik der dargestellten Personen bilden und festsetzen. Daher und wegen der besonderen Breitenwirkung des Fernsehens kann auch noch nach Jahr und Tag die Aufführung eines Filmes, der eine Straftat erzählt, im Fernsehen zu einer erheblichen Beeinträchtigung der Menschenwürde und des Persönlichkeitsrechts des Straftäters führen.

Auf diese Konstellation sind die Grundsätze der *Lebach*-Entscheidung des Bundesverfassungsgerichts[26] anzuwenden. Damals ging es um die Frage, ob das ZDF ca. 3 Jahre nach dem sog. Soldatenmord von Lebach, der die Öffentlichkeit stark aufgewühlt hatte, ein Dokumentar-Spiel über das Verbrechen zeigen durfte oder ob es der verfassungsrechtliche Schutz der Persönlichkeit der Täter verbot, daß sich das Fernsehen - außerhalb der aktuellen Berichterstattung - in Form eines Dokumentar-Spiels zeitlich unbeschränkt mit der Person eines Straftäters und seiner Privatsphäre befassen durfte. Das Bundesverfassungsgericht hat zu Recht darauf abgestellt, daß bei einer gegenüber der Verurteilung relativ späten Veröffentlichung eines Dokumentar-Spiels über die Tat im Fernsehen der Gedanke der *Resozialisierung* mit ins Spiel gebracht werden muß. Die Strafhaft dient auch dazu, den Täter wieder in die Gesellschaft einzugliedern, und dazu gehört die für den Täter wohltätige Wirkung des zeitlichen Abstandes und des Vergessens der Tat. Der Täter hat ein Recht darauf, mit sich und mit seiner Tat alleingelassen zu wer-

---

25 Bei dem Titel »Der Fall Angelika« (vorige Fußn.) war lediglich der Vorname, nicht auch der Familienname genannt, so daß die Identifizierbarkeit ebenfalls ausschied.
26 BVerfG NJW 1973, 1226.

den. Gerade diese Wirkung wird konterkariert und zunichte gemacht, wenn durch ein im Fernsehen vor einem Millionenpublikum gezeigtes Dokumentar-Spiel die Tat gewissermaßen wieder »aufgewärmt«, die Öffentlichkeit wieder mit Tat und Täter konfrontiert und dieser dadurch an den »Pranger« gestellt wird. Nach einem zeitlichen Abstand tritt das Öffentlichkeitsinteresse an der Berichterstattung über die Tat gegenüber dem Persönlichkeitsschutz des Täters in den Hintergrund. Nach Befriedigung des aktuellen Informationsinteresses gewinnt das Recht des Täters, mit seiner Tat alleingelassen zu werden, zunehmende Bedeutung und setzt dem Wunsch des Fernsehens und dem Bedürfnis des Publikums, die Tat zum Gegenstand der Unterhaltung zu machen, Grenzen. Auch der Täter, der durch eine schwere Straftat in das Blickfeld der Öffentlichkeit getreten ist und die allgemeine Mißachtung erweckt hat, bleibt dennoch ein Glied dieser Gemeinschaft mit dem verfassungsrechtlichen Anspruch auf Schutz seiner Individualität. Nachdem die Tat mit der Strafverfolgung und Verurteilung die im Interesse des öffentlichen Wohls gebotene gerechte Reaktion der Gemeinschaft erfahren hat, lassen sich fortgesetzte und wiederholte Eingriffe in den Persönlichkeitsbereich des Täters nicht mehr rechtfertigen.

Diese Grundsätze sind wegen der weitaus höheren Massenwirkung des Fernsehens gegenüber dem Filmmedium bei der Aufführung eines Spielfilms nach Ablauf der Sperrfrist im Fernsehen besonders zu beachten. Eine *zeitliche Grenze* zwischen der grundsätzlich zulässigen aktuellen Berichterstattung und einer unzulässigen späteren Darstellung oder Erörterung im Fernsehen läßt sich *nicht allgemein festlegen.* Das Bundesverfassungsgericht hat eine Fixierung etwa nach Monaten und Jahren abgelehnt und betont, daß der Erlaß des letztinstanzlichen Strafurteils oder der Zeitpunkt seiner Rechtskraft keine Rolle spielen kann[27]. Entscheidendes Kriterium ist vielmehr, ob die Aufführung des Spielfilms im Fernsehen gegenüber der zeitlich zurückliegenden aktuellen Berichterstattung eine erhebliche neue oder zusätzliche Beeinträchtigung des Täters bewirken kann. Dies kann auch noch Jahre nach der Tat nicht ausgeschlossen werden; im dortigen Fall hat das Bundesverfassungsgericht die Ausstrahlung des Dokumentarspiels 3 Jahre nach der Tat untersagt.

Schon bei der Abfassung von Exposé, Treatment und Drehbuch und bei der filmischen Spielhandlung selbst sollte daher unbedingt auf diesen Gesichtspunkt Rücksicht genommen werden, sofern der Film, der das Verbrechen nachzeichnet, irgendwann auch im Fernsehen gezeigt werden soll.

---

27 BVerfG NJW a.a.O. 1231 - *Lebach-Fall.*

Helmut Jedele

Vor dem Beginn des totalen Fernsehens

Eine so große Publizität wie in der Zeit zwischen Sommer 1993 und Frühjahr 1994 hatten die audiovisuellen Medien schon lange nicht mehr erreicht. Zeitungen und Zeitschriften überboten sich mit Meldungen und genußvollen Beschreibungen eines bevorstehenden audiovisuellen Schlaraffenlandes als Ergebnisse gleich mehrerer revolutionärer technischer Entwicklungen. Die wichtigsten und für die Allgemeinheit interessantesten dieser Innovationen sind

1. CD - ROM, eine Compact-Disc, die zwar nur wiedergeben und nicht aufnehmen (ROM = Read Only Memory), dafür aber eine Datenmenge von ungeheurem Ausmaß speichern kann.
2. Die Vervielfachung der Fernsehkanäle durch Datenkompression und
3. die Einführung der sogenannten Datenautobahn, dem »Informations-Highway«, einem Lieblingsprojekt des US-Präsidenten Clinton und besonders seines Vizepräsidenten Al Gore. Dabei soll das ganze Land mit einem dichten und zu bisher ungeahnten Leistungen fähigen Netz von Wegen zur Datenübertragung überzogen werden.

Bei all diesen Entwicklungen handelt es sich nicht um ferne Zukunftspläne, denn die CD-ROM ist bereits verfügbar, Ansätze, die zu einer Datenautobahn führen können, sind vorhanden und Satelliten, die eine Vielzahl von Fernseh-Programmen abstrahlen, dürfen 1995 erwartet werden. Und diese Möglichkeit ist eine der wohl wichtigsten technischen Schritte in die Medienzukunft, der Digitalisierung von Bild- und Tonsignalen und - das ist die aufregende Entwicklung - der dadurch möglichen Kompression dieser Signale, wodurch die Kapazität der Übertragungswege vervielfacht wird. Das heißt, daß die Zeit nahe ist, in der mindestens das Zehnfache der heute gesendeten Programme möglich sein wird.

Wenn man annimmt, daß die genannten drei wichtigsten Innovationen vorläufig auch tatsächlich die drei wichtigsten bleiben werden, so stellt sich die Frage nach unserer audiovisuellen Zukunft in den nächsten Jahren. Die Antwort scheint nicht allzu schwer zu sein: Die CD-ROM wird Schritt für Schritt den Markt erobern, eine Explosion wird es aber nicht geben. Dazu werden die Kosten für Hard- und Software einem breiten Publikum noch zu hoch sein. Das gilt auch für die Datenautobahn. So dürfte von diesen drei bereits eingeführten oder kurz davor stehenden Techniken zunächst lediglich die Vermehrung der Fernsehkanäle eine wichtige und für die Bevölkerung interessante Rolle spielen.

Also »Daily Soap« und Gewinnspiele vom frühen Morgen bis in die späte Nacht und das auch noch auf zig Kanälen? Bestimmt nicht! Denn bereits heute läßt sich schätzen, daß im Durchschnitt neben den Werbeprogrammen der öffentlich-rechtlichen Anstalten und den Werbeinseln bei einigen Spartenprogrammen (Sport, Musik usw.) für absehbare Zeit höchstens fünf sogenannte Vollprogramme Kostendeckung durch Werbung erreichen können. Von den ausschließlich durch Werbung finanzierten deutschen Fernsehvollprogrammen dürften in wenigen Jahren also höchstens noch fünf übrig sein. Was also mit mehreren hundert Kanälen? Was haben und was brauchen wir? Zählen wir zusammen: zwei öffentlich-rechtliche, zu denen noch sieben regionale Dritte Programme kommen. Die Privaten. Zu den fünf als rentabel erwarteten kommt sicher die doppelte Anzahl von solchen Programmen, die noch die Anerkennung suchen. Dem einen oder anderen wird sie wohl auch beschieden sein. Rechnet man dazu internationale Kanäle und bereits arbeitende Sparten-Kanäle (Sport, Nachrichten), so ergibt sich selbst bei großzügiger Rechnung ein Bedarf von nicht mehr als 50 Kanälen. Was soll mit den weiteren noch nicht belegten 250 Kanälen geschehen, wenn man einmal von 300 verfügbaren ausgeht. Es darf angenommen werden, daß es sehr schnell eine Reihe von Kanälen gibt, die vorwiegend durch Abonnementsgebühren finanziert werden, also sogenannte Pay-TV-Kanäle. Derzeit gibt es in Deutschland einen einzigen Pay-TV-Kanal, der auch relativ erfolgreich ist, obwohl die Abonnementsgebühren pro Jahr fast DM 500,- ausmachen. Es wird nicht mehr lange dauern, und eine Million Teilnehmer werden das Programm dieses Kanals abonniert haben, der dann bereits einen respektablen Gewinn erzielen wird. Nun ist das »Première«-Programm - so der Name des Pay-TV Kanals - das fast völlig auf Werbung verzichtet, auf relativ neue Spielfilme ausgerichtet, wozu noch ein Spiel der Fußball-Bundesliga pro Woche kommt sowie neuerdings auch Spiele der Eishockey-Bundesliga, und noch andere Sportübertragungen (American-Football, Basket-Ball). Man darf erwarten, daß, sobald die Möglichkeiten gegeben sind, die Zahl der Pay-TV-Kanäle sehr schnell steigt. Première wird also starke Konkurrenz bekommen. Diese Tendenz wird sicher auch dadurch gefördert werden, daß die Kosten für die Satellitennutzung durch die Kompression stark reduziert werden - übrigens bei gleichzeitiger Steigerung der Bild- und Tonqualität, die durch die Digitalisierung möglich wird. Es ist also vorstellbar, daß es neben den genannten Pay-TV-Kanälen einen Kanal gibt, der sich hauptsächlich an den Golffreund wendet, einen Kanal für die Liebhaber von Western und Kriminalfilmen, Kanäle mit Bildungsprogrammen, Kanäle mit Opern und klassischer Musik usw. Es könnte Kanäle geben, deren Programme sich an Menschen wenden, die an Naturfilmen und ähnlichen Programmen interessiert sind. Selbstverständlich kann man sich auch die Bündelung von Programmen aus mehreren Themenkreisen vorstellen. Programme für Kinder, Jugendliche, für Alte, für junge Familien, all das und noch vieles andere liegt im Bereich des Möglichen, wenn die Abonnementsgebühren erschwinglich und die Programme interessant und einfallsreich sind. Es läßt sich schwer schätzen, wie sich solche Spartenprogramme in Deutschland im Jahr 2000 durchgesetzt haben werden. Sicher scheint lediglich, daß die Zahl dieser Programme auf die Dauer nicht geringer sein wird, als die der traditionellen Fernsehprogramme, wie sie heute bereits über Kabel oder Satellit zu empfangen sind. Zu diesen traditionellen und Abonnementsprogrammen wird sicherlich noch eine Gruppe treten, die bisher hierzulande in der Praxis noch unbekannt ist, nämlich Programme, die man einzeln bezahlt, also z. B. das Fußballspiel Bayern München gegen HSV: Kosten DM 10,-, oder Film X, der große Erfolg, DM 12,-. Dabei ist die Möglichkeit interessant, diesen Film nicht nur um 20

Uhr über Kanal 211 zu empfangen, sondern um 20.30 Uhr über Kanal 212 und um 21.00 Uhr über Kanal 213.

Wieviel Kanäle für diese Vertriebsart notwendig sind, kann heute niemand voraussagen. Diese und noch andere mögliche Entwicklungen werden in ihrem Erfolg abhängig sein vom Erfolg der eingangs beschriebenen Datenautobahn bzw. von der in ihren Möglichkeiten kaum zu überschätzenden CD-ROM. Daß die Glasfasertechnik überdies eine wichtige Rolle spielen wird, zeigt sich bereits in den USA, wo derzeit ein Feldversuch mit über 200.000 Teilnehmern durchgeführt wird, die aus über 200 Programmen auswählen und jedes dieser Programme jederzeit abrufen können. Spätestens an dieser Stelle dürfte klar werden, daß wir an der Schwelle eines neuen Zeitalters stehen, das unser Leben entscheidend verändern wird: das Zeitalter des totalen Fernsehens.

Georg Kahn-Ackermann

Reinhold Kreile – Weggefährte beim Kampf um den Schutz des geistigen Eigentums

> Die Masse der unzulänglichen Menschen, die einwirken und ihre Nichtigkeit aneinander auferbauen, ist gar zu groß. Doch kann und muß man sich über alles trösten, da es am Ende doch auch noch ganz vortreffliche Menschen gibt, auf die man für jetzt und künftig seine Hoffnungen niederlegen mag.
>
> (Brief Goethes an Zelter.)

Ich entsinne mich eines Abendessens vor rund zehn Jahren, in dessen Verlauf Prf. Reinhold Kreile den nicht wenigen um den Tisch sitzenden politischen Verantwortlichen aus der ›Belle Etage‹ der Bundesrepublik dieses Goethezitat in Erinnerung rief, das alle Anwesenden, obwohl die damaligen Zeitläufe keinen Deut besser waren als die unsrigen, ungewöhnlich beeindruckte.

Das Zitat stammt aus einer Rede, die Prf. Dr. Reinhold Kreile im Januar 1987 anläßlich des 25jährigen Jubiläums des Deutschlandsfunks hielt. Es gab da weitere beherzigenswerte Sätze, z.B.: ›Gut ist es, daß alle, die den Deutschlandfunk gestalten und verantworten, auf das gemeinsame Ziel festgelegt sind: Ein umfassendes Bild Deutschlands zu vermitteln.‹ So hatte der Gesetzgeber 1962 den Auftrag formuliert.

Es wäre sicher gut, wenn der eine oder andere aus Bonn oder Köln berichtende oder kommentierende Journalist sich nachhaltiger fragte, ob er mit seinen Sendungen nicht dazu beiträgt, was Franz Thedieck, mein erster Vorgänger als Verwaltungsratsvorsitzender und der nachmalige Intendant des Deutschlandfunks, als eine Enttäuschung der Hörer in der DDR bezeichnet hat. Diese Hörer wollen, so Thedieck damals sehr zutreffend, nicht ständig nur hören, für wie miserabel die Redakteure die Verhältnisse in der Bundesrepublik halten. »Manchmal allerdings frage ich mich«, so Prf. Kreile, »und dies gilt natürlich für das Verhältnis zwischen Politik und Journalismus grundsätzlich, ob für die Berichterstattung über politische Auseinandersetzungen immer die richtigen Worte gefunden werden.« In diesem Urteil drückt sich ein bestimmender Wesenszug Prf. Dr. Reinhold Kreiles aus, der, selten unterbrochen, wie ein roter Faden sein Leben begleitet.

Aber wer denkt heute noch bei der Erwähnung Prf. Kreiles an den langjährigen Verwaltungsratsvorsitzenden des DLF. Dabei hat er diesem illustren Gremium – und welches Mitglied hält sich nicht für in besonderer Weise auserwählt – als einziges Mitglied der Regierungskoalition mit viel Umsicht vorgesessen und manches in der damaligen Medienlandschaft bewirkt. Als alter Freund und per Zufall auf dem richtigen Platz hatte ich mitgeholfen, die Tür zu diesem neuen Amtszimmer durch Gespräche zur rechten Zeit mit manchen der nicht zu umgehenden Partner so lautlos wie möglich zu öffnen. Prf. Kreiles Wahl war die richtige Entscheidung zur rechten Zeit, um die Arbeit eines von überflüssigen politischen Dissonanzen geschüttelten Rundfunkrats in ruhigere Bahnen zu lenken. Die stets auf Ausgleich und durchsetzbare Zukunftsperspektiven gerichteten Vorschläge des neuen Vorsitzenden führten ihn rasch innerhalb der ARD auf ein weitflächiges Übungsparkett für jene europa- und weltweit medienpolitischen Herausforderungen, die mitzuentscheiden ihm bald neue Verpflichtungen auferlegten.

Wenn Reinhold Kreile Visionen hatte - und er hatte sie, denn kein Mensch bewältigt ohne sie ein so selten vom Ziel abweichendes Lebenswerk wie er - so waren es doch Sternstunden, wenn er sie Freunden offenbarte. Ich erinnere mich eines nächtlichen Gangs in Zypressenwäldern bei Sorrent, während dem der Kalif unter mehrmaligem Innehalten den Teppich aufrollte, der uns eine Weile den Sternschnuppen entgegentrug - so wie das, aus Achtung und Respekt heraus, nur unter wirklichen Freunden möglich ist.

Visionen haben magische Grenzen. Die seinen sind bis zum heutigen Tag noch fast ganz offen geblieben. In einem seiner ganz persönlichen Briefe schreibt er: ›Heute das Gefühl zu haben, daß zumindest einiges gelungen ist, macht mich froh und gibt mir die Kraft, auch den nächsten Lebensabschnitt zuversichtlich zu beginnen. Meinen Dank für die guten Worte verbinde ich mit dem Wunsch, daß all die aus Beruf und Freundschaft, aus gelebtem Leben erwachsene Verbundenheit, die ich erfahren durfte, bestehen bleibt.‹ Wer Reinhold Kreile kennt, weiß, daß er alles andere ist als ein Gesundbeter - mit einer glücklichen Ausnahme vielleicht, nämlich dann, wenn der selten seine Muster zur Gänze enthüllende Zukunftsteppich die Kursbestimmung ein wenig zu lang der Musik überläßt.

Wenn ich versuche, mich an meine und meiner Frau Bekanntschaft mit Reinhold und Eva Kreile zurückzuerinnern, stoße ich auf die Probleme aller Biographen. Wann, wo und wie? Ein paar Bemerkungen zum 65. erinnern verdächtig an einen Nachruf, wenn sie lexikalischen Charakter haben. Und schon bei Prf. Kreiles Feier zum 60. Geburtstag wurde mit Recht vermerkt, daß unser Hausphilosoph Imanuel Kant anläßlich einer ehrenden Adresse zum vierzigsten Geburtstag bei einer Vorlesung in Königsberg mit ›Verehrungswürdiger Greis‹ angeredet wurde. Wie würde ein Hausphilosoph der Gegenwart, wie z.B. Hans Küng, solches aufgenommen haben?

Da waren damals die vielen Haupt- und Nebentreffen der Gruppe 47. Da gab es Frl. Dr. Eva Günther. Da gab es Reinhold Kreiles wirklichen Hausphilosophen - Walter Maria Guggenheimer. Da gab es quicklebendige Menschen wie Hans Werner Richter, Günther Eich, Ilse Aichinger, Ingeborg Bachmann, Walter Kolbenhoff, Alfred Andersch, um nur einige zu nennen, von denen so mancher schon zu einem Seminar der deutschen Literaturgeschichte verarbeitet worden ist, obwohl weder der letzte Krieg und - was fast noch schlimmer ist - das sogenannte Dritte Reich in fünfzig Jahren Nachkriegsliteratur unseres Heimatlandes gerade mehr als eben nur angekratzt worden sind. Da lese ich fast täglich in den Schlagzeilen: ›Was ist eigentlich mit den Deutschen los?‹ Ja, was soll mit einem Volk los sein, das im ersten Jahrzehnt seiner neuen Republik bei jeder Wahl eingetrichtert bekam: »*Enrichez-vous* - für Treu und Glauben wird die soziale Marktwirtschaft sorgen.« Und dessen östlichen Bewohnern vier Jahrzehnte später übers Jahr der Himmel auf Erden von einem anderen Kanzler versprochen wurde? Läßt sich mit solchen Empfehlungen und Versprechungen Zukunft und Vergangenheit unseres Landes dauerhaft bewältigen?

Wie die Wirklichkeit beschaffen war, erfuhr Reinhold Kreile nicht nur von seinen literarischen Freunden, sondern auch von den Unternehmungsleitungen, die er beriet und vertrat, und ebenso als Wirtschafts- und Finanzberater von Franz Josef Strauß. Aber als Abgeordneter ohne Wahlkreis blieb ihm die Erfahrung nicht erspart, daß ein Kollege den letzten freien Listenplatz erhielt, weil er von vielen zu vieles wußte, was selbst Franz Josef Strauß und seine Mitstreiter im CSU-Vorstand nicht zu übersehen wagten.

Natürlich haben wir uns auch bei unserem Wirken als Politiker im Bundestag kennen und schätzen gelernt. Die Unsitte, mit Kollegen anderer Parteien nur zu verkehren wenn es unumgänglich war, riß erst Mitte der sechziger Jahre ein, dann allerdings wie eine Seuche. Reinhold Kreile gehörte überdies zu den drei Dutzend Politikern im Hause, von denen man wußte, daß sie in der Sache meist recht hatten, selbst wenn sie eine politische Philosophie vertraten, die in mancher Hinsicht von der eigenen abwich.

Dabei gehörte gerade er zu den wenigen Anwälten, die nie einem Mandanten den letzten Tausender aus der Tasche zogen, mit dem er sich allenfalls gerade noch hätte zu Tode saufen können. Er gehörte auch zu den Anwälten, die meistens ›vergaßen‹, Freunden Rechnungen zu schicken. Eine Zeitlang Autor von Beiträgen in den ›Frankfurter Heften‹, erwarb er sich ein untrügliches Gespür dafür, was in der Publizistik eigentlich wichtig ist, und warum einflußreiche Politiker Publizisten nur mögen, wenn letztere ausschließlich Gutes über sie schreiben. Daß zum Fundament überzeugender Politik gehört, vornehmlich die Wahrheit zu sagen, dies aber im offiziellen Disput nicht gefragt ist, lernte man schnell in Bonn. Ich werde nie Erich Ollenhauers mißbilligendes Gesicht vergessen, als er mir wegen mehrerer gegenüber der Politik meiner Partei kritischen Artikel die Leviten lesen wollte und mich fragte, wie man als SPD-Abgeordneter so etwas schreiben könne. »Weil es meiner Überzeugung entspricht und ich es für wahr halte«, antwortete ich. Damals war ich noch nicht lange genug im Parlament um zu wissen, daß es für ihn zwar nicht wie für Konrad Adenauer drei, aber doch mindestens auch zwei Wahrheiten gab.

Auf einer der Tagungen der Gruppe 47, an der auch Reinhold Kreile teilnahm, war das Problem ›Was ist wirklich wahr?‹ der Auftakt eines Briefwechsels mit Ingeborg Bachmann, ein Thema, bei dem es später genügte, Reinhold Kreile einen Blick zuzuwerfen, um zu wissen, was jeder dachte. Ingeborg Bachmann, die viele Ereignisse in ihrem Leben als persönliche Kränkung empfand, wurde bei der Erwähnung von ›Lebenswahrheiten‹ allergisch.

Obwohl es nach seinem Eintritt in den Bundestag unseren Begegnungen aus Zeitmangel oft an bayrischer Heiterkeit mangelte - häufig mußte Reinhold Kreile binnen zehn Minuten entscheiden, mit welchen Aktenkoffern er wohin fliegen mußte - konnten wir aus einer Tasse Kaffee Zeitprojektionen zaubern, die es normalerweise nicht gibt, weil die meisten Leute zu wenig spielerische Phantasie haben, wenn es um praktische Lösungen ernsthafter Dinge geht. Als Beispiel damals den Deutschlandfunk, in dem manche unserer beider politische Freunde nur eine Pfründe sahen, die es zu nutzen galt.

Urheberrechtliche Fragen und die Erkenntnis, daß eine Reform unseres deutschen Urheberrechts dringlich war, schufen für uns beide neue Einsichten und Bindungen. Ich hatte im Sommer 1958 im Auftrag des Deutschen Journalistenverbands jener kleinen Gruppe von Autoren, Publizisten und Verlegern angehört, die sich im Hause des Verlegers Carl Hanser zur dringend erforderlich gewordenen Neugründung einer literarischen Verwendungsgesellschaft zusammenfand. Nach vielen, meist auf Unkenntnis und persönlichen Vorurteilen beruhenden Mißverständnissen und einem Gründungszuschuß des Bundespräsidenten Prf. Theodor Heuß von DM 100 000 nahm die ›Verwertungsgesellschaft Wort‹ - auf diesen Namen einigte man sich - Gestalt an. Verwaltungsrat und die Kurien der Verleger und Autoren fanden sich, wenn auch mit Schwierigkeiten, in ihre Rollen. Nur hinsichtlich der Anstellung eines geschäftsführenden Vorstandsmitglieds gab es eine wenig glückliche Lösung. Der Bayerische Journalistenverband bot uns in bester Absicht nicht nur die Mitbenutzung von neuen Geschäftsräumen, sondern auch ihren damaligen Geschäftsführer an. Das alles sprach für eine gebotene sparsame Lösung. Aber gerade diese vermeintlich sparsame Lösung erwies sich dann als Fehlentscheidung, die erst 1973 mit der Vertragsauflösung des bis dahin tätigen geschäftsführenden Vorstandsmitglieds und der Bestallung von Dr. Hans Josef Mundt, dem damaligen Verlagsdirektor bei Kurt Desch, einer von allen Verantwortlichen gebilligten Lösung zugeführt werden konnte.

Das erste Jahrzehnt der Verwertungsgesellschaft Wort - wie hätte das bei einer Institution, deren Vorstand und Verwaltungsrat mit so viel eigenwilligen Persönlichkeiten besetzt war, auch anders sein sollen - war schwierig. Selbst nach der sogenannten ›großen Urheberrechtsreform‹ von 1965 verfügte die Verwertungsgesellschaft lediglich über •die sogenannten ›Kneipenrechte‹ als Einnahmequelle, jene bescheidene Lizenzgebühr, von der GEMA kassiert, die von den Gastwirten für die Benutzung von Rundfunk oder Fernsehgeräten in ihren der Öffentlichkeit zugänglichen Räumen entrichtet werden mußte. Der geringe Geschäftsumfang räumte überflüssigen persönlichen Auseinandersetzungen in den Gremiensitzungen breiten Raum ein. Und überflüssige Auseinandersetzungen gab es damals nicht nur zwischen Verlegern und Autoren, sondern auch unter letzteren selbst. Die überwiegend im VS organisierten Vertreter der Schriftsteller versuchten immer wieder, dem Verwaltungsrat eine politische Note zu geben, die außerhalb seiner Aufgaben und Kompetenzen lag, während die Journalisten entsprechend dem Verband, in dem sie überwiegend organisiert waren, politische Festlegungen wie sie innerhalb der Debatten im VS immer wieder auftauchen, ablehnten.

1973 - Neuwahlen des Vorstands und des Verwaltungsrats standen an und leiteten eine Phase langjähriger Konsolidierung für die Verwertungsgesellschaft ein. Der Vorsitz im Verwaltungsrat fiel turnusgemäß an die Verleger. Frau Dr. Maria Sommer wurde gewählt. Für den Vorsitz im Vorstand konnte, wie erwähnt, der ehemalige Verlagsleiter von Kurt Desch, Hans Josef Mundt, gewonnen werden, ein Mann, dessen Sachkenntnis und vor allem dessen Freundschaft und persönliche Beziehungen zu zahlreichen Autoren sich für die VG-WORT als von größtem Wert erwiesen. Was mich betraf, so war abzusehen, daß sich meine künftigen politischen Verpflichtungen nach Straßburg verlagern und sich nicht mehr in Einklang mit einem zeitlich aufwendigen Amt in der VG-WORT bringen lassen würden. So wurde eine Satzungsänderung, die für mich das Amt eines Ehrenpräsidenten mit Zugang zu alten Gremien der VG-WORT vorsah, Teil der personellen Änderungsvorschläge, die vom Verwaltungsrat und, was die Satzungsänderungen anbelangte, von der Mitgliederversammlung beschlossen werden mußten und beschlossen wurden.

Alle diese Änderungen reiften in Büro- und ›Kaffee‹-Gesprächen in Bonn und München, teilweise in Frankfurt bei den Justitiaren der Berufsgruppen und bei Reinhold Kreile heran, der nicht nur wegen seines besonderen urheberrechtlichen Engagements im Rechtsausschuß des Bundestags, sondern auch als engagierter Förderer einer von den Vorständen aller großen Parteien im Parlament getragenen neuerlichen Ergänzung der Urheberrechtsreform von 1965 zu einer Art Schlüsselfigur einvernehmlicher Lösungen für alle an einer leistungsfähigen literarischen Verwertungsgesellschaft Interessierten geworden war.

Ich war damals Vorsitzender des Verwaltungsrats der VG-WORT. Auf einem Flug von München nach Köln fragte ich Reinhold Kreile, ob er nicht Justitiar der VG-WORT werden wollte. Bei der Ankunft in Köln hatte ich den Eindruck gewonnen, daß er sich eine positive Entscheidung schon ernsthaft überlegt hatte.

Die Kanzlei des Befragten, zu der sich mittlerweile auch Prf. Dr. Ferdinand Melichar als Associe' gesellt hatte, und ihre Mitarbeiter galten inzwischen als eine einzigartige, vielerlei von Natur durchaus nicht die gleichen Ziele verfolgenden Unternehmen und Institutionen vertretende Anwaltskanzlei mit einem Chef, dessen politische und wirtschaftliche Beziehungen niemand mehr so einfach umgehen konnte. Reinhold Kreiles Fähigkeit, aus dem Augenblick heraus Grenzen, Entfaltungs- und Entwicklungsmöglichkeiten mit größter Präzision abschätzen zu können und nur dann öffentlich und privat zu sagen, was im Interesse eines meist auf Konsens ausgerichteten Ziels unumgänglich nötig war, machte ihn zu einem Verhandlungspartner, dem man besser sorgfältig zuhörte. Wer in unserem Lande unter den Politikern, die etwas zu sagen hatten, war schon ein guter Zuhörer? Sehr wenige, Reinhold Kreile war einer, so lange ich ihn kenne. Und er wäre nicht der Vertrauen einflößende Anwalt gewesen, der er war, wenn er nicht verstanden hätte, auch noch konzentriertes Interesse vorzutäuschen, wenn überflüssige Wiederholungen und Gemeinplätze wie Kaskaden unerwünschter Werbeschriften die Sicht in den Kern des Gesprächs einengten.

Ich bin ein bißchen mit Reinhold Kreile gereist. Dabei kann man lernen, was schöne, freie Aussichten Partnern wirklich wert sind. Er ist da geradezu obstinat. Zum Beispiel gab es keinen Besuch in Rom ohne von der Terrasse des musikwissenschaftlichen Instituts des Vatikans, so lange Prf. Johannes Overath aus Köln noch dessen Chef war, einen Blick auf eben diesen Vatikan zu werfen. Es gibt keine intimere Aussicht, vor allem nicht, bevor man in eines der unweit gelegenen Nudelparadiese einschwebt, wo der Wirt auch ohne die Soutane wittert, daß ein Fachmann das Lokal betreten hat. Notabene, wir kommen nicht vom Thema ab: Prf. Johannes Overath ist Vizepräsident der INTERGU, einer kleinen, aber immer wieder sehr verdienstvollen internationalen Gesellschaft für Urheberrecht, deren Präsidiale nebenher auch wissen, daß der Schutz geistigen Eigentums ebenso wichtig ist wie der Schutz guten Weins und guter Pasta.

Dies noch ein zusätzliches Stichwort über den Umgang eines immer wieder selbst musizierenden Rechtsanwalts und Politikers, der zur damaligen Zeit - wir schreiben noch immer das Jahr 1972 - genau der richtige Mann war, um als Justitiar für eine Gesellschaft zu wirken, die dazu geschaffen worden war, die individuell nicht einkassierbare, aber abgabepflichtige Nutzung von Rechten der Schriftsteller, Journalisten, Dramatiker, Drehbuchautoren und Verleger einzuziehen, wo immer möglich über weitmaschige Pauschalverträge mit den Nutzern. Da gab es sehr bald schon über 100 000 Anspruchsberechtigte, von denen man achtzig Prozent in die Kategorie ›arme Schlucker‹ einreihen konnte. Eine zum Teil schwierige Klientel für den neuen Justitiar, der einer der Hauptverantwortlichen dafür war, daß die Einkünfte der Verwertungsgesellschaft gerecht verteilt wurden, ein Unterfangen, das in manchen sogar gescheiten Köpfen lange Zeit der Quadratur des Kreises gleichkam.

In Bonn vollbrachten Prf. Kreile und alle, die ihm zur Seite standen, einige politische Glanzleistungen für die Urheber. Zwar war im Parlament die seit Jahren von den Autoren geforderte Bibliotheksabgabe verabschiedet worden, indessen war sie, entsprechend den im deutschen Verwertungsgesellschaftsgesetz festgelegten sozialen Verpflichtungen, an die Verwendung von 50 % der Einkünfte an zwei soziale Einrichtungen gebunden worden. Daß die VG-WORT künftig den Alten und Armen in ihren Reihen helfen wollte, verschaffte ihr zwar zusätzliche Sympathie im Bundestag, die Länderfinanzminister hingegen, die wußten, was ihnen bevorstand, und daß letztlich sie für die Kosten der Bibliotheksabgabe würden aufkommen müssen, riefen - Kulturhoheit der Länder hin oder her - den Vermittlungsausschuß an, um die Abgabe zu Fall zu bringen. Als die bayerische Staatsregierung jedoch erklärte, sie sei für die Bibliotheksabgabe, und aus der Front der Gegner im Vermittlungsausschuß ausschied, gelang etwas, das viele für unmöglich gehalten hatten. Aus meinen Gesprächen mit SPD-Länderchefs und ihren Finanzministern weiß ich, daß man sich damals die Zähne ausbeißen konnte. Aber die freundschaftliche Zusicherung, die der damals einflußreichste Länderchef der Bundesrepublik seinem in Wirtschafts- und Finanzfragen wichtigsten Mann im Bundestag gegeben hatte, wurde in die Tat umgesetzt. Die Bibliotheksabgabe, deren Fortschrittlichkeit wir Deutsche damals stets anderen gegenüber rühmten, wurde Gesetz. Ob wir das zu jener Zeit ohne das Wirken Prf. Kreiles vor und hinter den Kulissen erreicht hätten, mögen später die ›Urheberrechtshistoriker‹ entscheiden. So weit es mir als Zeitzeuge vergönnt war, an der Operation teilzunehmen, würde ich sagen, wir hätten es trotz des flammenden Appells des damaligen Justizministers Jahn zugunsten der Abgabe an die zuständigen Abgeordneten und Minister ohne ihn nicht geschafft.

Bis mit den Länderfinanzministern eine Einigung über die von ihnen zu leistenden Zahlungen erreicht wurde, vergingen dann freilich noch drei Jahre, und de facto war bei Vertragsunterschrift das vielzitierte ›Büchereizehnerl‹ - der in Aussicht genommene Abgabebetrag pro Buchentleihung - noch 4,5 Pfennige wert.

Aber wie zumeist war damit die Kuh noch nicht gänzlich vom Eis. Verbände hatten an der Wiege der VG-WORT gestanden, begleitet von internen und gegenseitigen Verbandskonflikten. Die Integration der wissenschaftlichen Verleger und Autoren, die auch ein eigenes Inkassosystem für das Verleihen von wissenschaftlichen Werken unterhielten, in die VG-WORT mitsamt ihrem Inkassoapparat erwies sich als eine Aufgabe, die Prf. Dr. Kreile und dem inzwischen zum Chef für die sozialen Verpflichtungen und der Altersvorsorge geschaffenen Institutionen der VG-WORT gewählten Prf. Dr. Melichar unendlich viel Zeit, Engagement und Fähigkeit zum Mißtrauensabbau abforderten. Wenn Deutsche in Verbände eintreten und dort Führungsaufgaben übernehmen, entwickelt sich bei ihnen eine Art schwer überwindbarer ›Verbandsnationalismus‹, der meist schwieriger abzubauen ist als die politische Komponente übertrieben nationaler Geltungssucht. Daneben liefen Verhandlungen, um auch die sogenannten Werks- und Kirchenbibliotheken an das vom Gesetz vorgeschriebene Abgabesystem anzupassen.

Auch die Realisierung anderer Teile des Wahrnehmungskatalogs der VG-WORT, der durch die Reformnovelle von 1972 und nachfolgende Verbesserungen des deutschen Urheberrechts nicht unerheblich erweitert worden war, unterstrich die leidvolle Erfahrung für Urheber, daß 50 % der Beschlüsse des Deutschen Bundestags hinterher erst auf dem Rechtsweg erstritten werden müssen. Der Schreibtisch des Justitiars wurde nie leerer. Das ständige Gespräch mit den meist urheberfreundlichen Bundesjustizministern löste Probleme auch nicht, wenn ihre Beamtinnen und Beamten, die auf der mittleren Ebene für die Sorgen der VG-WORT zuständig waren, nicht ständig und loyal in diese Gespräche miteinbezogen wurden. Selten, daß die wenigen an Urheberrecht interessierten Abgeordneten das Terrain in der Bürokratie damals ausreichend sondieren konnten.

Urheberrecht war kein beliebtes Thema im Bundestag, vor allem, wenn Abgeordnete sich berufen fühlten, gegen die Gebühren der GEMA zu Felde zu ziehen, welche letztere auch vom hintersten dörflichen Musikverein bei öffentlichen Auftritten kassieren mußte. Oft waren sich zudem die Dorfmusikanten und ihre Fürsprecher im Bundestag darüber im Unklaren, daß es sich bei den gespielten Stükken nicht um alte, von der Abgabepflicht befreite Volksmusik handelte, sondern zu 90 % um alten Melodien nachempfundene ›Neuschöpfungen‹ oder Bearbeitungen, die alle abgabepflichtig waren.

Das ›Vergattern‹ seiner Parteifreunde bei gutem Frankenwein war für den Justitiar der VG-WORT ebensowenig ein weinseliges Vergnügen wie für seine in diesen Fragen nicht weniger engagierten Kollegen in den anderen Fraktionen des Parlaments.

Zwar gab es im Vorstand und im Verwaltungsrat der VG-WORT immer den gebührenden Beifall nach dem Bericht des Justitiars, aber wenn ich heute die Reihen der Leitzordner mustere, die den Schriftverkehr mit ihm enthalten, und die Aktennotizen über die geführten Gespräche, zweifle ich daran, daß allen Gremienvertretern immer klar sein konnte, was neben der Mitverantwortung für geschäftliche, medienpolitische und inzwischen immer weiter in die europäischen und internationalen Urheberrechtsfragen hineinreichenden Entscheidungen für Unmengen an juristischer Kanzleiarbeit in jenen 18 Jahren zu absolvieren waren, in denen Reinhold Kreile mit einer bewunderungswürdigen Souveränität das Amt des Justitiars versah. Daß seine Tätigkeit bis fast zuletzt von so wenig Schlagzeilen, einem Klima großer Zurückhaltung und der Vermeidung jeglichen Aufsehens begleitet war, lag nicht nur an Reinhold Kreiles langjähriger Erfahrung, daß nicht nur vor Gerichts-, sondern vor allem auch vor politischen Entscheidungen Reden Silber und Schweigen Gold war. Im Parlament und seinen Ausschüssen – aber das galt auch für die politischen Fraktionen - fuhr die VG-WORT immer am besten, wenn sie berührende Fragen am Ende der Tagesordnung, bei stark gelichteter Anwesenheit der Akteure, im Klima nachlassenden Kampfgeistes und wachsenden Appetits auf ein nahrhaftes Mittags- oder Abendessen mit dem dazugehörigen Umtrunk abgehandelt wurden.

Die oft kritisierte ›Stille‹, welche die VG-WORT und ihre Tätigkeit umgab, war zugleich jene sensationellen Verhandlungen ausweichende Stille eines der renommiertesten Anwaltsbüros unseres Landes, das gewinnbringenden Vergleichen bei persönlich freundschaftlichen Beziehungen mehr zugewandt war als den permanenten Abbildungen seiner Akteure in den Gesellschaftsspalten illustrer Magazine und deren Charakter ähnelnden Tageszeitungen.

Dabei mangelte es nie an angemessenen Würdigungen. Reinhold Kreiles Ernennung zum Professor der Münchner Hochschule für Fernsehen und Film war eine. Die Feier zu seinem 60. Geburtstag auf Schloß Dachau eine andere. Seine Berufung zum Generaldirektor der GEMA nach Jahrzehnten fruchtbarer, aber sehr komplexer Beziehungen zu seinem Vorgänger Erich Schulze glich eher der Besteigung eines schwierigen Himalajagipfels, nachdem der Kalif ihn auf seinem Wunderteppich mehrfach umrundet und dabei alles für die Logistik einer solchen Besteigung Notwendige - einschließlich schwer abschätzbarer Eventualitäten - aufgezeichnet und sich eingeprägt hatte. In diesen Höhen können selbst richtige Kalifen ihre Fliegenden Teppiche nicht so scheinbar spielend lenken wie über Sorrenter Zypressen. Aber Kalifen werden heute, genau wie ihre Untertanen sehr viel älter als früher - und sie schätzen es zu Recht nicht, als ›verehrungswürdiger Greis‹ angeredet zu werden. Die fast unsichtbar feinen Stahlhaken, die Widersacher des Kalifen in und um die Rosenheimerstr. 11 in den Himmel hatten schießen lassen, vermochten das fein und dicht geknüpfte Gewebe nicht zu durchdringen. Der Teppich wird ihn zwar nun viel seltener zu manchen seiner Freunde bringen, denn der Kampf um die Erhaltung unseres Urheberrechts ist nicht nur internationaler, sondern sehr viel komplexer und brutaler geworden. Aber wann immer er Lust dazu hat, sind ihm ein Münsinger Rehrücken, 71er Chateau Rayas, Chateau Neuf du Pape, und Bamberger Hörnchen sicher. Noch immer gibt es unter Freunden nichts Besseres als gemeinsam zu tafeln. Besonders mit wirklichen Freunden.

Joachim Kaiser

Phantom-Schmerzen wegen Reinhold K. Oder: Ein alter Freund wird 65

Gut, ich habe mich daran gewöhnt, ihn nur noch selten zu sehen. Ich bedauere das, er (hoffentlich) auch: und es ist auch keines fatums, keines irgendwie tadelnswerten Umstands Schuld. Wir müssen uns halt nehmen, wie wir sind. Und offenbar sind wir schrecklich emsig, unstet, arbeitsgierig, verstrickt in lauter Zusammenhänge und Erwartungen - die man für ungeheuer wichtig hält, solange man atmet.

Trotzdem leben wir seit den doch gut viereinhalb Jahrzehnten in Tuchfühlung. Unvorstellbar, daß es auch nur ein sekundenlanges Wiedersehens-Fremdeln geben könnte, wenn wir uns begegnen: Im Konzertsaal, in Bayreuth, bei irgendeiner familiären Feier oder postpremierenhaften Nachfeier. Dazu kennen wir uns viel zu gut, sind wir durch unseren gemeinsamen Vater (der am wenigsten von allen Leuten, die uns je überlegen gewesen sein mögen, ein »Über«-Vater war, und darum lieben wir den WMG ja auch so herzlich, so unwandelbar) viel zu sehr geprägt, verbindet uns viel zu viel nebeneinander gelebtes Leben.

Offenbar kann man - das macht Reinhold Kreile allen vor, die so dumm sind, definierbar zu sein - zugleich als *regierender Fürst* amtieren und als *Graue Eminenz,* zugleich *hochdekorierter Überzeugungstäter* sein und *Wissender im Hintergrund.* Schüttelt man alle diese, hier durch Kursiv-Druck hervorgehobenen Charakterisierungs-Versuche in einer Art intellektuellem Mix-Becher lange genug durcheinander, dann kommt heraus, wie Reinhold in Wahrheit zu bezeichnen wäre. Er ist ein staatstragendes Phantom.

Wer in ihm immer nur den brillanten Macher, den Aktivisten, die kluge Friedens-Taube sieht, der ganz zuletzt alle nach dem Schnabel krächzen, die Adler, die Geier, die Hyänen, der müßte denn doch zu erklären wissen, warum vor der Kraft des nie zu früh vorgebrachten Kreileschen Argumentes Raubvögel wie Singvögel nachgiebig werden. Das hängt nämlich gerade nicht zusammen mit seiner »Brillanz«, sondern fast mit dem Gegenteil davon: Mit seiner Empfänglichkeit. Er will also nicht brillieren, sondern zum Brillieren verlocken. Dies aber nicht aus Taktik, sondern aus elementarem Nicht-anders-Können. Er freut sich über gute, zumindest neue Argumente. Er ist empfänglich für Gesichts-Punkte, die den seinen fernstehen, ohne absurd zu sein. Er läßt, sich, darin auch WMG gleichend, ungeheuer gern widerlegen - weil er seiner Substanz so sicher ist, daß Empfänglichkeit mit Lebensneugier zu tun hat, aktive Neugier mit purer Bereicherung!

In vielen Gruppen und Dimensionen zu Hause sein, Menschen zu kennen, von ihnen geschätzt werden, Vertrauenswürdigkeit: dergleichen ist keine Frage nur des Entschlusses oder des Geldes. (Beides sollte freilich mit von der Partie sein . . .) Aber in erster Linie kommt es dabei auf Eigenschaften an, die nicht zu bezahlen sind. Das wissen nur diejenigen nicht, die den erfolgreichen R. K. beneiden, weil er über mehr und interessantere Beziehungen verfügt, als ihnen zu gewinnen vergönnt war. Ihm ist Vermitteln Bedürfnis. Außerdem bereitet es ihm – da er eben wirklich »vermittelt« und nie »verschaukelt« – ästhetischen Genuß. Auf eine Zeitungs-Umfrage, welche Leistung er am meisten bewundere, hat der Wagnerianer Kreile doch das . . . Finale des zweiten »Figaro«-Aktes genannt. Ich war stolz, als ich ihm erklären durfte, warum da alles so überwältigend rasch, überrasch, überraschend und dabei ganz rationalzwingend verlaufe: weil nämlich Mozart mehrere Motive ersonnen hat, die alle fabelhaft charakteristisch sind und doch zugleich fabelhaft vermittelbar, permutierbar. Es muß eben nicht in immer gleicher Konsequenz, Sequenz B auf A und C auf B folgen, sondern jede Gestalt kann sich reibungslos an jede andere fügen, alles kann sich mit allem verknüpfen, zugänglich für alles – und doch nie gesichtslos sein. So entstehen die holden Wunder. Zu meinem Geburtstag sagte er mir, ich hätte mich »eigentlich« nicht verändert, die letzten 40 Jahre. Ich behaupte von ihm Analoges. Natürlich sehen das Menschen, die von uns abhängen, oder auch nur jünger sind, ganz anders. Die entdecken in unseren Biographien, unseren Verlautbarungen, unseren Lebens-Spuren dauernd Ungereimtheiten, »Brüche«. (Dazu sind Analytiker da . . .)

Zum kraftstrotzenden, effektvollen (bayerischen) Politiker fehlt unserem Jubilar eines: Das volkstribunenhaft Schäumende. Das Auftrumpfende und Niederträchtige. Reinhold spürt natürlich diesen Mangel. Wenn er grimmig-böse dreinblicken will, gelingt ihm immer bloß ein sanft irritiertes Erstaunen. Er kann auch nicht geifern. Schlechte Voraussetzungen. Darum verbirgt er seine Gutmütigkeit unbewußt-zielbewußt hinter einer dicken Brille. Die Leute sollen nicht sehen, daß sein rechtes Auge den Blick einer weisen Eule hat, das etwas kleinere linke die vehement-rasche Intelligenz einer klugen Maus und das ganze Gesicht die Herzlichkeit eines wahrhaft wohlgesinnten Menschen. Eines Menschen, der Gescheitheit, Geschicklichkeit, Vertrauen in den Anstand mit lebenslänglicher Neugier und elementarem Takt verbindet. Sollte Reinhold Kreile gleichwohl als staatstragendes Phantom zu klassifizieren sein – dann möchte ich hier, mit Erlaubnis des Präsidenten, doch beantragen, die Leute, wie wir sie kennen, ein wenig in den Hintergrund zu schaffen, und den Phantomen, wie wir sie lieben, einen Ehrenplatz einzuräumen.

Klaus Keil

Produzenten braucht das Land

Über die schwierige Annäherung an die Notwendigkeit einer fundierten Ausbildung für Film- und Fernsehproduzenten

I. *Das Bild des Produzenten. Versuch einer Annäherung*

1. *Das Klischee*[1]

Filmproduzenten sind jüdisch, kommen aus dem Osten, fahren auf einem großen Schiff übers Meer und gehören bald zu den »Big Five«, den Majors. Filmproduzenten arbeiten viel, besitzen zehn Telefone und haben eine große Zigarre im Mundwinkel. Filmproduzenten gehen mit Marlene Dietrich ins Café Kranzler. Und sind sie nicht in Berlin, dann liegen sie in Cannes oder Venedig am Strand, umringt von Blondinen.

Mythos? Klischee? Was ein Produzent wirklich ist, und was er macht, weiß eigentlich niemand so genau.

Die Frage, wie man Filmproduzent wird, hat Bernd Eichinger einmal wie folgt beantwortet:

- Indem man nicht Regisseur wird.
- Indem man nicht Produktionsassistent bleibt.
- Indem man ein Firmenschild an die Tür schraubt und Briefköpfe drucken läßt.

Diese Aussage ist bezeichnend, denn eine Ausbildung, die »planmäßig und geordnet Kenntnisse, Fertigkeiten und sachspezifische Verhaltensweisen vermittelt, die für die Berufsausübung erforderlich sind«, gab es für Bernd Eichinger zu seiner Zeit noch nicht und existiert für Produzenten in Deutschland auch erst seit ganz kurzer Zeit. Dies ist umso verwunderlicher, da Deutschland eine lange Tradition sowohl im filmwirtschaftlichen als auch im filmkünstlerischen Bereich besitzt.

2. *Annäherungen*

a) *Vom Produkt her.*[2]

Für die Herstellung eines jeden Films oder Fernsehprogramms sind vier Komponenten von elementarer Bedeutung:

---

1 D. Iljine/K. Keil »Der Produzent bei Film und TV, München (in Vorbereitung).

2 Der Punkt a) folgt im wesentlichen und in freier Übersetzung der Ausarbeitung von S. Mallin: The Role, the skills and the knowledge of a Producer, National Film and Television School, Beaconsfield, 1991.

- die Idee
- das künstlerische Potential
- die Produktionsmittel
- das Geld

Die Verantwortung, diese vier Elemente in einem Endprodukt zu vereinigen, liegt bei einer Person, die man »Produzent« nennt.

Alle vier Elemente sind außerordentlich unterschiedlich und jedes von ihnen erfordert zum optimalen Umgang mit ihm eine spezielle Begabung und besondere Fähigkeiten und Kenntnisse, sprich: verschiedene Persönlichkeiten:

1. den Künstler
2. den vermittelnden Agenten
3. den Geschäftsmann
4. den Banker . . .

Wer vereinigt alle diese Persönlichkeiten schon in sich? Es gibt keine Übermenschen . . .

Wir wollen also bescheiden sein:

Die genannten vier Elemente stehen auch für Extrempositionen, von denen aus der Produzent mit der ihm eigenen individuellen Kraft und Begabung operieren kann.

So wird es wohl anstatt eines Supermenschen, der alle Elemente in sich vereinigt, eher vier verschiedene Typen von Produzenten geben, die eine Produktion von jeweils ihrem Kraftpotential angehen:

1. den Ideen-bestimmten Produzenten
2. den durchs künstlerische Potential bestimmten
3. den Produktions-bestimmten
4. den Geld-bestimmten.

Jeder von ihnen wird seine ganze kreative Kraft zunächst auf das Gebiet lenken, wo seine ganz besondere Begabung liegt:

1. auf den Stoff, das Buch und deren Entwicklung
2. auf die Besetzung (Darsteller und Schlüsselpositionen des Stabes)
3. auf Finanzierung, Drehplan und Kalkulation
4. auf Akquisition, Vertrieb und Vermarktung.

Die vier Kraft- und Begabungspotentiale bergen verschiedene berufliche und persönliche Fähigkeiten in sich:

1. die des Entdeckers von Stoffen und des Stoffentwicklers
2. die des Vermittlers, Agenten und »Packagers«
3. die des Organisators und Managers
4. die des Finanziers.

Alle vier Gebiete erfordern mehr oder weniger stark ausgeprägte verbale, literarische und rechnerische Fähigkeiten; und alle vier bedingen bis zu einem gewissen Grade den Umgang mit rechtlichen und finanziellen Angelegenheiten.

Aber in einem hohen Maße erfordern alle die ausgeprägte Fähigkeit im Umgang mit Menschen: am Telefon oder im persönlichen Gespräch, mit einem oder in Gruppen, offiziell oder informell.

So muß jeder der vorgenannten Produzententypen über diese eine essentielle Voraussetzung souverän verfügen:

als Kommunikator menschliche Beziehungen auf breitester Basis zu knüpfen und zu pflegen.

»Er muß ein Künstler sein im Umgang mit anderen Künstlern«.

Im übrigen erfordern die vier so verschieden erscheinenden »Elemente« die folgenden Kenntnisse und Fähigkeiten:

1. Die Vermittlung von Ideen oder die Spürnase für die richtigen Stoffe.
   Hohen Standard im Lesen, Schreiben und Aufspüren von Film- und Fernsehstoffen.
   Fähigkeit, zu überlegen, anzustoßen und zu entwickeln
   Kunstfertigkeit im Umgang mit Ideen und im Einsatz eines kritischen Verstandes.
   Formulierungskunst um Konzepte vorzustellen und an den Mann zu bringen.
2. Die Beurteilung des künstlerischen Potentials oder die Spürnase für Talente: Diese zu finden, sie aufzubauen und zu pflegen.
   Hochentwickelten kritischen Verstand in der Beurteilung künstlerischer Begabungen und Persönlichkeiten.
   Hohe Geschicklichkeit in Überredungs- oder gar Verführungskunst, aber auch in der Schlichtung gegensätzlicher Standpunkte.
   Gesucht: Ein »Kuppler« von Talenten.
3. Die Herstellungsleitung (line producer) oder der strategische Instinkt:
   Fundierte Kenntnis des Prozesses der Produktion für Film und Fernsehen in allen Bereichen - Technologie, Produktionsbedingungen und Personal.
   Ausgebildete Fertigkeit in Drehplanung und Kalkulation.
   Führungsfähigkeiten im Team und bei den Darstellern.
4. Die Beschaffung von Finanzierungsmitteln oder die Vermittlung zwischen Welten:
   Kenntnis aller medienwirtschaftlichen Finanzierungsmöglichkeiten für Kino, Fernsehen und Video unter Berücksichtigung von Quellen auch in nicht-wirtschaftlichem Umfeld.
   Tiefgehende Kenntnis im Umgang mit dem Geldmarkt und der Finanzwelt.
   Kenntnisse und Fähigkeiten im Bereich der Buchhaltung, des Marketing, aller Formen des Verleihs und Vertriebs, aller Film- und Fernsehfestivals, - messen und -märkte.
   Fähigkeit, die Sprache der Medienwelt in die der Finanzwelt zu übersetzen und umgekehrt.

Es ist sehr selten (und fast unmöglich), daß jemand der allumfassenden Aufgabe des Produzenten gerecht werden kann, der nur von einem der vier genannten Elemente etwas versteht. Ist dies so, wird er sich eher in einer der folgenden Funktionen wiederfinden:

- als auftraggebender Redakteur
- als Koproduzent
- als Herstellungsleiter
- als Kofinanzier.

Bei der Mehrzahl der Produzenten sind wenigstens zwei der vier genannten Kraft- und Begabungspotentiale wirksam - z.B. beim Talentfinder in Kombination mit Geldverstand oder bei dem Stoffentwickler in Kombination mit dem Finanzierungsgenie.

Einige Produzenten werden sogar drei Elemente für sich in Anspruch nehmen können: Es gibt auch Entdecker von Stoffen *und* künstlerischem Potential mit voll ausgebildeten Finanzierungsfähigkeiten.

Aber nur sehr, sehr wenige können von sich behaupten, über alle vier Potentiale voll zu verfügen.

Die *erste These* aus unserem vorgestellten Modell lautet also:

Der »kreative Produzent«, der diese Bezeichnung wirklich verdient, wird nicht umhinkönnen, sich mit allen vorgestellten Elementen wenigstens bis zu einem gewissen Grade zu beschäftigen und auseinanderzusetzen. Wenigstens im Ansatz muß er mit allen vier Domänen vertraut sein.

Die *zweite These:*

Selbst wenn auf allen vier Gebieten mit Sachverstand gearbeitet wird, stellt doch vorwiegend eines die maßgebliche Antriebskraft und Motivation des jeweiligen »kreativen Produzenten« dar. Man kommt also zu vier grundsätzlichen Produzentenprofilen:

1. Der Ideen-getriebene Produzent.
2. Der durch Entwicklung des künstlerischen Potentials motivierte.
3. Der Produktions-orientierte Produzent.
4. Der Geld-motivierte.

Wenn man davon ausgeht, daß niemand alles wissen kann, auch nicht auf dem Gebiet nur eines der zitierten Kraft- und Begabungspotentiale, ist es also bei jedem individuellen Produzentenprofil wichtig, die prozentuale Mischung der einzelnen Elemente festzustellen, *bzw. durch eine fundierte Ausbildung zu steuern.* Ein Beispiel: 60 % Idee, 10 % künstlerisches Potential, 10 % Mittel, 20 % Geld, ergeben eine anteilige Mischung von Kenntnissen und Fähigkeiten eines Ideenmotivierten Produzenten, der auf den anderen drei Gebieten durchaus beschlagen ist.

b) *Unter juristischen Gesichtspunkten.*

»Wir haben heute soviel darüber gehört, was ein Film ist, wie ein Film verkauft wird, wie ein Film gestaltet wird, also wie ein Drehbuch bis zum Verleiheinsatz verarbeitet wird. Aber unter juristischen Gesichtspunkten ist ein Film nichts anderes als ein Bündel von Rechten und Rechtspositionen - und zwar ein Bündel, das in der Position des Produzenten zusammengefaßt wird. Ob man dabei nun der amerikanischen Doktrin folgt, die da lautet, daß der Produzent selbst der Urheber des Films ist; oder ob man mehr der kontinental-europäischen Meinung und Doktrin angehört, nach welcher sich alle Urheberrechte durch Abtretung in der Person des Produzenten bündeln; oder ob man der speziellen deutschen Doktrin seit dem Urheberrechtsgesetz 1965 folgt, in dem zwar der Filmproduzent kein Urheber ist, aber ein urheberrechtliches Leistungsschutzrecht hat - wenn ich also ein »besonderes Schutzrecht« des Produzenten ausgestaltet bekommen habe. Immer ist klar, daß der beträchtliche finanzielle, technische, organisatorische und auch gestalterische Aufwand des Produzenten es erfordert, daß er über alle Rechte zur

Durchsetzung eines Films auf dem Markt verfügen muß. Grundsätzlich verfügt er auch darüber. Seine Rechtsposition ist sehr stark, und dort, wo sie schwach ist oder schwächer geworden ist, ist sein Kampf um die Stärkung dieser Position meist von Erfolg gekrönt«.[3]

Der Produzent, gleich welchen Kreativitätsgrades ist also in jedem Fall auch Inhaber eines Bündels von Rechten, was ebenfalls in einer fundierten Ausbildung berücksichtigt werden muß.

c) *Über die Produktionsbedingungen und das unternehmerische Risiko.*

Für die Herstellung von Film-, TV- und Videowerken jeder Art lassen sich in Abhängigkeit von den Produktionsbedingungen vier Kategorien von Produzenten herauskristallisieren:

- der freie Produzent
- der Auftragsproduzent
- der freie Auftragsproduzent
- der angestellte Produzent

Die Herstellung von Fernseh-, Video- und Filmwerken ist hochkomplex und mit hohen Risiken behaftet. Die Unterschiede zwischen den vier Grundkategorien von Produzenten sind letztendlich in Maß und Höhe folgender Risiken begründet:

- des Finanzierungsrisikos
- des Fertigstellungsrisikos
- des Verwertungsrisikos.

Das höchste Risiko bei einem Projekt ist natürlich die *Finanzierung*. Der bayerische Sinnspruch »Ohne Goid schpuild koa Musi ned« gilt hier besonders. Die Basis für eine sinnvolle und schrittweise Finanzierung bildet dabei

- das Paket: aus dem englischen *package* übersetzt, beinhaltet Drehbuch, Produzent, Regisseur, Hauptbesetzungen bei Darstellern und Team, Drehplan, Kalkulation und Finanzierungsplan.
- oder die Bibel: aus dem englischen bible übersetzt, bedeutet eine ausführliche schriftliche Projektpräsentation für Serienkonzepte. Die Bibel besteht aus dem package, den Folgetiteln samt story outline, Drehbüchern für mehrere Folgen, Familienstammbäumen und Erläuterungen.

Die Schrittfolge der Gesamtfinanzierung läuft über die Finanzierung der Stoffentwicklung zur Finanzierung der Projektentwicklung und schließlich zur Produktionsfinanzierung des Projektes.

Das *Fertigstellungsrisiko* ist jeder Produktion stets immanent, denkt man nur an Tod oder plötzliche schwere Krankheit oder Verletzung der Hauptdarsteller. Dies läßt sich zwar durch spezielle Filmversicherungen mildern, kann aber doch zum endgültigen Abbruch einer Produktion führen.

Ein weiteres Risiko ist das Versiegen einer Finanzierungsquelle während der laufenden Produktion. Dies kann zumindest zum vorläufigen Abbruch führen,

3 R. Kreile in »Anstöße«, München 1990 (S. 91).

wenn keine Überbrückungsfinanzierung besorgt werden kann, bis die verstopfte Quelle wieder sprudelt.

Trotz der genannten Risiken sind in Deutschland abgebrochene und nicht fertiggestellte Produktionen selten. Dies dürfte mit dem hohen professionellen Standard der Produktions- und Herstellungsleiter zusammenhängen.

Eine Film-Spezialversicherung für diese Art von Risikominimierung ist die Fertigstellungsgarantie oder completion bond. Er ist bei »normalen« deutschen Produktionen kaum gebräuchlich. Bei internationalen Großproduktionen, insbesondere bei Koproduktionen ist es jedoch die Regel, um den oft vielfältigen Finanzierungsmodellen eine Basis zu geben. Die Bedingungen für den completion bond sind kompliziert, der Druck der Kontrolle ist keineswegs zu unterschätzen, und er ist auch nicht das Allheilmittel im ernsten Krisenfall.

Das *Verwertungsrisiko,* oder betriebswirtschaftlich gesprochen, das Absatzrisiko, hat naturgemäß verschiedene Grade. Auftragsproduktionen haben ihre sicheren Distributionswege. Sie werden gezielt hergestellt und erfüllen am point of sales ihren Zweck. Hier gibt es also kein Absatzrisiko.

Bei einem frei, ohne Auftrag, für den Markt hergestelltem Produkt jedoch, sei es im Video-, im TV- oder im Kinofilmbereich, ändert sich die Sachlage schlagartig. Zwar gibt es auch hier sichere Distributionswege, bis es das Publikum erreicht, aber das Werk muß sich von Anfang an in verschiedenen Verkaufsstadien »bewähren« und akzeptiert werden.

Bei einem frei produzierten Werk entscheidet das Publikum über die weitere Verwertungskette. Bei guter Resonanz kann weiter verkauft werden, theoretisch unbegrenzt dahin, wo Rechte frei sind. Bei schlechter Resonanz ist es wie in jeder Wirtschaft: Ladenhüter will niemand haben!

Die genannten Risiken betreffen und prägen also auch den jeweiligen Produzententyp in verschiedener Weise; dies wollen wir im folgenden untersuchen:

Der freie Produzent

Der »freie« Produzent ist unabhängig. Er produziert nicht für andere Auftraggeber. Er unterwirft sich nicht vorgegebenen Zeitplänen, festgelegten Produktionsbudgets oder vorgeschriebenen Themen. Er oder sie (die freie Produzentin ist glücklicherweise längst in diese ursprüngliche Männerdomäne eingedrungen) suchen sich eigene Stoffe, realisieren sie mit den Künstlern und dem Personal, daß er/sie sich selbst aussuchen zu einer Zeit, die ihnen paßt, und mit einem Budget, das sie und nur sie für richtig halten. - Der freie, ungebundene, niemanden verpflichtete Produzent: welche Freiheit! Welche Erfüllung! Welches Glück! . . . Welch verdammtes Risiko!!!

Wirklich frei, wirklich unabhängig ist natürlich niemand, auch nicht der »freie Produzent«. Mancher mag glauben, von Banken, Mitarbeitern, TV-Sendern oder werbetreibender Wirtschaft und anderen Faktoren und Einflüssen unabhängig zu sein. Möglich. - Abhängig in jedem Fall ist er von seinem Publikum. Der freie Filmproduzent entscheidet in der Tat über die Stoffe, die er verfilmen will; über die Richtung, das Klima und den »look« seines Filmes. Wenn er mit ganzem Einsatz (und Herzblut) seinen Film herstellt, jedoch die Kinos leer bleiben, dann hat unser Produzent ein gewaltiges Absatzproblem: Ein Kinofilm, der im Filmtheater nicht geht, ist ein Flop. Nach aller Erfahrung läßt sich der Film dann nur schwer weiter vertreiben. Ein Inlandsverkauf an einen Fernsehsender ist vielleicht noch möglich. Eine Videoverwertung kaum. Auslandsverkäufe sind nach dieser Sachlage nicht mehr zu erwarten. Die ganze Wucht des Verwertungsrisikos trifft also unseren Produzenten.

Aber vielleicht ist das Verwertungsrisiko für jenen Produzenten nicht so hoch, der bis auf knappe 15 % Eigenanteil alles über Fördermittel finanziert bekommen hat? Er hat gar kein Verwertungsrisiko, könnte man meinen, da er kein Finanzierungsrisiko eingegangen ist; deutsche Fördermittel sind nicht an Erfolg geknüpft. Aber wovon lebt der Mann oder die Frau während der (mindestens) drei Jahre, die ein Film von der Stoffentwicklung bis zur Kinopremiere benötigt? Wie werden Bankkredite, Überziehungszinsen, Avalprovisionen zurückbezahlt? Von welchen Einspielgewinnen werden Stoffsuche und Entwicklung für die nächsten Projekte finanziert? Und Büro, Telefon, Fax, Personal? Ergeben sich keine Rückflüsse, keine Gewinne, keine Rücklagen, kann all das genannte nicht bezahlt werden. Unser Produzent ist ein erhebliches Finanzierungsrisiko eingegangen und hat auch bei diesem Beispiel Pech gehabt.

Das Fertigstellungsrisiko setzt bei jedem herzustellenden Film erneut ein. Kein Produzent entgeht ihm.

Der freie Produzent oder die freie Produzentin gehen das höchste Risiko ein, das die Filmbranche kennt. Alle drei Hauptrisiken stehen gegen die Chance des unabhängigen Erfolgs. In Deutschland ist das ein lebensgefährliches Unterfangen. So ist es bisher auch undenkbar, daß freie Einzelproduzenten in Deutschland Fernsehprogramme ohne Auftrag eines Senders entwickeln, finanzieren und auf den Programm-Märkten verkaufen.

Der Auftragsproduzent

oder die Auftragsproduzentin vergeben nicht etwa Aufträge, sondern führen diese für einen Auftraggeber verantwortlich durch. Große und wichtige Auftraggeber sind die Fernsehanstalten, öffentlich-rechtliche wie auch zunehmend die privaten. Ebenso bedeutende Auftraggeber sind Wirtschafts-, Industrie- und Einzelunternehmen, Institutionen, Verbände, Landesregierungen, Gemeinden oder der Handel, die Industrie- und Imagefilme, Schulungs-, Lehr- und Dokumentationsfilme oder Werbefilme in Auftrag geben.

In aller Regel finanziert der Auftraggeber die Herstellungskosten zu 100 %. Der auftragsnehmende Produzent hat somit kein Finanzierungsrisiko, aber auch keinerlei Nutzungs- und Verwertungsrechte. Der Preis für die wunderbare Leichtigkeit eines solchen Produzierens ist der Mangel an Programmbesitz. Der Auftragsproduzent kann keine Lizenzverkäufe tätigen oder Wiederholungshonorare geltend machen, um mit diesen Erträgen neue Projekte zu entwickeln oder sogar herzustellen. Zumindest alle deutschsprachigen Rechte verbleiben bisher noch »für immer« beim Sender, selbst wenn der Auftragsproduzent teilweise mitfinanziert hat. Das blockiert ihm den gesamten heimischen Markt zur Refinanzierung. Es ist leicht zu verstehen, warum Programmbesitz heute ähnlich bewertet wird wie Immobilienbesitz. Der Auftragsproduzent stellt, ähnlich einem Schneidermeister, Maßgeschneidertes her. Der Kunde weiß genau, welchen Anzug er zu welcher Gelegenheit benötigt. Der Meister wiederum beherrscht die Kunst, genau nach Wunsch, fristgerecht und zum festgesetzten Preis zu arbeiten. Der Auftragsproduzent hat, wie der Schneidermeister, wenn er gut gearbeitet hat, kein Absatzproblem. Ihn trifft kein Verwertungsrisiko, denn sein Produkt ist ja für einen ganzen bestimmten Programmausschnitt konzipiert und geplant.

Das Fertigstellungsrisiko jedoch nimmt auch dem Auftragsproduzenten niemand ab. Er bekommt die vereinbarten Herstellungskosten plus in der Regel 7,5 % Handlungskosten und 6 % Gewinn aus der Gesamtsumme. Herstellen, also planen, vorbereiten, liefern muß er in eigener Verantwortung. Das ist sein unternehmerisches Risiko, wie aber gleichzeitig seine unternehmerische Chance.

Der reine Auftragsproduzent kann in dieser Tätigkeit ein anständiges Auskommen und seine berufliche Erfüllung finden. Es bleibt jedoch die Frage, inwieweit er »nur« der abhängige Herstellungsleiter der Auftraggeber ist, da er wohl das Herstellungsrisiko trägt, aber ansonsten keine weiteren Anreize oder Vergütungen für seine komplexe und risikobehaftete Tätigkeit erhält.

Der freie Auftragsproduzent

Der freie Auftragsproduzent hat seinen Platz zwischen den Risiken des ganz freien und den Einschränkungen des reinen Auftragsproduzenten. Er tut konsequent all das, was ein auftragnehmender Hersteller zu tun hat. Dabei ist sein unternehmerisches Ziel, sich durch effizientes Wirtschaften Freiräume zu schaffen, in denen er sich mit seinen eigenen Produkten »verwirklichen« kann.

Die Kombination von unternehmerischem Risiko und Existenzsicherung erscheint als eine geglückte Synthese. Zum einen federn die verläßlichen Konditionen des sicheren Auftrages die hohen Risiken des ganz frei Produzierenden ab. Zum anderen kompensiert die Herausforderung, neue Projekte ohne Auftrag zu entwicklen und auf dem Markt erfolgreich zu verkaufen, die mögliche Einengung des kreativen Bereichs durch das Regelwerk der Auftragvergabe.

Der angestellte Produzent

Der freie und der auftragnehmende Produzent sowie der freie Auftragsproduzent sind ihrer Tätigkeit nach Hersteller. Das kann man vom fest angestellten Produzenten nicht sagen. Seine Tätigkeit ähnelt mehr der des Redakteurs an einem öffentlich-rechtlichen Sender. Deren Schwerpunkt liegt auf der Stoffauswahl und der dramaturgischen Bearbeitung. Sie haben praktisch keine finanzielle Verantwortung.

In der freien Wirtschaft sind deshalb, besonders als Anfänger-Produzenten in fester Anstellung, diejenigen gesucht, die gute Stoffentwickler sind. Von der dramaturgischen Aufbereitung, manchmal auch von der Stoffsuche und von originellen Stoffvorschlägen her, wächst der derart fachlich Vorgebildete auch in die Verantwortung der Herstellung hinein. Eine ebenfalls gute Ausgangslage ist das Können im organisatorischen Produktionsbereich, wo sich, je nach Begabung, mehr der durchführende Produzent entwicklen kann. Diese Möglichkeit der Festanstellung bieten freilich nur große Gruppen, Firmen oder die drei Studiogesellschaften, die zur Zeit in Deutschland bestehen.

Bei Produktionsgesellschaften, die überwiegend TV-Aufträge realisieren, spannt sich das Tätigkeitsfeld des angestellten Produzenten von der Serienkonzeption bis zur Entwicklung von Fernsehspielen. Neben den anspruchsvolleren Programmen kommt die Entwicklung (meist ist es die Adaption von gekauften Formaten) und die Betreuung von Gameshows und Gesprächssendungen im Studio als Tätigkeit in Betracht. Produzentische Verantwortung erstreckt sich weiter auf die Kontaktpflege zum Sender-Redakteur, auf das Verhandeln der Kalkulation und der Durchführung des Projektes, beides zusammen mit dem Produktionsleiter. Hinzu kommt, je nach Talent und Format, die Mitsprache bei den künstlerischen Elementen wie die Auswahl der Regie und mit dieser zusammen, die Besetzung der Darsteller und der Schlüsselpositionen im Team. Oftmals sind hier spezielle Wünsche des Redakteurs oder des Senders zu berücksichtigen.

Die finanzielle Verantwortung des angestellten Produzenten oder der angestellten Produzentin für deren Tun trägt letztendlich die Firma, der Firmeninhaber oder die Gesellschafter. Es heißt also für ihn nicht, blauäugig und sorglos in den Tag hinein, künstlerisches abzusondern. Er oder sie muß sehr wohl wirtschaftliche Zusammenhänge und ökonomische Zwänge berücksichtigen, die ein scharfer Wettbewerb innerhalb der Fernsehindustrie mit sich bringt. Mehr und mehr gehen deshalb Produktionsfirmen mit mehreren angestellten Produzenten dazu über, diese auch in die finanzielle Gesamtverantwortung einzubinden.

II. *Ausbildung tut not. Wege und Ziele*

Die Entwicklung, Herstellung und Vermarktung von Film- und Fernsehwerken erfordert also hochspezialisierte Kenntnisse und Fähigkeiten, die dem für eine solche Tätigkeit Begabten in einer gezielten Ausbildung vermittelt werden müssen. Wie schon erwähnt, hat Deutschland eine lange Tradition sowohl im filmwirtschaftlichen als auch im filmkünstlerischen Bereich. Umso verwunderlicher, daß gezielte Ausbildungsgänge erst viel später als in anderen Filmnationen eingerichtet wurden, und diese zunächst nur im filmkünstlerischen Bereich. Was ist also seit Erfindung der Kinematografie und der späteren Einfühung des Fernsehens im Ausbildungsbereich geschehen?

1. *Beginn und Entwicklung der Film- und Fernsehausbildung*

1919 wurde die älteste Hochschule der Welt in Moskau gegründet, die VGIK, das Staatsinstitut für Kinematographie.

1929 folgt die Filmabteilung der University of Southern California (USC) in Los Angeles.

1935 nahm das Centro Sperimentale di Cinematografia in Rom seinen Betrieb auf.

1944 wurde die französische Filmschule IDHEC, Institut de Hautes Etudes Cinematographiques, gegründet (1986 überführt in die FEMIS, Fondation Européenne des Métiers de l'Image et du Son).

Nach dem zweiten Weltkrieg kamen weitere Schulen hinzu:

1948 die Polnische Nationale Hochschule für Film, Fernsehen und Theater in Lodz.

1954 gründete die damalige DDR die Hochschule für Film und Fernsehen »Konrad Wolf« in Potsdam/Babelsberg

1962 In der Bundesrepublik Deutschland formulierten die Filmschaffenden das »Oberhausener Manifest«. Außer der Behauptung »Opas Kino ist tot« stellten sie die Forderung auf nach der Erneuerung des deutschen Filmschaffens wie auch nach Errichtung von Filmakademien, Forschungs- und Entwicklungsinstituten (wie z.B. das Institut für Filmgestaltung in Ulm) als Grundlage für einen neuen deutschen Film im internationalen Zusammenhang. Diese fordernde Haltung war durchaus verständlich, denn weit und breit war keine Initiative für Abhilfe dieses schweren Defizits zu sehen. Weder von privatwirtschaftlicher Seite noch vom Bund oder von den Ländern. Ein gründlicher Neuanfang war endlich fällig.

1966 wurde in Westberlin die Deutsche Film- und Fernsehakademie Berlin, DFFB, ins Leben gerufen.

1967 nahm die Hochschule für Fernsehen und Film in München, HFF, ihren Lehrbetrieb auf.

Damit hat die Bundesrepublik Deutschland im Vergleich zu anderen Ländern erst spät nachgezogen. »Die jahrelang verzögerte Gründung von DFFB und HFF München hat für die beiden Schulen erhebliche Nachteile gebracht. Mit der Ausbildung wurde nämlich erst begonnen, als zum einen die Situation des westdeutschen Films so desolat war, daß es für experimentierenden Nachwuchs kaum Chancen gab, und zum anderen die Strukturen des Fernsehens bereits so festgefügt waren, daß es für neue Anstöße nur wenig Platz gab«.[4]

Die Ausbildung in allen genannten Schulen konzentrierte sich im wesentlichen auf Regie (Dokumentar- und Spielfilm) und Technik (Kamera, Schnitt, Lichttechnik) bei manchen kam eine Drehbuchklasse oder ein Studiengang für Ausstattung (Szenenbild, Bauten, Kostüm) hinzu.

2. *Die Ochsentour*

Für Produktionsleiter und Produzenten gab es hingegen für lange Zeit keine institutionalisierte Ausbildung. Und bis heute gingen und gehen viele den Weg der »traditionellen Ochsentour«, der bestimmt ist von der Erkenntnis »learning by doing«. Es gibt hierfür keine Vermittlungsstellen, jeder muß sich seine Kontakte selbst knüpfen, um zum Beispiel ein Praktikum zu ergattern.

Wie sieht dieser steinige Weg durch die Praxis aus? Der brennende Wunsch, zum Film oder Fernsehen zu wollen, ist Voraussetzung. Beharrlichkeit und das

4 Pflaum, Hans Günther und Prinzler, Helmut »Film in der Bundesrepublik Deutschland; Der neue deutsche Film - Von den Anfängen bis zur Gegenwart. Ein Handbuch, München 1984 (S. 105).

Vermögen zu dienen, gepaart mit Glück, sind unverzichtbare Zutaten. Energie, Fleiß und immer wieder Glück weisen den Weg »vom Fahrer zum Produzenten«. Häufig stimmt sogar diese Legende, aber Zwischenschritte wie die Tätigkeiten des 2. und 1. Aufnahmeleiters oder die des Regie- und Produktionsassistenten sind von großer Bedeutung. Diese »hinführenden Berufe« ergeben erst die wirkliche Basis für den Beruf des Produzenten. Eine wohl mehr neumodische Form von hinführenden Berufen sind die von Moderatoren, Präsentatoren, Fachjournalisten oder Spezialautoren für gewisse Fernsehprogramme. Wenn diese Sendungen, meist agressive Talkshows von Privatsendern, erfolgreich sind, können die genannten Berufsgruppen ihre eigenen Sendungen produzieren (meist zusammen mit erfahrenen Produzenten).

Der eigentliche Einstieg in den langen Marsch durch die Hierarchien sind in aller Regel Hospitanzen und Praktika bei Fernsehsendern oder bei Fernseh- und Filmproduktionsgesellschaften. Sie waren bis zur Einführung von Produktionszweigen an den vorgenannten Hochschulen überhaupt die einzige Möglichkeit, Erfahrungen zu sammeln. Hospitanzen und Praktika bieten für den, der sich bei der Arbeit bewährt, einen guten Einstieg. Wer es sich leisten kann, unentgeltlich oder für eine kleine Pauschale bei einem Film- oder Fernsehprojekt mitzuarbeiten, hat die Chance - wenn er sich bewährt - vielleicht schon beim zweiten oder dritten Mal bei fast normaler Bezahlung mitmachen zu können.

Auch Filmhochschüler sind immer auf der Suche nach Mitarbeitern, die keine Gage verlangen. Dies ist eine weitere sehr gute Möglichkeit, sich erste Kenntnisse einer Produktion anzueignen. Besonders deswegen, weil man bei kleineren Produktionen alles mitmachen kann und sich auch mal den einen oder anderen Fehler leisten darf.

Hat man einmal den Einstieg geschafft, sich bewährt und die Ochsentour zum Beispiel bis zum 1. Aufnahmeleiter oder gar zum Nachwuchsproduktionsleiter durchlaufen, weiß man allerdings immer noch sehr wenig über die eigentliche Arbeit des Produzenten, außer vielleicht, daß er Geld und Aufträge beschafft.

Hohe Motivation, Eigeninitiative, der Wunsch zu lernen und das Vermögen, sehr viel arbeiten zu wollen, sind auf dem Weg zum Produzenten ausdrücklich angesagt. Dies alles ist keine garantierte Eintrittskarte zum »erlauchten Kreis der Erfolgreichen«. Meist hilft nur der Sprung ins kalte Wasser: man muß selbst den entscheidenden Schritt tun und sein erstes Werk produzieren. Das sagt sich einfach, ist aber in Wirklichkeit sehr komplex. Aber es ist der Weg, den viele erfolgreich gegangen sind.

Die sinnvolle und schöne amerikanische Methode des »learning on the job« gibt es im Falle des Produzenten bei uns leider immer noch viel zu selten. Was spricht dagegen, auch bei uns den »assistant to the producer« - also den Assistenten des Produzenten - zum Zwecke des Nachwuchstrainings endlich zu etablieren (und nicht nur als Parkposition für Freundinnen oder Titel für überflüssige Kaffeeholer).

Die Ochsentour hat heute immer noch ihre Berechtigung und Gültigkeit. Neu hinzugekommen sind institutionalisierte, praxis-orientierte Ausbildungswege, die jedoch ebenfalls keinerlei Garantie auf Berufseinstieg oder gar Berufserfolg gewähren können.

3. *Annäherungen an eine Produzentenausbildung*

Viele der europäischen und der amerikanischen Filmschulen hatten und haben den Bereich »Produktion« entweder in die Gesamtausbildung integriert oder als kleineren Studiengang. Dabei wird Produktion stets als Produktionsorganisation, als die Ausbildung zum Aufnahme- oder Produktionsleiter verstanden, fast nie aber im Sinne von Produzieren.

Eine Ausnahme machte das Peter Stark Motion Picture Producing Program, das 1979 von der USC School of Cinema-Television speziell zur Ausbildung von »kreativen Produzenten« ins Leben gerufen wurde. In ihm ist ein zweijähriges Intensivstudium mit so starken Praxisanteilen verbunden, daß an seinem Ende nicht nur der akademische Grad (M.A.) steht, sondern für die jeweils kleine und handverlesene Gruppe der Absolventen auch der direkte, erfolgreiche Einstieg ins Berufsleben des Produzenten.

In Deutschland war das anders:

Bei der DFFB in Berlin etwa ist Produktion in das Studium generale integriert. An der Münchner HFF leisteten diese Ausbildung vor Errichtung einer Produktionsabteilung die Regiestudiengänge. Produktionsausbildung lief eher nebenher als gezielt. Von einer planmäßigen Ausbildung zum Produzenten konnte keine Rede sein. Trotzdem sind eine ganze Reihe von Produzenten aus beiden Schulen hervorgegangen. Dies spricht für die Grundbegabung und Kraftpotentiale der damaligen Studentinnen und Studenten.

Zum 25-jährigen Jubiläum der HFF München schreibt Reinhold Kreile ihr ins Stammbuch:

Nach den ersten 10 Jahren wissen diejenigen, welche eine neue Hochschule geplant, durchgesetzt und dann aufgebaut haben, ob die Konzeption für die Hochschule richtig war und sich ihre Ausgestaltung bewährt.

Die erste Prüfung, die die Hochschule zu bestehen hat, ist die Akzeptanz; Ob nämlich die Studenten auch kommen und den für sie geplanten neuen Ausbildungsweg zusammen mit ihren Dozenten beschreiten wollen. Nach etwa 10 Jahren, wenn die zweite Studentengeneration ihren Studienweg beendet hat, sieht sich eine solche neue Hochschule aber vor die entscheidende Prüfung gestellt: Ob nämlich die Studenten das, was sie erlernt haben, das was ihnen gelehrt wurde, aus Erfahrung und methodischer Präsenz in der Wirklichkeit des Lebens umsetzen konnten. Kurzum: Als die ersten großen Filme und Fernsehfilme der Absolventen der Hochschule für Fernsehen und Film gestaltet waren, sie sich auf einem Markt, der aus einer nur schwer nachvollziehbaren Mischung aus Kunst, Wirtschaftlichkeit, Spiel und Unterhaltung besteht, durchzusetzen begannen, wußten die Gründer und »Macher« der Hochschule, daß ihr Gestaltungskonzept aufgegangen ist. Aber sie spürten gleichzeitig: Der Ausbildungsweg bedarf einer Erweiterung. Wer die Hochschule für Fernsehen und Film absolviert, will und soll nicht nur die Fähigkeiten entwickeln und erlernen, Fernsehfilme und -spiele, Unterhaltungs- und Dokumentarfilme zu »machen«.

Das, was hierzu an wissenschaftlicher Kommunikationslehre und Ausbildung auch in Technik und Kameratechnik gehört, bedarf der Ergänzung durch wirtschaftliche Einsichten und deren praktische Umsetzung. So entstand der Gedanke, eine Abteilung aufzubauen, in welcher für den gesamten Bereich der Fernsehwirtschaft, der Filmindustrie, darüber hinaus aber auch für den Bereich der elektronischen Medien die betriebs- und volkswirtschaftlichen Grundlagen gelehrt und praktisch erfahren werden sollten. Wer in der neu geschaffenen Abteilung »Produktion und Medienwirtschaft« drei- und nunmehr wohl bald vier - Jahre gründlich mitgearbeitet hat, sollte - so der Gedanke der Gründer und Wegbereiter - die Fähigkeit haben, Produktionsleiter und Produzent zu werden; im Rahmen einer Film- und Fernsehproduktion alle organisatorischen, kaufmännischen und wirtschaftlichen Arbeiten fachgerecht zu übernehmen, insbesondere die Herstellungsleitung, Planung und Durchführung der öffentlichen und privaten Finanzierung; sollte die Betriebsabrechnung einer Fernseh- und Filmproduktion kennen und handhaben können, sollte wissen, daß die arbeitsteilige Welt der Medienindustrie ein vielgestaltetes Arbeits- und Sozialrecht kennt, das von Land zu Land verschieden ist, das aber richtig koordiniert werden muß, wenn der Organisationsablauf der Filmherstellung gewährleistet werden soll; er sollte nicht nur die rechtlichen Grundlagen der Filmproduktion im urheberrechtlichen Bereich kennen und beachten lernen, sondern er sollte auch die öffentlich-rechtlichen und privatrechtlichen Gestaltungsprinzipien und Grenzen der Medienstruktur so vertieft kennenlernen, daß er in der späteren Praxis dann mit diesem »dualen System« umzugehen weiß.[5]

III. *Es ist erreicht.*

1988 schließlich wird in Deutschland erstmalig eine Ausbildung zum Produzenten institutionalisiert. Es handelt sich um die Abteilung Produktion und Medienwirtschaft an der Hochschule für Fernsehen und Film in München. Professor Dr. Reinhold Kreile leitet diese Abteilung seit ihrem Beginn.

Andere Bundesländer erkennen die elementare Bedeutung dieses Studienganges und ziehen nach:

1991 gründet Baden-Württemberg eine eigene Filmakademie in Ludwigsburg mit einem Studiengang Produktion. Ab Wintersemester 1993/94 wurde der endgültige Ausbau dieses Studienganges erreicht.

Die Hochschule für Film und Fernsehen in Potsdam/Babelsberg arbeitet zur Zeit noch an einem neuen Curriculum für den Studiengang Produktion. Darin soll die Ausbildung zum Produzenten enthalten sein. Der alte Studiengang Produktion hatte seinen Schwerpunkt in der Ausbildung zum Aufnahme- und Produktionsleiter. Die Absolventen dieses Studienganges waren traditionell gut ausgebildet, hochangesehen und auch im Westen sehr begehrt. Diese besondere Qualität, wünscht man sich, sollte im neuen Curriculum erhalten bleiben.

5 R. Kreile in »25 Jahre HFF« (Jubiläumsschrift), 1992 (2.18).

1. *Das Münchner Modell*

Die Abteilung V »Produktion und Medienwirtschaft«

In diesem Studiengang, der seit 1992 Diplom-Studiengang ist, findet in acht Semestern die Ausbildung zum Produktionsleiter, Medienmanager und Produzenten statt. Neben den in einem strengen Aufnahmeverfahren geprüften Begabungsvoraussetzungen ist für ein Studium in der Abteilung Produktion und Medienwirtschaft eine einschlägige Vorbildung, z.B. ein mehrsemestriges Studium der Betriebwirtschaftslehre, der Volkswirtschaftslehre oder eines anderen, geisteswissenschaftlichen Studiums, von Nutzen. Die Bewerber sollten sich auch bei einer gelegentlichen ausführlichen praktischen Betätigung in einem Medienunternehmen eine deutliche Vorstellung vom Berufsfeld erworben haben, für das sie sich an der Hochschule vorbereiten wollen.

Die Kernbereiche des Curriculums sind:

- Prozeß der Produktion von der Stoffidee bis zur Sendung bzw. Premiere
- Struktur der Medienwirtschaft in Deutschland mit europäischen und internationalen Ausblicken
- Ausgewählte Themen der Betriebswirtschaftslehre und spezielle Buchführung
- Ausgewählte Themen der Führungslehre, der Persönlichkeitsentwicklung und des Managements
- Einführung in Marketing und Marktforschung
- Stoffentwicklung, Qualitätskriterien, Drehbuch- und Filmanalysen unter ästhetischen und ökonomischen Gesichtspunkten.

Der Lehrplan ergänzt sich im Zusammenwirken des Lehrangebots der Abteilung I in wissenschaftlicher Theorie und spezieller Rechtskunde und dem der Abteilung II in gestaltender Technik.

Der Praxisbezug des Studienganges Produktion und Medienwirtschaft ist besonders betont. Über 20 Wochen Praktika in wichtigen Bereich der Medienwirtschaft und mindestens zwei HFF-Produktionen sowie eine Werbefilmproduktion in Produktionsleiter- oder Produzentenfunktion sind für die Studierenden obligatorisch. Am Abschluß des Studiums steht das Diplom der Hochschule für Fernsehen und Film München.

Das Studium in der Abteilung V ist straff, streng und anspruchsvoll. Es birgt wenig Inkubationszeit, etwa für das Heranreifen von Drehbüchern oder eines Inszenierungskonzeptes wie in den anderen Abteilungen. Es bietet aber ein besonders breites Lehrangebot, das, in fast schulischer Form, zielgerichtet und damit effizient den Zugang zum Medienmarkt und dessen Berufsfeldern eröffnet.

CILECT (Centre International de Liaison des Ecoles Cinema et de Télévision) der Weltverband der etablierten Ausbildungsstätten für Film und Fernsehen hat im Oktober 1992 die Entwicklung eines globalen Ausbildungsprogramms für Produzenten als ein CILECT-Projekt beschlossen. Die Produzentenausbildung der Münchner Hochschule für Fernsehen und Film wird hierfür als richtungsweisend zugrunde gelegt.

2. *Ausblick*

Kann man zum Produzenten wirklich ausbilden? Eingangs beleuchteten wir das Produzentenbild und stellten eine Fülle von notwendigen Eigenschaften fest, die zum Teil persönlichkeitsbedingt und nur zum Teil erlernbar sind.

So wollen wir uns an die eingangs selbstauferlegte Bescheidenheit halten:

In der Ausbildung zum Produzenten erscheint ein zwei-Schritt-System angezeigt:

- Vermittlung von Kenntnissen und Fähigkeiten, die erlernbar sind; dies wird auf jeden Fall zur Ausbildung des voll qualifizierten Produktionsleiters führen.
- Förderung und Weiterbildung aller vorhandenen Begabungsansätze, die einen späteren Weg als Produzent(in) erkennbar werden lassen. Damit kann Rüstzeug dem mitgegeben werden, der sich später als Produzent betätigen will. Durchsetzen wird er sich selber müssen.

Lassen wir hierzu dem Pionier Reinhold Kreile das letzte Wort:

Kurzum: Wir haben uns bemüht, einen Ausbildungsweg zu planen, der in der Theorie die Grundlagen festigt, die man dann in der filmischen Wirklichkeit und Praxis braucht.

Wer sich bei dieser Abteilung bewirbt - und dies gilt sowohl für männliche als auch weibliche Bewerber (und mit großer Freude können wir feststellen, daß der Prozentsatz unserer Studentinnen erheblich ist, ihre Leistungen und Vorleistungen ausgezeichnet sind) -, muß jedoch einen besonderen Bezug, eine hervorstechende Affinität zu dem Medium haben, dem er sein Studium und voraussichtlich sein Leben widmet, nämlich dem Fernsehen und dem Film.

Zu Beginn des Studiums - wenn er sich zur Aufnahmeprüfung meldet - muß der Student ahnen, und am Ende seines Studiums an unserer Abteilung muß er wissen, daß die Gestaltung eines großen Kunstwerkes auch auf Organisation und Planung, Detailversessenheit und der Lust an der Perfektion beruht. Insofern ist also »Produktion und Medienwirtschaft« nicht nur ein wichtiger, sondern ein nicht wegzudenkender Teil der Kunst, um die es uns allen geht.[6]

---

6 R. Kreile (wie 5) a.a.O.

Franz Klein

Der Steuerpolitiker Reinhold Kreile im Deutschen Bundestag

Der Jubilar begegnete mir in den ersten Tagen seiner Mitgliedschaft im Deutschen Bundestag im Herbst 1969 zum ersten Male. Die Begegnung fand in der Parlamentarischen Gesellschaft in Bonn statt, wo ich mit ihm und dem unvergeßlichen Wolfgang Pohle zu einem Gespräch über die neue, die sozial-liberale Bundesregierung zusammentraf. Bundesfinanzminister Alex Möller hatte mich gerade zum Leiter der Steuerreformgruppe ernannt und wir besprachen die Situation im Bundesfinanzministerium nach dem Regierungswechsel.

Aus der Literatur war mir der Jubilar bereits als profunder Kenner des Steuerrechts geläufig. Inwieweit er auch schon Steuerpolitik, insbesondere Steuergesetzgebungspolitik betrieben hatte, weiß ich heute nicht mehr. Seit diesen Tagen schätze ich den Jubilar als einen Nachdenklichen und Beharrlichen, einen Bedächtigen und Gelassenen und einen Verläßlichen und Getreuen.

Er hat die Gabe, ohne Aufdringlichkeit sein Wollen anderen zu vermitteln, ja, wenn es notwendig ist, sie zu bewegen, mit ihm zur Verfolgung seiner Ziele zusammenzuarbeiten. Hektik ist ihm fremd, auch wenn ihn der Terminkalender jagt. Er weiß die Spreu vom Weizen zu trennen und sucht sich von Verpflichtungen frei zu halten, deren Ertrag ihm zweifelhaft erscheint. So konnte er stets, wenn es notwendig war, angesprochen werden. Er hatte Zeit und Ruhe zuzuhören und man erhielt von ihm immer eine klare und begründete Meinung. Er suchte geradezu das Gespräch mit den Fachleuten aus den Ministerien und konnte sich so in Steuerpolitik und Steuergesetzgebungspolitik sehr schnell hereinfinden.

Der Jubilar liebt die leisen Töne, »ich mache mir nichts aus dem Rummel um Personen«, sagt er bescheiden und vermied alles, um nicht durch Gerede ins Gespräch zu kommen. Sein Leitziel in der Opposition war: Wir müssen aufeinander zugehen, irgendwie, das betonte er immer wieder. »Irgendwie wollen wir doch alle das gleiche.« Von diesen Grundsätzen waren auch seine Reden im Deutschen Bundestag geprägt.

Seine Kritik war immer glasklar, aber nie verletzend. Sein erstes Auftreten im Bundestag betraf die Besteuerung der Veräußerungsgewinne beim Verkauf landwirtschaftlicher Grundstücke.[1] Die Vorlage der Bundesregierung war geprägt von Hilflosigkeit. Die vom Bundesverfassungsgericht aufgeworfenen Zweifelsfragen wurden in dem Entwurf durch die Bundesregierung mit der schlechtestmöglichen Alternative für den Steuerpflichtigen beantwortet. Für den Jubilar war typisch, daß er das Wort von Bundesminister Ertl zitierte: Man wolle »gemeinsam um die

---

1 Deutscher Bundestag, 6. Wahlperiode, Sten.-Protokoll der 112. Sitzung vom 31. 3. 1971, S. 6644 f.

beste Lösung ringen, die wir auch im Interesse der Allgemeinheit der Landwirtschaft und vor allem den betroffenen Menschen schuldig sind«. Er zog sich dann ohne jede Polemik auf den Beschluß des Bundesverfassungsgerichts vom 11. Mai 1970 zurück, in dem das Gericht feststellte, es sei verfassungswidrig, mit dem Gleichheitssatz des Artikels 3 nicht vereinbar, die Veräußerung oder Entnahme von Grund und Boden durch Landwirte steuerfrei zu lassen. Was einem bei dem Gesetzentwurf der Bundesregierung aber wundere, sei die Sicherheit, mit der die Bundesregierung alle Zweifelsfragen, die das Bundesverfassungsgericht aufgeworfen habe, in einer Weise beantwortete, die stets für den Steuerpflichtigen die schlechtestmögliche Lösung darstellte.

Der Jubilar war immer der Meinung, der Gesetzgeber sollte sich nicht mit Gesetzen blamieren, die niemand aus Überzeugung befolgt und die er im Ernstfalle auch nicht durchsetzen kann.

Bereits in dieser ersten Rede stellte der Jubilar entscheidend auf den verfassungsrechtlichen Vertrauensschutz ab. Vertrauen war für ihn das, was die Politik als Sorge um das Gemeinwohl vermitteln müsse. Der verfassungsrechtliche Vertrauensschutz verlange ganz eindeutig, daß eine rückwirkende Belastung des Steuerpflichtigen nur dann möglich sei, wenn der Steuerpflichtige genau wußte, wie er belastet werden würde. Nicht daß er belastet wird, sondern wie er belastet wird, sei das Entscheidende. »Gerade in diesem Fall der Rückwirkung eines, den Staatsbürger belastenden Gesetzes, eine Maßnahme, die nur in ganz ungewöhnlichen Fällen und vom Bundesverfassungsgericht genau vorgezeichnet beschlossen werden kann, zeigt sich: Der Kampf um im Grundgesetz verbriefte Kompetenzen ist auch hier ein Kampf um den Rechtsstaat.«

Der Kampf um den Rechtsstaat bleibt das große Thema des Jubilars, so lange er dem Bundestag angehört. Für den Jubilar steht der Vertrauensschutz des Staatsbürgers höher als gesellschaftspolitische Vorstellungen und Wünsche der Parteien. Für ihn gebietet das Selbstverständnis des Parlaments, die Rechtssicherheit über alle anderen Rechtsgüter zu stellen. Der Staatsbürger muß auf die Gültigkeit eines Gesetzes vertrauen können. Er zitiert[2] das bedeutende Urteil des Bundesverfassungsgerichts zur Rückwirkung vom 19. Dezember 1961, in dem ausgeführt wird, »soweit Steuertatbestände an Handlungen anknüpfen, muß also die Rechtsfolge bereits im Augenblick des Handelns gesetzlich vorgesehen sein. Daraus folgt, daß die Steuergesetze grundsätzlich nur solche Tatbestände erfassen dürfen, die erst nach ihrer Verkündung eintreten oder sich vollenden. Aus dem Grundsatz der Rechtsstaatlichkeit läßt sich daher der Verfassungsrechtssatz ableiten, daß belastende Steuergesetze grundsätzlich ihre Wirksamkeit nicht auf abgeschlossene Tatbestände erstrecken dürfen.« Er wendet sich in seinem Beitrag dagegen, daß man die Grenzen zwischen echter und unechter Rückwirkung formal verschiebt aber materiell die echte Rückwirkung beläßt.

Ein weiteres Merkmal des Jubilars ist, daß er nie etwas von Schlagworten gehalten hat. Das kommt bereits in seinem zweiten Redebeitrag zum deutsch-schweizerischen Doppelbesteuerungsabkommen vom 16. März 1972 zum Ausdruck, wo er

2 Deutscher Bundestag, 6. Wahlperiode, Sten.-Protokoll der 131. Sitzung vom 27. 6. 1971, S. 7639.

ausführt,[3] »es ist zwar richtig, daß wir die Ausnutzung internationaler Steuervorteile verhindern müssen, soweit die steuerliche Gleichmäßigkeit beeinträchtigt und die Wettbewerbsfähigkeit unserer einheimischen Wirtschaft in Mitleidenschaft gezogen wird. Dies gehört, das möchte ich mit Nachdruck und gleich zu Beginn dieser Erklärung hervorheben, auch zu den vorrangigen steuerpolitischen Zielen der Opposition. Darin sind wir uns mit der Bundesregierung in der Sache einig, also in dem, was dort so gern als der ›Kampf gegen die Steuerflucht‹ bezeichnet wird. Doch verdeckt dieser verwaschene und mit gefährlichen Vorurteilen belastete Begriff der Steuerflucht einen großen Teil der Problematik, die bisher, gelegentlich absichtlich, gelegentlich unabsichtlich übersehen wird. Steuerflucht ist die Verlagerung von Kapital, das durch günstigere steuerliche Regelungen in anderen Staaten magnetisch angezogen wird. Man hat diesen Vorgang kurz und treffend mit dem Satz gekennzeichnet: ›Steuerlast macht Wanderlust.‹[4] Die Kapitalbewegungen, insbesondere diejenigen, mit denen wir seit etwa ein bis zwei Jahren in einem bisher nie dagewesenen Maße zu tun haben, entsprechen jedoch in einem gewissen Umfang einer ganz anderen Motivlage. Hier findet keine Flucht vor steuerlichen Belastungen statt. Wesentlicher ist hier die Beurteilung der inneren und äußeren politischen Entwicklung in der Bundesrepublik. Wer seinen Wohnsitz aus einem Staat verlegt, zu dem er kein Zutrauen mehr hat - und gerade Äußerungen der Regierung in den letzten Tagen sind dazu geeignet, manches Vertrauen ein bißchen zu erschüttern - der übt durch seine Wohnsitzverlegung eine Art politischer Option aus. Daß diese Option dann möglicherweise steuerliche Folgen hat und auch haben muß, wird von uns allerdings in keiner Weise bestritten.«

Er fährt dann fort:[5] »Die Bundesrepublik ist aus Gründen, die hier nicht näher erläutert werden müssen, auf eine intensive wirtschaftliche Verflechtung mit der übrigen Welt angewiesen. Diese Verflechtung muß ihren Ausdruck auch in der Steuerordnung der Bundesrepublik finden. Mit anderen Worten: Unsere Steuergesetze müssen gewährleisten, daß eine Auslandsinvestition keine steuerlichen Nachteile bringt. Erste Ansätze, die in diese Richtung weisen, liegen seit Jahren vor. Weitere Ansätze finden sich, das wird von uns begrüßt, in der Vorlage zum Außensteuergesetz.

Ich meine, die Bundesrepublik hätte nach ihrer eigenen Interessenlage allen Anlaß, in dieser Beziehung wegweisend und mit gutem Beispiel vorzugehen. Deshalb sollte man von der Bundesregierung erwarten, daß sie die außenwirtschaftlichen und internationalen Verflechtungen durch einseitige steuerliche Regelung auch dann erleichtert, wenn dies im Einzelfall fiskalisch nachteilig sein mag.« Diese Worte sind heute so aktuell, wie vor 22 Jahren.

Maßgebend beteiligt war der Jubilar auch bei der Zusammenführung der beiden Berufe des Steuerbevollmächtigten und des Steuerberaters. Er sieht die Steuerbe-

---

3 Deutscher Bundestag, 6. Wahlperiode, Sten.-Protokoll der 178. Sitzung vom 16. 3. 1972, S. 10 341.

4 A.a.O. wie unter 3).

5 Deutscher Bundestag, 6. Wahlperiode, Sten.-Protokoll der 178. Sitzung vom 16. 3. 1972, S. 10 342.

rater als Helfer im unübersehbaren Gewirr der steuerlichen Normen, die in gleicher Weise den Mandanten, dem Recht, dem Staat und dem Gemeinwohl verpflichtet sind.[6] Da die Steuerbevollmächtigten und die Steuerberater ein weitgehend übereinstimmendes, oft deckungsgleiches Berufsbild hatten, trat er schon frühzeitig dafür ein, einen Einheitsberuf zu schaffen und hat den Gruppenantrag von Abgeordneten aller Parteien formuliert: Die bisherige Doppelgleisigkeit der Steuerberatung durch Steuerbevollmächtigte und durch Steuerberater abzuschaffen und künftig nur einen einheitlichen Berufsstand der Steuerberater diesem Rechtsgebiet sich widmen zu lassen. Es ging dem Jubilar nicht nur darum, hier zusammenzufassen und zu fusionieren, sondern er sah in dieser Zusammenfassung auch den Auftrag, eine Steigerung der Beratungsqualität zu erreichen.

Nachdem sich der Jubilar in seiner ersten Legislaturperiode bereits als profunder Kenner des Steuerrechts ausgewiesen hatte, zeigen die Protokolle der siebten Wahlperiode, seiner zweiten Legislaturperiode, daß er in allen wichtigen finanz- und steuerpolitischen Gesetzen mit Hand angelegt hat. Seine erste Rede in dieser Legislaturperiode zum Steueränderungsgesetz 1973 und Mineralölsteuergesetz 1973 könnte heute genausogut gehalten werden.[7]

»Wer über Steuererhöhungen heute und zu dieser Stunde spricht, damit hier darüber beschlossen wird, muß sich zunächst einmal Rechenschaft geben, wie sehr sich die steuerpolitische Landschaft und die steuerliche Belastung in den letzten Jahren durch die wachsende Inflation verändert hat.

Unter diesen Umständen wird es für alle Betroffenen, für die Bundesregierung, die Tarifpartner und die Öffentlichkeit immer schwerer, den Zusammenhang zu durchschauen und festzustellen, wer nun der eigentliche Verlierer der Inflation ist, der Staat, nämlich die öffentlichen Hände, oder die Bevölkerung. Die Antwort ist natürlich, alle. Aber an dieser Stelle muß auch immer wieder laut und deutlich folgende Antwort in Bezug auf einen besonderen Bereich gegeben werden, nämlich: Der Verlierer der Inflation ist in jedem Fall die große Masse unserer Bevölkerung, ob sie nun durch stagnierende oder abnehmende Staatsleistungen oder durch höhere Steuern oder gar durch beides getroffen wird.« Er fährt dann später fort: »Der große Streich dieser Gesetzesvorlagen wird durch einen gewaltigen Griff in die Kasse des sogenannten kleinen Mannes getan. Er nämlich trägt die Hauptlast, wenn Benzin und Dieselkraftstoff um einen Steuerbetrag von 6 v.H. pro Liter teurer werden. Wir sollten nicht verkennen, daß sich auch die Erdölländer diesen Vorgang betrachten und zu dem Schluß kommen werden, wenn Benzin und Kraftstoff eine solche Quelle zur Finanzierung des Staatsbedarfs darstellen, dann seien möglicherweise auch die Abgabepreise zu erhöhen. Getroffen wird von beiden in erster Linie doch die arbeitende Bevölkerung und zwar insbesondere die, die auch von der Kürzung der Investitionszulage in den ohnehin unterprivilegierten dünnbesiedelten Flächenstaaten betroffen wird.«

---

6 Deutscher Bundestag, 6. Wahlperiode, Sten.-Protokoll der 191. Sitzung vom 14. 6. 1972, S. 11 196.

7 Deutscher Bundestag, 7. Wahlperiode, Sten.-Protokoll der 26. Sitzung vom 4. 4. 1973, S. 1261 ff.

Ganz aktuell wird der Jubilar in seiner Rede zur Stabilitätsabgabe 1973.[8] Man könnte diese Rede genauso zum Solidaritätsbeitrag dieser Bundesregierung gehalten haben.

»Eine Ergänzungsabgabe darf nur zur Deckung eines außerordentlichen Finanzbedarfs des Bundes erhoben werden. Das Bundesverfassungsgericht hat dies so ausgedrückt: Die Ergänzungsabgabe sei dazu bestimmt, anderweitig nicht auszugleichende Bedarfsspitzen im Bundeshaushalt zu decken, den gesetzgebenden Körperschaften des Bundes in begrenztem Rahmen eine elastische, der jeweiligen Konjunkturlage und dem jeweiligen Haushaltsbedarf angepaßte Finanzpolitik zu ermöglichen. Die von der Bundesregierung jetzt aber vorgeschlagene Stabilitätsabgabe entspricht dieser Zielvorstellung in keiner Weise.«

Er fährt dann fort: »Die Bundesregierung versucht nun, die Ergänzungsabgabe damit zu rechtfertigen, es liege hier ein - durch die Ergänzungsabgabe zu deckender - längerfristiger Finanzbedarf vor. Dies ist ein Argument, das man sich näher ansehen muß.«

Der Jubilar war aber, und das ist wohl eine seiner größten Leistungen in seiner zweiten Legislaturperiode, eine der maßgeblichen Architekten der Körperschaftsteuerreform, die zur Einführung des Anrechnungsverfahrens führte. Er sieht die Körperschaftsteuerreform als den ersten Teil einer Vermögensbildungspolitik für breite Bevölkerungskreise.[9] »Wer Produktivvermögen - und Aktien sind eben eine Beteiligung am Produktivvermögen - einer breiten Schicht unseres Volkes zugänglich machen will, der muß die Diskriminierung der Aktie, ihre Doppelbelastung, beseitigen. Wie kann man dem Sparer, der an der Produktivwirtschaft durch eine Beteiligung, also in der Form von Aktien teilhaben will und teilhaben soll begreiflich machen, daß er, legt er sein Geld aufs Sparkonto an, die Zinsen bekommt, die ja nur mit der Einkommensteuer belastet sind. Legt er aber sein Geld in einem Beteiligungswert an, der Gewinn aus diesem Beteiligungswert, sozusagen die Zinsen, zunächst einmal mit der Körperschaftsteuer und dann mit der Einkommensteuer belastet wird. Diese Doppelbelastung, diese Doppelbesteuerung hat doch dazu geführt, daß bisher nur derjenige, der sich sozusagen diese Doppelbelastung leisten konnte, Anteile am Produktivvermögen hatte. Wer also Anteil breiter Schichten unseres Volkes am Produktivvermögen will, und das wollen wir, der muß zunächst einmal diese Doppelbelastung beseitigen.«

Der Jubilar sah auch damals die Problematik der hohen Belastung des nicht ausgeschütteten Gewinns mit 56 v.H. und die zusätzliche Belastung mit Gewerbe- und Vermögensteuer. Alles Probleme, die heute wiederum in der Diskussion stehen.[10]

Der Jubilar ist nicht nur Steuerfachmann. Wer ihn kennt, weiß, daß er lieber über Kunst und Kultur plaudert als über Steuern. Wen wundert es da, daß der Mann, der lieber am Klavier und Orgel sitzt als am Schreibtisch, sich auch als Ab-

8 Deutscher Bundestag, 7. Wahlperiode, Sten.-Protokoll der 35. Sitzung vom 23. 5. 1973, S. 1970.
9 Deutscher Bundestag, 7. Wahlperiode, Sten.-Protokoll der 77. Sitzung vom 25. 1. 1974, S. 4933 ff.
10 Deutscher Bundestag, 7. Wahlperiode, Sten.-Protokoll der 77. Sitzung vom 25. 1. 1974, S. 4935.

geordneter für die Verbesserung der sozialen und wirtschaftlichen Lage der Künstler einsetzt. Um Taten geht es ihm. Es geht um die Verbesserung der wirtschaftlichen Lage der selbständigen bildenden Künstler in Deutschland und es geht um die Förderung der zeitgenössischen Kunst. »Man fragt sich ohnehin, wie es geschehen konnte, daß eine vernünftige kunst- und kulturfreundliche Bestimmung, wie sie im alten Vermögensteuergesetz enthalten war, nämlich, daß Kunstgegenstände, wenn sie von deutschen Künstlern geschaffen wurden, die noch leben oder nicht länger als 15 Jahre verstorben sind, von der Vermögensteuer und damit auch von der Erbschaftsteuer frei wurden, im Zuge der Steuerreform, die doch die sozialen Aspekte berücksichtigen sollte, wegfielen. Es nützt nichts, Künstlerbund und Künstlergewerkschaften zu fördern, einen Künstlerreport erstellen zu lassen, ein Folgerecht zu beschließen, den Künstlern Honorare für ausgestellte Werke zu versprechen, wenn man die einzig ökonomische Grundlage der bildenden Kunst, nämlich den Kauf eines Kunstwerks nahezu unmöglich oder zunichte macht. Die Künstler sind es müde, davon hören zu müssen, daß sie unterstützt werden müssen. Das allerdings ist vorhin gesagt worden, mit Preisen, mit einer Art Berlinhilfe wie Künstlerhilfe. Künstler wollen keine Subventionen, sondern sie wollen in einem Land leben, dessen Gesetze so ausgestaltet sind, daß Kunst gedeihen kann.«[11]

Dies alles sind nur Beispiele aus zwei Legislaturperioden, in denen der Jubilar Abgeordneter war. Man könnte die Liste fortsetzen und fände in den Beiträgen zur Gewerbesteuer,[12] zur Mehrwertsteuer,[13] zur Staatsquote[14] und Steuerlastquote,[15] zur Komplizierung des Steuerrechts[16] und zur Vermögensteuer[17] Beiträge, die heute im Bundesrat allerdings genauso gehalten werden könnten, wie sie damals der Jubilar im Bundestag gehalten hat. Sein Plädoyer für den Kinderfreibetrag z.B., das er am 19. Oktober 1978 in der 111. Plenarsitzung der achten Wahlperiode gehalten hat,[18] nahm die spätere Rechtsprechung des Bundesverfassungsgerichts zu diesem Thema vorweg. Es wäre manches vermieden worden, was man heute gerne dieser Bundesregierung anlastet, was aber Altlasten aus der Zeit einer anderen Koalition waren. Seine Reden sind meist Lehrstücke, die erst nach langer Zeit in ihrer Richtigkeit erkannt und befolgt wurden. Wäre man seinen Vorschlägen gefolgt, hätte sich manche Entscheidung des Bundesverfassungsgerichts erübrigt und der Unwille über unser Steuerrecht hätte nicht das Ausmaß angenommen, das er heute allenthalben hat. Der Jubilar hatte sich schon nach der ersten Legislaturperiode als anerkannter Steuerrechtler im Finanzausschuß des Deutschen Bundestages ausgewiesen. Keiner derjenigen, die dort saßen, kannte

11 Deutscher Bundestag, 7. Wahlperiode, Sten.-Protokoll der 221. Sitzung vom 12. 2. 1976, S. 15 412 ff.
12 Deutscher Bundestag, 8. Wahlperiode, Sten.-Protokoll der 23. Sitzung vom 21. 4. 1977, S. 1538.
13 A.a.O. S. 1532 bis 1534.
14 A.a.O. S. 1535.
15 A.a.O. S. 1535 B.
16 A.a.O. S. 1538 f.
17 A.a.O. S. 1537.
18 Deutscher Bundestag, 8. Wahlperiode, Sten.-Protokoll der 111. Sitzung vom 19. 10. 1978, S. 17 523.

das Steuerrecht so gut wie er. Er wußte, wo es im Steuerrecht hakte und er wußte auch, wieviel man mit dem Steuerrecht bewirken kann. Zwischen dem Jubilar und mir bahnte sich in der Folgezeit eine hervorragende Zusammenarbeit an. Solange ich im Bundesfinanzministerium war, konnte ich mit ausdrücklicher Billigung des seinerzeitigen SPD-Finanzministers Alex Möller unsere steuerrechtlichen Vorhaben mit dem Jubilar als dem profunden Kenner des Steuerrechts aus den Reihen der CDU/CSU-Fraktion besprechen.

Ich weiß noch gut, wie die Abstimmungen im Bundestag waren, bei denen die FDP immer mit für jenes Steuerrecht stimmte, das als Vorbild den Alwa-Myrdal-Report der Schweden hatte und letztlich eine, jede Leistungsbereitschaft vernichtende Nivellierung zum Ziel hatte. Über den Irrgarten des Steuerrechts konnte man alle Ziele zunächst geräuschlos anstreben, denn durchschauen konnte dieses Steuerrecht im Finanzausschuß außer dem Jubilar niemand mehr. So schreibt denn auch Bundesverfassungsrichter Professor Kirchhof: »Ständige kurzfristige, gelegentlich kurzsichtige Änderungen der Steuergesetze verwirren die Grundgedanken einer Steuerkonzeption.«

Über die Kompliziertheit und Unklarheit der Gesetze, ihre Unverständlichkeit für den Steuerzahler, ist genug gesagt und geschrieben worden. Das eindrucksvollste Lehrstück in dieser Hinsicht ist das für den normalen Juristen schlechthin unverständliche Außensteuergesetz. Ich weiß noch gut, wie dieses Gesetz im Finanzausschuß des Deutschen Bundestages zur Beratung anstand. Der Abgeordnete Kreile stellte wieder seine kenntnisreichen Fragen und die Vorsitzende des Finanzausschusses konnte keine beantworten. Sie schaute hilflos zu den Beamten des Finanzministeriums, aber auch diese mußten passen. Der zuständige Referent, damals Ministerialrat Dr. Debatin, war zufällig abwesend und Frau Funke schloß die Inquisition von Herrn Kreile mit den Worten: »Herr Debatin ist nicht da, Ihre Fragen kann hier keiner beantworten. Aber Herr Debatin hat mir gesagt, es sei alles in Ordnung, deshalb können wir jetzt zur Abstimmung kommen.«

Ein weiteres leuchtendes Beispiel für die Qualität unserer Steuergesetze ist auch der von Frau Knobbe-Keuk als Mißgeburt bezeichnete § 15a EStG. Frau Knobbe-Keuk hat die Vorschrift wie folgt charakterisiert: »Das Produkt sieht so aus, wie gesetzliche Regelungen heutzutage auszusehen pflegen. Es muß alles möglichst kompliziert, verschachtelt, detailiert, perfektionistisch geregelt werden - ohne daß eine wirklich perfekte Regelung erreicht wird.«

Dieser Beschreibung möchte ich eine Äußerung der damaligen Vorsitzenden des Finanzausschusses des Bundestages, Matthäus-Maier, heute finanzpolitische Sprecherin der SPD-Fraktion, vor der Mitgliederversammlung des Instituts ›Finanzen und Steuern‹ am 7. Mai 1981 gegenüberstellen. »Ich muß die Kritik an § 15a, von gewissen Details abgesehen, die auch ich nicht voll überblicke - denken Sie ja nicht, daß solche komplizierte Materien von den Mitgliedern des Finanzausschusses bis in jede kleinste Verästelung und ihre Folgen überblickt werden kann -, deutlich zurückweisen.«

Bei aller Unbestimmtheit der Aussage hat die Abgeordnete Matthäus-Maier damit in holder Unbefangenheit doch klar zum Ausdruck gebracht, daß sie und andere Mitglieder des Finanzausschusses nicht näher bezeichnete Details der Regelung des § 15a EStG nicht überblickt - somit nicht verstanden und eben dennoch beschlossen haben. Dieses Verständnis von der Verantwortung der Mitglieder eines federführenden Bundestagsausschusses hat der Jubilar nie gehabt. Er hat nur zugestimmt, wenn er die Regelung verstanden hatte. Die Folgen dieses Mangels an Überblick eines Gremiums des Bundestages sind der Irrgarten unseres Steuerrechts, sie wirken sich auf Steuerzahler, die Finanzverwaltung und von dort auf die Gerichte aus.

Der bedeutende Rechtshistoriker Wieacker, der Mitte Februar dieses Jahres gestorben ist, hat einmal gesagt, das Römische Reich wäre in Sonderheit deshalb untergegangen, weil der Staat seine Bürger vor allem steuerlich ständig überfordert hätte; das hätte zur Steuerverweigerung und dies wieder zu weiteren Steuererhöhungen geführt. Den Römern sei es zum Schluß gleich gewesen, ob die Germanen oder andere Stämme einfielen. Sie hätten aus steuerlichen Gründen mit ihrem und in ihrem Staat nicht weiterexistieren wollen. Hoffen wir, daß aus unserer Steuerverdrossenheit nicht auch eine Staatsverdrossenheit wird.

Der Gesetzgeber meint, und das gilt besonders für unser Hauptsteuergesetz, das Einkommensteuergesetz, über die Einkommensteuer alles regeln zu können und zu müssen. Er will über das Einkommensteuerrecht Impulse für Bevölkerungs-, Ausbildungs-, Wohungsbau- und Verkehrspolitik geben. Er betreibt über das Einkommensteuerrecht Vermögensbildungs-, Arbeitsmarkt-, Investitions- und Sozialpolitik. Die Konjunktur soll das eine Mal über das Steuerrecht angekurbelt, das andere Mal gebremst werden. In den Siebziger Jahren hatte es die sozialliberale Koalition fertig gebracht, für den gleichen Zeitraum konjunkturpolitische Gesetze zu schaffen, die die Konjunktur bremsten und anheizten. Das beweist exemplarisch die BFH-Entscheidung vom 24. September 1987, die in meinem Senat gefällt wurde. Zuerst glaubten die Konjunkturpolitiker noch, die Wirtschaft und die Bautätigkeit bremsen zu müssen und bedienten sich dazu des Steuerrechts, indem sie die Bautätigkeit mit der Selbstverbrauchsteuer belegten.

Solche konjunkturpolitischen Maßnahmen sind nicht nur bei den Steuerrechtlern umstritten, sondern auch bei den Nationalökonomen, weil die Eingriffe oft zum falschen Zeitpunkt und damit prozyklisch statt antizyklisch wirken. So auch hier. Insolvenzen in der Baubranche waren die ersten Krisensignale und mit der Ölkrise war ein tiefer Einbruch in der Konjunktur da. Deshalb mußte der Fuß von der Bremse runter und auf das Gaspedal. Der Gesetzgeber besann sich wieder des Steuerrechts und versuchte mit der Konjunkturzulage nach § 4b Investitionszulagengesetz wieder anzukurbeln. Diese Investitionszulage war schon an sich in ihrer Wirkung umstritten, weil Mitnahmeeffekte und Umdatierungen von Kaufverträgen die Folge waren. Der Streitfall des Urteils zeigt auch noch, daß der Gesetzgeber die einzelnen Schritte nicht sorgfältig genug geplant hatte. Denn er ließ ein und dasselbe Gebäude nun fördern mit der Konjunkturzulage und bestrafen mit der Selbstverbrauchsteuer. Wir beide haben das damals gebrandmarkt, aber der Irrgarten wurde dennoch um einen weiteren Irrweg erweitert.

Steuerreform war immer ein schweres Geschäft. In der Propyläenweltgeschichte beschreibt der Konstanzer Historiker Zeeden im Rahmen der Hegemonialkriege und Glaubenskämpfe von 1556 bis 1648 die Rückkehr des Herzogs Alba in die spanischen Niederlande: »Als Herzog von Alba mit einem Kontingent von Elitetruppen im August 1567 in Brüssel einzog, warteten drei Aufgaben auf ihn:

Er sollte die Aufrührer bestrafen, die Autorität des Königs wieder herstellen und das Steuerrecht reformieren. Die ersten beiden Aufträge erfüllt er mit Bravour, am dritten scheiterte er.« Und 1500 Jahre vorher soll der römische Senator Casparius dem Finanzsenator des Kaisers Hadrian Scaeferius geantwortet haben: »Lobend gleichzustellen ist diese deine Steuerreform, o Scaeferius, allen Steuerreformen, die da waren, sind oder je kommen werden. Sie ist modern, gerecht, entlastend und kunstvoll - modern, weil jede der alten Steuern einen neuen Namen trägt, gerecht, weil sie alle Bürger des Römischen Reiches gleich benachteiligt, entlastend, weil sie keinem Steuerzahler mehr einen vollen Beutel läßt, und kunstvoll, weil du in vielen Worten ihren kurzen Sinn versteckst: Dem Kaiser zu geben, was des Kaisers ist, und dem Bürger zu nehmen, was des Bürgers ist.«

Der Weg aus dem Irrgarten des Einkommensteuerrechts kann nur dadurch gefunden werden, daß man den Spitzensteuersatz drastisch senkt, à la Reagan, und die Ausnahmen und Sonderregelungen radikal streicht. Dafür ist der Jubilar immer eingetreten.

Tacitus sagte vor 2000 Jahren: Utque antehac flagitiis ita tunc legibus laborabatur. Früher litten wir an Verbrechen, heute leiden wir an Gesetzen.

Heute ist es im Steuerrecht nicht anders.

Abschließend läßt sich sagen, der Jubilar war als Bundestagsabgeordneter im besten Sinne Politiker. Einer, dem es um das Wohl der Politeia, der Allgemeinheit ging. Sein Ziel war es immer, Wege aufzuzeigen, die Belange der Allgemeinheit und des Einzelnen in Einklang zu bringen. Der Satz, den eine Münchner Tageszeitung einmal schrieb, geht wie ein roter Faden durch alle seine Beiträge im Plenum wie im Ausschuß: »Wo ein Kreile ist, da ist auch ein Weg.«

Hans Klein

Musik in Japan

Zartes Spiegelbild
Im Auge der Libelle
Die fernen Hügel

(Issa)

Dieses *Haiku* ist ein Musterbeispiel für eine japanische Gedichtform, die im 16. Jahrhundert zu höchster ästhetischer und philosophischer Vollendung entwikkelt wurde. Die Dreizeiler aus jeweils 5-7-5 Silben unterliegen einfachen, aber strengen Formgesetzen, die im *Zen*-Buddhismus wurzeln. In kurzen telegrammstilartigen Naturbeschreibungen schildern sie einen Seelenzustand. Und indirekt, also ohne daß die Wörter Frühling, Sommer, Herbst und Winter vorkommen, sollte die Jahreszeit bezeichnet sein. Pflaumenblüten oder Grillen, abgeerntete Reisfelder oder verschneite Wege sind beliebte Möglichkeiten solcher Umschreibungen.

Zwischen dem 7. und dem 9. Jahrhundert waren Vorläufer dieser Poesiegattung zusammen mit anderen künstlerischen oder wissenschaftlichen Errungenschaften aus China nach Japan gekommen. In der Abgeschiedenheit des Inselreichs fand der Absorptions- und Abstraktionsprozeß statt, der die noble und scheinbar beiläufige, aber bis zur höchsten Subtilität verfeinerte Kunst Japans kennzeichnet.

In der zweiten Hälfte des 19. Jahrhunderts, nach der durch die westlichen Mächte erzwungenen Öffnung Japans und der von Kaiser *Mutsuhito* durchgesetzten Modernisierung, wiederholte sich der Vorgang. Wieder brachten Fremde oder in der Fremde ausgebildete Japaner Neues ins Land. Nur, diesmal waren die Einflüsse umfassender und die Wirkungen radikaler. Aber auch sie wurden schließlich weitgehend japanisiert.

In der Technik beschränkte sich das - freilich mit durchschlagendem weltweiten Erfolg - auf die intelligente wissenschaftliche Weiterentwicklung und industrielle Anwendung westlicher Erfindungen, wofür tradierte soziale Verhaltensmuster bewußt eingesetzt wurden.

Für Japans Künstler indes gabelte sich der Weg. Die einen hielten überwiegend an den Gesetzmäßigkeiten des Althergebrachten fest. Die anderen übernahmen westliche Formen. Am deutlichsten ist das in der Musik erkennbar.

Im *No*-Drama, dem aus buddhistischer Choralmusik hervorgegangenen Gesamtkunstwerk, im *Kabuki,* dem volksnahen Tanzsingspiel, im klassischen Puppentheater, im kaiserlichen Hoforchester, in größeren buddhistischen Tempeln und in verschiedenen musikgeschichtlichen Traditionsvereinigungen wird die nationaljapanische Musik *Gagaku* bis heute gepflegt.

Verschiedene Musikinstrumente und Kompositionselemente waren seinerzeit aus China gekommen, andere von Japan nach China gelangt. In der klassischen japanischen Musik haben sich ältere, in anderen Teilen Asiens bereits untergegangene Formen erhalten. Das Orchester besteht aus Querflöte, Doppelrohrblatt-

Oboe, Mundorgel, Pauke, Trommel, Bronzebecken, viersaitiger Laute, 13saitiger Halbröhrenzither und sechssaitiger Zither.

Als der Reform-Tenno 1871 eine kaiserliche Armee nach europäischem Vorbild aufstellte, brachten die ausländischen Instrukteure auch die Militärmusik mit. Der englische Marinekapellmeister *John William Fenton* bildete 30 junge Samurai als Blechbläser aus. Daraus entwickelte sich das spätere Musikkorps der Armee.

Die japanischen Ohren begannen sich an Tonfolge und Rhythmus westlicher Musik zu gewöhnen. 1879 wurde ein Amt für Musikforschung gegründet. Es nahm ein Jahr später den Lehrbetrieb für Gesang, Orgel, Klavier, Violine und Musiktheorie auf. Nach einem weiteren Jahr veranstaltete das Amt anläßlich eines Besuchs der Kaiserin das erste Orchesterkonzert.

Die Schüler waren zunächst mehrheitlich gelernte *Gagaku*-Musiker. Besonders begabte Schüler der *Musikhochschule Tokio* - so hieß das Amt seit 1887 - wurden zum Musikstudium ins Ausland geschickt. Unter den ausländischen Lehrern tauchten bald deutsche Namen auf, *Eckert, Junker, Werkmeister.* Es entstanden private Musikschulen und Musikabteilungen an Universitäten, 1911 sogar eine Opernabteilung am *Kaiserlichen Theater.*

Doch die grenzenloseste Lernbegierde und der fanatischste Fleiß japanischer Musiker vermochten der europäischen klassischen Musik in den Jahrzehnten bis zum Ersten Weltkrieg nicht zu dem Durchbruch zu verhelfen, zu dem ihr dann ein politisches Ereignis verhalf: die russische Revolution. Sie brachte zahlreiche begnadete Sänger und virtuose Instrumentalisten als Emigranten nach Japan. Dem japanischen Publikum vermittelten sie einen neuen Begriff von musikalischer Ausdruckskraft und Werktreue. Und Japans Musiker orientierten sich rasch an diesen Standards. Was im internationalen Musikleben nach dem Ersten Weltkrieg Rang und Namen hatte, von *Sascha Heifetz* bis *Rafael Kubelik,* wurde zu Gastspielen nach Japan eingeladen.

Kosaku Yamada, der in Deutschland bei *Carl Reinecke* und *Johannes Wolf* studiert hatte, gründete 1925 nach etlichen Anläufen die *Japanische Sinfonische Gesellschaft.* Aus ihr spaltete sich ein Jahr später eine Musikergruppe ab, die unter *Hidemaro Konoe* das *Neue Sinfonieorchester* ins Leben rief. Die frühe Zusammenarbeit mit dem ebenfalls gerade erst geschaffenen *Tokioter Rundfunk,* aus dem die überregionale *Japanische Rundfunkgesellschaft (NHK)* hervorging, führte zu einer bis heute bestehenden Verbindung. Das *Neue Sinfonieorchester* nannte sich bald *NHK-Sinfonieorchester* und gehört seit langem zu den bedeutendsten klassischen Klangkörpern der Welt.

Gegenwärtig gibt es rund 20 professionelle Sinfonieorchester in Japan. Die Zahl größerer und kleinerer Laienorchester in Universitäten, Schulen, Kommunen und Vereinen ist Legion. Zeitgenössische Dirigenten vom Range eines *Takashi Asahina, Tadaaki Odaka* oder *Hiroyuki Iwaki* haben Weltruf. Die Chormusik und insbesondere deutsches Liedgut sind in ganz Japan verbreitet. Kein Japaner, der nicht die *Lorelei* vortragen könnte, die älteren auf deutsch, die jüngeren zumindest in gelungener japanischer Übersetzung.

Und daß an einem entscheidenden Punkt dieser eindrucksvollen Entwicklung ein deutscher Musikwissenschaftler und Dirigent stand, war das Thema, über das ich mich im Frühjahr 1981 auf einem sonntäglichen Spaziergang durch den Park des *Ginkaguchi*-Tempels in Kyoto mit *Reinhold Kreile* unterhielt. Wir waren beide Mitglieder einer Abgeordnetendelegation. Und wir genossen den freien Nachmittag in einem ansonsten mit politischen Gesprächen, Werksbesichtigungen und Pressekonferenzen vollgestopften Programm.

Wir sprachen über *Klaus Pringsheim,* den Zwillingsbruder von *Katja Mann,* der nach eindrucksvoller Musikerkarriere in Europa (Studium bei *Stavenhagen, Thuille* und *Mahler,* Korepetitor an der *Wiener Hofoper,* Opernkapellmeister am Genfer *Grand Theatre* und am deutschen Landestheater in Prag, Dramaturg und Opernregisseur nacheinander an den Stadttheatern in Breslau und Bremen, von 1919 bis 1925 musikalischer Leiter der *Reinhardt-Bühne* in Berlin) 1931 als Professor für Komposition und als Orchester- und Chorleiter an die *Kaiserliche Musikakademie* in Tokio berufen worden war.

Reinhold Kreiles solide Sach- und Personalkenntnis der japanischen Musikszene hat mich, der ich seit Anfang der sechziger Jahre Japan mehrfach bereist und darüber geschrieben hatte, damals ziemlich verblüfft. Größtenteils lag meine Überraschung an der zur Oberflächlichkeit zwingenden Tageshektik der politischen Arbeit, in deren Rahmen ich den Münchner CSU-Kollegen *Reinhold Kreile* als versierten Steuerrechtler kennengelernt hatte. Ich wußte, daß er schon sieben Jahre vor mir in den Bundestag gewählt worden war, daß sich *Franz Josef Strauß* gern seines finanzpolitischen Rats versicherte, daß er seine überzeugenden, auch politischen Plädoyers stets in der Form von Analysen vortrug und daß ihm erbarmungsloser Kollegenhumor unterstellte, er sammle Aufsichtsratsposten wie andere Leute Briefmarken.

Doch den Schöngeist, der neben Jurisprudenz und politischen Wissenschaften auch Assyrologie und Musikwissenschaften studiert, sich sein Studium als Organist sowie als Theater- und Opernkritiker verdient hatte, den lernte ich erst in Kyoto kennen.

Unsere Unterhaltung über *Klaus Pringsheim,* der ungezählte Standardwerke europäischer Musik in Japan erstaufgeführt, dem Gastland vor allem *Mahler, Bach* und *Brahms* nahegebracht, aber auch altjapanische Tänze transkribiert hat, das Gespräch über das wechselvolle Schicksal dieses großen deutschen Musikers begründete eine über den Rahmen parteipolitischer Gemeinsamkeit hinausreichende und im Laufe der Jahre immer intensiver werdende freundschaftliche Verbindung zu *Reinhold Kreile.*

Löst er doch in seiner Person ein Spannungsverhältnis auf, das in Deutschland notorisch, in Japan fast unbekannt ist: die Polarität zwischen Geist und Politik.

Die große Mehrheit der Japaner, und das schließt die politische Klasse ein, verfügt längst über ein ebenso unbefangenes wie kenntnisreiches Verhältnis zur westlichen, insbesondere klassischen Musik. Gleichzeitig pflegt und genießt sie die traditionelle altjapanische Musik und die aus ihr entwickelten moderneren Formen. In dieses autochtone Kulturbewußtsein paßt beispielsweise auch, daß sich alljährlich Hunderttausende von Japanern aus den unterschiedlichsten Berufsgruppen und gesellschaftlichen Schichten an einem vom Kaiser ausgeschriebenen *Haiku*-Wettbewerb beteiligen. Nach den althergebrachten Formgesetzen schaffen sie mit ihren 17silbigen Gedichten »zarte Spiegelbilder« vergangener und gegenwärtiger Wirklichkeiten.

Johannes Kreile

Der Jubilar als »juristischer« Vater

Auch in einer Festschrift sollte das Private und Familiäre eines Jubilars nicht zu kurz kommen. Dies gehört ebenso wie seine beruflichen Leistungen und die Liebe zur Wissenschaft, die an anderer Stelle dieses Buches von berufener Seite aufs Beste gewürdigt werden zum Gesamtbild der Person Reinhold Kreile.

Das Zeitalter des Jubilars als Vater begann am 10. März 1958. Zu diesem Zeitpunkt war er schon seit mehr als vier Jahren Jurist. Die Kombination Jurist und Vater wäre aber nicht möglich gewesen, gäbe es da nicht auch eine Mutter, die den leiblichen und juristischen Sproß mit viel Liebe und Zuneigung groß gezogen hätte. Zugegeben, an die Anfänge der Rolle des Jubilars als Vater kann ich mich nicht mehr erinnern - insofern teile ich das Schicksal mit allen anderen Kindern dieser Welt. Aber in der Erinnerung ist der Jubilar zunächst für viele Jahre nur Vater gewesen - der Jurist kam erst später dazu.

Das Zwischenspiel des Politikers hat meine Mutter und mich jedoch über Jahre - genauer gesagt: Legislaturperioden - begleitet. Als die Einschulung des Abkömmlings anstand, war - wie könnte es anders sein - Tagungszeit: Die Gruppe 47 tagte in Stockholm. Die Schultüte wurde mit Oma und Opa getragen und dem Sprößling wurde klar: Des Reisen ist des Vaters Lust. Die (Schul-)Steine, selbst so schwer sie waren, das Mühlrad hat sich weitergedreht. Oh Reisen, Reisen welche Lust, Zuhause gab es manchen Frust. Dafür waren weniger die juristischen Qualitäten des Jubilars als die schulischen »Anstrengungen« des Zöglings verantwortlich.

Nicht durch Mitleid wissend als reiner Tor - als Vater verzweifelnd fragt man Milo Dor. Dieser war als Freund des Hauses und anerkannter Pazifist von der Wichtigkeit der Schule im Leben weit weniger überzeugt als mein Vater und hat mit Hans-Werner Richter zusammen mehr auf die literarische und politische Ausbildung des Sohnes hingewirkt.

Milo Dor war aber nicht nur politischer und intellektueller Sparringspartner meines Vaters, er war auch der Schwimmlehrer des Sohnes. In den wenigen Tagen des Jahres, die den Namen Urlaub tragen, war im Winter Skifahren - abseits der Piste mit Vater, damit Mama etwas zum Aufregen hatte - und im Sommer Schwimmen mit Milo in Rovinj angesagt.

Kinder wollen Märchen hören - also müssen Eltern beim Einschlafen Geschichten vorlesen. Da traf es sich gut, daß Richard Wagner den »Ring des Nibelungen« geschrieben und Vater als Musikkritiker des Münchner Merkurs (unter dem Pseudonym Reinhold Peter, seinen beiden Vornamen), aber auch aus juristischem Interesse heraus jährlich nach Bayreuth pilgerte. Nach der Rückkehr aus Bayreuth wußte Mutter die Sage zu erzählen und Alberich und Mime machten dem Sohne klar - alleine sein ist wunderbar.

Vielleicht war die Musikkritik auch nur Zeitvertreib für den Jubilar, bis die politische Karriere begann. 1965 zur Bundestagswahl gefragt, lehnte er noch ab, wollte lieber als Rechtsanwalt die Kanzlei aufbauen. Aber 1969 schaffte er dann mit unter 40 als damals einer der jüngsten Abgeordneten den Sprung ins Bonner Parlament. Auch der Neuling ging wie Kurt Georg Kiesinger davon aus, daß nun vier Jahre regieren angesagt sind - der Traum jedoch »verbrandte« schnell: Die Union schaute »scheel« um die Ecke und fand sich auf den harten Oppositionsbänken wieder, was dem Jubilar nach kurzer Schrecksekunde letztlich als glückliche Fügung zugute kam, denn er konnte weiterhin Jurist und damit Anwalt sein.

Als im Frühjahr 1972 das konstruktive Mißtrauensvotum der CDU/CSU unter Rainer Barzel unerwartet scheiterte, war der Zwiespalt Politiker und Jurist bei meinem Vater das erste Mal offen zutage getreten, gesiegt hat jedoch stets der Jurist und Anwalt und nie der Politiker. Die Leiden des jungen Abgeordneten K. waren spürbar, die Macht vertan, der Einzug nach Walhall gestoppt. Die harten Jahren der Opposition gingen weiter. »Einmal neidapt langt« - den CSU-Wahlspruch des Bundestagswahlkampfes 1972 vergruben die den »armen Willy« liebenden Rentnerinnen unter sich. »Mei schaut der schlecht aus« - so sprach im Wahlkampf selbst meine Oma von Willy - und danach erst von ihrem Sohn, der zwar besser aussah, aber deswegen auch keine Chance auf den Wahlsieg hatte. 1976 war natürlich die CDU am erneuten Debakel schuld, das vier weitere harte Jahre als Politiker und glückliche Jahre für den Anwalt bedeutete.

Als im Januar 1977 mein Vater vorzeitig aus Davos vom Skifahren weg nach Kreuth eilte und er die Ski nicht mitnahm war klar: Nicht der Mörder des Wildschütz Jennerwein am Peißenberg sollte gefaßt werden, sondern der gar nicht feige Jäger wollte einen anderen erlegen. Die Trennung der Union war besiegelt und die politische Eintracht im Hause Kreile kurz gestört. Zwar trug Vater den berühmten Kreuther Trennungsbeschluß mit und folgte so der Linie von Franz Josef Strauß; er war jedoch nicht frei von Zweifeln, ob die Trennung das Richtige war. Und als in einigen CSU-Ortsverbänden »Nordlichthörige« über die Gründung eines CDU-Landesverbandes laut nachdachten, blieb die vom Sohn gestellte Frage, ob er übertreten wolle, zunächst unbeantwortet. Die Rücknahme des Trennungsbeschlusses hat die Antwort obsolet gemacht, aber daß der Jubilar - wie immer hinter den Kulissen - an der Rücknahme des Kreuth-Beschlusses maßgeblich mitgewirkt hat, läßt sich kaum bestreiten.

1980 erklomm Franz Josef Strauß den Gipfel des Kanzlerkandidaten. Vater und Sohn kämpften schon lange einträchtig für ihn, doch vergebens, der CSU-Parteivorsitzende blieb Bayerischer Ministerpräsident. Da mußte schon der Pfälzer kommen, um nach dem geglückten Mißtrauensvotum im Oktober 1982 nachhaltig Krisenstimmung im Hause Kreile zu verbreiten. »Soll ich bei Stoltenberg Staatssekretär werden oder Anwalt bleiben?« - Vater und Sohn waren in ernste Gespräche vertieft. Der Parlamentarismus hatte gesiegt, der Vorsitz des Finanzausschusses war mehr als nur Äquivalent. Der Wahlsieg im Januar 1983 verschärfte jedoch die Problemlage: Das Angebot, Bundesverkehrsminister zu werden, mußte geprüft und verbeschieden werden. Mutter und Sohn kämpften einträchtig an der Seite des Parlamentarismus und gegen die Exekutive. Wer 14 Jahre lang Politiker und Anwalt war, durfte nicht einfach nur noch Politiker sein - er wäre dann auch nicht mehr der »juristische« Vater gewesen, der den Sohn in dieser Zeit bereits als Weggefährten gewonnen hatte, nachdem dieser im Wintersemester 1978/79 sein juristisches Studium begonnen hatte und dem im März des Jahres 1983 das erste juristische Staatsexamen bevorstand.

Sollte ausgerechnet in dem Zeitpunkt, in dem sich der Sohn für die Karriere als Jurist und nicht als Skirennfahrer entschieden hatte, der juristische Vater verschwinden und Vollpolitiker werden? Ein Steuerrechtler mit Liebe zum Urheberrecht als Verkehrsminister? Er hätte wahrscheinlich nur Musikfahrzeuge von der Kfz-Steuer befreit und Autofahrer, die zu Popkonzerten wollen, mit einer verwertungsgesellschaftspflichtigen Autoabgabe belastet. Diese Aktion wäre natürlich – wie es im steuerpolitischen Deutsch heißt – kosten- und aufwandsneutral gewesen. Wenn einige Finanzminister der Länder gegen die Abschaffung der ihnen zufließenden Kfz-Steuer für Musikfahrzeuge protestiert hätten, hätte der Jubilar mit dem Hinweis auf die kulturelle Zuständigkeit der Länder alle Bedenken beiseite geschoben.

Daß es nie zur Klärung kam, was unter Musikfahrzeugen zu verstehen ist, lag nur daran, daß der Jubilar eben nicht Verkehrsminister geworden, sondern Vorsitzender des Finanzausschusses geblieben ist. Und er machte der Bundesregierung und vor allem dem Bundesfinanzminister Stoltenberg und seinen Beamten das Leben schwer. Da er stets zu steuerpolitischen Diskussionen mit steuerjuristischem Hintergrund im Finanzausschuß aufgelegt war, vermied das Ministerium zusehends, Gesetze ohne Zustimmung des CSU-Stadthalters in Sachen Steuern in die parlamentarischen Beratungen einzubringen.

Die enge Abstimmung führte zwangsläufig dazu, daß der Jubilar auch am Kabinettstisch Platz nahm, wenn es um Steuerpolitik ging, bis er eines Tages von seiner ihn immer treu umsorgenden Sekretärin Ingeborg Anger aus der Kabinettssitzung herausgeholt wurde. »Was ist denn am 06.11.1984 so wichtig, Herr Abgeordneter, daß Sie kurz aus der Kabinettssitzung geholt werden mußten?«, wollte Bundeskanzler Helmut Kohl wissen. »Ich bin soeben Opa geworden«, antwortete der Jubilar, was den Bundeskanzler wiederum veranlaßte, die Kabinettssitzung für ca. zehn Minuten zu unterbrechen, pfälzischen Wein auffahren zu lassen und gemeinsam mit allen Ministern auf Claudia Leonore anzustoßen. Die Karriere als liebender Opa hat somit am Kabinettstisch begonnen. Ob er damals schon wußte, daß er nur neun Jahre später mit seinem Enkelkind vierhändig am Flügel spielen würde, was beiden großen Spaß macht – ein Vergnügen, das ihm mit dem Sohn nicht vergönnt war, da es hier meistens Krach am Flügel gab.

Die Geburt des zweiten Enkels Markus hat er als Jurist und Anwalt und nicht mehr als Politiker erlebt. Er war deswegen auch zu Hause, als er am Sonntag, dem 19.06.1988 in der Früh um 6.00 Uhr Claudia ins Ehebett gelegt bekam und Claudias Eltern sofort verschwanden. Während Oma sofort Bescheid wußte, was der morgendliche Überfall zu bedeuten hatte, fragte Opa erst einmal, was es zu bedeuten hätte, wenn für Kreilesche Verhältnisse zu nachtschlafender Zeit Enkelkinder angeliefert würden.

Daß es soweit kommen konnte, daß bei der Bundestagswahl im Jahr 1987 der Listenabgeordnete Reinhold Kreile seinen unfreiwilligen Abschied aus dem Bonner Parlament nahm, verdankte er dem überraschend guten Abschneiden der

CSU-Direktkandidaten, die erstmals seit 1949 alle Wahlkreise direkt gewannen, dem insgesamt schlechten Abschneiden der CSU im Vergleich zur Wahl 1983 und der Frauenquote in der CSU, die ihm nur den undankbaren vierten Listenplatz ermöglichte - nur drei (CSU-Listenabgeordnete) kamen (1987) durch.

Es war für Vater und Sohn die schwerste Wahlnacht überhaupt, hatte sich der Sohn doch im Dezember 1986 entschlossen, in die väterliche Anwaltskanzlei einzutreten unter der Maßgabe, daß der Vater die meiste Zeit ja doch in Bonn sei und so Konflikte in der täglichen Zusammenarbeit vermieden werden könnten. Auf dem Heimweg von der CSU-Wahlparty in der Olympiahalle sagte ich zu meiner Frau, daß ich mit dem Eintritt in die Kanzlei wohl einen Fehler gemacht habe - ein großer Irrtum, wie sich bald herausstellen sollte. Am Montag nach der Wahl erschien mein Vater im Büro und war - das erste Mal seit vielen Jahren - nur noch Jurist und Anwalt. Und was für einer! Es machte täglich mehr Spaß, anwaltschaftlich gemeinsam tätig zu sein. In den ersten Wochen nach der Wahl wurde allerdings noch alles in Bewegung gesetzt, um den Listenplatz vier doch noch zu einem Abgeordnetensitz zu verhelfen. Die Kandidaten für einen Mandatsverzichts waren rar - und die wenigen trotz attraktiver Alternativen nicht bereit, auf ihr Abgeordnetenmandat zu verzichten.

Es dauerte eineinhalb Jahre, bis aus dem einfachen Anwalt wieder der Politiker und Anwalt wurde - und plötzlich machte ihm dies keinen Spaß mehr. Ob es nur daran lag, daß ihm der reine Anwaltsberuf richtig Spaß machte oder daran, daß er schon wußte, daß ihn zum 01.01.1990 die GEMA als Vorstand und Generaldirektor berufen würde - es bleibt das Geheimnis des Jubilars. Jedenfalls nützte die Tätigkeit im Rechtsausschuß des Bundestages ab Herbst 1988 nicht nur dem Urheberrecht, sondern auch der persönlichen Freundschaft zwischen dem Jubilar und dem SPD-Abgeordneten Ludwig Stiegler. Diese Freundschaft schuf auch die Basis für den Zusammenschluß der Anwaltskanzlei in der überörtlichen Sozietät.

Daß und wie es dazu kam, hat dem Sohn deutlich gemacht, daß der Vater eben zu allererst Anwalt und Jurist ist. Daß er Vater und Jurist bleiben möge, wünscht ihm in tiefer Dankbarkeit sein Sohn.

Michael Kunze

Künstlerjuristen[1]

Nach einem bekannten und mißverstandenen Wort des großen Pandektisten Bernhard Windscheid (1817-1892) hat »der Jurist als solcher« sich einzig und allein um Gesetz und Recht zu kümmern.[2] Wohl konzediert man ihm das Vergnügen, sich für die Künste »als Mensch« zu interessieren oder gar aus Liebhaberei zu dichten oder zu musizieren. Doch gelten solche musischen Neigungen als atypisch. Denn als das eigentliche Talent des Juristen betrachtet man seine Fähigkeit zum formal logischen Denken. Wer Lebenssachverhalte unter Gesetzesbestimmungen zu subsumieren hat und die Welt in ein System von Rechtsbegriffen zwängt, kann nach landläufiger Auffassung nur ein spröder, phantasieloser Paragraphenreiter sein. Eine musische Ader, meint man, könne da nur schaden.

An diesem nach wie vor populären Juristenbild ist die Zunft selbst nicht ganz unschuldig. Eine Zeit lang wurde der »Stockjurist« von einer herrschenden Richtung gar zum Ideal erhoben.[3] Inzwischen ist sich die Wissenschaft darin einig, daß es in der Theorie und Praxis des Rechts tatsächlich weit weniger rational zugeht als das unsere nach Sicherheit und Vorhersehbarkeit verlangende Gesellschaft wahrhaben will.[4] Schon an der Universität entscheidet weniger die genaue Kenntnis von Gesetzen, herrschenden Meinungen und BGH-Entscheidungen über die Einschätzung eines Studenten als sein Blick für das jeweilige Problem, sein Rechtsgefühl, seine Intuition. Ein guter Richter muß sensibel, ein tüchtiger Anwalt phantasievoll, eine juristische Führungskraft kreativ sein. Und die Rechtswissenschaft macht nur Fortschritte, wenn ihren Denkern Lösungen für die anstehenden Probleme einfallen. Dazu bedarf es neuer, oft kühner Ideen und nicht selten des Muts, anerkannte Denkmuster beiseite zu lassen. Meist bringt gerade die Infragestellung der »herrschenden Meinung« die Jurisprudenz weiter als das brave Nachbeten bewährter Lehren.[5] Mißtrauen gegenüber dem Hergebrachten, kriti-

1 Der Begriff des »Künstlerjuristen« wurde in den Vierziger Jahren unseres Jahrhunderts von dem Kieler Rechtshistoriker *Eugen Wohlhaupter* geprägt. Sein voluminöses Werk zu dem Thema bietet eine Fülle biographischen Materials. (*Eugen Wohlhaupter:* Dicherjuristen. 3 Bände. Herausgegeben von *H. G. Seifert.* Tübingen 1953 (Band 1), 1955 (Band 2), 1957 (Band 3)). Die hier vorgelegte Betrachtung versteht sich als kritische Ergänzung.

2 *Joachim Rückert:* Bernhard Windscheid und seine Jurisprudenz »als solche« im liberalen Rechtsstaat. In: JuS 1992, S. 902 f. - *Karl-Heinz Fezer:* Wider eine neopositivistische Begrifflichkeit im Recht. In: JuS 1993, S. 103 ff. - *Ulrich Falk:* Der wahre Jurist und der Jurist als solcher. Zum Gedanken an Bernhard Windscheid. In: Rechtshistorisches Journal 2/93, S. 598-633.

3 Nämlich von der Begriffsjurisprudenz in Gestalt des Gesetzespositivismus. Hierzu *Wolfgang Fikentscher:* Methoden des Rechts in vergleichender Darstellung. Band III. Tübingen 1976. S. 97.

4 *Franz Wieacker:* Privatrechtsgeschichte der Neuzeit. 2. Auflage. Göttingen 1967, S. 436. - *Josef Esser:* Möglichkeiten und Grenzen des dogmatischen Denkens im modernen Zivilrecht. In: AcP 172. S. 97 ff.

5 Hierzu *Paul Feyerabend:* Wider den Methodenzwang. Frankfurt/Main 1986. S. 33-55.

sche Distanz zum eigenen Fach und Originalität sind dafür Voraussetzung. Dies gilt nicht nur für die Behandlung der Rechtsfragen, die heute, in einer Zeit stürmischer technischer und sozialer Veränderungen, beantwortet werden müssen. Es galt immer schon, in allen Gesellschaften und zu allen Zeiten.

So ist es durchaus kein Zufall, daß viele Koryphäen unserer Rechtsgeschichte die Aura des Künstlerischen umgibt. Wenn sie auch nur selten »Künstler« im eigentlichen Wortsinn waren, so doch oft Dilettanten im besten Sinne des Wortes.[6] Freilich hat die rechtshistorische Forschung dies bis auf eine rühmliche Ausnahme[7] meist ganz außer acht gelassen. Für gewöhnlich konzentrieren sich Juristenbiographien auf den »Juristen als solchen«. Doch ein Menschenleben läßt sich nicht in voneinander unabhängige Segmente spalten. In Wahrheit besteht fast nie ein Gegensatz zwischen dem Juristischen und dem Künstlerischen, wenn sich eine Persönlichkeit auf beiden Gebieten verwirklicht.

Auf einem kleinen Streifzug durch die deutsche Rechtsgeschichte wollen wir das unter Beweis stellen, uns bei der Suche nach »Künstlerjuristen« jedoch auf einige wirklich bedeutende Rechtslehrer beschränken. Außer Betracht lassen wir also Dichter, Maler und Musiker mit juristischer Vorbildung wie Goethe, Grillparzer, Schumann, Kleist, von Eichendorff, Grabbe, Heine, Immermann, Uhland, Hebbel, Theodor Storm oder Viktor von Scheffel, aber auch künstlerisch produktive Richter und Anwälte wie E.T.A. Hoffmann, Felix Dahn oder, um einen Zeitgenossen zu nennen, Herbert Rosendorfer.[8] Daß die juristische Ausbildung die künstlerische Entfaltung nicht verhindert und ein juristischer Brotberuf sie fördern kann, halten wir für unstreitig. Was uns interessiert, ist die Wechselwirkung von Jurisprudenz und Kunst.

Im Nebel der mittelalterlichen Anfänge deutscher Rechtswissenschaft steht der Sachsenspiegel des Eike von Repgow (ca. 1125 - ca. 1233),[9] ohne Zweifel eine Glanzleistung der Sprachkunst. Sein Verfasser, der von 1209 bis 1233 als ritterlicher Schöffe gewirkt hatte, schuf mit der Niederschrift des überlieferten Stammesrechts Literatur. Bis heute faszinieren Sprachgewalt und Bilderfülle des Werks. Gleichwohl war Repgows größte Leistung nicht literarischer Art. Sie bestand darin, daß er etwas völlig Neues machte. Denn sein »Spiegel« war ohne Vorbild, und der Gedanke einer solchen Sammlung damals durchaus ungewöhnlich. Niemand vor ihm hatte versucht, die Fülle von Rechtssprüchen und -traditionen eines deutschen Stammes in eine überzeugende und praktikable Form zu bringen. Wie jeder große Künstler mußte er »erfinden«. So begegnet uns in dem Verfasser des Sachsenspiegels als erster bedeutender Jurist der deutschen Rechtsgeschichte

---

6 Nämlich dem ursprünglichen, der besagt, daß jemand eine Sache aus Liebe zu ihr und Freude an ihr - per il loro diletto - und nicht von Berufs wegen macht. Daß dem Dilettanten in der Regel mehr Respekt gebührt als dem Fachmann, begründet *Schopenhauer* mit Verve in § 249 seiner Paralipomena. *Arthur Schopenhauer:* Parerga und Paralipomena. Kleine philosophische Schriften II. Band V der von *Wolfgang Freiherr von Löhneysen* textkritisch bearbeiteten und herausgegebenen Sämtlichen Werke. Frankfurt/Main o.J.

7 *Eugen Wohlhaupter:* Dichterjuristen. 3 Bände. Herausgegeben von *H. G. Seifert.* Tübingen 1953 (Band 1), 1955 (Band 2), 1957 (Band 3).

8 Über die meisten der Genannten ausführlich der soeben angeführte *Eugen Wohlhaupter.*

9 *S. Brie* in: Allgemeine Deutsche Biographie Band 5 (1877), S. 751-755. - *Erik Wolf:* Rechtsdenker der deutschen Geistesgeschichte. 4. Auflage. Tübingen 1963. S. 1-29.

sogleich ein Künstlerjurist. Seine Nachahmer hatten es leichter, und doch brachte keiner ein ähnlich geschlossenes Kunstwerk zustande.[10]

Mit dem Wiedererwachen der klassischen Studien im 15. Jahrhundert beginnt auch in der Jurisprudenz das Zeitalter des Humanismus. Der »Poesie« und der Philologie gehörte nun das Interesse der Intelligenz. Von dem unübersichtlichen Wust der Pandekten, Glossatoren und Postglossatoren wollten die großen Humanisten im allgemeinen nichts wissen.[11] So ist denn auch bezeichnenderweise der bis heute populärste Jurist dieser Epoche ein »Baccalaureus Artium«, der sich nur aus Not der Rechtswissenschaft zuwandte: Sebastian Brant (1457-1521), der Dichter des »Narrenschiffs« und der Herausgeber des »Klagspiegels«.[12] Wie er war Ulrich Zasius (1461-1535), der »Begründer der neueren Rechtswissenschaft«,[13] seiner ganzen Natur nach ein Künstler: allseitig interessiert, spontan, kreativ, leicht begeistert und begeisternd.[14] Er dichtete in griechischen Versmaßen,[15] woraus abzulesen ist, wie nah er sich dem griechischem Geist fühlte und wie ernst er es mit der Rückkehr zu den Quellen meinte. Als Jurist benutzte er, nach den Urtexten der römischen Juristen suchend, gleichfalls das klassische Vorbild, um dem gegenwärtigen Leben Form zu geben.

Noch deutlicher wird der Zusammenhang zwischen juristischer Theorie und Künstlertum bei dem Begründer der deutschen Rechtsgeschichtswissenschaft Hermann Conring (1606-1681).[16] Dieses erstaunliche Universalgenie - als Arzt ein Erneuerer der Medizin, als Polyhistor ein Wegbereiter der Universalgeschichte, als Philosoph ein Entdecker des makrokosmischen Mikrokosmos - war mit vierzehn Jahren schon ein »juvenis sine exemplo«, ein literarisches Wunderkind, das eine lateinische Satire auf die zeitgenössischen Poeten verfaßt hatte.[17] Schneller als er wuchs sein Ruhm. Seine künstlerische Natur konnte gar nicht anders als produktiv sein. Alles, womit er sich beschäftigte, wurde ihm zum Buch. In der 1630 publizierten »Disputatio physica de origine formarum« machte er selbst aus dieser Erfahrung eine gelehrte Abhandlung. Der orthodoxen Lehre der thomistischen Scholastik, die in allem Werden nur eine Ausführung des göttlichen Schöpfungsakts sah, widersprach er; der Mensch selbst gestalte die Welt frei schöpferisch, behauptete er stattdessen, die Kraft des Willens benutze die Natur nur als Material, um aus eigener »potestas« neue Formen und Dinge zu schaf-

---

10 *Roderich Stintzing:* Geschichte der Deutschen Rechtswissenschaft. Erste Abteilung. München & Leipzig 1880. S. 8 f.

11 Vgl. die abfälligen Urteile von *Hutten, Reuchlin, Mutian* u.a., die *Stintzing* a.a.O. S. 90 ff. zitiert.

12 *Steinmeyer* in: Allgemeine Deutsche Biographie Band 3 (1876), S. 256-259. - *E. H. Zeydel.* Sebastian Brant, 1967.

13 *Roderich Stintzing:* Geschichte der Deutschen Rechtswissenschaft. Erste Abteilung. München & Leipzig 1880. S. 86.

14 *Erik Wolf:* Große Rechtsdenker der deutschen Geistesgeschichte. 4. Auflage. Tübingen 1963. S. 59-101. - *J. Neff:* Ulricht Zasius. Ein Freiburger Humanist. Zeitschrift der Gesellschaft für die Beförderung der Geschichts-, Altertums- und Volkskunde von Freiburg, Bd. 9 (1890), S. 1-37.

15 *J. Neff:* Udalricus Zasius. Ein Beitrag zur Geschichte des Humanismus am Oberrhein. In: Beilage zum Freiburger Gymnasialprogramm. II. Teil Freiburg 1891. S. 22 ff.

16 *H. Bresslau* in: Allgemeine Deutsche Biographie Band 4 (1876), S. 446-451.

17 *Erik Wolf:* Große Rechtsdenker der deutschen Geistesgeschichte. 4. Auflage. Tübingen 1963. S. 225.

fen.[18] Mit dieser wahrhaft »künstlerischen« Auffassung formulierte Conring so etwas wie das Credo der Barockgelehrten, die mit und nach ihm lebten. Die meisten von ihnen waren in dem hier gemeinten Sinne Künstler, und das gilt auch für viele der großen Juristen unter ihnen wie Samuel Pufendorf (1632-1694),[19] Gottfried Wilhelm Leibniz (1646-1716)[20] und Christian Thomasius (1655-1728)[21]. Jede sachliche Beschränkung und persönliche Eingrenzung war diesen Geistern fremd. Sie waren Viel-Wisser, Viel-Denker und Viel-Schreiber, was ihrer Zeit gemäß und durchaus als Vorzug angesehen wurde. Unentwegt erkundeten und erfanden sie Neues. Schöpferisch zu sein, war ihr stärkstes Bedürfnis.[22] Der deutschen Jurisprudenz und Philosophie bescherten sie die erste große Blütezeit.

Eine dürftigere Epoche folgte, in welcher erstmals der moderne Typus des Fachgelehrten entstand. Ab der zweiten Hälfte des 18. Jahrhunderts gönnt sich der Wissenschaftler das Künstlerische in der Regel bloß noch als Liebhaberei. Trotzdem steckt nach wie vor in jedem Neuerer eine Künstlernatur. So kommt etwa dem dreibändige Werk von Johann Stephan Pütter (1725-1807)[23] über die »Historische Entwicklung der heutigen Staatsverfassung des Teutschen Reiches«[24] nach dem Urteil von Ernst Landsberg der Rang »einer wahrhaft literarischen Kunstleistung« zu.[25] Die Gabe der Darstellung erhob Pütter über seine Kollegen und machte ihn zu dem bedeutendsten Rechtslehrer seiner Zeit. Pütter haben wir die Grundlegung des modernen Urheberrechts zu verdanken.[26] Als schöpferischer Autor prägte er aus tiefster Überzeugung und eigenem Empfinden den bis heute verwendeten Begriff des »geistigen Eigentums«.[27]

Soweit das Künstlerische nicht in die juristische Arbeit einfließen kann, äußert es sich nun häufig in anonym veröffentlichten Werken. Als Beispiel mag der österreichische Staatsrechtler Josef von Sonnenfels (1733-1817) dienen, der juristische Repräsentant der josephinischen Aufklärung.[28] Er führte geradezu ein Doppelleben. Als Jurist war er Polizeireferent und Zensor, als Künstler gab er satirische Pamphlete, eine Frauenzeitschrift und kritische »Briefe über die wienerische Schaubühne« heraus.[29] Ein Dr. Jekyll und Mr. Hyde war er deshalb keineswegs, vielmehr versuchte er seine Ansichten nur auf verschiedene Weise durchzusetzen.

---

18 *Erik Wolf:* Große Rechtsdenker der deutschen Geistesgeschichte. 4. Auflage. Tübingen 1963. S. 229.

19 *H. Bresslau* in: Allgemeine Deutsche Biographie Band 26 (1888), S. 701-708.

20 *Eric J. Aiton:* Leibniz. Cambridge 1985.

21 *Erik Wolf:* Große Rechtsdenker der deutschen Geistesgeschichte. 4. Auflage. Tübingen 1963. S. 371-423.

22 *Egon Friedell:* Kulturgeschichte der Neuzeit. 10. Auflage. München 1968. S. 555 ff.

23 *F. Frensdorff* in: Allgemeine Deutsche Biograpahie Band 26 (1888), S. 749-777.

24 *Johann Stephan Pütter:* Historische Entwicklung der heutigen Staatsverfassung des Teutschen Reiches, 3 Theile. Göttingen 1786.

25 *Ernst Landsberg:* Geschichte der Deutschen Rechtswissenschaft. Dritte Abtheilung. Erster Halbband. München & Leipzig 1898. S. 339.

26 *Gerd Kleinheyer* in *Kleinheyer/Schröder:* Deutsche Juristen aus fünf Jahrhunderten. Eine biographische Einführung in die Rechtswissenschaft. Karlsruhe & Heidelbeig 1976. S. 211.

27 *Johann Stephan Pütter:* Der Büchernachdruck nach Grundsätzen des Rechts geprüft. Göttingen 1774.

28 *F. Muncker* in: Allgemeine Deutsche Biographie Band 34 (1892), S. 628-635.

29 *Hagen Hof* in *Kleinheyer/Schröder:* Deutsche Juristen aus fünf Jahrhunderten. Eine biographische Einführung in die Rechtswissenschaft. Karlsruhe & Heidelberg 1976. S. 251.

Ähnliches gilt für Paul Johann Anselm von Feuerbach (1775-1833).[30] Rechtsphilosophie und Strafrechtslehre profitierten von seinem leidenschaftlichen Kampf um mehr Gerechtigkeit;[31] doch sein heißes Herz konnte sich mit grundsätzlichen Fortschritten in der Theorie und Gesetzgebung nicht zufrieden geben. So führte er schließlich den Kampf als Schriftsteller fort, indem er mit seinem Buch über Kaspar Hauser einen deutschen Vorläufer von Zolás »Jaccuse« schuf.[32] Bis zum heutigen Tag weist diese aufregende Lektüre seinen Verfasser als »Künstlerjuristen« aus.

Ein solcher war auch der Begründer der so überaus einflußreichen »historischen Rechtsschule« Friedrich Karl von Savigny (1779-1861).[33] Zu recht hat Eugen Wohlhaupter diesem »Dichterjuristen« den größten Teil seines gleichnamigen Werkes eingeräumt.[34] Denn daß Savigny zum Goethe der deutschen Rechtswissenschaft geworden ist, liegt womöglich mehr an der wohlabgerundeten Form der von ihm vorgelegten Forschungsergebnisse als an diesen selbst.[35] Schon vor dem legendären »Recht des Besitzes« (1803) wurden quellenkritische Monographien geschrieben, und in Gustav Hugo hatte Savigny auch methodisch einen Vorläufer. Trotzdem gelang es ihm, mit einem einzigen Werk zum »König der Juristen« zu werden. Sein Geheimnis bestand allein darin, daß er die wissenschaftliche Erkenntnis zum Kunstwerk zu machen verstand - nicht nur durch die unerhörte Eleganz seiner Sprache, sondern auch durch die Dramaturgie der Darstellung. Ein übergeordnetes Prinzip hielt den durch Quellenarbeit und Exzerpierfleiß zusammengetragenen Stoff zusammen; woraus andere eine biedere Scheune zusammengezimmert hätten, machte er ein prächtiges Gebäude. In diesem erhielten selbst die keineswegs »geschönten« Unebenheiten und Widersprüchen der Materie noch eine ästhetische Bedeutung - gewissermaßen als Putz und Stuck.[36] Savigny leistete nicht nur als Wissenschaftler Außergewöhnliches, sondern auch als begnadeter Gestalter. Er hatte Charisma und das Augenmaß des Ästheten. Er war Künstler.

Dies gilt auch für seinen großen Gegenspieler Anton Friedrich Justus Thibaut (1772-1840),[37] freilich auf ganz andere Art. Bekanntlich war er es, der zum Mißfallen Savignys als erster ein »allgemeines bürgerliches Gesetzbuch« für Deutsch-

---

30 *Gustav Radbruch:* Johann Paul Anselm Feuerbach. Ein Juristenleben. Wien 1934. - *Eberhard Kipper:* Johann Paul Anselm. Feuerbach. Sein Leben als Denker, Gesetzgeber und Richter. Köln-Berlin-Bonn-München 1969.

31 Bibliographie von *Feuerbachs* Werken bei *Erik Wolf:* Große Rechtsdenker der deutschen Geistesgeschichte. 4. Auflage. Tübingen 1963. S. 586 f.

32 *Paul Johann Anselm von Feuerbach:* Kaspar Hauser. Beispiel eines Verbrechens am Seelenleben eines Menschen. Ansbach 1832.

33 *A. Stoll:* Friedrich Karl von Savigny. Ein Bild seines Lebens mit einer Sammlung seiner Briefe. 3 Bände. Berlin 1927, 1939. - *Joachim Rückert:* Idealismus, Jurisprudenz und Politik bei Friedrich Carl von Savigny. Ebelsbach 1984.

34 *Eugen Wohlhaupter:* Dichterjuristen. Band 1. Herausgegeben von *H. G. Seifert.* Tübingen 1953. S. 3-120.

35 *Ernst Landsberg:* Geschichte der Deutschen Rechtswissenschaft. Dritte Abtheilung. Zweiter Halbband. München & Leipzig 1898. S. 194.

36 *Friedrich Carl Savigny:* Das Recht des Besitzes. Eine civilistische Abhandlung. Stuttgart 1803.

37 *Rainer Polley:* Anton Friedrich Justus Thibaut (AD 1772-1804) in seinen Selbstzeugnissen und Briefen. Teil 1: Abhandlung. Frankfurt am Main und Bern (Lang) 1982.

land forderte.[38] Weniger bekannt ist die Tatsache, daß er auch zur Schaffung eines einheitlichen deutschen evangelischen Chorgesangbuchs aufrief.[39] Denn die Liebe dieses großen Pandektisten gehörte der Musik. In Heidelberg hatte er einen *Singverein* ins Leben gerufen, der sich jeden Donnerstagabend unter dem Bild Händels in einem Dachzimmer zusammenfand. Gesungen wurden kirchenmusikalische Werke von Palestrina, Scarlatti und Marcello unter Verwendung der wertvollen Notensammlung Thibauts.[40] Dieser saß selbst am Flügel, um seinen Chor einzustudieren und zu begleiten.[41] Außer seinem »System des Pandektenrechts«[42] und juristischen Monographien hatte er, zunächst anonym, eine Abhandlung »Über die Reinheit der Tonkunst« verfaßt, die bis zur Jahrhundertwende in fünf Auflagen erschien und von Kirchenmusikern bis heute gerühmt wird. Er war freilich eher ein wissenschaftlicher Künstler als ein künstlerischer Wissenschaftler. Sein musikalisches Interesse zielte vor allem auf die werkgetreue Wiedergabe der mittelalterlichen Meister und spiegelte insoweit seine Auffassung wider, wie die Rechtswissenschaft mit ihren Quellen umzugehen habe. Hart traf ihn der Vorwurf von Savigny und seinen Jüngern, er arbeite »unhistorisch«. Der sanfte Mann reagierte auf solche Demagogie erstaunlich gelassen, denn er fand Trost in der Kunst. »Die Jurisprudenz«, pflegte er zu sagen, »ist mein Geschäft, mein Musiksaal ist mein Tempel, da liefert mir Marcello den Schrifttext zur Erbauung. Händel hält mir die Predigt, mit Palestrina verehre ich meinen Gott, und unsere religiöse Sprache, unsere sich bethätigende Religion ist die Musik. In den Stunden der nächtlichen Einsamkeit, wenn ich bei diesen Freunden am Klavier sitze, könnte ich keinem Menschen Gram sein.«[43]

Savignys engster Vertrauter empfand ähnlich. Adolph August Friedrich Rudorff (1803-1887),[44] Professor für römisches Recht in Berlin, war ein exzellenter Pianist, der seine Frau Betty am Flügel begleitete, wenn sie gelegentlich vor Gästen sang.[45] Doch seine Künstlernatur äußerte sich auch auf andere Weise. Wie viele andere Künstlerjuristen verfolgte er schriftstellerische Pläne und wie keiner sonst war er darüber hinaus ein hervorragender Zeichner. Nichts an seiner Erscheinung und seiner Redeweise verriet den Statthalter des deutschen Juristenfürsten Savigny. Wer Rudorff neu kennenlernte und nichts von seiner Hochschul-

---

38 *Jaques Stern* (Hg.): Thibaut und Savigny. Ein programmatischer Rechtsstreit auf Grund ihrer Schriften. Darmstadt 1959.

39 *Eugen Wohlhaupter:* Dichterjuristen. 3 Bände. Herausgegeben von *H.G. Seifert.* Band 1. Tübingen 1953. S. 139.

40 *Rainer Polley:* Anton Friedrich Justus Thibaut (AD 1772-1840) in seinen Selbstzeugnissen und Briefen. Teil 1: Abhandlung. Frankfurt am Main und Bern (Lang) 1982. S. 57 ff.

41 »In seinem (sc. Thibauts) Hause am Fuße des Schloßberges wurde viele Jahre hindurch von einem gemischten Chor jeden Donnerstag Abend alte klassische Musik vorgetragen, wobei er selbst die Gesänge mit Klavierspiel begleitete. Der kleine, verwachsene Landschaftsmaler Christian Köster (. . .) schlug dabei den Takt mit einer Papierrolle . . .« *Georg Weber:* Heidelberger Erinnerungen. Am Vorabend der Fünften Säkularfeier der Universität. Stuttgart 1886. S. 138.

42 *Anton Friedrich Justus Thibaut:* System des Pandekten-Rechts. 2 Bände. Stuttgart 1803.

43 *Georg Weber:* Heidelberger Erinnerungen. Am Vorabend der Fünften Säkularfeier der Universität. Stuttgart 1886. S. 139.

44 *Ernst Landsberg* in: Allgemeine Deutsche Biographie Band 29 (1889), S. 580-582.

45 *Ernst Rudorff:* Aus den Tagen der Romantik. Bildnis einer deutschen Familie. Leipzig 1938.

tätigkeit wußte, hielt ihn »für einen Landschaftsmaler« oder einen Musiker.[46] Im Unterschied zu stärkeren Naturen gelang es diesem feinsinnigen Mann jedoch nicht, sein Künstlertum mit der Juristerei zu verschmelzen. Wie er sich ganz den Wünschen seines akademischen Lehrers und Förderers unterordnete,[47] so versagte er sich auch - ganz Soldat im Dienste der Wissenschaft - seine künstlerischen Neigungen auszuleben. Das war ein trauriges Mißverständnis und unsinniges Opfer. Seiner Jurisprudenz hätte ein wenig mehr Künstlertum gewiß gutgetan.[48]

Thibaut und Rudorff waren akademische Lehrer von Rudolf von Jhering (1818-1892).[49] Musik spielte auch in dessen Leben eine wichtige Rolle, doch das Feld seiner Kreativität war die Schriftstellerei. Nach dem Vorbild Friedrich Hebbels, den er in der Studienzeit kennengelernt hatte, wollte er eigentlich »Literat« werden. Zum Glück für die deutsche Rechtswissenschaft gab er diesen Plan auf Wunsch seiner Familie auf und wurde zu einem der erfindungsreichsten und wortgewaltigsten Dogmatiker des römischen Rechts im 19. Jahrhundert.[50] Daß an ihm ein Dichter verlorengegangen ist, beweisen allein schon seine »Vertrauliche(n) Briefe über die heutige Jurisprudenz«, eine brillant geschriebene Satire auf sich und seine Kollegen, die er seit 1860 anonym in einer vielgelesenen Fachzeitschrift erscheinen ließ.[51] Sein Hauptwerk »Geist des römischen Rechts auf den verschiedenen Stufen seiner Entwicklung« blieb Fragment, doch eindrucksvoll noch als Torso. Bis heute ist es eines der anregendsten und lesbarsten Bücher über die innere Entwicklung des römischen Rechts. Trotz des wissenschaftlichen Inhalts handelt es sich um beste Literatur. Als einziges Werk seiner Art ist es denn auch verdientermaßen noch heute im renommiertesten Literaturlexikon Deutschlands zu finden.[52]

Was Jhering darüberhinaus zum Paradebeispiel des »Künstlerjuristen« macht, ist sein Bekenntnis zur Intuition. Als erster Rechtswissenschaftler erklärte er offen, sich bei juristischen Entscheidungen von seinem Rechtsgefühl leiten zu lassen.[53] Der aufwendige Apparat der Dogmatik, den er wie kaum ein anderer be-

---

46 *Ernst Rudorff:* Aus den Tagen der Romantik. Bildnis einer deutschen Familie. Leipzig 1938. S. 176.

47 *Ernst Landsberg:* Geschichte der Deutschen Rechtswissenschaft. Dritte Abtheilung. Zweiter Halbband. München & Leipzig 1898. S. 442: »Fanatismus der Selbstverleugnung«.

48 *Adolph Friedrich Rudorf:* Recht der Vormundschaft aus den gemeinen in Deutschland geltenden Rechten entwickelt. Berlin 1832-1834. - *Adolph Friedrich Rudorf:* Römische Rechtsgeschichte. Band 1: Rechtsbildung (Berlin 1857). Band 2: Rechtspflege (Berlin 1859).

49 *Wolfgang Fikentscher:* Methoden des Rechts in vergleichender Darstellung. Band III: Mitteleuropäischer Rechtskreis. Tübingen 1976. S. 101-282.

50 *Michael Kunze:* Rudolf von Jhering - Ein Lebensbild. In: *Okko Behrends* (Hg.): Rudolf von Jhering. Beiträge und Zeugnisse aus Anlaß der einhundertsten Wiederkehr seines Todestages. Göttingen 1992. S. 11-28.

51 Die Artikelserie erschien in der Preußischen -, später Deutschen Gerichtszeitung (Berlin 1860-1866). Später nahm Jhering sie unter seinem Namen in eine Sammlung von essayistischen Arbeiten auf mit dem Titel »Scherz und Ernst in der Jurisprudenz« (Nachdruck der 24. Auflage Leipzig in der Wissenschaftlichen Buchgemeinschaft Darmstadt 1980).

52 *Kindlers Literatur Lexikon.* Band 9 (Fal-Gia), München 1974, S. 3822 f.

53 *Helene Ehrenberg* (Hrg.): Rudolf von Jhering in Briefen an seine Freunde. Leipzig 1913. S. 108-113. - *Mario G. Losano:* Der Briefwechsel zwischen Jhering und Gerber. Teil 1, Ebelsbach 1984. S. 306 ff.

herrschte, diente ihm nur dazu, das intuitiv gewonnene Ergebnis zu begründen. Zu recht vermutete er, daß alle Juristen so arbeiten, nur hatte es vor ihm keiner zugegeben.[54] Indem er dem Phänomen des »Rechtsgefühls« nachging, gelangte er auf immer neue, von keinem Rechtstheoretiker zuvor betretene Gebiete. Auch die Dogmatik hat er auf diesem Weg durch Neuschöpfungen bereichert; erinnert sei nur an die »culpa in contrahendo«.[55]

Jherings schärfster Kritiker in der ihm nachfolgenden Generation von Rechtswissenschaftlern war der Künstlerjurist Josef Kohler (1849-1919).[56] Zumindest quantitativ schuf dieser zur Zeit Wilhelms II. hochberühmte Rechtslehrer ein gewaltiges Werk, das freilich wie manches, was man damals für monumental hielt, das Ende der Kaiserherrlichkeit nicht lange überdauert hat.[57] In mancher Beziehung ähnelte Kohler den polyhistorischen Juristen der Barockzeit. Seine Belesenheit war ungeheuer, sein Wissensdurst unstillbar, seine Produktivität atemberaubend. Als wäre ihm das schier unüberschaubare Feld der juristischen Fachbereiche von der Rechtsgeschichte über die Dogmatik bis zum Staats- und Strafrecht nicht weit genug gewesen, beschäftigte er sich mit Sprachen und Sprachwissenschaft, Philosophie und Orientalistik, Völkerkunde, Geographie und Malerei. Als Knabe begann er zu dichten, später schuf er Nachdichtungen von Dantes Göttlicher Komödie und Petrarcas Sonetten. Nicht selten waren ihm Kunst und Wissenschaft eins; zum Beispiel wenn er über »die Staatsidee Shakespeares in Richard II.« schrieb oder Shakespeare »vor dem Forum der Jurisprudenz« auftreten ließ. Über Goethes Lyrik und den »Faust« verfaßte er kritisch-schwärmerische Betrachtungen. Und als belletristischer Autor schuf er neben einem umfangreichen Roman unzählige Reisebeschreibungen, Humoresken, Novellen und Myriaden von Gedichten. Musiker war Josef Kohler auch. Angeregt durch den von ihm heiß verehrten Richard Wagner versuchte er sich als Komponist von »Tonschöpfungen«.[58]

Das meiste, was dieser erstaunliche Mann erdacht und niedergeschrieben hat, ist heute vergessen. Was fortwirkt, ist eine Leistung, die eines Künstlerjuristen wahrhaft würdig ist: Josef Kohler ist der Urvater des modernen Urheberrechts.[59] Vor ihm wurde dieses entweder rein vermögensrechtlich als »geistiges Eigentum« oder, nach germanistischer Tradition, rein persönlichkeitsrechtlich eingestuft. Erst Kohler wies den dualistischen Charakter von Autoren- und urheberähnlichen

54 *Okko Behrends:* Das »Rechtsgefühl« in der historisch-kritischen Rechtstheorie des späten Jhering. Ein Versuch zur Interpretation und Einordnung von Jherings zweitem Wiener Vortrag. In: *Okko Behrends* (Hrg.): Rudolf von Jhering. Über die Entstehung des Rechtsgefühls. Mit einer Vorbemerkung und einem anschließenden Interpretations- und Einordnungsversuch. Napoli 1986. S. 55-184.

55 *Byoung Jo Choe:* Culpa in Contrahendo bei Rudolf von Jhering. Göttingen 1988.

56 *Albert Osterrieth:* Josef Kohler. Ein Lebensbild. Berlin 1920.

57 Das »Verzeichnis aller Veröffentlichungen und hauptsächlichen Würdigungen« Josef Kohlers zählt nahezu 2500 Titel aus allen Gebieten der Jurisprudenz. *Arthur Kohler:* Josef Kohler-Bibliographie. Berlin-Grunewald 1931.

58 *Albert Osterrieth:* Josef Kohler. Ein Lebensbild. Berlin 1920. S. 16.

59 *Josef Kohler:* Das Autorecht. 1980. – *Josef Kohler:* Das Recht des Markenschutzes. 1884. – *Josef Kohler:* Urheberrecht an Schriftwerken und Verlagsrecht. 1907. – *Josef Kohler:* Kunstwerkrecht. 1908.

Rechten nach. Die Rechtsbegriffe »Immaterialgüterrecht« und »Individualrecht« hat er erfunden.[60] Wer weiß, welche Umwege die Rechtsentwicklung hätte nehmen müssen, wäre der berühmteste Jurist der wilhelminischen Zeit nicht selbst Autor und Komponist gewesen.

Nirgendwo begegnen sich Künstlertum und Rechtswissenschaft intensiver als auf dem Gebiet des Urheberrechts. Nicht nur, weil es die Existenzgrundlage des Künstlers sichert. Ohne Juristen, die sich in die Situation des schöpferischen Menschen hineinfühlen können, gibt es keine Fortbildung auf diesem wichtigen Rechtsgebiet. Hier vor allem können wir den »Künstlerjuristen« nicht entbehren. Ein Glück, daß es diesen Typus des kreativen Rechtsfortbilders und juristisch denkenden Künstlers auch heute noch gibt. Seine vollkommene Verkörperung ist der Mann, dem diese Schrift und dieser kleine Beitrag gewidmet sind.

60 *Klaus Luig:* Josef Kohler. In: Neue Deutsche Bibliographie. 12. Band. S. 425 f.

Peter Lerche

Einige Verfassungsfragen der Postreform II

Der durch Erfahrung geschärfte Blick *Reinhold Kreiles* ruht seit langem - sei es gnädig, sei es kritisch, stets beflügelnd - auf der Entwicklung der Telekommunikation und ihrer rechtspolitischen Gestaltung. Bildet dieser Bereich auch nur eines der zahlreichen Interessengebiete des Jubilars, denen er entscheidende Impulse verliehen hat, sei er hier doch aus einem persönlichen Grunde herausgegriffen: Dem Verfasser war es vergönnt, den Jubilar erstmals innerhalb der von *E. Witte* geleiteten Regierungskommission für den Ausbau des technischen Kommunikationssystems näher kennenzulernen - eine nahezu schon legendär gewordene Kommission, deren Fernwirkungen noch heute zu spüren sind.[1]

I. *Zur Postreform I*

Die halbherzige »Postreform I« hatte nach mancherlei Ansätzen und Mühen das Postverfassungsgesetz vom 8. 6. 1989[2] geboren. Mit ihm wurde die Linie der Tradition insoweit fortgesetzt, als die »Bundespost« weiterhin Gegenstand bundeseigener Verwaltung war - an dieser Verfassungsaussage des ursprünglichen Art. 87 Abs. 1 Satz 1 GG hat man also nicht gerüttelt. Demgemäß wurde nach wie vor das dem Post- und Fernmeldewesen gewidmete Bundesvermögen als »Sondervermögen« des Bundes geführt. Die so rechtlich verfaßte Deutsche Bundespost sah sich aber in die drei Teilbereiche: Postdienst, Postbank und Telekom aufgegliedert, die als »öffentliche Unternehmen« zu betreiben waren (§ 1 Abs. 2 PostVerfG). Die in § 4 PostVerfG etwas verschlungen formulierten Führungsgrundsätze der Unternehmen verbanden leistungsstaatliche mit wirtschaftlich-unternehmerischen Zielen. Zugleich wurde u.a. die Abhängigkeit von den Grundsätzen der Politik der Bundesrepublik Deutschland betont. Der Bundesminister für Post- und Telekommunikation »übt die Rechte des Bundes auf dem Gebiet des Post- und Fernmeldewesens aus« (§ 1 Abs. 1 Satz 2, 2. Hs. PostVerfG) - eine unglückliche Formulierung, erweckte sie doch den Eindruck, als ob es bei der Aufgabenwahrnehmung durch die Bundespost nicht um Rechte des Bundes gehe. In der Sache entzog sich aber auch nach der Postreform I die Gesamtgestalt der Post - trotz der Notwendigkeit zu verfassungskonformen Auslegungen in Einzelpunkten - nicht dem Begriff der bundeseigenen Verwaltung, wie er in Art. 86 (Satz 1, 1. Alternative) GG vorausgesetzt wird. Während z.B. die Formulierung des § 1 Abs. 1 Satz 1 PostVerfG so tut, als handle es sich um ein bloßes Nebeneinander der Kompetenzen

1 Dazu *E. Witte* in Lerche-FS, 1993, S. 737 ff.
2 BGBl. I S. 1026 (= Art. 1 des Poststrukturgesetzes).

des Ministers und der Post, wurden in Wahrheit die Unternehmen trotz der ihnen gewährten relativen Beweglichkeit und Selbständigkeit in die Direktion des Bundes derart intensiv eingebunden, daß die Zuordnung zur Bundesverwaltung nicht zerbrach.

Insbesondere verträgt bundeseigene Verwaltung auch ein gewisses Maß an Kommerzialisierung; gleichwohl durften nach bisheriger Verfassungslage die unter dem Aspekt der Leistungsstaatlichkeit für den Gesamtstaat essentiellen und zugleich für die Bundespost typischen Einrichtungen und Funktionen nicht entstaatlicht werden.[3]

II. *Zur Postreform II: Die Strukturen*

Hier setzen die gegenwärtigen Bemühungen einer Postreform II an. Gewollt ist eine grundsätzliche »Privatisierung« von Post und Telekommunikation; sie soll aber in spezifischer Weise eingebunden bleiben.

Der beabsichtigte Regelungskomplex kennt, was die Rechtsformen anlangt, vor allem eine strukturelle Unterscheidung; und zwar zwischen (privat)wirtschaftlichen Tätigkeiten, hoheitlichen (Regulierungs-)Aufgaben und spezifischen Funktionen des Bundes, die den nunmehr in Aktiengesellschaften umzuwandelnden bisher öffentlichen Unternehmen zugeordnet sind. Der Hauptbereich wird durch die prinzipielle Entlassung von Post und Telekommunikation aus staatlicher Verwaltung gekennzeichnet.

Auf die drängenden rechtspolitischen Gründe einer derartigen prinzipiellen Privatisierung ist hier nicht einzugehen. Hervorgehoben sei nur, daß in der Begründung des Entwurfs des Postneuordnungsgesetzes (PTNeuOG)[4] namentlich der internationale Wettbewerbsdruck sowie die Lösung der vor allem durch die Wiedervereinigung aktualisierten Finanzierungsprobleme herausgestellt werden – der grundsätzliche Weg zur Privatisierung dürfte sich aber auch dann anbieten, wenn von diesen, gewiß schwerwiegenden Motiven abgesehen werden wollte. Zu deutlich ist das Signal, das die allgemeinere Entwicklung im Ausland gibt: Die Gesetzesbegründung[5] selbst bekundet, daß sich in fast allen bedeutenden Industrienationen im Telekommunikationsbereich die Rechtsform der Aktiengesellschaft durchgesetzt habe. Einwirkungen supranationaler Herkunft (Europäische Union) treten hinzu.[6]

Der Weg zur Privatisierung kann sich nach überlieferten Kategorien entweder als bloße Organisationsprivatisierung (Verwaltung in privater Organisationsform) oder als Aufgabenprivatisierung (Entlassung aus der staatlichen Verwaltung) darstellen. Die Postreform II, die nach außerordentlichen, ja quälenden Mühsalen nunmehr endlich zustandezukommen scheint, fügt sich nur teilweise in diese

---

3 Näher meine Bemerkungen in Maunz/Dürig, Grundgesetz, Art. 87, Rn. 113 f.

4 BR-Drucks. 115/94, S. 75 f.

5 A.a.O., S. 75.

6 Dazu etwa Begründung zu § 22 Gesetzentwurf über die Regulierung der Telekommunikation und des Postwesens – PTRegG – (= Art. 7 Entwurf PTNeuOG), BR-Drucks. 115/94, S. 110.

Grobgliederung ein. Sie entfaltet Besonderheiten, die bis zu inneren Widersprüchlichkeiten gehen, und trägt insgesamt den Stempel des Kompromisses auf der Stirn.

III. *Einzelzüge*

1. *Aufgabenprivatisierung und Bundeskompetenzen*

Die Reform führt zwar zu einer Entlassung sämtlicher Dienstleistungen von Post und Telekommunikation aus dem Felde staatlicher Verwaltung - so gesehen also zu einer Aufgabenprivatisierung.[7] Die auf diese Weise aus der Umwandlung der bisherigen öffentlichen Postunternehmen hervorgehenden Unternehmen privater Organisationsform (Aktiengesellschaften) werden aber schon einmal insofern beim Bunde gebunden, als dieser zumindest für die Dauer von 5 Jahren die Kapitalmehrheit an den Unternehmen halten soll.[8] Außerdem verschwinden - insofern vernünftigerweise - die hoheitlichen Befugnisse des Bundes nicht völlig. Sie zeigen sich vor allem in Regulierungsaufgaben, um eine angemessene und ausreichende infrastrukturelle Versorgung sicherzustellen.[9] Diese hoheitlichen Aufgaben, aber auch nur sie, werden nach wie vor in bundeseigener Verwaltung geführt.[10]

2. *Die Dienstleistungen als »private Tätigkeiten«*

Im Zeitpunkt des Abschlusses des Manuskripts (Anfang März 1994) bezeichnet der Entwurf der GG-Änderung die Dienstleistungen als »private Tätigkeiten«; und zwar gleichgültig, ob sie von den (vorläufigen) Bundesunternehmen oder von den (privaten) Wettbewerbern angeboten werden:[11] Konsequenz der Aufgabenprivatisierung. Der Terminus: »private« Tätigkeiten ist freilich im Grundgesetz ungewöhnlich und zugleich etwas blaß. Gemeint ist offenbar, daß die postalischen[12] Dienstleistungen durchwegs aus der Verwaltungshand herausfallen sollen.[13] Das soll also für sämtliche[14] Dienstleistungen gelten, auch für jene, die durch die in Aktiengesellschaften umgewandelten bisher öffentlichen Unternehmen erbracht werden; und zwar auch dann, wenn der Bund die Kapitalmehrheit (zumindest vorläufig) noch in eigenen Händen hält. Dies heißt, daß nicht nur die Wettbewerber, sondern auch diese (Bundes)unternehmen selbst als *Wirtschafts-*

---

7 Vgl. Art. 87 f Abs. 1 neu GG (Gesetzentwurf der Bundesregierung zur Änderung des Grundgesetzes, BR-Drucks. 114/94).
8 Vgl. Art. 143 b Abs. 1 neu GG (Gesetzentwurf a.a.O.).
9 Vgl. Art. 87 f Abs. 1 neu GG (Gesetzentwurf a.a.O.).
10 Vgl. zum Infrastrukturrat, Art. 87 f Abs. 1 Satz 1 neu GG (Gesetzentwurf a.a.O.).
11 Vgl. Art. 87 d Abs. 1 Satz 3 neu GG (Gesetzentwurf a.a.O.).
12 Stets im weiten Sinn verstanden als Inbegriff der Angebote von Post- und Telekommunikation.
13 Begründung des Entwurfs der GG-Änderung a.a.O., sub I: keine Verwaltungsaufgabe.
14 Durch die verbesserungsfähige Formulierung der gegenwärtigen Fassung des Art. 87 f Abs. 1 Satz 3 neu GG (»Diese«!) wird dies nicht deutlich genug ausgedrückt.

unternehmen fungieren sollen. Eben dies könnte auch terminologisch noch deutlicher zum Ausdruck kommen, etwa in Anlehnung an den neuen Art. 87 e Abs. 3 Satz 1 GG: »Wirtschaftsunternehmen« für den Bahnbereich.[15] Auch die Bezeichnung »privatwirtschaftlich« käme in Betracht; denn angesichts der eindeutigen Regelung im vorgesehenen Art. 143 b GG könnte dieser Ausdruck kaum als Gegensatz zu »staatswirtschaftlich« mißverstanden werden.

3. *Spezifische Bundesaufgaben im Blick auf die Bundesunternehmen*

Die Aufgabenprivatisierung wird nicht konsequent durchgeführt. Es verbleibt eine überreife Frucht des rechtspolitischen Kompromisses. Und zwar wird vorgesehen, dem Bunde neben den erwähnten hoheitlichen (Regulierungs-)Aufgaben weitere Funktionen im besonderen Blick auf die umgewandelten Unternehmen zu konzedieren. Dieser Kompromißinhalt ist im Kerne wohl nicht mehr antastbar.

Die gemeinsamen Kompetenzen soll der Bund in der Organisationsform einer öffentlich-rechtlichen Anstalt wahrnehmen. Wie aus der beabsichtigten näheren einfachgesetzlichen Regelung[16] zu entnehmen, ist diese Anstalt (unter der Aufsicht des Bundesministeriums für Post und Telekommunikation[17]) primär als Holding für die dem Bunde zustehenden Anteile an den genannten Aktiengesellschaften gedacht, aber mit gewissen zusätzlichen Aufgaben ausgestattet. Die Kompetenzen der Anstalt sind im einzelnen gesetzlich fixiert[18] und einer vertraglichen Erweiterung nicht fähig.[19] Die Anstalt wird - etwas euphorisch und zugleich nostalgisch - als »Deutsche Bundespost« bezeichnet.[20]

Die Entwurfsbegründung betont, daß sich die Befugnisse der Anstalt im wesentlichen auf die Zuständigkeiten einer Finanzholding beschränkten[21] und daß es sich im übrigen um Funktionen handle, »die ihrer Natur nach originäre Aufgaben« der Aktiengesellschaften seien.[22] Dazu gehört insbesondere auch etwa die besonders problematische Kompetenz zum Abschluß von Manteltarifverträgen.[23] Genauer besehen treten aber auch Funktionen der Beratung[24] hinzu, die man kaum als originäre Aufgaben der Unternehmen bezeichnen kann.

---

15 So übereinstimmend die - unabhängig voneinander entstandenen - schriftlichen Stellungnahmen von *Badura* (sub I 3) und von *Lerche* (sub II 1 b) zur Vorbereitung einer Anhörung des Rechtsausschusses und des Ausschusses für Post und Telekommunikation des Deutschen Bundestages am 8. 3. 1994. Herr *Badura* hat mir freundlicherweise seine Stellungnahme vorweg zugeleitet. - Zum Bahnbereich mit insoweit wohl zu weitgehenden Folgerungen jetzt *Fromm* DVBl. 1994, 187 ff., 191.

16 Bundesanstalt Post - Gesetz (BAPostG) = Art. 1 Entwurf PTNeuOG (BR-Drucks. 115/94, S. 5 ff.).

17 Soweit Eigentumsinteressen des Bundes berührt sind, handelnd im Einvernehmen mit dem Bundesministerium der Finanzen (§ 2 BAPostG). Ins Gewicht dürfte fallen, daß am Verwaltungsrat der Anstalt u.a. auch Vertreter der Aktiengesellschaften und Vertreter ihres Personals beteiligt sind (§ 4 a BAPostG).

18 § 3 Abs. 1-3 BAPostG.

19 § 3 Abs. 4 BAPostG.

20 § 1 BAPostG.

21 BR-Drucks. 115/94, S. 77 (Zu § 2, Abs. 4).

22 A.a.O., S. 76 (Allgemeines).

23 § 3 Abs. 2 Nr. 4 BAPostG.

24 § 3 Abs. 2 Nr. 1-3, Abs. 3 BAPostG.

Der Bund soll, insgesamt betrachtet, also nicht nur die dem Staat zukommenden Rechte und Pflichten aus den Anteilen in Gestalt einer derartigen Anstalt (der mittelbaren Bundesverwaltung unter der umfassenden Direktion des Bundesministeriums) wahrnehmen; er soll zugleich in begrenzter Weise sonstigen Einfluß auf die Geschicke dieser Aktiengesellschaften nehmen können und zwar aus nicht näher definierten »übergeordneten politischen Gründen«.[25] Der Gebrauch dieser Leerformel verrät, daß der Kompromiß durch keine überzeugenden Argumente gestützt wird. Eine wirkliche Freigabe der Unternehmen - abgesehen von den allgemeinen hoheitlichen Regulierungsaufgaben des Bundes - konnte jedenfalls nicht erreicht werden (mögen auch die Fesseln ziemlich lockere sein).

Das ist umso bemerkenswerter, als dieser spezifische Bundeseinfluß anscheinend auch dann fortgeführt werden soll, wenn kraft einfachgesetzlicher Regelung - aufgrund der Ermächtigung des vorgesehenen Art. 143 Abs. 1 Satz 3 neu GG - die Kapitalmehrheit des Bundes aufgegeben werden sollte. Aus welchen Sachmotiven heraus in einem solchen Fall das Fortbestehen der Regelung, d.h. das Andauern eines die Unternehmen ergreifenden Einflusses des Bundes, gerechtfertigt werden können soll, ist schwer erspähbar; dies umso mehr, als schon die Begründung der Ingerenzrechte selbst nicht recht einsichtig zu machen ist.[26]

IV. *Zur verfassungsgesetzlichen Absicherung der spezifischen Bundesaufgaben*

Auf welch schwankendem Boden diese ganze Konstruktion spezifischer, unternehmensbezogener Aufgaben des Bundes steht, spiegelt sich in der Art und Weise, wie die Aufgaben verfassungsgesetzlich erfaßt werden sollen. Die zum Zeitpunkt des Abschlusses des Manuskripts im Gesetzentwurf zur Änderung des Grundgesetzes[27] hierzu gefundene Aussage ist so wenig durchsichtig, daß vielleicht trotz allem vorangegangenen politischen Zementierwerk der Anflug einer gewissen Wahrscheinlichkeit ihrer zumindest redaktionellen Verbesserung den optimistischen Leser tröstet. Die gegenwärtige Fassung lautet: »Neben den Aufgaben nach Absatz 1 Satz 1 nimmt der Bund die einzelnen Aufgaben in bezug auf die aus dem Sondervermögen Deutsche Bundespost hervorgegangenen Unternehmen nach Maßgabe eines Bundesgesetzes in der Rechtsform einer Anstalt des öffentlichen Rechts wahr.«

Diese Formulierung leidet an einer Fülle von Schwächen:

1. *Abhebung von den hoheitlichen Aufgaben*

Die Abgrenzung von den Aufgaben des Abs. 1 Satz 1 versetzt das Verhältnis zum sonstigen Inhalt des Abs. 1 in ungewisse Schwebe.[28] Gemeint ist anschei-

---

25 Vgl. Begründung, BR-Drucks. 115/94, S. 76 (Allgemeines), auch ebendort Zu § 1.
26 Dazu *Badura* a.a.O. (Fn. 15), sub II 1.
27 A.a.O. (Fn. 7).
28 Abs. 1 Satz 1 bezieht sich inhaltlich auch auf Satz 2; die spezifischen Aufgaben nach Abs. 2 können teilweise aber ebenfalls dem Ziele des Abs. 1 Satz 2 dienen.

nend, daß die Anstalt keine hoheitlichen Aufgaben wahrzunehmen hat. Zweifelhaft ist demgegenüber die Annahme, die Fassung des Abs. 2 solle zusätzlich ausdrücken, die Anstalt dürfe nicht mit unternehmerischen und betrieblichen Aufgaben des den Unternehmen obliegenden Leistungsangebots betraut werden.[29] Diese Deutung überzeugt nicht recht; sie krankt daran, daß zu den einfachgesetzlich für die Anstalt vorgesehenen Aufgaben eben solche auch unternehmerischer und betrieblicher Natur gehören.[30]

2. *Das Verhältnis zu den Bundesunternehmen*

Eine weitere Undeutlichkeit der vorgesehenen Formulierung des Abs. 2 versteckt sich im Terminus: Aufgaben »in bezug auf die . . . Unternehmen«. Nach der Begründung zu Art. 1 PTNeuOG[31] soll es demgegenüber (an sich) um »originäre Aufgaben« der Unternehmen selbst gehen; in Wirklichkeit freilich sind, wie bemerkt, auch Beratungsaufgaben mitgemeint.

3. *Anstaltliche Organisationsform*

Auch ist die Formulierung: »in der Rechtsform einer Anstalt . . .« systemwidrig; gemeint dürfte »Organisationsform« sein - korrespondierend etwa mit Art. 87 d Abs. 1 Satz 2 GG.

4. *Definitionsmacht des einfachen Gesetzgebers?*

Vor allem aber liegt ein Mangel der vorgeschlagenen Formulierung des Abs. 2 darin, daß »die einzelnen Aufgaben«, die der Bund wahrnehmen soll, in der Luft hängen. Die gleichzeitige dortige Aussage »nach Maßgabe eines Bundesgesetzes« bezieht sich ihrer Stellung nach nur auf das Wahrnehmen in der Form der öffentlich-rechtlichen Anstalt.

Die eigentliche Achillesferse ist allerdings nicht nur redaktioneller Art. Durch eine präzisere Formulierung[32] könnte zwar klarer werden, daß es der Bundesgesetzgeber selbst ist, der diese einzelnen Aufgaben festlegt, wie im Entwurf des BAPostG auch vorgesehen. Eben hieraus wird aber das tiefere Dilemma bewußt: Die genauere Definition jener spezifischen Bundesaufgaben kann wohl kaum in der Verfassung selbst erfolgen; die Definitionsmacht fließt daher dem einfachen Bundesgesetzgeber zu.

---

29 So *Badura* a.a.O. (Fn. 15), sub I, 3.
30 Vgl. § 3 Abs. 2 Nr. 1-4 BAPostG.
31 BR-Drucks. 115/94, S. 76, Allgemeines.
32 Der Verfasser hat im Blick auf die oben (Fn. 15) erwähnte Anhörung am 8. 3. 94 folgende Formulierung des Abs. 2 vorgeschlagen:
»Der Bund nimmt außerhalb seiner hoheitlichen Aufgaben (oder: außerdem) in der Organisationsform einer Anstalt des öffentlichen Rechts einzelne durch Bundesgesetz zu bestimmende Aufgaben wahr, die den . . . Unternehmen zugeordnet sind.« Diese Fassung ist aber lediglich redaktionell gedacht; sie setzt die Unverrückbarkeit der getroffenen politischen Grundentscheidung voraus und nimmt zu dieser selbst nicht Stellung (entsprechend dem begrenzten Zweck jener Anhörung).

Jede einzelne dieser Aufgaben in das Grundgesetz direkt einzubauen, müßte die neue Grundgesetznorm noch unförmiger aufquellen lassen, als dies schon das betrübliche Schicksal anderer neuer Grundgesetznormen ist, deren fülliger Brei den bisherigen eher schlanken Duktus des Grundgesetzes zu verändern beginnt.[33] (An die Möglichkeit, alle diese aufschäumenden Änderungen in einen Anhängeteil des Grundgesetzes zu stecken - mit demselben änderungsfesten Rechtsrang wie das Grundgesetz selbst -, hat man anscheinend nicht näher gedacht.)

Scheidet also die Möglichkeit einer verfassungsfesten Fixierung jener spezifischen Bundesaufgaben aus, kann schwer vermieden werden, daß der einfache Gesetzgeber diese Aufgaben nachträglich erheblich verändert, auch erweitert. Aus dem Verfassungstext ist nur *eine* Bremse gegenüber derartigen späteren Umformungen zu entnehmen: Es darf sich stets um nur »einzelne« Aufgaben handeln. Welche Intensität und Tragweite sie jeweils aufweisen, bleibt aber der Gestaltung des einfachen Gesetzgebers überlassen.[34] In dieser Beziehung bauen die politischen Kompromißpartner offenbar auf die Fortdauer gegenseitig fairen Verhaltens, auch wenn sich die Mehrheitsverhältnisse ändern sollten. Zu hoffen ist, daß diese erfreuliche Erwartung durch den Sachzwang zu vernünftiger Regelung zusätzlich gestützt werden wird.

V. *Zur Verfassungsrelevanz der auslaufenden Monopolstellungen*

1. *Begrenzte Fortdauer der Privilegierungen*

Eine weitere bedeutsame Verfassungsfrage knüpft an das vorläufige Fortbestehen von Monopolstellungen (bzw. entsprechender Privilegierungen) im Post- und Telekommunikationsbereich an.[35]

Auch diese Stelle bezeichnet offensichtlich einen wichtigen Baustein des politischen Gesamtkompromisses. Im gegenwärtig beabsichtigten Text der Grundgesetzänderung wird aber auf die Monopole nicht eigens Bedacht genommen. Nach der bisherigen Verfassungslage durfte man davon ausgehen, daß das Grundgesetz die von ihm vorgefundenen Monopole im Prinzip legitimierte - doch war schon bislang etwas unklar, bis zu welchen (grundrechtlichen, nicht nur europarechtlich erzwungenen) Grenzen eine solche stillschweigende Legitimation reicht.[36] Durch die künftige grundsätzliche Ausgliederung der postalischen Aufgaben aus

---

33 Zur allgemeineren Problematik von Verfassungsstil und Verfassungsfunktion siehe jetzt *Voßkuhle* AöR 119 (1994), S. 35 ff.

34 Technisch denkbar, aber ungewöhnlich und systemfremd wäre es, wollte das Grundgesetz durch Verweisung auf einen bestimmten Stand der einfachen Gesetzgebung (statische Verweisung) die Dinge zementieren. Dies setzte einmal voraus, daß ein zeitlich erst nachfolgendes, allenfalls gleichzeitiges Gesetz (BAPostG) zum Verweisungsgegenstand gemacht werden könnte; zum andern sollte dadurch kein Hindernis entstehen, einvernehmlich künftig die Bundesaufgaben dieser Art zu *reduzieren;* etwa dann, wenn - wie bemerkt - der Bund die Kapitalmehrheit aufgibt.

35 Vgl. etwa Begründung PTNeuOG-Entwurf, Allg. Teil, BR-Drucks. 115/94, S. 75.

36 Näher *Lerche* in Maunz/Dürig, Grundgesetz, Art. 87, Rn. 115.

der Bundesverwaltung,[37] entfällt die Möglichkeit, die traditionelle Konstruktion (prinzipieller Rechtfertigung der bisherigen Postmonopole) unbesehen weiterzuführen. Ob die gleichzeitig vorgesehene Sicherung eines flächendeckenden Angebots angemessener und ausreichender Dienstleistungen gemäß Art. 87 f Abs. 1 Satz 2 neu GG hierzu, also zur Rechtfertigung der Monopolstellungen, ausreicht, ist mehr als zweifelhaft. Dies zumal, als sich diese Sicherung nicht nur auf das Wirken der umgewandelten Postunternehmen bezieht, sondern allgemein formuliert ist, d.h. auch die künftigen privaten »Wettbewerber« (vgl. Art. 87 f Abs. 1 Satz 3 neu GG) erfaßt - nur folgerichtig, weil die Befriedigung infrastruktureller Bedürfnisse durch eine gewisse Einbindung auch dieser Wettbewerber, etwa durch Auferlegung von Leistungspflichten, gewährleistet werden könnte.[38]

2. *Übergangsklausel?*

Trotz dieser Unsicherheiten dürfte das Fortbestehen der Monopolstellungen noch hinnehmbar sein und zwar deshalb, weil diese Privilegierungen zum 31. 12. 1997 auslaufen sollen.[39] Gleichwohl bleibt eine klarstellende Übergangsvorschrift im Grundgesetz erwägenswert. Sie müßte zugleich die gewollte Befristung zum Ausdruck bringen, um nicht ihrerseits die Basis des gefundenen Gesamtkompromisses zu unterminieren, d.h. ein zeitlich unbeschränktes Fortführen der Monopole zu ermöglichen; dem stünde allerdings ohnehin die europarechtliche Entwicklung im Wege. Jedenfalls dient es nicht der Klarheit und Wahrheit, wenn der vorgeschlagene Grundgesetztext den Eindruck erweckt, schon jetzt seien die in Bundeshand befindlichen Unternehmen ihren Wettbewerbern gleichgestellt.[40]

VI. *Zur Sicherung der Infrastruktur*

Die Formulierung der soeben berührten infrastrukturellen Sicherungsaufgabe des Bundes (Art. 87 f Abs. 1 Satz 2 neu GG) dürfte bei den zählebigen politischen Verhandlungen wiederum derart verfestigt worden sein, daß für Änderungen kaum sonderliche Chancen bestehen. Ist die Formulierung also gewissermaßen in Bronze gegossen, ist sie doch kein Kunstwerk. In einseitiger Weise ist dort die Rede, der Bund habe zu sichern, daß »flächendeckend angemessene und ausreichende Dienstleistungen erbracht werden«. Damit tritt das Ziel »flächendeckender« Versorgung in den Vordergrund. Nicht minder wichtig ist es aber, Innovationen anzuregen - das ist nicht nur ein ökonomischer, sondern auch ein sozialstaatlicher Aspekt. Innovationen werden häufig (zunächst) nicht flächendeckend realisiert werden können; und vor allem könnte sich im Verlaufe der technischen Entwicklung - worauf besonders *E. Witte* wiederholt hingewiesen hat - das Ange-

---

37 In Art. 87 Abs. 1 Satz 1 GG werden folgerichtig die Wörter »die Bundespost« gestrichen.
38 Vgl. aber auch etwa die *besondere* Lastentragung der aus Telekom und Postdienst hervorgehenden Unternehmen gemäß § 8 PTRegG-Entwurf (BR-Drucks. 115/94, S. 51).
39 Dazu etwa die Begründung zu § 22 PTRegG-Entwurf, BR-Drucks. 115/94, S. 110.
40 Vgl. auch »gleichgestellt« in Entwurf PTNeuOG, BR-Drucks. 115/94, sub A. Zielsetzung.

bot in so hohem Maße auf *Spezial*interessen einstellen (müssen), daß ohnehin das Ziel flächendeckend-gleichmäßiger Versorgung in den Hintergrund tritt.

Zwar mag sich die vorgesehene Fassung des Art. 87 f Abs. 1 Satz 2 GG darauf berufen, gemeint sei, »flächendeckend« nur einen *Grundstock*[41] abzusichern. Das ändert aber nichts daran, daß das Ziel der flächendeckenden Versorgung nicht einseitig hervortreten sollte.[42]

VII. *Zur verbleibenden bundeseigenen Verwaltung*

Die Sicherung jenes Grundstocks soll dem Bunde obliegen und zwar, wie eingangs notiert, in Gestalt »bundeseigener Verwaltung« (Art. 87 f Abs. 1 Sätze 1, 2 neu GG). Ohne daß dies eigens ausgesprochen worden wäre oder werden müßte, dürfte damit feststehen, daß insoweit - also bei diesen Regulierungsaufgaben - eine Auslagerung auf selbständige Rechtsträger der Bundesebene nicht möglich ist, zumindest grundsätzlich nicht. Das steht im Einklang mit der Formulierungsweise des Art. 86 GG, der Grundsatznorm der Bundesverwaltung. Aus der schon zuvor veränderten Fassung des Art. 87 d Abs. 1 GG (Luftverkehrsverwaltung) mochte allerdings geschlossen werden, bundeseigene Verwaltung (i.e.S.) könne auch - und zwar vollständig - durch selbständige Rechtsträger der Bundesebene realisiert werden. Eben dies ist aber für die Regulierung des postalischen Bereichs erkennbar nicht gemeint (wie auch aus Art. 87 f Abs. 2 neu GG mittelbar hervorgeht).

Damit dürften die systemwidrigen Konsequenzen, die aus der Neufassung des Art. 87 d Abs. 1 GG hervorsprudeln, einigermaßen gebannt sein. Diese Konsequenzen kräftigten vor allem eine stattliche Minderheitsmeinung,[43] die sich schon früher zum Begriff der bundeseigenen Verwaltung (i.e.S.) gebildet hatte. Nach dieser Ansicht soll bundeseigene Verwaltung auch vollständig in selbständiger (etwa privater) Rechtsträgerschaft wahrgenommen werden können, wenn der Bund nur die beherrschende Hand behält. Das freilich läßt die in Art. 86 GG selbst angelegten Grenzen zwischen bundeseigener (i.e.S.) und Bundesverwaltung in nichts aufgehen. Die später hinzugekommene Stütze für diese Meinung, eben die Neufassung des Art. 87 d Abs. 1 GG, war daher ihrerseits mißglückt und systemwidrig. (Auch dem entstehungsgeschichtlich greifbaren Motiv nach

---

41 Diesen bezeichnet die Begründung zur Grundgesetz-Änderung a.a.O. (sub I) etwas mißverständlich als »Grundversorgung«. Das Wort ist diffus, weil bekanntlich rundfunkrechtlich befrachtet.

42 Die in der Begründung zu § 2 PTRegG-Entwurf verwendete Formulierung: »angemessene und ausreichende infrastrukturelle Versorgung« (BR-Drucks. 115/94, S. 108) wäre daher der Sache nach wohl vorzuziehen, wenn auch das (zugegeben nicht sehr schöne) Wort »infrastrukturell« dem Grundgesetz bislang fremd ist.

43 Siehe etwa *B. Mayer,* Die Bundespost: Wirtschaftsunternehmen oder Leistungsbehörde, 1990, S. 75 ff.; *R. Scholz/J. Aulehner* Archiv PT 1993, 103 ff., bes. 146; *Schuppert,* Der Staat 1993, 581 ff., 593 f., 604 ff. m.w.N.; vgl. auch *Trampler,* Verfassungs- und unternehmensrechtliche Probleme der bundesdeutschen Flugsicherung, 1993, S. 107 ff. - Die h.M. im Blick auf die Postreform formuliert etwa *R. Schmidt* in Lerche-FS, 1993, S. 965 ff., 971 ff. Weitere Angaben zur Bahnreform jetzt bei *Fromm* DVBl. 1994, 187 ff., 190, Fn. 33.

hätte Art. 87 d Abs. 1 *Satz 1* GG formulieren müssen: »Die Luftverkehrsverwaltung ist Sache des Bundes« o.ä.).[44] Mit der für Art. 87 f Abs. 1 Satz 1 vorgeschlagenen Formulierung, genauer: mit dem erkennbaren Sinn dieser Formulierung, findet das Grundgesetz auf den Pfad der Tugend zurück.

VIII. *Zur föderalen Seite des Regulierungsrates*

Im Zusammenhang dieser Festlegung der Regulierungsmacht des Bundes auf bundeseigene Verwaltung befindet sich ein föderales Problem. Im Entwurf des PTRegG (§ 11 ff.) ist ein »Regulierungsrat« als Nachfolger des bisherigen Infrastrukturrates eingebaut. Bislang ist für ihn keine spezielle Verfassungsgrundlage ersichtlich; als Institution müßte er sich daher in die bundeseigene Verwaltung des vorgesehenen Art. 87 f Abs. 1 Satz 1 GG einfügen lassen. Der Regulierungsrat wird mit wesentlichen, mitentscheidenden Kompetenzen ausgerüstet (§ 13 PTRegG-Entwurf). Zugleich soll er aber zur Hälfte »aus einem Vertreter jedes Landes« bestehen (§ 11 Abs. 1 PTRegG-Entwurf). Diese Konstruktion führt also nicht mehr - wie bisher beim Infrastrukturrat[45] - zum *Bundesrat* (als Bundesorgan), sondern unmittelbar zu den *Ländern*. Dies scheint auf den eigenen Wunsch der Länder zurückzugehen.[46] Rückte schon der Infrastrukturrat in die Nähe der Grenze des noch Zulässigen,[47] droht nunmehr der Rubikon überschritten zu werden; denn im Felde bundeseigener Verwaltung ist den Ländern prinzipiell ein (wesentlich) mitbestimmender Einfluß versagt.[48] Andernfalls entstünde eine unzulässige Mischverwaltung. Immerhin könnte eingewendet werden, daß im § 11 Abs. 2 Satz 3 PTRegG-Entwurf nach wie vor von den »Vertreter(n) des Bundesrates« die Rede ist. An dieser Formulierung mag sich eine verfassungskonforme Deutung emporranken; sie bliebe aber etwas waghalsig: Vermutlich ist die Formulierung nur versehentlich als Relikt stehengeblieben.

Es wäre ein schwerer Einbruch in die Länderposition, sollte sich nachträglich die Verfassungswidrigkeit eines so formierten Ländereinflusses herausstellen. Die besondere Rolle des Bundesrates als Bundesorgan im postalischen Bereich zeigt sich dagegen z.B. schon in Art. 80 Abs. 2 GG.

IX. *Zur Gesetzgebungskompetenz*

Zu unterscheiden von den Aussagen zur Verwaltungsform sind die vorgesehenen Veränderungen bei der Festlegung der Gesetzgebungskompetenzen des Bundes. Die beabsichtigte Formulierung in Art. 73 Nr. 7 GG (bundesausschließliche

---

44 Hierzu näher mein Beitrag für die im Erscheinen begriffene Festschrift für *Franz Klein* m.w.N.

45 Vgl. § 32 Abs. 1 Satz 2, Abs. 3 PostVerfG.

46 Vgl. den Entwurf des Bundesrates zum Infrastrukturrat, BT-Drucks. 12/4329.

47 Vgl. meine Bemerkungen in Maunz/Dürig, Grundgesetz, Art. 87, Rn. 109, Fn. 247 - S. 91 -, auch Rn. 106, S. 86.

48 Vgl. nur etwa *Dittmann*, Die Bundesverwaltung, 1983, S. 175, 181 ff.

Gesetzgebung): »das Postwesen und die Telekommunikation« (statt bisher »das Post- und Fernmeldewesen«) bewirkt zunächst durch Aufnahme des Wortes Telekommunikation eine Angleichung an den international üblichen Sprachgebrauch.[49] Der traditionelle Terminus Post»wesen« behält allerdings einen Verwaltungsakzent, obwohl die Materie grundsätzlich der Verwaltung entzogen werden soll; daher wäre wohl Post»bereich« o.ä. vorzuziehen.

Wichtiger ist, daß sachliche Abgrenzungsschwierigkeiten zu entstehen drohen. Laut Begründung[50] soll der Kompetenzbegriff »Postwesen« unter Rückgriff auf das traditionelle Erscheinungsbild postalischer Dienstleistung definiert werden. Probleme werden vor allem dort auftauchen, wo wesentliche Erweiterungen vorgefundener, aber für die Post untypischer Dienste[51] in Rede stehen. So sollen z.B. künftig sämtliche Einschränkungen der Produktpalette der Postbank im Kreditbereich wegfallen.[52] Was bleibt dann in dieser Beziehung vom »Postwesen« noch übrig?

---

49 Begründung a.a.O., Zu Nr. 1.
50 A.a.O., Zu Nr. 1.
51 Zur Existenz untypischer Dienste vgl. BVerwGE 28, 36 (46 f.).
52 Siehe Begründung PTNeuOG-Entwurf, Allg. Teil, BR-Drucks. 115/94, S. 76.

Silke von Lewinski

USA gegen Europa? Internationales Urheberrecht im Wandel

I. *Einführung*

Vor gut zwanzig Jahren hätte dieser Beitrag noch geheißen: »Internationales Urheberrecht - Nord-Süd-Konflikt«. Heute ist der Konflikt zwischen Industrieländern, Entwicklungsländern und den inzwischen neu hinzugekommenen »neu industrialisierten Ländern« zwar nicht verschwunden, aber er wird von einer sich seit ein paar Jahren abzeichnenden neuen Entwicklung verdeckt: Die großen Industrienationen, insbesondere die USA und Europa, stehen sich immer häufiger gegenüber als auf der selben Seite. Diese Entwicklung fällt mit dem zunehmend einheitlichen Auftreten der Europäischen Gemeinschaften zusammen - sei es, daß das Urheberrecht im Rahmen eines internationalen Handelsvertrages - des GATT - behandelt wurde, in dessen Rahmen die EG-Kommission die Europäischen Gemeinschaften aufgrund der Handelskompetenz aus Artikel 113 EWG-Vertrag seit 1986 vertrat, oder daß sie 1989 zum ersten Mal einen internationalen Vertrag in einem dem Urheberrecht nahestehenden Bereich - das Halbleiterschutzabkommen - für die Europäischen Gemeinschaften abschloß[1], oder daß sie aufgrund einer Entscheidung der WIPO und eines Mandats der Mitgliedstaaten 1991 zum ersten Mal neben diesen im Rahmen des WIPO-Sachverständigenausschusses zu einem möglichen Protokoll zur Berner Übereinkunft als Mitglied und nicht nur als Beobachter mitdiskutierte[2] - was sie seitdem entweder aufgrund der Gemeinschafts- bzw. Unionskompetenz weitergeführt hat, die ihr durch die zunehmende Harmonisierung im Bereich des Urheberrechts zugewachsen ist, oder zum Zwecke der Koordinierung nicht nur zwischen den Mitgliedstaaten, sondern auch zwischen diesen und den EFTA-Staaten.

Die USA und Europa stehen sich allerdings nicht nur, wie im GATT und bei der WIPO, als Verhandlungspartner unmittelbar gegenüber, sondern auch bei der Ausdehnung ihrer Einflußbereiche in Drittländern. Die USA haben versucht, das »Wohlverhalten« insbesondere von Entwicklungsländern weltweit durch Einsatz ihrer wirtschaftlichen Macht und Androhung von Handelssanktionen zu erzielen

---

1 Art. 15 Abs. 1 Buchst. b) des Abkommens sieht die EG als Vertragspartner vor, siehe dazu: *Krieger/Dreier*, Die Washingtoner Diplomatische Konferenz zum Abschluß eines Vertrages über den Schutz des geistigen Eigentums im Hinblick auf integrierte Schaltkreise, GRUR Int. 1989, 729, 734.

2 Siehe hierzu *von Lewinski/Dreier*, Erste Sitzung des Sachverständigenausschusses der WIPO über ein Protokoll zur Berner Konvention zum Schutz von Werken der Literatur und Kunst (Genf, 4.-8.11.1991), GRUR Int. 1992, 45, 46.

- bilaterale Handelsabkommen reflektieren diese erfolgreichen Versuche in bezug auf die Gesetzgebung und auf das Verhalten im Rahmen der GATT-Uruguay-Runde[3]; oft auffällige, den USA beistimmende Äußerungen von Entwicklungsländern bei WIPO-Verhandlungen mögen ein weiteres Indiz sein. Europa hat zunächst versucht, die Angleichung des Schutzstandards in osteuropäischen und früheren sowjetischen Ländern mittels bilateraler Verträge zu bewirken.

Die Ausdehnung der Einflußbereiche in Drittländern geht mit einem neuen Phänomen im internationalen Urheberrecht einher: der Weiterentwicklung des internationalen Urheberrechts mittels bilateraler (wie auch multilateraler) Handelsverträge außerhalb der bestehenden Konventionen. Zum ersten Mal seit bald 110 Jahren ist eine massive Rückkehr zu bilateralen Verträgen zu beobachten - zuletzt war das internationale Urheberrecht vor der Entstehung der Berner Konvention 1886 durch ein Geflecht von bilateralen Verträgen, oft gebunden an befristete Handelsverträge und dementsprechend ohne ausreichende Stabilität, geprägt[4]. Rückschritt oder Fortschritt? Jedenfalls ein einschneidender Wandel. Anders als vor 110 Jahren - und daher wohl kein Rückschritt - basieren die Urheberrechtsbestimmungen in bilateralen Handelsverträgen heute allerdings auf den bestehenden Konventionen.

II. *Die Handelspolitik der USA*

Auch gibt das Bild eines »Geflechtes« oder »Netzes« von bilateralen Verträgen zwar die damalige, jedoch die heutige Situation nicht mehr adäquat wieder: Heute käme einem wohl eher das Bild einer Sonne - die USA darstellend (ergänzt durch eine zweite, kleinere Sonne »Europa«) - in den Sinn, die seit ein paar Jahren mit Lichtgeschwindigkeit ihre Strahlen in alle Länder der Welt aussendet, um diese mit ihren Vorstellungen vom Urheberrecht - oder besser Copyright - zu erwärmen und, soweit sich diese Länder nicht dafür erwärmen lassen mögen, deren »willentliche« Zustimmung zu einem bilateralen Vertrag vor dem Hintergrund einer drohenden »Special 301«-Behandlung[5] zu erlangen. Die Sonne strahlt hell, der Erfolg läßt sich sehen: Eine Welle von Konventionsbeitritten, neuen Gesetzen und von Gesetzesänderungen im Urheberrecht - alle mit vergleichbarem Inhalt - in nur wenigen Jahren ist weitgehend auf die Initiative der USA zurückzuführen. Die jährliche Veröffentlichung der »Erfolgsliste« aller auf US-Initiative zurückgehenden Schutzverbesserungen in der ganzen Welt läßt eine gewisse Genugtuung der

---

3 Siehe z. B. Art. 5 und Anhang (Ziff. 1, 1. Alt.) des Abkommens über einen Handels- und Investitionsrat zwischen den USA und Chile vom 1.10.1990, 29 I.L.M. 1404 (1990): auf dem »Immediate Action Agenda« steht als erster Punkt die Zusammenarbeit im Rahmen der Uruguay-Runde des GATT.

4 *Ricketson*, The Berne Convention for the Protection of Literary and Artistic Works: 1886-1986, London 1987, 1.41, 1.42 und 2.1.

5 Siehe zu den unilateralen Handelsmaßnahmen nach dem »Special 301«-Verfahren nach dem amerikanischen Handelsgesetz von 1988 (Sec. 1303 Handelsgesetz 1988 (Fußn. 7) zur Änderung des Sec. 182 Handelsgesetz 1974 in Verbindung mit Sec. 1301 Handelsgesetz 1988 zur Änderung der Sec. 301 ff. Handelsgesetz 1974) unten, IV. a.E.

Amerikaner über ihre Rolle als Gestalter des Welturheberrechts erkennen[6]. Eine solche Interpretation dieser Veröffentlichungen entspricht sicherlich immer noch dem Selbstverständnis der Amerikaner, die ganz offen und unverblümt in ihr Handelsgesetz 1988[7] geschrieben haben: »While the United States is not in a position to dictate economic policy to the rest of the world, the United States is in a position to lead the world and it is in the national interest for the United States to do so«[8]. Der Missionsgeist ist ungebrochen.

Er ist es allerdings nicht allein, der eine so groß angelegte »Rechtsexportkampagne« erklärt. Der Hauptgrund ist blankes Geld - oder auch Rechtsschutz im Exportland als Rahmenbedingung für das Absahnen von meist reinen Gewinnen aus der Verwertung von Filmen oder anderen Werken, die sich schon im Inland amortisiert haben. Nachdem das US Handelsdefizit zu Beginn der zweiten Hälfte der 80er Jahre einen Höhepunkt erreicht hatte, wurden alle Versuche unternommen, die Handelsbilanz wieder auszugleichen - und welches Gebiet eignete sich nicht besser dazu als das der Copyright Industries, denen es noch mit am besten ging[9]. Man errechnete die Billionen Dollar, die die US Industrie im Ausland hätte einstreichen können, hätte es dort einen ausreichenden Rechtsschutz gegeben. Plötzlich fand man Geschmack an der - naturrechtlichen - Idee des geistigen *Eigentums* (der man, geht es um Urheberpersönlichkeitsrechte oder die Urheberschaft des Werkschöpfers, in den USA allerdings nicht sehr viel abgewinnen kann), bezeichnete die betroffenen Verwerter im Ausland als »Piraten« und verfolgte sie - mittels der ausländischen Regierungen, die zum Abschluß von Handelsverträgen oder unilateralen Schutzmaßnahmen mehr oder weniger sanft bewegt wurden.

Sehr deutlich wird der Hintergrund für die Einbeziehung des geistigen Eigentums in multi- und bilaterale Handelsverträge im Handelsgesetz von 1988, das unter anderem den Präsidenten autorisiert, solche Handelsverträge unter Berücksichtigung des geistigen Eigentums auszuhandeln, und das die Grundlage für einseitige Handelsmaßnahmen, insbesondere die Vorschrift »Special 301« für den Bereich des geistigen Eigentums, enthält: »The United States is confronted with a fundamental disequilibrium in its trade and current account balances and a rapid increase in its net external debt; (3) such disequilibrium and increase are a result of numerous factors, including - . . . (B) the large United States budget deficit, . . . (G) serious shortcomings in United States trade policy, . . . (4) it is essential, and should be the highest priority of the United States Government, to pursue a broad array of domestic and international policies - (A) to prevent future declines in the United States economy and standards of living, (B) to ensure future stability in external trade of the United States . . .«[10]. Daraus folgert das Gesetz: »The President should be authorised and encouraged to negotiate trade agreements and

---

6 Vgl. zuletzt N.N., U.S. Trade Representative's Fact Sheet Taken under »Special 301« Provisions of Trade Act, released April 30, 93/Special 301: Progress on Intellectual Property Issues, 7 WIPR 1993, 165, 169.

7 The Omnibus Trade and Competitiveness Act, 1988 (PL 100-418).

8 Sec. 1001 (a) (6) Handelsgesetz 1988.

9 *Schwartz*, Recent developments in the copyright regimes of the Soviet Union and Eastern Europe, Journal of the Copyright Society of the USA, Spring 1991, 123, 125.

10 Sec. 1001 (a)(2) ff. Handelsgesetz 1988.

related investment, financial, *intellectual property*, and services agreements that meet the standards set forth in this title«[11]. Als Standards bzw. Hauptverhandlungsziele in Bezug auf das geistige Eigentum gibt Sec. 1101 (b)(10) Handelsgesetz 1988 insbesondere an: die Verabschiedung und wirksame Durchsetzung im Ausland von Gesetzen, die das geistige Eigentum, einschließlich des Urheberrechts anerkennen und angemessen schützen und, auf die GATT-Uruguay-Runde bezogen, die Durchsetzung von angemessenen Standards, die auf solchen in bestehenden internationalen Abkommen oder, falls diese nicht ausreichend sind, nationalen Gesetzen beruhen, sowie die Einführung wirksamer Durchsetzungsmaßnahmen und verbesserter Streitbeilegungsmechanismen. Im übrigen wird festgestellt, daß die GATT-Initiative andere, komplementäre Initiativen in anderen internationalen Organisationen (wie der WIPO, Anm. d. Verf.) nicht beeinträchtigen soll; vielmehr wird sogar ausdrücklich die Fortentwicklung der Schutzstandards im Rahmen der bestehenden Konventionen beabsichtigt[12]. Hier findet sich also der Schlüssel zum Geheimnis der 1988 beginnenden Welle von bilateralen Handelsabkommen, die das Urheberrecht umfassen, sowie von - oft nur angedrohten - einseitigen Handelsmaßnahmen.

Welche Vorteile haben aber nun Handelsverträge, insbesondere bilaterale Verträge, sowie einseitige Handelsmaßnahmen gegenüber dem Rechtsschutz durch die bestehenden Konventionen? Zunächst weisen die bestehenden Konventionen einige Schwächen auf. So hat es seit der letzten Revision der Berner Konvention 1971 erhebliche technische Fortentwicklungen gegeben, die einer entsprechenden Anpassung des Urheberrechts bedürften. Zumindest müßten einige Klarstellungen in den Konventionen erfolgen, etwa zum Schutz von Computerprogrammen und Datenbanken, die reines Fakten- oder Datenmaterial enthalten, wie auch in bezug auf einige Rechte, wie das Satellitensenderecht u.a. Auch gibt es zahlreiche Versuche, den Inländergrundsatz zu umgehen - wiederum aus der gestiegenen wirtschaftlichen Bedeutung des Urheberrechts zu verstehen -, in bezug auf welche eine Klärung der internationalen Rechtslage notwendig wäre. Man fürchtet jedoch, die für eine Revision notwendige Einstimmigkeit (siehe Artikel 27 Abs. 3 RBÜ) angesichts der immer mehr auseinanderstrebenden nationalen Interessen nicht mehr erreichen zu können[13]. Die WIPO brachte ihren Revisionsersatzvorschlag, einen Vorschlag für ein mögliches Protokoll zur Berner Übereinkunft, erst - von vielen als Reaktion auf die GATT-Initiative angesehen - 1991 heraus[14]. Auch wurde es gerade von amerikanischer Seite häufig als Hindernis angesehen, daß im Rahmen der WIPO Urheberrechtsexperten und nicht Pragmatiker aus den Wirtschaftsministerien verhandeln, die sich durch rein urheberrechtliche Beden-

---

11 Sec. 1101(a)(5), Handelsgesetz 1988; Hervorhebung durch die Verfasserin.

12 Sec. 1101 (b)(10) Handelsgesetz 1988.

13 Siehe z. B. eine entsprechende Äußerung des Generaldirektors der WIPO, *A. Bogsch* in: The First Hundred Years of the Berne Convention for the Protection of Literary and Artistic Works, Copyright 1986, 291, 327.

14 Committee of Experts on a possible protocol to the Berne Convention for the protection of literary and artistic works, First Session, Geneva, Nov. 4-8, 1991, Copyright 1992, 30 ff.; Second Session, Geneva, Feb. 10-17, 1992, Copyright 1992, 66 ff.; Third Session, Geneva, June 21-25, 1993, Copyright 1993, 72 ff., 84 ff.

ken nicht beeindrucken ließen. Im übrigen fehlten der Berner Konvention Vorschriften zur Durchsetzung von Urheberrechten und ein wirksamer Streitbeilegungsmechanismus[15]. Schließlich kann man mit dem 117 Länder umfassenden GATT sowie auf bilateraler Ebene mehr Länder erreichen als durch die bestehenden Konventionen.

Ein weiterer Vorteil: Man kann sich durch uni- und bilaterale Maßnahmen die »bösen Buben« gezielt herausfischen - die schlimmsten Piraten zuerst. Was machen nun die USA mit diesen Ländern? Sie präsentieren eine Wunschliste zum Schutz des geistigen Eigentums, ein Menü mit allen Köstlichkeiten, die die US Industrie im Ausland genießen möchte. Und wenn das Mahl nicht bald serviert wird, droht der Prügelstab - die »besondere Behandlung« nach Special 301. »Carrot or stick« nennt man das ganz einfach - Belohnung für Wohlverhalten oder, wie bei Special 301, Wirtschaftssanktionen. Die besondere Schlagkraft der Sanktionen, die aufgrund der »Special 301«-Vorschriften wie auch im Rahmen des GATT angedroht und durchgeführt werden können, liegt darin, daß sie sich auf alle Bereiche des Handels beziehen können. Könnten die USA als Sanktion beispielsweise Importbeschränkungen nur in bezug auf urheberrechtsrelevante Waren anordnen, so würde dies die meisten »Piratenländer«, wie etwa ostasiatische Länder, die bisher sowieso kaum eigene Filme, Tonträger und dgl. in die Vereinigten Staaten ausführen, kaum beunruhigen. Ist es jedoch möglich, einen »Piraten« mit Importbeschränkungen, Zollerhöhungen oder dgl. in einem für dieses Land wichtigen, möglicherweise vitalen Exportbereich anzuordnen, so ist die Wirkung offensichtlich. Das Prinzip »Urheberrechtsschutz oder Bananenimportbeschränkung« funktioniert so gut, daß allein die Androhung von solchen Sanktionen meist schon ausreicht, um die ausländische Regierung zur »Mitarbeit« zu veranlassen.

Was steht nun auf der Speisekarte der Amerikaner? Das Wunschmenü kann man sowohl aus dem Inhalt der servierten Mahlzeiten - der abgeschlossenen Verträge[16] - als auch aus ausdrücklichen Erklärungen ersehen. Die Urheberrechtsvorschriften in Handelsverträgen, an denen die USA beteiligt sind, nehmen grundsätzlich Bezug auf die bestehenden Konventionen, bei denen die USA Mitglied sind - also das Genfer Tonträgerabkommen und das Welturheberrechtsabkommen bzw., seit 1989, die Berner Konvention. Je nach der gegebenen Situation verpflichten sich die Vertragsparteien, der jeweiligen Konvention beizutreten, Bemühungen zum Beitritt zu unternehmen oder zumindest den materiellen Bestimmungen der Konventionen Wirkung zu verleihen. Zwei weitere Standardelemente, die sich in wohl allen Verträgen finden, sind die Verpflichtung zum Schutz von Computerprogrammen als literarischen Werken und zum Schutz von Datenbanken, einschließlich Sammlungen reiner Daten oder Fakten. Bezüglich beider Schutzgegenstände ist die Rechtssituation nach der Berner Konvention derzeit noch nicht völlig geklärt[17], auch wenn die Mehrheit der Mitglieder der Berner

---

15 Der Streitbeilegungsmechanismus vor dem Internationalen Gerichtshof gem. Art. 33 RBÜ ist de facto unwirksam; er ist nie in Anspruch genommen worden.

16 Siehe z. B. die Abkommen über Handelsbeziehungen mit der Tschechoslowakei vom 12.4.1990, 29 I.L.M. 902 (1990) und mit der Mongolei vom 23.1.1991, 30 I.L.M. 515 (1991).

17 Siehe zur Diskussion hierzu im Rahmen des Sachverständigenausschusses der WIPO *von Lewinski/Dreier* (Fußn. 2), 45, 47 f.

Union inzwischen wohl der Ansicht ist, daß Computerprogramme von ihr erfaßt sind. In bezug auf Daten- und Faktensammlungen greift jedenfalls Artikel 2 Abs. 5 RBÜ nicht ein, der eine Sammlung von »Werken«, also nicht von reinen Daten oder Fakten voraussetzt. Es fragt sich also nur noch, ob solche Datensammlungen eventuell unabhängig von Artikel 2 Abs. 5 RBÜ nach Artikel 2 Abs. 1 RBÜ geschützt sind. Diese Frage spielt nun, nachdem die GATT-Uruguay-Runde sowie zahlreiche bilaterale Verträge unter Einschluß dieser Verpflichtungen abgeschlossen sind, de facto nur noch eine beschränkte Rolle.

Ein weiteres in fast allen Verträgen vorkommendes Element ist die Verpflichtung, ein ausschließliches Vermietrecht zumindest in Bezug auf Computerprogrammen (und Tonträger) vorzusehen; schon weniger häufig finden sich ein ausschließliches Verbreitungs- und Einfuhrrecht in den Bestimmungen. In einigen Verträgen wird auch auf ein sehr weit gefaßtes Recht der öffentlichen Wiedergabe, das unter anderem die Sendung und Kabelweiterleitung erfassen soll, Bezug genommen, wobei häufig der Begriff »öffentlich« definiert wird. Die zulässigen Beschränkungen der Rechte sind meist unter Rückgriff auf das amerikanische Recht sowie Artikel 9 Abs. 2 RBÜ formuliert. In zahlreichen Verträgen werden die gemäß dem Anhang zur Berner Konvention zulässigen Übersetzungs- und Vervielfältigungslizenzen zugunsten von Entwicklungsländern an bestimmte Voraussetzungen gebunden. Der Schutz der Tonträgerhersteller steht auf der Wunschliste ganz oben an. Wenn auch die USA weitgehend nicht verlangen, daß der Tonträgerhersteller als Urheber anerkannt wird, so ist doch in fast allen Verträgen die Verpflichtung niedergelegt, Tonträgerherstellern die ausschließlichen Rechte der Vervielfältigung, Vermietung, Verbreitung und Einfuhr zuzuerkennen, und die Mindestschutzdauer ist im allgemeinen auf 50 Jahre festgelegt.

Weitere für die USA sehr wichtige Punkte, die sie allerdings nicht stets (insbesondere nicht im TRIP's-Abkommen) durchsetzen konnten, sind die Anerkennung des Schutzes für juristische Personen - de facto häufig Arbeitgeberunternehmen - und ihre Rechtsnachfolger sowie die freie Übertragbarkeit und Verwertbarkeit von Urheberrechten. Damit ist zunächst die wichtige international-privatrechtliche Frage verbunden, inwieweit gerade in Europa bestehende nationale Schutzbestimmungen für Urheber oder ausübende Künstler, die die Übertragbarkeit von Rechten beschränken oder unmöglich machen, bei Verträgen mit internationalem Bezug zu respektieren sind. Weiterhin ist damit die Frage verbunden, nach welchem Recht sich die Urheberschaft bestimmt. Das amerikanische Copyright-System bietet für die Frage der Urheberschaft mit seiner work-made-for-hire-Theorie, der Urheberschaft von Arbeitgebern und juristischen Personen sowie dem Grundsatz der unbeschränkten, globalen Übertragbarkeit von Rechten grundsätzlich andere Lösungen als die Rechtssysteme der meisten europäischen und auch vieler, vom droit d'auteur-System geprägten Entwicklungsländer.

Ein wesentlicher Aspekt der Aufnahme von Urheberrechtsbestimmungen in Handelsverträge ist also nicht nur das Ziel, die eigene Industrie im Ausland überhaupt zu schützen, sondern darüber hinaus dafür zu sorgen, daß der Schutz nach eigenen Vorstellungen, insbesondere dem Copyright-System entsprechend, ausgestaltet wird - die Verwertung fällt um so leichter, als sie nach aus dem eigenen Recht bekannten Regeln stattfindet. Der »Rechtsexport« hat den Vorteil, daß man sich nicht um ungewohnte, fremdartige Konzepte kümmern muß, sondern sich überall in der Welt sofort wie zu Hause auskennt und sich daher sogar vielleicht wie der »Herr im Hause« fühlen kann - ein Fall von Rechtsimperialismus[18].

III. *USA und Europa im Rahmen der WIPO*

Doch diese schöne Welt (des Rechtsimperialismus) hat sich für die USA nicht ganz eingestellt. Leider war da noch ein Gebilde, das sich EG und seit neuestem EU nennt, und das so plötzlich auf der internationalen Urheberrechtsszene als eine Einheit aufgetaucht ist, daß die USA noch unter einer gewissen Schockwirkung zu stehen scheinen - verblüfft darüber, daß es einen Akteur gibt, der ihrem Hegemoniestreben einen Widerstand entgegensetzt: »In particular, the US is going to have to get used to the emergence of the EC«[19] und: »While no one was looking, the Commission of the European Communities has emerged as a major force in international copyright policy-making. The future seems clear: the Commission will shape the Berne Convention in the next century for all of Europe and, although Japan and the United States will doubtlessly have a lot to say and will wield considerable influence, the Eurocentric traditions of Berne reinforce the power of the Communities in copyright development. . . . So they've got a lot on their plate, and what they do will have a direct bearing on what we do. We are no longer the odd-man-out on the international scene and we are no longer free to play our own game on the domestic front.«[20] Die Enttäuschung ist spürbar. Sie hat sich inzwischen verstärkt, nachdem die Europäische Kommission verhindern konnte, daß die USA in letzter Minute, kurz vor Abschluß der GATT-Uruguay-Runde, einen ihrer Sonderwünsche - insbesondere die freie Übertragbarkeit von Rechten - in das TRIPS-Abkommen einschleuste. Seitdem scheint der Schock so tief zu sitzen, daß die USA keine große Eile zu verspüren scheinen, die Verhandlungen zu einem möglichen Protokoll zur Berner Konvention und zu einem möglichen neuen Instrument zum Schutze von ausübenden Künstlern und Tonträgerherstellern fortzuführen. Die schon angesetzten Termine für die Sachverständigenausschüsse im Juni 1993 sind auf Ansuchen der USA von der Versammlung der Berner Union am 28./29.4.1994 auf Dezember 1994 vertagt worden.[20a]

Tatsächlich ist die Stärke des europäischen Einflusses im Rahmen der WIPO-Verhandlungen bisher besonders spürbar gewesen. Zwar gab es einige Punkte, in denen die USA und Europa grundsätzlich übereinstimmen konnten, wie insbeson-

---

18 Der Aspekt der Bekanntheit des eigenen Rechts klingt auch in der folgenden Äußerung an: »In most of the EC, . . . employers cannot be considered as authors, but they may hold rights. This dichotomy leads to a range of contractual provisions *with which US practitioners are not familiar* (inalienable rights, untransferable rights, right by right-transfers etc.).« (Hervorhebungen durch die Verfasserin), *N.N.*, Conference Report, The Copyright Society of the USA, Midwinter Meeting, Journal of the Copyright Society, Vol. 40, No. 4, summer 1993, 494, 501.

19 *N.N.*, Conference Report (Fußn. 18), S. 501.

20 *Oman*, Address to the Atlanta Meeting of the Patent, Trademark and Copyright Section of the ABA, PTCJ Vol. 42, 1991, 427, 429.

20a Siehe WIPO-Dok. B/A/XV/1 vom 29.4.1994, Berne Union, Assembly, Fifteenth Session (4th Extraordinary), Geneva, April 28 and 29, 1994, Report.

dere die Notwendigkeit einer Klarstellung, daß Computerprogramme als literarische Werke und Datenbanken, inklusive Sammlungen von reinen Fakten oder Daten, gemäß der Berner Konvention geschützt sind. In anderen Fragen gingen die Meinungen dagegen auseinander.

Eine dieser Fragen betraf den Schutz der Tonträger. Obwohl die WIPO in der Begründung ihres Vorschlags für ein mögliches Protokoll zur Berner Übereinkunft ausdrücklich klargestellt hatte, daß Tonträger keine Werke im Sinne der Berner Konvention sind[21], war deren Schutz im Rahmen des möglichen Protokolls zur Berner Konvention vorgeschlagen worden. Dieser Vorschlag wäre auf eine weitgehende Annäherung des Tonträgerschutzes an einen Urheberrechtsschutz im Sinne der Berner Konvention hinausgelaufen und hätte dem langjährigen, inzwischen von der US-Regierung übernommenen Ansinnen der Tonträgerhersteller entsprochen, Urhebern im kontinental-europäischen Sinne auch international gleichgestellt zu werden, da sie auch kreativ seien[22]. Während die Notwendigkeit eines verstärkten Schutzes für Tonträgerhersteller allgemein anerkannt wurde, sprachen sich die Teilnehmer mit überwältigender Mehrheit und Klarheit gegen eine Regelung im Rahmen eines Protokolls zur Berner Konvention aus. Allein die Delegationen der USA, Indien und Ägypten sowie, mit einiger Zurückhaltung und unter Signalisierung von Diskussionsbereitschaft, das Vereinigte Königreich befürworteten eine Regelung im Rahmen des Protokolls[23]. Sogar das Copyright-Land Irland sowie die anderen Mitgliedstaaten der Europäischen Gemeinschaften, die EG-Kommission, die EFTA-Staaten, ost-europäische und latein-amerikanische Staaten bevorzugten andere Wege, sei es eine Revision der Rom-Konvention (der die USA nicht beigetreten sind) und/oder des Genfer Tonträgerabkommens, oder die Erarbeitung eines Protokolls zur Rom-Konvention und zum Genfer Tonträgerabkommen. Auch wenn dies aus dem Bericht der WIPO nicht so klar hervorgeht, bedeutete diese Reaktion der meisten Staaten eine klare Niederlage der Amerikaner mit ihrem Steckenpferd des Urheberrechts für Tonträgerhersteller.

Die WIPO kam nicht umhin, einen neuen Weg einzuschlagen. Sie wählte den Vorschlag eines eventuellen neuen internationalen Vertrages, des sogenannten »neuen Instruments« bezüglich des Schutzes der ausübenden Künstler und der Tonträgerhersteller[24]. Obwohl das amerikanische Ansinnen eines Urheberrechtsschutzes für Tonträgerhersteller damit also abgelehnt erschien, kann man dieses Ansinnen bei aufmerksamer Beobachtung wohl an vielen Stellen des WIPO-Vorschlags sowie in Äußerungen der US-Delegation wieder kräftig aufblitzen sehen. So sieht das vorgeschlagene »neue Instrument« eine sehr umfangreiche Liste von Rechten vor, die derjenigen für Urheber nach der Berner Konvention und dem geplanten Protokoll kaum nachsteht. Insbesondere fällt das bisher nur aus dem Urheberrecht bekannte Bearbeitungsrecht auf, dessen Notwendigkeit auch für

---

21 Committee of Experts . . ., First Session (Fußn. 14), §§ 58-60.

22 Audiovisual works and phonograms, preparatory document for and report of the WIPO/UNESCO Committee of Governmental Experts, Copyright 1986, 218, 241.

23 Siehe *von Lewinski/Dreier* (Fußn. 2), 45, 49.

24 Committee of Experts on a possible instrument for the protection of the rights of performers and producers of phonograms, First Session, Geneva, June 28/July 2, 1993, Copyright 1993, 142 ff.

Tonträgerhersteller (und ausübende Künstler) mit der digitalen Technologie begründet wurde - in Zweifel gezogen allerdings von der Mehrheit der Teilnehmer, angeführt vom britischen Vertreter. Befürwortet wurde das Bearbeitungsrecht für Tonträgerhersteller und ausübende Künstler fast nur von den USA und einigen Entwicklungsländern, die möglicherweise ein ganz bestimmtes Interesse am »Wohlverhalten« gegenüber den USA hatten. Für eine weitere Angleichung des Schutzes sprachen sich die USA aus: Eine eventuelle Erhöhung der Mindestschutzfrist im Protokoll zur Berner Konvention auf siebzig Jahre müsse auch in das neue Instrument übernommen werden. Gemäß § 57 (g) des WIPO-Vorschlages sollten für die Rechte der Tonträgerhersteller (und ausübenden Künstler) diejenigen Beschränkungen erlaubt sein, die auch für Urheber gemäß der Berner Konvention und dem möglichen Protokoll erlaubt sind. Weitere Versuche, Tonträger als »kreative Werke« einzustufen, wurden mit Hilfe eines Vergleichs mit Datenbanken unternommen. So wie diese seien Tonträger bei Anwendung der neuen Technik auch Zusammenstellungen verschiedener Elemente, wie z.B. von verschiedenen Klängen und Rhythmen; technisch sei im Prinzip jeder Tonträger eine Vervielfältigung von einer Ansammlung von Daten. Auch diese mögliche Annäherung von Tonträgern an urheberrechtliche Werke mit Hilfe des »U-Boots Datenbanken« wurde von der Mehrheit der Teilnehmer, wiederum angeführt von dem britischen Vertreter, mit überzeugenden Argumenten zurückgewiesen.

Weitere Anzeichen für den in der zweiten Phase etwas subtiler angelegten Versuch der Amerikaner, ihr großes Ziel des internationalen Urheberrechtsschutzes für Tonträgerhersteller durchzusetzen,[25] mag man in den folgenden Bemerkungen der US-Delegation sowie einiger Entwicklungsländer sehen: Der Schutzstandard des neuen Instruments müsse demjenigen der Berner Konvention bzw. des Protokolls angepaßt werden, um damit eine »Brücke« zwischen den Copyright-Ländern und den Ländern mit Urheber- und Leistungsschutz zu bauen; »althergebrachte Unterscheidungen und Lehrmeinungen« - gemeint war sicherlich die Unterscheidung zwischen Urheberrecht und verwandten Schutzrechten - seien nicht mehr berechtigt, insbesondere da alle »Werkarten« infolge der Digitalisierung und der bevorstehenden Schaffung der sogenannten »elektronischen Autobahnen« in technischer Weise gleich behandelt würden[26]. Es scheint, daß das Zauberwort »neue Technologien« davon ablenken soll, daß es immer noch einen Unterschied zwischen kreativen, nachschaffenden und werkbegleitenden Leistungen gibt, der aufgrund der Natur dieser unterschiedlichen Leistungen gewisse Schutzunterschiede rechtfertigt. Es wird jedenfalls deutlich, daß hier nicht nur der Versuch weiterverfolgt wird, auf internationaler Ebene Urheberrechtsschutz für Tonträgerhersteller durchzusetzen, sondern wohl auch, mittels der genannten »Brücke« das trojanische Pferd »Copyright-System« in den Dunstkreis der Berner Konvention - das

25 Vgl. hierzu die folgende Bemerkung zum Mißerfolg bei der gewollten Verwirklichung dieses Zieles im Rahmen des TRIPS-Abkommens: ». . . seems to have failed. So, too with the other Great American Heresy, copyright protection for sound recordings.«, *Oman*, Berne Revision: The continuing drama, 7 WIPR 1993, 160, 161.

26 Committee of Experts . . . (Fußn. 24), Second Session, Report, Copyright 1994, 44 ff., para. 9.

Protokoll - einzuführen. Damit wäre gleichzeitig die Brücke zum oben erwähnten Rechtsimperialismus geschlagen.

Nur zwei weitere Bereiche grundsätzlicher Meinungsverschiedenheiten zwischen den USA und insbesondere Europa seien genannt: die Inländerbehandlung und Bestimmungen über die freie Übertragbarkeit von Rechten. Die uneingeschränkte Anwendung des Inländergrundsatzes insbesondere in bezug auf den Vergütungsanspruch für das private Vervielfältigen wurde von den USA, die de facto davon am meisten profitieren würden, nachdrücklich vertreten, wogegen die europäischen Länder vor allem mit Bezug auf das neue Instrument, bei dem mehr Freiraum als bei dem Protokoll zur Berner Konvention besteht, angesichts der zu erwartenden Zahlungen ins Ausland für den Gedanken der Reziprozität viel Sympathie aufbrachten. Sie bestanden im übrigen darauf, daß eine Verpflichtung zur Gewährung des Vergütungsanspruchs nicht nur, wie derzeit nach amerikanischem Recht, für die digitale, sondern auch für die analoge Vervielfältigung und auch im Rahmen des Protokolls zur Berner Konvention festgelegt werden sollte. Ein ähnliches Bild ergab sich für den Fall einer besonders in Europa häufigen Vermeidung der vollen Anwendung des Inländergrundsatzes durch den von Verwertungsgesellschaften praktizierten Abzug bestimmter Prozentsätze der Gesamteinnahmen für kulturelle oder soziale Zwecke zugunsten der inländischen Rechtsinhaber. Wiederum bestanden die USA auf einer uneingeschränkten Anwendung des Inländergrundsatzes und die europäischen Länder auf der Notwendigkeit, solche Abzüge, die mit dem sozialen und kulturellen Zweck des Urheberrechts begründet werden, weiter vornehmen zu können. Allerdings hatte der Generaldirektor der WIPO in dieser Frage keinerlei Verständnis für die Europäer.

In ihrem Vorschlag zum neuen Instrument hatte die WIPO die Experten des Sachverständigenausschusses gefragt, ob das neue Instrument Vorschriften über die Rechtsausübung und Übertragbarkeit von Rechten enthalten solle und, falls dies gewünscht sei, mit welchem Inhalt. Obwohl sich neben den USA nur wenige Länder, insbesondere Ecuador und Israel, für die Aufnahme solcher Bestimmungen, nämlich die Festlegung einer unbeschränkten freien Übertragbarkeit aller wirtschaftlichen Rechte aussprachen und die Mehrheit der Teilnehmer, insbesondere europäische Länder, keinerlei Bestimmungen zu diesem Thema im neuen Instrument sehen wollten, lud der Generaldirektor die Delegationen und Vertreter nichtstaatlicher Organisationen zu einer erneuten Stellungnahme - diesmal schriftlich - ein. Nur wenige Regierungen und Organisationen antworteten. Die meisten lehnten die Aufnahme solcher Bestimmungen ab; soweit sie befürwortet wurden, wurden künstlerschützende Vorschriften vorgeschlagen.[26a]

26a Siehe WIPO, Provisional Document (April 29, 1994), Questions concerning a Possible Instrument for the Protection of Rights of Perfomers and Producers of Phonograms, Draft memorendum prepared by the International Bureau, S. 34 f.

IV. *Bilaterale Handelsabkommen und unilaterale Maßnahmen von Europa im Vergleich zu den USA*

Was hat Europa nun den USA im Bereich bilateraler Handelsverträge mit Drittländern entgegenzusetzen? Um es vorwegzunehmen: Sicher haben die Europäer in dieser Beziehung bisher weniger aggressiv als die USA gehandelt und keine weltumspannende Strategie entwickelt. Die flexiblere, rücksichtsvollere Gestaltung der bilateralen Verträge gerade mit den osteuropäischen Nachbarn könnte allerdings langfristig klüger als ein hartes Diktat einer Liste von gewünschten Regelungen sein und dürfte im übrigen die Grundeinstellung einer Verbundenheit mit den Nachbarn eher als eine Gegnerschaft ausdrücken. Ein kurzer Blick auf die bisherigen bilateralen Verträge, die Urheberrechtsbestimmungen enthalten, ergibt folgendes Bild: Die Verträge mit den osteuropäischen Ländern konnten von der Gemeinschaft erst nach der gemeinsamen Erklärung zur Aufnahme offizieller Beziehungen zwischen der EWG und dem COMECON vom 25. Juni 1988 geschlossen werden. Die erste Generation solcher Handels- und Zusammenarbeitsverträge enthielt nur eine rudimentäre Bestimmung, derzufolge die Regelungen des geistigen Eigentums entsprechend den internationalen Konventionen, denen das jeweilige Land angehörte, zu den beizubehaltenden und zu verbessernden Geschäftsregelungen gehörten[27]. Etwas weiter entwickelt waren die Bestimmungen in den vier folgenden Abkommen der ersten Generation mit der Sowjetunion vom 18. Dezember 1989, der Tschechoslowakei vom 7. Mai 1990, Bulgarien vom 8. Mai 1990 und Rumänien vom 22. Oktober 1990: Hier fand sich ein ganzer Absatz (oder auch Artikel) über die Verpflichtung der Vertragsparteien, einen angemessenen Schutz und eine angemessene Durchsetzung von geistigen Eigentumsrechten sicherzustellen, die Beachtung der jeweiligen internationalen Verpflichtungen in diesem Gebiet sicherzustellen, angemessene Vereinbarungen zwischen Unternehmen und Einrichtungen in der Gemeinschaft und dem Vertragsstaat im Hinblick auf einen angemessenen Schutz des geistigen Eigentums zu fördern und die Zusammenarbeit und den Meinungsaustausch zwischen Organisationen und Einrichtungen des geistigen Eigentums zu fördern[28]. Es handelte sich also im wesentlichen um die allgemein gehaltene Verpflichtung, einen angemessenen Rechtsschutz und seine Durchsetzung im Bereich des geistigen Eigentums vorzusehen und die schon eingegangenen internationalen Verpflichtungen in diesem Gebiet einzuhalten.

---

27 Siehe Art. 10 Abs. 4 und den dazugehörigen Anhang des Zusammenarbeits- und Handelsabkommens zwischen der EWG und Ungarn vom 26. September 1988, ABl. EG L 327/2 vom 30.11.1988, und Art. 16 Abs. 4 und den dazugehörigen Anhang des Zusammenarbeits- und Handelsabkommens zwischen der EWG und Polen vom 19. September 1989, ABl. EG L 339/2 vom 22.11.1989.

28 Siehe Art. 19 des Abkommens mit der Sowjetunion, ABl. EG L 68/3 vom 15.3.1990 (in diesem Abkommen waren noch nur die drei erstgenannten Verpflichtungen enthalten), Art. 19 Abs. 4 des Abkommens mit Bulgarien, ABl. EG L 291/9 vom 23.10.1990, Art. 15 Abs. 3 des Abkommens mit der Tschechoslowakei, ABl. L 291/29 vom 23.10.1990 und Art. 18 des Abkommens mit Rumänien, ABl. L 79/13 vom 26.3.1991.

Viele dieser Verträge wurden inzwischen von den viel weitergehenden Assoziierungsabkommen (oder Interims-Abkommen) abgelöst, deren Fernziel eine Vorbereitung auf einen eventuellen späteren Beitritt zur Europäischen Union ist. Nicht zuletzt wegen dieses politisch weitgehenden Inhaltes und der Breite der in diesen Abkommen enthaltenen Regelungen werden diese Abkommen auch als »Europaabkommen« bezeichnet. Sie sind inzwischen mit Ungarn, Polen, der tschechischen und der slowakischen Republik, Rumänien und Bulgarien abgeschlossen worden. Da sie unter anderem Regelungen enthalten, die in die Kompetenz der Mitgliedstaaten fallen, stellen sie sogenannte »gemischte Abkommen« dar, die nicht nur von der Gemeinschaft und dem Vertragsstaat, sondern auch von allen Mitgliedstaaten ratifiziert werden müssen. Um zumindest die in die Kompetenz der Gemeinschaft fallenden Regelungen - insbesondere die handelsbezogenen Regelungen - sobald als möglich in Kraft setzen zu können, sind jeweils sogenannte Zwischen- oder Interimsabkommen abgeschlossen worden, die mit Inkrafttreten der Europaabkommen durch diese ersetzt werden. Im Unterschied zu allen anderen bilateralen Verträgen der Gemeinschaft bzw. Europäischen Union enthalten die Interims- und Europaabkommen eine fünfjährige Frist für die Verbesserung des Rechtsschutzes im Bereich des geistigen Eigentums sowie die Verpflichtung, ein ähnliches Schutzniveau »wie das der Gemeinschaft« zu erreichen und Durchsetzungsvorschriften vorzusehen. Ebenfalls eine Fünf-Jahres-Frist ab Inkrafttreten des Abkommens gilt für den Beitritt zu im einzelnen aufgelisteten internationalen Konventionen, wie insbesondere der Berner Konvention in der Fassung vom 24. Juli 1971 und der Rom-Konvention von 1961. Darüber hinaus sind in den Europaabkommen ausdrücklich Verpflichtungen zur künftigen Rechtsangleichung im Bereich des geistigen Eigentums an die Gesetzgebung der Europäischen Union niedergelegt.

Die sogenannten bilateralen Abkommen der zweiten Generation[29] enthalten ähnliche Verpflichtungen wie die Europaabkommen, jedoch ohne jegliche Fristsetzung und ohne die Bestimmung der Konventionen, denen beizutreten ist; auch eine Verpflichtung zur Rechtsangleichung in bezug auf die künftige Gesetzgebung besteht nach diesen Abkommen nicht[30].

Sowohl bezüglich der Fristen der Europaabkommen, die wesentlich länger sind als die ca. ein- bis zweijährigen Fristen in den bilateralen Abkommen der USA, als auch bezüglich der konkreten Bestimmung der Verpflichtungen erscheinen die europäischen Verträge also milder, zumindest flexibler als die amerikanischen. Das Integrationsinteresse steht bei den europäischen Verträgen im Vordergrund. Dies gilt noch mehr für die Behandlung des geistigen Eigentums im Rahmen des Abkommens über den Europäischen Wirtschaftsraum mit den bisher fünf EFTA-Staaten Österreich, Norwegen, Schweden, Finnland und Island, wie auch für die

29 Bisher sind Abkommen mit den drei baltischen Staaten und Albanien abgeschlossen worden; weitere Abkommen werden mit früheren Sowjetrepubliken verhandelt.

30 Siehe jeweils Art. 13 Abs. 3 der Zusammenarbeits- und Handelsverträge mit Albanien, ABl. EG L 343/1 vom 25.11.1992, mit Estland, ABl. EG L 403/2 vom 31.12.1992, Lettland, ABl. EG L 403/10 vom 31.12.1992 und Litauen, ABl. L 403/20 vom 31.12.1992. Weitere Abkommen dieser Art werden derzeit insbesondere mit mehreren ehemaligen Sowjetrepubliken verhandelt.

bilateralen Freihandelsabkommen der EFTA mit Polen, Ungarn, der Tschechischen und Slovakischen Republik, Rumänien und Bulgarien[31]. Die eher allgemeingehaltene Formulierung der Verpflichtungen in den Verträgen mit osteuropäischen Ländern, denen damit ein mehr oder weniger großer Spielraum bei der Umsetzung ihrer Verpflichtungen gegeben ist, wurde u.a. deshalb als vorteilhaft angesehen, weil eine solche Formulierung dem Ziel der Anpassung an das Gemeinschaftsrecht, das sich ja zwischenzeitlich selber weiterentwickelt, am ehesten gerecht werden könne[32].

Auch das handelspolitische Instrument der Europäischen Gemeinschaften zur Abwehr unerlaubter Handelspraktiken von Drittländern kommt in seiner Wirksamkeit nicht an die »Special 301«-Bestimmungen der USA heran und ist auch bisher nur in zwei Fällen der Tonträgerpiraterie in Indonesien und Thailand angewandt worden. Es handelt sich um die Verordnung Nr. 2641/84[33]. Die Voraussetzungen dieser Verordnung sind allgemein gehalten und nicht, wie im Falle des Special 301, auf den Bereich des geistigen Eigentums ausgerichtet. Die Voraussetzungen der Verordung sind häufig schwieriger zu erfüllen als diejenigen der Special 301-Bestimmungen: Insbesondere müssen bei der Verordnung »unerlaubte« Handelspraktiken nachgewiesen werden, also ein Verstoß gegen geltendes internationales Recht, wogegen die US-Voraussetzungen »unzumutbar« (»unfair«) und »ohne rechtfertigenden Grund« (»unjustified«) an nationalen Maßstäben gemessen werden können. Auch muß im Rahmen der Verordnung eine Schädigung durch die unerlaubten Handelspraktiken nachgewiesen werden, was im Falle der US-Gesetzgebung nicht vorausgesetzt wird. Schließlich müssen Privatparteien, die einen zulässigen Antrag auf Verfahrenseinleitung gemäß der Verordnung stellen möchten, insgesamt eine bedeutende wirtschaftliche Größe der Gemeinschaft bzw. der Europäischen Union darstellen, wogegen Privatparteien in den USA einen Antrag im Rahmen des Special 301 ungeachtet ihrer wirtschaftlichen Größe stellen können[34]. Auch hier wird also der grundsätzlich andere Ansatz der europäischen Politik deutlich.

V. *Schlußbemerkungen*

Das moderne internationale Urheberrecht wird seit einigen Jahren durch die Aufnahme urheberrechtlicher Bestimmungen in multi- und bilaterale Handelsverträge, insbesondere von seiten der USA und der Europäischen Union fortentwikkelt. Selbst die detaillierten Bestimmungen der von den USA abgeschlossenen bi-

31 Siehe z. B. den Abdruck des Abkommens mit Polen vom 10.12.1992 im schwedischen Regierungsentwurf, Regeringens proposition 1992/93: 146 om godkännande av avtal mellan EFTA-staterna och Polen, m.m.; die anderen Verträge folgen demselben Muster. Weitere Verträge mit Urheberrechtsvorschriften sind mit der Türkei und Israel abgeschlossen worden.

32 *Franzone*, Les relations entre la Communauté et les pays d'Europe centrale et orientale: vers une voie européenne des droits de propriété intellectuelle?, Dir. aut. 1993, 245, 256 f.

33 ABl. EG L 252/1 vom 20.9.1984.

34 Vgl. auch *Mavroidis*, Handelspolitische Abwehrmechanismen der EWG und der USA und ihre Vereinbarkeit mit den GATT-Regeln, Stuttgart 1993, S. 173.

lateralen Verträge kommen allerdings lange nicht an die bisher vorliegenden Vorschläge der WIPO für ein mögliches Protokoll zur Berner Konvention und ein mögliches neues Instrument zum Schutze von ausübenden Künstlern und Tonträgerherstellern heran; die WIPO hat in ihren Vorschlägen versucht, einen Mittelweg zwischen dem amerikanischen und europäischen Rechtssystem zu finden, und hat im übrigen die neuen Technologien in detaillierter Weise berücksichtigt. Wenn auch die GATT-Initiative und die handelspolitisch motivierten Aktivitäten insbesondere der USA einige sehenswerte Fortschritte im internationalen Urheberrecht gebracht haben, so sollte dies kein Ersatz für die auf hohem Niveau stattfindende Arbeit der WIPO sein. Insbesondere erscheint es erwägenswert, die WIPO-Verhandlungen im Falle eines künftigen Desinteresses der Amerikaner notfalls alleine mit Europa und »dem Rest der Welt«[35] fortzuführen - noch bis vor ein paar Jahren, als der Beitritt der USA zur Berner Konvention 1989 wirksam wurde, ist dies auch möglich gewesen. Falls dieser Weg - obwohl durchaus denkbar - aus politischen Gründen nicht gegangen wird, sollte die Europäische Union die Urheberrechtsharmonisierung auf hohem Niveau fortsetzen und damit nicht nur rechtlich (über das EWR-Abkommen und bilaterale Verträge), sondern auch de facto im Sinne einer Vorbildfunktion einen maßgeblichen Einfluß auf die internationale Urheberrechtsentwicklung ausüben. Falls die WIPO-Verhandlungen wie bisher weitergeführt werden, scheint das Ziel, zu ausgeglichenen Lösungen zu kommen, ohne die Grundlagen der europäischen Rechtstradition und -kultur aufgeben zu müssen, erstrebenswert und erreichbar. Gegenüber einem Land, das sich nicht ohne Zynismus unliebsamen Verpflichtungen aus der Berner Konvention entzieht[36] und das sich mit den unilateralen Handelsmaßnahmen nach Special 301 auf umstrittenem Gelände bewegt[37], kann gerade ein stärker und größer werdendes geeintes Europa selbstbewußt auftreten, wie schon die GATT-Verhandlungen gezeigt haben.

Dem Jubilar sei gewünscht, daß er noch lange in dieser turbulenten, für das internationale Urheberrecht wichtigen Zeit das deutsche, europäische und schließlich auch internationale Urheberrecht mitgestalten kann.

---

35 S. Fußn. 8.

36 Siehe dazu, daß die USA im Rahmen der TRIPS-Verhandlungen auf dem Ausschluß der Urheberpersönlichkeitsrechte (Art. 6 bis RBÜ) bestanden, um nicht der Gefahr ausgesetzt zu sein, durch ein GATT-panel eines Verstosses gegen die Berner Konvention bezichtigt und dafür u.U. noch sanktioniert zu werden, folgendes Zitat: »The United States has made clear to hostile negotiating partners that United States copyright owners will abandon any proffered benefit in order to prevent any increased moral rights obligations under Berne from becoming enforceable or even subject to toothless legal scrutiny. Period. End of discussion.«, *Oman* (Fußn. 25), 161.

37 Siehe zur Frage der Vereinbarkeit des »Section 301«- und des »Super 301«-Verfahrens mit GATT *Mavroidis*, (Fußn. 34) insbesondere S. 154 ff., 162 ff. und 174 ff., sowie *Svernlöv*, Super 301: gone but not forgotten, Journal of World Trade 1992, Vol. 26 No. 3, p. 125, 130 ff. Zum Verhältnis zwischen Special 301 und den WTO-Regeln s. N.N., Special 301 announcement frustrates US industry, Copyright Wold 6/1994 (vol. 41), S. 7, 8 ff.

Siegfried Matthus

»Die Weise von Liebe und Tod des Cornets Christoph Rilke«

Interpretationserfahrungen

Ich gehöre nicht zu den Komponisten, die genau wissen, oder zu wissen vorgeben, wie ihre Opern interpretiert werden müssen. Meine Kompetenz endet mit der Ablieferung der Partitur, einer Partitur allerdings, die mit der größten möglichen Eindeutigkeit alle musikalischen, aber auch dramaturgischen und szenischen Vorgänge unmißverständlich festschreibt. Ich übergebe nun mein Werk der künstlerischen Verantwortung der Dirigenten und der Regisseure.

Bei den zahlreichen Interpretationen meiner »Cornet«-Oper habe ich viele Anregungen erhalten und sogar Entdeckungen an meiner Oper gemacht, die ich in einigen Fällen sogar in die Partitur eingetragen habe. Das betrifft Tempoveränderungen, Strichvorschläge, Instrumentationsretuschen, u.ä. Dabei werde ich immer wieder in meiner Meinung bestätigt, daß aus zurückliegenden Aufführungen gewonnene Interpretationserfahrungen ein unentbehrlicher Fundus für neue Inszenierungen sind. Wie würden die Standardwerke des heutigen Konzert- und Opernrepertoires ohne die jahrzehnte und jahrhunderte währende Interpretationserfahrung klingen? Möglicherweise ganz neu und ungewohnt. Jedoch bietet eine überlieferte Erfahrung auch die Chance, sich dem Kern eines Werkes ohne Umwege zu nähern. Letztlich profitiert jede Kritik davon. Eine Uraufführung ist in dieser Hinsicht immer im Nachteil; denn die generellen und euphorischen Lobeshymnen auf die Interpreten sind meistens reine Hilflosigkeit der Kritiker dem neuen Werk gegenüber.

Der instrumentale Teil meiner Partitur ist durch die solistisch angelegten Parts der 11 Musiker (jeder hat ein kleines Konzert zu bewältigen) sehr probengünstig; denn niemand kann bei diesem Stück unvorbereitet zur ersten Probe erscheinen. Inzwischen hat sich der Schwierigkeitsgrad (aber auch die Attraktivität der Instrumentalparts) herumgesprochen. Viele Musiker »bewerben« sich für diese Parts, während andere sich von vornherein diesen Aufgaben nicht gewachsen fühlen. Besonders exponiert ist die Hornpartie, die bei der Uraufführung an der Semperoper in Peter Damm einen exzellenten Interpreten hatte. Peter Damm hat später angeregt, aus den Motiven der Oper ein Solostück für Horn zusammenzustellen. Ich habe es nach einer Rilkeschen Textzeile »Hoch willkommt das Horn« genannt. Die vortreffliche Jutta Zoff hat in Dresden den ersten Harfenpart gespielt und ihre Erfahrungen dann nach Berlin und Erfurt weitergegeben. Sehr bald haben dann auch junge Interpreten die Instrumentalparts bewältigt, so in Alessandria und Rheinsberg. Besonders aufmerksam wurde ich bei der Generalprobe in New York auf die Interpretation der drei Schlagzeugparts, die nicht nur virtuos sondern auch sehr kräftig gespielt wurden. Als ich nach der Probe über den Orchestergrabenrand schaute, sah ich zu meiner Verwunderung drei junge schlanke Mädchen inmitten der vielen Schlaginstrumente.

»Cornet« ist vor allem eine Choroper. Von der musikalischen Anlage sind Aufgabenteilungen möglich und häufig praktiziert worden. Der »Feuerchor«, »Dies irae« und andere Teile wurden von einem möglichst groß besetzten Chor gesungen, während die übrigen von einer Kammerbesetzung bewältigt werden konnten. Eine Chorteilung differenziert die musikalische Anlage und bringt zudem noch probenökonomische Vorteile.

Will Humburg hat in Alessandria die Kammerchoraufgaben von einem »Madrigalchor« (Gesangsstudenten) singen lassen, während der zusätzliche Extrachor teilweise sogar aus Laiensängern bestand. Die Chorbesetzung ist von der Raumgröße abhängig. In der Semperoper Dresden und in der Deutschen Oper Berlin haben 80 bis 100 Sänger das Werk zu einer »großen« Oper werden lassen, während eine kleinere Besetzung mit 30 bis 40 Sängern (möglich sogar mit 16 guten Choristen) das Stück zu einer Kammeroper macht.

Da die dramaturgische Anlage der Chorpartien von einer realen Personendarstellung (Marketenderinnen, Soldaten) fließend in kommentierende Partien bis hin zu einer pluralistischen Gedankenstimme übergeht, ist der darstellerische Einsatz der Chorsänger konzeptionell sehr schwierig. Bei der Uraufführung, zur Eröffnung der Semperoper in Dresden, war der Staatsopernchor bei drei aufeinanderfolgenden Choropernpremieren aus zeitlichen und probenökonomischen Gründen nicht in der Lage den Part auswendig und auf der Bühne agierend zu singen. Der Chor war im Orchestergraben plaziert und sang aus den Notenblättern. Diese in Dresden notwendige Plazierung wurde dann in der Deutschen Oper Berlin, in Erfurt, Chemnitz, Hagen, Wien, Alessandria und New York grundsätzlich übernommen, wobei einige Teile doch auf der Bühne interpretiert wurden. Allein in London wurde der gesamte Chorpart auswendig und auf der Bühne agierend gesungen.

Bei allen Aufführungen hat es bei den Chören einen interessanten Wandel in der Einstellung zum Werk gegeben. Aus der Volksoper in Wien wurde mir berichtet, daß anfangs der Chor sich weigerte dieses schwere Stück einzustudieren. Nachdem die Künstlerischen Vorstände die Einstudierung durchgesetzt, dem Chor in allen Aufführungen heftig applaudiert wurde und die Presse die große Leistung besonders hervorgehoben hatte, wurde nach der letzten Vorstellung der Direktor vom Chorvorstand gebeten, die Oper noch weiter auf dem Spielplan zu belassen. Ähnliches ereignete sich beim Chor der Deutschen Oper Berlin.

Künstlerisch sehr verschiedene Dirigentenpersönlichkeiten haben der Oper – wie kann es auch anders sein – ihren individuellen Stempel aufgedrückt. Hartmut Haenchen, der die schwierige Aufgabe der Uraufführung hatte, und diese mit einer sehr ausgewogenen Interpretation löste, konnte seine Werkerfahrung in einer sehr schönen und geschlossenen konzertanten Aufführung in der Christus-Kirche in Kiel während des Schleswig - Holstein Musikfestivals benutzen. Christoph Prick betonte in seiner Interpretation in der Deutschen Oper Berlin die rhythmisch agressiven Seiten der Partitur. Will Humburg hat die Oper in drei sehr verschiedenen Inszenierungen (Hagen, Alessandria, Rheinsberg) und bei einer konzertanten Aufführung in Turin sehr engagiert und explosiv dirigiert. Die beiden konzertanten Aufführungen bewiesen, daß die kompositorische Dichte der Partitur auch ihre Wirkung auf dem Konzertpodium nicht verfehlt. Dem kürzlich verstorbenen Ude Nissen verdanke ich eine schöne musikalische Aufführung unter den eingeschränkten Bedingungen (kleine Chorbesetzung) des Opernhauses in Erfurt. Auch dirigierte er eine Anzahl von Vorstellungen an der Semper Oper in Dresden. Ernst Märzendorfer in Wien unterzog Partitur und Orchesterstimmen einer genauen Revision. Dabei entdeckte er eine Reihe von Fehlern, die auch mir unterlaufen sind. Reinhard Schwarz in München überredete mich, einige Instrumentationsretuschen, die ich bei der Uraufführung in die Partitur eingezeichnet hatte, wieder zu revidieren und bewies mir die Richtigkeit meiner ersten Niederschrift. Martin Andre in London hat sich monatelang auf seine Interpretation vorbereitet. Er besuchte mich eine Woche lang in Berlin und fragte mich tüchtig aus.

Immer wieder wird von den Sängern die gute »Sangbarkeit« der Gesangspartien hervorgehoben. Die Schwierigkeiten liegen in den Ensemblesätzen und vor allem in dem zentralen Quartett. Hier hat es sich als günstig erwiesen, vor jeder Aufführung eine kurze Intonationsprobe zu machen. In den bisherigen Inszenierungen habe ich eine große Anzahl hervorragender Sänger erlebt. Stellvertretend für alle möchte ich wenigstens einige nennen. Claudia Eder war in Wien ein wunderbar engagierter Cornet. In Alessandria und in der konzertanten Aufführung in Kiel hat sie dann genau so großartig die Gedankenstimme des Cornets gesungen. Andere beeindruckende Sängerinnen des Cornets waren Angela Liebold bei der Uraufführung in Dresden, Christiane Oertel, die den Cornet in Erfurt sang und Anke Höppner in Rheinsberg. Cornelia Helfricht war eine hervorragende Sängerin der Gedankenstimme in Rheinsberg. Als Gräfin ist mir unvergessen Nina Warren-Smith, die diese Partie in New York und in Rheinsberg sang und Marcella Polidori, die Interpretin dieser Rolle in Alessandria und Kiel. Als Gedankenstimme der Gräfin war Lubica Orgonasova in Hagen sehr beeindruckend.

Der ideale Zusammenklang der vier Frauenstimmen im Quartett »Wir sind nur Mund« ist ein besonderer Glücksfall, aber dann auch ein großes Ereignis. Hier möchte ich besonders die Damen Christina Ascher, Graciela Araya, Lucy Peacock und Angela Denning von der Deutschen Oper Berlin und Anke Höppner, Cornelia Helfricht, Nina Warren-Smith und Claudia Barainsky von der Rheinsberger Aufführung nennen. Die kurze, aber sehr intensive und anspruchsvolle Rolle des jungen Weibes hatte in Birgit Fandrey in Dresden und in Brigitte Eisenfeld in Dresden und Kiel bemerkenswerte Interpretinnen. Bei der Uraufführung in Dresden fiel mir in der knappen Rolle des Marquis ein junger Sänger auf, der heute einen international renomierten Namen hat: Olaf Bär.

»Die Weise von Liebe und Tod des Cornets Christoph Rilke« ist eine schwer zu inszenierende Oper. Meine Bezeichnung »Opernvision« deutet auf die Besonderheit innerhalb des Genres hin. Dabei war es gleich am Beginnn der Arbeit eine freudige Entdeckung, daß die einzelnen Abschnitte der Dichtung immer eine sehr reale Figurenkonstellation beinhalten, einen eindeutigen Handlungsort bezeichnen und eine emotionale Grundsituation aufweisen. Diese drei Beobachtungen werden schon in der ersten Szene sehr deutlich. In einer endlosen Landschaft ist ein Trupp Soldaten unterwegs. Bei dem zermürbenden tagelangen Ritt gibt es nur bruchstückhafte Gespräche zwischen dem Cornet und seinem französischen Kameraden.

»Reiten, reiten, reiten, durch den Tag, durch die Nacht, durch den Tag.« singt der Chor, und Cornet und Marquis »variieren« diese Grundsituation mit zusammenhanglosen Bemerkungen: »Und der Mut ist so müde geworden. Und die Sehnsucht so groß. Es gibt keine Berge mehr, kaum einen Baum.« Diese monotone streßhafte Grundemotion habe ich komponiert und die gesamten Texteinwürfe in eine großangelegte musikalische Form eingebunden. Inmitten dieser dramaturgischen Eindeutigkeiten gibt es dann Textpassagen, die plötzlich völlig surrealistisch und irrational auftauchen. So z.B. in der turbulenten und derben »Troßszene«: »Und abends - Laternen - seltsame: Wein leuchtend in eisernen Hauben. Wein oder Blut? Wer kann's unterscheiden?«

Die szenischen Interpretationen haben die dramaturgischen Angebote bis in die Extreme ausgeschöpft. Ruth Berghaus, bei der Uraufführung an der Semperoper in Dresden, hat sich streng an die Bezeichnung »Opernvision« gehalten, dabei weitgehend die dramaturgischen Vorgaben aufgegeben und sogar eine neue Geschichte erzählt. Carl Riha und Manfred Straube in Erfurt wiederum haben die Handlung der Oper sehr realistisch auf die Bühne gebracht. In weiteren Inszenierungen wurden andere Akzente gesetzt. Robert Herzl an der Volksoper in Wien hat neue Figuren und Figurenverdopplungen (Tänzer) hinzugefügt und eine mystische und barockhafte Interpretation erreicht. Gabriele Vacis in Alessandria, Manfred Schnabel in Hagen und Aiden Lang in London haben in ihren Inszenierungen modern abstrahierende Elemente benutzt. Maximilian Schell in der Deutschen Oper Berlin und Linda Borowski in New York betonten den Antikriegsaspekt der Oper. Eine völlig neue Sicht auf das Werk ergab die Open-Air-Produktion von Heinz Lukas-Kindermann auf der Schloßinsel und vor dem Schloß in Rheinsberg. Die Handlungsorte im ersten Teil der Oper waren rund um das Publikum gruppiert und der zweite spielte dann ganz naturalistisch in und am Schloß. Das Fest bei der Gräfin konnte man durch die Fenster in den erleuchteten Innenräumen erleben, die nächtliche Begegnung des Cornets mit der Gräfin auf dem Balkon des Schloßturmes und der Überfall auf das Schloß wurde durch Pyrotechnik simuliert und die ausbrechende Panik sehr realistisch von Kleindarstellern gespielt. Alles hatte trotz der »naturalistischen« Kulisse einen hohen künstlerischen und ästhetischen Wert.

Ein immer wieder neu zu lösendes Problem ist die szenische Darstellung der Gedankenstimmen (in der englischen Übersetzung sehr treffend mit *Inner Voices* bezeichnet). Mit der Aufteilung einiger Personen in einen realen Darsteller und seiner Gedankenstimme habe ich beim Cornet auf schon früher erprobte musikdramaturgische Darstellungsmöglichkeiten zurückgegriffen - aber auch deshalb, weil die Textvorlage wenig reale Monologe und Dialoge enthält, jedoch viele Textpassagen, die inneren Monologen ähnlich sind. Etwas unüberlegt und voreilig habe ich am Beginn der Partitur durch eine Bemerkung gefordert, daß die Gedankenstimmen aus dem »off« erklingen sollen. Merkwürdigerweise hat kein Regisseur sich daran gehalten und die Interpreten der Gedankenstimmen immer auf der Bühne agieren lassen. Die Aufteilung einer Figur in zwei auf der Bühne agierende

Darsteller glaubhaft und nachvollziehbar werden zu lassen, ist eine komplizierte Aufgabe für jeden Regisseur. In den verschiedenen Inszenierungen gab es sehr unterschiedliche Lösungsversuche. Gabriele Vacis in Alessandria und Heinz Lukas-Kindermann in Rheinsberg haben die Gedankenstimme des Cornets sogar als Chronisten, bezw. als Autor Rainer Maria Rilke dargestellt. Der Informationsgehalt der Texte in dieser Partie reicht von der inneren und äußeren Beschreibung der Befindlichkeit des Cornets bis hin zur völligen Identität mit dem Cornet (gleiche Texte).

Kompliziert ist auch die glaubhafte szenische Darstellung der Visionen, wie z.B. das nur in der Phantasie des Cornets erscheinende junge Weib oder das kurze spukhafte Auftreten des General Spork; denn auf dem Theater dargestellte Visionen sind selbstverständlich immer real.

Die Auseinandersetzung künstlerisch sehr verschiedener Dirigenten-, Regisseur- und Sängerpersönlichkeiten mit der Opervision haben reichhaltige Werkerkenntnisse erbracht, jedoch denke ich, daß in der tiefgründigen Rilkeschen Dichtung weiterhin noch viele Entdeckungen verschlossen sind.

Ferdinand Melichar

Videovermietung nach der EG-Richtlinie zum Vermiet- und Verleihrecht

I. *Einführung*

Die Richtlinie des Rates der EG vom 19. 11. 1992 »zum Vermietrecht und Verleihrecht sowie zu bestimmten dem Urheberrecht verwandten Schutzrechten im Bereich des geistigen Eigentums« - die gem. Art. 15 Abs. 1[1] bis 1. 7. 1994 auch in deutsches Recht umgesetzt sein sollte - wird einschneidenden Einfluß nicht nur auf das Urheberrechtsgesetz, sondern auch auf die Praxis der Videotheken haben. Anders etwa als das französische System des droit de destination kennt das deutsche Urheberrecht bislang kein eigenständiges Vermietrecht; nach Eintritt der Erschöpfung gem. § 17 Abs. 2 UrhG[2] bleibt nur ein einfacher Vergütungsanspruch gem. § 27 übrig und auch dieser steht nur Urhebern, nicht auch Leistungsschutzberechtigten zu (im einzelnen s.u. II. 2.). Mindestens in zwei Richtungen wird sich diese Rechtslage im Hinblick auf *Videovermietung* grundlegend ändern müssen:

- Gem. Art. 2 ist das Vermietrecht als ausschließliches Recht zu gestalten (eine Ausnahmemöglichkeit, wie in Art. 5 für das »öffentliche Verleihrecht« vorgesehen, gibt es hier nicht);
- dieses Vermietrecht steht nicht nur den Urhebern, sondern auch den ausübenden Künstlern und den Filmherstellern zu (Art. 2 Abs. 1).

Ziel dieser kurzen Abhandlung ist es, zu untersuchen, wie eine Umsetzung der EG-Richtlinie im Bereich Videovermietung erfolgen kann, um einerseits den Anliegen der Urheber (aber auch der Nutzer - und dies sind unmittelbar die Videotheken, mittelbar aber natürlich auch deren Kunden) gerecht zu werden und andererseits die widerstreitenden Interessen insbes. von Urhebern und Leistungsschutzberechtigten zu einem möglichst gerechten Ausgleich zu bringen. Der »Referentenentwurf eines Vierten Gesetzes zur Änderung des Urheberrechtsgesetzes« vom Januar 1994 (3600/10), insbes. aber die in der Anhörung beim Bundesjustizministerium am 22. 2. 1994 vorgelegten »Alternativen Vorschläge für Artikel 1 Nr. 1 und 2« sind durchaus geeignet, diesem Ziel Rechnung zu tragen.

Vorliegende Untersuchung ist also überwiegend aus tagesaktuellem Anlaß entstanden. Sie sollte aber darüber hinaus dazu dienen, Informationen über den

---

1 Art. ohne nähere Bezeichnung geben solche der Richtlinie 92/100 EWG des Rates vom 19. 11. 1992 wieder (ABl. EG Nr. L 346/61 vom 27. 11. 1992).

2 §§ ohne Gesetzesbezeichnung geben solche des UrhG wieder.

Umfang und damit Verständnis für die Bedeutung der Videovermietung zu vermitteln.

II. *Gegenwärtige Sach- und Rechtslage*

Um die Probleme, die die Umsetzung der EG-Direktive für das Videovermietgeschäft mit sich bringt, richtig einschätzen zu können, ist es nötig, zunächst einmal dessen wirtschaftliche Bedeutung und dessen derzeitige rechtliche Grundlagen zu erfassen.

1. *Wirtschaftliche Bedeutung*

Parallel mit der Entwicklung, d.h. der Verbesserung der Videotechnik, gewann diese auch immer mehr wirtschaftliche Bedeutung für die Filmproduktion[3]. Für den Markt war dabei von besonderer Bedeutung, daß von den ursprünglich drei konkurrierenden Systemen (Beta von Sony, Video 2000 von Philips/Grundig und das seit 1978 auf dem europäischen Markt angebotene japanische VHS-System) etwa seit Mitte der achtziger Jahre nur ein System »überlebte«. Heute hat VHS – jedenfalls in Europa – einen Marktanteil von praktisch 100 %. Diese Konzentration auf eine einzige, quasi allgemeingültige Technik – Hard- und Software – trägt naturgemäß wesentlich zur Verbreitung der Videogramme bei. Die Videoauswertung ist heute eine der wirtschaftlich wichtigsten, wenn nicht die wichtigste Auswertungsform von Spielfilmen. Bereits 1985 wurden die Einkünfte der US-Filmproduzenten aus den verschiedenen Medien wie folgt geschätzt[4]:

	Mrd. US-$	%
Kino	2,02	37,4
TV	1,30	24,0
Video	2,10	38,7
	5,42	100

Schon 1985 war also von den drei tragenden Säulen der Filmauswertung der Videomarkt am wichtigsten. Diese Tendenz hat sich seither eher noch verstärkt. Auch für die Zukunft wird für den Videomarkt starkes Wachstum erwartet, wobei dieser in Europa überproportional zunehmen wird. So wird für bespielte Videokassetten folgende Umsatzentwicklung prognostiziert[5]:

3 Vgl. hierzu allgemein *v. Hartlieb,* Handbuch des Film-, Fernseh- und Videorechts, 3. A., 1991, 557 ff.

4 Analyse von *Paul Kagan and Ass.* in »Hollywood Reporter« vom 2. 1. 1986.

5 »Variety« vom 24. 6. 1991.

	1990	1995	Zuwachs
	in Mio US-$		in %
USA	9.445	11.000	16,5 %
	1990	1995	
UK	1.766	2.287	
Dtld.	883	1.500	
Frankr.	739	1.250	
Spanien	418	800	
Summe	3.806	5.837	53,3 %
Übriges Westeuropa	1.096	1.813	65,4 %
Osteuropa	20	700	3.400,0 %
Sonstige (Japan, Australien, Indien etc.)	7.098	8.750	23,3 %
Insgesamt	21.465	28.100	30,9 %

Ist somit klargestellt, welche - zudem wachsende - Bedeutung der Videomarkt für die Filmproduktion besitzt, so darf darüber nicht vergessen werden, daß auch die Videovermarktung selbst zu einem bedeutenden Wirtschaftsfaktor geworden ist. Allerdings hat sich der Schwerpunkt der Videovermarktung seit ihrem Beginn Ende der 70er Jahre deutlich gewandelt. Zunächst stand fast ausschließlich das Videovermietgeschäft im Vordergrund, der Verkauf von bespielten Videokassetten (Videogrammen) spielte kaum eine Rolle. Mit der Zeit gewinnt jedoch der Verkauf von Videogrammen zunehmend an Bedeutung. Hierzu tragen vor allem neue Konzeptionen der Videoanbieter bei; so sollen z.B. von sog. »Sell-through« Titeln binnen kürzester Zeit möglichst große Stückzahlen zu einem geringen Verkaufspreis abgesetzt werden, was eine schnelle und hohe Kapitalakkumulation bewirkt. Vor allem aber hat der drastische Verfall der Videoverkaufspreise zu einem Anstieg der Videogrammverkäufe beigetragen. Jedenfalls ist die Entwicklung unverkennbar, daß die Bedeutung der Vermietung von Videogrammen immer mehr ab- und gleichzeitig die Bedeutung des Verkaufs von Videogrammen immer mehr zunimmt. In Deutschland stellt sich diese Entwicklung wie folgt dar[6]:

Video-Programmangebot: Kassettenabsatz und Umsätze (1)

	1986	1987	1988	1989	1990
	Kassettenabsatz in Mio Stück				
Vermietkassetten	3,1	3,4	4,2	3,6	4,8
Verkaufkassetten	0,5	1,0	2,3 (2)	2,4	4,9
Gesamt	3,6	4,4	6,5	6,0	9,7
	Umsatz in Mio DM				
Vermietkassetten	383	497	483	411	406
Verkaufkassetten	19	28	47	45	94
Gesamt	402	525	530	456	500

1) Absatz bespielter Kassetten an den Fachhandel.
2) Ohne Sonderposten und Abverkäufe.

6 Media-Perspektiven, Basisdaten 1991, S. 62.

In *Stückzahlen* hat der Absatz von Verkaufskassetten den Absatz von Vermietkassetten also überflügelt; das Vermieten von Videogrammen bleibt jedoch der wesentliche *Umsatzfaktor* für den spezialisierten »Einzelhandel«, also die Videotheken. 1992 entfielen vom Gesamtumsatz am Videomarkt in Deutschland 61 % auf das Vermieten von Videogrammen und nur 39 % auf den Verkauf. Hierbei ist freilich zu beachten, daß die meisten Verkäufe von Videogrammen nicht in Videotheken erfolgen, sondern entweder in Einzelhandelsgeschäften (Kaufhäuser, Buchhandel, Tankstellen etc.) oder über Mailorder. Für Videotheken dagegen ist das Vermieten von Videogrammen nach wie vor der bei weitem wichtigste Geschäftszweig. So stieg der Umsatzanteil an Kaufkassetten in Videotheken Deutschlands von 1991 auf 1992 nur von 5,6 % auf 6,9 %[7]. Ohne funktionierendes Vermietsystem können die Videotheken also nicht fortbestehen.

Dabei geht es um einen inzwischen auch volkswirtschaftlich wichtigen Wirtschaftszweig. In Deutschland machten 1991 rd. 8000 Videotheken mit rd. 20 000 Beschäftigten - bei mehr als 200 Millionen Ausleihvorgängen - einen Gesamtumsatz von DM 1,6 Milliarden[8].

Ein funktionierendes Videovermietsystem ist also von

- großer wirtschaftlicher Bedeutung für die Filmproduktion selbst

und

- von existentieller Bedeutung für die Branche der Videotheken.

2. *Geltende Rechtslage*

Die Filmhersteller bzw. Videogrammanbieter haben in der Vergangenheit versucht, jedenfalls für gewisse Filme und einen gewissen Zeitraum, ein Verbot des Vermietens durchzusetzen. Eine Vielzahl von Rechtsstreitigkeiten zeugen von diesen Bemühungen[9]. Ein solches Vermietverbot sollte offenbar zwei verschiedenen Zwecken dienen. Entweder man wollte mit dem Vermietverbot die ungestörte Kinoauswertung sichern[10] oder man wollte den Absatz von Kaufkassetten fördern[11]. Der BGH hat schließlich entschieden, daß ein Vermietrecht nicht mit dinglicher Wirkung vom Verbreitungsrecht abspaltbar ist, so daß eine Vermietung im Hinblick auf die Erschöpfung des Verbreitungsrechts gem. § 17 Abs. 2 auch dann zulässig bleibt, wenn die Vermietung z.B. durch einen entsprechenden Aufdruck auf dem Label ausdrücklich als verboten erklärt wurde[12]. Diese - zur Schallplattenvermietung ergangene - Entscheidung des BGH hat in der Folgezeit

7 DVI Geschäftsbericht 1992, S. 9.

8 Bundesverband Video in »Hamburger Abendblatt« vom 17. 4. 1992.

9 Vgl. OLG Hamm GRUR 1981, 743; OLG Frankfurt NJW 1982, 1653; OLG Köln GRUR 1983, 517; OLG Karlsruhe GRUR 1984, 198; OLG Saarbrücken BB 1984, 2024; LG Hamburg FuR 1982, 392; LG München I FuR 1982, 509.

10 Ausdrücklich diesem Zweck dient Art. 89 des französischen Gesetzes Nr. 82-652 vom 29. 7. 1982 über die Audiovisuelle Kommunikation, wonach ein Filmwerk, das in Filmtheatern verwertet wird, nicht gleichzeitig vor Ablauf einer Frist von 6-18 Monaten auf Videokassetten verwertet werden darf - vgl. hierzu EuGH GRUR Int. 1986, 114 f. - »Cinéthèque«; vgl. auch die Sperrfristen in § 30 FFG.

11 Vgl. hierzu *Berrang* in *Poll* (Hrsg.), Videorecht/ Videowirtschaft, München 1986, 25.

12 BGH vom 6. 3. 1986 ZUM 1986, 678 - »Schallplattenvermietung«.

eine heftige Kontroverse in der Literatur ausgelöst[13]. Im Hinblick auf die EG-Richtlinie hat dieser Streit jetzt nur noch akademische Bedeutung. In der Praxis hatte die zitierte BGH-Entscheidung jedenfalls - soweit ersichtlich - zur Folge, daß die Versuche der Produzenten, die Videovermietung für einzelne Videokassetten zu unterbinden, nicht mehr fortgeführt wurden.

Damit aber war der Weg frei für ein systematisches Inkasso der Vergütung nach § 27 UrhG bei Videotheken. Diese Aufgabe hat die GEMA auch als Vertreterin für VG Bild-Kunst und VG WORT übernommen. Ein flächendeckendes Inkasso der Videovermietvergütung scheiterte freilich zunächst am Einwand der Videothekare, diese Verwertungsgesellschaften würden nicht sämtliche relevanten Urheberrechte vertreten, insbesondere nicht das ausländische und hier wieder vor allem nicht das für Videotheken äußerst wichtige US-amerikanische Repertoire (§ 13 b WahrnG war noch nicht in Kraft). Als ein Oberlandesgericht rechtskräftig eine Klage gegen eine Videothek mit der Begründung abwies, für die klagende Verwertungsgesellschaft spräche keine Vermutung der Aktivlegitimation, da sie nicht die ausländischen, insbes. nicht die US-amerikanischen Filmrechte vertrete[14] und diese Entscheidung naturgemäß in den einschlägigen Branchenblättern »ausgeschlachtet« wurde, brach das Inkasso bei den Videotheken fast vollständig zusammen. Nach Inkrafttreten von § 13 b WahrnG entschied dasselbe Gericht schon ein Jahr später, daß auch im Rahmen der Videovermietung eine gesetzliche Vermutung zugunsten der Verwertungsgesellschaften streite[15]. Die Aktivlegitimation wurde darüber hinaus auch dadurch verbessert, daß zusätzlich zur VG Bild-Kunst und zur VG WORT auch die Filmverwertungsgesellschaften VGF und GWFF ihre Rechte zum gemeinsamen Inkasso der Videovermietvergütung einbrachten (der Bereich des erotischen Films war von Anfang an durch die GÜFA abgedeckt). 1990 schließlich formierten sich die beteiligten Verwertungsgesellschaften auch formell zu einer BGB-Gesellschaft unter der Bezeichnung »ZVV Zentralstelle für Videovermietung«; die Federführung verblieb bei der GEMA.

Für ein funktionierendes Vermietinkasso war zunächst auch eine Vereinfachung des Tarifes notwendig. Eine Vergütung, berechnet für jeden einzelnen Vermietvorgang, hat sich als zu kompliziert herausgestellt; daraufhin stellte die ZVV einen Tarif auf, der die Höhe der von der Videothek zu bezahlenden Vergütung ausschließlich von der Größe des Bestandes an Videokassetten abhängig macht. Auch dieser Tarif war freilich zunächst beanstandet worden; von der Schiedsstelle beim Deutschen Patentamt wurde er als zu hoch bezeichnet[16]. Schließlich aber konnte die ZVV mit den Verbänden der Videotheken-Branche[17] eine Einigung auch über die Höhe der Vergütung erzielen. Heute ist der von der ZVV aufge-

---

13 Vgl. hierzu zusammenfassend *v. Hartlieb* (Fn. 3) 579-584; *Schricker/Loewenheim* § 27 UrhG, Rz. 13 und 22.
14 OLG Oldenburg vom 17. 7. 1986 (1 U 48/86).
15 OLG Oldenburg vom 18. 6. 1987 ZUM 1987, 637/638.
16 Entscheidung der Schiedsstelle vom 29. 11. 1990, Videowoche Nr. 91/1990.
17 Interessengemeinschaft der Videothekare Deutschlands e.V. (Bundesverband IVD); Deutscher Radio- und Fernseh-Fachverband e.V. (DRFV); Deutsches Videoinstitut e.V. (DIV).

stellte Tarif allgemein anerkannt[18]. So hat die ZVV unter Federführung der GEMA für 1993 bei insges. rd. 6000 Videotheken im gesamten Bundesgebiet rd. DM 15,0 Mio. kassiert und an die einzelnen, an der ZVV beteiligten Verwertungsgesellschaften verteilt.

III. *Umsetzung der EG-Richtlinie*

Bei Umsetzung der EG-Direktive sind (von Gesetzgebung und Praxis) vor allem zwei Punkte zu beachten:

- Die Urheber müssen - wie nach bewährtem geltenden Recht - auch zukünftig am Aufkommen aus der Videovermietung angemessen beteiligt werden.
- Die Möglichkeit der Videovermietung muß im Interesse aller Beteiligten (Filmindustrie, Urheber, Videothekare und schließlich auch Videothekenbenutzer) möglichst unangetastet bleiben.

Diese beiden Punkte sollen im folgenden kurz beleuchtet werden.

1. *Angemessene Beteiligung der Urheber*

Erklärtes Ziel der EG-Direktive ist eine Verbesserung des Urheberschutzes[19]:

> »Der Urheber- und Leistungsschutz hat zum Ziel, einerseits Urheber- und Künstlerpersönlichkeitsrechte zu gewähren und andererseits wirtschaftliche Rechte, um Urheber und ausübende Künstler für ihre kreativen Leistungen zu belohnen, sie an den fortwährenden Nutzungen ihrer Werke und Darbietungen wirtschaftlich teilhaben zu lassen und ihnen so die finanzielle Grundlage und den Anreiz für weiteres Schaffen zu geben.«

Unter diesen Gesichtspunkten verwundert es nicht, daß die stärkste Opposition gegen diese Richtlinie von den Filmproduzenten ausging; sie verwahrten sich insbesondere dagegen, daß durch die Direktive zum einen die »geläufige Praxis der Pauschalzahlung« an Autoren für die Übertragung der Videovermietrechte unmöglich oder jedenfalls erschwert würde und zum anderen die »ökonomische Essenz« der Videovermietung in die Hände von Verwertungsgesellschaften gelegt würde[20]. Offensichtlich unter dem Eindruck dieser starken Opposition hat die Kommission schließlich - um ihrem Ziel, der Verbesserung des Urheberschutzes gerecht zu werden - in Art. 4 die Unverzichtbarkeit des Rechtes der Urheber auf eine »angemessene Vergütung für die Vermietung« konstituiert. Die Möglichkeit einer Abtretung wird von der Richtlinie dagegen offengelassen. Im Erwägungsgrund Nr. 16 wird sogar ausdrücklich festgehalten: »Die angemessene Vergütung kann in Form einer oder mehrerer Zahlungen jederzeit bei Abschluß des Vertrages oder später entrichtet werden«. Würde es bei solch unbeschränkter Ab-

---

18 BuAnz. Nr. 150 vom 14. 8. 1991, S. 5430.

19 Ziff. 7. der Begründung zum Vorschlag einer Vermiet- und Verleihdirektive vom 24. 1. 1991 (KOM (90) 586 eng. - SYN 319).

20 *Reinbothe & von Lewinski,* The EC Directive on Rental and Lending Rights and on Piracy, 1993, S. 18.

tretbarkeit bleiben, stünde zu erwarten, daß sich die Filmproduzenten zukünftig die Vergütungsansprüche der - wirtschaftlich regelmäßig schwächeren - Urheber abtreten lassen (etwa durch eine Klausel »Mit der Honorarzahlung sind auch die Vergütungsansprüche nach § 27 abgegolten«). Damit würden die deutschen Autoren der *laufenden* Beteiligung am Aufkommen aus der Videovermietung beraubt, einem Aufkommen, das ihnen seit Beginn der Videovermietung gem. § 27 Jahr für Jahr zufloß. Eine solche Umsetzung der EG-Direktive würde daher insbes. für die deutschen Filmautoren gegenüber der bisherigen Sach- und Rechtslage eine erhebliche Verschlechterung bedeuten. Das Gegenteil des von der Direktive Gewollten würde demnach eintreten.

Dieser Gefahr kann nur begegnet werden, wenn im deutschen UrhG - neben der zwingenden Unverzichtbarkeit - auch festgeschrieben wird, daß dieser Vergütungsanspruch nur an eine Verwertungsgesellschaft abgetreten werden kann. In diesem Sinn ist § 27 Abs. 1 S. 2 in der vom BMJ vorgelegten Fassung der »Alternativen Vorschläge für Artikel 1 Nr. 1 und 2« zu begrüßen. Wenn die Vergütungsansprüche nur an eine Verwertungsgesellschaft abgetreten werden können, so würde dies für die Filmurheber jedenfalls in Deutschland zwar nicht - wie von der EG-Direktive erwartet - eine Verbesserung des Urheberrechtsschutzes bedeuten, aber wenigstens eine Beibehaltung des bestehenden. Jede andere Lösung würde zu einer Verschlechterung der Situation der Urheber führen und kann daher nicht Sinn und Zweck der Direktive entsprechen.

Die Direktive selbst sieht zwar die Verwertungsgesellschaftspflichtigkeit solcher Vergütungsansprüche nur als eine der Lösungsmöglichkeiten. Aus der Tatsache aber, daß diese in Art. 4 Abs. 4 als einzige der denkbaren Lösungsmöglichkeiten ausdrücklich erwähnt ist, kann geschlossen werden, daß auch die Direktive dieser Lösungsmöglichkeit den Vorzug gibt[21]. Hierfür spricht auch, daß Erwägungsgrund Nr. 15 ausdrücklich nochmals auf die Möglichkeit hinweist, daß Autoren ihre Verwertungsgesellschaft mit der Wahrnehmung dieser Rechte beauftragen können.

2. *Einfluß des ausschließlichen Vermietrechts auf die Tätigkeit von Videotheken*

Art. 2 Abs. 1 verpflichtet die Mitgliedsstaaten, ein ausschließliches Vermietrecht einzuführen. Es ist daher müßig, jetzt noch darüber zu diskutieren, ob ein solches Exklusivrecht wünschenswert oder gar notwendig scheint. Das Augenmerk ist vielmehr darauf zu richten, daß bei Implementierung dieses Verbotsrechts in das deutsche Urheberrechtsgesetz die gewachsenen Strukturen des Videomarktes - selbstverständlich unter gebührender Berücksichtigung der Interessen der Urheber - möglichst unangetastet bleiben.

Schon die Richtlinie selbst unterscheidet streng zwischen dem eigentlichen Vermietrecht (das gem. Art. 2 Abs. 4 übertragbar ist) und dem bloßen »Recht auf angemessene Vergütung« in Art. 4.

---

21 *Reinbothe* a.a.O. (Fn. 20), S. 74 f.

a) *Vermietrecht*

Die Vermietung ist eine Unterart der Verbreitung i.S. von § 17 Abs. 1 (deren Entfaltung allerdings - wie dargelegt - bislang durch die Erschöpfung nach § 17 Abs. 2 eingeschränkt war). Das Verbreitungsrecht haben schon bisher die Filmurheber in aller Regel vertraglich dem Filmproduzenten eingeräumt; auch die Einräumungsvermutungen nach §§ 88 Abs. 1 Z. 2 und 89 Abs. 1 umfassen das Verbreitungsrecht. Sicher zu Recht geht der Referentenentwurf daher davon aus, daß sich die Filmhersteller zukünftig auch das einzuführende Vermietrecht zur ausschließlichen Nutzung von den Urhebern (und Leistungsschutzberechtigten) einräumen lassen werden[22]. Es ist also zu erwarten, daß zukünftig der Filmhersteller allein über das ausschließliche Vermietrecht verfügt (so wie derzeit über das Vervielfältigungs- und das Verbreitungsrecht).

Es wird abzuwarten sein, wie die Filmhersteller in Deutschland mit diesem, ihnen nunmehr zuwachsenden exklusiven Vermietrecht umgehen werden, d.h. insbesondere, in welchem Umfang sie dieses tatsächlich zur Verhinderung der Vermietung benutzen wollen.

Wenn es nur darum geht, eine möglichst ungestörte Kinoauswertung eines Films zu sichern, so haben die Produzenten schon bisher die Möglichkeit, dies durch verzögerte Vergabe des Vervielfältigungs- und Verbreitungsrechts an Videokassettenhersteller zu steuern. Eines spezifischen Vermietrechtes bedarf es hierzu nicht. Hinzu kommt, daß in Deutschland ohnehin 68,3 % aller auf Video ausgewerteten Filme »Video-Premieren« sind, also Filme, denen keine Kinoauswertung vorangegangen ist[23].

Die Verhinderung der Videovermietung mit Hilfe des ausschließlichen Vermietsrechts kann also wirtschaftlich im wesentlichen nur bezwecken, den Verkauf von Videokassetten zu fördern. Soweit dies gewünscht wird, kann dies zukünftig nach neuem Recht wohl schon durch einen bloßen, allerdings entsprechend deutlichen Hinweis auf der Videokassette (z.B. »Gewerbliche Vermietung nicht gestattet«) geregelt werden. Allzu groß dürfte der Anteil solcher »Kaufkassetten« im Verhältnis zur Gesamtzahl der Videokassetten nicht werden. Hierin sollten allerdings auch die Video-Fachhändler selbst eine Chance sehen und einen Teil des »interessanten Verkaufsmarkts« für sich zu erobern trachten[24].

Auch wenn das Untersagen des Vermietens von Videokassetten somit eine Ausnahme bleiben wird, gilt zukünftig die Regel, daß jegliches gewerbliche Vermieten einer Genehmigung des oder der Berechtigten bedarf. Während die Videotheken bislang nur den Vergütungsanspruch nach § 27 UrhG befriedigen mußten, werden sie sich zukünftig also um die entsprechenden Lizenzen bemühen müssen. Umgekehrt werden die Rechteinhaber, in der Regel also die Filmproduzenten, daran interessiert sein, die Genehmigung zur Vermietung - natürlich gegen entsprechende Vergütung - möglichst reibungslos einzuräumen. Dies kann naturgemäß nur auf

---

22 Referentenentwurf des BMJ vom Januar 1994, S. 5.
23 *v. Hartlieb* a.a.O. (Fn. 3), S. 559.
24 *Berrang* a.a.O. (Fn. 11), S. 25.

dem Wege über die kollektive Vergabe solcher Lizenzen erfolgen; eine individuelle Genehmigung des Vermietens durch den einzelnen Produzenten gegenüber den rd. 6000 Videotheken in Deutschland scheidet schon aus praktischen Gründen aus. Es wird also nahezu zwangsläufig dazu kommen, daß die Filmhersteller, vertreten durch ihre Verwertungsgesellschaften, der ZVV das Recht einräumen, zukünftig auch die Lizenzvergabe für das Vermietrecht an die Videotheken zu regeln. In den darauf folgenden Verträgen zwischen ZVV und den Videotheken bzw. deren Organisationen müßte dann klargestellt werden, für welche Videokassetten die Vermietlizenz erteilt wird bzw. daß die Lizenz für Kassetten mit entsprechendem Vorbehaltsaufdruck nicht gilt.

b) *Angemessene Vergütung der Urheber*

Art. 4 Abs. 4 läßt ausdrücklich offen, wem gegenüber der Urheber die angemessene Vergütung geltend macht. Obwohl die EG-Direktive dies nicht zwingend vorschreibt, sollte das Gesetz selbst klarstellen, ob der Autor die Vergütung vom Produzenten oder vom Videovermieter (Videothek) verlangen kann[25]. Schon aus dem zuvor Ausgeführten ergibt sich, daß in Deutschland die Urheber ihren Vergütungsanspruch - entsprechend der bisherigen Regelung in § 27 - gegen den Videovermieter behalten sollten. Würden sie auf einen Anspruch gegen den Produzenten verwiesen, so bestünde zum einen die Gefahr einer nicht nachprüfbaren Pauschalabfindung (im Gegensatz zur laufend wiederkehrenden Vermietvergütung nach § 27); zum anderen würde dann ein »Kaskadeneffekt« entstehen, da die Produzenten ihrerseits einen Vergütungsanspruch gegen die Videovermieter in jedem Fall durchsetzen müssen. Völlig zu Recht folgert *Reinbothe*[25]:

> »The most appropriate solution, which would best fulfill the aim of Article 4, would be to determine that rental outlets or, preferably, their associations, are the debtors. Producers and the collecting societies (together rather than separately) could then negotiate the entire amount to be paid by the rental outlets, which would be shared between the producers and the collecting societies.«

Der Referentenentwurf wird dieser Interessenlage gerecht, wenn er in § 27 Abs. 1 (in der Originalfassung ebenso wie in den alternativen Vorschlägen) vorsieht, daß der Vergütungsanspruch des Urhebers sich gegen den *Vermieter* richtet.

Abschließend ist festzustellen, daß die Umsetzung der EG-Richtlinie nur in Form der »Alternativen Vorschläge« für die Urheber nicht zu einer Verschlechterung ihrer Rechtssituation führen würde. Andererseits aber würde eine solche Umsetzung sicherstellen, daß die bisherige wirtschaftliche Lage der Videotheken so wenig wie möglich angetastet wird, wobei gleichzeitig den hinzutretenden Interessen der Produzenten Rechnung getragen wird. Auch nach Umsetzung der Richtlinie in das deutsche UrhG bedarf es allerdings einer konzertierten Aktion der beteiligten Verwertungsgesellschaften (also auch der Filmverwertungsgesellschaften), um dieses für alle wichtige Resultat sicherzustellen.

---

25 *Reinbothe* a.a.O. (Fn. 20), S. 75.

Ernst-Joachim Mestmäcker

Rechtsstellung und Marktstellung der Inhaber gewerblichen und kommerziellen Eigentums im europäischen Gemeinschaftsrecht - Zum Verhältnis von Art. 36 und Art. 86 EGV

1. *Grundlagen*

Art. 36 garantiert nach gefestigter Rechtsprechung des Europäischen Gerichtshofs (EuGH) den Bestand des gewerblichen und kommerziellen Eigentums. Zu diesem Eigentum gehören Urheberrechte und verwandte Schutzrechte. Das gemeinsame Kennzeichen der von Art. 36 erfaßten Rechte besteht in den von der Gesetzgebung der Mitgliedstaaten verliehenen Ausschließlichkeitsrechten und deren kommerzieller Nutzung[1].

Was zum gemeinschaftsrechtlich garantierten Bestand der Rechte gehört, muß anhand ihres »spezifischen Gegenstandes« ermittelt werden. In Einklang zu bringen sind die Erfordernisse des freien Waren- und Dienstleistungsverkehrs und die Wahrung der berechtigten Interessen an der Ausübung der ausschließlichen Eigentumsrechte an literarischen und künstlerischen Werken. Zu verhindern ist jede mißbräuchliche Ausnutzung dieser Rechte, die geeignet ist, künstliche Abschottungen innerhalb des Gemeinsamen Marktes zu schaffen oder beizubehalten[2]. Zu den Vorschriften, die diesem Zweck dienen sollen, gehören die Wettbewerbsregeln und insbesondere das Verbot der mißbräuchlichen Ausnutzung einer beherrschenden Stellung auf dem Gemeinsamen Markt oder einem wesentlichen Teil desselben in Art. 86. Die Vorschrift richtet sich gegen den Mißbrauch, nicht gegen Begründung oder Erwerb einer beherrschenden Stellung. Im Unterschied zu den Schutzrechten des Art. 36 ist die beherrschende Stellung nicht in ihrem Bestand geschützt. Sie soll durch das Mißbrauchsverbot des Art. 86 vielmehr begrenzt und soweit wie möglich dem Restwettbewerb auf dem Markt ausgesetzt werden. Diese ihrer Art nach verschiedenen Rechtspositionen treffen aufeinander, wenn darüber zu entscheiden ist, ob Schutzrechte geeignet sind, eine beherrschende Stellung zu begründen und - falls dies zu bejahen ist - ob ihre Ausnutzung zu einer den zwischenstaatlichen Handel beeinträchtigenden mißbräuchlichen Ausnutzung dieser Stellung führt. Das Mißbrauchsverbot hindert beherrschende Unternehmen zwar nicht, ihre unternehmerischen Eigeninteressen auf dem Markt zur Geltung zu bringen, es begrenzt diese Handlungsfreiheit jedoch zum Schutz von Geschäftspartnern, Wettbewerbern und Letztverbrauchern. Nach

1 EuGH 24. 1. 1989, EMI Electrola ./. Patrizia Import Export, Rs. 341/87, Slg. 79, Rdnr. 7.
2 EuGH, ebd., Rdnr. 28.

deutschem Verfassungsrecht gehört das Mißbrauchsverbot zur gesetzlichen Bestimmung von Inhalt und Schranken des Eigentums i.S. von Art. 14 Abs. 1 GG[3]. Die gewerblichen und kommerziellen Eigentumsrechte sind dagegen als solche Gegenstand der grundrechtlichen Garantie des Privateigentums[4].

Für das Gemeinschaftsrecht konkretisiert Art. 36 Inhalt und Grenzen des gewerblichen und kommerziellen Eigentums. Zum Bestand der Rechte gehört, daß sie ihrem Inhaber bestimmte wirtschaftliche Tätigkeiten und damit verbesserte Chancen im Wettbewerb vorbehalten. Im Gemeinschaftsrecht entstehen spezifische Probleme daraus, daß es sich nicht nur an Unternehmen und Inhaber von Schutzrechten, sondern ebenso an die Mitgliedstaaten richtet. Die Rechte aus Art. 36 beruhen auf der Gesetzgebung der Mitgliedstaaten. Mit der Schaffung und Ausgestaltung dieser Rechte sind wesensgemäß einschränkende Wirkungen für den grenzüberschreitenden Wirtschaftsverkehr verbunden. Sie folgen aus dem Ausschließlichkeitsrecht und aus der territorialen Begrenzung der staatlichen Gesetzgebung. Der EuGH hat deshalb schon in der Begründung solcher Ausschließlichkeitsrechte eine Maßnahme gleicher Wirkung wie eine mengenmäßige Beschränkung i.S.v. Art. 30 EGV gesehen, weil das Ausschließlichkeitsrecht seinen Inhaber berechtigt, eine wirtschaftliche Tätigkeit im grenzüberschreitenden Wirtschaftsverkehr zu untersagen[5]. Anhand von Art. 36 ist sodann zu entscheiden, ob diese Maßnahmen zum Bestand des gewerblichen und kommerziellen Eigentums gehören und deshalb gerechtfertigt sind.

Einen urheberrechtlichen Mißbrauchstatbestand entnimmt der Gerichtshof ferner Art. 36 Satz 2. Danach steht die Gewährleistung des Bestandes der Schutzrechte unter dem Vorbehalt, daß sie weder ein Mittel zur willkürlichen Diskriminierung noch eine verschleierte Beschränkung des Handels zwischen den Mitgliedstaaten darstellen. Die nationalen Rechtsvorschriften dürfen den Inhabern dieser Schutzrechte und ihren Lizenznehmern solche Beschränkungen nicht »auferlegen« und sie dürfen sie auch nicht »zulassen« (Rdnr. 13). Dieses Verbot richtet sich, wie das angeführte Urteil zeigt, nicht nur gegen solche staatlichen Vorschriften, die den Rechtsinhaber zu einem gemeinschaftsrechtlich mißbilligten Verhalten zwingen; es richtet sich auch gegen die mißbräuchliche Ausnutzung von Schutzrechten, welche die staatliche Gesetzgebung nur »zuläßt«.

Die hier erheblichen Sachverhalte betreffen also nicht eine Rechts- oder Marktstellung, die ein einzelnes Unternehmen vermöge seines Schutzrechts innehat, sondern sie betreffen die von der mitgliedstaatlichen Gesetzgebung für Inhaber der verschiedenen Schutzrechte eröffneten Möglichkeiten, mit Hilfe dieser Rechte den nationalen Markt abzuschotten oder andere Unternehmen im grenzüberschreitenden Verkehr zu diskriminieren.

In der umfangreichen Rechtsprechung des Gerichtshofs zu Art. 36 stehen die Sachverhalte ganz im Vordergrund, bei denen die Ausübung von Schutzrechten zu unzulässigen Handelsbeschränkungen führt. Die gemeinschaftsrechtliche Erschöpfung von Schutzrechten durch das erste Inverkehrbringen in einem Mit-

3 Näher *Papier*, in: *Maunz/Dürig/Herzog/Scholz*, GG Kommentar, Art. 14, Rdnr. 435.
4 Zur deutschen Rechtsprechung *Papier*, ebd., Rdnr. 187.
5 EuGH 17. 5. 1988, Warner Brothers ./. Christiansen, Rs. 158/86, Slg. 2625, 2628, Rdnr. 18.

gliedstaat bietet dafür die wichtigste und hier nicht erneut darzustellende Tatbestandsgruppe[6].

Den Zusammenhang der für Schutzrechte geltenden Grundsätze mit den Wettbewerbsregeln und insbesondere mit Art. 86 hat der EUGH bereits in seinem ersten einschlägigen Urteil hergestellt[7]. Dem systematischen entspricht der rechtstatsächliche Zusammenhang. Jede Ausübung eines Schutzrechts zu Zwecken kommerzieller Nutzung ist eine unternehmerische Tätigkeit im Sinne der Wettbewerbsregeln. Andererseits sind den Schutzrechten i.S.v. Art. 36 der Zweck und die Wirkung gemeinsam, ihre Inhaber nach Maßgabe der gesetzlichen Ausgestaltung dieser Rechte im Wettbewerb zu privilegieren. Die daraus entstehenden Konflikte betreffen im Gemeinschaftsrecht sein Verhältnis zur fortbestehenden Kompetenz der Mitgliedstaaten, über Inhalt und Schranken des gewerblichen und kommerziellen Eigentums zu entscheiden. Der spezifische Gegenstand der Schutzrechte weist in den Mitgliedstaaten auch innerhalb derselben Rechtskategorie, vor allem im Urheberrecht, grundlegende Unterschiede auf. Schließlich führt der Zweck der Wettbewerbsregeln, offene Märkte in einem Binnenmarkt zu gewährleisten, zu Konflikten mit dem Inhalt der Schutzrechte, die im mitgliedstaatlichen Kartellrecht nicht in den Blick kommen. So ist es ein Kennzeichen des Gemeinschaftsrechts, daß die genannten Fragen zugleich solche der Gesetzgebung und der Rechtsanwendung sind. Das folgt aus dem vom EuGH von Anfang an vertretenen Grundsatz, daß die aus der fehlenden Harmonisierung eines Rechtsgebiets folgenden Handelsschranken der Anwendung der unmittelbar geltenden Normen des Gemeinschaftsrechts nicht entgegenstehen[8].

2. *Zwangslizensierung von Urheberrechten nach Art. 86 EGV*

Wichtige Anhaltspunkte für den sich aus dieser Situation ergebenden Einfluß des europäischen Gemeinschaftsrechts auf das Urheberrecht sind drei im wesentlichen übereinstimmenden Urteilen des Gerichts 1. Instanz (im folgenden »das Gericht«) vom 10. 7. 1991 zu entnehmen[9].

In einer auf Art. 86 gestützten Entscheidung vom 21. 12. 1988 warf die Kommission der irischen Rundfunkanstalt RTE und der britischen Rundfunkanstalt BBC vor, ihre beherrschende Stellung auf dem Markt für wöchentliche Programmvorschauen mißbräuchlich auszunutzen, indem sie sich weigerten, diese Vorschauen für Hörfunk und Fernsehen anderen Unternehmen in Großbritannien

---

6 Nachweise zuletzt bei *Mailänder,* Gemeinschaftsrechtliche Erschöpfungslehre und freier Warenverkehr, in: *Gisela Wild/Ine-Marie Schulte-Franzheim/Monika Lorenz-Wolf* (Hrsg.), FS für Alfred-Carl Gaedertz, 1992, S. 369 ff. Zum Urheberrecht *Mestmäcker,* in: *Mestmäcker/Schulze,* Urheberrechtskommentar, 6. Abschnitt, Europäische Abkommen, § 3 (Lieferung 1990).

7 EuGH 8. 6. 1971, Deutsche Grammophon ./. Metro, Rs. 78/70, Slg. 487, 499, Rdnr. 10; im Ergebnis übereinstimmend EuGH 20. 1. 1981, Musikvertrieb Membran ./. GEMA, Rs. 55 und 57/80, Slg. 145, 163, Rdnr. 163.

8 Musikvertrieb Membran, ebd., 162, Rdnr. 14.

9 Radio Telefis Eiream (RTE) ./. Kommission, Rs. T-69/89, Slg. II 485-534; British Broadcasting Corporation (BBC) ./. Kommission, Rs. T-70/89, Slg. 535-574; Independent Television ./. Kommission, Rs. T-76/89, Slg. II 575-613. Im folgenden wird das RTE-Urteil zitiert.

zum Zwecke der Veröffentlichung und Verbreitung zur Verfügung zu stellen. Die genannten Unternehmen geben ihrerseits eine eigene Programmzeitschrift heraus. Ihnen steht an den Programmvorschauen nach irischem bzw. englischem Recht ein Urheberrecht zu. Mit dieser Begründung hatte ein irisches Gericht den Vertrieb einer Zeitschrift untersagt, in der die Vorausschauen ohne Zustimmung der Rechtsinhaber abgedruckt waren. Die Kommission nahm eine beherrschende Stellung der Rundfunkveranstalter auf zwei Teilmärkten an: auf dem Markt für die eigenen wöchentlichen Programmvorschauen sowie auf dem Markt für Programmzeitschriften in Irland und Großbritannien. Die betroffenen Unternehmen machten geltend, die von der Kommission angegriffene Weigerung, die Programmvorschauen Dritten zur Verfügung zu stellen, sei vom Bestand des Urheberrechts gedeckt. Die von der Kommission nach Art. 3 VO 17 angeordnete Verpflichtung, die wöchentlichen Programmvorschauen an Dritte zu lizensieren, entziehe ihnen das urheberrechtliche Vervielfältigungsrecht.

Die angeführten Urteile des Gerichts, mit denen die Entscheidung der Kommission bestätigt wurde, sind nicht rechtskräftig. Der EUGH hat über das auf Rechtsfragen beschränkte Rechtsmittel (Art. 168 a EGV) noch nicht entschieden. Seit der Entscheidung der Kommission sind sechs Jahre vergangen. Das Urteil des Gerichts hat in Großbritannien und anderen Mitgliedstaaten eine lebhafte Diskussion über das Verhältnis von Urheberrecht und Wettbewerbsregeln ausgelöst[10].

Im folgenden sollen die Fragen näher betrachtet werden, denen für die Entwicklung des Urheberrechts in der Europäischen Union allgemeine, über den Einzelfall hinausgehende Bedeutung zukommt. Es sind dies: die gemeinschaftsrechtliche Anerkennung von Rechtspositionen als gewerbliches und kommerzielles Eigentum (dazu unter 3.); das Verhältnis urheberrechtlicher Rechtsstellungen zum Mißbrauchsverbot für beherrschende Unternehmen in Art. 86 (dazu unter 4.); schließlich das Verhältnis von Copyright und Urheberrecht (dazu unter 5.).

3. *Die gemeinschaftsrechtliche Anerkennung von Rechtspositionen als gewerbliches und kommerzielles Eigentum i.S.v. Art. 36 Satz 1*

Die Kommission stellte im Verfahren vor dem Gericht die Wirksamkeit des nach irischem und britischem Recht begründeten Urheberrechts an den Programmvorschauen in Frage. Sie versuchte einen gemeinschaftsrechtlich verbindli-

---

10 Grundlegend *T.M. Cook,* Copyright in the European Community, EuZW 1994, 7-13; *Thierry Desurmont,* Note, Révue internationale du droit d'auteur 1992, 250-272; *Thomas Eilmansberger,* Der Umgang marktbeherrschender Unternehmen mit Immaterialgüterrechten im Lichte des Art. 86 EWGV, EuZW 1992, 625-634; *Georges Friden,* Recent Develupments in EEC Intellectual Property Law: The Distinction Between Existence and Exercise Revisited, 26 Common Market Law Review 1989, 193-217 (204 ff.); *André Françon,* Urteilsanmerkung, Revue trimestrielle de droit commercial et de droit économique 1992, 372-376; *René Joliet,* Propriété intellectuelle et libre circulation des merchandises, Droit des affaires internationales 1989, 815-835; *Aidan Robertson,* Compulsory Copyright Licensing Under EC Law?, The Law Quarterly Review Vol. 108, (1992) 39-43; *James E. Thompson,* Mandatory Licensing Under Article 86?, EWS 1992, 178, 184.

chen, vom Recht der Mitgliedstaaten unabhängigen »spezifischen Gegenstand« des Urheberrechts zu definieren. Ob es gemeinschaftsrechtlich gerechtfertigt sei, das Urheberrecht an den Programmvorschauen aufrechtzuerhalten, sei im Licht der normalen Zwecke des Urheberrechts zu untersuchen. Zu berücksichtigen seien die Natur des geschützten Gutes unter seinen technischen, kulturellen oder innovativen Aspekten sowie die Rechtfertigung des Urheberrechts nach nationalem Recht. Die Programmvorschauen seien aber weder geheim noch innovativ, noch fortschrittsbezogen. Sie stellten einfache tatsächliche Informationen dar. Die Aufrechterhaltung des Urheberrechts könne deshalb nur mit dem Bestreben erklärt werden, ein Monopol zu schaffen[11]. Bemerkenswert ist zunächst, daß die genannten Kriterien für die Anerkennung eines urheberrechtlichen Schutzes allenfalls patentrechtlich erheblich sein könnten. Die englische Rechtsprechung gewährt jedoch Kompilationen von Informationen wegen ihres kommerziellen Wertes urheberrechtlichen Schutz[12]. Auch die von der Kommission zur Begründung herangezogene Rechtsprechung ist nicht geeignet, ihre Auffassung zu stützen. Der EuGH hat vielmehr durchgängig daran festgehalten, daß sich Voraussetzungen und Modalitäten des Schutzes des gewerblichen und kommerziellen Eigentums beim gegenwärtigen Stand des Gemeinschaftsrechts mangels einer Rechtsvereinheitlichung oder Angleichung nach dem nationalen Recht bestimmen[13]. Im übrigen wird in den angeführten Fällen ebenso wie in den Fällen, die Urheberrechte zum Gegenstand haben, geprüft, ob die staatliche Gesetzgebung ein Mittel zur willkürlichen Diskriminierung oder zur verschleierten Beschränkung des zwischenstaatlichen Handels i.S.v. Art. 36 Satz 2 darstellt[14].

Gesondert zu behandeln sind jedoch die Gründe, aus denen im Fall Warner das von der dänischen Gesetzgebung begründete urheberrechtliche Vermietrecht für Videokassetten gemeinschaftsrechtlich gerechtfertigt wurde. Generalanwalt Mischo hat aus diesen Gründen nämlich entnommen, daß nach Gemeinschaftsrecht zu beurteilen sei, ob die staatlichen Rechtsvorschriften als zum Schutz des gesetzlichen oder kommerziellen Eigentums gerechtfertigt angesehen werden können[15]. Der EuGH betont zunächst, daß die nationalen Rechtsvorschriften unterschiedslos für im Inland hergestellte wie für die aus einem anderen Mitgliedstaat eingeführten Videokassetten gelten und deshalb keine willkürliche Diskriminierung i.S.v. Art. 36 Satz 2 vorliege (Rdnr. 12). Ergänzend werden jedoch Gründe angeführt, aus denen eine solche Rechtsvorschrift zum Schutz des gewerblichen

---

11 Gericht RTE-Urteil, Rdnr. 45.

12 Nachweise bei *Robertson* (oben N. 10).

13 Für Patente schon EuGH 29. 2. 1968, Parke, Davis, Rs. 24/67, Slg. 86, 113; übereinstimmend 30. 6. 1988, Thetford ./. Flamma, Rs. 35/87, Slg. 3601, 3605, Rdnr. 12-14; für Muster und Modelle 14. 9. 1982, Keurkoop, Rs. 144/81, Slg. 2853. Die Kommission hat ferner das Urteil vom 8. 6. 1982 Nungesser ./. Kommission, Rs. 258/78, Slg. 2015, 2060, Rdnrn. 23-43 zur Rechtfertigung ihrer Position in Bezug genommen. In diesem Fall handelte es sich jedoch um den vertraglichen Ausschluß der Einfuhr konkurrierender Erzeugnisse, der – wie der Gerichtshof feststellt – auch vom deutschen Saatgutverkehrsgesetz nicht gerechtfertigt werde.

14 EuGH 18. 3. 1980, Coditel I, Rs. 72/79, Slg. 881, 903; 6. 10. 1982, Coditel II, Rs. 261/81, Slg. 3381, 3401.

15 Schlußanträge in der Rs. 53/87 zum Urteil vom 5. 10. 1988, CICRA ./. Renault, Slg. 6067; Schlußanträge S. 6058, Rdnr. 21.

und kommerziellen Eigentums gerechtfertigt sei. Angesichts der Entwicklung eines besonderen Marktes für die Vermietung von Bild- und Tonträgern sei der gesonderte Schutz notwendig, um den Filmherstellern eine Vergütung zu sichern, die der Zahl der tatsächlich erfolgten Vermietungen entspricht und ihnen einen angemessenen Anteil am Vermietungsmarkt sichert (Rdnr. 15). Unter diesen Umständen sei es gerechtfertigt, wenn der Rechtsinhaber die Vermietung von Videokassetten in Dänemark untersage, obwohl er sie in Großbritannien selbst in Verkehr gebracht hatte. Dem Urteil ist jedoch nicht zu entnehmen, daß die mitgliedstaatliche Begründung urheberrechtlicher Ausschließlichkeitsrechte vor dem Gemeinschaftsrecht nur Bestand hat, wenn sie gemeinschaftsrechtlich definierten Erfordernissen des spezifischen Gegenstandes dieser Rechte entspricht. Es enthält vielmehr eine wichtige Bestätigung des Grundsatzes, daß der Urheber an allen wirtschaftlich wichtigen Nutzungen seines Werkes zu beteiligen ist. Dazu sind die Mitgliedstaaten in Reaktion auf wirtschaftliche Entwicklungen auch dann berechtigt, wenn ihre Gesetzgebung neue Rechtsunterschiede begründet und daraus Handelsschranken entstehen[16]. Die gemeinschaftsrechtlichen Grenzen des gesetzgeberischen Ermessens werden jedoch überschritten, wenn Angehörige der Mitgliedstaaten beim Erwerb oder in der Ausübung des gewerblichen oder kommerziellen Eigentums im Vergleich zu Inländern diskriminiert werden[17]. Hier trifft das Verbot der willkürlichen Diskriminierung i.S.v. Art. 36 Satz 2, das für den freien Warenverkehr gilt, mit dem Verbot der Diskriminierung aus Gründen der Staatsangehörigkeit in Art. 6 (Art. 7 a.F.) zusammen[18]. Schon vor dem Phil Collins-Urteil hatte der Gerichtshof entschieden, daß das Recht aus einem Patent, das Staatsangehörigen eines Mitgliedstaates vorbehalten ist, nicht geltend gemacht werden kann, um ein Ein- und Durchfuhrverbot i.S.v. Art. 36 zu rechtfertigen[19].

Der EuGH hat seine Rechtsprechung zur Vorgreiflichkeit des mitgliedstaatlichen Rechts in der Normierung des gewerblichen und kommerziellen Eigentums für Warenzeichen bestätigt. Auch die Frage der Verwechslungsgefahr gehöre zum Bestand des Warenzeichens und sei nach nationalem Recht zu beurteilen. Eine enge Auslegung dieses Begriffs im Gemeinschaftsrecht sei folglich nicht geboten[20].

---

16 Die Frage ist in Deutschland im Zusammenhang mit der gesetzlichen Regelung der Leerkassettenabgabe streitig geworden. Gegen die deutsche Gesetzgebungskompetenz *Sack*, Die Urheberrechte der Leerkassettenvergütung, BB Beilage 15/1984; dagegen *Mestmäcker*, Die Vereinbarkeit der Leerkassettenabgabe und der Geräteabgabe mit dem europäischen Gemeinschaftsrecht, GRUR Int. 1985, 13-19.

17 Grundlegend EuGH 20. 10. 1993, Phil Collins, Rs. C-92/92, C-326/92, in: EuZW 1993, 710. Anm. *v. Gröger*, EuZW 1994, S. 85 f.

18 Generalanwalt *Jacobs*, Schlußanträge zum Phil Collins-Urteil; auch *Mestmäcker*, Schutz der ausübenden Künstler und Diskriminierungsverbot, GRUR Int. 1993, 532, 535.

19 Urteil Thetford (oben N. 13), Rdnr. 16.

20 EuGH 30. 11. 1993, Deutsche Renault AG ./. Audi AG, Rs. C-317/91, EuZW 1994, 27-29.

4. *Mißbrauch einer beherrschenden Stellung*

Auf diesem Hintergrund ist erneut das Verhältnis des schutzrechtlichen und des wettbewerblichen Mißbrauchsverbots - also das Verhältnis von Art. 36 Satz 2 zu Art. 86 - zu betrachten.

Der EuGH definiert die beherrschende Stellung i.S.v. Art. 86 als Machtstellung eines Unternehmens, die dieses in die Lage versetzt, die Aufrechterhaltung eines wirksamen Wettbewerbs auf dem relevanten Markt zu verhindern, indem sie ihm die Möglichkeit verschafft, sich seinen Wettbewerbern, seinen Abnehmern und schließlich den Verbrauchern gegenüber in einem nennenswerten Umfang unabhängig zu verhalten[21]. Die Unabhängigkeit des beherrschenden Unternehmens kann spiegelbildlich als wirtschaftliche Abhängigkeit von Wettbewerbern, Abnehmern oder Lieferanten in Erscheinung treten[22]. Das gilt insbesondere dann, wenn ein potentieller Wettbewerber für den Zugang zum Markt auf den Geschäftsverkehr mit dem beherrschenden Unternehmen angewiesen ist[23]. Gewerbliche Schutzrechte und Urheberrechte können zwar zur Begründung einer beherrschenden Stellung beitragen, sie begründen für sich allein eine solche Stellung jedoch nicht[24].

Eine beherrschende Stellung kann jedoch darauf zurückzuführen sein, daß einem Unternehmen für bestimmte Produkte ein Schutzrecht zusteht, sofern dadurch der Wettbewerb auf dem sachlich und räumlich relevanten Markt ausgeschlossen wird. Diese Voraussetzungen sah das Gericht in Übereinstimmung mit der Kommission im Fall Programmzeitschriften als gegeben an. Es grenzt zunächst die relevanten Märkte in Übereinstimmung mit der Kommission ab (Rdnr. 62). Danach besteht der allgemeine Markt für Informationen über Fernsehprogramme aus den Teilmärkten für wöchentliche Programmvorschauen und für Fernsehzeitschriften. Auf beiden Teilmärkten, auch auf dem Markt für die urheberrechtlich geschützten Programmvorschauen, wird eine beherrschende Stellung angenommen. Anhang des spezifischen Gegenstandes des Schutzrechts war sodann zu prüfen, ob mit der Ausübung des Urheberrechts »in Wirklichkeit ein Ziel verfolgt wird, daß in offensichtlichem Widerspruch zu den Zwecken des Art. 86 steht« (Rdnr. 71). Auch diese Frage wird vom Gericht bejaht. Die Weigerung, Dritten die Programmvorschauen zur Verfügung zu stellen, stelle ein grundlegendes Hindernis für das Auftreten einer bestimmten Art von Erzeugnissen - nämlich umfassender Fernsehzeitschriften - auf dem Markt dar. Die beherrschende Stellung auf dem Markt für Programmvorschauen werde benutzt, um auch

---

21 14. 2. 1978, United Brands, Rs. 27/76, Slg. 207, 286, Rdnr. 63/60 (»Chiquita«); übereinstimmend 13. 2. 1979, Hoffmann-La Roche, Rs. 85/76, Slg. 461, 520, Rdnr. 38 (»Vitamine«); 11. 12. 1980, L'Oréal, Rs. 31/80, Slg. 3775, 3793, Rdnr. 26.

22 Hoffmann-La Roche, ebd., Rdnr. 41; 9. 11. 1983, Michelin ./. Kommission, Rs. 322/81, Slg. 3461, 3503, Rdnr. 30.

23 23. 5. 1978, Hoffmann-La Roche, Rs. 102/77, Slg. 1139, 1168, Rdnr. 16.

24 Für Patente zuerst EuGH 29. 2. 1968, Parke, Davis, Rs. 24/67, Slg. 86, 113; übereinstimmend für Warenzeichen EuGH 11. 2. 1971, Sirena ./. Eda, Rs. 40/70, Slg. 69, 84; 15. 6. 1976, EMI Records, Rs. 51/75, Slg. 811, 851, Rdnr. 36; für Leistungsschutzrechte 8. 6. 1971, Deutsche Grammophon, Rs. 78/70, Slg. 487, 501, Rdnr. 16.

den Markt für Programmzeitschriften in Großbritannien und Irland zu monopolisieren (Rdnr. 74). Nach Überzeugung des Gerichts geht das Verhalten der beherrschenden Unternehmen über die bloße Ausübung des Urheberrechts und die Wahrnehmung berechtigter Eigeninteressen hinaus, weil die streitbefangenen wöchentlichen Programmvorschauen interessierten Abnehmern auf räumlich getrennten, nicht beherrschten Märkten außerhalb Irlands und Großbritanniens unentgeltlich zur Verfügung gestellt wurden (Rdnr. 73). Auch Tageszeitungen wurden die für die täglichen Vorschauen notwendigen Informationen zur Verfügung gestellt. Daraus schloß das Gericht auf den Zweck, die schutzrechtlich begründete beherrschende Stellung auf dem Markt für Programmvorschauen auszunutzen, um auch auf dem Zeitschriftenmarkt in Irland und Großbritannien eine beherrschende Stellung zu erlangen. Dieser Umstand wird in der teilweise heftigen Kritik an dem Urteil nicht ausreichend berücksichtigt. Ein solcher Marktmachttransfer, der durch Geschäftsverweigerung des beherrschenden Unternehmens bewirkt wird, begründet jedoch nach ständiger Rechtsprechung des EuGH einen Mißbrauch. Das gilt insbesondere dann, wenn dadurch der Zugang zum Markt für aktuelle oder potentielle Wettbewerber geschlossen wird[25].

Die Streitfrage, wie die rechtmäßige Ausübung eines Urheberrechts, das seinem Inhaber eine beherrschende Stellung verschafft, von der mißbräuchlichen Ausnutzung dieser Stellung abzugrenzen ist, hat durch das Urteil neue Nahrung erhalten. Im Schrifttum wird gegen das Urteil vor allem eingewendet, es stehe im Widerspruch zur Rechtsprechung des EuGH. In dessen Urteilen zum Geschmacksmusterrecht von Autoherstellern an von ihnen hergestellten Teilen[26] seien gerade die Rechte bestätigt worden, die das Gericht den Rundfunkveranstaltern vorenthalte. Im Urteil Volvo heißt es in der Tat, die Befugnis des Inhabers eines geschützten Musters, Dritte an der Herstellung und den Verkauf oder der Einfuhr der das Muster verkörpernden Erzeugnisse ohne seine Zustimmung zu hindern, stelle gerade die Substanz seines ausschließlichen Rechts dar (Rdnr. 8; übereinstimmend Urteil Renault Rdnr. 11). Das Gericht hat sich jedoch auf die weitere Aussage des EuGH gestützt, wonach die Ausübung von Schutzrechten verboten sein kann, wenn sie in Verbindung mit einer beherrschenden Stellung zu mißbräuchlichen Verhaltensweisen führt. Als Beispiel nennt der EuGH unter anderem die willkürliche Weigerung, unabhängige Reparaturwerkstätten mit Ersatzteilen zu beliefern[27]. Die Bedeutung dieser Möglichkeit wird im Schrifttum unterschiedlich eingeschätzt. Im Vordergrund steht dabei die vom EuGH nicht entschiedene Frage, auf welchen Märkten für Ersatzteile die Autohersteller über eine beherrschende Stellung verfügen[28]. Diese Frage kann auch hier offenbleiben.

---

25 Näher dazu *Mestmäcker,* Zum Begriff des Mißbrauchs in Art. 86 EGV, in: FS für Peter Raisch (im Druck).

26 5. 10. 1988, Volvo ./. Veng, Rs. 238/87, Slg. 6232; 5. 10. 88, CICRA ./. Renault, Rs. 53/87, Slg. 6067.

27 Urteil Volvo, Rdnr. 9.

28 Näher dazu *Friedrich-Karl Beier,* Mißbrauch einer beherrschenden Stellung durch Ausübung gewerblicher Schutzrechte?, in: FS für Karlheinz Quack, 1991, 15-32; *Joliet,* Geistiges Eigentum und freier Warenverkehr, GRUR Int. 1989, 177-185; auch *Eichmann,* Geschmacksmusterrecht und EWG-Vertrag, GRUR Int. 1990, 121-134 (131 ff.).

Hervorzuheben ist indessen der unmittelbare Zusammenhang, der in den Fällen des Machttransfers durch Geschäftsverweigerung zwischen der Abgrenzung des relevanten Marktes und der Feststellung eines Mißbrauchs besteht. Die über die Geschmacksmuster-Urteile hinausgehende Bedeutung des hier besprochenen Urteils besteht vor allem darin, daß die beherrschende Stellung auf dem Markt für öffentliche Programmvorschauen durch das Urheberrecht an diesen Vorschauen begründet wird[29].

5. *Copyright und Urheberrecht*

Die von der Kommission verfügte und vom Gericht bestätigte Zwangslizenz auf die urheberrechtlich geschützten Programmvorschauen verweist auf übergreifende Fragen im Verhältnis von Urheberrecht und gewerblichen Schutzrechten[30]. Im Schrifttum wird das Urteil teilweise als implizite Absage an die Konzeption des britischen Copyright Law gedeutet[31]. T. M. Cook sieht in dem Urteil jedoch eine durch Richterrecht eingeleitete Entwicklung, die im Urheberrecht privates und öffentliches Interesse in eine neue Balance bringe[32]. In der Tat führen rechtliche, wirtschaftliche und technische Ursachen dazu, daß das Urheberrecht eine Bedeutung erlangt, die sich nicht mehr in der angemessenen Beteiligung des Urhebers an der wirtschaftlichen Nutzung seines Werkes erschöpft. Man kann diese Entwicklung als fortschreitende Ökonomisierung des Urheberrechts bedauern oder begrüßen; ändern läßt sie sich nicht. Sie vollzieht sich auf doppelte Weise: einmal durch die der Copyright-Tradition des anglo-amerikanischen Rechts entsprechende Erstreckung des Urheberrechts auf den Schutz technischer und wirtschaftlicher Leistungen. Das wichtigste Beispiel ist der Urheberrechtsschutz für Computerprogramme[33]. Hinzu kommt eine dramatisch gestiegene wirtschaftliche Bedeutung des Urheberrechts und verwandter Schutzrechte für die Kulturindustrie. Auf deren Märkten steht zwar für den Urheber die angemessene Vergütung für die Nutzung ihrer Werke ganz im Vordergrund. Gleichzeitig müssen jedoch die Interessen von Urhebern und Verlegern mit konkurrierenden unternehmerischen Interessen der Nutzer von Urheberrechten in Übereinstimmung gebracht werden. Dafür bietet das hier besprochene Urteil ein ebenso einfaches wie aufschlußreiches Beispiel. Die Rundfunkveranstalter wollen ihr Urheberrecht an den Programmvorschauen nicht dadurch nutzen, daß sie es gegen Entgelt lizensieren, sondern sie wollen ihr Vervielfältigungsrecht selbst unternehmerisch ausüben. Dies ist ein Interessenkonflikt, wie er für das Patentrecht kennzeichnend ist und wie er in § 69 e UrhG für das Urheberrecht an Computerprogrammen geregelt wird. Die

---

29 Gegen diese Möglichkeit wendet sich *Beier* (oben N. 28), S. 31; mit dieser Begründung hält *Eilmannsberger,* (oben N. 10), 631 die Annahme einer beherrschenden Stellung für widersprüchlich.

30 Näher dazu *Schricker,* in: *Schricker,* Urheberrecht, Kommentar 1986, Einl., Rdnrn. 31-35.

31 *Robertson* (oben N. 10), S. 42; vorsichtiger *J.E. Thompson* (oben N. 10), 178-184.

32 Oben N. 10, S. 12.

33 Richtlinie 91/250 der EG vom 14. 5. 1991, ABlEG L 122/42 vom 17. 5. 1991; für das deutsche Recht 2. Gesetz zur Änderung des Urheberrechtsgesetzes vom 9. 6. 1993, BGBl. 1993 I, 910.

Vorschrift begründet eine Ausnahme vom Vervielfältigungsrecht bezüglich der Dekompilierung von Programmen zum Zwecke ihrer Interoperabilität. Rechtssystematisch handelt es sich um eine Zwangslizenz. Ein ähnlicher Konflikt entstand aus der sich abzeichnenden Möglichkeit der Monopolisierung des Tonträgermarktes mit Hilfe ausschließlicher Nutzungsrechte an Werken der Musik. Der Gesetzgeber hat ihn durch die bereits im LUG enthaltene, jetzt in § 61 UrhG geregelte Zwangslizenz zugunsten von Tonträgerherstellern vermieden[34]. Die Vorschrift hat nur deshalb keine praktische Bedeutung erlangt, weil das Recht der mechanischen Vervielfältigung von Anfang an durch Verwertungsgesellschaften wahrgenommen wurde. Für sie gilt der jetzt in § 11 Urheberwahrnehmungsgesetz enthaltene Wahrnehmungszwang. In dieser Rechtsentwicklung tritt eine wichtige Funktion von Verwertungsgesellschaften hervor. Die Transformation der individuellen Urheberrechte der Mitglieder in ein treuhänderisch wahrzunehmendes Gesamtrepertoire verpflichtet die Verwertungsgesellschaften zur Gleichbehandlung der Unternehmen, die für ihre Tätigkeit auf die Nutzung dieser Rechte angewiesen sind. Damit werden die Interessenkonflikte auf die Höhe der Vergütung zurückgeführt. Nur unter dieser Voraussetzung ist es möglich, Vergütungsansprüche zu begründen, die kraft Gesetzes allein von Verwertungsgesellschaften wahrgenommen werden können (§§ 53, 54 UrhG).

Reinhold Kreile hat als Vorstand der GEMA das Schöpfungswort in den Mittelpunkt seines Einsatzes für die Urheber gestellt: »Am Anfang war der Autor«. Daraus folgen wichtige, im vorhergehenden bereits angedeutete Konsequenzen für die kollektive Wahrnehmung von Urheberrechten. Verwertungsgesellschaften vermeiden es in ihrer Tarifpolitik aus guten Gründen, sich die unternehmenspolitischen Ziele ihrer Vertragspartner zu eigen zu machen oder auf sie Einfluß zu nehmen. Die gleiche Maxime gilt im Innenverhältnis der Verwertungsgesellschaft zu ihren Mitgliedern insbesondere für die Gestaltung des Verteilungsplans. Damit wird Tatbeständen vorgebeugt, wie sie den Gegenstand des hier besprochenen Urteils bilden.

34 Näher *Melichar*, in: *Schricker*, Urheberrecht, Kommentar (oben N. 30) § 61.

Margret Möller-Goddard

Die Wiedervereinigung - Aufbau des Rechtsstaates

I. *Vorbemerkung*

Reinhold Kreile, Vorstand und Generaldirektor der GEMA, hat die Führung dieses weltweit zu den größten in seiner Branche gehörenden Unternehmens am 1. Januar des Jahres angetreten, das Deutschland die Wiedervereinigung bringen sollte. Ein ebenso schöner wie schwerer Anfang. Mit der Wiedervereinigung Deutschlands trat die GEMA das Erbe der DDR-Anstalt zur Wahrung der Aufführungsrechte auf dem Gebiete der Musik (AWA) an und stand damit vor unternehmerischen und menschlichen Problemen, wie sie sich nach der unterschiedlichen vierzigjährigen Entwicklung beider Teile Deutschlands überall stellten. Die GEMA hat diese Herausforderung in beispielhafter Weise bestanden.

Voraussetzung für alles unternehmerische Handeln in dieser Zeit war der Wiederaufbau des Rechtsstaates in den neuen Ländern. Zur Umstellung der staatlichen Verwaltungswirtschaft, die auch das Kulturleben nicht ausgespart hatte, mußten die rechtlichen Rahmenbedingungen geschaffen und eine funktionierende rechtsstaatliche Rechtspflege aufgebaut werden. Erinnern wir uns:

II. *Die Wiedervereinigung zeichnet sich ab*

Die Wiedervereinigung dürfte eine der größten geschichtlichen Leistungen sein, die das deutsche Volk vollbracht hat. Zwar ist ihr Auslöser der Zerfall des Sowjetreiches und die freiheitliche Emanzipation der Völker des Ostblocks, doch mußte diese Freiheitsbewegung, selbst als sie die Bürger der DDR erfaßte, nicht notwendig zu einer Wiedervereinigung führen. So hat es in den Jahren zuvor und auch noch während des Wiedervereinigungsprozesses Stimmen gegeben, die allein in der Freiheit für die Bürger der DDR ein Ziel sahen. Die Einheit der Nation sollte dagegen zurücktreten; manchen erschien sie vor dem Hintergrund der deutschen Geschichte und angesichts der langen Dauer der Teilung nicht mehr als vorrangig. Wie auch immer der einzelne die deutsche Frage beurteilte, die Wiedervereinigung traf Bürger und Politiker, selbst diejenigen, die den Gedanken daran wachgehalten hatten, unvorbereitet.

Die Leistung, die die Deutschen diesseits und jenseits der Grenze vollbracht haben, ist um so höher einzuschätzen, als die Wiedervereinigung unter einem enormen Zeitdruck vollzogen werden mußte. Wie die führenden Politiker 1990 erkannt hatten - und wie es sich später als richtig herausstellte - stand Deutschland seinerzeit vor einer einmaligen Chance, die nicht vertan werden durfte: Es galt, die deutsche Einheit so schnell wie möglich unter Dach und Fach zu bringen.

Die Zeitspanne zwischen der Öffnung der Mauer am 9. November 1989 und der Wiedervereinigung am 3. Oktober 1990, war nicht einmal ein volles Jahr. Die wirklich zur Verfügung stehende Zeit war aber noch kürzer: Denn am 11. November 1989 war noch keinesfalls klar, wohin die Ereignisse führen würden.

Erinnert sei an die Rede von Bundeskanzler Helmut Kohl im Deutschen Bundestag am 28. November 1989, in dem er sein 10-Punkte-Programm vorstellte.[1] Diese Rede ist aus zwei Gründen bemerkenswert: Einmal weil dort schon die deutsche Einheit als zwar zeitlich noch unbestimmtes, aber *erreichbares* Ziel dargestellt wurde und zum anderen das Echo auf die Rede. Schon die Beschreibung dieses Zieles war ein Grad der Annäherung, der seinerzeit zu tiefen Erschütterungen geführt hat. Es war für Deutsche wie für unsere europäischen Nachbarn, die sich an die »zwei deutschen Staaten« gewöhnt hatten, unerhört, wie weit der Kanzler sich vorgewagt hatte. Führende westeuropäische Politiker machten deutlich - unter anderem durch Besuche in der DDR und in Moskau -, daß Europa nicht gewillt war, eine schnelle Annäherung beider Teile Deutschlands oder gar ihre Wiedervereinigung mitzumachen.

Für die Gewinnung der deutschen Einheit war daher die Zustimmung der europäischen Nachbarn und der internationalen Staatengemeinschaft insgesamt unverzichtbare Voraussetzung. Die außenpolitische Absicherung war Eckpfeiler des Wiedervereinigungsprozesses.

Dieser Hintergrund ist hier deshalb von Bedeutung, weil die Lösung der deutsch-deutschen Fragen sich im zeitlichen Ablauf der Lösung der internationalen Fragen anpassen mußte.

Ich erinnere mich, wie erstmals zwischen Weihnachten und Neujahr 1989 die Mitarbeiter der Abteilung Handels- und Wirtschaftsrecht im Bundesministerium der Justiz - die auch für das Urheberrecht zuständig ist - zusammenkamen, um eine Annäherung der Rechtssysteme der Bundesrepublik Deutschland und der DDR zu erörtern. Im Rahmen der politischen Großwetterlage ein damals noch als kühn empfundener Schritt. Dies sollte sich allerdings bald ändern. Die Überlegungen zu einer Vereinheitlichung der Rechtsordnungen nahmen Gestalt an.

Mit der Konstituierung der ersten freigewählten Volkskammer im März 1990 setzte der Reformprozeß in der DDR voll ein. Von diesem Zeitpunkt an überstürzten sich die Ereignisse. Die politische Lage änderte sich kontinuierlich und die Konzepte zur Rechtsangleichung und später zur Rechtsvereinheitlichung mußten ständig angepaßt werden. Zuletzt entwickelten sich die politischen Verhältnisse so schnell, daß Entscheidungen, an einem Tag getroffen, am nächsten schon Makulatur waren. Diese Umstände weisen alle Kritiker, die meinen, manches hätte besser gemacht werden können, in die Schranken. Unter den gegebenen Umständen, vielleicht sogar unabhängig davon - worüber spätere Generationen zu befinden haben werden -, ist das bestmögliche Ergebnis erzielt worden. Wobei festzuhalten bleibt, daß die Kritiker für die Richtigkeit ihrer Thesen nie werden den Beweis antreten müssen.

---

1 Deutscher Bundestag, Plenarprotokoll 11/177 vom 28. 11. 1989.

III. *Wege zur Wiedervereinigung im Rechtsstaat*

1. *Die verfassungsrechtliche Frage*

Einigkeit bestand in dem Ziel: Die deutsche Nation sollte wieder unter einem staatlichen Dach vereint sein und dieser Staat mußte für das gesamte Staatsgebiet ein Rechtsstaat sein. Denn Rechtsstaat war das Verlangen der Bürger, die 1989 und 1990 auf die Straße gegangen und die Abdankung des alten Regimes erzwungen hatten.

Im Mittelpunkt stand zunächst die Art des Vollzugs der Einheit und die damit zusammenhängende Verfassungsfrage. In engagierten Debatten hüben und drüben wurden im wesentlichen zwei Wege erörtert: Einmal der Beitritt der DDR nach Artikel 23 des Grundgesetzes mit der automatischen Erstreckung des Grundgesetzes auf das »Beitrittsgebiet«, und zum anderen der Vollzug der Einheit auf der Grundlage einer neuen Verfassung für Gesamtdeutschland, wie es nach Artikel 146 GG möglich gewesen wäre.

Vereinzelt wurde als dritter Weg vorgeschlagen, den Beitritt nach Artikel 23 GG zu vollziehen und danach über eine neue Verfassung nach Artikel 146 abzustimmen.

Der Ruf nach einer neuen Verfassung war in der DDR Ausfluß einer hochgestimmten Begeisterung, die in gleichsam revolutionärem Drang bestrebt war, etwas Vollkommenes zu schaffen. In der alten Bundesrepublik sah der eine oder andere die Zeit gekommen, Forderungen nach einer Revision des Grundgesetzes durchzusetzen.

Die Einwände gegen das Grundgesetz haben sich mit Recht nicht durchgesetzt. Die Schaffung eines neuen Grundgesetzes muß auch im Nachhinein als illusionär bezeichnet werden. In der knappen Zeit hätte eine überstürzte Änderung des Grundgesetzes im Hinblick auf einige der erhobenen Forderungen schwerwiegende und unabsehbare Folgen haben können.

Der von Befürwortern eines neuen Grundgesetzes vorgebrachte Einwand, das Grundgesetz sei nicht durch Volksabstimmung zustandegekommen, darf zwar nicht formal aber durch die Wirklichkeit als widerlegt angesehen werden. Das Grundgesetz ist auf eine viel bedeutsamere Weise angenommen worden, als dies durch einen einmaligen Akt hätte geschehen können. Der – wenn man so will – Makel des GG, als Verfassung lediglich vom parlamentarischen Rat verabschiedet worden zu sein, ist durch seine Akzeptanz in vierzig Jahren mehr als geheilt.

Das heißt nicht, daß nicht auch eine Verfassung sich ändernden Lebensverhältnissen anzupassen wäre, wie zahlreiche Verfassungsänderungen während des Bestehens der alten Bundesrepublik zeigen. Auch die im Zusammenhang mit der Wiedervereinigung diskutierten Verfassungsfragen sollten durch den Beitritt nach Artikel 23 des Grundgesetzes nicht einfach abgeschnitten werden. Mit Artikel 5 des Einigungsvertrages haben beide Vertragsparteien den gesetzgebenden Körperschaften des vereinten Deutschlands empfohlen, sich innerhalb von zwei Jahren mit den im Zusammenhang der deutschen Einigung aufgeworfenen Fragen zur Änderung oder Ergänzung des Grundgesetzes zu befassen. Dies hat die vom

Deutschen Bundestag und vom Bundesrat gemeinsam eingesetzte Verfassungskommission inzwischen getan und nach intensiven Beratungen eine Reihe Verfassungsänderungen empfohlen.[2] Die Tatsache, daß die gemeinsame Verfassungskommission für ihre Arbeit 2 Jahre gebraucht hat, zeigt, daß eine Wiedervereinigung über Artikel 146 GG den zeitlichen Ablauf der Vereinigungsphase so hinausgezögert hätte, daß das Eingangswerk möglicherweise insgesamt in Gefahr geraten wäre.

2. *Das nachgeordnete verfassungskonforme Recht*

Ein rechtsstaatliches Grundgesetz ist die eine Seite der Medaille, die andere Seite ist die Durchsetzung. In der Durchsetzung grundgesetzlich gewährter Rechte liegt die eigentliche Bewährung des Rechtsstaates und seiner Institutionen. Im Einigungsvertrag waren deshalb auch die Voraussetzungen für die Durchsetzung der Rechtsstaatlichkeit und den Aufbau des Rechtsstaates vorzusehen. Das hieß einmal den Aufbau entsprechender Institutionen und zum anderen Schaffung nachgeordneten verfassungskonformen Rechts.

Der Schaffung *neuen* nachgeordneten verfassungskonformen Rechts bedurfte es grundsätzlich nicht. Vielmehr wurde der Weg gewählt, das Recht der alten Bundesrepublik generell - mit genau normierten Ausnahmeregelungen - auf den Gesamtstaat überzuleiten. Damit wurde ein höchstmögliches Maß an Rechtseinheitlichkeit im gesamten Bundesgebiet angestrebt.

Auch dies war nicht unumstritten. Zu Beginn der Verhandlungen mit der DDR zum Einigungsvertrag waren noch zwei Modelle in der Diskussion: Generelle Übernahme des Bundesrechts - mit Bestimmung von Ausnahmen - oder Beibehaltung des DDR-Rechts mit späterer Erstreckung jeweils einzelner Gesetze auf die DDR.

Wie das Beispiel der Eingliederung des Saarlandes 1957 gezeigt hat, ist eine Erstreckung des Grundgesetzes nicht automatisch mit der Geltung der Gesamtrechtsordnung verbunden. Nach dem zwischen der Bundesrepublik Deutschland und Frankreich abgeschlossenen Saarvertrag vom 27. Oktober 1956 sollte sich zwar der Geltungsbereich des Grundgesetzes ab 1. Januar 1957 auf das Saarland erstrecken, das Saarland sollte sich jedoch in einer Übergangszeit von höchstens 3 Jahren schrittweise aus seiner Verbindung mit Frankreich lösen und in das Wirtschafts- und Währungssystem der Bundesrepublik Deutschland eingegliedert werden.

Der Landtag des Saarlandes beschloß am 14. Dezember 1956 den Beitritt nach Artikel 23 GG. Ein weiteres Eingliederungsgesetz sah die schrittweise Einführung des Grundgesetzes und des übrigen Bundesrechts vor. Der Deutsche Bundestag hielt diese schrittweise Eingliederung für verfassungskonform, weil eine Eingliederung ohne Übergangszeit praktisch nicht möglich sei und Artikel 23 GG leerliefe, wenn er nur eine übergangslose Eingliederung zuließe.

---

2 Bericht der Gemeinsamen Verfassungskommission, Bundesrat, Drucksache 800/93 vom 5. 11. 1993.

Gleichwohl wurde dieser Weg für den Beitritt der DDR nicht gewählt. Das im Saarland geltende französische Recht war rechtsstaatlich, demokratisch und von marktwirtschaftlichen Prinzipien geprägt. Trotz der übergangsweisen Weitergeltung französischen Rechts war deshalb in der Bundesrepublik und im Saarland eine gemeinsame rechtsstaatliche Basis für die Bürger gegeben. Gerade diese rechtsstaatliche Basis war in der DDR nicht vorhanden, sie war aber unabdingbare Voraussetzung für einen gemeinsamen Rechtsstaat für alle Bürger.

Der zweite Weg wurde daher alsbald aufgegeben. Das Bundesrecht wurde insgesamt auf das »Beitrittsgebiet« erstreckt, soweit es nicht in seinen Geltungsbereich auf bestimmte Länder oder Landesteile der Bundesrepublik Deutschland beschränkt ist und soweit durch den Einigungsvertrag, insbesondere dessen Anlage I, nichts anderes bestimmt wird.

IV. *Vorbereitungen zum Aufbau des Rechtsstaates*

Bei dem Aufbau des Rechtsstaates sind zwei Phasen zu unterscheiden, die Zeit nach den ersten freien Wahlen zur Volkskammer der DDR im März 1990 bis zum 3. Oktober 1990 und die Zeit danach.

1. *Die Regierung de Maizière*

In den Monaten vor der Wiedervereinigung wurde der Aufbau des Rechtsstaates in der Noch-DDR in enger Zusammenarbeit zwischen beiden Regierungen vorbereitet. Schon mit dem ersten Staatsvertrag, mit dem die Bundesrepublik Deutschland und die DDR zum 1. Juli 1990 eine Wirtschafts-, Währungs- und Sozialunion auf der Grundlage der sozialen Marktwirtschaft vereinbarten, wurde die Übernahme sechs wirtschaftlicher Freiheitsgrundsätze vorgesehen:

(1) Wirtschaftliche Leistungen sollen vorrangig privatwirtschaftlich und im Wettbewerb erbracht werden.
(2) Die Vertragsfreiheit wird gewährleistet; Eingriffe in die Vertragsfreiheit sollen nur erfolgen, soweit sie unumgänglich sind.
(3) Unternehmerische Entscheidungen sind frei von Planungsvorhaben bezüglich Produktion, Bezügen, Lieferungen, Investitionen und Gewinnverwendung.
(4) Private Unternehmen werden nicht schlechter behandelt als staatliche genossenschaftliche Betriebe.
(5) Die Preise sind frei.
(6) Die Freiheit des Erwerbs und der Verfügung über Grundstücke und sonstige Produktionsmittel für wirtschaftliche Tätigkeiten sind gewährleistet.

Partiell wurde damit bereits ein einheitliches Recht geschaffen.

Ein Umbau der Wirtschaft, des Wirtschaftsrechts allein genügt jedoch nicht. Hinzukommen muß Rechtssicherheit durch eine rechtsstaatliche Justiz. Auch hier werden Leitlinien für die Tätigkeit des ersten frei gewählten Parlaments vereinbart. Danach sollten

- die zentrale Leitung der Rechtspflege und das damit zusammenhängende Instrumentarium abgeschafft,
- ein öffentlich-rechtlicher Rechtsschutz sowie
- eine besondere Arbeitsgerichtsbarkeit geschaffen
- und das Berufsrecht für Rechtsanwälte geändert werden.

Die DDR hat die Verpflichtungen aus dem ersten Staatsvertrag erfüllt. Das Prozeßrecht und das Gerichtsverfassungsgesetz wurden novelliert und eine gesetzliche Grundlage für einen umfassenden öffentlich-rechtlichen Rechtsschutz geschaffen. Von besonderer Bedeutung waren gesetzliche Regelungen für Richter und Staatsanwälte, die die Voraussetzungen für ihre Weiterverwendung festlegten. Damit wurden schon von der DDR wichtige Beiträge zum Aufbau des Rechtsstaates geleistet.

Alle Arbeiten an der neuen Gesetzgebung wurden in enger Zusammenarbeit mit dem Bundesministerium der Justiz durchgeführt.

2. *Der Einigungsvertrag*

a) *Die Überleitung des nachgeordneten Rechts*

Neben der Gesetzgebung in der DDR wurde parallel seit dem Frühsommer 1990 am Einigungsvertrag gearbeitet.

Ausgehend von der Grundsatzentscheidung, das Recht der Alt-Bundesrepublik mit Ausnahmen, Änderungen und Maßgaben überzuleiten, ergab sich im Zuständigkeitsbereich des Bundesministeriums der Justiz folgendes: Von der Überleitung wurden nur die Vergleichsordnung, die Konkursgesetze, die Bundesrechtsanwaltsordnung und die Bundesnotarordnung ausgenommen. Bundesrecht auf dem Gebiet der Rechtspflege, das mit Änderungen oder Ergänzungen übergeleitet wurde, betrifft nur zwei Regelungen, einmal eine Bestimmung zur Zwangsvollstreckung beim ehelichen Güterstand der Eigentums- und Vermögensgemeinschaft sowie die Stellung und Befugnisse der Rechtsanwälte.

b) *Regelungen auf dem Gebiet der Rechtspflege*

Dagegen konnten die gesetzlichen Regelungen auf dem Gebiet der Rechtspflege im übrigen nur mit weitreichenden Maßgaben übergeleitet werden. Hier war aufgrund der Lebenswirklichkeit in der DDR eine sofortige Erstreckung nicht möglich.

Die gravierenden Unterschiede zur Rechtspflege in der alten Bundesrepublik zeigten sich im personellen Bereich, beim Gerichtsaufbau und den Sachmitteln.

In der DDR gab es etwa 1500 Richter gegenüber 18 000 Richtern in der alten Bundesrepublik.[3] Selbst wenn alle Richter hätten weiterverwendet werden kön-

---

3 Deutscher Bundestag, Drucksache 12/6854 vom 8. 2. 1994, Anlage 8.

nen - worauf noch einzugehen sein wird - hätte sich ein eklatanter Fehlbedarf ergeben. Den Rechtspfleger - unverzichtbare Stütze in der westdeutschen Rechtspflege - gab es nicht. Die nichtrichterliche Tätigkeit bei den Gerichten wurde im wesentlichen von den Gerichtssekretären ausgeübt.

Die Zahl der Rechtsanwälte, die ihren Beruf in freier Praxis ausüben konnte, beschränkte sich auf einige wenige. Sie erhielten ihre Zulassung unmittelbar vom Ministerium der Justiz. Im übrigen gab es insgesamt etwa 600 Rechtsanwälte.[4] Sie waren auf Bezirksebene in Kollegien zusammengeschlossen und unterstanden der Aufsicht des Kollegiums.

Bei den Notaren war die Lage ähnlich. Auch hier waren nur einige wenige freiberuflich tätig. Etwa 500 Notare waren bei staatlichen Notariaten angestellt.[5]

Der Gerichtsaufbau war dreistufig: Kreisgericht, Bezirksgericht und das Oberste Gericht der DDR als letzte Instanz. Daneben gab es als sogenannte gesellschaftliche Gerichte Konflikt- und Schiedskommissionen.

Eine Verwaltungsgerichtsbarkeit gab es nicht.

Schon die geringe Zahl der Richter hätte eine sofortige Erstreckung der Rechtspflegestrukturen der alten Bundesrepublik auf die neuen Länder mehr als fraglich erscheinen lassen. Viel schwerer noch fiel ins Gewicht, daß diese Richter in einem System gearbeitet hatten, das sich in den 40 Jahren der Trennung weit von dem ehemals gemeinsamen Recht fortentwickelt hatte. Für ein rechtsstaatliches Verständnis von der dritten Gewalt waren die Verhältnisse in der DDR intolerabel.

Die Justiz war Instrument zur Erreichung und Vollendung einer kommunistischen Gesellschaftsordnung. Sie war daher nicht unabhängige dritte Gewalt sondern integraler Bestandteil der Parteiherrschaft der SED. Dem entsprachen die Organisation der Gerichtsbarkeit, die Ausbildung der Juristen, das Verfahrensrecht, der Strafvollzug und auch die Zahl der Richter, Staatsanwälte und Rechtsanwälte.

Die Gerichte standen unter der mehr oder weniger offensichtlichen Führung der sozialistischen Einheitspartei. Offiziell wurde die Aufsicht durch das Oberste Gericht der DDR im Zusammenwirken mit dem Justizministerium ausgeübt. Alle zwei Monate erschienen Informationen des Obersten Gerichts. Es entwickelte »Richtlinien«, die für die unteren Gerichte bindend waren.

Bei ihrer Aufarbeitung der Rechtslage vor der Wende stießen die Mitarbeiter der Außenstelle Berlin des Bundesministeriums der Justiz auf ein Phänomen eigener Art: Die »Schubladengesetze«. Dabei handelt es sich um Gesetze, Verordnungen, Erlasse, die niemals das Licht der Öffentlichkeit, für die sie bestimmt waren, erblickten. Zwar hatte die DDR ein Gesetzblatt, aber nicht alles wurde dort verkündet oder bekanntgemacht. Manche Regelungen blieben so lange in den Schubladen - daher der Name - der Verantwortlichen verborgen, bis sie zur Anwendung kamen. Den unvorbereiteten Bürger traf dann die volle Härte dieser Regelungen.[6]

---

4 Ebenda, S. 51.
5 Ebenda, S. 51.
6 Hans-Hermann Lochen und Christian Meyer-Seitz, Die geheimen Anweisungen zur Diskriminierung Ausreisewilliger, Bundesanzeiger, 1992.

Ohne Scham mischte sich auch die oberste Parteiführung in Gerichtsverfahren ein. Lesenswert ist ein Brief von Erich Mielke an Walter Ulbricht aus dem Jahre 1949. In diesem Brief wird ungeniert und bis in die Einzelheiten die Strafzumessung einschließlich einer möglichen Strafaussetzung zur Bewährung (aus politischen Gründen) erörtert.[7]

Aufschlußreich ist ein Dokument über die gemeinsame Beratung des Plenums des Obersten Gerichts der DDR und der Leitung des Ministeriums der Justiz im Juli 1986 zur Verwirklichung der Beschlüsse des XI. Parteitages.[8] In diesem Dokument wird im einzelnen dargelegt, wie die Beschlüsse des XI. Parteitages der SED zur Justiz zu verwirklichen sind.

Mit Verwunderung liest man, daß als erster Schwerpunkt der gerichtlichen Tätigkeit

> »Unterstützung der außenpolitischen Ziele und Maßnahmen von Partei und Regierung mit den Mitteln des sozialistischen Rechts«

gesehen wird. Die Gerichte haben »ihre Tätigkeit in die gesellschaftliche Entwicklung des Territoriums einzuordnen. Sie haben zur Gewährleistung der Führungstätigkeit der leitenden Parteiorgane beizutragen und das Zusammenwirken mit den Staats-, Justiz- und *Sicherheitsorganen* zu gewährleisten. Mit den gesellschaftlichen Organisationen, besonders den Gewerkschaften und der FDJ ist eng zusammenzuarbeiten.« Die Direktoren haben »die uneingeschränkte Übermittlung leitungsrelevanter Informationen an die vorgeordneten Leitungsorgane - insbesondere zu politisch bedeutsamen, folgeschweren, die Bevölkerung beunruhigenden und anderen wichtigen Verfahren sowie politisch bedeutsamen Problemen - aus der Leitungstätigkeit zu sichern«. Was dies heißt, wird wenig später in dem Dokument noch einmal im Klartext gesagt: *»Über Erkenntnisse und Erfahrungen aus der gerichtlichen Tätigkeit, die für die Führungstätigkeit der Partei bedeutsam sind, sind die leitenden Parteiorgane zu informieren.«*

Auch die Diskussionsbeiträge in dieser Debatte sind aufschlußreich. So erklärt der Sektorenleiter in der Abteilung Staats- und Rechtsfragen des Zentralkomitees der SED: »Wir sind gewiß, daß unter zielstrebiger und umsichtiger Leitung des Ministeriums der Justiz und des Obersten Gerichts die heute begründeten Aufgaben zur Verwirklichung der Beschlüsse des XI. Parteitages durch die kampfstarken und zuverlässigen Kollektive der Gerichte in den Bezirken und Kreisen - unter Führung der *Grundorganisationen* - erfüllt werden. Unsere Gewißheit ist darin begründet, daß unsere Direktoren und Richter und alle Mitarbeiter der Gerichte in allen Jahren bewiesen haben, daß sie die Parbeibeschlüsse jederzeit und unter allen Bedingungen im kämpferischen Geist sachkundig im Leben durchsetzen.« Der Direktor eines Bezirksgerichts meinte, so wenig, wie es eine höhere Qualität der Rechtsprechung ohne eine zielgerichtete Leitungstätigkeit gebe, so wenig werde es ein höheres Niveau der Rechtsprechung und der Leitungstätigkeit *ohne Erhöhung der Qualität der politischen Führung der Prozesse zur Umsetzung der Be-*

---

7 Zitiert bei Born, Ansprüche der neuen Bundesländer an den Rechtsstaat, Politische Studien, Sonderheft 1/1991, Hanns Seidel Stiftung e.V.

8 Deutscher Bundestag, Drucksache 12/6854 vom 8. 2. 1994, Anlage 51.

schlüsse des XI. Parteitages durch die Grundorganisation der SED in den Gerichten geben.

Schon diese wenigen Zitate von Protagonisten des Regimes zeigen, daß die personelle Ausstattung der Gerichte auf Jahre hinaus das größte Problem sein würde.

Nicht besser sah es bei den Staatsanwaltschaften aus: Im Staatsanwaltschaftsgesetz der DDR vom 7. April 1977 heißt es in den §§ 1 und 2, »Die Staatsanwaltschaft ... wacht in Verwirklichung der Beschlüsse der Partei der Arbeiterklasse ...« und »... dient der Lösung der Aufgaben ..., mit der grundlegende Voraussetzungen für den allmählichen Übergang zum Kommunismus geschaffen werden.«[9]

Neben den personellen Schwierigkeiten stellten sich auch so triviale Umstände wie Engpässe bei den Gerichtsgebäuden und in der Ausstattung der Justiz mit Sachmitteln einer uneingeschränkten Überleitung des Rechtspflegewesens entgegen.

Die vorhandenen Gebäude waren in schlechtem bis katastrophalem baulichen Zustand. Allein schon der räumliche Bedarf für den Aufbau der westdeutschen vierstufigen Gerichtsbarkeit mit der Fachgerichtsbarkeit hätte am 3. Oktober 1990 nicht gedeckt werden können. Als Beispiel seien hier die Länder Sachsen und Sachsen-Anhalt angeführt: Am 3. Oktober 1990 hatte Sachsen 72 000 m^2 Bürofläche in der Justiz (Ministerium und zugehörige Geschäftsbereiche), am 1. Dezember 1993 schon 147 000 m^2, der Endausbau ist auf ungefähr 200 000 m^2 vorgesehen. In Sachsen-Anhalt betrugen die Büroflächen in der Justiz am 3. Oktober 1990 40 000 m^2, am 1. Dezember 1993 80 000 m^2, der Endausbau ist auf ca. 140 000 m^2 vorgesehen.[10]

Wenn auch klar war, daß bei derartigem Raummangel der vierstufige westdeutsche Gerichtsaufbau nicht sofort eingeführt werden konnte, mußte andererseits doch das verfassungsrechtlich fundierte und mit dem materiellen Recht eng verbundene Verfahrensrecht - Strafprozeßordnung und Zivilprozeßordnung mit Ausnahme von notwendigen Anpassungsvorschriften - weitgehend vom Tage des Beitritts an einheitlich sein. Man behalf sich durch Übertragung der Zuständigkeiten auf die vorhandenen Gerichte. Die erstinstanzlichen Aufgaben der Amts- und Zivilgerichte wurden von Kreisgerichten wahrgenommen, während die Bezirksgerichte in Zivil- und Familiensachen die Aufgaben der Landgerichte und Oberlandesgerichte als Berufungs- und Beschwerdeinstanz übernahmen. In Strafsachen traten die Kreisgerichte weitgehend an die Stelle der Amtsgerichte, während die Bezirksgerichte die Aufgaben der Landgerichte übernahmen. Bei den Bezirksgerichten in den Landeshauptstädten wurden besondere Senate gebildet, die die Aufgaben der Oberlandesgerichte übernahmen. Für die noch nicht selbständigen Fachgerichtsbarkeiten wie Verwaltungs-, Finanz-, Arbeits- und Sozialgerichtsbarkeit, wurden bei den Kreis- und Bezirksgerichten besondere Fachkammern und Fachsenate eingerichtet.

---

9 Deutsche Demokratische Republik, Gesetzblatt I, Nr. 10, S. 93.
10 Deutscher Bundestag, Drucksache 12/6854 vom 8. 2. 1994, Anlage.

Die neuen Länder wurden jedoch mit dem Einigungsvertrag verpflichtet, durch Landesgesetz die im Gerichtsverfassungsgesetz vorgesehenen Gerichte und Staatsanwaltschaften einzurichten, sobald hierfür unter Berücksichtigung der Bedürfnisse einer geordneten Rechtspflege jeweils die personellen und sachlichen Voraussetzungen gegeben sein würden. Dies ist inzwischen geschehen; als letztes Land hat Brandenburg zum 31. Dezember 1993 den Aufbau der Gerichtsbarkeit entsprechend geregelt.

V. *Die Zeit nach der Wiedervereinigung*

1. *Personelle Probleme beim Aufbau der Dritten Gewalt*

Am 30. Oktober 1990 waren die gesetzlichen Voraussetzungen für einen gesamtdeutschen Rechtsstaat geschaffen. Damit fingen - so ist man geneigt zu sagen - die Schwierigkeiten erst richtig an.

Mit dem 3. Oktober 1990 setzte die Umsetzung in der Wirklichkeit ein.

Ein zutreffendes Bild von der Lage kann wohl nur der haben, der in den ersten Monaten nach der Wiedervereinigung in den neuen Ländern war. Die Gerichte waren bis auf die wenigen Richter und Angestellten menschenleer. Die alten Kader waren unsicher. Ein Kreisgericht, das ich auf einer meiner Reise aufsuchen wollte, hatte geschlossen. Die Kreisgerichtsdirektorin stellte auf einem Anschlag an der Tür Wiedereröffnung in einigen Wochen in Aussicht. Zum Glück hatten die Bürger in den ersten Monaten nach der Wiedervereinigung wenig Neigung zum Prozessieren.

Vordringlich für den Aufbau der dritten Gewalt war die Lösung des Personalproblems.

Die Wahlperiode für die Richter des Obersten Gerichts endete am 18. Juni 1990, diejenige für die Richter der Kreisgerichte am 6. August 1990. Es lag auf der Hand, daß einerseits nicht alle Richter weiterbeschäftigt werden konnten, andererseits aber auch eine Neubesetzung der durch die Gerichtsreform vermehrten Stellenzahlen ebenfalls nicht möglich war.

Schon unter der Regierung de Maizière war ein neues Richtergesetz geschaffen worden, das mit dem Einigungsvertrag modifiziert aufrechterhalten wurde. Danach war die Überprüfung der Richter und Staatsanwälte der DDR auf die Möglichkeit ihrer Weiterverwendung vorgesehen. Wenn auch das System, in dem sie tätig gewesen waren, nicht rechtstaatlich war, so sollte dem Justizpersonal doch Einzelgerechtigkeit widerfahren. Nicht jeder Richter oder Staatsanwalt war in einer Weise in das Unrechtssystem verstrickt, daß seine Weiterbeschäftigung unmöglich gewesen wäre. In den neuen Ländern wurden daher - vorwiegend aus Parlamentariern zusammengesetzte - Ausschüsse ins Leben gerufen, die die notwendigen Überprüfungen vornahmen. Im Februar 1993 waren insgesamt 1889 Anträge von Richtern und Staatsanwälten auf Übernahme gestellt worden. Übernommen wurden 1094 Richter und Staatsanwälte. Zu diesem Zeitpunkt gab es noch 272 offene Verfahren. Mehr als 1/3 der Ablehnungsentscheidungen wurden angefochten.[11]

Die übernommenen Richter und Staatsanwälte mußten in das neue Recht eingewiesen werden. Hierzu hatte schon vor dem Oktober 1990 eine umfangreiche Verwaltungshilfe des Bundes und der Länder eingesetzt. Schon seit September 1990 wurden nach einem zwischen Bund und Ländern abgestimmten Konzept berufsbegleitende Fortbildungsveranstaltungen für Richter aus den neuen Ländern durchgeführt. Inzwischen haben die neuen Länder die Fortbildungsmaßnahmen selbst übernommen. Seit 1992 bieten sie überregionale Fortbildungstagungen für ihre Richter und Staatsanwälte an.

Da der Einsatz der übernommenen Richter und Staatsanwälte bei weitem nicht ausreichte, haben die Alt-Länder eine intensive Personalhilfe geleistet. Anfang Dezember 1991 waren 783 Richter und Staatsanwälte aus den Alt-Ländern abgeordnet, 472 Berufsanfänger sind als Richter und 131 Berufsanfänger als Staatsanwälte eingestellt worden. Dennoch kann auch jetzt das Personalproblem noch nicht als gelöst angesehen werden. Richter und Staatsanwälte sind zu einem erheblichen Teil zu ihren Heimatgerichten und -behörden zurückgekehrt. Da in den neuen Ländern im wesentlichen Berufsanfänger tätig sind, fehlt es an erfahrenen Richtern und Staatsanwälten.

Gravierend machte sich auch der Mangel an Rechtspflegern bemerkbar. Da die Altländer nur bedarfsorientiert Rechtspfleger ausbilden, war die Zahl der Rechtspfleger, die zur Tätigkeit in den neuen Ländern abgeordnet werden konnte, naturgemäß beschränkt. Hier hat man sich damit geholfen, daß ehemalige Gerichtssekretäre und andere Personen bereichsspezifisch als Rechtspfleger ausgebildet wurden (Bereichsrechtspfleger). Diese Rechtspfleger können damit nur auf den Gebieten eingesetzt werden, für die sie ausgebildet worden sind, zum Beispiel in Grundbuchsachen, in Nachlaßsachen oder in Familiensachen. Die Ausbildung erfolgte in sogenannten Crash-Kursen und in mehrwöchigen Fortbildungsveranstaltungen.

Probleme stellten sich auch im Hinblick auf Rechtsanwälte und Notare.

Schon im Februar 1990 hatte die DDR unabhängig von einer Bedarfsprüfung allen Personen mit entsprechenden Ausbildungsvoraussetzungen den Zugang zur Rechtsanwaltschaft eröffnet. Von dieser Möglichkeit machten bis Anfang 1991 etwa 1500 Bewerber Gebrauch. Eine Verordnung vom Juni 1990 ermöglichte den etwa 500 Angehörigen der staatlichen Notariate, nunmehr als Notare in eigener Praxis zu wirken. Hiervon machten etwa 350 Gebrauch.[12]

Wie sich nachträglich herausstellte, hatten auch solche Juristen Unterschlupf in der Rechtsanwaltschaft gesucht, die aufgrund ihrer Tätigkeit - zum Beispiel als hauptamtliche oder inoffizielle Mitarbeiter des Staatssicherheitsdienstes - auf der Straße standen oder damit rechnen mußten, nicht weiterbeschäftigt zu werden. Der Einigungsvertrag ließ die Zulassungen zur Anwaltschaft und zum Notar unberührt. Die Aufhebung von Zulassungen oder Bestellungen von Rechtsanwälten

11 Ebenda, Anlage 27.
12 Ebenda, S. 54.

und Notaren, die in besonderer Weise in das Unrechtssystem der DDR verstrickt waren, konnten daher nur nach den Bestimmungen des Rechtsanwaltsgesetzes oder der Notarordnung erfolgen. Dabei ergaben sich Probleme insbesondere hinsichtlich eines einheitlichen Maßstabes auch für Zulassungen auf früherer Rechtsgrundlage, des Zugangs zu Akten der Staatssicherheit und der Kenntniszurechnung der nunmehr zuständigen Landesjustizverwaltungen. Abhilfe wurde hier durch das am 31. Juli 1992 in Kraft getretene Gesetz zur Prüfung von Rechtsanwaltszulassungen, Notarbestellungen und Berufungen ehrenamtlicher Richter geschaffen.

Danach kann eine nachträgliche Überprüfung der zu Zeiten der DDR vorgenommenen Rechtsanwaltszulassungen und Notarbestellungen aufgrund bundeseinheitlich maßgeblicher Kriterien der Unwürdigkeit und insbesondere auch aufgrund erheblicher Vergangenheitsbelastung die Entfernung aus dem Beruf erfolgen.

2. *Praktische Hilfsmaßnahmen*

a) *Gerichte und Staatsanwaltschaften*

Unverzichtbar für den Aufbau eines rechtsstaatlichen Rechtspflegewesens in den neuen Ländern war die umfassende praktische Hilfe, die Bund, Alt-Länder und Privatpersonen geleistet haben.

Schon vor dem 3. Oktober 1990 wurden 130 Richter der Fachgerichtsbarkeiten aus der Bundesrepublik in die DDR entsandt. Da jedoch im Bereich der öffentlich-rechtlichen Gerichtsbarkeiten zunächst kaum Nachfrage nach gerichtlichem Rechtsschutz bestand, haben diese Richter außerhalb des ihnen eigentlich zugewiesenen Aufgabenbereichs beratend am Aufbau der Rechtspflege mitgewirkt.

In den neuen Ländern waren Aufbaustäbe gebildet worden, aus denen sich später die Ministerien entwickelten. Das Bundesministerium der Justiz hat schon vor der Wiedervereinigung mit diesen Aufbaustäben und mit deren Partnerländern in der alten Bundesrepublik eingehende Gespräche zu praktischen Fragen geführt. Es darf nicht vergessen werden, daß die Gerichte schließlich ein Minimum an Rüstzeug für ihre Tätigkeit brauchten, das hieß eine gesamte Neuausstattung an Gesetzestexten, Kommentaren, Formularen das schon am 3. Oktober 1990 vorhanden sein mußte. An etwaige technische Ausstattung war in diesem Zeitpunkt noch nicht zu denken. Wie nötig sie allerdings war, mag das folgende Zitat aus einer Rede des Justizministers der DDR im Jahre 1986[13] erhellen: »1987 werden *wahrscheinlich* 100 Bürocomputer bei den Gerichten und staatlichen Notariaten im Einsatz sein. Damit realisieren wir schon zu diesem Zeitpunkt die zunächst bis einschließlich 1990 geplante Ausstattung. Das erfordert bereits jetzt, mit der notwendigen politisch-ideologischen und fachlichen Vorbereitung zu beginnen.« (!). Bei insgesamt 15 Bezirksgerichten und 234 Kreisgerichten kann man sich ausrechnen, wie die technische Ausstattung beschaffen war.

13 Ebenda, Anlage 51.

Nach der Wiedervereinigung hatten die Aufbaustäbe mit »Landessprechern« ihre bisherigen Aufgaben bis zur Bildung von Landesregierungen fortzuführen. Sie unterstanden dabei den Weisungen der Bundesregierung.

Nicht unerwähnt bleiben dürfen in diesem Zusammenhang die vielfältigen privaten Initiativen von Richtern und Anwälten in den alten Ländern. Manches Gericht verdankt seine Erstausstattung an Gesetzessammlungen, Kommentaren und Schreibgeräten ihrer privaten Hilfsbereitschaft.

b) *Ämter zur Regelung offener Vermögensfragen (AROV)*

Für das Bundesministerium der Justiz stellte sich noch eine ganz besondere Aufgabe der Verwaltungshilfe bei der Unterstützung der AROV. Zwar unterstanden die AROV den Finanzverwaltungen, gleichwohl fühlte sich der Bundesminister der Justiz im Hinblick auf seine Ressortzuständigkeit für die Gesetzgebung zur Regelung der offenen Vermögensfragen aufgerufen, sich hier besonders einzusetzen. Mitarbeiter der Außenstelle des Bundesministeriums der Justiz haben viele Monate strapaziöse Reisen zu den einzelnen Vermögensämtern unternommen und haben das Personal geschult. Der damalige Bundesminister der Justiz rief zusammen mit dem Deutschen Anwaltverein das sogenannte Anwaltsprojekt ins Leben. Dieses Projekt, das zu den erfolgreichsten Verwaltungshilfen gezählt werden darf, wurde später unter Federführung des Bundesministeriums der Justiz von der Bundesregierung fortgeführt. Es hat bislang mehrere hundert Anwälte aus den alten Bundesländern an die Vermögensämter vermittelt, um dort die Aufarbeitung der offenen Vermögensfragen zu beschleunigen. Eine Grundausstattung der AROV mit Fotokopiergeräten geht ebenfalls auf eine Initiative des Bundesministers der Justiz zurück.

Vieles an Hilfe muß unerwähnt bleiben. Zusammenfassend kann aber gesagt werden, daß unter schwierigsten Bedingungen, die selbst bei den Beteiligten schon langsam in Vergessenheit geraten, Aufbauarbeit geleistet worden ist.

VI. *Ausblick*

Der Ausblick auf den Prozeß der Wiedervereinigung, der ja noch zu vollenden ist, wird immer subjektiv sein. Der Schritt, den Deutsche und Deutsche gemeinsam unternommen haben, ist unumkehrbar. Unter diesen Vorzeichen sind wir zum Erfolg aufgerufen. Und hier darf sich der Kreis wieder schließen: Wir kehren zum Jubilar und dem von ihm geleiteten Unternehmen zurück. In den GEMA-Nachrichten vom Oktober 1993 wird berichtet, »daß eine ganze Reihe von AWA-Mitgliedern die . . . alle tiefbewegende und erfreuliche Bestätigung vermittelt haben, die GEMA sei eine derjenigen Institutionen, bei denen die Wiedervereinigung in fairer Weise gelungen ist. Die Mitwirkung von bisherigen AWA-Mitgliedern als sachverständige Kollegen in den Gremien der GEMA hat sich zwischenzeitlich positiv ausgewirkt.«

Möge das gute Beispiel Nachahmer finden.

Rudolf Mühlfenzl

»Vom Staatsrundfunk der DDR zur demokratischen Medienordnung«

Momentaufnahmen einer steckengebliebenen Revolution

Es war an einem Nachmittag im Herbst 1990 als mich ein mediengeschulter Bundespolitiker der CDU aus dem »Langen Eugen« anrief, um mich zu fragen, ob ich für das Amt des Rundfunkbeauftragten der neuen Länder zur Verfügung stehen könnte. Seinen ersten Satz zur Sache habe ich mir aufgeschrieben:

> »Wir suchen jemand, der die Medienszene gut kennt, jemand der Prügel gewohnt ist und der nichts mehr werden will - denn wenn er den Job erledigt hat, für den wir diesen jemand suchen, ist seine Karriere ohnehin beendet.«

Diese kurze, aber durchaus zutreffende Beschreibung könnte auch von Reinhold Kreile stammen, der schon einige Male auf der Suche nach Kandidaten für »besondere Aufgaben« der Medienpolitik mit ähnlich klingenden Formulierungen fündig geworden ist.

Aber Reinhold Kreile formuliert etwas anders, nicht so direkt. Aber meistens so, daß man schneller ja sagt, als man eigentlich wollte.

Es gehört zweifellos zu seinen Stärken, daß er nicht versucht zu überreden, sondern in der Rede überzeugt. So habe ich ihn auch als Vorsitzenden des Aufsichtsrats der ersten Münchner Pilotgesellschaft für Kabelkommunikation MPK in Erinnerung. Als Geschäftsführer dieser MPK habe ich bei meinem Aufsichtsratsvorsitzenden gleich zu Beginn einen außerordentlich hilfreichen Schnellkurs zur Frage »wie beschafft man Mehrheiten« absolviert.

Das Ergebnis unserer knapp dreijährigen, hoch interessanten Zusammenarbeit kann sich sehen lassen. Mit dem Kabelversuch in München und in drei anderen deutschen Städten war der Startschuß gegeben zur Öffnung des Medienmarktes für private Hörfunk- und Fernsehveranstalter und damit für den Beginn eines neuen Medienzeitalters.

Heute, 1994 höre und lese ich von fast allen Experten und vor allem aber von solchen, die sich dafür halten, daß der sensationelle Erfolg der privaten Programmveranstalter eine pure Selbstverständlichkeit sei, die von jedem Kenner der Szene exakt so vorausgesagt wurde.

Ich frage mich immer noch: Wo waren denn 1983 und 1984 diese »Alles- und Besserwisser« die außer moralin-sauren Bedenken nichts vorzutragen hatten?

Damals, beim Startschuß 1984, als man uns mit beißender Ironie die wenigen Kabelanschlüsse als Beweis unserer Fehlkalkulation präsentierte, waren es ganz wenige, die die wirklich sensationelle Entwicklung der neuen Medienlandschaft vorausgesehen und gegen massivste Widerstände einflußreicher Personen und

Gruppen, auch ganzer Parteien, wie der SPD, den Weg für das duale Rundfunksystem geebnet haben.

Reinhold Kreile war einer von ihnen.

Er war es auch, der mir im Herbst 1990, nach meiner Wahl zum Rundfunkbeauftragten gesagt hat: Da hast Du Dir eine Mords-Sache aufgeladen, aber es ist gut, daß Du sie machst, weil sie gemacht werden muß!

Und sie mußte gemacht werden, weil ohne eine freie und demokratische Medienordnung der ohnehin schwierige Prozeß der Wiedervereinigung Stückwerk geblieben wäre.

Anders gesagt:

Am 1. Januar 1992 hat sich der wohl bedeutendste Einschnitt in der deutschen Rundfunkgeschichte vollzogen. An die Stelle des fast 40 Jahre zentral gelenkten, staatlich reglementierten Hörfunk- und Fernsehapparates der DDR ist eine neue, freiheitlich demokratische Medienordnung getreten, eine Medienordnung unabhängiger Sender in der Verantwortung der neuen Bundesländer.

Ich meine: Das ist ein später, aber entscheidender Beitrag der friedlichen Revolution, die viele bereits als eine steckengebliebene, als unvollendete empfunden haben. Sie vollendet sich in der Tat erst jetzt, nach dem Aufbau einer neuen freiheitlich-demokratischen Medienordnung auch im Osten Deutschlands.

Am 1. Januar 1952 wurde der Rundfunk der DDR zentralisiert. Rund 40 Jahre später, am 31. Dezember 1991, sendeten der DFF und das Funkhaus Berlin unwiderruflich zum letzten Male.

Dies war zugleich das Ende der sogenannten »Einrichtung«, die entsprechend dem Art. 36 des Einigungsvertrages Hörfunk- und Fernsehen der ehemaligen DDR zusammengefaßt hatte und unter der rundfunkrechtlichen Verantwortung und Leitung des Rundfunkbeauftragten Hörfunk- und Fernsehprogramme für die neuen Bundesländer produziert und verantwortet hatte.

Es ist hilfreich, bei dieser Gelegenheit an den Wortlaut des Art. 36 des Einigungsvertrages zu erinnern.

Im Absatz 1 des Art. 36 heißt es:

> »Der Rundfunk der DDR« und der »Deutsche Fernsehfunk« werden als gemeinschaftliche staatsunabhängige, rechtsfähige »Einrichtung« von den in Artikel 1 Abs. 1 genannten Ländern und dem Land Berlin für den Teil, in dem das Grundgesetz bisher nicht galt, bis spätestens 31. Dezember 1991 weitergeführt, soweit sie Aufgaben wahrnehmen, für die die Zuständigkeit der Länder gegeben ist.

Die »Einrichtung« hat die Aufgabe, die Bevölkerung in dem in Art. 3 genannten Gebiet nach den allgemeinen Grundsätzen des öffentlich-rechtlichen Rundfunks mit Hörfunk und Fernsehen zu versorgen.

Die bisher der Deutschen Post zugehörige Studiotechnik sowie die der Produktion und der Verwaltung des Fernsehens dienenden Liegenschaften werden der »Einrichtung« zugeordnet. Artikel 21 gilt entsprechend«.

Im Absatz 6 des gleichen Artikels ist formuliert:

> »Innerhalb des in Absatz 1 genannten Zeitraums ist die »Einrichtung« nach Maßgabe der föderalen Struktur des Rundfunks durch gemeinsamen Staatsvertrag der in Artikel 1

genannten Länder aufzulösen oder in Anstalten des öffentlichen Rechts einzelner oder mehrerer Länder überzuführen. Kommt ein Staatsvertrag nach Satz 1 bis zum 31. Dezember 1991 nicht zustande, so ist die »Einrichtung« mit Ablauf dieser Frist aufgelöst.«

Das also war die rechtliche Ausgangslage für die Arbeit des Rundfunkbeauftragten in der knappen Zeit vom 15. Oktober 1990 bis 31. Dezember 1991.

Ich bin zum Jahresende 91 und vor allem in den ersten Tagen danach oft gefragt worden, ob ich mit dem Ergebnis der Tätigkeit des Rundfunkbeauftragten »zufrieden« bin. Ich habe bei allen Antworten auf solche Fragen geantwortet, daß die Vokabel »Zufriedenheit« mir für die Bewertung dieser einmaligen Aufgabe des Rundfunkbeauftragten nicht passend erscheint.

Man entläßt nicht 10.000 Menschen und ist dann zufrieden! Ich bin nicht »zufrieden« mit dem Ergebnis, aber ich meine, daß der Rundfunkbeauftragte und seine kleine Beratergruppe - gemessen an den Rahmenbedingungen des Art. 36 - eine Medienordnung mit auf den Weg gebracht haben, die von der großen Mehrheit der Bevölkerung in den neuen Bundesländern gewollt ist und jetzt voll akzeptiert ist.

Anders gesagt: Es war ein Stück »Aufbauarbeit« - und nicht nur eine »Abwicklung«!

Es ist in einem sehr knappen Zeitraum von nur 15 Monaten seit Inkrafttreten des Einigungsvertrages gelungen, die Weichen für einen Neubeginn in der ostdeutschen Medienlandschaft zu stellen - *gegen vielfältige Widerstände,* die darauf abzielten, die alten Strukturen zu zementieren. Die *»Einrichtung«,* in der die ehemaligen Hörfunk- und Fernsehsender unter meiner Leitung zusammengefaßt waren, *hat ihre Hausaufgaben im wesentlichen erledigt.* Alles weitere fällt seit dem 1.1.1992 in die *Verantwortung der neuen Sender.* Von ihrem Erfolg hängt jetzt vieles ab.

Mit ihren Programmen müssen Sie vor allem dazu beitragen, auch die oft zitierten geistigen Mauern zu überwinden und im Alltag der Menschen integrierend zu wirken, damit *Deutsche unter Deutschen nicht länger einander fremd sind.*

Dies ist sicher eine der größten Herausforderungen in der *Rundfunkgeschichte Deutschlands.*

Das klingt fast pathetisch - ist aber ganz sachlich und konkret gemeint!

Ich glaube, daß wir gerade jetzt eine gefährliche Phase des Einigungsprozesses erleben.

Die Deutschen im Westen schauen betroffen auf ihre Gehalts- und Lohnabrechnungen und es wird Ihnen bewußt, daß die Wiedervereinigung nicht umsonst zu haben ist. Sie kostet Geld, - ihr Geld und sie verlangt Opfer. Das Teilen hat begonnen.

Die im Osten warten ungeduldig auf die 100-%-ige Anpassung der Löhne und Gehälter und stellen fest, daß das Wirtschaftssystem der Marktwirtschaft, das ihnen schon nach wenigen Jahren einen nie gekannten Wohlstand gebracht hat, auch seinen Preis hat. Die Massenentlassungen in den ehemaligen volkseigenen Betrieben und die Angst um die Arbeitsplätze sind für viele, nicht nur für die Betroffenen wichtiger als die Freiheit von Furcht um derenwillen sie 1989 auf die Straße gegangen sind. Herr Gysie und seine Partei, die SED Nachfolgepartei PDS bieten sich an als Auffangbecken für alle diese Unzufriedenheiten und Ängste.

Die Realität beim Aufbau Ost sieht gottlob anders aus. Was in den neuen Ländern insbesondere in Sachsen in den knapp dreieinhalb Jahren an neuen Betrieben und Produktionsstätten entstanden ist, begleitet von wachsender Kaufkraft ist gemessen an den Ausgangsbedingungen eines wirtschaftlich ruinierten Landes eine Erfolgsstory ohne Beispiel.

Aufgabe der Medien ist es, neben den Schwierigkeiten, die niemand leugnet, auch den positiven Trend und die Ergebnisse ins Bewußtsein zu rücken.

Lassen Sie mich noch einmal kurz auf einige Punkte der schwierigen Neuordnung im Medienbereich zurückblicken:

Der Artikel 36 enthält in knapper Formulierung drei Aufgaben für die »Einrichtung«:

- *Auflösen* - Programm *gewährleisten - Hinüberführen -.*

Wir hatten die schwierige Aufgabe, den Staatsrundfunks der DDR zu beenden, das heißt einerseits ein Personalabbaukonzept zu realisieren: Mit ehemals 14.000 Beschäftigten im DDR-Staatsfunk war der Apparat total überzogen.

Für den notwendigen Personalabbau haben wir in Abstimmung mit dem Rundfunkbeirat ein Konzept erarbeitet und konsequent realisiert.

Dabei haben interessierte Gruppierungen - insbesondere die Gewerkschaften - versucht, Verunsicherung in die Belegschaft zu tragen.

»Nicht jammern, sondern klagen« haben die Gewerkschaften ihren Mitgliedern empfohlen. Nicht jammern, sondern Mobilität zeigen und sich bewerben z.B. beim MDR, in Brandenburg - so hieß meine Empfehlung.

Mein Personalabbaukonzept war der wesentliche Streitfall mit einzelnen Mitgliedern meines Beirats, insbesondere mit Günter Gaus. Gaus, vom Lande Brandenburg entsandt, und seine Freunde bei den Gewerkschaften haben eine Position vertreten, die sich etwa so formulieren läßt:

Wieso entläßt der Rundfunkbeauftragte auch nur einen einzigen Mitarbeiter, - wo er doch eine umfassende Programmgewährleistungspflicht hat? -

Im Art. 36 steht es anders! Dort heißt es: Kommt ein Staatsvertrag (der neuen Länder) bis zum 31.12.91 nicht zustande, so *ist* die »Einrichtung« mit Ablauf dieser Frist aufgelöst! Es durfte also nach dem 31.12. keine ungekündigten Mitarbeiterverhältnisse mehr geben!

Die verantwortlichen Ministerpräsidenten haben das immer nur so gesehen, auch wenn gerade in dieser Frage ein verwirrender Dissens offenkundig wurde zwischen scharfen öffentlichen Polemiken und konkreten Beschlüssen der Staatskanzlei.

Andererseits hat uns der Einigungsvertrag verpflichtet, bis zum Ende 1991 die Programmversorgung sicherzustellen - zugegebenermaßen - eine besonders schwierige Aufgabe!

Auch dies ist insgesamt gelungen, selbst wenn in den letzten Wochen des Jahres 1991 einige Programmleistungen eingeschränkt werden mußten.

Das Silvesterprogramm DFF war zugleich der Abschied. - *und das ist gut so!*

Es wäre politisch - nicht nur medienpolitisch - verhängnisvoll gewesen, die Rundfunkhoheit im Osten Deutschlands länderübergreifend in einer Art »ARD-Ost« weiterbestehen zu lassen!

Das wäre - und das wollten einige - das Gegenteil einer medienpolitischen Vereinigung geworden!

2. *Die politischen Altlasten:* Durch eine Fragebogen-Aktion habe ich versucht, meiner Verantwortung als Dienstherr einer öffentlich rechtlichen »Einrichtung« gerecht zu werden. Wir haben das Gleiche getan, was auch in allen anderen Körperschaften des öffentlichen Rechts durchgeführt wurde, z.B. bei den Angestellten im Lande Brandenburg, um schwerwiegende politische Belastungen aus der DDR-Vergangenheit zu ermitteln. Die Fragebogenaktion fand beim Personalrat, beim Rundfunkbeirat und bei den meisten Mitarbeitern Zustimmung.

Die Arbeit der hierfür eingesetzten »kleinen Kommision«, der zwei Kirchenvertreter aus dem Widerstands-Kreis angehörten, war im August 1991 abgeschlossen.

Es gab 1640 überprüfungsbedürftige Fälle.

Die Kommission stellte für über 600 Personen die Empfehlung aus:

»Keine Leitungstätigkeit oder keine Beschäftigung im Leitungsbereich«.

Hierbei handelte es sich zumeist um Mitarbeiter, die auf Grund einer Parteikarriere und nicht über einen kontinuierlichen Ausbildungsweg leitende Funktionen eingenommen hatten. Für 198 Mitarbeiter empfahl die Kommission:

»Keine Weiterbeschäftigung«.

Bei dieser Gruppe handelte es sich um Mitarbeiter, bei denen die Kommission eine Tätigkeit beim Stasi festgestellt hatte.

Bestätigte sich nach Anhörung eine Stasi-Mitarbeit, wurde den Betroffenen nach den Vorgaben des Einigungsvertrages fristlos gekündigt. Sie erhielten selbstverständlich auch keine Abfindung, wie wir dies im Rahmen der Regelungen des Manteltarifvertrages und des Sozialtarifvertrages für alle ausscheidenden Mitarbeiter festgelegt haben.

Was haben wir durch die Fragebogenaktion erfahren?

Ich kann diese Situation auch anders beschreiben:

Adlershof und das Funkhaus Berlin waren keine Inseln des Widerstandes gegen das Einparteien-Regime der DDR.

Noch anders gesagt, ein relativ *kleiner* Stoß von Fragebogen betrifft die Stasi-Vergangenheit; ein *mittelgroßer* die politische Vergangenheit in der SED, soweit sie mit Bestimmungsfunktionen verbunden war in der SED und *einige tausend* Fragebögen zeigen nichts anderes als die Realität des Staatsrundfunks einer Partei, in den man überhaupt nur eintreten konnte, wenn man als besonders verläßlich galt.

Das war das *Erbe,* mit dem eine Gesellschaft fertig werden muß!

FAZIT zu diesem Komplex:

Ich habe als Rundfunkbeauftragter das Mögliche getan, was in einem Rechtsstaat möglich ist, um mit den Folgen einer gestoppten Revolution bei der Vorbereitung einer neuen Medienstruktur fertig zu werden.

Nächstes Stichwort: - *Hinüberführen* - damit meine ich konkret unsere Bemühungen, Mitarbeiter von DFF und Funkhaus Berlin bei den neuen Rundfunkanstalten und bei privaten Programmanbietern unterzubringen.

Wir haben allen Mitarbeitern geraten, sich frühzeitig auf die Vielzahl der neuen Stellen bei den neuen öffentlich-rechtlichen Sendern, die qualifizierte Kräfte dringend suchten zu bewerben und dann natürlich auch bei den zahlreichen privaten Programmgesellschaften, die ab 1992 tätig wurden.

Nach meiner derzeitigen Bilanz haben gut zwei Drittel der 10.000 Mitarbeiter der früheren DDR-Sender, die noch 1991 unter meiner Verantwortung tätig waren, bei den neuen öffentlich-rechtlichen, wie privaten Anstalten, freien Produzenten sowie Sendern im westlichen Bundesgebiet eine neue berufliche Chance gefunden. Ihre Zahl hätte noch höher sein können, bei größerer Bereitschaft zu mehr regionaler Mobilität und ausgeprägterer Motivation, auch einmal andere programmliche Tätigkeiten zu übernehmen.

Natürlich war es unser Bestreben, nach Möglichkeit - gestützt auf die Fragebogenaktion - und in Abwägung der arbeitsrechtlichen Konsequenzen auch redaktionelle Einheiten in eine neue Trägerschaft zu überführen.

Vor allem bei Programmen, die aufgrund ihrer beobachtbaren Programmakzeptanz für die Programmvielfalt auch bei den neuen öffentlich-rechtlichen Anstalten ihren Platz haben könnten.

Beispiele dafür: DT 64 und Berliner Rundfunk mit ihren Hörfunk-Programmen

Beispiel im *Fernsehen:* Das engagiert gemachte und modern präsentierte Jugendprogramm von Elf 99.

Sonderfall einer Überführung in neue Trägerschaften: Der Deutschlandsender Kultur

Die Ministerpräsidenten der Länder hatten schon am 4. Juli 1991 beschlossen, den Deutschlandfunk, RIAS und DS-Kultur unter dem Dach eines nationalen Rundfunks in Trägerschaft von ARD und ZDF weiterzuführen. Sie sind am 31. August 1991 übereingekommen, das ZDF zu bitten, die zur Umsetzung dieses Beschlusses bezüglich der DS-Kultur erforderlichen Schritte in Absprache mit der ARD einzuleiten.

Am 12. März 1992 haben sich die Ministerpräsidenten in Bonn erneut mit der Neuordnung des bundesweiten Hörfunks befaßt.

Im damaligen Ergebnisprotokoll heißt es unter Punkt 1:

> »Die Regierungschefs der Länder nehmen die gemeinsame Erklärung von ARD und ZDF vom 28. Januar zur Kenntnis. Sie begrüßen, daß sich beide auf gemeinsame Vorstellungen zur Durchführung bundesweiten Hörfunks auf der Grundlage der Finanzierungsregelung in § 3 Rundfunkfinanzierungsstaatsvertrag verständigt haben.«

Nun - es hat bis zum 1. Januar 1994 gedauert, bis der aus RIAS Berlin dem Deutschlandfunk und DS-Kultur bestehende neue nationale Hörfunksender »Deutschland-Radio« seine Programmtätigkeit aufnehmen konnte:

- Hoffentlich gilt für diese schwierige medienpolitische Geburt die alte Volksweisheit »Was lange währt - wird gut!«

Wichtig war für mich, den Rundfunkbeauftragten, daß noch im Jahr 1991 das ZDF von den Ministerpräsidenten gebeten worden war, in Absprache mit der ARD das Programm von DS-Kultur ab 1. Januar 1992 vorübergehend weiterzuführen bis zu einer abschließenden Entscheidung über den nationalen Hörfunk.

Wenn das nicht so gekommen wäre, hätte ich die Mitarbeiter von DS-Kultur *und* das Große Sinfonieorchester und den Chor entlassen müssen.

In diesem Zusammenhang noch eine Anmerkungen zu einem ganz speziellen Problem mit dem die »Einrichtung« und der Rundfunkbeauftragte konfrontiert waren.

Es ging um die Klangkörper und das Ballett. Die »Einrichtung« hat insgesamt neun Klangkörper und ein Ballett beschäftigt - alles in allem circa 950 Mitarbeiter.

Bei der Versorgung eines Klangkörpers geht es eben nicht nur - wie manche glauben - um die soziale Absicherung von 87 Musikern und 20 Begleitpersonen, sondern um das »Tätigseinkönnen« des Klangkörpers auf einer gesicherten finanziellen Grundlage.

Im *Gegensatz* zum letzten nicht gewählten, nur berufenen Generalintendanten des Fernsehens der DDR, *Bentzien,* der erklärt hatte, daß die diversen Klangkörper der ehemaligen DDR-Sender »weg müßten«[1], habe ich die Auffassung vertreten, diese so weit als möglich zu erhalten.

Artikel 35 des Einigungsvertrages besagt, daß die »kulturelle Substanz der ehemaligen DDR keinen Schaden nehmen darf«. Ich weiß, wie wichtig das gerade für das Lebensgefühl vieler Menschen im Osten Deutschlands ist. Auch wenn wir nicht alle Klangkörper, die nur durch eine totale Staatsfinanzierung möglich waren, erhalten konnten, ein kultureller Kahlschlag konnte verhindert werden.

Dem Mitteldeutschen Rundfunk, MDR, dem ZDF und der ARD soll an dieser Stelle gedankt werden für Ihren Beitrag durch die Übernahme von Orchestern und Chören die kulturelle Substanz der neuen Bundesländern zu sichern. In diesem Zusammenhang wäre es besonders wünschenswert, wenn auch der neugegründete Ostdeutsche Rundfunk Brandenburg, dessen Intendant sich zu kulturellen Fragen ja sehr ambitioniert äußert, sich ebenfalls für die Zukunft der Klangkörper als Teil des künstlerisch-kulturellen Erbes engagieren würde.

Bei all diesen Aktionen des Rundfunkbeauftragten ging es darum, die entsprechenden Partner zu finden. Für die Übernahme der Klangkörper waren und sind es die Länder und Kommunen und natürlich die neu entstandenen öffentlich-rechtlichen Anstalten.

Wobei anzumerken ist, daß in den inzwischen erlassenen Landesmediengesetzen kein Verbot für private Programmgesellschaften formuliert ist, sich gleichfalls um die kulturelle Substanz zu bemühen.

---

1 (Süddt. Zeitung v. 23.03.1990, Anlage 2)

Das Ballett des Deutschen Fernsehfunks

Das Deutsche Fernsehballett, das jetzt MDR/Deutsches Fernsehballett heißt, hat die gesicherte Arbeitsmöglichkeit mindestens für die nächsten beiden Jahre.

Unter der Obhut von ARD - und hier MDR - und ZDF organisiert und vermarktet durch eine private Promotion-Gruppe wird das Ballett jeweils sechs große Auftritte bei ARD und ZDF haben. Die notwendige Zahl weiterer Auftritte besorgt die Promotion-Gruppe unterstützt durch eine Sponsorgruppe, die gerade ins Leben gerufen wurde.

Überführungsfragen

Die *Arbeitsgrupen,* die im Herbst 1991 zur Klärung wesentlicher Fragenkomplexe in der »Einrichtung« gebildet worden sind, haben ihre Arbeit rechtzeitig, daß heißt Ende 1991 weitgehend abgeschlossen.

Eine Arbeitsgruppe kümmerte sich um die Nutzbarmachung des *Programmvermögens.* Konkret mußte geklärt werden, welcher der vier Landessender (MDR - ORB - NDR und SFB) welche der eingeführten DSF Sendungen und Sendereihen weiterführen wollte. Ein weiterer Schwerpunkt bestand in der Verteilung der über 3000 Spielfilm- und Seriensenderechte. Eine wichtige Rolle spielte die Fortführung der umfangreichen Archive bei Fernsehen und Hörfunk. Die Archive des deutschen Fernsehfunks und des Funkhauses Berlin umfassen aus mehr als 40 Jahren überlieferte Hörfunk- und Fernsehproduktionen der ehemaligen DDR sowie umfangreiche Musikarchive, die unter anderem Originaldokumente der Reichs-Rundfunk-Gesellschaft beinhalten.

Die Arbeitsgruppe *»Technisches Vermögen«* hat als erstes eine Zuordnung der aktuell benötigten technischen Anlagen vorgenommen, mit dem Ziel die noch nicht sendefähigen Anstalten MDR und ORB vorrangig zu bedienen. Besonders dringend benötigte Teile des »Technischen Vermögens der Einrichtung« wurden schon 1991 den neuen Anstalten übergeben.

Um eine ordnungsgemäße Schlußabwicklung zu sichern hat der *Rundfunkbeauftragte* mit Zustimmung der Länder am 29.11.1991 eine Gesellschaft zur Abwicklung der »Einrichtung«, gemäß Art. 36 des Einigungsvertrages gegründet, der alle noch offene Fragenkomplexe zugeordnet wurden.

Die *Länder* hatten sich gerade noch rechtzeitig über einen Gesellschaftsvertrag für eine »Grundstückverwertungs- und Verwaltungs GmbH« verständigt. Ihre Aufgabe war und ist es, die auf Berlin, Brandenburg, Mecklenburg-Vorpommern, Sachsen, Sachsen-Anhalt und Thüringen übergegangenen Grundstücke, die bis zum Ende der »Einrichtung« dem Rundfunk der DDR und dem deutschen Fernsehfunk gedient haben, zu verwalten und verwerten.

Zur Finanzierung dieser Aufgaben der beiden Gesellschaften hat der Rundfunkbeauftragte liquide Mittel bereitgestellt. Der Haushalt der »Einrichtung« Finanzen 1991 bot dafür eine gesicherte Grundlage.

Der Haushalt der Einrichtung 1991

Dieser Haushalt hatte einen Finanzrahmen von knapp über einer Milliarde DM. Dazu kommen etwa 120 Millionen aus der Werbung. Wir haben gemäß Art. 36 einen ausgeglichenen Haushalt vorgelegt und haben mit einem Überschuß von mehr als 300 Millionen DM abgeschlossen! Mittel, die den Ländern und den Rundfunkanstalten den Übergang zur neuen Medienstruktur erleichtert haben.

Das heißt, all die Kosten für Verwaltungsaufgaben, die 1992 und in den folgenden Jahren entstanden sind und noch entstehen werden, können aus den liquiden Mitteln aus 1991 finanziert werden.

Ich glaube, die Länder und die neuen Rundfunkanstalten haben diese vorsorgliche Finanzpolitik des Rundfunkbeauftragten zu schätzen gelernt.

2 Jahre nach dem Ende der »Einrichtung« bleiben *Fragen:* Fragen insbesondere nach der Zukunft der medienpolitischen Entwicklung *in den neuen Bundesländern.*

Während sich Sachsen, Sachsen-Anhalt und Thüringen schon frühzeitig zu einer *leistungsfähigen Drei-Länder-Anstalt,* MDR, der viertgrößten in der ARD zusammengefunden haben, kam es im Norden der ehemaligen DDR *nicht* zu einer ähnlichen Struktur, die als *NORA* eine Zusammenfassung der Länder Berlin, Brandenburg und Mecklenburg-Vorpommern anstrebte.

Das Land Mecklenburg-Vorpommern ist dem Senderverbund des NDR beigetreten. Der NDR wurde so zu einer Vier-Länder-Anstalt. Brandenburg gründete den Ostdeutschen Rundfunk Brandenburg und der Sender SFB war und blieb die Landesrundfunkanstalt für das erweiterte Bundesland »Berlin«.

Mir geht es nicht um eine Einzelbewertung, sondern vorrangig um die grundlegenden strukturellen Änderungen und damit auch um die Zukunft der ARD.

Wenn der Zusammenschluß Berlin, Brandenburg und Mecklenburg-Vorpommern geklappt hätte, dann wäre die ARD mit dem Hinzutreten der neuen Bundesländer erweitert worden *um zwei gebende Anstalten!* Und ich bin sicher, *allein dieser Umstand hätte die Diskussion in der ARD zum Thema Neustrukturierung* der ARD beschleunigt und eine Lösung der *jetzt kontrovers diskutierten* Zukunft der ARD erleichtert.

Im Raum *Berlin-Brandenburg* gibt es nun *zwei Anstalten,* die gestützt auf den kürzlich abgeschlossenen Medienstaatsvertrag der beiden Länder programmlich, frequenziell und natürlich auch finanziell eng zusammenarbeiten *müssen!*

Ich bin aber jetzt schon gespannt, wie sich die Medienordnung im Raum Berlin-Brandenburg entwickeln wird, *ab dem Zeitpunkt,* in dem sich die *Länder Berlin und Brandenburg vereinigen* werden. Die Absicht dazu haben die Länder und ihre Parlamente mehrmals formell erklärt.

Ich will nicht verhehlen, daß ich die Enttäuschung derer verstehe, die in den letzten Monaten auf einen großen Wurf zur Neuordnung der Rundfunklandschaft im öffentlich-rechtlichen Bereich mit seiner historisch gewachsenen Widersprüchlichkeiten gehofft hatten. Er ist ausgeblieben.

Vielleicht hat man damit eine Chance verpaßt, leistungsfähige Strukturen zu schaffen, die auch in einem größeren europäischen Wettbewerb tragfähig sind.

FAZIT meiner Tätigkeit als Rundfunkbeauftragter:

Ich glaube, daß die große Mehrheit der Bevölkerung die föderale Neuordnung mit mehr regionalen Angeboten und größerer Angebotsvielfalt statt zentraler Programme will.

Das ist die Voraussetzung dafür, auch im Medienbereich zusammenzufügen, was letztlich zusammengehört und nicht im Osten Deutschlands einen medienpolitischen Sonderweg zu gehen.

Die im Einigungsvertrag geschaffene »Einrichtung« hatte zum Ziel, die Weichen für den Prozess des Übergangs von den alten Strukturen zu einer neuen Ordnung zu stellen.

Wenn es ihr gelungen ist, die gesetzlichen Vorgaben in einem sehr knappen Zeitraum von nur 15 Monaten zu erfüllen - trotz vieler Unsicherheiten, gezielter Irritationen und absichtsvoller Bremsmanöver, die dem Ziel dienten, die alten Strukturen zu zementieren und die Neuordnung zu verzögern -, so ist dies vor allem denen zu danken, die diese schwierige Arbeit aktiv mitgestaltet und engagiert begleitet haben.

Der Rundfunkbeauftragte hat allen Anlaß, hierfür allen Beteiligten ein Wort des Dankes und der Anerkennung auszusprechen. Insbesonders gilt dies für die kleine Gruppe des Beraterstabes beim Rundfunkbeauftragten.

Die geschichtliche Rolle von Hörfunk und Fernsehen im Prozeß der deutschen Teilung und Wiedervereinigung ist noch nicht geschrieben und wird im einzelnen späteren Historikern und Wissenschaftlern vorbehalten bleiben. Dennoch muß man wohl eine Tatsache schon heute festhalten:

Gerade die elektronischen Medien haben die positven wie negativen Kapitel dieser Phase deutscher Geschichte aktiv mitgeschrieben.

Die Menschen in der DDR haben dem Propaganda-Apparat von Anfang an mißtraut und sie haben sich - in Quoten nachgewiesen - zuerst und sehr frühzeitig von diesem staatlich gelenkten Rundfunksystem abgewandt und dann vom gesamten politischen System. Sie holten sich erst die Programme aus dem Westen ins Haus, und dann, als die Geschichte es zuließ, auch die politische Ordnung in der Bundesrepublik Deutschland. Der Abstimmung mit dem Knopf am Fernsehapparat folgte die demokratische Wahl mit dem Stimmzettel.

Hörfunk und Fernsehen waren in diesen 40 Jahren der Trennung das emotional wichtigste Band für den deutsch-deutschen Zusammenhalt über die Grenze hinweg.

Und auch an die herausragende Rolle insbesondere des Fernsehens im Prozeß der friedlichen Revolution sei noch einmal erinnert:

Es war die wohl erste Revolution, die live vom Fernsehen übertragen wurde.

Bilder, die noch immer - hoffentlich - unvergessen sind.

Die Massendemonstrationen in Ostberlin und in anderen Städten der ehemaligen DDR haben Dementis nicht mehr zugelassen!

Doch auch das negative Kapitel darf angesichts des bevorstehenden Umbruchs nicht - wie hier und da schon geschehen - vorschnell! verdrängt werden.

In einem Flugblatt der Bürgerbewegung »Demokratie jetzt« vom Oktober 1989 hieß es »Wir leiden, weil wir nicht als mündige Bürgerinnen und Bürger behandelt werden. Wir werden vom Staat und von der SED gegängelt. Zeitungen, Rundfunk und Fernsehen belügen uns«.

So war die Wirklichkeit eines staatlich gelenkten Rundfunksystems einer Partei – und wir alle sollten nicht vergessen, *das ist gerade vier Jahre her!*

Wilhelm Nordemann

Altaufnahmen aus den USA und das deutsche Urheberrecht

In den letzten Jahren erscheinen immer wieder alte Aufnahmen aus den Vereinigten Staaten in der Bundesrepublik, die etwa um 1960 dort entstanden, aber - aus welchen Gründen auch immer - nicht veröffentlicht wurden. Es gibt sie im Bereich der E-Musik ebenso wie in dem der U-Musik. Nehmen wir - im Interesse der Neutralität - an, es handele sich um eine Aufnahme der »Eroica« Ludwig van Beethovens mit dem Chicago Symphony Orchestra unter George Szell aus dem Jahre 1963. Sie erscheint erstmals im August 1991, und zwar - nach Angaben der Herstellerin - gleichzeitig in den USA und in der Bundesrepublik. Letztere beruft sich nicht auf ihr etwa zustehende Rechte als Tonträgerhersteller, sondern auf einen derivativen Erwerb der Rechte des Dirigenten und des Orchesters als ausübende Künstler.

Es fragt sich, ob diese Aufnahme in der Bundesrepublik Deutschland urheber- oder wettbewerbsrechtlich geschützt oder ob für sie Gemeinfreiheit gegeben ist.

Rechtlicher Ausgangspunkt

Urheberrechtlich kommt ein Schutz der 1963 entstandenen Aufnahme unter zwei Gesichtspunkten in Betracht:

- Georg Szell und das Orchester könnten schon bei der Entstehung der Aufnahmen das Quasi-Bearbeiterurheberrecht des § 2 Abs. 2 LUG, der damals noch galt, in Verbindung mit dem deutsch-amerikanischen Übereinkommen vom 15. Januar 1892 erworben haben (nachfolgend Ziff. I).
- Jedenfalls könnten sie aber Schutz für die Aufnahme nach § 125 Abs. 3 UrhG mit ihrem Ersterscheinen in der Bundesrepublik im August 1991 erlangt haben (nachfolgend Ziff. II).

Wenn auch das nicht zutreffen sollte, käme möglicherweise ein ergänzender wettbewerbsrechtlicher Leistungsschutz unter dem Gesichtspunkt der unmittelbaren Leistungsübernahme aus § 1 UWG in Betracht (nachfolgend Ziff. III).

I. *Schutz der Aufnahme nach § 2 Abs. 2 LUG in Verbindung mit dem deutsch-amerikanischen Übereinkommen vom 15. 1. 1892*

§ 2 des Gesetzes, betreffend das Urheberrecht an Werken der Literatur und der Tonkunst vom 19. Juni 1901 (RGBl. S. 227 - LUG) lautet in der Fassung des Gesetzes zur Ausführung der revidierten Berner Übereinkunft zum Schutze von Werken der Literatur und Kunst vom 13. November 1908, vom 22. Mai 1910 (RGBl. S. 793):

> 1) Urheber eines Werkes ist dessen Verfasser. Bei einer Übersetzung gilt der Übersetzer, bei einer sonstigen Bearbeitung der Bearbeiter als Urheber.
>
> 2) Wird ein Werk der Literatur oder der Tonkunst durch einen persönlichen Vortrag auf Vorrichtungen für Instrumente übertragen, die der mechanischen Wiedergabe für das Gehör dienen, so steht die auf diese Weise hergestellte Vorrichtung einer Bearbeitung des Werkes gleich. Das gleiche gilt, wenn die Übertragung durch Lochen, Stanzen, Anordnung von Stiften oder eine ähnliche Tätigkeit geschieht und die Tätigkeit als eine künstlerische Leistung anzusehen ist. Im Falle des Satz 1 gilt der Vortragende, im Falle des Satz 2 derjenige, welcher die Übertragung bewirkt, als Bearbeiter.

Dadurch, daß George Szell und das Chicago Symphony Orchestra die fraglichen Aufnahmen ihrer Darbietung herstellen ließen, entstanden mit den Ur-Tonträgern dieser Darbietungen, also den sogenannten Masterbändern, »Vorrichtungen« im Sinne des § 2 Abs. 2 Satz 1 LUG. Die Quasi-Bearbeiterrechte an diesen Masterbändern standen nach § 2 Abs. 2 Satz 2 LUG den »Vortragenden«, also dem Dirigenten und dem Orchester, zu.

Allerdings waren die »Vortragenden« nicht Deutsche, sondern US-Amerikaner, und die Aufnahmen entstanden nicht in Deutschland, sondern in den USA. Für solche Fälle bestimmten die §§ 54, 55 LUG:

> § 54
>
> Den Schutz genießen die Reichsangehörigen für alle ihre Werke, gleichviel ob diese erschienen sind oder nicht.
>
> § 55
>
> 1) Wer nicht Reichsangehöriger ist, genießt den Schutz für jedes seiner Werke, das im Inland erscheint, sofern er nicht das Werk selbst oder eine Übersetzung an einem früheren Tage im Auslande hat erscheinen lassen. Zu dem in § 2 Abs. 2 bestimmten Schutz ist an Stelle des Erscheinens die Vervielfältigung der Vorrichtung maßgebend.
>
> 2) Unter der gleichen Voraussetzung genießt er den Schutz für jedes seiner Werke, das er im Inland in einer Übersetzung erscheinen läßt; die Übersetzung gilt in diesem Falle als das Originalwerk.

§ 55 Abs. 1 Satz 2 LUG war ebenfalls durch das erwähnte Gesetz vom 22. 5. 1910 nachträglich eingefügt worden.

Die Bestimmungen machen keinen Vorbehalt für Staatsverträge. Man hat deren Vorrang offenbar für selbstverständlich gehalten; immerhin gehörte das damalige Deutsche Reich zu den ersten Mitgliedern der Berner Übereinkunft, die hier seit dem Tage ihres Wirksamwerdens (5. Dezember 1887) galt. § 55 Abs. 1 Satz 2 LUG ist zudem durch ein Gesetz eingefügt worden, das ausdrücklich der »Ausführung der revidierten Berner Übereinkunft zum Schutze von Werken der Literatur und Kunst vom 13. November 1908« gewidmet war, ohne daß der Gesetzgeber auf deren Existenz im Text des LUG auch nur hinzuweisen für nötig befunden hätte.

Die §§ 54, 55 LUG hatten demgemäß im Hinblick auf das deutsch-amerikanische Übereinkommen vom 15. 1. 1892 nur insoweit Bedeutung, als dieses keine weitergehenden Rechte für Bürger der Vereinigten Staaten von Amerika statuierte. Dessen Art. 1 lautet:

> Die Bürger der Vereinigten Staaten von Amerika sollen im Deutschen Reich den Schutz des Urheberrechts bezüglich der Werke der Literatur und Kunst sowie den Schutz der Photographien gegen unbefugte Nachbildung auf derselben Grundlage genießen, wie solcher den Reichsangehörigen gesetzlich zusteht.

Wäre die »Vorrichtung« des § 2 Abs. 2 Satz 1 LUG als ein »Werk der Literatur und Kunst« im Sinne dieser Bestimmung anzusehen, so hätten George Szell und sein Orchester mit ihrer Herstellung ein Quasi-Bearbeiterurheberrecht erworben, das sich mit dem Inkrafttreten des bundesdeutschen Urheberrechtsgesetzes vom 9. Sept. 1965 (BGBl. I 1273) nach dessen § 135 in das verwandte Schutzrecht der ausübenden Künstler nach den §§ 73 ff. umgewandelt hätte.

1. *Verhältnis des Übereinkommens zum Welturheberrechtsabkommen*

Allerdings ist hier die gedachte Aufnahme nach dem Inkrafttreten des Welturheberrechtsabkommens im Verhältnis zwischen der Bundesrepublik Deutschland und den Vereinigten Staaten von Amerika (16. Sept. 1955) entstanden. Art. XIX dieses Abkommens lautete in der zur Entstehungszeit der Aufnahme geltenden Urfassung von 1952:

> Das vorliegende Abkommen läßt den Bestand der mehrseitigen oder zweiseitigen Abkommen oder Vereinbarungen über das Urheberrecht unberührt, die zwischen zwei oder mehreren vertragsschließenden Staaten in kraft sind. Weichen die Bestimmungen eines solchen Abkommens oder einer solchen Vereinbarung von den Bestimmungen des vorliegenden Abkommens ab, so haben die Bestimmungen des vorliegenden Abkommens den Vorrang. Unberührt bleiben die Rechte an einem Werk, die in einem vertragsschließenden Staat aufgrund bestehender Abkommen oder Vereinbarungen erworben wurden, bevor das vorliegende Abkommen für diesen Staat in kraft getreten ist. Die Bestimmungen der Artikel XVII und XVIII des vorliegenden Abkommens werden durch diesen Artikel in keiner Weise berührt.

Der letzte Satz dieses Artikels spielt hier keine Rolle; die Art. XVII und XVIII betreffen das Verhältnis des WUA zur Revidierten Berner Übereinkunft bzw. zu zwei- oder mehrseitigen inneramerikanischen Abkommen.

Würde Art. 1 des deutsch-amerikanischen Übereinkommens von 1892 dahin auszulegen sein, daß US-Amerikaner seit Inkrafttreten des § 2 Abs. 2 LUG auch für ihre in den USA entstandenen »Vorrichtungen« Anspruch auf Inländerbehandlung in Deutschland hätten, so wäre dies ein Widerspruch zu Art. I in Verbindung mit Art. II WUA, der Inländerbehandlung nur für die Urheber und anderen Inhabern von Urheberrechten an den »Werken der Literatur, der Wissenschaft und der Kunst« vorsieht und damit dem traditionellen Werkbegriff folgt[1].

Eine Abweichung des Übereinkommens von WUA hinsichtlich des Schutzgegenstandes würde sich aber auf den Fortbestand des ersteren nicht auswirken; das WUA genießt nach seinem Art. XIV nur »Vorrang« gegenüber dem Übereinkommen, setzt es jedoch nicht außer Kraft.

Deswegen kommt es unmittelbar auf das deutsch-amerikanische Übereinkommen von 1892 an.

2. *Wortlaut des Übereinkommens*

Schon der Wortlaut des Art. 1 des Übereinkommens läßt die Annahme nicht zu, daß auch Tonträgeraufnahmen aus den USA Inlandsschutz in Deutschland genießen sollten:

Der Begriff »Werke der Literatur und Kunst« entsprach schon 1892 dem noch heute geltenden Werkbegriff. Man verstand und versteht darunter ausschließlich persönliche geistige Schöpfungen von Urhebern, wie sie inzwischen der Katalog des § 2 Abs. 1 UrhG beispielhaft aufzählt. Dies ergibt sich für 1892 schon aus der Tatsache, daß verwandte Schutzrechte damals noch völlig unbekannt waren. Die damals im Deutschen Reich geltenden einschlägigen Gesetze, das »Gesetz betr. das Urheberrecht an Schriftwerken, Abbildungen, musikalischen Kompositionen und dramatischen Werken« vom 11. Juni 1870 und die Gesetze »betr. das Urheberrecht an Werken der bildenden Künste« vom 9. Januar 1876 und »betr. den Urheberrechtsschutz an Werken der Photographie« vom 10. Januar 1876[2] machten schon in ihrer Bezeichnung deutlich, was der damalige Gesetzgeber unter »Werken« verstand. Auf der anderen Seite des Atlantischen Ozeans galt noch das 1790 erlassene erste Bundes-Urheberrechtsgesetz, welches ursprünglich nur Bücher, Land- und Seekarten erfaßt hatte, durch nachfolgende Änderungen aber noch eine Reihe weiterer Werkkategorien aufgenommen hatte: 1802 Graphik, 1831 musikalische Kompositionen, 1856 dramatische Kompositionen und Dichtungen, 1865 Photographien, 1870 Gemälde, Zeichnungen, Skulpturen sowie Modelle und Entwürfe[3].

Ausübende Künstler genießen in den USA bis heute keinen Sonderrechtsschutz.

Die beiden Vertragsstaaten des Übereinkommens von 1892 kannten im übrigen die Umschreibung des Werkbegriffs in Art. IV der Berner Übereinkunft von 1886, der das Deutsche Reich von Anfang an als Mitglied angehörte; auch sie beschränkte sich naturgemäß auf die Aufzählung der seinerzeit bekannten Werkarten.

---

1 Vgl. BGH GRUR 1986, 454, 455 »Bob Dylan«.
2 Vgl. Schricker-Vogel, Urheberrecht, Kommentar, München 1987, Einl. 73.
3 Vgl. Wagner-Silva Tarouca, Der Urheberschutz der ausübenden Künstler und der Tonträgerproduzenten in den USA, München 1993, S. 2.

Die Berliner Fassung der Berner Übereinkunft von 1908, die für das Deutsche Reich mit dem oben erwähnten Gesetz vom 22. Mai 1910 zum 9. 9. 1910 in Kraft gesetzt wurde, enthielt zwar in den nunmehrigen Art. 2 und 3 gegenüber dem Katalog der Werkarten in Art. IV der Urfassung eine Reihe von Ergänzungen, blieb aber bei dem bisherigen Verständnis des Begriffs »Werke der Literatur und Kunst«. Gerade dies hat den damaligen deutschen Gesetzgeber bewogen, mit dem Einführungsgesetz der Berliner Fassung zugleich durch die Schaffung des § 2 Abs. 2 LUG

> »der Industrie einen Schutz gegen unberechtigte Nachbildung ihrer oft mit großen Kosten erworbenen Vorrichtungen (zu) bewilligen«[4].

Das Schutzrecht ist zwar nicht dem Hersteller, also der Industrie zugewiesen worden, deren Schutz bezweckt wurde, sondern dem Vortragenden,

> »der aber in der Praxis sein Recht regelmäßig dem industriellen Unternehmen übertragen wird.«

Auch dem Gesetzgeber von 1910 war demnach klar, daß die durch den neuen § 2 Abs. 2 LUG geschützten Aufnahmen gerade *keine* »Werke der Literatur und Kunst« waren.

Dies war auch von Anfang an die Auffassung der Literatur[5].

In den wenigen Äußerungen, die sich in der Literatur zur Zeit der Geltung des LUG überhaupt zum deutsch-amerikanischen Übereinkommen von 1892 finden, gibt es demgemäß auch nicht den geringsten Hinweis darauf, daß etwa auch Tonträgeraufnahmen als unter das Übereinkommen fallend angesehen worden wären[6].

Einschlägige Rechtsprechung gibt es offenbar nicht.

2. *Sinn des Übereinkommens*

Der Sinn des Übereinkommens von 1892 ergibt sich schon aus seinem Titel, der vollständig lautet:

> Übereinkommen zwischen dem Reich und den Vereinigten Staaten von Amerika über den gegenseitigen Schutz der Urheberrechte.

Die Absicht, das Prinzip der Gegenseitigkeit im Verhältnis zwischen den beiden vertragsschließenden Staaten zu verwirklichen, wird sodann mit der Formulierung des Art. 2 des Übereinkommens noch einmal wiederholt:

---

4 Begründung zum Gesetzentwurf S. 18, zitiert nach Marwitz-Möhring, Das Urheberrecht an Werken der Literatur und der Tonkunst, Berlin 1929, Bem. 10 zu § 2 LUG, S. 46).

5 Marwitz-Möhring, a.a.O. Ziff. 12-13; Elster, Urheber- und Erfinder-, Warenzeichen- und Wettbewerbsrecht, 2. Aufl. Berlin und Leipzig 1928, § 12 II (S. 112-115); Ulmer, Urheber- und Verlagsrecht, 1. Aufl. Berlin-Göttingen-Heidelberg 1951, S. 316 zu Ziff. 2.

6 Vgl. Osterrieth, GRUR 1922, 139; Goldbaum GRUR 1922, 217; Marwitz-Möhring, a.a.O. S. 381-383; Ulmer, a.a.O. S. 52.

> *Dagegen* übernimmt die Regierung der Vereinigten Staaten die Verpflichtung, ...

Gegenseitigkeit konnte es aber nicht nur 1892, sondern kann es bis heute zwischen den beiden vertragsschließenden Staaten lediglich im Bereich des Urheberrechts im eigentlichen Sinne, also des Schutzes von Werken der Literatur, Wissenschaft und Kunst, geben, weil die USA, wie erwähnt, nach wie vor ein eigenes Leistungsschutzrecht für ausübende Künstler nicht kennen.

Als *Zwischenergebnis* bleibt festzuhalten, daß US-Amerikaner für in den USA hergestellte Aufnahmen nicht schon aufgrund des deutsch-amerikanischen Übereinkommens von 1892 den Schutz des § 2 Abs. 2 LUG erlangten. Vielmehr war ein Schutz solcher Aufnahmen in Deutschland nur bei Erfüllung der Voraussetzungen des § 55 Abs. 1 LUG gegeben. Dessen Tatbestand ist in Deutschland unter der Geltung des LUG, d.h. bis zum 31. 12. 1965, für die hier in Rede stehende Aufnahme nicht erfüllt worden.

II. *Schutz der Aufnahme nach § 125 Abs. 3 UrhG*

Das im August 1991 bewirkte Ersterscheinen der hier in Rede stehenden Aufnahme in Deutschland konnte die Rechtsfolge des § 55 Abs. 1 Satz 2 LUG nicht mehr auslösen, da dieses Gesetz im August 1991 schon fast ein Vierteljahrhundert außer Kraft war; es war durch § 141 Nr. 3 UrhG mit Wirkung zum 1. 1. 1966 aufgehoben worden. In Betracht kommt somit nur noch die Begründung eines Leistungsschutzes für diese Aufnahmen nach dem UrhG. Dessen § 129 Abs. 1 Satz 1 schreibt in der Tat grundsätzlich vor:

> Die Vorschriften dieses Gesetzes sind auch auf die vor seinem Inkrafttreten geschaffenen Werke anzuwenden, es sei denn, daß sie zu diesem Zeitpunkt urheberrechtlich nicht geschützt sind oder daß in diesem Gesetz sonst etwas anderes bestimmt ist. Dies gilt für verwandte Schutzrechte entsprechend.

Man könnte versucht sein, als der Schaffung des Werkes auf der Urheberseite entsprechend die Darbietung des ausübenden Künstlers anzusehen; sie stellt seine eigentliche Leistung dar. Von dem Grundsatz her, den Satz 1 Halbsatz 1 der Bestimmung aufstellt, wäre dagegen nichts einzuwenden; daß auch ältere Darbietungen der Neuregelung unterfielen, entsprach durchaus der Intention des Gesetzgebers, dem die Schaffung des § 129 Abs. 1

> »im Interesse der Rechtsvereinfachung geboten«

erschien,

> »weil anderenfalls jahrzehntelang zwei Urheberrechtsordnungen nebeneinander bestehen würden«[7].

---

7 Amtl. Begr. zum Regierungsentwurf, BT-Drucks. IV/270, UFITA 45 (1965), S. 240, 333 zu § 139 des Entwurfs.

Aber mit eben dieser Intention erweist sich die pauschale Gleichstellung von »Schaffung eines Werkes« und »Darbietung« als unvereinbar; denn Satz 1 Halbsatz 2 der Bestimmung macht unter anderem eine Ausnahme für solche bereits geschaffenen Werke, die »zu diesem Zeitpunkt«, d.h. im Zeitpunkt des Inkrafttretens des UrhG, »urheberrechtlich nicht geschützt sind«. Darbietungen, die ausländische Künstler vor dem 1. 1. 1966 erbracht hatten, waren, solange die Aufnahmen nicht in Deutschland (erst-)vervielfältigt waren, hier bis zu diesem Tage nicht geschützt (§ 55 Abs. 1 Satz 2 LUG). Sie würden also, wenn es auf den Zeitpunkt der Darbietung ankäme, keinen Rechtsschutz nach dem UrhG erlangen können. Für ihre Leistung wäre entweder noch das LUG anwendbar, was das Nebeneinanderbestehen zweier Urheberrechtsordnungen, das der Gesetzgeber gerade vermeiden wollte, nicht nur für Jahrzehnte, sondern für ein ganzes Jahrhundert perpetuieren würde; die hier in Rede stehenden Aufnahmen wären, da dann auch § 135 a UrhG nicht anwendbar wäre, von jedem beliebigen Zeitpunkt ihrer Erstvervielfältigung in Deutschland an bis zum 50 Jahre nach dem Tode von George Szell und des letzten überlebenden Orchestermusikers (vgl. § 30 LUG) geschützt, oder ihre Leistung würde ganz schutzlos bleiben.

Das zutreffende Verständnis von § 129 Abs. 1 UrhG erschließt sich, wenn man die - durch die Novelle vom 10. 11. 1972 eingefügte - Übergangsregelung des § 135 a UrhG für ältere Leistungsschutzrechte mit in Betracht zieht:

> Wird durch die Anwendung dieses Gesetzes auf ein vor seinem Inkrafttreten entstandenes Recht die Dauer des Schutzes verkürzt, und liegt das für den Beginn der Schutzfrist nach diesem Gesetz maßgebende Ereignis vor dem Inkrafttreten dieses Gesetzes, so wird die Frist erst vom Inkrafttreten dieses Gesetzes an berechnet. Der Schutz erlischt jedoch spätestens mit Ablauf der Schutzdauer nach den bisherigen Vorschriften.

Privilegiert sind danach nur bereits *entstandene* Rechte[8].

Für Ausländer entstand aber das Quasi-Bearbeiterurheberrecht des § 2 Abs. 2 LUG erst mit der (Erst-)Vervielfältigung der Aufnahme (Vorrichtung) ihrer Darbietung in Deutschland (§ 55 Abs. 1 Satz 2 LUG); vorher hatten sie dieses Recht nicht. Fand die erste Vervielfältigung erst nach dem Inkrafttreten des UrhG statt, so galt § 135 a UrhG für sie nicht.

Das Recht des Urhebers entsteht mit der Schaffung des Werkes. § 129 Abs. 1 Satz 1 UrhG verwendet also nur einen anderen Ausdruck für denselben Anknüpfungstatbestand wie § 135 a UrhG: Beide Bestimmungen treffen Regelungen für Rechte, die bei Inkrafttreten des UrhG bereits entstanden waren. Die »entsprechende« Anwendung von § 129 Abs. 1 Satz 1 UrhG auf verwandte Schutzrechte, die dessen Satz 2 vorschreibt, setzte also für die Quasi-Bearbeiterurheberrechte des § 2 Abs. 2 LUG voraus, daß diese am 1. 1. 1966 bereits

---

8 Allgemeine Meinung: Schricker-Katzenberger Rz. 1; Fromm-Nordemann-Hertin, 8. Aufl. 1994, Rz 3; Ulmer, Urheber- und Verlagsrecht, 3. Aufl. 1980, S. 530; unklar Hubmann-Rehbinder, 7. Aufl. 1991, S. 261. Vgl. auch den Schriftl. Bericht des Rechtsausschusses zu Art. 1 Nr. 5 des Entwurfs des ÄndG, UFITA 64 (1972), 211, 233, wo zugleich auf unveröffentlichte Lichtbilder Bezug genommen wird, bei denen es sich ebenfalls nur um bereits entstandene Rechte handelte.

- bei Deutschen durch die Herstellung der »Vorrichtung«, also der Erstfixierung der Aufnahme,
- bei Ausländern durch die Vervielfältigung der »Vorrichtung« in Deutschland

entstanden waren[9].

Für danach erst entstehende Leistungsschutzrechte galt - und gilt - das UrhG uneingeschränkt, d.h. ohne die Modifikationen, die in diesem Gesetz »sonst« bestimmt sind (§ 129 Abs. 1 Satz 1 Halbsatz 2 UrhG). Ihr Entstehen ist deshalb nicht mehr davon abhängig, daß sie innerhalb Deutschlands erstvervielfältigt werden. Es genügt, daß sie innerhalb einer Karenzfrist von 30 Tagen nach ihrem Ersterscheinen im Ausland auch hier erscheinen (§ 125 Abs. 3 UrhG), soweit sie nicht ohnehin über das Rom-Abkommen privilegiert sind (§ 125 Abs. 5 UrhG).

Die allein nach dem UrhG geschützten Leistungen ausübender Künstler sind freilich zugleich uneingeschränkt den Schutzfristregelungen unterworfen, die dieses Gesetz trifft. Das hat für die hier gedachte Aufnahme einschneidende Folgen. § 82 UrhG bestimmte in seiner am 1. 1. 1966 in Kraft getretenen Urfassung:

> Ist die Darbietung des ausübenden Künstlers auf einen Bild- oder Tonträger aufgenommen worden, so erlöschen die Rechte des ausübenden Künstlers und des Veranstalters fünfundzwanzig Jahre nach dem Erscheinen des Bild- oder Tonträgers, jedoch bereits fünfundzwanzig Jahre nach der Darbietung, wenn der Bild- oder Tonträger innerhalb dieser Frist nicht erschienen ist. Die Frist ist nach § 69 zu berechnen.

Wenn die fragliche Aufnahme 1963 entstanden ist, hätte sie spätestens 1988 in der Bundesrepublik (erst-)erscheinen müssen, um noch nach § 125 Abs. 3 UrhG geschützt zu sein. Sie war, wie schon Eugen Ulmer[10] unübertrefflich formuliert hat, bei Inkrafttreten des UrhG nicht geschützt, aber noch schutzfähig. Dieser Status verblieb ihr; erschien sie nunmehr, d.h. nach dem 1. 1. 1966, so galt allein das UrhG. Eugen Ulmer legt das a.a.O. anschaulich für noch nicht erschienene Werke aus dem nicht durch Konventionen mit Deutschland verbundenen Ausland dar. Nach Ablauf der Schutzfrist des UrhG, hier also des § 82 in Verbindung mit § 125 Abs. 3 UrhG, waren die fraglichen Aufnahmen in Deutschland gemeinfrei, und blieben dies auch, als durch das Produktpirateriegesetz vom 7. 3. 1990, das am 1. 7. 1990 in Kraft trat (BGBl. I S. 422), § 82 UrhG geändert und die Schutzfrist auf 50 Jahre verlängert wurde, was wiederum aus § 129 Abs. 1 UrhG folgt: Bei Inkrafttreten der Gesetzesänderung waren die Aufnahmen »nicht geschützt«. Daß der zuvor eingetretene Schutzfristablauf den Hauptfall des § 129 Abs. 1 Halbsatz 2 UrhG bildet, der bereits erloschene Rechte nicht wieder aufleben lassen will, ist allgemeine Meinung[11].

Als weiteres *Zwischenergebnis* bleibt somit festzuhalten, daß die hier gedachte

---

9 Ebenso Schricker/Katzenberger a.a.O. Rz 14 und Fromm-Nordemann-Hertin, a.a.O. Rz 7, beide zu § 129 UrhG.

10 GRUR Int. 1993, 109, 110, rechte Spalte unten.

11 Schricker-Katzenberger, a.a.O. Rz 11; Fromm-Nordemann-Hertin, a.a.O. Rz 3 und 7; von Gamm, Urheberrechtsgesetz, 1968, Rz 4; Möhring-Nicolini, Urheberrechtsgesetz, 1970, Bem. 3 a; sämtlich zu § 129 UrhG.

Aufnahme unter keinen denkbaren rechtlichen Gesichtspunkten (mehr) sondergesetzlich geschützt ist, insbesondere Leistungsschutzrechte nach dem UrhG in Deutschland nicht mehr bestehen. Sie ist vielmehr gemeinfrei.

III. *Schutz der Aufnahme nach § 1 UWG (Unmittelbare Leistungsübernahme)*

Katzenberger[12] vertritt die Auffassung, daß hinsichtlich der nach dem UrhG schutzlosen Leistungen ausübender Künstler es bei der Anwendung des wettbewerbs- und persönlichkeitsrechtlichen Schutzes »bleibe«; insbesondere dürfe der wettbewerbsrechtliche Schutz gegen unmittelbare Leistungsübernahme nicht auf die Fälle begrenzt werden, in denen zu diesem Tatbestand einschließlich der ihn allgemein als unlauter qualifizierenden Merkmale noch besondere Umstände hinzuträten. Vielmehr stehe der wettbewerbsrechtliche Schutz Angehörigen aller Verbandsländer der PVÜ nach dem Grundsatz der Inländerbehandlung zu (Art. 1 Abs. 2, Art. 2, 10 bis PVÜ). Katzenberger wirft dem Bundesgerichtshof, der in ständiger Rechtsprechung die Möglichkeit eines »hilfsweisen« Schutzes gemeinfreier Leistungen ausübender Künstler verneint[13], vor, dies nicht zu beachten.

Aber er übersieht seinerseits, daß gerade in der höchstrichterlichen Rechtsprechung zum Wettbewerbsrecht seit Jahrzehnten die in den vorgenannten Urteilen lediglich wiederholten Grundsätze Geltung haben, und zwar naturgemäß ohne Rücksicht darauf, ob der Betroffene, der Ansprüche auf das UWG zu stützen sucht, Inländer oder Ausländer ist, so daß schon aus diesem Grunde der Hinweis Katzenbergers auf die Verpflichtung der Bundesrepublik zur Inländerbehandlung nach der PVÜ fehlgeht: Nach der ständigen Rechtsprechung des Bundesgerichtshofs[14] kommt ein Rechtschutz gegen die Benutzung fremder Leistungen schon neben einem *bestehenden* Sonderrechtsschutz, wenn überhaupt, nur ergänzend in Betracht. Jedenfalls darf das Wettbewerbsrecht aber nicht herangezogen werden, um einen aus Gründen des Sonderrechts *nicht* oder *nicht mehr* bestehenden Rechtsschutz zu ersetzen, da sonst die Begrenzungen, die das Sonderrecht vorsieht, ihren Sinn verlören[15].

Der Sinn des Ausschlusses von im Ausland entstandenen Urheber- oder Leistungsschutzrechten von den Privilegien des deutschen Urheberrechts folgt aus dem international noch immer geltenden Gegenseitigkeitsprinzip: Dadurch, daß Deutschland die Angehörigen anderer Staaten nicht ebenso schützt wie die eigenen Staatsangehörigen, veranlaßt es deren Heimatländer, ihrerseits einen wechselseitigen angemessenen Schutz anzustreben. Würde Deutschland jeden Ausländer ohne Rücksicht darauf schützen, ob dessen Heimatland auch Deutsche schützt, so entfiele dieser Anreiz.

---

12 In Schricker a.a.O. Rz 19 zu § 129 UrhG.

13 BGH GRUR 1986, 454, 456 »Bob Dylan«; BGH GRUR 1987, 814, 816 »Die Zauberflöte«.

14 BGH GRUR 966, 67, 100 »Zündaufsatz«; BGHZ 44, 288, 296 »Apfel-Madonna«; BGH GRUR 1980, 235, 237 f »Play-Family«; BGH WRP 1992, 160, 164 »Bedienungsanweisung«.

15 So ausdrücklich neben den oben genannten Entscheidungen auch BGH GRUR 1973, 478, 479 »Modeneuheit«, im BGHZ 60, 168 ff. nicht mit abgedruckt.

Für die hier in Rede stehende Aufnahme ist die Möglichkeit eines Sonderrechtsschutzes nach dem UrhG durch Schutzfristablauf entfallen. Dagegen ist auch unter dem Gesichtspunkt des § 1 UWG nichts auszurichten, solange nicht besondere Unlauterkeitskriterien im Einzelfall einen Wettbewerbsverstoß begründen.

Helmut Oeller

Reinhold Kreile als Hochschullehrer

I. *Reinhold Kreile und die Hochschule für Fernsehen und Film*

Der Gründungspräsident der Hochschule für Fernsehen und Film, Otto Bernhard Roegele, hat der Hochschule auf ihren Weg den Wunsch mitgegeben, klein und fein zu bleiben. In meiner Erinnerung verband er damit die Empfehlung, keine Massenhochschule zu werden, kein Institut, das das ohnehin vorhersehbare Mittelmaß in Ausbildung und Produktion vermehren würde. Ein Institut vielmehr, das anspruchsvoll sein sollte, was den Lehrkörper angeht ebenso, wie die Auswahl der Begabungen und die Erwartung in die Qualität der Produkte. Die Hochschule ist klein geblieben, das Aufwand-Nutzen-Verhältnis hat sich günstig entwickelt, die Sonderform eines kleinen, festen Lehrkörpers aus Persönlichkeiten der Praxis als Professoren und aus hauptamtlichen Fachprofessoren hat sich ebenso wie die effizente kleine Verwaltung bewährt. Gerade im neuen Bereich der Medienausbildung mit ihrem offenen Horizont will der zuständige Minister für Unterricht Kultus, Wissenschaft und Kunst dieses neue Modell mit seinen strengen Maßstäben und seiner kostengünstigen Effizienz ausdrücklich so weiterführen. Er sieht es als interessantes Exempel.

Die Hochschule lebt von ihren Köpfen. Das sind die Lehrenden wie die Lernenden. Beide weisen sich durch die Wirkkraft ihrer zukunftsorientierten Ausbildungschance, die Qualität ihrer Produkte und durch das Ansehen aus, das sie damit im nationalen und internationalen Wettbewerb gewinnen. Vor 15 Jahren begann Reinhold Kreile, in diesem Sinne an der Hochschule an ihrem Profil mitzuwirken, mit dem sie sich jetzt präsentiert.

Die Hochschule ist für ihn eine wichtige Dimension im breiten Spektrum seines Wirkungsfeldes. So läßt er die Hochschule immer wieder Gewinn finden in seiner intuitiven Sicht der Dinge, der weiträumigen Vernetzung seines Denkens, seiner Imaginationskraft für die weitere Entwicklung, die Gestaltung des Neuen. Lehre, Diskussion, Gestaltung, Management sind für ihn die Art und Weise, genießend phantasievoll, erfinderisch, mit seinen Freunden korrespondierend zu leben.

Mehr als bloßer Pragmatiker nur die Fakten und die Situation sehend, mehr auch als ein Futurist, nur die Imagination oder die Spekulation vor Augen: Er ist original und anregend und nutzt seine Erfahrung, ein gewollt pluralistisches Kollegium in wichtigen Fragen zu einer konvergenten und oft gemeinsamen Vorstellung zu bewegen. Seine Kompetenz, seine gestalterische Phantasie und seine lustspielerfahrene Bonhomie kennzeichnen seine Präsenz im Kollegium.

II. *Reinhold Kreile als Hochschullehrer*

Reinhold Kreile hat verschiedene Grundlagen der Lehre in Theorie und Praxis mitgefunden und mitdefiniert. Er hat seine Forschungen, sein Wissen, seine Erfahrung und sein kompilatorisches Facharteil für die Jungen an unserer Hochschule verfügbar gemacht: Für die Macher, die eine Orientierung über die juristischen Grundlagen brauchen, für die künftigen Produktionsleiter, Medienwirtschaftler, Produzenten, Medienmanager, Organisatoren und Unternehmer. Das erfordert über die Fachkompetenz und die Praxiserfahrung hinaus vor allem eine eigene Didaktik. Die Frage, wie vermittle ich, war für Reinhold Kreile immer genau so wichtig wie die Frage, was. Die Didaktik ist für eine Medienhochschule paradoxer oder doch logischerweise ein besonders schwieriges Feld. Sie ist, so möchte ich sagen, im Glücksfall das Kunstmittel der Lehrenden im Verhältnis zu den Lernenden, die Fakten zum Sprechen, zur Selbstdarstellung zu bringen, - sie vermittelt aber zugleich Hilfe und Beispiel für die Studierenden, sich ihrerseits in den Medien entsprechend vermitteln zu lernen. Weil die Forschung nachweist, daß die Zuschauer oft nur einen Teil der Sprache, der Bildgestaltung, des Schnitts usw. rezipieren, ist gerade die Ausbildung und Verbesserung der medialen Vermittlung besonders wichtig. Reinhold Kreile nimmt unser gemeinsames Bemühen auf seine originale, persönliche Art wahr: einfach, für den Laien verständlich, erinnerungsbildend interessant, für seine schwierigen Gegenstände Aufmerksamkeit bindend, - und nicht zuletzt kontaktbildend, - im kommunikativen Sinne exemplarisch.

Der Fachmann Kreile vermittelt sich als Lehrer selbst.

Dies leistet er auch in seinen Publikationen, nicht nur im Bereich des Urheberrechtes sondern auch in der medien- und ordnungspolitischen Praxis. In diesem Zusammenhang entstanden und wuchsen Idee und Gründung der Abteilung V »Produktion und Medienwirtschaft« der Hochschule für Fernsehen und Film.

III. *Der Aufbau der Abteilung »Produktion und Medienwirtschaft«*

Die erste Phase der Hochschule nach ihrer Gründung 1966 war bestimmt durch praktische Erprobung der Idee einer Hochschule für Fernsehen und Film in der Bundesrepublik und ihres freiheitlich gestalteten Ausbildungskonzeptes. Dieses Konzept folgte inhaltlich einem eigenen Entwurf für die Zukunft der deutschen Medienlandschaft und es war äußerlich gekennzeichnet durch fünf verschiedene Standorte in München. Die Hochschule konnte erst nach 20 Jahren ein eigenes Haus beziehen, in dem die Kommunikationswissenschaft wie die Technik, die Fachabteilungen »Film und Fernsehspiel« und »Dokumentarfilm und Fernsehpublizistik« wie die Verwaltung und die Bibliothek, zusammengefaßt wurden. Zu diesem Zeitpunkt konnte dann auch der alte Plan verwirklicht werden, das Lehrangebot neben der Kommunikationswissenschaft, der Einführung in die theoretischen und praktischen Grundlagen der Technik, die Fernsehpublizistik, den Dokumentarfilm, das Fernsehspiel und den Spielfilm mit einer eigenen Abteilung für Produktion und Medienwirtschaft zu erweitern.

Seit Beginn der 80er Jahre wurde dieser Ausbildungszweig mit dem Blick auf den dringenden Bedarf hochschulmäßig ausgebildeter Produktionsleiter, Medienwirtschaftler, Produzenten und Medienmacher in der veränderten Medienlandschaft gesehen. Deutlich fehlte es an Fachleuten, die auf wissenschaftlicher und praktischer Grundlage sowohl die publizistische und musische wie die wirtschaftliche und organisatorische Seite des Medienmanagements professionell gelernt haben. Gebraucht wurden für die öffentlich-rechtlichen und für die künftigen privaten Programmträger Mitarbeiter mit der systematischen und professionellen Kenntnis der Planung, Planungsvorbereitung, Kalkulation, Finanzierung, der Disposition der Produktionsmittel und der Organisation von Sendungen, sowie der Einübung in Leitungsaufgaben in Produktionsunternehmen und bei den Programmträgern.

Als nebenamtlicher Abteilungsleiter wurde auf Vorschlag des Senats 1987 Doktor Reinhold Kreile berufen, Lehrbeauftragter an der Hochschule seit 1980, Professor seit 1984.

Ebenfalls auf Vorschlag des Senats wurde auf Grund einer öffentlichen Ausschreibung Professor Klaus Keil als hauptamtlicher Professor vom Staatsminister berufen. Assistent wurde Michael Bünte. Im Herbst 1988 erfolgte die öffentliche Ausschreibung, im November begann das erste Studienjahr.

Eine Kommission des Senats hatte seit längerem an einem Konzept für die Bausteine der Ausbildung gearbeitet. Ziel war es, den Rang der Münchner Hochschule auch auf diesem Gebiet zu bestätigen, zumal es in Deutschland kein unserem Konzept entsprechendes komplexes Vorbild gab. Auf der Grundlage der Vorarbeiten der Kommission und in Übereinstimmung mit dem Senat entwickelte Reinhold Kreile das Konzept für die Ziele und Aufgaben der neuen Abteilung, das vom Minister genehmigt wurde. In enger Zusammenarbeit erarbeitete dann Klaus Keil nach seiner Berufung die Bausteine, die Gliederung, den Prozess und das Curriculum der Ausbildung, von der Instruktion über die Produktion in den AV-Medien bis zur Einführung in die Medienpolitik, vom Grundwissen über die technischen Grundlagen bis zur Funktion des Teams im Medienbereich, vom betriebswirtschaftlichen und rechtlichen Grundwissen bis zur Einführung in die Produktpalette und in die Strukturen der Medienwirtschaft. Vom Grundwissen in der Managementlehre bis zur Vermarktung der AV-Produkte.

Hierbei wurde die kooperative Bereitschaft der übrigen Abteilungen des Hauses, der privaten Medienwirtschaft und des Ministeriums genutzt. Schließlich wurde die Ausbildung in die Form für den Abschluß mit einem staatlichen Hochschuldiplom gebracht, ein für die weltweite Vereinigung der Medienhochschulen (CILECT) herausragendes Modell der zukunftführenden Ausbildung. Inzwischen haben die ersten drei Kurse erfolgreich abgeschlossen. Die Absolventen haben sich zum Teil selbständig gemacht oder sie arbeiten bei öffentlich-rechtlichen oder privaten Programmunternehmen; zahlreiche unter ihnen wurden bereits jetzt mit nationalen und internationalen Preisen ausgezeichnet.

IV. *Reinhold Kreile als Kollege*

Eine Hochschule für Fernsehen und Film lebt nicht nur von der Fachkompetenz des Kollegiums und vom Gelingen der Kommunikation, - sie lebt genauso von der theoretischen und praktischen persönlichkeitsbestimmten Pluralität, von der Dynamik dieser Pluralität. Von allen Hochschulen ist bekannt, daß das Zusammenleben der verschiedenen kreativen Persönlichkeiten der Lehrenden und der Lernenden in den verschiedenen Gremien und im Vollzug der Ausbildung oft nicht einfach ist. Überall gibt es Lücken und Entwicklungsschübe, versäumte und wahrgenommene Chancen.

Im Unterschied zu den klassischen Universitäten und Hochschulen, bei denen die Fachbereiche und Fakultäten je für sich forschen, lehren und arbeiten, kann praktisch keine Abteilung und keine Lehrposition der Hochschule für Fernsehen und Film ohne die sorgfältig geplante und penibel praktizierte Kooperation zusammen mit den anderen Abteilungen im Sinne des Ausbildungszieles wirkungsvoll arbeiten.

Die HFF ist im Hochschulbereich ein Spiegelbild der Medienpraxis, indes mit eigenem Profil.

Das Produkt, die mündlichen und schriftlichen Prüfungen, die Scheine, die Übungs- und Abschlußfilme, die Ausbildung insgesamt, sind das Ergebnis integrierter Zusammenarbeit. In diesem Kontext findet sich Reinhold Kreile als Kooperator, als Möglichmacher dieses sensiblen Zusammenspiels der Inhalte, der Interessen, und der Chancen, - aber auch als hilfreicher Moderator (im Sinne des Wortes) der Meinungen und der Strukturen der Hochschule wieder.

Reinhold Kreile ist der Kollege mit der musischen Dimension, die weit über sein Fach hinausreicht. Er wirkt nicht nur fachlich funktionell, er sieht das Einzelne und das Ganze, die Studierenden und die Kollegen in der gemeinsamen kreativen Initiative. Darin gibt er weitläufig auch kontroversen Situationen und Personen Raum. Das ist im Nebenamt nicht weniger schwierig als im Hauptamt, aber es wird als Hauptsache praktiziert. Reinhold Kreile weist sich hierbei, nur im Understatement kreile-like zu sagen, als Persönlichkeit für Kommunikation aus.

Das Ergebnis ist die Vielfalt der erfolgreichen Absolventen, die Vielfalt ihrer Engagements, Berufe, Filme, Erfolge und Ziele.

Klaus Offerhaus

Musik im Steuerrecht

I. *Dedikation*

Zunächst habe ich *Reinhold Kreile* als einen Steuer*politiker* kennengelernt. Er war viele Jahre der steuerpolitische Vordenker und Konstrukteur der CDU/CSU-Fraktion im deutschen Bundestag. In ruhiger, sachlicher, kenntnisreicher, aber engagierter Art und Weise hat er seine und seiner Freunde steuerpolitischen Ziele durchzusetzen versucht. Der Jubilar war und ist aber auch Steuer*rechtler,* der nicht nur - als Rechtsanwalt und Fachanwalt für Steuerrecht - seine Mandanten steuerrechtlich berät, sich vielmehr auch schriftstellerisch mit dem Steuerrecht auseinandergesetzt hat[1]. *Reinhold Kreile* ist darüber hinaus - von anderen mir unbekannten Interessen abgesehen - ein Mann der Musen. Er studierte Musik, spielt selbst hervorragend Klavier und Orgel, komponierte und ist bei großen musikalischen Ereignissen - z.B. Wagner-Aufführungen in Bayreuth - präsent. Früher war er auch Musikkritiker beim Münchner Merkur. Es liegt deshalb nicht so fern, daß er sich nun auch beruflich »ganz dem weiten Feld der Kunst und des Rechts und der finanziellen Durchsetzung der Rechte des schöpferischen Musikers ergeben hat«[2]. Sein Hauptengagement gilt derzeit also der Durchsetzung der musikalischen Urheberrechte in Deutschland und Europa. Sein bisheriger Lebensweg rechtfertigt es danach, seine beiden großen Interessengebiete gedanklich zu verbinden und ihm einen Beitrag »Musik im Steuerrecht« zu widmen.

II. *Im Steuerrecht ist Musik*

Im übertragenen Sinn meint man, wenn »in etwas Musik ist«, daß es dort lebhaft zugeht, daß darin Bewegung ist. Dies ist im Steuerrecht - man muß sagen - leider der Fall. Hier ist zu viel Bewegung, zu viel Veränderung, zu viel Musik zu verspüren. Die Musik ist atonal geworden; die Dissonanzen überwiegen, die Harmonie ist gestört.

1. *Steuergesetzgebung*

Bismarck wird die Äußerung zugeschrieben: »80 % der Politik ist Finanzpolitik und der Rest kostet auch Geld.« Offensichtlich ist dies auch die Auffassung der

1 In der Dokumentationsstelle des Bundesfinanzhofs (BFH) sind 33 Fachaufsätze des Jubilars zum Steuerrecht ausgewiesen.
2 So der Jubilar selbst wörtlich in der Festschrift für *Franz Klein,* Steuerrecht - Verfassungsrecht - Finanzpolitik, erschienen 1994 im Verlag Dr. Otto Schmidt, Köln 121.

heutigen Politiker; sie wollen über die Finanzpolitik alle anderen politischen Ziele verwirklichen. Je nachdem, welche politischen Prioritäten (gerade) durchgesetzt werden sollen, finden sie in den Steuergesetzen - vor allem bei der Einkommensteuer, die ja alljährlich von fast jedem Bürger erhoben wird - ihren Niederschlag. Während früher die Steuern fast ausschließlich dazu dienten, Einnahmen zu erzielen, »kann« nunmehr - wie es in § 3 Abs. 1 der Abgabenordnung 1977 heißt - »die Erzielung von Einnahmen Nebenzweck« der Besteuerung sein. Man muß deshalb schon manchmal zweifeln, ob wir wirklich eine freie Marktwirtschaft und nicht Dirigismus haben - allerdings einen Dirigismus, dem man nicht zwingend unterworfen ist, dem man sich vielmehr entziehen kann -, wo doch über das Steuerrecht alles - und das nach kurzer Zeit häufig verändert - geregelt werden soll[3]: Man will den Wohnungsbau ankurbeln (§§ 7b, 7k, 10 Abs. 1 Nr. 3, §§ 10e, 34f EStG), die Energieeinsparung fördern (§ 9 Abs. 1 Nr. 4 Satz 4 EStG), zur Alters- und Krankheitsvorsorge anregen (§ 10 Abs. 2 Nr. 2 EStG), zur Vermögensbildung anreizen (§ 19a EStG), zur Aus- und Fortbildung motivieren (§ 10 Abs. 1 Nr. 7, § 33a Abs. 2 EStG), Investitionen fördern und in bestimmte Regionen lenken (Fördergebietsgesetz, Investitionszulagengesetz), Standorte erhalten (§ 32c EStG), mittelständische Unternehmen unterstützen (§§ 7g, 32c EStG), Umweltschutz (§ 7d EStG) und den öffentlichen Verkehr (§ 3 Nr. 34 EStG) begünstigen, den Übergang aus dem Berufs- in das Privatleben versüßen (§ 3 Nr. 9, § 16 Abs. 4 EStG), die verschiedensten sozialen Belange fördern (§ 3 Nr. 15, § 10 EStG, § 3 LStDV), Familien- und Bevölkerungspolitik betreiben (§§ 32, 33c EStG), Behinderten helfen (§ 9 Abs. 2, § 33b EStG) sowie kirchliche und gemeinnützige Zwecke unterstützen (§ 10 Abs. 1 Nr. 4, § 10b EStG).

Dies führt zu unübersichtlichen, unsystematischen Gesetzen, erschwert die Steuerberatung und die Arbeit der Steuerverwaltung, verunsichert die (Steuer-) Bürger und führt - so wird behauptet[4] - zu einem nie gekannten Steuerchaos und trägt damit auch zur (Staats-) Verdrossenheit bei. Man hört, die Musik klingt nicht gut.

2. *Steuerrechtsprechung*

Allerdings ist auch - im ebenso übertragenen Sinn - Musik in der höchstrichterlichen Steuerrechtsprechung. Ihr wird ebenfalls vorgeworfen, sie werde zu häufig geändert und trage dadurch zu Unsicherheit und Unberechenbarkeit bei[5]. In-

---

3 Es folgen lediglich Beispiele, die Aufzählung ist keinesfalls vollständig. Auch sind nicht alle in Betracht kommenden Paragraphen sämtlich angegeben. Alle zu nennen, würde nur noch mehr verwirren. Bezeichnend ist indessen schon, daß viele Paragraphen mit Zusatzbuchstaben versehen sind, so daß sofort erkennbar wird, daß sie später eingefügt wurden, also eigentlich nicht in das Ursprungskonzept gehören.

4 Vgl. dazu z.B. Wilfried Dann, Frankfurter Allgemeine Zeitung (FAZ) vom 11. Mai 1993; Dietrich Mayding, Chaos durch nicht mehr vollziehbare Gesetze, Capital 7/1992, 18; ferner Stakemann, Chaos und kein Ende, Bericht über eine Tagung des Deutschen Steuerberaterverbandes in München, DStZ 1994, 45 ff.; vgl. auch Handelsblatt vom 10. Mai 1994, 7.

5 Vgl. die Übersicht bei Tipke/Kruse, AO/FGO, 14. Aufl., § 4 AO Tz. 46; Krüger, Stbg 1989, 155 ff.; Rose, Steuerkongreß-Report 1992, 33 ff., 39.

dessen dürfte es außer Zweifel stehen, daß solche Änderungen rechtlich zulässig sind, zumal wenn von ihnen nur zurückhaltend Gebrauch gemacht wird[6].

Im folgenden soll aber die Musik im Steuerrecht im nicht übertragenen Sinn dargestellt werden. Dabei überrascht, in wievielen Schattierungen das Steuerrecht in die Musik eindringt oder - anders ausgedrückt - wie sehr auch Musiker bei der Ausübung ihres Berufs das Steuerrecht im Auge haben müssen oder wieviele Regelungen des Steuerrechts sich auf die Ausübung musischer Tätigkeiten auswirken.

III. *Neue höchstrichterliche Einkommensteuerrechtsprechung zur Musik und zu Musikern*

1. *Musik und Liebhaberei*

Nach Artikel 5 Abs. 3 des Grundgesetzes (GG) ist Kunst - und damit auch Musik - frei. Einkünfte aus künstlerischer Tätigkeit sind indessen nicht steuerfrei. Positive Einkünfte aus künstlerischer Tätigkeit unterliegen vielmehr - wie alle anderen Einkünfte aus selbständiger Arbeit (§ 18 EStG) - der Einkommensteuer, negative Einkünfte aus einer solchen Tätigkeit werden entweder ausgeglichen oder abgezogen; sie wirken sich also einkünftemindernd aus.

Bei anhaltenden Verlusten entsteht die Frage, ob steuerlich »Liebhaberei« vorliegt. Verluste aus einer solchen Liebhaberei sind steuerlich unbeachtlich, weil Liebhaberei eine Betätigung ist, die nicht Ausdruck eines wirtschaftlichen, auf Erzielung von Erträgen gerichteten Verhaltens ist, sondern auf privater Neigung beruht[7]. Liebhaberei in diesem Sinn liegt u.a. vor, wenn eine Betätigung auf Dauer gesehen nicht nachhaltig einen (Gesamt-)Gewinn erwarten läßt[7].

Wer also ab und an ein Klavierkonzert zu geben beabsichtigt, aufgrund seiner geringen Fähigkeiten aber kaum Zuhörer findet und deshalb langfristig keinen Gewinn erspielen kann, kann die Kosten für die Konzerte (Reisekosten, Saalmiete, Programmdruck, aber auch die Anschaffung des häuslichen Flügels) nicht als Betriebsausgaben abziehen. Daß Eltern, die ihre Kinder das Klavierspiel erlernen lassen, die Kosten für das Klavier und den Unterricht steuerlich nicht abziehen können (vgl. dazu unten III.8.), ist ohnehin zweifelsfrei, da insoweit Aufwendungen der Lebensführung vorliegen (§ 12 Nr. 1 Satz 2 EStG), die steuerlich nicht berücksichtigt werden können.

Allerdings sind Aufwendungen des Steuerpflichtigen für seine eigene Berufsausbildung in einem nicht ausgeübten Beruf bis zu 900 DM im Kalenderjahr als Sonderausgaben abziehbar (§ 10 Abs. 1 Nr. 7 EStG). Wenn indessen ein Steuerpflichtiger lediglich zu seinem Vergnügen das Klavierspielen erlernt, kann er

---

6 Vgl. hierzu insbes. die Beschlüsse des Großen Senats des BFH vom 25. Juni 1984 GrS 4/82 unter C.I.1., BFHE 141, 416, BStBl. II 1984, 757; vom 27. November 1989 GrS 1/88 unter C.II.4., BFHE 158, 563, BStBl. II 1990, 160 m.w.N.; siehe ferner *Offerhaus*, Stbg 1989, 324 f.

7 BFH-Urteil vom 22. November 1979 IV R 88/76, BFHE 129, 269, BStBl. II 1980, 152 m.w.N.

selbst diesen niedrigen Sonderausgabenhöchstbetrag nicht ausnutzen; denn als Berufsausbildungskosten werden nur solche Aufwendungen anerkannt, die in der erkennbaren Absicht getätigt werden, aufgrund der erlangten Ausbildung eine Erwerbstätigkeit auszuüben[8].

2. *Musik und Kunst*

Ist die musikalische Betätigung eines Steuerpflichtigen nicht nur steuerrechtliche Liebhaberei oder privates Hobby, so unterliegen die Einkünfte aus dieser Betätigung der Einkommensteuer. Ist der Musiker steuerrechtlich als Arbeitnehmer tätig, hat er Einkünfte aus nichtselbständiger Arbeit (§ 19 EStG). Sein Arbeitgeber hat Lohnsteuer von dem Bruttogehalt einzubehalten; diese Lohnsteuer wird auf die Einkommensteuer des Musikers angerechnet (vgl. dazu nachfolgend 3.). Ist der Musiker dagegen selbständig tätig, hat er Einkünfte aus selbständiger Arbeit (§ 18 EStG), wenn er eine künstlerische, unterrichtende oder erzieherische Tätigkeit ausübt. Ansonsten lägen einkommensteuerrechtlich Einkünfte aus Gewerbebetrieb (§ 15 EStG) vor, für die nicht nur Einkommensteuer, sondern auch Gewerbesteuer anfällt. Bei musikalischer Betätigung stellt sich deshalb häufig die Frage, ob sie »künstlerisch« ist.

Es gibt keinen allgemein verbindlichen Kunstbegriff. Was Kunst ist, läßt sich begrifflich nur schwer erfassen, weil hierfür in verschiedenen Gesellschaften und Epochen unterschiedliche Maßstäbe angelegt werden[9]. Die Steuerrechtsprechung hat indessen einige Kriterien erarbeitet, die einen Rahmen festlegen, innerhalb dessen von künstlerischer Tätigkeit gesprochen werden kann. Danach ist maßgebend,

- ob eine freie, eigenschöpferische Leistung vorliegt,
- ob sich innerhalb dieser Leistung die individuelle Anschauungsweise und Gestaltungskraft durch das Medium einer bestimmten Formensprache widerspiegeln und
- ob neben einer hinreichenden Beherrschung der Technik der betreffenden Kunstart eine gewisse künstlerische Gestaltungshöhe erreicht wird[10].

Dagegen ist es für das Merkmal der künstlerischen Tätigkeit unerheblich, aus welcher Zielrichtung heraus der Künstler schafft und wozu das von ihm Geschaffene verwendet wird[10].

In der Leitung eines kleinen Orchesters mit beim Orchesterleiter angestellten Ensemblemitgliedern hat der BFH eine künstlerische Tätigkeit gesehen[11]. Dabei ging er davon aus, daß »die Tätigkeit des Ensembles im ganzen künstlerischen Charakter hat«. Dies allein hätte indessen nicht ausgereicht, auch den Leiter als künstlerisch tätig anzusehen. Da der Leiter aber selbst komponierte und Kompositionen anderer Komponisten auswählte, die Stücke einstudierte und das Ensemble - bei wechselnden Mitgliedern - seine spezielle Art von Musik darbot, hat der

---

8 BFH-Urteil vom 17. November 1978 VI R 139/76, BFHE 126, 437, BStBl. II 1979, 180.
9 BFH-Urteil vom 19. August 1982 IV R 64/79, BFHE 136, 474, BStBl. II 1983, 7.
10 BFH-Urteil vom 11. Juli 1991 IV R 33/90, BFHE 165, 362, BStBl. II 1992, 353 m.w.N.
11 BFH-Urteil vom 27. Juni 1985 I R 22/81, BFH/NV 1985, 17.

Leiter »aufgrund eigener Fachkenntnisse leitend und eigenverantwortlich eine künstlerische Leistung erbracht«.

Der BFH sah auch die Darbietungen eines Tanz- und Unterhaltungsorchesters, dessen Mitglieder als solche nebenberuflich tätig waren, als »künstlerische Tätigkeit« an, wenn sie einen bestimmten Qualitätsstandard erreichen. Das oberste Steuergericht zeigte sich dabei sehr fortschrittlich und meinte: »Ebenso wie die musikalische Betätigung im Bereich der Jazz-, Pop- und Rockmusik kann auch die Darbietung von Tanz- und Unterhaltungsmusik eine ›künstlerische Tätigkeit‹ im Sinne des § 18 Abs. 1 Nr. 1 EStG sein.«[12] Ob die Richter dann aber nicht zu viel forderten, lasse ich dahingestellt. Jedenfalls meinten sie, bei der Beurteilung eines Ensembles »spielen die Präzision im Zusammenspiel, die spezifische Artikulation sowie die Phantasie und Prägnanz bei der Darbietung improvisierter Teile eine Rolle«[12]. Weil Juristen sich zwar viel, aber nicht alles zutrauen, heißt es dann weiter: »Da ein musikalischer Laie zu diesen Bewertungen kaum im Stande sein wird, kann die Frage, ob im Einzelfall eine künstlerische Tätigkeit vorliegt, häufig nur aufgrund eines Gutachtens getroffen werden.«[12]

Erteilt ein Orchestermusiker nebenberuflich Musikunterricht, so kann diese Unterrichtstätigkeit als »künstlerisch« anzusehen sein, wenn der Unterricht nach Gegenstand und Ziel und nach dem Ausbildungsstand der Schüler ein gewisses Niveau erreicht. »Eine solche Lehrtätigkeit kann nur dann künstlerischen Charakter haben, wenn der Lehrer selbst die Fähigkeiten eines Musikers besitzt, die als künstlerisch gewertet werden können.«[13] Die Entscheidung ist zu § 34 Abs. 4 EStG ergangen, zu einer Vorschrift, die eine steuerliche Begünstigung für wissenschaftliche und künstlerische Tätigkeiten vorsah. Nachdem diese Vorschrift abgeschafft worden ist und derartige Nebentätigkeiten mit dem normalen Einkommensteuersatz steuerpflichtig sind, kommt es allerdings auf die Qualifizierung der Unterrichtstätigkeit als »künstlerisch« nicht mehr an; denn in jedem Fall ist die Tätigkeit »unterrichtend« und schon deshalb eine selbständige im Sinne des § 18 EStG.

Dagegen übt eine (ausländische) Konzertdirektion, die sich gegenüber einem inländischen Veranstalter verpflichtet, im Inland durch Dritte künstlerische Leistungen erbringen zu lassen, eine gewerbliche Tätigkeit aus[14]. Der Veranstalter einer Kunstveranstaltung ist also nicht auch künstlerisch tätig, und zwar ebensowenig wie ein Verleger eine schriftstellerische oder wissenschaftliche Tätigkeit erbringt.

Auch wer ein Musikinstrument herstellt, repariert oder instandhält, ist kein »Künstler«. Deshalb entschied der BFH, daß ein Klavierstimmer selbst dann keine künstlerische Tätigkeit ausübt, wenn er ausschließlich Instrumente stimmt, die von namhaften Pianisten bei Konzerten und Tonaufnahmen verwendet werden[15]. In dem Urteil heißt es: »Die hochentwickelte manuelle Geschicklichkeit, die Tongebung, die rhythmische Genauigkeit, die Sauberkeit der Intonation sowie

---

12 BFH-Urteil vom 19. August 1982 IV R 64/79, BFHE 136, 474, BStBl. II 1983, 7.
13 BFH-Urteil vom 12. April 1984 IV R 97/81, BFHE 141, 42, BStB II 1984, 491.
14 BFH-Urteile vom 20. Juni 1984 I R 230/81 und I R 240/81, beide nicht veröffentlicht.
15 BFH-Urteil vom 22. März 1990 IV R 146/88, BFHE 160, 253, BStBl. II 1990, 643.

die Wendigkeit in der Umsetzung des musikalischen Textes (sind) als die wesentlichen Kennzeichen für künstlerische Fähigkeiten anzusehen . . . Von diesen Elementen kann der Kläger lediglich zwei, nämlich Tongebung und Intonation, beeinflussen.«[15] Der BFH gesteht dem Klavierstimmer zwar zu, »daß für eine Tätigkeit, wie er sie ausübt, außergewöhnliche, nicht erlernbare Musikalität erforderlich ist«. Allein sein Produkt ist nicht Kunst. In einem Vergleich vereinfacht ausgedrückt, ist eben derjenige, der einem Spitzensportler täglich die Rennskier wachst, nicht seinerseits ein Sportler, sondern ein Handwerker.

3. *Musiker und Selbständigkeit*

Wenn man einem Künstler sagt, er sei unselbständig tätig, wird er das nicht verstehen (wollen), wo doch Kunst, wie unter III.2. ausgeführt, »eigenschöpferisch« zu sein hat. Gleichwohl ist es so. Der Orchestermusiker ist zumeist steuerrechtlich Arbeitnehmer, der Chorsänger ebenso. Auch der festangestellte Opernsänger ist Arbeitnehmer und deshalb mit seinem Gehalt lohnsteuerpflichtig (vgl. III.2.).

Musiker, die nebenberuflich in einer Gaststätte spielen, werden ebenfalls als Arbeitnehmer beurteilt, und zwar als Arbeitnehmer des Gastwirtes, es sei denn, (a) sie spielen nur gelegentlich (etwa nur für einen Abend oder für ein Volksfestwochenende), (b) die Musiker haben sich untereinander zu einer Gesellschaft zusammengeschlossen (hier fehlt es an der vertraglichen Beziehung »Wirt-Musiker«) oder (c) die einzelnen Musiker sind Arbeitnehmer des Kapellenleiters[16]. Spielen Musiker dagegen (einmalig) auf Feiern von Privatpersonen, so sind sie regelmäßig nicht Arbeitnehmer dieser Personen; letztere haben deshalb auch keine Lohnsteuer einzubehalten.

Bei einem Opernsänger hat der BFH bei einer länger als sieben Tage dauernden Gastspieltätigkeit eine selbständige Tätigkeit jedenfalls dann angenommen, wenn der Sänger sich nur für die Übernahme *einer* Rolle, wenn auch in mehreren Aufführungen innerhalb einer Spielzeit verpflichtete[17]. Die Bundesrichter meinten, daß ein solcher Opernsänger nicht in den »Betrieb« der Oper »eingegliedert« sei, bei der er sich zu Gastspielen verpflichtete. In einer anderen Entscheidung heißt es: »Unselbständigkeit wird in der Regel gegeben sein, wenn sich ein Künstler auf längere Zeit verpflichtet und in das Unternehmen einordnet. Es ist in erster Linie von Bedeutung, ob der zur Leistung Verpflichtete während der Dauer des Vertrages als frei oder als unfrei anzusehen ist. Dem Vertrag der Klägerin (einer Opernsängerin) ist - z.B. auch auf Grund der Probenverpflichtung - zu entnehmen, daß das Theater in B nach den Verhältnissen des Berufs einer Opern- und Operettensängerin im wesentlichen über die Arbeitskraft der Klägerin verfügt. Das spricht für ein Arbeitnehmerverhältnis.«[18]

Nach dem letzten Urteil kann ein Opernsänger auch mehrere unselbständige

---

16 BFH-Urteil vom 10. September 1976 VI R 80/74, BFHE 120, 465, BStBl. II 1977, 178.
17 BFH-Urteil vom 24. Mai 1973 IV R 118/72, BFHE 109, 357, BStBl. II 1973, 636.
18 BFH-Urteil vom 6. November 1970 VI 385/65, BFHE 100, 320, BStBl. II 1971, 22.

Arbeitsverhältnisse gleichzeitig und nebeneinander (bei verschiedenen Bühnen) haben.

Zu einer ähnlichen Erkenntnis kommt der Umsatzsteuersenat des BFH. Er bejahte die Selbständigkeit einer gastspielverpflichteten Opernsängerin und damit ihre Unternehmereigenschaft und Umsatzsteuerpflicht, wenn sie aufgrund der Gastspielverträge hinsichtlich des Inhalts und weitgehend auch hinsichtlich des Orts und der Zeit ihrer Tätigkeit nicht an die Weisungen der jeweiligen Bühnenleitung gebunden ist. Merkmale für die Selbständigkeit sind dabei nach dieser Entscheidung unter anderen: Bindung nur für bestimmte Tage an den jeweiligen Bühnenbetrieb, geschäftliche Beziehungen zu mehreren Auftraggebern, Verlust des Honoraranspruchs bei Verhinderung wegen Krankheit oder aus anderen persönlichen Gründen, Fehlen eines Urlaubsanspruchs[19]. Dagegen spricht es nicht gegen die Selbständigkeit, daß die Opernsängerin in die Probenpflicht und den Spielplan eingeordnet war[19]. Für die Selbständigkeit kommt es nach diesem Urteil ferner nicht darauf an, wie erfolgreich die jeweilige Vorstellung, etwa hinsichtlich der Besucherzahl, gewesen ist[19]. Schließlich hält es der BFH in dieser Entscheidung für denkbar, daß ein Opernsänger nicht nur gleichzeitig bei mehreren Bühnen verschiedene Dienstverhältnisse hat, sondern auch daß ein und derselbe Opernsänger bei einer Bühne als Unselbständiger beschäftigt ist und gleichzeitig bei einer anderen Bühne selbständig tätig ist.

4. *Der Musiker und seine Fortbildung*

Ausbildungskosten sind, wie unter III.1. dargelegt, als Sonderausgaben mit niedrigen Höchstbeträgen abziehbar. Fortbildungskosten werden dagegen bei einem angestellten Musiker (Arbeitnehmer) als Werbungskosten, bei einem selbständigen Musiker als Betriebsausgaben voll zum Abzug zugelassen. (Berufs-) Fortbildungskosten sind Aufwendungen, um sich in dem bereits erlernten Beruf fort- und weiterzubilden, um also die bisherigen Kenntnisse zu vertiefen oder zu erweitern. Die Kosten eines Zweitstudiums können unterschiedlich beurteilt werden, je nachdem, ob das Zweitstudium die bisherigen Fähigkeiten im wesentlichen nur erweitert (Fortbildung) oder ob es zu einem neuen Beruf führt (Ausbildung).

Der BFH hat ein vier Semester dauerndes Hochschulstudium der Fächer Musik und Musikwissenschaft eines Gymnasialrats als Beamter des gehobenen Dienstes mit dem Ziel, Studienrat und damit Beamter des höheren Dienstes zu werden, als Ausbildung und nicht als Fortbildung gewertet, weil der Studierende durch die Übernahme in den höheren Dienst die Möglichkeit erhalten habe, künftig in höhere Besoldungsstufen innerhalb dieser Laufbahn aufzusteigen[20]. Dagegen wurden die Aufwendungen eines hauptamtlichen B-Schein-Kirchenmusikers für ein zweites Hochschulstudium mit dem Ziel, das A-Examen zu machen, als Fortbil-

---

19 BFH-Urteil vom 9. August 1990 V R 115/85, UStR 1991, 138.

20 So BFH-Urteil vom 22. Oktober 1982 VI R 115/79, zitiert im BFH-Urteil vom 14. Februar 1992 VI R 26/90, BFHE 167, 127, BStBl. II 1992, 556.

dungskosten anerkannt, weil die nunmehr angestrebte Befähigung nicht ein anderer Beruf oder eine andere Berufsart sei[21]. Kirchenmusiker = Kirchenmusiker, könnte man sagen, unabhängig davon, welchen Qualifizierungsschein er besitzt. Anders sah das Finanzgericht (FG) Hamburg die Rechtslage bei einem Steuerpflichtigen, der acht Semester Musiktheorie studiert und ein Abschlußdiplom der Hochschule für Musik und darstellende Kunst erworben hatte. Dieser Steuerpflichtige studierte im Anschluß an die Diplomprüfung an einer anderen Hochschule das Fach Tonmeister. Dieses weitere Studium ist nach Auffassung des FG Hamburg kein Aufbaustudium, sondern begründet einen Berufswechsel[22]. Die Revision hiergegen ist beim BFH anhängig, so daß er diese Einzelfallproblematik noch klären wird[23].

Wenn eine als staatlich geprüfte Pianistin an einer Musikschule tätige Steuerpflichtige durch Bildungsmaßnahmen ihre pianistischen Fähigkeiten vertiefen und ihr Repertoire an Musikstücken erweitern will, ohne damit eine Ausbildung anzustreben, die mit einem Examen oder einer Prüfung abschließt, so wird vom BFH eine Berufsfortbildung anerkannt. Dem steht nicht entgegen, daß die Steuerpflichtige sich mit dieser Weiterbildung die Möglichkeit eröffnen will, gegebenenfalls in einem Orchester mitzuspielen oder als Solopianistin aufzutreten oder als Dozentin an einer Hochschule tätig zu sein. Dies wären zwar »andere Berufe« gegenüber dem ausgeübten Beruf. Die Weiterbildungsmaßnahmen können indessen auch in dem ausgeübten Beruf von Vorteil sein, so daß sie nicht zwingend auf eine Ausbildung abzielen und somit lediglich von einer Berufsfortbildung ausgegangen werden kann[24].

Aufwendungen einer Musiklehrerin für Konzertbesuche werden dagegen nicht als Fortbildungskosten zum Abzug zugelassen. Der BFH sieht derartige Aufwendungen auch bei einer Musiklehrerin als Kosten der Lebensführung an, die nach § 12 Nr. 1 Satz 2 EStG nicht abziehbar sind[25]. Die Begründung ist hart, aber wohl einleuchtend: »Solche Aufwendungen werden von zahlreichen kulturell interessierten Personen gemacht, die sie aus versteuerten Einkünften decken müssen. Sicher gibt es darunter auch Personen, die mit den Gebieten, auf die sich diese Veranstaltungen beziehen, nämlich Musik und Literatur, beruflich befaßt sind. Aus Gründen der steuerlichen Gerechtigkeit soll aber durch § 12 Nr. 1 Satz 2 EStG . . . verhindert werden, daß solche der privaten Lebenshaltung angehörenden Aufwendungen nur deswegen als Werbungskosten oder Betriebsausgaben geltend gemacht werden können, weil auch berufliche Interessen berührt sind.«[25]

---

21 BFH-Urteil vom 14. Februar 1992 VI R 69/90, BFHE 167, 502, BStBl. II 1992, 961.
22 EFG 1994, 27.
23 Aktenzeichen des BFH VI R 89/93.
24 BFH-Urteil vom 29. April 1991 VI R 107/88, BFH/NV 1991, 674.
25 BFH-Urteil vom 8. Februar 1971 VI R 76/68, BFHE 101, 393, BStBl. II 1971, 368.

5. *Die Sängerin und ihre Kleidung*

Daß man das vorzitierte Argument der »steuerlichen Gerechtigkeit« drehen und wenden kann, je nach eigenem Gerechtigkeitsempfinden, zeigen die folgenden Entscheidungen des BFH:

Eine selbständige Sängerin, die im Fernsehen und bei Festveranstaltungen auftritt, machte Aufwendungen für Kleidung, Friseur und Kosmetika in Höhe von fast 7000 DM geltend. Zunächst führte der BFH hierzu aus, »im Interesse der steuerlichen Gerechtigkeit (solle) verhütet werden«, daß Lebensführungskosten ausnahmsweise bei Einzelpersonen abziehbar werden könnten. Dann heißt es aber: »Dennoch kommt ein Abzug eines Teils der von der Klägerin geltend gemachten Aufwendungen ausnahmsweise deshalb in Betracht, weil die Anwendung des Aufteilungs- und Abzugsverbots im Streitfall nicht nur über seinen Sinn und Zweck hinausgreifen, sondern auch gegen das Gebot der materiellen Steuergerechtigkeit (sic!) und damit gegen ein höherrangiges Rechtsprinzip verstoßen würde.«[26]

Was in dieser Entscheidung noch als gerecht empfunden wurde, sah der BFH Jahre später als ungerechtfertigt an. Er änderte seine Rechtsprechung (vgl. dazu II.2.) und führte nunmehr aus: »Trägt eine selbständig tätige Sängerin bei ihren Bühnenauftritten und Fernsehauftritten bürgerliche Kleidung (Abendkleider, Garderobe im Folklore-Look, ausgesprochene Freizeitbekleidung), so sind die Aufwendungen für die Bekleidung nicht als Betriebsausgaben abziehbar, weil solche Gegenstände selbst dann nicht als Berufskleidung gewertet werden können, wenn sie eigens für bestimmte Veranstaltungen beschafft oder im einzelnen von den Auftraggebern vorgeschrieben waren.«[27] Den Wandel der Rechtsprechung begründete der BFH nicht näher. Man mußte sich mit den Heine-Worten trösten: »Nichts ist dauernd als der Wechsel.«

In einer späteren BFH-Entscheidung, die eine Schauspielerin und Fernsehansagerin betraf, wird dann allerdings eine Begründung nachgeliefert[28]: Es ist kein objektiver Maßstab gegeben, »nach dem die Aufwendungen der Klägerin für Kleidung und Kosmetika vom normalen Aufwand zutreffend und in leicht nachprüfbarer Weise abgegrenzt werden können«. In einem weiteren Urteilsfall fällt die Begründung für die Nichtabziehbarkeit noch subtiler aus. In diesem Fall hatte eine Instrumentalsolistin Aufwendungen für Abendkleider und schwarze Hosen als Betriebsausgaben geltend gemacht. Das FG hatte diese Kosten zum Abzug zugelassen, weil die Klägerin die »schwarzen Hosen« beim Spielen des Instruments benötige. Dazu der BFH: »Mit dieser Feststellung nimmt das FG offensichtlich auf die Darstellung der Klägerin bezug, das Instrument müsse wegen seiner Größe beim Spielen zwischen die Knie genommen werden, weshalb ein Rock hinderlich sei. Das ändert jedoch nichts daran, daß es sich bei diesen Hosen um Kleidungsstücke handelt, wie sie allgemein zur Damenmode gerechnet werden.«[29]

---

26 BFH-Urteil vom 11. November 1976 IV R 3/73, BB 1978, 1293.
27 BFH-Urteil vom 7. Juni 1984 IV R 81/82, BFH/NV 1986, 160.
28 BFH-Urteil vom 6. Juli 1989 IV R 91-92/87, BFHE 158, 221, BStBl. II 1990, 49.
29 So BFH-Urteil vom 18. April 1991 IV R 13/90, BFHE 164, 419, BStBl. II 1991, 751.

Auch die »Kleider« der Solistin, die der BFH als »festliche Garderobe« ansah, rechnete er zur bürgerlichen Normalkleidung, weil »eine private Nutzungsmöglichkeit auch nur bei gelegentlichen besonderen privaten Anlässen objektiv nicht ganz oder jedenfalls nicht nahezu ausgeschlossen werden kann.«[29] Und was privat genutzt werden kann, kann keine Berufskleidung sein.

6. *Der Musiker und seine Instrumente*

Mit Instrumenten ist es ähnlich wie mit Kleidern (vgl. III.5.): Sie können beruflich und privat genutzt werden. Im ersten Fall sind die Aufwendungen dafür Werbungskosten oder Betriebsausgaben, im zweiten sind sie steuerlich nicht abziehbar. Kauft ein Mathematiklehrer einen Computer oder ein Deutschlehrer ein Lexikon, weiß man zunächst auch nicht, ob sie diese Gegenstände beruflich oder privat einsetzen.

Ist der Musiker unselbständig tätig (vgl. zuvor III.3.), so kann er Aufwendungen für sog. Arbeitsmittel gemäß § 9 Abs. 1 Nr. 6 EStG als Werbungskosten abziehen. Als Arbeitsmittel sieht die BFH-Rechtsprechung Wirtschaftsgüter an, die unmittelbar der Tätigkeit des Arbeitnehmers zu dienen bestimmt sind. »Die Gegenstände müssen ausschließlich oder zumindest weitaus überwiegend nur zur Einnahmeerzielung beruflich genutzt werden. Eine geringfügige private Mitbenutzung ist unschädlich. Ob diese Voraussetzungen gegeben sind, ist unter Würdigung aller Umstände nach der tatsächlichen Zweckbestimmung, d.h. nach der Funktion des Wirtschaftsgutes im Einzelfall, festzustellen.«[30] Das gleiche Instrument kann deshalb bei dem einen Steuerpflichtigen ein Arbeitsmittel, bei dem anderen dagegen ein Gegenstand der Privatnutzung sein.

Unter Berücksichtigung dieser Grundsätze hat der BFH einen neuen Flügel, den eine Dozentin an einem städtischen Konservatorium und Korrepetitorin für Examenskandidaten auf dem Gebiet der Musik für 30 000 DM erwarb, als Arbeitsmittel anerkannt[30]. Dabei spielte die bezeichnete Berufstätigkeit der Steuerpflichtigen eine wichtige Rolle, weil sie »auf dem Flügel zu Hause in erheblichem Umfang« üben müsse. Denn bei dieser Berufstätigkeit »werden ungleich höhere Anforderungen an das Klavierspiel gestellt als etwa an eine Musiklehrerin an einem Gymnasium«[31]. Weiter heißt es in der BFH-Entscheidung: »Die Höhe des Aufwandes spricht daher im Streitfall nicht für eine private Mitveranlassung von nicht unerheblicher Bedeutung.« Unschädlich war nach Auffassung der Richter in diesem Fall auch, daß die Dozentin auf dem Flügel »gelegentlich private häusliche Kammermusikabende veranstaltet hat« und also den Flügel auch privat nutze[30]. Viel zurückhaltender zeigte sich der BFH bei einem Gymnasiallehrer, der u.a. Musik unterrichtete. Hier war entscheidend, wie oft der Lehrer wöchentlich Musikunterricht erteilt hat, in welchen Klassen das geschehen ist, ob darunter sich

30 Ständige BFH-Rechtsprechung, vgl. das BFH-Urteil vom 21. Oktober 1988 VI R 18/86, BFHE 155, 310, BStBl. II 1989, 356.

31 Man hört es fast, wie die Musiklehrerin vor Wut mit Fortissimo und Stakkato in die Tasten haut, falls sie das lesen sollte.

u.a. Musikförderklassen befunden haben, welche Vorbereitungszeiten hierzu er hat regelmäßig aufwenden müssen, sowie ob und inwieweit gerade die Vorbereitung auf einem Konzertflügel erforderlich gewesen ist[32].

Ähnlich restriktiv sind die Ausführungen des BFH bei einem Lehrer, der an einer allgemeinbildenden Schule u.a. Musik unterrichtete und der die Aufwendungen für ein Cembalo als Werbungskosten anerkannt wissen wollte. Das oberste Steuergericht meinte, die Anschaffung eines Cembalo durch einen Musiklehrer unterscheide sich von dem Fall, daß ein Konzertpianist einen Flügel erwirbt. »Denn bei letzterem ist das Beherrschen des Instruments die Grundlage seiner wirtschaftlichen Existenz, so daß eine intensive berufliche Nutzung ohne weiteres angenommen werden kann. Demgegenüber ist im . . . Musikunterricht das Vorspielen und die Besprechung von Musikbeispielen der Barockmusik für Cembalo jedenfalls in der Regel nur von untergeordneter Bedeutung.«[33] Hätte der Musiklehrer auf dem Cembalo dagegen Privatunterricht erteilt und hierfür Einnahmen auf selbständiger Tätigkeit erzielt, wäre dem Abzug der Aufwendungen für die Anschaffung des Cembalos nichts im Wege gestanden. Man erkennt daraus, daß es - wie erwähnt - stets auf die konkrete Nutzung des Instruments im jeweiligen Einzelfall ankommt.

Noch schwieriger ist die steuerrechtliche Beurteilung, wenn es um die Abziehbarkeit von Aufwendungen für Geräte der Unterhaltungselektronik geht. Grundsätzlich kann man davon ausgehen, daß jeder Bürger heute aus privaten Gründen ein Fernsehgerät, vielleicht auch eine Stereoanlage und einen Videorecorder besitzt. Eheleute - der Ehemann war Musikdozent, die Ehefrau Musiktherapeutin - schafften sich derartige Geräte an und machten geltend, sie überwiegend beruflich zu nutzen. Der BFH stellte dazu (fast lapidar) fest, es bestehe »ein Erfahrungssatz, daß Geräte der Unterhaltungselektronik regelmäßig auch im privaten Interesse angeschafft werden. Er kann entkräftet werden, wenn ein Beteiligter die ernsthafte Möglichkeit darlegt, daß im konkreten Einzelfall eine vom Erfahrungssatz abweichende Gestaltung vorliegt . . . Die Bekundung der Kläger allein vermag den Anscheinsbeweis der privaten Mitbenutzung der Geräte nicht zu widerlegen.«[34] Die Kläger hätten also Aufzeichnungen, Zeugen oder andere Beweismittel beibringen müssen, um den Erfahrungssatz zu entkräften, daß sie die Gegenstände der Unterhaltungselektronik privat kaum nutzen.

7. *Die Musikgruppe als Lebensmittelpunkt*

Hat ein Arbeitnehmer zwei Wohnungen, von denen er sich abwechselnd zu seiner Arbeitsstätte begibt, so werden vom BFH die Aufwendungen für seine Fahrten von der weiter von der Arbeitsstätte entfernt liegenden Wohnung nur dann als steuerlich relevante Fahrten zwischen Wohnung und Arbeitsstätte anerkannt, wenn die weiter entfernt liegende Wohnung der örtliche Mittelpunkt der Lebens-

32 Vgl. das BFH-Urteil vom 10. Oktober 1986 VI R 193/83, BFH/NV 1987, 88.
33 BFH-Urteil vom 30. April 1993 VI R 99/89, BFH/NV 1993, 722.
34 BFH-Urteil vom 27. Mai 1993 VI R 54/90, BFH/VN 1994, 18.

interessen des Arbeitnehmers ist. Bei einem verheirateten Arbeitnehmer ist der Lebensmittelpunkt regelmäßig der Ort, an dem seine Familie lebt. Bei einem unverheirateten Arbeitnehmer ist der Mittelpunkt seiner Lebensinteressen anhand von Indizien, insbesondere den persönlichen Beziehungen zu einem Ort, zu ermitteln. Die persönlichen Beziehungen und damit die Verwurzelung an einem Ort können nach der BFH-Rechtsprechung ihren Ausdruck in Bindungen an Personen (Eltern, Verlobte, Freunde) und in anderen Beziehungen wie Vereinszugehörigkeiten und sonstigen Aktivitäten finden[35]. In einem Urteilsfall vom 2. August 1985[35] akzeptierte der BFH, daß der Arbeitnehmer »durch seine Tätigkeit bei Musikgruppen eine besondere Bindung zum Heimatort« habe. Es zeigt sich, daß Musik nicht nur entspannend, sondern auch steuermindernd wirken kann.

8. *Musik und Kinderbetreuung*

Nach § 33a Abs. 3 EStG a.F. waren Aufwendungen, die dem Steuerpflichtigen für Dienstleistungen zur Beaufsichtigung oder Betreuung eines Kindes erwachsen, steuerlich abziehbar. Vergütungen, die Eltern für den Einzelmusikunterricht ihres Kindes leisteten, wurden vom BFH als steuermindernde Kinderbetreuungskosten anerkannt[36]. Diese musikfreundliche Rechtsprechung wurde alsbald vom Steuergesetzgeber konterkariert. Er fügte in den neuen § 33c EStG, nach dem Kinderbetreuungskosten in gewissem Umfang steuerlich abgezogen werden können, einen neuen Satz ein, der die Musikerziehung der Kinder als privates Vergnügen der Eltern versteht. Die neue Formulierung lautet: »Aufwendungen für Unterricht, die Vermittlung besonderer Fähigkeiten, sportliche und andere Freizeitbetätigungen werden nicht berücksichtigt« (§ 33c Abs. 1 Satz 5 EStG n.F.).

9. *Die Musik und die Zeit*

Es gäbe noch zahlreiche Entscheidungen des obersten Steuergerichts zu Fragen der Musik und zu deren steuerlicher Bedeutung; viele sind auch zu anderen Steuerarten ergangen, auf die hier aber nicht eingegangen werden kann. Nur eine soll noch erwähnt werden, um zu zeigen, zu welchen technischen Überlegungen und Wertungen Steuerrichter vom Gesetzgeber gezwungen werden.

Bei Wareneinfuhren kommt es für die Höhe des Zolls auf die Einordnung der Waren in bestimmte Tarifgruppen an. Ist der Gegenstand der Einfuhr ein »Empfangsgerät für Rundfunk«, also ein Radio, so wird er der Tarifnummer 85.15 A III b 2 des Gemeinsamen Zolltarifs (GZT) zugeordnet. Ist der Gegenstand dagegen eine »andere Uhr«, dann gehört er zur Tarifnummer 91.04 GZT. Streitig war vor dem BFH, wozu Radiouhren rechnen. Vom Wortlaut her weder zur einen noch zur anderen Tarifnummer. Deshalb mußte der BFH das Merkmal der Radiouhr feststellen, das ihren Charakter bestimmt. Er führte dazu aus: »Der Charakter der Ware kann sich z.B. aus der Beschaffenheit, aus ihrem Umfang, ihrer Menge, ih-

35 Vgl. BFH-Urteil vom 2. August 1985 VI R 171/82, BFH/NV 1986, 89.
36 BFH-Urteil vom 23. September 1986 III R 317/84, BFHE 148, 29, BStBl. II 1987, 112.

rem Gewicht, ihrem Wert oder der Bedeutung eines Stoffes bzw. Bestandteiles in bezug auf die Verwendung der Ware ergeben.«[37] Danach kamen die Richter zu einer eher persönlichen Wertung, wenn sie entschieden: »Das maßgebende Kriterium für die Entscheidung der Frage nach dem charakterbestimmenden Bestandteil ist nach Auffassung des Senats die Bedeutung, die die beiden Bestandteile (Uhr oder Radio) in bezug auf den objektiven Verwendungszweck der Waren haben. Die Geräte enthalten ein voll funktionsfähiges Radioempfangsgerät, das als solches unabhängig von der Uhr verwendbar ist. Das gleiche gilt von dem Uhrenbestandteil. Schon bei Betrachtung dieser beiden Funktionen ohne ihre durch die Geräte ermöglichte Kombination ergibt sich eine überwiegende Bedeutung des Radioempfangsgeräts. Denn der potentielle Käuferkreis der Geräte ist im Regelfall für das Ablesen der Uhrzeit auf den Uhrenteil des Gerätes nicht angewiesen.«[37]

Man erkennt, Musik ist zeitlos. Auf das, was aus dem Radio erschallt, ist man angewiesen. Das, was die Radiouhr zeigt, tritt in den Hintergrund. Man kann es auch anders ausdrücken: Ohne Musik kam die Menschheit fast nie aus; ohne (technische) Uhren konnte sie jahrtausendelang existieren.

IV. *Fazit*

Die Musik und die Steuern haben Trennendes und Verbindendes:

Musik wird angenehm empfunden. (»Mit Musik geht alles besser«, heißt es in einem Schlager.) Steuern zahlt dagegen fast niemand gern. (»Was hilft es Dir, damit zu prahlen, Daß Du ein freies Menschenkind? Mußt Du nicht pünktlich Steuern zahlen, Obwohl sie Dir zuwider sind?«, Wilhelm Busch).

Beide begleiten uns das ganze Leben. So sagt ein deutsches Sprichwort: Sterben und Steuern zahlen muß der Mensch überall. Und Friedrich Nietzsche meinte: Ohne Musik wäre das Leben ein Irrtum.

37 BFH-Urteil vom 3. Juli 1984 VII K 4, 12-13/82, BFHE 141, 388.

Johannes Overath

Gottesdienstliche Musik als geistiges Eigentum

Die bekannten Entscheidungen des Bundesverfassungsgerichts (BVfG) vom 7. Juli 1971 (31, 229) und 25. Oktober 1978 (49, 382), die dem Recht am geistigen Eigentum die im Grundgesetz nur für Sachgüter konzipierte Eigentumsgarantie zuerkannten, haben eine längere Vorgeschichte, die mit einigen Daten und Vorgängen in dieser Festschrift zum 65. Geburtstag von Prof. Dr. Reinhold Kreile, Vorstand und Generaldirektor der GEMA, mit besten Wünschen für fruchtbare Zusammenarbeit zur Förderung der Kirchenmusik festgehalten werden soll.

1951 erhielt der Verfasser dieses Beitrages als Mitglied der Kirchenmusik-Kommission der Fuldaer Bischofskonferenz den Auftrag, einen urheberrechtlichen Vertrag zwischen kirchlichen Organisationen und der Gesellschaft für musikalische Aufführungs- und mechanische Vervielfältigungsrechte (GEMA), Sitz Berlin, vorzubereiten. Dem Vorsitzenden der Kirchenmusik-Kommission, Bischof Dr. W. Kempf, war im gleichen Jahr von Prof. Joseph Haas ein Memorandum vorgelegt worden, in dem wichtige Fragen des deutschen kirchenmusikalischen Kunstschaffens behandelt waren. Allerdings vertrat er darin noch die Auffassung, »das Gewohnheitsrecht, für kirchenmusikalische Aufführungen jeder Gattung im Rahmen einer liturgischen Handlung keinerlei Gebühren zu erheben, soll auch in Zukunft unangetastet bleiben«. Diese »Gedanken zum deutschen kirchenmusikalischen Kunstschaffen« erschienen sogar noch in der GEMA-Festschrift 1953, S. 81/82 (Musik und Dichtung - 50 Jahre deutsche Urheberrechtsgesellschaft).

Innerhalb der damals noch bestehenden »Internationalen Gesellschaft für Neue Katholische Kirchenmusik« (IGK), Sitz in Frankfurt am Main, der Prof. Joseph Haas als Gründungsmitglied angehörte, und der Kirchenmusik-Kommission wurde die urheberrechtliche Lage der Kirchenmusik Gegenstand mehrerer Beratungen, die schließlich die Notwendigkeit einer Reform des Urheberrechts zur gemeinsamen Überzeugung werden ließen. Mittlerweile hatte der Komponist Dr. jur. Willy Richartz, Mitglied des Aufsichtsrats der GEMA und »Sprecher des Deutschen Komponisten-Verbandes in Urheberrechtsfragen« seine Mitarbeit angeboten.

Mit dem damaligen Generaldirektor der GEMA, Erich Schulze, fand gegen Ende des Jahres 1952 eine erste Besprechung über das inzwischen in Zusammenarbeit mit den katholischen Organisationen vorbereitete Vertragswerk statt, das auf der Rechtsgrundlage des damals noch geltenden Urheberrechtsgesetzes erarbeitet worden war und abgeschlossen wurde, sowie über die z.Zt. diskutierten urheberrechtlichen Probleme der Kirchenmusik.

Am 13. Januar 1953 wurde zunächst der zweite Teil des Vertragswerkes zwischen den katholischen Organisationen und der GEMA in Bad Honnef unterzeichnet. Die Unterzeichnung fand statt zwischen Generaldirektor Erich Schulze und den Vorsitzenden der katholischen Organisationen in Anwesenheit des Bischofs Dr. W. Kempf von Limburg.

Die Unterzeichnung des ersten Teils des Vertragswerkes zwischen den Diözesen des Bundesgebietes Deutschland einschließlich Westberlin und der GEMA fand am 18. Mai 1953 nach erfolgter Zustimmung aller residierenden Bischöfe der Diözesen des Bundesgebietes Deutschland einschließlich Westberlin in Osterspai/Rh. statt.

Die in Anlage 6 des Vertrages beigefügte Pressenotiz wurde zur Kommentierung des Vertragswerkes, insbesondere der Präambel, vereinbart: »Anschließend an den kürzlich mit den katholischen Organisationen und der GEMA abgeschlossenen Vertrag ist am 18.5.1953 durch den Referenten der Fuldaer Bischofskonferenz, Bischof Dr. W. Kempf von Limburg, für alle Diözesen des Bundesgebietes Deutschland einschließlich Westberlin mit der GEMA ein Vertrag über Veranstaltungen der Kirchenchöre und Pfarrfamilien zustande gekommen. Dem Vertrag kommt dadurch eine besondere Bedeutung zu, als der deutsche Episkopat in Würdigung der Bedeutung der Kirchenmusik durch die Anerkennung der Urheberrechte zu weiterem künstlerischem Schaffen Anregung geben möchte. Der Vertrag bestätigt die Ansprüche der Komponisten auf angemessenen materiellen rechtlichen Schutz ihrer Werke, wenn sie zu fruchtbarem Kunstschaffen in der Lage sein sollen.«

Die schon in der Vorbereitungszeit des Vertragswerkes begonnene interdisziplinäre Zusammenarbeit von einem Juristen, einem Moraltheologen, einem Musikwissenschaftler und dem Sprecher der Komponisten für Urheberrecht ging inoffiziell weiter. Als Frucht dieser interdisziplinären Zusammenarbeit erschien im Mai 1954 die Schrift »Urheberrechtsreform - ein Gebot der Gerechtigkeit« (de Gruyter, Berlin) mit Beiträgen von Prof. Dr. Dr. Heinrich Lehmann, Köln, Prof. Dr. Dr. Dr. Gustav Ermecke, Paderborn, Prof. Johannes Overath, Bensberg und Dr. jur. Willy Richartz, München. Schon der Titel des ersten Beitrages von Prof. Heinrich Lehmann läßt aufmerken, weil er ein Programm auf Jahre gemeinsamer Arbeit ankündigt: »Die Neuordnung der Güterwelt nach ihrem wahren Lebenswert«, dem eine sozialethische und musikwissenschaftliche Abhandlung zum geistigen Eigentum folgt. Der letzte Artikel befaßt sich mit den Forderungen der Musikschöpfer an das in Vorbereitung befindliche neue Urheberrechtsgesetz.

Auf den Internationalen Kirchenmusiktagen vom 28. - 31. August 1954 in Fulda, veranstaltet von der IGK, behandelte in der Festakademie dieser Tagung der Verfasser dieses Berichtes in seinem Vortrag »Die Kirchenmusik und die Urheberrechtsreform« vor einem Forum von Komponisten aus acht Ländern in Anwesenheit der Vertreter der Kirche, des Staates und der Stadt sowie der Mitglieder der Gesellschaft. Bezugnehmend auf die oben erwähnte interdisziplinäre Schrift schlossen die Darlegungen mit drei konkreten Vorschlägen:

1. »Eine gerechte Entlohnung der Komponisten, also auch der Kirchenkomponisten, muß in der Hauptsache von den stattgefundenen Aufführungen ausgehen. Die Entlohnung darf sich nicht wie bisher lediglich auf eine Entschädigung aus dem Verkauf gedruckter Noten beschränken, zumal aus dem Umsatz wertvoller Werke nicht einmal immer die Druckkosten hereinkommen. Wenn man berücksichtigt, daß Musik erst wirklich existiert, wenn sie erklingt und damit

auch als geistiges Eigentum in der Aufführung sich manifestiert, ist leicht einzusehen, welch besonderes Unrecht darin liegt, den Musikschöpfer gerade in seinen Aufführungsrechten beschneiden zu wollen.«

2. »Es sollte daher ein Entschädigungsanspruch für Musikaufführungen im Raum der Liturgie anerkannt und die praktische Regelung einer gerechten Entlohnung angestrebt werden. Freilich muß der kultische Charakter der liturgischen Musik, der sie von jeder anderen Art der Musik als Kunst für Gott wesentlich unterscheidet, hierbei Berücksichtigung finden. Daher müßte, ohne auf Einzelheiten näher einzugehen, um der Würde des Gottesdienstes willen das Meldewesen, Beurteilung und Bewertung sowie das Schätzungsverfahren in den Händen einer für den Gottesdienst verantwortlichen, d.h. kirchlichen, Kommission liegen.«
3. »Damit würde die Grundlage für ein wirkliches Musikurheberrecht im kirchlichen Raum und zugleich der Ansporn zu einem kontinuierlichen kirchenmusikalischen Schaffen gegeben. Überdies würde die Kundgebung eines solchen kirchlichen Rechtsempfindens die Gewissen wecken bei den Vorarbeiten zu einem neuen Urheberrechtsgesetz, das nur vom Geiste der Gerechtigkeit diktiert werden darf.«[1]

Am 27. Juli 1954, also wenige Tage vor den Fuldaer Kirchenmusiktagen, richteten die katholischen Kirchenkomponisten in Verbindung mit dem Allgemeinen Cäcilienverband für die Länder der deutschen Sprache (ACV) und der IGK eine Eingabe an die Fuldaer Bischofskonferenz betr. Entschädigungsanspruch für Musikaufführungen beim Gottesdienst. Die im Anschluß an die Kirchenmusiktage in Fulda tagende Bischofskonferenz faßte nachstehende Resolution: »Die Fuldaer Bischofskonferenz betont ihr Verständnis für die Bemühungen der Kirchenkomponisten um Wahrung ihrer Urheberrechte und beauftragt das Kirchenmusikreferat der Fuldaer Bischofskonferenz, ihr geeignete Vorschläge auszuarbeiten, die bei der Verwaltung der Aufführungsrechte die gebührende Rücksicht auf den kultischen Charakter der liturgischen Musik gewährleisten.«[2]

Auf der folgenden Bischofskonferenz am 6.11.1956 in Braunshardt konnte bereits die Geschäftsordnung der kirchlichen Wertungskommission für Musikaufführungen im Gottesdienst in Kraft gesetzt werden[3].

Die Arbeitsergebnisse dieser kirchlichen Kommission wurden entsprechend den kirchlichen Abmachungen zur weiteren Behandlung an die GEMA weitergeleitet. Diese als vorläufig gekennzeichnete Regelung sah die Zahlung einer Pauschalsumme von DM 10.000,- vor, die über die GEMA zur Verteilung kam.

In dieser außergesetzlichen Regelung kommt *die kirchliche Auffassung* zum Ausdruck, daß *das Urheberrecht ein auf dem Schöpfungsakt beruhendes naturgegebenes ursprüngliches Recht* ist, das vom Staat nicht verliehen, sondern anerkannt werden sollte und von ihm nicht beliebig beschränkt werden dürfe.

1 Vollst. Text in »Musik und Dichtung«, Organ für die Rechte der Urheber in aller Welt, Berlin, Jan. 1955, Nr. 3, 2-4.

2 Siehe: Der Allgem. Cäcilien-Verband für die Länder der dt. Sprache, Gestalt und Aufgabe, hg. v. Johannes Overath, Köln 1961, 133 f.

3 Der Allg. Cäc. Verb., a.a.O. 135 f.

In den vorausgehenden Diskussionen ist immer wieder darauf hingewiesen worden, daß eine geistige Schöpfung im wahrsten Sinne des Wortes nicht nur bereits vorhandenes Geistesgut darstellt, sondern es gehört zum Wesen eines sich selbst entfaltenden individuellen Geistes. Der künstlerisch schöpferische Mensch verhält sich der Welt gegenüber nicht nur empfangend, wie etwa der erkennende und denkende Mensch, sondern schöpferisch gestaltend. Er schafft nämlich eine neue Wirklichkeit, das Kunstwerk, in dem er seine natura individua unter Neugestaltung eines von ihm vorgegebenen Stoffes manifestiert. Das vom schöpferischen Künstler geschaffene Kunstwerk trägt seine besonderen Züge; es ist ein Stück seines Wesens. Was könnte mehr einem Menschen zu »eigen« sein als sein von ihm einmaliges und einzigartiges geschaffenes »Eigentum«! Es kann keine sachgerechte Regelung ohne Beachtung der Natur und Eigengesetzlichkeit dieses künstlerischen Phänomens gefunden werden.

Weil eine kirchliche Mitwirkung an der Lösung grundsätzlicher Fragen des gesellschaftlichen Lebens nicht nur den Blick auf ein Land beschränken kann, sondern notwendig international ausgerichtet bleiben muß, haben seit dem Jahre 1954, dem Jahr der Ausdehnung des Urheberrechts auf die liturgische Musik durch den Beschluß der Fuldaer Bischofskonferenz, auf allen internationalen Kongressen und Tagungen für Kirchenmusik, sowohl im Bereich des Allgemeinen Cäcilien-Verbandes für die Länder der deutschen Sprache als auch auf den internationalen Kongressen der seit 1963 von Papst Paul VI. errichteten Consociatio Internationalis Musicae Sacrae (C.I.M.S.), Sitz in Rom, Probleme des Urheberrechts einen festen Platz im Programm eingenommen - dokumentiert in den zahlreichen publizierten Kongreß- und Tagungsberichten, gleichzeitig ein beredtes Zeugnis einer für die beteiligten Urheber und Verwertungsgesellschaften ersprießlichen und freundschaftlichen Zusammenarbeit.

Im Hinblick auf die Rechtsentwicklung ist das gemeinsame Bemühen unserer beiden christlichen Kirchen zu erwähnen, das in den ausführlichen Darlegungen von Winfried Schulz, des Kirchenrechtlers an der Universitat Regensburg, in seinem Beitrag zur Neuordnung des Urheberrechts an kultischer Musik in der Bundesrepublik Deutschland (vor allem S. 16) zu Wort kommt[4].

Die oben genannte kirchliche Auffassung vom geistigen Eigentum wurde vom Bundesgerichtshof übernommen, wenn er sagt, der Urheber habe an seinem Werk ein naturgegebenes Eigentum, »das durch die positive Gesetzgebung nur seine Anerkennung und Ausgestaltung findet« (BGHZ 17, 278).

Der Ministerialentwurf zur Urheberrechtsreform aus dem Jahre 1959 macht infolgedessen dann dieser neuen Auffassung schon erhebliche Konzessionen, wenn er in der Einleitung zur Abgrenzung des Urheberrechts gegenüber den Interessen der Allgemeinheit ausdrückt, die Schranken des Urheberrechts, die die geltenden Gesetze vorsahen, gingen sehr weit und entsprächen nicht mehr den heutigen Anschauungen. Im ganzen gesehen verfolgt der Entwurf schon auch bei der Abgren-

---

4 Schulz, Winfried, Kirchenmusik und Urheberrechtsschutz in der Bundesrepublik Deutschland, Sonderdruck, publ. in »MUSICAE SACRAE MINISTERIUM« (Informationsdienst der C.I.M.S.), ANNO XVI, No. 2, 1979, Rom - Maria Laach.

zung des Urheberrechts gegenüber den berechtigten Interessen der Allgemeinheit das Ziel einer Verbesserung der Rechtsstellung des Urhebers. Dieselbe Linie verfolgt der Regierungsentwurf zur Urheberrechtsform 1962, obwohl er zugleich betonte, daß das Urheberrecht wie jedes absolute Recht sozialgebunden sei und gewissen Schranken im Interesse der Gemeinschaft unterliege. Das Urheberrechtsgesetz von 1965 brachte dann auch einige neue Rechte und Vergütungsansprüche für die Urheber und verminderte die Fälle einer freien Werknutzung, insbesondere verlängerte es die Schutzfrist von 50 auf 70 Jahre.

Trotzdem ist es ihm nicht gelungen, einen voll befriedigenden Ausgleich zwischen den Urheberinteressen und den Interessen der Gemeinschaft herbeizuführen und den Gedanken von Sozialbindung des Urheberrechts *in einer der Idee der Gerechtigkeit und des geistigen Eigentums voll entsprechenden Weise zu konkretisieren.*

Die weitere Klärung der Frage, welche Schranken die Sozialbindung des Urheberrechts zu rechtfertigen vermag, erfolgte nun maßgebend durch die Rechtsprechung des Bundesverfassungsgerichts. In seinem Beschluß vom 7.7.1971 (BVfG 31, 229) hatte es die Verfassungsmäßigkeit des sogenannten Schulbuchparagraphen zu überprüfen. Das Urheberrechtsgesetz von 1965 hatte die Übernahme von Werken in Kirchen-, Schul- und Unterrichtsbüchern ohne Genehmigung des Urhebers und vergütungsfrei zugelassen. Das BVfG billigte die Bestimmung nur bezüglich der Genehmigungsfreiheit, hielt aber die Vergütungsfreiheit für verfassungswidrig. Dabei machte es grundlegende Ausführungen zum Inhalt der Eigentumsgarantie, die es auch auf das Urheberrecht anwendete.

Den schutzwürdigen Interessen der Allgemeinheit, daß die Jugend im Rahmen des gegenwartsnahen Unterrichts mit dem Geistesschaffen vertraut gemacht wird, sei durch den Ausschluß der Zustimmungserfordernis genüge getan. Der Ausschluß eines Vergütungsanspruchs könne dagegen nicht durch jede Gemeinwohlerwägung gerechtfertigt werden.

Die Sozialbindung des Urheberrechts werde für den hier maßgeblichen Bereich durch den Ausschluß des Verbotsrechts konkretisiert. Für den Ausschluß des Vergütungsanspruchs lägen keine ausreichenden Gründe des Gemeinwohls vor. Dem Urheber dürfen also zugunsten der Allgemeinheit keine größeren Opfer auferlegt werden als anderen Erbringern von Leistungen. Die Sozialbindung ist beim Urheberrecht nicht stärker als bei anderen Rechten. Auf diese Entscheidung hin hat die Novelle vom 10.11.1972 dem § 46 Urheberrechtsgesetz einen Absatz hinzugefügt, der dem Urheber eine angemessene Vergütung für die Aufnahme seiner Werke in Kirchen-, Schul- und Unterrichtsbücher sichert.

Die in der Schulbuchentscheidung entwickelten Grundsätze wurden vom BVfG in dem Beschluß zur Kirchenmusik fortgeführt und fortentwickelt. In dieser Entscheidung hat das BVfG die Bestimmung des § 52 Abs. 1, Nr. 2 Urheberrechtsgesetz in soweit für nichtig erklärt, als die öffentliche Wiedergabe eines erschienenen Werkes bei einem Gottesdienst, einer kirchlichen Feier oder einer anderen Veranstaltung der Kirchen oder Religionsgemeinschaften des öffentlichen Rechts vergütungsfrei ist, wenn die Wiedergabe keinem Erwerbszweck dient, die Teilnehmer ohne Entgelt zugelassen werden und den ausübenden Künstlern keine besondere Vergütung gezahlt wird.

Hiermit hat das BVfG die von den Kirchen bereits seit 1954/6 eingeführte Praxis sanktioniert, nach der die Kirchen freiwillige Zahlungen an die GEMA zugunsten der Kirchenkomponisten leisteten. Das BVfG billigte zwar unter Bezugnahme auf den sozialen Bezug des geistigen Eigentums den Ausschluß des Verbotsrechts der kirchlichen Aufführungen – dagegen mißbilligte das BVfG die Vergütungsfreiheit der kirchlichen Aufführungen. Es liege sogar im Interesse der Kirchen und ihrer Mitglieder selbst, die Kirchenmusik durch Zahlung einer Vergütung zu fördern.

Das BVfG hat es aber abgelehnt, die Vergütungsfreiheit für § 52 Abs. 1 Nr. 1 generell für verfassungswidrig zu erklären. In diesem Bereich muß nach seiner Meinung unterschieden werden. Ob der Ausschluß der Vergütung im Einzelfall gerechtfertigt sei, hänge vom Charakter der einzelnen Veranstaltung ab. Es seien Veranstaltungen denkbar, die einen so starken »sozialen Bezug« haben, daß dem Urheber im Interesse der Allgemeinheit ein Verzicht auf einen Nutzungsausgleich zugemutet werden könnte.

Diesem durch das BVfG aufgestellten Grundsatz zur Konkretisierung des sozialen Bezugs des Urheberrechts suchte der Referentenentwurf zur Änderung des Urheberrechtsgesetzes von 1980 Rechnung zu tragen. Der Entwurf formulierte die Fälle der Vergütungsfreiheit sehr eng. Die generelle Vergütungspflicht der Aufführungen bei kirchlichen Veranstaltungen wird im Entwurf von 1980 ausdrücklich festgelegt. Es hat eine Diskussion über die Frage des Gemeindegesangs bei gottesdienstlichen Veranstaltungen gegeben[5]. Denn es handelt sich beim Gemeindegesang um keine Aufführung im eigentlichen Sinne. Beim Gemeindegesang singt jedes Gemeindemitglied für sich. Es will anderen nicht ein Werk darbieten. Ein Aufführungshonorar für den Gemeindegesang, der sich des Gesangbuches der Diözesen bedienen muß, widerspricht überhaupt einer Grundregel des Urheberrechts, daß nämlich der Urheber des Werks für dieselbe Verwertung des Werks keine doppelte Vergütung verlangen kann. Im Kaufpreis für das Gesangbuch ist aber bereits das Urheberentgelt für alle Fälle der Benutzung des Buches enthalten. Der zweite Grundsatz, der von der Sozialbindung des Urheberrechts, kann herangezogen werden, wenn man in dem Gesang des Liturgen, in der Intonation eines Liedes durch die Orgel und in der Begleitung eines Liedes eine Darbietung eines Werkes an die Öffentlichkeit erblickt. In diesen Fällen ist die Honorarfreiheit durch den starken sozialen Bezug der Werkwiedergaben gerechtfertigt. Sie bilden mit dem Vorlesegesang eine Einheit und einen gemeinschaftlichen Akt zur Verehrung Gottes. Das Gemeinschaftsinteresse an der gottesdienstlichen Gestaltung durch das Volk kann nicht geringer eingeschätzt werden als das Gemeinwohlinteresse, das beim Gesang von Wandergruppen im Spiel ist.

Im übrigen wird verwiesen auf die *Begründung zum Entwurf des Gesetzes zur Änderung von Vorschriften auf dem Gebiet des Urheberrechts der Bundesregierung vom 22. Dezember 1983 zu § 52 b,* gemäß derer der Gemeindegesang *nicht als Aufführung* im Sinne des Gesetzgebers angesehen werden kann:

---

5 Hier sei verwiesen auf die Schrift »Kult und Urheberrecht«, hrsg. vom Verfasser des Beitrages, 1980, Altötting.

»Der Entscheidung des Bundesverfassungsgerichts zur Kirchenmusik wird durch die Neufassung des zweiten Satzes in § 52 Abs. 2 (im geltenden Recht § 52 Abs. 1 Nr. 2) Rechnung getragen. Da die Kirchen - anders als die Urheber - der Auffassung sind, daß der Gemeindegesang und seine Begleitung nach wie vor vergütungsfrei sind, haben sie vorgeschlagen, in den Gesetzestext eine entsprechende Klarstellung aufzunehmen. Einer solchen Bestimmung bedarf es jedoch nicht, da sie lediglich etwas feststellen würde, was sich schon aus den allgemeinen Bestimmungen des Urheberrechtsgesetzes ergibt. Die in § 52 Abs. 1 Nr. 1 getroffene Regelung, auf die Nummer 2 Bezug nimmt, geht erkennbar von einem Begriff der Aufführung (§ 15 Abs. 2 Nr. 1 und § 19 UrhG) aus, der die persönliche Darbietung des Musikwerkes vor einem Zuhörerkreis voraussetzt. In diesem Sinne verwendet auch das Bundesverfassungsgericht den Begriff der Aufführung, wie in verschiedenen Formulierungen der Entscheidung zum Ausdruck kommt. Hiervon werden jedoch der Gesang der Gemeinde und dessen musikalische Begleitung bei Gottesdiensten nicht erfaßt. Es fehlt insoweit an der notwendigen Zweiteilung in Darbietende und Zuhörerschaft. Die Gemeindemitglieder nehmen mit ihrem Gesang, sei es ein einseitiger Gesang oder ein Gesang im Wechsel zwischen Pfarrer und Gemeinde, an einer Kulthandlung teil, bei der es nur Beteiligte und kein Auditorium gibt. Gleiches gilt für die musikalische Begleitung des Gemeindegesangs. So wird z.B. das begleitende Orgelspiel den Gemeindemitgliedern nicht als eine Aufführung dargeboten, sondern es verbindet sich mit dem Gesang der Gemeinde zu einer geschlossenen kultischen Handlung. Von einer Zuhörerschaft im eigentlichen Sinne kann daher auch hier nicht gesprochen werden. Ebensowenig wie das den Gesang begleitende Orgelspiel ist aber auch das den Gesang einleitende Orgelspiel eine Aufführung im Sinne von § 19. Denn es wendet sich ebenfalls nicht an die Gemeindemitglieder als Zuhörer, sondern an sie als aktive Teilnehmer, die durch das Orgelspiel, durch Angabe der Melodie, des Tones und des Tempos auf das zu singende Lied eingestimmt werden. Insoweit ist es als Teil des den Gesang begleitenden Orgelspiels anzusehen.

Da es sich demnach bei dem Gemeindegesang und seiner Begleitung nicht um eine öffentliche Wiedergabe - hier: Aufführung - handelt, fehlt es insoweit schon an einer dem ausschließlichen Verwertungsrecht des Urhebers unterliegenden Nutzung des Werkes. Eine besondere Erwähnung der Vergütungsfreiheit für die hier in Frage stehenden Fälle erübrigt sich damit nicht nur, sondern wäre ein Verstoß gegen die Systematik des Gesetzes.«[6]

Wenn die Kirche aus eigenem Rechtsempfinden heraus und wegweisend für die staatliche Gesetzgebung die Notwendigkeit einer urheberrechtlichen Vergütung auch für die gottesdienstliche Musik erkannt hat und dementsprechend Pauschalzahlungen leistet, geht sie davon aus, daß diese den Urhebern jener Musik zugute kommt, die als das in der Tat schutzwürdige musikalische Pendant den Meisterwerken der sakralen Architektur im gottesdienstlichen Erklingen gegenübersteht.

---

6 Vgl. M. Schulze, Materialien zum Urheberrechtsgesetz, Weinheim 1993, 341 f.

Gerhard Pfennig

Das Folgerecht in der Europäischen Union

I. *Grundlagen*

Das Folgerecht - das Recht der bildenden Künstler auf prozentuale Beteiligung am Erlös im Falle der Weiterveräußerung von Kunstwerken im Kunsthandel - wurde erstmals im französischen Sondergesetz über das Folgerecht vom 20. Mai 1920 kodifiziert[1]. Eingang in internationale Konventionen fand es durch Aufnahme des Artikels 14bis in die Revidierte Berner Übereinkunft am 26. Juni 1948. Heute gilt Art. 14ter der Pariser Fassung von 1971. Die Besonderheit von Art. 14ter ist, daß er den Mitgliedsländern gestattet, die Wahrnehmung des Folgerechts durch Ausländer von der Voraussetzung der Gegenseitigkeit abhängig zu machen. Von dieser Möglichkeit machen alle nachstehend beschriebenen Gesetze Gebrauch.

Das Folgerecht soll dem Umstand Rechnung tragen, daß - im Unterschied zu allen anderen Urhebern - die bildenden Künstler Originale ihrer Kunstwerke ebenso wie Auflagen von Grafiken und Skulpturen nur einmal verkaufen können; von Wertsteigerungen, die nach dem ersten Verkauf dadurch entstehen, daß das Kunstwerk im Kunstmarkt gehandelt und weiterveräußert wird, sind sie ohne Folgerecht ausgeschlossen.

Andere Urheber wie Komponisten und Schriftsteller haben dagegen die Möglichkeit, im Rahmen der gesetzlichen Schutzfrist die wiederholte Verwertung ihrer Werke durch Reproduktion, öffentliche Aufführung, mechanische Vervielfältigung auf Schallplatten und audiovisuellen Trägermaterialien, Sendungen durch Fernsehen und Radio und andere Nutzungen, auch zum privaten und eigenen Gebrauch, im Einzelfall zu genehmigen oder durch Verwertungsgesellschaften lizensieren zu lassen bzw. Vergütungsansprüche entgegenzunehmen und auf dieser Basis ihr Einkommen zu erzielen. Den bildenden Künstlern verbleibt neben dem Folgerecht lediglich das Recht, Reproduktionen und Sendungen ihrer Werke zu genehmigen und an Vergütungen aus der privaten Vervielfältigung teilzuhaben; sie erzielen jedoch aus diesen Nutzungen im Vergleich zu den vorgenannten Autoren nur vergleichsweise geringe Erlöse, weil die Verwertung ihrer Werke rein quantitativ nur eingeschränkte Bedeutung hat.

---

1 Katzenberger, Das Folgerecht im deutschen und ausländischen Urheberrecht, 1970, S. 39 m.w.Nachw.
Siehe auch: Droit de suite, Draft guiding principles concerning the operation of this right, Dokument des Executive Committee of the International Union for the Protection of Literary and Artistic Works (Berne Union), 24. Session Paris 17.-25. 6. 1985.

Durch Beteiligung der bildenden Künstler - und de lege ferende hoffentlich bald auch der Fotografen - an den Wertsteigerungen, die Kunstwerke, die in der Regel zu steigenden Preisen im Markt gehandelt werden, erzielen, wird dieses Defizit teilweise ausgeglichen.

Gegen das Folgerecht wird von seinen Gegnern häufig eingewendet, daß es das Risiko außer Acht läßt, das der engagierte Galerist oder Sammler eingeht, der sein Vertrauen in einen noch unbekannten Künstler setzt und durch spätere Marktentwicklungen für sein Gespür zurecht belohnt wird. Das Folgerecht führt, so wird weiter behauptet, zu einer Lähmung des Kunstmarkts. Mögen insbesondere die erstgenannten, eher sentimentalen und anrührenden, bzw. im Einzelfall auch extrem marktwirtschaftlichen Gesichtspunkte auch in der Frühzeit ihres Kunsthandels zu belegen sein - gern zitiert wird hier immer die Verbindung des Kunsthändlers Kahnweiler zu dem Jahrhundertkünstler Picasso - so spricht die Entwicklung des Kunstmarkts in den vergangenen zwanzig Jahren, nüchtern betrachtet, eher für das Gegenteil: Auch wenn nicht zu bestreiten ist, daß dieser Markt in weiten Bereichen immer noch ein Liebhabermarkt ist, so haben sich doch Dimensionen und Gepflogenheiten an den großen Handelsplätzen Europas und Nordamerikas entwickelt, die den Gegebenheiten des Börsengeschäfts kaum nachstehen[2]. Insbesondere die Geldanlagepolitik nicht nur japanischer Banken, sondern auch der Pensionskasse der britischen Eisenbahnen, die für ihre Anlagepolitik in Kunst berühmt geworden ist, belegen dies.

Die ungebremste Entwicklung des Kunstmarkts läßt sich, ungeachtet der derzeitigen Krise, an der Aufkommenssteigerung des Folgerechts z.B. in Frankreich und Deutschland nachweisen; so stieg beispielsweise das Aufkommen in Frankreich von 383 000 ECU im Jahre 1981 auf 1,3 Mio. ECU im Jahre 1993, während es in Deutschland von 182 000 ECU im Jahre 1981 auf 1,75 Mio. ECU im Jahr 1993 anstieg (1 ECU = DM 2,05).

Seltsamerweise wird diese Steigerung des Aufkommens, die naturgemäß vor allem denjenigen Künstlern und Rechtsnachfolgern von Künstlern zugute kommt, deren Werke im Kunsthandel, insbesondere in der Variante des Weiterverkaufsmarktes, besonderen Anklang finden, als weiteres Argument gegen das Folgerecht verwendet: Angeblich profitieren nicht die »armen« Künstler, sondern die »reichen« Erben. Hierbei wird allerdings übersehen, daß es keinen Bereich der urheberrechtlichen Nutzungsrechte bzw. Vergütungsansprüche gibt, in dem nicht diejenigen Urheber die höchsten Erlöse erzielen, deren Werke am umfassendsten genutzt werden.

Das Argument ist im übrigen auch sachlich falsch: Die Erfahrung zeigt, daß Künstler häufig aufgrund ihrer schwierigen ökonomischen Situation im Falle des Erstverkaufs Werke zu sehr niedrigen Preisen veräußern, die später im Kunstmarkt teilweise unvorstellbar hohe Erlöse erzielen. Es ist in diesem Zusammenhang nicht notwendig, das Beispiel Van Gogh zu zitieren; es genügt der Hinweis auf das Werk des deutschen Künstlers Joseph Beuys, der bekanntlich zu Lebzeiten

---

2 Herchenröder, Die Neuen Kunstmärkte, »Kunstmarkt und Wissenschaft«, S. 31, »Sieg des Geldes«.

seine Arbeiten in der Regel zu sehr niedrigen Preisen veräußerte und gegenwärtig im Kunstmarkt Preiserhöhungen verzeichnet, die denen der Großen der amerikanischen Popkunst nicht nachstehen.

Gerade im Bereich der bildenden Kunst erfüllt das Folgerecht angesichts sich immer schneller ablösender Moden darüber hinaus durchaus die Funktion eines Faktors ausgleichender Gerechtigkeit; die Analysen der einschlägigen Verwertungsgesellschaften haben ergeben, daß gerade Künstler, die aufgrund des schnellen Szenenwechsels im aktuellen Geschäft weniger Anklang finden, durch das Folgerecht von der Wertschätzung ihrer Werke aus früheren Schaffensphasen im Weiterverkaufsmarkt durchaus profitieren.

Speziell im Bereich des deutschen Kunstmarkts erfüllt schließlich das Folgerecht eine wesentliche Wiedergutmachungsfunktion: Die im deutschen und internationalen Kunstmarkt zum Ausdruck kommende besondere Wertschätzung für viele als entartet verfemte und in die Emigration vertriebene Künstler führt durch Folgerechtserträge zumindest zu materiellen Kompensationen für die Erben.

Mehr als je zuvor geht es deshalb beim Folgerecht heute schlicht darum, wie auch in anderen urheberrechtlichen Bereichen die Beteiligung der Urheber an der wirtschaftlichen Verwertung ihrer Werke zumindest in geringem Umfang sicherzustellen und dem vom Reichsgericht geprägten Grundsatz jeder urheberrechtlichen Gesetzgebung und Rechtsprechung genüge zu tun, der postuliert, daß der Künstler »tunlichst an den Erträgen zu beteiligen sei, die aus der Nutzung seiner Werke erzielt werden«[3].

Übersehen werden darf schließlich auch nicht, daß wie in anderen Bereichen der kollektiven Rechtswahrnehmung auch, die einschlägigen Verwertungsgesellschaften entsprechend den jeweiligen nationalen Regelungen Teile des Aufkommens sozialen und kulturellen Zwecken widmen. Diese Abzüge erreichen z.B. bei der deutschen VG Bild-Kunst bei lebenden Künstlern 20 %, bei Rechtsnachfolgern 10 %.

Interessant ist schließlich, daß die Künstler der Copyrightländer, denen traditionell die Idee des Folgerechts schwer verständlich war, ihre Auffassung geändert haben und nun - auch angesichts der Marktentwicklung - für seine Einführung plädieren. Dies kam am deutlichsten zum Ausdruck in der Studie, die der Registrar of Copyright der USA am 1. Dezember 1992 dem Präsidenten des Senats vorlegte, um damit eine Verpflichtung des Visual Artists Rights Act von 1990 zu erfüllen. Bemerkenswert ist hierbei nicht nur, daß das amerikanische Gesetz aus dem Jahr 1990 überhaupt in einer ausdrücklichen gesetzlichen Vorschrift[4] den Registrar of Copyright verpflichtete, eine Machbarkeitsstudie über die Einführung des Folgerechts durchzuführen, sondern noch mehr, daß sich in öffentlichen Anhörungen in San Francisco und New York im Jahr 1992 bekannte Künstler wie Hans Haacke - der im übrigen erläuterte, daß er bereits seit 1972 das Folgerecht auf vertraglicher Basis bei seinen Sammlern individuell geltend macht -

3 RGZ 128, 113, BGHZ 11, 135.
4 Section 608 (b).

und James Rosenquist dafür aussprachen[5]. Der Bericht führte erstmals eine Mehrheit von Zeugen an, die für die Einführung dieses Rechts votierten. Im Ergebnis freilich wurde die Einführung abgelehnt, allerdings mit dem Hinweis, daß man die Entwicklung in der EG beobachte.

Im Rahmen der Kampagne zur Einführung des Folgerechts in Großbritannien beklagte sich der britische Künstler Richard Hamilton in der englischen Presse bitter darüber, daß Werke aus seinen Jugendjahren später teuer verkauft wurden, ohne daß er hieran materiell beteiligt wurde. Den zitierten pragmatischen Äußerungen steht die einsame Aussage des österreichischen Künstlers Arnulf Rainer gegenüber, der in der jüngst geführten Debatte um die Einführung des Folgerechts in Österreich davor warnte, ein Gesetz zu verabschieden, das »kommenden Generationen ein arbeitsfreies Einkommen beschert, statt Künstlern jetzt eine Hilfe zu geben« und vermutete, daß Sinn des Gesetzes sei, unausrottbaren Funktionärsparasiten ein dauerndes Einkommen zu sichern.

Derartig emotionale Künstlerstimmen, oft nicht zufällig mit Unterstützung des Kunsthandels in die Öffentlichkeit lanciert, halten die Entwicklung nicht auf; der Stimmungsumschwung insbesondere in den Copyright-Ländern USA und Großbritannien signalisiert, selbst wenn er von den nationalen Gesetzgebern bisher noch nicht aufgegriffen wurde, daß die bildenden Künstler durchaus begriffen haben, daß auch sie sich in einem nach ökonomischen Regeln funktionierenden Markt bewegen, dessen Gesetze sie nun auch für sich in Anspruch nehmen möchten.

II. *Gesetzliche Regelung des Folgerechts*

1. *Das Folgerecht in den Mitgliedsstaaten der Europäischen Union (EU)*

a. *Belgien*

Derzeitige Rechtsgrundlage des Folgerechts in Belgien ist das Gesetz vom 25. Juni 1921, das die Beteiligung bildender Künstler an den in öffentlicher Versteigerung vorgenommenen Veräußerungen in einer Staffel von 2–6 % entsprechend dem Verkaufspreis vorsieht. Eine Amtsperson, der »Receveur du droit de suite«, macht die Ansprüche geltend, zieht sie ein und gibt sie zur Ausschüttung an zwei Verwertungsgesellschaften weiter; Ansprüche können auch individuell bei ihm geltend gemacht werden. Dieses umständliche Verfahren wurde oft und mit Grund kritisiert[6].

Das neue Urheberrechtsgesetz, dessen Verabschiedung im Laufe des Jahres 1994 erwartet wird, sieht nunmehr in Art. 12 des Entwurfs eine veränderte Kon-

---

5 Droit de suite, The artist's resale royalty, 1992 – A report of the registrar of copyright.
6 Katzenberger, S. 36.

zeption des Folgerechts vor. Die Abgabe soll einheitlich 4 % des Verkaufspreises bei einem Minimum von 50 000,- BF betragen. Das Gesetz findet nur Anwendung auf öffentliche Versteigerungen, sei es durch lizensierte Versteigerer oder durch die zur Versteigerung zugelassenen Notare.

Der »Receveur du droit de suite« beim Kultusministerium ist im neuen Gesetz nicht mehr vorgesehen; vielmehr haben die Versteigerer die Verpflichtung, innerhalb von drei Monaten nach vorgenommener Versteigerung den in Belgien zugelassenen Verwertungsgesellschaften - derzeit SABAM und ARAPB - die für ihre Mitglieder bestimmten Beträge anzuzeigen und auszuzahlen. Die Auszahlung kann auch an individuelle Künstler erfolgen, deren Namen und Adressen den Versteigerern bekannt sind.

Das Folgerecht erfaßt sämtliche Verkäufe, nicht nur, wie in anderen Ländern, die Verkäufe von Werken solcher Künstlerinnen und Künstler, die Mitglied einer Verwertungsgesellschaft sind oder ihr Folgerecht individuell ausdrücklich geltend machen. Folgerechtsanteile, die dem letztgenannten Personenkreis zustehen, sollen ebenfalls innerhalb von drei Monaten einer im Einführungsdekret des Gesetzes noch zu bestimmenden Einrichtung überwiesen werden, die sie drei Jahre lang für spätere Abrufe der Berechtigten bereit halten und anschließend Zwecken der Kulturförderung zugänglich machen soll. Noch nicht entschieden ist, welche Einrichtung die Verwaltung dieser Gelder übernehmen soll; offen ist insbesondere die Frage, ob dies die im wesentlichen zuständige Verwertungsgesellschaft SABAM sein wird, nachdem die Künstlergenossenschaft ARAPB voraussichtlich die Voraussetzungen für die Zulassung als Verwertungsgesellschaft nach dem neuen Gesetz nicht erfüllen wird.

b. *Dänemark*

In Dänemark wurde das Folgerecht am 1. Juli 1990 als Art. 25 a in das Urheberrechtsgesetz eingefügt. Abgabepflichtig sind Auktionatoren und alle kommerziellen Händler. Der Anspruch kann, wie in den anderen Staaten auch, nicht abgetreten und nur durch eine vom Ministerium für Kultur zugelassene Organisation, in diesem Falle die Sektion »Billedkunst« der Verwertungsgesellschaft Copy-Dan, geltend gemacht werden.

Wie in Belgien werden alle Weiterverkäufe belastet, unabhängig davon, ob die Künstler über ihre Verwertungsgesellschaft diese Ansprüche geltend machen oder nicht. Sie haben gem. Abs. 5 das Recht, innerhalb von drei Jahren nach Ablauf des Verkaufsjahres ihre Ansprüche gegen die Verwertungsgesellschaft auf Auszahlung ihrer Folgerechtsanteile geltend zu machen.

Über die Verwendung der von den Berechtigten nicht abgerufenen Anteile trifft das Gesetz selbst keine Aussage; eine Vereinbarung zwischen der dänischen Regierung und Copydan-Billedkunst sieht vor, daß nach Entscheidung der Gremien von Copydan die unverteilbaren Gelder entweder für gemeinnützige Zwecke oder zur Abdeckung von Verwaltungskosten dieser Gesellschaft im Interesse einer höheren Ausschüttung für die der Gesellschaft bekannten Künstler eingesetzt werden können.

c. *Deutschland*

§ 26 des Urheberrechtsgesetzes vom 9. 9. 1965 in der Fassung vom 10. 11. 1972 verpflichtet Kunsthändler und Kunstversteigerer sowie Kunstvermittler, bei Weiterveräußerung eines Kunstwerks einen Anteil von 5 % des Weiterveräußerungserlöses an den Urheber oder, im Falle seines Todes, an seinen Rechtsnachfolger zu zahlen.

Das deutsche Gesetz sieht seit 1972 in § 26 Abs. 3 und 4 Auskunftsansprüche gegen die Veräußerer vor, die nur von einer Verwertungsgesellschaft geltend gemacht werden können. Die Realisierung von Ansprüchen war jedoch auch nach der Novellierung im Jahre 1972 schwierig, da der Kunsthandel die Erfüllung der von der Verwertungsgesellschaft Bild-Kunst geltend gemachten Auskunftsansprüche zunächst weitgehend verweigerte.

Erst im Jahre 1980 wurde - auch unter dem Druck des bevorstehenden Inkrafttretens des Künstlersozialversicherungsgesetzes, das vom Kunsthandel eine weitere Abgabe zur Finanzierung der Künstlersozialversicherung vorsah - ein Rahmenvertrag zwischen der VG Bild-Kunst und dem Arbeitskreis Deutscher Kunsthandelsverbände geschlossen, der ein Pauschalinkasso sowohl der Folgerechtsanteile als auch der vom Kunsthandel der Künstlersozialkasse geschuldeten Künstlersozialabgabe vorsieht. Kunsthändler und Versteigerer können diesem Rahmenvertrag durch Abschluß eines Individualvertrags beitreten. Durch Zahlung eines prozentualen Zuschlags zu ihrem Umsatz mit Kunst des 20. Jahrhunderts erfüllen die dem Vertrag beigetretenen Kunsthändler und -versteigerer sowohl ihre Verpflichtungen gegenüber der Künstlersozialkasse als auch der VG Bild-Kunst. Der Prozentsatz wird von den Parteien unter Berücksichtigung des jeweiligen, vom Bundesministerium für Arbeit festgelegten Abgabesatzes der Künstlersozialversicherung und dem Folgerechtsanspruch der VG Bild-Kunst jährlich ermittelt. Für das Jahr 1994 beträgt sie 2,4 % für Kunstversteigerer und 0,8 % für Galeristen und Kunsthändler. Neben der Entrichtung ihrer Pauschalbeiträge erfüllen die der Ausgleichsvereinigung beigetretenen Kunsthändler und Versteigerer einmal jährlich ihren Auskunftsanspruch gegenüber der VG Bild-Kunst, der diese instand setzt, entsprechend den gesetzlichen Vorschriften die pauschal entrichteten Vergütungen des Kunsthandels individuell und fallbezogen an Künstler und Erben zu verteilen.

Kunsthändler, die nicht der Ausgleichsvereinigung beigetreten sind, erfüllen ihre gesetzlichen Verpflichtungen entsprechend den Regelungen des Urheberrechtsgesetzes.

Der Abschluß des Rahmenvertrags hat zu einer weitgehend störungsfreien Wahrnehmung des Folgerechts in Deutschland geführt und zeigt, daß die von den Gegnern des Gesetzes oft ins Feld geführten Einwendungen gegen die Praktikabilität der Wahrnehmung dieses Rechts nicht zutreffend sind.

d. *Frankreich*

Gemäß Art. L. 122-8 und L. 123-7 des Urheberrechtsreformgesetzes vom 1. Juli 1992 wird das Folgerecht derzeit in der Praxis ausschließlich bei Versteigerungen geltend gemacht, und zwar in Höhe eines Abzugsbetrages von in der Regel 3 % bei Zugrundelegung eines Mindestverkaufspreises von 100,- FF. Vertraglich vereinbarte Sonderbestimmungen gelten hierbei für Grafiken und Tapisserien. Bei künstlerischen Druckgrafiken, die insgesamt, inklusive 25 Abzüge für den Künstler, eine Auflage von 100 Exemplaren nicht übersteigen, werden entsprechend einer Vereinbarung zwischen der Kammer der Versteigerer und den Verwertungsgesellschaften vom 14. 1. 1958 die Folgerechtsansprüche auf der Grundlage von 100 % des Verkaufspreises berechnet; sind sie nicht vom Künstler signiert oder numeriert, ist die Basis 50 %. Eine entsprechende Regelung zwischen den gleichen Parteien vom 15. Januar 1958 betrifft Tapisserien, für die vereinbart wird, daß das Folgerecht auf der Basis von 33 1/3 % des Verkaufspreises kalkuliert wird.

Das Gesetz sieht in Abs. 3 den Erlaß einer Rechtsverordnung mit genauen Ausführungsbestimmungen vor, die bisher nicht erfolgt ist. Das Folgerecht wird deshalb derzeit bei Verkäufen durch Galerien oder Kunsthändler nicht geltend gemacht.

Am 25. 1. 1991 erhob die Verwertungsgesellschaft SPADEM beim Conseil d'Etat Klage, die sich gegen die ausbleibende Reaktion der Regierung auf die Forderung der Verwertungsgesellschaften nach Erlaß einer Rechtsverordnung wandte, mit der die Voraussetzung zur Geltendmachung des Folgerechts auch gegenüber Galerien geschaffen werden sollten. Darüber hinaus wurde Schadensersatz in Höhe von 10 Mio. FF seit dem 27. Juli 1990 verlangt. Der Verfassungsgerichtshof deutete in einem Beschluß vom 9. April 1993[7] die Untätigkeit der Regierung auf den am 27. Juli 1990 erstmals formell geäußerten Wunsch der SPADEM nach Erlaß der Rechtsverordnung als Ablehnungsentscheidung und annulierte diese Entscheidung, verpflichtete also den Premierminister, nunmehr das Gesetz zu vollziehen, wozu es allerdings bisher dennoch nicht gekommen ist. Die französische Regierung verweist vielmehr auf den ihrer Ansicht nach bevorstehenden Harmonisierungsprozeß innerhalb der EU. Die weitergehende Schadensersatzforderung der Verwertungsgesellschaft wurde abgewiesen.

Eine Besonderheit gilt für *Monaco,* wo in Ergänzung des Urheberrechtsgesetzes vom 24. November 1948 seit dem 26. Juni 1981 auch das Folgerecht gilt. Die Abgabe in Höhe von 3 % wird auf der Grundlage einer Verwaltungsanordnung aus dem Jahr 1987 von einer Privatperson insbesondere gegenüber den großen Versteigerern Sotheby's und Christies geltend gemacht.

e. *Griechenland*

In Art. 5 des Gesetzes vom 3. 3. 1993 wird das Folgerecht für Auktionen und alle Verkäufe über den Handel eingeführt; der Vergütungssatz beträgt 5 %. Das Recht ist nicht abtretbar. Gemäß Art. 72, Abs. 6 des Gesetzes entfällt die Zahlung, wenn der Folgerechtspflichtige aus dem Erlös eine Spende für wohltätige Zwecke macht.

---

7 Decision du Conseil d'Etat, Nos. 122623-122624.

Schuldner der Vergütung sind Auktionatoren oder Kunsthändler, die eine jährliche Auskunftsverpflichtung gegenüber der Kammer der Schönen Künste und den Verwertungsgesellschaften für bildende Künstler haben, denen sie exakte Daten im Hinblick auf Verkäufe im vorangegangenen Kalenderjahr anzugeben oder mitzuteilen haben. Eine Wahrnehmung aufgrund des Gesetzes findet bisher nicht statt.

f. *Italien*

Das italienische Urheberrechtsgesetz vom 22. April 1941 hat das Folgerecht in den Artikeln 144 bis 155 eingeführt, ohne daß allerdings bis zum heutigen Tage eine praktische Wahrnehmung dieses Rechts möglich war. Ursache hierfür ist vor allem die komplizierte Gestaltung des Gesetzes.

Erfaßt vom Folgerechtsanspruch sind sowohl öffentliche Veräußerungen als auch Verkäufe in Ausstellungen und Privateinkäufe.

Die Vergütungssätze staffeln sich zwischen 2 und 10 %, je nach Höhe des Weiterverkaufspreises, wobei die entsprechende Preisstaffel von 1.000 Lit (Mindestverkaufspreis mit einem Vergütungssatz von 2 %) bzw. 175 000 Lit mit einem Vergütungssatz von 10 % deutlich macht, wie hoffnungslos veraltet und unpraktikabel das Gesetz in der Realität ist[8].

g. *Luxemburg*

Das Gesetz vom 29. 3. 1972 sieht in Art. 22 Abs. 3 S. 1 ein Folgerecht vor, das sich auf Versteigerungen und sonstige Verkäufe unter Mitwirkung eines Händlers erstreckt und einen Abgabesatz von 3 % vom Verkaufspreis nicht übersteigen soll. Die entsprechenden Verwaltungsvorschriften zur Verwirklichung dieses Gesetzes sind jedoch nicht ergangen, so daß bisher eine Wahrnehmung nicht möglich war.

h. *Portugal*

In Portugal wurde das Folgerecht durch Gesetz vom 27. 4. 1966 in Art. 59 eingeführt. Das neue portugiesische Urheberrechtsgesetz vom 14. März 1985, novelliert am 17. September 1985, enthält nun in Art. 54 Abs. 1 ein Folgerecht nicht nur für die Veräußerung von Originalkunstwerken, sondern auch für Manuskripte. Das Recht entsteht auch im Fall der Veräußerung des Urheberrechts an einem Werk.

Der Urheber hat einen Beteiligungsanspruch von 6 %, der unveräußerlich und unverzichtbar ist und gemäß Abs. 3 nicht an eine Schutzfrist gebunden, also unverjährbar ist.

Bei der Auslegung des Gesetzes ergeben sich jedoch große praktische Schwierigkeiten, insbesondere wegen der sehr ausgedehnten Eingangsregelung, die auch die Veräußerung des Urheberrechts einbezieht.

---

8 Vgl. wg. weiterer Einzelheiten Katzenberger, S. 48.

Wie Dietz nachgewiesen hat[9], ist die weitere Regelung in Art. 54 Abs. 2 des Urheberrechtsgesetzes, die den Folgerechtsanspruch an eine Wertsteigerung anknüpft, Ergebnis eines Redaktionsversehens. Auszugehen ist deshalb davon, daß auch das portugiesische Gesetz an den Verkaufspreis selbst anknüpft.

Aufgrund der komplizierten Sach- und Rechtslage konnte das Folgerecht bisher trotz entsprechender Bemühungen der Verwertungsgesellschaft SPA nicht realisiert werden.

i. *Spanien*

In Spanien wurde das Folgerecht in Art. 24 des Gesetzes vom 11. November 1987 eingeführt.

Das Gesetz begründet einen Anspruch auf Beteiligung an Verkäufen aller Art in Auktionen und Galerien sowie bei Privatverkäufen unter Beteiligung eines Händlers. Werke der angewandten Kunst sind ausgeschlossen.

Das Gesetz Nr. 20 vom 7. Juli 1992 hat das erste Gesetz insofern korrigiert, als nun auch Erben berechtigt sind, Folgerechte geltend zu machen.

Die Urheber und ihre Rechtsnachfolger haben den gesetzlichen Folgerechtsanspruch gegen Kunstversteigerer und Kunsthändler, die kommerziell handeln. Das Gesetz schließt Objekte der angewandten Kunst ausdrücklich aus.

Der Vergütungssatz beträgt 3 % des Verkaufspreises und sieht als Minimumbetrag 300 000,- Pts vor.

Das Folgerecht ist unübertragbar und kann - nach der derzeitigen Rechtslage - bis 60 Jahre nach dem Tod des Urhebers ausgeübt werden.

Wie in Belgien und Dänemark sind Kunsthändler und Versteigerer verpflichtet, für alle veräußerten Werke, deren Schutzfrist noch nicht abgelaufen ist, innerhalb von zwei Monaten die Künstler oder ihre Verwaltungsgesellschaft über die Weiterverkäufe zu informieren und Folgerechtszahlungen zu leisten. Für diejenigen Fälle, in denen die Rechtsinhaber nicht von einer Verwertungsgesellschaft vertreten sind, sieht das Gesetz in Abs. 5 ein kompliziertes Verfahren vor: Kunsthändler oder Versteigerer müssen zum Ende eines Jahres dem Kultusministerium gegenüber eine Erklärung über diejenigen veräußerten Werke unter Angabe der Preise machen, für die von der Verwertungsgesellschaft VISUAL/VEGAP keine Ansprüche geltend gemacht wurden. Eine entsprechende Veröffentlichung hat in der Presse zu erfolgen. Die Vergütungen sind sodann an das Ministerium zu zahlen, das die auf diese Weise eingenommenen Beträge drei Jahre aufzubewahren hat und dann an den Fondo de Ayuda a las Bellas Artes zur Förderung der bildenden Künste überweisen soll. Dasselbe gilt für Beträge, die von einer Verwaltungsgesellschaft eingezogen, jedoch nicht innerhalb von zwei Monaten weitergeleitet werden können.

Erklärungen und Zahlungen gemäß Abs. 5 sind in der Praxis bisher nicht erfolgt.

---

9 Dietz, Urheberrecht in Spanien und Portugal, 1990, S. 113 ff.

j. *Sonstige Staaten der Europäischen Gemeinschaft*

Ohne folgerechtliche Regelungen verbleiben in der Europäischen Union derzeit Großbritannien, Irland und die Niederlande.

In Großbritannien wurde die Einführung eines Folgerechts im Jahre 1977 im Report des vom Parlament eingesetzten »Whitford Committee« abgelehnt. Hauptbegründung war seinerzeit, als praktisch nur die französische Regelung wirksam war, daß nach Auffassung des Komitees nur wenige Künstler vom Folgerecht profitierten und nach Abzug der Verwaltungskosten nur geringe Einnahmen erzielten.

Die negative Einstellung des Komitees zur Einführung wurde auch auf Rechtsgründe gestützt, die sich aus der Gesamtsituation des englischen Urheberrechtsgesetzes ergeben, insbesondere im Zusammenhang mit der Unabtretbarkeit des Folgerechts. Gegen die Einführung des Rechts wurde kurioserweise auch ins Feld geführt, daß »das gegenwärtige Meinungsklima gegen ererbten Reichtum ist«, wobei das Komitee unterstellte, daß der Großteil der erwarteten Einkünfte Erben und nicht lebenden Künstlern zufließen würde.

Zusammenfassend kam das Komitee zu der Erkenntnis, daß das Folgerecht weder fair noch logisch und auch nicht praktikabel sei; ein Fehlschluß, der seither in der insbesondere von den großen Versteigerungshäusern unterstützten Lobby des englischen Kunsthandels gegen jede weitere Diskussion dieses Rechts aufgegriffen und fortgeführt wird.

Die englischen Künstler und ihre Organisationen allerdings, die bereits während der Erstellung des Whitford Reports deutlich für das Folgerecht Stellung genommen hatten, haben in ihren Bemühungen um eine Einführung nicht nachgelassen; im Jahre 1992 hat sich - auch unter Berücksichtigung der Entwicklung dieses Rechts in anderen Staaten - eine »Artists Campaign for Resale Royalty« gebildet, der wichtige Künstlerorganisationen und Einzelpersönlichkeiten angehören.

In den Niederlanden findet das Folgerecht insbesondere seit der Entscheidung des Europäischen Gerichtshofs vom 20. 10. 1993[10] (Phil Collins) große Aufmerksamkeit; die Möglichkeit, Rechte im benachbarten Ausland geltend zu machen, hat in kurzer Zeit mehr als 500 Künstler motiviert, der holländischen Verwertungsgesellschaft beizutreten, die ihrerseits in Kontakt mit den Künstlerorganisationen eine Initiative zur Einführung des Folgerechts in diesem Lande in Bewegung gebracht hat. Die Regierung hat bisher keine Initiativen zur Prüfung oder Einführung des Folgerechts unternommen.

---

10 (Phil Collins) GRUR Int. 94, 53.

2. *Das Folgerecht in anderen europäischen Staaten*

a. *Schweiz und Österreich*

In den Nachbarstaaten Schweiz und Österreich wurde die Einführung des Folgerechts jeweils nach heftigen Debatten abgelehnt. Hatte in der Schweiz der Ständerat das Folgerecht noch vorgeschlagen, so lehnte der Nationalrat schließlich seine Aufnahme in das Gesetz vom 9. 10. 1992 mit knapper Mehrheit ab. Eine nicht geringe Rolle bei dieser Entscheidung spielte das wirtschaftliche Argument, daß der Kunsthandelsplatz Schweiz durch Einführung dieses Rechts seine Position als Fluchtburg folgerechtsunwilliger Kunstverkäufer aus den Nachbarländern verlieren könnte.

Die Diskussion in Österreich über die ursprünglich vorgesehene Aufnahme des Folgerechts in sehr umfassender Form in den Regierungsentwurf zur Novellierung des Urheberrechts verlief im Jahr 1993 äußerst emotional, wobei sachliche Argumentationen auf der Strecke blieben. Schließlich wurde das Folgerecht aus der dem Parlament vorgeschlagenen Regierungsvorlage zur Änderung des Bundesgesetzes (Urheberrechtsnovelle 1994) gestrichen. Die Begründung stellt im wesentlichen darauf ab, daß im Anschluß an das »Phil Collins«-Urteil des Europäischen Gerichtshofs, das nach Auffassung der Verfasser der Regierungsvorlage auch im Rahmen des EWR-Abkommens Gültigkeit haben wird, österreichische Künstler ohnehin in den Mitgliedsstaaten der Union ihr Folgerecht geltend machen können. Hiermit sei ein Hauptargument für die Einführung des Folgerechts in Österreich, nämlich die Ermöglichung seiner Inanspruchnahme durch österreichische Künstler in den anderen Mitgliedsstaaten der EU im Rahmen der bisher geltenden Gegenseitigkeit, weggefallen. Als schwerwiegend - und damit als Argument zur Ablehnung der Einführung des Folgerechts in Österreich - betrachtet demgegenüber die Bundesregierung die Möglichkeit, daß ausländische Urheber nach Einführung des Folgerechts auch in Österreich Ansprüche geltend machen könnten, zum Beispiel aus Großbritannien oder Italien[11].

Allerdings stellt der Regierungsentwurf auch fest, daß diese Situation in der Europäischen Union einen großen Harmonisierungsdruck erzeuge und schließt eine spätere Übernahme nicht aus.

b. *Nordeuropa*

Günstiger sieht die Situation für die Einführung des Folgerechts in den skandinavischen Staaten aus; in Finnland und Schweden finden im Rahmen derzeit laufender Gesetzgebungsvorhaben Beratungen über die Einführung des Folgerechts statt.

Ein besonderes Folgerechtsmodell gilt in Norwegen auf der Basis des Gesetzes vom 4. November 1948.

---

11 Regierungsvorlage, Nr. 1563 der Beilagen zu den Stenographischen Protokollen des Nationalrates, ausgedruckt am 15. 4. 1994.

In Abweichung vom klassischen Prinzip des Folgerechts und unter Berücksichtigung der in Skandinavien üblichen Modelle kollektiver Verwaltung von Rechten wird nach diesem Gesetz jeder kommerzielle Verkauf eines Kunstwerks mit einer Abgabe von 3 % belegt, der in einen besonderen Fonds, den Unterstützungsfonds für bildende Künstler, gezahlt wird. Es spielt dabei keine Rolle, ob es sich um Erst- oder Weiterverkäufe handelt.

Durch eine Gesetzesreform im Jahre 1989 wurde das Gesetz auf öffentliche Aufträge an bildende Künstler und Kunst im öffentlichen Raum ausgedehnt.

Der Fonds unterstützt mit den Erträgen insbesondere ältere Künstler, vergibt aber auch Stipendien und Unterstützung anderer Projekte unter Berücksichtigung künstlerischer Kriterien.

Im Jahre 1990 wurden auf diese Weise insgesamt ca. 10 Mio. NK eingenommen.

Eine vergleichbare gesetzliche Regelung wurde in Island durch das Gesetz Nr. 36 vom 27. 3. 1987 eingeführt: Auf alle Versteigerungserlöse wird ein Folgerechtsbetrag von 10 % erhoben, der von der Verwertungsgesellschaft Myndstef verwaltet wird. Beträge, die auf gemeinfreie oder nicht zuzuordnende Kunstwerke entfallen, werden zur Kunstförderung verwendet. Durch Gesetz Nr. 57 vom 19. Mai 1992 wurde der § 25 b auf alle kommerziellen Verkäufe von Kunstwerken ausgedehnt, die nunmehr auch mit der Abgabe in Höhe von 10 % belastet werden.

c. *Osteuropa*

Im Rahmen aller derzeit bekannten Urheberrechtsreformen in den zentral- und osteuropäischen Staaten ist das Folgerecht entweder weiterentwickelt oder eingeführt worden. In der Russischen Föderation sieht das Urheberrechtsgesetz vom 3. 8. 1993 in Art. 17 ein Folgerecht in Höhe von 5 % vor, wenn der erzielte Weiterverkaufserlös 20 % höher als der vorangegangene Verkaufspreis liegt. Der Anspruch ist, außer im Erbgang, nicht übertragbar.

Das polnische Gesetz vom 4. 2. 1994 sieht in Art. 19 ebenfalls einen Folgerechtsanspruch in Höhe von 5 % vor, der auch literarische und musikalische Werke einschließt und jeden gewerblichen Verkauf umfaßt. Dem Gesetz fehlen allerdings detaillierte Ausführungsregelungen.

Das ungarische Gesetz, dessen Einführung in Kürze erwartet wird, modernisiert die bisher geltende Regelung. Art. 35 A des Änderungsgesetzes, der sich auf Art. 46 A des Urheberrechtsgesetzes bezieht, sieht vor, daß das Folgerecht beim kommerziellen Weiterverkauf von Originalkunstwerken und Tapisserien in Höhe von 5 % des Verkaufspreises entsteht.

Zur Zahlung verpflichtet sind die beteiligten Kunsthändler, die dem mit der Geltendmachung des Rechts betrauten Kunstfonds zweimal jährlich Auskunft über die verkauften Werke zu erteilen und Zahlungen zu leisten haben. Der Kunstfonds hat die Erträge an die Künstler oder Rechtsnachfolger weiterzuleiten. Als Besonderheit sieht das Gesetz vor, daß bei Verkäufen an Museen und öffentliche Sammlungen das Folgerecht nur anfällt, wenn der Künstler noch lebt.

Bulgarien hat im Gesetz vom 1. 8. 1993 ebenfalls eine Folgerechtsregelung getroffen.

In der Tschechischen Republik gilt das Gesetz vom 25. März 1965 der damaligen CSSR in der Fassung vom 28. März fort, die allerdings sehr undeutlich formuliert ist. Danach kann der Urheber, der das Original seines Werkes gegen Entgelt übertragen hat, von »jedem Erwerber, der durch eine weitere Übertragung das Eigentum an dem Werk durch einen gesellschaftlich unbegründeten Vermögensnutzen erzielt hat, eine angemessene Abfindung verlangen. Auf diesen Anspruch kann nicht im Vorhinein verzichtet werden.«

Die Regelung wurde in der Praxis bisher nicht angewendet, wird jedoch derzeit diskutiert und soll in einer praktikablen Form und mit einem präzisen Vergütungssatz novelliert werden.

3. *Zusammenfassung*

Die Übersicht ergibt, daß mittlerweile neun von zwölf Mitgliedsstaaten das Folgerecht formal geregelt haben; in Belgien, Dänemark, Deutschland, Frankreich und Spanien wird das Recht durch Verwertungsgesellschaften in effizienter Weise wahrgenommen. Die gesetzliche Regelung in Griechenland konnte aus Zeitgründen noch nicht umgesetzt werden; in Italien, Portugal und Luxemburg leiden die Gesetze an so schwerwiegenden redaktionellen Mängeln, daß eine effiziente Wahrnehmung kaum möglich ist.

Während die Schweiz die Einführung definitiv abgelehnt hat, ist in den Staaten des Europäischen Wirtschaftsraumes die Haltung zum Folgerecht unterschiedlich. In den skandinavischen Ländern findet eine offene und zum positiven Ausgang neigende Diskussion statt, während Österreich die Fortschritte der Harmonisierung in der EU abwartet. In den Staaten Osteuropas, die durch ein fast vollständiges Fehlen eines funktionierenden Kunstmarkts gekennzeichnet sind, bereitet die Einführung des Folgerechts in den neugefaßten Urheberrechtsgesetze keine Schwierigkeit, wodurch eine günstige Ausgangsposition für die bildenden Künstler im Falle der erwarteten positiven wirtschaftlichen Entwicklung für die Zukunft gegeben ist. Insgesamt gesehen verfügt also eine leichte Mehrheit der zum Einflußbereich der Europäischen Union gehörenden Staaten bereits jetzt über entsprechende Regelungen; entscheidender Widerstand gegen die Einführung des Folgerechts wird ausschließlich in Großbritannien von der Lobby der großen Versteigerungshäuser geleistet.

III. *Die Harmonisierung des Folgerechts in der Europäischen Union*

1. *Historischer Ablauf*

Die Harmonisierung des Folgerechts beschäftigt die Kommission der Europäischen Gemeinschaft seit nunmehr nahezu zwanzig Jahren.

In einer Mitteilung an den Rat vom 22. November 1977 erklärte sie:

»Durch eine Richtlinie nach Maßgabe von Art. 100 des EWG-Vertrags sollten die in mehreren Gemeinschaftsländern bestehenden Rechtsvorschriften über das Folgerecht angeglichen und dieses Recht in allen Gemeinschaftsländern eingeführt werden. ... Durch die allgemeine Einführung des Folgerechts würde nicht nur eine unter sozialen Gesichtspunkten unannehmbare Ungleichheit zwischen den Künstlern der einzelnen Gemeinschaftsländer beseitigt, sondern auch ein Zustand beendigt werden, der hinsichtlich des Funktionierens des Gemeinsamen Marktes dann nicht mehr vertretbar ist, wenn die Wettbewerbsbedingungen verfälscht werden ... Da die Ankäufe teuerer Werke in Länder verlagert werden, in denen sie weniger kostspielig sind, ergeben sich für die Länder, die das Folgerecht nicht kennen, gegenüber den anderen Ländern Vorteile aus Wettbewerbsverzerrungen, die nach dem EWG-Vertrag beseitigt werden müssen.«[12]

Nachdem der Präsident der EG-Kommission bereits im Februar 1980 vor dem Europäischen Parlament das Vorhaben der Gemeinschaft angekündigt hatte, eine Richtlinie zur Angleichung des Folgerechts vorzuschlagen, fand am 20. Juni 1980 in Brüssel ein Hearing mit internationalen Organisationen zur Frage der Harmonisierung des Folgerechts statt.

Der Vorsitzende machte schon in seiner Eingangsbemerkung auf die Notwendigkeit des Erlasses einer Direktive zur Harmonisierung des Folgerechts in der Gemeinschaft aufmerksam, die er mit der Verzerrung des Wettbewerbs zwischen London, Paris und Brüssel begründete. Auch aus sozialen Gründen sollte die Harmonisierung des Folgerechts in der EG betrieben werden.

Zur Vorbereitung der Anhörung hatte der Rat bereits Stellungnahmen des Wirtschafts- und Sozialrats und des Europäischen Parlaments über die Notwendigkeit einer Harmonisierung des Folgerechts auf der Basis von Art. 100 des EWG-Vertrags eingeholt; beide Gremien hatten der Kommission ihre Unterstützung signalisiert. Den Teilnehmern lag der Abriß des Inhalts einer möglichen Direktive vor, die unter anderem eine Abgabe in Höhe von 5 % und eine Ausdehnung des Folgerechts auf alle Verkäufe unter Mitwirkung von Händlern und Versteigerern sowie Privatverkäufe vorsah.

Im Hearing prallten erwartungsgemäß die Auffassungen der Interessenvertretungen der Künstler und Verwertungsgesellschaften und der Kunsthändler, insbesondere der von den englischen Auktionatoren gesteuerten damaligen »AIDOAO« (Association Internationale des Diffuseurs d'Oeuvres d'Art Original) aufeinander. Geltend gemacht wurde die auch seinerzeit angeblich bestehende katastrophale Situation für den Kunstmarkt, die durch eine Harmonisierung des Folgerechts weiter verschlechtert werden würde. Die Vertreter des deutschen Kunsthandels wiesen jedoch auf die soeben geschlossene Vereinbarung mit der VG Bild-Kunst hin, die die Situation zwischen Künstlern und Kunsthandel entspannt habe.[13]

Die Anhörung verlief ohne konkrete Festlegung der Kommission im Hinblick auf ihre zukünftige Haltung; eher unbestimmt forderte ihr Vertreter weitere Infor-

12 Bulletin der Europäischen Gemeinschaft, Beilage 6/77.

13 Minutes of the hearing of international non-governmental organisations on the harmonisation of artist's resale rights, 20. 6. 1980, Dokument der Kommission der EG, III/D/280/80-EN.

mationen über die zugrunde liegenden Fakten, um einen konkreten Entscheidungsvorschlag vorlegen zu können.

In einer weiteren Mitteilung der Kommission an das Europäische Parlament und den Rat über »die Verstärkung der Gemeinschaftsaktion im Bereich Kultur« legte sich die Kommission am 24. November 1982 deutlicher fest. Unter der Rubrik »Das Folgerecht der bildenden Künste« wird erklärt:

> »Obwohl alle Länder der Gemeinschaft Unterzeichner der Berner Übereinkunft sind, in die das Folgerecht im Wege der Änderung vom 26. Juni 1948 Eingang fand, besteht dieses Recht de jure und de facto lediglich in sechs Ländern, und zwar in Belgien, Dänemark, Frankreich, Italien, Luxemburg und der Bundesrepublik Deutschland.
>
> Die allgemeine Einführung des Folgerechts würde nicht nur die Beendigung eines Zustands bewirken, der aufgrund der Ungleichbehandlung der bildenden Künstler der einzelnen Länder der Gemeinschaft sozial untragbar ist, sondern der aufgrund der Wettbewerbsverzerrung auf dem Kunstmarkt zudem mit dem reibungslosen Funktionieren des Gemeinsamen Marktes unvereinbar ist.
>
> Auf diese Weise verlagern sich Verkäufe, bei denen hohe Summen im Spiele sind, in Länder mit geringeren Kosten, die wiederum dadurch, daß sie das Folgerecht nicht anerkennen, in den Vorteil jener Art von Wettbewerbsverzerrungen gelangen, die nach Art. 100 des EWG-Vertrages zu verhindern sind.«[14]

Hingewiesen wird darüber hinaus auf die von der UNESCO 1972 in Helsinki veranstaltete zwischenstaatliche Konferenz über die Kulturpolitik in Europa, die an die Mitgliedsstaaten ebenfalls die Empfehlung gerichtet hatte, das Folgerecht der Beteiligten anläßlich des öffentlichen Weiterverkaufs ihrer Werke anzuerkennen. Das »Folgerecht« sei ebenfalls erneut in der Empfehlung über den Status des Künstlers enthalten, die die Generalkonferenz der UNESCO 1980 angenommen habe.

Den Absichtserklärungen der Jahre 1980 und 1982 folgten in der Zukunft nur allgemeine Aussagen der Gemeinschaft, insbesondere im Zusammenhang mit der Veröffentlichung des Grünbuchs über Urheberrechte und die technische Herausforderung aus dem Jahr 1988[15]. Die technikfreundliche und tendenziell eher urheberfeindliche Tendenz dieses Grünbuchs löste bekanntlich große Aktivitäten der Urheberrechtsinhaber aus, die bei den in der CISAC zusammengefaßten Verwertungsgesellschaften im Oktober 1990 zu einer »Deklaration über die Rechte der Urheber innerhalb der Europäischen Gemeinschaft« führte. Unter Bezugnahme auf den bekannt gewordenen Satz von Präsident Delors, daß »geistige Güter keine Ware wie jede andere« seien, appellierten die Urheber an die EG-Kommission, in urheberfreundlicher Weise ihre Schritte zur Harmonisierung der Urheberrechte zu beschleunigen und unter anderem auch für die Einführung eines Folgerechts zu sorgen.

---

14 Kommission der EG, Die Verstärkung der Gemeinschaftsaktion im Bereich Kultur, 24. 11. 1982, KOM (82) 590 endg.
Die Erwähnung von Dänemark als Folgerechtsland beruht vermutlich auf einem Irrtum. Im Jahr 1982 bestand dort kein entsprechendes Recht.

15 Kommission der EG, Grünbuch über Urheberrecht und die technologische Herausforderung, KOM (88) 172 endg. vom 23. 8. 1988.

Im Arbeitsprogramm der Kommission auf dem Gebiet des Urheberrechts und der verwandten Schutzrechte, das die Diskussionen zum Grünbuch 1988 aufgegriffen hatte und, veröffentlicht im Januar 1991, die weiteren Arbeitsschritte zusammenfaßte, wird die Harmonisierung des Folgerechts unter »ferner liefen«, nämlich im letzten Kapitel »Sonstige Gemeinschaftsinitiativen auf dem Gebiet des Urheberrechts und der verwandten Schutzrechte« aufgegriffen[16]; die Kommission erklärte ihre Absicht, »diesen Aspekt und insbesondere die Praxis der Mitgliedsstaaten, die ein solches Recht zuerkennen, sowie die Argumente für und gegen die Einführung eines solchen Folgerechts noch vor dem 31. 12. 1992 zu prüfen. Im Anschluß daran wird sie entscheiden, ob eine gemeinschaftliche Initiative auf diesem Gebiet geboten ist«.

Diesem goldenen Wort folgte eine Anhörung am 21. 11. 1991, in der, wie das Ergebnisprotokoll zusammenfassend, die Mehrzahl der Teilnehmer eine Harmonisierung des Folgerechts in der Gemeinschaft für notwendig hielt, und zwar sowohl Künstler wie Kunsthändler. Nur eine Minderheit brachte die Wettbewerbsverzerrungen in der Gemeinschaft in Zusammenhang mit anderen Disproportionen des Kunstrechts, insbesondere mit unterschiedlichen Vorschriften des Steuerrechts. Die Anhörung erbrachte eine Reihe konkreter Vorschläge, auf die später näher eingegangen wird[17].

Die weiteren Bemühungen der Kommission erlitten allerdings im Zusammenhang mit der negativen Entscheidung des dänischen Volkes über den Beitritt zur Europäischen Union im Jahre 1992 einen empfindlichen Rückschlag. Sämtliche Initiativen der Gemeinschaft im urheberrechtlichen Bereich wurden unter dem Gesichtspunkt der »Subsidiarität« überprüft, der fortan allen Harmonisierungsvorhaben als wichtiges Prinzip vorangestellt wurde, wie die Kommission beispielhaft in ihrem »Consultation paper on private copying« verdeutlicht, das die Generaldirektion XV im Herbst 1993 mit Aufforderung zur Stellungnahme bis 30. November 1993 an die interessierten Kreise verbreitete[18]. Hier heißt es unter anderem: »Das Subsidiaritätsprinzip bestimmt nicht die Zuständigkeit der Gemeinschaft auf einem bestimmten Gebiet, sondern beeinflußt die Frage, ob ein Handlungsbedarf auf Gemeinschaftsebene besteht, und wenn ja, das Ausmaß oder die Intensität dieses Handlungsbedarfs, also den Umfang einer Einflußnahme der Gemeinschaft.«

Insbesondere besagt das Subsidiaritätsprinzip, so die Kommission, daß die Gemeinschaft nicht über das zur Erreichung der Zielsetzungen des Vertrages erforderliche Maß hinaus einschreiten darf. Dabei hat derjenige, der Maßnahmen auf Gemeinschaftsebene anregt, nachzuweisen, daß ein Handlungsbedarf auf dieser Ebene besteht und wie weit die vorgeschlagene Maßnahme gehen sollte.

---

16 Kommission der EG, Initiativen zum Grünbuch, KOM (90) 584 endg., 17. 1. 1991.
17 Summary record of the hearing on droit de suite held on 21. November 1991, III/5509/91-EN.
18 Konsultationspapier zur Privaten Vervielfältigung, Generaldirektion XV, Oktober 1993, Ziff. 3, 3.2 und 3.3.

2. *Handlungsbedarf zum Erlaß einer Richtlinie gemäß Art. 100 a EWG-Vertrag*

Unter Berücksichtigung dieser Voraussetzungen für ein Tätigwerden der Kommission stellen sich nunmehr für die Durchführung der Harmonisierung des Folgerechts zwei Fragen:

Besteht gemäß Art. 100 a zur Verwirklichung der Ziele des Art. 7 a (Herstellung des Binnenmarktes) Handlungsbedarf? Verfälschen Rechtsvorschriften der Mitgliedsstaaten die Wettbewerbsbedingungen auf dem gemeinsamen Markt derart, daß dadurch eine Verzerrung hervorgerufen wird, die zu beseitigen ist und reicht diese Feststellung aus, um gem. Art. 100 eine Richtlinie zur Angleichung der Rechts- und Verwaltungsvorschriften der Mitgliedsstaaten zu erlassen, die sich unmittelbar auf die Errichtung oder das Funktionieren des Gemeinsamen Marktes auswirken?

Hinzu kommt die aus dem Subsidiaritätsprinzip folgende Fragestellung, ob hinreichende wirtschaftliche Daten von den interessierten Kreisen beigebracht werden können, die eine derartige Verzerrung bestätigen und verdeutlichen, daß nationale Maßnahmen nicht ausreichen, um diese Wettbewerbsverzerrungen auszugleichen.

Eine eindeutige Wettbewerbsverzerrung, die ein Einschreiten auf Gemeinschaftsebene erforderlich macht, ergibt sich entsprechend den obigen Darlegungen zur unterschiedlichen Rechtslage in den Mitgliedsstaaten bereits daraus, daß mindestens zwei wesentliche Kunsthandelsländer, nämlich England und Italien, ein Folgerecht entweder gar nicht kennen oder Rechtsvorschriften erlassen haben, die nicht anwendbar sind.

Zwei aktuelle Entscheidungen verdeutlichen die Konsequenzen dieser Situation:

In Deutschland führte die VG Bild-Kunst einen Prozeß gegen einen deutschen Einlieferer, der Werke des deutschen Künstlers Joseph Beuys im Jahre 1989 in London bei Christie's hatte versteigern lassen. Während das Landgericht dem Anspruch stattgab, wies das Oberlandesgericht die Klage ab, insbesondere unter Hinweis auf das Inländerprinzip des Urheberrechts. Da alle wesentlichen Verkaufsvorgänge nach Auffassung des OLG in Großbritannien stattgefunden haben sollen, greife deutsches Recht nicht ein[19]. Die Entscheidung des OLG wurde vom BGH in seinem Urteil vom 16. 6. 1994 bestätigt.

Dieses Urteil macht schlagend deutlich, daß die derzeitige Situation legale große Schlupflöcher - innerhalb der Gemeinschaft in England, Italien und den Niederlanden, außerhalb z.B. in der Schweiz und Österreich - bietet.

Eine noch größere Bedeutung für die Marktentwicklung hat die bereits zitierte Entscheidung des Europäischen Gerichtshofs »Phil Collins« zur Diskriminierung von BU-Bürgern durch das Erfordernis der Gegenseitigkeit in bestimmten urheberrechtlichen Vorschriften.

---

19 LG Düsseldorf, 31. 10. 1990, IPRax 92, 46 mit Anm. Siehr. OLG Düsseldorf, 21. 1. 1992, GRUR 92, 436 mit Anm. Siehr in IPRax 92, 219.

Dieses Urteil, das nur die gemäß Art 6 EGV bestehende Rechtslage deutlich macht, verändert de facto die tatsächliche Situation in den Mitgliedsstaaten der EU in gravierender Weise, deren Folgerechtsgesetze sämtlich Gegenseitigkeit als Voraussetzung der Beteiligung von Ausländern vorschreiben. Nunmehr sind englische, irische und holländische Künstler berechtigt, in allen anderen Staaten Folgerechtsansprüche geltend zu machen. Dies führt dazu, daß der Kunsthandel insbesondere in Belgien, Dänemark, Deutschland, Frankreich und Spanien stark benachteiligt wird.

Eine im Jahr 1994 erstellte Studie des IfO-Instituts München weist darüber hinaus die wirtschaftlichen Verschiebungen in Folge der unterschiedlichen Rechtslagen nach und macht deutlich, daß nach wie vor die Auktionshäuser in Großbritannien eine erhebliche Sogwirkung auf den europäischen Markt haben und von der Folgerechtssituation in den Kontinentalstaaten profitieren[20].

Neben dem Folgerecht beeinflussen, allerdings in geringerem Umfang, weitere Faktoren den Wettbewerb des Kunsthandels, insbesondere steuerrechtliche Präferenzen, die sich aus der unvollständigen Anpassung der Mehrwertsteuersysteme ergeben, und Zulassungsbeschränkungen für ausländische Marktteilnehmer. So bestehen derzeit in Frankreich gesetzliche Regelungen, die ein Monopol französischer Versteigerer begründen und ausländische Firmen hindern, Dependancen einzurichten.

Aus beiden Faktoren ergibt sich eine Wettbewerbsverzerrung nicht nur für den Kunsthandel, sondern auch für die bildenden Künstler. Soweit sie z.B. englischer, italienischer oder holländischer Staatsangehörigkeit sind, können sie in den Folgerechtsländern ihre Ansprüche geltend machen; umgekehrt können ihre Kollegen aus diesen Staaten von den Umsätzen ihrer Werke in den Kunsthandelsmetropolen Großbritanniens und Italiens nicht profitieren.

Es liegt auf der Hand, daß derartige Marktverzerrungen allein durch nationale Regelungen nicht ausgeglichen werden können, es sei denn, man wolle einer Harmonisierung auf Null das Wort reden.

Die Kommission selbst hat deshalb in ihren ersten Stellungnahmen aus dem Jahre 1980 diese Situation analysiert und den Weg aufgezeigt, der sowohl aus wirtschafts- wie auch kulturpolitischen Erwägungen notwendig und erforderlich ist und dabei auch der eingangs geschilderten besonderen Situation der bildenden Künstler Rechnung getragen, die im Gegensatz zu anderen Urhebern über Verwertungsrechte nur in geringem Umfang verfügen.

Da sich seit 1980 an der Sach- und Rechtslage nichts geändert hat, ist der Handlungsbedarf somit nach wie vor unabweisbar gegeben.

Zusätzlich ins Gewicht fällt dabei, daß im Vertrag von Maastricht vom 7. Februar 1992 im Zusammenhang mit der Abgrenzung der Zuständigkeit der Gemeinschaft im Bereich Kultur Art. 128 in den EWG-Vertrag aufgenommen wurde, der

---

20 Nach Schätzungen des Instituts aufgrund von Befragungen der Marktteilnehmer in verschiedenen Mitgliedsstaaten wird allein aus Deutschland ein Anteil von ca. 20 % der für Versteigerungen vorgesehenen Kunstwerke in London versteigert.

in Abs. 4 die Gemeinschaft auffordert, den kulturellen Aspekten bei ihrer Tätigkeit aufgrund anderer Bestimmungen dieses Vertrags Rechnung zu tragen.

Der kulturpolitische Aspekt der Künstlerförderung durch das Folgerecht, auf den die Kommission vorausschauend bereits 1980 hingewiesen hatte, darf deshalb auch im Jahre 1994 beim Fortgang der kommissionsinternen Beratungen über die Erarbeitung einer Harmonisierungsrichtlinie nicht außer Betracht bleiben.

3. *Inhalte einer Folgerechtsregelung auf europäischer Ebene*

Der am 21. 11. 1991 durchgeführten Anhörung der Gemeinschaft lag ein Fragebogen zugrunde, der die wesentlichen Strukturen einer europa-einheitlichen Folgerechtsregelung ermitteln sollte. Sowohl aus den auf seiten der Betroffenen nach Analyse der bestehenden Regelungen entwickelten Vorstellungen als auch aus dem Ergebnis der Beratungen ergibt sich ein weitgehend abgegrenzter Rahmen für die mögliche Regelung des Folgerechts, der sich wie folgt zusammenfassen läßt[21]:

a. *Begriffsbestimmung der dem Folgerecht unterfallenden Werke*

Im Zusammenhang mit der Ausweitung des Kunstbegriffs durch neue Formen künstlerischer Arbeit sollten nicht nur die nach dem EG-Zolltarif definierten »klassischen Kunstwerke«, Gemälde, Originalstiche, -schnitte, Radierungen und Steindrucke sowie Originalerzeugnisse der Bildhauerkunst als Originale betrachtet werden, sondern auch alle weiteren künstlerischen Drucke, vor allem Siebdrucke und Tapisserien.

Einbezogen werden in den Kreis der dem Folgerecht unterfallenden Werke müssen nach Auffassung sowohl von Urhebern wie von Händlern unbedingt Fotografien, nachdem diese in den vergangenen zehn Jahren Gegenstand eines speziellen Sektors des Kunstmarkts geworden sind, dessen Spitzenpreise denjenigen von Kunstwerken keineswegs nachstehen[22].

Im Hinblick auf Werke der angewandten Kunst sollte - entsprechend der Rechtsprechung insbesondere in Frankreich zur Anwendung des Folgerechts auf diese Gegenstände - darauf abgestellt werden, inwieweit diese Werke dem nationalen Urheberrecht unterfallen.

In der Anhörung der Kommission wurde der Standpunkt vertreten, daß die Definition des Originals im einzelnen der jeweiligen nationalen Gesetzgebung und Rechtsprechung unterfallen sollte bzw. dem Kunstmarkt selbst weitgehend überlassen werden sollte. Es schien praktisch und rechtlich unmöglich, auf Gemeinschaftsebene einen im Rahmen einer Richtlinie einheitlichen Originalbegriff zu entwickeln, der alle genannten Gesichtspunkte präzise definiert.

---

21 Vgl. Fußnote 17.

22 Bereits das Dokument der Berner Union von 1985 - vgl. Fußnote 1 - schlug die Einbeziehung der Fotografien vor.

b. *Definition der Verkaufsfälle*

Angesichts der Vielfalt des Kunstmarkts, der sich in Auktionen, im Handel in eingerichteten Galerie- und Kunsthandelsräumen und zunehmend als Telefonhandel unter professionellen Vermittlern entwickelt, darf sich eine Gemeinschaftsregelung das Folgerecht nicht auf die Auktionen beschränken, wenn sie nicht neue Marktverzerrungen begründen will. Die Praxis in Deutschland zeigt, daß es möglich ist, auch die Kunsthandelsumsätze außerhalb von Auktionen wirksam zu erfassen.

Im Hinblick auf Erstveräußerungen sollte eine mögliche EU-Regelung ferner klarstellen, daß die erste Veräußerung durch eine Kunstgalerie dann nicht dem Folgerecht unterfallen sollte, wenn die Galerie das Werk direkt vom Künstler erworben hat; diese Lösung honoriert den im Laufe der Zeit selten gewordenen Fall, daß Kunsthändler überhaupt das Wagnis übernehmen, Werke von bildenden Künstlern mit vollem Risiko einzukaufen. Die Praxis hat zwischenzeitlich zu einer Privilegierung des Kommissionskaufs geführt, bei dem die Frage des Folgerechts sich ohnehin nicht stellt.

Einzig praktikabel ist darüber hinaus die Anknüpfung des Folgerechts an den Verkaufspreis; sämtliche Gesetzesmodelle, die das Folgerecht an den durch die Weiterveräußerung erzielten Mehrwert anknüpfen, sind wirkungslos geblieben, weil die Ermittlung von Wertsteigerungen technische Anforderungen stellt, die der Kunstmarkt aufgrund seiner besonderen Gegebenheiten nicht erfüllen kann.

c. *Abgabesatz*

Der Abgabesatz bei einer europäischen Harmonisierung sollte sich, entsprechend der bisherigen Übung, am Maximum orientieren, um keine Statusverschlechterung in einzelnen Mitgliedsländern zu bewirken; er sollte also bei 5 % liegen.

Im Rahmen der Kommissionsanhörung kam hierüber keine Verständigung zustande; Einvernehmen bestand aber darin, daß der Satz einheitlich festgelegt werden sollte.

Vorgeschlagen wurde auch die Einführung einer zwar einheitlichen, aber im Durchschnitt der geltenden Sätze liegenden Abgabe. Vor allem von Seiten der Kommissionsvertreter wurde die Möglichkeit einer degressiven Staffel erwogen, um die Belastung des Handels bei Hochpreis-Objekten, bei denen in der Regel aufgrund der Beteiligung mehrerer Händler die Gewinnspannen geringer sind, zu verringern.

d. *Kollektive Wahrnehmung*

Voraussetzung der wirksamen Realisierung des Folgerechts ist die kollektive Wahrnehmung, da diese allein die Basis für erleichterte Verwaltungsverfahren sein kann.

Voraussetzung einer effektiven kollektiven Wahrnehmung ist weiterhin eine

Auskunftsverpflichtung des Kunsthandels, der der jeweiligen Verwertungsgesellschaft überhaupt erst die Handhabe gibt, ein effizientes Inkasso zu organisieren.

Die in einigen Staaten mögliche individuelle Wahrnehmung des Folgerechts stößt in der Praxis auf große Schwierigkeiten, wenn, wie in Deutschland, der Auskunftsanspruch aus Praktikabilitätsgründen nur von der Verwertungsgesellschaft ausgeübt werden kann. Die Möglichkeit der Einzelwahrnehmung ist in der Regel auf den Versteigerungsmarkt beschränkt, in dem Ergebnislisten verbreitet werden, aus denen die nötigen Angaben entnommen werden können.

Im Sinne einer verwaltungsmäßig einfachen Wahrnehmung sollte die individuelle Wahrnehmung deshalb bei einer Harmonisierung ausgeschlossen werden.

e. *Übertragbarkeit des Folgerechts*

Die überwiegende Zahl der vorliegenden gesetzlichen Regelungen schließt die die Abtretbarkeit des Folgerechts zu Lebzeiten der Künstler aus. Nur das Prinzip der Unabtretbarkeit sichert den Künstler vor Repressionen des Kunsthandels oder der Versuchung, auf sein Folgerecht gegen ein geringes Zusatzentgelt beim Erstverkauf zu verzichten.

Darüber hinaus sollte das Folgerecht ohne Einschränkung vererbbar sein.

f. *Inländerbehandlung oder Reziprozität*

Im Jahr 1991 vertraten die Teilnehmer der Anhörung der Kommission mehrheitlich die Auffassung, daß die schon in der Berner Übereinkunft postulierte Voraussetzung der Gegenseitigkeit des Folgerechts - zumindest gegenüber Ländern außerhalb der Europäischen Union - wünschenswert sei, um auszuschließen, daß die im europäischen Bereich durch eine Harmonisierung ausgeräumten Disproportionen im Weltmaßstab erneut auftreten. Bei der Beibehaltung dieser Position wäre insbesondere nach dem Ergebnis der in den USA durchgeführten Studie davon auszugehen, daß eine große Zahl weiterer Kunsthandelsländer die Initiative der Europäischen Union übernehmen würde und das Folgerecht einführen würde, um ihren Künstlern die Teilnahme am europäischen Kunsthandel in vollem Umfang, also auch im Hinblick auf die Entgegennahme des Folgerechts zu ermöglichen. Die Europäische Union hätte bei einer entsprechenden Ausgestaltung ihrer Vorschriften das große Verdienst, maßstabbildend auf andere Länder zu wirken.

4. *Ausblick*

Die Stabilisierung des Folgerechts zumindest in einigen Staaten der Europäischen Union und der bemerkenswerte Anstieg der Erträge im Zusammenhang mit der Zunahme des Kunstmarktes hat dazu geführt, daß in der Mehrzahl der EU-Mitgliedsstaaten, zumindest in denjenigen Staaten, in denen inzwischen ein Folgerechtsbewußtsein aufgrund der erfolgreichen Durchführung besteht, Verwertungsgesellschaften und Kunsthändler gemeinsame Initiativen unternommen haben, um die Kommission zu schneller Harmonisierung aufzufordern; verständlicherweise richtet sich diese Aktivität vor allem gegen den anhaltenden Widerstand der englischen Auktionshäuser, die ihre starke Marktposition nicht nur dem Nichtvorhandensein des Folgerechts, sondern auch steuerrechtlicher Besonderheiten verdanken. Insbesondere dieses Phänomen, daß nämlich sowohl Begünstigte wie Betroffene einer Harmonisierung in den Folgerechtsländern nicht auf Abschaffung dieses Rechts, sondern auf positive Harmonisierung drängen, sollte die Kommission dazu bewegen, ihre mehr als 14jährige Harmonisierungs-Hängepartie zum Abschluß zu bringen und einen Richtlinienvorschlag vorzulegen. Die Ernsthaftigkeit des Bemühens wurde zumindest in der letzten europäischen Urheberrechtskonferenz der Gemeinschaft am 14. 4. 1994 in Athen vom zuständigen Generaldirektor verkündet, der neben der privaten Vervielfältigung und der Reprografie auch das Folgerecht zu den urheberrechtlichen Themen zählte, denen die Kommission in der nächsten Zeit ihr besonderes Augenmerk widmen werde.

Manfred Purzer

Punkt - Punkt - Komma - Strich

Zaghafter Versuch einer Psycho-Grafik

Scribble eins:

Der Mann nimmt zuerst die Zunge zwischen Daumen und Zeigefinger, dann die drei Blätter, die vor ihm liegen. Er rückt die Brille zurecht und widmet sich dem Geschriebenen. Um ihn herum wird diskutiert; lebhaft und kontrovers, hin und wieder auch polemisch zugespitzt. Als der Mann die Blätter gelesen hat, wird es still in der Runde. Man erwartet ein kritisches, richtungsweisendes Wort. Aber es kommt ein lobendes. »Ein ganz vorzügliches Papier«, sagt er zum Staunen der Anwesenden. Dann erbittet er vom Nebenmann einen Kugelschreiber, um das Papier, das er so gelobt hat, mit »winzigen Anmerkungen« zu versehen. Das dauert zehn Minuten. Schließlich ist das Maschinengeschriebene von einer Handschrift überzogen, die den spitzen Ausschlägen eines Encephalogramms gleicht. Nun brauchen die Ausschläge nur noch entziffert zu werden. Von dem ursprünglichen Manuskript ist nahezu nichts mehr geblieben. Aber die medienpolitische Analyse steht.

Scribble zwei:

Der Mann sitzt vor einer murrenden Menge. Die Versammlung ist - in toto - nicht damit einverstanden, was der Mann eben gesagt hat. Proteste. Der Mann läßt sich einen Kugelschreiber geben, macht sich Notizen, hört schweigend zu in einem Anschein von Schläfrigkeit, die aber nichts anderes sein kann, als das äußere Erscheinungsbild von Konzentration und Interesse. Denn, als der letzte Zweifler gesprochen hat, wacht er scheinbar auf; bekundet Verständnis für alle Einwände, Zweifel, Bedenklichkeiten und wiederholt, was er vor einer halben Stunde schon einmal gesagt hat. Genau dasselbe. Aber diesmal mit anderen Worten. Beifall belohnt ihn, Zustimmung, Dankbarkeit für flexibles Denken, für Bereitschaft zum Sinneswandel.

Anmerkung: Die Skizzen genügen nicht. Ins Bild mit hinein muß als zusätzliches Element: die feinnervige Kunst des Überzeugens in immer wieder neuen, geduldigen Anläufen; das Eingehen auf den anderen, der (noch) auf seinem Standpunkt verharrt. Oder muß es nicht doch etwas mehr sein? Die Darstellung von Verführungskunst etwa, begleitet von dem Geschick, jeden Widerpart in eine scheinbare Gefälligkeit aufzulösen, um an jenes Ziel zu gelangen, das nicht nur im Sinne der Sache ist, sondern auch zum Nutzen dessen, der eben noch vehement seinem »Verführer« widersprochen hat . . .?

Aufgabe wäre es, darüber hinaus, einen Mann zu zeichnen, der, auch in groben Situationen, Liebenswürdigkeit, Takt und Höflichkeit als unzeitgemäßes Verhaltensmuster pflegt - (oder soll man sagen: er zelebriert es?)

Kaum anzunehmen, daß er jemals eine Verbeugung vergißt oder vernachlässigt. Schwebende Striche wären bei der Vollendung der Skizze angebracht - wie hingetupft, ja, fast japanisch. Sottisen, gleich welcher Art, finden sich von diesem Mann stets auf gewinnende Weise entwaffnet. Zornesausbrüche und Zeloten stehen bei ihm vor einer unüberwindlichen Mauer weiser und abweisender Freundlichkeit. Kein Zweifel auch, daß in diesem Zusammenhang zu beschreiben wäre, wie geschickt diese Mauer geschichtet ist: als ordnende Grenze im Umgang mit Problemen und Menschen - und Menschen, die ständig Probleme machen.

Wie läßt sich so etwas bildnerisch festhalten: diese von unbeirrbarer Haltung gefestigte Liebenswürdigkeit im täglichen Chaos der Eitelkeit? Höflichkeit, die der Mann immer auch als Respekt verstanden wissen will, vor den Eigenarten des anderen.

Hineinarbeiten in dieses Bild wären jedoch auch jene Nuancen, die Aufschluß darüber geben, auf welche Weise das Liebenswürdige sich äußert: ob man damit geschmückt oder nur damit behängt wird. Diesen Unterschied darzustellen, ist alleine schon eine Studie wert.

Scribble drei:

Der Mann sitzt auf dem Boden seines Büros, umgeben von vierzehn Aktentaschen und einem Stoß von Papieren. Er sortiert die Woche, die vor ihm liegt; die Aufgaben, die zu bewältigen sind; die Konflikte, die sich gestaut haben: eine Tasche pro Thema.

Besucher, die ihn dabei überraschen, werden gebeten, Platz zu nehmen, auf dem Teppichboden; werden, während Papier nach Papier in den Taschen verschwindet, nach Wissenwertem befragt: Neuigkeiten über Politik, Familie, Medien, Musikwelt, Gesundheit und Wohlbefinden, Leben und Literatur.

Der Mann, so scheint es, will auf dem Laufenden gehalten werden, er will den Überblick, um ordnen zu können, was zu ordnen ist.

Anmerkung: Aufgabe wäre es nun, einen Menschen zu zeichnen, der die Vielfältigkeit seiner Aufgaben mit täglich neu gesammelter Energie in eine gedankliche Ordnung zwingt. Er könnte es einfacher haben mit nur drei Aktentaschen, oder maximal sieben. Aber: er käme sich arm vor mit nur einem Koffer; er sähe sich seiner Möglichkeiten beraubt, reduziert auf eine pauvere Einseitigkeit von Belastungen, wo er es doch für ein Merkmal der geistigen Spannkraft hält, die Statur und den aufrechten Gang durch Gleichgewichtigkeit zu bewahren.

Scribble vier:

Der Mann hat eben ein ehrendes Angebot erhalten. Er entscheidet sich nicht sofort, er erbittet Bedenkzeit. Drei Tage später dann - und wie nebenbei - kommt die Antwort, die schon vor drei Tagen feststand. Nein, er wird keine politischen Staatsämter übernehmen. Er wird kein Ministerium leiten wollen. Er will sich nicht fesseln lassen wie Gulliver von den Zwergen der politischen Alltags-Routine. Er hat überdies Goethe gelesen und die versteckte Klage darüber, wieviel Produktivität in solchen Ämtern abhanden kommt.

Der Mann geht nach Hause und feiert den Sieg seiner höflichen Absage, indem er den Geruch von Freiheit langsam verschmelzen läßt mit dem Duft von Nelken aus der Fülle eines Chianti-Bouquets.

Anmerkung: Es müßte sichtbar gemacht werden: der Energiestrom, den mächtige Gravitationen in einer noch ohnmächtigen Zeit zu Abweichungen gezwungen haben. Gravitationen - das waren: die Begabung zum Rechtsanwalt, die Berufung zum Politiker; das war die Anhäufung von selbstgestellten Aufgaben, vor allem im Urheberrecht.

Ein Künstler war vorprogrammiert, der sich plötzlich und unvermutet auf dem Schicksalsweg einer anderen Produktivität wiederfand -: bei der mit Leidenschaft verfochtenen Urfehde für den Urheber, beim Grabenkampf für die Rechte der Kreativen. Ein Mann ist zu zeichnen, der noch immer seine Erfrischungen sucht in der Musik und bei dem der literarische Funke immer neu aufblitzt als sprühender Beleg für ein unverbrauchtes Leben.

Scribble fünf:

Der Mann ist grau im Gesicht. Er hat Schmerzen. Er ist zum Umfallen krank. Ein Virus. Der Mann transportiert die Schmerzen und den Virus fast tausend Kilometer weiter an einen entlegenen Ort. Dorthin, wo ein Weggefährte und Freund zu Grabe getragen wird. Der Arzt spricht von bodenlosem Leichtsinn und sagt: »Um ein Haar hätte das Ihre eigene Beerdigung werden können!«

Der Mann läßt das Wort »Leichtsinn« nicht gelten. Leichtsinnig war er noch nie. Er läßt dieses Wort auch nicht zu innerhalb jener Grenzen, in denen Gefühle für Freunde das letzte Wort haben.

Anmerkung: Das fünfte Scribble stellt vor die Aufgabe, das Bild eines Menschen zu zeichen, für den das Wort »Freund« einen besonderen und offenbar auch beglückenden Klang hat. Aber da ist noch mehr! Das Gegenwort »Feind« ist für ihn eine Vokabel von gestern. Allenfalls - und das mit großem Respekt - werden Gegner akzeptiert; Feinde - als Unvermeidbares - nie! Und dann ist es auch meistens so, daß er im Gegner plötzlich den Freund entdeckt - und auch findet. Und den unbelehrbaren Feind zwingt er mit liebenswürdigem Beharren, allenfalls Gegner zu sein.

Für Freunde - und das gehört wohl zum Geheimnis seiner Kraftreserven - geht der Mann meilenweit; auch dann, wenn sie es nicht (mehr) wahrhaben. Und kein Virus kann ihn daran hindern.

* * *

Fünf Versuche, fünf Skizzen zu einem Bild zusammenwachsen zu lassen. Sie werden, und das weiß der Experimentator genau, im Dilettantischen stecken bleiben. Um aller Schattierungen Herr zu werden, bedürfte es wohl auch der Fertigkeit Rembrandtscher Griffelkunst - und dies, in der nun wohl arg verspäteten Erkenntnis, daß simple Striche, so genau sie auch gesetzt sein wollen, dem Portrait des Mannes und des Menschen Reinhold Kreile nicht genügen.

Karlheinz Quack

Hauptsachenerledigung in Verfahren nach Art. 3 VO Nr. 17?

Zumeist schenkt man, was einem selbst gefällt. Gelegentlich sogar ohne Rücksicht auf den Geschmack des Beschenkten. In solchen Fällen kann man nur auf dessen Großzügigkeit und milde Nachsicht hoffen. Und die Fähigkeit, beide zu üben nutzend, sieht sich der Jubilar mit einem verfahrensrechtlichen Problem konfrontiert, das dem Verfasser eher zufällig begegnete und ihn zu diesem Beitrag anregte.

I.

In ihrem XXII. Wettbewerbsbericht 1992 behandelte die Kommission einen Streit zwischen dem irischen Fährschiffunternehmen B & I und dem britischen Fährschiffunternehmen Sealink, das gleichzeitig die Hafenbehörde in Holyhead, Wales ist. B & I begehrte von der Kommission festzustellen, daß Sealink Art. 86 EGV zuwider handelte, indem das Unternehmen in seiner Eigenschaft als - marktbeherrschende - Hafenbehörde von Holyhead Änderungen der Fahrpläne ihrer eigenen Fährschiffe zugestimmt hatte, die B & I ernstlich schaden konnten. Um eine B & I beeinträchtigende Fahrplanänderung von Sealink zu verhindern, hatte die Kommission einstweilige Maßnahmen angeordnet, sie zeitlich begrenzt, und Sealink und B & I verständigten sich schließlich auf einen neuen Fahrplan, woraufhin Sealink die inzwischen gegen die Kommission erhobene Klage zum Gericht I. Instanz zurück nahm. Verfahrensrechtlich Ungewöhnliches war nicht zu erkennen, besonderes Interesse verdiente die Sache in dieser Hinsicht nicht. Interessant war zwar die Definition des räumlich relevanten Marktes, aber zum einen war sie keine Überraschung, hatte die Kommission schon in der Sache British Midland/Aer Lingus[1] ausgesprochen, daß der räumlich relevante Markt nicht der (Flug-)Hafen sei und die von ihm ausgehenden Verbindungen berücksichtigt werden müßten, zum anderen bot die Klagerücknahme im gerichtlichen Verfahren keinen Anlaß, die Frage der Hauptsachenerledigung zu problematisieren.

1 1/2 Jahre später tauchte wiederum der Hafen von Holyhead in einer Entscheidung der Kommission[2] auf, in der es wiederum um einen Verstoß gegen Art. 86 EGV ging, dessen sich, wie Sea Containers Ltd. meinte, die Stena Sealink Line und die Stena Sealink Ports schuldig gemacht hätten. Die marktbeherrschende Sealink habe Sea Containers Ltd. ohne sachlich gerechtfertigten Grund nicht gestat-

1 92/213 EWG, Entscheidung vom 26.2.1992, ABl Nr. L 96, 34 ff.
2 Entscheidung der Kommission vom 21.12.1993, ABl Nr. L 15, 8 ff.

tet, zu vernünftigen Bedingungen die Sealink gehörenden Hafenanlagen von Holyhead zu benutzen. Sea Containers Ltd. verlangte u.a. durch einstweilige Anordnung

- Sealink zu verbieten, den Hafen von Holyhead in einer Weise zu entwickeln, deren Ergebnis die Verminderung der gegenwärtigen Hafenkapazität sei und
- Sealink zu einer Vereinbarung zu verpflichten, die es Sea Containers Ltd. erlaubt, einen Schnellfährdienst auf der Hauptroute zwischen Holyhead und Dun Laoghaire einzurichten und zu unterhalten.

Seit 1992 hatte Sea Containers Ltd. versucht, den Fährdienst zwischen Holyhead und Dun Laoghaire mitsamt allen dazu gehörenden Einrichtungen installieren zu dürfen; Sealink fand sich dazu nicht bereit. Zu einer Einigung kam es nicht. Daraufhin rief Sea Containers Ltd. gemäß Art. 3 VO Nr. 17 die Kommission mit den dargestellten Anträgen an.

Im Laufe des Verfahrens bot Sealink - im Oktober 1993 - Sea Containers Ltd. die Benutzung von Hafeneinrichtungen an, räumte bestimmte Slots ein und Sea Containers Ltd. nahm dieses Angebot trotz gewisser Zweifel an seiner Ernsthaftigkeit alsbald an. Gleichwohl verfolgte Sea Containers Ltd. seine bisherigen Anträge weiter, und die englischen nationalen Behörden baten ihrerseits die Kommission um eine Entscheidung. Und damit ist - endlich - die Frage gestellt:

War die Kommission angesichts der zwischen den Streitenden erreichten Einigung noch zu einer Entscheidung berechtigt oder hatte sich etwa die Hauptsache erledigt, so daß in der Sache selbst von der Kommission nicht mehr entschieden werden durfte.

II.

Die Kommission hat entschieden; sie hat die Anträge zurückgewiesen. Nicht weil Sealink keine marktbeherrschende Stellung hätte oder weil eine marktbeherrschende Stellung nicht mißbraucht worden wäre, sondern weil es der einstweiligen Anordnungen zur Schadensabwendung nicht bedurfte, nachdem Sea Containers Ltd. und Sealink aufgrund des Sealink-Angebots sich verständigt hatten und die Eilbedürftigkeit entfallen war.

Interessant aber sind die Ausführungen, mit denen die Kommission ihr Recht begründete, in der Sache nach der Einigung der Parteien noch entscheiden zu dürfen. Sie seien hier wörtlich (der englische Text der Entscheidung ist der allein maßgebliche) wiedergegeben:

> »Since SC has now accepted the slots offered to it by Sealink, the question arises whether a decision on its application for interim measures should be adopted. SC has maintained its application, and the national authorities have also asked the Commission to make a decision. The Commission must therefore consider whether there remains sufficient public interest in a decision. Although the parties have reached agreement on access for Sea Containers to the port of Holyhead for the 1994 season, they hold opposing views of their respective rights. In particular, Sealink continues to claim that it has no special obligations in its capacity as port owner. If a decision is given at this stage on the application for interim measures it will clarify the legal position of the parties now

and for their future dealings. It may obviate the need for further intervention by the Commission at a later stage, particularly in relation to access to the new facilities to be built on the east side of the port. It will also provide guidance as to the treatment of this and similar situations in the future. In those circumstances the Commission therefore considers it appropriate to make a decision in this case.«[3]

III.

Hätte es nicht näher gelegen, festzustellen, daß die Hauptsache erledigt sei, da doch »die Parteien eine Vereinbarung erreicht haben, die Sea Containers den Zugang zum Hafen von Holyhead für die Saison 1994« eröffnete? Denn wenn der Streit zwischen den Parteien durch Vereinbarung vor der Entscheidung beendet wurde, ist die Hauptsache erledigt und eine Sachentscheidung nicht mehr möglich.[4] Die Anwendung von Regeln des nationalen Rechtes ist nicht bloß nicht ausgeschlossen, sondern angesichts der fragmentarischen Struktur des Gemeinschaftsverwaltungsrechtes sogar geboten.[5] Warum also keine Hauptsachenerledigung und statt dessen eine Sachentscheidung?

1.

Zwar spricht die Entscheidung der Kommission vom 21. Dezember 1993 im Erwägungsgrund Nr. 47 von den »Parteien«, die miteinander streiten, aber Partei im eigentlichen Sinne ist die Sea Containers Ltd. nicht. Das ergibt sich aus Art. 3 der Verordnung Nr. 17, der Dritten zwar ein Antragsrecht einräumt, das den Dritten, übt er es aus, aber nicht zum Betroffenen, der »Partei«, macht.[6] Der das Antragsrecht des Art. 3 der VO Nr. 17 Nutzende bleibt Drittbeteiligter, ist also kein Hauptbeteiligter, gegen den das Verfahren der Kommission sich richtet, und seine Rechte sind beschränkt.[7] In dem Morris-Rothmans-Urteil vom 17. November 1987 hat der Gerichtshof erklärt, daß ein Kartellverwaltungsverfahren, sei es von der Kommission von Amts wegen oder auf Antrag eingeleitet worden, kein kontradiktorisches Verfahren zwischen Haupt- und Drittbeteiligten begründe.[8] Es wird also kein Streit zwischen Parteien durch die Vereinbarung beendet, die Sea Containers Ltd. und Sealink miteinander getroffen haben. *Dadurch* wird die Hauptsache nicht erledigt.

---

3 Erwägungsgrund Nr. 47 der Entscheidung vom 21.12.1993 a.a.O. S. 14.

4 Für das deutsche Verwaltungsrecht vgl. z.B. Eyermann/Fröhler, Verwaltungsgerichtsordnung, Kommentar, 9.Aufl. München 1988, § 113 VwGO Rdnr. 42 und für das deutsche nationale Kartellrecht Karsten Schmidt in Immenga/Mestmäcker, GWB, Kommentar zum Kartellgesetz, 2. Aufl., München 1992, § 70 GWB Rdnr. 24 mwN und schließlich BGH 29.10.1985, WuW/E BGH 2211, 2213 »Morris Rothmans«.

5 EuGH v. 12.7.1957, Algera ./. Gemeinsame Versammlung, Rs 7/56 u. 3-7/57, Slg. 1957, 83 ff; EuGH v. 22.11.1977, Industrial Diamant Supplies ./. Riva, Rs 43/77, Slg. 1977, 2185 ff.

6 Vgl. nur Kevekordes, »Rechtsstellung Drittbeteiligter im EG- (Kartell-)Verfahrensrecht«, DB 1989, 2521 ff, insbesondere aber auch EuGH 11.10.1981, Rs 26/76 Slg. 1983, 3045 »Demo-Studio Schmidt«.

7 Vgl. dazu Fischer, Die Stellung Dritter im europäischen Wettbewerbsverfahren 1990, S. 80 f. und insbesondere EuGH 17.11.1987, Rs 142 u. 156/84 WuW/E EWG/MUV 815 »Morris Rothmans«.

8 Vgl. EuGH Fn 7, »Morris Rothmans«, a.a.O., 815, 818.

2.

Das Antragsrecht des Art. 3 der VO Nr. 17 zielt auf die *Feststellung,* nicht aber auf das *Abstellen* einer Zuwiderhandlung. Insoweit ist der Wortlaut der Verordnung eindeutig. Dabei kann offen bleiben, ob es auch im Ermessen der Kommission liegt, eine Zuwiderhandlung festzustellen oder ob sie ohne einen Ermessensspielraum gehalten ist, über einen Antrag nach Art. 3 VO Nr. 17 zu entscheiden,[9] denn in jedem Falle bleibt sie »Herr des Verfahrens«, und selbst die Rücknahme des Antrags würde die Kommission nicht hindern, das begonnene Verfahren fortzusetzen, und selbst ein noch gar nicht angefangenes einzuleiten, wenn es um eine Zuwiderhandlung geht, die zu verfolgen sich lohnt.[10] Denn wenn auch gegen eine dem Antrage nicht entsprechende Entscheidung der Kommission die Klage zulässig ist,[11] so kann doch die Kommission nicht daran gehindert werden zu prüfen, ob einer kartellrechtlich relevanten Norm zuwider gehandelt worden ist. Mag auch das nationale deutsche Kartellrecht mit dem Opportunitätsprinzip etwas engherziger umgehen,[12] als das Gemeinschaftsrecht,[13] so bedeutet dies doch nicht, daß etwa die Kommission daran gehindert wäre, einer Zuwiderhandlung nachzugehen, nur weil diese abgestellt worden ist oder der Antragsteller seinen Antrag zurückgenommen hat.[14] Bei Rücknahme des Antrags kann die Kommission das Verfahren jederzeit von Amts wegen fortführen.[15] Das könnte zu der Annahme führen, daß im Antragsverfahren nach Art. 3 VO Nr. 17 eine Hauptsachenerledigung überhaupt nicht eintreten kann. Ein solcher Schluß wäre freilich verfehlt:

Erledigt wird durch Antragsrücknahme oder freiwillige Aufgabe der Zuwiderhandlung jedenfalls nicht der begangene Verstoß. Er wird durch Wohlverhalten nicht »wiedergutgemacht«, entfällt also nicht (und erledigt sich deswegen nicht), sondern darf von der Kommission weiter verfolgt werden.

Die Kommission hat in ständiger Praxis isolierte Feststellungsentscheidungen in Fällen getroffen, in denen mangels Fortdauer des Kartellverstoßes keine Abstellungsverfügung mehr ergehen konnte. Die isolierte Feststellung nach Beendigung eines Verstoßes wird von der Kommission für sinnvoll gehalten, wenn sie die Rechtslage klar stellt oder künftigen gleichartigen bzw. ähnlichen Zuwiderhandlungen vorbeugt[16] oder für zivilrechtliche Auseinandersetzungen von Belang ist.[17]

---

9 Vgl. dazu Börner, »Kann ein Dritter die Kommission zwingen, einen Verstoß gegen Art. 85 oder 86 EWGV zu verfolgen?«, EuR 1984, 181, 182.

10 Zum Ermessen beim Abstellen von Zuwiderhandlungen vgl. wiederum Börner a.a.O., Fn 9.

11 Vgl. nur EuGH, WuW/E EWG/MUV 818 Fn 7.

12 Vgl. dazu Tiedemann in Immenga/Mestmäcker a.a.O., § 81 GWB Rdnr. 19.

13 Vgl. dazu Groeben/Thiesing/Ehlermann Art. 87 zweiter Teil Rdnr. 7 mwN.

14 Vgl. dazu schon EuGH v. 15.7.1970, Rs 41/69, Slg. 1970, 661, 703 »ACF Chemiefarma«.

15 Kommission, Entscheidung v. 17.12.1975, ABl 1976, Nr. L 95, »Chiquita«; Gleiss/Hirsch, Kommentar zum EWG-Kartellrecht, 3. Aufl. 1978, Heidelberg, Art. 3 VO Nr. 17/62 Rz 18.

16 Kommission v. 26.7.1976, ABL Nr. L 231, 24, 28 »BNIA«; 8.9.1977, ABl Nr. L 242, 1, 10, 14 »Obelpa/VWP«.

17 Kommission v. 19.4.1977, ABl Nr. L 117, 1, 12, 16 »AGB«.

Der EuGH hat sich im »GVL«-Fall[18] zur Rechtfertigung isolierter Feststellungsentscheidungen durch die Kommission geäußert. Der EuGH stellt im konkreten Fall fest, daß zwar das betroffene Unternehmen (es handelte sich um eine Wahrnehmungsgesellschaft) zwar seine Praxis geändert habe, jedoch sowohl im Verwaltungsverfahren vor der Kommission als auch vor Gericht erklärt habe, daß es sich an seine Änderung des Verhaltens nicht gebunden fühle. Die Wahrnehmungsgesellschaft habe auch im Gerichtsverfahren betont, daß sie gemeinschaftsrechtlich zur Änderung ihres Verhaltens nicht verpflichtet sei, daß es ihr somit frei stünde, zu ihrer alten Praxis zurückzukehren. Unter diesen Umständen durfte nach Auffassung des EuGH die Kommission davon ausgehen, daß die Gefahr eines Widerrufs dieser Praxis bestand, da die Verpflichtung der Wahrnehmungsgesellschaft, ihr Verhalten abzustellen, nicht formell bekräftigt wurde und insoweit eine Klarstellung der Lage geboten war. Der EuGH hat daraus den Schluß gezogen, die Kommission habe ein berechtigtes Interesse, durch die angefochtene Entscheidung den Verstoß gegen die Wettbewerbsregeln bis zur Änderung des Verhaltens der Wahrnehmungsgesellschaft festzustellen.

Im Bußgeldverfahren kommt eine Hauptsachenerledigung ohnehin nicht in Betracht. Daß die Kommission an der Verfolgung einer Zuwiderhandlung gehindert sein könnte (vgl. dazu Art. 15 VO Nr. 17 Abs. 5) oder dem Opportunitätsprinzip folgend auf sie verzichtet, ist keine Frage der Hauptsachenerledigung, und zwar selbst dann nicht, wenn ein betroffenes Unternehmen nach einer Zuwiderhandlung auf eine Freistellung nach Art. 85 Abs. 3 EGV antrüge oder ein verwirklichter Sachverhalt von einer nachträglich in Kraft tretenden Gruppenfreistellungsverordnung erfaßt würde. Anders aber liegt es, wenn es um das Abstellen zukünftiger Zuwiderhandlungen geht: Denn mit der ernstlich gewollten und durch entsprechendes Handeln bekundeten gegenwärtigen und zukünftigen Aufgabe von Zuwiderhandlungen entfällt die Grundlage für eine Feststellung einer Zuwiderhandlung ebenso wie für deren Abstellen nach Art. 3 VO Nr. 17, wie sich auch aus Art. 16 Abs. 1 VO Nr. 17 ergibt. Das wäre aber jedenfalls dann eine »Erledigung der Hauptsache«, wenn das erledigende Ereignis im gerichtlichen Nachprüfungsverfahren und vor Erlaß einer Entscheidung des Gerichtes eingetreten wäre.[19] Die Einigung, die B & I und Sealink während des gerichtlichen Verfahrens erzielt hatten, wäre Erledigung der Hauptsache gewesen, denn die »Beschwer«[20] wäre entfallen, der Verwaltungsakt (die Anordnung der Kommission) könnte dann keine Wirkungen mehr äußern und sie wäre gegenstandslos.

Gleiches aber muß für das Verwaltungsverfahren - und um ein solches handelt es sich bei dem Streit zwischen Sea Containers Ltd. und Sealink - mindestens dann gelten, wenn es kontradiktorisch ausgestaltet und dem gerichtlichen Verfahren vergleichbar ist.[21] Das aufgrund des Art. 3 VO Nr. 17 von der Kommission

18 EuGH, Urteil v. 2.3.1983, Rechtssache 7/82, Slg. 1983, 483 ff.

19 Vgl. dazu für das nationale deutsche Kartellverfahrensrecht Karsten Schmidt in Immenga/Mestmäcker, § 70 GWB Rdnr. 21, aber auch für das allgemeine Verwaltungsrecht Eyermann/Fröhler, a.a.O., § 113 VwGO Rdnr. 39 f.

20 Vgl. dazu BGH, WuW/E BGH 2213 Fn 4.

21 Vgl. dazu für das deutsche Verwaltungsverfahrensrecht Kopp § 9 VwVfG, Verwaltungsverfahrensgesetz Kommentar, 5. Aufl., München 1991, Rdnrn. 45 ff.

geführte Verfahren, welches sich gegen Sealink richtete, ist ein dem gerichtlichen Verfahren vergleichbares, denn obgleich Verwaltungsverfahren, wird es doch in der gleichen Weise wie ein gerichtliches geführt, denn es werden Schriftsätze und mündliche Ausführungen gewechselt, die Kommission kann Aufklärung heischen (vgl. nur Art. 11 VO Nr. 17), ermittelt von Amts wegen und trifft schließlich auch eine - gerichtlich nachprüfbare - auf Feststellung oder aber auch auf Abstellen der Zuwiderhandlung gerichtete Entscheidung.[22] Deswegen können auch hier - wie im nationalen deutschen Verwaltungsverfahrensrecht - diejenigen Grundsätze angewandt werden, die im gerichtlichen Verfahren eine Hauptsachenerledigung bewirken oder zulassen.

Aber nur dann läßt sich im Verwaltungsverfahren von einer Hauptsachenerledigung sprechen, wenn die Zuwiderhandlung endgültig aufgegeben und deren Wiederholung nicht mehr zu besorgen ist. Denn in einem solchen Falle wäre weder eine feststellende noch eine eine Zuwiderhandlung abstellende Entscheidung möglich.

3.

Darauf dürfte es auch beruhen, daß die Kommission in ihrer Entscheidung vom 21. Dezember 1993 darauf abgestellt hat, daß die »Parteien« trotz der erzielten Vereinbarung ihre gegensätzlichen Ansichten ihrer in Anspruch genommenen Rechte aufrecht erhielten und daß insbesondere Sealink »fortfuhr für sich in Anspruch zu nehmen, keinen bestimmten Verpflichtungen in ihrer Eigenschaft als Hafeneigner« zu unterliegen.[23]

Aber darauf allein stützt die Kommission ihr Recht, in der Sache zu entscheiden, nicht. Zum einen will sie mit der Entscheidung »die Rechtsstellung der Parteien jetzt und für ihre zukünftigen Abreden« klarstellen, zum anderen etwa später nötig werdende Maßnahmen wegen des Zuganges zu neuen Einrichtungen, die an der Ostseite des Hafens geschaffen werden sollen, vorbereiten und schließlich sollen auch Leitsätze für den zu entscheidenden, aber auch für einen zukünftigen vergleichbaren Sachverhalt aufgestellt werden.

Damit sagt die Kommission zum einen, daß trotz der erreichten Vereinbarung wegen der gegensätzlichen Auffassungen von Antragsteller und Hauptbeteiligtem die Hauptsache nicht erledigt worden ist und zum anderen, daß es im Interesse zukünftiger Klarheit geboten ist, eine Sachentscheidung zu treffen.

In der Tat wird das Recht der Kommission, die Zuwiderhandlung festzustellen und sie abzustellen, durch die zwischen Sea Containers Ltd. und Sealink getroffene Vereinbarung nicht beseitigt. Dies zwar deswegen nicht, weil Sea Containers Ltd. und Sealink weiter über ihre wechselseitigen Rechte und Pflichten streiten, sondern weil Sealink sich durch die - vorläufige - Regelung nicht zur Richtigkeit

---

22 Vgl. dazu Goldman, European Commercial Law 1973, S. 620 und ebenso Temple Lang C.M.L. Rev. 1977, S. 155.

23 Vgl. ABl Nr. L 15, 8, 14 v. 18.1.1994 Erwägungsgrund 47.

der von der Kommission vertretenen Auffassung bekennt.[24] Nur darauf kommt es an. Welche Ansicht die Drittbeteiligte Sea Containers Ltd. dazu vertritt, ist für die Frage der Hauptsachenerledigung ohne Bedeutung. Auch kommt es nicht darauf an, ob das Interesse zukünftiger Regelungen einer Hauptsachenerledigung entgegenstehen kann, denn dies ist eine andere Frage, die im nationalen deutschen Verwaltungsrecht unter den Begriff der Fortsetzungsfeststellungsklage[25] oder im Kartellverwaltungsverfahrensrecht unter den der Fortsetzungsfeststellungsbeschwerde[26] zu subsumieren ist. So wie mit Eintritt des erledigenden Ereignisses die Klage nicht unbegründet wird, sondern sie sich auf einen entsprechenden Antrag materiell in eine Feststellungsklage verwandelt[27] und so wie durch die Fortsetzungsfeststellungsbeschwerde unter den Voraussetzungen des § 70 Abs. 2 Satz 2 GWB[28] das Verfahren fortgesetzt werden kann, so darf die Kommission trotz der Hauptsachenerledigung zu einer Sachentscheidung kommen, wenn diese geeignet ist, rechtliche Klarheit für zukünftige vergleichbare Verhaltensweisen in dem zu entscheidenden Fall zu schaffen. Denn dies liegt im öffentlichen Interesse, dem die Kommission verpflichtet ist.[29] Das öffentliche Interesse bestimmt die Zulässigkeit der Fortsetzung des Verfahrens trotz Erledigung der Hauptsache. Denn die Maßnahmen, die die Kommission aufgrund der Verordnung Nr. 17 zu treffen befugt ist, sind solche, mit denen für das Funktionieren des Gemeinsamen Marktes gesorgt werden soll.[30] Ist einer verpflichtenden Norm des EG-Vertrages zuwider gehandelt worden (wie hier Art. 86 EGV) und ist die Zuwiderhandlung von einem Gewicht, das ein Einschreiten der Kommission ermöglicht, braucht die Kommission sich trotz einer Hauptsachenerledigung damit nicht zu begnügen, wenn eine Entscheidung durch ein hinreichendes - öffentliches - Interesse an der Einhaltung der Marktregeln gerechtfertigt wird. Es bedarf also für die Fortsetzung des Verfahrens weder einer Wiederholungsgefahr, noch müssen irgendwelche Schadensersatzansprüche drohen, noch muß das Interesse auf bestimmte Rechtsfolgen zielen,[31] sondern das öffentliche Interesse an der Einhaltung der Marktgebote reicht aus, um das in der Hauptsache erledigte Verfahren fortzusetzen. Mag die Entscheidung der Kommission vom 21. Dezember 1993 nicht sorgfältig zwischen Hauptsachenerledigung und »Fortsetzungsinteresse« trennen, ist doch die Entscheidung, den Antrag von Sea Containers Ltd. zurückzuweisen, zutreffend. Angesichts der mangelnden Eilbedürftigkeit und der Abwendung drohenden Schadens durch die, wenn auch vorläufige, Vereinbarung, fehlte es an den Voraussetzungen einer einstweiligen Anordnung, auf deren Erlaß Sea Containers Ltd. angetragen hatte.

---

24 Vgl. EuGH v. 2.3.1983, Rs 7/82, Slg. 1983, 483 ff »GVL«, wo es allerdings um die isolierte Feststellung eines begangenen und beendeten Verstoßes ging.

25 Vgl. dazu Eyermann/Fröhler, a.a.O., § 113 VwGO Rdnr. 40 mwN.

26 Vgl. dazu Karsten Schmidt in Immenga/Mestmäcker, a.a.O., S. 70, Rdnr. 24 mwN.

27 Vgl. dazu BVerwG 9.7.1956, NJW, 1956, S. 1652 f.

28 Wegen der Einzelheiten vgl. wiederum Karsten Schmidt in Immenga/Mestmäcker, GWB, 70, a.a.O. Rdnrn. 21 ff.

29 Vgl. dazu Börner a.a.O., Fn 9.

30 Vgl. wiederum Börner a.a.O., Fn 9.

31 Zu dem gesamten Problemkreis vgl. wiederum Karsten Schmidt, a.a.O., in Immenga/Mestmäcker, S. 70, Rdnrn. 30, 31 mit einer Vielzahl weiterer Nachweise aus der deutschen Rechtsprechung.

III.

Das Fragezeichen hinter der Überschrift dieses Beitrages kann also entfallen. Auch in dem Verwaltungsverfahren, das nach Art. 3 VO Nr. 17 auf Antrag eines Dritten von der Kommission begonnen worden ist, kann sich die Hauptsache erledigen. Das ist jedenfalls dann der Fall, wenn der Hauptbeteiligte, also der Betroffene, ernsthaft und endgültig eine nach den Regeln des EG-Vertrages und der Verordnung Nr. 17 verfolgbare Zuwiderhandlung aufgegeben hat. Gleichwohl darf die Kommission das in der Hauptsache erledigte Verfahren fortsetzen, wenn die Fortsetzung durch ein öffentliches Interesse gerechtfertigt wird. Angesichts der Stellung, die die Kommission im Verwaltungsverfahren einnimmt, reichen jedenfalls die in der Entscheidung vom 21. Dezember 1993 dargelegten Erwägungen aus, um das öffentliche Interesse bejahen und zu einer Sachentscheidung kommen zu können.

Hermann Rauhe

Kulturmanagement als Diplomaufbaustudiengang

Was ist Kulturmanagement?

Kulturmanagement bezeichnet nach Franz Willnauer: »Planvolles, öffentliches, ökonomisch orientiertes Handeln, das sich auf künstlerische Inhalte oder kulturelle Ziele bezieht, auf die Gestaltung von Gegenwart und Zukunft gerichtet ist und seine Ergebnisse in den Dienst der Allgemeinheit stellt«.[1]

Gemeint ist ein professionelles Handeln, das darauf zielt,

- organisatorische, wirtschaftliche, rechtliche, soziale, kommunikative und technologische Bedingungen und Freiräume für die Entstehung, Entfaltung und Vermittlung von Kunst und Kultur zu schaffen, sie in gesellschaftlicher Verantwortung zu pflegen und durch planvolles, wirtschaftliches Handeln in ihrer Kreativität und Originalität zu fördern,
- künstlerische Gestaltungsenergien bei Kulturschaffenden durch Entlastung von organisatorischen und materiellen Problemen freizusetzen,
- Kunst zu vermitteln, ohne sie zu verzwecklichen, ein Marketing für Kunst zu entwickeln, ohne sie zu vermarkten,
- Kunst zum zentralen Faktor und Ferment gesellschaftlichen Lebens und gesellschaftlicher Entwicklung zu machen,
- Kunst durch Vermittlung und Internalisierung ihrer Normen und Verhaltensweisen zur Kultur als Ausdruck »der Art und Weise, wie wir miteinander umgehen« (Richard von Weizsäcker) werden zu lassen,
- (Frei-)Räume als Orte der »Kulturellen Öffentlichkeiten« zu schaffen, in denen sich Menschen über Normen und Werte ihres Handelns verständigen (Hilmar Hoffmann), sowie
- den produktiven Dialog zwischen Kultur, Verwaltung, Politik und Wirtschaft anzuregen und zu moderieren mit dem Ziel der Entwicklung kreativer kultureller und künstlerischer Projekte.

Kulturmanagement umfaßt so vielfältige und unterschiedliche Aufgabenbereiche, daß Andreas J. Wiesand mit Recht vor dem Begriff »KulturmanagerIn« als Bezeichnung für ein einheitliches Berufsfeld warnt und den Vorschlag unterbreitet, bei den Qualifizierungsangeboten »zwischen Grundkenntnissen und anschließender Spezialisierung« zu unterscheiden.[2]

---

1 Willnauer, Musikmanagement, in: Rauhe/Demmer (Hrsg.): Kulturmanagement. Theorie und Praxis einer professionellen Kunst, Berlin 1994, S. 223 ff.

2 Wiesand, Zwischen Grundkenntnis und Spezialisierung, in Look (Hrsg.): Kulturmanagement: Kein Privileg der Musen, Wiesbaden 1991, S. 339–348, hier: S. 342 f.

Aus der Fülle und Vielfalt der Aufgaben seien folgende exemplarisch herausgegriffen:

- KulturmanagerInnen konzipieren, organisieren und realisieren Kunst- und Kulturprojekte, -initiativen und -veranstaltungen.
- Sie leiten, betreuen oder beraten private und öffentliche Kunst- und Kulturinstitutionen und -einrichtungen, wie z.B. Opernhäuser, Theater, Orchester, Chöre, Festivals, Konzertdirektionen, Künstleragenturen, Museen, Kunsthallen, Galerien, Kultur- und Kommunikationszentren, Kulturbüros und -agenturen, Messe- und Kongreßgesellschaften, Kultusämter, -behörden, -abteilungen auf Bundes-, Landes- und kommunaler Ebene sowie Kulturabteilungen in Wirtschaftsunternehmen.
- Sie sind MitarbeiterInnen oder LeiterInnen von Kulturredaktionen oder -abteilungen in öffentlich-rechtlichen oder privaten Rundfunk- und Fernsehstationen, Verlagen, Zeitungen, Zeitschriften, Film-, Fernseh-, Tonträger- und Video-Produktionsgesellschaften.
- Sie sind GeschäftsführerInnen oder MitarbeiterInnen öffentlicher oder privater Einrichtungen der Kulturförderung.

Aus diesen Aufgaben ergibt sich ein Anforderungsprofil für KulturmanagerInnen, das durch bestimmte Eigenschaften, Fähigkeiten und Kenntnisse geprägt ist.

Nach vorliegenden Betrachtungen und Untersuchungen, die Karl Richter durchführte[3], scheinen folgende Eigenschaften besonders wichtig zu sein:

1. Organisationstalent, insbesondere auch im Blick auf Selbstorganisation und eigene Zeitplanung (time management).
2. Künstlerische, soziale, gruppendynamische Sensibilität bei gleichzeitiger psychischer Belastbarkeit und Konfliktfähigkeit, Stabilität und »Härte«, also die Verbindung von Sensibilität, Fingerspitzen- und Taktgefühl einerseits und Beharrlichkeit und Durchsetzungsfähigkeit andererseits.
3. Kreativität und Originalität, Flexibilität, Offenheit, Geduld und Toleranz.
4. Begeisterungsfähigkeit bis zur Hingabe und Besessenheit in Verbindung mit Selbstkontrolle und Selbstdisziplin.
5. Phantasie und Vorstellungskraft mit der Gabe, packende Visionen und Utopien als »Vorfelder der Wirklichkeit« (Peter Jonas) zu entwickeln und sie durch innovative Handlungsstrategien und Schaffung finanzieller wie personeller Bindungen zu realisieren.
6. Einfühlungsvermögen und die Fähigkeit, sich selbst zurückzunehmen, sich auf andere Menschen einzustellen, ihnen aktiv zuzuhören, Verständnis für ihre Sorgen und Probleme aufzubringen.
7. Vertrauen und Sympathie wecken durch Glaubwürdigkeit, Sicherheit, Klarheit, Souveränität, Gelassenheit, Aufgeschlossenheit und echte menschliche Anteilnahme (s.o.).
8. Als Sympathieträger über eine starke positive, optimistische Ausstrahlung und über Charisma verfügen.

3 Richter, Der Kulturmanager. Zur Monographie eines Briefes, Band 1, Hagen 1992, S. 18.

9. Loyalität, Fairneß, Lauterkeit und menschliche Integrität, Güte und menschliche Wärme.

Zu den Grundfähigkeiten, über die ein/e KulturmanagerIn verfügen sollte, zählt Andreas J. Wiesand[4]:

1. Beherrschung komplexer Strukturen und Einflußebenen für die Förderung der Interessen des eigenen Betriebes.
2. Effiziente Administration, die eine Transparenz von Unternehmenszielen nach innen und außen ebenso gewährleistet wie die entsprechende Motivation von MitarbeiterInnen und »KundInnen«.
3. Entwicklung eines unterscheidbaren Unternehmensbildes - inzwischen als wesentliche Voraussetzung einer »corporate culture« anerkannt - und dessen Transport in einer wirksamen und ehrlichen Öffentlichkeitsarbeit.
4. Vermeidung von Ausgaben, die nicht den Unternehmenszielen dienen, und zugleich Anstrengungen zur Mehrung der Finanzen durch eigene Aktivität, die zunehmend auch in öffentlichen Kulturbetrieben erwartet werden.
5. Ein persönlicher, die unterschiedlichen Voraussetzungen und Ansprüche der Mitarbeiter achtender und sinnvoll verknüpfender Führungsstil im Unterschied zu bürokratischem oder diktatorischem Verhalten.
6. Erkennen der wachsenden internationalen Verpflichtung des eigenen Betriebes - zahlreiche Kulturbetriebe arbeiten überwiegend mit festen und freien Mitarbeitern aus dem Ausland - und Nutzung der damit verbundenen Wirkungsmöglichkeiten ebenso wie Eindämmen der hier vorhandenen Gefahren.

Betrachtet man all diese Voraussetzungen, die vom Kulturmanagement verlangt werden, drängt sich die Frage auf, ob Kulturmanagement überhaupt lehrbar ist.

Ist Kulturmanagement überhaupt lehrbar?

Diese Frage stellt sich um so eindringlicher vor dem Hintergrund der von Asmus Hintz[5] hervorgehobenen Erkenntnis, daß ein kreatives und erfolgreiches Kulturmanagement gleichermaßen künstlerische wie organisatorische Qualifikationen erfordert, daß Management für die Kultur letztlich eine professionelle Kunst ist, die jener ungreifbaren und schwer zu beschreibenden Qualitäten bedarf, die eigentlich nicht lehrbar sind: Gemeint sind jene kreativen, intuitiven, imaginativen, visionären, rational schwer bestimmbaren Fähigkeiten, die auch den großen Künstler, Pädagogen und Praktischen Theologen ausmachen und auf die auch Albert Einstein hinweist: »Ich glaube an Intuition und Inspiration. Imagination ist wichtiger als Wissen, denn Wissen ist begrenzt, während Imagination die ganze Welt umfaßt, den Fortschritt anregt und Bewertungen auslöst«[6].

Eben diese Voraussetzungen lassen sich weder zuverlässig in einem noch so ausgeklügelten Aufnahmeprüfungsverfahren feststellen noch in einem Studium

---

4 Wiesand (wie Fußnote 2).

5 Hintz, Management im Kulturbereich, in: Rauhe/Demmer (Hrsg.): Kulturmanagement, Berlin 1994, S. 429 ff.

6 Zit. nach Hintz, a.a.O., S. 439.

vermitteln. Es kann nur versucht werden, vorhandene Eigenschaften und Fähigkeiten zu pflegen, zu fördern und zu entfalten. Die entscheidenden Schritte aber muß der/die Studierende selber gehen. Wir können Studierende motivieren, begeistern, vielleicht sogar inspirieren, am besten durch persönliche Berichte über eigene Erfahrungen, Fehler und Erfolge sowie durch kritische Reflexionen.

Wir können aber auch das professionelle Handwerk des Managers lehren.

Dazu gehört ein systematischer Überblick über die verschiedenen Berufsfelder des Kulturmanagements und ihre Beziehungen zueinander, wie unter anderem

- Orchester-, Theater-, Konzert-, Festival-, Messe- und Kongreßmanagement
- Künstlervermittlung
- Mangement in öffentlich-rechtlichen und privaten Rundfunk- und Fernsehanstalten, in Film- und Fernsehproduktionsfirmen, -ateliers und -ateliersbetriebsgesellschaften
- Management in Schallplattenfirmen und Musikverlagen
- Management in Medienverbundaktivitäten
- Management in internationalen Beziehungen und Entwicklungen im Kultur- und Medienbereich (insbesondere im Hinblick auf das vereinigte Europa)
- Management in Institutionen, Verbänden und Organisationen, Kulturämtern und Behörden, in Weiterbildungsinstitutionen im Musik- und Medienbereich, Musikschulen, Musikakademien und Konservatorien.

Es werden die Grundlagen jener Bereiche vermittelt, die sich in der Praxis des Kulturmanagements als besonders maßgeblich herauskristallisierten:

1. Planung und Organisation
- Organisationsplanung
  - Zeit- und Arbeitsplanung/Administration und Abwicklung
  - betriebswirtschaftliche Kosten-Nutzen-Analysen/Kulturbetriebslehre
  - Programmplanung in Theater, Konzert und Medien
  - Ziel und Konzept von Musikveranstaltungen
  - Ziele und Verfahren der Veranstaltungs- und Projektevaluation
  - kulturelle Strukturplanung auf Bundes-, Landes- und kommunaler Ebene
  - Grenzen kulturbezogenen Managements.

2. Mitarbeiterführung
  - Struktur und Ablauf von Führungsprozessen
  - Betriebspsychologie und Gruppendynamik
  - Personalwesen und Sozialwesen
  - Nachwuchsförderung
  - Suche, Auswahl und Beurteilung von Mitarbeitern
  - Gesprächs- und Menschenführung
  - Konfliktmanagement.

3. Kommunikationsmanagement
  - theoretische Grundlagen der Kommunikation
  - innerbetriebliche Informationspolitik
  - Kommunikation und Zielgruppen
  - Nutzung und Entwicklung der Medien
  - allgemeine Öffentlichkeitsarbeit/Public Relations.

4. Marketing
   - Werbung
   - Marketingstrategien im Kultur- und Medienbereich
   - Veranstaltungs- und Projektpromotion
   - Kontrolle von Erfolg und Wirkung des Marketing Mix
   - Informationssysteme und Datenverarbeitung
   - Zielgruppen und ihr Verhalten (Publikumslehre).
5. Wirtschaft und Finanzen
   - Grundzüge der Kultur-, Musik- und Medienwirtschaft
   - Subventionswissen in der Kulturwirtschaft
   - Finanzmanagement im Kultur- und Medienbereich: Kostenkalkulation, Finanzbedarf, Finanzplanung
   - Kalkulation kultureller Produktionen und Veranstaltungen
   - Mittelbeschaffung: Formen, Wege, Quellen
   - Gewinnung von Mäzenen und Sponsoren, Fund-Raising.
6. Recht
   - Musik-, Linzenz-, Urheber-, Leistungsschutz- und Bühnenrecht
   - Medien- und Presserecht
   - Kulturverwaltungsrecht (einschließlich Hochschul-, Subventions- und Haushaltsrecht)
   - künstlerische Vertragspraxis: Arbeitsrecht, Betriebsverfassungsrecht, Tarifrecht
   - steuerliche und gesellschaftsrechtliche Aspekte der Kulturarbeit.
7. Kultur- und Mediensoziologie und -politik
   - Struktur, Entwicklung und Wandel der Musik-, Theater- und Kunstszene unter dem Einfluß der elektronischen Medien und der modernen Kommunikationstechnologie
   - Musik- und Medienberufe im Wandel
   - internationale Kulturbeziehungen.

All diese Bereiche werden im Diplomaufbaustudiengang Kulturmanagement der Hamburger Hochschule für Musik und Theater praxisbezogen und exemplarisch vermittelt, um zielorientiertes, unternehmerisches Denken und Handeln im Kultur- und Medienbereich zu fördern.

Einen besonderen Schwerpunkt legt der Lehrplan auf die theoretisch reflektierte Vermittlung praktischer Erfahrung, wie beispielsweise das Lösen von Konflikten (Konfliktmanagement). In Fallstudien werden konkrete Konfliktfälle analysiert und durchgespielt.

Im Mittelpunkt des Studiengangs steht das »learning by doing« im Rahmen betreuter Praktika und Praxisprojekte: Sie ermöglichen die fallbezogene Integration und Erprobung der erworbenen Fähigkeiten und Kenntnisse, und sie schaffen Klarheit über das eigene Persönlichkeitsprofil mit den spezifischen Stärken und Schwächen, bezogen auf die oben aufgeführten Eigenschaften: Diesem Profil entsprechend erfolgt die individuelle Schwerpunktbildung in der Ausbildung, in der Wahl der weiteren Praktika und des künftigen Berufsfeldes.

Entsprechend wird das Lehrangebot in Hamburg durch betreute Praktika und Praxisprojekte anwendungsbezogen gestaltet. Als Beispiel möge die Planung und

Durchführung von Veranstaltungsreihen wie »Junges Forum Musiktheater« dienen: Ein Team engagierter Kulturmanagement-Studierender entwickelte und realisierte dieses Projekt in Zusammenarbeit mit den Musiktheater-Regie-Studierenden, die jeweils eine Inszenierung als Diplomarbeit abliefern müssen (Integrierter Studiengang Musiktheater-Regie in Kooperation von Musikhochschule, Universität, Staatsoper und Studio Hamburg). In diesem Zusammenhang werden die bis zu 12 Inszenierungen (vorwiegend zeitgenössischer Opern) einer Saison (Spielzeit) jeweils zu einem geschlossenen, neuartigen Veranstaltungszyklus (Spielplan) zusammengefaßt, präsentiert und nach modernen Kommunikations- und Marketingmethoden vermittelt. Nur durch das Engagement und die Begeisterungsfähigkeit des Teams, das aus Studierenden des Studiengangs Kulturmanagement und des Studiengangs Musiktheater-Regie besteht, ist dieser »Weltrekord« an 12 Opern-Neuinszenierungen pro Saison zu bewältigen.

Weitere Praxisprojekte sind:

- die Kulturlotterie der Hamburgischen Kulturstiftung,
- die Entwicklung eines Planungskonzeptes für das Klassik Radio Hamburg,
- Planung und Durchführung des Hamburger Hafenfestivals in der historischen Speicherstadt (jeweils zum Hafengeburtstag Mitte Mai) im Auftrag der Tourismus-Zentrale,
- Planung und Durchführung des Kulturprogramms des Deutschen Turnfestes 1994 in Hamburg,
- Planung, Koordination und Durchführung des Kulturprogramms des Deutschen Evangelischen Kirchentages 1995 in Hamburg und Bildung eines »Kulturverbunds« aller Kulturveranstalter und Kulturträger Hamburgs,
- Planung und Gestaltung des Kulturprogramms einer modellhaften Senioren-Wohnanlage »Este-Wohnpark« in Buxtehude bei Hamburg mit einem von mir entwickelten neuen Konzept integrierten, individuellen Wohnens und aktiv gestalteten sinnerfüllten Lebens im Alter: Organisation der vielfältigen Veranstaltungen in Zusammenarbeit mit allen Kulturinstitutionen, -vereinen und -veranstaltern der Region,
- Büroorganisation im Vorzimmer des Präsidenten: Terminplanung, Time-Management, Telefon- und Gesprächskontakte, Korrespondenz, Ablage, Reise- und Veranstaltungsplanung,
- Mitwirkung beim Management des Studiengangs Kulturmanagement (unter Anleitung des Studiengangleiters und der Leiterin des Kulturmanagementbüros: Betreuung der GastdozentInnen und -referentInnen, Vor- und Nachbearbeitung des Studienbegleitenden Kolloquiums, Studienberatung etc.),
- Mitwirkung beim Management des Kontaktstudiengangs Popularmusik (Kompaktkurse zur Weiterbildung ausgewählter Rock-, Jazz-, Performance-KünstlerInnen, die bereits in der Szene tätig sind, mit anschließenden öffentlichen Abschlußpräsentationen und Produktionen),
- Management der Nachwuchssendereihe »NDR 3-Start« im Forum der Hochschule,
- Organisation der Veranstaltungsreihe »Musikalischer Salon« (Musik und Gespräche) zur Außendarstellung der Hochschule und zur Gewinnung von Freunden und Förderern, Mäzenen und Sponsoren,

- Mitwirkung beim Management der mehr als 100 externen Veranstaltungen der Hochschule,
- Mitwirkung beim Management der Veranstaltungsreihen »Europäische Hochschulen stellen sich vor« und »Konsularische Konzerte« (Präsentation der mehr als 90 Länder, die durch Konsulate in Hamburg vertreten sind).

Weitere Orte für Praktika und Projekte waren u.a.:

- Arts & Promotion, Köln
- AVM Vidcoproduktion, Basel
- BASF, Bereich kulturelle Veranstaltungen
- Bayer Leverkusen, Kulturabteilung
- Berliner Philharmoniker (Management)
- Bertelsmann AG, Gütersloh
- BMG-Classics, München
- Bundesjazzorchester
- Congress Centrum Hamburg
- EMI-Electrola, Köln
- Filmfestival Nordrhein-Westfalen, Köln
- Gesellschaft zur Verwertung von Leistungsschutzrechten GVL, Hamburg
- Hamburgische Staatsoper
- Hamburg Messe (Du und Deine Welt)
- Kölner Messe (KlassikKomm)
- Handwerkskammer (Kulturelles Programm der 1. Nordeuropäischen Handwerksmesse 1992)
- Impresariat Stimmenauer, Hamburg
- Konzertdirektion Dr. Goette
- Musikfest Bremen
- Norddeutscher Rundfunk
- Pilotprojekt Kulturelle Kooperation, Schleswig-Holstein
- Premiere, Pay-TV
- Rockbüro Nordrhein-Westfalen, Wuppertal
- Schleswig-Holstein Musik Festival (Musikfeste auf dem Lande)
- Studio Hamburg
- Übersee Museum, Bremen
- Ufa Hamburg
- Zweites Deutsches Fernsehen.

Jedes Praktikum und Praxisprojekt wird durch Mentoren des Studiengangs Kulturmanagement betreut, das heißt, vorbereitet, begleitet und nachbereitet. Die Studierenden schreiben Praktikums- oder Projektberichte, die vom Mentor und einem Professor des Studiengangs bewertet und im Rahmen der mündlichen Abschlußprüfung diskutiert werden (»Disputation der Praktikumsberichte«). Außerdem wählt sich jede(r) Studierende spätestens am Ende des zweiten Semesters aus dem Kreis der ProfessorInnen, Lehrbeauftragten und GastdozentInnen eine/n BetreuerIn (TutorIn), der/die sie/ihn bezüglich der individuellen Schwerpunktsetzung, Wahl der Praktika/Praxisprojekte und spezifischen Ausrichtung des Studiums auf ein angestrebtes Berufsziel berät (in der Art einer studienbegleitenden Berufsberatung).

Auf diese Weise ergibt sich ein - auch durch den gezielten Kontakt mit Gastreferenten geförderter - oft fast nahtloser Übergang in das Berufsleben.

Exemplarisch seien hier einige Berufsfelder genannt, in denen AbsolventInnen unseres Diplomaufbaustudiengangs tätig sind:

1. OrchesterdirektorIn / -managerIn / -geschäftsführerIn:
   Diese Aufgabe nehmen 8 AbsolventInnen in Rostock, Frankfurt/Oder, Frankfurt/Main, Aachen, Berlin, Hamburg, Heidelberg und Kiel wahr.
2. Tonträger- und Videobranche:
   Hier sind 8 AbsolventInnen an exponierter Stelle tätig, u.a. bei den Firmen Polygram und BMG.
3. Kulturstiftungen:
   4 AbsolventInnen wirken als Referenten oder Assistenten der Stiftungsleitung, u.a. bei der Deutschen Stiftung Musikleben, der Hamburgischen Kulturstiftung und der Bertelsmann-Stiftung.
4. Veranstaltungsmanagement (Festival-, Konzert-, Theatermanagement).
   6 AbsolventInnen sind im Mangement internationaler Festivals tätig, 2 haben sogar ein neues Festival ins Leben gerufen (Usedom-Festival), einer hat eine eigene Konzertagentur gegründet.
5. Musikschulleitung:
   Mehrere Absolventen sind Leiter von Musikschulen, u.a. in Schwäbisch-Gmünd und Magdeburg, sowie Stadtbereichsleiterin der Staatlichen Jugendmusikschule Hamburg.
6. Museumsdirektor, u.a. in Plauen (Vogtland).
7. Musikreferentin im Kultusministerium Kiel.
8. Planung und Organisation der Musikfeste auf dem Lande beim Schleswig-Holstein Musik Festival.
9. Public Relations bei Media Concept PR-Agentur.
10. Organisation auf dem Europäischen Musikfest im Münsterland.
11. Teldec Classics Int. PR und Artist Promotion.
12. Video-Produktion bei Screen Entertainment, Marketing und Special Interest.
13. Projektmanager Special Projects Classic Polygram.
14. Veranstaltungsdirektor eines Staatstheaters in Berlin.
15. Selbständige Journalistin bei NDR und ZDF.
16. Selbständige Unternehmerin für Sponsoring-Akquisition.
17. Selbständiger Unternehmer ›Karsten Kräutners's Künstlerkontakte‹.
18. Mitarbeiterin der Siemens-Kulturabteilung.
19. »SPIEGEL THEMA« (VOX), RedakteurIn.
20. Stage Manager / Organisations Assistent Ensemble Modern, Frankfurt/Main.
21. Deutsche Welle Köln, LeiterIn Albanien-Redaktion.
22. LeiterIn »Theater im Rathaus«, Essen.

In der Organisation der Lehrangebote, Praktika und Projekte stützt sich das Diplomaufbaustudium Kulturmanagement auf positive Erfahrungen des Modellversuchs Popularmusik der Hamburger Hochschule: Gerade die Verbindung von Kompaktkursen und betreuten Praktika in der Szene und in den Medien erwies sich für den Lernerfolg und Praxisbezug als besonders fruchtbar.

Dies gilt auch für die starke Einbeziehung vieler PraktikerInnen als Lehrbeauftragte und GastreferentInnen. Sie vermittelten ihre Erfahrungen und ihr Können »aus erster Hand«. Zu ihnen gehörten auch prominente Gäste aus der Szene, die über ihre eigene Erfahrung im Spannungsfeld von Selbstverwirklichung und Fremdbestimmung berichteten und damit anschauliches Material für konkrete Fallstudien lieferten.

Auch im Diplomaufbaustudium Kulturmanagement bringen führende Kultur- und MedienmanagerInnen und SpitzenunternehmerInnen ihre eigenen persönlichen Erfahrungen ein. Diese »Selbstzeugnisse« wirken für die Studierenden besonders überzeugend, motivierend und lehrreich, sofern sie durch kontinuierliche Vorlesungen, Seminare und Übungen zu den oben angeführten Themen systematisch eingegliedert werden und ihren Erkenntniswert dadurch voll entfalten.

Trotzdem bleibt das Lehrangebot Kulturmanagement bis zum gewissen Grade offen, um einer Verschulung und bevormundenden Gängelung der Lernprozesse vorzubeugen und dem einzelnen Studierenden die jeweils individuelle Schwerpunktbildung im Hinblick auf das angestrebte Berufsfeld und die entsprechende persönlichkeitsspezifische Integration der verschiedenen Informationen, Erkenntnisse und Praktikumserfahrungen zu überlassen. Dies ist um so wichtiger, als die Qualifikationsvermittlung nicht nur auf die Anpassung an derzeit übliche Kulturmanagementspraktiken, sondern ebenso auf das verändernde Hineinwirken in diese sich permanant wandelnde Praxis gerichtet ist.

Das Lehrangebot Kulturmanagement umfaßt also regelmäßige Vorlesungen, Gastvorträge, Kompaktkurse, Exkursionen mit Fachleuten verschiedenster Branchen und betreute, leitungskontrollierte Praktika und Projekte, die von den TeilnehmerInnen eine intensive und substantielle Mitarbeit fordern.

Im Dienste eines engen Praxisbezuges veranstaltet der Kulturkreis der Deutschen Wirtschaft im Bundesverband der Deutschen Industrie (BDI) eine eigene Ringvorlesung »Kulturförderung durch die Wirtschaft« mit Exponenten aus ihrem Kreise.

In studienbegleitenden Kolloquien und »Kamingesprächen« mit anschießendem lockeren Beisammensein werden die Lehr- und Lernprozesse ständig diskutiert, um notwendige Korrekturen möglichst schnell vornehmen zu können. Diese Kolloquien und Kamingespräche werden von Studierenden und Absolventen vor- und nachbereitet. Besonders wichtig ist dabei das feedback der Absolventen, die ihre Erfahrung mit dem Studium nunmehr aus der Sicht des praktizierenden Kulturmanagers kritisch einbringen und zur permanenten Revision des Curriculums beitragen. Diesen Harvard-Effekt der Rückbindung und Identifikation mit der ehemaligen Hochschule halte ich für besonders wichtig und fruchtbar.

Das von mir im Kontakt mit Praktikern, Pädadogen und Wissenschaftlern entwickelte Konzept des Studiengangs stützt sich auf wissenschaftstheoretische und hochschuldidaktische Erkenntnisse der Handlungsforschung und Musiklehrerausbildung[7]. Im Mittelpunkt steht die Projekt- und Prozeßorientierung aller

7 Rauhe: Wissenschaftstheoretische und hochschuldidaktische Grundfragen zur Musiklehrerausbildung. Praxisbezogene Analysen und handlungsorientierte Perspektiven integrierter musikpädagogischer Studiengänge, München 1978, S. 14–19.

Lehr- und Lernvorgänge: das »learning by doing« in Verbindung mit einer Reflexion, Evalution (Erfolgskontrolle) und Revision der Lehrinhalte und Lernvorgänge im Rahmen der Studienbegleitenden Kolloquien und der Konferenzen der Koordinatoren, die das Lernangebot der oben aufgeführten sieben Bereiche (Planung und Organisation, Mitarbeiterführung, Kommunikation etc.) wie die Praktika und Projekte organisieren und inhaltlich abstimmen[8].

Weil der Praxisbezug im Aufbaustudium eine besondere Rolle spielt, wirken im Lehrkörper vor allem ehrenamtlich und nebenberuflich tätige TeilzeitprofessorInnen, GastdozentInnen und GastreferentInnen aus der Praxis mit. Sie vermitteln ihr Fachwissen und ihre Erfahrung nicht nur in Vorlesungen, Seminaren und Gastvorträgen, sondern insbesondere auch »vor Ort« und »aus erster Hand« in ihren Betrieben und Institutionen. Zu den GastreferentInnen gehören nicht nur exponierte VertreterInnen der genannten Berufsfelder des Kulturmanagements, sondern auch besonders erfolgreiche, kompetente, kulturell engagierte und pädagogisch interessierte SpitzenunternehmerInnen aus der Bundesrepublik und anderen europäischen Ländern. Mit den übrigen Institutionen, die Kulturmanagement-Studiengänge anbieten, besteht ein enger Austausch. Unter anderem besteht mit dem Institut für kulturelles Management der Hochschule für Musik und darstellende Kunst Wien, dem Magisterstudiengang öffentliche Kulturverwaltung und kommunale Kulturarbeit der Pädagogischen Hochschule Ludwigsburg, dem Studiengang Kulturmanagement der Fernuniversität Hagen, dem Zusatzstudium Kulturmanagement der Musikhochschule »Hanns Eisler« Berlin und dem Zusatzlehrangebot Kulturmanagement der Musikhochschule »Franz Liszt« Weimar und der Akademie Remscheid ein enger Dozentenaustausch.

Die Zusammenarbeit mit der am Aufbaustudiengang beteiligten Hochschule für Wirtschaft und Politik Hamburg erfolgt durch einen Koordinationsausschuß, der sich aus ProfessorInnen, StudiengangsplanerInnen und Studierenden beider Hochschulen zusammensetzt. Eine enge Kooperation besteht auch mit dem Institut für Musiksoziologie der Hochschule für Musik und Theater und dem MEDIACULT-Institut für audiovisuelle Kommunikation und kulturelle Entwicklung in Wien.

Der Studiengang wird außerdem unterstützt vom Internationalen Musikzentrum IMZ in Wien (einem von der UNESCO gegründeten weltweiten Verband der wichtigsten Medien- und Musikinstitutionen): Eine Reihe von IMZ-Mitgliedern gehören dem Lehrkörper des Aufbaustudiengangs an. Auch die anderen maßgeblichen Institutionen des Musiklebens sind durch ihre Exponenten im Lehrkörper vertreten, so zum Beispiel der Deutsche Kulturrat, der Deutsche Musikrat, der Deutsche Musikverleger-Verband, die GEMA, die GVL (Gesellschaft zur Verwertung von Leistungsschutzrechten), der Bundesverband der Phonographischen Wirtschaft, die Deutsche Phono-Akademie und der Arbeitskreis der Musikwirtschaft in Hamburg.

8 Rauhe: Kulturmanagement: Erster Diplomstudiengang in der Bundesrepublik Deutschland, in: Das Orchester 11/1989, S. 1066–1071.

Zum Diplomaufbaustudium werden nur BewerberInnen zugelassen, die ein Studium an einer künstlerischen oder wissenschaftlichen Hochschule im Geltungsbereich des Hochschulrahmengesetzes abgeschlossen und die Aufnahmeprüfung bestanden haben.

Die Aufnahmeprüfung dient dazu, das von den BewerberInnen angestrebte Berufsziel, die organisatorische und kommunikative Kompetenz und das Reflexions- und Verbalisierungsvermögen zu ermitteln.

BewerberInnen, deren Studium nicht in den Bereichen Kultur und Kunst lag, müssen zusätzlich ihre kulturelle Kompetenz in einem weiteren Aufnahmeprüfungsteil nachweisen.

Im schriftlichen Teil der Aufnahmeprüfung haben die StudienbewerberInnen insbesondere darzulegen

- die Gründe, die sie zur Wahl des Aufbaustudiums Kulturmanagement veranlaßt haben,
- ihre Vorstellung von einzelnen Berufsfeldern des Kulturmanagements und
- ihre Vorstellungen zur Gegenwart und Zukunft der Kulturmanagementpraxis.

Im mündlichen Teil der Aufnahmeprüfung (Prüfungsgespräch von etwa 15 Minuten) sollen die BewerberInnen im Gespräch über die eben genannten drei Themen ihre Kommunikationsfähigkeit, Argumentations- und Überzeugungskraft nachweisen. Außerdem werden den BewerberInnen 60 Minuten vor Beginn der mündlichen Prüfung drei schriftlich skizzierte Konfliktfälle zur Analyse, Interpretation und Entwicklung von Lösungsmöglichkeiten vorgelegt, die sie im Rahmen der mündlichen Prüfung vortragen, erläutern und diskutieren sollen, wobei die Konzentration auf einen vom Bewerber ausgewählten Konfliktfall zulässig ist.

Natürlich lassen sich die oben dargelegten Qualifikationen weder zuverlässig in einem noch so ausgeklügelten Aufnahmeprüfungsverfahren feststellen, noch in einem Studium vermitteln. Dennoch: Wenn wir verantwortlich aus- und weiterbilden wollen, müssen wir das Qualifikationsprofil und die Leitziele vor Augen haben, die wir anstreben, wobei zwischen Grundqualifikation und Spezialisierungen gemäß angestrebtem Tätigkeitsbereich (Ebene, Sparte und Art) unterschieden werden muß[9].

Das Aufbaustudium wird mit der Diplomprüfung abgeschlossen. Die BewerberInnen schreiben eine Diplomarbeit über ein Thema aus der Praxis des Kulturmanagements (drei Monate) und eine Arbeit unter Aufsicht (Klausur über fünf Stunden), ebenfalls über ein praxisbezogenes Thema. Sie sollen die Fähigkeit zur praxisbezogenen wissenschaftlichen Arbeit und theoretischen Reflexion unter Beweis stellen. Die mündliche Prüfung umfaßt die Disputation über die Praktikumsberichte (15 Minuten) und die Prüfung über den Gesamtbereich des Kulturmanagements und insbesondere über zwei von den Studierenden angegebene Spezialbereiche (30 Minuten).

Nach dem erfolgreichen Abschluß der Prüfung erhalten die AbsolventInnen des Aufbaustudiums das Diplom für Kulturmanagement.

---

9 Wiesand (wie Fußnote 2).

Hans Hugo Ritter und Edler von Rauscher auf Weeg

Die Selbständigkeit des Schutzes der ausübenden Künstler von demjenigen der Rundfunkanstalten nach dem Romabkommen

I. *Vorwort und Einführung*

1. Mit dem Jubilar verbinden den Verfasser Fäden einer etwa fünfundvierzigjährigen Bekanntschaft, die oft lange gedehnt, zuweilen auch zerrissen und dann wieder geflickt wurden und heute wieder gefestigt sind. Worauf sind solche Bande der Freundschaftlichkeit, ja der Freundschaft, zurückzuführen? Recht einfach: Auf die *»Trösterin Musica«*. Dieses gemeinsame Fundament führte immer wieder, auch nach langen zeitlichen Unterbrechungen, zu Schnittpunkten, die sich bei Fragen des gemeinsamen Anliegens für nationales, internationales und supranationales Recht der Urheber- und Leistungsschutzberechtigten ergaben. Musik, über Jahrhunderte nur Privilegierenden und Privilegierten als Lebenselixier vorbehalten, ist über technische Medien zum weltweiten Konsumgut geworden. Die alten Schlagworte »Musik kennt keine Grenzen«, »Musik kennt keine Sprachen«, »Musik kennt keine Rassen«, sind schon lange überholt. Von Menschen gestaltete Musik lebt im *All,* das *All* ist voll von Musik und das *All* reflektiert sie, woher und wohin immer sie abgerufen wird. Sie kommt ohne Papier und Notenschrift aus, wird mit technischen Hilfsmitteln wahrnehmbar gemacht, ist überall empfangbar und gegenwärtig. Welche Herausforderung für Juristen und Politiker, ungeachtet welche Interessen sie vertreten oder ihnen nahestehen! *Reinhold Kreile* ist ein juristisch denkender Politiker, ein politisch international und europäisch denkender Jurist, ein musikalisch ausgebildeter und ausübender Künstler-Jurist, ein pragmatischer Volks- und Betriebswirt auf solidem juristischem Fundament. Er ist geradlinig und zielbewußt, dennoch aber flexibel[1].

2. Im Jahre 1977 führte der Verfasser dieses Beitrags soweit ersichtlich erstmals den Begriff *»Kulturwirtschaft* auf dem Gebiet der Musik« ein[2], ein Begriff,

---

1 *Reinhold Kreile* ein rechtlich ebenso diffiziles wie wirtschaftlich bedeutsames Thema zu widmen, geht auf Gerichtsverfahren zurück, für die der Verfasser ein Gutachten erstellt hat. Die Auftraggeber haben dem Verfasser die Zustimmung erteilt, seine Gedanken und Rechtsfolgerungen zusammenfassend in dieser Festschrift zu veröffentlichen.

2 »Streitobjekt Schallplatte - ein Kulturträger im Spiegel der Meinungen - 100 Jahre nach der Erfindung der Phonographie«, Vorträge des Bonner Musik- und Medienseminars der Deutschen Phonoakademie am 25./26. April 1977, Breitkopf u. Härtel, Wiesbaden, S. 135 ff.; »Economie culturelle et droit«, Annuaire de l'AAA 1981/82/83, Volume 51/52/53, Martinus Nijhoff Publishers, 13-24.

der im Einklang mit den Gedanken des Jubilars in seiner heute wahrgenommenen Position als Vorstand der GEMA wie auch mit dem vom Verfasser seinerzeit geäußerten Hoffnungssignal stehen dürfte: *»Alle am Kulturgut Musik . . . Mitwirkenden mögen ihre allseits vorhandenen Verpflichtungen gegenüber der Öffentlichkeit koordinieren und sich immer wieder bewußt machen, daß sie letztlich nicht naturgegebene Gegner, sondern naturgegebene Freunde, jedenfalls naturgegebene Partner sind. Die Durchsetzung und Geltendmachung von durchaus legitimen Ansprüchen sollte daher nicht unter dem Zeichen eines Machtkampfes, sondern einer friedfertigen und gerechten Güterabwägung stattfinden.«*

3. Der zu Ehrende mag sich ebenso wie jeder Leser fragen, was diese Einführungsgedanken mit dem Thema des Beitrags zu tun haben, da ja nicht einmal die Urheber im strengen Sinne, sondern die ausübenden Künstler, und somit auch nicht nur die Vorschriften der RBÜ, sondern solche des Romabkommens behandelt werden, und weiterhin die Frage der Selbständigkeit oder Abhängigkeit des Rechtschutzes der Rundfunkanstalten von denen der Interpreten wenig oder gar nichts mit den Rechten der Komponisten und Textdichtern zu tun hätten. Die Antwort fällt mir allerdings nicht schwer: Zum einen ist es ein Faktum, daß in der Zeit des ausgehenden zwanzigsten Jahrhunderts die tatsächlichen Grenzen zwischen Urheber-Bearbeiter-Interpret-Produzent-Verleger-Toningenieur usw. im Musikleben häufig so verwoben oder sogar verwachsen sind, daß rechtliche Differenzierungen nahezu unmöglich, ja zuweilen sogar sinnlos, jedenfalls aber hinsichtlich der finanziellen Auswirkungen als nicht mehr gerecht, als unfair, erscheinen. Gesetz und Rechtsprechung hinken erfahrungsgemäß den technischen und tatsächlichen Entwicklungen lange nach, so daß pragmatische Lösungen im Tagesgeschäft kostspieligen rechtlichen Auseinandersetzungen in der Regel vorzuziehen sind. Dies stellt der Jubilar mit seinem pragmatischen Wissen und seiner pragmatischen Erfahrung bei aller Klarheit seiner Zielsetzung häufig unter Beweis.

4. Für die Anwendung internationaler Abkommen treten aber auch Rechtsfragen auf, zu deren Lösung eine Grundlagenforschung und -erfassung notwendig ist.

Diese Aufgabe übernimmt der Verfasser, um dem Wissenschaftler *Reinhold Kreile* Gedanken auch zum kritischen Nachdenken an die Hand zu geben.

Dem Thema des Beitrags liegen folgende Tatbestände zugrunde:

Ein weltbekannter Popstar US-amerikanischer Staatsangehörigkeit, der bei einem internationalen Tonträgerhersteller unter Exklusiv-Vertrag stand, hatte 1992 in Bukarest ein Konzert gegeben, das zeitgleich, mit den technischen Mitteln einer Firma mit Sitz in Großbritannien übernommen, über Satellit in eine Vielzahl von europäischen und außereuropäischen Ländern ausgestrahlt und dann ohne Genehmigung auf Tonträgern in Deutschland verbreitet wurde.

In einem anderen Verfahren hatte eine US-amerikanische Popgruppe mit dem Lead-Gitarristen englischer Staatsangehörigkeit in den USA ein Konzert gegeben, das live in Brasilien, Uruguay, Paraguay und Argentinien über Radiosender ausgestrahlt und der Mitschnitt von einer Firma mit Sitz in der BRD auf Tonträgern ohne Genehmigung in Deutschland verbreitet wurde.

In einem dritten Verfahren hatte ein Rocksänger in den USA mit seiner Band ein Konzert gegeben, das von verschiedenen amerikanischen Rundfunksendern live - mit An- und Abmoderation, Begrüßungsansage durch den Moderator u.ä. - übertragen wurde und acht Tage später als Zusammenschnitt in neunzehn Staaten über Radiosender ausgestrahlt wurde. Auch diese Darbietungen wurden auf Tonträger übertragen und in Europa verbreitet.

Diese Tatbestände führen den Juristen in zentrale Fragen internationalen Konventionsrechts und seiner Auslegung nach nationalem Recht. Sie fordern die Antwort, ob es sich bei den in *Art. 4 c)* des *»Internationalen Abkommens über den Schutz der ausübenden Künstler, der Hersteller von Tonträgern und der Sendeunternehmen«* vom 26. Oktober 1961 - i.F.RA - enthaltenen Schutzvoraussetzungen um einen von dem Sendeunternehmen abgeleiteten Schutz der ausübenden Künstler handelt oder ob der Schutz der ausübenden Künstler unabhängig von demjenigen der Sendeunternehmen besteht.

Für die Auslegung internationaler Abkommen ist es, wie auch für das hier einschlägige RA nicht nur gerechtfertigt, sondern auch erforderlich, die Entstehungsgeschichte der Konvention als ganze und in ihren einzelnen Bestimmungen heranzuziehen.

Bei einer Diplomatischen Konferenz, die zum Abschluß eines internationalen Abkommens, wie des Romabkommens, führen soll, sind wegen der Inkraftsetzung und Transformation in das einzelstaatliche Recht der Unterzeichnerstaaten (Ratifizierung, Annahme, Beitritt, Vorbehalte) überwiegend beamtete Vertreter der Staatsregierungen unter Hinzuziehung von Sachverständigen in den jeweiligen Delegationen für das Zustandekommen einer gemeinschaftlichen Meinungsbildung die sozusagen gesetzgebende Körperschaft. Jeder Delegationsleiter hat das Recht, bis ins Detail gehende Anträge einzubringen und damit zur Diskussion zu stellen. In Unterkommissionen wurden auch in der Rom-Konferenz 1961 die Anträge vorgeprüft, in einer Hauptkommission erneut zur Diskussion gestellt und dann der Diplomatischen Konferenz zur Annahme vorgelegt. Die Zusammenarbeit von Regierungsvertretern und beratenden Sachverständigen soll und muß dazu führen, daß die unterschiedlichen tatsächlichen Verhältnisse, die unterschiedlichen Rechtstraditionen mit ihren durch Gesetzgebung, Rechtsprechung und Verwaltung vorgegebenen Regelungen Eingang in die letztlich sehr kurz und prägnant zu formulierenden Endfassungen der einzelnen Abkommensbestimmungen finden und deswegen - dem Grundsatz nach - auch zu einer in den Konventionsstaaten möglichst einheitlichen Auslegung bei der Anwendung führen sollten. Ein hoch gestecktes und schwer erreichbares Ziel.

Die historischen, über vier Jahrzehnte anhaltenden Entwicklungslinien führten letztlich im Jahre 1961 zum Abschluß des Romabkommens und sind komplex, kontrovers und auch staatspolitisch bedingt. Der Verfasser sieht einen Vorteil in der Tatsache, daß er als Beobachter an der Diplomatischen Konferenz in Rom teilnehmen konnte und die Debatten mit Notizen verfolgt hat, die ihm eine größere Sicherheit an der Richtigkeit seiner Rechtsfolgerungen geben.

1. *Die Berechtigtengruppen im internationalen Konventionsrecht*

a) Das *Internationale Abkommen über den Schutz der ausübenden Künstler der Hersteller von Tonträgern und der Sendeunternehmen vom 26. Oktober 1961 (Romabkommen),* geht in seiner historischen Wurzel auf die Revisionskonferenzen der *Berner Übereinkunft* zurück. In der Berliner Revisionskonferenz (1908), wieder eingebracht auf der Revisionskonferenz in Rom 1928, hatte das Vereinigte Königreich, wenn auch erfolglos, versucht, für *Tonträger* einen internationalen Urheberrechtsschutz durchzusetzen[3]. Bei der Revisionskonferenz von Rom, 1928, hatten die italienische Regierung und das Berner Büro vorgeschlagen, in den Art. 11bis RBÜ, durch den das ausschließliche Senderecht der Urheber jure conventionis anerkannt werden sollte, als Absatz 2 eine Vorschrift aufzunehmen, nach der die *vortragenden Künstler* das ausschließliche Recht erhalten sollten, »d'autoriser la diffusion de leur exécution par l'un des moyens prévus à l'âlinéa précédent« (sc. des Art. 11bis Abs. 1)[4]. Mit der - verständlichen - Begründung, daß dieses für damalige Verhältnisse völlig neue Problem, das auch nationalrechtlich nicht gelöst, »au point de vue d'une convention internationale« schon überhaupt nicht reif sei, hat die Konferenz nur den »voeu« geäußert, daß die an den Arbeiten beteiligten Regierungen die Möglichkeit von Schutzmaßnahmen zu Gunsten der ausübenden Künstler in Erwägung ziehen mögen. Bei der *Brüsseler Revisionskonferenz 1935* kam die Commission Générale nach eingehender Debatte zur Auffassung, daß der Schutz der ausübenden Künstler in einem anderen internationalen Instrument als der RBÜ geregelt werden sollte.

Für die *Tonträgerhersteller* verlief die Entwicklung parallel, obwohl sich das Berner Büro schon 1926, 1931, 1933 und 1934 für die Anerkennung eines Phonogrammschutzes eingesetzt hatte und in Erwägung gezogen wurde, eine entsprechende Bestimmung auf Vorschlag des Vereinigten Königreichs zumindest in ein Zusatzprotokoll aufzunehmen. So kam es nach Ablehnung dieses Vorschlags wiederum nur zur Annahme eines »voeu«, der inhaltlich dem zu Gunsten der ausübenden Künstler gefaßten entsprach.

Diese Kurzdarstellung ist deshalb von richtungsweisender Bedeutung, weil die internationalen *Rundfunk*organisationen trotz der zwischenzeitlich eingetretenen rasanten Entwicklung des Rundfunkwesens keinerlei Versuch unternommen haben, die Rechte der Rundfunkanstalten an ihren Sendungen durch eine in der RBÜ oder einem Annex aufzunehmenden Bestimmung zu sichern. Auch nach dem Zweiten Weltkrieg vertrat die Internationale Rundfunkunion den Standpunkt, daß die RBÜ nicht der Vertragsrahmen sei, durch den Rundfunkrechte international abgesichert werden könnten. Später setzte sich im Rahmen der RBÜ die mehrheitliche Auffassung durch, daß insbesondere die Rechte der ausübenden Künstler, aber auch der Tonträgerhersteller und der Rundfunksendeunternehmen, nicht in dieses internationale Instrument paßten. Daher entwickelten sich Initiativen, *für die eine oder andere Gruppe* der Interessenten internationalen Schutz *durch*

3 S. Baum, GRUR 1953, 197, 199 r. Sp.
4 Baum, a.a.O., S. 199, r. Sp. u.

eine oder mehrere Konventionen durchzusetzen. Italien hatte sich beispielsweise im Jahre 1935 nur auf die Rechte der Tonträgerhersteller beschränkt gehabt. Alfred *Baum* gebraucht bereits zu Recht stets das Wort »Gruppen«, wenn er von den ausübenden Künstlern, den Tonträgerherstellern und den Rundfunksendeunternehmen handelt. Für die Zeit nach 1935 sei »in den folgenden Jahren der Gedanke zum Durchbruch gekommen, daß die den drei Gruppen zu gewährenden Rechte in einem gewissen Zusammenhang miteinander ständen und daher am besten *eine* einzige Konvention ins Leben gerufen würde. Die Schaffung je einer Konvention zum Schutze einer jeden Gruppe hätte unvermeidlich die Gefahr von Interessenkonflikten begründet.«

Was Not tat, schrieb *Baum* weiter sehr zu Recht, war *ein* internationales Abkommen, durch das die einander widersprechenden Interessen ausgeglichen würden, mit anderen Worten eine Konvention, die jeder Gruppe von Schutzberechtigten dasjenige geben sollte, worauf sie billigerweise Anspruch machen könnte, ohne daß jedoch die begründeten Forderungen der beiden anderen Gruppen darunter leiden würden.

Eine vom Internationalen Institut für die Vereinheitlichung des Privatrechts einberufene Expertenkommission erarbeitete 1939 die sogenannten *Samadener Entwürfe*[5].

Beachtenswert ist auch bei diesen die Trennung der Interessentengruppen. Sie teilten sich auf in einen Entwurf betreffend die Rechte der ausübenden Künstler und der Tonträgerhersteller einerseits durch eine Konvention A und in einen weiteren Entwurf betreffend die Rechte der Sendegesellschaften andererseits durch eine Konvention B (sowie zwei weitere Entwürfe betreffend den Schutz von Pressenachrichten und das Folgerecht der Urheber von Werken der bildenden Kunst). Bei der Revisionskonferenz in Brüssel 1948 mußte die Konzeption, die diesbezüglichen Schutzrechte in einem Annex zur RBÜ zu regeln, insbesondere wegen des heftigen Widerstands der Urheberverbände, endgültig begraben werden[6].

b) Im Rahmen der Revisionskonferenzen der Berner Union 1908 (in Berlin) und 1928 (in Rom), hat sich, wie bereits erwähnt, die Auffassung entwickelt, die Berner Konvention dahingehend zu ergänzen, auch den Schutz der sogenannten Nachbarrechte zu regeln[7].

Zur Vorbereitung wurde aufgrund des Beschlusses des Internationalen Instituts für die Vereinheitlichung des Privatrechts 1939 ein Sachverständigenausschuß gebildet, der sich aus so prominenten Urheberrechtlern wie *Piola Caselli, Ostertag, de Sanctis, Weiss, Farner* und *Mentha* zusammensetzte, und die *Samadener Entwürfe* ausarbeitete. *Ostertag* legte einen Entwurf für eine einzige Konvention zum Schutze der ausübenden Künstler, der Schallplattenhersteller, der Rundfunkge-

5 DdA 1940, 124, 134, 136, 138; Deutsche Übersetzung UFITA 14 (1941), 57 ff.

6 S. *Ulmer* »Der Rechtsschutz der ausübenden Künstler, der Hersteller von Tonträgern und der Sendegesellschaften in internationaler und rechtsvergleichender Sicht«, München 1957, 2, 3.

7 S. *du Pasquier* »Der Samadener Konventionsentwurf und der Schallplattenhersteller«, UFITA Bd. 14 (1941), S. 163 ff. Der Verfasser war, bevor er Vormundschaftsrichter in Genf wurde, Generaldirektor der UIR, der Union International Radiophonique.

sellschaften, der Urheber und Empfänger von Briefen, zum Schutz des Rechts am eigenen Bild und der Pressenachrichten vor. Der genannte Ausschuß beschloß jedoch, so viele Konventionsentwürfe auszuarbeiten, als Rechte geschützt werden sollten. Schon für *Willy Hoffmann*[8] war es wesentlich und er betrachtete die Trennung der verschiedenen Schutzgegenstände in einer Reihe von Konventionen als einen für die Erreichung des Ziels entscheidenden Faktor, da diese einander zwar ähnlich, zum Teil sogar verwandt, von einander aber unabhängig gestaltet seien und daher die *Verschiedenartigkeit* der einzelnen Schutzgegenstände hervorgehoben werden müsse. Er kritisierte daher auch, die Leistung der ausübenden Künstler und des Schallplattenherstellers in ein und derselben Konvention zu regeln. Für unseren Zusammenhang ist von besonderer Bedeutung, daß nach dem Entwurf B für Rundfunksendungen ausdrücklich den Landesgesetzen vorbehalten bleiben sollte, einen umfassenden Schutz zu gewähren und die Anwendung dieser dann günstigeren Schutznorm lediglich für solche Sendungen vorzusehen, die in dem betreffenden Staat stattfinden, also das System der Inländerbehandlung Anwendung finden sollte.

Auch das internationale Arbeitsamt hatte sich schon 1939 mit dem Recht der ausübenden Künstler befaßt und einen Bericht vorgelegt, demzufolge die Lösung der infrage stehenden Probleme am besten im Rahmen der Internationalen Arbeitskonvention - und nicht über die Urheberkonventionen - zu erreichen sei[9]. Dem schloß sich der Samadener Ausschuß nicht an.

Festzuhalten ist, daß die Sachverständigen eine *strikte Trennung* der Konventionsregeln für die ausübenden Künstler und Tonträgerhersteller von denjenigen Befugnissen der Rundfunksender für erforderlich hielten, somit eine Koppelung oder Abhängigkeit dieser beiden großen Gruppen von Berechtigten bewußt ablehnten.

c) Dies mag unter anderem damit zusammenhängen, daß bei der *Revisionskonferenz der Berner Übereinkunft in Rom 1928* eine internationale Regelung des Rundfunkschutzes überhaupt nicht beantragt worden war. Die von den Organisationen des Rundfunks verbreitete Einstellung, ihre Rechte nicht in einem auch erweiterten Rahmen der BÜ eingebracht zu sehen, wurde erstaunlicherweise auch noch in der *Revisionskonferenz in Brüssel 1948* aufrechterhalten: »Die seit Rom eingetretene unerhörte Entwicklung des Radiowesens hätte erwarten lassen, daß auch die Organisationen des Rundfunks bei der Brüsseler Konferenz (1948) den Versuch unternehmen würden, die Rechte an der Sendung durch eine in die RBÜ oder in einen Annex aufzunehmende Bestimmung zu sichern. Das wäre theoretisch möglich gewesen, wenn irgendein Verbandsstaat die Interessen seiner nationalen Sendegesellschaften zu den seinigen gemacht und bestimmte Vorschläge beim Berner Büro eingereicht hätte. Es ist aber nicht geschehen«[10]. Demgegenüber haben die ausübenden Künstler und Tonträgerhersteller ihre Interessen sehr

8 »Bemerkungen zum Entwurf von Konventionen über Nachbarrechte«, UFITA 1940, 80 ff.
9 *Du Pasquier*, a.a.O., 169.
10 *Baum* in GRUR Ausl. 1953, S. 197, 200/201.

wohl vertreten, was wohl auch darauf zurückzuführen ist, daß sich das Berner Büro für eine internationale Anerkennung des Phonogrammschutzes eingesetzt hatte[11]. Dies zeigt recht deutlich, daß sich die *Rundfunkanstalten* abgekapselt haben und sich *nicht in ein gemeinsames Boot mit den ausübenden Künstlern und Tonträgerherstellern setzen wollten,* was dann in den Beratungen während der *Diplomatischen Konferenz zum Romabkommen 1961* sogar zu harten und peinlichen Auseinandersetzungen sogar bei Abstimmungen führte. Hierin ist ein wichtiger Mosaikstein für die Beantwortung der Frage zu erblicken, daß es sich bei Art. 4 c) RA nicht um einen abgeleiteten Schutz des Künstlers vom Sendeunternehmen handelt. Die Rundfunkanstalten selbst strebten dies jedenfalls nicht an, ja sie lehnten eine solche Abhängigkeit aus strategischen Gründen ab.

2. *Die Entwicklung des Konventionsrechts für verwandte Schutzrechte neben der RBÜ bis 1960*

a) Der *Romentwurf eines Internationalen Abkommens über den Schutz der darstellenden oder aufführenden Künstler, der Hersteller von Tonträgern, und der Rundfunkorganisationen vom 17. Nov. 1951* wurde von einem Sachverständigenausschuß bei Mitarbeit der Internationalen Arbeitsorganisation (ILO) ausgearbeitet[12].

Die Stellungnahmen der Regierungen waren so kritisch und kontrovers, daß sich das Internationale Arbeitsamt, die Berner Union und die UNESCO darauf einigten, eine diplomatische Konferenz vorbereiten zu lassen. Die Stellungnahme der Regierung der Bundesrepublik Deutschland zum Romentwurf[13] billigte das System, den Schutz in einem einzigen Abkommen zu regeln; dies sei einer getrennten Behandlung der drei Gruppen von Rechten vorzuziehen, weil die bei den einzelnen Gruppen zu behandelnden Fragen untereinander in so engem Zusammenhang stünden, daß eine einheitliche Regelung zweckmäßig erscheine. Die Stellungnahmen der anderen Regierungen[14] sind für die hier zu behandelnde Frage nicht ergiebig[15].

Nach diesem Vorentwurf sollten die Rundfunkorganisationen, für deren Rundfunksendungen das Land das Ursprungsland sein sollte, in dem sich der Hauptsitz der Rundfunkorganisation befindet, ein Erlaubnisrecht erhalten, ihre Sendungen mit Draht oder drahtlos ganz oder teilweise weiterzusenden, ihre Sendung oder die Weitersendung . . . auf Bild- oder Tonträger aufzunehmen oder auf andere Weise festzuhalten und ihre Sendungen . . . durch irgendein Gerät zur Übertragung öffentlich wahrnehmbar zu machen.

Den aufführenden Künstlern sollte ein Erlaubnisrecht eingeräumt werden für die Aufnahme ihres Vortrags oder ihrer Aufführung zur Herstellung von Tonträgern, die an die Öffentlichkeit verkauft werden sollen oder die öffentliche Übertra-

---

11 *Baum* a.a.O., S. 200; ders. GRUR 1949, S. 1 f., 27 f.
12 GRUR Int. 1954, 62 f.
13 Vom 3. Mai 1953, GRUR Int. 2954, 64 f.
14 Dänemark, Frankreich, Großbritannien, Monaco, die Niederlande und der Vatikanstaat.
15 A.a.O. 163 f., 218 f.

gung ihres Vortrags oder ihrer Aufführung durch Lautsprecher oder durch ähnliche Vorrichtungen zur Wiedergabe von Zeichen, Tönen oder Bildern verwertet werden.

Das Erlaubnisrecht sollte aber für Sendungen von Tonträgern, zu deren Herstellung der Künstler seine Erlaubnis erteilt hat, ausgeschlossen sein.

Die Hersteller von Tonträgern sollten das Vervielfältigungsrecht und das Recht auf angemessene Vergütung für die Rundfunksendung erhalten, aber nicht gegenüber demjenigen, der Rundfunksendungen, die mit Tonträgern oder ähnlichen Vorrichtungen durchgeführt werden, drahtlos, mit Draht oder mit irgendeinem anderen Hilfsmittel öffentlich wahrnehmbar macht. Interessant ist, daß nach diesem Entwurf - nach dem Vorbild der RBÜ und im Gegensatz zur Romkonvention 1961 - vom Ursprungsland ausgegangen wird, für das für Rundfunksendungen nur an den *Hauptsitz der Rundfunkorganisation* angeknüpft wird.

Nachdem dieser Romentwurf versandet war, ergriffen das Internationale Arbeitsamt *1956* mit dem sogenannten *Genf-Entwurf* und das Berner Büro und die UNESCO *1957* mit dem sogenannten *Monaco-Entwurf* weitere, wenn auch getrennte Initiativen[16].

b) Im *Genfer Entwurf* wurde die Bestimmung des Ursprungslands recht kompliziert vorgesehen: Für Vorträge, Darstellungen und Aufführungen sollte es der Staat sein, in dem die Aufführung stattfindet; findet jedoch der Vortrag, die Darstellung oder die Aufführung nicht in einem Vertragsstaate statt und wird auf einem Tonträger oder einer ähnlichen Vorrichtung . . . die Aufführung aufgenommen oder gesendet, so gilt als Ursprungsland für *Tonträger der Staat, in dem die erste Vervielfältigung* stattfindet; findet die erste Vervielfältigung in einem Staat statt, der kein Vertragsstaat ist, so gilt als Ursprungsland der erste Vertragsstaat, in dem eine Vervielfältigung stattfindet, und für *Sendungen der Staat, in dem die Rundfunkorganisation ihren Sitz* hat. Der Schutz sollte sich in den vertragsschließenden Ländern nach der Gesetzgebung des Landes, in dem der Schutz beansprucht wird, unter Vorbehalt der Rechte, die durch das Abkommen besonders eingeräumt sind, richten. Den *ausübenden oder interpretierenden Künstlern* sollte das Recht zustehen, zu erlauben, daß ihre unmittelbaren Aufführungen für gewerbliche Zwecke oder zu einer öffentlichen Mitteilung durch irgendwelche Mittel aufgenommen, *gesendet* oder durch irgendwelche Mittel für *Sendezwecke aufgenommen* werden bzw. öffentlich mitgeteilt werden; die Einwilligung der ausübenden Künstler zur Sendung einer Aufführung sollte die Erlaubnis zur Aufnahme für Sendezwecke einschließen.

Den *Rundfunkorganisationen* sollte das Recht zustehen, zu erlauben, daß ihre Sendung oder die unmittelbare oder festgehaltene Weitersendung ganz oder teilweise weitergesendet wird, für gewerbliche Zwecke oder für eine öffentliche Mitteilung aufgenommen oder anderweitig festgehalten oder durch irgendein Bild-

---

16 Eine von der Berner Union und der UNESCO gebildete »Studiengruppe« untersuchte 1956 »die rein akustischen Erscheinungen« für eine internationale Vereinbarung, deren Ergebnisse in dem inhaltsreichen »Bericht Bogsch«, »L'artiste exécutant« 1956, S. 37 f., zusammengefaßt sind; siehe auch Ulmer »Der Rechtsschutz . . .«, 6, Ziff. 5.

übertragungs- oder Bildvorführungsgerät öffentlich mitgeteilt wird. Sollten Tonträger, auf die Sendungen oder Weitersendungen aufgenommen worden sind, auf die das Abkommen Anwendung findet, in einem Lande, das nicht Vertragsstaat ist, hergestellt und ohne Zustimmung der berechtigten Rundfunkorganisation in einen Vertragsstaat eingeführt worden sein, sollten sie in diesem beschlagnahmt werden können.

Die Bestimmungen dieses Entwurfs gehen also ebenso von dem Ansatz aus, den jeweils Berechtigten *gesonderte* Rechte einzuräumen, ohne daß der Schutz der Interpreten von dem Schutz der Sendeunternehmen abgeleitet sein müsse.

c) Den »Entwurf einer Vereinbarung über den Schutz bestimmter, an das Urheberrecht angrenzender Rechte« *1957*[17], den sogenannten *Monaco-Entwurf,* hat ein Sachverständigenausschuß erarbeitet, der von der Berner Union und der UNESCO einberufen wurde. Dies wurde als förderlich angesehen, nachdem der Entwurf des Internationalen Arbeitsamts, der Genf-Entwurf, nicht auf breitere Zustimmung gestoßen war und auch nur ein »weiterer Schritt auf dem Wege, aber kein Endpunkt«[18] gewesen war.

Der Monaco-Entwurf regelte allerdings bereits nur internationale Sachverhalte, so daß auch nur die Rechte der ausübenden Künstler, der Hersteller von Tonträgern und der Sendegesellschaften gesichert werden sollten, deren Leistungen im Gebiet eines anderen vertragschließenden Staates erbracht werden. Der in diesem Entwurf als internationaler Anknüpfungspunkt vorgesehene Ort der Leistung ist deshalb von besonderer Bedeutung, weil die Staatsangehörigkeit für die »Inländerbehandlung« überhaupt keine Rolle gespielt hätte, sondern ausschließlich der Ursprung der Leistung, also der Ort Darbietung des ausübenden Künstlers. Die Rechtsfolge wäre gewesen, daß ein ausübender Künstler ungeachtet seiner Nationalität in jedem Vertragsstaat den gleichen Schutz wie ein inländischer ausübender Künstler genossen hätte, der seine Darbietung im Inland erbracht hätte. So hätte die BRD einem US-amerikanischen Sänger, der in irgendeinem »Monaco-Land« aufgetreten wäre, den Schutz gewähren müssen, den sie einem deutschen Sänger gewährt hätte (sogar als Bearbeiter nach § 2 Abs. 2 LUG).

Diese Entwicklungslinie ist deshalb hervorzuheben, weil von ihr im Gesetz zu den vorangegangenen Entwürfen der Inländerbehandlung nicht mehr die ihr zukommende Bedeutung beigemessen wurde.

Auch die Frage der materiellen Gegenseitigkeit spielt hier herein. Der Entwurf sah einen Kompromiß vor. Während er zwar auf dem Grundsatz der Inländerbehandlung aufbaut, hätte hinsichtlich der sekundären Nutzungen die Inländerbehandlung von der Gewährung der Gegenseitigkeit abhängig gemacht werden können[19].

Auch für die Sendegesellschaften gilt das Territorialitätsprinzip. Es sollte auf die Sendungen, nicht auf den Sitz oder gar Hauptsitz der Gesellschaft abgestellt

---

17 Text in englischer und französischer Sprache mit deutscher Übersetzung bei Ulmer »Der Rechtsschutz . . .« im Anhang, 75-85, deutsche Übersetzung des erläuternden Berichts, 86-97.

18 Ulmer a.a.O., S. 8.

19 Zu all dem s. Ulmer a.a.O.

werden. Ursprungsland für Sendungen sollte der Staat sein, in dessen Gebiet der Sender errichtet wird, da der Schwerpunkt in dem Land liegen sollte, von dem die Sendung ausgeht. Die ausübenden Künstler sollten einen Mindestschutz gegen Funksendung, Aufnahme und Vervielfältigung erhalten. Bei den Mindestrechten unterscheidet der Entwurf zwischen unmittelbaren und körperlich festgelegten Aufführungen[20]. Bei ersteren handelt es sich um »live performances«. Unter diesen Begriff fallen nach dem Entwurf auch die durch Rundfunk gesendeten unmittelbaren Aufführungen. Bei den »live-Sendungen« würden die Künstler dann nach den für unmittelbare Aufführungen geltenden Regeln geschützt, würden sie aber auf Band aufgenommen und von diesem gesendet, sollten die Regeln über körperlich festgelegte Aufführungen gelten. Ohne Zustimmung der Künstler dürften die Aufführungen nicht gesendet werden und die Sendungen nicht körperlich festgelegt werden. Auch wären die Künstler gegen die ungenehmigte Weitersendung geschützt. Für den Fall allerdings, daß die erste Sendung genehmigt war, sollte die Behandlung der Frage der Weitersendung der Gesetzgebung der Vertragsstaaten überlassen bleiben. Der ausübende Künstler sollte ein Zustimmungsrecht zur Aufnahme und deren Vervielfältigung haben. Auch das »off-the-air-copying« sollte unter das Recht des Künstlers fallen, die Vervielfältigung zu gestatten oder zu verbieten. Der Schutz gegen Weitersendung sollte aber durch die nationale Gesetzgebung gänzlich verweigert werden können[21]. Gesetzliche Lizenzen zu Gunsten der Sendegesellschaften und zu Lasten ausübender Künstler, wie der Genf-Entwurf sie vorsah, enthielt der Monaco-Entwurf nicht.

Die Sachverständigen waren sich darüber einig, daß das Vervielfältigungsrecht des Tonträgerherstellers auch dann verletzt würde, wenn ein Tonträger, dessen Ursprungsland das Land A ist, durch Funk gesendet und diese Sendung im Land B aufgenommen würde. Für die Sendegesellschaften war das Recht zur Weitersendung und die körperliche Festlegung ihrer Funksendungen vorgesehen, während die Frage, ob ihnen auch im Falle der Sendung von Tonträgern Rechte zuerkannt werden sollten, der Gesetzgebung der vertragsschließenden Staaten vorbehalten blieb.

Hervorzuheben ist, daß sich nach dem erläuternten Bericht mehrere der Sachverständigen gegen die Einbeziehung aller oder auch nur einzelner Rechte der Sendegesellschaften in diesen Vertrag, der auch die Rechte der ausübenden Künstler und Tonträgerhersteller regle, ausgesprochen haben[22].

Weiterhin zeigt der Entwurf eine deutliche Trennung der Rechte der ausübenden Künstler und der Tonträgerhersteller einerseits und der Sendegesellschaften andererseits in der Bestimmung über mögliche Vorbehalte (Art. 7): Ein vertragschließender Staat könne in der Ratifikations- oder Beitrittsurkunde den Vorbehalt erklären, daß er bezüglich einzelner oder aller Bestimmungen, die die Rechte der Sendegesellschaften regeln, keine Bindung eingehe. In einem solchen Falle wären die anderen Staaten in ihren Beziehungen zu dem vertragschließenden

20 Ulmer a.a.O., S. 34.
21 Erläuternder Bericht, a.a.O., 90.
22 Erläuternder Bericht, a.a.O., 92.

Staat, der solche Vorbehalte gemacht hätte, nicht zur Anwendung der Bestimmungen, auf die sich die Vorbehalte beziehen, verpflichtet gewesen.

Dies zeigt, daß auch hier *keinesfalls ein vom Sendeunternehmen abgeleiteter Schutz des Künstlers verankert werden sollte.*

d) Um die bisher geleisteten Vorarbeiten, die ja auf verschiedenen Geleisen zu erheblichen Überschneidungen geführt hatten, zu einem einheitlichen Entwurf zusammenzuschmelzen, der als Grundlage für die vorgesehene diplomatische Konferenz, die dann zum Rom-Abkommen geführt hat, dienen sollte, haben UNESCO, das Berner Büro und die Internationale Arbeitsorganisation für Mai 1960 einen Sachverständigenausschuß nach Den Haag einberufen. Über den *»Haager Entwurf* eines internationalen Abkommens über den Schutz der ausübenden Künstler, der Hersteller von Tonträgern und der Sendeunternehmungen« hat *William Wallace* den Generalbericht erstattet[23] und *Eugen Ulmer* eine wertvolle »Vorbemerkung«[24] veröffentlicht[25]. Zu Beginn der Beratungen wurden bereits Zweifel geäußert, ob es richtig sei, die *drei Gruppen von Berechtigten* im gleichen Vertragswerk zu behandeln, denn die Rechte der ausübenden Künstler und Tonträgerhersteller seien dem Urheberrecht verwandt, während diejenigen der Sendeunternehmungen Vermögensrechte sui generis seien. Mit der Begründung, daß es Ziel der Tagung der aus 16 Staaten zusammengekommenen 31 Sachverständigen sei, wenn möglich ein auf die drei beteiligten Gruppen anwendbares Vertragswerk auszuarbeiten, müsse man sich bemühen, zu einem solchen Ergebnis zu gelangen. Die Tatsache, daß es also zu dem Entwurf eines einheitlichen Vertragswerks kam, beruhte nicht auf Rechtsgründen, sondern auf rein praktischen Erwägungen, um die Konferenz nicht scheitern zu lassen. Die Frage, ob das Territorialitätsprinzip oder das der Staatsangehörigkeit als Anknüpfungspunkt dienen sollte, ist für die einzelnen Gruppen unterschiedlich gelöst worden: Die ausübenden Künstler sollten geschützt sein, wenn ihre Darbietungen in einem Vertragsstaat stattgefunden haben. Für die nicht veröffentlichten Tonträger wurde ein zweifaches Kriterium vorgesehen, nämlich dasjenige des Ortes der Aufnahme in einem Vertragsstaat und das der Staatsangehörigkeit eines Vertragsstaats des Herstellers. Für veröffentlichte Tonträger setzte der Schutz voraus, daß diese in einem Vertragsstaat hergestellt und in einem Vertragsstaat simultan in ausreichender Menge der Öffentlichkeit angeboten werden.

Hinsichtlich der Frage der behaupteten Abhängigkeit des Schutzes des Künstlers vom Sendeunternehmen ist schon hier festzuhalten, daß gerade die verschiedenartige Ausgestaltung der Anknüpfungspunkte eine *völlige Unabhängigkeit der Schutzgegenstände* gedanklich voraussetzt.

Noch stärker kommt dies durch die Regelungen der Rechte der ausübenden Künstler zum Ausdruck: Es bestand Einstimmigkeit, daß sie gegen die Rundfunksendung - mittels Draht oder Kabel - ihrer persönlichen Darbietungen ohne ihr

---

23 GRUR Auslands- und Internationaler Teil, 1960, 609 f.
24 GRUR Auslands- und Internationaler Teil, 1960, 605 f.
25 S.a. *Peter*, UFITA 1961/I (Band 33), S. 18 ff., 29 ff.

Einverständnis Schutz genießen sollten (Art. 5 Abs. 1 a); auch wurde die »off-the-air-Aufnahme« in den Schutz der ausübenden Künstler einbezogen, wenn vereinbart werden sollte, daß ihre durch Rundfunk gesendeten persönlichen Darbietungen ohne ihr Einverständnis nicht auf einer körperlichen Vorrichtung festgehalten werden dürfen (»La fixation sans leur consentement sur un support matériel ou de leurs exécutions directes radiodiffusées«: Art. 5 Abs. 1b). Der Gesetzgebung der Vertragsstaaten sollte die Regelung für diesen Fall der Zustimmung des ausübenden Künstlers zur Rundfunksendung, des Schutzes gegen die »reémission« – »Weitersendung« oder »Wiedersendung« –, gegen die Festhaltung für Rundfunkzwecke und gegen die Vervielfältigung einer solchen Festhaltung, vorbehalten bleiben. *Peter*[26] merkt an, daß »der Ausdruck ›reémission‹ offenbar bewußt mehrdeutig verwendet und nicht definiert« worden sei. Für unseren Zusammenhang ist dies eine Anmerkung von weiterleitender Bedeutung: Dieser Ausdruck »umfaßt nach Ansicht des Rechtsberaters der UER *Straschnov* . . . sowohl die Weiterübertragung ohne Draht wie auch durch Draht (eine Auffassung, die nach S. 57 des Generalrapports von den Experten des Haager Entwurfs einheitlich abgelehnt wurde), die gleichzeitige Anschlußsendung, aber auch die verschobene Anschlußsendung (»relais différée«) und meiner Ansicht nach auch die Wiederholungssendung; er wird deshalb hier mit dem ungewohnten Ausdruck ›Wiedersendung‹ (statt »Weitersendung«) übersetzt«, wobei *Peter* auf den Generalbericht von *Bogsch*[27] verweist.

Keinen Schutz sollten die ausübenden Künstler jedoch gegen die Festhaltung (Aufnahme) von auf Tonträgern festgehaltenen Darbietungen erhalten, die durch Funk gesendet werden, da hierfür den Sendegesellschaften das Zustimmungsrecht eingeräumt werden sollte (Art. 12 b), wobei das Überspielen richtigerweise als Vervielfältigung angesehen wurde; sofern der Rundfunk eine Industrieschallplatte zu Sendezwecken auf Tonband überträgt, sollte dies nicht als eine Vervielfältigung zu anderen als den vom Künstler erlaubten Zwecken angesehen werden, also zulässig sein[28]. Keinen Schutz sollten die ausübenden Künstler auch für die mittelbare Benutzung von auf Tonträgern festgehaltenen Darbietungen für eine Rundfunksendung erhalten: Darunter ist nach P 49 des General-Rapports die Verwendung eines durch Rundfunk gesendeten Tonträgers für eine neue Ausstrahlung zu verstehen, so daß die Anschlußsendungen von Tonträgersendungen nicht neuerlich einen Vergütungsanspruch begründen sollten[29].

Hervorzuheben ist aber nochmals, daß die Festhaltung der Darbietungen der ausübenden Künstler eine Vervielfältigung ihres Leistungsergebnisses ist und daher der Künstler auch gegen die ungenehmigte off-the-air-Festhaltung geschützt werden sollte. Der nationalen Gesetzgebung sollte vorbehalten bleiben, das Einwilligungsrecht des Künstlers für gleichzeitige Anschlußsendungen, zeitlich verschobene Anschlußsendungen und/oder Wiederholungssendungen (live-Sendungen) der persönlichen Darbietung im Rundfunk zu regeln. Für die Originalsen-

26 UFITA 1961 - I, S. 35 Anm. 42.
27 In Artiste exécutant . . ., 1956, 37.
28 General-Rapport Z 37.
29 *Peter* a.a.O., 47.

dung erschienener kommerzieller Tonträger war für die ausübenden Künstler und Tonträgerhersteller ein Vergütungsanspruch vorgesehen, der auch für beide gemeinschaftlich erfolgen konnte (Art. 11).

Für die Tonträgerhersteller war das ausschließliche Recht vorgesehen, *»die Vervielfältigung* ihrer Tonträger *und ihrer durch Rundfunk gesendeten Tonträger* zu erlauben oder zu verbieten« (Art. 8).

Der Konventionsschutz der Sendegesellschaften hätte durch Hinterlegung eines Vorbehalts bei der Ratifikation oder dem Beitritt zum Abkommen ganz oder teilweise ausgeschlossen werden können (Art. 15), während die Vertragsstaaten die Rechte der beiden anderen Gruppen, also der ausübenden Künstler und der Tonträgerhersteller, abkommenskonform hätten anerkennen müssen. Auch dies zeigt deutlich die *Aufspaltung der Gruppen und ihrer Rechte.*

Soweit kein Vorbehalt hinterlegt worden wäre, hätte sich jede Rundfunkanstalt, die ihren Gesellschaftssitz in einem Vertragsstaat hat oder von dem seine Sendungen ausgestrahlt wurden (». . . où ses radioémissions out été diffusées«) und dieser Ort in einem Vertragsstaat liegt, unmittelbar auf das Abkommen berufen können. Der Anknüpfungspunkt war die konkrete, mit Hertzschen Wellen verwirklichte Ausstrahlung des Programms[30], wobei unter dessen Schutz wohl auch die Anschluß- und Wiederholungssendungen fallen sollten wie auch die Sendung von Tonträgern. Diese Statuierung selbständiger Rechte der Rundfunkunternehmen an ihren Sendungen läßt aber keinen Rückschluß auf die Abhängigkeit oder Ableitung dieser Rechte von den Rechten der ausübenden Künstler und Tonträgerhersteller zu, da die Sendeunternehmen ja auch für urheberrechtlich oder leistungsschutzrechtlich nicht geschützte Beiträge auf Grund des Tatbestands der Sendung dessen Sonderschutz hätten in Anspruch nehmen können.

Für die Auslegung des Haager Entwurfs im Hinblick auf das »Überspielen« oder »Mitschneiden« traten berechtigte Zweifel auf, die beseitigt werden mußten: Im Hinblick auf die Formulierung des Art. 5 hat beispielsweise *Peter*[31] die Folgerung gezogen: Sind diese Handlungen »eine Vervielfältigung, dann unterliegt diese nur dann dem Verbietungsrecht der Sendegesellschaft, wenn die Festhaltung selbst rechtswidrig war«. Dies kann wohl nicht Sinn dieser Regelung gewesen sein, es handelt sich also um eine der Lücken, die auch *Ulmer* ganz generell an dem Haager Entwurf bemängelt[32].

Keinen Schutz sollten die Sendegesellschaften dagegen genießen, daß eine im vertragsfremden Ausland zulässig erfolgte Festhaltung ihrer Sendung in einem Vertragsstaat vervielfältigt wird oder daß ein Ton- oder Bildtonträger, der von der Ursendegesellschaft selbst angefertigt und der Sendegesellschaft im Vertragsstaat zur Durchführung einer sogenannten verschobenen Anschlußsendung zur Verfügung gestellt wurde, von dem Anschlußsender vervielfältigt wird[33].

---

30 *Peter* a.a.O., 74 i.V. S. 25; Die Drahtübertragung war durch diese Bestimmung nicht gedeckt: Generalrapport Z 57.
31 A.a.O., S. 79.
32 In GRUR Auslands- und Internationaler Teil 1969, 605, 606 r. Sp.
33 *Peter* a.a.O., 76.

Dies zeigt erneut die *Abspaltung der Rechte der ausübenden Künstler von denjenigen der Sendegesellschaften,* um deren Festlegung es ging. Sie waren von denjenigen der ausübenden Künstler und Tonträgerhersteller getrennt konzipiert, so daß keine Rückschlüsse auf deren »Ableitung« gezogen werden dürfen.

II. *Das Internationale Abkommen über den Schutz der ausübenden Künstler, der Hersteller von Tonträgern und der Sendeunternehmen*

1. *Auslegung des Art. 4 und 6 RA*

Der Haager Entwurf diente als Grundlage für die Arbeiten der Diplomatischen Konferenz in Rom, die vom 10. bis 26. Oktober 1961 tagte und zum Abschluß des *Romabkommens* führte. Dies ist auch der Grund, warum so ausführlich auf dessen Bestimmungen einzugehen war: Sie können für die Struktur und auch für die Interpretation des RA herangezogen werden, soweit sich nicht substantielle Abweichungen ergeben haben[34]. Während Art. 11bis RBÜ im französischen - nach Art. 37 Abs. 1c) RBÜ ist bei Streitigkeiten über die Auslegung der verschiedenen Texte der französische Text maßgebend - Originaltext den Begriff »organisme« und die englische Fassung »organization« wählt, verwendet die deutsche Fassung den Begriff des »Sendeunternehmens«. Das RA vermeidet im Definitionskatalog des Art. 3 im Gegensatz zu den Gruppen der ausübenden Künstler und der Hersteller von Tonträgern eine Klarstellung, was unter diesem Begriff in Art. 13 RA über den Rechtsschutz der »Sendeunternehmen« überhaupt zu verstehen ist[35]. Die Delegation der USA hatte Definitionsvorschläge unterbreitet, unter anderem für »broadcast« und »broadcasting organization«[36].

Ersterer lautete: »›broadcast‹ means the transmission by wireless means for public reception of sounds or of images and sounds«, ein Vorschlag, der von der Main Commission I mit großer Mehrheit angenommen wurde. Der letztere lautete: »›broadcasting organisation‹ means the legal entity which initiated the broad-

34 Dies gestattet auch das *Wiener Abkommen von 1969 über das Recht der Übereinkünfte,* auf das der Leiter der Abteilung für Urheberrecht der WIPO, *György Boytha,* in der Festschrift für Roeber, 1983, S. 29, 32 hinweist. Nach diesem Abkommen »soll eine Übereinkunft vor allem der allgemein üblichen ihrer Begriffe entsprechend ausgelegt werden, die diesen Begriffen in ihrem gegebenen Zusammenhang und im Lichte des Gegenstandes und Zwecks der Übereinkunft zukommt (Art. 31). Es kann aber auch auf ergänzende Auslegungsmittel, einschließlich der Vorbereitungsarbeiten zur Übereinkunft und die Umstände ihres Abschlusses, zurückgegriffen werden, wenn die Interpretation aus der Übereinkunft selbst oder unter Berücksichtigung damit zusammenhängender Vereinbarungen die Zweideutigkeit oder Unklarheit der fraglichen Begriffe nicht beseitigt oder gar zu offensichtlich absurdem oder unvernünftigem Ergebnis führt (Art. 32)«.

35 Die von Nordemann/Vinck/Hertin a.a.O., S. 317 in Klammern gesetzte Überschrift »Rechtsschutz der Sender« findet sich weder in den authentischen englischen, französischen und spanischen Texten noch in dem offiziellen Text in deutscher Sprache. Sie kann daher für eine Interpretation nicht herangezogen werden.

36 Dokument CDR/52 RW.

cast«. Die bewußte Wahl des Wortes »initiated« macht deutlich, daß die USA diejenige Rechtspersönlichkeit als Rundfunkunternehmen ansah, die den »broadcast« im Sinne der gerade wiedergegebenen Definition eingeleitet, in Gang gesetzt hat. Die auf diesen Vorschlägen beruhende anschließende Debatte bewegte die USA-Delegation, der ja der Generalberichterstatter *Kaminstein* als prominenter Vertreter angehört hatte, ihren Vorschlag zurückzuziehen, wohl weil, wie der Generalbericht betont, die diesbezügliche Diskussion immerhin zur Klarstellung einiger wichtiger Punkte geführt habe: »For example, if the technical equipment in a Contracting State is owned by the postal administration, but what is fed into the transmitter is prepared and presented by such organisation as the Radiodiffusion/Television Francaise or the British Broadcasting Corporation, the latter, and not the postal administration, is to be considered the broadcasting organisation«.

Dennoch sollte man hierbei in Betracht ziehen, daß aus der Tatsache, daß eine Regierungsdelegation nicht auf einem ja wohl durchdachten Vorschlag beharrt, nicht unbedingt der Schluß gezogen werden darf, sie rücke von diesem aus rechtlichen Gründen ab. Hier spielen manigfache Erwägungen, wie rein politische, diplomatische und taktische Gründe mit, die bei nicht in den Protokollen festzuhaltenden Gesprächen und Diskussionen in den Couloirs zu Austauschverabredungen führen, also ein »do ut des«-Ergebnis erzielt werden soll. Diese Tatsache schließt aber gerade nicht eine Interpretation im Sinne eines auch zurückgezogenen Vorschlags aus.

Die Bezugnahme auf »the broadcast« im Sinne der Definition des Art. 3 f RA als die Übertragung von Tönen . . . mittels radioelektrischer Wellen zum Empfang durch die Öffentlichkeit kann nur bedeuten, daß die USA an die Leistung anknüpfen wollte, die ein solches Sendeunternehmen als Initiator erbringt. Wer dies allerdings sein sollte, läßt sich den Konferenzunterlagen nicht entnehmen.

Für die Auslegung des Art. 4 RA heben *Nordemann/Vinck/Hertin*[37] hervor, worauf es entscheidend ankommt, nämlich, daß die Rechte, die die Konvention den ausübenden Künstlern gewährt, anderer Art sind als diejenigen, die den Herstellern von Tonträgern und schon gar den Rundfunkunternehmen eingeräumt werden. Der Generalbericht führt aus[38], es sei im Verlauf der Diskussion festgestellt worden, daß es der Zweck der Punkte (b) und (c) sei, ein System zu errichten, bei dem auf Tonträgern festgehaltene Darbietungen geschützt sind, wenn der Hersteller des Tonträgers Schutz genießt, und daß Rundfunkdarbietungen (mit Ausnahme der auf einem Tonträger festgelegten) geschützt werden, wenn die Sendeunternehmen, die diese übertragen, Schutz genießen.[39] Art. 4 und 6 RA haben

---

37 Rz. 6.

38 A.a.O., 109.

39 Diese Übersetzung aus dem englischen Original, die vom Verfasser stammt, deckt sich in Einzelheiten nicht mit derjenigen, die Wilhelm *Peter* nach der französischen Fassung angefertigt hat und in UFITA, Bd. 40 (1963/II) S. 99 ff. veröffentlicht ist. Zur Überprüfung gebe ich den Originaltext in englischer Sprache und die Übersetzung von *Peter* wörtlich wieder: »It was stated during the discussion that the purpose of items (b) and (c) was to establish a system under which performances recorded on phonograms are protected when the phonogram producer is protected, and under which broadcast performances (other than those fixed on phonograms) are protected when the broadcasting organizations transmitting them are protected«. Die Übersetzung von *Peter* lautet:

in den drei authentischen Texten (s. Art. 33 Abs. 1 RA), nämlich in englisch, französisch und spanisch, folgenden Wortlaut:

Article 4

Each Contracting State shall grant national treatment to performers if any of the following conditions is met:
(*a*) the performance takes place in another Contracting State;
(*b*) the performance is incorporated in a phonogram which is protected under Article 5 of this Convention;
(*c*) the performance, not being fixed on a phonogram, is carried by a broadcast which is protected by Article 6 of this Convention.

Article 6

1. Each Contracting State shall grant national treatment to broadcasting organisations if either of the following conditions is met:
(*a*) the headquarters of the broadcasting organisation is situated in another Contracting State;
(*b*) the broadcast was transmitted from a transmitter situated in another Contracting State.
2. By means of notification deposited with the Secretary-General of the United Nations, any Contracting State may declare that it will protect broadcasts only if the headquarters of the broadcasting organisation is situated in another Contracting State and the broadcast was transmitted from a transmitter situated in the same Contracting State. Such notification may be deposited at the time of ratification, acceptance or accession, or at any time thereafter; in the last case, it shall become effective six months after it has been deposited.

Article 4

Chaque Etat contractant accordera le traitement national aux artistes interprètes ou exécutants toutes les fois que l'une des conditions suivantes se trouvera remplie:
a) l'exécution a lieu dans un autre Etat contractant;
b) l'exécution est enregistrée sur un phonogramme protegé en vertu de l'article 5 ci-dessous;
c) l'exécution non fixée sur phonogramme est diffusée par une émission protégée en vertu de l'article 6.

Article 6

1. Chaque Etat contractant accordera le traitement national aux organismes de radiodiffusion toutes les fois que l'une des conditions suivantes se trouvera remplie:

»Im Verlauf der Diskussion wurde festgehalten, daß die Punkte b) und c) darauf abzielen, ein System vorzusehen, dem zufolge eine auf einem Tonträger festgelegte Darbietung immer geschützt wird, wenn der Hersteller des Tonträgers Schutz genießt, und dem zufolge eine ausgestrahlte Darbietung (mit Ausnahme der auf einem Tonträger festgelegten) immer geschützt wird, wenn das die Sendung gestaltende Unternehmen Schutz genießt.«

a) le siège social de l'organisme de radiodiffusion est situé dans un autre Etat contractant;
b) l'émission a été diffusée par un émetteur situé sur le territoire d'un autre Etat contractant.
2. Tout Etat contractant peut, par une notification déposée auprès du Secrétaire général de l'Organisation des Nations Unies, déclarer qu'il n'accordera de protection à des émissions que si le siège social de l'organisme de radiodiffusion est situé dans un autre Etat contractant et si l'émission a été diffusée par un émetteur situé sur le territoire du même Etat contractant. Cette notification peut être faite au moment de la ratification, de l'acceptation ou de l'adhésion, ou à tout autre moment; dans ce dernier cas, elle ne prendra effet que six mois après son dépôt.

Artículo 4

Cada uno de los Estados Contratantes otorgará a los artistas intérpretes o ejecutantes el mismo trato que a sus nacionales siempre que se produzca una de las siguientes condiciones:
a) que la ejecución se realice en otro Estado Contratante;
b) que se haya fijado la ejecución o interpretación sobre un fonograma protegido en virtud del artículo 5;
c) que la ejecución o interpretación no fijada en un fonograma sea radiodifundida en una emisión protegida en virtud del artículo 6.

Artículo 6

1. Cada uno de los Estados Contratantes concederá igual trato que a los nacionales a los organismos de radiodifusión, siempre que se produzca alguna de las condiciones siguientes:
a) que el domicilio legal del organismo de radiodifusión esté situado en otro Estado Contratante;
b) que la emisión haya sido transmitida desde una emisora situada en el territorio de otro Estado Contratante.
2. Todo Estado Contratante podrá, mediante notificación despositada en poder del Secretario General de las Naciones Unidas, declarar que sólo protegerá las emisiones en el caso de que el domicilio legal del organismo de radiodifusión esté situado en el territorio de otro Estado Contratante y de que la emisión haya sido transmitida desde una emisora situada en el territorio del mismo Estado Contratante. La notificación podrá hacerse en el momento de la ratificación, de la aceptación o de la adhesión, o en cualquier otro momento; en este último caso, sólo surtirá efecto a los seis meses de la fecha de depósito.

Die Systematik dieser Bestimmungen in ihrer Originalfassung führt m.E. logisch-konsequent zu der Auslegung und damit zu dem Schluß, daß der ausübende Künstler jedenfalls dann Inländerbehandlung genießt, wenn seine über Rundfunk gesendeten Darbietungen von einer Sendestation weitergeleitet werden (Art. 6 I b) RA). Von dem »ausstrahlenden« Unternehmen sprechen weder Art. 4c) noch Art. 6 Abs. 1 b) RA noch der Generalbericht. Artikel 4 c) formuliert für das Gebot der Inländerbehandlung als Anknüpfungspunkt, daß die auf einem Tonträger festgehaltene Darbietung »is *carried by* a broadcast . . .« und Art. 6 1 b) für dasjenige der Rundfunkorganisationen die Voraussetzung, daß »the broadcast was *transmitted*...«. Diese sicherlich nicht willkürlich vorgenommene sprachliche Differenzierung legt auch eine rechtliche nahe.

Keinesfalls umfassen diese Bestimmungen den Akt der Aufnahme einer Darbietung, wofür im Englischen das Wort »recording« gebraucht wird. Dies wäre auch aus rechtlichen Gründen falsch, weil die Aufnahme bereits eine Vervielfältigung des Werkes ist. »Carried by a broadcast« in Art. 4 c) RA heißt, daß die Darbietung mittels einer Sendung übermittelt, von einem Ort zum anderen getragen, transportiert wird. Diese Übermittlung oder besser noch Übertragung müßte von einer Sendestation erfolgt sein, die in einem anderen Vertragsstaat liegt. Artikel 6 1 b) RA ist als Regelung der Inländerbehandlung der Rundfunkorganisationen von derjenigen der Inländerbehandlung der ausübenden Künstler völlig unabhängig, beide Regelungen stehen verselbständigt nebeneinander. Daher ist auch die Auffassung nicht richtig, die ausübenden Künstler würden am Schutz einer unter Art. 6 RA fallenden Sendung »teilhaben« und daher müsse der - ungenehmigte - Mitschnitt von einer nach dem Rom-Abkommen geschützten Sendung »abgeleitet« worden sein[40]. Gegen die Auffassung, es handle sich um einen »abgeleiteten« Schutz, spricht überdies die Bestimmung über die Mindestrechte der Rundfunkunternehmen in Art. 13 RA. Entsprechend dem Aufbau der Konvention werden die Mindestschutzrechte für die drei Gruppen von Berechtigten getrennt geregelt und die Sachverhalte im Einzelnen genau umschrieben (Art. 4-6 RA)[41]. Sie stehen neben den Regeln über die Inländerbehandlung und ergänzen sie, sie gewähren den Angehörigen der Vertragsstaaten aber in jedem anderen Staat auf alle Fälle die verbürgten Rechte, selbst wenn das innerstaatliche Recht des Vertragsstaats solche nicht vorsieht. Eine Berufung auf diese sich ex jure conventionis ergebenden Rechte steht dem betroffenen Verletzten offen. Vorbehalte sind in vielen Fällen durch die Konventionen ermöglicht. Artikel 16 RA sieht jedoch nur hinsichtlich Art. 13 (d) die Möglichkeit der Hinterlegung eines Vorbehalts vor, eine Bestimmung, die für diese Untersuchung nicht einschlägig ist. Eine irgendwie geartete Verbindung des Rechts der Sendeunternehmen zu den Rechten der ausübenden Künstler und Tonträgerhersteller oder gar eine »Ableitung« läßt sich demnach nicht konstruieren, ja im Gegenteil: Schutzgrund, Schutzgegenstand und Schutzzweck der betroffenen ausübenden Künstler und Rundfunksender sind so grundverschieden, daß es schwer fällt, den Entscheidungssatz des OLG Frankfurt[42] nachzuvollziehen, Art. 4 (c) RA sei selbst bei Ausstrahlung dieses Live-Konzerts über Sender in den Vertragsstaaten Österreich, Brasilien, Uruguay, Paraguay und Argentinien nur dann erfüllt, »wenn der streitbefangene Mitschnitt auf der Grundlage einer nach dem Rom-Abkommen geschützten Sendung, also von dieser Sendung ›abgeleitet‹ worden wäre«, nur dann könne sich der ausübende Künstler der Anknüpfungsregelung des Art. 6 RA »anschließen«. Diese Argumentation findet keinerlei Rechtsgrundlage im Rom-Abkommen.

40 So das Urteil des Landgerichts Mannheim vom 2. 4. 1993, AZ: 7 O 48/93 unter Berufung auf den Beschluß des OLG Frankfurt/M. vom 4. 3. 1983 - AZ: 6 W 17/93.
41 Siehe *Nordemann/Vinck/Hertin* a.a.O., Vorbemerkung 7 z. Romabkommen.
42 A.a.O., Anm. 40.

2. *Schlußfolgerung:*

Der in Art. 4 c) des Internationalen Abkommens über den Schutz der ausübenden Künstler, der Hersteller von Tonträgern und der Sendeunternehmen vom 26. Oktober 1961 - Rom-Abkommen - festgelegte Konventionsschutz der ausübenden Künstler ist von demjenigen der Sendeunternehmen nicht abgeleitet, besteht also selbständig neben letzterem.

Manfred Rehbinder

Verbraucherschutz im Urheberrecht: ein Blick zurück zur Parsifal-Debatte

Die jüngere Rechtsgeschichte weist eine paradoxe Entwicklung auf, die nähere Betrachtung verdienen würde. Während der Schutz der materiellen Güter (das Sacheigentum) immer mehr durch Sozialbindungen beschränkt wird, wird der Schutz der Immaterialgüter (das »geistige Eigentum«) durch zunehmende Beseitigung seiner Beschränkungen immer mehr ausgeweitet. Eigentum ist »im Prinzip« unbeschränkt, wurde aber in neuerer Zeit immer mehr beschränkt; die Immaterialgüterrechte (und hier fällt ganz besonders das Urheberrecht auf) sind hingegen »im Prinzip« beschränkt, werden aber in neuerer Zeit immer mehr ausgeweitet[1]. Die Beobachtung der Gegenläufigkeit dieser Entwicklung bei den beiden Monopolrechten Eigentum und Urheberrecht hat im rechtspolitischen Raum zu einer weithin empfundenen Legitimationskrise des Urheberrechts geführt[2]. Wo bleibt die Sozialbindung im Urheberrecht, wo bleibt der Verbraucherschutz? Im folgenden soll daher der Blick zurück auf das Urheberrecht der Jahrhundertwende gelenkt werden. Dort läßt sich nämlich an der Parsifal-Debatte zeigen, daß der Verbraucherschutzgedanke in früheren Zeiten durchaus lebendiger war als heute und daß dieser Gedanke, dem Wesen des Urheberrechts entsprechend, zwei Aspekte hat, nämlich einen materiellen und einen ideellen. Zunächst zum materiellen Aspekt, der ja im Urheberrecht ganz überwiegend im Vordergrund steht.

I. *Der Kampf um eine Verlängerung der Schutzfrist auf 50 Jahre*

Die ersten reichseinheitlichen deutschen Urheberrechtsgesetze, nämlich das 1871 zum Reichsgesetz erklärte[3] Gesetz des Norddeutschen Bundes betreffend das Urheberrecht an Schriftwerken, Abbildungen, musikalischen Kompositionen und dramatischen Werken vom 11. Juni 1870[4] (§ 8) und das Gesetz betreffend das Urheberrecht an Werken der Bildenden Künste vom 9. Januar 1876[5] (§ 9)

1 Näher belegt bei M. Rehbinder: Die Beschränkungen des Urheberrechts zugunsten der Allgemeinheit, FS 100 Jahre URG, Bern 1983, S. 353-375. Die folgenden Ausführungen sind eine stark überarbeitete Fassung meines Beitrages in Robert Dittrich (Hg.): Die Notwendigkeit des Urheberrechtsschutzes im Lichte seiner Geschichte, Wien 1991, S. 91-101.

2 Siehe David Ladd: Die Sorge um die Zukunft des Urheberrechts als humanistischer Auftrag, GRUR Int. 1985, S. 77-80, ferner viele Beiträge der FS Ulrich Uchtenhagen (Urheberrecht und kulturelle Entwicklung), Baden-Baden 1987, und in Robert Dittrich (Hg.): Woher kommt das Urheberrecht und wohin geht es?, Wien 1988.

3 RGBl. 1871, 63 f.

4 BGBl. des Norddeutschen Bundes 1870, 339 ff.

5 RGBl. 1876, 4 ff.

hatten die Schutzfrist des Urheberrechts gemäß der Rechtslage nach dem Preußischen Gesetz von 1837 und dem Bundesbeschluß von 1845 auf 30 Jahre belassen. Für die kommende große Urheberrechtsreform (mit dem Gesetz betreffend das Urheberrecht an den Werken der Literatur und der Tonkunst vom 19. Juni 1901[6] und dem Gesetz betreffend das Urheberrecht.an Werken der Bildenden Künste und der Photographie vom 9. Januar 1907[7]) war in § 33 des Entwurfes von 1900[8] neben der allgemeinen 30jährigen Frist speziell für die öffentlichen Aufführungen eines Bühnenwerkes oder eines Werkes der Tonkunst eine 50jährige Schutzfrist vorgesehen. Diese Vorschrift führte im Parlament zu lebhaften Auseinandersetzungen und wurde schließlich in namentlicher Abstimmung abgelehnt. Vertreter der Sozialdemokraten unter der Führung des Abgeordneten Eugen Richter äußerten den Verdacht, die Familie von Richard Wagner, dessen Werke mit Ablauf des Jahres 1913 frei werden würden, habe ihren Einfluß bei Mitgliedern der zuständigen Reichstagskommission und sogar beim Reichskanzler von Bülow geltend gemacht. Die Verlängerung der Schutzfrist durch einen sog. Cosima-Paragraphen wurde als »Liebesgabe« in Höhe von 1 bis 2 Millionen Mark an die Familie Wagner bezeichnet[9].

Wenn es letztlich auch die Abneigung gegen die Verlängerung der Schutzfrist für die Werke Richard Wagners war, die zur Ablehnung der Schutzfrist von 50 Jahren führte[10], so wurde doch damals schon von Eugen Richter ein Argument vorgetragen, das alles andere als zeitgebunden war, nämlich daß es bei der Ausdehnung der Schutzfrist keinesfalls um die gebotene finanzielle Sicherstellung der Erben gehen könne. Er sagte nämlich:

> »Wer sind diese Erben? Der Herr Abgeordnete Dr. Esche (der Berichterstatter der Reichstagskommission) sagt, die Wittwen und Waisen und appellirt an das Zentrum, es hätte doch sonst soviel Interesse für die Wittwen- und Waisenversorgung. Aber, meine Herren, die Wittwen müssen schon 30 Jahre Wittwen sein, wenn ihre Schutzfrist abgelaufen ist. Es können also nur solche Wittwen in Betracht kommen, die 30 Jahre nach dem Tode ihres Mannes noch leben; aber viele Wittwen, welchen der Mann in jungen Jahren gestorben ist, verheiraten sich wieder, und manche überleben nicht 30 Jahre ihren Mann. Und nun die armen Waisen! Der jüngste Waisenknabe, wenn er am Tag des Todes seines Vaters geboren ist, ist beim Ablauf der jetzigen Schutzfrist schon 30 Jahre alt und längst vielleicht selbst schon Vater geworden. Also in Betreff der Waisen kann der Abgeordnete Dr. Esche am allerwenigsten an das Mitleid appelliren. Nun sind die Erben nicht immer die Wittwen, Kinder oder Enkel, es giebt allerhand Erben, auch lachende Erben, die vielleicht feindselig zum Komponisten gestanden haben, und die gar nicht um ihn verdienen, daß sie noch in späterer Zeit an diesem Vortheil theil haben«[11].

6 RGBl. 1901, 227 ff.
7 RGBl. 1907, 7 ff.
8 RT-Verh. 1900/1902, 1. Anlagebd., Nr. 97, S. 386 ff.
9 Siehe die Nachweise bei Christian Grün: Die zeitliche Schranke des Urheberrechts, Bern 1979, S. 44 f.
10 So zutreffend Albert Osterrieth: Der gegenwärtige Stand des Urheberrechts, FS Georg Cohn, Zürich 1915, S. 483-512 (497).
11 RT-Verh. 1900/1902, 3. Bd., 86. Sitzung vom 2.5.1901, S. 2504.

Als mit dem Gesetz zur Verlängerung der Schutzfristen im Urheberrecht vom 13. Dezember 1934[12] dann doch die Schutzfrist von 50 Jahren generell eingeführt wurde, die in der Berliner Fassung der RBÜ bereits im Jahre 1908 (§ 7 I) niedergelegt worden war, wurde deutlich ausgesprochen, daß Schutzfristverlängerungen weniger Urheberinteressen als vielmehr Verwerterinteressen (und wir müssen heute auch sagen: Interessen der Verwertungsgesellschaften) wahrnehmen:

»Wichtiger aber . . . ist der Umstand, daß große Teile der gewerblichen Kreise in Deutschland die Verlängerung auf 50 Jahre verlangen, so vor allem der Musikverlag. Für ihn ist die Anerkennung der 50jährigen Frist bei seiner bedrängten Wirtschaftslage (Rückgang des Notengeschäfts) geradezu zur Lebensfrage worden; zu berücksichtigen wird ferner sein, daß erfahrungsgemäß gerade die wertvollsten Schöpfungen der Tonkunst oft langer Zeit bedürfen, um verstanden, gewürdigt und vom Verkehr aufgegriffen zu werden. Auch der belletristische Verlag verlangt mit Nachdruck die Verlängerung der Schutzfrist, wie sich überhaupt die Vertretung der Verleger in den letzten Jahren ganz überwiegend auf die Seite der 50jährigen Schutzfrist gestellt hat«[13].

Um die Jahrhundertwende herum war hingegen die Stellungnahme der Verleger eine ganz andere. Das wurde bekannt, als die Familie Wagner nach dem Tode des Abgeordneten Eugen Richter einen erneuten Vorstoß unternahm. Der von ihr aktivierte Reichskanzler richtete in der Absicht einer Schutzfristverlängerung auf 60 Jahre an die Genossenschaft der deutschen Tonsetzer eine offizielle Anfrage in Sachen Schutzfristausdehnung[14]. Die Gelegenheit für von Bülow, die Sache erneut vor das Parlament zu bringen, schien günstig, da dieses über ein Ausführungsgesetz zur Berliner Fassung der RBÜ beraten mußte, welche - wie erwähnt - die 50jährige Schutzfrist eingeführt hatte. In dieser Situation sandte der Börsenverein der deutschen Buchhändler zu Leipzig an von Bülow (10. September 1908) und erneut an den Reichstag (14. Februar 1910) eine Eingabe mit folgendem Wortlaut:

»Der unterzeichnete Vorstand kann nur dringend davon abraten, zu Gunsten einer gleichen Schutzfrist in allen Kulturländern von dem, was sich im Laufe eines Jahrhunderts in Deutschland auf das Glänzendste bewährt hat, abzugehen und die bestehende gesetzliche Schutzdauer von 30 Jahren abzuändern. Es ist ja zuzugeben, daß die Frage der verlängerten Schutzfrist eine große wirtschaftliche Bedeutung hat und für einzelne Verleger- und Autorenfamilien mit großem Vorteil verbunden sein kann. Wichtiger aber sind die Gesichtspunkte, die sich aus einer Betrachtung der allgemeinen Wirkung dieser langen Schutzfrist ergeben. Die Ausdehnung der Schutzfrist auf 50 Jahre müßte als ein Rückschritt angesehen werden, schon von dem Standpunkt der allgemeinen Verbreitung der Werke überhaupt. Ein Rückblick auf die letzten 40 Jahre gibt eine große Anzahl von Beispielen, wo die Werke eines Autors nach Erlöschen der 30jährigen Schutzfrist eine ganz ungeahnte Verbreitung fanden, die weit hinausgeht über den Absatz während der Schutzfrist. Es sei hier nur erinnert an die Werke eines Schopenhauer, Reuter,

12 RGBl. 1934 II 1395.
13 RJM-Entwurf 1933, S. 153 ff., abgedruckt bei Grün (N 9), S. 123.
14 Börsenblatt des Deutschen Buchhandels 73 (1906), S. 3288.

Carl Loewe, Robert Schumann. Ob diese Werke nach weiteren 20 Jahren dann noch eine ähnliche Verbreitung gefunden hätten, scheint sehr fraglich, da die Wechselbeziehungen der in einem Werk niedergelegten Ideen mit dem lebendigen sich weiter entwikkelnden Publikum von Jahr zu Jahr geringer werden und die Keimkraft zu neuer Blüte allmählich abstirbt. Aber auch da, wo die den Werken innewohnende Kraft die Zeiten überdauert, ist es im Sinne des Fortschritts der Kultur und der Zivilisation erst recht notwendig, in weiser Beschränkung der Schutzfrist den Wirkungskreis dieser Werke durch die eintretende freie Konkurrenz zu erweitern. - Hätte die 50jährige Schutzfrist im 19. Jahrhundert bestanden, wären Beethovens Werke erst im Jahre 1878, Goethes Werke erst im Jahre 1883 frei geworden. - Dies wäre aber gleichbedeutend gewesen mit einer kaum auszudrückenden Einengung des geistigen und künstlerischen Lebens weiter Kreise des deutschen Volkes in den 60er und 70er Jahren des 19. Jahrhunderts. Denn gerade in jenen Jahren war die Verbreitung von billigen Ausgaben der Werke dieser unserer größten Deutschen ganz außerordentlich. - Hieraus ergeben sich auch schwere wirtschaftliche Bedenken gegen die Verlängerung der Schutzfrist. In den letzten 40 Jahren bilden die neuen Ausgaben der frei werdenden Werke für den gesamten Buch- und Musikalien-Sortimentshandel eine sehr beträchtliche Absatzquelle, deren Versiegen auf Jahre hinaus eine schwere Krise im Sortiment herbeiführen dürfte«[15].

Der Gedanke des Verbraucherschutzes gegen »eine Einengung des geistigen und künstlerischen Lebens weiter Kreise des deutschen Volkes« ist also von Verlegerseite vertreten worden, auch wenn zum Schluß das Verwerterinteresse an Herstellung und Vertrieb von »Neuausgaben der frei werdenden Werke« nicht verschwiegen wird.

II. *Der Kampf um ein ewiges droit moral für Parsifal*

Auf diesen entschiedenen Widerstand hin verlegte sich die Familie Wagner angesichts des drohenden Schutzfristablaufs auf einen Argumentationswechsel, nämlich auf die Forderung nach Fortdauer des Bayreuther Parsifal-Monopols. Ein Parsifal-Schutzbund mit »Komitees zum Parsifalschutz« an allen größeren Orten[16] brachte 18 000 Unterschriften von bekannten Persönlichkeiten[17], darunter Richard Strauß, Max Reger, Eugen d'Albert, Lovis Corinth und Hugo von Hofmannsthal[18], unter eine Petition an den Reichstag mit der Forderung nach Ergänzung der Schutzfristregelung in § 29 des Gesetzes betr. Urheberrecht an den Werken der Literatur und der Tonkunst[19] durch folgenden Zusatz:

---

15 Börsenblatt 77 (1910), S. 2450.

16 Hermann Bahr: Parsifalschutz ohne Ausnahmegesetz, Berlin 1912, S. 36. Heinz Püschel (Rechte des Bühnenautors und Urheberrechtsschutzfrist aus historischer Sicht, in Dittrich, N 1, S. 222-238, 224) nennt Berlin, Leipzig und Dresden und als Promotor Friedrich von Schoen, den Gründer und Verwalter einer Richard Wagner-Stipendienstiftung in München

17 Alfred Holzbock: »Parsifal«-Schutz und Bühnenverein, in Die Deutsche Bühne 5 (1913), S. 66 f.

18 Bahr (N 16), S. 35 f. Auch berief sich die Bewegung auf die Unterstützung von Kaiser Wilhelm II (Püschel, N 16, S. 228 f.).

19 § 29 LUG lautete: »Der Schutz des Urheberrechts endigt, wenn seit dem Tode des Urhebers dreißig Jahre und außerdem seit der ersten Veröffentlichung des Werkes zehn Jahre abgelaufen sind. Ist die Veröffentlichung bis zum Ablaufe von dreißig Jahren seit dem Tode des Urhebers nicht erfolgt, so wird vermutet, daß das Urheberrecht dem Eigentümer des Werkes zustehe.«

»Abs. 2. Ist ein erschienenes dramatisches Werk bis zum Ablauf der vorbezeichneten Frist zufolge ausdrücklicher Verfügung des Urhebers der bühnenmäßigen Aufführung entzogen geblieben, so erlischt die ausschließliche Befugnis zur bühnenmäßigen Aufführung mit Ablauf der Schutzfrist nicht.

Abs. 3. Das gleiche gilt, wenn bis zum Ablauf der Frist der ausdrücklichen Bestimmung des Urhebers zufolge bühnenmäßige Aufführungen nur an einem vom Urheber bestimmten Orte veranstaltet worden sind.

Abs. 4. Im Falle des Abs. 2 erlischt das Aufführungsrecht zehn Jahre nach der ersten von dem Berechtigten gestatteten Aufführung, im Falle des Abs. 3 zehn Jahre nach der ersten von dem Berechtigten außerhalb des Bestimmungsortes gestatteten Aufführung. Im Falle des Abs. 3 erlischt es auch durch Nichtausübung innerhalb von zehn Jahren«[20].

Diese Forderung an den Gesetzgeber war ganz auf Wagners Parsifal und damit auf den in der Theatergeschichte einzigartigen Fall zugeschnitten, »daß ein Drama durch den Willen seines Autors an einen einzigen Aufführungsort gebunden wurde«[21]. Am 28. September 1880 hatte nämlich Wagner an König Ludwig aus Siena geschrieben:

»Ich habe nun alle meine noch so ideal konzipierten Werke an unsere von mir als tief unsittlich erkannte Theater- und Publikumpraxis ausliefern müssen, daß ich mich nun wohl ernstlich fragen mußte, ob ich nicht wenigstens dieses letzte und heiligste meiner Werke vor dem gleichen Schicksal einer gemeinen Opernkarriere bewahren sollte. Eine entscheidende Nötigung hierfür habe ich endlich in dem reinen Gegenstande, dem Sujet meines ›Parsifal‹ nicht mehr verkennen dürfen. In der Tat, wie kann und darf eine Handlung, in welcher die erhabensten Mysterien des christlichen Glaubens offen in Szene gesetzt sind, auf Theatern wie den unsrigen, neben einem Opernrepertoire und vor einem Publikum wie dem unsrigen vorgeführt werden? Ich würde es wirklich unseren Kirchenvorständen nicht verdenken, wenn sie gegen Schaustellungen der geweihtesten Mysterien auf denselben Brettern, auf welchen gestern und morgen die Frivolität sich behaglich ausbreitet, und vor einem Publikum, welches einzig von der Frivolität angezogen wird, einen sehr berechtigten Einspruch erheben. Im ganz richtigen Gefühle hiervon betitelte ich den ›Parsifal‹ ein ›Bühnenweihfestspiel‹. So muß ich ihm denn nun eine Bühne zu weihen suchen, und dies kann nur mein einsam dastehendes Bühnenfestspielhaus in Bayreuth sein. Dort darf der ›Parsifal‹ in aller Zukunft einzig und allein aufgeführt werden; nie soll der ›Parsifal‹ auf irgend einem anderen Theater dem Publikum zum Amüsement dargeboten werden: und daß dies so geschehe, ist das einzige, was mich beschäftigt und zur Überlegung dessen bestimmt, wie und durch welche Mittel ich diese Bestimmung meines Werkes sichern kann.«[22]

König Ludwig war der Adressat dieses Briefes, weil diesem zur Deckung des Defizites der Bayreuther Festspiele von 1876 der Parsifal im voraus verpfändet wurde. Wie erwartet gab er seine Pläne zur Aufführung des Parsifal in München auf. Durch Erlaß an die Münchner Intendanz vom 15. Oktober 1880 verfügte er,

---

20 Börsenblatt 80 (1913), S. 1588.
21 Oskar Bie: Die Parsifalfrage, Die neue Rundschau 23 (1912), S. 1601-1605 (1601).
22 Bahr (N 16), S. 32 f.; Püschel (N 18), S. 223.

»daß alle früheren Vereinbarungen über die Aufführungen des Bühnenweihfestspieles ›Parsifal‹ aufgehoben sind«. Zugleich schrieb er an Wagner selbst, »daß das heilige Bühnenweihfestspiel nur in Bayreuth gegeben und auf keiner anderen profanen Bühne entweiht werden dürfe«[23].

Der Wechsel von der Forderung nach Verlängerung der Schutzfrist zur Forderung nach einem ewigen droit moral für Parsifal war ein geschickter Schachzug, um die Bedenken gegen die Familie Wagner und ihre Kulturpolitik auszuräumen. Konnte man doch damit dem Vorwurf entgegnen, es ginge der Familie um »pekuniäre Spekulationen«[24] oder »Habsucht«[25]; denn durch die Vergabe der Aufführungsrechte an andere Orte hätte die Familie Wagner nachweislich erhebliche Summen verdienen können. Doch schon vor der Behandlung der Petition im Reichstag zeigte sich in der sehr lebhaften öffentlichen Diskussion, daß der Argumentationswechsel keinen Erfolg haben würde. Zum einen vermutete man, daß ein »Bayreuther Parsifal-Monopol« den »ersten Keil bilden (solle), der das kürzlich erst gefestigte Gefüge (der 30jährigen Schutzfrist) lockern soll: das Nachstürzen wird dann später von den Maulwürfen besorgt werden«[26]. Zum anderen leistete Hermann Bahr, ein glühender Verfechter der Petition, dieser einen Bärendienst, indem er in einer in hoher Auflage verbreiteten Broschüre mit dem Titel »Parsifalschutz ohne Ausnahmegesetz« sich über den Petitionstext hinaus für ein ewiges droit moral einsetzte. Nicht nur sollte der Wille von (angenommen) Goethe, den Faust nur in Weimar aufzuführen, geschützt werden[27], sondern es müßte auch verhindert werden, daß ein Altarbild »im Eßzimmer eines Bankiers zwischen Jagdstücken und Amoretten gehängt wird«[28]. Es ginge also nicht um ein Ausnahmegesetz für Wagners Parsifal, sondern um das Recht jedes Künstlers »die Form, in der, den Ort, an dem sein Werk nach seinem ihm eingeborenen innern Maß erscheinen soll, frei für alle Zeiten nach eigenem Gutdünken zu bestimmen und zu begrenzen«[29].

Zu Recht hielt man das hier geforderte ewige droit moral für praktisch undurchführbar, nämlich »für ein juristisches Monstrum, das im Widerspruch stehe mit dem ganzen Geist unserer Gesetzgebung sowohl dem Ausland gegenüber als auch bezüglich des innern Rechts. Man erkenne allgemein nicht ein dauerndes Eigentum für immaterielles Recht an. Die Berechtigung an die Rechtsnachfolger zu überweisen, wäre vollends im höchsten Maße bedenklich; denn es können auch Rechtsnachfolger sein, denen das Verständnis fehle und die dann einen Handel mit ihrem Besitz treiben würden«, so meinte man später im Petitionsausschuß und hielt daher die Petition als im Reichstag gänzlich aussichtslos[30].

---

23 Bahr (N 16), S. 33 f. mit Belegen.
24 Bie (N 21), S. 1601.
25 Bahr (N 16), S. 35.
26 Ernst Challier: Lex Parsifal, in Börsenblatt 79 (1912), S. 9299-9300 (9299).
27 »Nach meinem Gefühl sollte dazu gar nicht erst ein Gesetz nötig, sondern es müßte selbstverständlich sein, daß die Nation den Willen ihrer Künstler ehrt«, Bahr (N 16), S. 29.
28 Ebd. S. 31.
29 Ebd. S. 37.
30 Der Parsifal-Schutz vor der Reichstagskommission, Börsenblatt 80 (1913), 1588, 1621-1622 (1621).

Von seiten der Bühnen wurde darauf hingewiesen, daß mit Fortschreiten der Technik angemessene Aufführungen auch andernorts möglich würden und daß Änderungen des Publikumsgeschmacks auch in Bayreuth selbst dazu führen würden, sich bei den Inszenierungen über den Willen des Meisters hinwegzusetzen[31]. Auch Faust und Hamlet, die nach Ablauf der Schutzfrist geistiges Eigentum des Volkes geworden seien, hätten überlebt[32]. Das Kunstwerk müsse seinen eigenen Weg gehen. Zur Wahrung der Integrität sei die Theaterkritik da[33]. Ein großes, bedeutendes Werk könne sich gut selbst schützen[34], da keine vernünftige Bühne es wagen würde, ein berühmtes Werk zu verhunzen[35]. Schlechte Aufführungen seien auch finanziell erfolglos[36]. Zwar leiste der Verlag Schott schlechten Aufführungen Vorschub, indem er vom Parsifal »vereinfachte« Partituren herausbringe[37]. Auf jeden Fall würden aber die dem Bühnenverein angehörigen Bühnen in einer Art Selbstzensur die Einsicht aufbringen, auf unangemessene Aufführungen zu verzichten. Notfalls könnte dies auch von Behörden oder Sachverständigengremien überwacht werden, schrieben die Intendaten Baron zu Putlitz (München) und Graf Hülsen (Berlin)[38]. Im übrigen seien Mißgriffe auch in Bayreuther Inszenierungen häufig[39]. So ließe man als Parsifal zur Zeit mit Van Dijk einen Künstler auftreten, der 51 Jahre alt sei, dessen Stimme nur noch schwach an einstigen Glanz erinnere und dessen »stark gerundete Formen seiner Gestalt zu kraß die Spuren liebevollster Pflege seines eigenen Ichs«[40] zeigten. Im übrigen würde sich ein Ausnahmegesetz für Parsifal verbieten; denn dieser sei kein Ausnahmewerk (schlechtes Textbuch), Bayreuth biete keine besonderen Inszenierungen[41] und auch das Bayreuther Publikum verdiene kaum eine Ausnahme[42].

Und das Publikum führte dann wieder zu einem der wichtigsten Argumente in dieser Auseinandersetzung: zum Verbraucherschutz. So hieß es: »Ein Parsifal-Monopol, das doch nur für Deutschland dekretiert werden kann, schließt – mit Ausnahme einiger Wohlhabender – alle übrigen Deutschen aus, während jeder

---

31 Heinrich Teweles: Freiheit für Parsifal!, Die Deutsche Bühne 5 (1913), S. 141-143 (141).

32 Ebd. S. 142.

33 Bie (N 21), S. 1603.

34 Paul Bekker, Börsenblatt 79 (1912), 9299, FN *; Paul Schlesinger: Geistiges Eigentum. Zur Parsifal-Frage, in Die Schaubühne VIII 2 (1912), S. 245-251 (250 f.).

35 Challier (N 26), S. 9300.

36 Putlitz: Zur Parsifalfrage, Die Deutsche Bühne 5 (1913), S. 43-44.

37 Ebd. S. 44; der Verlag antwortete postwendend, die Vereinfachung sei nur geringfügig und würde zudem verhindern, daß die Bühnen mit dem Freiwerden des Werkes Eigenbearbeitungen vornehmen würden, siehe: Zur Parsifal-Frage, Die Deutsche Bühne 5 (1913), S. 67.

38 Baron zu Putlitz (N 36), S. 43 f.; Graf Hülsen, Börsenblatt 79 (1912), S. 9299, FN *.

39 Bekker (N 34) ebd.; Challier (N 26), S. 9300.

40 Challier ebd.

41 »Heute dirigiert entweder Dr. Muck oder Siegfried Wagner den Parsifal. Aber Siegfried ist nur der Sohn Richard Wagners, und von Dr. Muck läßt sich nicht einmal das behaupten . . . Unerträglich ist die Vorstellung, daß allein Dr. Muck und Siegfried Wagner den Parsifal dirigieren sollen und daß man Männer wie Hans Pfitzner, Franz Fischer, Bruno Walter und Peter Raabe daran hindern zu müssen glaubt« (Alexander Berrsche: Zur Parsifalfrage, in Süddeutsche Monatshefte X 1 (1913), S. 153-155, 154.

42 »Was da in Automobilen heranrattert, während der Aufführung schläft, in den Pausen, zu scheußlichen Klumpen geballt, sich und seinen Schmuck zum besten gibt, die Bäuche vollschlägt . . . und die Hauptsehenswürdigkeiten, Ferdinand von Bulgarien und Altmeister Holzbock, ehrfürchtig beglotzt«, Siegfried Jacobsohn: Der Parsifal, in Die Schaubühne VIII 2 (1912), S. 115-118.

Ausländer in seinem Land den Parsifal für ein geringes Eintrittsgeld kennen lernen und genießen kann«[43]. Nur indem man gegen den Willen des Meisters seiner letzten Schöpfung »die Pforten unserer Alltagskunsttempel öffne«, könne man dieses sein Vermächtnis auch dem Volke zugänglich machen[44]. Der Parsifal-Schutzbund versuchte zwar, dem Argument von einer Beschränkung des Kunstgenusses auf die Reichen, die nach Bayreuth pilgern könnten, dadurch entgegenzuwirken, daß er anfing, Geld für einen Stipendienfonds zu sammeln, aus dem Volksvorstellungen in Bayreuth finanziert werden sollten[45]. Auch wies Hermann Bahr darauf hin, daß es bei den heutigen Opernpreisen unehrlich sei, davon zu reden, ein Werk müsse frei werden, um die ganze Nation und insbesondere die Armen zu erreichen. Man solle doch nicht so tun, als hätte z.B. die Wiener Volksoper jemals das Volk eingelassen[46]. Doch das konnte die Vertreter des Verbraucherschutzgedankens nicht überzeugen; denn »Verbraucher« ist im Kunstleben auch und in erster Linie der Mittelstand, der die Theater füllt.

In einer Umfrage der Vossischen Zeitung, bei der die meisten prominenten Persönlichkeiten sich gegen das Anliegen des Parsifal-Schutzbundes aussprachen, äußerte sich auch Josef Kohler dezidiert negativ und konterte mit der heute noch aktuellen Gegenforderung: »Dann wäre nicht etwa ein Gesetz angezeigt, welches das Monopol verlängerte, sondern vielmehr eine Änderung unseres Autorgesetzes, wie in England, nach der Richtung hin, daß in solchen Fällen die Erben auch während der Autorfrist verpflichtet würden, den Theatern und Instituten, welche eine würdige Aufführung garantieren, Lizenzen zu geben. Eine solche Änderung unseres Autorgesetzes wird kommen und muß kommen«[47].

Die inzwischen vorherrschende Grundstimmung zeigte sich sehr schnell im Parlament, als die lex Parsifal in der Petitionskommission besprochen wurde[48]. Nach einem längeren Referat des ersten Berichterstatters Dr. Kerschensteiner, von der Volkspartei, der sich vehement und wortreich für die Petition mit dem Argument einsetzte, daß im Falle der Freigabe des Parsifal »die Eigentümlichkeit des Werkes eine Verballhornung und Verhunzung von ästhetischen, religiösen und anderen Werten mit Sicherheit erwarten lasse«, so daß der Schaden von Aufführungen außerhalb Bayreuths größer sei als ihr Nutzen für die Allgemeinheit,

---

43 Challier (N 26), S. 9299. So gab es denn Parsifal-Aufführungen 1903 in New York, 1905 in Amsterdam, 1912 in Zürich und 1913 in Monte Carlo. Püschel (N 18, S. 224 f.) berichtet auch über einen Max Reinhardt-Stummfilm »Parsifal« aus dem Jahre 1912 und bringt im Nachdruck eine negative Rezension von Lion Feuchtwanger über die (hier sogar rechtswidrige) Aufführung in Monte Carlo. Siehe aber die Unterstützung der Petition des Parsifal-Schutzbundes durch Reichskanzler v. Bethmann-Hollweg mit der Begründung, daß Parsifal ein Werk sei, das auf Dauer (d.h. nach Ablauf der allgemeinen Schutzfrist) wohl nur in Deutschland aufgeführt werden würde (Püschel ebd. S. 229 f.).

44 Holzbock (N 17), S. 66.

45 Bie (N 21), S. 1605, Bahr (N 16), S. 43; s.o. N 16.

46 Bahr ebd. S. 42 f.

47 Berliner Tageblatt Nr. 62 vom 4.2.1913 (Zitat abgedruckt bei Püschel, N 18, S. 233), siehe ferner Josef Kohler in Vossische Zeitung Nr. 46 vom 26.1.1913 (in Auszügen abgedruckt bei Püschel S. 232 f.) und seinen Artikel »Parsifal und das Autorrecht« aus der Berliner Tageszeitung Der Tag vom 25.8.1912 (Ausgabe A Nr. 199), vollständig wiedergegeben bei Rehbinder in Dittrich (N 1), S. 99-101.

48 Bericht darüber im Börsenblatt 80 (1913), 1588, 1621 f.; Püschel (N 18), S. 235 f.

wandte sich der Zweitberichterstatter Dr. Pfeiffer vom Zentrum in kürzeren Ausführungen gegen die Petition. Er wies auf die großen Schwierigkeiten hin, mit denen der Besucher der Bayreuther Festspiele zu kämpfen habe. Tatsächlich sei dadurch der Parsifal für die große Masse des Volkes verschlossen. Das ganze Treiben in Bayreuth wirke vielfach abstoßend. Es werde dort ein unangenehmer Snobismus gezüchtet. Es sei auch nicht richtig, daß das Publikum, das sich in Bayreuth trifft, die Auslese gerade derer darstellt, die besonderes Wagner-Verständnis besitzen. Es gäbe nur ein paar Stipendiaten, die mit dem richtigen Ernst und der richtigen Stimmung nach Bayreuth kämen und den Parsifal würdig genießen. Die große Menge hingegen sei keineswegs in einer Weihestimmung. Nach weiteren ablehnenden Voten eines Nationalliberalen, eines Konservativen und eines fortschrittlichen Mitglieds der Kommission stellte der Vertreter der Sozialdemokratie fest, zur Zeit jedenfalls könnten nur begüterte Leute Parsifal sehen, auch infolge des schwungvollen Billetthändlerbetriebes und der Ausbeutung der Fremden durch Bayreuther Geschäftsleute. Diese Entwicklung habe Richard Wagner nicht vorausgesehen. Für weite Kreise des Volkes wäre es ganz unmöglich, den Parsifal zu sehen, solange seine Aufführung auf Bayreuth beschränkt wäre. Daraufhin beschloß die Kommission mit großer Mehrheit, dem Plenum des Reichstags den Übergang zur Tagesordnung über die Petition zu empfehlen, was am 12. April 1913 dann auch im Reichstag ohne Debatte geschah[49].

Der »Sonderfall Parsifal« war damit aber immer noch nicht erledigt. Wie Püschel[50] anhand der Akten des Reichsjustizamtes berichtet, vermochten es die guten Beziehungen von Winifred Wagner zu Adolf Hitler, daß der Reichsminister für Volksaufklärung und Propaganda, Joseph Goebbels, dem Reichsjustizminister am 16.10.1933 den »Entwurf eines Gesetzes zum Schutze des Werkes Richard Wagners« und am 6.12.1933 als zweite Fassung dieses Entwurfs ein »Gesetz zur Sicherung des Lebenswerkes Richard Wagners« einreichte, in dessen § 2 es hieß: »Das Bühnenweihfestspiel ›Parsifal‹ darf nur im Festspielhaus zu Bayreuth aufgeführt werden. Konzertmäßige Aufführungen dieses Werkes und von Teilen oder Bearbeitungen des Werkes sind nicht gestattet.« Doch wurde dieses Gesetzesprojekt aus Gründen, die uns nicht bekannt sind, nicht weiter verfolgt. Wie eingangs erwähnt[51], wurde aber mit Gesetz vom 13.12.1934 die Schutzfrist auf 50 Jahre erhöht. Was hingegen bis heute nicht verstummte, sind Forderungen nach einem ewigen Urheberpersönlichkeitsschutz[52].

III. *Schutzfrist und Verbraucherschutz*

Woran uns die Parsifal-Debatte im Urheberrecht jedoch erinnern kann, ist dies: der Gedanke des Verbraucherschutzes hat zwei Seiten: eine materielle und eine

---

49 Börsenblatt 80 (1913), S. 4000.
50 N 18, S. 236.
51 Siehe oben bei N 12.
52 Z.B. Ernst E. Hirsch: Kulturgutschutz, in FS Georg Roeber 1981, Freiburg 1982, S. 175-179.

ideelle. Verlängere ich die Schutzfrist des Urheberrechts, so begünstige ich dadurch heute Erben, die nicht mehr zu den nächsten Angehörigen zählen. Ob diese des finanziellen Schutzes bedürfen, ist - wie generell das Erbrecht entfernter Erben - rechtspolitisch fragwürdig. Rechtspolitisch richtiger wäre nämlich nicht die zeitliche Ausdehnung des Urheberschutzes, sondern die Beschränkung des Erbrechts[53]. Die Verlängerung des droit moral hingegen ist aus Gründen der Kulturpolitik fragwürdig. Nicht nur die Herrschaft von Cosima Wagner hat ja zur Forderung nach Einführung des Prinzips der Witwenverbrennung in das Urheberrecht geführt[54]. In die Kulturgeschichte eingehen wird besonders die Schreckensherrschaft der Erben von Bert Brecht. Die wahren Nutznießer einer Ausdehnung der Schutzfrist sind aber faktisch die Verleger und - nicht zu vergessen - die Verwertungsgesellschaften. Dem Interessenverbund von entfernten Erben, Verlegern und Verwertungsgesellschaften auf der einen Seite stehen (ohne wirksame Interessenvertretung!) die Allgemeinheit als Verbraucher auf der anderen Seite sowie die jeweiligen Verwerter gegenüber, die von der Gemeinfreiheit der Werke profitieren. Nicht zu Unrecht hat sich damals ja auch der Börsenverein gegen eine Verlängerung der Schutzfrist ausgesprochen (was er heute wohl nicht mehr tun würde). Die Interessen der Allgemeinheit als Verbraucher sind vornehmlich materiell. Sie möchten möglichst billig an den Kunstgenuß kommen, nämlich zu günstigen Preisen und ohne den Aufwand einer Fahrt nach Bayreuth. Die Verbraucherinteressen der Allgemeinheit sind aber auch ideell: Nach Ablauf der Schutzfrist sollen Erben und Verleger nicht mehr bestimmen können, in welcher Form das Werk präsentiert wird: ob gut oder schlecht, im Original oder bearbeitet. Das Altarbild im Eßzimmer des Bankiers, Parsifal als Rockoper. Verbraucherschutz heißt auch: Freiheit für den schlechten Geschmack. Kulturgutschutz durch Urheberrecht ist auf die Zeit des Urheberschutzes beschränkt. Danach herrscht der freie Markt, und das heißt: erlaubt ist, was gefällt.

53 Dazu als Stimme aus dem konservativen Lager bereits eindrücklich der große schweizerische Staatsrechtslehrer Johann Caspar Bluntschli (Eigentum und Erbrecht [1879], in M. Rehbinder: Schweizerische Beiträge zur Rechtssoziologie, Berlin 1984, S. 83-94). Zu Recht wurde in der Auseinandersetzung um Parsifal damals argumentiert: »Warum sollen die Nachkommen des Mannes, der unvergängliche Werke geschaffen hat, mit Entziehung des Nutzungsrechts seiner Erzeugnisse bestraft werden, während man den Nachkommen des großen Geldmachers das ungeschmälerte Besitzrecht seines Vermächtnisses garantiert? Das ist eine der vielen Inkonsequenzen unserer Wirtschaftsordnung. Eine Revision läge im Interesse des Staates und der Gesellschaft. Darum schlage ich vor, daß eine künftige Gesetzgebung die Großvermögen so behandelt wie die geistigen Werte. Dann wäre die soziale Frage mit einem Schlage gelöst, und das Haus Wahnfried hätte keinen Grund mehr, über die Einschränkung seiner Rechte Klage zu führen« (Johannes Gaulke: Der Fall Parsifal und das Erbrecht, Die Gegenwart 41 (1912), Bd. 82, S. 556 f., 557).

54 Vgl. M. Rehbinder: Die Familie im Urheberrecht, ZUM 1986, S. 365-370.

Wolfgang Rihm

Unjuristische Phantasie über Urheben und Autorschaft

- Reinhold Kreile zum 65. Geburtstag -

Der Komponist, der »weiß«, was Musik ist, ist schon verloren.

Er muß genau wissen, was er *tut;* was er *macht* kann er nicht kennen. Kennt er es schon, weiß er nicht was er tut.

»Was aber ist ein Urheber?« (Belauschen wir ein Gespräch:)

»Wohl einer, der als erster und zuerst etwas schafft, das es vorher so noch nicht gab. Er hebt, fördert hervor, holt heraus . . . - Woraus? Wohl aus einem Grund, in dem es verborgen liegt. Es ist also schon angelegt dort und mußte nur erkannt werden? Ja, das leistet der Urheber; er erkennt, was schon da ist, aber noch ungehoben.

Er hebt also etwas, das es schon gibt? Ja, aber nur dort gibt es das, *woher* er es hebt; dort, *wohin* er es hebt, gibt es jenes noch nicht. Er ist also ein Transporteur. Wenn er sich nun aber irrt und er bringt etwas dorthin, wo es schon vorliegt? Das kann nicht geschehen. Weil es zum einen nichts gibt, das einem anderen gliche, es aber zum anderen alles schon gibt, es also nichts geben kann, das es nicht schon gäbe. Denn seit Anbeginn und wohl auch davor ist nichts in der Welt, das nicht schon in ihr wäre, in ihr gewesen wäre, in ihr sein wird. So ist also die Grundfigur der Urheberschaft, nämlich die Konfiguration der elementaren Einheiten zu je individuellen Erscheinungsformen, ihrerseits seit Anbeginn (und auch davon schon) in der Welt und wirksam? Ja, so ist es. Wie kann einer sich dann aber Urheber nennen? Wohl wahr. Urheber sein ist entweder Selbstbetrug, weil ja niemals etwas »urgehoben« werden kann, ganz einfach weil alles schon immerdar da ist; oder es ist unausweichliches Schicksal eines jeden Menschen: jeder *muß* Urheber sein, ob er will oder nicht, da es nichts zweimal in der Welt gibt, somit alles einzigartig und unvergleichlich »ur« ist.«

Dieses Gespräch, wie alle belauschten Gespräche, verwirrt uns. Denn welche Folgen hat ein Urhebertum, das nichts anderes sein kann als Selbstbetrug und/ oder Zwangslage, für die Rechtsprechung?

Wir ahnen dumpf und fern: genau dieser ungreifbare Zustand ist zu schützen. Jeder Eingriff in diese köstlich ausballancierte Aporie - etwa eine Definition was, wann und wie Kunst (zu) sei(n habe) - zerstört das Recht des einzelnen auf Urheberschaft. Dieses Recht auf Urheberschaft figuriert aber lediglich ein unumgehbares Schicksal, wendet dieses sozusagen ins Positive - denn was kann einer denn überhaupt anderes sein als ein Urheber (siehe unser belauschtes Gespräch). Das Urheberrecht schützt also eine tragische Disposition, eine unlösbar in die Welt gesenkte Aporie (die selbstverständlich auch ohne jedes Recht wirksam wäre, aber in keiner Weise ernährend . . .). Um Kriterien dennoch für die alltägliche Handhabung zu gewinnen, wurde die praktikable Figur des Autors und mit ihm die Figuration »Autorschaft« entwickelt. Autor ist einer, der das, was er zu tun gezwungen ist (nämlich Urheber zu sein wie jeder andere Mensch auch), freiwillig, aus eigenem Entschluß, vorauseilend und vor allem *selbst* tut. Der Autor also ist einer, der weiß, was er tut, nein! - der weiß, *daß* er tut, denn *was* er tut darf er ja nicht wissen, sonst ist er verloren, wie unser Eingangs-Axiom so bündig lehrt. Und was der besondere Vorteil des Autors ist: erst der Autor erlaubt die Kategorie des Bearbeiters. Vor der Einführung der Autor-Figur sind alle: Urheber. Unbewußt und nach vorn geneigt heben sie und heben sie. Einer, der Bearbeiter sein wollte, könnte sich in keiner Weise bemerkbar machen. Denn alle, die da Urheber sind (und das sind ja dann auch *alle*), konfigurieren das Vorhandene, als wären sie selbst Verkörperungen des elementaren Prinzips der Umwandlung. Ein Bearbeiter fiele überhaupt nicht auf; er könnte sich noch so sehr anstrengen: er müßte das bleiben, wozu umstandslos alle verurteilt sind: Urheber. Nun aber der Autor! Er öffnet das Tor für den Bearbeiter in uns. Dadurch, daß der Autor sich selbst zu sich erklärt, tritt er aus dem dumpf-zwanghaften Kreislauf, Urheber und nichts als Urheber sein zu müssen, heraus. Strahlend ruft er: Ich mache selbst, was ich gezwungen bin zu machen! Neben den unübersehbaren Vorteilen, die eine solche Haltung für die Autonomie bringt, schafft der Autor dadurch auch Arbeitsplätze. Darunter auch den keinesfalls als gering zu achtenden Arbeitsplatz des Bearbeiters. Die Bedeutungen des Verbums *augere* lesen sich wie das Arbeitsprogramm eines Autors: Wachsen machen, befruchten, vermehren, vergrößern, steigern, fördern, übertreiben, verherrlichen, preisen, sich vermehren, wachsen, größer werden, überhäufen, beglücken; wäre all dies von einem Urheber zu leisten gewesen? Der Autor ist der Neue Mensch. Seit geraumer Zeit muß allerdings beobachtet werden, daß er - mithin auch die Autorschaft - eine derartige Verbreitung erfährt, daß ernstlich um den als gesichert angesehenen Standort des Bearbeiters gefürchtet werden muß. Es wird daher erwogen, den Urzustand wiederherzustellen und rückwirkend alle wieder zu Urhebern zu erklären . . . (in diesem Augenblick wird von den freundlichen Damen der GEMA-Küche frischer Kaffee gereicht, so daß ich wieder mit unverminderter Aufmerksamkeit der Aufsichtsratssitzung zu folgen im Stande sein werde . . .).

Wolf-Dieter Ring

»Die digitale Revolution in Hörfunk und Fernsehen - neue Herausforderungen für unser duales Rundfunksystem«[1]

I. *Vorbemerkungen*

Bei meinem beruflichen Werdegang habe ich *Reinhold Kreile* in verschiedenen Tätigkeiten und auf unterschiedlichen Begegnungsebenen erlebt. *Reinhold Kreile* war als Sachverständiger für Urheberrecht, Mitglied der Projektkommission für das Kabelpilotprojekt München von 1980 bis 1985, der ich von 1980 bis 1987 angehörte, als Geschäftsführer von 1980 bis 1985. Unter dem Aufsichtsratsvorsitzenden *Reinhold Kreile* war ich stv. Vorsitzender im Aufsichtsrat der Münchner Pilotgesellschaft für Kabelkommunikation (MPK) von 1982 bis 1985, damals als Vertreter der Bayerischen Staatsregierung. *Reinhold Kreile* übt dieses Amt in der Nachfolgegesellschaft »Münchner Gesellschaft für Kabelkommunikation (MGK)« bis heute aus. Sein äußerst abgewogener, diplomatischer, liebenswürdiger Umgang mit anderen, sein hohes Geschick und seine große Überzeugungskraft haben mich immer wieder fasziniert. Ein feines Gespür für Situationen und seine Rücksichtnahme auf die andere Meinung haben ihn immer wieder ausgezeichnet. Hinzu kam sein großartiger Einsatz und seine Energie, Entscheidungsprozesse voranzutreiben und durchzusetzen. Ich erinnere mich an eine Begebenheit vor vielen Jahren, als ich als Referent für Medienpolitik in der Bayerischen Staatskanzlei über einen Sachkomplex im Gespräch mit *Reinhold Kreile* war, in einer ihm als wichtig erscheinenden Frage eine andere Position vertrat, mich aber mit ihm über diese Position nicht frühzeitig und, wie es einem fairen Umgang miteinander geziemt, vor einer abschließenden Entscheidung in der Politik auseinandergesetzt hatte. Ich ging von der damaligen Staatskanzlei in mein Büro, das außerhalb in der Reitmoorstraße lag, und er entdeckte mich auf dem Gehweg, als er im Auto vorbeifuhr. Das Auto an die Seite stellend, aus dem Auto springend, auf mich energisch zugehend und sein Mißfallen deutlich zum Ausdruck bringend, war eines - man merkte ihm so richtig seinen Ärger an - und dennoch blieb er Gentleman vom Scheitel bis zur Sohle. Er hat sich übrigens in der streitigen Frage auch sachlich durchgesetzt.

Bemerkenswert war seine liebenswürdige, zurückhaltende, konstruktiv fördernde Art im Umgang mit den doch ein Stück jüngeren Autoren des Kommentars zum Rundfunkstaatsvertrag Hartstein, Ring, Kreile jun. Gelegentlich ließ sich *Reinhold Kreile* in seiner eigenen Kanzlei in der Autorenrunde sehen und fragte so beiläufig nach dem Stand der Kommentierung und den aktuellen Problemlagen, mit denen wir uns gerade beschäftigten. Seine intelligenten, recht zurückhalten-

---

1 Es konnte Material bis einschließlich 31. März 1994 verwendet werden.

den Bemerkungen, Anregungen, klugen Fragen haben unsere Diskussion weitergebracht, ohne daß uns die sanfte Führung gleich bewußt geworden wäre. Wir spürten so immer wieder, wie sehr ihm auch die juristische Entwicklung seines Sohnes *Johannes Kreile* am Herzen lag. Aus allen Gesprächen mit ihm war seine breite und vielseitige Lebenserfahrung spürbar und sein politisches Geschick - beides basierend auf den vielfältigen Aufgaben und Funktionen, die *Reinhold Kreile* im Laufe seines Berufslebens wahrgenommen hat.

Fragestellungen wie die im vorliegenden Aufsatz haben *Reinhold Kreile* im Laufe seines Berufslebens immer wieder besonders angesprochen.[2] Er war stets bereit, über neue Antworten nachzudenken und neue juristische Strukturen zu entwickeln, um auf solche Problemlagen sachgerechte Antworten zu geben. Dabei hat *Reinhold Kreile* seine ausgezeichneten juristischen Fähigkeiten bei der Verwirklichung neuer Ideen sehr früh eingesetzt und auf praktische und grundsätzliche Probleme zugleich aufmerksam gemacht.

II. *Ausgangslage*

1. *Strukturwandel in der Technik*

Schlagworte wie »das Ende der Massenkommunikation«, ein »unüberschaubares interaktives, voll digitalisiertes Medienverbundsystem«, »Verschmelzung der Technologien von Fernsehen, Computer und Telekommunikation«, »neben dem Zeitungskiosk ensteht der neue Fernsehkiosk«[3], »Multimedia« oder »Multimediamarkt«[4], »digitale Superhighways«, »Communication Highway«[5], »Fernsehen 2000 - global, digital, interaktiv«[6] prägen die aktuelle Diskussion. Es würde den Rahmen sprengen, diese technische Entwicklung auch nur in Grundzügen aufzuzeigen, die mit all diesen Schlagworten verbunden ist. Der vorliegende Beitrag wird sich daher auf Fragen der digitalen Übertragungstechnik in Hörfunk und Fernsehen begrenzen und auf sich daraus ergebende Probleme im Hinblick auf das gegenwärtige Medienrecht eingehen.

2. *Grundsatzfragen*

Im Kern geht es dabei darum, welche medienrechtlichen, ordnungspolitischen oder technischen Regelungen es zukünftig geben muß oder soll, um die sich ab-

---

2 Auch mit der Materie der »digitalen Revolution« hat sich Reinhold Kreile bereits unter Zugrundlegung urheberrechtlicher Überlegungen beschäftigt. Vgl. Kreile anläßlich der BIEM-Generalversammlung am 15. Sept. 1993 in Buenos Aires.

3 Kofler, G., Digitales Fernsehen - Herausforderung für die Kommunikationswissenschaft von morgen. Rede anläßlich des Kongresses des Münchener Kreises am 25. Nov. 1993, S. 3ff.

4 Vgl. Definition im »TV 2000 Lexikon« in Fernsehen 2000, Sonderausgabe von Kabel und Satellit, Feb. 1994: »Video plus Audio in Verbindung mit Telekommunikation und Computer. Die big players (= Branchenführer) IBM, Hewlett Packard, Digital Equipment, Siemens-Nixdorf und Telekom haben sich 1993 auf einen Standard zum Austausch von Multi-Media-Daten geeinigt.«

5 Ring, W.-D., in: Gefordert: Vorschau, epd Nr. 9 vom 05. Feb. 1994, S. 21ff.

6 Vgl. Titel der Sonderausgabe von Kabel und Satellit, a.a.O.

zeichnende Entwicklung in sachgerechte Bahnen zu lenken. Es ist die Frage nach der richtigen Medien- und Ordnungspolitik bei digitalisierter Übertragungstechnik. Es ist auch die Frage nach dem Schutzbereich der Rundfunkfreiheit im Sinne von Art. 5 Abs. 1 Satz 2 GG bei neuen Rundfunkangeboten und rundfunkähnlichen Kommunikationsdiensten, die diese neuen Techniken ermöglichen. Es geht um Inhalt und Umfang des Rundfunkbegriffs im Hinblick auf neue Kommunikationsdienste, auf Datenrundfunk[7], auf Pay-TV, Pay per View, video on demand und interaktives Fernsehen, um die Einordnung solcher Dienste, die Abgrenzung zwischen Individual- und Massenkommunikation, gerade dann, wenn die neuen digitalen Technologien eine individuellere Gestaltung der Fernsehprogramme durch den Zuschauer ermöglichen; so gibt es erweiterte Wahlmöglichkeiten von Spielfilmen, es können individuellere Steuerungen von Programmabläufen vorgenommen werden, etwa eine Auswahl von dramaturgischen Abläufen, z.B. Happy End oder nicht beim gewählten Programm, oder eine Mitsteuerung bei der Kameraführung bei Sportübertragungen durch den Zuschauer.

3. *Entwicklung und Darstellung digitaler Übertragungstechniken und damit verbundener Nutzungsmöglichkeiten*

Unter Nutzung der digitalen Kompression werden schon bald bis zu 400 Fernsehkanäle angeboten werden können[8]. Nach dem bisherigen Fahrplan ins digitale Informationszeitalter soll 1995 der ASTRA-Satellit I E in den Orbit gebracht werden, der voraussichtlich zur Internationalen Funkausstellung Berlin 1995 den Sendebetrieb mit 20 Kanälen aufnimmt. Durch digitale Kompression können über jeden einzelnen Kanal bis zu 10 Programme ausgestrahlt werden, so daß zusammen mit dem ASTRA 1 F, der für 1996 geplant ist, bis zu 400 neue Programmübertragungsmöglichkeiten geschaffen werden. Die Telekom wird im sogenannten Hyperbandbereich ihre Kabelanlagen auf die Übertragung dieser Angebote vorbereiten. Planungen zufolge sollen dort, beginnend ab 1995, etwa 150 zusätzliche TV-Programme transportiert werden können.[9]

In wenigen Jahren steht ein neues attraktives, digitales Rundfunkssystem vor der Einführung. Es verbindet die Übertragung von Tonprogrammen und Datendiensten; das System nennt sich Digital Audio Broadcasting (DAB). Auch dieses System führt zu einem Zusammenwachsen von bisher weitgehend getrennten Bereichen: Unterhaltungselektronik, Computertechnik und Telekommunikation. Die wesentlichsten Vorteile des digitalen Rundfunks liegen in der hochwertigen Tonübertragung (CD-Qualität), einem störungsfreien Empfang (auch im fahrenden Auto) und der Möglichkeit, zusätzlich zum digitalen Tonsignal weitere digitale Informationen (Daten) zu übertragen. Eine Vielzahl von Nutzungsmöglichkeiten

---

7 Vgl. Definition durch den Vorstand der DAB-Plattform e.V., Positionspapier für die Einführung von DAB (Digital Audio Broadcasting), München, Okt. 1993: »Andere Informationen als die eines Radioprogrammes an die Allgemeinheit durch DAB als transparentes digitales Übertragungssystem.«

8 Es werden verschiedene Zahlen genannt: z.B. geht Stolte, D., ZDF-Schriftenreihe, Heft 48, März 1994, S. 17 von einer Kapazität von 500 Programmen aus.

9 Vgl. Ring, W.-D., epd Nr. 9 vom 05. Feb. 1994, S. 23.

von DAB ist denkbar, so die Übertragung einer elektronischen Zeitung, zugeschnitten auf den persönlichen Bedarf, die Verteilung von Software oder Computerspielen, kommunale Informationen, Sonderangebote des Einzelhandels, Veranstaltungshinweise. Dazu kommen Datenserviceleistungen, vor allem für den mobilen Empfang wie ausführliche Verkehrsinformationen, Parkhausinformationen, Hotelbettennachweis, Personenrufdienste, codierte Landkarten, Videotextinformationen, Wetterinformationen für spezielle Sportarten, Reise- und Touristikhinweise. Während diese Beispiele stärker für den Konsumenten gedacht sind, gibt es auch Angebote für Abnehmer im professionellen Bereich, so z.B. Sperren von gestohlenen Kreditkarten, selektive Börseninformationen, Verteilung von Preisinformationen, z.B. bei Tankstellen oder Kaufhausketten, Informationszuführung für elektronische Werbeflächen. Diese Beispiele zeigen lediglich das Anwendungsspektrum und das grundsätzliche Potential auf. Weitere Beispiele werden aus dem freien Spiel von Angebot und Nachfrage erwachsen.[10] Mit DAB werden Feldversuche und Pilotversuche durchgeführt, so z.B. in Bayern.[11]

Die Digitalisierung im Fernsehen, Digital Video Broadcasting (DVB), führt zu vergleichbaren Ergebnissen im Videobereich. Das Fernsehbild wird flimmerfrei, es gibt das neue Fernsehformat 16:9 und es ist ebenfalls eine Vielzahl rundfunkähnlicher Kommunikationsdienste möglich.

Bei Pay-per-View muß beispielsweise für jede bestellte und empfangene Sendung bezahlt werden. Dabei wird am Bildschirm die Programmauswahl getroffen und in eine Decodereinheit eingegeben. Diese Daten gelangen über Telefonleitung zu einer zentralen Rechnerstelle, die die teilnehmerspezifischen Steuerimpulse in das TV-Signal einflicht, so daß der Konsument die gewünschte Sendung via Satellit empfangen kann.[12]

Die Ministerpräsidenten der Länder haben 1978 die vier sog. Kabelpilotprojekte beschlossen, 1980 wurde die Finanzierung durch die sog. »Kabelgroschen« im Staatsvertrag festgelegt,[13] deren Rechtmäßigkeit das Bundesverfassungsgericht durch sein Urteil vom 22. Februar 1994 bestätigt hat.[14] Vor Durchführung der Kabelpilotprojekte ist eine Vielzahl von Nutzungsmöglichkeiten diskutiert und konkret entwickelt worden.[15] Schon damals gab es eine Diskussion, z.B. zum

---

10 Die DAB-Plattform ist ein Verein mit 50 Mitgliedern aus den Bereichen Rundfunk, Post und Telekommunikation, Medienpolitik, Industrie und Forschung. Aufgabe des Vereins ist, die Einführung und den Start von DAB zu steuern und zu koordinieren.

11 In Bayern sind die Planungen für das DAB-Pilotprojekt am weitesten fortgeschritten: Zwischen dem Bayerischen Rundfunk und der Bayerischen Landeszentrale für neue Medien (BLM) wurde am 15. Apr. 1994 ein »Grundlagenvertrag« beschlossen. Geplanter Start ist Herbst 1994. Zu diesem Zeitpunkt soll an einen repräsentativ ausgewählten Bevölkerungsausschnitt eine erste Serie von DAB-Endgeräten zur technischen Erprobung und zu Akzeptanzuntersuchungen verteilt werden.

12 ZDF-Schriftenreihe, Heft 48, März 1994, S. 12.

13 Vgl. Abschlußbericht der Projektkommission zum Kabelpilotprojekt München vom Juli 1987, S. 123ff.

14 Urteil des Bundesverfassungsgerichts vom 22. Feb. 1994, 1 BVL 30/88, abgedruckt in ZUM 3/1994, S. 173ff.

15 Vgl. Ziffer 5 der Zusammenfassung der Diskussion zur Medienpolitik in den Kabinettsitzungen vom 13. Mai und 24 . Juni 1981, in: Zur Medienpolitik der Bundesregierung, S. 10, in Ring, W.-D., Medienrecht F-I 2.4.

sog. »Zwei-Wege-Fernsehen«.[16] Bei der Durchführung der Pilotprojekte haben solche vielfältigen Dienste und Nutzungsmöglichkeiten kaum stattgefunden, Dienste, von deren Realisierungsmöglichkeit man aber heute ausgeht.

Die Weiterentwicklung zum interaktiven Fernsehen dürfte in Deutschland und Europa jedoch noch auf sich warten lassen. Es bedarf hierzu einer Breitbandkabel-Technik mit Rückkanal, deren Aufbau und Ausbau noch Jahre dauern dürfte. Zudem müßten überregionale Rückkanäle zu den Programmanbietern eingerichtet werden. Es ist daher zu erwarten, daß sich die »Interaktivität« in Deutschland auf eine Verbesserung der Auswahlmöglichkeiten bis hin zum »video on demand« beschränken wird. Interaktive Verbindungen könnten z.Zt. nur über das Telefonnetz eingerichtet werden. Interaktives Fernsehen würde jedoch am besten durch die Glasfaserkabel-Technik realisiert, die von der Telekom bisher nur bei überregionalen Verbindungen in den neuen Bundesländern, dort allerdings auch nicht bis zum Teilnehmer, in größerem Umfang verlegt wurde.

Eine rasante Entwicklung gibt es insbesondere beim sog. »Teleshopping«[17]. Teleshopping ist in den Vereinigten Staaten bereits ein florierendes Geschäft. Mit dem Hauptsender »Shopping Channel« erreicht QVC rund 47 Mio. Haushalte in den USA, hat 4 Mio. Kunden und 1992 einen Umsatz von mehr als 1 Mrd. Dollar realisiert.[18]

Im Zuge der neuen technischen Möglichkeiten entwickeln sich bereits jetzt zahlreiche neue Programmangebote. Ein drittes Musikprogramm neben MTV und VIVA namens Com-TV für die Zielgruppe der 35- bis 55jährigen befindet sich in der konkreten Planungsphase. Ebenso wird es bald einen Reise-Kanal sowie Deutschlands erste Wetterkanäle geben, die ab Herbst 1994 rund um die Uhr Wetterberichte ausstrahlen und Dokumentationen zum Thema Klima und Umwelt anbieten wollen.[19] Vorbild ist hier der amerikanische Weather Channel, der gegenwärtig gut 50 Mio. US-Haushalte erreicht.

a) *Hinweise auf die Entwicklung in den USA*

Mit wachsenden Kabelanschlüssen hat sich die Palette der Spartenprogramme in den USA immer stärker ausgeweitet, bis hin zu Angeboten wie einem eigenen »Military Channel« oder einem Kanal für die Übertragung von Gerichtsverhandlungen (»Court TV«). Ein »Book Network«, ein »History Channel«, ein »Jazz

---

16 Vgl. Antwort der Bayerischen Staatsregierung auf die Interpellation der FDP-Fraktion im Bayer. Landtag, Rede von F. J. Strauß zu Cube im Zwei-Wege-Fernsehen in den Vereinigten Staaten, in: Stenographischer Bericht des Bayerischen Landtags, 9/35 vom 11. Okt. 1979.

17 Bereits seit dem vergangenen Jahr wird über Satellit das Programm »The Quantum Channel« – »Homeshopping World« verbreitet, das in Deutschland derzeit über drei Kanäle empfangen werden kann:
- über den Transponder 4 des Satelliten ASTRA 1 A im Rahmen des Eurosport-Programms,
- über den Transponder 20 des Satelliten EUTELSAT 2 F 1,
- über den Transponder 5 des Satelliten ASTRA 1 A im Rahmen des »Children Channel«.

Vgl. Ring, W.-D., epd Nr. 9 vom 05. Feb. 1994, S. 23.

18 Ring, W.-D., epd Nr. 9 vom 05. Feb. 1994, S. 23.

19 Vgl. Planungen von Peter Schröcksnadel und Rudi Klausnitzer, Kabel und Satellit vom 24. Jan. 1994.

Channel«, ein »Golf Channel«, ein »Home and Garden TV« sowie auch ausgefallene Programmideen wie z.B. ein »Horror Channel« oder ein »Recovery Channel« sind die neuesten Programmideen im US-Fernsehmarkt, die sich in Kürze neben den bereits bestehenden 50 Kabel-Networkprogrammen etablieren wollen. 40 neue Kabelprogrammangebote haben Anfang 1994 zudem ihre Premiere angekündigt, obwohl sich auch in dem größten Werbemarkt der Welt diese Programme nicht allein aus Werbung finanzieren lassen.

Die jetzt in Europa einsetzenden neuen Programmangebote werden sich neben der Werbung über andere Quellen finanzieren müssen. Die Ausweitung des Programmangebots wird daher wie in den USA vermehrt Pay-TV und Pay per View bringen.

b) *Einschätzung der Entwicklung in Deutschland*

Die Erfahrungen mit den Pilotprojekten und mit den Anfängen des Zwei-Wege-Fernsehens in den Vereinigten Staaten (Cube ist nur wenige Jahre in Betrieb gewesen) mahnen zunächst zur Vorsicht. Vermutlich sind manche Zukunftsvisionen, auf die sich die Apologeten des digitalen Fernsehens berufen, sehr spekulativ und noch ein paar Jahre entfernt. Aber es gibt wesentliche Unterschiede zur damaligen Situation: Entscheidungen zur Digitalisierung sind getroffen.[20] 1995 und 1996 werden sich durch Digitalisierung und Kompressionsverfahren die Kanäle vervielfachen; darauf brauchen wir medien- und ordnungspolitische Antworten. Mit digitaler Hörfunktechnik (DAB) werden in Deutschland Versuche durchgeführt, die bereits wie der Versuch in Bayern auf den Weg gebracht sind.[21] Die Durchführung des Bayerischen DAB-Pilotversuchs ist der erste Schritt zur Einführung von DAB, und die kommunikationswirtschaftliche Seite sowie die Fortentwicklung der Technik lassen erwarten, daß diese Entwicklung eine durchaus realistische Zukunftsperspektive hat.[22] Hinzu kommt, daß inzwischen eine eingespielte duale Rundfunkstruktur existiert, getragen vom öffentlich-rechtlichen Rundfunk einerseits und vom privaten Unternehmertum andererseits; es bestehen ein hoher Verkabelungsgrad[23] und eine welt- und europaweit immer höhere Reichweite mit sich bringende Satellitentechnik. Gerade die aktuelle Diskussion zur digitalen Revolution zeigt außerdem, mit welcher Dynamik deutsche Medienunternehmen in dem weltweit ablaufenden Wettbewerb alles daran setzen, um nicht ins Hintertreffen zu geraten.[24] Hierzu gibt es eine Reihe von Fakten, die neben den technischen Vorprägungen zukünftige kommunikationswirtschaftliche Strukturen erkennbar machen. Dazu gehört die Gründung einer Gesellschaft zwi-

20 Ergebnisprotokoll der Ministerpräsidentenkonferenz vom 21. März 1993 in Bonn, TOP 9: Digitaler Hörfunk.

21 Vgl. Positionspapier für die Einführung von DAB, München, Okt. 1993.

22 DAB - Das Rundfunksystem der Zukunft, Jahresbericht 1993 der DAB-Plattform e.V., S. 6ff.

23 Lt. Telekom Pressedienst waren 1993 von 19,9 Mio. anschließbaren Haushalten 13,5 Mio. Haushalte verkabelt, das entspricht einer Anschlußdichte in den alten Bundesländern von 63,1 %, in den neuen Bundesländern von 54,7 %. Zum Vergleich: Der größte amerikanische Netzbetreiber ESDI versorgt 11,5 Mio. Haushalte.

24 Vgl. die Stellungnahme von Zmeck, G., SZ vom 23. März 1994.

schen Telekom, Bertelsmann und Kirch (Media-Service-GmbH),[25] die Beteiligung der Telekom an der Astra-Gesellschaft in Luxemburg, die Diskussion über weitere Pay-TV-Programme in Deutschland, z.B. veranstaltet von Premiere,[26] die vielfältigen Programmideen, die in den Vereinigten Staaten Hand in Hand mit der sich verändernden technischen Entwicklung bereits auf den Weg gebracht sind und auch in Europa und in Deutschland diskutiert werden. Ein Beispiel dafür ist auch die Zusammenarbeit von PRO 7 und Murdoch auf diesem Gebiet.

III. *Rechtliche Bewertung*

1. *Zuordnungsfragen bei Zwischenformen zwischen Massen- und Individualkommunikation*

Die vielfältige Entwicklung und Veränderung der Übertragungstechnik ist dadurch gekennzeichnet, daß über diese neuen Medientechniken reine Individualkommunikation genauso stattfinden kann wie klassische massenkommunikative Hörfunk- und Fernsehprogramme. Dazwischen gibt es einen breiten Bereich von schwer der Massenkommunikation einerseits oder der Individualkommunikation andererseits zuzuordnenden Diensten und Nutzungsmöglichkeiten.[27] Damit ist eine noch größere Heterogenität gegeben und die Ungewißheit verbunden, welche Antworten unser Rechtssystem auf diese Entwicklung überhaupt geben kann, zumal viele, wahrscheinlich die meisten Produkte der künftigen Kommunikationsmärkte noch gar nicht bekannt sind. *Georg Kofler* sieht drei wesentliche Entwicklungen: den Fernsehkiosk, den audio-visuellen Marktplatz und das elektronische Direktmarketing.[28] *Ory* greift den von der DAB-Plattform gemachten Definitionsversuch »Datenrundfunk« auf und definiert diese schwierige Grauzone als »Entwicklung zwischen Datenrundfunk und Individualkommunikation«.[29] Schon sehr frühzeitig ist das Problem von Zwischenformen zwischen Massen- und Individualkommunikation bei veränderten technischen Bedingungen erkannt worden.[30] Ein konkretes Beispiel für diese schwierige Zuordnungsfrage gab es beim sog. Bildschirmtext, der auf der Basis eines Staatsvertrages der Länder geregelt

---

25 Vgl. FAZ vom 04. Feb. 1994 und epd Nr. 15 vom 26. Feb. 1994, S. 15.

26 Premiere plant ein reines Kinderprogramm, das ausschließlich im Abonnementverfahren (Pay-TV) bezogen werden kann. Vorteil soll sein, daß die Programmstruktur gewalt- und werbefrei sowie einem autonomen Benutzerverhalten zuträglich wäre. Besondere Probleme ergeben sich jedoch hinsichtlich Meinungsvielfalt und Wahrung des Jugendschutzes (auch bezgl. der Konsumdauer).

27 Vgl. Ory, St., Digitaler Hörfunk (DAB) – eine Herausforderung für das Rundfunkrecht, AfP 1/94, S. 18 ff.

28 Kofler, G., a.a.O.

29 Ory, St., a.a.O.

30 Bullinger, M., Kommunikationsfreiheit im Strukturwandel der Telekommunikation, Baden-Baden, 1980, S. 30f. Das von Bullinger entwickelte Bild der »Kommunikationscontainer, die in einem Allzweckübertragungsweg übertragen werden«, wird von Ory (a.a.O) mit Einschränkungen richtigerweise übernommen: Die unterschiedlichen Kommunikationscontainer bedürfen also differenzierterer Regelungen mit abgestuften Lizenzierungs-, Kontroll- und Eingriffsbefugnissen der Landesmedienanstalten.

wurde, der aber alles andere als rundfunkspezifische Regelungen mit sich brachte, sondern nur ein Minimum an ordnenden Vorgaben setzte.[31] Bildschirmtext ist danach ein sog. neues Medium, das in die Regelungskompetenz der Länder fällt.

2. *Ordnungspolitische Steuerung und medienrechtlicher Regelungsbedarf bei den neuen Entwicklungen*

Das dargestellte Szenario macht deutlich, daß die These, das Ende der Massenkommunikation stehe bevor, unzutreffend ist. Selbst wenn man alle denkbaren Nutzungen und die damit verbundenen Strukturveränderungen als eine Realität ansieht, wird klar, daß sich jedenfalls in den nächsten Jahrzehnten kaum etwas daran ändern wird. Es wird um die Veranstaltung von Rundfunk gehen, auch wenn neue Techniken und neue Finanzierungsmöglichkeiten wie Pay-TV zu einer prinzipiellen Veränderung der heutigen Rundfunkstrukturen führen werden. Dies bedeutet, daß die verfassungsrechtlichen und medienrechtlichen Grundanforderungen nicht hinfällig werden, genausowenig wie die Notwendigkeit einer ordnungspolitischen Steuerung zur Gewährleistung von Wettbewerb. Plastische Schlagworte wie das »vom Zeitungskiosk zum neuen Fernsehkiosk« ändern daran nichts.[32] Die Bilder von Hunderten von Kanälen im Kabel und über Satellit vermitteln die Vorstellung, daß damit auch eine vielfältige Unternehmens- und Anbieterstruktur verbunden sei, die in einem kaum überschaubaren Wettbewerb jeglichen medienrechtlichen oder auch wirtschaftsrechtlichen Regelungsbedarf ad absurdum führe. Dieses Szenario vernachlässigt die ökonomische Situation, da die vielfältigen technischen Möglichkeiten nicht automatisch zu erhöhtem Wettbewerb führen werden. Ganz im Gegenteil, es besteht bei dieser Entwicklung die Gefahr, daß die Marktzutrittsbarrieren für neue Unternehmer eher größer werden, auch wenn die Kosten für die Übertragungstechnik durch die Digitalisierung und das Kompressionsverfahren erheblich abnehmen werden.[33] Diese Gefahr zeigt z.B. der Zusammenschluß des größten Netzmonopolbetreibers der Welt, der deutschen Telekom, mit den stärksten deutschen Medienunternehmen im Software-Bereich mit Bertelsmann und Kirch; damit können die Strukturen vorgegeben werden, unter denen zukünftig die Nutzung von Pay-TV in den Kabelnetzen erfolgen wird.[34] Außerdem folgen die Rechtsprechung des Bundesverfassungsgerichts

---

31 Vgl. Ring/Hartstein, Bildschirmtext heute, München 1983: Danach ist Bildschirmtext als Medium eigener Art zwischen Presse (jedoch im Gegensatz dazu unkörperliche Sichtbarmachung) und Rundfunk (jedoch kein fortlaufendes Programm mit Bewegtbild und Ton) zu qualifzieren, mit der Folge landesrechtlicher Regelungskompetenz gem. Art. 70 GG. Näheres dazu siehe S. 44ff. ebenda.

32 Kofler, G., a.a.O.

33 Vgl. ZDF-Schriftenreihe, Heft 48, März 1994, S. 6.

34 Lt. epd Nr. 15 vom 26. Feb. 1994, S. 15, hatte auf einem Presse-Colloquium die Telekom Anfang Februar erstmals Grundzüge und Zielvorstellungen für eine Media-Service-Gesellschaft vorgestellt. Danach soll das Gemeinschaftsunternehmen den Kabelanschluß für Kunden attraktiver und für Telekom rentabler machen (. . .). Das Telefonnetz solle als Rückkanal für interaktive Dienste (. . .) zusätzlich ausgelastet werden. Die Telekom wolle weiter durch Koordination und optimales Leistungsangebot helfen (. . .), einen Wildwuchs unterschiedlicher Übertragungs-, Codierungs- und Decodersysteme zu vermeiden. Und schließlich wolle die Telekom die strategische Flanke im Substitutionswettbewerb zwischen multimedialer Massen- und Individualkommunikation schützen.

und der Rundfunkstaatsvertrag der Länder einem dynamischen Verständnis des Rundfunkbegriffes. Damit sind Entwicklungen wie Pay-TV, Pay per View, Video on demand und interaktives Fernsehen grundsätzlich dem Rundfunkbegriff zuzurechnen. Diese Dienste stellen nach unserem verfassungs- und medienrechtlichen Verständnis regelmäßig gerade keine Individualkommunikation dar.[35] Die Vielzahl der Kanäle wird auch in besonderer Weise mit Diensten genutzt werden können, die entweder Hörfunk und Fernsehen oder rundfunkähnliche Dienste sind und damit genauso den Jugendschutzanforderungen unterliegen, Programmgrundsätze einzuhalten haben und den Verbraucher schützen müssen, einschließlich der Notwendigkeit datenschutzrechtlicher Bestimmungen, wie die bisherigen Programme auch.[36] Gerade zunehmende Unüberschaubarkeit ist eher ein Grund, die Notwendigkeit entsprechender medienrechtlicher Kontrollmechanismen zu erweitern als sie einzuschränken.[37] Die Erfahrung mit dem Rundfunkstaatsvertrag der Länder, z.B. in Jugendschutzfragen, hat gezeigt, daß eine gesellschaftliche Kontrolle im dualen Rundfunksystem nach wie vor erforderlich ist.[38] Wer sollte, wenn er die gesellschaftliche Kontrolle von Rundfunk für eine notwendige und wichtige Forderung hält, davon Abstand nehmen wollen, nur weil sich die Anzahl der Kanäle in den Kabelnetzen und über Satellit erheblich erhöht hat?

3. *Notwendigkeit neuer ordnungspolitischer Ansätze*

Gerade auch der Pay-TV Sender Premiere hat z.B. immer wieder versucht, über die rechtlichen Grenzen hinaus Inhalte anzubieten, die gegen die Bestimmungen des Staatsvertrags zum Pornographieverbot verstoßen.[39] Zunehmend finden auch Inhalte statt oder sind geplant, wie z.B. die Spartenprogramme Wetterkanal, Ereigniskanal oder Teleshopping usw., die nicht von vornherein die gleichen Gefährdungspotentiale aufweisen, wie wir sie bei den Fernsehprogrammen in der Bundesrepublik erlebt haben. So wird es zukünftig auch nicht sehr sinnvoll sein, alle diese Entwicklungen in einem extensiven Verständnis des Rundfunkbegriffs gesellschaftlicher Kontrolle zu unterwerfen.

Das geltende Recht jedenfalls erweitert die rundfunkrechtlichen Spielregeln auch auf rundfunkähnliche Dienste.[40] Bildschirmtext ist als neues Medium inhaltlich durch Staatsvertrag der Länder[41] geregelt worden und nicht etwa als Fernmel-

---

35 Ausgangspunkt war die Aussage des Bundesverfassungsgerichts (BVerfG 12, 205 (208)), daß es sich bei Rundfunk um Massenkommunikation handele. Im Gegensatz zur Auffassung von Schwarz-Schilling (vgl. ZUM 89/487), Pay-TV sei kein Rundfunk in diesem Sinne, ist heute allgemein anerkannt, daß auch Pay-TV dem Rundfunkbegriff des Bundesverfassungsgerichts unterfällt. Vgl. dazu auch im einzelnen Ring, ZUM 90/279 mwN.

36 Vgl. Art. 34 BayMG.

37 Ory, St., a.a.O.

38 Vgl. im einzelnen dazu: Jugendschutzberichte der Gemeinsamen Stelle Jugendschutz und Programm der Landesmedienanstalten, Jahresberichte 1989, 1990, 1992/93.

39 Vgl. das Verfahren der Hamburgischen Anstalt für neue Medien (HAM) gegen Premiere betr. § 3 Abs. 1 RStV, Jahresbericht der Gemeinsamen Stelle Jugendschutz und Programm der Landes medienanstalten, 1992/93, S. 35.

40 Vgl. §§ 39 ff Bw LMG mit der Regelung rundfunkähnlicher Kommunikationsdienste.

41 Sog. Bildschirmtext-Staatsvertrag, der als Art. 6 des Staatsvertrags über den Rundfunk im vereinten Deutschland vom 31. Aug. 1991 am 01. Jan. 1992 in Kraft getreten ist; vgl. Hartstein/Ring/Kreile: Kommentar zum RStV, abgedruckt bei Ring, W.-D., Medienrecht C-03 StV, Rn. 14.

dedienst oder Telekommunikationsdienst in die Regelungskompetenz der deutschen Bundespost gefallen.[42] Art. 34 des Bayerischen Mediengesetzes bestimmt z.B., daß die Programmgrundsätze, die Jugendschutzvorschriften, die Anordnungskompetenz der Landeszentrale, Beschwerderecht, Gegendarstellung und Datenschutzbestimmungen sowie bestimmte organisatorische Regelungen auch für rundfunkähnliche Dienste Anwendung finden.[43] Als rundfunkähnliche Dienste werden solche bezeichnet, bei denen Bewegtbildangebote, Filme, Musik- und Sprechdarbietungen von einem Speicher auf Anforderung an den Teilnehmer übermittelt werden, ohne daß sie Rundfunk sind oder vom Bildschirmtextstaatsvertrag erfaßt werden. Dies bedeutet, daß das Bayerische Landesmediengesetz solche Dienste weitgehend wie Rundfunk behandelt. Dabei läßt sich über die Frage streiten, welche für den Rundfunk zugeschnittenen Regelungen auf rundfunkähnliche Dienste passen und vor allem darüber, ob eine größtmögliche Ausdehnung des Rundfunkbegriffs oder eine möglichst weitgehende Anwendung rundfunkrechtlicher Regelungen auf rundfunkähnliche Kommunikationsdienste angesichts der revolutionären technischen Veränderungen und der immer mehr international ablaufenden Entwicklungsprozesse rechtspolitisch der richtige Weg ist. Zutreffender scheint mir zu sein, den Rundfunkbegriff und rundfunkähnliche Kommunikationsdienste sowie Datenrundfunk angesichts der aktuellen Entwicklungen, wo möglich, zu entschlacken, d.h. Dienste, die man unter den Rundfunkbegriff nicht zwingend subsumieren muß, die z.B. ohne publizistische Wirkung sind, nicht primär rundfunkrechtlich zu regeln, sondern ordnungspolitische Vorgaben zu setzen, die sachgerechte Entwicklungen zulassen und nur dort zu steuern, wo dies unumgänglich erscheint.

Das Angebot von Wetterkanälen, reiner Teleshopping-Kanäle, also audiovisuelle Kataloge statt der gedruckten Versandhaus-Kataloge - was hat das mit unserem klassischen Verständnis von Rundfunk noch zu tun? Dies sind, wie *Kofler* überzeugend dargelegt hat, audiovisuelle Schaufenster und Verkaufstheken in einem.[44]

Ein anderes Beispiel für diese Problemlage ist die Nutzung von Übertragungstechniken und Fernsehgeräten für elektronische Spiele. Anstatt die Diskette im Geschäft zu kaufen, können elektronische Spiele über Satellit und Kabel direkt auf den PC oder das Spielgerät zuhause transportiert werden. Solche Entwicklungen in unserer föderalen und dualen Rundfunkordnung nach den Spielregeln des Rundfunks abzuwickeln, würde letztlich eine Blockade dieser Entwicklung in Deutschland heraufbeschwören und uns dann der Gefahr aussetzen, mit solchen Angeboten aus Europa überflutet zu werden.[45]

---

42 Hartstein/Ring, a.a.O, S. 45.

43 Kritisch dazu in bezug auf Art. 34 BayMG, Ory, St., a.a.O.

44 Kofler, G., a.a.O.

45 Bereits heute setzen die amerikanischen Homeshopping-Kanäle Waren und Produkte im Gesamtwert von über 3 Mrd. Dollar um. Die früheren Shopping-Kanäle wickeln pro Tag über 100.000 Bestellungen ab mit wachsender Tendenz, so daß die Ausweitung speziell auf den deutschen Verbraucher lediglich eine Frage der Zeit sein dürfte. Vgl. Ring, W.-D., epd Nr. 9 vom 05. Feb. 1994, S. 23.

Der Rundfunkbegriff im deutschen Recht läßt auch eine fortschrittliche Auslegung durchaus zu. Im Rundfunkstaatsvertrag der Länder[46] ist im Paragraph 2 Abs. 1 Rundfunk wie folgt definiert:

»Rundfunk ist die für die Allgemeinheit bestimmte Veranstaltung und Verbreitung von Darbietungen aller Art in Wort, in Ton und in Bild unter Benutzung elektrischer Schwingungen ohne Verbindungsleitungen oder längs oder mittels eines Leiters. Der Begriff schließt Darbietungen ein, die verschlüsselt verbreitet werden oder gegen besonderes Entgelt empfangbar sind, sowie Fernsehtext.«

So wäre es sachgerecht, das sog. »video on demand« aus dem Rundfunkbegriff herauszunehmen, weil keine Darbietung im Sinne des Rundfunkbegriffs vorliegt, da die eigentlichen Aktivitäten auf der Seite des Zuschauers erfolgen und nicht vom Veranstalter erbracht werden - etwa bei der Einzelauswahl eines Videos. Auch reine Teleshopping-Kanäle und Telespiele unter Nutzung des Fernsehgeräts erfüllen die Merkmale des Rundfunkbegriffs nicht, weil sie nur neue Vertriebswege für die bereits anderweitig angebotene Leistung darstellen.[47]

4. *Ordnungspolitische Regelungen, Gewährleistung von Wettbewerb*

Flexible, mit neuen Herausforderungen fertigwerdende und stark auf Zugangs- und Verbraucherschutz abstellende, ordnungspolitische Regelungen wären aber auch in diesem Bereich notwendig - denken wir etwa an die Frage des Schutzes der einzelnen Persönlichkeit, z.B. der persönlichen Daten, die bei entsprechendem Konsumverhalten und durch Konsumentscheidungen entstehen, und, wenn sie nicht entsprechend geschützt werden, Mißbrauchsgefahren ausgesetzt sind.[48] Eine moderne Ordnungspolitik muß daher unter Beachtung notwendiger, gerade auch wirtschaftspolitisch notwendiger Freiräume solche wichtigen Zukunftsentwicklungen zulassen, die wirklich erforderlichen Regelungen treffen, z.B. um einen größtmöglichen Wettbewerb zu entfalten, darf aber diese Entwicklung nicht blockieren. Dabei stellt sich angesichts des zusammenwachsenden Hardware- und Softwarebereichs - s.o. Beispiel Telekom-Bertelsmann-Kirch - die Frage, wie der in unserem Wirtschaftsleben dringend notwendige Wettbewerb zukünftig aufrechterhalten werden kann. In den Vereinigten Staaten gibt es bei den Kabelnetzbetreibern untereinander im Wettbewerb stehende Unternehmen. In Deutschland ist das Telekom-Netz ein Monopolnetz. Wir haben seit Jahrzehnten ein Grundprinzip aufrechterhalten, das die Trennung von Netz und Nutzung vorgeschrieben hat, auch angesichts der Tatsache, daß bei den Netzstrukturen ein Monopol existiert.[49] Wenn also auf einer solchen faktisch geschaffenen Basis Netzbetreiber und Nutzer

46 Staatsvertrag über den Rundfunk im vereinten Deutschland vom 31. Aug. 1991 (GVBl. S. 452); die gleiche Begriffsbestimmung enthielt bereits der Staatsvertrag zur Regelung des Rundfunkgebührenwesens vom 05. Dez. 1974.

47 Ähnliche Fragestellungen für die Abgrenzungen des Rundfunkbegriffs von sonstigen Angeboten enthalten bereits das sog. »Schliersee-Papier« vom 29. Apr. 1975 sowie das sog. »Würzburger Papier« vom 25. Mai 1979, beides abgedruckt bei Ring, W.-D., Medienrecht D-I, II, III.

48 Vgl. Art. 20 BayMG i.V.m. Art. 1ff BayDSG.

49 Es gibt auch kommunale und private Netze, die nicht von Post/Telekom betrieben werden. Diese haben jedoch im Wettbewerb allenfalls untergeordnete Bedeutung.

sich zusammenschließen, bestehen besondere Gefahren für den Wettbewerb und den Zugang neuer Unternehmen auch im Hinblick auf die vielfältigen Nutzungsmöglichkeiten, die diese neue Entwicklung mit sich bringt. Insoweit ist die Situation anders als in den Vereinigten Staaten und bedarf auch anderer medienpolitischer und ordnungspolitischer Antworten.

5. *Steuerungsfragen bei neuer Technik*

Die neue digitale Revolution zeichnet sich auch dadurch aus, daß sämtliche Nutzungsmöglichkeiten über eine einzige Technik[50] veranstaltet werden können. Über das gerade im Aufbau befindliche DAB-Netz in Bayern, von Nürnberg über Ingolstadt und München bis Rosenheim, konzipiert für landesweite und lokale Hörfunkprogramme, können vielfältige Nutzungen verwirklicht werden, vom reinen Individualdienst, z.B. Personenrufdienst, bis hin zu Hörfunk mit neuer Klangqualität und störungsfreiem mobilem Empfang. Es können private Hörfunkprogramme und öffentlich-rechtliche Hörfunkprogramme über den gleichen technischen Verbreitungsweg angeboten werden, ja unter ökonomischen Gesichtspunkten wird sich die Einrichtung einer solchen neuen Technik nur dann positiv darstellen, wenn eben gerade *alle* Nutzungsmöglichkeiten unter Einbeziehung der gesamten technischen Kapazität und vor allem auch mit für den Verbraucher attraktiven Zusatzangeboten über den einen technischen Weg tatsächlich eröffnet werden. Das gleiche gilt für das digitale und interaktive Fernsehen, wie die oben dargelegten Beispiele verdeutlichen. Die digitale Technik zeichnet sich auch dadurch aus, daß, je nachdem welche Nutzung zu einem konkreten Zeitpunkt erfolgt, mehr oder weniger technische Kapazitäten (Datenraten) in Anspruch genommen werden müssen. Beispiel: Die Musikübertragung erfordert eine andere Bit-Menge als die Sprechübertragung. Der Personenrufdienst wiederum erfordert eine andere Datenrate als das Fernsehbild. Der aufwendige, attraktive, auf Breitbandformat 16:9 übertragene Spielfilm erfordert andere Kapazitäten als der Textdienst usw. Aber eines ist all diesen Angeboten gemeinsam: Sie nutzen die gleiche Technik, die primär für Massenkommunikation zur Verfügung gestellt wird, in einem Frequenzspektrum, das für Hörfunk und Fernsehen vorgesehen ist, und – was entscheidend ist – von den Medienunternehmen auch durch die Hörfunk- und Fernsehnutzung finanziert wird. Die vielfältigen Angebote an Zusatznutzungen lösen daher zwei Grundsatzfragen aus: Zum einen: Wie kann verhindert werden, daß attraktive Zusatznutzungen sich negativ auf die primäre Hörfunk- oder Fernsehnutzung auswirken, auch im Hinblick auf neue Sparten- und Pay-TV-Angebote? Zum anderen: Wie kann der wirtschaftliche Vorteil, der in der Attraktivität von Zusatznutzungen liegt, so abgeschöpft werden und jedenfalls dann den Medienunternehmen zugute kommen, wenn sie die Medientechnik finanziert haben? Auch könnte die Qualität der Medieninhalte wesentlich dadurch verbessert werden, daß wirtschaftliche Vorteile von Zusatz- und Annex-Nutzungen der Hauptnutzung wirtschaftlich zugute kommen.

50 Vgl. ZDF-Schriftenreihe, Heft 48, März 1994, S. 8.

6. *Kompetenzfragen*

Unbestritten ist, daß für Rundfunk und rundfunkähnliche Dienste oder andere neue Medien die Länder zuständig sind, soweit es um die Regelung der Inhalte geht.[51] Für die Einrichtung der Technik ist, soweit es um Fernmeldetechnik oder Telekommunikationstechnik geht, die Deutsche Bundespost bzw. die Telekom zuständig. Technik hat dienende Funktion.[52] Die Medientechnik dient einem breiten, ungestörten und sich in der Qualität und Wirtschaftlichkeit positiv entwikkelnden Hörfunk- und Fernsehangebot und rundfunkähnlichen Diensten. Dies bedeutet, daß fernmelderechtliche Regelungen und telekommunikationsrechtliche Regelungen einschließlich der damit verbundenen Entgelt- und Gebührenstrukturen sich diesem Ziel unterzuordnen haben. Die Deutsche Bundespost/Telekom kann daher nicht zu Lasten von Hörfunk-, Fernseh-, und rundfunkähnlicher Nutzung (einschl. Datenrundfunk) Zusatznutzungen übertragen, z.B. für einen Personenrufdienst, wenn damit negative Auswirkungen auf solche Nutzungen verbunden sind. Ein negatives Beispiel stellte die Nutzung des RDS-Signals durch einen Personenrufdienst dar.[53] Jede isolierte Vermarktung von Zusatzdiensten, die über Medientechniken veranstaltet werden, wirft dieses Gefahrenpotential auf. Am besten wäre es daher, den jeweils zugelassenen Medienunternehmen auch die Organisation solcher Dienste zu übertragen, weil eine derartige Entscheidung am ehesten gewährleistet, daß die Hauptnutzung nicht in Gefahr gerät. Zugleich bringt dies zusätzliche ökonomische Möglichkeiten für die Medienunternehmen mit sich. Aber gerade darin liegt auch die Gefahr konzentrationserheblicher Entwicklungen, und deshalb muß Hand in Hand damit ein Regelungsmechanismus auf den Weg gebracht werden, der größtmöglichen Wettbewerb zwischen den Medienunternehmen und beim Zugang zur Nutzung von Individualdiensten gewährleistet. Die langjährigen Erfahrungen, die mit der Lizensierung von Rundfunkunternehmen verbunden sind, könnten hier auch noch wichtige Fingerzeige geben, um zu chancengleichen Ergebnissen zu kommen, wobei jeder Mechanismus, der die Nutzungen von Individualdiensten unter Rundfunkanforderungen stellt, verhindert werden muß. Die Schlüsselfrage der Zukunft wird hier sein, wer über die Bit-Raten,[54] die für die unterschiedlichen Nutzungen zur Verfügung gestellt werden,

---

51 Ausgangspunkt ist das Urteil des Bundesverfassungsgerichts vom 04. Nov. 1986, abgedruckt bei Ring, W.-D., Medienrecht A III 5 mwN, ferner Maunz-Dürig, Kommentar zum Grundgesetz, München, Art. 73, Rn. 124ff.

52 Vgl. Bericht der Rundfunkkommission der Ministerpräsidenten vom 07. Feb. 1980, abgedruckt bei Ring, W.-D., Medienrecht F-I 1.1.

53 Das Bundesministerium für Post und Telekommunikation (BMPT) hat Verwaltungsvorschriften für die Bereitstellung von Übertragungsdienstleistungen über RDS-Funkruf erlassen. Es besteht jedoch die akute Gefahr, daß die individuelle Nutzung der RDS-Signale, die auf der Radiowelle mittransportiert werden, die rundfunkspezifische Datennutzung verdrängt und/oder den Rundfunkbetrieb selbst stört. Deshalb ist zumindest eine Abstimmung zwischen Post/Telekom und den Landesmedienanstalten bzw. den Anbietern/Veranstaltern zwingend erforderlich.

54 Für die durch DAB mögliche Datenkompression ist im Gegensatz zur analogen Übertragung die Zerlegung der Datenströme in Datenraten möglich, wobei die sehr hohen Datenraten der Studiosignale (z.B. 270 MBit/s für Standard-PAL-Signale) auf bis zu ein Hundertstel reduziert werden (z.B. 40 - 2 MBit/s), und dies möglichst ohne Qualitätsverlust. Man geht davon aus, daß digitale Funkkanäle etwa eine Datenmenge von 30 - 40 MBit/s transportieren können. Diese Datenströme müssen verwaltet werden, sog. Bit-Management.

entscheidet, und nach welchen Kriterien diese Entscheidungen getroffen werden. Dieser Mechanismus beim DAB-Pilotprojekt Bayern heißt »Bit-Management«.[55]

7. *Staatsfreie Organisation des sog. Bit-Managements*

Dieses untrennbare Zusammenwirken, das vor allem durch die Technik geboten ist, kann wegen der damit verbundenen weitgehenden Auswirkungen auf die Rundfunknutzung oder rundfunkähnliche Nutzung aber auch nicht dazu führen, daß das Bit-Management durch staatliche oder staatsnahe Einrichtungen gesteuert wird. Gerade die jüngste Entscheidung des Bundesverfassungsgerichts hat die Prinzipien der Staatsfreiheit des Rundfunks wieder stärker in das allgemeine Bewußtsein gerückt.[56] Stichentscheide von Staatsregierungen für Frequenznutzungen im dualen System kann es daher zukünftig nicht mehr geben. Es geht ja nicht mehr nur um die dauerhafte Zuordnung einer überschaubaren und in ihren Kapazitäten begrenzten Technik, etwa bei der Zuordnung von UKW-Frequenzen.[57] Das Bit-Management bei neuen digitalen Techniken steuert Art und Umfang der Nutzung, steuert damit auch letztlich den Wettbewerb zwischen öffentlich-rechtlichen und privaten Hörfunk- und Fernsehveranstaltern und die Nutzung rundfunkähnlicher Dienste. Gerade unter diesem Gesichtspunkt ist eine staatsfrei zu organisierende Steuerung verfassungsrechtlich geboten. Nachdem es bei diesen Techniken darum geht, primär die Nutzung von Hörfunk und Fernsehen dauerhaft in neuer Qualität und in neuen inhaltlichen Formen zu gewährleisten, muß darüber entschieden werden, wie eine verfassungskonforme, d.h. staatsfreie und rundfunkkonforme Steuerung der Datenraten zukünftig gesichert werden kann.

8. *Rundfunkspezifische Entscheidungsinstanz*

Die steuernden Nutzungsentscheidungen können weder die Deutsche Bundespost, noch die Telekom, noch ein privates Unternehmen treffen; vielmehr muß eine den rundfunkverfassungsrechtlichen Anforderungen entsprechende Instanz dafür bestimmt werden, eine Instanz, die Rundfunkfreiheit gewährleistet. Es liegt nahe, hierfür die Landesmedienanstalten einzusetzen[58] oder eine neue, von beiden Säulen des dualen Systems getragene Entscheidungsinstanz zu schaffen. Eine sol-

---

55 Die Bayerische Landeszentrale für neue Medien (BLM) ist seit 1993 Mitglied der DAB-Plattform e.V., vgl. Jahresbericht 1993, a.a.O (Fn.), S. 18, und damit an der Koordinierung der DAB-Frequenzen aktiv beteiligt.

56 Urteil des BVerfG vom 20. Feb. 1994, a.a.O, S. 182: »(. . .) Dem verfassungsrechtlichen Erfordernis der Rundfunkfreiheit ist daher nicht bereits genügt, wenn manifeste Mißbräuche der Gebührenkompensation mit den üblichen Rechtsbehelfen bekämpft werden können. Vielmehr muß eine rechtliche Struktur bereitgestellt werden, die schon bei den Gefahrenquellen ansetzt und die Möglichkeit rechtswidriger Kompetenzwahrnehmungen so weit wie möglich ausschließt. Für die Rundfunkfinanzierung gilt insoweit nichts anderes als für die Konzession oder die Frequenzvergabe.«

57 Vgl. Stichentscheid der Bayerischen Staatsregierung nach Art. 37 Abs. 2 BayMG. Diese Regelung hat die BLM in der Stellungnahme zum Gesetzentwurf der Bayer. Staatsregierung vom 17. Dez. 1991 zum BayMG, 30. Jan. 1992, S. 9f., als verfassungswidrig eingestuft, da nur formal die Vorgabe des Bundesverfassungsgerichts (6. Rundfunkurteil des BVerfG) aufgegriffen wurde, jedoch eine programmbezogene Entscheidung der Staatsregierung vorgesehen ist.

58 So auch Ory, St., a.a.O.

che übergreifende Entscheidungsinstanz könnte im Ergebnis die föderalen Strukturen und die Kompetenz der Länder festigen. Sie müßte aber umgekehrt auch effektiv die Erfüllung der ihr übertragenen Aufgabenstellung gewährleisten. Der Rundfunkstaatsvertrag der Länder hat für unser duales Rundfunksystem materiellrechtlich vielfach übereinstimmende Regelungen getroffen, so z.B. bei den unzulässigen Sendungen, beim Jugendschutz, bei Programmgrundsätzen, teilweise auch bei der Werbung und beim Sponsoring.[59] Die Entwicklung in der Praxis hat gezeigt, daß sich tendenziell die beiden Säulen des dualen Rundfunksystems in der Anwendung des materiellen Rechts, auch wenn es übereinstimmt, auseinanderentwickeln; dies gilt im besonderen Maße z.B. für den Jugendschutz.[60] Nicht zuletzt ist dies auch dadurch ausgelöst, daß die Sanktionsinstrumentarien bei Verstößen, jedenfalls was die persönliche Verantwortung der Rundfunkverantwortlichen anbetrifft, sehr unterschiedlich sind.[61] Eine übergeordnete, die gesamte Entwicklung sachgerecht steuernde Entscheidungsinstanz könnte auch einer solchen Auseinanderentwicklung entgegenwirken. Damit wäre auch der Vorteil verbunden, daß die Interessenlagen der Medienunternehmen gebündelt wahrgenommen und umgesetzt werden könnten.

IV. *Abschließende Feststellungen und Ausblick*

Augenmerk wird auch zukünftig auf die sich zwangsläufig ergebenden Konzentrationsgefahren zu richten sein. Durch das sog. Marktanteilsmodell kann jedoch die Meinungs- und Programmvielfalt mit der Einführung einer Obergrenze für die Zuschauermarktanteile jedes Anbieters für die Gesamtheit der veranstalteten oder beteiligten Programme am geeignetsten gesichert werden.[62]

In dem vorliegenden Beitrag habe ich versucht, Problemlagen anzureißen und Anstöße für die Diskussion zu geben. Die Problemlagen potenzieren sich, wenn über andere technische Wege, z.B. die Telefonleitungen, die neuen digitalen Telefonnetze oder die Übertragungstechniken von Energieversorgungsunternehmen plötzlich publizistisch relevante Inhalte stattfinden bzw. stattfinden können, weil neue technische Entwicklungen solche Nutzungen ermöglichen.[63] Damit tauchen

---

59 Vgl. Hartstein/Ring/Kreile: Kommentar zum Rundfunkstaatsvertrag, abgedruckt bei Ring, W.-D., Medienrecht C-0 StV, S. 6ff.

60 Schon im RStV vom 31. Aug. 1991 selbst wird jeweils den öffentlich-rechtlichen Rundfunkanstalten in § 14, dem privaten Rundfunk in § 31 die eigene Umsetzung des Vertragstextes in Richtlinien eingeräumt, so daß materiellrechtliche Abweichungen nicht ausgeschlossen sind. I.ü. sieht z.B. § 3 Abs. 4 RStV vom 31. Aug. 1991 die Möglichkeit vor, von der FSK indizierte Beiträge mit einer Ausnahmegenehmigung nach 22.00 Uhr zu senden. Die Ausnahmegenehmigung erteilen ARD, ZDF und die Landesmedienanstalten, so daß es sich im öffentlich-rechtlichen Rundfunk um eine Selbsterteilung der Genehmigung handelt, wohingegen die privaten Anbieter ein Genehmigungsverfahren bei den Landesmedienanstalten anstrengen müssen.

61 Gem. § 32 RStV vom 31. Aug. 1991 können Verstöße gegen staatsvertragliche Regelungen als Ordnungswidrigkeiten geahndet werden. Dies gilt jedoch nur für private Veranstalter, eine Parallelvorschrift für den öffentlich-rechtlichen Rundfunk fehlt.

62 Ring, W.-D., in Tendenz II/93, S. 23.

63 Das Fernsehgerät wird dann in einen sog. Multi-Media-Computer integriert sein, mit dem z.B. auch Datenbankrecherchen interaktiver Natur vorgenommen werden können. Vgl. ZDF-Schriftenreihe, Heft 48, März 1994, S. 20.

im Fernsehmarkt auch neue Wettbewerber wie Telefongesellschaften, Computerfirmen, neue Industriekonzerne auf. Die über Jahrzehnte eingespielten Mechanismen bei der Nutzung von Medientechniken gelten in vergleichbarer Weise nicht für die außerhalb der Telekommunikation und der Medientechnik nutzbaren Transportwege. Die Vergabemechanismen zur Nutzung sind völlig anders als im Medienbereich. Dennoch gibt es vergleichbare Problemlagen. Man wird sich zukünftig verstärkt mit der Frage beschäftigen müssen, wie die bei der Nutzung von Medientechniken entwickelten Regelungen da, wo auch andere Techniken vergleichbare gesellschaftspolitische und verfassungspolitische Problemlagen heraufbeschwören, Geltung erhalten und welche Mechanismen greifen sollen, um auch bei dieser Entwicklung zu gesellschaftspolitisch erwünschten und verfassungs- und medienrechtlich geforderten ordnungspolitischen Regelungen zu kommen. Für den Verbraucher spielt es keine Rolle, auf welchem Transportweg ihn diese Dienste erreichen. Entscheidend ist, daß der notwendige Regelungsbedarf auch im Hinblick auf solche neuen Möglichkeiten rechtzeitig erkannt und für politische Entscheidungen transparent gemacht wird.

Wolfgang Ritter

Gedanken zur Erbschaftsteuer

Die Einnahmen wachsen mit den Ausgaben. Bei einer Steuer- und Abgabenquote, die 1995 mit über 45 % einen neuen Rekord aufstellen wird, sollte diese Erkenntnis Parkinsons keine Chance mehr haben. Doch weit gefehlt. Nicht Abbau und Umschichtung von öffentlichen Ausgaben haben Priorität, sondern die ruhelose Suche nach neuen Einnahmen. Ob finanzielle Bewältigung der Einheit, Umweltschutz, Pflegeversicherung, Grundfreibeträge, Familienlastenausgleich, was auch immer, stets melden sich vehement Verteilungspolitiker zu Wort, denen die steuerlichen Voraussetzungen für wirtschaftlichen und sozialen Fortschritt, die Erhaltung des Leistungswillens und die Grenzen der Belastbarkeit wenig besagen.

Obwohl das Programm der SPD bereits fast ein Drittel des Aufkommens der Lohn- und Einkommensteuer zu den »Besserverdienenden« umschichten will, richtet sich seine weitere Begehrlichkeit noch auf jene unter diesen, die Vermögen bilden. Obwohl im Zusammenspiel von Einkommensteuer, Kirchensteuer, Solidaritätsbeitrag, Vermögensteuer und einer Geldentwertung, die 1993 immerhin 138 Milliarden betrug, privates Geldvermögen Jahr für Jahr Substanz einbüßt, will man »leistungsloses Vermögen« noch höher besteuern. Obwohl für Grundstücke eine Grundsteuer zu zahlen ist, deren Aufkommen das der Vermögensteuer vom gesamten Vermögen weit übertrifft, soll das erwartete Verdikt des Bundesverfassungsgerichtes zu den Einheitswerten dazu genutzt werden, die Belastung des Grundbesitzes durch Vermögensteuer und Grundsteuer zu erhöhen. Und obwohl die laufende Besteuerung des Einkommens und des Vermögens für die Höherbelasteten neuen Rekorden zustrebt, rückt die Besteuerung von Todes wegen immer mehr in das Blickfeld solcher Steuerpolitik.

Für Spitzenpolitiker der SPD wäre eine Verschärfung der Erbschaftsteuer eine geeignete Finanzierungsquelle für die Pflegeversicherung gewesen. Als Lastenausgleich soll sie für die Entschädigung der in der ehemaligen DDR Enteigneten herhalten. Nach Auffassung des Hamburger Ersten Bürgermeisters Voscherau, muß sie kräftig angehoben werden, weil das deutsche Gemeinwesen wegen der Kosten der Einheit darauf angewiesen sei »an der . . . auf uns zukommenden Erbschaftslawine stärker zu partizipieren.«[1] Eine bemerkenswerte Begründung: Die Steuer soll erhöht werden, weil eine Eskalation ihres Aufkommens ohnehin erwartet wird.

So viel Interesse an einer Steuer, die mit einem Aufkommen von gut 3 Milliarden bislang einen Schattenplatz in der Liste unserer Steuern einnimmt, fordert steuerpolitische Besinnung heraus.

1 HB vom 07.02.1994.

1. *Zum Wesen der Erbschaftsteuer*

Nach Benjamin Franklin sind nur zwei Dinge auf dieser Welt uns sicher: Der Tod und die Steuer. Diese Gewißheit unterstreicht die Erbschaftsteuer, die noch aus dem Tod eines Menschen staatlichen Nutzen zieht.

Unsere Erbschaftsteuer ist eine Erbanfallsteuer. Sie wird nicht vom Nachlaß als solchem, sondern von dem Vermögen erhoben, das beim Tod einer natürlichen Person auf einen anderen übergeht. Damit sie nicht durch Dispositionen zu Lebzeiten umgangen werden kann, erfaßt die Erbschaftsteuer als Schenkungsteuer auch unentgeltliche Vermögensübertragungen unter Lebenden, in welcher Form sie uns hier aber nicht näher beschäftigen soll.

Gegenstand der Besteuerung ist die Bereicherung, die dem einzelnen Erwerber zufließt. Die Erbschaftsteuer hat eine doppelte Progression, ihr Tarif steigt mit abnehmendem Verwandschaftsgrad und zunehmender Bereicherung. Als Personensteuer vom Besitz gehört sie zu den direkten Steuern, trägt aber noch Züge einer Verkehrssteuer. Sie ist eine nur einmal zu erhebende Steuer, ist in bestimmten Fällen in Raten und auch aus der Substanz zu bezahlen. Ihr Aufkommen steht den Ländern zu und hat sich über die Jahre kontinuierlich nach oben entwickelt. Während ihr Anteil am gesamten Steueraufkommen - wie in anderen Ländern auch - ständig gesunken ist, hat sich ihr Aufkommen in den letzten 20 Jahren mehr als versiebenfacht. Mag auch ein Aufkommen von 3,3 Milliarden gering erscheinen, so hat ihr fallweiser Zugriff gemessen an der laufend zu entrichtenden Vermögensteuer mit ihrem Aufkommen von 6,4 Milliarden doch erhebliches Gewicht.

2. *Zur Geschichte der Erbschaftsteuer*

Die Erbschaftsteuer zählt neben den Steuern vom Grundbesitz zu den ältesten Steuern. In ihrer heutigen Form gibt es sie aber erst seit dem Ende des vorigen Jahrhunderts[2].

Erste Nachricht von ihr finden wir in Sumer, als Besitzwechselabgabe ist sie im alten Ägypten bezeugt. In Rom war sie in geringer Höhe bei jedem Vermögensanfall durch Testament abzuführen. In fränkischer Zeit stand sie dem König als Zehnt für die Entscheidung von Erbstreitigkeiten zu. Seit Ende des 9. Jahrhunderts kennen wir bei uns Besitzwechselabgaben an den Grund-, manchmal auch an den Gerichts- oder Landesherrn, die sich in den Einzelstaaten der neueren Zeit zu Stempelabgaben für Testamente und Erbverträge mauserten. Mit der Ausweitung des Kreises der Erbberechtigten über Ehegatten und direkte Nachkommen hinaus wurde im Mittelalter der Erbanfall bei Seitenverwandten mitunter mit einer Erbschaftsteuer in Form eines gewissen Erbschaftskaufs verbunden. Nach Vorläufern in verschiedenen europäischen Staaten gab es gegen Ende des 19. Jahrhunderts dann in fast allen deutschen Ländern Erbschaftsteuern, wenn auch sehr un-

---

2 Zur Geschichte der Erbschaftsteuer *BMF*, Unsere Steuern von A-Z, 15. Aufl. 1993, S. 81 ff; *Troll*, ErbStG, 1993, Einführung S. 2 ff.

terschiedlicher Art. Erst um die Jahrhundertwende begann man Nachkommen einzubeziehen und die Steuer neben einer Staffelung nach dem Verwandschaftsgrad auch nach der Höhe der Erbschaft progressiv zu gestalten.

Die Einführung des Bürgerlichen Gesetzbuches ebnete den Weg für eine Vereinheitlichung der Erbschaftsteuer durch das Reichserbschaftsteuergesetz von 1906, das bei moderaten Steuersätzen weiterhin Ehegatten von der Steuer ausnahm und Kinder sowie Kindeskinder von ihr befreite. Massive Verschärfungen der Erbschaftsteuer nach beiden Weltkriegen mußten schon bald wieder abgeschwächt werden. Doch wurde damals der Grund für die hohen Stufen der heutigen Progression gelegt. Mit dem neuen Bewertungsgesetz erhielt die Erbschaftsteuer 1925 die Fassung, deren Grundzüge bis heute gelten. Die letzte Reform erfuhr sie 1974. Bis in die jüngste Zeit aber war sie dem Gesetzgeber Gegenstand ständiger Beschäftigung, sei es um Änderungen des Personen- oder Familienrechts oder anderer Steuergesetze Rechnung zu tragen, sei es um Unebenheiten auszugleichen und Härten zu mildern. Die Rechtsprechung hat sich mit unterschiedlichem Erfolg bemüht, im Vorfeld des Sterbens, beim Schenken, helfend einzugreifen. »Die Steuerlast hängt damit« wie Tipke schreibt »nicht mehr von der Bereicherung ab, sondern von der Kenntnis der Rechtsprechung sowie von der Gestaltungs- und Formulierungsgeschicklichkeit.«[3]

3. *Zur Rechtfertigung der Erbschaftsteuer*

Wie bei anderen Steuern sind die Bemühungen zur Rechtfertigung der Erbschaftsteuer von beträchtlicher Phantasie und Vielfalt. Über die meisten dieser Rechtfertigungen ist die Zeit hinweggegangen: Ersatz eines Staatserbrechts, Ausgleich für eine Verwandtenstellung des Staates, gewonnener Freizeitnutzen, Kontroll- oder Nachholsteuer für die laufende Besteuerung des Einkommens und des Vermögens. Zwei Rechtfertigungen sind aber weiterhin aktuell, die Erhöhung der Leistungsfähigkeit des Erben und der Zweck der Umverteilung.[4]

a) *Erhöhte Leistungsfähigkeit des Erben*

Gerechtfertigt wird die Erbschaftsteuer heute vor allem damit, daß der Erbanfall die wirtschaftliche und steuerliche Leistungsfähigkeit des Erben erhöht. So heißt es in der Begründung zur Reform des Erbschaftsteuergesetzes 1974: »Die auf den Vermögensanfall des einzelnen Erwerbes ausgerichtete Besteuerung bedeutet im Grundsatz, daß hier der Zuwachs an wirtschaftlicher Leistungsfähigkeit, die der Erwerber erfährt, Ziel und Rechtfertigung der Besteuerung ist.«[5]

Ergänzend wird darauf abgestellt, daß es sich um einen unentgeltlichen, nicht selbst verdienten, mithin mühelosen Erwerb handele, der eine steuerliche Sonder-

---

3 *Tipke,* Die Steuerrechtsordnung, Band II, 1993, S. 758 ff.
4 Näher zu den Rechtfertigungen *Tipke,* a.a.O. (FN 3) S. 745 ff.; *B. Fischer,* Erbschaft- und Vermögensteuer – Ein Beitrag zu den Steuerrechtfertigungslehren, StuW 1978, S. 345 ff.
5 BR-Drs. 140/72, S. 59.

belastung rechtfertige. Wenn schon Leistungseinkommen besteuert werde, dürfe leistungsloses »Einkommen« nicht unbelastet bleiben. In diesem Verständnis wird die Erbschaftsteuer zu einer besonderen Variante der Einkommensteuer, deren es wegen des unregelmäßigen Anfallens solchen »Einkommens« und zur Berücksichtigung des Verwandtschaftsgrades bedarf.[6] Demgemäß seien Einkommen- und Erbschaftsteuer so aufeinander abzustimmen, daß es weder zu Lücken noch zu Überschneidungen kommt,[7] die vom Gesetzgeber gewollte doppelte Besteuerung des vom Erblasser aus versteuertem Einkommen gebildeten Vermögens aber erhalten bleibt.

Dem trägt § 35 EStG in allerdings recht begrenzter Weise Rechnung. Danach ist die Einkommensteuer auf Antrag des Erben zu ermäßigen, wenn sie Einkünfte erfaßt, die im Veranlagungszeitraum oder in den vier vorangegangenen Veranlagungszeiträumen als Erwerb von Todes wegen der Erbschaftsteuer unterlegen haben. War hingegen die Einkommensteuer noch vom Erblasser geschuldet, mindert sie den Wert des vom Erben erworbenen Vermögens. Damit wird deutlich, daß im Regelfall nur das Vermögen von der Erbschaftsteuer erfaßt wird, das aus versteuertem Einkommen gebildet ist.[8]

Soweit Betriebsvermögen - von wenigen Ausnahmen abgesehen - seit 1993 mit den Werten der Steuerbilanz bzw. den ertragsteuerlichen Werten bei der Erbschaftsteuer anzusetzen ist, unterliegen etwaige stille Reserven nur noch einer künftigen Einkommensbesteuerung. Eine Doppelbelastung mit Erbschaft- und Einkommensteuer in der Hand des Erben ist insoweit dann schon vom Ansatz her ausgeschlossen und damit einer der Mängel des § 35 EStG beseitigt.

Konsequenterweise wird dem Erben bei seiner Einkommensbesteuerung der Abzug von Verlusten des Erblassers gemäß § 10 d EStG gestattet, die bei dessen Einkommensbesteuerung noch nicht zum Ausgleich gelangt sind. Der Bundesfinanzhof hat diesen Verlustausgleich zutreffend darauf gestützt, daß der Erbe bürgerlich-rechtlich (§ 1922 BGB) in vollem Umfang in die Rechtsstellung des Erblassers eintritt und folglich die Persönlichkeit des Erblassers auch für Zwecke der Einkommensteuer fortsetzt.[9]

Eine *Arbeitsgruppe der Länder* zur Steuerrechtsvereinfachung hat jetzt aber vorgeschlagen, diesen Verlustausgleich zu streichen, weil er kompliziert sei, einen höchstpersönlichen Charakter habe und der Erbe die Erbschaft auch ausschlagen könne.[10] Eine seltsame Argumentation, die Möglichkeit der Ausschlagung als Rechtfertigung für eine nicht zu rechtfertigende Besteuerung. Wollte man dem Erben den Verlustausgleich verweigern, müßte in Berücksichtigung der Lebenszeitbesteuerung beim Erblasser ein unbegrenzter Verlustrücktrag eingreifen, was ge-

---

6 *Tipke,* a.a.O. (FN 3); Gutachten der Kommission zur Verbesserung der steuerlichen Bedingungen für Investitionen und Erteilungsplätze *(Goerdeler-Kommission),* Heft 46 der Schriftenreihe des BMF, 1991, TZ. 193 ff.

7 *Tipke,* a.a.O. (FN 3), S. 748.

8 *Klotz* in: Klein/Flockermann/Führ, Kommentar zum EStG, 1978, S. 1429.

9 *BFH,* BStBl, 1962 II 376; BStBl. 1972 II 621; *Laule,* Der Erbe und der einkommensteuerliche Verlust des Erblassers, in: Festschrift für Karl Beusch, 1993, S. 468 ff.

10 Bericht der von der Finanzministerkonferenz eingesetzten *Arbeitsgruppe Steuerrechtsvereinfachung,* Dezember 1993, S. 120 ff.

wiß nicht einfacher wäre. Andernfalls würde der Staat durch den Tod auch noch bei der Einkommensteuer verdienen.

Von diesen »Härte«-Regelungen abgesehen, bleibt es bei dem Nebeneinander von Einkommen- und Erbschaftsteuer, dem es nach Auffassung des Gesetzgebers entspricht, »daß ein aus versteuertem Einkommen gebildetes Vermögen . . . auch mit der Erbschaftsteuer belastet wird.«[11]

Ist also die prinzipielle Doppelbesteuerung mit Einkommensteuer des Erblassers und Erbschaftsteuer des Erben gewollt, so erscheint ihre Rechtfertigung doch keineswegs selbstverständlich. Sie wird noch zweifelhafter, wenn man das Ererbte nicht nur als Ergebnis erfolgreichen Wirtschaftens sondern gleicherweise erwünschten Sparens betrachtet.

Der Erbfall bewirkt weder eine Wertsteigerung noch ändert er die Art des ererbten Vermögens. Über Geld kann der Erbe durch Konsum oder Anlage verfügen. Ist jedoch das Erbgut in Vermögenswerten gebunden, insbesondere in Betriebs- oder Grundvermögen, so liegt die Bereicherung des Erben wirtschaftlich in der Fruchtziehung aus dem ererbten Vermögen sowie in der Möglichkeit, dieses Vermögen zu veräußern. Die Bereicherung durch Fruchtziehung unterliegt in aller Regel einer hohen laufenden Besteuerung, sie wird beim Erben mithin zweimal besteuert. Macht der Erbe von der Möglichkeit einer Veräußerung zeitnah zum Erbfall Gebrauch, kann er zwar über § 35 EStG eine Doppelbesteuerung vermeiden, muß aber Erträge aus der Anlage des Erlöses wiederum versteuern. Veräußert er Betriebsvermögen zu einem Zeitpunkt, der außerhalb der Zeitgrenze des § 35 EStG liegt, muß er für den Gewinn Einkommensteuer zahlen, ohne eine Ermäßigung für die Erbschaftsteuer zu erhalten. Konsumiert hingegen der Erbe das Ererbte oder erwirbt er ein Einfamilienhaus, daß er einkommensteuerfrei selber nutzt oder veräußert, kommt es bei ihm nur zu einer Einmalbesteuerung. Damit benachteiligt die Erbschaftsteuer die steuerpflichtige Teilnahme am allgemeinen Wirtschaftsverkehr, was unerwünscht ist.

Je nach ihrer Höhe und der Situation des Erben kann die Erbschaftsteuer dazu führen, daß der Erbe zur Veräußerung des Erbgutes oder gar zur Ausschlagung des Erbes gezwungen ist. Der Gesetzgeber sucht dem bei Unternehmenserwerben dadurch zu begegnen, daß er zur Abwendung einer Gefährdung für den Betrieb eine – nur bei Erwerben von Todes wegen zinslose – Stundung der Erbschaftsteuer bis zu 7 Jahren anbietet (§ 28 ErbStG). Mit dem Standortsicherungsgesetz hat er zur Milderung der Erbschaftsteuer auf Betriebsvermögen außerdem einen Freibetrag von 500.000,– DM eingeführt, den der Erbe jedoch verliert, wenn er das Vermögen vor Ablauf von 5 Jahren veräußert (§ 13 Abs. 2a ErbStG). Das zeugt von gutem Willen, beseitigt aber nicht die prinzipiellen Mängel im System einer solchen Besteuerung, die sich auch in anderen Bereichen insbesondere beim Erwerb von Grundvermögen zeigen.

11 Bericht des Finanzausschusses des Deutschen Bundestages zum Entwurf eines Dritten Steuerreformgesetzes 1974, BT-Drs. 7/2180, S. 21.

b) *Umverteilung*

Zur Rechtfertigung der Erbschaftsteuer wird häufig auch der Zweck der Umverteilung ins Feld geführt, der dem Prinzip der Leistungsfähigkeit zugrunde liegt.[12] Bedenkt man jedoch, welch massive Formen der Umverteilung die Besteuerung des Einkommens samt der Besteuerung von Sollerträgen des daraus gebildeten Vermögens durch Vermögen- und Grundsteuer seit dem Beginn des Jahrhunderts angenommen hat, so läßt sich eine zusätzliche Umverteilung durch die Erbschaftsteuer schwerlich rechtfertigen. Von dem ursprünglichen Spitzensatz der Einkommensteuer von 4 % haben wir uns meilenweit entfernt. Der Höchstsatz der Einkommensteuer greift seit 1958 nur wenig verändert ab einem Einkommen von 110.000/220.000 DM (jetzt 120.000/240.000) ein. Das entsprach damals dem 21-fachen des Durchschnittseinkommens, heute ist es noch gerade das 2,5-fache. 1993 trugen 25 % der Steuerpflichtigen bei einem Anteil von 58,9 % an den zu versteuernden Einkommen 71,1 % der Einkommensteuerbelastung, auf 10 % der Steuerpflichtigen mit einem Einkommensanteil von 35,9 % entfielen 50,5 %.[13] Einkommensteuer, Kirchensteuer und unbefristeter Solidaritätszuschlag ergeben ab 1995 eine Grenzbelastung von fast 62 %. Die auf 1 % erhöhte Vermögensteuer läßt die kumulierte Steuerbelastung von Zinsen Prozentsätze nahe 80 % erreichen. Im Zusammenwirken von Steuerbelastung und Geldentwertung verringert sich das Vermögen gegenwärtig um mehr als 2,5 % pro Jahr. Die inflationsbedingten heimlichen Steuererhöhungen haben nach Berechnungen des IFO-Institutes sich in den drei Jahren von 1990 bis 1992 auf fast 38 Milliarden summiert und damit die Entlastungen durch die Tarifreform bei der Einkommensteuer von 1990 schon deutlich übertroffen.[14] Gewerbe- und Grundsteuer fügen weitere Steuerlast hinzu.

Die im Vergleich zu unseren wichtigsten Wettbewerbsländern abnorm hohe Last der Unternehmensbesteuerung noch beim Tod des Unternehmers durch Erbschaftsteuern zu steigern, macht vollends keinen Sinn. Es schwächt nur die Unternehmenssubstanz, gefährdet wirtschaftlich sinnvolle Einheiten und fördert die Unternehmenskonzentration.

Wir sind mit unseren Besteuerungsformen an einem Punkt angelangt, wo eine Erbschaftsbesteuerung sich auch gesellschaftspolitisch selbst in Frage stellt.

---

12 *Tipke* a.a.O. (FN 3) S. 748 ff; *Goerdeler-Kommission* a.a.O. (FN 6) TZ 190 ff.

13 Parl. Staatssekretär *Grünewald* am 07.09.1993, BT-Drs. 12/5657, S. 23; mit weiteren Daten *»Institut Finanzen und Steuern«*, Zur Notwendigkeit der Reform des Einkommensteuertarifs, Heft Nr. 323, 1994, S. 39 ff.

14 *IFO* (1993) S. 4 ff.; näheres zu den heimlichen Steuererhöhungen *Institut Finanzen und Steuern* a.a.O. (FN13), S. 22 ff.

4. *Zu den Mängeln der Erbschaftsteuer*

a) *Unternehmensnachfolge*

Durch die Übernahme der Steuerbilanzwerte und den Freibetrag auf das Betriebsvermögen wurde die Last der Erbschaftsteuer beim Übergang von Einzelunternehmen und Beteiligungen an Personengesellschaften zwar gemildert, ihre Gefahr aber nicht gebannt. Wie die *Goerdeler-Kommission* dargelegt hat, handelt es sich häufig um verhältnismäßig hohe Erwerbe, die selbst in Steuerklasse I zu hohen Belastungen führen können. Wurden Gewinne dem Unternehmen belassen, kann es an Privatvermögen zur Bezahlung der Erbschaftsteuer fehlen. Das kann zur Veräußerung oder Teilveräußerung bzw. Liquidation oder Teilliquidation führen. Durch Veräußerung an ausländische Interessenten kann es zur Auswanderung gerade auch »intelligenter« Unternehmensaktivitäten kommen. Läßt sich dieses noch abwenden, so werden dem Betrieb doch notwendige Mittel für Wachstum und Innovation entzogen. Die Existenzgrundlagen von Mitarbeitern und ihren Familien werden gefährdet.[15]

Tipke hebt hervor, daß das Unternehmen durch einen Erbfall nicht leistungsfähiger werde. Der Erbfall bewirke weder einen Zuwachs an Betriebsvermögen noch an Ertragskraft. Die Rechtfertigung der Erbschaftsteuer auf das Vermögen von Unternehmen stehe somit auf schwachen Füßen.[16]

b) *Grundbesitz*

Beim Grundbesitz treten die schädlichen Wirkungen der Erbschaftsteuer gegenwärtig in den Hintergrund, weil Einheitswerte ihre Bemessungsgrundlage bilden, die den Verkehrswert des Grundvermögens weit unterschreiten.

So beliefen sich nach Untersuchungen der Finanzverwaltung Mitte der achtziger Jahre die Einheitswerte auf Anteile des Verkehrswertes, die je nach Grundstücksart und angewandtem Bewertungsverfahren zwischen 30 % (Geschäftsgrundstücke) und 0,4 % (forstwirtschaftliches Vermögen) lagen. Einfamilienhäuser, die im Sachwertverfahren bewertet wurden, lagen bei 30 %, bei Bewertung im Ertragsverfahren bei 13 %, Mietwohngrundstücke bei 15 %, unbebaute Grundstücke bei 10 % und landwirtschaftliches Vermögen bei 3,5 %.[17] Neuere Erhebungen des Bundesrechnungshofes und der Finanzverwaltung zeigen, daß die Abweichungen vom Verkehrswert bei bebauten Grundstücken inzwischen noch größer geworden sind. Zwar sind die Einheitswerte seit 1974 um einen pauschalen Zuschlag von 40 % zu erhöhen, doch wird dadurch die Diskrepanz der Werte nur gemildert, aber keineswegs behoben. Es bleibt mithin bei großen Bewertungs- und demzufolge Belastungsunterschieden zwischen Grundbesitz und anderem Vermögen, insbesondere Kapitalvermögen, aber auch zwischen verschiedenen Arten des

---

15 *Goerdeler-Kommission* a.a.O. (FN 6) TZ 202.
16 *Tipke* a.a.O. (FN 3) S. 765/766.
17 *Goerdeler-Kommission,* a.a.O. (FN 6) TZ 160.

Grundvermögens. Diese Unterschiede werden gesteigert, wenn zum Erwerb des Grundstücks Schulden aufgenommen wurden oder andere Verpflichtungen aus dem Erbfall bestehen, die zum Nennwert anzusetzen sind.

Nach wohl einhelliger Meinung verstößt diese unterschiedliche Bewertung gegen den Gleichheitssatz (Art. 3 GG).[18] Eine Entscheidung des Bundesverfassungsgerichtes wird noch in diesem Jahr erwartet, ein neuer Ansatz zur Bewertung des Grundvermögens dann unausweichlich sein.

Ein Beschluß des Bundesverfassungsgerichtes vom 14.12.1993, mit dem dessen 1. Senat eine Vorlage des Finanzgerichts Hamburg zur Erbschaftsteuer wegen unzureichender Substantiierung als unzulässig zurückgewiesen hat, gießt allerdings Wasser in den Wein mancher Erwartung.[19] Das Finanzgericht hielt es für gleichheitswidrig, daß die Bereicherung durch Grundbesitz mit dem Einheitswert, die Bereicherung durch einen Erbbauzinsanspruch für ein an demselben Grundstück bestelltes Erbbaurecht jedoch mit dem vollen Kapitalwert bemessen wurde. Nach Auffassung des Bundesverfassungsgerichts sind zwar die in Rechtsprechung und Literatur bestehenden verfassungsrechtlichen Bedenken gegen die bestehende Einheitsbewertung für Grundvermögen nicht ohne weiteres von der Hand zu weisen. Es sei aber keineswegs zwingend, daß diese Bedenken in gleichem Maße für alle Formen des Grundstückseigentums zuträfen. So habe es das Gericht in einer früheren Entscheidung für zulässig gehalten, daß die Berechnung der Einheitswerte je nach Grundstücksart nach unterschiedlichen Regeln vorgenommen wird. Erwägenswert sei daneben, zumindest Grundstücke verschieden zu behandeln, je nachdem, ob sie ihrem Eigentümer verhältnismäßig hohe oder niedrige Erträgnisse bringen. Es sei durchaus nicht ausgeschlossen, daß auch bei den von einem Einheitswert abhängenden Steuern besondere Grundsätze gälten, wenn die daraus resultierenden Steuern nicht mehr aus dem Ertrag, sondern »aus der Substanz« gezahlt werden müßten. Weitere verfassungsrechtliche Fragen könnten hinzukommen.

Bleibt danach offen, welche Entscheidung in der Sache vom Bundesverfassungsgericht zu erwarten ist, so ist doch absehbar, daß eine vernünftige Neuordnung der Bewertung des Grundvermögens innerhalb der bisherigen steuerlichen Bahnen auf hohe Hürden treffen wird.[20] Das stellt den Grundgedanken der Einheitsbewertung, eine einheitliche Bemessungsgrundlage für unterschiedliche Steuern zu bieten, zur Diskussion.

Die Einheitswerte sind Bemessungsgrundlage für die Vermögen-, die Erbschaft- und die Grundsteuer. Ist man mit der *Goerdeler-Kommission*[21], der *Arbeitsgruppe Steuerrechtsvereinfachung*[22] und vielen anderen Stimmen[23] zu Recht

---

18 *Tipke* a.a.O. (FN 3) S. 755 ff. m.w.N.
19 Beschluß vom 14.12.1993 - 1 BvL 25/88.
20 Näher dazu *Arbeitsgruppe Steuerrechtsvereinfachung* a.a.O. (FN 10) S. 186 ff.
21 AaO. (FN 6) TZ 182 ff.
22 AaO. (FN 10) S. 190 ff.
23 *Tipke* a.a.O. (FN 3) S. 788 ff. m.w.N., S. 807/808; *Klein*, HB vom 18.01.1994; *Meyding*, Ist eine verfassungskonforme Vermögensbesteuerung überhaupt möglich?, DStR 1992, S. 1113 ff. *Arbeitsgruppe Steuervereinfachung* a.a.O. (FN 10) S. 190 ff.; *Oechsle*, Hundert Jahre Vermögensteuergesetze, in Deutschland - Zur Geschichte und Begründungsproblematik der modernen Vermögensteuer, BB 1993, S. 1369 ff.; *Stenger* in: Gürsching/Stenger, VStG, Einführung Rdnr. 20.

der Meinung, daß die Vermögensteuer nicht mehr zu rechtfertigen und deshalb abzuschaffen ist, so bedarf es keiner Einheitsbewertung mehr. Für die Grundsteuer wäre dann der Weg frei, ein wesentlich einfacheres, auf die besonderen Bedürfnisse dieser Steuer zugeschnittenes Verfahren der Bewertung zu wählen, das sich von den Verkehrswerten völlig löst. Da die Höhe der Grundsteuer wesentlich von den gemeindlichen Hebesätzen mitbestimmt wird, besteht hier ein großer Freiraum für den Gesetzgeber.[24]

Hält man eine baldige Abschaffung der Vermögensteuer bei den gegenwärtigen politischen Gegebenheiten für aussichtslos, so hat der Gesetzgeber eine Option, die auf weniger politische Widerstände treffen sollte: Die Beseitigung der Doppelbelastung des Grundvermögens mit Vermögen- und Grundsteuer durch eine Befreiung des Grundvermögens von der Vermögensteuer[25]. Das wäre ein Schritt, der durch die niedrigen Einheitswerte schon vorgezeichnet ist. Auch die Verwaltungsökonomie spricht dafür. Entfällt doch von den mit 32 % besonders hohen Erbringungskosten der Vermögensteuer der allergrößte Teil auf die Ermittlung der Bemessungsgrundlagen für das Grundvermögen. Die Grundsteuer erfaßt den Grundbesitz mit seinem Brutto-Wert, ein Abzug von Schulden findet nicht statt. Mit einem Aufkommen von rund 12 Milliarden beträgt die Grundsteuer B ein Vielfaches der Vermögensteuer vom Grundbesitz, deren entsprechendes Aufkommen eher unter 1 Milliarde liegen dürfte. Es liegt daher nahe, die Besteuerung des Grundbesitzes allein der Grundsteuer als der »natürlichen« Gemeindesteuer im Sinne einer Bürgersteuer vorzubehalten. Da die Grundsteuer Schulden nicht berücksichtigt, müßten diese bei der Vermögensteuer weiterhin abzugsfähig bleiben. Die Abwälzbarkeit der Grundsteuer durch den Vermieter sollte angesichts der Grenzen, die solcher Abwälzung durch Markt und Mietrecht gezogen sind, kein gewichtiger Einwand sein.

Ob nun eine Bereinigung der Vermögensbesteuerung auf dem einen oder anderen Wege stattfindet, die Grundsteuer könnte jedenfalls eigene Wege gehen und für die Erbschaftsbesteuerung des Grundvermögens wäre ein neuer Ansatz zu finden. Dabei geht es dann nicht mehr um ein Massenverfahren, sondern um für Einzelfälle zu findende Werte. Das rückt nach verbreiteter Meinung den Verkehrswert ins Blickfeld[26] und mit ihm eine ähnliche Problematik, wie sie sich schon bei der Unternehmensnachfolge gezeigt hat.

Der *Sachverständigenrat* zur Begutachtung der gesamtwirtschaftlichen Entwicklung hat in seinem Jahresgutachten 1993/94 vorgerechnet, daß bei einer Anpassung der Einheitswerte an die Verkehrswerte – unter der Prämisse keiner weiteren Steuerrechtsänderungen – das Steueraufkommen bei der Grundsteuer um etwa 55 Milliarden, bei der Vermögensteuer um etwa 11 Milliarden und bei der Erbschaftsteuer um etwa 7 Milliarden jährlich steigen würde.[27] In der Summe

---

24 Siehe u.a. *Goerdeler-Kommission* a.a.O. (FN 6) TZ 323 ff.; *Karl-Bräuer-Institut,* Die Einheitsbesteuerung des Grundbesitzes, Heft 76, 1993.

25 So schon *Miehler/Kronthaler,* Einheitsbewertung und kein Ende?, DStZ 1992, S 741 ff.

26 So für den privaten Grundbesitz *Goerdeler-Kommission* a.a.O. (FN 6) TZ 206 ff.; *Karl-Bräuer-Institut* a.a.O. (FN 24); *Meyding,* a.a.O. (FN 23) S. 1116/1117; *Wissenschaftlicher Beirat* beim BMF, Heft 41 der Schriftenreihe des BMF, 1989.

27 BR-Drs. 832/93, S. 218.

wären das 73 Milliarden Mehrbelastung für die Grundbesitzer, was nahezu 10 % unseres gesamten Steueraufkommens entspräche. Natürlich müßte der Gesetzgeber hier mit Änderungen der Tarife, Steuermeßzahlen und Freibeträge gegensteuern. Im Ergebnis würde aber der Grundbesitz als Objekt von drei verschiedenen Steuern massiv höher belastet als jedes andere Vermögen. Bei der Erbschaftsteuer würde er den Löwenanteil einer Verschärfung zu tragen haben, sind doch gegenwärtig nur etwa 10 % aller Erbschaftsteuerfälle auch tatsächlich erbschaftsteuerpflichtig.[28] Eine Verschärfung der Erbschaftsteuer auf den Grundbesitz wäre eine widersinnige Antwort darauf, daß Grundvermögen im Gegensatz zum Kapitalvermögen ruhendes Vermögen ist, das sich der steuerlichen Erfassung nicht entzieht und mit der jährlich zu zahlenden Grundsteuer einer Sonderbelastung unterworfen ist. Hohe Freibeträge, die 80 % der Einkünfte aus Kapitalvermögen von der Einkommensteuer befreien, und private Kapitalflucht als Antwort des Steuerzahlers auf das Zinsabschlaggesetz sollten den Gesetzgeber davon abhalten, sich ausgerechnet beim Grundvermögen schadlos zu halten.

Es ist auch in Frage zu stellen, daß der Verkehrswert als solcher der geeignete Wert ist, die Bereicherung des Erben durch das Grundstück bzw. seinen Vermögenswert zu bewerten. Wie *Kirchhof*[29] und *Vogel*[30] überzeugend nachgewiesen haben, sind die einheitswertabhängigen Steuern nicht als Steuern nach dem Verkaufswert, sondern als Besteuerung der Ertragsfähigkeit zu begreifen. Daß mit Vermögen-, Grund- und Erbschaftsteuer grundsätzlich nicht die Substanz, sondern der Ertrag belastet werden soll, bestätigen Entscheidungen des Bundesverfassungsgerichts.[31] Dem wird jedoch entgegengehalten, daß in einem Ertragswert die künftigen Erträge eines Grundbesitzes einschließlich späterer Verkaufsgewinne zu erfassen wären, was bei einem funktionierenden Markt - mit Ausnahme des land- und forstwirtschaftlichen Vermögens - auf den Verkehrswert hinaus liefe.[32] Damit wären wir dann doch wieder beim Verkehrswert mit all seinen Ungereimtheiten gelandet und sollten uns mit Kruse erinnern: »Es führt sicherlich kein Weg zurück zum Verkehrswert. Rechts- und Steuerpolitik kann nicht darin bestehen, daß man historische Fehler wiederholt«.[33]

5. *Lösungsansätze*

Den Schutz von Eigentum und Erbrecht nennt das Grundgesetz in seinem Artikel 14 in einem Atemzug. Wohlstand fällt nicht vom Himmel, sondert setzt Leistung voraus. Das Erbe ist das, was dem Erblasser nach all den Steuern seines Le-

---

28 *Goerdeler-Kommission* a.a.O. (FN 6) TZ 217.

29 *Kirchhof*, Die Steuerwerte des Grundbesitzes, 1985, S. 8 ff.; *ders.* Verfassungsrechtliche Maßstäbe für die Einheitswerte des Grundbesitzes, DStR 1984, S. 575 ff.

30 *Vogel*, Verkehrswert, Ertragswert und andere Werte, DStZ/A 1979, S. 28 ff.

31 *Kirchhof*, Die Steuerwerte des Grundbesitzes, a.a.O. (FN 28), S. 59 ff. m.w.N; hierzu des weiteren *Kleeberg/Bruckmeier*, Plädoyer für eine neue Einheitsbewertung des Grundbesitzes, BB 1992, S. 2330 ff., 2332.

32 *Höll*, Die Einheitsbesteuerung und ihre Bewertungsmaßstäbe, DB 1993, S. 2053 ff.

33 *Kruse* in: Werte und Wertermittlung, Deutsche Steuerjuristische Gesellschaft, Bd. 7, 1984, S. 3.

bens von dem Produkt seiner Leistung noch verblieben ist. Es ist auch das Ergebnis seines Sparens und seiner Vorsorge für sich und seine Familie. Leistung, Sparen und Vorsorge müssen dem Staat bei seinen Bürgern willkommen und der Ermunterung wert sein. Sie im Tode dafür mit Steuern zu strafen, hieße falsche Signale setzen, Kapital- und Steuerflucht provozieren und gesellschaftlichen Schaden anrichten. Nicht Verschärfung der Erbschaftsbesteuerung sondern Behutsamkeit und Schadensvermeidung sind gefragt.

Viele Gründe lassen sich mittlerweile für eine Abschaffung der Erbschaftsteuer anführen. Das Ausmaß unserer laufenden Belastung mit direkten und indirekten Steuern und Abgaben, das gestörte Zusammenspiel zwischen den einzelnen Steuerarten, die negativen Wirkungen der Erbschaftsteuer auf Leistungs- und Sparbereitschaft, ihr nicht mehr nachvollziehbarer Zuschnitt, ihre extreme Beratungs- und Gestaltungsabhängigkeit, all das sollte eine Steuer zum Abschuß freigeben, die dem Bürger viel Verdruß und dem Staat wenig Einnahmen bringt.

Wie die Dinge bei uns aber politisch zu laufen pflegen, hat ein solcher Schritt ungeachtet aller vollmundigen Bekenntnisse zu einem einfacheren und gerechteren Steuersystem keine Chance. Er fände wohl auch bei jenen Widerspruch, die einer stärkeren Ausrichtung unserer Einkommensbesteuerung auf den Konsum das Wort reden[34] oder in der akzentuierten Aufrechterhaltung der Erbschaftsteuer den Preis für eine Abschaffung der Vermögensteuer sehen.[35] Also gilt es, Lösungsansätze zu finden, die sich mit weniger begnügen.

a) *Unternehmensnachfolge*

Um die schädlichen Wirkungen der Erbschaftsteuer auf die Unternehmensnachfolge einzuschränken, hat die *Goerdeler-Kommission* außer der Übernahme der Steuerbilanzwerte eine Zusammenfassung der Steuerklassen II und III mit dem Ziel einer Erleichterung der Seitennachfolge sowie eine Verlängerung der Stundungsmöglichkeiten auf 15 Jahre vorgeschlagen.[36] Die Übernahme der Steuerbilanzwerte hat der Gesetzgeber zum Jahresbeginn 1993 verwirklicht, die anderen Vorschläge bisher noch nicht. Für kleinere Unternehmen bedeutet jedoch der 1994 eingeführte Freibetrag von 500.000,- DM bei Betriebsvermögen eine wesentliche Erleichterung (geschätzter Einnahmeausfall 250 Millionen).

Das Grundübel der Erbschaftsteuer bei der Unternehmensnachfolge ist damit aber nicht gelöst: Die Besteuerung einer »Bereicherung« in der Person des Erben, die in dem durch den Erbfall nicht bereicherten Unternehmen gebunden ist und sich wirtschaftlich für den Erben auf seine der laufenden Besteuerung unterliegenden Erträge aus diesem Unternehmen reduziert. Das ändert sich erst, wenn der Erbe von seiner Möglichkeit Gebrauch macht, das auf ihn übergegangene Unternehmensvermögen zu veräußern und über den Erlös nach seinen persönlichen Interessen zu verfügen.

---

34 U.a. *Lang*, Entwurf eines Steuergesetzbuches, Heft 49 der Schriftenreihe des BMF, 1993, RZ 95, 437.
35 So *Goerdeler-Kommission* a.a.O. (FN 6) TZ 205.
36 AaO. (FN 6) TZ 218 ff.

Es liegt daher der Gedanke nahe, den Erbanfall von Betriebsvermögen erst dann der Erbschaftsteuer zu unterwerfen, wenn dieses Vermögen vom Erben veräußert, die bis dahin in diesem Vermögen gebundene Bereicherung also realisiert wird. Das entspräche der Ausrichtung auf das Prinzip der Leistungsfähigkeit, wie es bei der Einkommensteuer verstanden wird. Bemessungsgrundlage wäre der Buchwert des Betriebsvermögens zum Zeitpunkt des Erbfalls, höchstens aber der spätere Veräußerungspreis. Diese Regelung wäre mit einer Ausschlußfrist für die Nachholung der Erbschaftsteuer bei Veräußerung zu verbinden, die der laufenden Unternehmensbesteuerung ebenso Rechnung trägt, wie der Tatsache, daß Gewinne aus der Veräußerung der Einkommensteuer unterliegen. Zur Erleichterung vorweggenommener Erbfolgen sollte gleiches auch für die Schenkungsteuer gelten.

Der Gedanke, erst die Veräußerung des Erbgutes durch den Erben ins Visier zu nehmen, ist der Erbschaftsteuer nicht fremd. Bereits heute verschont das Gesetz zum Teil oder zur Gänze Grundbesitz, Kunstgegenstände, Kunstsammlungen, wissenschaftliche Sammlungen, Bibliotheken und Archive unter bestimmten Voraussetzungen, wenn deren Erhaltung im öffentlichen Interesse liegt (§ 13 Abs. 1 Ziff. 2 und 3 ErbStG). Diese Freistellung fällt mit Wirkung für die Vergangenheit weg, wenn solche Gegenstände innerhalb von 10 Jahren nach dem Erwerb veräußert werden. Eine an § 35 EStG orientierte Verfallfrist von 5 Jahren gilt für den neuen Freibetrag auf das Betriebsvermögen. Was für Kunst und Kultur recht ist, sollte für Vermögen, das zum Nutzen unserer Volkswirtschaft in Unternehmen gebunden ist, umso billiger sein.

b) *Grundbesitz*

In Anbetracht der von ihr für notwendig erachteten Abschaffung der Vermögensteuer hält die *Goerdeler-Kommission* bei der Erbschaftsteuer den Verkehrswert als einheitlichen Maßstab der Bewertung des privaten Grundbesitzes für sachgerecht[37]. Damit würden, so meint sie, insbesondere aus steuersystematischer Sicht und auch vom wirtschaftlichen Ergebnis her wenig einsichtige Unterschiede in der derzeitigen Erbschafts- und Schenkungsbesteuerung vermieden. Viele Länder Europas wie auch in den USA knüpften ebenfalls weitestgehend an die Verkehrswerte des Grundbesitzes an. Um unnötige Härten zu vermeiden und insbesondere inflationsbedingte Wertsteigerungen zu berücksichtigen, sollten aber alle Freibeträge deutlich angepasst werden. In der Steuerklasse I müßte der Steuerfreibetrag mindestens etwa in Höhe des Verkehrswertes eines Einfamilienhauses liegen[38], was auf eine Größenordnung von 400 bis 500.000,- DM hinausliefe.

Dieser Vorschlag würde jedoch nur die Masse von Erbfällen mit kleineren Vermögensübergängen vor der Erbschaftsteuer schützen. Die den Unternehmenserwerben vergleichbare grundsätzliche Problematik der Erbschaftsteuer beim Grundvermögen wäre so nicht zu lösen.

37 AaO. (FN 6) TZ 206 ff.
38 AaO. (FN 6) TZ 217.

Der Wert des Grundvermögens wird, außer durch die Art seiner Nutzung, entscheidend durch seine Lage und die Entwicklung der Bodenpreise beeinflußt, auf die der Eigentümer keinen Einfluß hat. Ein Bürogrundstück in zentraler Großstadtlage wirft hohe Erträge ab. Ein Grundstück, das vor 40 Jahren als Wiese für geringes Entgelt erworben und für eigene Wohnzwecke bescheiden bebaut wurde, kann inzwischen einen Millionenwert haben, ohne daß dem entsprechende Erträge gegenüber stehen. Bei einer Besteuerung zum Verkehrswert kann der Erbe gezwungen sein, das Bürogrundstück oder das Haus seiner Eltern zu veräußern oder die Erbschaft auszuschlagen. Das ist dann nicht nur sein persönliches Problem, es kann auch zu unerwünschten strukturellen Verwerfungen führen. Man stelle sich die künftige Besiedelung des oberbayrischen Seengebietes, der holsteinischen Schweiz oder der Wohnperipherie großer Städte vor, wenn die Erbschaftsteuer die Erben von dort vertriebe. Darf eine regionale Entwurzelung das Ergebnis einer Erbschaftsteuer sein? Die Erhaltung des Grundvermögens im Generationenwechsel sollte dem Gesetzgeber ein Anliegen sein.

Es bietet sich deshalb an, den für die Unternehmensnachfolge hier entwickelten Gedanken auch für das Grundvermögen nutzbar zu machen. Das Grundvermögen ist ebenfalls in der Volkswirtschaft gebunden, es erfüllt einen wichtigen gesellschaftspolitischen Zweck. Eine Veräußerung oder Ausschlagung zu erzwingen, steht dem demokratischen Steuergesetzgeber nicht gut zu Gesicht. Es würden nur die Eigentümer wechseln, und das nach Maßgabe ihrer finanziellen Möglichkeiten. Also sollte auch hier die Erbschaftsbesteuerung aufgeschoben werden, bis der Erbe das Grundstück aus freien Stücken verkauft. Nur unter dieser Voraussetzung mag es angehen, den Verkehrswert im Zeitpunkt des Erbfalls unter gebührenden Abschlägen und Freibeträgen zur Grundlage der Besteuerung zu machen.

Allerdings wären Besonderheiten zu bedenken, die für die Besteuerung der Einkünfte aus Grundvermögen einschließlich seiner Veräußerung gelten. Grundvermögen, das nicht zu einem Betriebsvermögen oder zu einem Wirtschaftsteil eines land- oder forstwirtschaftlichen Vermögens gehört, kann veräußert werden, ohne daß der Gewinn aus der Veräußerung der Einkommensteuer unterliegt. Dieser Unterschied ließe sich dadurch berücksichtigen, daß die Nachholung der Erbschaftsteuer bei Veräußerung solchen Grundbesitzes unter keine oder eine wesentlich längere Ausschlußfrist gestellt wird. Eine andere Besonderheit besteht darin, daß der Erbe eines Wohngrundstücks, das er unter Ersparnis von Mietaufwand selbst bewohnt, den Mietwert nicht zu versteuern braucht, während eine Vermietung zu steuerpflichtigen Einkünften führen würde. Da die Entscheidung für eine Konsumgutlösung im Gesamtgefüge der Einkommensteuer getroffen wurde, sollte sie jedoch bei der Erbschaftsteuer respektiert werden. Schließlich hat der Erbe bei der Eigennutzung auch die Grundsteuer Jahr für Jahr zu tragen mit Beträgen, die dank Anhebung der gemeindlichen Hebesätze in ständigem Auftrieb begriffen sind.

6. *Ausblick*

Dieser Beitrag für einen Jubilar, der unsere Steuerpolitik über viele Jahre mitgestaltet hat und bis heute ihr kluger Begleiter geblieben ist, sollte deutlich werden lassen, daß die Beschäftigung mit einzelnen Steuern der Vernetzung mit anderen Steuern bedarf. Wir müssen uns fragen, mit welchen Besteuerungsformen wir um die Jahrhundertwende beim Aufbau eines modernen Steuersystems begonnen haben und wo wir uns heute wiederfinden? In welchem Beziehungsgeflecht standen unsere heutigen Steuern damals? Welche Entwicklungen haben sie genommen? Welche Wirkungen, welche Gefahren gehen heute von ihnen aus? Und wo finden wir uns im Konzert und im Wettbewerb der Völker wieder?

Die Erbschaftsteuer ist eine kleine Steuer, doch von großer politischer Brisanz. Sie kann dem braven Bürger das Leben im Lande weit über Gebühr verleiden, ihr gesellschaftlicher Schaden ist höher als ihr fiskalischer Gewinn. Angesichts der massiven Geldabschöpfung zu Lebzeiten, kann eine fragwürdige Besteuerung von Todes wegen nicht mehr auf Verständnis stoßen. Gewinnt diese Erkenntnis keinen politischen Boden, so darf die Erbschaftsteuer jedenfalls nicht noch verschärft werden. Vielmehr muß sie jener schädlichen Wirkungen entkleidet werden, die sie bei der Generationennachfolge im Unternehmen und im Grundbesitz entfalten kann. Die Ausrichtung der Besteuerung auf die Weiterveräußerung durch den Erben weist dazu den Weg.

Peter Ruzicka

Bühnenschiedsgerichtsbarkeit und zivilprozessuale Dogmatik

I. *Historische Begründung der Bühnenschiedsgerichtsbarkeit*

Nach dem Willen des Gesetzgebers sollen schiedsgerichtliche Verfahren in Arbeitssachen die Ausnahme bilden.[1] Das Arbeitsgerichtsgesetz von 1979 läßt die Bildung von Schiedsgerichten deshalb nur für ganz bestimmte Berufsgruppen zu.[2] Es handelt sich um Berufszweige, bei denen sich die Schiedsgerichtsbarkeit seit langem eingebürgert und bewährt hat.[3] Bühnenschiedsgerichte hatten sich bereits im vorigem Jahrhundert gebildet und waren zuständig für alle arbeitsrechtlichen Streitigkeiten zwischen Bühnenkünstlern und Theatern.[4] Schon bei der Verabschiedung des Arbeitsgerichtsgesetzes 1953 waren dem Gesetzgeber daher die Bühnenschiedsgerichtsordnung vom 1. Oktober 1948 und deren Vorläufer sowie die darauf fußende Bühnenschiedsgerichtspraxis bekannt. In der Begründung des Arbeitsgerichtsgesetzes wird insoweit ausgeführt, daß den Bühnenmitgliedern »die Möglichkeit eines Schiedsvertrages auch für die Zukunft zugestanden werden (mußte), weil die Eigenart ihres Beschäftigungsverhältnisses eine sachkundige Entscheidung des Arbeitsgerichts erschweren würde«[5]. Die Arbeitsvertragsparteien können jedoch nur eine durch Tarifvertrag ausdrücklich vereinbarte Schiedsklausel auf ihr Arbeitsverhältnis erstrecken.[6] Die Zuständigkeit der Arbeitsgerichte kann nach der Konzeption des Arbeitsgerichtsgesetzes also nicht durch die Arbeitsvertragsparteien allein abbedungen werden.[7] Die Vorbehalte des Gesetzgebers gegen arbeitsgerichtliche Schiedsgerichte treten erst zurück, wenn die Tarifvertragsparteien die Einrichtung von Schiedsgerichten für sinnvoll halten und daher tariflich regeln. Anders als im üblichen zivilrechtlichen Verkehr kann nämlich im Bereich des Arbeitsrechts ein Machtgleichgewicht von Arbeitgebern und Ar-

---

1 Boden, Urteilsanmerkung zu BAG AP Nr. 13 zu § 611 Bühnenengagementsvertrag; vgl. zu den Gründen für die Einschränkung der Schiedsgerichtsbarkeit in Arbeitssachen, Langer, Schiedsgerichte in Arbeitssachen, in: Die Arbeitsgerichtsbarkeit, Festschrift zum 100jährigen Bestehen des Deutschen Arbeitsgerichtsverbandes, Berlin 1994, 465-482(466).

2 Das Arbeitsgerichtsgesetz 1953 enthielt ebenfalls eine solche das Schiedswesen einschränkende Regelung. Der Regierungsentwurf zu diesem Gesetz wollte demgegenüber die Schiedsgerichte auf breiterer Grundlage zulassen (vgl. RdA 1951, 456 und BT-Drucksachen I Nr. 3516 und 4372).

3 Hueck/Nipperdey, Lehrbuch des Arbeitsrechts, Berlin und Frankfurt 1963, § 104 I.

4 Vgl. zur historischen Entwicklung der Bühnenschiedsgerichtsbarkeit: Rehbinder, Zur Kompetenz der Bühnenschiedsgerichte und zur Abgrenzung der Vertragstypen im Bühnenarbeitsrecht, UFITA, Band 41 (1964), 291-311.

5 BT-Drucksache I Nr. 4372.

6 Germelmann/Matthes/Prütting, Arbeitsgerichtsgesetz Kommentar, München 1990, § 101 Rz. 26.

7 Grunsky, Arbeitsgerichtsgesetz Kommentar, München 1990, § 101 Rz. 1; Germelmann/Matthes/Prütting, (Fn. 6), § 101 Rz. 4; Hueck, Die Zulässigkeit der Bühnenschiedsgerichtsbarkeit in Einzelstreitigkeiten, RdA 1962, 132-137 (133).

beitnehmern nicht unterstellt werden, so daß die faktischen Kräfteverhältnisse die Zurückhaltung des Arbeitsgerichtsgesetzes gegenüber einzelvertraglichen Schiedsklauseln begründet erscheinen lassen.[8]

II. *Die Sonderstellung des Bühnenarbeitsrechts*

Das Arbeitsrecht der Bühne ist von einer Reihe von Besonderheiten geprägt, die die Schiedsgerichtsbarkeit für den Bereich Bühne legitimieren. Das im wesentlichen durch Tarifrecht ausgestaltete Bühnenarbeitsrecht nimmt in mehrerer Hinsicht Rücksicht auf die künstlerische Zweckbestimmung des Theaterbetriebs. Stellt der befristete Arbeitsvertrag im Arbeitsleben eher eine Randerscheinung dar, ist die zeitlich begrenzte Anstellung des künstlerischen Bühnenpersonals die gängige Vertragsform.[9] Dem Theater ist die Veränderung des künstlerischen Programms, der Wechsel des ästhetischen Stils und damit auch der Austausch des künstlerischen Personals wesensverwandt. Die Beendigung der Arbeitsverhältnisse von künstlerisch tätigen Bühnenmitgliedern darf nicht unverhältnismäßig erschwert werden. Das Tarifrecht beschränkt sich deshalb darauf, für die Nichtverlängerungsmitteilung lediglich formelle Wirksamkeitsvoraussetzungen (Fristen/Anhörung des Bühnenmitglieds) aufzustellen.[10] Es genügt, wenn der Arbeitgeber dem betroffenen Bühnenmitglied im Anhörungsgespräch konkrete und nachvollziehbare Gründe für die von ihm beabsichtigte Nichtverlängerungsmitteilung nennt, ohne daß diese ihrerseits der inhaltlichen Überprüfung durch die Bühnenschiedsgerichte unterliegen.[11] Nach der Rechtsprechung besteht eine solche Darlegungslast indessen nicht bei der Nichtverlängerungsmitteilung aus Anlaß des Intendantenwechsels, da der neue Theaterleiter häufig nur für sein künstlerisches Team Platz schaffen will und daher keine personenbezogenen Überlegungen bezüglich der alten Bühnenmitglieder anstellt.[12]

Das Bühnenarbeitsrecht wirft auch bei der Vertragsdurchführung eine Reihe spezifischer Fragestellungen - z. B. Beschäftigungsanspruch im Rahmen des Kunstfachs, Sondervergütung bei Sonderleistungen - auf, deren gerichtliche Klä-

---

8 Grunsky, (Fn. 7), § 101 Rz. 1.

9 BAG AP Nr. 15 und 27 zu § 611 Bühnenengagementsvertrag.

10 Tarifvertrag über die Mitteilungspflicht vom 23. November 1977 (TVM). Dieser Tarifvertrag gilt für die auf Normalvertrag Solo angestellten Bühnenmitglieder (Sänger/Schauspieler/Dirigenten usw.), die unter den Bühnentechnikertarifvertrag (BTT) fallenden Angestellten (Technische Direktoren/Leiter des Beleuchtungswesens/Vorstände Malsaal/Chefmaskenbildner usw.) und die unter den Tarifvertrag für technische Angestellte mit teilweise künstlerischer Tätigkeit an Landesbühnen (BTTL) fallenden Angestellten. Die Normalverträge Chor und Tanz regeln das Verfahren der Nichtverlängerung der Bühnenengagementsverträge mit teilweise anderen Fristenregelungen in vergleichbarer Weise. Die befristeten Bühnenengagementsverträge enden nicht automatisch mit Erreichen des vereinbarten Endtermins, sondern verlängern sich gemäß § 2 Abs. 1 TVM zu den gleichen Bedingungen um eine weitere Spielzeit, es sei denn, eine Vertragspartei teilt der anderen mit, daß sie nicht beabsichtigt, den Arbeitsvertrag zu verlängern (Nichtverlängerungsmitteilung). Zur Rechtsnatur der Nichtverlängerungsmitteilung, die nach ständiger höchstrichterlicher Rechtsprechung keine Kündigung darstellt und ihr auch nicht gleichgestellt werden kann, vgl. BAG AP Nr. 15 und 44 = 45 = 50 zu § 611 Bühnenengagementsvertrag.

11 BAG AP Nr. 19 zu § 611 Bühnenengagementsvertrag.

12 BAG AP Nr. 35 zu § 611 Bühnenengagementsvertrag.

rung im Streitfall eine besondere Sachkunde erfordert. Die Besetzung der Bühnenschiedsgerichte sorgt dafür, daß in die rechtliche Beurteilung streitiger Sachverhalte die Fachkunde von Theaterleuten einfließen kann. Die Bühnenschiedsgerichte haben in der Vergangenheit maßgeblich an der Weiterentwicklung des Bühnenarbeitsrechts mitgewirkt und damit Vorbehalte gegen die Schiedsgerichtsbarkeit jedenfalls auf diesem Feld des Arbeitsrechts eindrucksvoll widerlegt.

III. *Vergleich des arbeitsrechtlichen Schiedswesens mit der Schiedsgerichtsbarkeit nach der ZPO*

Die staatliche Gerichtsbarkeit und die Schiedsgerichtsbarkeit stellen zwei grundsätzlich unabhängige Gerichtszweige dar.[13] Zwischen ihnen besteht kein Instanzenzug. Im Rahmen der §§ 4, 101 ArbGG substituiert das schiedsgerichtliche Verfahren die staatliche Gerichtsbarkeit.[14] Dem Schiedsspruch kommt zwischen den Parteien die Wirkung eines gerichtlichen Urteils zu. Im Rahmen des Schiedsverfahrens kann es gleichwohl Berührungspunkte geben: Zur Durchführung der Beweisaufnahme kann eine prozessuale Hilfestellung durch das Arbeitsgericht nötig werden, da dem Schiedsgericht insoweit jegliche Zwangsmittel fehlen (§ 106 ArbGG). Das Schiedsgericht kann selbst eine Beweisaufnahme nur durchführen, wenn ihm die Beweismittel von den Parteien freiwillig zur Verfügung gestellt werden. Aus einem Schiedsspruch kann die Zwangsvollstreckung nur betrieben werden, nachdem der Schiedsspruch bzw. der Vergleich vom Vorsitzenden des Arbeitsgerichts für vollstreckbar erklärt worden ist (§ 109 ArbGG).

Das Aufhebungsverfahren des § 110 ArbGG stellt eine gesonderte Klage gegen Schiedssprüche zur Verfügung, die einen dreiinstanzlichen Rechtszug eröffnet. Die Gründe für die Aufhebung des Schiedsspruchs sind in § 110 ArbGG abschließend geregelt. Danach hat die Aufhebungsklage Erfolg, wenn 1. das schiedsgerichtliche Verfahren unzulässig war, oder 2. der Schiedsspruch auf der Verletzung einer Rechtsnorm beruht, oder 3. die Voraussetzungen vorliegen, unter denen gegen ein gerichtliches Urteil nach § 580 Nr. 1 - 6 ZPO die Restitutionsklage zulässig wäre. Die rechtliche Überprüfung des Schiedsspruchs im arbeitsgerichtlichen Aufhebungsverfahren ist damit an strengere Voraussetzungen geknüpft als die Aufhebung eines Schiedsspruchs nach der Zivilprozeßordnung. Nach § 1041 ZPO kann die Aufhebung eines Schiedsspruchs aus materiellrechtlichen Gründen nämlich nur dann begehrt werden, wenn die Anerkennung des Schiedsspruchs zu einem Ergebnis führen würde, das mit wesentlichen Grundsätzen des deutschen Rechts offensichtlich unvereinbar ist, insbesondere wenn die Anerkennung mit den Grundrechten unvereinbar ist. Insofern ist den privaten Schiedsgerichten bei normalen zivilrechtlichen Streitigkeiten ein nicht unerheblicher Freiraum für die Rechtsfindung gegeben. Das zivilprozessuale Schiedsverfahrens läßt sogar Billigkeitsentscheidungen zu, da die Parteien die Maßstäbe für

13 Germelmann, Bühnenschiedsgerichte und Arbeitsgerichtsbarkeit, NZA 1994, 12-19 (14).
14 Germelmann/Matthes/Prütting, (Fn. 6), § 101 Rz. 2.

eine Streitbeilegung als Folge ihrer privatautonomen Gestaltungsmöglichkeiten selbst festzulegen vermögen.[15] Die Arbeitsgerichte haben demgegenüber im Aufhebungsverfahren den Schiedsspruch umfassend auf seine Gesetzmäßigkeit hin zu überprüfen.[16] Die stärkere Bindung an das materielle Recht ist zugleich Konsequenz der restriktiven Tendenz des Arbeitsgerichtsgesetzes gegenüber Schiedsverfahren. Im übrigen verlangt die Schutzwürdigkeit des Arbeitnehmers, daß bei der Entscheidung von arbeitsrechtlichen Streitigkeiten materiellrechtliche Maßstäbe uneingeschränkt zur Geltung kommen. Das Aufhebungsverfahren nach § 110 ArbGG hat nach ständiger Rechtsprechung des Bundesarbeitsgerichts revisionsähnlichen Charakter.[17] Vorschriften des Revisionsrechts werden daher analog angewandt, soweit sie einer entsprechenden Anwendung fähig sind. Die Arbeitsgerichte sind in entsprechender Anwendung des § 561 Abs. 2 ZPO an den vom Schiedsgericht festgestellten Sachverhalt gebunden.[18] Die Parteien können also im Aufhebungsverfahren keine neuen Tatsachen und Beweismittel vorbringen.[19]

IV. *Zur Zuständigkeit für die Sachentscheidung nach Aufhebung eines Schiedsspruchs*

Angesichts der Bedeutung der Bühnenschiedsgerichtsbarkeit bedarf es einer Klärung des Verhältnisses von Schiedsgerichtsbarkeit und staatlicher Gerichtsbarkeit. Dabei geht es vorrangig um die Frage, ob die Kompetenz der Arbeitsgerichte auf eine bloße Aufhebung des Schiedsspruchs beschränkt ist oder ob die Arbeitsgerichte nach erfolgter Aufhebung eines Schiedsspruchs die Sache selbst entscheiden können oder sogar müssen. Nach dem Wortlaut des § 110 ArbGG können die Arbeitsgerichte im Aufhebungsverfahren den Schiedsspruch nur aufheben. Dem Arbeitsgerichtsgesetz ist selbst kein Hinweis zu entnehmen, welches Gericht nach erfolgter Aufhebung eines Schiedsspruchs die endgültige Sachentscheidung zu treffen hat.

In Rechtsprechung und Literatur haben sich zu dieser Frage zwei Ansichten herausgebildet. Mit dem arbeitsgerichtlichen Beschleunigungsgebot wird die Sachentscheidungskompetenz der Arbeitsgerichte begründet. Mit der Entscheidung durch das Schiedsgericht sei die Schiedsvereinbarung verbraucht, so daß die staatlichen Gerichte den Streit abschließend entscheiden könnten.[20] Die Gegenansicht lehnt einen Verbrauch der Schiedsvereinbarung hingegen ab, weil die

15 Baumbach/Lauterbach/Albers/Hartmann, Zivilprozeßordnung, München 1994, Einf. zu §§ 1034-1039 Anm. 2f.; Jauernig, Zivilprozeßrecht,München 1993, § 93 I und V.

16 BAG AP Nr. 11 zu § 101 ArbGG 1953; AP Nr. 19,20 und 21 zu § 611 Bühnenengagementsvertrag; Germelmann/Matthes/Prütting, (Fn. 6), § 110 Rz.11.

17 BAG AP Nr. 11 zu § 101 ArbGG 1953.

18 Ebenda.; BAG AP Nr. 27 zu § 611 Bühnenengagementsvertrag; Langer, (Fn. 1), 479.

19 Germelmann/Matthes/Prütting, (Fn. 6), § 101 Rz. 6; a. A. Schaub, Arbeitsrechtliche Formularsammlung und Arbeitsgerichtsverfahren, München 1990, § 82 I 2 c.

20 BAG AP Nr. 1 zu Saarland Arbeitsrechtseinführungsgesetz; BAG AP Nr. 14 zu § 101 ArbGG 1953; LAG Berlin UFITA, Band 88 (1980), 368 (372); Kempkens, Probleme der Bühnenschiedsgerichtsbarkeit, Diss Köln 1965, 75-78; Grunsky, (Fn. 7), § 110 Rz. 14.

Schiedsgerichte als ständige Einrichtung bestehen und damit für alle Streitigkeiten zwischen den Parteien zuständig bleiben.[21] Diese Streitfrage ist mit zwei jüngeren Entscheidungen des Landesarbeitsgerichts Köln und des Bundesarbeitsgerichts erneut ins Blickfeld gerückt.

1. *Urteil des LAG Köln vom 24. Februar 1992*[22]

Das Landesarbeitsgericht Köln hat im Rahmen eines Aufhebungsverfahrens den zugrunde liegenden Streitfall zur weiteren Tatsachenermittlung an das Bühnenoberschiedsgericht zurückverwiesen. In dieser Entscheidung setzt sich das erkennende Gericht ausführlich mit den unterschiedlichen Rechtsmeinungen zur Frage einer Sachentscheidungsbefugnis der Arbeitsgerichte auseinander. Es geht davon aus, daß nach dem Gesetzeswortlaut lediglich auf eine Aufhebung des Schiedsspruchs geklagt werden kann. Dem Regelungszusammenhang der §§ 101 ff. ArbGG sei eine Sachentscheidungskompetenz der Arbeitsgerichte nach Aufhebung des Schiedsspruchs nicht zu entnehmen. Der Gesetzgeber habe im Aufhebungsverfahren das Verhältnis der Arbeitsgerichtsbarkeit zur Schiedsgerichtsbarkeit wie das des Revisionsgerichtes zu den Tatsacheninstanzen ausgestaltet. Dies spreche dafür, *alle* revisionsrechtlichen Vorschriften analog anzuwenden. Hieraus wird gefolgert, daß für die Sachentscheidung auch § 565 ZPO Anwendung finde. Danach sei eine Entscheidung der Arbeitsgerichtsbarkeit in der Sache jedenfalls dann möglich, wenn die Aufhebung des Urteils nur wegen Gesetzesverletzung bei Anwendung des Gesetzes auf das festgestellte Sachverhältnis erfolgt und nach letzterem die Sache zur Entscheidung reif ist (§ 565 Abs. 3 Nr. 1 ZPO). Beim Erfordernis weiterer Tatsachenfeststellungen soll die Sache hingegen zur anderweitigen Verhandlung und Entscheidung an das Bühnenoberschiedsgericht zurückzuverweisen sein, damit die Fachkunde des Schiedsgerichts für die Tatsachenfeststellung uneingeschränkt genutzt werden könne. Dem Beschleunigungsargument werde dadurch Rechnung getragen, daß die Zurückverweisung nur im Falle mangelnder Entscheidungsreife erfolge und das Bühnenoberschiedsgericht an die rechtliche Beurteilung gebunden sei, die der Aufhebung zugrunde liege.

2. *Urteil des Bundesarbeitsgerichts vom 27. Januar 1993*[23]

Das Bundesarbeitsgericht hat in dem sich anschließenden Revisionsverfahren eine Zurückverweisung an das Bühnenoberschiedsgericht für grundsätzlich unzulässig gehalten, und zwar selbst für den Fall, daß weitere tatsächliche Feststellungen erforderlich sein sollten. Das LAG Köln hätte derartige tatsächliche Feststel-

---

21 Schwab, Anmerkung zu BAG AP Nr. 14 zu § 101 ArbGG 1953; Germelmann, (Fn. 13), 18; Germelmann/Matthes/Prütting, (Fn. 6), § 110 Rz. 26; Riepenhausen, Das Arbeitsrecht der Bühne, Hauptband, Berlin 1956, 271; abgeändert in: Ergänzungsband, Berlin 1965, 181 ff.; Schwab/Walter, Schiedsgerichtsbarkeit, München 1990, 339; Stein/Jonas, Zivilprozeßordnung Kommentar, Tübingen 1988, § 1041 Rz. 48 i.V.m. Rz. 8.

22 LAG Köln LAGE zu § 101 ArbGG 1979 Nr. 1.

23 BAG NZA 1993, 1102-1104.

lungen, so das BAG, selbst treffen und den Rechtsstreit abschließend entscheiden müssen. Das BAG stellt damit erneut klar, daß es an den Grundsätzen seiner Entscheidung aus dem Jahre 1963[24] festhält, wonach mit der Entscheidung des Bühnenoberschiedsgerichts das Schiedsgerichtsverfahren verbraucht sei. Nach Aufhebung des Schiedsspruchs stehe die Kompetenz zur Sachentscheidung allein den Gerichten für Arbeitssachen zu. Für seine Rechtsansicht beruft sich das Bundesarbeitsgericht auf den Grundsatz der Beschleunigung arbeitsgerichtlicher Verfahren. Eine wiederholte Einschaltung der Schiedsgerichtsbarkeit würde angesichts des dreistufigen Instanzenzuges der Arbeitsgerichtsbarkeit zu einer nicht mehr hinnehmbaren Verfahrensverzögerung führen, die mit dem arbeitsgerichtlichen Beschleunigungsgrundsatz nicht vereinbar sei. Bei einer entsprechenden Anwendung des für einen einheitlichen Instanzenzug konzipierten § 565 Abs. 1 ZPO auf das Verhältnis zwischen mehrstufiger Bühnenschiedsgerichtsbarkeit und mehrstufiger Arbeitsgerichtsbarkeit könne es sogar zu einer mehrfachen Zurückverweisung und damit dazu kommen, daß ein Rechtsstreit überhaupt nicht mehr zeitnah und damit gemäß den Geboten effektiver Rechtsschutzgewährung entschieden werden kann.[25]

Mit diesem Urteil stellt der 7. Senat des Bundesarbeitsgerichts die in einem früheren Urteil des 3. Senats vom 12. November 1985 angedeuteten Bedenken gegen eine Sachentscheidungsbefugnis der Arbeitsgerichte zurück. In jener Entscheidung hatte das Bundesarbeitsgericht ausgeführt, daß es jedenfalls dann keiner nochmaligen Verhandlung vor dem Bühnenschiedsgericht bedürfe, wenn bereits alle feststellungsbedürftigen Tatsachen festgestellt worden seien.[26] Die in diesem Urteil erwogene vermittelnde Lösung hat das Bundesarbeitsgericht mithin nicht fortentwickelt, sondern ist zu seiner apodiktischen älteren Auffassung zurückgekehrt, indem es nunmehr eindeutig klarstellt, daß selbst im Falle der Notwendigkeit weiterer Sachverhaltsaufklärung der Streitstoff nicht nochmals vor dem Schiedsgericht zu verhandeln sei.[27]

V. *Stellungnahme*

Die mit der Grundsatzentscheidung des Bundesarbeitsgerichts vom 27. Januar 1993 geklärte Sachentscheidungskompetenz der Arbeitsgerichte im Falle der Aufhebung eines bühnenschiedsgerichtlichen Schiedsspruches ist als praxisgerechte Lösung eines rechtsdogmatischen Konflikts zu verstehen. Zwar kann nicht übersehen werden, daß es in der Natur einer Schiedsvereinbarung liegt, Streitigkeiten zwischen den Parteien grundsätzlich durch das zuständige Schiedsgericht entscheiden zu lassen. Die Besonderheiten der Bühnenschiedsgerichtsbarkeit zeigen indessen, daß hier dem arbeitsrechtlichen Beschleunigungsgrundsatz entscheidendes Gewicht beizumessen ist, der eine zeitnahe Entscheidung anhängiger

24 BAG AP Nr. 14 zu § 101 Arbeitsgerichtsgesetz 1953.
25 BAG NZA 1993, 1104.
26 BAG AP Nr. 23 zu § 611 Bühnenengagementsvertrag.
27 BAG NZA 1993, 1104.

Prozesse gebietet. Dies verdeutlichen gerade Streitstoff und Prozeßgeschichte des vorgenannten Verfahrens.

In den Verfahren vor den Bühnenschiedsgerichten war eine rechtliche Fragestellung, die nach Ansicht des Arbeitsgerichts und des Landesarbeitsgerichts Köln entscheidungserheblich war, nicht behandelt worden. Nach Auffassung der im Aufhebungsrechtszug angerufenen Gerichte wäre gemäß §§ 133, 157 BGB eine Vertragsauslegung vorzunehmen gewesen, da der Arbeitsvertrag des Klägers nach der erstmals im Aufhebungsverfahren von ihm vorgetragenen Rechtsauffassung widersprüchliche Regelungen enthalten habe. Neben der Befristung war zusätzlich die Möglichkeit einer Kündigung im Arbeitsvertrag vorgesehen. Mit der Kündigung konnte jedoch nur eine Beendigung des Arbeitsvertrages zu demjenigen Zeitpunkt bewirkt werden, mit dem der Arbeitsvertrag bei Ausspruch einer Nichtverlängerungsmitteilung ohnehin aufgrund der Befristungsabrede enden sollte. Bei einer wirksamen Befristung hätte es nach Ansicht des Aufhebungsklägers einer zusätzlichen Kündigungsmöglichkeit nicht bedurft. Die auf den ersten Blick widersprüchlichen Regelungen des Arbeitsvertrages seien nur dann verständlich, wenn die Vertragsbeziehung im Wege der Auslegung als ein auf unbestimmte Zeit geschlossenes Beschäftigungsverhältnis mit Mindestdauer verstanden werde. Das Übergehen auslegungsbedürftiger Vertragsklauseln stelle einen Rechtsfehler dar, der gemäß § 110 ArbGG zur Aufhebung des Schiedsspruchs führe.[28]

Arbeits- und Landesarbeitsgericht haben den Schiedsspruch des Bühnenoberschiedsgerichts aus diesem Grund aufgehoben. Im revisionsähnlich ausgestalteten Aufhebungsverfahren waren diese Gerichte nach der von ihnen vertretenen Auffassung jedoch gehindert, selbst weitere Tatsachenfeststellungen zu treffen, da nur eine rechtliche Überprüfung des Schiedsspruchs vorzunehmen war.

Indessen ist bei einer derartigen prozessualen Fallgestaltung die Besonderheit zu berücksichtigen, daß die gegen den Schiedsspruch des Bühnenoberschiedsgerichts gerichtete Aufhebungsklage mit einem normalen arbeitsgerichtlichen Erkenntnisverfahren verbunden werden kann. Durch objektive Klagehäufung ist damit das Arbeitsgericht einerseits Eingangsinstanz eines revisionsartig ausgestalteten Aufhebungsrechtszuges, andererseits Tatsacheninstanz, die über einen Antrag auf Sachentscheidung zu befinden hat.[29] Im vorliegenden Fall handelte es sich in letzterer Hinsicht um einen Feststellungsantrag, der durch eine vor dem LAG Köln erhobene Anschlußberufung rechtshängig geworden war.

Innerhalb des Feststellungsverfahrens hätte das LAG Köln somit durchaus der von ihm für entscheidungserheblich angesehenen Frage nachgehen können, ob sich bei den Bühnen eine Verkehrssitte hinsichtlich jener besonderen streitgegen-

---

28 Vgl. hierzu auch Germelmann/Matthes/Prütting, (Fn. 6), § 110 Rz. 11; Grunsky, (Fn. 7), § 110 Rz. 7.

29 BAG AP Nr. 1 zu Saarland Arbeitsrechtseinführungsgesetz; Riepenhausen, Ergänzungsband, a.a.O., 182; Kempkens, a.a.O. 78; Germelmann/Matthes/Prütting, a.a.O., § 110 Rz. 25. Problematisch kann hier freilich die örtliche Zuständigkeit sein, wenn die Bühnenschiedsgerichtsordnung eine Konzentration der Spruchkörper vorsieht (vgl. § 38 BSchO) und der Sachantrag erstmals im Aufhebungsverfahren, nicht bereits vor dem Bühnenoberschiedsgericht, gestellt werden sollte.

ständlichen Vertragsgestaltung gebildet hatte. Es hat dies indessen abgelehnt, weil nach seiner Ansicht allein die Bühnenschiedsgerichte zur Aufklärung derartiger Sachverhaltsaspekte berufen seien und ihnen deshalb dieser Teil des Streitstoffes nicht entzogen werden dürfe. In entsprechender Anwendung von § 565 Abs. 1 ZPO erfolgte vor diesem Hintergrund eine »Zurückverweisung« an das Bühnenoberschiedsgericht.

Das Bundesarbeitsgericht hat demgegenüber keinen Rechtsfehler (mangelnde Auslegung) des Schiedsspruchs angenommen, da es angesichts der häufigen Rechtsunsicherheit bei Befristungen im Bühnenbereich durchaus sinnvoll erscheine, zur Vermeidung möglicher Streitfälle vorsorglich neben der Befristungsabrede eine Kündigungsregelung zu treffen. Nach Ansicht des Bundesarbeitsgerichts gab es im vorliegenden Verfahren mithin keine Notwendigkeit zu weiterer Tatsachenfeststellung. Das den Schiedsspruch des Bühnenoberschiedsgerichts aufhebende Urteil des Landesarbeitsgerichts wurde deshalb aus materiellrechtlichen Gründen kassiert.[30] Die Ausführungen zur Sachentscheidungsbefugnis gelten - darauf weist das Bundesarbeitsgericht jedoch ausdrücklich hin - auch für den Fall, daß dem Landesarbeitsgericht in der rechtlichen Beurteilung zu folgen wäre und damit weitere Tatsachenermittlungen veranlaßt sein sollten.

Wenngleich die beiden Rechtsgänge der Bühnenschiedsgerichtsbarkeit und die drei Instanzen des Aufhebungsverfahrens nicht als einheitlicher Instanzenzug ausgestaltet sind[31], ist bei Vorliegen der entsprechenden formellen Voraussetzungen[32] für bühnenrechtliche Streitigkeiten doch faktisch von bis zu fünf Entscheidungsrechtszügen auszugehen. Gerade bei Bestandsstreitigkeiten und tarifrechtlichen Leistungsklagen wird das Durchlaufen von fünf Gerichtsinstanzen dabei nicht selten sein. Abgesehen von dem damit verbundenen Kostenrisiko und den Unzuträglichkeiten eines mehrfachen Wechsels des Gerichtsortes kann dabei die Dauer des insgesamt anhängigen Streitverfahrens nicht außer acht gelassen werden. Im vorliegenden Prozeß, in dem es um die Nichtverlängerung eines Beschäftigungsverhältnisses ging, lagen zwischen Klage vor dem Bühnenschiedsgericht und anschließender Entscheidung durch das BAG dreieinhalb Jahre. Hielte man mit dem LAG Köln eine nochmalige Befassung der Schiedsgerichtsbarkeit im Wege der Rückverweisung für möglich oder wäre eine Prozeßpartei im Falle mangelnder abschließender Entscheidungsreife von den Aufhebungsinstanzen auf eine neue Klage vor den Bühnenschiedsgerichten zu verweisen[33], so ergäben sich leicht Verfahrensdauern von fünf Jahren oder mehr zur Erledigung eines einzelnen Rechtskonfliktes. Es liegt auf der Hand, daß eine derartige zeitliche Be-

30 Anzumerken bleibt, daß das Urteil des BAG seinerseits gegen den zivilprozessualen Grundsatz des Verbots der ›reformatio in peius‹ verstoßen dürfte, weil es gegen den Revisionskläger entschied, obgleich die Revisionsbeklagte ihrerseits keine Revision eingelegt hatte. Hieran ändert auch nichts der revisionsrechtliche Grundsatz, daß materielle Rechtsfehler von Amts wegen zu berücksichtigen sind (BAG, AP Nrn. 20, 21, 27 zu § 611 BGB Bühnenengagementsvertrag), weil dies nur innerhalb der von den Parteien gestellen Anträge gelten kann.

31 BAG NZA 1993, 1104.

32 Vgl. § 30 Nr. 1 BSchO sowie §§ 64, 72 ArbGG.

33 Eine Durchsicht einschlägiger Entscheidungen des BAG dokumentiert Verfahrensdauern zwischen drei und sechs Jahren seit Klageerhebung.

lastung der Prozeßparteien nicht selten den eigentlichen Anlaß des Ausgangsstreits »überholen« würde. Dies gilt insbesondere für den Bereich der Bühne, in dem zeitlich befristete Beschäftigungsverhältnisse die Regel sind. Das arbeitsrechtliche Beschleunigungsgebot (vgl. § 61a ArbGG) dürfte einer solchen außerordentlichen und kaum noch hinnehmbaren prozessualen Verfahrensverzögerung entgegenstehen.

Eine verfahrensmäßig befriedigende Lösung dürfte deshalb im Einklang mit der nunmehr ausdrücklich bestätigten Rechtsprechung des BAG allein darin zu sehen sein, daß nach der Aufhebung des Schiedsspruchs des Bühnenoberschiedsgerichts den arbeitsgerichtlichen Instanzen die Sachentscheidungskompetenz zufällt.[34] Sollten hierzu nicht ohnehin fachlich spezialisierte Spruchkörper berufen sein, so wäre erforderlichenfalls durch Einholung eines Sachverständigengutachtens der zur Entscheidung noch relevante Sachverhaltsstoff zu ermitteln. Es kann nicht zweifelhaft sein, daß etwa im vorliegenden Fall die vom LAG Köln noch für entscheidungserheblich gehaltene Frage des Bestehens einer Verkehrssitte beim Abschluß von Bühnen-Normalverträgen unschwer mittels der herkömmlichen zivilprozessualen Beweismitteln zu klären gewesen wäre. Abzulehnen bleibt die in ihrem Beharren auf eine ausschließliche fachliche Kompetenz der Bühnenschiedsgerichte dogmatisch überspitzte und den praktischen Erfordernissen einer hinreichend zeitnahen Entscheidung solcher Konfliktfälle nicht gerecht werdende Auffassung von der auch nach Aufhebung des Schiedsspruches weiterbestehenden Sachentscheidungsbefugnis der Schiedsgerichte. Die Linie der Rechtsprechung des BAG verdient aus der Sicht der Bühnenpraxis deshalb Zustimmung.[35]

34 Damit ergäben sich theoretisch bis zu zehn »Instanzen« bis zur Entscheidung eines Einzelfalles. Das BAG (NZA 1993, 1104) spricht sogar von der Möglichkeit einer »mehrfachen Zurückverweisung«. Vgl. hierzu bereits Kutzner, Das Arbeitsrecht der Bühnenmitglieder, 1931, 454.

35 A. A. Germelmann, a.a.O., 18.

Alfred Sauter

Auswirkungen des europäischen Einigungsprozesses auf das deutsche Urheberrecht an Hand einiger ausgewählter Beispiele

Einleitung

Die Rechtssetzung der Europäischen Union wird in dem Maße immer mehr zum Gegenstand des öffentlichen Interesses, als die im europäischen Wirtschaftsraum lebenden Menschen von dieser Rechtssetzung unmittelbar oder wenigstens mittelbar in vielen Bereichen des täglichen Lebens berührt werden.

Von der breiten Öffentlichkeit nahezu unbemerkt und nur von interessierten Kreisen wahrgenommen vollziehen sich in Folge der Rechtssetzung auf der Ebene der Europäischen Gemeinschaft auf dem Gebiet des Urheberrechts Entwicklungen, die zwar auf den ersten Blick nur für Fachkreise interessant zu sein scheinen, die aber in ihrer Bedeutung für ein homogenes Zusammenleben in allen Teilen des europäischen Wirtschaftsraumes nicht minder bedeutsam sind. Der Verbraucher wird auch durch die urheberrechtsrelevante Rechtssetzung in die Fortentwicklung des europäischen Einigungsprozesses einbezogen.

Die folgende Darstellung will an Hand einiger ausgewählter Beispiele Auswirkungen des europäischen Einigungsprozesses und der damit verbundenen Rechtsentwicklung auf dem Gebiet des Urheberrechts darstellen. Eine solche Darstellung kann keinen Anspruch auf Vollständigkeit erheben. Die getroffene Auswahl beschränkt sich daher auf die aus hiesiger Sicht besonders bedeutsamen, bereits abgeschlossenen, laufenden oder noch vorzunehmenden Rechtshandlungen.

I. *EG-Richtlinie vom 14. Mai 1991 über den Rechtsschutz von Computerprogrammen*[1]

1. *Entwicklung und Rechtslage*

Der rechtliche Schutz von Computerprogrammen war in den Mitgliedsstaaten der Europäischen Gemeinschaft vor Erlaß der Richtlinie nicht in Frage gestellt. Es bedarf hier keiner weiteren Ausführungen, welch überragende Bedeutung Entwicklung und finanzielle Verwertung von Computersoftware für einen Urheber haben kann. Die Computertechnik und die damit zusammenhängenden Programme sind heute aus keinem wirtschaftlich relevanten Bereich wegzudenken. Entspre-

---

1 91/250 /EWG; ABl. Nr. 122 v. 17.Mai 1991, S. 42.

chend sind finanzielle Verwertungsmöglichkeiten gegeben. Im Hinblick auf die grundlegende Bedeutung dieser Technik für die Gemeinschaft[2] konnte ein Harmonisierungsbedürfnis in Form einer Richtlinie kaum in Zweifel gezogen werden.

Die Kommission ist bereits sehr früh zu der Überzeugung gelangt, daß eine Richtlinie über den Rechtsschutz von Computerprogrammen ein notwendiger Schritt im Hinblick auf die Vollendung des Binnenmarktes sei. In ihrem Weißbuch über die Vollendung des Binnenmarktes[3] hatte sie die Vorlage eines Richtlinienvorschlages noch vor Ende 1987 zugesagt, diesen aber dann vorläufig zurückgestellt.

In ihrem Grünbuch über Urheberrecht und die technologische Herausforderung - Urheberrechtsfragen, die sofortiges Handeln erfordern - Mitteilung der Kommission[4] - hat sie sich erneut mit diesen Fragen auseinandergesetzt und die Grundzüge eines von ihr vorgesehenen Richtlinienvorschlages dargelegt. Der Richtlinienvorschlag wurde am 5. Januar 1989 von der Kommission vorgelegt. Der Rat der Europäischen Gemeinschaft hat sich auf seiner Sitzung vom 14. Mai 1990 mit dem Richtlinienvorschlag befaßt, ohne jedoch eine Entscheidung zu treffen. Das Europäische Parlament hat zu dem Vorschlag am 11. Juni 1990 Stellung genommen. Im Anschluß hieran hat die Kommission dem Rat unter dem 18. Oktober 1990 einen geänderten Richtlinienvorschlag übermittelt.

Ziel der Kommission war, die Ungewißheit, ob das Urheberrecht auf Computerprogramme Anwendung finde, durch eine Richtlinie zu beseitigen, die Computerprogramme ausdrücklich dem Schutz unterstellt. Weiterhin sollten die unterschiedlichen Anforderungen, welche in den Mitgliedstaaten durch die Gerichte bei der Auslegung der einschlägigen Rechtsvorschriften an die Schöpfungshöhe gestellt wurden, beseitigt werden. Nach den Vorstellungen der Kommission sollten alle Programme geschützt werden, die nur in dem Sinn Originalität aufwiesen, daß sie das Ergebnis der eigenen geistigen Arbeit ihres Schöpfers darstellten und nicht alltäglich seien.

Computerprogramme sollten danach als Werke der Literatur urheberrechtlich geschützt werden, wenn sie hinsichtlich der Individualität die gleichen Voraussetzungen wie andere Werke der Literatur erfüllten. Der Schutz erstreckt sich auf alle Ausdrucksformen von Computerprogrammen, nicht jedoch auf die Ideen, die Algorithmen und die Programmsprache, die dem Programm zugrunde liegen. Grundsätzlich soll Urheber eines Programms die natürliche Person oder die Gruppe natürlicher Personen sein, die das Programm geschaffen hat. Die Schutzberechtigung soll sich jeweils nach dem innerstaatlichen Urheberrecht richten. Der Richtlinienvorschlag sieht ferner vor, daß dem Urheber das ausschließliche Recht der Vervielfältigung, Bearbeitung und Verbreitung eines Computerprogrammes vorbehalten ist. Dem Rechteinhaber steht auch ein eigenes Vermietrecht zu.

---

2 Erwägungsgründe dritter Absatz.
3 Dokument KOM (85) 310 endg. 149.
4 KOM (88) 127 endg. vom 23. August 1988.

Wenngleich in Deutschland seit der Urheberrechtsnovelle 1985[5] Computerprogramme durch Aufnahme in den Katalog der geschützten Werke in § 2 Abs. 1 Nr. 1 UrhG ausdrücklich urheberrechtlich geschützt waren[6], hat die Rechtsprechung des Bundesgerichtshofes zur Frage des Rechtsschutzes von Computerprogrammen in der täglichen Praxis zu erheblichen Unzulänglichkeiten geführt[7].

Die Urheberrechtsnovelle 1985 ist Ende Juni 1985 in Kraft getreten. Der Bundesgerichtshof hat sich in der »Inkasso-Programm-Entscheidung« mit der Frage des Urheberrechtsschutzes von Computerprogrammen ausführlich befaßt. Er hat diese grundsätzlich für schutzfähig angesehen. Computerprogramme und ihre Vorstufen könnten die gemäß § 2 Abs. 2 UrhG erforderliche persönliche geistige Schöpfung aufweisen. Der Bundesgerichtshof hat die Anforderungen jedoch sehr hoch angesetzt. Für die Beurteilung, wann ein Programm und seine Vorstufen einen hinreichenden schöpferischen Eigentümlichkeitsgrad im Sinne von § 2 Abs. 2 UrhG aufweisen, sei an Hand der bekannten Programme und den einzelnen Entwicklungsstufen, ihren jeweils bekannten und üblichen Anordnungen, Systemen, Aufbau- und Einteilungsprinzipien eine Prüfung vorzunehmen. Alle in deren Nähe bleibenden Gestaltungsformen besäßen keinen hinreichenden schöpferischen Eigentümlichkeitsgrad. Auch die bloß mechanisch-technische Fortführung und Entwicklung des Vorbekannten bliebe in diesem Bereich. Ließen sich nach einem Gesamtvergleich mit dem Vorbekannten schöpferische Eigenheiten feststellen, so seien diese dem Schaffen eines Durchschnittsprogrammierers gegenüberzustellen. Das Können eines Durchschnittsprogrammierers, das rein Handwerksmäßige, die mechanisch-technische Aneinanderreihung und Zusammenfügung des Materials liege außerhalb jeglicher Schutzfähigkeit. Erst in einem erheblich weiteren Abstand beginne die untere Grenze der Schutzfähigkeit, die ein deutliches Überragen der Gestaltungstätigkeit in Auswahl, Sammlung, Anordnung und Einteilung der Informationen und Anweisungen gegenüber dem allgemeinen Durchschnittskönnen voraussetze. Eine individuelle Eigenheit könne auch durch die Be-, Um- und Einarbeitung vorbekannter Elemente und Formen erzielt werden[8].

Es liegt auf der Hand, daß diese Beurteilung des Rechtsschutzes von Computerprogrammen zu einer erheblichen Rechtsunsicherheit, insbesondere in der gerichtlichen Praxis, geführt hat. War es doch im Einzelfall bereits schon sehr schwer, die Voraussetzungen der Schutzfähigkeit überhaupt darzulegen. Besonders im Bereich des einstweiligen Rechtsschutzes waren die Rechteinhaber hier oftmals überfordert.

In ihrem Bericht über die Auswirkungen der Urheberrechtsnovelle 1985 und Fragen des Urheber- und Leistungsschutzrechts vom 7. Juli 1989[9] äußerte sich daher die Bundesregierung dahingehend, daß nicht zu übersehen sei, daß der

---

5 BGBl. I S. 1137.

6 Siehe auch Begründung des Rechtsausschusses des Deutschen Bundestages BT-Drucksache 10/3360 S.18.

7 BGHZ 94, 276 ff. »Inkasso-Programm«.

8 BGHZ 94, 276, 286 f.

9 BT-Drucksache 11/4929 S. 43.

überwiegende Teil deren Anwenderprogramme in der Praxis schutzlos gestellt sei oder der Schutz nicht durchgesetzt werden könne. Bei systemnahen, speziell gefertigten Programmen für Großanlagen vertrat die Bundesregierung die Auffassung, daß diese Programme in der Regel als Werke im Sinne von § 2 Abs. 2 UrhG eingestuft werden könnten.

Der Bundesgerichtshof hat die restriktive Tendenz der »Inkasso-Entscheidung« in seinem Urteil vom 4. Oktober 1990 - I ZR 139/89 - in den wesentlichen Inhalten bestätigt[10].

2. *Die Umsetzungsüberlegungen*

Es bedarf keiner näheren Darlegung, daß vor diesem Hintergrund für die Bundesrepublik ein Gesetzgebungsbedarf unschwer zu bejahen war. Zwar fand sich in § 2 UrhG eine Regelung, die für Computerprogramme einen Urheberrechtsschutz gewährte, die oben angesprochene Rechtsprechung des Bundesgerichtshofs zur Schöpfungshöhe war jedoch mit der Zielsetzung der Richtlinie nicht zu vereinbaren. Da eine der Richtlinie entsprechende Fortentwicklung der Rechtsprechung zumindest als unsicher erschien, erforderte die gemeinschaftsrechtliche Verpflichtung ein Tätigwerden des Gesetzgebers. Daneben sprach auch der Richtlinieninhalt für die gesetzgeberische Lösung.

Im Juli 1992 wurde daraufhin ein Gesetzentwurf eines Zweiten Gesetzes zur Änderung des Urheberrechtsgesetzes vorgelegt, der sich zum Ziel setzte, die Richtlinie 91/250/EWG des Rates vom 14. Mai 1991 über den Rechtsschutz von Computerprogrammen umzusetzen.

Am 25. September 1992 wurde der Entwurf dem Bundesrat von der Bundesregierung vorgelegt[11].

Der Entwurf sah zur »inhaltlichen Präzisierung« des im Urheberrechtsgesetz ansatzweise bereits verwirklichten Urheberrechtsschutzes von Computerprogrammen die Einfügung eines zusätzlichen Achten Abschnitts »Besondere Bestimmungen für Computerprogramme« im Ersten Teil des Urheberrechtsgesetzes vor«.

In der Begründung wird für diese gesetzestechnische Lösung angeführt, daß zwischen der Werkart Computerprogramm und den traditionell durch das Urheberrecht geschützten Werkarten Unterschiede bestünden, die eine Sonderregelung für diese spezielle Werkart erforderten[12]. Als wesentlich wird dabei der Umstand angesehen, daß das Computerprogramm als Industrieprodukt darauf angelegt sei, mit anderen Elementen eines Datenverarbeitungssystems zusammenzuarbeiten und deshalb kompatibel sein müsse. Die Funktion eines Programms sei nicht ohne weiteres zu ermitteln.

Als weitere Gründe werden Rechtsklarheit und vereinfachte Rechtsanwendung genannt. Schließlich sollte auch eine Ausstrahlung von Sonderregelungen für Computerprogramme auf das »klassische« Urheberrecht vermieden werden.

---

10 GRUR 1991, 449 »Betriebssystem«.
11 BR-Drucksache 629/92.
12 Vgl. Begründung A 2.

Der Entwurf ging im wesentlichen den Weg, die Richtlinie soweit wie möglich wörtlich zu übernehmen. Abweichungen des gewohnten urheberrechtlichen Sprachgebrauches wurden im Interesse einer EG-weiten einheitlichen Auslegung der Bestimmungen über den Rechtsschutz von Computerprogrammen in Kauf genommen.

3. *Die Neuregelung*

Inhaltlich dient das beabsichtigte Gesetz der grundsätzlichen Stärkung des Urheberrechtsschutzes von Computerprogrammen. Im Mittelpunkt stand dabei zunächst die Klärung des Problems, daß auch einfache Programme dem Schutz zugänglich sein können.

Die Vorschriften führen im Ergebnis dazu, daß Urheberrechtsschutz von Computerprogrammen die Regel und fehlende Schöpfungshöhe die Ausnahme ist. Wie bereits in der Richtlinie wurde auch im Gesetzentwurf von einer Begriffsdefinition des Computerprogrammes abgesehen. Die Rechtsprechung soll also auch in Zukunft in dieser Frage gefordert bleiben. Auch von einer gesetzlichen Vermutung der urheberrechtlichen Schutzfähigkeit wurde abgesehen. Zwar fanden sich von Urheberseite vielfach entsprechende Forderungen z.B. nach einer Verminderung der Darlegungs- und Beweislast der eine Urheberrechtsverletzung geltend machenden Partei, jedoch wurde solchen Erwägungen im Hinblick auf die Systematik des Schutzes des geistigen Eigentums eine Absage erteilt. Der Gesetzgeber ging dabei davon aus, daß für die Rechtsprechung des Bundesgerichtshofes zur Schöpfungshöhe unter der Geltung des jetzigen § 69 a UrhG-E kein Raum mehr sei und sich die unterschiedlichen nationalen Anforderungen an die Schöpfungshöhe vereinheitlichen würden und sich so das spezifisch deutsche Problem der Darlegung und des Nachweises der Werkqualität erledigen würde. Nur in den Fällen, in denen ernsthafte Anhaltspunkte dafür bestünden, daß ein Programm sehr einfach strukturiert sei, sollte eine nähere Darlegung des Inhaltes notwendig sein, wobei der Gesetzgeber in diesem Zusammenhang den Begriff der »kleinen Münze« ausdrücklich erwähnt. Es wird somit im Ergebnis davon ausgegangen, daß sich die bisherige prozessuale Situation in das Gegenteil verkehrt.

Der Bundesrat hat in seiner 648. Sitzung am 6. November 1992 zu dem Entwurf eines Zweiten Gesetzes zur Änderung des Urheberrechtsgesetzes Stellung genommen.

Die grundsätzliche Notwendigkeit des Gesetztes wird dabei nicht in Zweifel gezogen. An dieser Stelle soll aber darauf hingewiesen werden, daß der Bundesrat Zweifel daran äußerte, daß die Herausnahme des öffentlichen, gemeinnützigen Verleihwesens aus dem vorgeschlagenen Wortlaut des § 69 c Nr. 3 eindeutig hervorginge[13]. Die in diesem Zusammenhang vorgeschlagene Ergänzung des Regelungstextes wurde von der Bundesregierung nicht befürwortet[14]. Zum einen wurde

---

13 Vgl. Begründung zu Nr. 2 der Stellungnahme des Bundesrats (BR-Drucksache 629/92 – Beschluß).

14 Gegenäußerung der Bundesregierung BT-Drucksache 12/4022 Anlage 3.

auf den lediglich klarstellenden Charakter einer solchen Ergänzung hingewiesen, zum anderen wurde die Notwendigkeit einer Ergänzung unter Bezugnahme auf einen Erwägungsgrund zur Richtlinie, der ausdrücklich klarstelle, daß der öffentliche Verleih aus dem Anwendungsbereich der Richtlinie ausgeschlossen sei, abgelehnt.

In seiner Empfehlung vom 23. März 1993[15] regte der Rechtsausschuß des Deutschen Bundestages die unveränderte Annahme des Gesetzentwurfes mit der Maßgabe der Neufassung des § 137 d an. Diese betraf das ausschließliche Vermietrecht (§ 69 c Nr. 3), wonach sich dieses nicht auf Vervielfältigungsstücke eines Programms, die ein Dritter vor dem 1. Januar 1993 zum Zwecke der Vermietung erworben hat, erstrecken sollte. Eine besondere Übergangsregelung wurde für § 69 g Abs. 2 verlangt[16].

Der Deutsche Bundestag hat in seiner 150. Sitzung am 26. März 1993 aufgrund der Beschlußempfehlung und des Berichts des Rechtsausschusses (6. Ausschuß) den von der Bundesregierung eingebrachten Entwurf mit der Empfehlung des Rechtsausschusses, aber im übrigen unverändert angenommen. Der Bundesrat hat in seiner 656. Sitzung am 7. Mai 1993 beschlossen, zu dem vom Deutschen Bundestag am 26. März 1993 verabschiedeten Gesetz einen Antrag gemäß Artikel 77 Abs. 2 GG nicht zu stellen[17]. Das Gesetz ist am 24. Juni 1993 in Kraft getreten[18].

II. *Richtlinie des Rates vom 19. November 1992 zum Vermietrecht und Verleihrecht sowie zu bestimmten dem Urheberrecht verwandten Schutzrechten im Bereich des geistigen Eigentums*[19]

1. *Die Entwicklung*

Bereits im Jahre 1974 stellte das Europäische Parlament Handlungsbedarf für Harmonisierungsmaßnahmen im Bereich des Urheberrechts fest. In seiner Entschließung vom 13. März 1974[20] ersuchte es die Europäische Kommission um entsprechende Vorschläge zur Harmonisierung der einzelstaatlichen Vorschriften über den Schutz des Kulturgutes sowie über die Urheberrechte und verwandten Rechte. Aufgrund dieser Entschließung hat die Kommission drei Mitteilungen erstellt, die sich u.a. mit der Harmonisierung des Urheberrechts und der verwandten Schutzrechte befaßten[21]. Bereits in diesen Mitteilungen wurde die Schaffung einer

---

15 BT-Drucksache 12/4597.
16 Vgl. 2 der Begründung zur Beschlußempfehlung des Rechtsausschusses a.a.O.
17 BR-Drucksache 253/93 (Beschluß).
18 BGBl. I 1993, 910.
19 92/100/EWG; ABl. Nr. L 346, S. 61.
20 ABl. Nr. C 62 vom 30. Mai 1974 (siehe Nr. 11).
21 1977: »Die Aktion der Gemeinschaft im kulturellen Bereich«, Vorlage am 22. November 1977, Bulletin der EG, Beilage 6/77;
1982: »Verstärkung der Gemeinschaftsaktion im Bereich Kultur«, Vorlage am 12. Oktober 1982, Bulletin der EG, Beilage 6/82;
1987: »Neue Impulse für die Aktion der Europäischen Gemeinschaft im kulturellen Bereich«, dem

gemeinschaftsweiten und weltweit wettbewerbsfähigen Kulturindustrie für zwingend erachtet.

Es erfolgte eine Anhörung in Brüssel am 24. Oktober 1980[22] und das Grünbuch aus dem Jahre 1988 über Urheberrecht und die technische Herausforderung[23]. In Kapitel 2 des Grünbuchs wird das Vermietrecht als eines der Hauptprobleme erörtert.

Die Kommission hat sich jedoch, wie auch die Mitteilung vom 3. August 1989[24] zeigt, über das Grünbuch hinaus auch mit Fragen des Verleihrechts sowie den Schutzfristen befaßt, so daß der Richtlinienvorschlag auch diese Bereiche mitumfaßt.

Der Richtlinienvorschlag soll deshalb, wie bereits diese kurze Darstellung der Entwicklung darzulegen versucht, die urheberrechtlichen Regelungen zum Vermiet- und Verleihrecht von Urhebern sowie bestimmten Schutzrechtsinhabern vereinheitlichen.

2. *Der Lösungsansatz der Richtlinie*

Als Lösung zur Herbeiführung dieser Harmonisierung wurde die gemeinschaftsweite Einführung eines absoluten Verbotsanspruchs gegen Vermieten und Verleihen im Gegensatz zu dem im deutschen Recht vorhandenen Vergütungssystem vorgeschlagen.

Anders als noch im Grünbuch, beschränkt sich der Richtlinienvorschlag nicht auf die Einführung eines Vermiet- und Verleihrechts bei Bild- und Tonträgern (Schallplatten und Videocassetten), sondern bezieht auch die Urheber literarischer Werke (Bücher) sowie die bildende Kunst in das Regelungswerk ein. Gegen diesen Ansatz wurde vielfach Kritik vorgebracht.

So sieht die Richtlinie insbesondere ein exklusives Vermietrecht auch dann vor, wenn die geschützten Werke veräußert und in den Verkehr gebracht wurden, eine Regelung, die im Widerspruch zur Erschöpfungseinrede in § 17 Abs. 2 UrhG sowie zum Vergütungsprinzip des § 27 UrhG steht. Der Grundsatz der Erschöpfung des Verbreitungsrechts an veräußerten Werkstücken dient dem Interesse des Verbrauchers und der Allgemeinheit, die in Verkehr gebrachten Werkstücke verkehrsfähig zu erhalten. In der Tat ist die Befugnis des Rechteinhabers, trotz Veräußerung seines Werkstückes in den weiteren Vertrieb desselben einzugreifen, geeignet, zur Behinderung des freien Warenverkehrs zu führen.

Der Ansatz der Kommission, die wirtschaftliche Situation der Urheber und Schutzberechtigten zu verbessern, vermag hiergegen nur als schwaches Argument zu dienen, da den verwertungsrechtlichen Interessen der Schutzberechtigten in

---

Rat und dem Europäischen Parlament zugeleitet im Dezember 1987, Bulletin der EG, Beilage 4/87. Für audiovisuelle Medien: »Mitteilung der Kommission an den Rat und an das Parlament über die Politik im audiovisuellen Bereich«, KOM (90) 78 endg.

22 Bericht in GRUR Int. 1980, 767.

23 Grünbuch über Urheberrecht und die technologische Herausforderung – Urheberrechtsfragen, die sofortiges Handeln erfordern. Mitteilung der Kommission, KOM (88) 172 endg.

24 »Das Buch: ein unverzichtbarer Bestandteil des kulturellen Lebens in Europa«, KOM (89) 258 endg.

der Regel dadurch ausreichend Rechnung getragen werden kann, daß bei der ersten Verbreitungshandlung die Möglichkeit genutzt wird, die Zustimmung von der Zahlung eines entsprechenden Entgelts abhängig zu machen und damit die Belohnung für die schöpferische Leistung zu erhalten. Hat der Rechteinhaber die in seinem Recht liegenden Vorteile wahrgenommen, ist auch sein Schutzbedürfnis in der Regel entfallen. Der Vergütungsanspruch gewährleistet - bei einer entsprechend angemessen hohen Vergütung - die gebotene finanzielle Beteiligung des Rechtsinhabers an der Nutzung seines Werkes oder seiner Leistung. Für die Einschränkung des Erschöpfungsgrundsatzes sind daher - zumindest aus deutscher Sicht - zwingende Gründe nicht ersichtlich.

Auch die Bundesregierung hat in ihrem Bericht an den Deutschen Bundestag von 1989 Bedenken gegen ein ausschließliches Vermietrecht angemeldet[25].

Der Bundesrat hat mit Beschluß vom 26. April 1991 zum Richtlinienvorschlag Stellung genommen[26].

In seiner 629. Sitzung vom 26. April 1991 begrüßte der Bundesrat zwar, daß die Kommission ihren ursprünglich im Grünbuch noch eingenommenen industriepolitischen Lösungsansatz aufgegeben hat und alle durch Urheber- oder Leistungsschutzrechte geschützten Werke gleichbehandelt, weist aber mit Nachdruck auf seine Bedenken gegen die Einführung eines ausschließlichen Vermiet- und Verleihrechts zu Lasten einer Vergütungsregelung hin. Insbesondere sollte bei den weiteren Verhandlungen mit der Kommission allenfalls ein ausgewogener Kompromiß erzielt werden.

Nur ergänzend ist darauf hinzuweisen, daß der Bundesrat gegen eine isolierte, lediglich vorübergehende Harmonisierung der Schutzfristen in Artikel 9 und 10 des Richtlinienvorschlags zusätzliche Bedenken angemeldet hat. Der Bundesrat bezieht sich insoweit auf die beabsichtigte Richtlinie über die künftige Dauer des Urheberrechtsschutzes und hielt eine gemeinsame Verabschiedung mit der behandelten Richtlinie für zweckmäßig[27].

Am 30. April 1992 wurde ein geänderter Richtlinienvorschlag vorgelegt[28], der die angesprochene Problematik jedoch nicht beseitigte. Schließlich wurde am 19. November 1992 die Richtlinie in ihrer endgültigen Fassung vorgelegt.

3. *Die Umsetzung in deutsches Recht*

Im Januar 1994 hat das Bundesministerium der Justiz einen Referentenentwurf eines Vierten Gesetzes zur Änderung des Urheberrechtsgesetzes vorgelegt[29].

Das Gesetzesvorhaben dient im wesentlichen der Umsetzung der Richtlinie und ist eilbedürftig, da gemäß Art. 15 Abs. 1 der Richtlinie das innerstaatliche Recht bis zum 1. Juli 1994 entsprechend geändert sein muß.

---

25 BT-Drucksache 11/4929, S. 28.
26 BR-Drucksache 84/91 (Beschluß).
27 Vgl. hierzu unten III.
28 ABl. Nr. C 128/8 vom 25. Mai 1992.
29 Bundesministerium der Justiz, Geschäftszeichen III B 3 3600/10-31 0118/94, Schreiben vom 26. Januar 1994.

Der Gesetzentwurf befaßt sich zwar in erster Linie mit der Umsetzung, beschränkt sich allerdings nicht auf diese. So wird zusätzlich eine Änderung der Regel über die Übertragbarkeit des Anspruchs des Urhebers, des Verfassers wissenschaftlicher Aufgaben, des Lichtbildners und des ausübenden Künstlers auf Entschädigung wegen eines Schadens der nicht Vermögensschaden ist, § 97 Abs. 2 UrhG, vorgeschlagen. Da diese Änderung lediglich Anpassungscharakter bezüglich des sonstigen Schadensrechts hat, soll an dieser Stelle hierauf nicht näher eingegangen werden.

a) *Das ausschließliche Vermietrecht*

Mit dem durch die Richtlinie vorgegebenen Inhalt stellt das Vermietrecht in der Form, wie sie die Richtlinie verlangt, die wichtigste Neuerung für das deutsche Urheberrecht dar.

Die Richtlinie bezeichnet in Artikel 2 Abs. 1 das Vermietrecht als das ausschließliche Recht, die Vermietung von Originalen und Vervielfältigungsstücken urheberrechtlich geschützter Werke, Filme oder Tonträger zu erlauben oder zu verbieten. Das Recht ist unabhängig vom sachenrechtlichen Eigentum. In diesem Zusammenhang ist nochmals darauf hinzuweisen, daß das Vermietrecht gemäß Artikel 1 Abs. 4 der Richtlinie über die Veräußerung des Objekts durch den Rechtsinhaber fortbesteht.

Nach dem gegenwärtigen deutschen Rechtszustand besteht gemäß § 27 UrhG für solche, geschützte Werke oder Leistungen verkörpernde Objekte wie z.B. Bücher, Tonträger oder Videofilme, die mit Zustimmung des urheberrechtlich Berechtigten durch Veräußerung, also im wesentlichen durch Verkauf, in Verkehr gebracht worden sind, im Falle der Weitervermietung durch einen Erwerber lediglich ein Vergütungsanspruch des Urhebers gegen den Weitervermieter. Das Recht, die Weitervermietung zu verbieten, ist jedoch nicht vorgesehen. Eine Ausnahmeregelung besteht lediglich in § 69 c Nr. 3 UrhG. In dieser Vorschrift ist bereits durch das Zweite Gesetz zur Änderung des Urheberrechtsgesetzes vom 9. Juni 1993[30] ein ausschließliches Vermietrecht im Sinnes eines Rechtes, die Vermietung zu erlauben oder zu verbieten, begründet worden.

Das Vermietrecht gereicht wirtschaftlich besonders den Tonträgerherstellern sowie den Filmherstellern zum Vorteil. Den Herstellern wird damit die Möglichkeit eingeräumt, auch in bezug auf bereits verkaufte Ware die Weitervermietung zu verbieten. Dies wird gegebenenfalls zu einer Änderung der Verwertungsart führen, wenn die Hersteller zum Ergebnis kommen, daß die Erträge bei Vermietung und bei Verkauf differieren.

Es bedarf keiner näheren Darlegung über den bindenden Charakter der Richtlinienvorgaben. Die Bedenken gegen das ausschließliche Vermietrecht müssen daher im folgenden hintangestellt werden.

Rechtssystematisch hat sich der Gesetzgeber für eine Aufnahme des Vermietrechts in § 17 UrhG entschieden. Dies hat jedoch noch nicht zur Folge, daß im

30 BGBl. I S.910.

laufenden Gesetzgebungsverfahren nicht noch andere Vorstellungen eingebracht werden könnten, denn dieser Weg wird von der Richtlinie nicht vorgegeben. Nach dem gegenwärtigen Stand wird die Vermietung als Art der Verbreitung definiert. Das ausschließliche Vermietrecht wird somit zum Bestandteil des Verbreitungsrechts.

Mit dem rechtstechnischen Weg, das Vermietrecht als Teilelement des Verbreitungsrechts auszugestalten, lehnt sich die Regelung an die Richtlinie über den Rechtsschutz von Computerprogrammen und den diese umsetzenden § 69 c Nr. 3 UrhG an[31].

Wie bereits oben angesprochen, legt Artikel 1 Abs. 4 der Richtlinie die fortwirkende rechtliche Herrschaft auch nach der Veräußerung fest. Dies hat zur Folge, daß der Erschöpfungsgrundsatz modifiziert werden muß. In der Neufassung des § 17 UrhG ist daher die Vermietung von der Erschöpfung ausgenommen.

b) *Der unverzichtbare Vergütungsanspruch*

Artikel 4 der Richtlinie schreibt vor, daß der Urheber und der ausübende Künstler auch nach Einräumung des ausschließlichen Vermietrechts an den Produzenten einen Anspruch auf eine angemessene Vergütung für die Vermietung behalten und auf diesen Anspruch auch nicht verzichten können. Die Richtlinie berücksichtigt hierbei - wohl zu Recht - den Umstand, daß die Urheber und ausübenden Künstler als die regelmäßig schwächere Vertragspartei nur eingeschränkt in der Lage sind, für die Einräumung ihres ausschließlichen Vermietrechts an die Produzenten mit diesen eine angemessene Beteiligung an der künftigen wirtschaftlichen Verwertung durch Vermietung auszuhandeln.

Dieser Vorgabe wird die beabsichtigte Neufassung des § 27 UrhG - einschließlich der Verweisung auf diese Vorschrift in dem ebenfalls neugefaßten § 75 UrhG - gerecht. In § 27 Abs. 1 Satz 2 UrhG-Entwurf ist eine entsprechende Regelung aufgenommen, welche die Rechteinhaber vor nachteiligen Entäußerungen ihrer Rechte schützen soll. Da jedoch zu erwarten ist, daß die Tonträger- und Filmhersteller sich im Zusammenhang mit der Übertragung des Vermietrechts zugleich auch den Vergütungsanspruch abtreten lassen werden, wird man - will man die Schaffung eines unverzichtbaren Vergütungsanspruches nicht von vornherein zu einer stumpfen Waffe degradieren - wohl Überlegungen anstellen müssen, die Regelung in § 27 UrhG-Entwurf zu ergänzen, denn auch eine Verwertungsgesellschaft wird erst nachträglich für den Rechteinhaber tätig. Es bietet sich daher an, neben der Unverzichtbarkeit ein Abtretungsverbot hinsichtlich des Vergütungsanspruches in die Vorschrift aufzunehmen, wobei die Abtretung an eine Verwertungsgesellschaft ausgenommen werden müßte. Der mit der Richtlinie beabsichtigte Schutz könnte auf diese Weise einfach und effektiv erreicht werden.

31 Siehe oben I.

c) *Das Verleihrecht und der öffentliche Verleih von Computerprogrammen*

Die Richtlinie läßt den nationalen Gesetzgebern in Artikel 5 im Bereich des öffentlichen Verleihwesens einen Handlungsspielraum.

Nach Artikel 1 Abs. 3 der Richtlinie bedeutet »Verleihen« die zeitlich begrenzte nichtgewerbliche Gebrauchsüberlassung, die durch der Öffentlichkeit zugängliche Einrichtungen vorgenommen wird.

Die im Entwurf vorgeschlagene Regelung nutzt die Möglichkeiten, die in Artikel 5 Abs. 1 der Richtlinie zugelassen werden und sieht im Bereich des öffentlichen Verleihwesens von der Schaffung eines ausschließlichen Rechts ab. Es verbleibt somit in diesem Bereich bei dem Anspruch auf eine angemessene Vergütung. Dieser Anspruch wird für alle Rechteinhaber begründet, die in Artikel 2 Abs. 1 der Richtlinie genannt sind[32]. Das Verleihrecht betrifft in erster Linie die öffentlichen Bibliotheken. Mit der Entscheidung, von der Schaffung eines ausschließlichen Verleihrechts abzusehen, berücksichtigt der Gesetzgeber den besonderen Auftrag der Bibliotheken in der Kultur-, Bildungs- und Erziehungspolitik. Die Bibliotheken sollen ihren Auftrag, die für das breite Publikum interessanten Werke bereitzustellen, ohne Verbotsrechte der Rechteinhaber ausführen können. Daß die Bereitstellung neuer Medien vom Auftrag der Bibliotheken umfaßt ist, ist ein Umstand, der ernsthaft nicht in Zweifel gezogen werden kann. Mit der Erfüllung dieses Auftrages erzielen die Bibliotheken auch einen Multiplikatoreffekt, der letztlich auch den Rechteinhabern zugute kommt. Die Gefahr, daß die öffentlichen Bibliotheken den Markt der gewerblichen Vermietung beeinträchtigen könnten, indem der Verleihmarkt entsprechend ausgebaut wird, dürfte wohl als gering angesehen werden, zumal die Verleihgebühren nur gering sein dürfen[33].

Ein besonderes Problem, das an dieser Stelle einer gesonderten Erörterung bedarf, stellt der öffentliche Verleih von Computerprogrammen dar.

Eine Regelung des öffentlichen Verleihs von Computerprogrammen findet sich weder in der Richtlinie über den Rechtsschutz von Computerprogrammen[34] noch im Zweiten Gesetz zur Änderung des Urheberrechtsgesetzes[35]. In der Gegenäußerung der Bundesregierung zur Stellungnahme des Bundesrates zum Zweiten Gesetz zur Änderung des Urheberrechtsgesetzes wird vielmehr ausdrücklich klargestellt, daß das öffentliche Verleihwesen von diesem Gesetzesvorhaben nicht umfaßt ist[36].

Da im Bereich des öffentlichen Verleihs von Computerprogrammen mit einer starken Expansion gerechnet werden muß, stellt sich zu Recht die Frage, wie der Gefahr des unberechtigten Kopierens in diesem Fall wirksam begegnet werden kann. Es erscheint daher für diese besondere Werkart notwendig, von der grund-

32 Vgl. hierzu die rechtspolitische Empfehlung der Bundesregierung im Bericht an den Deutschen Bundestag von 1989 zur Fortentwicklung des Urheberrechts – Drucksache 11/4929, S. 30 f.

33 Nach den Erwägungsgünden der Richtlinie (14. Erwägungsgrund) darf der Entgeltbetrag das für die Deckung der Verwaltungskosten erforderliche Maß nicht überschreiten.

34 Siehe oben I.

35 BGBl. 1993 I S. 910.

36 BT-Drucksache 12/4022 S. 11 f., 19.

sätzlichen Regelung eine Ausnahme zu machen. So könnte man entweder an die Einführung eines Verbotsrechts, an eine Differenzierung nach Programmart oder Programmnutzer sowie an eine Beschränkung auf eine Präsenznutzung denken.

Letzteres begegnet bereits deshalb Bedenken, weil es sich weder um ein Vermieten noch um ein Verleihen handeln dürfte und damit der gesetzgeberische Auftrag in Frage gestellt werden muß und die Bibliotheken kaum sachliche Mittel in entsprechendem Umfang werden zur Verfügung stellen können.

Der Gedanke an entsprechende Differenzierungen verliert schnell an Kontur, wenn man sich die rasante Entwicklung im Bereich der Computersoftware vor Augen hält. Eine abstrakte gesetzgeberische Lösung muß hier zum Scheitern verurteilt sein, da sie den entsprechenden Entwicklungen des Marktes und der Technik nur hinterherhinken kann.

Die Schaffung eines ausschließlichen Rechtes behindert, man kann wohl sogar sagen verhindert, die Erfüllung des Auftrages der Bibliotheken.

Es bleibt daher die Frage offen, wie den jeweiligen Interessen Rechnung getragen werden kann.

Hier erscheint es sinnvoll, die zukünftige Entwicklung zunächst abzuwarten und den gegenwärtigen Rechtszustand, der bezüglich des öffentlichen Verleihs von Computerprogrammen durch den Entwurf nicht betroffen wird, nicht zu ändern. Die Rechteinhaber und die Bibliotheken sollten zumindest gegenwärtig auf die Vornahme entsprechender Vereinbarungen verwiesen werden. Sollten bei der zukünftigen Marktentwicklung, insbesondere im Vergleich zu ausländischen Anbietern, nachteilige Tendenzen festgestellt werden, kann ein gesetzgeberischer Handlungsbedarf gegebenenfalls im Rahmen weiterer Umsetzungsakte[37] oder bei einem gesonderten Gesetzgebungsakt nochmals in Erwägung gezogen werden.

d) *Verwandte Schutzrechte*

Die Richtlinie harmonisiert in Kapitel II Leistungsschutzrechte. Von dieser Harmonisierung sind in erster Linie die Mitgliedstaaten betroffen, deren Recht Leistungsschutzrechte überhaupt nicht kennt. Da der deutsche Gesetzgeber diese Rechte bereits in der Urheberrechtsreform 1965 eingeräumt hat, bedarf es richtlinienbedingt nur unwesentlicher Änderungen, die hier nicht näher behandelt werden sollen.

III. *Richtlinie des Rates über den rechtlichen Schutz von Datenbanken*[38]

1. *Ziel und Entwicklung*

Auch die Richtlinie über den rechtlichen Schutz von Datenbanken verfolgt das Ziel einer Harmonisierung. Innerhalb der Gemeinschaft soll ein stabile Rechts-

---

37 Siehe unten III ff.
38 ABl. Nr. C 156 vom 23.6.1992, S. 4.

ordnung zum Schutz der Datenbanken geschaffen werden. Dabei soll zusätzlich zum urheberrechtlichen Schutz für die Auswahl und Anordnung der Inhalte einer Datenbank auch Schutz gegen unlauteren Wettbewerb durch unerlaubte Auszüge und Weiterverwertung der Inhalte der Datenbanken gewährt werden.

Datenbanken als Träger aktueller Information sowie die Möglichkeiten, große Datenmengen zu speichern, haben die Bedeutung der Datenbanken für das gesamtwirtschaftliche Gefüge in die Höhe schnellen lassen. Sie wirken sich damit auch unmittelbar auf die Wettbewerbsbedingungen innerhalb der Gemeinschaft aus. An dieser Stelle sei auf die bereits allgemein bekannten Rechtsdatenbanken in Deutschland hingewiesen. Der Bedeutung dieser zukunftsträchtigen Technologie bewußt, hat die Kommission nach der Veröffentlichung des Grünbuchs über Urheberrecht und technologische Herausforderung im Jahre 1988[39] im April 1990 eine Anhörung zu diesem Problem veranstaltet.

Die Kommission hat am 15. April 1992 einen Vorschlag für eine entsprechende Richtlinie vorgelegt[40], welche an diese Entwicklungen anknüpft.

2. *Inhalt der Richtlinie*

Der Richtlinienentwurf sieht in Artikel 2 Abs. 1 die Verpflichtung der Mitgliedstaaten vor, Datenbanken urheberrechtlich als Sammlungen von Artikel 2 Absatz 5 der Berner Übereinkunft über den Schutz von Werken der Literatur und Kunst (Pariser Fassung von 1971)[41] zu schützen. Mit dieser Entscheidung über den Urheberrechtsschutz will die Kommission an die Richtlinie des Rates über den Rechtsschutz von Computerprogrammen[42] anknüpfen, die für Computerprogramme ebenfalls einen urheberrechtlichen Schutz festschreibt.

Ergänzend zu diesem urheberrechtlichen Schutz soll der Hersteller von Datenbanken gegen die widerrechtliche Aneignung der Ergebnisse der finanziellen und beruflichen Investitionen, die für das Erhalten und Sammeln von Daten getätigt wurden, geschützt werden. Die Richtlinie bedient sich zur Durchsetzung dieser Vorgabe eines neuen Rechts, dem in Artikel 2 Abs. 5 geschaffenen »Recht auf Schutz vor unlauteren Auszügen«. Dieses gibt dem Hersteller einer Datenbank die Möglichkeit, unerlaubte Auszüge und die Weiterverwertung des Inhalts dieser Datenbank für gewerbliche Zwecke zu verhindern. Das genannte Recht soll dabei unabhängig von der urheberrechtlichen Schutzfähigkeit der Datenbank selbst zur Anwendung gelangen. Für dieses Recht »sui generis« ist in Artikel 9 Abs. 3 der Richtlinie eine Schutzfrist von 10 Jahren vorgesehen.

Vom Anwendungsbereich der Richtlinie werden nur elektronische Datenbanken erfaßt. Dies hat zur Folge, daß es für Sammlungen von Werken oder Informationen, die mit nichtelektronischen Mitteln angeordnet, gespeichert oder zugänglich sind, bei der bisher geltenden Regelung verbleibt. Die in diesem Zusammenhang geforderten Definitionen finden sich in Artikel 1 der Richtlinie.

---

39 Vgl. oben I 1.
40 KOM (92) 24 endg.; Ratsdok. 6919/92.
41 BGBl. 1973 II S. 1069.
42 91/250/EWG siehe oben I.

3. *Die Haltung des Bundesrates*

Der Bundesrat hat in seiner 646. Sitzung am 25. September 1992 zum Richtlinienvorschlag Stellung genommen[43]. Der Bundesrat hat dabei Bedenken gegen das Recht im Sinne von Artikel 2 Abs. 5 der Richtlinie angemeldet.

Der Bundesrat begrüßte zwar das Bestreben der EG-Kommission, Hersteller von Datenbanken wirksam und effektiv vor parasitärem Verhalten Dritter zu schützen, die inhaltliche Ausgestaltung des vorgesehenen Rechts auf Schutz vor unlauteren Auszügen wird jedoch erheblich in Zweifel gezogen.

Da dieses Recht seiner Natur nach kein Urheberrecht sei, befürchtet die Ländervertretung, daß die Frage nach dem Schutzbereich nur schwer zu beantworten sein könnte, denn, so wird vorgebracht, Daten und Fakten müßten jedermann zugänglich sein. Bei Werken wissenschaftlicher und technischer Art sei deshalb nur die besondere Form, nicht jedoch deren Inhalt den Urhebern vorbehalten.

Auch die Schutzfristregelung wird bemängelt. Die Regelung in Artikel 9 Abs. 4 biete keine ausreichende Gewähr gegen die Gefahr, daß laufend vorgenommene wesentliche Ergänzungen einer Datenbank den Ablauf der zehnjährigen Schutzfrist hindern und damit einen unbefristeten Schutz begründen würden. Der unbefristete Schutz könnte damit zum Regelfall werden. Auf der anderen Seite könnte die Schutzfrist bei umfangreichen Datenbanken dann zu kurz ausgestaltet sein, wenn diese zur Amortisation des finanziellen und organisatorischen Aufwands bei der Erstellung der Datenbank nicht ausreichend sei.

Der Bundesrat bevorzugt daher eine eher wettbewerbsrechtliche Ausgestaltung des Rechts mit dem Ziel, ein Leistungsschutzrecht ohne feste Schutzfristen zu schaffen. Im Verletzungsprozeß sei der Hersteller bei einem wettbewerbsrechtlich ausgestalteten Recht nicht mehr belastet als bei der beabsichtigten Sonderregelung, da er bei dieser darlegen und beweisen müsse, daß seine Datenbank ganz oder teilweise kopiert wurde und im Zeitpunkt der Verletzung und in der verletzten Form noch geschützt war, also noch nicht länger als zehn Jahre der Öffentlichkeit zugänglich war.

Der Bundesrat bittet daher die Bundesregierung, sich gegen die Einführung dieses neuartigen Rechts auszusprechen, zumindest aber sich für eine wettbewerbsrechtliche Ausgestaltung dieses Rechts einzusetzen.

In seiner Stellungnahme bittet er die Bundesregierung weiterhin um Prüfung der Frage, ob bei der Abfassung der Richtlinie die Bedeutung der Pariser Verbandsübereinkunft vom 14. Juli 1967[44] hinreichend berücksichtigt wurde. Es müsse vermieden werden, daß der Richtlinienvorschlag zur Störung bestehender und bewährter internationaler Schutzstrukturen im Wettbewerbsrecht beitrage.

---

43 BR-Drucksache 465/92 (Beschluß).
44 BGBl. 1970 II 293, 391.

4. *Stellungnahme des Wirtschafts- und Sozialausschusses der EG*[45]

In seiner Sitzung vom 24. November 1992 hat der Ausschuß eine Stellungnahme verabschiedet, welche sich auch mit Artikel 2 Abs. 5 und Artikel 9 Abs. 3 auseinandersetzt.

Der Ausschuß ist dabei der Auffassung, daß für den Fall, daß das Recht auf Schutz vor unlauteren Auszügen als Recht »sui generis« verankert werde, deutlich gemacht werden solle, daß es sowohl auf den unrechtmäßigen Zugang als auch auf den Auszug und die Weiterverwertung Anwendung finden soll[46].

Der Ausschuß stellt darüber hinaus die Frage, warum bei diesem Recht eine Schutzdauer von 10 Jahren gewählt wurde. Der Ausschuß stellt diese Frage vor dem Hintergrund des industriellen Wachstums der Mitgliedsstaaten[47].

5. *Geänderter Richtlinienvorschlag*

Am 4. Oktober 1993 hat die Kommission einen geänderten Richtlinienvorschlag vorgelegt[48].

Das ursprünglich in Artikel 2 Abs. 5 geregelte Recht findet sich nun in Artikel 10 Abs. 2. Es wird nun als »Recht auf Unterbindung der unerlaubten Entnahme« bezeichnet. Ob diese »Umbenennung« eine Verbesserung im Hinblick auf die vom Bundesrat geäußerten Bedenken darstellt, muß stark in Zweifel gezogen werden. Zum einen verliert das neue Recht dadurch nicht seine rechtliche Qualität als Recht »sui generis«. Diese wird nun vielmehr sogar in der Kapitelüberschrift ausdrücklich festgeschrieben. Zum anderen gewinnt der Schutzbereich dadurch auch nicht mehr an Kontur. Die Problematik bleibt daher im Ergebnis bestehen.

Auch die Änderung des ursprünglichen Artikel 9 Abs. 4, dessen Regelungsinhalt sich nun in Artikel 12 Abs. 3 des Änderungsvorschlages findet, dürfte den Bedenken nur teilweise Rechnung tragen. Zwar enthält Artikel 12 Abs. 3 lit. b nun eine Definition für den Begriff der »unwesentlichen Änderung«. Angesichts der Tatsache, daß in dieser Definition jedoch auf eine »nicht wesentliche Änderung« abgestellt wird, muß die Frage, wie die Gefahr eines nahezu unbefristeten Schutzes verhindert werden kann beziehungsweise wie die Schutzdauer festzulegen ist, nach wie vor wohl gestellt werden.

IV. *Richtlinie des Rates zur Harmonisierung der Schutzdauer des Urheberrechts und bestimmter verwandter Schutzrechte*[49]

Als weiteres und letztes Beispiel dieser Betrachtung soll noch kurz auf die Richtlinie zur Harmonisierung der Schutzdauer des Urheberrechts und bestimmter verwandter Schutzrechte eingegangen werden.

---

45 ABl. Nr. C 19 vom 25.1.1993, S. 3.
46 Besondere Bemerkungen 3.5.
47 Besondere Bemerkungen 3.13.
48 ABl. Nr. C 308 vom 15.11 .1993, S. 1.
49 ABl. Nr. L 290 vom 24.11.1993, S. 9.

1. *Ziel und Entwicklung*

Das Urheberrecht und die verwandten Schutzrechte sind Rechte des geistigen Eigentums, die jedoch nur eine begrenzte Schutzdauer aufweisen. Dies hat zur Folge, daß nach Ablauf einer bestimmten Frist die geschützten Werke gemeinfrei werden. In den internationalen Abkommen auf dem Gebiet des Urheberrechts und der verwandten Schutzrechte sind die Schutzfristen nicht genau festgelegt. In den Rechtsordnungen der Mitgliedstaaten bestehen dabei zum Teil erhebliche Unterschiede. Die dadurch zwangsläufig entstehenden Handelshemmnisse und Wettbewerbsstörungen gilt es im Hinblick auf den gemeinsamen Binnenmarkt zu beseitigen.

Am 23. März 1992 wurde von der Kommission ein Vorschlag für eine Richtlinie des Rates zur Harmonisierung der Schutzdauer des Urheberrechts und bestimmter verwandter Schutzrechte vorgelegt[50].

2. *Inhalt des Richtlinienvorschlags*

Im Urheberrechtsbereich gelten für die Bundesrepublik Deutschland und für die EG-Mitgliedsstaaten im wesentlichen die Berner Übereinkunft zum Schutz von Werken der Literatur und Kunst in der Pariser Fassung vom 24. Juli 1971[51] (RBÜ) und das Internationale Abkommen über den Schutz der ausübenden Künstler, der Hersteller von Tonträgern und der Sendeunternehmen vom 26. Oktober 1961[52] (RA). Die Geltung der genannten Abkommen ist in den jeweiligen Mitgliedsstaaten unterschiedlich je nach Fassung.

Sowohl die RBÜ als auch das RA sehen nur eine Mindestschutzdauer für die Urheberrechte und verwandten Schutzrechte vor und überlassen es den Vertragsstaaten, die betreffenden Rechte länger zu schützen. Die Richtlinie will erreichen, daß in der gesamten EG dieselbe Schutzdauer gilt.

Die Kommission hat eine einheitliche Schutzdauer von 70 Jahren vorgeschlagen. Die Kommission hält ein hohes Schutzniveau im Interesse der Erhaltung und Entwicklung der Kreativität innerhalb der Gemeinschaft für geboten. Auch im Hinblick auf den Binnenmarkt wird eine lange Schutzdauer für erforderlich erachtet.

Materiellrechtlich ist der genannte Richtlinienvorschlag begrenzt. Er enthält keine Schutzbestimmungen für Bereiche, in denen das jeweilige Recht der Mitgliedsstaaten einen solchen Schutz nicht vorsieht. Dies bedeutet, daß der Umstand, daß in einem Mitgliedsstaat ein Schutzanspruch besteht, der in einem anderen Mitgliedsstaat nicht gewährt wird, vom Richtlinienvorschlag unberührt bleibt. In dem Mitgliedsstaat, in dem ein Schutzanspruch besteht, muß die Dauer des Schutzes jedoch der Richtlinie entsprechen.

---

50 ABl. Nr. C 92 vom 11.4.1992, S. 6.
51 BGBl. 1973 II S. 1069.
52 BGBl. 1965 II S. 1243; 1966 II S. 1473.

3. *Haltung des Bundesrates*

Der Bundesrat hat in seiner 643. Sitzung am 5. Juni 1992 zu der Vorlage Stellung genommen[53].

Der Bundesrat hat dabei grundsätzlich die Initiative der Kommission zur Harmonisierung der Schutzdauer des Urheberrechts und bestimmter verwandter Schutzrechte begrüßt. Die für das deutsche Urheberrecht sich aus dem Vorschlag ergebenden Änderungen werden im wesentlichen im Interesse einer Harmonisierung als vertretbar erachtet.

Der Bundesrat hat aber Bedenken gegen die der Kommission in Artikel 4 Abs. 4 übertragene Organzuständigkeit erhoben. Die dort vorgesehenen Maßnahmen der Entscheidung sollten nach Ansicht des Bundesrates dem Rat, wenn nicht darüber hinaus den einzelnen Mitgliedstaaten vorbehalten bleiben.

Weiterhin hat der Bundesrat in seiner Stellungnahme dargelegt, daß die in Artikel 3 vorgesehene Schutzdauer von 70 Jahren für alle Photographien nur solchen Lichtbildern zugute kommen soll, die eine geistig schöpferische Leistung aufweisen. Bei einfachen Photographien sollte der vorgesehene Schutz reduziert werden.

Schließlich sollte die Frist für die Umsetzung der Richtlinie in das nationale Recht über den 31.12.1993 hinaus verlängert werden.

4. *Geänderter Richtlinienvorschlag und endgültige Richtlinie*

Am 7. Januar 1993 hat die Kommission einen geänderten Richtlinienvorschlag vorgelegt[54]. Am 29. Oktober wurde schließlich die Richtlinie des Rates zur Harmonisierung der Schutzdauer des Urheberrechts und bestimmter verwandter Schutzrechte vorgelegt[55].

Gemäß Artikel 13 Abs. 1 ist die Richtlinie nun bis zum 1. Juli 1995 umzusetzen.

In Artikel 6 findet sich nun eine Regelung, nach der eine eigene geistig schöpferische Leistung als Voraussetzung und Kriterium für den Schutz nach Artikel 1 verlangt wird. Den Mitgliedsstaaten bleibt ein anderer Schutz vorbehalten.

Die Regelung über den Schutz im Verhältnis zu Drittländern in Artikel 7 Abs. 3 gewährt den Mitgliedsstaaten einen Spielraum zur Wahrung ihrer internationalen Verpflichtungen.

V. *Ausblick*

Diese kurze Bestandsaufnahme EG-bedingter urheberrechtsrelevanter Auswirkungen hatte von vornherein nur das Ziel, einige wichtige Aspekte der Rechtsentwicklungen darzustellen. Selbstverständlich enthalten die genannten Richtlinien

---

53 BR-Drucksache 234/92 (Beschluß).
54 ABl. Nr. C 27 vom 30.1.1993, S. 7, KOM(92) 602 endg. - SYN 395.
55 93/98/EWG ABl. Nr. L 290 vom 24.11.1993, S. 9.

und Gesetze bzw. Gesetzentwürfe weitere diskussionswürdige Grundlagen; deren zusätzliche Erörterung würde jedoch den Rahmen dieses Beitrages sprengen.

Auf eine Bewertung der Folgen der Rechtsentwicklungen und Vorhaben wurde im Rahmen dieser Darstellung weitestgehend verzichtet, da die Umsetzung entweder noch nicht oder noch nicht lange abgeschlossen ist und daher zuverlässige Fakten kaum als gegeben angesehen werden können. Soweit Akte noch in der Umsetzung befindlich sind, sollte daher zumindest deren endgültige Fassung abgewartet werden.

Festzuhalten ist jedoch, daß sämtliche Vorhaben das deutsche Urheberrecht maßgeblich beeinflußt haben oder beeinflussen werden und damit auch zumindest mittelbar den deutschen Verbraucher in seiner Eigenschaft als Bürger der Europäischen Union betreffen.

Es ist weiterhin festzuhalten, daß nicht erst künftig, sondern bereits gegenwärtig, die deutsche Gesetzgebung an Europa nicht nur nicht vorbeigehen kann, sondern vielmehr durch Europa zum Teil erst initiiert wird. Wenn daher heute oftmals der Gesetzgeber einer überhasteten Gesetzgebung gescholten wird, sollte dabei nicht übersehen werden, daß manches auf den europabedingten Gesetzgebungszwang zurückzuführen ist.

Die Bewältigung der mit Europa zusammenhängenden gesetzlichen Entwicklungen wird in Zukunft sicher nicht einfacher werden.

Fedor Seifert

Das Schiedsstellenverfahren als Prozeßvoraussetzung im Urheberrechtsstreit

I. *Überblick*

1. *Die Urheberrechtsnovelle 1985*

Mit der Urheberrechtsnovelle 1985 ist das Schiedsstellenverfahren nach dem Wahrnehmungsgesetz erheblich geändert und ausgeweitet worden.

Bis zur Urheberrechtsnovelle 1985 war die Zuständigkeit der Schiedsstelle auf Gesamtverträge und Verträge, die Verwertungsgesellschaften mit den Sendeanstalten geschlossen haben, beschränkt. Die Schiedsstelle, deren Vorsitzender nach der damaligen Gesetzeslage von der Aufsichtsbehörde berufen wurde, während die Beisitzer von den Parteien benannt wurden, hatte den Inhalt der fraglichen Verträge mit bindender Wirkung für die Beteiligten festzusetzen. Die Festsetzung konnte durch Antrag auf gerichtliche Entscheidung angefochten werden. Über den Antrag entschied das Oberlandesgericht am Sitz der Schiedsstelle, also das OLG München. Gegen dessen Entscheidung gab es kein weiteres Rechtsmittel.

Sowohl die Verwerter als auch die Verwertungsgesellschaften sahen grundsätzlich die Schiedsstelle als eine wichtige Einrichtung an.[1] Im Rahmen der Gesetzesreformen ist deshalb ernsthaft auch kein Zweifel an einer Beibehaltung der Schiedsstelle aufgekommen. Jedoch gaben an der alten Regelung verschiedene Punkte Anlaß zu Kritik oder Unbehagen, etwa die unklare Rechtsnatur der Schiedsstelle, die Unklarheit, welche Verfahrensart anzuwenden war (FGG, ZPO, VwGO), die lange Dauer der Verfahren, die Bestimmung der Beisitzer durch die Parteien, die Entschädigung des Vorsitzenden und der Beisitzer.[2]

1985 wurde das Schiedsstellenverfahren völlig neu geordnet. Die Mitglieder der Schiedsstelle werden nun vom Bundesminister der Justiz auf 4 Jahre berufen. Die Zuständigkeit der Schiedsstelle wurde auf alle Streitigkeiten zwischen Verwertungsgesellschaften und Verwertern erstreckt (vgl. § 14 Abs. 1 WahrnG[3]).

Eine wesentliche Änderung aufgrund der Neuregelung ist, daß bei Streitfällen, die die Anwendbarkeit oder Angemessenheit eines Tarifs betreffen, zunächst die Schiedsstelle anzurufen ist, bevor Ansprüche im Wege der Klage vor den ordentli-

1 *Möller,* Die Urheberrechtsnovelle 1985, Entstehungsgeschichte und verfassungsrechtliche Grundlagen, 1986, S. 59.
2 *Möller,* a.a.O.
3 Das Gesetz über die Wahrnehmung von Urheberrechten und verwandten Schutzrechten (Urheberrechtswahrnehmungsgesetz) wird auch UrhWG abgekürzt.

chen Gerichten geltend gemacht werden können. Es soll dabei unerheblich sein, ob es um die Einräumung von Nutzungsrechten nach § 11 WahrnG, um einen reinen Vergütungsanspruch oder um einen Schadensersatz- oder Bereicherungsanspruch wegen unberechtigter Werknutzung geht.[4]

2. *Schiedsstellenverfahren als Prozeßvoraussetzung*

Die Verwertungsgesellschaften haben bekanntlich Tarife über die von ihnen geforderte Vergütung aufzustellen (§ 13 WahrnG). Die GEMA hat ca. 70 Tarife, die GVL 10 und die VG Musikedition 3 Tarife.[5] Die Überprüfung der Angemessenheit dieser Tarife ist seit jeher Sache der ordentlichen Gerichte.[6] Seit 1985 ist nun jeder gerichtlichen Entscheidung zur Anwendbarkeit oder Angemessenheit eines Tarifs ein Schiedsstellenverfahren vorangestellt:

§ 14 Abs. 1 WahrnG normiert, daß bei Streitfällen, an denen eine Verwertungsgesellschaft beteiligt ist, jeder Beteiligte die Schiedsstelle anrufen kann, wenn der Streitfall die Nutzung von Werken oder Leistungen, die nach dem Urheberrechtsgesetz geschützt sind, oder den Abschluß oder die Änderung eines Gesamtvertrages betrifft.

§ 16 Abs. 1 WahrnG regelt, daß derartige Ansprüche im Wege der Klage erst geltend gemacht werden können, nachdem ein Verfahren vor der Schiedsstelle vorausgegangen ist. Die vorherige Durchführung des Schiedsstellenverfahrens ist nach allgemeiner Auffassung Prozeßvoraussetzung. Ist ein Schiedsstellenverfahren nicht durchgeführt worden, ist die Klage unzulässig. Auf das Vorliegen dieser Prozeßvoraussetzung hat das Gericht von Amts wegen zu achten.[7]

Ist die Anwendbarkeit und die Angemessenheit des Tarifs der Verwertungsgesellschaft nicht bestritten, entfällt das Vorschalten der Schiedsstelle (§ 16 Abs. 2 Satz 1 WahrnG).

Stellt sich erst im Laufe des Rechtsstreits heraus, daß die Anwendbarkeit oder die Angemessenheit des Tarifs im Streit ist, setzt das Gericht den Rechtsstreit aus, um den Parteien die Anrufung der Schiedsstelle zu ermöglichen (§ 16 Abs. 2 Satz 2 WahrnG). Weist die Partei, die die Anwendbarkeit oder die Angemessenheit des Tarifs bestreitet, nicht innerhalb von 2 Monaten nach Aussetzung nach, daß ein Antrag bei der Schiedsstelle gestellt ist, wird der Rechtsstreit fortgesetzt. Dann gilt die Anwendbarkeit und die Angemessenheit des von der Verwertungsgesellschaft dem Nutzungsverhältnis zugrunde gelegten Tarifs als zugestanden (§ 16 Abs. 2 Satz 3 WahrnG).

Sinn der Regelung soll sein, durch die fachliche Autorität der Schiedsstelle, die deren spezielle Sachkunde erwarten läßt, eine Einigung der Beteiligten zu erleichtern oder, wo dies nicht zu erreichen ist, dem später entscheidenden ordentlichen Gericht durch den von ihr gemachten Einigungsvorschlag eine Orientierungshilfe

---

4 Vgl. amtliche Begründung (Regierungsentwurf) zu § 14, UFITA 96 (1983), 107, 144.

5 *Strittmatter,* Tarife der Verwertungsgesellschaften, in: Handbuch der Musikwirtschaft, 1992, S. 562, 565.

6 Ständige Rspr., vgl. z.B. BGH GRUR 1974, 35, 37 f. - Musikautomat.

7 Vgl. *Nordemann,* in: Fromm/Nordemann, Urheberrecht, 8. Aufl., 1994, §§ 14 - 16 WahrnG, Rdn. 6; *Reinbothe,* in: Schricker (Hrsg.), Urheberrecht, 1987, § 16 WahrnG, Rdn. 2.

zu geben.[8] Die Gerichte, die sich - so die Begründung im Regierungsentwurf - nur mit Schwierigkeiten die für die Beurteilung der Angemessenheit erforderlichen Vergleichsmaßstäbe erarbeiten können, können sich an dem Votum der Schiedsstelle orientieren, ohne jedoch daran gebunden zu sein.[9]

3. *Vor- und Nachteile der gesetzlichen Regelung*

Die Zuständigkeit der Schiedsstelle ist damit gegenüber der früheren Regelung, bei der die Schiedsstelle nur für Gesamtverträge und Verträge mit Sendeunternehmen zuständig war, sehr umfassend. Bei den Gesetzesberatungen zum Gesetz von 1965 erschien noch das besondere Verfahren vor der Schiedsstelle nur für Verträge von allgemeiner Bedeutung, wie die Gesamtverträge und die Verträge mit Sendeunternehmen, gerechtfertigt. Deshalb wurde seinerzeit die Anregung, eine Zuständigkeit der Schiedsstelle allgemein für Streitigkeiten über den Abschluß von Verträgen der Verwertungsgesellschaften mit einzelnen Verwertern vorzusehen, nicht aufgegriffen.[10]

Die frühere Regelung wurde für unbefriedigend gehalten.[11] Die Schiedsstelle sollte auch für eine wirksame Überprüfung der Tarife für Einzelnutzungen eingesetzt werden.[12] Die Verwertungsgesellschaften müssen bekanntlich jedermann auf Verlangen zu angemessenen Bedingungen Nutzungsrechte einräumen (§ 11 Abs, 1 WahrnG). Angeblich hat die Feststellung dessen, was angemessen ist, die ordentlichen Gerichte vor Probleme gestellt, die ohne die Hilfe von Sachverständigen kaum lösbar waren.[13] Sachverstand sei aber eher auf der einen oder anderen Seite, selten aber bei neutralen Dritten zu finden gewesen. Die Neuregelung des Schiedsstellenverfahrens soll die Bündelung von Erfahrungswissen, wie sie in der nunmehr gleichbleibend besetzten Schiedsstelle jedenfalls nach einer gewissen Anlaufzeit entstehen wird, auch für ordentliche Gerichte nutzbar machen, indem sie jedem ordentlichen Gerichtsverfahren die Anrufung der Schiedsstelle vorschaltet.[14]

Die Neuordnung des Schiedsstellenverfahrens gilt als »ein besonders geglückter Wurf.«[15] Schon 1990 konnte »mit Fug und Recht behauptet werden, daß die in der Zwischenzeit vorliegenden Einigungsvorschläge der Schiedsstelle die deutsche Urheberrechtspraxis bereits enorm bereichert haben und zum inneren Ausbau des Rechts der Verwertungsgesellschaften in ihrem Verhältnis zu den Werknutzern beigetragen haben.«[16]

---

8 *Nordemann,* in: Fromm/Nordemann, Urheberrecht, 8. Aufl., 1994, §§ 14 - 16 WahrnG, Rdn. 1.
9 Vgl. amtliche Begründung (Regierungsentwurf) zu § 14, UFITA 96 (1983), 107, 123 f.
10 Amtliche Begründung zu § 14, abgedruckt z.B. bei *Haertel/Schiefler,* Urheberrechtsgesetz und Gesetz über die Wahrnehmung von Urheberrechten und verwandten Schutzrechten, 1967, S. 441.
11 Vgl. *Melichar,* Die Wahrnehmung von Urheberrechten durch Verwertungsgesellschaften, 1983, S. 51 f.; *Möller,* Die Urheberrechtsnovelle 1985, Entstehungsgeschichte und verfassungsrechtliche Grundlagen, 1986, S. 59 f.; *Reimer,* Schiedsstellen im Urheberrecht, GRUR Int. 1982, 215, 216 f.
12 *Möller,* a.a.O.
13 So *Nordemann,* in: Fromm/Nordemann, Urheberrecht, 8. Aufl., 1994, § 13 WahrnG, Rdn. 1.
14 *Nordemann,* in: Fromm/Nordemann, Urheberrecht, 8. Aufl., 1994, § 13 WahrnG, Rdn. 1.
15 *Nordemann,* in: Fromm/Nordemann, Urheberrecht, 8. Aufl., 1994, §§ 14 - 16 WahrnG, Rdn. 1.
16 *Dietz,* Die Entwicklung des Urheberrechts der Bundesrepublik Deutschland von 1984 bis Anfang 1989, UFITA 112 (1990), 5, 12.

Allerdings ist ein zusätzliches Schiedsstellenverfahren als Prozeßvoraussetzung naturgemäß mit nicht unerheblichem Zeitverlust verbunden. Schon an der früheren Schiedsstellenregelung ist die lange Dauer der Verfahren beanstandet worden.[17] Zutreffend wird auch eingeräumt, daß durch die Neuregelung insoweit keine direkte Abhilfe geschaffen werden konnte.[18] In diesem Zusammenhang wird eine Beschleunigungsvorschrift vermißt: »Wenn der Vorteil des vorgeschalteten Schiedsstellenverfahrens nicht durch den Nachteil seiner Dauer zunichte gemacht werden soll, muß das Verfahren so durchgeführt werden, daß der Einigungsvorschlag spätestens 6 Monate nach Antragstellung vorliegt.«[19]

Die zusätzliche Zeitverzögerung durch das Schiedsstellenverfahren ist natürlich nur ein Gesichtspunkt. Die Vorteile der gesetzlichen Regelung mögen überwiegen. Es stellt sich aber die Frage, ob wirklich in jedem Fall ein solches obligatorisches »Vorverfahren« sinnvoll ist.

II. *Wann ist kein vorheriges Schiedsstellenverfahren als Prozeßvorausetzung nötig?*

§ 16 WahrnG sieht Ausnahmen vom obligatorischen Schiedsstellenverfahren als Prozeßvoraussetzung vor. Weitere Einschränkungen sind die Folge sachgerechter Auslegung. Dabei ist zu berücksichtigen, daß das Schiedsstellenverfahren ein »sinnvolles Instrument der Vertragshilfe«[20] darstellen soll, »um einen sachkundigen Ausgleich zwischen den schutzwürdigen Belangen der Urheber- und Leistungsschutzberechtigten am wirtschaftlichen Ertrag ihrer Werke einerseits und dem Interesse der Allgemeinheit an der möglichst ungehinderten Nutzung andererseits zu erleichtern.«[21]

Folgende Fallgruppen lassen sich bilden, bei denen kein vorheriges Schiedsstellenverfahren als Prozeßvorausetzung nötig ist:

1. *Anforderungen an die »Tarifrüge«*

Schon in Anbetracht des erheblichen Zeitverlustes, den das Schiedsstellenverfahren zur Folge hat, ergibt sich die Konsequenz, daß keine zu geringen Anforderungen an das »Bestreiten« der Anwendbarkeit oder Angemessenheit eines Tarifs zu stellen sind. Es wäre unsinnig, ein Verfahren möglicherweise über Jahre zu blockieren oder zu verzögern, wenn lediglich völlig pauschale und unsubstantiierte »Einwendungen« gegen den Tarif erhoben worden sind.

Dabei ist zu berücksichtigen, daß die von der Verwertungsgesellschaft veröffentlichten Tarife prima facie als angemessene Vergütung angesehen werden, so-

---

17 *Möller,* Die Urheberrechtsnovelle 1985, Entstehungsgeschichte und verfassungsrechtliche Grundlagen, 1986, S. 59.
18 *Möller,* a.a.O.
19 *Nordemann,* in: Fromm/Nordemann, Urheberrecht, 8. Aufl., 1994, §§ 14 - 16 WahrnG, Rdn. 5 a.
20 *Reinbothe,* in: Schricker (Hrsg.), Urheberrecht, 1987, Vor §§ 14 ff. WahrnG, Rdn. 1.
21 *Reinbothe,* a.a.O.

lange ihre Unangemessenheit nicht festgestellt ist.[22] Bei der Beurteilung der Frage, ob die aufgestellten Tarife angemessen sind, ist auch deren Sinn und Zweck zu berücksichtigen. Im Interesse der Allgemeinheit soll eine gleichmäßige Behandlung aller gleichgelagerten Fälle durch die Verwertungsgesellschaft sichergestellt, zugleich aber auch der Verwertungsgesellschaft in ihrem eigenen Interesse erspart werden, in jedem Einzelfall langwierige Verhandlungen über Art und Höhe der zu zahlenden Vergütung führen zu müssen.[23] Der Zweck des aufzustellenden Tarifwerkes besteht mithin darin, bestimmte Sachverhalte in ihren typischen Gegebenheiten schematisch zu erfassen. Die praktische Anwendbarkeit eines Tarifs würde jedoch in Frage gestellt, wenn er auf seiten des Verwerters nicht in sachgerechter Differenzierung die typischen Gegebenheiten, sondern die jeweiligen besonderen Umstände berücksichtigen würde.[24]

Das Amtsgericht München hat entschieden, daß für die Anwendung des § 16 Abs. 2 Satz 2 WahrnG ein substantiiertes und tatsachenorientiertes Bestreiten der Angemessenheit des Tarifs zu verlangen ist. Denn es ist - so das Gericht zutreffend - dem schlichten, allein der Prozeßverschleppung dienenden Mißbrauch der insoweit eröffneten Möglichkeit, die Aussetzung des gerichtlichen Verfahrens herbeizuführen, vorzubeugen. Zum konkreten Fall hat das Amtsgericht München ausgeführt: »Da sich nach dem nicht bestrittenen Vortrag der Klägerin der von ihr angewandte Tarif im Verkehr durchgesetzt hat, darüber hinaus die Aufsichtsbehörde, das Deutsche Patentamt, ohnehin verpflichtet ist, die Tarife vor ihrer Veröffentlichung auf ihre Angemessenheit hin zu überprüfen, spricht zumindest der erste Anschein dafür, daß dieser Tarif nicht als unangemessen zu beanstanden sein wird. Auch der konkret in Rechnung gestellte Betrag . . . bietet keinen greifbaren Anhaltspunkt für die Annahme, daß es sich insoweit um einen unangemessenen Tarif handeln könnte«.[25]

2. *Ansprüche aus Verträgen*

Der BGH hat in seiner Entscheidung »Tarifüberprüfung I«[26] klargestellt, daß im Falle eines Vertragsschlusses eine Überprüfung der Angemessenheit des angewendeten Tarifs grundsätzlich unzulässig ist. Der BGH führt in der genannten Entscheidung aus:

»Der Grundsatz der vertraglichen Gestaltungsfreiheit gilt zwar nicht schrankenlos. In Ausnahmefällen kann es bei Vorliegen eines besonderen Schutzbedürfnisses eines Vertragspartners nach Treu und Glauben geboten sein, Einschränkungen vorzunehmen. Im Streitfall ist jedoch ein solches Schutzbedürfnis des

---

22 Vgl. *Nordemann*, in: Fromm/Nordemann, Urheberrecht, 8. Aufl., 1994, § 13 WahrnG, Rdn. 1; einschränkend wohl BGHZ 97, 37, 42 - Filmmusik. Dort wird darauf abgestellt, ob der Tarif sich durchgesetzt hat.

23 BGH GRUR 1974, 35, 37 - Musikautomat; Begründung zum Regierungsentwurf, abgedruckt z.B. bei *Haertel/Schiefler*, Urheberrechtsgesetz und Gesetz über die Wahrnehmung von Urheberrechten und verwandten Schutzrechten, 1967, S. 439.

24 BGH a.a.O.

25 Amtsgericht München, Urteil vom 12.01.1990, 1102 C 34291/89.

26 BGH GRUR 1984, 52 - Tarifüberprüfung I.

Verwerters, das eine gerichtliche Angemessenheitsprüfung rechtfertigen könnte, nicht anzuerkennen. Dazu reicht die Erwägung nicht aus, daß die vorformulierten Tarife der Verwertungsgesellschaften von diesen - soweit es sich nicht um Gesamtverträge handelt (vgl. §§ 12, 13 Abs. 1 Satz 2 WahrnG) - einseitig festgelegt werden und daß die faktische Monopolstellung der Verwertungsgesellschaft (vgl. dazu Amtl. Begr., a.a.O., S. 17) dem Verwerter in aller Regel die Möglichkeit nimmt, sich an eine andere Verwertungsgesellschaft zu wenden, um mit dieser günstigere Vergütungen zu vereinbaren. Denn das Gesetz sieht in § 11 Abs. 2 WahrnG eine Regelung vor, die den Interessen des Verwerters hinreichend gerecht wird. Hält er eine vertragliche Vergütungsregelung nicht mehr für angemessen, so gibt ihm das Gesetz die Möglichkeit, die Nutzungsrechte schon vor der abschließenden gerichtlichen Klärung, welche Bedingungen angemessen sind, zu verwerten; sofern er zuvor den Vertrag kündigt und zugleich die weiterhin geforderte Vergütung zahlt oder hinterlegt. Dem Verwerter ist es angesichts der vom Gesetz fingierten Rechtseinräumung zumutbar, den aufgezeigten Weg in Fällen der vorliegenden Art, in denen nachträglich Zweifel an der Angemessenheit der zunächst vertraglich vereinbarten Vergütung auftreten, zu beschreiten.«

Zwar ist diese Entscheidung vor der Gesetzesänderung von 1985 ergangen, jedoch gilt sie auch heute noch. Denn die Gesetzesänderung betrifft nichts, was die vorstehenden Ausführungen beeinträchtigen könnte. Demgemäß gilt nach wie vor, daß ein wirksamer Vertrag die Parteien bis zu seiner Beendigung bindet und in seinen Bestand grundsätzlich nicht im Wege der Tarifüberprüfung eingegriffen werden kann.[27]

3. *Nicht tarifgestützte Ansprüche*

Die Vorschriften über die zwingende Vorschaltung der Schiedsstelle gelten nur für sogenannte tarifgestützte Ansprüche. Das Bestehen oder der Umfang des geltend gemachten Anspruchs muß von der Anwendbarkeit oder Angemessenheit eines Tarifs der Verwertungsgesellschaft abhängig sein.[28] So können beispielsweise Auskunftsklagen erhoben werden, ohne daß zuvor die Schiedsstelle angerufen werden müßte. Denn im Gegensatz zum Zahlungsanspruch ist der Auskunftsanspruch tarifunabhängig.[29]

Dem kann nicht entgegengehalten werden, daß Art und Umfang der geschuldeten Auskünfte sich wiederum aus dem Tarif der Verwertungsgesellschaft ergeben. Dies mag grundsätzlich richtig sein. Jedoch kann über die Anwendbarkeit und/oder die Angemessenheit eines Tarifs nicht sachgerecht gesprochen oder auch gestritten werden, wenn nicht einmal die zugrundeliegenden Fakten bekannt sind. Ist der Werknutzer nicht bereit, die erforderlichen Auskünfte zu geben, besteht auch kein Bedürfnis zur »Vertragshilfe« durch die Schiedsstelle vor Klageerhebung.

---

27 So z.B. LG Mannheim, Urteil v. 01.07.1993, 7.O.138/93; *Nordemann,* in: Fromm/Nordemann, Urheberrecht, 8. Aufl., 1994, §§ 14 - 16 WahrnG, Rdn. 4 b; vgl. aber auch Schiedsstelle ZUM 1987, 187, 188.

28 *Nordemann,* in: Fromm/Nordemann, Urheberrecht, 8. Aufl., 1994, §§ 14 - 16 WahrnG, Rdn. 6.

29 OLG Oldenburg ZUM 1987, 637.

4. *Arreste und einstweilige Verfügungen*

Gemäß der gesetzlichen Regelung bedarf es der vorherigen Anrufung der Schiedsstelle vor Klageerhebung nicht für Anträge auf Anordnung eines Arrestes oder einer einstweiligen Verfügung (§ 16 Abs. 3 WahrnG). Diese Sonderregelung beruht auf der Vorstellung, daß diese Verfahrensarten regelmäßig für besonders eilbedürftige Regelungen in Frage kommen. Schon wegen der Dringlichkeit muß in diesen Fällen auf eine vorherige Anrufung der Schiedsstelle verzichtet werden können.[30]

5. *Klagen nach §§ 926, 936 ZPO*

In Zusammenhang mit der Sonderregelung für Arreste und einstweilige Verfügungen bedarf es der Anrufung der Schiedsstelle vor Klageerhebung auch nicht, wenn nach Erlaß eines Arrestes oder einer einstweiligen Verfügung gemäß den §§ 926, 936 ZPO eine Frist zur Erhebung der Hauptklage bestimmt worden ist.

Eine solche gesetzliche Regelung ist an sich nicht unbedingt zwingend. Nachdem der Arrest oder die einstweilige Verfügung erlassen worden ist, ist die Eilbedürftigkeit zunächst entfallen. Die Anordnung der Hauptklage hat ja gerade das Ziel, daß nun die im Wege des summarischen Verfahrens getroffene Entscheidung des Arrest- beziehungsweise einstweiligen Verfügungsverfahrens im Rahmen eines normalen gerichtlichen Verfahrens überprüft wird. Der Arrest oder die einstweilige Verfügung hat nur für die Zeit bis zu dieser Entscheidung im Hauptverfahren eine einstweilige Regelung getroffen. Warum diese Fälle anders behandelt werden sollen als eine Klage ohne vorheriges Arrest- oder einstweiliges Verfügungsverfahren, ist nicht ohne weiteres ersichtlich.

Zugrunde liegt ganz offensichtlich die Überlegung, daß in diesen Fällen innerhalb einer Frist die Klage erhoben werden muß, damit der Arrest oder die einstweilige Verfügung nicht aufgehoben wird (§§ 926, 936 ZPO).[31] Dem hätte aber auch mit einer Bestimmung Rechnung getragen werden können, daß in einem solchen Fall die Anrufung der vorgeschalteten Schiedsstelle die Frist wahrt. Hinsichtlich des Rechtsinstituts der Verjährung, bei dem ja auch eine Frist durch Klageerhebung zu wahren ist, ist vom Gesetzgeber in § 14 Abs. 7 WahrnG eine derartige Regelung erfolgt: Die Anrufung der Schiedsstelle unterbricht die Verjährung in gleicher Weise wie eine Klageerhebung.

Nach der gesetzlichen Regelung ist in den Fällen, in denen die Klage zur Einhaltung einer Frist nach § 926, 935 ZPO erhoben wird, gar kein Schiedsstellenverfahren durchzuführen: § 16 Abs. 3 WahrnG schließt Abs. 1 aus. Daß das Schiedsstellenverfahren nach Klageerhebung gemäß § 16 Abs. 2 WahrnG durchzuführen, der Rechtsstreit also auszusetzen ist, ergibt sich nicht aus der gesetzli-

---

30 Amtliche Begründung (Regierungsentwurf) zu § 16, UFITA 96 (1983), 107, 147, 148; *Möller,* Die Urheberrechtsnovelle 1985, Entstehungsgeschichte und verfassungsrechtliche Grundlagen, 1986, S. 63.

31 Amtliche Begründung (Regierungsentwurf) zu § 16, UFITA 96 (1983), 107, 147, 148.

chen Regelung.[32] Denn § 16 Abs. 2 WahrnG regelt nur den - dann nicht vorliegenden - Fall, daß sich erst im Laufe des Rechtsstreits herausstellt, daß die Anwendbarkeit oder Angemessenheit eines Tarifs im Streit ist. Der Gesetzgeber hat bewußt im Fall der §§ 926, 936 ZPO auf die Einschaltung der Schiedsstelle verzichtet, u.a. weil wegen der strengen Voraussetzungen für den Erlaß eines Arrestes oder einer einstweiligen Verfügung eine mißbräuchliche Umgehung nicht zu befürchten sei.[33]

6. *Mahnverfahren*

§ 16 Abs. 1 WahrnG gilt nicht für das Mahnverfahren, sondern erst in einem etwa auf das Mahnverfahren folgenden Streitverfahren.[34] Denn § 16 WahrnG formuliert eindeutig, daß Ansprüche »im Wege der Klage« erst nach einem Verfahren vor der Schiedsstelle geltend gemacht werden können. Daß die Einleitung des Mahnverfahrens zulässig ist, nicht aber die Erhebung einer Klage, führt zu merkwürdigen Konsequenzen:

Macht eine Verwertungsgesellschaft ihren Anspruch im Wege des Mahnverfahrens geltend, obgleich der Gegner zuvor die Angemessenheit des Tarifs bestritten hat, so ergeht dennoch ein Mahnbescheid. Hält der Schuldner nun seine Angemessenheitsrüge nicht aufrecht oder reagiert er aus anderen Gründen nicht, ergeht Vollstreckungsbescheid. Dieser hat die Wirkung eines Versäumnisurteils (§ 700 Abs. 1 ZPO). Das ist auch nicht unbillig. Warum soll es dem Schuldner nicht freistehen, besserer Einsicht zu werden und seine Rüge nicht zu wiederholen, und warum soll die Verwertungsgesellschaft in so einem Fall nicht einen Titel, nämlich den Vollstreckungsbescheid, bekommen?

Anders würde das Verfahren aber verlaufen, wenn die Verwertungsgesellschaft Klage erhoben hätte. Aufgrund der gesetzlichen Regelung wird gesagt, daß zum schlüssigen Klagevortrag bei tarifgestützten Ansprüchen eine Erklärung darüber gehört, ob die Anwendbarkeit oder Angemessenheit des in Betracht kommenden Tarifs vorprozessual bestritten worden ist, und daß, wenn dies der Fall ist, ein Schiedsstellenverfahren durchgeführt und abgeschlossen wurde.[35] Unterstellen wir, daß ein Schiedsstellenverfahren nicht stattgefunden hat, aber der Schuldner, also der Beklagte des Verfahrens, ebenso wie im Falle des Mahnverfahrens seine Angemessenheitsrüge nicht mehr aufrecht erhält oder aus anderen Gründen sich nicht verteidigen will, so könnte dennoch ein Versäumnisurteil nicht ergehen, weil die Klage nach der gesetzlichen Regelung unzulässig wäre. Die Klage würde vielmehr durch unechtes Versäumnisurteil abgewiesen.

---

32 So aber *Nordemann*, in: Fromm/Nordemann, Urheberrecht, 8. Aufl., 1994, §§ 14 - 16 WahrnG, Rdn. 6 d.

33 Amtliche Begründung (Regierungsentwurf) zu § 16, UFITA 96 (1983), 107, 148; *Möller*, Die Urheberrechtsnovelle 1985, Entstehungsgeschichte und verfassungsrechtliche Grundlagen, 1986, S. 63.

34 *Möller*, Die Urheberrechtsnovelle 1985, Entstehungsgeschichte und verfassungsrechtliche Grundlagen, 1986, S. 63.

35 *Nordemann*, in: Fromm/Nordemann, Urheberrecht, 8. Aufl., 1994, §§ 14 - 16 WahrnG, Rdn. 6 a.

III. *Schiedsstellenvorteil für Rechtsbrecher?*

Krasses Mißbehagen stellt sich ein, wenn man §§ 14, 16 Abs. 1 WahrnG so auslegen würde, daß auch im Rahmen von Schadensersatzprozessen nach Rechtsverletzungen die Anrufung der Schiedsstelle Prozeßvoraussetzung wäre. Dieses Problem ist, soweit ersichtlich, bisher in der Rechtsprechung und Literatur nicht behandelt. Richtigerweise folgt aus Sinn und Zweck der gesetzlichen Regelung, daß der Rechtsverletzer sich nicht auf § 16 Abs. 1 WahrnG berufen kann. Dies ergibt sich aus verschiedenen Überlegungen:

1. *Anspruch aus § 97 UrhG*

Wer das Urheberrecht oder ein anderes nach dem UrhG geschütztes Recht widerrechtlich verletzt, kann auf Beseitigung der Beeinträchtigung, auf Unterlassung und auf Schadensersatz in Anspruch genommen werden (vgl. § 97 UrhG). Die Ansprüche auf Beseitigung und Unterlassung sind ohnehin nicht tarifgestützt. Die Schiedsstellenproblematik stellt sich hier nicht. Aber auch für den Schadensersatzanspruch gilt nichts anderes. Der Schadensersatz kann bekanntlich auf dreifache Art und Weise berechnet werden.[36] Wird ein konkreter Schaden geltend gemacht oder die Herausgabe des Gewinns verlangt, sind diese Ansprüche nicht tarifgestützt. Allenfalls wenn, wie bei Verwertungsgesellschaften im Regelfall, die Berechnungsart der entgangenen Lizenz für den Schadensersatzanspruch zugrunde gelegt wird, könnte man darin einen tarifgestützten Anspruch sehen.

Bei der Schadensberechnung im Wege der Lizenzanalogie wäre aber ein Bestreiten der Anwendbarkeit oder Angemessenheit des Tarifs nicht ohne weiteres zu berücksichtigen: Bei einer solchen Schadensberechnung ist derjenige Betrag zugrunde zu legen, welchen vernünftige Lizenzvertragsparteien in Kenntnis des Rechts des Betroffenen für die Verwertung als Lizenzgebühr vereinbart hätten.[37] Zumindest bei durchgesetzten Tarifen wären also diese zugrunde zu legen.

Aber auch schon seinem Wortlaut nach greift § 16 WahrnG in diesen Fällen nicht ein. Es geht in diesen Fällen nicht um einen »Streitfall« (§ 14 WahrnG) über die Nutzung von Werken, sondern um eine Rechtsverletzung, über die man nicht »streiten« kann. Erst recht nicht handelt es sich bei derartigen Rechtsverletzungen um Fälle, bei denen »die Anwendbarkeit oder die Angemessenheit des Tarifs im Streit ist« (§ 16 Abs. 2 WahrnG).

Bei Fällen eindeutiger Rechtsverletzungen kann ein Schiedsstellenverfahren schon deshalb nicht einschlägig sein, weil es hier nicht um »Vertragshilfe« oder um die Beilegung von Meinungsverschiedenheiten geht, sondern um die Beseitigung eines widerrechtlich entstandenen Schadens, die keinen Aufschub duldet.

Es wäre widersinnig, wenn beispielsweise ein Rechtsverletzer einerseits im Rahmen eines Strafverfahrens (§ 106 UrhG) strafrechtlich zur Verantwortung gezogen wird, während er andererseits die Möglichkeit erhält, seinem Opfer ein Schiedsstellenverfahren aufzunötigen.

---

36 Vgl. z.B. BGH GRUR 1974, 53 - Nebelscheinwerfer.
37 Vgl. z.B. BGH GRUR 1993, 899, 900 - Dia-Duplikate.

2. *§ 11 Abs. 2 und § 16 WahrnG*

Nach § 11 WahrnG ist eine Verwertungsgesellschaft verpflichtet, aufgrund der von ihr wahrgenommenen Rechte jedermann auf Verlangen zu angemessenen Bedingungen Nutzungsrechte einzuräumen. Man spricht vom sogenannten Abschlußzwang. Durch den Abschlußzwang soll der Gefahr begegnet werden, daß eine Verwertungsgesellschaft zu Lasten der Werknutzer eine faktische Monopolstellung ausnutzt, indem sie die Nutzung der von ihr wahrgenommenen Rechte verweigert oder dafür eine unangemessene Vergütung fordert. Der Gesetzgeber hat diese Verpflichtung der Verwertungsgesellschaften als »eine notwendige Folge ihrer Monopolstellung« gesehen.[38]

Im hier interessierenden Zusammenhang ist die Regelung des § 11 Abs. 2 WahrnG bedeutsam: Kommt eine Einigung über die Höhe der Vergütung für die Einräumung der Nutzungsrechte zwischen der Verwertungsgesellschaft und einem interessierten Verwerter nicht zustande, so gelten die Nutzungsrechte als eingeräumt, wenn die von der Verwertungsgesellschaft geforderte Vergütung unter Vorbehalt an die Verwertungsgesellschaft gezahlt oder zu ihren Gunsten hinterlegt worden ist.

Damit hat der Gesetzgeber die Möglichkeit eröffnet, daß ein Nutzungsinteressierter ein urheberrechtlich geschütztes Werk legal nutzen kann, auch wenn er sich mit der Verwertungsgesellschaft nicht über die Vergütung beziehungsweise die Angemessenheit des von ihr angewendeten Tarifs einigen kann. Von dieser Vorgehensweise muß der Nutzungsinteressent Gebrauch machen, will er nicht Rechtsverletzer sein und die rechtlichen Konsequenzen - z. B. die Strafbarkeit gemäß § 106 UrhG oder im Falle der GEMA zivilrechtlich die Verdoppelung der Tarifgebühr[39] - in Kauf nehmen.

Demgegenüber bieten §§ 14 Abs. 1, 16 Abs. 1, 16 Abs. 2 WahrnG einem Verletzer, also sowohl jemanden, der sich gerade nicht an den in § 11 Abs. 2 WahrnG aufgezeigten Verfahrensweg hält, als auch einem »Piraten«, der jede Zahlung »vermeiden« will, dem Wortlaut nach scheinbar die Möglichkeit, sich nur auf eine angebliche Unangemessenheit oder Unanwendbarkeit des Tarifs berufen zu müssen, um eine Verzögerung der gerichtlichen Ahndung um möglicherweise Jahre zu erreichen.

Zu dem scheinbaren Widerspruch der genannten Rechtsnormen schweigen die Gesetzesmaterialien. Nach der amtlichen Begründung ist die Regelung des § 11 Abs. 2 WahrnG anscheinend nur unter dem Gesichtspunkt des Schutzes vor einer übermächtigen Verwertungsgesellschaft gesehen worden. Danach soll § 11 Abs. 2 WahrnG verhindern, daß bei einem Streit über die Höhe der Vergütung die Verwertungsgesellschaft dadurch auf ihren Vertragspartner Druck ausübt, daß sie die Einräumung der gewünschten Rechte bis zur gerichtlichen Entscheidung des Streits hinauszögert.

---

38 Amtliche Begründung zu § 14, abgedruckt z.B. bei *Haertel/Schiefler,* Urheberrechtsgesetz und Gesetz über die Wahrnehmung von Urheberrechten und verwandten Schutzrechten, 1967, S. 436 ff.

39 Vgl. BGH GRUR 1973, 379 - Doppelte Tarifgebühr.

Andererseits ist in Literatur und Rechtsprechung auch immer berücksichtigt und herausgestellt worden, daß die Vorschrift auch die Verwertungsgesellschaften beziehungsweise die Urheber oder die sonstigen Berechtigten schützen soll. In diesem Sinne ist klarstellend entschieden worden, daß die Zahlung oder Hinterlegung vor der Werknutzung erfolgen muß, weil diese anderenfalls rechtswidrig ist.[40] Im Sinne eines derartigen Schutzes für Verwertungsgesellschaften ist die Frage diskutiert worden, welcher Betrag hinterlegt oder gezahlt werden muß, damit die gesetzliche Rechtseinräumung wirksam wird. Einigkeit besteht insoweit, daß die Hinterlegung oder die vorbehaltliche Zahlung eines geringeren Betrages als die von der Verwertungsgesellschaft geforderte Vergütung nicht für den Erwerb der Nutzungsrechte ausreicht.[41] Dies entspricht auch dem eindeutigen Gesetzeswortlaut. Darüber hinaus ist aber zu Recht die Frage aufgeworfen worden, ob die gesamte von der Verwertungsgesellschaft geforderte Vergütung hinterlegt beziehungsweise unter Vorbehalt gezahlt werden kann oder ob nicht richtigerweise nur der Differenzbetrag zwischen der von der Verwertungsgesellschaft geforderten und der vom Verwerter angebotenen Vergütung unter den Vorbehalt gestellt beziehungsweise hinterlegt werden darf, der in der Höhe unstreitige Sockelbetrag dagegen vorbehaltlos zu zahlen ist.

Gerade im Hinblick auf die lange Prozeßdauer und die unverhältnismäßig geringe Verzinsung bei einer Hinterlegung wurde zu Recht darauf hingewiesen, daß den Berechtigten über Jahre Einnahmen entzogen wären, was sogar die Existenzgrundlage gefährden könnte.[42] Die Hinterlegungsbefugnis beziehungsweise die Vorbehaltserklärung kann deshalb nur für den streitigen Teil der Vergütung gelten.[43] Der unstreitige Sockelbetrag ist vorbehaltslos an die Verwertungsgesellschaft zu zahlen.

Geht man deshalb zutreffend davon aus, daß § 11 Abs. 2 WahrnG auch die Verwertungsgesellschaften beziehungsweise die Urheber und Leistungsschutzberechtigten davor schützen soll, wegen eines Streits über die Höhe der zu zahlenden Vergütung, Opfer von Rechtsverletzungen zu werden, und § 11 Abs. 2 WahrnG gerade deshalb für den Werknutzer den in einem solchen Fall anzuwendenden Verfahrensweg vorschreibt, muß dies auch bei der Auslegung des § 16 Abs. 1 und 2 WahrnG berücksichtigt werden.

Auch hier gelten die Ausführungen des BGH aus dem oben wiedergegebenen Zitat, die dort den Fall der vertraglich vereinbarten Vergütung betreffen und ein Schiedsstellenverfahren ausschliessen. Das Zitat paßt, sofern man nur wenige, den Vertragsschluß betreffende Worte wegläßt, völlig zu dem hier behandelten Problem:

»Denn das Gesetz sieht in § 11 Abs. 2 WahrnG eine Regelung vor, die den Interessen des Verwerters hinreichend gerecht wird. Hält er eine . . . Vergütungsregelung nicht . . . für angemessen, so gibt ihm das Gesetz die Möglichkeit, die Nut-

---

40 Vgl. z. B. LG München I, ZUM 1985, 224, 225.

41 *Nordemann,* in: Fromm/Nordemann, Urheberrecht, 8. Aufl., 1994, § 11 WahrnG, Rdn. 4.

42 *Strittmatter,* Tarife der Verwertungsgesellschaften, in: Handbuch der Musikwirtschaft, 1992, S. 562, 565.

43 *Nordemann,* in: Fromm/Nordemann, Urheberrecht, 8. Aufl., 1994, § 11 WahrnG, Rdn. 4; *Reinbothe,* in: Schricker, Urheberrecht, 1987, § 11 WahrnG, Rdn. 9.

zungsrechte schon vor der abschließenden gerichtlichen Klärung, welche Bedingungen angemessen sind, zu verwerten; sofern er ... zugleich die ... geforderte Vergütung zahlt oder hinterlegt. Dem Verwerter ist es angesichts der vom Gesetz fingierten Rechtseinräumung zumutbar, den aufgezeigten Weg in Fällen der vorliegenden Art, in denen ... Zweifel an der Angemessenheit der ... Vergütung auftreten, zu beschreiten.«

Hält er sich nicht an den vom Gesetz vorgesehenen Weg, ist er Rechtsverletzer und muß die rechtlichen Konsequenzen in Kauf nehmen.

3. *Wille des Gesetzgebers*

Aus den vorstehend genannten Gründen ist deshalb ein Schiedsstellenverfahren bei Schadensersatzprozessen wegen Rechtsverletzungen nicht Prozeßvoraussetzung.

Allerdings heißt es in der Begründung des Regierungsentwurfs zu § 14 WahrnG, daß die Schiedsstelle bei allen Streitfällen angerufen werden kann und es »unerheblich ist, ob es sich dabei um die Einräumung von Nutzungsrechten nach § 11 UrhWG, um einen reinen Vergütungsanspruch oder um einen Schadensersatz- oder Bereicherungsanspruch wegen unberechtigter Werknutzung handelt.«[44] (§ 16 Abs. 1 WahrnG nimmt seinerseits auf § 14 WahrnG Bezug.) Daraus kann aber nicht geschlossen werden, daß es der Wille des Gesetzgebers gewesen ist, daß auch gegenüber Rechtsverletzern ein Schiedsstellenverfahren Prozeßvoraussetzung sein soll.

Es würde sich ohnehin zunächst die interessante Frage stellen, wer in unserem parlamentarischen Gesetzgebungsverfahren mit seinen verschiedenen Stationen der Anhörungen und Beratungen eigentlich den bei der Normauslegung oft zitierten Willen des »Gesetzgebers« verkörpert beziehungsweise zum Ausdruck bringt. Ein Gesetz ist nicht der eine, mehr oder weniger vollkommene Entwurf »des Gesetzgebers«, sondern die Gesetzgebung ist eher ein recht mühseliger Prozeß, der des Zusammenwirkens vieler bedarf.[45]

Es darf auch nicht übersehen werden, daß die oben zitierten Worte aus dem Regierungsentwurf zur Begründung der Regelung des §§ 14 Abs. 1 WahrnG dienen. Danach kann in diesen genannten Fällen von jedem Beteiligten die Schiedsstelle angerufen werden. Die Formulierung bezieht sich nicht auf das in § 16 WahrnG angeordnete obligatorische Schiedsstellenverfahren im Zusammenhang mit der gerichtlichen Geltendmachung.

Aber auch wenn die hier vertretene Auslegung von der Begründung des Regierungsentwurfs abweichen sollte, wäre dies unschädlich. Die Ausführungen im Regierungsentwurf erklären sich vermutlich dadurch, daß darin die erweiterte Zuständigkeit der Schiedsstelle, nämlich die Zuständigkeit nicht nur für den Abschluß von Gesamt- und Sendeverträgen, sondern auch für Verträge mit Einzel-

---

44 Amtliche Begründung (Regierungsentwurf) zu § 14, UFITA 96 (1983), 107, 144.

45 *Möller,* Die Urheberrechtsnovelle 1985, Entstehungsgeschichte und verfassungsrechtliche Grundlagen, 1986, S. 1; Zur Frage wer »der Gesetzgeber« ist, vgl. *Larenz,* Methodenlehre der Rechtswissenschaft, 5. Aufl. 1983, Seite 314 f.

nutzern, im Vordergrund des Interesses stand. Eine solche weite Zuständigkeit der Schiedsstelle war ja im Rahmen der Gesetzesberatungen zum Gesetz von 1965 abgelehnt worden. Dagegen geht es der Begründung des Regierungsentwurfes ersichtlich nicht darum, Rechtsverletzer gegenüber dem bisherigen Rechtszustand zu privilegieren. Diese Problematik wurde offenbar nicht erkannt, wie auch daraus zu schließen ist, daß jede Auseinandersetzung mit der Regelung des § 11 Abs. 2 WahrnG fehlt.

Daß der Gesetzgeber bei der Neugestaltung des Schiedsstellenverfahrens Rechtsverletzer, denen es regelmäßig gar nicht um Angemessenheit der Tarife geht, sondern die meist jede Vergütung »sparen« wollen, durch eine der Ahndung des Rechtsverstoßes im Wege stehende zusätzliche Prozeßvoraussetzung begünstigen wollte, ist nicht ersichtlich und kann auch nicht angenommen werden. Der Auslegung des Gesetzes nach seinem objektiven Inhalt, wie er sich aus dem Wortlaut der Gesetzesvorschrift und aus dem Sinnzusammenhang, in den sie hineingestellt ist, ergibt, können einzelne Aussagen in den Gesetzesmaterialien jedenfalls nicht allein entgegenstehen.[46] Im übrigen gilt Radbruchs berühmtes Wort: »Das Gesetz kann klüger sein als seine Verfasser . . .«[47]

4. *Klage auf Hinterlegung oder auf Zahlung unter Vorbehalt*

Folgt man der hier dargestellten Auffassung nicht, sondern hält auch im Fall von Verletzungshandlungen § 16 Abs. 1 und 2 WahrnG für einschlägig, so dürfen die sich aus § 11 Abs. 2 WahrnG ergebenden Möglichkeiten nicht übersehen werden:

Ohne Vorschaltung der Schiedsstelle ist eine Klage auf Zahlung eines etwaigen unstreitigen Sockelbetrages zulässig. Dies ergibt sich aus den obigen Überlegungen zu § 11 Abs. 2 WahrnG, nach denen der unstreitige Sockelbetrag vorbehaltslos an die Verwertungsgesellschaft zu zahlen ist.

Ebenfalls ohne Vorschaltung der Schiedsstelle ist eine Klage auf Hinterlegung des von der Verwertungsgesellschaft nach ihrem Tarif geforderten Betrages zu Gunsten der Verwertungsgesellschaft möglich. Auch dies ergibt sich aus § 11 Abs. 2 WahrnG. Ein Verwerter, der den Tarif der Verwertungsgesellschaft nicht akzeptieren will, muß den in § 11 Abs. 2 WahrnG vorgesehenen Weg gehen. Die Klage auf Hinterlegung ist ein Minus gegenüber der Zahlungsklage.[48]

In gleicher Weise möglich ist gemäß § 11 Abs. 2 WahrnG eine Klage auf Zahlung des tarifmäßigen Betrages an die Verwertungsgesellschaft unter Vorbehalt.

Alle diese Ansprüche sind wegen § 11 Abs. 2 WahrnG nicht tarifgestützt, da sie der Verwertungsgesellschaft gerade dann zustehen, wenn über die Anwendbarkeit und/oder Angemessenheit ihres zugrunde gelegten Tarifs Streit besteht. Die Ansprüche können also ohne vorherige Einschaltung der Schiedsstelle im Klagewege geltend gemacht werden.

---

46 Vgl. dazu BGH GRUR 1993, 592, 594 – Herstellerleasing; BVerfGE 1, 299, 312; 10, 234, 244; 62, 1, 45.

47 *Radbruch,* Rechtsphilosophie, 8. Aufl. 1973, Seite 207.

48 *Vollkommer,* in: Zöller, ZPO, 18. Aufl., 1993, § 308, Rdn. 4.

IV. *Vorschlag: Aussetzungsmöglichkeit und Kann-Vorschrift*

1. *Aussetzungsmöglichkeit statt Prozeßvorausetzung*

Grundsätzlich ist die gesetzliche Regelung, die den Gerichten mit dem Votum der Schiedsstelle eine Orientierungshilfe geben will und die darauf zielt, daß aufgrund der konzentrierten Zuständigkeit und Sachkunde bei der Schiedsstelle zu erwarten ist, daß sich eine für ganz Deutschland einheitliche Spruchpraxis entwickelt,[49] zu begrüßen. Dennoch lassen sich einige einschränkende Anmerkungen machen, die an Beispielen dargestellt werden sollen.

a) *Vollstreckungsbescheid oder Versäumnisurteil?*

Oben ist auf den möglicherweise unterschiedlichen Gang des Verfahrens hingewiesen worden, wenn ein Verwerter sein vorprozeßuales Bestreiten der Anwendbarkeit oder der Angemessenheit eines Tarifs nicht weiter verfolgt und sich gegen den Anspruch nicht verteidigen will. Je nachdem, ob das Mahnverfahren oder das Klageverfahren eingeleitet worden ist, kommt die Verwertungsgesellschaft entweder schnell zu einem Titel oder muß zunächst ein an sich überflüssiges Schiedsstellenverfahren durchführen.

Die unterschiedliche Gestaltung ist nicht recht einsichtig. Die Konsequenz wäre, daß die gesetzliche Regelung sinnvollerweise so gestaltet sein sollte, daß die Rüge der Angemessenheit des Tarifs zumindest im gerichtlichen Verfahren wiederholt werden und eine Klage bis dahin möglich sein muß. Ein Schiedsstellenverfahren als Prozeßvoraussetzung ist eine zu unflexibele Regelung.

b) *Erfolgsaussicht der »Tarifrüge«*

Aufgrund der starren gesetzlichen Regelung hat das OLG Karlsruhe als Berufungsgericht in einem Fall, in dem vorprozessual eine Rüge der Angemessenheit erhoben worden war, die Klage der Verwertungsgesellschaft mit folgender Begründung als unzulässig abweisen müssen: »Ob die Argumente, mit denen der Beklagte die Angemessenheit des Tarifs angegriffen hat, erfolgversprechend sind oder nicht, kann dabei keine Rolle spielen«.[50]

Das ist unbefriedigend. Das Gericht sollte die Möglichkeit haben, die Argumente zu gewichten. In dem Fall ging es um die Betreibervergütung des § 54 Abs. 2 Satz 2 UrhG gegenüber dem Besitzers eines Kopierladens. Der Tarif der VG WORT stellte auf die bereitgehaltenen Kopiergeräte und auf die Geräteklasse (Geschwindigkeit der Kopiergeräte) ab. Dieser Tarif war bereits in einer Entscheidung der Schiedsstelle bestätigt worden, ebenso von einem anderen Oberlandesgericht.[51]

---

49 Amtliche Begründung (Regierungsentwurf), UFITA 96 (1983), 107, 123, 124.
50 OLG Karlsruhe GRUR 1993, 909 = ZUM 1993, 236.
51 Schiedsstelle ZUM 1989, 533; vgl. auch zu diesem Tarif OLG Nürnberg ZUM 1992, 154.

2. *Verfahrensaussetzung als Kann-Regelung*

Auch nach der gesetzlichen Regelung haben letztlich die Gerichte über die Anwendbarkeit oder Angemessenheit eines Tarifs zu entscheiden. Die Schiedsstelle kann nur einen Einigungsvorschlag machen. Es sollte deshalb auch dem ordentlichen Gericht überlassen bleiben, ob es auf den Sachverstand der Schiedsstelle zurückgreifen will, was der Regelfall sein dürfte und sollte. Der Sinn eines obligatorischen Schiedsstellenverfahrens erscheint beispielsweise in Fällen zweifelhaft, in denen man ohnehin von großer Sachkunde des zuständigen Gerichts ausgehen kann, und/oder in Fällen, bei denen offensichtlich ist, daß es zu einer Einigung im Schiedsstellenverfahren nicht kommen wird.

a) *Sachkundiges Gericht*

Ein besonders krasser fiktiver Fall soll diese Konstellation verdeutlichen, nämlich ein Streit um einen Tarif, der einem Gesamtvertrag entspricht. Wenn man unterstellt, daß dieser Gesamtvertrag erst aufgrund des gerichtlichen Verfahrens vor dem OLG München zustande gekommen ist (vgl. § 16 Abs. 4 WahrnG), so könnte sich folgende absurde Situation ergeben:

Eine Verwertungsgesellschaft klagt vor dem Landgericht München ihre Vergütung aufgrund eines Tarifs ein, der dem vom OLG München festgesetzten Gesamtvertrag entspricht. Vorprozessual und in der I. Instanz ist die Anwendbarkeit oder Angemessenheit des Tarifs nicht bestritten worden. In der Berufungsinstanz bestreitet der Beklagte erstmals die Angemessenheit des Tarifs. Nach der derzeitigen gesetzlichen Regelung müßte das OLG München den Rechtsstreit aussetzen, damit der Beklagte die Schiedsstelle anrufen kann. Wenn er dies dann tut, wäre der Prozeß für lange Zeit unterbrochen. Dieses Ergebnis erscheint deshalb merkwürdig, weil in diesem Fall das OLG München selbst den Tarif nach billigem Ermessen festgesetzt hatte und schon deshalb und darüber hinaus als Gericht des § 16 Abs, 4 WahrnG sachverständig ist.

b) *Wiederholte Schiedsstellenentscheidung*

In dem vom OLG Karlsruhe entschiedenen Fall war eine Besonderheit, daß der in Rede stehende Tarif bereits zuvor in anderer Sache Gegenstand der Überprüfung durch die Schiedsstelle war. Die hat ebenso wie ein anderes Oberlandesgericht den Tarif nicht beanstandet.[52] Das OLG Karlsruhe meinte aber, daß der Beklagte an dieser Überprüfung des Tarifs nicht beteiligt war und deshalb keine Gelegenheit hatte, die aus seiner Sicht gegen den Tarif sprechenden Erwägungen vorzutragen. Der Gesetzgeber habe nur eine konkrete, keine abstrakte Überprüfung der Tarife vorgesehen und es dabei hingenommen, daß die Schiedsstelle einen bestimmten Tarif möglicherweise immer wieder überprüfen muß.

---

52 Schiedsstelle ZUM 1989, 533; OLG Nürnberg ZUM 1992, 154.

Dies erscheint nicht glücklich. Gemäß den oben aufgezeigten Grundsätzen, die an erhebliches Bestreiten zu stellen sind, sollte eine wiederholte Überprüfung nur gefordert werden, wenn neue Argumente vorgebracht werden, die noch nicht im Verfahren vor der Schiedsstelle vorgetragen wurden und die darüber hinaus berücksichtigenswert erscheinen.

V. *Zusammenfassung*

§ 16 WahrnG erklärt bei Streitigkeiten zwischen Verwertungsgesellschaften und Werknutzern über die Anwendbarkeit oder Angemessenheit eines Tarifs die vorherige Durchführung eines Schiedsstellenverfahrens zur Prozeßvoraussetzung.

Dies gilt aber nicht uneingeschränkt. So sind beispielsweise vertragliche Ansprüche einer nachtraglichen Überprüfung nicht zugänglich.

Um einen Mißbrauch der gesetzlichen Regelung lediglich zum Zwecke der Verzögerung des Klageverfahrens auszuschließen, ist für eine beachtenswerte »Tarifrüge« substantiiertes und tatsachenorientiertes Vorbringen erforderlich.

Die gesetzliche Regelung dient auch nicht dem Schutz von Rechtsverletzern. § 16 WahrnG ist deshalb im Fall von Rechtsverletzungen schon wegen § 11 Abs. 2 WahrnG dahingehend auszulegen, daß es einer vorherigen Anrufung der Schiedsstelle als Prozeßvoraussetzung für eine Schadensersatzklage nicht bedarf.

Unabhängig davon ist bei Rechtsverletzungen jedenfalls eine Klage auf Hinterlegung der tarifmäßigen Vergütung oder auf Zahlung unter Vorbehalt sowie eine Klage auf vorbehaltlose Zahlung des unstreitigen Sockelbetrages auch ohne vorherige Anrufung der Schiedsstelle zulässig.

Neben den Fallgestaltungen, bei denen schon nach der derzeitigen gesetzlichen Regelung ein Schiedsstellenverfahren nicht durchzuführen ist, gibt es Fallgestaltungen, bei denen die derzeitige gesetzliche Regelung nicht flexibel genug erscheint. Es sollte dem ordentlichen Gericht freistehen, zu entscheiden, ob es auf den Sachverstand der Schiedsstelle zurückgreifen will oder nicht. Demgemäß wäre es sinnvoll, § 16 Abs. 1, 2 WahrnG in eine Kann- oder auch Soll-Vorschrift umzuwandeln.

Hans Wilfred Sikorski

Musikverlag - Gewerbe zwischen Kommerz und Mäzenatentum

1. *Die Verlagsbranche und ihre wirtschaftliche Befindlichkeit*

Verlage gelten gemeinhin als profitable Unternehmungen. Dabei denkt man in erster Linie an die großen Verlagshäuser der Zeitungs- und Zeitschriftenbranche, deren Bilanzzahlen mit einer gewissen Regelmäßigkeit publiziert werden. Man hat dabei auch die Buchverlage im Blick, die zwar im Hinblick auf ihre Betriebsergebnisse weniger publizitätsfreudig sind, die aber durch zum Teil sehr aufwendige Anzeigenkampagnen in Publikumszeitschriften einen durchaus wohlhabenden Anschein erwecken. Auch die zahlreichen Fachverlage - etwa für Kunst, für Medizin oder für Technik - stehen in dem Ruf, zumindest befriedigende Bilanzen zu schreiben. Der Verlagsbereich Musik jedoch entzieht sich weitgehend der Beurteilungsmöglichkeit durch Bilanzanalysen, weil über ihn nur spärliche Zahlenauskünfte zu gewinnen sind. Aber auch bei ihnen vermutet man auf Grund des äußeren Erscheinungsbildes, daß ihre wirtschaftliche Lage wohl im allgemeinen recht gut sein müsse.

Zeitungen und Zeitschriften werden täglich oder wöchentlich verkauft. Sie dienen der aktuellen und kurzfristigen Unterrichtung, bieten bebilderte Häppchenkost nach Bedarf und verzichten mehr oder weniger auf intellektuelles oder bildendes Beiwerk. Information einer auf Konsum bedachten Gesellschaft steht im Vordergrund. Es gibt noch eine relativ große Zahl von Verlagen, die sich auf diesem Gebiet betätigen, wobei sich Großkonzerne und mittelständisch strukturierte Unternehmen gleichermaßen erfolgreich im Markt bewegen. Bei den Buchverlagen herrschen wesentlich andere Verhältnisse. Hier hat die Konzentration bereits in stärkerem Maße zu einer Degeneration des Wettbewerbs geführt. Große Konzerne dominieren den Markt eindeutig und haben durch Rationalisierung im Herstellungsbereich, durch Straffung der Vertriebsorganisation, durch Etablierung von Buchclubs, den kleineren Verlagen die wirtschaftliche Bewegungsfreiheit erheblich eingeengt. Das Resultat waren und sind Betriebsaufgaben oder -verkäufe. Dieser Trend wird verstärkt durch die im Fernsehzeitalter abnehmende Leseneigung auf der einen und durch das Abwandern bekannter Autoren zu den »stärkeren Bataillonen« auf der anderen Seite. Verlage für Fachzeitschriften und Fachbücher der verschiedensten Art führen noch ein geduldetes Eigenleben, sind aber dort, wo sich Erfolge abzeichnen, in steigendem Maße von Konkurrenzprodukten der Großkonzerne bedroht. Der Wettbewerb sorgt in allen Verlagsbereichen dafür, daß man sich der guten Ergebnisse erfolgreicher Publikationen nicht dauerhaft und ungestört zu erfreuen vermag. Es liegt in der Natur des marktwirtschaftlichen Systems, daß sich auch die Großkonzerne des Verlagswesens auf das Heftigste um Marktanteile für ihre Produkte befehden. Das beste Beispiel aus jüngster Zeit ist der Kampf der Giganten auf dem Markt der Wochenmagazine.

2. *Die Sonderstellung der Musikverlage*

Wie stellen sich nun in diesem Kontext die Musikverlage dar? Musikverlage sind gegenüber den anderen Verlagsarten einerseits begünstigt, weil ihre Produkte im allgemeinen eine längere Lebensdauer haben als etwa Werke der Literatur, wobei hier in erster Linie die zeitgenössische Produktion angesprochen ist. Auf der anderen Seite sind sie durch die Tatsache benachteiligt, daß nur ein relativ kleiner Teil der Bevölkerung Musik »lesen« kann. Die letztgenannte Feststellung bezieht sich allerdings bei den Musikverlagen nur auf das sogenannte Papiergeschäft, d.h. auf den Verkauf oder die Vermietung von Notenausgaben und Musikmaterialien. Die urheberrechtliche Schutzfrist von 70 Jahren post mortem auctoris hat hinsichtlich ihrer wirtschaftlichen Auswirkungen eine größere Bedeutung für Musikautoren und ihrer Verleger als etwa für Zeitschriften- oder Buchautoren. Während ein Buchtitel in aller Regel schon nach wenigen Jahren vom Markt verschwindet und sich allenfalls noch für eine kurze Zeit in einer Paperback-Ausgabe wiederfindet, hat ein Musiktitel - dank der viel größeren Möglichkeiten seiner Auswertung - durchaus eine realistische Chance, jahrzehntelang verwertet zu werden und damit Erträge zu erwirtschaften. Häufig wirkt ein solches Musikwerk weit über das Leben seines Schöpfers hinaus und begünstigt somit in wirtschaftlicher Hinsicht noch ein bis zwei Generationen seiner Erben. Die Musikverlage, die solche Werke verlegt haben, sind an wirtschaftlichen Erfolgen dieser Art angemessen beteiligt. Daraus folgt, daß Musikverlage in aller Regel gute Aussichten haben, profitable Unternehmungen zu werden, sofern sie in ihrer Programmgestaltung und in der Auswahl ihrer Autoren eine glückliche Hand haben. Ein Musikverlag wird dann gute Betriebsergebnisse zu erwirtschaften in der Lage sein, wenn er in dieser Hinsicht jahrzehntelang erfolgreich tätig gewesen ist und sich einen Werkekatalog aufgebaut hat, dessen Erträgnisse ihn auch in Zeiten wirtschaftlicher Rezession relativ krisensicher erscheinen lassen. Dagegen ist es schwierig, heute mit Aussicht auf Erfolg einen neuen Musikverlag zu etablieren, ein Unternehmen also, das ohne die segensreichen Wirkungen eines Back-Kataloges auskommen muß und gewissermaßen bei Null anfängt. Eine solche Neugründung bedarf erheblicher Finanzmittel, die es ermöglichen, eine Durststrecke von mehreren Jahren durchzustehen; denn Verwertungsergebnisse treten bei Werken der Musik häufig erst nach vielen Jahren in ausreichendem Maße in Erscheinung. Natürlich gibt es auch hier Ausnahmen, etwa dann, wenn der Glücksfall eintritt, daß der Verleger sofort einen überaus erfolgreichen Autor für seinen Verlag gewinnen kann, dessen Werke in einem überdurchschnittlichen Ausmaß in kürzester Zeit Erfolge im Musikmarkt zeitigen. Dies wird erfahrungsgemäß fast nur auf dem Gebiet der populären Musik, also der sogenannten U-Musik, möglich sein.

3. *Ernste Musik als unternehmerisches Lotteriespiel*

Damit sind wir bereits bei dem Reizwort E-Musik und U-Musik angelangt. Es wird immer wieder behauptet, in unserer Zeit gebe es keinen Unterschied zwischen E- und U-Musik, und Leonard Bernstein wird die Äußerung zugeschrieben, er kenne keine E- und U-Musik, sondern ausschließlich gute und schlechte Musik. Ein Blick in den praktischen Musikbetrieb belehrte den Betrachter jedoch schnell, daß Äußerungen solcher Art euphemistisch sind. Das Musikleben ist - nicht nur bei uns - eindeutig geteilt in zwei Bereiche. Die Musikorganisationen differenzieren allenthalben beide Sparten klar voneinander: Sowohl der Rundfunk als auch die Tonträgerindustrie, aber auch Konzertdirektionen, Künstleragenturen und Musikverlage trennen beide Kunstbereiche ganz eindeutig, und überall dort, wo beide Musikrichtungen einander berühren, spricht man von »Crossover«. Diese Wortwahl allein verdeutlicht die prinzipielle Trennung beider Bereiche.

Musikverlage für ernste Musik sind gegenüber den Musikverlagen der unterhaltenden Musik, oder wie man heute sagt, der Popmusik, erheblich in der Minderzahl. Im Gegensatz zu den Letztgenannten sind sie überwiegend mittelständisch strukturiert. Einzelunternehmer oder Eigentümerfamilien bestimmen in diesem Bereich das Geschehen, und insoweit hat sich in den knapp 300 Jahren der Musikverlagsgeschichte nicht sehr viel geändert. Auch das marktwirtschaftliche Prinzip von Angebot und Nachfrage, das das Verlagswesen seit jeher bestimmt hat, verleiht den Verlagen eine relativ starke Position, denn den wenigen Verlagen stehen viele Komponisten gegenüber, die ihre Werke gern vervielfältigt und verbreitet sehen möchten. Das in der Musikverlagsbranche mittlerweile geläufige Wort vom »Butterberg der neuen Musik« beschreibt in plakativer Form die Gegebenheiten unserer Tage. Ein Musikverlag also, der sich nicht darauf beschränkt, das kulturelle Erbe auf dem Gebiet der Musik zu tradieren, sondern der Komponisten unserer Zeit betreut und deren Werke der Verwertung zuführt, sieht sich bei seinen Bemühungen, seine Verlagswerke aufführen zu lassen, erheblicher Konkurrenz ausgesetzt. Diejenigen Musikverwerter, die Entscheidungen darüber zu treffen haben, welche Werke zur Produktion angenommen werden, also zur Aufführung oder zur Aufzeichnung, haben überdies zunehmend die Neigung, möglichst jungfräuliche Werke auszuwählen, um sich mit dem »ius primae noctis«, d.h. mit der Uraufführung, mindestens aber der nationalen Erstaufführung zu schmücken. Bei der großen Zahl neuer Musikwerke ist das auch keine Schwierigkeit, es sei denn, man wünscht das Werk eines ganz bestimmten Komponisten zu produzieren. Um dies zu fördern, setzt man Kompositionspreise und Auftragshonorare aus, mit deren Hilfe der Komponist dazu bewogen werden soll, für einen bestimmten Solisten oder ein bestimmtes Ensemble ein neues Werk zu schreiben und es diesen zur Uraufführung zu überlassen. Für einen Musikverlag, der zahlreiche Komponisten betreut, bringt das erhebliche Probleme mit sich, denn nahezu jeder dieser Komponisten nimmt gern die meist recht gut dotierten Kompositionsaufträge an und zwingt dadurch seinen Verlag, ständig neue Musikmateriale herstellen zu müssen, um die vereinbarten Aufführungen zu ermöglichen. Gewiß besteht auf diese Weise eine Garantie, daß sein Werk aufgeführt oder bestenfalls aufgezeichnet wird, aber eine Aufführung oder zwei oder drei Aufführungen - selbst beim Philharmonischen Orchester einer Großstadt - reichen bei weitem nicht aus, um die Materialherstellungskosten auch nur annähernd abzudecken. Noch wesentlich problematischer gestaltet sich der Fall, wenn die Uraufführung in einer Provinzstadt bei einem kleineren Orchester erfolgt. Naturgemäß sind dort sowohl die Erträge aus Materialgebühren als auch die GEMA-Vergütungen sehr viel niedriger. Hier beginnt nun spätestens der Prozeß, in dessen Verlauf das Verlegen von Musik zu einer Art staatlich sanktioniertem Lotteriespiel wird. Nach der derzeitigen Kostenlage wird man davon ausgehen können, daß bei der Produktion eines Orchestermaterials dem Verlag Kosten in Höhe von etwa DM 1000,– pro Spielminute des Werkes entstehen. Dieser Kostensatz beinhaltet keineswegs etwa die Herstellung in druckreifer (Stich-) Qualität, sondern es handelt sich um ein handgeschriebenes Musikmaterial in Verbindung mit einer verhältnismäßig preisgünstig erstellten Partitur. Noch wesentlich ungünstiger ist die Kosten-Nutzen-Relation bei Kammermusik. Streichquartette oder Klaviersonaten, Bläsertrios oder Werke in anderen kleinen Besetzungen werden im allgemeinen in Form von Verkaufseditionen vorgelegt, die im Musikalienhandel erhältlich sind. Zeitgenössische Musik verkauft sich im Großen und Ganzen schlecht, so daß man ein »Papiergeschäft« nennenswerten Umfanges nicht erwarten darf. Deshalb sind die gedruckten Auflagen verhältnismäßig klein und überschreiten selten die Zahl von 500 Exemplaren. Hiervon werden nicht selten bis zu 50 % der Druckauflage an die Multiplikatoren des Musiklebens verschenkt, in der Hoffnung, damit Aufführungen oder Verwertungen sonstiger Art zu erreichen. Der Musikalienhandel besorgt in aller Regel für seine Kunden nur diejenigen Werke bei den Verlagen, die zuvor bei ihm bestellt worden sind. Das heißt, daß eine nennenswerte Lagerhaltung für zeitgenössische Musik nur in den seltensten Fällen beim Musikalienhandel gegeben ist. Das Prinzip Hoffnung spielt bei den Autoren dieser Musik wie auch bei ihren Verlegern eine bedeutende Rolle, und rationale Gesichtspunkte treten fast in den Hintergrund. Mit betriebswirtschaftlicher Denkweise hat all dieses nichts mehr zu tun, sondern die Tätigkeit des Musikverlegers gerät bedenklich in die Nähe des Irrationalen. Insofern ist der Gedanke an das Mäzenatentum beim Verlag ernster Musik keineswegs abwegig. Niemand vermochte bisher eine plausible Erklärung dafür zu finden, warum Kaufleute - und Musikverleger sind solche - sich kontinuierlich dazu bereitfinden können, ganz erhebliche Finanzmittel in Produkte zu investieren, die eigentlich niemand will. Die Dirigenten dirigieren und die Musiker spielen lieber die bekannten Werke der Klassik, das Publikum hat traditionell seine Schwierigkeiten mit Musik der eigenen Zeit. Die Aufführungsmöglichkeiten sind deshalb begrenzt und Verkaufsmöglichkeiten kaum gegeben. Dennoch finden offenbar Musikverleger eine Befriedigung darin, sich diesem »Geschäft« zu widmen, obgleich sie sich durchaus in einer ähnlichen Lage sehen müssen wie Vertreter, die Kühlschränke an Eskimos verkaufen sollen. Jeder amerikanische Student des business management - und nicht nur dieser - würde die Vermutung des Vorliegens von Masochismus äußern. Dies scheint übrigens auch der Grund dafür zu sein, daß die internationalen Großkonzerne der Musikwirtschaft, die sonst alles aufkaufen, sich bislang noch kaum für Verlage der ernsten Musik interessiert haben. Diese sind bei weitem noch nicht so von der Konzentrationswelle erfaßt worden wie die Kollegenbetriebe, die sich mit Popmusik befassen. Für das Denken der anglo-amerikanischen cash-flow-people ist der Gedanke schwer nachvollziehbar, daß man heute Geld in eine Sache investiert, die frühestens nach fünf bis zehn Jahren die Produktionskosten einspielt. Wer vier Mal im Jahr Quartalsbilanzen aufzustellen hat, vermag Positionen von solcher Dimension schwer unterzubringen.

4. *Die Rolle der ernsten Musik in den Medien*

Ernste Musik spielte beim *Rundfunk* traditionell eine verhältnismäßig bedeutende Rolle, und es gehörte zur Grundversorgung der Rundfunkhörer, daß ihnen zeitgenössische Musik des ernsten Bereiches regelmäßig und in guter Qualität vermittelt wurde. Seit wir das duale Prinzip beim Rundfunk haben, d.h. das Nebenherexistieren von öffentlich-rechtlichen Rundfunkanstalten und privaten Sendestationen, hat sich das Bild etwas verschoben. Obwohl etwa die Sender der ARD in Deutschland, ORTF in Frankreich oder die BBC im Vereinigten Königreich über erhebliche garantierte Mittel verfügen, einmal dank der gesetzlichen Rundfunkgebühren, zum anderen durch zusätzliche beträchtliche Werbeeinnahmen, spielt das Einschaltquotendenken eine erhebliche Rolle. Man sieht sich in der Konkurrenz zu den privaten Programmanbietern und möchte in der Programmakzeptanz nicht schlechter dastehen als diese. Die werbetreibende Wirtschaft schaltet ihre Werbespots dort ein, wo das Hörer- bzw. Seherpublikum zu finden ist. Mit ernster Musik sind offenbar Werbemittel der Industrie nicht anzulocken und wenn schon ernste Musik, dann auch diese bitte schön in Häppchenform und ja nicht zu anspruchsvoll. Dennoch wird man fairerweise sagen müssen, daß es heute die öffentlich-rechtlichen Sender sind, die ihre traditionelle Aufgabe der Kulturvermittlung auch im Bereich der Musik noch ernstnehmen. Sie sind - das darf man wohl sagen - die wichtigsten Verwerter zeitgenössischer ernster Musik. Die privaten Programmanbieter indessen vernachlässigen diesen Musikbereich nahezu vollständig und rechtfertigen das damit, daß sie ja schließlich ihr Geld »an der Abendkasse« verdienen müßten und über keinerlei Gebühreneinnahmen verfügten.

Musik spielt im *Fernsehen* einerseits eine ungeheuer große Rolle, andererseits eine untergeordnete. Dieser Widerspruch erklärt sich dadurch, daß zwar - ausweislich der Jahrbücher der großen Fernsehanstalten - der Anteil von Musik an den Sendungen immerhin etwa 65 % ausmacht, daß aber die Musik im weitaus überwiegenden Teil aller Sendungen nur einen funktionalen Zweck erfüllt. Sie dient vornehmlich als Background-Musik, also als Mittel zum Zweck der jeweils beabsichtigten Wirkung, aber nicht als Selbstzweck. Diese Musik ist selbstverständlich von außerordentlicher Wichtigkeit, und man stelle sich nur vor, die Fernsehspiele, Kriminalfilme und Features oder auch nur die Werbespots würden ohne Musik ausgestrahlt! Die eigentlichen Musiksendungen aber, bei denen die Musik wirklich im Mittelpunkt steht, sind im Laufe der Jahre immer seltener geworden und weitgehend in regionale oder Randprogramme (3. Programme, 3sat, ARTE) abgedrängt worden. Zu erwähnen sind hier neben regelrechten Konzertmitschnitten sowohl ernster als populärer Musik etwa die Hitparadensendungen oder die Schlager- und Volksmusikprogramme. In den lateinischen Ländern wird die Musikproduktion zu populären Sendungen wie auch zu Fernsehserien häufig Musikverlagen übertragen, die fertige Musikbänder abliefern und hierfür kein Honorar erhalten, sondern sich mit den Vergütungen begnügen, die sie über die dortige Verwertungsgesellschaft erhalten. In Deutschland haben wir eine andersartige Vergütungsstruktur, die eine solche Vorgehensweise nur dann als sinnvoll erscheinen läßt, wenn die betreffende Fernsehproduktion von ausländischen Fernsehsystemen übernommen wird, so daß die zu erwartenden Vergütungen sich multiplizieren und damit die relativ hohen Investitionen einer Musikproduktion amortisieren. Über Musik im Fernsehen ist viel geschrieben worden. Es gibt Komponisten, die sich ihr ganz gewidmet haben und dabei hervorragend gefahren sind. Man bedenke die Multiplikation, die gegeben ist, wenn es sich um Erkennungsmusiken und Tonsignets zu bestimmten häufig wiederkehrenden Sendungen, Serien oder game shows handelt. Für Musikverlage in Deutschland ist Musik im Fernsehen nur dann ein Wirtschaftsfaktor, wenn sie über die Musikrechte an einer größeren Anzahl von Spielfilmen oder Fernsehserien verfügen, die ihnen in aller Regel aus dem Ausland zur Verwaltung übertragen worden sind. Deutsche Spielfilme und die zugehörigen Musiken sind leider eine quantité négligeable.

Die internationalen Großkonzerne der *Tonträgerindustrie* verfügen zwar über sogenannte Klassikabteilungen. Da sie aber partnerschaftlich vorrangig zu den Interpreten hin orientiert sind und selten zu den Komponisten, produzieren sie lieber zum fünften Male sämtliche Beethoven-Sinfonien, als daß sie in die zeitgenössische Musik investieren. Dieses Feld überlassen sie weitgehend den kleinen konzernunabhängigen Tonträgerherstellern, die offensichtlich auf Grund ihrer Kostenstruktur besser dafür prädestiniert sind, sich um neue Musik zu kümmern, die naturgemäß nicht die gleichen Verkaufsresultate garantiert wie Aufnahmen der Klassik in Verbindung mit international bekannten Interpreten. Produktionen, die nicht mindestens von Anfang an 15 000 CDs an Verkäufen bringen, werden erst gar nicht begonnen. Dagegen erlaubt es der wesentlich kleinere Personal- und Kostenapparat den kleinen Herstellerfirmen, bereits ab Verkäufen im Umfang von 3000 bis 5000 CDs ihre Rechnung zu finden. Sie sind es dann auch, die sich um die Verbreitung zeitgenössischer Musik ganz besondere Verdienste erworben haben.

5. *Opern - der Clou des Hasardspiels*

Einige Gedanken seien noch dem Verlegen von Werken des Großen Rechts gewidmet, d.h. Werken der großen Form wie Opern und abendfüllenden Balletten. Hier setzt sich nämlich im Großen fort, was für den Bereich der sinfonischen und der Kammermusik beschrieben wurde: Für die Musikverlage gibt es auf Jahre hinaus nur im Ausnahmefall die Möglichkeit, die in diesem Bereich zu erwartenden Einnahmen mit den notwendigen Investitionen in Einklang zu bringen. Die Herstellung eines Opernmaterials, d.h. von Partituren, Klavierauszügen, Chorstimmen und von Orchestermaterial eines Werkes, ist extrem kostenaufwendig. Die Kosten erreichen sehr schnell den sechsstelligen DM-Bereich, und in vielen

Fällen wird über eine Größenordnung zwischen DM 250 000,– und DM 400 000,– berichtet. Dem gegenüber stehen Einnahmeerwartungen, die es erforderlich machten, für ein musikdramatisches Werk wenigstens zehn verschiedene Produktionen zu erreichen. Das heißt, daß mindestens zehn Opernbühnen bereit sein müßten, ein Werk zu produzieren und für eine bestimmte Zeit in ihr Repertoire zu übernehmen - wie es bei jeder klassischen Oper üblich ist. Dazu ist es hilfreich, sich die Statistiken des Deutschen Bühnenvereins anzusehen. Aus ihnen kann man z.B. entnehmen, daß allein die Opern *Mozarts* im Laufe einer Spielzeit im deutschsprachigen Raum etwa 1700 Aufführungen erfahren, während alle zeitgenössischen Opern zusammengenommen, also von »Wozzek« über »Lulu« bis hin zu »Lady Macbeth von Mzensk« insgesamt nur 250 bis 300 Aufführungen erreichen. Das ist eine ziemlich katastrophale Bilanz und wirft die Frage auf, wie manche Programmverantwortliche an den Opernhäusern eigentlich die hohen Subventionen begründen wollen, die ihren Häusern regelmäßig zuteil werden. Wenn die eigenen Einspielergebnisse durch Kartenverkauf nur noch 12 % bis höchstens 25 % der Opernbudgets ausmachen, und das übrige durch kommunale oder Länderkassen mit Steuermitteln finanziert werden muß, darf man mit Fug und Recht erwarten, daß der zeitgenössischen Musik an den Opernhäusern eine größere Beachtung geschenkt wird! Während heute die Opernkomponisten in aller Regel zum Teil sehr beachtliche Auftragshonorare für sich verbuchen können, schreibt der Musikverlag bei der zeitgenössischen Oper eindeutig und fast ohne Ausnahme rote Zahlen. Er hat dafür auch kaum Ausgleichsmöglichkeiten durch anderweitige Verwertungen solcher kostenträchtiger Werke, denn Hörfunk und Fernsehen senden sie in äußerst geringem Umfang, und die Tonträgerindustrie bevorzugt auch hier das klassische Repertoire, sofern sie überhaupt noch bereit ist, Opern herauszubringen.

Auch bei den Werken des Großen Rechts gilt ohne Einschränkung die Beobachtung, daß die Leitungen der Opernhäuser - wenn überhaupt - lieber Ur- oder Erstaufführungen herausbringen als Werke nachzuspielen, die das ius primae noctis bereits hinter sich haben. Lieber erteilen sie einem Komponisten den Auftrag, eine neue Oper für sie zu schreiben, als daß sie seinem bereits aufgeführten Werk eine neue Inszenierung widmen. Der Musikverlag befindet sich hier in einer Art Teufelskreis und läuft permanent Gefahr, erhebliche Finanzmittel auf unabsehbare Zeit zu binden. Bei einer objektiven Würdigung solcher Sachverhalte wird man nicht umhinkommen können, den Musikverlagen zu attestieren, daß sie in der Tat mäzenatische Leistungen zur Förderung des zeitgenössischen Musikschaffens erbringen. Das ist um so bemerkenswerter, als das nahezu konfiskatorische Steuersystem, dem sich insbesondere die deutschen Musikverlage ausgesetzt sehen, Investitionen enge Grenzen setzt.

Es wurde schon erwähnt, daß ältere Verlage mit großen Katalogbeständen an erfolgreichen Werken naturgemäß im Vorteil sind gegenüber jüngeren Verlagen, die sich solche Kataloge erst erarbeiten und aufbauen müssen. Ein Beispiel aus unserem Nachbarland Frankreich mag dies eindringlich zu verdeutlichen. Der wohl größte französische Verlag *DURAND* begann seine Tätigkeit in der ersten Hälfte des vorigen Jahrhunderts durch Aufkauf des Verlages *FLAXLAND,* in dem sich eine Vielzahl damals populärer Werke der zeitgenössischen ernsten Musik fanden, darunter z.B. auch die *Richard Wagner*-Opern »Der fliegende Holländer« und »Rienzi«. Die daraus gewonnenen Mittel erlaubten es dem Verleger, in großzügiger Weise den später sehr erfolgreichen Komponisten *Camille Saint-Saëns* (1835–1921) zu fördern. Rund 30 Jahre später kamen die Werke des Komponisten *Claude Debussy* (1862–1918) hinzu, deren wirtschaftliche Erträge wiederum dazu beitrugen, nahezu sämtliche Werke des Komponisten *Maurice Ravel* (1875–1937) in Verlag zu nehmen. Die Kette läßt sich bis in unsere Tage erweitern. Durand wurde der Hauptverlag von *Oliver Messiaen* (1908–1992). Eine solche, sich über mehr als ein Jahrhundert erstreckende Serie künstlerischer und damit auch finanzieller Erfolge eines Musikverlages und seiner Autoren ist natürlich nicht der Regelfall. Sie verdeutlicht aber exemplarisch, wie zuweilen auch Investitionen ins Ungewisse machbar werden können.

6. *Popmusik-Verlage - der klassische Fall eines Teiloligopols*

Die Verlage des Bereiches der unterhaltenden Musik, also die U- oder Popmusikverlage präsentieren sich heute in einer völlig anderen Form. Ursprünglich ist ihre Struktur ähnlich bestimmt gewesen wie bei den Verlagen für ernste Musik, von denen sie sich vor rund 100 Jahren abzusondern begannen. Die Evolution der verschiedenen Medien (Schallplatte/Tonfilm/Rundfunk/Fernsehen) hatte es mit sich gebracht, daß deren Großbetriebsformen - also beispielsweise Filmgesellschaften und Tonträgerkonzerne - sich Musikverlage angliederten, und damit nach und nach die mittelständisch verfaßten Konkurrenten in relativ enge Grenzen verwiesen. Heute beherrschen fünf bis sechs multinationale Tonträgerkonzerne nicht nur den Markt der Musikproduktionen, sondern darüberhinaus auch den der Verlagsrechte und damit das Musikverlagswesen. Wenn heute über 80 % aller urheberrechtlich geschützten Werke der Musik im Weltmaßstab in nur noch fünf bis sechs Händen liegen, und wenn man davon ausgehen kann, daß sich in die restlichen knapp 20 % aller Musikwerke tausende von kleinen und mittleren Musikverlagen rings um den Erdball teilen müssen, so ist man im Musikverlagsbereich mit dem klassischen Fall eines Teiloligopols konfrontiert. Es wäre indessen verfehlt, anzunehmen, die Konzentration habe damit schon ihr Ende erreicht. Sowohl auf dem Sektor der Tonträgerhersteller als auch auf dem der Musikverlage geht das Aufkaufen weiter, und kein Kartellamt der Welt scheint über die juristischen Mittel zu verfügen, dies selbst im Falle von »Elefantenhochzeiten« noch zu stoppen. Der Ausbruch des digitalen Zeitalters läßt überdies auch über dem Akquisitionsmarkt das Akzelerationsprinzip walten. Der riesige Bedarf an Verwertungsrechten und damit natürlich auch an Musikverlagskatalogen führte zu einer Jagd auf alles, was da noch frei und unabhängig sich im Markte betätigte, und die Übernahmepreise erreichten schwindelerregende Höhen. Soweit die Bundesrepublik Deutschland betroffen ist, resultiert die Inflationierung der Akquisitionsbedingungen nicht zuletzt daraus, daß seit wenigen Jahren sich der Steueranspruch des Staates gegenüber den Verkäufern ihrer Unternehmen schlicht verdoppelt hat. Waren bisher Firmenverkäufe nur dem halben Einkommensteuersatz unterworfen, verlangt der Fiskus nunmehr den vollen Steuersatz. Diese mittelstandsfeindliche Steuergesetzgebung hat im Ergebnis dazu geführt, daß Akquisiteure die schwindende Verkaufsneigung nur dadurch zu überwinden vermögen, daß sie ihre Kaufgebote verdoppeln. Musikverlagsgruppen, die eine halbe Million oder gar eine Million Musiktitel verwalten, haben natürlich ein anderes Verhältnis zum Prinzip Verlegen als dies ein mittelständischer Verlag mit einem zahlenmäßig und inhaltlich überschaubaren Repertoire haben kann. Im Bereich der Popmusik sind zu einem großen Teil die Werkschöpfer gleichzeitig die Interpreten ihrer Werke, und ihr Interesse gilt in erster Linie der gewinnträchtigeren Auswertung auf Tonträgern als der klassischen verlegerischen Auswertung. Die Vervielfältigung und Verbreitung von Notenausgaben der populären Musik ist häufig obsolet, weil außer dem Original-Interpreten selbst niemand anderes die Songs nachzuspielen vermag. Dies gilt besonders für die Musik von Rock- und Popgruppen der verschiedenen Musikgenres.

Ein junger Musikverlag, der sich im Markt behaupten will, muß erhebliche Risiken auf sich nehmen. Die Kosten des Aufbaus eines neues Künstlers und seiner Etablierung im Musikgeschäft erfordern ganz erhebliche Finanzmittel. Allein die Produktion einer CD bedarf sechsstelliger DM-Beträge. Hinzukommen die Kosten der Promotion bei den Medien und nicht zuletzt die Ausstattung des Künstlers mit dem Equipment für Live-Auftritte. Zahlreiche Musikverlage unterhalten eigene Tonstudios mit modernsten Anlagen, geleitet von hochbezahlten Tonmeistern. Wenn man den Erfahrungssatz der Branche zugrundelegt, daß über 90 % aller produzierten Musiktitel der Popmusik Flops werden, also ihre Kosten nicht oder nur knapp einspielen, so wird man auch im Popularmusikbereich zu dem Ergebnis kommen müssen, daß das Verlagsgeschäft hin und wieder zum Hasardspiel wird. Das ist auch der Grund dafür, daß die Tonträgerfirmen sich Musikverlage angegliedert haben, denn sie sind dadurch in der Lage, die an die Verwertungsgesellschaften, wie z.B. die GEMA, zugunsten der Autoren und Musikverlage geleisteten Vergütungen sich auf dem Umweg über eigene Verlage wenigstens teilweise wieder hereinzuholen. Dieses Prinzip der Risikominderung führt denn auch dazu, daß ein Komponist, der seine Werke auf Tonträger veröffentlicht sehen möchte, von den Managern der Tonträgerindustrie angehalten wird, sich zunächst einmal mit der Verlagsabteilung des Hauses zu arrangieren. Dieser - nennen wir es einmal so - sanfte Zwang führt im Ergebnis dazu, daß die jungen Komponisten sich vorrangig bei den Verlagen der Tonträgerindustrie ansiedeln. In diesem Kontext erscheint es geradezu erstaunlich, daß just im Bereich der unabhängigen und freien Musikverlage in beachtlichem Umfang kreative Zellen gebildet wurden, die der Tonträgerindustrie gewissermaßen zuliefern. Zahllose bedeutende Künstler gehören denn auch in das Ambiente solcher Kreativzellen der Musikverlage. Das Risiko sowohl der Musikverlage als auch der Tonträgerfirmen liegt im Popmusikbereich vorrangig auch in der Kurzlebigkeit der Produktionen. In unseren Tagen werden nur noch selten neue Musiktitel zu Evergreens, an denen die Beteiligten jahre- oder jahrzehntelang künstlerische und wirtschaftliche Erfolgserlebnisse konstatieren können. Im allgemeinen wird man aber sagen können, daß im Hinblick auf die weitaus größeren Verwertungsmöglichkeiten im Popularbereich, aber auch bedingt durch hierarchische Konzernstrukturen die hier tätigen Verlage überwiegend kommerziell orientiert sind und wenig Neigung zeigen, sich mäzenatisch zu engagieren.

7. *Ausblick*

Den Musikverlagen aller Bereichen ist der Wunsch zu eigen, den Werken ihrer Autoren eine optimale künstlerische und wirtschaftliche Verwertung zu sichern. Dazu gehört neben den Bemühungen auf den nationalen Märkten auch das Bestreben, die Werke zu exportieren, d.h., sie der Verwertung im Ausland zuzuführen. Dies geschieht heute über ein internationales Geflecht von Subverlags- und Vertriebsverträgen. Die multinationalen Konzerne bedienen sich hierbei ihrer allenthalben vorhandenen Filialen, während die sogenannten Independents freie Vereinbarungen mit von Land zu Land wechselnden Partnern unterhalten. Besonders im Bereich der ernsten Musik sind Auslandsaufführungen ein wichtiges Vehikel zur Reduzierung der Kosten. Sie sind zudem von eminenter Wichtigkeit bei dem Bemühen, heimische Komponisten im internationalen Musikmarkt durchzusetzen. Während Werke der ernsten Musik im allgemeinen auf dem Weg über die öffentliche Aufführung oder die Rundfunksendung im Ausland verbreitet werden, sind es bei der Popmusik die Tonträger, die im Erfolgsfalle den Autoren/Interpreten internationalen Ruf verschaffen. Insbesondere Pupmusikgruppen aus Deutschland und anderen kontinentaleuropäischen Ländern ist in der jüngsten Zeit häufiger der Sprung über die Grenzen gelungen, und einige von ihnen haben sich sogar in den amerikanischen Popcharts einen Platz erobern können. Dies sind allerdings Ausnahmen, die Regel ist, daß anglo-amerikanische Rock- und Pop-Interpreten die europäischen Märkte dominieren und insbesondere in Deutschland das musikalische Geschehen beherrschen. Bei der ernsten Musik ist das Verhältnis zwischen Export und Import ausgeglichener, und es gibt hierbei keine so ausgeprägte Dominanz wie bei der Popmusik.

Der einheitliche Europäische Markt eröffnet den Musikverlagen zweifelsfrei große Chancen. Musik ist fungibler geworden. Sie wird über die internationaler werdende Vernetzung bei Rundfunk und Fernsehen schneller transportiert und verbreitet. Der Zugang zur Musik wird durch die Digitalisierung insbesondere des Hörfunks ganz erheblich erleichtert, und die wachsende Freizeit führt zu einem verstärkten Verbrauch an Musik in all ihren Erscheinungsformen. Die Gefahren einer solchermaßen gesteigerten Verbreitung liegen darin, daß eine verwertungsrechtliche Beherrschbarkeit der neuen Technologien noch nicht gegeben ist. Auch reichen die bislang vom Gesetzgeber gewährten Schutzbestimmungen nicht mehr aus, den Musikautoren und ihren Verlagen angemessene Vergütungen für die erbrachten Leistungen zu sichern. Hier liegt eine Aufgabe auch für die Musikverlage, die sich gemeinsam mit den urheberrechtlichen Verwertungsgesellschaften, denen sie angehören sowie mit den anderen Trägern der Musikwirtschaft darum bemühen müssen, Gesetzesänderungen auf den Weg zu bringen. Doch dies ist ein weites Feld. Gelingt es indessen nicht, sehr schnell solche Verbesserungen zu erreichen, bliebe Raum weder für Kommerz noch für Mäzenatentum.

Günter Söffing

Steuervereinfachung - Steuerverkomplizierung in der Gesetzgebung

I. *Steuervereinfachung*

1. *Einführung*

Von kleineren, relativ unbedeutenden Vereinfachungen abgesehen[1], hat das deutsche Steuerrecht nach 1945 eigentlich nur eine einzige wirkliche Vereinfachung erfahren. Die Einführung des bundeseinheitlichen Grunderwerbsteuergesetzes 1983 vom 17. Dezember 1982[2]. Reinhold Kreile war an dieser Steuervereinfachungsmaßnahme im Bereiche des Gesetzgebers wesentlich beteiligt. Reinhold Kreile ist daher einer der ganz wenigen Politiker, der nicht nur von der Steuervereinfachung geredet, sondern dazu auch einen wesentlichen Beitrag geleistet hat.

2. *Die Entwicklung der Grunderwerbsteuer*

Das Grunderwerbsteuergesetz vom 29. März 1940[3] war Reichsrecht. Mit dem Inkrafttreten des Grundgesetzes (GG) am 24. Mai 1949 gingen die Gesetzgebungskompetenzen für die Grunderwerbsteuer auf die Bundesländer über. Das führte zu einer unhaltbaren Rechtszersplitterung und Verkomplizierung des Grunderwerbsteuerrechts. Der Gesetzgeber sah sich deshalb veranlaßt, durch Art. 1 Nr. 3 des Finanzreformgesetzes vom 12. Mai 1969[4] mit Wirkung ab 1. Januar 1970 die Gesetzgebungskompetenz für die Grunderwerbsteuer im Rahmen der konkurrierenden Gesetzgebung wieder auf den Bund zurückzuübertragen[5].

Dies führte jedoch nicht sofort zu einem bundeseinheitlichen Grunderwerbsteuerrecht; denn die durch unterschiedliche soziale, wohnungsbaupolitische und sonstige Interessen bedingten Widerstände waren zu groß. Demzufolge brachte das bundeseinheitliche Gesetz über steuerliche Vergünstigungen bei der Herstellung oder Anschaffung bestimmter Wohngebäude (GrEStEigWohG) vom 11. Juli 1977[6] auch keine Vereinfachung. Im Gegenteil, neue Steuerbefreiungen wurden eingeführt. Nach dem Bericht des Finanzausschusses des Deutschen Bundestages

---

1 U.a. Abschaffung der Börsenumsatzsteuer, der Gesellschaftssteuer, der Wechselsteuer, der Leuchtmittelsteuer, der Salzsteuer, der Zuckersteuer und der Teesteuer.
2 BGBl I 1982, 1777, BStBl I 1982, 955.
3 RGBl I 1940, 585, RStBl 1940, 377.
4 BGBl I 1969, 359; BStBl I 1969, 321.
5 Art. 105, Art. 72 GG.
6 BGBl I 1977, 1377, BStBl I 1977, 360.

zum Entwurf eines Grunderwerbsteuergesetzes vom 22. November 1982[7] wurden von den grunderwerbsteuerrechtlichen Befreiungstatbeständen zum Schluß fast 80 v.H. aller Grunderwerbsvorgänge erfaßt. Dabei erforderten die Befreiungsfälle wegen ihrer häufigen Abhängigkeit von Bescheinigungen anderer Behörden sowie der Überwachungsnotwendigkeit bei einzelnen Befreiungstatbeständen über Jahre hinaus nicht weniger Verwaltungsaufwand, als es die Besteuerungsfälle taten.

Dies war bereits während des Gesetzgebungsverfahrens hinsichtlich des GrEStEigWohG erkannt worden. Der Finanzausschuß des Deutschen Bundestages hatte daher beschlossen, die Bundesregierung zu bitten, bis zum 31. Dezember 1978 einen Bericht über die Auswirkungen des GrEStEigWohG und Vorschläge über eine Vereinfachung des Grunderwerbsteuerrechts vorzulegen. Der Bericht wurde am 8. Februar 1979 vorgelegt[8]. Ein Gesetzentwurf der Bundesregierung folgte jedoch nicht.

Die Gesetzesinitiative für ein bundeseinheitliches vereinfachtes Grunderwerbsteuergesetz ging vielmehr von den Bundesländern aus. Am 28. September 1979 hat der Deutsche Bundesrat in seiner 477. Sitzung beschlossen, den Entwurf eines Grunderwerbsteuergesetzes einzubringen. Dieser Entwurf wurde bis zum Ende der 8. Legislaturperiode des Deutschen Bundestages von diesem jedoch nicht abschließend beraten. Auf Initiative des Landes Niedersachsen vom 14. November 1980[9] hat der Deutsche Bundesrat deshalb den Gesetzentwurf in der 9. Legislaturperiode des Deutschen Bundestages am 7. Mai 1981[10] erneut eingebracht[11].

Der Finanzausschuß des Deutschen Bundestages hat die Gesetzesvorlage des Deutschen Bundesrates in den Jahren 1981 und 1982 mehrfach beraten und in einer öffentlichen Anhörung zahlreichen Institutionen und Verbänden Gelegenheit gegeben, ihre Standpunkte vorzutragen[12]. Zu einem Ergebnis kam der Finanzausschuß jedoch nicht. Anscheinend fehlten der politische Wille und die politische Kraft die Vereinfachung des Grunderwerbsteuerrechts zu realisieren.

3. *Das Grunderwerbsteuergesetz 1983*

Das änderte sich mit dem Ende der sozial-liberalen Koalition und dem Beginn der Kohl-Regierung Ende 1982. Auf Initiative von Reinhold Kreile einigte sich die neue Koalition aus CDU/CSU und FDP unmittelbar nach dem Regierungswechsel auf die Verabschiedung der Grunderwerbsteuerreform, die noch vor Ende des Jahres 1982 erfolgte[13].

---

7 BT-Drucksache 9/2114 S.2.
8 Forst, DStZ 1983, 78; Beck, DB 1983, 414.
9 BR-Drucksache 585/80.
10 BT-Drucksache 9/2114 S. 1.
11 BR-Plenarprotokoll 494 Tagesordnung Nr. 4; BT-Drucksache 9/2114 S. 1.
12 Vgl. Bericht des Finanzausschusses zum Entwurf eines Grunderwerbsteuergesetzes, BT-Drucksache 9/2114 S. 1.
13 Vgl. FR 1983, 13.

Durch das Grunderwerbsteuergesetz vom 17. Dezember 1982[14] wurde ein bundeseinheitliches Grunderwerbsteuerrecht geschaffen. Der Steuersatz wurde von 7 v.H. auf 2 v.H. abgesenkt und die meisten Grunderwerbsteuerbefreiungen wurden abgeschafft. Dadurch konnten 68 bundes- und landesrechtliche Gesetze und über 130 Einzelbestimmungen sowie eine große Zahl von Verwaltungsanweisungen außer Kraft gesetzt werden[15]. Eine wesentliche Entlastung der Finanzverwaltung und der Steuergerichte war die Folge. Dafür schuldet das deutsche Steuerrecht Reinhold Kreile Dank; denn es ist sehr zweifelhaft, ob ohne seine Initiative im richtigen Zeitpunkt eine Vereinfachung der Grunderwerbsteuer jemals zustandegekommen wäre, weil die Widerstände gegen eine Vereinfachung des Grunderwerbsteuerrechts erheblich waren. So wurde insbesondere geltend gemacht:

a) Die geplante Reform belaste auch solche Erwerbsvorgänge, die bisher aus sozial-, wirtschafts- oder strukturpolitischen Gründen grunderwerbsteuerfrei seien, mit einer 2%igen Grunderwerbsteuer, während für die bisher mit 7 v.H. Grunderwerbsteuer belasteten Erwerbsvorgänge namentlich des gewerblichen Bereichs eine weitgehende steuerliche Entlastung eintreten würde.
b) Es könne nicht hingenommen werden, daß der soziale und gemeinnützige Bereich benachteiligt, die Industrie entlastet und der kleine Mann belastet werde.
c) Auf die Grunderwerbsteuerbefreiungen, die gestrichen werden sollten, könne nicht verzichtet werden. Dies gelte vornehmlich für Grundstückserwerbe im öffentlichen Interesse sowie für gemeinnützige, mildtätige und kirchliche Zwecke, für Maßnahmen nach dem Bundesbaugesetz und dem Städtebauförderungsgesetz, für Maßnahmen zur Förderung der Wirtschaftsstruktur, für Maßnahmen im Bereich der Land- und Forstwirtschaft, für Erwerbe zu Zwecken des Naturschutzes und des Denkmalschutzes, für Erwerbe durch Behinderte, Vertriebene und Flüchtlinge, für Grundstückserwerbe zur Rettung eines Grundpfandrechts und für Maßnahmen auf den Gebieten der Wasserwirtschaft und der Energiewirtschaft.
d) Die Beseitigung der erst 1977 eingeführten Freibeträge für den Erwerb eigengenutzter Ein- und Zweifamilienhäuser und Eigentumswohnungen würde den Erwerb der einfachen Objekte (bis 250.000 DM bzw. 300.000 DM Kaufpreis) belasten und damit die mit den Befreiungen angestrebten Vorteile für die Bezieher kleinerer Einkommen hinfällig machen. Der Erwerb von Objekten, die nichteigengenutzt würden oder bei Eigennutzung teurer seien als 350.000 DM würden dagegen steuerlich entlastet werden und zwar mit steigendem Kaufpreis zunehmend.
e) Bodenordnende Maßnahmen würden steuerbelastet und daher erschwert.
f) In den nachteiligen Auswirkungen liege kein Äquivalent für den Steuervereinfachungseffekt, der mit einem zu hohen Preis erkauft würde.
h) Die Personaleinsparung durch eine reformierte Grunderwerbsteuer dürfe nicht überschätzt werden.

---

14 BGBl I 1982, 1777, BStBl I 1982, 955.
15 Forst, DStZ 1983, 78.

Gegenüber diesen Widerständen haben sich die Befürworter der Grunderwerbsteuerreform mit folgenden Argumenten durchgesetzt: Die Reform sei aus Gründen der Rechtsvereinheitlichung und Rechtsvereinfachung erforderlich. Gegen das bisherige Grunderwerbsteuerrecht bestünden wegen des Übermaßes an Befreiungsvorschriften verfassungsrechtliche Bedenken. Die Mehrzahl der im Grunderwerbsteuerrecht tätigen Finanzbeamten befasse sich mit den oft schwierigen Problemen der zahllosen Befreiungstatbestände, aus denen auch die Mehrzahl der Rechtsstreitigkeiten im Grunderwerbsteuerrecht erwachsen würden. Dies sei unter dem Gesichtspunkt der Wirtschaftlichkeit der Verwaltung nicht zu vertreten. Ein Steuersatz von 2 v.H. werde von den meisten Steuerpflichtigen - ähnlich den Notar- und Grundbuchkosten - als unbedeutende Belastung des Erwerbvorgangs empfunden werden. Die sozial- und gesellschaftspolitischen Ziele, welche zur Befreiung bestimmter Zielgruppen von der Grunderwerbsteuer ursprünglich geführt hätten, hätten sich zwischenzeitlich so verändert, daß eine lineare gleiche Belastung für alle Gruppen richtig sei. Die Anwendung von Befreiungsvorschriften hänge teilweise von Zufälligkeiten ab. So unterliege z.B. die Veräußerung eines verpachteten Hofes der Grunderwerbsteuer, während die eines nichtverpachteten Hofes steuerbefreit sei.

II. *Steuerverkomplizierung*

1. *Einleitende Bemerkungen*

Eine wirkliche Steuervereinfachung, wie sie durch das Grunderwerbsteuergesetz 1983 verwirklicht worden ist, gibt es sonst im deutschen Steuerrecht nicht. Im Gegenteil, das deutsche Steuerrecht wird ständig verkompliziert. Auf wenige - aber eklatante - Beispiele sei hier hingewiesen.

2. *Beispiele für die Verkomplizierung des Steuerrechts*

a) *Policedarlehen*

Um den Haushalt zu entlasten, also aus rein fiskalischen Gründen, war im Entwurf des Steueränderungsgesetzes 1992[16] vorgesehen, die steuerliche Besserstellung der sog. Policedarlehen gegenüber den normalen Bankdarlehen durch eine Einschränkung der Abziehbarkeit von Lebensversicherungsbeiträgen als Sonderausgaben und die Aufhebung der Steuerfreiheit für Einnahmen aus der Police zu beseitigen. Während des Gesetzgebungsverfahrens wurde - sicherlich aufgrund ehrenwerter und vernünftiger Überlegungen - diese vorgesehene Einschränkung ihrerseits erheblich eingeschränkt, so daß von dem ursprünglich verfolgten Zweck kaum etwas verwirklicht worden ist. Vernünftigerweise hätte man deshalb auf die Einschränkungsaktion verzichten müssen. Aber das war wohl aus »übergeordne-

16 BR-Drucksache 522/91.

ten Überlegungen« nicht mehr möglich, so daß das Steuerrecht eine weitere m.E. völlig sinnlose Verkomplizierung erfahren mußte. Die Kompliziertheit und die große Rechtsunsicherheit, die durch die Neuregelung entstanden ist, kann allein schon daraus entnommen werden, daß es innerhalb von einem Jahr nach Erlaß des Gesetzes erforderlich war, fünf, zum Teil sehr umfangreiche, Verwaltungsanweisungen herauszugeben[17].

b) *Schuldzinsenabzug und Wohnungsbauförderung*

Als 1986 mit Wirkung vom 1.1.1987 die Besteuerung des Nutzungswerts der selbstgenutzten Wohnung im eigenen Haus abgeschafft wurde, hatte der Gesetzgeber zwei Möglichkeiten, um den Bau von selbstgenutzten Wohnobjekten zu fördern, nämlich die Wiedereinführung des ab 1974 abgeschafften Abzugs privat veranlaßter Schuldzinsen als Sonderausgaben oder die systemwidrige Übernahme der Abschreibungsregelungen des § 7b EStG in dem Sonderausgabenbereich. Die erstgenannte Möglichkeit hätte steuerrechtlich kaum Probleme aufgeworfen und damit zu einer durch den Wegfall des § 7b EStG bedingten Vereinfachung im Steuerrecht geführt. Sie hätte außerdem für kleinere und mittlere Einkommensbezieher, die ihr Eigenheim in aller Regel mit Kredit bauen, eine spürbare finanzielle Entlastung gebracht.

Trotzdem hat der Gesetzgeber diesen Weg nicht gewählt, weil die Deutsche Bundesbank die Wiedereinführung der Abziehbarkeit privater Schuldzinsen als zinstreibendes Moment bewertet hat, weil befürchtet wurde, daß die Wiedereinführung des Schuldzinsenabzugs zu einer nicht hinnehmbaren Minderung des Steueraufkommens führen könne und weil das Wohnungsbauministerium darauf bestand, die Regelungen des § 7b EStG in den Sonderausgabenbereich zu transformieren und zu verkomplizieren, um eine größere Sozialgerechtigkeit - was immer auch dieses schöne Wort bedeuten mag - zu erreichen.

So kam die steuerliche Mißgeburt des § 10e EStG auf die Welt. Seitdem ist es dem Gesetzgeber gelungen auf Betreiben des Bundeswohnungsbauministeriums - häufig gegen den erfolglosen Widerstand der Steuerabteilung des Bundesfinanzministeriums - die Steuervergünstigungen für den Wohnungsbau in einer das Steuerrecht erheblich verkomplizierenden, nicht mehr überschaubaren und zum Teil völlig ineffizienten Weise auszubauen.

So wurden die §§ 7c, 7k EStG eingeführt, wobei insbesondere § 7k EStG als abschreckendes Beispiel erwähnenswert ist, weil diese Vorschrift - dem Vernehmen nach - wegen ihrer Kompliziertheit von Steuerpflichtigen kaum in Anspruch genommen wird. Ins Leben gerufen wurden ferner die §§ 10g bis 10h sowie die §§ 11a und 11b EStG, wovon § 10h EStG deshalb besonders hervorzuheben ist, weil diese Vorschrift jeden vernünftig denkenden Steuerpflichtigen zu einem wirtschaftlich unvernünftigen Handeln zwingt. Wenn z.B. ein Steuerpflichtiger bei der Errichtung seines Eigenheims sofort eine Wohnung einbaut, die er seinem Groß-

---

17 BMF-Schreiben vom 21.12.1992, BStBl I 1993, 10; vom 12.3.1993, BStBl I 1993, 277; vom 19.5.1993, BStBl I 1993, 406; vom 14.6.1993, BStBl I 1993, 484; vom 2.11.1993, BStBl I 1993, 901.

vater unentgeltlich überläßt, dann steht ihm eine zusätzliche Steuervergünstigung neben § 10e EStG nicht zu. Er kann nur 5 x 8 v.H. der Anschaffungskosten oder Herstellungskosten, höchsten jedoch 120.000 DM als Sonderausgaben abziehen. Baut der Steuerpflichtige die Wohnung hingegen erst später ein, kann er neben der Vergünstigung nach § 10e EStG auch noch die Vergünstigung nach § 10h EStG, zusätzlich also noch 4 x 6 v.H. + 4 x 5 v.H. der Herstellungskosten, höchstens jedoch 36.300 DM geltend machen.

Und noch eine Bemerkung zum § 10e EStG: Unter Berücksichtigung dessen, daß § 10e EStG eingeführt worden ist, um die Wiedereinführung des Abzugs privater Schuldzinsen als Sonderausgaben zu vermeiden, kann wohl keinem Staatsbürger verübelt werden, wenn er die Einführung eines - wenn auch zeitlich begrenzten - Schuldzinsenabzug im Rahmen der Regelung des § 10e EStG durch das Steueränderungsgesetz 1992 als Schildbürgerstreich des Gesetzgebers empfindet.

c) *§ 32d EStG*

Das Bundesverfassungsgericht hatte mit Beschluß vom 25.9.1992[18] entschieden, daß bei der Einkommensbesteuerung ab 1993 einem Steuerpflichtigen von seinem »Erworbenen«, das nach dem Sozialhilferecht orientierte Existenzminimum verbleiben muß.

Der steuerrechtlich systematisch gebotene Weg für die Realisierung dieses Verfassungsgebots wäre eine entsprechende Erhöhung des Grundfreibetrags gewesen. Der Gesetzgeber glaubte aus Haushaltsgründen diesen Weg nicht gehen zu können. Er hat deshalb durch Art.19 Nr.3 des »Gesetzes über Maßnahmen zur Bewältigung der finanziellen Erblasten im Zusammenhang mit der Herstellung der Einheit Deutschland, zur langfristigen Sicherung des Aufbaus in den neuen Ländern, zur Neuordnung des bundesstaatlichen Finanzausgleiches und zur Entlastung des öffentlichen Haushalts (Gesetz zur Umsetzung des Förderalen Konsolidierungsprogramms - FKPG)« vom 23. Juni 1993[19] mit dem heutigen § 34d EStG eingeführt. Damit ist eine gesetzliche Regelung geschaffen worden, die für sich in Anspruch nehmen kann, daß sie an Kompliziertheit kaum zu überbieten ist.

d) *§ 32c EStG*

Den gleichen Anspruch kann der durch das »Gesetz zur Verbesserung der steuerlichen Bedingungen zur Sicherung des Wirtschaftsstandorts Deutschland im Europäischen Binnenmarkt (Standortsicherungsgesetz - StandOG) vom 13. September 1993[20] ins EStG eingefügte § 32c für sich erheben, durch den eine Tarifbegrenzung bei gewerblichen Einkünften geschaffen wurde.

---

18 BGBl I 1992, 1851; DB 1992, 2217.
19 BGBl I 1993, 944, BStBl I 1993, 510.
20 BGBl I 1993, 1569, BStBl I 1993, 774.

Im Jahre 1993 stand fest, daß eine steuerliche Entlastung der deutschen gewerblichen Unternehmen zur Erhaltung und Sicherung von Arbeitsplätzen und zur Neuschaffung von Arbeitsplätzen insbesondere in den neuen Bundesländern unabdingbar war. Die im Vergleich zu anderen Nationen in Deutschland bestehende überproportionale Steuerbelastung der gewerblichen Unternehmensgewinne beruht insbesondere auf der Erhebung der Gewerbesteuer. Der steuersystematisch richtige und auch volkswirtschaftlich vernünftigste Weg zur Erreichung einer steuerlichen Entlastung der gewerblichen Wirtschaft wäre demzufolge die Beseitigung der Gewerbesteuer gewesen. Dieser Weg war jedoch aus den allseits bekannten kommunalpolitischen Gründen versperrt. Das erstrebte Ziel konnte deshalb nur mit Hilfe von systemwidrigen und höchst komplizierten Ersatzlösungen erreicht werden, nämlich dadurch, daß durch das StandOG der Körperschaftsteuersatz von 50 v.H. auf 45 v.H. (bei ausgeschütteten Gewinnen von 36 v.H. auf 30 v.H.) und der Spitzensteuersatz für gewerbliche Einkünfte von 53 v.H. auf 47 v.H. gesenkt wurden.

e) *Einführung der Absätze 3 bis 6 in § 7g EStG*

Und da von der Begrenzung des Spitzensteuersatzes auf 47 v.H. kleinere und mittlere Gewerbebetriebe nichts haben, hat man durch das StandOG - sozusagen als soziale Komponente für diese Steuerpflichtigen - noch die sog. Ansparabschreibung in § 7g Abs.3 bis Abs.6 EStG als weitere Verkomplizierung des Steuerrechts eingeführt.

f) *Nichtanwendungsgesetze*

Einen Beitrag zur ständigen Verkomplizierung des Steuerrechts leistet der Gesetzgeber auch dadurch, daß er zum Teil - meist auf Initiative aus dem Bundesfinanzministerium - aus haushaltspolitischen, also außersteuerrechtlichen Gründen die höchstrichterliche Steuerrechtsprechung durch sog. Nichtanwendungsgesetze kassiert. Hierfür von vielen Beispielen nur drei:

aa) *§ 15 Abs. 1 Satz 1 Nr. 2 Satz 2 EStG*

Mit seinem Beschluß vom 25. Februar 1991[21] hatte der Große Senat des BFH in Übereinstimmung mit dem Zivilrecht und systemgerecht mit der heute herrschenden Einheitsbetrachtung entschieden, daß der Gesellschafter und Mitunternehmer einer Personengesellschaft (Obergesellschaft), die ihrerseits an einer anderen Personengesellschaft (Untergesellschaft) beteiligt ist, kein Gesellschafter und damit auch kein Mitunternehmer der Untergesellschaft ist.

Der Gesetzgeber hat, weil durch diese Rechtslage Steuerausfälle befürchtet wurden, diese Entscheidung durch ein Nichtanwendungsgesetz kassiert, indem er dem § 15 Abs. 1 Satz 1 Nr. 2 EStG folgenden Satz angefügt hat: »Der mittelbar über eine oder mehrere Personengesellschaften beteiligte Gesellschafter steht

21 BStBl II 1991, 691.

dem unmittelbar beteiligten Gesellschafter gleich; er ist als Mitunternehmer des Betriebs der Gesellschaft anzusehen, an der er mittelbar beteiligt ist, wenn er und die Personengesellschaften, die seine Beteiligung vermitteln, jeweils als Mitunternehmer des Betriebs der Personengesellschaft anzusehen sind, an denen sie unmittelbar beteiligt sind«.

Die Regelung ist nicht nur - selbst für einen versierten Steuerexperten - kaum verständlich formuliert, sondern auch völlig unsystematisch und bereitet daher bei ihrer Anwendung erhebliche Schwierigkeiten. Mit ihr soll zum Ausdruck kommen, daß der Gesellschafter und Mitunternehmer einer Obergesellschaft, der an einer Untergesellschaft selbst nicht beteiligt ist, als Mitunternehmer der Untergesellschaft fingiert wird. Dadurch können der Gewerbeertrag und das Gewerbekapital einer Personengesellschaft durch Steuerpflichtige beeinflußt werden, die an der Gesellschaft unmittelbar überhaupt nicht beteiligt sind.

bb) *§ 17 Abs. 1 Satz 2 EStG*

Mit seinem Urteil vom 27. Juli 1988[22] hatte der BFH entschieden, daß die verdeckte Einlage einer wesentlichen Beteiligung keine Veräußerung i.S. des § 17 EStG (Besteuerung der Gewinne aus der Veräußerung einer zum Privatvermögen gehörenden wesentlichen Beteiligung an einer Kapitalgesellschaft) ist, weil eine Veräußerung eine Gegenleistung erfordert und einer verdeckten Einlage keine Gegenleistung gegenüber steht.

Der Gesetzgeber war nach der Begründung des im Bundesfinanzministerium erstellten Entwurfs eines Steueränderungsgesetzes 1992[23] der Meinung, daß durch diese Rechtsprechung die Anwendung des § 17 EStG umgangen werden könnte. Er hat deshalb dem § 17 Abs. 1 EStG einen Satz 2 angefügt, wonach im Rahmen des § 17 EStG die verdeckte Einlage von Anteilen an einer Kapitalgesellschaft systemwidrig der Veräußerung gleichgestellt wird. Damit ist die Entscheidung des BFH vom 27. Juli 1988[24] kassiert worden.

cc) *§ 4 Abs. 5 Nr. 8 EStG*

Die Abziehbarkeit von Geldbußen als Betriebsausgaben, die durch eine Änderung des Rechtsprechung des RFH im Jahre 1939 unter systematischer Mißachtung des für alle Betriebsausgaben geltenden Veranlassungsprinzips (§ 4 Abs.4 EStG) abgeschafft worden war, wurde durch die Beschlüsse des Großen Senats vom 21. November 1989[25] wiederhergestellt. Die Auswirkungen dieser höchstrichterlichen Entscheidung hat der Gesetzgeber dadurch beseitigt, daß er durch das Änderungsgesetz vom 25. Juli 1984[26] in § 4 Abs. 5 EStG eine Nr.8 eingefügt hat.

---

22 BStBl II 1989, 271.
23 BR-Drucksache 522/91 S. 59.
24 BStBl II 1989, 271.
25 BStBl II 1984, 160 und 166.
26 BStBl I 1984, 401.

g) *§ 10 EStG*

Abschließend noch einen Blick auf die Vorschrift des § 10 EStG, in der die Abziehbarkeit von Sonderausgaben geregelt ist. Es ist dem Gesetzgeber gelungen der Vorschrift eine so unverständliche Gestalt zu geben, daß es selbst einem Fachkundigen ohne Zuhilfenahme von elektronischen Anlagen nur noch mit einem unverhältnismäßig großen und unzumutbaren Zeitaufwand möglich ist, den für einen Steuerpflichtigen richtigen Sonderausgabenabzugsbetrag zu ermitteln. Ja selbst der Gesetzgeber hat vor einer von ihm fabrizierten Regelung in § 10 EStG und damit vor sich selbst kapitulieren müssen.

Nach § 10 Abs. 3 Nr. 2 Satz 2 EStG war bei den Vorsorgeaufwendungen der zusätzliche Vorwegabzugsbetrag von 4.000 DM/8.000 DM um bestimmte Beträge zu kürzen, die bei einer Vielzahl von Fallgruppen unterschiedlich waren. Durch die Einführung des Kürzungsgrundes »Arbeitslosenversicherung« wären drei neue Fallgruppen hinzugekommen. Dadurch wäre die Kürzungsregelung so kompliziert geworden, daß der computermäßige Aufwand für die erforderliche Datenerfassung in keinem Verhältnis zur steuerlichen Bedeutung der als Sonderausgaben abziehbaren Versicherungsbeiträge mehr gestanden hätte[27]. Durch das Mißbrauchsbekämpfungs- und Steuerbereinigungsgesetz - StMBG - vom 21. Dezember 1993[28] ist daher § 10 Abs.3 EStG dahingehend geändert worden, daß die Kürzung des Sonderausgabenvorwegabzugs durch eine pauschalierende und typisierende Regelung grundlegend vereinfacht werden mußte. Der Vorwegabzug von 6.000/12.000 wird nur noch bei Steuerpflichtigen mit Einnahmen aus nichtselbständiger Arbeit (ohne Versorgungsbezüge) und bei Mandatsträgern gekürzt. Der Kürzungssatz soll einheitlich 16 v.H. betragen[29]. Das ist die erste offizielle Konkurserklärung des Gesetzgebers in Hinsicht der Verkomplizierung des Steuerrechts. Das Steuerrecht ist in diesem Punkte vereinfacht worden, weil die Finanzverwaltung selbst nicht mehr in der Lage war, es anzuwenden.

h) *Zusammenfassung*

Bei den vorstehenden Beispielen handelt es sich nur um eine ganz kleine Auswahl aus einer unendlich großen Zahl von Steuerverkomplizierungen, die der Gesetzgeber - trotz ständiger Versicherungen einzelner Parlamentarier, man wolle das Steuerrecht vereinfachen - eingeführt hat. Wenn man alle Verkomplizierungen des Steuerrechts, die uns in den letzten Jahrzehnten beschert worden sind, aufzählen wollte, dann würde der Umfang dieser Festschrift dafür bei weitem nicht ausreichen.

---

27 BT-Drucksache 12/5630 S. 8.
28 BGBl I 1993, 2310, BStBl I 1994, 50.
29 BT-Drucksache 12/5630 Art. 1 Nr. 8 Buchst. c S. 8.

III. *Steuerchaos*

a) *Einleitende Betrachtung*

In Art. 134 der Weimarer Reichsverfassung wurde bestimmt, daß alle Staatsbürger ohne Unterschied im Verhältnis ihrer Mittel zu allen öffentlichen Lasten nach Maßgabe der Gesetze beitragen. Dieser Grundsatz der Gleichmäßigkeit der Besteuerung ist zwar nicht ausdrücklich im Grundgesetz (GG) aufgenommen worden. Er ist jedoch vollinhaltlich in Art.3 GG enthalten, nach dem alle Menschen vor dem Gesetz gleich sind.

Das verfassungsrechtliche Postulat: »Alle Menschen sind vor dem Gesetz gleich« ist allerdings weiter nichts als Schall und Rauch, wenn Gesetze so kompliziert, so unverständlich, so unübersichtlich sind, daß ihre richtige und damit auch gleichmäßige Anwendbarkeit nicht mehr realisierbar ist. Der Grundsatz der Gleichmäßigkeit der Besteuerung wird in einem solchen Fall verletzt, weil die richtige Steuer vielfach nicht mehr festgesetzt und erhoben wird, nicht mehr festgesetzt und erhoben werden kann.

Von einer Gleichmäßigkeit der Besteuerung kann nicht mehr gesprochen werden, wenn eine große Zahl von Steuerpflichtigen nicht mehr in der Lage ist, ihre Steuererklärungen fehlerfrei abzugeben, wenn sie aus Unkenntnis nicht mehr alle ihnen zustehenden Steuervergünstigungen beantragen und steuerrechtlich relevante Sachverhalte nicht oder nicht richtig erklären, weil sie sich der steuerrechtlichen Relevanz dieser Sachverhalte infolge der Kompliziertheit und Unübersichtlichkeit des Steuerrechts nicht bewußt sind und wenn selbst die Finanzämter in vielen Fällen nicht mehr das Steuerrecht richtig anwenden können, weil ihnen die richtige zu treffende Entscheidung durch Unübersichtlichkeit, Kompliziertheit und Unsystematik des Steuerrechts verborgen bleibt.

Ich bin der Meinung, daß wir einen solchen Zustand heute in Deutschland erreicht haben. Deshalb hatte der Deutsche Steuerberaterverband seine Jahrestagung 1993 zu Recht unter das Motto »Steuerchaos« gestellt, wodurch die Unzufriedenheit der Bürger und ihrer steuerlichen Berater über die unzureichende Steuergesetzgebung zum Ausdruck gebracht wurde[30].

IV. *Gründe für die Verkomplizierung des Steuerrechts*

a) *Allgemeines*

Die Gründe dafür, weshalb unser Steuerrecht heute so kompliziert, so unverständlich und teilweise auch systemwidrig ist, sind vielgestaltig und häufig nur schwer erkennbar. Im folgenden soll versucht werden, einige dieser Gründe darzustellen.

---

30 Pinne, Stbg 1993, 481, 482.

b) *Nicht mehr nur Einnahmeerzielungszweck*

Einer der Hauptgründe für die ständig wachsende Verkomplizierung des deutschen Steuerrechts besteht darin, daß es nicht mehr nur der Einnahmeerzielung, sondern auch anderen Zwecken dient. So haben bereits kurz nach dem zweiten Weltkrieg wirtschaftspolitisch und wohnungspolitisch ausgerichtete Steuervergünstigungen in zunehmendem Maß im Steuerrecht Fuß gefaßt.

Bereits im EStG 1949 finden wir in § 7a EStG eine Bewertungsfreiheit für die Ersatzbeschaffung beweglicher Wirtschaftsgüter, in § 7b EStG erhöhte Absetzungen für Wohngebäude, in § 7c EStG Maßnahmen zur Förderung des Wohnungsbaus, in § 7d EStG eine Bewertungsfreiheit für Schiffe und in § 7e EStG eine Bewertungsfreiheit für Fabrikgebäude und landwirtschaftliche Betriebsgebäude.

In den folgenden Jahrzehnten sind wirtschaftslenkende Steuervergünstigungen zu einem beliebten Bestandteil unseres Steuerrechts geworden. Immer dann, wenn zur Erreichung eines bestimmten wirtschaftspolitischen Zwecks keine geeigneten volkswirtschaftlichen Mittel gefunden werden konnten, mußte das Steuerrecht als Lückenbüßer herhalten.

Hinzugekommen sind eine Vielzahl von sozialpolitisch motivierten Steuervorschriften.

Ja, selbst Umweltpolitik und Verkehrspolitik wird mit Hilfe von steuerrechtlichen Regelungen verwirklicht, wie z.B. § 7d EStG n.F. und die Bestimmungen über die Kilometerpauschale in § 9 Abs.1 EStG beweisen.

Daß das vom Gesetzgeber alles gewollt ist, kann man aus der Definition des Begriffs der Steuer in § 3 AO entnehmen. Dort heißt es im 2. Teilsatz des 1. Satzes, daß bei der Steuer die Erzielung von Einnahmen Nebenzweck sein kann. Bei einem Steuergesetz kann also auch ein wirtschaftspolitischer, sozialpolitischer oder ein anderer nicht einnahmebedingter Zweck im Vordergrund stehen. Und diese nicht einnahmebedingten Zwecke treten um so mehr in den Vordergrund, je stärker der politische Einfluß des jeweiligen Ressortchefs ist. Man kann insofern durchaus von einem Ressortegoismus sprechen, der auf die Gestaltung und damit Verkomplizierung unseres heutigen Steuerrechts einen unheilvollen Einfluß hat.

Ein besonders schönes Beispiel hierfür ist die seit langem in den Köpfen vieler Politiker herumspukende sog. CO2-Abgabe. Der Sinn und Zweck einer solchen Abgabe tritt insbesondere dadurch in Erscheinung, daß der größte Luftverschmutzer, nämlich die Kohle, aus sozialpolitischen Gründen bei der Abgabe - wie man hört - priviligiert werden soll, während die Atomkraft, die keine Luftverschmutzung verursacht, selbstverständlich abgabepflichtig werden muß.

In die Reihe der Beispiele für die Komplizierung des Steuerrechts durch resortegoistische Überlegungen gehört auch die in letzter Zeit ins Gespräch gebrachte sog. Kinderlosensteuer. Welch ein Unsinn. Statt Familien mit Kindern durch höhere Kinderfreibeträge zu fördern will man kinderlose Steuerpflichtige durch eine Sondersteuer bestrafen.

c) *Das Diktat des Haushalts*

Aber es sind nicht nur diese einnahmefremden Zweckrichtungen des Steuerrechts per se, die zu unverständlichen und überaus komplizierten steuerrechtlichen Regelungen führt, sondern auch die Gegenläufigkeit dieser einnahmefremden Zweckrichtungen mit dem Einnahmeerzielungszweck der Steuer.

Viele Steuervergünstigungen, die aus wirtschaftspolitischen oder wohnungsbaupolitischen oder sonstigen nicht steuerlichen Gründen eingeführt werden, könnten viel einfacher, viel verständlicher sein, wenn bei ihrer Einführung von seiten des Haushalts nicht - meist stereotyp - der Einwand vorgebracht würde, daß alles koste viel zu viel Geld, mindere das Haushaltsaufkommen in einem unvertretbarem Umfang und sei daher - jedenfalls so - nicht machbar. Und diese Behauptungen werden dann durch - regelmäßig von niemandem nachprüfbare - Schätzungsberechnungen untermauert.

Es gibt wohl keinen Finanzminister, der - durch solche Argumente aufgeschreckt - nicht anordnet, man möge die - aus politischen Gründen - unvermeidbare Steuervergünstigung bitteschön so gestalten, daß durch sie so wenig wie nur irgend möglich Haushaltsmindereinnahmen entstehen. So, und nun gehen die zuständigen Referenten des betreffendem Ministeriums ans Werk und bastelten eine Regelung zusammen, die diesen Vorgaben zwar gerecht wird, aber kaum noch für einen normalen Staatsbürger und vielfach noch nicht einmal für einen Experten verständlich ist.

Beispiele hierfür sind: Die Einführung des § 10e EStG statt der Wiedereinführung des Schuldzinsenabzugs im Sonderausgabenbereich, die Einführung einer Einkommensgrenze in § 10e EStG, die betragsmäßige Begrenzung des Verlustrücktrags in § 10d EStG, die Verweigerung der seit langer Zeit überfälligen Erhöhung der Höchstbetragsbegrenzung für geringwertige Wirtschaftsgüter in § 6 Abs.2 EStG, die Erhöhung anderer Höchstbetragsbegrenzungen usw.

In diesen Zusammenhang sind auch die unterschiedlichen Sätze und unterschiedlichen Begünstigungszeiträume bei Abschreibungsvergünstigungen zu nennen, die ständig geändert werden und die daher niemand mehr im Kopf behalten kann und deren richtige Anwendung eine ständige Sucherei nach der zutreffenden Regelung voraussetzt.

Eine wirtschaftlich vernünftige und steuerrechtlich einfache Regelung bei Abschreibungsvergünstigungen würde darin bestehen, daß man einem Steuerpflichtigen gestattet nach seiner Wahl, die Anschaffungs- oder Herstellungskosten eines begünstigten Wirtschaftsguts im Jahr der Anschaffung oder Herstellung sofort oder auf einen bestimmten, aber in allen Fällen gleichen Zeitraum verteilt, abzuschreiben. Aber eine solche einfache Regelung ist aus haushaltspolitischen Gründen nicht machbar. Daß dem so ist, wird durch eine Äußerung des rheinland-pfälzischen Finanzministers[31] bestätigt, der einräumt, daß bei der Diskussion steuerpolitischer Lösungsansätze haushaltsmäßige Überlegungen mehr und mehr Bedeutung gewinnen.

---

31 DStZ 1992, 449, 450.

d) *Politische Zwänge*

Ursächlich für den schlechten Zustand unseres Steuerrechts sind auch politische Zwänge, die verschiedene Ursachen, wie z.B. Regierungserklärungen oder - zwar wohlgemeinte - aber steuerlich undurchdachte Äußerungen meist einflußreicher Politiker, haben können. Ein Beispiel hierfür ist die bereits erwähnte steuerliche Entlastung der Gewerbebetriebe durch das StandOG.

Weil es wegen des Widerstands der Gemeinden nicht möglich erschien die dringend gebotene Abschaffung der Gewerbesteuer zu realisieren, war im politischen Bereich zu Beginn der jetzigen Legislaturperiode an die Stelle der Forderung nach der Beseitigung der Gewerbesteuer die allgemeiner gehaltene Forderung nach einer die Wettbewerbsnachteile der deutschen Wirtschaft beseitigende Unternehmenssteuerreform getreten. Die jetzige Bundesregierung hatte diese Unternehmenssteuerreform versprochen und so war ein politischer Zwang entstanden in dieser Richtung etwas zu tun, was andererseits aus haushaltspolitischen Gründen nichts kosten durfte. Das Ergebnis dieses Zwanges war die Senkung des Körperschaftsteuersatzes, die äußerst problematische Senkung des Spitzensteuersatzes für gewerbliche Einkünfte bei der Einkommensteuer und die als Gegenfinanzierungsmaßnahme gedachte Einschränkung der degressiven AfA bei Gebäuden durch das StandOG.

e) *Gewaltenteilung*

Nicht unerheblich beteiligt am heutigen Steuerchaos ist m.E. auch der Umstand, daß das Prinzip der Dreiteilung der Gewalten, auf dem unsere demokratische Verfassung beruht, nicht mehr richtig funktioniert. Es gibt dafür vornehmlich zwei Gründe:

aa) Der eine Grund ist die Übermacht der Exekutive über die Legislative, die dadurch entstanden ist, daß die Legislative fast auf allen Gebieten, insbesondere aber auf dem Gebiet des Steuerrechts nicht mehr in der Lage ist aus eigener Kraft Gesetzesvorlagen zu entwickeln. Steuerliche Gesetzesentwürfe werden in aller Regel im Bundesfinanzministerium - wie man so schön sagt - vorbereitet, von der Bundesregierung beschlossen und dann dem Deutschen Bundesrat und dem Deutschen Bundestag als den gesetzgebenden Körperschaften zur Verabschiedung zugeleitet. Und da sowohl das Bundesfinanzministerium als auch die Bundesregierung dem Bereiche der Exekutive zuzuordnen sind, werden im Prinzip die Steuergesetze heute im Bereiche der Exekutive gemacht, im Bereiche der Legislative lediglich beschlossen, wobei zu berücksichtigen ist, daß die Mitglieder der Legislative - von ganz wenigen Ausnahmen abgesehen - wegen der Kompliziertheit der Materie überhaupt nicht übersehen können, welche Konsequenzen das hat, was sie verabschieden.

bb) Des weiteren ist zu berücksichtigen, daß im Gegensatz zu der klassischen von Montesquieu entwickelten Lehre der Gewaltenteilung es in unserem Staat heute nicht nur drei Gewalten gibt, sondern vier. Neben die Legislative, die Exekutive und die Jurisdiktion sind die Medien als vierte Gewalt getreten, die verfassungsmäßig bisher überhaupt nicht in die staatliche Willensbildung eingebunden sind, durch ihre faktische Machtstellung aber erheblichen Einfluß auf die Bildung des Allgemeinwillens und damit auch auf die anderen Staatsgewalten nehmen.

Das von Montesquieu entwickelte Prinzip der Dreiteilung der Gewalten besteht darin, daß die drei Staatsgewalten Legislative, Exekutive und Jurisdiktion nicht nur objektiv, sondern auch subjektiv getrennt, gleichgeordnet nebeneinander stehen, sich gegenseitig hemmen und sich gegenseitig sowohl durch das Trennen als auch durch das Hemmen das Gleichgewicht halten. In dieses Prinzip des gegenseitigen Hemmens und Gleichgewichthaltens sind die Medien nicht einbezogen; denn sie werden von keiner der drei anderen Staatsgewalten kontrolliert.

Das hat auch Auswirkungen auf die Gesetzgebung, wie wir an dem oben angeführten Beispiel des Verbots der Abziehbarkeit von betrieblich veranlaßten Geldbußen erleben konnten[32]. Noch bevor die Gründe des Beschlusses des Großen Senats vom 21. November 1983[33] bekannt waren, wurde emotional in den Medien das Abzugsverbot für betrieblich veranlaßte Geldbußen gefordert. Dieser Forderung hat der Gesetzgeber in einer Eilaktion entsprochen.

f) *Ad hoc-Formulierungen*

Ein weiterer Grund für schlechte und komplizierte Steuergesetze sind die sog. ad hoc-Formulierungen im parlamentarischen Bereich. Wenn im Finanzausschuß des Deutschen Bundestages Änderungen eines eingebrachten Gesetzentwurfs beschlossen werden, dann wird häufig von den anwesenden Ministerialbeamten verlangt, daß sie diese Änderungen auf der Stelle in eine Gesetzesformulierung umsetzen. Das bei einem solchen Verfahren Fehler unvermeidbar sind, wird jedem Fachkundigen einleuchten; denn bei der Kompliziertheit des Steuerrechts und der Abhängigkeit verschiedener Steuerrechtsnormen voneinander und deren Verknüpfung ist es selbst einem hochspezialisierten Fachmann unmöglich, Gesetzesänderungen in einer Nacht- und Nebelaktion zu formulieren. Und in potenziertem Umfang wird dieses Problem dann akut, wenn der Vermittlungsausschuß Änderungen beschließt.

Erinnert sei in diesem Zusammenhang nur an den Rücklagensatz von 45 v.H. in § 7g Abs. 3 EStG, der aufgrund einer im Vermittlungsausschuß erfolgten Änderung des StandOG auf 50 v.H. hätte erhöht werden müssen, was aber nicht geschehen ist. Der Fehler konnte daher erst durch Art. 1 Nr. 6 des Mißbrauchsbekämpfungs- und Steuerbereinigungsgesetzes beseitigt werden. Das ist keine ordentliche Gesetzgebungsarbeit mehr.

g) *Fehlender Einfluß der Steuerrechtswissenschaft auf die Gesetzgebung*

Nachteilig wirkt sich auch der fehlende Einfluß der Steuerrechtswissenschaft auf die Gesetzgebung aus.

---

32 Vgl. oben unter II.2.f.cc.

33 BStBl II 1984, 160 und 166.

Diese fehlende Einflußnahme dürfte einmal darin ihren Grund haben, daß das deutsche Steuerrecht nicht von einer wissenschaftlichen Disziplin, sondern von mehreren betreut wird. Neben der Steuerrechtslehre gibt es die volkswirtschaftliche Steuerlehre und neben dieser noch die betriebswirtschaftliche Steuerlehre. Diese Vielfalt wäre nicht schlecht, wenn die Erkenntnisse dieser drei Disziplinen koordiniert und den Politikern sowie den Gesetzesmachern in den Ministerien in verständlicher Form nahegebracht würden. Aber daran fehlt es in Deutschland.

Selbst innerhalb der einzelnen Disziplinen gibt es keine für die Praxis verwertbare einheitliche Willensbildung. Hinzu kommt, daß den in den wissenschaftlichen Disziplinen entwickelten Gedanken nicht selten eine Praxisbezogenheit völlig fehlt. Das dürfte seinen Grund u.a. darin haben, daß dem deutschen Steuerrecht auch eine ausreichende befruchtende Verbindung zwischen Wissenschaft und Wirtschaft fehlt, wie wir sie z.T. bei den Naturwissenschaften beobachten können. Ob diese fehlende Verbindung ein institutionelles oder ein personelles Problem ist, soll hier dahingestellt bleiben.

Andererseits hat - von meist wenig nützlichen sog. Hearings abgesehen - die steuerrechtliche Wissenschaft infolge der Gesetzesflut und der Schnelligkeit der Gesetzgebung kaum eine Möglichkeit, nutzbringend im Bereich der Gesetzgebung tätig zu werden.

h) *Die soziale Symmetrie*

In hohem Maße schädlich für ein einfaches Steuerrecht ist auch die sog. soziale Symmetrie, eine dialektische Umschreibung des Neidkomplexes. Es ist völliger Unsinn, wenn z.B. bei einer Unternehmenssteuerreform, die erforderlich ist, um eine Volkswirtschaft im internationalen Bereich konkurrenzfähig zu erhalten und durch die damit vornehmlich auch Arbeitsplätze gesichert werden, gefordert wird, es müsse gleichzeitig eine Steuerentlastung für Arbeitnehmer eingeführt werden.

Es war vom steuerrechtlichen Standpunkt her gesehen z.B. auch völlig unsinnig, im Jahre 1967 beim Übergang zur Mehrwertsteuer als sozial-symmetrische Maßnahme eine Ergänzungsabgabe einzuführen. Aber hier befindet man sich im Bereich des politisch Machbaren und in diesem Bereich wird mit anderen Maßstäben gemessen als denen, die einem Juristen zur Verfügung stehen und deren Anwendung für eine Vereinfachung des deutschen Steuerrechts geboten wären.

i) *Bagatelle- und Detailregelungen*

Schließlich krankt unser deutsches Steuerrecht auch noch daran, daß viel zuviel Einzelheiten gesetzlich geregelt werden. Es gibt zu viele Sonderregelungen, die entweder die zu hohe Steuerbelastung aus unterschiedlichsten Gründen minimieren sollen (z.B. § 32c EStG oder § 32d EStG) oder durch die ständig neue Schlupflöcher verstopft werden sollen, die findige Steuerpflichtige als zwangsläufige Konsequenz einer zu hohen Steuerbelastung immer wieder neu entdeckten[34].

34 Vgl. auch Pinne, Stbg 1993, 481, 482.

Schließlich haben viele Sonderregelungen auch ihren Grund in einem bürokratischen Perfektionismus. Ein Beispiel dafür scheint mir die amtliche Begründung zur Änderung des § 13 Abs.1 EStG durch das Steueränderungsgesetz 1992 zu sein. Dort heißt es: »Durch die Anpassung wird sichergestellt, daß die Produktion von sog. Nützlingen (eine Form der makrobiologischen Schädlingsbekämpfung, bei der Nutzinsekten wie Raubmilben und Schlupfwespen als Insektenfresser die Schadinsekten vernichten) nicht nur bewertungsrechtlich, sondern auch durchgängig im Einkommensteuerrecht der Landwirtschaft zugeordnet wird.«

j) *Systemwidrige Regelungen*

Es kann auch nicht bestritten werden, daß unser Steuerrecht durch immer mehr systemwidrige Regelungen verkompliziert wird. Eines der prägnantesten Beispiele für diese Erscheinung ist die Übernahme der in § 7b EStG enthaltenen Abschreibungsregelungen als § 10e EStG in den Sonderausgabenbereich.

Diese systemzerstörende Entwicklung ist deshalb so gefährlich, weil dadurch die Voraussehbarkeit und Vorausberechenbarkeit der steuerlichen Belastung mehr und mehr verloren geht. Eberhard Schmidt[35] hat aus diesem Grunde, unter Verwendung eines Bildes von Nietsche, mit Recht darauf hingewiesen, daß die Wahrheit im Steuerrecht sich heute mit der Strickleiter der Logik nicht mehr erklettern läßt.

V. *Zusammenfassung und Möglichkeiten einer Besserung?*

Die Verkomplizierung des Steuerrechts und die Hektik der Steuergesetzgebung haben heute ein Ausmaß erreicht, das weder Finanzverwaltung, Bürger noch die Steuerberater verkraften können. Eine ordnungsgemäße steuerliche Beratung ist nicht mehr möglich. Wirtschaftliche Dispositionen können nicht oder nur in eingeschränktem Umfang vorgenommen werden. Das Steuerrecht ist zu einem nicht mehr kalkulierbaren Faktor geworden[36]. Diese Umstände tragen wesentlich zur Politik- und Parteienverdrossenheit bei.

M. E. besteht jedoch wenig Hoffnung, daß dieser Mißstand auf parteipolitischer Ebene erkannt wird. Eine grundlegende Vereinfachung unseres Steuerrechts ist m.E. daher heute nicht möglich. Es fehlt ein realisierbarer politischer Wille. Außerdem ist die ständige Verkomplizierung unserer pluralistischen Demokratie systemimmanent. Insoweit kann man von einem System im Chaos sprechen. Mögen auch einige Politiker den Mißstand im Steuerrecht erkennen und vielleicht sogar den Willen zur Änderung haben. Ihnen fehlt jedoch die politische Kraft, einen solchen Willen durchzusetzen. Die oben unter I.3. gegen die Grunderwerbsteuerreform vorgebrachten Argumente und ihre Nichtberücksichtigung im Gesetzgebungsverfahren sind ein Beispiel dafür, welches politische Geschick und welche Gunst des Augenblicks erforderlich sind, um wirkliche Reformen im Steuerrecht zu verwirklichen.

---

35 BB 1992, 1616.
36 Pinne, Stbg 1993, 481, 482.

Wir werden uns damit abfinden müssen, daß es infolge der Kompliziertheit und Unüberschaubarkeit unseres heutigen Steuerrechts nahezu keine fehlerfreie Steuerfestsetzung mehr gibt. Wir werden uns damit abfinden müssen, daß die dadurch verursachte Steuerungerechtigkeit immer größer wird.

Der einzige Hoffnungsschimmer der - vom Fall einer Revolution abgesehen - besteht, ist der, daß ein Steuergericht einmal eine Steuervorschrift wegen ihrer Kompliziertheit als lex imperfekta bezeichnet und deshalb nicht anwendet oder daß - wie Reinhold Kreile - ein einflußreicher Politiker im richtigen Zeitpunkt an der richtigen Schaltstelle im Staat steht und den Mut hat, sozusagen im Handstreich eine spürbare Steuervereinfachung zu verwirklichen.

Hansgeorg Sönksen

Zur Problematik des Restitutionsausschlusses bei Enteignungen auf besatzungsrechtlicher oder besatzungshoheitlicher Grundlage

I. *Einleitung*

Wer sein Eigentum in der ehemaligen DDR auf unrechtmäßige Weise verloren hat, soll es möglichst in Natura zurückerhalten. Dies ist, vereinfacht ausgedrückt, die positive Kernaussage der »Gemeinsamen Erklärung der Regierungen der Bundesrepublik Deutschland und der Deutschen Demokratischen Republik zur Regelung offener Vermögensfragen« vom 15. Juni 1990.[1] Andere Eckwerte der Gemeinsamen Erklärung schränken den Grundsatz der Naturalrestitution mehr oder weniger weitgehend ein. Besonderes Gewicht kommt dem Eckwert unter Nr. 1 zu, nach dem die Rückgängigmachung von Enteignungen ausgeschlossen ist, die in der Zeit von 1945 bis 1949 auf besatzungsrechtlicher oder besatzungshoheitlicher Grundlage erfolgten. Die Betroffenen sollen, soweit der gesamtdeutsche Gesetzgeber dies für erforderlich hält, durch finanzielle Ausgleichsleistungen entschädigt werden. Wörtlich heißt es:

> »Die Enteignungen auf besatzungsrechtlicher bzw. besatzungshoheitlicher Grundlage (1945 - 1949) sind nicht mehr rückgängig zu machen. Die Regierungen der Sowjetunion und der Deutschen Demokratischen Republik sehen keine Möglichkeit, die damals getroffenen Maßnahmen zu revidieren. Die Regierung der Bundesrepublik Deutschland nimmt dies im Hinblick auf die historische Entwicklung zur Kenntnis. Sie ist der Auffassung, daß einem künftigen gesamtdeutschen Parlament eine abschließende Entscheidung über etwaige staatliche Ausgleichsleistungen vorbehalten bleiben muß.«

Die Gemeinsame Erklärung ist gemäß Artikel 41 Abs. 1 rechtsverbindlicher Bestandteil des Einigungsvertrages (EV) vom 31. August 1990.[2] Durch das Einigungsvertragsgesetz vom 23. September 1990[3] hat der Einigungsvertrag und somit auch dessen Artikel 41 als innerdeutsches Recht Gesetzeskraft erlangt. Gleichwohl hätte es sein können, daß diese Eigentumsregelung, insbesondere die Bestimmung über die Nichtrückgängigmachung von Enteignungen auf besatzungsrechtlicher oder besatzungshoheitlicher Grundlage, verfassungsrechtliche Grundsätze verletzt. Der verfassungsändernde Gesetzgeber hat deshalb Eigentumseingriffe, die nach Artikel 41 EV und den zu seiner Durchführung ergangenen

---

1 BGBl. II S. 1237.
2 BGBl. II S. 889.
3 BGBl. II S. 885.

Regelungen darin bestehen, daß Enteignungen nicht rückgängig gemacht werden dürfen, in Artikel 143 Abs. 3 GG, ausdrücklich sanktioniert. Ob er dabei zu weit gegangen ist und die Schranken des Artikel 79 Abs. 3 GG (Unantastbarkeitsgarantie) nicht beachtet hat, ist eine weitere Frage. Das Bundesverfassungsgericht hat sie hinsichtlich der Enteignungen auf besatzungsrechtlicher oder besatzungshoheitlicher Grundlage in seinem Grundsatzurteil vom 23. April 1991 verneint. Hierauf wird unten näher eingegangen.

Auf der Grundlage und in Ausführung der Gemeinsamen Erklärung ist das Gesetz zur Regelung offener Vermögensfragen (Vermögensgesetz - VermG) vom 23. September 1990 ergangen.[4] Nach der inhaltlich insoweit unveränderten Ausnahmevorschrift des § 1 Abs. 8 a ist das Vermögensgesetz auf »Enteignungen von Vermögenswerten auf besatzungsrechtlicher oder besatzungshoheitlicher Grundlage« nicht anzuwenden. Die Betroffenen haben infolgedessen weder einen Anspruch auf Naturalrestitution noch einen Surrogatanspruch auf Gewährung einer Geldentschädigung. Sie können nach den Vorgaben in der Gemeinsamen Erklärung und im Einigungsvertrag nur auf eine angemessene finanzielle Wiedergutmachung hoffen, für die es bisher aber noch keine gesetzliche Grundlage gibt.

Diese Gesetzeslage, so eindeutig und verfassungskonform sie erscheinen mag, ist auf heftige Kritik gestoßen. Die Betroffenen bezweifeln die Legitimität der Ausschlußregelung. Das totale, auch korrigierbare Enteignungen umfassende Revisionsverbot verstößt nach ihrer Meinung gegen den deutschen ordre public (Art. 6 EGBGB). Die vom Gesetzgeber angeführten außenpolitischen Handlungszwänge, die ein solches Revisionsverbot als Preis für die deutsche Einheit angeblich erforderten, entsprächen nicht den historischen Tatsachen. Von dieser grundsätzlichen Gegenposition abgesehen, bestehen Unklarheiten über die zeitliche und sachliche Reichweite der Ausschlußregelung. Nach welchen maßgeblichen Kriterien ist zu beurteilen, ob eine Enteignung auf besatzungsrechtlicher oder besatzungshoheitlicher Grundlage vorliegt? Der Gesetzeswortlaut läßt hierzu Fragen offen. Behörden und Gerichte müssen durch Auslegung zu ihren Entscheidungen finden, was nicht immer einheitlich geschieht. Eine höchstrichterliche Klärung steht meistens noch aus.

Mit der folgenden Darstellung wird eine Zwischenbilanz zu dem hier behandelten Thema gezogen. Sie gibt den aktuellen Stand der Rechtsanwendung durch Verwaltung und Rechtsprechung wieder.

II. *Verfassungsrechtliche Beurteilung*

Der erste Senat des Bundesverfassungsgerichts hat in seinem sogenannten »Bodenreform-Urteil« vom 23.4.1991 die in Art.41 Abs.1 EV in Verbindung mit Nr.1 Satz 1 der Gemeinsamen Erklärung bestimmte Nichtrückgängigmachung von Enteignungen, die in der SBZ aufgrund Besatzungsrechts oder Besatzungsgewalt er-

4 Gilt nach mehrfachen Änderungen und Ergänzungen zur Zeit in der - bereits wieder geänderten - Fassung vom 3.8.1992 (BGBl. I S. 1446).

folgt sind, für verfassungsgemäß erklärt.[5] Die Regelung in Nr.1 Satz 1 der Gemeinsamen Erklärung verbiete es, die Enteignungen als nichtig zu behandeln, und schließe es darüber hinaus aus, ihre Folgen durch eine Rückgabe der enteigneten Objekte umfassend zu bereinigen. Die verfassungsrechtliche Verankerung dieser Regelung in Art. 143 Abs. 3 GG verstoße auch nicht gegen die dem verfassungsändernden Gesetzgeber in Art. 79 Abs. 3 GG gesetzten Schranken. Die unter einer fremden Hoheitsgewalt durchgeführten und bestandskräftigen Enteignungen in der SBZ fallen nicht in den Verantwortungsbereich des bundesdeutschen Gesetzgebers.

Die Grenzen der Verfassungsmäßigkeit zieht das Bundesverfassungsgericht sehr weit. Bei einer Ausnahmeregelung, die den Grundsatz »Rückgabe vor Entschädigung« durchbricht, und zwar nicht aus Gründen der Sachgerechtigkeit, sondern aus übergeordneten Gründen, hätte eine enge Auslegung des unklaren Begriffs »besatzungshoheitliche Grundlage« nahe gelegen. Stattdessen hält das Bundesverfassungsgericht auch exzessive und willkürliche, durch die einschlägigen Rechtsvorschriften nicht gedeckte Enteignungsmaßnahmen, selbst wenn sie von deutschen Stellen vollzogen wurden, für irreversibel, weil »der Besatzungsmacht in dieser Zeit noch die oberste Hoheitsgewalt zukam«. Offenbar unter dem Eindruck der Argumentation der Bundesregierung, daß die Unumkehrbarkeit der in die sowjetische Besatzungszeit fallenden Enteignungen bei den Zwei-plus-Vier Verhandlungen und bei den Verhandlungen über den Einigungsvertrag unerläßliche Vorbedingung für die Erlangung der deutschen Einheit gewesen sei, haben sich die Verfassungsrichter erkennbar um ein aus dieser Sicht verträgliches Auslegungsergebnis bemüht und damit den Status quo der SBZ ohne wesentliche Einschränkungen bestätigt.

Von den Betroffenen wird hiergegen geltend gemacht, daß die behauptete »Vorbedingung«, nämlich die angeblich geforderte Unumkehrbarkeit der damaligen Enteignungsmaßnahmen, eine »Legende« sei und jedenfalls die Veränderung der Verhältnisse in der ehemaligen Sowjetunion eine andere Beurteilung rechtfertige. »Es tritt ein Staatsversagen zutage, das um so schwerer wiegt, als die Bundesrepublik damit das Rechtsprinzip, auf das sie sich gründete, in wesentlichen Stükken ohne Not preisgibt«. Die Anzahl der kritischen Meinungsäußerungen ist beachtlich.[6] Sie haben bisher jedoch weder beim Gesetzgeber noch in der Rechtsprechung Gehör gefunden. Im Gegenteil, der Gesetzgeber will die Ausschlußregelung noch weiter untermauern. In Art. 2 § 1 Abs. 1 des Entwurfs eines Entschädigungs- und Ausgleichsleistungsgesetzes ist vorgesehen, die Enteignungen auf besatzungsrechtlicher oder besatzungshoheitlicher Grundlage stichtagsmäßig in die Zeit vom 8.5.1945 bis zum 6.10.1949 einzuordnen, weil die deutschen Stellen in der SBZ und im sowjetischen Sektor von Berlin in dieser Zeit rechtlich und faktisch von der sowjetischen Militäradministration (SMAD) ab-

---

5 BVerfGE 84 S. 90.

6 Vgl. Biehler, Ausnahmsweise Rückgabe bei Bodenreformenteignungen trotz Restitutuionsausschluß im Einigungsvertrag, Speyer 1993, S. 30; Wassermann, Sie bleiben die Opfer, Deutsche Wohnungswirtschaft, 1993, S.61 mit weiteren Nachweisen; Graf v. Schlieffen, Die Legende von der Vorbedingung, hektogr. Ms. v.11.1.1993.

hängig waren. Dies soll nur dann nicht gelten, wenn die Besatzungsmacht einer Enteignungsentscheidung ausdrücklich widersprochen bzw. die Rückgabe des Vermögenswertes angeordnet hatte und die deutschen Stellen dem nicht gefolgt sind.[7] Das Bundesverwaltungsgericht hat in einem Beschluß vom 2.4.1993 die gegebene Rechtslage anerkannt: Für die verfassungsrechtliche Beurteilung sei es ohne Bedeutung, ob die Sowjetunion den Restitutionsauschluß für Enteignungen auf besatzungsrechtlicher oder -hoheitlicher Grundlage tatsächlich zur Vorbedingung für die Wiederherstellung der deutschen Einheit gemacht habe, da die Bundesregierung in ihren Verhandlungen jedenfalls von einer entsprechenden Einschätzung bestimmt gewesen sei.[8] Mit gleichem Tenor bekräftigt das Bundesverfassungsgericht in einem Beschluß vom 15.4.1993[9] seine Entscheidung vom 23.4.1991. Bereits mit Beschluß vom 26.4.1991 hat das Kammergericht in Berlin entschieden, daß der Restitutionsausschluß gem. § 1 Abs. 8 a VermG auch für den ehemaligen Ostsektor Berlins gilt.[10]

III. *Enteignungstatbestände*

1. *Enteignungen auf besatzungsrechtlicher Grundlage*

Wurden Enteignungen ohne Gewährung einer Entschädigung zwischen dem 8.5.1945 und dem 7.10.1949 durchgeführt, die auf Rechtsetzungen der sowjetischen Besatzungsmacht beruhten,[11] so erfolgten diese auf besatzungsrechtlicher Grundlage. Gleiches gilt für Rechtsetzungen des Alliierten Kontrollrats, z.B. durch das Kontrollratsgestz Nr. 9 vom 30.11.1945.[12] Zu den besatzungsrechtlichen Enteignungen werden auch Rechtsvorschriften deutscher Verwaltungsstellen gerechnet, sofern der Inhalt der Rechtsvorschrift von der Besatzungsmacht vollständig vorgeschrieben war.[13]

2. *Enteignungen auf besatzungshoheitlicher Grundlage*

Entschädigungslose Enteignungen, die durch Akte der sowjetischen Besatzungsmacht gezielt ermöglicht worden sind und maßgeblich auf deren Entscheidungen beruhten, erfolgten auf besatzungshoheitlicher Grundlage.[14] Hierzu gehören zum Beispiel entschädigungslose Enteignungen im Rahmen der sogenannten

---

7 Vgl. Bundestags-Drucksache 12/4887, S. 11 und 37/38.
8 Vgl. Zeitschrift für Wirtschaftsrecht (ZIP), 1993, S. 1349.
9 Vgl. Zeitschrift für Vermögens- und Investitionsrecht (VIZ), 1993, S. 301.
10 Vgl. RNL-Recht der neuen Länder - Heft 109/91.
11 Z.B. SMAD-Befehl Nr. 167 vom 5.6.1946 - Enteignungen als Reparationsleistungen.
12 Vgl. VG Halle, Urteil vom 23.6.1993 betr. Vermögenswerte der I.G. Farben, VIZ, 1994, S. 32.
13 Vgl. Fieberg/Reichenbach, Gesetz zur Regelung offener Vermögensfragen, Kommentar, § 1 Rdnr. 183.
14 Vgl. BVerfGE 84, S.90, 113; auch Erläuterungen zum Einigungsvertrag, Bundestagsdrucksache 11/7831, S. 3.

Bodenreform oder auf der Grundlage der SMAD-Befehle Nr. 124 vom 30.10.1945[15] und Nr. 64 vom 17.4.1948.[16]

a. *Bodenreform*

In den Ländern bzw. Provinzen der sowjetischen Besatzungszone wurden auf Initiative der sowjetischen Besatzungsmacht von deutschen Stellen die Enteignungsmaßnahmen in der Landwirtschaft vorbereitet. Die Landesregierungen bzw. Provinzialverwaltungen erließen - bis auf das Land Thüringen - *Verordnungen* über die Bodenreform, deren Inhalt identisch war. Für das Land Thüringen galt ein ensprechendes Gesetz. Die Verordnungen der SBZ-Länder besaßen »Gesetzeskraft« Ziel war es, der »Herrschaft der Junker und Großgrundbesitzer« ein Ende zu bereiten.

Vollständig und unabhängig vom Umfang des landwirtschaftlichen Vermögens sollte der gesamte Grundbesitz mit allen Bauten, lebendem und toten Inventar und sonstigem landwirtschaftlichen Vermögen der Kriegsverbrecher und Kriegsschuldigen, der ehemaligen NSDAP und aller ihrer Gliederungen, der Naziführer und der aktiven Vertreter der Nazipartei, sowie der führenden Personen des NS-Staates enteignet werden. Außerdem wurde der landwirtschaftliche Grundbesitz mit über 100 Hektar Land, allen Bauten, dem lebenden und toten Inventar und sonstigem landwirtschaftlichen Vermögen enteignet. Als eine »Wirtschaft« wurde der gesamte Grundbesitz angesehen, der sich in unterschiedlichen Teilen der SBZ befand, der Grundbesitz von Mann und Frau, Eltern und unmündigen Kindern und Miteigentümern. Die Entscheidungen über die Enteignungen trafen die Gemeinde-, Kreis- und Landeskommissionen, die zur Durchführung der Bodenreform eingesetzt waren. Die enteigneten Grundstücke und landwirtschaftlichen Nutzflächen wurden zunächst dem Bodenfonds zugeführt. Danach wurde Land aus dem Bodenfonds an landlose und landarme Bauern, Landarbeiter, Flüchtlinge oder Umsiedler verteilt, insgesamt etwa 2/3 des enteigneten Grundbesitzes. Die sogenannten Neubauern erhielten Land als Arbeitseigentum (nicht Volleigentum) und mußten dafür eine Geldzahlung in Höhe des Wertes einer Jahresrente in 10 bis 20 Jahresraten zahlen. Die entschädigungslos enteignete land- und forstwirtschaftliche Nutzfläche im Rahmen der »Bodenreform 1945« wurde mit insgesamt 3,3 Millionen Hektar erfaßt. Davon entfielen auf Großgrundbesitz über 100 Hektar 2,66 Millionen Hektar, der Rest auf andere Enteignete.[17]

Die SMAD sicherte durch ihren Befehl 110 vom 22. Oktober 1945 diese Enteignungen, indem sie die »früher durch die Provinzialverwaltungen und die Verwaltungen der förderalen Länder auf den Gebieten der gesetzgebenden Gewalt erlassenen Verordnungen« für »gesetzkräftig« erklärte.[18]

15 Verordnungsblatt der Provinz Sachsen 1945 S.10.
16 Zentralverordnungsblatt 1948 S.140.
17 Quelle: Deutscher Bundestag - Ausschuß Deutsche Einheit - Ausschuß-Drucksache Nr. 15. vom 19.6.1990.
18 Verordnungsblatt Mark-Brandenburg 1945, S. 25.

Die Bodenreform - Enteignungen wurden ebenso wie die SMAD-Enteignungen rigoros und meistens unter erniedrigenden Umständen für die Betroffenen durchgeführt. Die Enteigneten wurden in der Regel aus dem territorialen Kreisgebiet ausgewiesen und mußten binnen 24 Stunden oder in noch kürzerer Frist ihre Heimat verlassen.[19] Sie durften nur außerhalb des Kreisgebietes ihren Aufenthalt nehmen. Dabei durften sie nur Möbel, Hausrat, Kleidung und Wäsche zur »einfachen« oder »bürgerlichen« Lebensführung mitnehmen.[20] Sogar Erbbegräbnisstätten der Familie des Enteigneten wurden mitenteignet. »Im deutschen Rechtsleben dürfte eine solche Eigentumsentziehung nur nach generell bestimmten Merkmalen ohne verfahrensmäßige Entscheidung im Einzelfalle bis zum Herbst 1945 ohne Beispiel gewesen sein.«[21]

Die sowjetische Besatzungsmacht ließ sich über die Realisierung der Enteignung in der Landwirtschaft berichten. Sie erließ in den einzelnen Ländern SMAD-Befehle, in denen sie die Übergabe der zur Enteignung angegebenen Wirtschaften an den Bodenfonds veranlaßte. Ferner regelte sie die Aufteilung der enteigneten Wälder.[22] Die »Bodenreform 1945« unterlag somit dem Willen und dem Einfluß der Besatzungsmacht.

b. *SMAD-Befehle Nr. 124 und Nr. 64:*

Die sowjetische Militäradministration ordnete mit Befehl Nr. 124 vom 30. Oktober 1945 die Beschlagnahme und Sequestrierung des in der sowjetischen Besatzungszone befindlichen Vermögens des deutschen Staates und seiner zentralen örtlichen Organe an, nämlich der Amtspersonen der NSDAP, ihrer führenden Mitglieder und hervortretenden Anhänger, der deutschen Militärbehörden und -organisationen, Vereine, Klubs und Vereinigungen, die von dem sowjetischen Militärkommando verboten und aufgelöst waren, der Regierungen und Untertanen (physische und juristische Personen) von Ländern, die an der Seite Deutschlands am Krieg teilgenommen hatten und Personen, die von dem sowjetischen Militärkommando in besonderen Verzeichnissen oder auf anderem Weg angegeben wurden. Ebenso wurde das sogenannten herrenlose Vermögen, das sich in der sowjetischen Besatzungszone befand, in die Verwaltung der sowjetischen Militäradministration übernommen.

Auf der Grundlage der Instruktion zu Befehl Nr. 124 vom 30. Oktober 1945 unterlagen der Sequestration und der zeitweiligen Verwaltung alle Immobilien, Handels-, Industrie-, landwirtschaftliche- und andere Unternehmen von wirtschaftlicher Zweckbestimmung mit ihrer gesamten Ausrüstung und ihrem toten und lebenden Inventar, Immobilien, Recht auf Industrie-Eigentum und literari-

---

19 S. die eindrucksvollen Schilderungen im »Weißbuch über die ›Demokratische Bodenreform‹ in der sowjetischen Besatzungszone Deutschlands«, Dokumente und Berichte, Verlag Ernst Vögel, München 1988.

20 Vgl. Döring, Von der Bodenreform zu den landwirtschaftlichen Produktionsgenossenschaften, Berlin (Ost) 1953, S. 266.

21 K.Ballerstedt, Deutsche Rechts-Zeitschrift 1947, S. 209; weitere Zitate bei Stern in Verträge und Rechtsakte zur Deutschen Einheit, Bd. 2 S. 44, Verlag C.H. Beck, München.

22 SMA-Befehl Nr. 11 vom 10.1.1946, Regierungsblatt von Thüringen, 1946, S. 16.

sches Eigentum, verbriefte Rechte, Aktien, Obligationen, Kupons, Zertifikate, laufende Konten, Einlagen, Depositen bei beliebigen Kreditinstituten, Zahlungsmittel und Bargeld.

Ebenso wurde auf der Grundlage des Kontrollratsgesetzes Nr. 2 vom 10.10.1945 (Auflösung und Liquidierung der Naziorganisationen) und SMAD-Befehl Nr. 126 vom 31. Oktober 1945 betreffend Konfiszierung des Vermögens der NSDAP[23] das Vermögen der NSDAP, ihrer Organe und angeschlossenen Verbände konfisziert.

Auf der Grundlage des SMAD-Befehle Nr. 197 vom 29. März 1946 und Nr. 154/181 vom 21. Mai 1946[24] wurde das beschlagnahmte Eigentum des NS-Staates, seiner Zentralorgane, der aufgelösten NS-Organisationen und der NS-Repräsentanten deutschen Verwaltungsstellen zur weiteren Verwendung übergeben.

Daneben ergingen in den SBZ-Ländern und Provinzen Gesetze oder Verordnungen, durch die entschädigungslose Enteignungen zugunsten des Landes oder der Provinz erfolgten. Diese Regelungen beruhten auf dem SMAD-Befehl Nr. 124 in Verbindung mit der dazu gehörigen Ermächtigungsgrundlage SMAD-Befehl Nr. 110.[25]

Die Deutsche Wirtschaftskommission (DWK), die auf der Grundlage des SMAD-Befehls Nr. 32 vom 12. Februar 1948 gebildet wurde,[26] unterlag der Kontrolle der SMAD. Sie realisierte den weiteren Ablauf der Enteignungsmaßnahmen. Zur Durchführung ihrer Aufgaben besaß sie das Recht, Verfügungen und Instruktionen zu beschließen und zu erlassen, die für alle deutschen Organe in der SBZ verbindlich waren. Sie konnte darüber hinaus auch Verordnungen und Anordnungen mit unmittelbar bindender Wirkung für die Bevölkerung erlassen.[27] Für die Enteignung von Unternehmen und Betrieben bestimmte die DWK:

> »Ist von einem Unternehmen mit mehreren Betriebsstätten nur ein Teil der Betriebsstätten enteignet worden, so gilt die Enteignung auch hinsichtlich aller anderen Unternehmensteile, die im wirtschaftlichen Zusammenhang untereinander stehen«.[28]

Diese Anordnung der DWK wurde umfassend praktiziert. Die Enteignung einer Betriebsstätte, einer Zweigniederlassung, einer Tochtergesellschaft usw. bedeutete zugleich die Enteignung des gesamten Unternehmens einschließlich aller wirtschaftlich dazu gehörigen Unternehmensteile, unabhängig von deren Rechtsform oder Bezeichnung und ohne daß es weiterer Enteignungsmaßnahmen be-

---

23 Verordnungsblatt Provinz Sachsen 1945, Nr. 4, 5, 6, S. 12.

24 Amtsblatt der Landesverwaltung Mecklenburg-Vorpommern, 1946, Nr. 4, S. 76.

25 Verordnungsblatt der Provinzialverwaltung Mark Brandenburg, 1945, Heft 2, S. 25.

26 Zentralverordnungsblatt 1948, S. 138.

27 Bestätigung der SMAD über das Erlassen verbindlicher Verordnungen und Anordnungen durch die DWK vom 20. April 1948 - Zentralverordnungsblatt S. 138.

28 1. und 2. Verordnung vom 28.04.1948 zur Ausführung des SMAD-Befehls Nr. 64, Richtlinie Nr. 3 vom 21.09.1948 - Enteignung sonstigen Vermögens - Zentralverordnungsblatt S.141 und 449.

durfte. Die Enteignungswirkung erstreckte sich auf die ganze SBZ und Ostberlin.[29]

Nachdem die örtlichen Ausschüsse und Sequesterkommissionen den Regierungen der Länder die listenmäßige Erfassung der zu enteignenden Vermögensobjekte zur Bestätigung vorgelegt hatten, wurden diese Listen über die DWK der SMAD zugeleitet. Mit Beschluß vom 31. März 1948 bat die DWK die SMAD um Bestätigung dieser Enteignungen.[30]

Ferner hatte die DWK beschlossen, alle Sequesterverfahren über betriebliche Vermögen am 1.4.1948 und über nichtbetriebliches Vermögen am 15.4.1948 zu beenden. Auch die Sequesterkommissionen sollten ihre Tätigkeit einstellen und aufgelöst werden.

Mit SMAD-Befehl Nr. 64 vom 17. April 1948[31] bestätigte der Oberste Chef der SMAD die von der DWK vorgelegten Enteignungslisten und die Überführung der enteigneten Vermögenswerte in das »unantastbare« Volkseigentum. Ferner wurde in diesem Befehl bestimmt, daß Betriebe, die ohne genügenden Grund sequestriert und nicht in den bestätigten Enteignungslisten aufgenommen wurden, zurückzugeben sind. Zugleich wurde der SMAD-Befehl Nr. 124 aufgehoben.

Enteignet wurden, soweit bekannt, mindestens 7000 Industrieunternehmen und mittelständische Betriebe mit ca. 40 % der Industrieproduktion 1948, dazu alle Banken, Sparkassen, Versicherungen, Bergwerke, Bodenschätze und Energieunternehmen, ferner auch Privatvermögen von Unternehmern und Gesellschaftern. Als Reparationsleistungen wurden 213 Großunternehmen zunächst in sowjetisches Staatseigentum überführt (ca. 20 % der Industrieproduktion 1948; geschätzter Wert: 2,5 Milliarden Mark) und 1953 an die DDR übergeben.[32]

c. *Listenenteignungen in Berlin*

Eine besondere Form der Enteignungen stellten die sog. Listenenteignungen in Berlin dar. Dabei handelte es sich nicht nur um eine Durchführungsmodalität, sondern offensichtlich auch um gezielte politische Aktionen zur Zerschlagung der bürgerlich-mittelständischen Eigentumsstruktur in Ostberlin. Grundlage war das vom Magistrat von Groß-Berlin verkündete »Gesetz zur Einziehung von Vermögenswerten der Kriegsverbrecher und Naziaktivisten« - Einziehungsgesetz - vom 8.2.1949[33]. Danach wurde das gesamte Vermögen von Kriegsverbrechern und Naziaktivisten, als solche galten »NS-Aktivisten, Militaristen und Nutznießer«, zugunsten des deutschen Volkes entschädigungslos eingezogen. Nach § 8 des Ge-

---

29 Die Einbeziehung Ostberlins in diese Enteignungspraxis ist wegen der statusrechtlichen Besonderheiten von Berlin umstritten. Die Besatzungshoheit wurde in Berlin von der »Alliierten Kommandantura« ausgeübt; vgl. v.Trott zu Solz/Biehler, Die »Listenenteignungen« im Ostsektor Berlins, Zeitschrift für Offene Vermögensfragen (ZOV), 1991, S.10 ff.

30 Vgl. Beschluß über die Beendigung der Tätigkeit der Sequesterkommission vom 31.04.1948 - Zentralverordnungsblatt 1948, S. 139.

31 Zentralverordnungsblatt 1948 S. 140.

32 Quelle: Deutscher Bundestag - Ausschuß Deutsche Einheit - Ausschuß-Drucksache 15 vom 19.6.1994.

33 Verordnungsblatt für Groß-Berlin Teil I Nr. 5 vom 9.2.1949.

setzes sollte den Betroffenen die Vermögenseinziehung entweder »durch Veröffentlichung einer Liste oder durch Zustellung eines Einziehungsbescheides bekannt gegeben« werden. Im Falle der Bekanntgabe durch Aufnahme in eine Liste galt die Verkündung der Liste im Verordnungsblatt für Groß-Berlin als Tag der Zustellung des Einziehungsbescheides. Auf dieser Grundlage ergingen die Einziehungslisten 1 und 3, von der über 2.000 Betriebe und Personen im Ostsektor von Berlin betroffen waren. Die Liste 1 wurde am 9.2.1949, die Liste 3 am 2.12.1949 im Verordnungsblatt für Groß-Berlin verkündet, und zwar mit der ausdrücklichen Maßgabe, daß die Veröffentlichung für die Betroffenen als Zustellung des Einziehungsbescheides gilt. Während die Liste 1 aufgrund des Verkündungszeitpunktes dem besatzungshoheitlichen Bereich zugerechnet werden muß,[34] ist dies bei der Liste 3 streitig, weil zur Zeit ihrer Verkündung die Staatsgewalt bereits von der Besatzungsmacht auf die am 7.10.1949 gegründete DDR übergegangen war.[35]

Die Fragestellung lautet, ob die Liste 3 als solche konstitutiv enteignet oder ob sie nur eine vorhergehende Enteignung deklariert. Letzteres kann im Einzelfall zutreffen, wenn der Adressat bereits vor dem 7.10.1949 auf andere Weise konkret enteignet wurde. Die Namensnennung in der Liste hat dann nur die Bedeutung einer Bekanntmachung. Der Senat von Berlin und die Berliner Vermögensämter lehnen darüber hinaus generell eine konstitutive Wirkung der Liste 3 ab. Auch die Liste 3 ginge auf das Einziehungsgesetz vom 8.2.1949 zurück und habe dort ihre Rechtsgrundlage. Sie sei zufällig erst nach dem 7.10.1949 (Gründung der DDR) veröffentlicht worden, »da die mit der Erstellung der Liste 3 befaßten Stellen den ursprünglichen Termin (1.9.1949) nicht einhalten konnten.«[36]

Die Rechtsprechung des Verwaltungsgerichts Berlin verlief zunächst widersprüchlich, hat sich inzwischen aber dahin gefestigt, daß die auf der Liste 3 beruhenden Enteignungen nicht als auf besatzungshoheitlicher Grundlage erfolgt anzusehen sind. Denn erst die Veröffentlichung der Liste nach Gründung der DDR, nicht schon das Einziehungsgesetz vom 8.2.1949, stelle den eigentlichen Entziehungsakt dar.[37] Auch das Oberwaltungsgericht Berlin hat in einem Beschluß vom 2.4.1992 beiläufig diese Auffassung geäußert.[38] Weitere erstinstanzliche Verfahren sind anhängig, weil die Berliner Vermögensämter die Enteignungen aufgrund der Liste 3 weiterhin als besatzungshoheitlich behandeln und deshalb die Restitution versagen. Bis zu einer höchstrichterlichen Entscheidung wird die Rechtslage voraussichtlich ungewiß bleiben. Ein Einlenken des Senats von Berlin wäre gebo-

---

34 Vgl.Kammergericht Berlin, Beschluß vom 26.4.1991, s. FN 9 sowie neuerdings auch Bundesverwaltungsgericht, Urteil vom 29.4.1994, bisher n.v.

35 Vgl. v.Trott zu Solz/Biehler a.a.O.; Kilian, Rückgängigmachung von Enteignungen . . . und Tatzkow/Henicke, Die Enteignungen im sowjetischen Sektor von Berlin . . ., beide in Zeitschrift für Offene Vermögensfragen (ZOV), 1993 S7ff und 80ff.

36 Quelle: Stellungnahme der Senatsverwaltung Justiz vom 25.5.1992 - 1083-II.73; im Ergebnis ebenso Wasmuth, Zum besatzungshoheitlichen Charakter der Berliner Liste 3, VIZ, 1993, S. 186ff.

37 Vgl. VG Berlin, Beschluß vom 4.12.1992, VIZ 1993, S. 74; Urteil vom 29.1.1993, VIZ 1993, S. 168; abweichend VG Berlin vom 13.1.1992, ZOV 1992, S. 114.

38 Vgl. VIZ 1993, S. 407.

ten, denn es gibt keine Rechtfertigung für eine nicht zwingend gebotene Auslegung von rechtsstaatswidrigen Vorschriften, die das große Enteignungsunrecht der Nachkriegszeit noch vergrößert.

IV. *Entscheidungspraxis der Landesämter und Ämter zur Regelung offener Vermögensfragen sowie der Gerichte*

Die ablehnenden Entscheidungen der Vermögensämter bzw. die klageabweisenden Urteile der Verwaltungsgerichte bejahen in den einschlägigen Fällen überwiegend den Restitutionsausschluß entsprechend der Auslegung des Bundesverfassungsgerichts und nehmen häufig ausdrücklich auf dessen Urteil vom 23. April 1991 Bezug. Bei Ablehnung des Restitutionsantrags wird in der Entscheidung meistens auf den vom Gesetzgeber noch zu regelnden Geldentschädigungsanspruch hingewiesen.

Der Nachweis der Eintragung des Enteignungsvorgangs in die dafür vorgesehene Liste reicht den Vermögensämtern und den Verwaltungsgerichten im allgemeinen aus, um eine nicht restituierbare Enteignung nach § 1 Abs. 8 a VermG anzunehmen. Wurde eine Enteignungsmaßnahme entweder durch ausdrückliche Erklärung oder auch durch Stillschweigen der sowjetischen Besatzungsmacht gebilligt, selbst wenn die Enteignungsvorschriften rechtswillkürlich oder rechtswidrig bzw. exzessiv angewandt oder ausgelegt wurden, werden auch diese Enteignungen dem besatzungshoheitlichen Bereich zugeordnet, weil es eine autonome Hoheitsgewalt der deutschen Behörden praktisch nicht gegeben habe. Man kann daher nach Auswertung einer erheblichen Zahl von Entscheidungen feststellen, daß die extensive Auslegung des Bundesverfassungsgerichts im wesentlichen nachvollzogen wird. Es muß allerdings nachweislich eine Enteignung vorliegen. Das Verwaltungsgericht Weimar hat zum Beispiel den geltend gemachten Restitutionsanspruch bezüglich eines Grundstücks anerkannt, das sich im Privatbesitz der Mitgesellschafterin eines auf besatzungshoheitlicher Grundlage enteigneten Wirtschaftsunternehmens befand. Da für eine Enteignung des Privatgrundstücks keine Anhaltspunkte vorlagen und ein wirtschaftlicher Zusammenhang zur Betriebsenteignung nicht bestand, war der Anspruch auf Rückgabe begründet.[39] Ebenso hat das Kammergericht Berlin in einem Beschluß vom 8. Juli 1993 die besatzungshoheitliche Enteignung eines Grundstücks verneint, weil in dem betreffenden Fall nach der Berliner »Liste 1« lediglich die Gesellschaftsrechte an einer Aktiengesellschaft, nicht auch deren Vermögenswerte enteignet worden waren. Die mit diesen Enteignungsvorgang begründete Umschreibung des Grundbuchs zwecks Überführung des Grundstücks in Volkseigentum hielt das Kammergericht für rechtswidrig.[40] Eine solche differenzierende Betrachtungsweise ist vereinzelt auch bei den Landesämtern zur Regelung offener Vermögensfragen zu beobachten.

39 Vgl. VG Weimar, Urteil vom 9.2.1994, 4 K 89/92 We, n.v.
40 Vgl. VIZ 1994, S. 31.

Nacherfassung

Eine besondere Bedeutung hat in der Rechtspraxis der Grundsatz der sog. *»Nacherfassung«* erlangt. Er besagt, daß Enteignungshandlungen, die nach dem 6. Oktober 1949 vorgenommen wurden, dann noch unter den Restitutionsausschluß gemäß § 1 Abs. 8 a VermG fallen, wenn der eigentliche Entziehungsakt auf eine besatzungsrechtliche oder eine besatzungshoheitliche Entscheidung zurückzuführen ist. Dieser Fall ist bei bloßen Vollzugshandlungen (z.B. nachträgliche Grundbuchberichtigung) eindeutig gegeben. Die besonders in Berlin zu beobachtende exzensive Anwendung des Nacherfassungsgrundsatzes begegnet jedoch erheblichen Bedenken.

Am 7. Oktober 1949 übernahm die provisorische Regierung der DDR die Hoheitsgewalt, so daß die nach diesem Zeitpunkt getroffenen Enteignungsmaßnahmen, auch wenn sie mit Besatzungsrecht begründet wurden, grundsätzlich der vermögensrechtlichen Restitution unterliegen. Das muß auch gelten für vergessene oder unterlassene Enteignungen, wenn diese nicht auf einen konkreten Besatzungswillen gestützt werden können. Fehlt bei einer nachträglichen Betriebsenteignung der wirtschaftliche Zusammenhang mit dem Unternehmen, das aufgrund des SMAD-Befehls Nr. 64 enteignet wurde, ist für eine »Nacherfassung« mit dem Ziel des Restitutionsausschlusses kein Raum.

Eine »Nacherfassung« von Enteignungen durch die DDR-Behörden war spätestens nach der förmlichen Aufhebung des Besatzungsrechts nicht mehr möglich, denn es gab später keinen vollziehbaren Besatzungswillen mehr. Mit der Erklärung der Regierung der UdSSR vom 25. März 1954, mit der DDR die gleichen Beziehungen wie mit anderen souveränen Staaten aufzunehmen, endete endgültig die Besatzungszeit.[41] Am 7. August 1954 beschloß die Regierung der UdSSR, alle Befehle und Anordnungen aufzuheben, die von der SMAD und SKK in Deutschland in den Jahren nach 1945 erlassen wurden und das politische, wirtschaftliche und kulturelle Leben der DDR betrafen. Auch das Ministerium des Innern der ehemaligen DDR ging davon aus, daß Nacherfassungen nach SMAD-Befehl Nr. 64 »aufgrund der jetzt herrschenden politischen Situation« nicht mehr möglich waren.[42]

»Enteignung Toter«

Ein Toter ist als Rechtssubjekt nicht mehr vorhanden und kann deshalb nicht enteignet werden. Die Enteignungspraxis in der SBZ folgte diesem elementaren Rechtsgrundsatz nicht. Es wurde auch das bereits vererbte Vermögen eingezogen, wenn derjenige, der durch sein Verhalten oder die ihm angelastete Schuld, die Enteignung verursacht hatte, vor der Enteignung verstorben war. Auf die Unschuld oder Nichtbelastung der Erben kam es nicht an, denn die Vermögenseinziehung, so die Argumentation, nahm dem Erben nur, was sie ohnehin nicht erhalten hätten, wenn der Verstorbene im Zeitpunkt der Enteignung noch gelebt hätte; es ginge hier um Wiedergutmachung gegenüber der Allgemeinheit.[43] Diese

41 Vgl. Dokumente zur Außenpolitik der DDR, Berlin 1954, Bd. I, S. 303 ff.
42 Vgl. Schreiben vom 27.8.1954, R 10/53, Archiv BMF - Außenstelle Berlin.
43 Vgl. Gräf, Offene Vermögensfragen spezial, 1992, S. 3.

scheinbare Logik wird in einigen verwaltungsgerichtlichen Entscheidungen nachvollzogen. Im Gegensatz dazu hat das Verwaltungsgericht Dresden in einem Urteil vom 15.1.1992 die gegen einen Toten gerichtete Vermögenseinziehung, weil ins Leere gehend, nicht als Enteignung anerkannt, weshalb auch ein besatzungshoheitlicher Akt nicht vorliegen könne; die Enteigung der Erben beruhe somit auf Machtmißbrauch[44]. Im Urteilsfalle war der Adressat der Enteignung noch vor der Sequestrierung, das heißt vor Erlaß des SMAD-Befehls Nr. 124 vom 30.10.1945, verstorben. Ob ebenso entschieden worden wäre, wenn der Enteignete nach der Sequestrierung seines Vermögens, aber vor der endgültigen Enteignung aufgrund des SMAD-Befehls Nr. 64 vom 17.4.1948 verstorben wäre, läßt sich den Urteilsgründen nicht entnehmen. Gegen das Urteil ist Revision eingelegt, so daß in dieser wichtigen Grundsatzfrage, die für zahlreiche Enteignungsfälle in der früheren SBZ Bedeutung hat, mit einer höchstrichterlichen Klärung durch das Bundesverwaltungsgericht zu rechnen ist.

Enteignung ausländischen Eigentums

Ausländisches Eigentum war durch den SMAD-Befehl Nr. 104 vom 4.4.1946[45] vor möglichen Sequestrierungen und Enteignungen durch deutsche Stellen geschützt. Fraglich ist, ob dieser Schutz auch greift, wenn das Vermögen einer deutschen juristischen Person enteignet wurde, deren Anteile sich ganz oder überwiegend in ausländischer Hand befanden. Hierzu hat das Verwaltungsgericht Dresden in einem Urteil vom 13.10.1993[46] entschieden: Die auf den SMAD-Befehl Nr. 64 gestützte Enteignung des Vermögens einer GmbH, deren ausländische Gesellschafterin über 75 vH des Stammkapitals hielt, stellt keine besatzungshoheitliche Maßnahme dar, weil die Anweisungen der Besatzungsmacht, insbesondere die sogenannte Dratwin'sche Instruktion vom 17.11.1947[47], die Enteignung ausländischen Eigentums verboten, also gerade dessen Schutz bezweckten. Sollte dieses Urteil, gegen das Revision eingelegt ist, vom Bundesverwaltungsgericht bestätigt werden, wäre damit aus dem Block der »unumkehrbaren« Enteignungen in der sowjetischen Besatzungszeit ein Stück herausgebrochen. Die Rückgabe ausländisch beherrschter Unternehmen an die Anteilseigner, würde auch den deutschen Minderheitsgesellschaftern zugute kommen, denn die Frage, ob eine besatzungsrechtliche oder besatzungshoheitliche Enteignung vorliegt, kann hinsichtlich eines Vermögenswertes nur einheitlich entschieden werden. Wurden dagegen nicht oder nicht nur die Gesellschaft, sondern (auch) die Gesellschafter durch Entzug der Gesellschaftsrechte enteignet, kann die Rechtsfolge für die ausländischen und inländischen Anteilsinhaber unterschiedlich sein, je nachdem, ob für den/die deutschen Anteilsinhaber eine auf Besatzungsgewalt beruhende Enteignung zu bejahen ist oder nicht. Trifft dies zu, bleiben die enteigneten deutschen Gesellschaftsrechte gemäß den Vorschriften des Einigungsvertrages im Verfü-

44 Vgl. ZOV 1993, S. 445.
45 Zitiert bei Fieberg/Reichenbach a.a.O., Anhang I 1.
46 Az: II K 296/92, bisher n.v.
47 S. Fußnote 44.

gungsrecht der öffentlichen Hand, während die ausländischen Gesellschafter ihre Anteile zurückerhalten. Ob Behörden und Gerichte diese Schlußfolgerungen ziehen, muß sich allerdings erst erweisen.

V. *Ausblick*

Es kann nach Auffassung des Verfassers dahin gestellt bleiben, ob der Bundesregierung die Bewahrung der besatzungsbedingten Enteignungen in der SBZ von der Sowjetunion als absolute Vorbedingung für deren Zustimmung zur Herstellung der deutschen Einheit abgenötigt worden ist, oder ob die Bundesregierung das Verhandlungsergebnis nur ängstlich überinterpretiert oder sogar absichtlich überbewertet hat, um in dieser innenpolitisch brisanten Frage einer unbequemen Entscheidung ausweichen zu können. Mit der Auflösung der Sowjetunion und dem Ende des Kommunismus ist jedenfalls die außenpolitische ratio legis für die Nichtrückgängigmachung von besatzungsrechtlichen und besatzungshoheitlichen Enteignungen entfallen. Der Gesetzgeber hätte damit Handlungsspielraum gewonnen, das von ihm selbst anerkannte und beklagte Enteignungsunrecht der sowjetischen Besatzungszeit[48] in angemessener Weise, das heißt, soweit tatsächlich und rechtlich möglich, auch durch Restitution der enteigneten Vermögenswerte entsprechend den Vorschriften und Verfahrensweisen des Vermögensgesetzes, wiedergutzumachen. Redliche Erwerbe Dritter wären umfassend zu schützen. Das gälte besonders im Unternehmensbereich für die bestandskräftigen Privatisierungen der Treuhandanstalt, im land- und forstwirtschaftlichen Bereich für abgeschlossene Grundstücksverkäufe, langfristige Pachtverträge und sonstige Nutzungsverhältnisse zugunsten bäuerlicher Betriebe.

Die Zeichen für eine Gesetzesänderung mit dieser Zielsetzung stehen jedoch nicht günstig. Nicht nur die Sowjetunion, sondern auch die damalige Regierung der DDR hatte mit großer Entschiedenheit einer Revision insbesondere der Bodenrefom-Enteignungen widersprochen. Das Wort des letzten Ministerpräsidenten der DDR, Lothar de Maizière, »man könne Geschichte »nicht einfach ungeschehen machen«, schwebt als Ausdruck ostdeutschen Bewußtseins nach wie vor im politischen Raum[49] und läßt die innenpolitische Dimension der Frage erkennen. Für eine Abkehr von der rigiden Ausschlußregelung des § 1 Abs. 8 a VermG bedarf es einer parlamentarischen Mehrheit in Bundestag und Bundesrat. Sie ist nicht in Sicht und mit zunehmendem Zeitablauf auch immer weniger zu erwarten. Je mehr das geltende Recht realisiert wird, um so geringer wird die Bereitschaft, hieran etwas zu ändern. Der Gesetzgeber hat zwar die rechtliche Schieflage der

---

48 In einem Brief des Bundeskanzleramtes vom 27.9.1990 an die Mecklenburgische Landmannschaft heißt es (Az.722 - K 301 62/90/01): »Der Bundesregierung ist bewußt, daß vielen Menschen in der Zeit von 1945-1949 durch rechtswidrige Enteignungen ihres Besitzes großes Unrecht zugefügt worden ist. Die entschädigungslose Wegnahme der Betriebe entzog vielen Familien die Rechtsgrundlage. Nicht wenige flohen in die Bundesrepublik Deutschland, um dort eine neue Existenz zu günden. Die sowjetische Militärverwaltung in der SBZ schuf damit vollendete Tatsachen zu Lasten der rechtmäßigen Eigentümer.«

49 Vgl. Stern a.a.O. S. 46.

gesetzlichen Regelung erkannt und bei den Beratungen über den Entwurf eines Entschädigungs- und Ausgleichsleistungsgesetzes[50] aufgegriffen. Aber selbst die ins Auge gefaßte Kompromißlösung - begrenzter Landerwerb gegen Verrechnung mit der finanziellen Ausgleichsleistung - hat bisher[51] noch keine parlamentarische Mehrheit gefunden. Es wird wohl so kommen, daß den Geschädigten der sowjetischen Besatzungszeit eine angemessene Wiedergutmachung für das ihnen angetane Enteignungsunrecht versagt bleibt. Der Rechtsstaat duckt sich vor der politischen Opportunität.

Die Rechtsprechung bewegt sich, wie oben unter IV. dargestellt, im großen und ganzen auf einem positivrechtlichen Kurs. Einzelne Entscheidungen lassen jedoch hoffen, daß die Rechtsfindung der Gerichte sich zunehmend von einem bloßen Nachvollzug der Rechtspraktiken in der SBZ und DDR löst und die Frage, ob eine Enteignung auf besatzungsrechtlicher oder besatzungshoheitlicher Grundlage erfolgt ist, eigenständiger beurteilt. Die Hoheitsgewalt lag in der SBZ letztlich bei der Besatzungsmacht. Dies zwingt aber nicht dazu, Willkürakte und Verwaltungsexzesse der deutschen Behörden als Besatzungsmaßnahmen zu rechtfertigen. Nach rechtsstaatlichen Auslegungsgrundsätzen darf eine rechtseinschränkende gesetzliche Ausschlußregelung nicht extensiv angewendet werden. Der Mangel an Bestimmtheit des Gesetzes und begriffliche Unklarheiten dürfen nicht zu Lasten der Betroffenen gehen.[52] Sollten diese Grundsätze in der Rechtsprechung stärker als bisher Fuß fassen, würde dadurch dem gesetzlichen Restitutionsauschluß etwas an Schärfe genommen werden. Ein gerechter Ausgleich für alle Betroffenen ist freilich nur durch eine gesetzliche Regelung möglich, die dem Unrechtsgehalt der Enteignungen 1945/49 überzeugend Rechnung trägt.

---

50 Bundestags-Drucksache 12/4887 und 12/7588.

51 Bis zum Zeitpunkt der Drucklegung dieses Beitrags.

52 Vgl. zum Rechtsstaatsprinzip, Schmidt-Bleibtreu/Klein, Kommentar zum Grundgesetz, Art. 20, Tz 9ff.

Wolfgang Schäuble

Von der identitätsstiftenden Kraft der Musik

Es kommt nicht eben häufig vor, daß ein Politiker nicht nur etwas von Musik versteht, sondern der Welt der Töne - diesem »himmlischen Gebilde« (Bruckner) - durch Neigung, Ausbildung und berufliches Wirken eng verbunden ist. Reinhold Kreile, der von 1969 bis 1990 - mit einer kürzeren Unterbrechung 1987/88 - Mitglied der CDU/CSU-Bundestagsfraktion und von 1982 - 1987 ihr finanzpolitischer Sprecher war, ist ein solcher Politiker. Schon als Student der Rechts- und Politischen Wissenschaften hörte er gleichzeitig Vorlesungen in der Musikwissenschaft, spielte mehrere Instrumente, schrieb Konzertkritiken und knüpfte Verbindungen zu Komponisten der Gegenwart.

Da kann es kaum verwundern, daß der Berufsweg den ausgewiesenen Steuerrechtler und profunden Musikkenner Reinhold Kreile schließlich an die Spitze der GEMA führte; jener Gesellschaft, die seit mehr als einem halben Jahrhundert in Deutschland die Rechte der Musiker an der Aufführung und Vervielfältigung ihrer Werke wahrt. Die GEMA ist für Komponisten und Musiker ein wahrer Segen. Denn nur, wer das Eigentumsrecht an dem Geistesprodukt Musik dauerhaft wahren und bei jeder Aufführung erneut geltend machen kann, der kann auch mit der Musik seinen Lebensunterhalt verdienen.

Solche Eigentumsrechte und Institutionen, die diese Rechte durchsetzen und verteidigen, gibt es noch nicht lange. In früheren Jahrhunderten brauchte ein Musiker Mäzene, Subsidien, Auftraggeber oder ein festes Anstellungsverhältnis, um seinen Lebensunterhalt bestreiten zu können - von der Musik allein konnte niemand leben. Johann Sebastian Bach war als »Director musices« zu Leipzig auch Lehrer an der Thomasschule mit vielfältigen außermusikalischen Pflichten. Joseph Haydn verdiente sein Brot als ein Domestik des Fürsten von Esterhazy, der allmorgentlich im Antichambre seiner Durchlaucht zu erscheinen hatte, um dero allergnädigste Wünsche für die musikalische Gestaltung des Tages entgegenzunehmen.

Wolfgang Amadeus Mozart ließ sich 1781 als freier Künstler in Wien nieder, nachdem es ihm nicht gelungen war, an einem der europäischen Fürstenhöfe eine Festanstellung als Kapellmeister zu finden. Ein Bohèmien wurde er dadurch nicht. Im Gegenteil: Das freie Künstlerleben zwang ihn zu einem unglaublichen Arbeitspensum, denn im schnellebigen und wohl auch versnobten Wien konnte sich nur ein Künstler behaupten, der ständig Neues bot. »Je nun, ich muß die Nacht dazunehmen« - dieser Stoßseufzer Mozarts in einem Brief an seinen Vater dürfte dem Komponisten häufig entflohen sein.

Mozart starb nicht als armer Schlucker, wie die Legende wissen will. Die heutige Mozartforschung weiß: Er starb überarbeitet und völlig erschöpft an den Folgen einer im Herbst 1791 in Wien grassierenden Infektion in Verbindung mit chronischem Nierenversagen (Landon, 1791 - Mozarts letztes Jahr). Nicht, daß der mangelnde Urheberschutz im Wien des 18. Jahrhunderts Mozarts Todesursache wäre. Doch es drängt sich der Eindruck auf, daß er es sich nicht leisten mochte, einen Auftrag abzulehnen - auch nicht, wenn der Kunde ein so obskurer Geheimniskrämer war, wie jener Graf von Walsegg, der in Mozarts Todesjahr ein Requiem bestellte. Der Komponist ahnte, daß er das - dann nicht mehr vollendete - Requiem in Wahrheit für sich selber schrieb. Eine der ergreifendsten Totenmessen der Musikliteratur ist die Frucht dieser Gewißheit.

Das Eigentumsrecht an einer Musikpartitur besaß der Komponist bis er das Werk dem Auftraggeber aushändigte oder es einem Verleger verkaufte. War eine Partitur erst einmal veröffentlicht, dann gehörte sie praktisch jedermann. Raubkopien waren an der Tagesordnung; das wurde zwar bedauert, aber als unvermeidliches Übel hingenommen. Der Briefwechsel zwischen dem Musikverleger Gottfried Christoph Härtel und Ludwig van Beethoven gibt davon Zeugnis. Der Komponist pflegte seine Werke mehreren Verlegern, auch ausländischen, gleichzeitig anzubieten. Unter dem 20. Juni 1810 schreibt ihm dazu Härtel:

> »Sie (Beethovens neue Werke/d. Aut.) werden also . . . in London erscheinen - und, was hieraus sicher und unfehlbar folgt - sie werden gar bald darauf der Londoner Ausgabe nachfolgend auch bei allen deutschen Verlegern erscheinen, welche sich wohl hüten, Ihnen ein zu unangemessenes Honorar zu bieten, weil sie eben keines zu zahlen pflegen.«

Das Fehlen einer sicheren Rechtsgrundlage für das Eigentum an Geistesprodukten hielt die Künstler vergangener Epochen zwar in Abhängigkeit von Mäzenen und Auftraggebern. Andererseits darf wohl nicht übersehen werden, daß der Zwang, durch ständige Neuproduktion die Lebensgrundlage zu sichern und schnell wechselnden Moden gerecht zu werden, gerade die Musiker zu Seismographen der Zeit machte. Denn spätestens mit dem Übergang zum 19. Jahrhundert suchte das durch die Französische Revolution erstarkte Bürgertum einen angemessenen Rahmen für Selbstdarstellung und Repräsentation - und fand ihn »mit Konzertsaal und Sinfonieorchester«, so der Musikwissenschaftler Stefan Schaub. Die Musik wurde, wie es in Thomas Nipperdeys bekannter Geschichte des 19. Jahrhunderts heißt, »Kernbereich der ästhetischen Kultur der bürgerlichen Welt«.

Mit der Musik wurden so auch die politischen Ideen der neuen Zeit verbreitet. Komponisten und - oft im Zusammenwirken mit ihnen - Dichter haben häufig große politische Ereignisse vorgedacht, sie begleitend kommentiert oder ihnen im nachhinein tönende Denkmäler gesetzt:

- Mozarts 1786 uraufgeführte Oper »Die Hochzeit des Figaro« war ein eminent politisches Stück. Das adlige Publikum amüsierte sich köstlich über das Ränkespiel des Kammerdieners Figaro gegen seinen gräflichen Herrn - wohl kaum ahnend, daß schon drei Jahre später, mit Beginn der Französischen Revolution, die Diener zu Herren aufsteigen und die vormaligen, adligen Herren auf die Guillotine schicken sollten.
- Der Französischen Revolution wäre vielleicht ein nicht so durchschlagender Erfolg beschieden gewesen, wenn sie nicht von einem mitreißenden, heroisch-patriotischen Lied begleitet gewesen wäre - der »Marseillaise«. Welche Wirkung dieses Lied in ganz Europa hatte, wird u.a. in der 5. Sinfonie Beethovens

deutlich: Das triumphierende Hauptthema des Schlußsatzes ist den ersten Takten der »Marseillaise« nachempfunden. Schumann zitiert Teile der »Marseillaise« notengetreu in seinem Klavierlied »Die zwei Grenadiere«; ebenso Tschaikowsky in seiner »Ouvertüre 1812«, einer musikalischen Verherrlichung des zaristischen Sieges über Napoleon.

- Ein weiteres patriotisches, wenn auch überhaupt nicht martialisches Lied begleitet ebenfalls seit mehr als 200 Jahren die Politik und gibt ihr Ausdruck: Joseph Haydns Kaiserhymne von 1797, eine Huldigung an den deutschen Kaiser Franz II, der ab 1804 auch Kaiser von Österreich war und 1806 - nach dem von Napoleon erzwungenen Ende des Heiligen Römischen Reiches deutscher Nation die deutsche Kaiserwürde niederlegte. Die wechselvolle Geschichte der Haydn'schen Hymne vom Quartettsatz bis zum Deutschlandlied ist bekannt. Zum tönenden Ausdruck des Willens aller Deutschen, ihre staatliche Einheit in Frieden und Freiheit zu vollenden, wurde das Deutschlandlied am Abend des 9. November 1989, als wir Abgeordneten uns nach Verbreitung der Nachricht über die Öffnung der Berliner Mauer im Bundestag versammelten und uns nach einer kurzen Debatte erhoben, um gemeinsam unsere Nationalhymne zu singen. Musikalisch wohl kein Hochgenuß, aber mehr als nur politisch sehr bewegend.
- Zum musikalischen Symbol für die Sehnsucht des italienischen Volkes nach Freiheit und nationaler Integrität wurde Guiseppe Verdis Oper »Nabucco«. Die Uraufführung im Jahre 1842 in dem damals österreichisch besetzten Mailand wurde eine nationale Sternstunde. Der Chor der gefangenen Juden an den Wassern von Babylon »Flieg Gedanke, getragen von Sehnsucht« wurde spontan als italienische Freiheitshymne gedeutet. Der damals noch wenig bekannte Verdi wurde über Nacht berühmt: Die Buchstaben seines Names wurden umgedeutet zu »*V*ittor *E*manuele *R*e *d'I*talia«. - In der früheren DDR, so wird berichtet, gab es mehrfach bei Aufführungen von »Nabucco« und auch von Beethovens »Fidelio« nach den jeweiligen Gefangenenchören Beifall, an dessen Stärke und Dauer erkennbar war, daß er nicht nur den Sängern und Musikern galt, sondern in erster Linie der Freiheitsbotschaft dieser Chöre.

Daß Lothar de Maizière, der als erster frei gewählter Ministerpräsident der DDR unsere ostdeutschen Landsleute zur Wiedervereinigung führte, auch ein ausgebildeter Musiker ist, gehört gewiß zu dieser kurzen Aufzählung von Parallelen in Musik und Politik. Ebenso, daß es ein angesehener Musiker war - Kurt Masur, der Chefdirigent des Leipziger Gewandhausorchesters -, der zu jenen gehörte, die im Herbst 1989 die Führung der DDR zur Mäßigung bewogen.

Wenn es stimmt, daß Musik in Zeiten des Umbruchs die Menschen zusammenführte und identitätsstiftend wirkte, dann kann sie uns auch auf unserem beschwerlichen Weg zur inneren Einheit Deutschlands unschätzbare Dienste erweisen. Materiell kommt der Aufbau der neuen Bundesländer gut voran - viel besser, als manche Schlagzeile der Medien vermuten läßt. Woran es noch mangelt, ist ein seelischer Zusammenhalt, eine nationale Identität. Wir Deutsche in Ost und West sind uns fremd geworden in jenen unseligen vier Jahrzehnten der Teilung. Wir werden zu einem neuen Selbstverständnis nur finden, wenn es uns gelingt, die Folgen von 40 Jahren Teilung zu überwinden. Wir sollten diese große Herausforderung annehmen im Geiste jenes Ministers, der in Beethovens Oper »Fidelio« den politischen Häftling Florestan aus dem Kerker befreit: »Es sucht der Bruder seine Brüder und, kann er helfen, hilft er gern.«

»Fidelio«, das ist auch das hohe Lied der Treue, des Anstands, der Geradlinigkeit, der Verläßlichkeit, der Hoffnung, der Zivilcourage, der Demut und der Dankbarkeit - bürgerliche Tugenden, die viele Menschen heute in Deutschland belächeln und als etwas Altmodisches, Verzopftes abtun. Diese Tugenden sind aber in Wahrheit etwas höchst Notwendiges, wenn wir den Umbruch in Deutschland und Europa bewältigen wollen. Ohne Bürgersinn, ohne Pflichtgefühl, ohne Dienst an der Gemeinschaft kann ein freiheitlicher Staat auf Dauer nicht bestehen. Rückbesinnung auf und Erziehung zu Tugenden tun not! Viele Werke der großen Komponisten der Vergangenheit und der begabten Komponisten der Gegenwart sind Anleitungen dazu. Deswegen ist Musikerziehung auch Erziehung zu Bürgersinn, und die Pflege der Musikkultur ist praktizierter Bürgersinn.

Die großen Herausforderungen unserer Zeit, wie zum Beispiel auch der Strukturwandel von der Industrie- zur Informationsgesellschaft, erfordern visionäre und gleichzeitig realistische Konzepte, ständige Einsatzbereitschaft und die Fähigkeit, Chancen zu erkennen und mutig wahrzunehmen. In diesen Formen der Kreativität zeigen sich die Gemeinsamkeiten und die tiefe Verwandtschaft zwischen Kunst, Wirtschaft und Politik. Es war zum Beispiel ein großes Risiko, Johann Sebastian Bach zu drucken, der - im Gegensatz zu seinem heutigen Rang in der Musikgeschichte - vielen zu Lebzeiten als altmodisch galt. Es war ein großes Risiko, den - wie wir heute vielleicht sagen würden - »jungen Wilden« Ludwig van Beethoven unter die verlegerische Obhut zu nehmen. Es ist auch heute ein großes Risiko, junge Talente zu fördern. Aber wir brauchen diese jungen Talente auch und gerade in der Musik. Nur sie können mit den musikalischen Ausdrucksmitteln unserer Zeit die Botschaft von Friede, Freiheit, Humanität, Mitmenschlichkeit und Brüderlichkeit einem möglichst breiten Publikum vermitteln.

Die GEMA kann dazu einen wesentlichen Beitrag leisten, indem sie weiterhin die Eigentumsrechte der Musiker an ihren Werken und Aufführungen schützt. In unserer multimedialen Zeit mit ihrer nahezu ununterbrochenen Musikberieselung über Rundfunk und Fernsehen ist es noch schwerer, als zur Zeit Mozarts, Haydns und Beethovens, ein anspruchsvolles Musikstück für einen breiten Hörerkreis zu schaffen. Deswegen brauchen junge Talente materielle Sicherheit, damit sie nicht ruiniert sind, wenn einmal ein Werk mißlingt oder eine Schaffenspause eintritt. Wohlgemerkt: Die qualvollen - und oft auch demütigenden - Arbeitsbedingungen der Klassiker kann die GEMA den Musikern von heute ersparen - die kreativkünstlerische Arbeit als solche freilich nicht! Es ist höchst wünschenswert, daß viele junge Talente die Freiheit und soziale Sicherheit, die unser Staat und die GEMA ihnen bieten, nutzen.

Reinhold Kreile, dem Generaldirektor und geistigen Motor der GEMA, wünscht »seine« Fraktion zum 65. Geburtstag das Allerbeste - vor allem Gesundheit und Schaffenskraft »ad multos annos«.

Peter M. Schmidhuber

Zur weiteren institutionellen Entwicklung der Europäischen Union im Hinblick auf die Regierungskonferenz von 1996

1. *Einleitung*

Mit dem am 7.2.1992 in Maastricht unterzeichneten und am 1.11.1993 in Kraft getretenen »Vertrag über die Europäische Union«[1] wurde ein weiterer wichtiger Schritt in Richtung auf die »Verwirklichung einer immer engeren Union der Völker Europas«[2] getan. Schon bei der Aushandlung dieses Vertrags waren sich die Staats- und Regierungschefs der 12 Mitgliedstaaten bewußt, daß auch dieser weitere Schritt - ebenso wie die am 1.7.1987 in Kraft getretene Einheitliche Europäische Akte[3] - noch nicht dazu führen würde, daß die Europäische Union ihre endgültige Gestalt annehmen würde. In dem Vertrag ist vielmehr ausdrücklich vorgesehen, daß bereits 1996 die nächste Konferenz der Vertreter der Regierungen der Mitgliedstaaten einberufen werden soll, um die Bestimmungen dieses Vertrags, für die eine Revision vorgesehen ist, in Übereinstimmung mit den allgemeinen Zielsetzungen der Europäischen Union zu überprüfen[4].

Eine Überprüfung im Rahmen der nächsten Regierungskonferenz ist ausdrücklich nur für eine begrenzte Zahl konkreter Fragen vorgesehen[5]. Da zu diesen Fragen nicht nur das Gesetzgebungsverfahren zählt[6], sondern auch der Bereich der ausschließlichen oder konkurrierenden Zuständigkeiten der Gemeinschaft[7], werden im Rahmen dieser Regierungskonferenz auch mögliche Änderungen im institutionellen Gefüge der Union zu prüfen sein. Im übrigen steht es den Mitgliedstaaten frei zu entscheiden, welche Themen Gegenstand einer Regierungskonferenz sein sollen.

Ein weiteres Argument dafür, daß der institutionelle Aufbau der Union einer eingehenden Überpüfung unterzogen werden dürfte, besteht darin, daß zum Zeitpunkt der Einberufung der nächsten Regierungskonferenz voraussichtlich mehr als nur 12 Mitgliedstaaten der Europäischen Union angehören und über weitere Beitrittsanträge in absehbarer Zukunft zu entscheiden sein wird. Die Zahl und Zusammensetzung der Mitgliedstaaten der Europäischen Union kann jedoch nicht ohne Auswirkungen auf ihren institutionellen Rahmen bleiben. Noch der

---

1 Der konsolidierte Text ist veröffentlicht im Amtsblatt der EG Nr. C 244 vom 31.8.1992.
2 Artikel A Unterabsatz 2 des Vertrags über die Europäische Union (EUV).
3 Amtsblatt der EG Nr. L 169 vom 29.6.1987.
4 Artikel N Absatz 2 EUV.
5 Vgl. Artikel J 10 EUV.
6 Artikel 189b Absatz 8 EUV.

Europäische Rat von Brüssel im Dezember 1993 war davon ausgegangen, daß als unmittelbare Folge der für den 1.1.1995 geplanten Erweiterung vorerst lediglich eine arithmetische Fortschreibung der Zahl der einem Mitgliedstaat zustehenden Mitglieder in den einzelnen Institutionen bzw. der Zahl seiner Stimmen bei Entscheidungen mit qualifizierter Mehrheit vorgenommen werden sollte[8]. In der letzten Runde der Beitrittsverhandlungen mit Österreich, Finnland, Schweden und Norwegen wurde jedoch die Frage der Stimmverhältnisse im Rat von Spanien und dem Vereinigten Königreich zum Thema gemacht.

Die entscheidende Frage wird jedoch sein, ob sich die Europäische Union in absehbarer Zeit von einer zwischenstaatlichen Organisation sui generis, vom Bundesverfassungsgericht als »Staatenverbund« qualifiziert[9], zu einem echten europäischen Bundesstaat weiterentwickelt.

2. *Der institutionelle Rahmen als Spiegelbild des Standes der europäischen Integration*

Wie bei jedem anderen Gemeinwesen auch spiegelt der institutionelle Rahmen, also die internen Entscheidungsstrukturen und die Verteilung der Zuständigkeit auf die einzelnen Organe, den Grad der Zusammengehörigkeit zwischen den Mitgliedern wider. Es ist daher sehr aufschlußreich, die bisherige Entwicklung des institutionellen Rahmens kurz nachzuzeichnen.

Das gemeinsame Kennzeichen der inzwischen unter dem Dach der Europäischen Union zusammengefaßten drei Europäischen Gemeinschaften ist die Tatsache, daß sich mehrere souveräne Staaten dazu entschlossen haben, bestimmte Fragen gemeinsam zu entscheiden und bestimmte Zuständigkeiten gemeinsam auszuüben. Die Übertragung der Zuständigkeiten auf die Integrationsebene erfolgte punktuell je nach der vorhandenen Bereitschaft der Mitgliedstaaten bzw. dem erkannten Handlungsbedarf. Im Gegensatz zu einem Staat hat die Europäische Union (bzw. die drei Europäischen Gemeinschaften) keine Kompetenzkompetenz[10].

Die 1951 als erste der drei Europäischen Gemeinschaften gegründete Europäische Gemeinschaft für Kohle und Stahl (EGKS-Montanunion) hat einen inhaltlich klar umgrenzten Aufgabenbereich. Sie gilt nur für zwei Wirtschaftsbereiche, die zur damaligen Zeit als Schlüsselindustrien angesehen wurden. Das erklärte Ziel bei der Gründung dieser Gemeinschaft war es, die Kohle- und Stahlproduktion in den damals 6 Gründerstaaten einer einheitlichen Leitung zu unterstellen[11]. Diesem erklärten Ziel entsprach, daß als das eigentliche Entscheidungs-

---

7 Erklärung zu den Bereichen Katastrophenschutz, Energie und Fremdenverkehr im Anhang zum EUV.

8 Schlußfolgerungen des Europäischen Rats von Brüssel vom 10./11.12.1993, Anlage III.

9 Urteil vom 12.10.1993 (2 BvR 2134/92 und 2 Bv 2159/92), NJW 1993, 3047ff.

10 Vgl. Groeben/Thiesing/Ehlermann, Kommentar zum EWG-Vertrag, 4. Aufl. 1991, Rn. 1 zu Art. 1. Dies wurde auch vom BVerfG in seinem Urteil vom 12.10.1993 (Fn. 8) deutlich hervorgehoben.

11 Vgl. Erklärung des damaligen französischen Außenministers Robert Schuman vom 9.5.1950.

gremium die »Hohe Behörde« eingesetzt wurde, an deren Stelle mit dem Fusionsvertrag von 1965[12] die Kommission getreten ist. Da die Mitgliedstaaten im Bereich von Kohle und Stahl - weitgehend - auf eigenständige Entscheidungsbefugnisse verzichteten, behielten sie sich jedoch gegenüber den wichtigsten Entscheidungen der Integrationsebene ein Vetorecht vor. Dies geschah dadurch, daß die wichtigsten Entscheidungen der »Hohen Behörde« (Kommission) an die Bedingung der vorherigen Zustimmung durch den Rat geknüpft wurden, in dem die Regierungen der Mitgliedstaaten vertreten sind. Eine unmittelbare demokratische Kontrolle durch gewählte Abgeordnete wurde nur rudimentär eingeführt durch eine »Versammlung« aus von den Mitgliedstaaten entsandten Vertretern der nationalen Parlamente.

In den 1957 gegründeten beiden weiteren Europäischen Gemeinschaften, nämlich der Europäischen Wirtschaftsgemeinschaft (EWG) und der Europäischen Atomgemeinschaft (EAG) wurden die Gewichte von Anfang an anders verteilt. Beide Verträge zusammen sollten alle Wirtschaftsbereiche erfassen, die nicht bereits vom EGKS-Vertrag abgedeckt waren. Es war daher absehbar, daß die Integrationsebene gestützt auf diese Verträge wesentlich mehr und weiterreichende Entscheidungen treffen würde, was sich zumindest für den Bereich der EWG auch relativ schnell bestätigte. Schon beim Abschluß dieser beiden Gründungsverträge waren die Mitgliedstaaten deshalb nicht mehr bereit, ein gemeinsames Organ der Integrationsebene ins Zentrum der Entscheidungsprozesse zu stellen. Vielmehr wurden hier im Verhältnis zum EGKS-Vertrag die Gewichte umgekehrt verteilt: Als eigentliche Entscheidungsinstanz wurde der Rat eingesetzt, in dem wiederum die Regierungen der Mitgliedstaaten vertreten sind. Die Kommission wurde eher als Gegengewicht konzipiert, indem ihr das Initiativmonopol für Gesetzgebungsakte verliehen und sie im übrigen mit der Durchführung des von den Mitgliedstaaten ratifizierten Primärrechts und des vom Rat erlassenen Sekundärrechts betraut wurde. Auch im Bereich dieser beiden Gemeinschaften war die unmittelbare demokratische Kontrolle durch gewählte Abgeordnete nur rudimentär in der Form einer Versammlung angelegt, in die die Mitgliedstaaten Vertreter ihrer Parlamente entsandten.

Abgesehen von der bereits erwähnten Zusammenfassung der für die drei Gemeinschaften handelnden Organe in gemeinsame Institutionen brachten wesentliche Entwicklungen die Einführung der Direktwahl der Abgeordneten des Europäischen Parlaments im Jahr 1979[13] sowie die Änderungen des Gesetzgebungsverfahrens durch die Einheitliche Europäische Akte und den Vertrag über die Europäische Union sowie die Einführung eines Ausschusses der Regionen ebenfalls durch den Vertrag über die Europäische Union. Diese Entwicklungen spiegeln das Bewußtsein wider, daß sich die Europäische Union nicht nur aus demokratischen Rechtsstaaten zusammensetzen, sondern sich auch intern stärker am Demokratieprinzip ausrichten muß und mit der zunehmenden Breite der Aufgaben der Integrationsebene die Effizienz der Entscheidungsstrukturen gestärkt werden muß.

12 Amtsblatt der EG Nr. 152 vom 13.7.1967.

13 Akt zur Einführung allgemeiner unmittelbarer Wahlen der Abgeordneten des Europäischen Parlament, Amtsblatt der EG Nr. L 278 vom 8.10.1976.

Dagegen führten die schrittweisen Erweiterungen in den Jahren 1973, 1981 und 1986 - abgesehen von einer Anpassung der Mitgliederzahlen der Organe und der Berechnung der Stimmen - nicht zu einer grundsätzlichen Änderung.

Bis zur Einheitlichen Europäischen Akte bestand das übliche Gesetzgebungsverfahren auf der Integrationsebene darin, daß die Kommission einen Gesetzgebungsvorschlag ausarbeitete, das Europäische Parlament dazu Stellung nahm und der Rat darüber entschied. Dies führte dazu, daß das Europäische Parlament praktisch keinen inhaltlichen Einfluß auf die endgültige Entscheidung hatte und auch der Einfluß der Kommission begrenzt blieb, da der Rat mit der in den meisten Fällen erforderlichen Einstimmigkeit ohne weiteres vom Kommissionsvorschlag abweichen konnte. Mit der Einheitlichen Europäischen Akte wurde daher für wichtige Gesetzgebungsbereiche (insbesondere die Verwirklichung des Binnenmarkts) ein »Verfahren der Zusammenarbeit«[14] mit einer zweimaligen Lesung eingeführt, das

- den Rat zwingt, die Position des Europäischen Parlaments ernster zu nehmen
- die Gefahr der Blockade eines Gesetzgebungsvorhabens im Rat durch einen einzelnen Mitgliedstaat stark verringert, da der Rat in diesen Bereichen mit qualifizierter Mehrheit entscheiden kann und
- Kommission und Parlament vor allem dann, wenn sie gemeinsame Positionen vertreten, stärkeren Einfluß auf die endgültige Ratsentscheidung einräumt, da der Rat nur einstimmig vom (ggf. geänderten) Kommissionsvorschlag abweichen kann.

Mit dem Vertrag über die Europäische Union wurde dieses Verfahren für bestimmte Bereiche zum »Verfahren der Mitentscheidung[15] weiterentwickelt. In diesem Verfahren ist zusätzlich zu den zwei Lesungen die Befassung eines Vermittlungsausschusses vorgesehen, falls sich die Positionen von Parlament und Rat nicht decken. Führt auch das Vermittlungsverfahren nicht zu einer Einigung zwischen Parlament und Rat, kann das Parlament in letzter Instanz einen ihm nicht genehmen Beschluß des Rates verhindern. Es ist ausdrücklich vorgesehen, daß die Bereiche, in denen dieses am weitesten entwickelte Gesetzgebungsverfahren gilt, im Rahmen der nächsten Regierungskonferenz 1996 ausgeweitet werden können[16].

3. *Die sachlichen Anforderungen an die Ausgestaltung des institutionellen Rahmens der Europäischen Union*

Unabhängig davon, ob die Europäische Union auf absehbare Zeit ein »Staatenverbund« bleibt oder sich zum »Bundesstaat« weiterentwickelt, sind an die Ausgestaltung des institutionellen Rahmens bestimmte grundsätzliche Anforderungen zu stellen. Dabei gibt es jedoch inhaltliche Abstufungen, je nach dem ob die Europäische Union Staatsqualität hat oder nicht.

---

14 Artikel 189c EGV.
15 Artikel 189b EGV.
16 Artikel 189b Abs. 8 EGV.

a) *Grundsatz der Gewaltenteilung*

In einem demokratischen Rechtsstaat gilt die klassische Gewaltenteilungslehre, nämlich die Einteilung in Legislative, Exekutive und Rechtsprechung. In einem »Staatenverbund« erscheint dagegen eine gewisse Gewaltenverschränkung systemimmanent: Der eigentliche demokratisch legitimierte und kontrollierte Meinungsbildungsprozeß läuft auf einzelstaatlicher Ebene ab, selbst soweit die Entscheidungen formal auf der Integrationsebene getroffen werden. Während in einem Bundesstaat üblicherweise die Gesetzgebung in zwei Kammern erfolgt, die als demokratisch legitimierte Vertretung auf der Ebene des Bundes bzw. der Gliedstaaten je nach einem stärker dezentral oder zentral ausgerichteten Gesamtaufbau unterschiedliches Gewicht haben, erscheint es naheliegend, daß in einem »Staatenverbund« die Kammer das Übergewicht hat, in der die Interessen der konstituierenden Mitgliedstaaten vertreten sind.

Während in einem Bundesstaat die Gewaltenteilung nur funktionieren kann, wenn sich die Regierung - zumindest im Prinzip - auf eine Mehrheit im demokratisch legitimierten Parlament stützen kann, ist dies in einem »Staatenverbund« nicht zwingend erforderlich. Die Übertragung von echten Exekutivbefugnissen im staatsrechtlichen Sinn auf ein Organ der Integrationsebene erscheint jedoch nur gerechtfertigt, wenn dieses Organ seinerseits demokratisch legitimiert ist. Wer die Kommission zu einer »europäischen Regierung« ausgestalten will, optiert damit implizit für einen institutionellen Aufbau, der dem Aufbau in einem Bundesstaat entspricht.

Gleiches gilt für die Forderung, das Europäische Parlament zum eigentlichen Gesetzgeber auf der Integrationsebene, also zur ersten Kammer, zu machen und das Wahlverfahren zu dieser Kammer auf der Grundlage eines unionsweit geführten Wahlkampfes zu organisieren. In einem Staatenverbund vollziehen sich die Information und die Meinungsbildung der Bürger auf nationaler Ebene, während sich in einem Bundesstaat dieser Prozeß nicht nur auf der Ebene der Gliedstaaten, sondern auch vor allem auf Bundesebene vollzieht.

Eine grundsätzliche Änderung der Gewaltenteilung zwischen den Institutionen der Europäischen Union erscheint vielleicht daher als wünschenswert, solange die Union weiterhin ein »Staatenverbund« bleibt, jedoch als unausweichlich, wenn sich die Union zu einem Bundesstaat weiterentwickeln soll.

b) *Demokratieprinzip*

Einen Antrag auf Beitritt zur Europäischen Union kann »jeder europäische Staat« stellen[17]. Nach allgemeiner Auffassung muß es sich dabei jedoch jeweils um einen demokratischen Rechtsstaat handeln[18]. Daraus wird häufig die Forderung abgeleitet, daß auch die Europäische Union nach ihrem institutionellen Aufbau dem Demokratieprinzip genügen muß. Dies ist auch in Artikel 23 GG

---

17 Artikel 0 EUV.
18 Vgl. Schlußfolgerungen des Europäischen Rats von Kopenhagen vom 21./22.6.1993.

ausdrücklich zur Voraussetzung der Mitgliedschaft Deutschlands in der Europäischen Union gemacht.

Auch hier zeigt sich ein wesentlicher Unterschied zwischen einem Staatenverbund und einem Bundesstaat. In einem Staatenverbund spielen die demokratische Legitimation und Kontrolle eine Rolle vor allem auf der Ebene der Mitgliedstaaten. Die Bürger identifizieren sich mit diesem Mitgliedstaat und der politische Meinungsbildungsprozeß läuft auf der Ebene des Mitgliedstaats ab. Auch soweit sich der Mitgliedstaat an Entscheidungen auf der Integrationsebene beteiligt, ist eine - mittelbare - Legitimation und Kontrolle über die Verfassungsorgane des Mitgliedstaats gegeben[19].

In einem Bundesstaat müssen dagegen die Entscheidungen auf Bundesebene unmittelbar demokratisch legitimiert und kontrolliert sein. Dies schließt allerdings - wie das Beispiel der Bundesrepublik Deutschland zeigt - nicht aus, daß eine zweite Kammer, die die Interessen der Gliedstaaten vertreten soll, sich aus Vertretern der Exekutive der Gliedstaaten zusammensetzt.

Zum Demokratieprinzip gehört auch die Transparenz der Entscheidungsverfahren. Die Bürger müssen nachvollziehen können, wer in welchem Gremium welche Entscheidung getroffen hat. Die derzeitige Vielzahl unterschiedlicher Entscheidungsverfahren (Anhörungsverfahren, Verfahren der Zusammenarbeit, Verfahren der Mitentscheidung, Zustimmungsverfahren bei der Gesetzgebung sowie zusätzlich das besondere Haushaltsverfahren) trägt nicht gerade zur Durchschaubarkeit der Entscheidungsprozeduren auf der Integrationsebene bei[20].

c) *Effizienzprinzip*

Der institutionelle Aufbau eines jeden Gemeinwesen muß so ausgestaltet sein, daß in angemessenen Fristen sachgerechte Entscheidungen getroffen werden können, die dem tatsächlichen Willen der Mitglieder des Gemeinwesens entsprechen. Dies bedeutet, daß die Zahl der Entscheidungsebenen begrenzt sein muß, daß die Kompetenzen der verschiedenen Entscheidungsgremien eindeutig gegeneinander abgegrenzt sein müssen und daß die Entscheidungsverfahren nicht zu kompliziert ausgestaltet sein dürfen.

Im Gegensatz zu anderen staatlichen oder supranationalen Organisationen verfügt die Europäische Union über eine besonders tiefe vertikale Gliederung. Sowohl bei der Verteilung der Zuständigkeiten als auch bei der Ausgestaltung des Entscheidungsprozesses ist zu berücksichtigen, daß es sich um mindestens vier Ebenen handelt: die Integrationsebene, die Ebene der Mitgliedstaaten, zumindest in einer Reihe von Mitgliedstaaten die Ebene autonomer regionaler Gebietskörperschaften sowie schließlich die kommunale Ebene.

Eine gleichberechtigte Teilnahme aller dieser Ebenen an den Entscheidungsprozessen auf der Integrationsebene ist nicht möglich, da die »eingebauten« Inter-

---

19 Dies hat auch das BVerfG in seinem Urteil vom 12.10.1993 (Fn. 8) hervorgehoben.

20 Vgl. Werner Weidenfeld/Christian Jung, Lehren aus Maastricht, Transparenz, Demokratie und Effizienz in der Europäischen Union, integration 3/93, S. 138ff. (140).

essengegensätze nur zur Blockade jeglicher Entscheidungsprozesse führen könnten. Denkbar erscheint nur, jeweils zwei benachbarte Ebenen in die eigentliche Entscheidungsfindung einzubeziehen und dabei der zweiten Ebene Abänderungs- bzw. Vetorechte einzuräumen. Im übrigen kann die Lösung nur darin bestehen, bereits die Zuständigkeiten (und damit die Entscheidungs*befugnisse*) dem Subsidiaritätsprinzip entsprechend auf die unterschiedlichen Ebenen zu verteilen. Bei einer entsprechenden Zuständigkeitsverteilung von unten nach oben entfällt die Notwendigkeit für eine maßgebende Beteiligung der jeweils unteren Ebene an den Entscheidungsverfahren der höheren Ebenen.

Auf die Europäische Union bezogen bedeutet dies, daß es sinnvoller erscheint, Fragen, die in erster Linie die kommunale bzw. regionale Ebene berühren, gar nicht erst auf Gemeinschaftsebene entscheiden zu lassen, als dem mit dem Vertrag über die Europäische Union eingeführten Regionalausschuß[21] ein echtes Mitentscheidungsrecht (und nicht nur beratende Funktion) einzuräumen.

Ein zweites wesentliches Element der Effizienz gerade in heterogen strukturierten Gemeinwesen ist die Entscheidung nach dem Mehrheitsprinzip. Je enger der Verbund und damit die Solidarität zwischen den einzelnen Mitgliedern ist, desto eher kann einzelnen Mitgliedern zugemutet werden, überstimmt zu werden. Je mehr gemeinsame Orientierungen bestehen, desto eher ist selbst bei Mehrheitsentscheidungen ein angemessener Minderheitenschutz gewährleistet. Dagegen läßt sich die dem Demokratieprinzip eigene Regel, daß sich eine selbst noch so knappe Mehrheit gegenüber der Minderheit durchsetzen kann, nur in einem einheitlich verfaßten Gemeinwesen (also z.B. einem Staat) durchsetzen, nicht dagegen in einem Verbund von Mitgliedstaaten, die auf ihre Souveränität pochen.

Für den Bereich der Europäischen Union wird dies anhand eines einfachen Beispiels deutlich: Während Luxemburg mit seinen knapp 400 000 Einwohnern im Europäischen Parlament mit bisher 6 von 518 und künftig 6 von 567 Abgeordneten zwar überproportional stark vertreten ist, aber dennoch praktisch keine Möglichkeit hat, Entscheidungen des Parlaments inhaltlich wesentlich zu bestimmen, verfügt Luxemburg im Rat mit 2 von derzeit 76 Stimmen selbst in den Bereichen, in denen der Rat mit qualifizierter Mehrheit entscheidet, über eine durchaus beachtliche Position und hat im übrigen ein Vetorecht in allen Bereichen, in denen der Rat einstimmig entscheidet.

Die bisherige Machtverteilung zwischen den Institutionen der Europäischen Union, die dem Rat das Übergewicht einräumt, wirkt daher gleichzeitig als verstärkter Minderheitenschutz. Umgekehrt begründet diese Form des Minderheitenschutzes die latente Gefahr einer Blockade jeglicher Entscheidungsfindung, die mit dem Hinzutreten eines jeden weiteren Mitgliedstaates noch verstärkt wird. Entscheidend wird es daher sein, daß im Hinblick auf die künftigen Erweiterungen der Gemeinschaft die Bereiche wesentlich eingeschränkt oder gar abgeschafft werden, in denen eine Entscheidung nur einstimmig fallen kann. Eine Zwischenlösung könnte die Einführung einer »gesteigerten« qualifizierten Mehrheit für besonders sensible Bereiche darstellen. Eine andere Lösung zur Verhinderung von

---

21 Artikel 198a-c EGV.

Entscheidungsblockaden wäre, das Parlament zur ersten Kammer zu machen und dem Rat nur Änderungs- bzw. Vetorechte zuzugestehen.

Ein weiteres Spezifikum der Europäischen Union ist ihre Vielzahl an Amtssprachen. Es ist selbstverständlich, daß sich die Europäische Union, die darauf angewiesen ist, daß sich die Bürger mit ihr identifizieren, nicht auf eine oder wenige »europäische Sprachen« beschränken kann. Eine derartige Beschränkung erleichtert zwar das Funktionieren und die Zusammenarbeit in mehrsprachig zusammengesetzten Gremien und Verwaltungen ganz entscheidend. Internationale Organisationen wie die UNO oder der Europarat haben daher die Zahl der verwendeten Sprachen eng begrenzt.

Bei der Europäischen Union scheint dies jedoch nur für den internen Sprachengebrauch in den Gemeinschaftsinstitutionen möglich, nicht jedoch im Außenverhältnis gegenüber dem Bürger. Die europäische Identität, die auch in der Europäischen Union zum Ausdruck kommen muß, besteht gerade auch in der kulturellen und sprachlichen Vielfalt. Selbst wenn ein Drittel der Gemeinschaftsbürger Deutsch als Muttersprache spricht, wäre es nicht möglich, den anderen zwei Dritteln Deutsch als die gemeinsame Sprache der Europäischen Union aufzuzwingen. Dagegen erscheint es durchaus sinnvoll, von den Angehörigen der Gemeinschaftsinstitutionen zu verlangen, sich einer begrenzten Zahl europäischer Sprachen als »linguae francae« zu bedienen.

4. *Die Konsequenzen einer Erweiterung der Europäischen Union*

Bis auf die formelle Zusammenfassung der Institutionen der drei Europäischen Gemeinschaften durch den Fusionsvertrag und die schrittweise Erweiterung der Zuständigkeiten des Europäischen Parlaments arbeitet die Europäische Union mit ihren derzeit zwölf Mitgliedstaaten mit demselben institutionellen Rahmen wie die drei Europäischen Gemeinschaften zum Zeitpunkt ihrer Gründung durch sechs Mitgliedstaaten. Infolge der Erweiterungen wurden lediglich die Zahlen der Mitglieder der Kommission, des Europäischen Parlaments, des Wirtschafts- und Sozialausschusses bzw. des Beratenden Ausschusses der EGKS sowie des EuGH im bisherigen Verhältnis angepaßt. Auch die Gewichtung der Stimmen der Mitgliedstaaten bei Entscheidung des Rates mit qualifizierter Mehrheit wurden im bisherigen Verhältnis fortgeschrieben. Die Zahl der Amtssprachen wurde jeweils durch die automatische Aufnahme der offiziellen Sprachen der neuen Mitgliedstaaten erweitert.

Die Staats- und Regierungschefs der Mitgliedstaaten hatten an sich beschlossen, auch bei einer Erweiterung der Europäischen Union um alle oder einige der Drittstaaten, mit denen derzeit Beitrittsverhandlungen geführt werden, nach denselben Grundsätzen zu verfahren[22]. Eine Vorsichtsmaßnahme wurde lediglich durch eine abweichende Regelung der Reihenfolge der turnusmäßig alle sechs Monate wechselnden Präsidentschaft im Rat[23] getroffen.

---

22 S.o. unter 1.
23 Artikel 146 EGV.

Allerdings zeigt sich sehr deutlich, daß das derzeitige System schon mit der anstehenden Erweiterungsrunde an die Grenzen der Praktikabilität stößt. Eine nach dem Kollegialitätsprinzip arbeitende Kommission mit mehr als 21 Mitgliedern wäre kaum mehr handlungsfähig. Wenn sich andererseits die Kommission in Richtung auf eine vom Europäischen Parlament demokratisch legitimierte Regierung weiterentwickeln soll, bieten sich die Verkleinerung des Kollegiums und der Übergang zum Ressortprinzip an. Da zum Demokratieprinzip auch der Grundsatz der Repräsentivität gehört, erscheint es allerdings kaum akzeptabel, jedem Mitgliedstaat unabhängig von seiner Größe ein Kommissionsmitglied zuzugestehen. Denkbar wären als Lösung die Unterscheidung zwischen »senior«- und »junior«-Mitgliedern oder die Einführung von »Regional-Kommissaren«.

Der Zwang zur Einstimmigkeit bei Entscheidungen des Rates erweist sich desto mehr als ein Hindernis, je mehr Mitgliedstaaten der Europäischen Union angehören und je heterogener ihre Interessenlage ist. Gerade um ihre eigenen nationalen Interessen auch nach einer Erweiterung mit derselben Aussicht auf Erfolg vertreten zu können, sperrten sich Spanien und das Vereinigte Königreich in der letzten Verhandlungsrunde mit Österreich, Finnland, Schweden und Norwegen gegen eine lineare Fortschreibung der bisherigen Stimmengewichtung, nach der die Sperrminorität bei ca. 30 % liegt. Da die Erweiterung der Union parallel zu ihrer »Vertiefung« erfolgen soll, bleibt nur der Weg, die Blockademöglichkeiten durch einzelne Mitgliedstaaten zu verringern. Je weiter sich die Europäische Union auf einen europäischen Bundesstaat zu entwickelt, desto stärker ist auf den Bevölkerungsanteil der Mitgliedstaaten abzustellen und desto weniger auf den Minderheitenschutz zugunsten einzelner Mitgliedstaaten.

Ein turnusmäßiger Wechsel der Präsidentschaft im Rat alle sechs Monate ist einerseits zu selten, um allen Mitgliedstaaten in einem überschaubaren Zeitraum diese Rolle zukommen zu lassen; ein Zeitraum von sechs Monaten ist andererseits zu kurz, um sich wirklich voll den Anforderungen einer Präsidentschaft stellen zu können und überfordert dennoch wegen der Vielzahl der Aufgaben, die von der Europäischen Union wahrgenommen werden, die Leistungsfähigkeit der Diplomatie und Ministerialbürokratie der kleinen Mitgliedstaaten.

Schon bei den bisher neun Amtssprachen gibt es 36 Sprachkombinationen; mit jeder weiteren hinzutretenden Amtssprache steigt der Verwaltungsaufwand für Dolmetschen und Übersetzen unverhältnismäßig stark an.

5. *Der institutionelle Rahmen im Gefüge einer Verfassung der Europäischen Union*

Spätestens seit das Europäische Parlament im Februar 1984 mit großer Mehrheit den Entwurf eines Vertrags zur Gründung der Europäischen Union beschlossen hat[24], wird sehr ernsthaft darüber diskutiert, ob der Stand der europäischen Integration nicht inzwischen so weit vorangeschritten ist, daß dieses Gemeinwe-

24 Amtsblatt der EG Nr. C 77 vom 19.3.1984.

sen einer Verfassung bedürfte. Auf der Grundlage des Verfassungsentwurfs des Europäischen Parlaments, der unter Vorsitz von Altiero Spinelli entstanden war, haben Rudolf Luster, Gero Pfennig und Friedrich Fugmann 1988 einen Verfassungsentwurf für einen Bundesstaat »Europäische Union« vorgelegt[25]. Schließlich hat das Europäische Parlament am 10.2.1994 einen Bericht seines institutionellen Ausschusses über einen Entwurf einer europäischen Verfassung angenommen[26]. Gleichzeitig hat das Europäische Parlament die Staats- und Regierungschefs der Mitgliedstaaten ersucht, eine Gruppe unabhängiger Persönlichkeiten mit einer Prüfung dieses Verfassungsentwurfs zu beauftragen und noch vor der nächsten Regierungskonferenz 1996 einen Europäischen Verfassungskonvent aus Abgeordneten des Europäischen Parlaments und der Parlamente der Mitgliedstaaten der Union einzuberufen, der Leitlinien für die Verfassung der Europäischen Union verabschieden soll. Bei allen diesen Arbeiten und Entwürfen spielt der institutionelle Aufbau der Europäischen Union eine wesentliche Rolle.

Eine »Verfassung« im staatsrechtlichen Sinn ist für die Europäische Union erst dann wirklich notwendig, wenn sie den entscheidenden Schritt des Übergangs von einem »Staatenverbund« zu einem föderalen Staat macht. Dieser Übergang, der die Rechts- und Lebensverhältnisse der Bürger und die Rolle und das Selbstverständnis der Mitgliedstaaten der Europäischen Union entscheidend berührt, könnte nicht »en passant« erfolgen, sondern bedürfte eines eindeutigen Aktes der konstituierenden Gewalt. Mit einem derartigen Schritt wären aber gleichsam automatisch gewisse Weichenstellungen für das institutionelle Gefüge der Europäischen Union getroffen. Wie oben bereits ausgeführt, müßte auch die Verfassung eines Bundesstaats »Europäische Union« den klassischen Anforderungen an das Gewaltenteilungs- und Demokratieprinzip der modernen demokratischen Rechtsstaaten genügen. Dies würde einen wesentlichen Umbau gegenüber dem derzeitigen institutionellen Gefüge der Europäischen Union bedeuten.

Die bisherige Gewaltenverschränkung zwischen Exekutive und Legislative wäre zu ersetzen durch eine klare Aufgabenteilung zwischen einem unmittelbar demokratisch legitimierten Gemeinschaftsgesetzgeber und einer europäischen Regierung, die sich auf eine Mehrheit in der europäischen Volksvertretung stützen könnte. Das Europäische Parlament als das einzige durch direkte Wahlen unmittelbar demokratisch legitimierte Organ müßte damit in das Zentrum des institutionellen Aufbaus der Europäischen Union rücken. Jede Vertretung der Mitgliedstaaten - sei es auf der Ebene ihrer Parlamente oder ihrer Regierungen - könnte im Vergleich dazu nur die Rolle einer zweiten Kammer übernehmen. Allerdings gäbe es einen breiten Gestaltungsspielraum, angefangen von einem (geteilten) Gesetzesinitiativrecht bis hin zu einem Vetorecht dieser zweiten Kammer. In jedem Fall aber müßten dem Europäischen Parlament über die bisherigen Regelungen hinaus echte parlamentarische Vollfunktionen zugewiesen werden. Dies würde z.B. die Einführung eines Gesetzesinitiativrechts sowie des Rechts zur Wahl bzw. Abwahl einer Regierung umfassen.

---

25 Libertas Verlag Sindelfingen, 1988.

26 Amtsblatt der EG Nr. C 61 vom 28.2.1994.

Mit dieser deutlichen Aufwertung des Europäischen Parlaments verbunden werden sollte eine Beschränkung der unterschiedlichen Entscheidungsverfahren. Letztlich müßte sowohl für das Gesetzgebungs- wie für das Haushaltsverfahren eine einheitliche Regelung gefunden werden, die das relative Gewicht der beiden Kammern »Parlament« und »Rat« zum Ausdruck bringen würde.

Auch die Rolle der Kommission müßte sich grundlegend ändern. Da das Europäische Parlament als Gesetzgeber bereits das spezifische Gemeinschaftsinteresse zum Ausdruck brächte, wäre die Kommission nicht mehr in erster Linie als Gegengewicht zu den im Rat vertretenen nationalen Eigeninteressen zu sehen. Entscheidend verändern müßte sich auch das Verfahren zur Bildung bzw. Auflösung der Kommission. Während bisher die Regierungen der Mitgliedstaaten die entscheidende Rolle spielen, käme diese Rolle dem Europäischen Parlament zu. Die Zusammensetzung der Kommission folgte dann den relativen Machtverhältnissen im Parlament und wäre die Konsequenz politischer Wahlprogramme. Dies könnte kaum ohne Konsequenzen für die Zahl der Kommissionsmitglieder und die interne Aufgabenverteilung bleiben. Für die Aufteilung der Kommissionsmitglieder auf die Mitgliedstaaten nach einem festen Schlüssel gäbe es keine Rechtfertigung mehr; die Festlegung der Zahl der Ressorts müßte dem Kommissionspräsidenten vorbehalten sein und das bisherige Kollegialitätsprinzip wäre durch das Ressortprinzip (und die Ressortverantwortlichkeit des zuständigen Kommissionsmitglieds gegenüber dem Europäischen Parlament) abzulösen.

Ebenso wie bei der Neugestaltung der Rolle des Rates als zweiter Kammer gäbe es für die Ausgestaltung der Vertretung der Ebenen unterhalb der Mitgliedstaaten einen relativ weiten Gestaltungsspielraum. Aus Gründen der Effizienz erschiene es jedoch kaum möglich, ein entsprechendes Regionalorgan mit vollen Mitentscheidungskompetenzen auszustatten.

6. *Schlußbemerkung*

Mit der für 1996 geplanten nächsten Regierungskonferenz eröffnet sich für die weitere Entwicklung der europäischen Integration eine neue Chance. Neben Fragen im Zusammenhang mit der Zuständigkeit der Integrationsebene (Überführung der Politikbereiche der »zweiten Säule« (Gemeinsame Außen- und Sicherheitspolitik) und der »dritten Säule« (Zusammenarbeit in den Bereichen Justiz und Inneres) von der zwischenstaatlichen Kooperation in echte Gemeinschaftszuständigkeit? Revision der Bestimmungen über die Wirtschafts- und Währungsunion?) wird auf dieser Konferenz vor allem der institutionelle Rahmen der Union einer grundlegenden Überprüfung zu unterziehen sein. Ob diese Überprüfung zu bloßen Korrekturen mit dem Ziel der Erhaltung der Funktionsfähigkeit einer um neue Mitgliedstaaten vergrößerten Union führt oder zu einem echten qualitativen Sprung in Richtung auf einen dem Demokratieprinzip verpflichteten europäischen Bundesstaat, entscheidet letztlich der politische Wille der Mitgliedstaaten.

Dieser politische Wille wird vor allem von den wirtschaftlichen, politischen und psychologischen Veränderungen in den Mitgliedstaaten in den beiden nächsten Jahren geprägt werden. Die Europäische Union entwickelt sich aber nicht nur im

Inneren weiter, sondern sieht sich auch einer veränderten weltpolitischen Lage gegenüber. Die Entwicklung der Weltwirtschaft, der Reformprozeß in Mittel- und Osteuropa, der Konflikt auf dem Balkan und die demographische und politische Entwicklung vor allem am Süd- und Ostrand des Mittelmeeres stellen die Reaktionsfähigkeit und damit die interne Handlungsfähigkeit der Europäischen Union vor eine harte Belastungsprobe.

Schließlich wird sich bei der Vorbereitung der nächsten Regierungskonferenz die grundsätzliche Frage stellen, ob sie noch nach dem Muster der bisherigen Konferenzen ablaufen kann. Die Diskussionen über die Ratifizierung des Vertrags über die Europäische Union haben deutlich gemacht, daß derart wichtige Weichenstellungen für die Zukunft in einem möglichst transparenten Verfahren unter frühzeitiger Beteiligung der nationalen Parlamente beschlossen und nicht in kleinem Rahmen von Experten und Ministern ausgehandelt werden sollten. Auch Veränderungen im institutionellen Aufbau der Europäischen Union müssen von den europäischen Bürgern als notwendig und sachgerecht akzeptiert werden, da sie auch und gerade der Verwirklichung des Demokratieprinzips dienen.

Rupert Scholz

Berufspolitiker oder Politik als Beruf?

I.

»Politikverdrossenheit« und »Parteienverdrossenheit« sind die Schlagworte der Zeit. Das Ansehen des »Politikers« scheint in der Öffentlichkeit auf einen ziemlichen Tiefpunkt gesunken zu sein, wobei es meist darum geht, daß der »Berufspolitiker«, also jener Politiker, für den Politik und Mandat zugleich berufliche wie wirtschaftliche Existenz sind, am meisten suspekt erscheint - bis hin zu so polemischen Vokabeln wie denen vom »korrupten Absahner« o.ä.. In der Tat, der weitgehend zum Standard unserer politischen Landschaft gewordene professionelle Parteipolitiker muß sich heute fragen lassen, weshalb er in seinem gesellschaftlichen Image und damit auch in seiner politischen Akzeptanz so fragwürdig geworden ist. Unbestreitbar ist freilich und zunächst eines: In dem so hoch differenzierten und spezialisierten Gemeinwesen der heutigen pluralistischen Demokratie und ihrer immer komplexer werdenden Steuerungs- sowie Repräsentationsstrukturen, innerhalb derer das Parlament nur eine partielle Rolle zu spielen vermag, ist Politik ohne Professionalität kaum noch leistbar.

Professionalität bedeutet wiederum weitgehend hauptberufliches Engagement, und hauptberufliches Engagement bedeutet ebenso oft - ja in der Realität zumeist schon regelmäßig - auch wirtschaftlich-existentielle Abhängigkeit. Solche Abhängigkeit kann wiederum in die Vernachlässigung von sachlicher Kompetenz und politisch-innerer Unabhängigkeit einmünden. Letzteres pflegt sich in aller Regel schon in der zunehmenden Anormalität des sog. »Quereinsteigers« in unserer politischen Landschaft zu dokumentieren, d.h. solcher Persönlichkeiten, die aus anderen beruflichen Lebensläufen - zumeist nur auf Zeit - den Weg in die Politik finden, dort wegen ihrer fachspezifischen besonderen Kompetenz zwar sehr gefragt sind, andererseits aber ebenso oft auch erhebliche Probleme mit bestimmten innerparteilichen Oligarchien oder Hierarchien bekommen. Für den Jubilar gilt dies freilich alles nicht. *Reinhold Kreile* gehört zu denjenigen Politikern, die im Deutschen Bundestag lange an herausragender Stelle gewirkt haben, dessen Autorität stets - weit parteiübergreifend - unbestritten war, der sich dennoch aber seine persönliche wie seine beruflich-wirtschaftliche Unabhängigkeit von der Politik stets zu bewahren wußte. In diesem Sinne war *Reinhold Kreile* niemals »Berufspolitiker« im heute gängig verstandenen Sinne. Politik war für ihn nicht Beruf, sondern eher Ehrenamt oder Berufung. In diesem Sinne mag der 65. Geburtstag *Reinhold Kreile*'s es rechtfertigen, einige Reflektionen zum Thema von Berufspolitik oder Politik als Beruf anzustellen.

II.

Politik steht wesensgemäß - nicht nur heute, sondern schon traditionell - zwischen Beruf und Berufung. Das Verdienst, dies ebenso früh wie bleibend herausgearbeitet zu haben, kommt nach wie vor vor allem *Max Weber* zu. Sein Vortrag über »Politik als Beruf« aus dem Jahre 1919, im gleichen Jahr erstmalig veröffentlicht,[1] hat schon auf der Grundlage der Erfahrungen des auslaufenden Kaiserreichs vieles an dem verdeutlicht bzw. als schon damals geltende Erfahrung ausgewiesen, was manchem erst heute als Problem aufstößt - eine Feststellung, die nicht nur die grundlegend-strukturelle Bedeutung der hiesigen Fragestellung weiter verdeutlicht, sondern die es angezeigt erscheinen läßt, sich einmal wieder die damaligen Reflektionen und Analysen *Max Webers* vor Augen zu führen.

Max Weber unterschied bekanntlich hinsichtlich der »Legitimitätsgründe« von politischer Herrschaft zwischen drei Grundansätzen:[2] Zum ersten die »›traditionale‹ Herrschaft, wie sie der Patriarch und der Patrimonialfürst alten Schlages übten«. Zweitens: »Die Autorität der außeralltäglichen persönlichen Gnadengabe (Charisma), die ganz persönliche Hingabe und das persönliche Vertrauen zu Offenbarungen, Heldentum oder anderen Führereigenschaften eines Einzelnen«, also die ›charismatische‹ Herrschaft«. Schließlich und drittens die »Herrschaft kraft ›Legalität‹, kraft des Glaubens an die Geltung legaler Satzung und der durch rational geschaffene Regeln begründeten sachlichen ›Kompetenz‹«. Für die moderne parteienstaatliche Demokratie kommen bekanntlich nur die beiden zuletzt genannten Herrschaftsformen als Typus in Betracht, wobei auch *Max Weber* keineswegs von einem Verhältnis der Alternativität ausging, vielmehr und sehr wohl darum wußte, wie vielfältig und komplex sich die von ihm beschriebenen Grund- oder Ausgangstypen politischer Herrschaft und ihrer Rechtfertigung auch miteinander verbinden oder vermengen können. »Charismatische« Herrschaft ist die Herrschaft der Person, sie gründet sich - im idealtypischen Falle - auf die Überzeugungskraft der individuellen Persönlichkeit. Daß solches »Charisma« andererseits auch politische Führerfiguren hervorbringen und schein-legitimieren kann, deren Ziel oder Selbstverständnis Diktatur und Tyrannis sind, lehrt nicht zuletzt die jüngere deutsche Geschichte. Dies widerlegt indessen die Richtigkeit des Grundansatzes von *Max Weber* keineswegs. Personalität oder Persönlichkeit und ihre politische Überzeugungskraft bleiben ebenso legitime wie selbstverständliche Erscheinungs- und damit auch Rechtfertigungsformen politischer Herrschaft bzw. politischen Mandats. Gerade in unserer neuen Entwicklung und ihrer so vielfältig von Zweifeln oder Kritik an den politischen Parteien bestimmten Psychologie dokumentiert sich vieles, was man fast als Renaissance des »charismatischen« Herrschafts- oder Politikerbegriffs im Sinne *Max Webers* deuten kann. So scheint es kaum zufällig zu sein, wenn etwa neue Umfragen[3] zur Akzeptanz unserer parteienstaatlichen Demokratie die Demokratie zwar nach wie vor als die »beste Staats-

---

1 Im Folgenden zitiert nach der 2. Aufl. 1926.

2 Politik als Beruf, S. 9 f.

3 Vgl. E. Noelle-Neumann, in: Frankfurter Allgemeine Zeitung vom 19. 1. 1994.

form« akzeptanzmäßig ausweisen, andererseits aber auch der Ruf nach dem »starken Politiker an der Spitze« wächst, »der die Sachen anpackt und sich durchsetzt«. Wenn 58 % in den neuen Bundesländern und 53 % in den westlichen Bundesländern der demoskopisch vorgegebenen These zustimmen, daß ein solcher Politiker nötig sei, um etwa Arbeitslosigkeit oder Kriminalität in den Griff zu kriegen, so muß ein solcher Befund zumindest sehr nachdenklich stimmen. Denn in ihm offenbart sich nicht nur das Grundmaß an allgemeiner Unzufriedenheit mit den politischen Parteien und dem von ihnen geprägten Demokratiesystem, sondern hierin offenbart sich auch ein wesentliches Element der Suche nach mehr politischer Durchsetzungskraft wie Glaubwürdigkeit insgesamt.

Im »charismatischen« Politiker findet *Max Weber* den »Politiker kraft ›Berufes‹ in des Wortes eigentlichster Bedeutung«[4]. Den zweiten Typus des »Berufspolitikers« sieht Weber in jenen »Leuten, die nicht selbst Herren sein wollten, wie die charismatischen Führer, sondern in den Dienst von politischen Herren traten«[5]. Dabei unterscheidet er zwischen den »nebenberuflichen« und den »hauptberuflichen Politikern« - »genau wie beim ökonomischen Erwerb«[6]. Beide Kategorien finden sich im Kreis der Parlamentarier. In der weiteren Konsequenz formuliert *Weber* - auch für die heutige Zeit vollkommen folgerichtig -, daß der »hauptberufliche Politiker« entweder »für« die Politik oder aber »von« der Politik lebt[7]. »Von« der Politik zu leben, heißt, daß der (hauptberufliche) Beruf Politik zur »dauernden Einnahmequelle« wird. Hieraus folgt naturgemäß die wirtschaftliche Abhängigkeit. Andererseits bedeutete die Forderung nach wirtschaftlicher Unabhängigkeit »notwendig eine ›plutokratische‹ Rekrutierung der politisch führenden Schichten«[8]. Daß dies wiederum der Struktur eines demokratischen Systems und seiner Verpflichtung auch zur Gleichheit in der politischen Teilhabe widersprechen würde, blieb auch *Weber* nicht verborgen. Dennoch ist seine prinzipielle Unterscheidung zwischen der »ehrenamtlichen« und damit »unabhängigen« Wahrnehmung von Politik einerseits und dem »von der Politik lebenden Berufspolitiker« andererseits evident. Diese Feststellung galt seinerzeit ebenso wie sie heute gilt, und letzteres gilt auch für die weitere von *Weber* gezogene Konsequenz: »Alle Parteikämpfe sind nicht nur Kämpfe um sachliche Ziele, sondern vor allem auch: um Ämterpatronage«[9].

Bevor *Weber* nach dem Weg zur Lösung dieses scheinbar unlöslichen Dilemmas sucht, untersucht er - auch rechtsvergleichend - die Situation des Parlamentarismus auch und namentlich in Deutschland;[10] dies freilich unter den seinerzeitigen zeitlichen Gegebenheiten, die mit den heutigen nur sehr bedingt zu vergleichen sind. Immerhin, seine erste Feststellung zum deutschen Parlamentarismus, nämlich die von der »Machtlosigkeit der Parlamente«[11], ist auch heute deshalb

4 Vgl. Politik als Beruf, S. 10.
5 Vgl. Politik als Beruf, S. 14.
6 Vgl. Politik als Beruf, S. 14.
7 Vgl. Politik als Beruf, S. 15.
8 Vgl. Politik als Beruf, S. 16 f.
9 Vgl. Politik als Beruf, S. 18.
10 Vgl. Politik als Beruf, S. 28 ff.
11 Vgl. Politik als Beruf, S. 46.

erwähnenswert, weil sich möglicherweise ein ähnlicher, freilich umgekehrt angelegter circulus vitiosus anzubahnen scheint. Aus der seinerzeitigen »Machtlosigkeit« des Parlaments folgerte *Weber,* »daß kein Mensch, der Führerqualität hatte, dauernd hineinging«[12]. Von einer solchen, institutionellen Machtlosigkeit der Parlamente ist heute nicht zu sprechen. Heute ist das Parlament als Repräsentation des Volkssouveräns unbestreitbar ein Machtfaktor allerersten Ranges. Und dennoch stellt sich mehr und mehr das gleiche Problem, nämlich die auch heute zu konstatierende mangelnde Bereitschaft bestimmter Eliten, sich im Parlament politisch zu engagieren. Der Ruf nach entsprechenden Eliten, etwa aus dem Bereich der Wirtschaft, ist längst notorisch geworden. Wenn die *Weber*'sche Sequenz stimmen sollte, und hierfür spricht viel, so liegt der Schluß nahe, daß das Parlament sich heute, über den Faktor mangelnden Engagements bestimmter politischer Eliten in der parlamentarischen Demokratie, gleichsam selbst und im Ergebnis mit entsprechender Folge »entmachten« könnte. Daß hierbei wiederum die politischen Parteien eine maßgebende Rolle spielen, beobachtete seinerzeit auch schon *Weber* sehr klar, selbst wenn die damalige deutsche Parteienlandschaft noch eine grundlegend andere als die heutige war[13]. Vor allem fehlte damals die moderne Volkspartei, die sich um die heutige Demokratie und ihre Stabilität unbestreitbar erhebliche Verdienste erworben hat, die im Grunde erst zur wirklichen und wirksamen Grundlage der modernen parteienstaatlichen Demokratie wurde. Die Volkspartei ist es, der es im Vorfeld der politischen Meinungs- und Willensbildung gelungen ist, jenes Maß an besonderer Integrationskraft zu entwickeln, dessen jede stabile Demokratie gerade in einer pluralistischen Gesellschaft in fast existentieller Form bedarf. Die Entwicklung der Volksparteien gehört mit Sicherheit und demgemäß zu den größten demokratischen Errungenschaften der Nachkriegszeit. Andererseits ist ebenso unbestreitbar, daß die Integrationskraft der Volksparteien gerade in jüngster Zeit immer mehr nachgelassen hat, daß sich »an ihren Rändern« wieder vielfältige Gruppierungen oder Splitterparteien tummeln, deren Substanz sich eben nicht bzw. nicht mehr als durch die Volksparteien integrierbar erwiesen hat. Wenn die beiden großen Volksparteien, CDU/CSU und SPD, sich inzwischen – ungeachtet wechselnder Schwankungsbreiten – eher unterhalb von 40 % einzupendeln beginnen, sie also insgesamt nur noch zwei Drittel der Bevölkerung zu mobilisieren imstande sind, so ist dies ein unbestreitbar alarmierendes Signal. Ein Signal, das sogar noch alarmierender zu werden droht, wenn sich in der Gesamtzahl der Wahlberechtigten ein weiteres Drittel vollends zum Nichtwähler entwickeln sollte. Denn dann geht es sogar um Probleme der Engagierbarkeit.

Dies alles sind freilich Probleme, die für *Max Weber* in dieser Form noch nicht vorhersehbar waren. Denn die Volkspartei war ihm noch unbekannt. Die politischen Parteien in Deutschland waren für ihn noch »gesinnungspolitische Parteien«, die »Weltanschauungen« vertraten und die damit – so ausdrücklich für das Zentrum einerseits und die Sozialdemokratie andererseits von *Weber* festgestellt –

12 Vgl. Politik als Beruf, S. 46.
13 Vgl. Politik als Beruf, S. 47 ff.

»geborene Minoritätsparteien« waren bzw. blieben[14]. Gerade hierin liegt aber der große und politisch fundamentale Wechsel: nämlich die Entwicklung der Nachfolger gerade dieser beiden Parteien in der heutigen politischen Landschaft zu eben nicht mehr Minderheits-, sondern (aktuellen oder doch zumindest potentiellen) Mehrheitsparteien. Andererseits gilt auch für die Volkspartei und ihre Fähigkeit zur Mehrheitsbildung, daß sie nicht verkrusten darf, daß sie nicht in der politischen Nabelschau erstarren darf, daß sie ihre eigene politische Vitalität und damit auch ihre eigene Integrationsfähigkeit bewahren muß, was wiederum nur über das nötige Maß an Profil, an programmatischer Attraktivität, an mitgliedermäßigem Engagement und - last not least - auch über das nötige Maß an politischer Elitenbildung und entsprechender Attraktivität für gesellschaftliche Eliten insgesamt gelingen kann. Geht den Volksparteien diese Fähigkeit verloren, so droht eine Gefahr, die *Weber* wiederum - auf der Basis auch der seinerzeit ganz anderen Ausgangsbedingungen - in auch heute durchaus treffender Form mit dem Satz umschrieben hat: »Unsere Parlamentsparteien waren und sind Zünfte. Jede Rede, die gehalten wird im Plenum des Reichstages, ist vorher durchrezensiert in der Partei. Nur wer als Redner bestellt ist, kann zu Wort kommen«[15]. Ein Befund wiederum, der sich noch verstärkt (womöglich auch wechselseitig bedingt) mit dem der Partei angehörenden Parlamentarier, der als Berufspolitiker wiederum von der Partei, der Nomination durch diese und der Karrierebildung mittels dieser abhängig ist.

Wo lag für *Max Weber* die Lösung? Sie lag - und aus heutiger Sicht hinzuzufügen ist: sie liegt auch nach wie vor - bei der Persönlichkeit des Politikers selbst, seinem Amtsverständnis und seinem politischen Ethos. In auch heute unverändert gültiger Weise formulierte *Max Weber,* »daß drei Qualitäten vornehmlich entscheidend sind für den Politiker: Leidenschaft - Verantwortungsgefühl - Augenmaß, Leidenschaft im Sinne von Sachlichkeit«[16]. »Machtstreben« darf nie »unsachlich und ein Gegenstand rein persönlicher Selbstberauschung« werden. »Politik bedeutet ein starkes langsames Bohren von harten Brettern mit Leidenschaft und Augenmaß zugleich . . . Nur wer sicher ist, daß er daran nicht zerbricht, wenn die Welt, von seinem Standpunkt aus gesehen, zu dumm oder zu gemein ist für das, was er ihr bieten will, daß er all dem gegenüber ›dennoch!‹ zu sagen vermag, nur der hat den ›Beruf‹ zur Politik«[17]. Letzteres war *Max Webers* Schlußwort - eine Feststellung wie ein ethischer Appell an den Politiker, für den Politik zwar »Beruf« sein mag (oder auch sein muß), für den Politik aber auch Berufung im Sinne eines amtlichen Ethos sein muß, das *Max Weber* zwischen den Maximen von »Gesinnungsethik« und »Verantwortungsethik« ansiedelt[18]. Mit beiden Begriffen ist viel operiert und auch sehr häufig im Sinne falsch verstandener Alternativität argumentiert worden. Indessen, zwischen beidem besteht keinesfalls wechselseitige Ausschließlichkeit, beide Maximen ergänzen und bedingen einander

14 Vgl. Politik als Beruf, S. 47.
15 Vgl. Politik als Beruf, S. 48.
16 Vgl. Politik als Beruf, S. 51.
17 Vgl. Politik als Beruf, S. 67.
18 Vgl. Politik als Beruf, S. 57 ff.

vielmehr. Zwischen Gesinnungs- und Verantwortungsethik besteht im Grunde keine (unauflösliche) Dichotomie. Dies wäre nur dann der Fall, wenn Gesinnungsethik letztendlich im Sinne eines politischen (oder besser gesagt: politisierenden) Utopismus zu verstehen wäre. Dies hat *Weber* aber nicht gemeint. Im Vordergrund steht auch für ihn ganz offenkundig die Verantwortungsethik, d.h. die Verantwortung gegenüber der politisch vertretenen oder zu vertretenden »Sache«. Das Ethos der Gesinnung ist dagegen weniger von realer bzw. realpolitischer Bedeutung. In ihm konzentriert sich letztendlich (auch) die Verantwortung vor dem Höheren, also und buchstäblich nicht mehr vor dem Genuin-Politischen.

III.

Hat sich bereits erwiesen, daß die Analysen *Max Webers* auch heute noch vielfältig Geltung beanspruchen dürfen, so darf es nicht nur reizvoll, sondern muß es auch notwendig erscheinen, auch seine Wertungen und Schlußfolgerungen in Beziehung zu dem zu stellen, was im heutigen Empfinden Kritik an der Politik, am Politiker, an den Parteien und vor allem am »Berufspolitiker« umschreibt.

Auszugehen ist von der Realität der heutigen Politikgestaltung und der heutigen Organisation politischen Geschehens wie politischer Willensbildung. Wie bereits verdeutlicht wurde, hat sich in der Gestaltung und Organisation von Politik heute und naturgemäß vieles gegenüber jener Situation verändert, die *Max Weber* seinerzeit im Blickfeld hatte. Politik ist auf der einen Seite unendlich komplexer und professioneller geworden; Politik ist auf der anderen Seite sehr viel gestaltungsbedürftiger und auch in der Einsetzbarkeit wie Verfügbarkeit, ja in der Kompetenz der beteiligten Personen bzw. Politiker ungleich organisationsbedürftiger geworden. Die Vorstellung des »All round-Politikers« - bis hin zu seiner sogar »charismatischen« Legitimation - gehört längst der Vergangenheit an. Politik ist unter den Bedingungen der heutigen pluralistischen Gesellschaft und ihrer Demokratiestrukturen unendlich komplexer und differenzierter geworden. Sie erfordert demgemäß Gestaltungsstrukturen, die sehr viel mehr als früher »organisiert« sind, die sehr viel stärker als früher auf Spezialisierung und Arbeitsteilung setzen müssen. Dies hat wiederum evidente Auswirkungen auf das politische System insgesamt, insbesondere für die Gestaltung des Parlamentarismus und damit auch für das Verständnis des parlamentarischen Mandats als solchem. Der Abgeordnete bleibt zwar im System der parlamentarischen Demokratie »Vertreter des ganzen Volkes« (Art. 38 I 2 GG), bleibt in der realen Wahrnehmung seines Mandats aber auf ein insgesamt arbeitsteiliges Repräsentationssystem definitiv angewiesen. Kein Abgeordneter eines modernen Parlaments ist heute mehr imstande, die gesamte Agenda des Parlaments und damit auch seines Repräsentationsauftrages zu übersehen, geschweige denn inhaltlich voll mitzugestalten.

Zugleich wächst der Bedarf an Spezialisierung und damit an spezieller Sachkompetenz. Solche Kompetenz bedingt wiederum und in aller Regel entsprechende berufliche Vorkenntnisse oder Qualifikationen, wie sie aber im System einer parlamentarischen Demokratie nicht automatisch vorausgesetzt werden können. Das Parlament ist das Gremium von Persönlichkeiten, deren Legitimation ausschließlich in ihrer Wahl und in der ihre Wahl mitgestaltenden Egalität liegt. Ein Parlament, das sich aus bestimmten Bedarfslagen an konkreter Fachkompetenz rekrutieren und dann auch legitimieren müßte, liefe rasch Gefahr, die Legitimationsbasis demokratischer Egalität aufzugeben und in eine Art von (berufs-) ständischem Vertretungsorgan o.ä. umzuwechseln. Dennoch können Egalität und egalitäre Wahl nicht bedeuten, daß das Kriterium fachlicher Kompetenz völlig hintanzutreten hätte. Im Gegenteil, Parlamente müssen sich - von Tag zu Tag mehr - um ein entsprechendes Mehr an auch fachlicher Kompetenz bemühen. Andernfalls droht ein anderes, im Grunde längst akutes Politik- und Verfassungsproblem: nämlich die immer stärker wachsende Dominanz der Exekutive und des in ihr gebündelten Sachverstandes. Schon heute dominiert in der Gesetzgebung das Initiativrecht der Regierung, schon heute sind parlamentarische Gesetzgebungsinitiativen ohne die Hilfen der Exekutive - verschämt pflegt man sie meist als schlichte »Formulierungshilfe« zu umschreiben - kaum noch denkbar. So droht eine Form der Entmachtung aus anderer Richtung - einer Richtung, die wiederum das Gesamtsystem der ebenfalls verfassungsgarantierten Gewaltenteilung zunehmend mehr in Ungleichgewichte bringen kann.

Arbeitsteilige Repräsentation und funktionelle Spezialisierung führen schon aus der Sicht des parlamentarischen Systems selbst mit Zwangsläufigkeit zur parteienstaatlichen Demokratie, wie sie Art. 21 GG mit Recht aufgenommen und neben das Repräsentationsprinzip des Art. 38 GG gestellt hat. In der Tat und aller sog. »Parteienverdrossenheit« zum Trotz: Ohne intakte politische Parteien ist eine parlamentarische Demokratie in der modernen pluralistischen Gesellschaft nicht mehr denkbar, zumindest nicht in funktionstüchtiger Form. Die Parteien sind im Prozeß der politischen Willensbildung sowohl im vorparlamentarischen Raum wie im parlamentarischen Raum selbst unverzichtbar geworden. Sie sind auch allein imstande, über ihre parlamentarischen Organisationen, also die Fraktionen, den Notwendigkeiten von Arbeitsteilung und Spezialisierung Rechnung zu tragen. Die Rolle der Parteien erschöpft sich andererseits jedoch nicht in der Organisation des Parlamentsbetriebs. Die Parteien dominieren auch - und durchaus folgerichtig - im vorparlamentarischen Raum, wobei sich ihre Rolle wiederum nicht auf die des bloßen Wählervereins o.ä. beschränkt oder beschränken kann. Daß die politischen Parteien andererseits dazu tendieren, ihr politisches Grundmandat auch gelegentlich allzu expansiv zu verstehen und zu praktizieren, ist hinlänglich bekannt. Hier tut vielfältig Besinnung auf das not, was das GG in Art. 21 I 1 die *Mit*wirkung »bei der politischen Willensbildung des Volkes« nennt; es geht um *Mit*wirkung und nicht etwa um *ausschließliche* Entscheidung oder gar ein Politikmonopol. Das Szenario einer »Feudalisierung des politischen Systems« durch allzu expansive Gestaltungsansprüche der politischen Parteien ist hinlänglich beschrieben worden[19].

Jede pluralistische Gesellschaft ist auf die Organisation der in ihr vertretenen Interessen und Meinungen angewiesen. »Repräsentation organisierter Interessen«[20] heißt demgemäß auch die Grundlegitimation der politischen Parteien. Or-

19 Vgl. bes. E. und U. Scheuch, Cliquen, Klüngel und Karrieren, 1992, S. 116 ff.
20 Siehe die gleichnamige grundlegende Monographie von J. Kaiser aus dem Jahre 1956.

ganisation impliziert und produziert wiederum ihre Eigengesetzlichkeiten, die sich in der gebotenen Kürze auf die Stichworte von Hierarchisierung, Bürokratisierung und Oligarchisierung konzentrieren lassen. Selbst wenn sich Symptome oder Entwicklungen dieser Art nicht in pauschaler Form verallgemeinern lassen, so sind sie doch - zumindest tendentiell - unabweisbar, wobei sich in verstärkender Weise wiederum der Tatbestand des von seiner Partei und ihrem Nominationsrecht abhängigen Berufspolitikers hinzugesellt. In der Tat, die Parteienlaufbahn wird immer mehr zur Berufskarriere - mit der Konsequenz, daß das Maß an Abhängigkeit von der Partei einerseits ebenso wächst wie die parteiinterne Abschottung und Oligarchisierung andererseits. Parteipolitischer oder parteiinterner Erfolg und beruflich-wirtschaftliche Existenz werden in vielen Fällen immer mehr eins. Der häufig ironisch beschriebene Weg vom Jugendfunktionär über den Fraktionsassistenten bis hin zum Abgeordneten nennt längst nicht mehr boshaft überzeichnete Karikaturen im Einzelfall; er ist vielmehr und durchaus zu mannigfacher Realität geworden. Die kritische Diskussion um Entwicklungen dieser und vergleichbarer Art soll hier nicht auf's Neue aufgenommen werden. Wesentlicher ist sicherlich die Frage nach möglicher Abhilfe. Diese Frage zu beantworten, verbietet wiederum, das Kinde buchstäblich mit dem Bade auszuschütten und - unter dem emotionalen Schlagwort von der »Parteienverdrossenheit« - das ganze System zu verwerfen oder doch in seinen Grundlagen in Zweifel zu ziehen. Denn das System der parteienstaatlichen und repräsentativen Demokratie bleibt, um dies noch einmal zu wiederholen, das heute für jede stabile Demokratie einzig gangbare und auch einzig politisch vertretbare. Daß es in Deutschland unter dem GG zum ersten Mal in unserer Geschichte gelungen ist, eine stabile und funktionstüchtige Demokratie aufzubauen, ist in entscheidendem Maße gerade dem nicht nur politisch, sondern auch verfassungsrechtlich offenen und definitiven Bekenntnis zur parteienstaatlichen Demokratie und ihrer Organisation der repräsentativen Demokratie zu verdanken. Die Parteien sind im übrigen auch imstande, Defizite der genannten Art selbst zu überwinden und damit auch zur »Politik als Beruf« im Sinne von Berufung oder Ehrenamt zurückzufinden. Die Parteien sind überdies durchaus imstande, auch das nötige Maß an fachlicher Kompetenz oder Qualifikation organisatorisch zu gewährleisten - vorausgesetzt, daß sie die Fähigkeit aufbringen, den vielfältig real gewordenen tatsächlichen Primat der politischen Professionalität gegenüber der sachlichen Kompetenz zu durchbrechen. Daß der karrieremäßig - berufliche Weg durch die Institutionen einer Partei bis hin zum parlamentarischen oder auch exekutivischen Mandat ein spezifisches Maß an entsprechend politischer (besser gesagt: parteipolitischer) Professionalität bedingt, liegt auf der Hand. »Politisches Geschäft« muß heute buchstäblich erlernt werden; ohne entsprechend parteipolitische Erfahrung läßt sich auch persönlich-politischer Erfolg nicht erreichen. Da den Parteien im politischen System nicht nur die Aufgabe zufällt, inhaltlich-politische (programmatische) Angebote dem Bürger zu unterbreiten, sondern auch personelle Angebote, d.h. Kandidaten, zu präsentieren, fällt ihnen auch die legitime Zuständigkeit zur personalmäßigen Selektion zu - vorausgesetzt, daß die jeweiligen Selektionsverfahren dem Gebot der innerparteilichen Demokratie (Art. 21 I 3 GG) genügen. Der von einer Partei jeweils präsentierte Kandidat muß also innerparteilich auf demokratischem Wege ausgesucht (gewählt) worden sein; er muß des weiteren Träger der politischen Programmatik der jeweiligen Partei sein, sich mit dieser also in zumindest loyaler Form identifizieren und, um sich auch aktuell durchsetzen zu können, muß er auch über das nötige Maß an parteipolitischer Erfahrung (»Professionalität«) verfügen. Dies alles ist ebenso selbstverständlich wie auch legitim. Fragwürdig und problematisch wird dieser Tatbestand nur dann, wenn sich das gesamte Verfahren zu nichts anderem entwickelt als der organisierten Chance zu einem bestimmten beruflichen Erfolg, nämlich dem des avancierten Parteipolitikers. Selbst wenn sich die Symptome hierfür mehren mögen, zumindest aber in vielen Fällen unabweisbar sind, so sollten die politischen Parteien hieran schon selbst kein eigenes und wirkliches Interesse haben. Denn jede politische Partei ist im Kampf um demokratische Mehrheiten auf die eigene Attraktivität und damit Überzeugungskraft vor dem Wähler (existentiell) angewiesen. Solche Attraktivität und Überzeugungskraft lassen sich wiederum in zweierlei Richtung gewinnen: entweder über ein entsprechend attraktives politisches Programm oder über die Attraktivität der als Kandidaten präsentierten Persönlichkeiten. Hierum weiß heute jede politische Partei und deshalb sucht auch jede Partei - schon aus ganz ursprünglich-egoistischen (Erfolgs-)Gründen - selbst nach entsprechenden Erfolgsmitteln. Daß jede Partei bei der Auswahl der von ihr präsentierten Persönlichkeiten ungeachtet dessen immer eine implizite Präferenz für das möglichst »treue Parteimitglied« haben wird, liegt ebenso auf der Hand und begünstigt im Ergebnis wiederum das Karrierestreben eben jener professionalen Parteipolitiker. Unterstützt werden solche Präferenzen durch die Erfahrung, daß der Wähler heute vorrangig Parteien und nur nachrangig bestimmte Persönlichkeiten wählt. Die parteienstaatliche Demokratie hat sich in diesem Sinne auch im Empfinden und in der Urteilsfindung des Wählers eindeutig durchgesetzt. Die nicht parteigebundene Persönlichkeit hat heute im Grunde keine reale Chance mehr, gewählt zu werden. Der parteipolitische Außenseiter spielt zumindest auf der staatlichen Ebene keine relevante Rolle mehr. Lediglich in der regionalen Überschaubarkeit etwa kommunaler Wahlen hat das Prinzip der Persönlichkeitswahl noch reale Bedeutung.

In diesem Sinne ist die Vorstellung der Macht- oder Politiklegitimation kraft »Charismas« im Sinne *Max Webers* nur noch von sehr sekundärer Bedeutung. Dennoch wäre es verfehlt, nur noch auf die partei- und entsprechend berufspolitische Legitimation wie Qualifikation zu vertrauen. Im Gegenteil, gerade die gegebenen Verkrustungen in den parteipolitischen Organisationen und die schwindende Überzeugungs- sowie Integrationskraft parteipolitischer Programmatiken lenkt den Blick zwangsläufig zurück zum Prinzip der Personalität und damit auch ihrer demokratischen Legitimität wie Attraktivität. So ist es kein Zufall, daß der Ruf nach (wieder) verstärkter Einführung des Mehrheitswahlrechts immer häufiger zu hören ist. Wo das Verhältniswahlrecht in Verbindung mit dem parteipolitischen Listenprivileg die Parteien und ihr faktisches Selektionsmonopol eindeutig begünstigt, dort würde das Mehrheitswahlrecht wieder stärker auf die Persönlichkeit des jeweiligen Kandidaten und seine politische Überzeugungsfähigkeit abstellen. Unter dem Aspekt demokratischer Egalität - und dies bedeutet vor allem ein Höchstmaß an Gleichheit im Zähl- und Erfolgswert einer jeden Wahlstimme - sollte es jedoch beim Verhältniswahlrecht in zumindest einigermaßen gleichrangiger Form mit dem Mehrheitswahlrecht bleiben. Gerade die deutliche Neigung des deutschen Wählers, keine absoluten Mehrheiten bestimmter Parteien zuzulassen, spricht dafür, daß das geltende Wahlsystem in seiner Kombination von Verhältnis- und Mehrheitswahl vom Wähler durchaus akzeptiert, ja wohl auch präferiert wird; und dies auch ungeachtet der daraus in aller Regel folgenden Entwicklung zur parteipolitischen »Koalitionsdemokratie« und ihrer vielfältig - immanenten Probleme[21] an oft mangelnder politischer Entscheidungsfähigkeit wie vor allem auch an politisch-inhaltlicher Transparenz.

Politik bedingt nach *Max Weber* Leidenschaft, Verantwortungsgefühl und Augenmaß[22]. Alles dies sind personale Eigenschaften, auf die auch organisierte Politik, auf die also auch Parteipolitik nicht verzichten kann. Mit anderen Worten: Wer das Ethos von Politik nicht nur als Profession, sondern auch als Beruf im Sinne von Berufung begreifen und praktizieren will, der darf die Notwendigkeit und die grundsätzliche Legitimität von politischer Persönlichkeit bzw. demokratisch zu legitimierender Personalität nie vernachlässigen oder gar außer Betracht lassen. So notwendig Politik in organisierter Gestalt, organisierter Selektion und inhaltlich organisierter Präparation ist, so sehr muß auch auf den nötigen Faktor der Personalität und ihrer möglichst freien und offenen Vermittlung wie Artikulation abgestellt werden. Daß dies eine permanente Gratwanderung gerade im System der parteienstaatlichen Demokratie und ihrer im Prinzip ebenso notwendigen Professionalisierung bedeutet, liegt auf der Hand. Je weniger der Faktor Personalität jedoch zur Geltung gelangt, desto stärker werden Verkrustung, nach innen gewendete Oligarchisierung und berufspolitisch pures Funktionärstum dominieren - mit der unabweisbaren Konsequenz des Verlusts an Attraktivität der betreffenden Partei und ihres Politikangebots.

IV.

Was folgt aus alledem für die politische Praxis, für den »Beruf Politik« und die ihn wesentlich präparierende wie organisierende Parteipolitik?

Die erste Antwort auf diese Frage muß lauten: Wiederbesinnung auf die Notwendigkeit eines Politikverständnisses, das sich nicht in organisationspolitischer (innerparteilicher) Professionalität erschöpft, sondern das Politik wieder und definitiv als Beruf im Sinne von Berufung begreift. Daß Politik heute nicht mehr in Gestalt des schlichten Ehrenamts wahrgenommen oder gar geführt werden kann, liegt auf der Hand. Dies darf andererseits aber nicht bedeuten, daß auf ein solches Verständnis von Politik als Berufung und die Grundlegitimation eines solchen Politikethos generell verzichtet wird. Im Gegenteil, gerade die politischen Parteien müssen, wollen sie attraktiv, glaubhaft und überzeugend bleiben, darauf Bedacht nehmen, daß die Faktoren politischer Personalität und Politik als personaler Be-

---

21 Vgl. dazu bereits R. Scholz, in: Recht und Pflicht. Von der Freiheit eines Rechtspolitikers, Festschrift für D. Kleinert, 1992, S. 66 ff.
22 Vgl. Politik als Beruf, S. 51 ff.

rufung gerade bei ihren Selektionsverfahren nicht zu kurz kommen. Denn nur so läßt sich Profil gewinnen. Dies bedeutet in der Praxis, daß die Parteien sich vor allem auch für unabhängige Persönlichkeiten nach Möglichkeit öffnen müssen, wobei das Kriterium der gerade im System spezialisierter und arbeitsteiliger Politik unabdingbaren Sachkompetenz die richtige, buchstäblich weichenstellende Direktive abzugeben vermag. In den Parteien gehört es bekanntlich längst zur gewohnten Klage, daß sich nicht genügend unabhängige, fachkompetente Persönlichkeiten als Kandidaten bzw. für das politische Geschäft zur Verfügung stellen. Dies ist in der Tat wahr und macht es den Parteien vielfältig so schwer, selbst zur nötigen politischen Elitenbildung beizutragen. Aber die Gründe hierfür liegen nicht nur auf der einen Seite, sondern - wie nicht anders zu erwarten - buchstäblich auf beiden Seiten. Die Parteien müssen sich nämlich ungleich mehr für solche Persönlichkeiten öffnen. Sie können nicht erwarten, daß jedermann, der bereits in seinem beruflichen Leben erfolgreich gewesen ist, der entsprechende Qualifikationen erworben hat, im Bereich der Politik buchstäblich als eine Art Politik-Volontär wieder von ganz unten beginnt und sich über die sog. »Ochsentour« erst die parteiinternen Meriten erwirbt, um auch als Kandidat für ein Parlament oder ein anderes politisches Amt nominiert zu werden. Die politischen Parteien sind eben kein Institut zur Realisierung oder Gestaltung bestimmter (parteipolitischer) Berufskarrieren. Wer die Parteien so versteht oder wenn diese sich gar selbst so verstehen sollten, so wäre die nach Art. 21 GG den Parteien von der Verfassung zugewiesene besondere Funktion im Prozeß der demokratischen Willensbildung nicht mehr zu rechtfertigen. Die politischen Parteien sehen sich gemäß Art. 21 GG, wie das *BVerfG* zutreffend ausgeführt hat, »aus dem Bereich des Politisch-Soziologischen in den Rang einer verfassungsrechtlichen Institution« erhoben[23]. Sie verfügen damit über einen privilegierten Status (auch) im System der parlamentarischen Demokratie, der sich aber erst aus den Gegebenheiten und Notwendigkeiten der gruppenmäßig-kollektiven Organisation demokratischer Repräsentation erklärt und rechtfertigt. Gerade hierin liegt die Ratio des verfassungsrechtlichen Verbundes von parteienstaatlicher Demokratie gemäß Art. 21 GG einerseits und repräsentativer Demokratie gemäß Art. 38 I GG andererseits. Daß beide Prinzipien und damit auch beide Verfassungsnormen in keinem voll spannungsfreien Verhältnis nebeneinander stehen, ist offenkundig. Andererseits besteht zwischen parteienstaatlicher und repräsentativer Demokratie ein spezifischer und buchstäblich »aufgegebener« Sinnzusammenhang, der auch die Parteien selbst im Rahmen ihrer Organisations- und Präparationsaufgabe sowohl vor als auch innerhalb des Prozesses parlamentarischer Repräsentation zur auch innerparteilichen Repräsentation, also nicht nur interessenmäßigen Präsentation verpflichten[24]. So erklärt sich auch das Gebot der innerparteilichen Demokratie gemäß Art. 21 I 3 GG, so erklärt sich die Unzulässigkeit von imperativem Mandat und Fraktionszwang und so erklärt sich schließlich das Erfordernis zur buchstäblich »repräsentativen« Offenheit und Öffnung der Parteien auch und namentlich für die perso-

23 Vgl. BVerfGE 2, 1 (73) sowie weiterhin z.B. BVerfGE 11, 266 (273); 20, 56 (100) sowie st. Rspr.
24 Vgl. dazu schon R. Scholz, Die Koalitionsfreiheit als Verfassungsproblem, 1971, S. 166 ff.

nale Kompetenz, das personale Engagement und die personale Berufung. Praktisch und konkret bedeutet dies wiederum, daß die parteipolitischen Selektionen und Nominierungen eben nicht allein auf - mehr oder weniger »bewährte« - innerparteiliche Professionalität und innerparteilichen Karrierismus abstellen dürfen, sondern daß diese - in durchaus bewußter und gewollter Bereitschaft zur entsprechenden Elitenbildung - sich auch und namentlich zu den Auswahlkriterien von personaler Überzeugungskraft und personaler Kompetenz bekennen.

Daß dies alles in manche äußerst schwierige Gratwanderung interner Parteipolitik und in manche Herausforderung gerade für verantwortlich denkende Parteiführungen einmünden kann und wird, ist unbestreitbar. Aber gerade hierin liegt ein letztendlich auch verfassungsgewollter Auftrag an die Parteien, an ihre Führungen und an ihre Nominierungs- bzw. Selektionsverfahren. Folgerichtig muß diese Gratwanderung bestanden werden.

Inzwischen liegen bekanntlich eine ganze Reihe von Vorschlägen auf dem Tisch, wie man das personale Element in den politischen Parteien wieder stärken kann, wie man allzu oligarchische oder oligarchisierende Verkrustungen gerade zugunsten unabhängiger und kompetenter Persönlichkeiten aufbrechen kann[25]. Viele dieser Vorschläge sind aber viel zu kurz gegriffen oder aus anderen Gründen von untauglicher Art. Mit Vorsicht sind vor allem jene Vorschläge aufzunehmen, die - einem derzeit besonders modischen Argumentationszug folgend - für stärker plebiszitäre Verfahren auch in und gegenüber den politischen Parteien votieren. Man mag zwar darüber diskutieren, ob es zweckmäßiger, ja sinngerechter ist, bestimmte parteipolitische Führungspersonale oder auch bestimmte Kandidaten für parlamentarische Mandate nicht mehr über die dezentralen und repräsentativen Verfahren von Delegiertenversammlungen, sondern stattdessen über Mitgliederversammlungen, d.h. in unmittelbarer Parteiendemokratie, wählen zu lassen. Dies mag mitunter zweckmäßig sein und für mehr Offenheit sorgen; dies kann aber ebenso auch den gegenteiligen Effekt auslösen. Plebiszitäre Verfahren sind generell nicht geeignet, für auch in der Demokratie gerade einer pluralistischen Gesellschaft unverzichtbare Konsens- und Kompromißverfahren zu sorgen. Plebiszite sind in hohem Maße stimmungsabhängig, Plebiszite pflegen in aller Regel zu polarisieren, Plebiszite sind nur allzu oft auch Instrumente für Demagogie und politische Irrationalität.

In anderer Richtung bieten sich aber durchaus sinnfällige Reformen an. Als erstes mag hierbei der definitive Verzicht auf Blockwahlen innerhalb der Parteien wie auch außerhalb dieser, also im Rahmen staatlicher oder kommunaler Wahlen genannt sein. Zu den wichtigsten Machtinstrumenten der Parteien gehört bekanntlich die Listenwahl und das mit ihr verbundene Privileg der parteipolitischen Listenaufstellung. Hier könnte mit guten Gründen ein höheres Maß an Einfluß für das Parteimitglied bei Wahlen innerhalb einer Partei und für den Bürger bei Wahlen im staatlichen oder kommunalen Bereich dadurch gesichert werden, daß vom Prinzip der »starren Liste« definitiv Abstand genommen wird und dem jeweiligen Wähler etwa über das Recht zur Panachierung oder Kumulierung die

25 Vgl. nur z.B. E./U. Scheuch, a.a.O., S. 122 ff.

Möglichkeit gegeben wird, allzu hierarchisch gesetzte Vorgaben bestimmter Parteigliederungen oder -führungen zu korrigieren. Andererseits sollte am Prinzip der Listenwahl aber durchaus festgehalten werden. Denn das Prinzip der Listenwahl eröffnet den Parteien gerade die Möglichkeit, in ein Parlament auch entsprechend kompetente Persönlichkeiten, ja auch sog. »Außenseiter«, zu entsenden. Gerade solche Persönlichkeiten sind heute, wie bereits mehrfach erwähnt, in ungleich höherem Maße als früher gefordert; und für ihre Entsendung oder Kandidatur bietet das Recht der Parteien zur Aufstellung von Wahllisten ein ebenso legitimes wie zweckmäßiges Instrument. Dies alles funktioniert freilich nur dann, wenn man bereit ist, von jener lieb gewordenen Praxis Abschied zu nehmen, die Wahlliste vorrangig als Instrument zur Absicherung unsicherer Direktwahlkandidaten zu verstehen. Daß auch solche Absicherungen im Einzelfall notwendig sind, daß sie vor allem bestimmten Persönlichkeiten die Chance bewahren, in das Parlament Eingang zu finden, obwohl sie in buchstäblich aussichtslosen Stammbereichen einer anderen Partei den Mut aufbringen zu kandidieren, ist ebenso wahr und zu respektieren. Folgerichtig sollten die politischen Parteien die Bereitschaft entwikkeln, ggf. aber auch von Gesetzes wegen verpflichtet werden, bestimmte Prozentanteile der von ihnen zu vergebenden Listenplätze auch an solche Persönlichkeiten zu vergeben, die allein unter dem Aspekt ihrer personalen Kompetenz oder Qualifikation für das Parlament und die von ihm zu gewährleistende Gesamtrepräsentation der Gesellschaft erforderlich, zumindest aber wünschenswert sind. Daß dies alles auch der innerparteilich-demokratischen Akzeptanz bedarf, folgt aus dem Gebot innerparteilicher Demokratie gemäß Art. 21 I 3 GG. Aber keine Parteisatzung und auch kein Parteiengesetz sind gehindert, entsprechende Vorgaben zu formulieren bzw. den demokratischen Selektions- und Nominierungsprozessen innerhalb der Parteien aufzugeben. Entsprechende Vorschlagsrechte könnten beispielsweise jenen innerparteilichen Vereinigungen überantwortet werden, die sich gerade die innerparteiliche Pflege und Vertretung bestimmter fachspezifischer Gruppeninteressen zur Aufgabe gemacht haben, wie etwa ein Wirtschaftsrat oder einer Mittelstandsvereinigung für den Bereich der Wirtschaft usw.

Wenig ist dagegen nach hiesiger Auffassung von solchen Vorschlägen zu halten, die bestimmte Wiederwahlen ausschließen bzw. nicht mehr als zwei oder drei Amtsperioden zulassen wollen. Solche Überlegungen mögen zwar hier und dort die eine oder andere Verkrustung, den einen oder anderen »Erbhof«, aufzubrechen imstande sein, zugleich drohen sie aber das Kinde buchstäblich mit dem Bade auszuschütten. Denn wer sagt eigentlich, daß jemand, der bereits zwei oder drei Amtsperioden hinter sich gebracht hat, nicht der unverändert bessere und qualifiziertere Kandidat ist? Die entsprechend indirekte Einführung einer solchen »Altersgrenze« in der Politik ist letztendlich demokratiewidrig, droht nur neue Bürokratisierungen auszulösen, an denen wahrhaft niemand ein echtes Interesse haben kann. Jede politische Partei muß sich – buchstäblich aus Gründen der eigenen Existenz- und Mehrheitsfähigkeit – die Kraft zur eigenen Erneuerung und damit auch personellen Offenheit bewahren. Gelingt einer politischen Partei dies nicht, so wird sie nur allzu rasch die eigene politische Vitalität und damit auch die eigene Attraktivität beim Wähler einbüßen. Personelle Erneuerung und personelle Offenheit lassen sich aber nicht kraft Gesetzes o.ä. bzw. mittels Ausschlusses bestimmter Wiederwählbarkeiten garantieren. Auch die innerparteiliche Demokratie läßt sich nicht kraft bloßen Reglements gewährleisten. Ihre Gewährleistung obliegt vielmehr und zunächst den Parteien selbst. Es kommt auf die Bereitschaft und Fähigkeit der Parteien an, innerparteiliche Demokratie und innerparteilichen Wettbewerb nicht nur nach den Eigengesetzlichkeiten von berufspolitischer Professionalität, sondern auch mit der Bereitschaft und Fähigkeit zur Offenheit, zum erneuernden Wechsel und vor allem auch unter den Aspekten des kompetentiellen Leistungsvergleichs zu praktizieren. Die Parteien müssen sich schon in ihrer Mitgliederwerbung ungleich mehr als heute üblich um kompetente, unabhängige also auch im System von spezialisierter und arbeitsteiliger Politikgestaltung einsetzbare Persönlichkeiten bemühen. Sie sollten - last not least - auch ungleich mehr als bisher den Mut zur Einladung und auch kandidatenmäßigen Aufstellung von »Außenseitern« aufbringen. Nicht zuletzt der Wähler wird es ihnen lohnen. Denn Parteien, die solche Forderungen bereit sind zu beherzigen, werden sich nicht schwer tun, vom Wähler auch das attestiert zu bekommen, was *Max Weber* für die »Politik als Beruf« mit Recht über die Begriffe von Leidenschaft, Verantwortungsgefühl und Augenmaß postuliert hat.

Gerhard Schricker

Abschied von der Gestaltungshöhe im Urheberrecht?

I. *Einführung*

Die Fortschritte, die das Urheberrecht in den letzten Jahrzehnten gemacht hat und auch die Probleme, die heute vor ihm liegen, sind weniger der Theorie und Dogmatik zuzuordnen als vielmehr der Rechtspolitik und Praxis. An der Bewältigung der Aufgabe, das Urheberrecht im technischen und wirtschaftlichen Wandel funktionsfähig zu halten, hat Reinhold Kreile, dem dieser Beitrag gewidmet ist, wesentlichen Anteil. Sein rechtspolitisches Wirken hat die Entfaltung des deutschen Urheberrechts entscheidend gefördert; die praktische Durchsetzung des Urheberrechts der Musik ist bei ihm als dem Leiter der bedeutendsten Verwertungsgesellschaft in besten Händen. Seine besondere Sorge gilt der Ausbildung eines gemeinsamen Urheberrechts in der Europäischen Union.

Die folgenden Überlegungen nehmen vom europäischen Urheberrecht ihren Ausgang, wie es in den Richtlinien immer deutlichere Gestalt gewinnt. Es geht um den Werkbegriff. Ohne diesen allgemein zu definieren, treffen die Richtlinien doch Festsetzungen für einzelne Werkskategorien. Es fragt sich, ob der herkömmliche Werkbegriff des deutschen Rechts den europäischen Vorgaben in den geregelten Bereichen genügt und ob er darüber hinaus nicht generell einer Revision zu unterziehen ist. Kritischer Punkt ist die Gestaltungshöhe.

II. *Die Gestaltungshöhe als Schutzvoraussetzung im deutschen Recht*

Der Begriff der Gestaltungshöhe im deutschen Urheberrecht ist relativ jung. Über seine Entstehung gibt ein Bericht Eugen Ulmers von der Freiburger Tagung für Rechtsvergleichung 1958 zum Thema »Der Schutz der industriellen Formgebung«[1] Aufschluß. Ulmer schreibt:

> »Wie im Patentrecht von der Erfindungshöhe, so können wir im Kunsturheberrecht – mit einem von Frau Dr. Meißner geprägten Ausdruck – von der Gestaltungshöhe sprechen. Das ist ein guter Vorschlag, der auf der Freiburger Tagung volle Zustimmung gefunden hat.«

Der Vorschlag hat Urheberrechtsgeschichte gemacht. Ulmer übernahm den Begriff der »künstlerischen Gestaltungshöhe« in die zweite Auflage seines Lehr-

1 GRUR Int. 1959, 1, 2.

buchs[2]. In der Folge wurde der Terminus der Gestaltungshöhe oder Schöpfungshöhe von Literatur und Rechtsprechung rezipiert[3]; er gehört heute zum festen Bestand der Begriffe, mit deren Hilfe man die kryptische Formel von der »persönlichen geistigen Schöpfung« in § 2 Abs. 2 UrhG zu erhellen sucht.

Die Funktion des Kriteriums der Gestaltungshöhe hat sich allerdings gewandelt. Ulmer spricht stets von der »künstlerischen Gestaltungshöhe«[4]; er bezeichnet damit den Grad der Leistung, der bei Werken der angewandten Kunst für den Urheberrechtsschutz vorausgesetzt wird. Wird die erforderliche Gestaltungshöhe nicht erreicht, kommt allenfalls ein Geschmacksmusterschutz in Betracht. Die Gestaltungshöhe fungiert somit als Hilfsbegriff zur Lösung des speziellen Problems der Grenzziehung zwischen Kunstschutz und Musterschutz; der Wirkungsbereich des Begriffs beschränkt sich auf eine besondere Werkskategorie, die Werke der angewandten Kunst.

Die spätere Lehre und Praxis hat den Begriff verallgemeinert. Ohne viel Diskussion wird der »Maßstab der notwendigen Gestaltungshöhe« bei Werken aller Art zur Beantwortung der Frage herangezogen, ob der Eigentümlichkeitsgrad zur Zubilligung der Urheberrechtsschutzfähigkeit hinreichend ist[5]. »Ein Werk muß . . . durch eine gewisse ›Gestaltungshöhe‹ über das Handwerksmäßige, Durchschnittliche hinausragen[6]; die Gestaltungshöhe als »Mindestmaß der geistig-schöpferischen Leistung« wird mit der Individualität als deren »quantitativer Aspekt« verbunden[7].

Die Transposition des Begriffs der Gestaltungshöhe vom ursprünglichen Anwendungsfeld auf andere Werkskategorien hat weitreichende Folgen gehabt. Bei der angewandten Kunst bedeutet das Postulat der Gestaltungshöhe Reduktion des Urheberrechtsschutzes durch Verschärfung der Anforderungen an die künstlerische Leistung[8]; systematisch gerechtfertigt wird die strengere Behandlung durch den Hinweis auf den Geschmacksmusterschutz als Auffangposition.

Die Generalisierung des Begriffs der Gestaltungshöhe hat das Tor für die Einführung strengerer Maßstäbe auch bei anderen Werkskategorien geöffnet, ohne daß hierzu ein vergleichbarer systematischer Anlaß bestanden hätte. Von manchen wird die Meßlatte pauschal für alle Werke höher gelegt. Am deutlichsten finden diese »strengeren Anforderungen« bei v. Gamm ihren Ausdruck. Nach dem von ihm vorgeschlagenen »graduellen Aufbau« liegt das »Können eines Durchschnittsgestalters« außerhalb jeder Schutzfähigkeit. Eine darüber hinausgehende schöpferische Leistung begründet die Geschmacksmusterfähigkeit; »erst in einem

---

2 Urheber- und Verlagsrecht, 2. Aufl., § 25 II 2c (S. 131); ebenso die 3. Aufl., § 25 III 4 (S. 150). In der 1. Auflage taucht der Begriff nicht auf; es ist nur von einem »Gradunterschied« die Rede, siehe § 19 II 1 b (S. 92).
3 S. aus der Praxis z. B. BGH, GRUR 1982, 305, 306 – Büromöbelprogramm.
4 S. zuletzt 3. Aufl. § 25 III 4 S. 150.
5 v. Gamm, Urheberrecht, § 2, Rdnr. 16.
6 Hubmann/Rehbinder, Urheber- und Verlagsrecht, 7. Aufl., § 12 II 3a (S. 83).
7 Loewenheim in Schricker, Urheberrecht Kommentar, § 2, Rdnr. 16.
8 S. zur Kritik an dieser Schlechterstellung der Werke der angewandten Kunst die Nachweise bei G. Schulze, Die kleine Münze und ihre Abgrenzungsproblematik bei den Werkarten des Urheberrechts, 1983, S. 69 ff.

erheblich weiteren Abstand beginnt die untere Grenze der Urheberrechtsschutzfähigkeit«[9].

Der BGH hat die »strengeren Maßstäbe« in wenig durchschaubarer Auswahl bei einzelnen, nicht aber bei allen Werkskategorien angelegt. Am meisten Aufsehen hat die Formel vom »erheblichen Überragen des Durchschnitts« bei den Computerprogrammen gemacht[10]. Darüber hinaus wurden ihr auch andere wissenschaftliche Schriftwerke unterstellt[11], während es hinsichtlich der wissenschaftlich-technischen Darstellungen eigenartigerweise bei den traditionellen »geringen Anforderungen« an die Gestaltung geblieben ist[12].

Die in der Judikatur sich manifestierende Einschränkung des Urheberrechtsschutzes für gewisse wissenschaftliche Werke hat sich als Irrweg erwiesen[13]. Bei den Computerprogrammen hat die europäische Rechtsharmonisierung einen Wandel erzwungen[14]. Aber auch bei sonstigen wissenschaftlichen Werken vermeidet die neueste Praxis mit Recht die Formel vom »deutlichen Überragen des Durchschnitts«; es wird mit den Worten, daß »je nach den Umständen auch ein geringes Maß geistiger Betätigung genügen kann«, der Schutz der »kleinen Münze« wieder anerkannt[15]. Daß die »kleine Münze« Urheberrechtsschutz genießt, war denn auch in anderen Bereichen, wie insbesondere bei der Musik[16] und bei den Filmwerken[17] nie in Zweifel gezogen worden.

III. *Die Schutzvoraussetzungen im europäischen Recht*

Die Gestaltungshöhe ist ein Begriff des deutschen Urheberrechts. Ohne im einzelnen in die Rechtsvergleichung einzutreten, läßt sich doch sagen, daß ein vergleichbares generelles Kriterium im Recht anderer europäischer Staaten nicht verbreitet ist[18]. Das Feld wird im wesentlichen von den Begriffen der Individualität und Originalität beherrscht, die als deckungsgleich empfunden werden oder sich doch weitgehend überschneiden[19]. Manche Gesetze betonen ausdrücklich, daß

---

9 v. Gamm, a.a.O. FN 5 2, Rdnr. 16 (S. 181).

10 BGH, GRUR 1985, 1041, 1048. S. zur Kritik statt aller Haberstumpf in Lehmann, Rechtsschutz und Verwertung von Computerprogrammen, 1. Aufl. 1988, S. 45 ff.

11 BGH, GRUR 1984, 659, 616 - Ausschreibungsunterlagen; BGH, GRUR 1986, 739, 741 - Anwaltsschriftsatz; BGH, GRUR 1987, 704, 706 - Warenzeichenlexika.

12 BGH, GRUR 1987, 360, 361 - Werbepläne; BGH, GRUR 1988, 33, 35 - Topographische Landeskarten.

13 S. zur Kritik Schricker in GRUR - Festschrift, Bd. II, S. 1095, 1106 ff.

14 S. statt aller Lehmann in der 2. Aufl. von Rechtsschutz und Verwertung von Computerprogrammen, 1993, S. 1, 7 f.; vgl. auch BGH, GRUR 1994, 39 - Buchhaltungsprogramm (». . . werden allerdings künftig bei Computerprogrammen geringere Schutzanforderungen zu stellen sein . . .«).

15 BGH, GRUR 1991, 130, 133 - Themenkatalog; BGH, GRUR 1992, 382, 385 - Leitsätze.

16 S. z.B. BGH, GRUR 1988, 812, 814 - Ein bißchen Frieden.

17 BGH, GRUR 1984, 730, 732 - Filmregisseur, m. Anm. von Schricker.

18 Im österreichischen Recht taucht bei Werken der bildenden Kunst der Begriff der »Werkhöhe« auf, s. Dittrich, Urheberrecht, 2. Aufl., § 1 E 14. Zur Resonanz der Gestaltungshöhe in der schwedischen Literatur s. Strömholm, GRUR Int. 1989, 15, 16 f. Ausdrücklich ablehnend in bezug auf die Gestaltungshöhe des deutschen Rechts Troller, Immaterialgüterrecht, Bd. I, 3. Aufl., 6. Kap., § 19 VI 2 (S. 367): Individualität genüge.

19 Für Unterscheidung von Individualität und Originalität z.B. Troller, a.a.O., S. 362: Individualität sei eine qualifizierte Originalität.

der Schutz vom Wert des Werkes unabhängig sein soll[20]. Das Ergebnis ist eine »großzügige Gewährung des Urheberschutzes bei nur minimalen schöpferischen Leistungen«[21]. Urheberrechtsschutz wird nicht nur elitären Kreationen gewährt, sondern kommt der vollen Breite individuellen Schaffens in Literatur, Wissenschaft und Kunst zugute. Für die in den einschlägigen Berufszweigen tätigen Urheber und Verwerter wird so die Basis der wirtschaftlichen Entfaltung gesichert; Urheberrecht ist nicht nur Kulturrecht, sondern auch Wirtschaftsrecht[22].

Dieser Ansatz findet in der europäischen Urheberrechtsharmonisierung seine Bestätigung. Namentlich in der Richtlinie über den Rechtsschutz der Computerprogramme von 1991[23] wird die restriktive, eine erheblich überdurchschnittliche Gestaltungshöhe postulierende Haltung des BGH ausdrücklich zurückgewiesen, »qualitative oder ästhetische Vorzüge eines Computerprogramms sollten nicht als Kriterium für die Beurteilung der Frage angewendet werden, ob ein Programm ein individuelles Werk ist oder nicht«[24]. Deshalb bestimmt Art. 1 Abs. 3 der Richtlinie:

> »Computerprogramme werden geschützt, wenn sie individuelle Werke in dem Sinne darstellen, daß sie das Ergebnis der eigenen geistigen Schöpfung ihres Urhebers sind. Zur Bestimmung ihrer Schutzfähigkeit sind keine anderen Kriterien anzuwenden.«

In Umsetzung der Richtlinie wiederholt § 69 a Abs. 3 des deutschen UrhG diese Formel und reichert sie durch Einbeziehung der in den Begründungserwägungen genannten qualitativen oder ästhetischen Kriterien an. Der bisherigen Rechtsprechung des BGH wird damit eine »deutliche Absage« erteilt; es steht nunmehr fest, daß auch die »kleine Münze« der Computerprogramme zu schützen ist[25]. »Schlichte Individualität« genügt für den Schutz[26].

Die Richtlinie zur Harmonisierung der Schutzdauer des Urheberrechts und bestimmter verwandter Schutzrechte von 1993[27] setzt die Schutzvoraussetzungen für Fotografien entsprechend fest:

> »Fotografien werden ... geschützt, wenn sie individuelle Werke in dem Sinne darstellen, daß sie das Ergebnis der eigenen geistigen Schöpfung ihres Urhebers sind. Zur Bestimmung ihrer Schutzfähigkeit sind keine anderen Kriterien anzuwenden. Die Mitgliedstaaten können den Schutz anderer Fotografien vorsehen.«

---

20 S. für Frankreich Art. 2 des Gesetzes von 1957, s. Dreier in Quellen des Urheberrechts, Frankreich I, S. 6 f.; für Portugal Art. 2 Nr. 1 des Gesetzes von 1985; s. Quellen des Urheberrechts, Portugal II; für die Schweiz Art. 2 Abs. 1 des Gesetzes von 1992, GRUR Int. 1993, 149.

21 So das vergleichende Resümee von Dietz, Das Urheberrecht in der Europäischen Gemeinschaft, S. 62. Dietz tritt für eine Hebung des Schutzstandards unter Ausklammerung der »kleinen Münze« ein, die einem Sonderschutz zugeführt werden soll, s. a.a.O., S. 62 ff., 65 ff.

22 S. auch Schricker, GRUR 1992, 242, 243 ff.

23 GRUR Int. 1991, 545.

24 So die Begründungserwägungen.

25 Lehmann in Rechtschutz und Verwertung von Computerprogrammen, 2. Aufl., S. 7 f.

26 Haberstumpf in Lehmann, a.a.O., 2. Aufl., S. 118.

27 GRUR Int. 1994, 141.

Der Aufbau der Vorschrift macht deutlich, daß die im letzten Satz angedeutete Möglichkeit der Einführung eines Leistungsschutzrechts für einfache Lichtbilder nichts daran ändert, daß der urheberrechtliche Werkschutz Individualität und nichts weiter voraussetzt; die Existenz des Leistungsschutzrechts kann also nicht als Vorwand für die Einführung eines Erfordernisses der Gestaltungshöhe bei den Lichtbildwerken dienen[28].

Schließlich beabsichtigt der Vorschlag einer Richtlinie über den rechtlichen Schutz von Datenbanken von 1992[29], eine ähnliche, zusätzliche Schutzkriterien abwehrende Definition für den Urheberrechtsschutz von Datenbanken einzuführen. Es heißt in Art. 2 Nr. 3 des Vorschlags:

> »Eine Datenbank wird urheberrechtlich geschützt, wenn sie ein Originalwerk in dem Sinne darstellt, daß es sich um eine Sammlung von Werken oder Informationsmaterial handelt, die aufgrund ihrer Auswahl und Anordnung eine eigene geistige Schöpfung ihres Urhebers ist. Andere Kriterien sind für die Bestimmung der Schutzfähigkeit einer Datenbank nicht anzuwenden.«

Computerprogramme, Fotografien, Datenbanken - der urheberrechtliche Werkbegriff wird gleichsam von der Peripherie her Stück um Stück harmonisiert und dabei dem Kriterium der Gestaltungshöhe entzogen. Man kann sich schwer vorstellen, daß sich diese Linie nicht fortsetzt. Die grundsätzliche Gleichbehandlung aller urheberrechtlichen Werkskategorien spricht dagegen, daß für einzelne Werktypen höhere Hürden aufgerichtet werden könnten. Wenn der Schutz schon in Randbereichen des Urheberrechts so großzügig gewährt wird, wird man in den Kerngebieten von Literatur und Kunst erst recht nicht kleinlicher sein können. Ob eher Individualität oder Originalität das zentrale Kriterium n. bilden soll, gilt es noch auszumachen; für eine Gestaltungshöhe bleibt jedenfalls kein Raum.

IV. *Folgerungen für das deutsche Recht*

Wie vorstehend gezeigt wurde, ist das Merkmal der Gestaltungshöhe im deutschen Urheberrecht vom Schutz der angewandten Kunst, wo sie allenfalls noch diskutabel sein kann, im Zuge begrifflicher Gleichsetzung auf andere Werkkategorien erstreckt und unreflektiert zum generellen Schutzfähigkeitsmerkmal erhoben worden. Im Lichte der Rechtsvergleichung erscheint die Gestaltungshöhe als eine zweifelhafte Sonderbildung des deutschen Rechts; die europäische Harmonisierung schließt sie für eine zunehmende Zahl von Werktypen als Schutzvoraussetzung aus.

Im deutschen Urheberrechtsgesetz von 1965 ist kein Anhaltspunkt für das Kriterium der Gestaltungshöhe zu finden. Die Gesetzesbegründung weist den Vor-

---

28 Im deutschen Recht wird deshalb bei den Lichtbildwerken des § 2 Abs. 1 Nr. 5 auf die von der h.M. postulierte Gestaltungshöhe - s. Schricker/Loewenheim, § 2, Rdnr. 113, künftig zu verzichten sein.

29 GRUR Int. 1992, 759.

schlag, für den Werkschutz »Schöpfungen von eigentümlicher Prägung« zu verlangen, ausdrücklich zurück, da er zum Schluß verführen könnte, Werke von geringem schöpferischen Wert sollten in Zukunft keinen Schutz mehr genießen; »eine solche Änderung gegenüber dem geltenden Recht ist nicht beabsichtigt«[30].

In Produktion und Konsum von Urheberwerken liegt das Hauptgewicht heute bei den Schöpfungen eher bescheidenen Ranges. Dies gilt sowohl für die Musik[31] als auch für das geschriebene Wort, insbesondere die Presse, wie auch für Hörfunk und Fernsehen. Die »kleine Münze« auszuklammern, würde für das Urheberrecht einen erheblichen Substanzverlust bedeuten. Wirtschaftlich bliebe ein stark reduzierter Restbestand; wesentliche Teile der Urheberrechtsindustrien würden ihre Grundlage verlieren. Auch wenn man die »kleine Münze« mit einem verwandten Schutzrecht abfände, würde sie doch aus dem Schutzsystem der internationalen Verträge herausfallen. Die Abschichtung der kleinen Münze würde neue Abgrenzungsprobleme schaffen, die eine große Belastung namentlich für die Verwertungsgesellschaften brächten.

Die lange Schutzfrist von 70 Jahren post mortem auctoris, die oft als Argument gegen den Schutz der kleinen Münze gebracht wird, läuft auch für viele hochrangige Schöpfungen leer. Das Urheberpersönlichkeitsrecht tritt praktisch äußerst selten in Aktion[32]. Es bildet zwar einen unverzichtbaren Bestandteil des Urheberrechtsschutzes; dieser kann aber doch nicht von dem Maß abhängen, in dem es konkret benötigt wird.

All diese Argumente sind oft hin- und hergewendet worden[33]. Zusammenfassend läßt sich sagen, daß die Vorschläge zur Anhebung des urheberrechtlichen Mindestschutzniveaus von der »kleinen Münze« zur Ebene der ansehnlicheren kulturellen Zahlungsmittel zwar löblichen Idealismus, aber wenig Realitätsnähe verraten. Heute würde ein derartiger Schritt wohl alsbald mit einer EWG-Richtlinie zur Wiederherstellung des gemeinsamen anspruchslosen Schutzstandards beantwortet werden.

Wenn man sich aber zur Beibehaltung des Schutzes auch der »kleinen Münze« entschließt, kann das Merkmal der Gestaltungshöhe als generelle Schutzvoraussetzung über Bord geworfen werden: Individualität entscheidet. Sie bildet ein wertendes Kriterium und vermag für sich allein die Abgrenzung zwischen dem Alltäglichen, routinemäßig Produzierten[34] und dem Minimum an Eigenprägung zu leisten, bei dem der Werkschutz einsetzt. Insofern trägt das Kriterium der Individualität bereits das »de minimis non curat praetor« in sich und hebt sich von der bloßen statistischen Einmaligkeit ab. Eines zusätzlichen Kriteriums der Gestaltungshöhe bedarf es für den Werkbegriff nicht. Es begründet die Gefahr von

---

30 Abgedruckt bei M. Schulze, Materialien zum Urheberrechtsgesetz, 1993, S. 86.
31 S. zur Struktur des deutschen Musikmarktes Gebhardt in Handbuch der Musikwirtschaft, S. 55 ff.: Der »Klassikmarkt« liegt konstant bei 10 %, Pop-Musik bei 63 %, Rock bei 10 %.
32 S. zur neueren Praxis in Deutschland und Frankreich, die demnächst erscheinende Münchener Dissertation von Dorothee Altenburg.
33 S. namentlich Loewenheim, GRUR 1987, 761 ff. und G. Schulze, GRUR 1987, 769 ff. sowie den Diskussionsbericht von Hoebbel, GRUR 1987, 793 f.
34 Vgl. Schricker/Loewenheim, § 2, Rdnr. 12.

Fehlschlüssen und wirkt tendenziell in Richtung auf eine weder de lege lata noch de lege ferenda vertretbare Heraufsetzung des Schutzstandards.

Die Gestaltungshöhe sollte somit auf den Bereich zurückgedrängt werden, von dem sie ihren Ausgang genommen hat: die Problematik des Schutzes der angewandten Kunst. Ob die Forderung nach einem »deutlich höheren« Standard dort wirklich berechtigt ist, kann hier nicht untersucht werden; Zweifel sind freilich anzumelden[35]. Die terminologische Parallele zu dem wettbewerbspolitisch anders akzentuierten Patentrecht überzeugt in der Sache wenig. Die Harmonisierung des europäischen Geschmacksmusterrechts[36] könnte, auch wenn das Verhältnis zum Urheberrechtsschutz dort ausgeklammert bleibt, zu einer Revision des systematischen Arguments beim Urheberrechtsschutz der angewandten Kunst führen und den Abschied schlechthin von der Gestaltungshöhe bringen.

35 S. Schricker in GRUR Festschrift, Bd II, S. 1095, 1105 f.

36 Vorschlag für eine Verordnung des Europäischen Parlaments und des Rates über das Gemeinschaftsgeschmacksmuster, ABl. EG Nr. C v. 31.1.1994, S. 20 ff.; Vorschlag für eine Richtlinie des Europäischen Parlaments und des Rates über den Rechtsschutz von Mustern, ABl. EG Nr. c v. 23.12.1993, S. 14 ff.

Mathias Schwarz und Anke Schierholz

Das Stimmplagiat: Der Schutz der Stimme berühmter Schauspieler und Sänger gegen Nachahmung im amerikanischen und deutschen Recht

I. *Typologische Eingrenzung*

Die Stimmen bekannter Schauspieler, Synchronsprecher und Sänger sind meist durch hohe Sympathiewerte gekennzeichnet. Aber auch den Stimmen der »Bösewichte« der Film- und Fernsehwelt kommt ein hoher Wiedererkennungswert zu. Dies läßt die Verwendung solcher Stimmen für werbliche Maßnahmen besonders interessant erscheinen.

Da sich jedoch Schauspieler und Sänger für derartige Werbezwecke nicht immer zur Verfügung stellen bzw. die Werbetreibenden im Einzelfall nicht bereit sind, die für zu hoch erachteten Vergütungsforderungen zu akzeptieren, werden die Stimmen bekannter Interpreten oft durch Stimmimitatoren nachgeahmt[1]. Der Einsatz digitaler Tonbearbeitungstechniken wird darüber hinaus in naher Zukunft ein computergestütztes Stimmsampling ermöglichen, das u.a. in der Werbung zum Einsatz kommen kann[2].

Eine zusammenfassende Darstellung des Schutzes der Stimme vor Beeinträchtigung und ungenehmigten Verwertungen liegt bis heute nicht vor. Wie die nachstehenden Abgrenzungen des hier zu behandelnden Themas zeigen, stellen sich für den Schutz der Stimme jedoch mannigfache Fragen, die in ihrer Komplexität mit dem Schutz des Rechts am eigenen Bild zumindest vergleichbar sind und eine eingehende Behandlung sehr wohl verdienen.

Wir wollen uns vorliegend auf Rechtsprobleme im Zusammenhang mit der *Nachahmung* von Stimmen beschränken. Unter »Nachahmung« wird dabei allgemein das bewußte Kopieren eines Vorbildes verstanden. Sie kann reichen von der völligen Übernahme des Vorbildes bis zur Übernahme lediglich geringfügiger Wiedergabeelemente[3]. Aus der Vielzahl der möglichen Nachahmungen sollen hier nur die Fälle diskutiert werden, die zu einer möglichen Täuschung über die Identität des Sprechers oder Sängers führen können. Damit bleiben die Fälle des

---

1 Allg. zur Doppelgängerwerbung, vgl. Pietzko, AfP 1988, 209f.

2 Allgemein zum Sound-Sampling: Tenschert, ZUM 1987, 612, Hoeren, GRUR 1989, 11 und 580; Schorn, GRUR 1989, 579; Spieß, ZUM 1991, 525; Bortloff, ZUM 1993, 476; speziell zum Stimm-Sampling etwa Klein in Handbuch der Musikwirtschaft, Starnberg und München 1992, 577; Schulze, ZUM 1994, 22.

3 Vgl. Flechsig, Der Leistungsintegritätsanspruch des ausübenden Künstlers, Berlin 1977, 56; Freitag, Die Kommerzialisierung von Darbietung und Persönlichkeit des ausübenden Künstlers, Baden-Baden 1993, 151.

Stimmplagiats unberücksichtigt, in denen die Nachahmung der Stimme offenkundig ist. Hierzu zählen etwa die nun auch in Europa populärer werdenden Karaoke-Veranstaltungen, bei denen Laiensänger zu Originalmusik (und -bildern) versuchen, die ausgeblendete Stimme des Originalsängers nachzubilden[4]. Nicht behandelt werden damit auch die mannigfachen lebenden Kopien berühmter Gesangsinterpreten, die Vorbilder wie Elvis Presley, Edith Piaff oder die Beatles[5] mehr oder weniger erfolgreich nachahmen. Auch diese geben nur vor, wie ihre Vorbilder zu singen. Eine Identitätstäuschung liegt insoweit nicht vor. Ausgenommen bleiben schließlich die Fälle der Stimmparodie, in denen ebenfalls antithetisch zu erkennen gegeben wird, daß gerade keine Identität mit dem Original besteht[6]. Dies gilt auch in den Fällen der »Selbstimitation«, in denen ein Schauspieler oder Synchronsprecher unter Ausnützung der Bekanntheit, die er in einer bestimmten Rolle gewonnen hat, für Dritte Werbung treibt oder diese (rollenbezogene) Berühmtheit für sein eigenes Weiterkommen nutzt[7].

Auszugrenzen sind auch die Fälle der Veränderung des Kontexts der stimmlichen Leistung des ausübenden Künstlers sowie die Fälle des Stimmaustausches. In den Fällen der Veränderung des Kontextes kann im Einzelfall eine Beeinträchtigung der Darbietung i.S.d. § 83 UrhG vorliegen, wenn es sich um einen Angriff auf die Integrität der Leistung selbst handelt[8]. Das wird für die Fälle, die den Entscheidungen des Landgerichts Münchens I und des Landgerichts Frankfurt zugrunde lagen, nicht anzunehmen sein[9]. Läßt sich ein Angriff auf die Integrität der Leistung selbst nicht feststellen, so kann möglicherweise über eine enge Auslegung der Einwilligung in die Vervielfältigung[10] Abhilfe geschaffen werden. Wird durch die Kontextverschiebung ein falsches Bild auf die gesamte Persönlichkeit geworfen, ohne daß der Leistungsintegritätsanspruch berührt wird, so können Unterlassungsansprüche auch aus dem allgemeinen Persönlichkeitsrecht gegeben sein[11]. Diesem Rückgriff auf das allgemeine Persönlichkeitsrecht steht die Sperrwirkung der spezialgesetzlichen Regelung des § 83 UrhG nicht entgegen, wenn es um eine Abwehr einer Beeinträchtigung geht, die nicht das Ansehen oder den Ruf

---

4 Es mag insoweit durchaus einmal die Frage gestellt werden, ob hier nicht eine Entstellung i.S.d. § 83 UrhG zwar nicht der Stimme, wohl aber der sonstigen Darbietung des Künstlers vorliegen kann.

5 Zur Beatles Revival Band vgl. N.Y. Superior Court in Lennon v. Pulsboat News, Inc. 143 U.S.P.Q. 309, zitiert nach Freitag a.a.O., 153.

6 Allg. hierzu (jedoch ohne Ausführungen zur Stimme): Gangolf Hess, Urheberrechtsprobleme der Parodie, Baden-Baden 1993.

7 So wurden etwa im Rahmen von Telefonwerbung bereits mehrfach die Stimmen von Synchronsprechern verwandt; ein Fall der Selbstimitation liegt auch der Karl-Dall-Entscheidung zugrunde, OLG München AfP 1992, 381.

8 Vgl. Schricker/Vogel, Urheberrecht, § 83 Rdn. 7.

9 LG München I, UFITA Bd. 87 (1980), 343 - Wahlwerbung: für Verwendung einer grundsätzlich für Werbezwecke freigegebenen Aufnahme eines Liedes für eine Wahlwerbung; LG Frankfurt Urteil vom 23.02.1966; Az 2/6 O 270/64 - mitgeteilt in FuR 1966, 154 ff. Schlager als Hintergrundsmusik einer Werbung keine Entstellung i.S.d. § 14 UrhG; BGH GRUR 1979, 637 f »White Christmas«.

10 So BGH, GRUR 1979, 637 f - White Christmas m.Anm. Krüger, WRP 1979, 705 f (bei ungewöhnlicher Vertriebsform); teilweise kritisch Krüger GRUR 1980, 628, 634.

11 So etwa auch Schricker/Vogel, a.a.O, § 83 Rdn. 14.

des Interpreten als ausübenden Künstler betrifft, sondern seinen allgemeinen Achtungsanspruch berührt.

Zu einem Stimmaustausch kommt es etwa in Fällen der Synchronisation fremdsprachiger Filme, bei der Nachsynchronisation einer Rolle durch einen anderen Schauspieler[12] oder dem Unterlegen einer auf der Bühne oder in einem Musikvideo agierenden Band mit fremden Stimmen[13]. In diesen Fallgestaltungen wird die Identitätstäuschung nicht durch eine Nachahmung der Stimme, sondern vielmehr durch die Einbettung einer Originalstimme in einen fremden Kontext herbeigeführt. Sowohl für den Stimm- bzw. Gesangsinterpreten als auch für die (selbst tonlos) im Bild erscheinenden ausübenden Künstler kann sich hier die Frage nach einer Entstellung ihrer jeweiligen Leistung i.S.d. §§ 83, 93 UrhG oder aber einer Verletzung ihres Allgemeinen Persönlichkeitsrechts stellen[14]. Dies gilt auch für Fälle des offenen Stimmentausches, wie sie etwa bei (Mini)-Play Back-Produktionen, bei denen Laien parallel zur Musik (inkl. der Stimme) bekannter Schlager so agieren, als würden sie agieren und singen. Wegen der Offensichtlichkeit des Stimmentausches und der fehlenden Dauerhaftigkeit des Eingriffes wird hier allerdings regelmäßig keine Beeinträchtigung i.S.d. § 83 UrhG angenommen werden können.

Schließlich sollen die vorliegenden Ausführungen beschränkt werden auf eine Untersuchung der Schutzmechanismen, die dem ausübenden Künstler selbst zur Verfügung stehen. Bezieht sich die Nachahmung der Stimme auch auf bestimmte Rollen, in denen der ausübende Künstler bekannt geworden ist, oder auf bestimmte Tonträger - wie in den Fällen des Stimm-Samplings -, können sich Ansprüche allerdings u.U. auch für den Produzenten des Filmwerkes, den Tonträgerhersteller oder den Inhaber der Merchandising-Rechte ergeben.

II. *Die Prüfungsgegenstände*

In den Vereinigten Staaten hat sich seit der Bette-Midler-Entscheidung[15] eine deutliche Verstärkung des Schutzes von Schauspielern und Sängern gegen die Nachahmung ihrer Stimmen insbesondere zu Werbezwecken ergeben. Dies ist Anlaß, im folgenden zunächst die Entwicklung der US-amerikanischen Rechtsprechung nachzuzeichnen[16]. Dabei sollen sowohl für das amerikanische Recht wie auch für die Untersuchung des deutschen Rechtes[17] jeweils Ansprüche nach dem Urheberrecht, dem allgemeinen Persönlichkeitsrecht bzw. dem Right of Pub-

12 S. hierzu OLG München, UFITA Bd. 28 (1959), 342 - Nachsynchronisation.
13 Daß es hierzu nicht erst bei der Band Milli Vanilli gekommen ist, zeigt der Fall, der der Entscheidung des KG, FuR 1967, 62 zugrunde lag.
14 So vor Geltung des neuen UrhG etwa OLG München, a.a.O.
15 Midler v. Ford Motor Company Co., GRUR Int. 1989, 338.
16 Vgl. unten III.
17 Vgl. unten IV.

licity und schließlich dem Wettbewerbsrecht unterschieden werden. Im Vordergrund der Untersuchung werden die Verwendung von Stimmplagiaten in der Werbung, das Stimm-Sampling und die Imitation der Stimme des Sängers einer Band durch eine andere Musikgruppe stehen.

Nützlich erscheint es, sich hierzu die verschiedenen Ebenen, auf denen es zu einer Imitation einer Stimme kommen kann, zu vergegenwärtigen. Wenn auch die Grenzziehung im einzelnen schwierig ist, wird man folgende eine Stimme prägende Schichten unterscheiden können:

- die natürliche Stimme (einschließlich der Stimmlage und des -kolorits),
- der Akzent,
- die besondere (rollenunabhängige) Sprechweise, besondere Ausdrucksformen,
- typische Redewendungen,
- konkreter Ausdruck der Stimme in einer Rolle oder einem Lied

Die Stufenleiter dieser verschiedenen, die Stimme prägenden Elemente ist gekennzeichnet durch die zunehmende Flüchtigkeit des jeweils die Stimme kennzeichnenden Merkmals. So können stehende Redewendungen aufgegeben und neue angenommen und eine neue Rolle einstudiert werden. Schwieriger ist es hingegen, eine besondere Sprechweise zu ändern, seinen in früher Kindheit angenommenen Akzent aufzugeben oder gar die Stimmlage zu wechseln. Damit es in der Nachahmung einer Stimme gelingt, über die Identität des Sprechenden oder Singenden zu täuschen, muß regelmäßig eine Übereinstimmung der Stimmen auf mehreren dieser Ebenen erreicht werden.

III. *Die US-amerikanische Rechtsprechung zum Schutz der Stimme vor Nachahmung*

Die Gewährung eines effektiven Schutzes der Stimme vor einer Nachahmung insbesondere zu werblichen Zwecken stellt eine relativ neue Entwicklung in der US-amerikanischen Rechtsprechung dar[18].

Die erste einschlägige Entscheidung des United States Court of Appeals stammt aus dem Jahre 1962[19]. Sie erkennt generell an, daß bei einer Nachahmung der Stimme eines Schauspielers in der Werbung Unterlassungsansprüche wegen unlauteren Wettbewerbs gegeben sein können, verwies die Klage jedoch zur erneuten Verhandlung an das Instanzgericht zurück. Die auf einen Verstoß wettbewerbsrechtlicher Bestimmungen gestützte Klage von Nancy Sinatra gegen die Verwendung des von einer anderen Sängerin gesungenen, ursprünglich aber von ihr interpretierten Songs »These Boots are made for Walking« in einer Werbung

18 Vgl. Hogue and Garfinkel, Tunes from the Crypt. Is a »Midler« Cause of Action descendible?, New Matter, Volume 18, Number 2, 7.

19 Lahr v. Adell Chemical Co. et alt., 300 F.2d 256.

wurde abgewiesen[20]. Erst 1988 gelang es Bette Midler, sich erfolgreich gegen die Imitation ihrer Stimme zu Werbezwecken zur Wehr zu setzen[21]. Im Juni 1992 hingegen scheiterten die Erben von Janis Joplin bei dem Versuch, die Aufführung eines Theaterstückes, das ein »Konzert« von Janis Joplin beinhaltete, untersagen zu lassen[22]. Im August desselben Jahres konnte auch Tom Waits erfolgreich gegen die Imitation seiner Stimme zu Werbezwecken vorgehen und erhielt einen Schadensersatz in Höhe von US-$ 2.375.000,- (davon US-$ 2.000.000,- als punitive damages) sowie Ersatz der Anwaltskosten zugesprochen[23]. Damit dürfte die amerikanische Rechtsprechung des Schutzes bekannter Stimmen zu Werbezwecken zu einem vorläufigen Abschluß gekommen sein. Die - allerdings nicht zum Schutz der Stimme ergangene - Entscheidung in Sachen White v. Samsung Electronics America, Inc.[24], die wegen ihrer bedenklichen Ausweitung der Abwehransprüche auf bloße Fälle einer Bezugnahme äußerst umstritten ist und schon in der sehr pointierten dissenting opinion[25] heftig angegriffen wurde, dürfte isoliert bleiben und deshalb keine Auswirkung auf die Rechtsprechung zum Stimmenschutz haben.

In den uns bekannten Entscheidungen zum Stimm-Sampling[26], die allerdings nur von District Courts entschieden wurden, haben die Gerichte die Zulässigkeit des Samplings nur nach dem Urheberrecht an der zugrundeliegenden Komposition und an dem Arrangement geprüft. In der Jarvis-Entscheidung hat das Gericht allerdings unter Berufung auf die Midler-Entscheidung betont, daß u.U. auch weitergehende Ansprüche aus dem Right of Privacy denkbar seien. Da der Kl. zu diesen Punkten jedoch nicht genügend vorgetragen hatte, wurden diese Fragen nicht weiter geprüft.

1. *Schutz nach Urheberrecht*

Mit einem urheberrechtlichen Schutz der Stimme selber haben sich die genannten Entscheidungen nur in Form einer Negativ-Abgrenzung auseinandergesetzt. So sind nach der Tom Waits-Entscheidung[27] im Falle von Stimmimitationen Ansprüche aus Verletzung des Rights of Publicity nicht nach dem Bundes-Urhebergesetz ausgeschlossen, da beide Rechtsmaterien verschiedene Rechtsgüter schützen. Die menschliche Stimme sei, da sie als solche nicht fixiert werden könne, gerade nicht urheberrechtlich schützbar[28]. Aus den Materialien der Gesetzgebung

---

20 Nancy Sinatra v. Goodyear Tire & Rubber Co. 435 F.2d 711 »These Boots are made for Walking«; ebenso Billy Davis v. Transworld Airlines - 297 F. Supp. 343 und Booth v. Colgate-Palmolive Company - 362 F. Supp. 343.
21 Midler v. Ford Motor Co., GRUR Int 1989, 338.
22 Joplin Enterprises v. Allen, 795 F.2d 349.
23 Waits v. Frito-Lay, 978 F.2d 1093.
24 971 F.2d 1396.
25 White v. Samsung Electronics America, Inc. 989 F.2d 1512.
26 Grand Upright Music v. Warner Bros. Records, 780 F. Supp. 182 und Jarvis v. A & M Records, 827 F. Supp. 282.
27 A.a.O.
28 A.a.O. S. 1111 [1]; ähnlich Jarvis, a.a.O., S.297; anders noch Booth, a.a.O., 346, 347.

ergebe sich zweifelsfrei, daß die Common Law-Ansprüche des Right of Privacy und des Right of Publicity nicht durch das Urheberrechtsgesetz ausgeschlossen werden sollten[29]. Folgerichtig machten weder Tom Waits noch die anderen Kläger der vorstehend genannten Stimmplagiatsentscheidungen eine Verletzung des Urheberrechts geltend[30]. Diese Fehlanzeige bezüglich möglicher urheberrechtlicher Ansprüche kann im Hinblick auf den fehlenden Leistungsschutz der ausübenden Künstler im US-amerikanischen Urheberrecht nicht verwundern[31].

2. *Persönlichkeitsrechte*

Im amerikanischen Recht werden als Persönlichkeitsrechte das »Right of Privacy« sowie das »Right of Publicity« anerkannt. Dabei entspricht das »Right of Privacy« in etwa dem deutschen Persönlichkeitsrecht, indem es die Intim- und Privatsphäre des Individuums schützt. Das »Right of Publicity« weist hingegen die vermögensrechtliche Nutzung persönlichkeitsrechtlicher Aspekte dem einzelnen Individuum zu und gibt ihm zugleich einen Abwehranspruch gegen die kommerzielle Nutzung dieser Rechte durch Dritte[32]. Beide Rechte sind nach kalifornischem Recht als Personal Property-Rechte anerkannt[33], deren Verletzung Schadensersatzansprüche begründen kann.

2.1 *Besondere Schutznormen*

Sowohl die Midler- als auch die Waits-Entscheidung, die den Schutz der menschlichen Stimme als Bestandteil des Right of Publicity etabliert und dessen Schutzvoraussetzungen herausgearbeitet haben, wurden vom Court of Appeals, Ninth Circuit, erlassen, der für Berufungen gegen Entscheidungen kalifornischer Gerichte zuständig ist. In Kalifornien besteht eine explizite Regelung zum Schutz der menschlichen Stimme. Nach Section 3344 des California Civil Code kann derjenige, der von einem anderen durch Verwendung seines Namens, seiner Stimme, seiner Unterschrift, seiner Fotografie oder seines Bildes verletzt wurde, Schadensersatz verlangen[34].

Allerdings konnten beide Klagen nicht auf diese Vorschrift gestützt werden, da ja nicht die tatsächliche Stimme der Kläger verwandt wurde, sondern ihre Stimme nur imitiert wurde. Das Vorhandensein einer solchen Schutzvorschrift zeigt jedoch, daß auch nach kalifornischem Recht die Nutzung der menschlichen Stimme ebenso wie die der anderen in Section 3344 des California Civil Code erwähnten

---

29 A.a.O. [2].
30 S. ausdrücklich Midler, a.a.O. 339.
31 In der Jarvis-Entscheidung (FN 26) weist das Gericht allerdings zu Recht darauf hin, daß auch nur einzelne gesungene Worte (ggf. zusammen mit der Musik) den urheberrechtlichen Schutz der Komposition begründen können.
32 Vgl. Goldstein, Copyright Principals, Law and Practise, II, § 15.18.
33 Midler v. Ford Motors Co., a.a.O. S. 339; Waits v. Frito-Lay, a.a.O. s. 1003 [9]; Joplin Enterprises v. Allen, a.a.O. S. 351 [1,2] m.w.N.
34 Zitiert nach Midler v. Ford Motor Company Co., a.a.O., 339.

Schutzgüter als Ausdruck der menschlichen Persönlichkeit und als ein Aspekt des Right of Publicity dem jeweiligen Individuum vorbehalten bleiben soll.

In der Entscheidung Lahr v. Adell Chemical Co. hatte der Court of Appeals, First Circuit, die Prüfung des Persönlichkeitsrechts (bei leicht abweichender Rechtslage) noch ohne weitere Begründung abgelehnt[35]. Zwar gibt es auch in New York eine der kalifornischen Regelung vergleichbare Vorschrift zum Schutz des Namens, Porträts oder Bildes einer Person gegen kommerzielle Nutzung[36]. Die Stimme ist darin - im Unterschied zu der kalifornischen Regelung - jedoch nicht geschützt. Den Versuch des Klägers in Lahr v. Adell Chemical Co., die Stimme entweder als »Voice Painting« oder als Element des zur Identität erweiterten Namens anzusehen, wies der Court of Appeals zurück[37].

Auch in dem der Janis Joplin-Entscheidung zugrunde liegenden Fall - der allerdings keinen Fall der Identitätstäuschung betraf - konnten die Kläger auf eine gesetzliche Regelung verweisen. Nach Section 990 des California Civil Code genießen auch verstorbene Personen ein Right of Publicity. Dies erstreckt sich jedoch nach dem Gesetzeswortlaut ausschließlich auf den kommerziellen Gebrauch der verstorbenen Persönlichkeit im Zusammenhang mit Waren, Werbung oder sonstigen werblichen Maßnahmen, jedoch ausdrücklich nicht auf Theaterstücke, Bücher oder musikalische Kompositionen. Das daneben anerkannte »Right of Publicity«, das im Common Law begründet ist, ist hingegen unvererblich und geht mit dem Tod der betreffenden Person unter[38].

2.2 *Right of Publicity*

In der »These Boots are made for Walking«-Entscheidung wurde ein über den (dort ebenfalls verneinten) wettbewerbsrechtlichen Schutz hinausgehender, auf das Publicity Right zu gründender Unterlassungsanspruch abgelehnt. Ein solcher Anspruch sei durch die Regelungen des Urheberrechts präkludiert, da die Beklagte die Lizenzen an dem in Frage stehenden Lied sowie dem Arrangement gegen Entgelt erworben hatte[39]. In der Entscheidung Booth v. Colgate Palmolive[40] war das Gericht der Auffassung, daß durch die Imitation der Stimme allein ohne Verwendung auch des Namens oder des Abbildes das Right of Publicity nicht verletzt würde.

Erst Bette Midler gelang es, die Anerkennung der Verletzung des Right of Publicity bei Nachahmung der Stimme und der sich hieraus ergebenden Common Law-Ansprüche durchzusetzen. Auch sie konnte sich nicht auf eine ausdrückliche Regelung zum Schutz der Stimme berufen, da die Beklagte nicht ihre Stimme verwendete, sondern sie vielmehr durch eine andere Interpretin so täuschend echt

35 »The (District) court has avoided recognising such a right. Plaintiff alleges nothing on this score which tempts us to depart from that practise«; Lahr v. Adell Chemical Co., a.a.O. S. 258 [2].

36 Vgl. Lahr v. Adell Chemical Co. a.a.O.

37 A.a.O., s. 258[3].

38 Janis Joplin, a.a.O., 351.

39 Zitiert nach Midler, a.a.O., S. 339.

40 A.a.O., FN 20.

hatte nachahmen lassen, daß das Publikum annehmen mußte, Bette Midler habe selber den in der Werbung verwendeten Song aufgenommen.

Nach Ansicht des Gerichts »verwirklicht sich die Sängerin in ihrem Lied selbst«, so daß die Nachahmung ihrer Stimme »Piraterie an der Persönlichkeit«[41] sei. Mit der Imitation von Bette Midlers Stimme hätten die Beklagten »einen Bestandteil von Frau Midlers Identität gesucht«. Die Stimme sei »unterscheidungskräftiger und persönlicher als die Ausstattung eines Rennwagens«[42], die Stimme sei die eindeutigste Weise, auf die sich eine Identität manifestiert und damit mindestens ebenso unterscheidungskräftig und persönlich wie ein Gesicht[43].

Damit klingen bereits die wesentlichen Voraussetzungen für einen Schutz der Stimme nach dem Right of Publicity an, die in der Folge in der Tom Waits-Entscheidung[44] noch genauer herausgearbeitet und von anderen Anspruchsgrundlagen abgegrenzt wurden. Tom Waits hatte unter Berufung auf die Bette Midler-Entscheidung bei einer weitgehend identischen Fallkonstellation seine Schadensersatzklage zum einen auf eine Irreführung im Sinne von Section 43 a) Lanham Act a.F.[45] und zum anderen mit einer Verletzung des im Common Law begründeten Right of Publicity gestützt.

Den Einwand der Beklagten, eine Verletzung des Right of Publicity könne schon deshalb nicht vorliegen, da der Kläger grundsätzlich nicht bereit sei, seine Stimme in der Werbung einzusetzen, ließ das Gericht nicht gelten. Vielmehr habe die Stimme ungeachtet ihrer Verwendung zu Werbezwecken einen Marktwert[46]. Das Right of Publicity stelle damit ein Vermögensrecht selbst dann dar, wenn der Kläger zuvor ausdrücklich betont habe, daß er für Werbung nicht zur Verfügung stehe.

Bei dem Schutz der Stimme gehe es nicht um den Schutz eines bestimmten Stils[47]. Vielmehr komme es allein darauf an, ob die (imitierte) Stimme so unterscheidungskräftig ist, daß »diejenigen, denen die Stimme des Klägers vertraut ist und die die Werbung hören, glauben, der Kläger habe sie gesungen«. Nicht ausreichend wäre es allerdings, wenn sie lediglich »an den Kläger erinnert werden oder denken, der Sänger klänge wie der Kläger«[48]. Der Schutz der Stimme wird also nur

---

41 Midler, a.a.O., S. 339, 340.

42 Es bezieht sich dabei auf eine ältere Entscheidung, in der die Verletzung des Common-Law Rights of Publicity angenommen wurde in einem Fall, in dem der Kl. ebenfalls nicht als Werbeträger aufgetreten war. Die Bekl. hatte mit einem Foto eines Rennwagens geworben, der demjenigen, den der Kl. gefahren hatte, in der Ausstattung sehr ähnlich war. Der Kl. hatte geltend gemacht, daß, selbst wenn auf dem Photo der Fahrer des Wagens nicht erkennbar sei, doch vom Publikum gefolgert werde, daß er in dem Wagen sitze; s. Motschenbacher v. R.J. Reynolds Tobacco Co. 489 F 2d 821 (9th Cir. 1974).

43 Midler, a.a.O., S. 340.

44 Vgl. FN 33.

45 Dazu unten III. 3.

46 Schon in Midler, a.a.O., S. 339 hieß es: »Der Wert dieses (Idenitäts-)Bestandteils war der Preis, den der Markt dafür bezahlt hätte, wenn Frau Midler persönlich in einem Werbespot gesungen hätte«.

47 Waits, a.a.O., S. 1100 f., kritisch hierzu Russel H. Stamets, Ain't Nothing but the Real Thing Baby: Right of Publicity an the Singing Voice, Federal Comunications Law Journal Vol. 46 (1994), 346, der in der Folge der Midler und Waits-Entscheidungen befürchtet, daß über den Umweg des Right of Publicity eine an sich ungewollter Stil-Schutz eingeführt werde.

48 Waits, a.a.O., S. 1101 [6].

anerkannt, wenn es sich um eine eindeutig unterscheidungskräftige Stimme handelt und jeder der sie hört, sofort den (vermeintlichen) Sänger erkennt. Die Stimme müsse darüber hinaus allgemein bekannt sein, damit nicht jedermann, der seine Stimme auf einem Tonträger wiederzuerkennen glaubt, einen Schadensersatzanspruch geltend machen könne. Nicht erforderlich sei jedoch, daß es sich um die Stimme eines »Superstars« handelt. Vielmehr sei ausreichend, daß die Stimme »allgemein bekannt ist, also einer größeren Anzahl von Menschen in einem relativ großen geographischen Raum« vertraut ist[49].

Die Zuerkennung von Schadensersatzansprüchen sei nicht davon abhängig, daß der Geschädigte einen tatsächlichen materiellen Schaden dadurch erlitten hat, daß ihm durch die unberechtigte Nutzung seiner Stimme keine anderweitigen Lizenzgebühren zugeflossen sind. Vielmehr kann die unberechtigte Nutzung auch einen immateriellen Schaden durch die damit verbundene »Erniedrigung, Peinlichkeit und damit einhergehendem Streß« bewirken.

Nach der Tom Waits-Entscheidung ist die Stimme also (zumindest für den Bereich des Ninth Circuit) in folgenden Fällen geschützt:
- bei direkter Übernahme der Stimme nach §§ 3344 California Civil Code,
- gegen identitätstäuschende Imitationen, wenn es sich (a) um eine allgemein bekannte und unterscheidungskräftige Stimme handelt, (b) die Imitation nicht lediglich den Stil sondern die Stimme selbst nachahmt und (c) sich das Publikum nicht nur an die nachgeahmte Stimme erinnert fühlt, sondern tatsächlich annimmt, es handle sich um die Stimme des Imitierten.

Nach der Jarvis-Entscheidung ist es weiter auch grundsätzlich möglich, sich gegen ein Sampeln der Stimme unter Berufung auf das im State Law oder im Common Law verankerte Right of Publicity zu wehren. Section 301 des US Copyright Act entfaltet insoweit keine Sperrwirkung[50]. Der Anspruch des aus dem Common Law stammenden Rights of Publicity ist jedoch nicht vererblich[51].

3. *Verletzung wettbewerbsrechtlicher Normen*

In der Entscheidung Lahr v. Adell Chemical Co.[52] erkannte der Court of Appeals (First Circuit) an, daß die Imitation der Stimme unter wettbewerbsrechtlichen Gesichtspunkten zu prüfen und die Klage als ein Fall des »passing off« begründet sein kann[53]. Der District Court hatte bereits das Vorliegen eines Wettbewerbsverhältnisses[54] verneint. Demgegenüber war der Court of Appeals der Auffassung,

---

49 So die Anweisung an die Jury des District Courts, die das Berufungsgericht ausdrücklich als richtig bestätigt, a.a.O. 1102 [8].

50 A.a.O., (FN 26), S.297.

51 Joplin Enterprises v. Allen, 795 F.2d 349.

52 A.a.O., (FN 19), S. 351.

53 So auch die englische Entscheidung SIM v. H.J. Heinz Co. Ltd., 1 W.L.R. (1959), 313; ablehnend Davis v. Transworld Airlines, a.a.O., FN 20.

54 Die Common-Law Klage aufgrund von »passing off« ist nur begründet, wenn zwischen den Parteien ein Wettbewerbsverhältnis besteht; anders ist es bei einer auf Verletzung von Section 43 a) Lanham Act gestützten Klage: dort ist das Vorliegen eines Wettbewerbsverhältnisses nicht in allen Fällen Voraussetzung. Ausführlich dazu Waits v. Frito-Lay, a.a.O. (FN 23) S. 1109 [19].

daß zumindest theoretisch ein Wettbewerbsverhältnis zwischen den Parteien denkbar sei. Beide würden sich mit ihrer Stimme an den gleichen Hörerkreis wenden[55].

In der »These Boots are made for Walking«-Entscheidung[56] hat der Court of Appeals (Ninth Circuit) hingegen die auf Wettbewerbsrecht gestützte Klage von Nancy Sinatra verneint, da das Gericht ihre Stimme für nicht hinreichend unterscheidungskräftig ansah. Im übrigen wurde angenommen, daß eine auf Verkehrsgeltung von Stimme und Stil der Interpretation gestützte Klage im Widerspruch zu dem Vorrang des Bundesurheberrechtsgesetzes stehe, da die Beklagten die Aufführungsrechte vom Urheberrechtsberechtigten erworben hatten[57].

Auch Bette Midler wurde eine Berufung auf den Common-Law Anspruch aus unlauterem Wettbewerb versagt, da das Gericht das Vorliegen eines Wettbewerbsverhältnisses zwischen ihr und der Beklagten verneinte. »Werbespots von einer Minute Dauer können nicht Frau Midlers Publikum übersättigen und damit ihren Marktwert eingeschränkt haben. Frau Midler tritt nicht in Werbespots auf. Die Beklagte stand somit nicht in Wettbewerb mit ihr«[58].

Diesen Ausspruch hat das Gericht allerdings in Waits v. Frito-Lay relativiert. Nunmehr betont es, daß lediglich für die Common Law-Klage des »passing off« ein Wettbewerbsverhältnis erforderlich sei. Hätte Frau Midler hingegen unter Section 43 a des Lanham Acts geklagt, hätte das Gericht der Klage auch insoweit stattgegeben[59].

Für eine auf Rufausbeutung gemäß Section 43 a des Lanham Acts gestützte Klage sei hingegen ein Wettbewerbsverhältnis nicht erforderlich. Vielmehr komme es allein auf die Verwechslungsgefahr für das Publikum an[60]. Voraussetzung für die Klage sei lediglich, daß der Kläger nachweise, daß er ein »vernünftiges Interesse daran habe, gegen die rufausbeutende Werbung geschützt zu werden« und darlegt, daß die Verletzung von der Art sei, die der Lanham Act unterbinden wolle[61].

IV. *Der Schutz der Stimme vor (identitätstäuschender) Nachahmung im deutschen Recht*

Die einzige deutsche Entscheidung zum Schutz der menschlichen Stimme vor Nachahmung ist wohl noch immer die Entscheidung des OLG Hamburg[62]. Das

---

55 »It could well be found that defendant's conduct saturated plaintiff's audience to the point of curtailing his market« a.a.O. S. 259 [8].
56 A.a.O. FN 20.
57 So auch Booth, a.a.O., FN 20, 347.
58 Midler a.a.O. S. 339.
59 Waits, a.a.O. S. 1120 [23].
60 Waits a.a.O. S. 1109 [19].
61 Waits a.a.O. S. 1108 [18] anders noch Booth, a.a.O., FN 20, S. 346.
62 OLG Hamburg, NJW 1990, 1995.

OLG Hamburg erließ zugunsten der Erben von Heinz Erhardt eine einstweilige Verfügung, mit der die weitere Ausstrahlung von Radio-Spots untersagt wurde, in denen die Stimme von Heinz Erhardt durch einen Imitator täuschend nachgeahmt und für ihn typische Redewendungen eingebaut worden waren. Fälle zum Stimmsampling sind hingegen bis heute - soweit ersichtlich - nicht veröffentlicht worden.

1. *Schutz nach dem Urheberrecht*

Weder die natürliche Stimme noch der persönliche Akzent sind geistige Schöpfungen im Sinne des § 2 Abs. 2 UrhG. Auch antrainierte Sprechweisen und angenommene Redewendungen stellen, mögen sie noch so typisch oder individuell erscheinen und sich als »Markenzeichen« des Interpreten etabliert haben, doch nur das Ausdrucksmittel und somit das Werkzeug für seine Interpretationen, nicht aber ein eigenständiges Werk dar. Der persönlicher Gesangs- oder Sprechrhythmus oder eine gewählte Sprachfärbung sind als Methode des künstlerischen Schaffens nicht geschützt[63]. Die konkrete Gestaltung eines Werkes, die dieses durch den Vortrag des Schauspielers oder die Stimme des Sängers erfährt, begründet hingegen nur ein Leistungsschutzrecht gemäß §§ 73 ff. UrhG und nicht auch ein Bearbeitungsurheberrecht gemäß § 3 UrhG[64].

Das Vervielfältigungsrecht gem. § 75 Satz 1 UrhG ermöglicht es, sich gegen eine Aufnahme einer Darbietung auf Bild- oder Tonträgern, die ohne Einwilligung erfolgt, zu wenden. Wird die Darbietung des ausübenden Künstlers jedoch lediglich nachgeahmt und diese Nachahmung aufgezeichnet, so findet weder in der Nachahmung noch in deren Aufzeichnung eine Aufnahme der ersten Darbietung selbst statt. Da die Nachahmung auch keine Vervielfältigung des Bild- oder Tonträgers im Sinne von § 75 Satz 2 UrhG darstellt, bietet demnach § 75 UrhG insgesamt auch dann keinen Schutz vor Nachahmung der Darbietung, wenn eine Übereinstimmung mit einer echten Vorlage vorgespiegelt wird[65]. Die Nachahmung der Darbietung eines Interpreten stellt auch keine Entstellung der Leistung des ausübenden Künstlers i.S.d. § 83 UrhG dar.

Eine Vervielfältigung erfolgt hingegen in den Fällen des sog. Stimmsamplings. Das wird allgemein auch dann angenommen, wenn nur kurze Abschnitte der Darbietung (z.B. wenige Töne oder Worte) gesampelt werden[66]. Ist die Darbietung als solche wegen der Kürze der gewählten Ausschnitte gar nicht mehr wiederzuerkennen (z.B. das Sampeln nur eines Wortes), so liegt dies außerhalb des Schutzbereiches des § 75 UrhG[67]. Werden derart kurze Abschnitte gesampelt, so geht es nicht mehr um die Darbietung als solche, sondern um das Kopieren der dieser zugrunde liegenden Stimme. Diese ist aber als eines der höchstpersönlichen Ausdrucksmit-

63 Vgl. Schricker/Loewenheim, a.a.O. § 2 Rdn. 83.
64 Vgl. Schricker/Loewenheim, a.a.O. § 3 Rdn. 17, ff.
65 Vgl. Hertin in Fromm/Nordemann, Urheberrecht, 8. Aufl., § 75 Rdn. 4.
66 So Bortloff, a.a.O. (FN 2); Spieß, a.a.O. (FN 2), S. 530; Tenschert, a.a.O. (FN 2) S. 620.
67 So für das Sampeln *eines* Tones auch Bortloff, a.a.O., 477.

tel nicht über das Leistungsschutzrecht sondern über die Persönlichkeitsrechte zu schützen.

Eine Entstellung oder sonstige Beeinträchtigung i.S.d. § 83 UrhG kann vorliegen, wenn lediglich Ausschnitte der stimmlichen Darbietung übernommen werden. Insbesondere wird eine Entstellung dann angenommen werden können, wenn Teile einer Darbietung, die über einzelne Worte hinausgehen, im Wege des Stimmsamplings ergänzt oder über die branchenüblichen Bearbeitungsvorgänge hinaus abgeändert werden. Auch die Einfügung von gesampelten Stimmelementen in einen neuen Liedzusammenhang ist als Entstellung anzusehen. Allerdings wird es für den Interpreten nicht immer leicht sein, darzutun, daß diese Übernahme von Ausschnitten der stimmlichen Darbietung tatsächlich auch geeignet ist, sein Ansehen oder seinen Ruf als ausübender Künstler zu gefährden. Dies gilt insbesondere, wenn nur sehr kurze Sequenzen gesampelt werden. Insoweit scheint deshalb der Schutz gegen unberechtigtes Sampeln eher über das Vervielfältigungsrecht gemäß § 75 UrhG als über den Entstellungsschutz des § 83 UrhG zu bewerkstelligen zu sein.

Werden jedoch (was wohl schon heute möglich ist) aus den kopierten Sequenzen neue Texte oder Textteile hergestellt, die der Träger der Stimme nicht gesprochen oder gesungen hat, so hilft ihm der urheberrechtliche Leistungsschutz nicht weiter. Auch eine Entstellung seiner Darbietung i.S.d. § 83 UrhG liegt dann nicht vor, da es sich ja gerade nicht um seine Darbietung handelt.

2. *Persönlichkeitsrechte*

a) *Abgrenzung zu urheberrechtlichem Schutzsystem*

Ein Schutz der Stimme über das Persönlichkeitsrecht wird nicht generell durch die spezialgesetzlichen Regelungen der §§ 75, 83 oder 93 UrhG ausgeschlossen. Wie gezeigt, schützen diese zum einen nicht vor einer Nachahmung der Darbietung. Zum anderen ist ihr Schutzgegenstand der konkrete Ausdruck der Stimme, die sie in der Darbietung findet, nicht aber die Stimme als solche. Auch dürfte § 83 UrhG nur Beeinträchtigungen des Ansehens und des Rufs als ausübender Künstler, nicht aber den darüber hinausgehenden allgemeinen Achtungsanspruch betreffen. Der Schutz des ausübenden Künstlers setzt schließlich eine Darbietung im Sinne der Interpretation eines urheberrechtlich geschützten Werkes voraus (§ 73 UrhG). Außerhalb dieses so umrissenen Regelungsbereiches bleibt der Rückgriff auf persönlichkeitsrechtliche Regelungen statthaft.

Umgekehrt sind aber auch bei der Konkretisierung des Schutzumfanges des Rechts an der Stimme die Wertungen des UrhG zu berücksichtigen. Wird lediglich die Form der Darbietung, der Stil oder Sound der Stimme nachgeahmt, ohne daß die Stimme selbst imitiert wird, sind Unterlassungsansprüche auch nicht mit einem Eingriff in das Persönlichkeitsrecht zu begründen, da sich aus der den §§ 75 ff. UrhG zugrunde liegenden Wertung ergibt, daß diese Stilmittel für Dritte nicht gesperrt sein sollen. Das Persönlichkeitsrecht kann jedoch Unterlassungs- und Schadensersatzansprüche begründen, wenn zu der Stilimitation weitere Übernahmen geschützter Persönlichkeitssplitter des imitierten Künstlers[68], wie etwa eine Nachahmung seiner visuellen Erscheinung oder eine Benutzung seines Namens, kommen oder der Künstler durch die Imitation beleidigt wird[69].

b) *Der Schutz der Stimme als besonderes Persönlichkeitsrecht?*

Der Schutz der Stimme hat im Unterschied zum Schutz des eigenen Bildes[70] und des Namens[71] keine besondere gesetzliche Normierung erfahren. Der strafrechtliche Schutz des § 201 StGB erstreckt sich nicht auf das öffentlich gesprochene Wort. Auch gilt er nur für Worte, nicht aber für andere stimmliche Äußerungen[72]. Geschütztes Rechtsgut ist neben der Vertraulichkeit des Wortes auch die Privatsphäre im allgemeinen[73], doch zielt dies mehr auf einen Schutz des Inhalts der Äußerungen als der Stimme als solcher.

Somit ist der Schutz der Stimme vor Nachahmung grundsätzlich im allgemeinen Persönlichkeitsrecht anzusiedeln[74]. Der in den amerikanischen Entscheidungen[75] so plastisch beschriebene, die Persönlichkeit wesentlich konstituierende Charakter der Stimme läßt es allerdings naheliegend erscheinen, den Schutz der Stimme durch ein in Analogie zu § 22 KUG gebildetes »besonderes« Persönlichkeitsrecht zu gewährleisten[76].

Zwar wird die Auffassung vertreten, daß kein unmittelbarer Bedarf zur analogen Anwendung der §§ 22 ff. KUG besteht, da ein Schutz auf jeden Fall über den Auffangtatbestand des allgemeinen Persönlichkeitsrechts erlangt werden kann[77]. Dennoch erscheint es unbefriedigend, wenn bei einem so elementaren Aspekt der Persönlichkeit wie der Stimme die Rechtswidrigkeit eines bereits bejahten Eingriffs noch positiv festgestellt werden muß und nicht - unter dem Vorbehalt des Vorliegens von Rechtfertigungsgründen - indiziert wird. So wird auch für den parallelen Fall der verwechslungsfähigen Doppelgängerwerbung vertreten, daß grundsätzlich von der Rechtswidrigkeit der Persönlichkeitsverletzung auszugehen sei[78].

Auch könnte durch die Einstufung des Rechts an der Stimme als einem »besonderen« Persönlichkeitsrecht neben den ideellen Interessen des Schutzes der Stimme auch der in weiten Bereichen bereits erfolgten Kommerzialisierung der Stimme Rechnung getragen werden. Die Zuständigkeit für alle Formen der kommerziellen Nutzung der Stimme könnte dann noch eindeutiger dem Träger der

---

68 S. dazu Freitag, a.a.O., FN 3, 162.
69 Vgl. zur Doppelgängerwerbung insoweit Pietzko, AfP 1988, S. 215 f.
70 §§ 22 f KUG.
71 § 12 BGB.
72 Schönke/Schröder-Lenckner, § 201 Rdn. 5.
73 A.a.O., Rdn. 2.
74 So etwa Hertin in Fromm/Nordemann § 75 Rdn. 5.
75 S. oben bei FN 41 und 42.
76 So etwa auch Helle, Besondere Persönlichkeitsrechte im Privatrecht, Tübingen 1991, 21, 229 ff., 241 ff.; Schulze ZUM 1994, 22 f; wohl auch, wenn auch unklar, OLG Hamburg, NJW 1990, 1995 f.
77 Pietzko, a.a.O., AfP 1988, S. 215.
78 Pietzko, a.a.O. S. 217.

Stimme zugewiesen werden, so daß jeder Eingriff in diesen Zuweisungsgehalt einen materiellen Schaden begründete, ohne daß es noch darauf ankäme, wie der Verletzte grundsätzlich zu dieser Form der Nutzung eingestellt ist und ob er diese unter Umständen grundsätzlich ablehnt[79].

Eine nicht differenzierende analoge Übernahme der Regelungen von § 22 KUG führte jedoch zu weit. Für § 22 KUG ist anerkannt, daß ein Schauspieler eine von ihm verkörperte Person durch Maske, Mimik und Gesten so überzeugend darstellen kann, daß er damit ein lebendes Abbild der dargestellten Person auf die Bühne stellt. Das Recht am eigenen Bild umfaßt nach weit verbreitetem Verständnis damit nicht nur die Abbildung einer Person im eigentlichen Sinne, sondern auch die Darstellung einer Person durch einen Schauspieler auf der Bühne, im Film oder im Fernsehen[80]. Auf die Stimme übertragen würde dies aber bedeuten, daß praktisch jede glaubhafte Stimmimitation die Rechtswidrigkeit des Eingriffes schon indizieren würde. Es erscheint deshalb gerechtfertigt, ein in Parallele zu § 22 KUG gebildetes »besonderes« Persönlichkeitsrecht an der Stimme nur in den Fällen anzuerkennen, in denen ein unmittelbares Abbild der Stimme verbreitet wird. Dies ist einmal der Fall, wenn Aufzeichnungen der Originalstimme außerhalb des Regelungsbereiches des § 75 UrhG in der Werbung verwandt werden. Dies trifft aber auch dann zu, wenn mit technischen Hilfsmitteln, wie etwa dem Stimm-Sampling, ein Abbild der Stimme neu generiert wird. Eine solche Neuschaffung der Stimme geht über eine Vervielfältigung i.S.d. § 75 UrhG hinaus, so daß insoweit eine Sperrwirkung nicht eintritt. In Fällen des einfachen Stimm-Samplings, d.h. der Übernahme von Sequenzen gesungener oder gesprochener Worte, sind jedoch allein § 75 und ggf. § 83 UrhG maßgeblich, es sei denn, die Beeinträchtigung greift über das Ansehen und den Ruf des Interpreten als ausübendem Künstler hinaus. Die Sperrwirkung greift auch dort nicht, wo die Stimme außerhalb einer Werkdarbietung aufgezeichnet und alsdann verwertet wird[81].

Die Fälle der Nachahmung der Stimme durch Stimmimitatoren sollten hingegen wegen der durch § 75 UrhG vorgegebenen Wertung der grundsätzlichen Freiheit von Stil und Ausdruck nicht im Rahmen eines »besonderen« Persönlichkeitsrechts an der Stimme, sondern über den Auffangtatbestand des allgemeinen Persönlichkeitsrechts erfaßt werden.

c) *Der Schutz der Stimme aus dem allgemeinen Persönlichkeitsrecht*

Außerhalb der sondergesetzlichen Schutzbereiche (wie zum Beispiel dem Namens- oder Bildnisschutz) steht bei unbefugter Verwendung bestimmter indivi-

---

79 Diese Konsequenz zieht die Rechtsprechung jedoch auch bei Verletzungen des Rechts am eigenen Bild oder des Namens nicht. Bislang wird auch bei der Verletzung dieser besonderen Persönlichkeitsrechte die Zuerkennung eines Schadensersatzes in Form der entgangenen Lizenzgebühr davon abhängig gemacht, daß der Verletzte dieser Form der Nutzung auch tatsächlich zugestimmt hätte. vgl. BGHZ 26, 349 (»Herrenreiter«); 30, 7 (»Caterina Valente«); 35, 363 (»Ginsengwurzel«); 49, 288 (»Liebestropfen«); GRUR 1979, 732 (»Fußballtor«), 734; anders nur BGHZ 20, 345, 350 (»Paul Dahlke«).

80 Vgl. OLG Hamburg NJW 1975, 649 f - aus nichtigem Anlaß?, Schricker/Gerstenberg, a.a.O., § 60/§ 22 KUG, Rdn 10.

81 S. dazu vorstehend IV, 2. lit. a).

dualisierbarer Elemente der Persönlichkeit als Auffangtabestand das allgemeine Persönlichkeitsrecht und sein Schutz nach § 823 BGB zur Verfügung. Die Rechtspechung hat anerkannt, daß niemand die ohne seine Zustimmung erfolgende Verwendung seines Namens oder Bildes in der Werbung für bestimmte Waren oder Dienstleistungen dulden muß[82]. Die Beeinträchtigung des Persönlichkeitsrechts wird dabei darin gesehen, daß mit der Werbung der Eindruck erweckt wird, der Verletzte habe der Werbung zugestimmt und/oder unterstütze das bestimmte Produkt. Diese Überlegungen gelten aber gerade auch bei der Verwendung von Stimmimitationen in der Werbung.

Darüber hinaus machen sich Stimmplagiate aber auch ein höchstpersönliches Element des Imitierten zu eigen, das in seiner Individualität und stark persönlich geprägten Färbung in gleicher Weise wie Bild und Name den einzelnen kennzeichnet und vor Eingriffen Dritter zu bewahren ist. Ein solcher Eingriff ist jedoch nur dann anzunehmen, wenn die Stimmimitation zu einer Täuschung über die Identität des Sprechers oder Sängers führt. Das Publikum muß also glauben, die Stimme sei nicht imitiert, sondern stamme von dem Imitierten selbst. Nur so kann eine Persönlichkeitsrechtsverletzung durch die Verwendung der imitierten Stimme erfolgen, in persönlichkeitsrechtsverletzender Weise unterstellt, daß derjenige, an den die Stimme erinnert, tatsächlich mit der fraglichen Nutzung einverstanden sei.

Voraussetzung für eine solche Täuschung ist, daß die die imitierte Stimme »Kennzeichnungskraft« im untechnischen Sinne besitzt, also in Anlehnung an die amerikanische Definition[83] »von Personen, die mit der Stimme des Verletzten vertraut sind, sofort als seine Stimme erkannt wird«. Wesentlich ist dabei, daß es sich auch tatsächlich um ein Erkennen handelt und die Zuhörer nicht etwa lediglich an eine Stimme erinnert werden. Insoweit ist die Entscheidung des OLG Hamburg[84] zumindest mißverständlich, wenn dort die Imitation deswegen untersagt wird, »weil für jeden Hörer eine Erinnerung an die Stimme von Heinz Erhardt entsteht«[85]. Wo lediglich an eine andere Stimme erinnert wird, wird regelmäßig nicht in persönlichkeitsrechtsverletzender Weise unterstellt, daß derjenige, an den die Stimme erinnert, tatsächlich mit der fraglichen Nutzung einverstanden sei.

Anders als dies die amerikanischen Rechtsprechung fordert[86], kann es jedoch nicht darauf ankommen, daß die Stimme der Öffentlichkeit weithin bekannt ist, denn auch ein »Privatmann« mit zufällig besonders angenehmer Stimme muß sich dagegen verwehren können, daß seine Stimme ohne seine Zustimmung kommerziell verwertet wird.

Zusammenfassend stellt somit die Imitation der Stimme dann eine Verletzung des allgemeinen Persönlichkeitsrechts dar, wenn:

- die imitierte Stimme unterscheidungskräftig ist, und

---

82 BGHZ 20, 345, 350 (»Paul Dahlke«); 26, 349 (»Herrenreiter«); 30, 7 (»Caterina Valente«); 35, 363 (»Ginsengwurzel«); 49, 288 (»Liebestropfen«).

83 Tom Waits, a.a.O. (FN 23) S. 1100.

84 NJW 1990,1995 - Heinz Erhardt.

85 Die Möglichkeit einer stilistischen Annäherung soll ja gerade offen bleiben.

86 A.a.O. bei FN 49.

- durch die Verwendung der Imitation tatsächlich eine Täuschung über den Inhaber der Stimme erfolgt und die Imitation somit nicht lediglich an den Imitierten erinnert.

In die zur Feststellung der Rechtswidrigkeit im Rahmen des allgemeinen Persönlichkeitsrechts erforderliche Abwägung sind einerseits die Freiheit von Stil und Sound, die Freiheit der Kunst und die Zulässigkeit von Parodien einzustellen.

3. *Wettbewerbsrecht*

Im Geltungsbereich der §§ 75, 83 UrhG besteht für die ausübenden Künstler Sonderrechtsschutz. Eines Rückgriffs auf das Wettbewerbsrecht, das vor Erlaß des UrhG 1965 vielfach zur Begründung von Unterlassungsansprüchen gegen eine unmittelbare Ausnutzung fremder Leistung durch Dritte herangezogen wurde, bedarf es insoweit nicht mehr[87].

Wie gezeigt[88], ist jedoch der Regelungsbereich des § 75 UrhG eng begrenzt. Insbesondere erfaßt er Nachahmungen, auch wenn sie identitätstäuschend sind, nicht. Da die menschliche Stimme als solche gerade nicht Schutzgegenstand des Urheberrechtes ist, entfaltet dieses insoweit auch keine sondergesetzliche Sperrwirkung gegenüber § 1 UWG. Ein entsprechender ergänzender wettbewerbsrechtlicher Schutz ist damit nicht ausgeschlossen[89].

Im Falle der Stimmimitation kommen wettbewerbsrechtliche Ansprüche unter dem Gesichtspunkt der Täuschung des Verkehrs, der unmittelbaren Übernahme fremder Leistung und insbesondere der Rufausbeutung in Betracht[90]. Die bloße Nachahmung der Stimme und Übernahme der Darbietung des ausübenden Künstlers reicht hierfür allerdings nicht aus. Andernfalls käme es zu einem Wertungswiderspruch mit der nach dem UrhG gegebenen Freiheit in der Übernahme von Stil, Technik oder Sound der künstlerischen Darbietung[91]. Hinzukommen muß deshalb grundsätzlich eine mit der Übernahme einhergehende Identitätstäuschung. Die bloße Bezugnahme auf eine Stimme, die die Zuhörer sich an die Stimme des imitierten Interpreten erinnern läßt, wird regelmäßig nicht als Rufausbeutung angesehen werden können. Dies wäre nur dann anders zu beurteilen, wenn die Zuhörer aufgrund des Zusammenhanges dennoch der Auffassung sind, daß der in Bezug genommene Stimmträger etwa der unter Verwendung der imitierten Stimme gestalteten Werbung zugestimmt habe bzw. das Produkt unterstütze.

Im Unterschied zum Schutz der Stimme aus dem Persönlichkeitsrecht ist Voraussetzung eines wettbewerbsrechtlichen Schutzes, daß der imitierten Stimme - ähnlich wie in den Fällen in Bezug genommener fremder Waren oder Kennzeichen

---

87 Vgl. Baumbach/Hefermehl, Wettbewerbsrecht, 17. Aufl., § 1 Rdn. 579 m.w.N.
88 S. oben IV 2 a.
89 Vgl. Baumbach/Hefermehl, a.a.O., § 1, Rdn. 580.
90 Vgl. Baumbach/Hefermehl, a.a.O., § 1, Rdn. 580; Krüger, GRUR 1980, 635 f.; Hertin in Fromm/Nordemann, a.a.O., vor § 73, Rdn. 9; Schricker/Krüger, a.a.O., vor §§ 73 ff. Rdn. 26.
91 Auch die Übernahme des Liedgutes selbst ist, wie die § 61 UrhG zugrundeliegende Wertung zeigt, grundsätzlich statthaft.

– eine besondere Werbekraft zukommt. Diese ergibt sich aus einer Bekanntheit der Stimme. Nur bei einer entsprechenden Bekanntheit überträgt der Verkehr bestimmte Güte- und Wertvorstellungen, die er mit der Stimme bzw. dem Inhaber der Stimme verbindet, auf die Leistung des Imitators. Dabei muß ausreichend sein, daß diese nur in bestimmten Verkehrskreisen gegeben ist.

V. *Zusammenfassung*

Die Ausführungen haben gezeigt, daß im amerikanischen und im deutschen Recht Problemstellungen und Lösungsmöglichkeiten vielfache Parallelen aufweisen. Für das deutsche Recht kann wie folgt zusammengefaßt werden:

1. § 75 UrhG schützt vor Nachahmungen stimmlicher Darbietungen nicht. Das Stimm-Sampling einzelner gesprochener oder gesungener Sequenzen stellt im Anwendungsbereich des § 75 UrhG (Voraussetzung der Werkwiedergabe) eine genehmigungspflichtige Vervielfältigung dar. Werden lediglich einzelne Worte gesampelt und die Stimme in der Folge technisch generiert, so liegt, wenn die Darbietung als solche nicht mehr erkennbar ist, keine Vervielfältigung i.S.d. § 75 UrhG vor.

2. Außerhalb des Regelungsbereichs des § 75 UrhG ist ein Rückgriff auf das allgemeine Persönlichkeitsrecht statthaft. Für die Fälle der unmittelbaren Übernahme der Stimme und deren technischer Generierung ist in Parallele zu § 22 KUG ein »besonderes« Persönlichkeitsrecht an der Stimme anzuerkennen. Wird in dieses eingegriffen, ist die Rechtswidrigkeit des Eingriffes indiziert. In den Fällen der Stimmimitation ist hingegen im Rahmen des allgemeinen Persönlichkeitsrechts zur Feststellung der Rechtswidrigkeit eine Wertung vorzunehmen, die die durch das Urhebergesetz grundsätzlich anerkannte Freiheit von Stil, Technik und Sound der Darbietung zu berücksichtigen hat.

3. Identitätstäuschende Stimmplagiate in der Werbung stellen grundsätzlich einen rechtswidrigen Eingriff in das allgemeine Persönlichkeitsrecht dar. Die Übernahme von Stil, Sound und Technik eines Vorbildes durch eine Musikgruppe stellt hingegen, selbst wenn auch Ähnlichkeiten in der Stimme festzustellen sind, jedoch keine Identitätstäuschung erfolgt, keinen Eingriff in das Recht an der Stimme dar.

4. Ein ergänzender wettbewerbsrechtlicher Schutz ist durch § 75 UrhG nicht ausgeschlossen. Er setzt eine Kennzeichnungskraft der Stimme voraus. Über die Fälle der Identitätstäuschung hinaus besteht wettbewerbsrechtlicher Schutz in den Fällen der bloßen Bezugnahme auf eine bekannte Stimme nur in Ausnahmefällen.

Karl Stocker

Dem Pädagogen und Freund des Interdisziplinären

I. *Prämissen einer Festschrift*

Generell löst die Textsorte »Festschrift« Vermutungen, Neugierde, Spekulationen aus über Inhalte und Form. Da sind theoretisch zu erwarten: Forschungsberichte, Projektbeschreibungen mit fachlich einschlägiger Thematik, hoffentlich keine schon anderweitig gedruckten Publikationen - somit Manuskriptbegradigungen mit dem Risikofaktor eines gedanklichen Recycling - Festschriften können hinauslaufen auf eine Summierung von Laudationes, tabellarisch als Curriculum vitae, in Prosafassung vielleicht in Form von Beiträgen, die anderwärts (noch) kein Unter-, vielleicht auch kein redaktionelles Entgegenkommen gefunden haben. Von Verlegern - des Absatzes wegen - gefürchtet als »Anthologien« von Wissen und Information, von den JubilarInnen dann doch dezent-überrascht akzeptiert, sind sie vom Empfänger her ein geistiges Produkt, das gemäß seiner Intention erfreut, neugierig macht, eine Würdigung darstellt, einer Bilanz gleichkommt, selbstverständlich im Akzeptanz-Rahmen eines Zwischenberichts: somit ausdrücklich alles andere darstellend als eine Art Vorform beruflicher Verabschiedung.

Eine Festschrift sollte nicht allzu vorzeitig, nicht allzu verfrüht erscheinen; sie darf auch nicht, wohlgemeinten Nachrufen ähnlich, sehr spät kommen. Sie beschreibt wie in unserem Falle hier einfach eine Wegmarkierung, die altersabhängig variabel ist, insgesamt auch heute eher die Ausnahme als die Regel darstellt: eine persönlichkeits-gebundene Besonderheit, die sich aus objektiv-sachlichen (z.B. wissenschaftlichen oder gesellschaftlichen) Begründungen definiert, die sich aber auch subjektiv konzipieren läßt aufgrund von individuellen Begegnungen und Eindrücken, Erfahrungen und Beobachtungen. Die dritte Möglichkeit ist eine Synthese dieser zwei Varianten, also eine Kombination subjektiver und objektiver Faktoren, gestützt von retrospektiv praktizierter Zusammenarbeit, und in eben diese Richtung fiel *unsere* Entscheidung.

Sie betrifft sicherlich kein unerwartetes Faktum, befaßt sie sich doch mit dem Pädagogen, mit dem *Pädagogischen* in *Reinhold Kreile,* also mit einer seiner alternativen Berufsmöglichkeiten und Tätigkeitsprofile. Ausgangspunkt für unser Protokoll ist die mehr als ein halbes Jahrzehnt andauernde Kooperation zwischen dem Leiter der Abteilung V an der Hochschule für Fernsehen und Film (HFF) in München, *Reinhold Kreile,* und dem Inhaber des Lehrstuhls für die Didaktik der Deutschen Sprache und Literatur (Schwerpunkt Literatur), am Institut für Deutsche Philologie der Universität München.

II. *Ein Kooperationsprojekt*

Die Idee zu einem interdisziplinär angelegten Projekt der beiden Hochschulen stammt vom Jubilar Prof. Dr. *Reinhold Kreile;* das Grundkonzept darf als innovativ gelten: Zunächst einmal wissen alle, die heute mit Aus-, Fort- und Weiterbildung im In- und/oder im Ausland zu tun haben, um die Bedeutung des »Generalisten«, der als Typus in Bildung und Erziehung wichtiger geworden ist als der (allzu) lange favorisierte »Nur-Spezialist«. Auf solche Vorstellungen setzen u.a. Japan, die Volksrepublik China und Taiwan, seit einiger Zeit die USA und neuerdings, verstärkt, die Vertreter des wirtschaftlichen und technischen Managements im Maastricht-Europa.

Die Idee einer Zusammenarbeit zwischen Gesellschafts- und Geisteswissenschaften kommt beiden Institutionen zugute: Was im Bereich der Schulen die fächerübergreifende Projektorientierung bedeutet, gilt im Hochschulbereich als das *interdisziplinäre* Prinzip - in unseren Zeiten ein Desiderat. Für die Realisierung ist jemand prädestiniert, der, wie *Reinhold Kreile,* nicht nur Rechtsexperte und Verwaltungsfachmann ist, sondern auch Kenner von Literatur, Kunst, Musik; er ist praktizierender Pianist, passionierter Konzertbesucher (mit Partitur als Vademecum), Oper- und Theaterfreund: für den Generaldirektor der GEMA eine gediegene und kreative Kombination.

Auf die Arbeit an der Hochschule wirkt sich das motivierend aus, indem man in der Abteilung V der HFF versucht, das Pragmatisch-Zweckorientierte, also Fragen der Produktion und der Medienwirtschaft, mit einem »ästhetisch« bestimmten Ergänzungs- bzw. Enrichment-Programm zu verknüpfen, und zwar im Rahmen eines Lehrauftrags zum jeweiligen Semesterabschluß.

Ein ins »weiße Haus« nach Giesing eingeladener Vertreter der Germanistik braucht sich nicht als Repräsentant einer »textverarbeitenden« Disziplin zu empfinden; es bieten sich vielmehr prinzipiell Vorstellungen darüber an, wie sich die Zeichensysteme *Wort* (Literatur) und (stehendes wie bewegtes) *Bild,* sprachliche und nicht-sprachlich/bildhafte Gestaltungsmomente miteinander in Verbindung bringen lassen: Man denke nur an die übliche Drehbuchgestaltung für Film- bzw. Fernsehproduktionen oder an Hörspiel-Realisationen, wo die »Wortspalte« (Text) und die »technische« Spalte jeweils eine natürliche Einheit bilden.

Man wird all diese Intentionen nicht vorab schon als *Programm* deklarieren wollen: Sollte der dahinter stehende Anspruch jedoch eingelöst werden, können dies am gültigsten die Studierenden selbst beurteilen. Und es läßt sich nach den Jahren der Zusammenarbeit mit der HFF und mit *Reinhold Kreile* - gerade durch den Diskussionsteil, traditionell angesetzt nach der theoretischen Einführung und dem darauf folgenden Anschauungs- und Interpretationsteil - von den Reaktionen her eine, wie nicht nur wir meinen, positive Bilanz ziehen.

Das didaktisch-methodische Vorgehen entspricht dem Wechselverhältnis von theoretischer Fundierung und praktischer Anwendung, wobei der Dialog eben nicht nur als »Podiumsdiskussion« geführt wird zwischen den Dozierenden. Vielmehr geht es um einen gegenseitigen Lernprozeß bei der angestrebten Verbindung von Information und Motivation. Hier darf und muß man vom Pädagogen *Rein-*

hold Kreile sprechen, dem das Unterrichten, dem der Umgang mit jungen Menschen ganz offensichtlich Freude bereitet.

Philologen wie Juristen wissen um die Bedeutung der Sprache, um die Ein- oder die Mehrwertigkeit der Wörter, um die »Leerstellen« zwischen den »Zeilen«, um das Dictum und Dictandum, um das Gesagte und das Gemeinte, um die Bedeutung der poetisch-metaphorischen (literarischen) Sprache und der angenäherten Sachbezogenheit nicht-fiktionaler Texte, somit um die »Nicht-Eigentlichkeit« und die »Eigentlichkeit« von Texten. Anders gesehen: auch für Philologen ist es heilsam, Sprachpräzisierung, juristische Statements, Definitionen von fachsprachlicher Provenienz, also den unverkennbaren O-Ton *Kreile* zu hören, wenn es darum geht, Definitionen zu formulieren, Einsichten zu begründen, die Kunst des Argumentierens zu pflegen.

Ein Gast-Referent fühlt sich an der HFF herausgefordert, Angebots-Innovationen im Auge zu behalten. Wichtig ist, auf die Zielgruppe einzugehen, ihre Interessen zu berücksichtigen, die innerhalb des Spannungsfeldes zwischen Kunst und Kommerz liegen und darauf zu achten, was verbindet, was kompatibel erscheint. Die beliebt gewordenen Ringvorlesungen - an der Universität München mittlerweile breitenwirksam ausgedehnt auf ein wieder-entdecktes »Studium generale«, auf »Frauenstudien«, auf das »Seniorenstudium« - verfahren in der Regel nach dem Prinzip eines zyklisch strukturierten Nacheinander.

Wie vielfältig pädagogisch-didaktisch angelegte und meist medienunterstützte Referate und Abschlußdiskussionen sein können, zeigt die Veranstaltungsreihe »Offener Mittwoch«, angeboten von der Abteilung I der Hochschule für Fernsehen und Film: Solche Rahmenveranstaltungen mit hochschuleigenen und mit Gastdozenten gewährleisten auch eine Fortbildung der Fortbildner, geben Anregungen für Multiplikatoren, fördern Urteils- und Geschmacksbildung, stellen »Trainingseinheiten« dar für lehr- und lernbare Wertungskompetenz.

Die Studierenden der HFF honorieren Gastvorträge, geht man von der Beteiligung und von ihren Äußerungen in den Diskussionen, in den Anschlußgesprächen rund um die Cafeteria aus. Studierende von heute, in nicht immer berufsaussichts-rosiger Zeit aufwachsend, sind sensibel geworden für die Nuancen von Forderung und Förderung, von angestrebtem Individualismus und in Kauf genommener Massenabfertigung des Typs Konsumcharakter.

Da ist es ein ausgesprochener Glücksfall, wenn man - als Gastreferent - mit einer Persönlichkeit wie *Reinhold Kreile* zusammen arbeiten kann. Er hat Rechtswissenschaft und Volkswirtschaft, aber auch Musik studiert, in München wie in Darmstadt; er hat mehr als drei Jahrzehnte die Politik als Abgeordneter des Deutschen Bundestags erlebt, erlitten und mitgestaltet, bringt Erfahrungen als Aufsichtsratsexperte ein und ist als Generaldirektor der GEMA (seit 1990) auf nationaler wie übernationaler, dabei längst nicht nur europäischer Ebene tätig: sehr erfolgreich, wie man weiß.

Was von ihm in die Hochschularbeit an Lebenserfahrung einfließt, ist ganz offensichtlich anwendbar auf den pädagogischen Wirkungskreis, vermittelt Autorität, die sich als Akzeptanz dann einstellt, wenn jemand aus dem interdisziplinär angelegten Knowhow schöpft, Kompetenz einbringt. Es genügen, und das macht die Kooperation zeitsparend, liberal und angenehm, Kurzkorrespondenzen, allenfalls Kurztelefonate zur inhaltlichen Vorabstimmung. Das begünstigt Spontanbegegnungen, eröffnet den angebotenen Objektbereichen eine weit natürlichere und authentischere Diskussionsgestaltung als vorprogrammierte Absprachen. Da gedeiht bei *Reinhold Kreile* gerade auch Improvisation zur kreativen Qualität, werden Lernprozesse einsichtig, ist mit Überraschungsmomenten und mit wissenspräsenten, weiterführenden Zitaten zu rechnen.

Die StudentInnen, die von *Reinhold Kreile* für das Studium in der Abteilung V in Vorstellungsgesprächen ausgewählt werden (darüber kann man wohl im Beitrag von HFF-Präsident *Helmut Oeller* nachlesen), gehen auf dieses Diskussionsangebot ein, und ein Vertreter der Germanistik, der den Wert von (andernorts gefertigten) Arbeiten wie »Der Infinitiv bei Hans Sachs« oder »Goethe als Eisläufer« hochachtbar einzustufen weiß, kommt nicht umhin, die Lebendigkeit des auf Aktualität und Trendanalysen abgestimmten Gedankenaustausches zu würdigen. Die HFF motiviert zu neuen Text- oder Bildangeboten, zu Ideen, Modellen, Experimenten, zu Entwicklung und zum Einsatz selbst erstellter Bildserien, zum Einbau von Videosendungen oder -sequenzen, im Textbereich zum Anlegen von didaktischen Reihen; so ist das kubisch angelegte Architektur-Ensemble an der Frankenthalerstraße zum vertraut gewordenen und bewährten Testgelände für eigene Vorhaben und zum Prüfstand für geplante Projekte geworden.

In diesem Sinne ist, in Absprache mit *Reinhold Kreile,* derzeit das Thema »Möglichkeiten der interkulturellen Annäherung durch visuelle Kommunikation« in Vorbereitung, ausgehend von zu interpretierenden vergleichenden Projektionsbeispielen. Dieses thematische Vorhaben soll den interkulturellen Zuschnitt betonen in einer Zeit, in der es zur Gewißheit geworden ist, daß die eine Hälfte der Welt ohne die andere nicht mehr existieren kann. Im übrigen zeigen die Abschlußveranstaltungen der HFF-Studiengänge mit den unvermeidlichen Zeugnisausgaben und den traditionell von *Reinhold Kreile* vorab gehaltenen Grundsatzreferaten sehr deutlich, daß Studierende, d.h. Absolventen *die* (= nicht *das*) Weite suchen: mal Hollywood, mal Australien, eben dort, wo die Glückslose der Stipendien sie hinsenden.

In der universitären wie außeruniversitären Arbeit ist realistischerweise immer mehr von der nur scheinbar gegebenen »Dichotomie«, der angeblichen Gegensätzlichkeit von *Lesekultur* und *Medienkultur* auszugehen. Delegierte aus Kultus- und Bildungseinrichtungen haben es da von der Auftragslage her einfacher, bieten sich doch passende Eröffnungsreden sowohl für Buchmessen an (in denen die Mediengefahr oder »-unkultur« als Menetekel beschworen wird), als auch zum Anlaß für Grußadressen bei Medientagen und -ausstellungen, in denen es die Bedeutung der elektronischen Medien für unsere Gegenwart und Zukunft herauszustreichen gilt. Solche Parallelitäten von Meinungsschienen sind heutzutage in offiziell gebilligter »Personalunion« denkbar . . .

III. *Nochmals: Germanistik an der HFF?*

Welcher Ansatz von der Germanistik her ist nun wünschbar und effizient in einer Hochschule für Fernsehen und Film? Ist der Pfad zu weit oder ist er zu gewagt? Im *engeren* Sinne versteht sich die Germanistik als die Wissenschaft von den Sprachen und den Literaturen der germanischen Völker. Die *weitere* (Auf-) Fassung ist die Verbindung von *Diachronie* (Längsschnittverfahren) und *Synchronie* (Querschnittbetrachtung, dic übrigens auch historisch angelegt sein kann).
Es sind Wege aufzuzeigen bis hin zur *Landeskunde.* Man bezieht heute, wo man erkannt hat, daß Texte in einem Netzwerk von Kontexten stehen, daß sie in einer bestimmten Situation, auch Intention, verfaßt wurden und werden, die historische Dimension in die interpretative Betrachtung ein. Längst schließen sich Geistes- und Gesellschaftsgeschichte nicht mehr »aus«. Dieser erweiterte Germanistikbegriff umfaßt somit: Geschichte, Sitte, Religion, Wirtschaft, Gesellschaft, Recht, Entwicklung der Technik, erst recht natürlich Sprache und Literatur; und gerade dieses Spektrum begünstigt die *interdisziplinäre* Betrachtung.

Die Germanistik umfaßt Lehr- und Forschungsgebiete wie Linguistik (als moderne Sprachwissenschaft, häufig aufgeteilt in theoretische und in germanistische Linguistik), die germanistische Mediävistik (Sprache und Literatur des Mittelalters), Neuere deutsche Literatur (unter Einschluß der zeitgenössischen Literatur) und, im Lehramtsbereich, Didaktik der deutschen Sprache und Literatur. Die Gesamtdisziplin findet man - das erleichtert den von uns angestrebten Übergang vom Text zum Bild (was in manchen Weltkulturen längst nicht so restriktiv als »Gegensatz« verstanden wird: man denke an Ostasien) - definiert als (germanistische) Literaturwissenschaft, Sprachwissenschaft, Textwissenschaft, Gesellschaftswissenschaft, als *interkulturelle* Wissenschaft, Kulturwissenschaft, Kommunikationswissenschaft und als *Medien*wissenschaft, wobei schließlich auch Text und Buch ein (Print-)Medium darstellen. Neuformen wie Antiformen werden begünstigt oder bestimmt durch die Elektronik: Beweise sind die dramatischen Formen in Film, Funk und Fernsehen, erinnert sei an die fruchtbaren Interferenzen zwischen filmischen Techniken und textuellen Elementen. So ist der Brückenschlag zwischen Literatur und Medien generell und für die HFF speziell legitim und zeitgemäß, im Sinne einer auch wissenschaftstheoretisch begründeten gegenseitigen Erhellung.

Der erweiterte Zeichenbegriff verweist einmal auf den Zugang zur Intertextualität (die Welt verstanden als *»Text«*) zum zweiten zu einer Welt als *»Zeichen«*, als Zeichensystem sprachlicher wie nicht-sprachlicher Art. Jeder Theaterbesucher kennt die Verbindung von Sprache als Text und von begleitend-umsetzender Körpersprache (Gestik, Mimik und Bewegung). Im Medienbereich - von der Analyse bis zur Produktion - sind Verbindungen herstellbar zwischen *Wortgrammatik* und *Bildgrammatik.* Auf diese gegebenen und ausbaufähigen Brücken beziehen wir uns bei der interdisziplinären Vorgehensweise. Die wünschenswert bleibende Synthese von Text und von Bild wird man nur bewahren können durch eine parallel anzustrebende verbesserte *Lesepädagogik* und eine Schulung des Sehens - eben durch die Förderung der *visuellen Kommunikation.* Man »verrät« also keineswegs das Anliegen der Literatur und der Lesekultur, wenn man sich, von der Germanistik und ihrer Didaktik her kommend, den elektronischen Medienproduktionen, ihren Distributionsformen und ihrer Rezeption zuwendet: es sind dies vielmehr jene Voraussetzungen, die den Dialog erleichtern.

IV. *Interdisziplinäre Beispiele*

Es geht uns im folgenden nicht um eine Auswahl-Retrospektive von thematisch vereinbarten Zusammenkünften, sondern - gar nicht unbescheiden - um das Modell einer Kooperation, wobei die thematische und chronologische Reihenfolge beibehalten ist. Der Auftakt der Zusammenarbeit mit den HFF-Schützlingen von *Reinhold Kreile* ist medienunterstützt, ist der *»Rezeption und Produktion von Videoclips«* gewidmet, wobei zusätzlich ein Experte aus der Produktion eingeladen ist vom früheren Privatsender »Tele 5«.

Beim Thema »Videoclips« interessieren uns weniger die *Performance Clips,* also die in Handlung und Bild, Bewegung, Rhythmus, Farbe und Licht umgesetzte Musik, sondern fokussieren *Concept Clips,* die ein Thema abhandeln (und sei der gedankliche »rote Faden« noch so kursorisch oder noch so komplex angelegt) und die sehr wohl Träger von Botschaften bzw. Diskursen sind. Es wird dabei schnell klar, daß es ein kognitives und/oder ein emotives Rezipieren gibt, zunächst ein Aufnehmen der audio-visuellen Art, mit einem versuchten Maximum an Wirkung bei hektisch zeitlimitierten Spots: Videoclips zu begreifen als ein Phänomen unserer Tage.

Thesen (anhand von Tischvorlagen), Vorführung und Auswertung von Einzelbeispielen signalisieren bereits den Übergang in die gemeinsame Diskussion. Da ist es der Urheberrechts-Fachmann *Reinhold Kreile,* der die aufgeworfenen Fragen nach dem Urheberrecht, nach dem Ziehen, dem Kauf oder dem Übernehmen von Kopien, nach der Öffentlichkeit, Teil-Öffentlichkeit oder Nicht-Öffentlichkeit der angesprochenen Zielgruppen zu beantworten weiß. - Es ist für Lehrende, für Unterrichtende jedweder Coleur unmöglich, sich mit der Zeiterscheinung »Clips« (Schnitt-Verfahren, Kreativität, Ästhetik, Schockwirkung, Überforderung, Berieselungseffekt, Faszination) auseinander zu setzen, wenn die Verantwortlichen bei Vorführung sozusagen mit einem Bein »im Zuchthaus« stehen, von Rechten und »Löschpflichten« keine Ahnung haben, das drängende Thema dann vorsichtshalber mit berechtigten bis bequemen Ausreden zu den Akten legen, die SchülerInnen und Jugendlichen dabei mit einer echten Herausforderung unserer Gegenwart wieder einmal allein lassend . . .

- - -

»Plagiat - Dokument - Zitat: Ein ›originales‹ Jahrhundert im Spiegel von Literatur- und Videobeispielen« lautet das anschließende Semesterthema. Die ausgewählten Text- und Bildbeispiele wollen die Ausgangslage erhellen, die Problemlage erkennen helfen - an einem besinnenswerten Jahrestag übrigens (Schlacht um Stalingrad), anhand einer Kernstelle aus *Theodor Plieviers* Roman »Stalin-

grad« und einer dokumentarischen Textstelle aus *Alexander Kluges* »Schlachtbeschreibung« zum selben Thema. Wir befassen uns in diesem Zusammenhang ferner mit dem u.a. für *Alfred Döblin* (»Berlin-Alexanderplatz«) so wichtig gewordenen Verfahren des »Camera eye«, literarisch vorgegeben bei *John Dos Passos* (Wolkenkratzer-Kapitel aus dem Roman »Manhattan Transfer«), ergänzt - zum Nachweis der gegebenen Interkontextualität - durch einen Vergleichstext aus dem Biblischen Schöpfungsbericht (Genesis), wiederum in Relation gesetzt zu *Patrick Süskinds* Romanbestseller »Das Parfum. Geschichte eines Mörders«; es folgen Beispiele zu Ironiegittern mit tieferer Bedeutung in Form »montierter« Gedichte (*Paul Wühr* »Wacht« und *Ernst Jandl* »gottelbock«, letzteres mit beigegebener Deutung von *Ulrich Greiner* in der »Zeit« vom 11.3.1988). Nicht fehlen dürfen Hinweise auf die Bedeutung authentischer Texte (›Aus meiner Stasi-Akte‹, als Abdruck von Aktennotizen in der Autobiographie »Der Zorn des Schafes. Aus meinem Tagewerk« von *Erich Loest*), sodann ein Beispiel von addierten Sentenzen in Form von sprachlichen »Ready mades« als heilsames Beispiel der Verfremdung von Altvertrautem als »Sprachklischees«. Hier können Erinnerungen (und Bildbeispiele) von *John Heartfield* nicht ausbleiben, mit abschließendem Rekurs zu einem Dichter, der sich vom literarischen Text abwandte und in die Welt der Collage flüchtete, nämlich *Wolfgang Hildesheimer* (hier: ›Der gelbe Fleck‹ aus »Endlich allein«).

Die Diskussion bewegt sich - nach einer ergänzenden Vergleichs-Sichtung von Video Clips, die sich dem *Zitat* (mit seiner wechselvollen Geschichte von der Antike bis zur Gegenwart) geradezu als Hauptstilmittel verschrieben haben - um die jüngsten Prosa-Werke von *Walter Kempowski* und den angeblichen Plagiatsverdacht, wie er im Magazin »stern« erhoben worden war -, nicht zu vergessen die brillanten Aussagen dazu von *Joachim Kaiser*.

Reinhold Kreile kann hier Grundsätzliches und Klärendes beitragen; es ist sein Metier, die im Thema angesprochenen Begriffe aus juristischer wie urheberrechtlicher Sicht abzuhandeln, also Plagiat, Dokument, Zitat mit den implizierten Fragen nach der Originalität hier und dem Vorwurf des »geistigen Diebstahls mit Vorteilsnahme« dort. Literatur und Zitat - Literatur als (z.B.landeskundliches) Zitat, Zitate zwischen Fiktion und Dokumentation (man vergleiche die vieldiskutierte »dokumentarische« Literatur): diese Thematik erweist sich als besonders dialogfähig und diskussionsergiebig. *Reinhold Kreile,* stets ein geduldiger und aufmerksamer Zuhörer bei Fragen und Argumenten, versteht sich kraft seiner pädagogischen Ader auf jene Tugend, die man die »Kunst des Erklärens« nennt.

\- - -

Das als nächstes angesetzte Thema »*Visuelle Poesie* als Möglichkeit der Sensibilisierung für Sprach- und Bildgrammatik« stößt auf Interesse schon beim vorangestellten Rekurrieren auf kindliche Sprachspiele, dient dem Aufweis von pragmatischen Nutzungsmöglichkeiten in der Werbung (Designer-Poesie) sowie dem Übergang zum ästhetischen Bereich der Literatur - eben in der Form der »Visuellen Poesie«. Da bietet sich zunächst die Einordnung der »Visuellen Poesie« (als Teil der Konkreten Poesie) in die allgemeine Entwicklung der Lyrik der zweiten

Hälfte unseres Jahrhunderts an, wobei das Todesjahr von *Bertolt Brecht* und *Gottfried Benn* (1956) eher das Ende einer literarischen Epoche markiert; andererseits sind Rückgriffe auf »Vorläufer« und Parallelen wie die Figurengedichte der Barockzeit nicht auszusparen. Auch zeitkritischen und nicht nur artistisch-experimentellen Projektions-Beispielen der »Visuellen Poesie« wird Raum gewährt.

Im Verlauf der Diskussion mit *Reinhold Kreile* ergibt sich in jenem Punkt Übereinstimmung, daß die menschliche Natur angelegt ist auf das noëtisch-verstandesmäßige und auf das aleätorisch-spielerische Prinzip; Fazit: Spiel und Traum dürfen in der Gesellschaft nicht wegrationalisiert und schon gar nicht im Bereich der Erziehung vernachlässigt oder gar ignoriert werden. Sie gehören zu den »Spiel«-Regeln des Lebens. In der Diskussion kommt die Sprache ausführlich auf die Möglichkeiten einer kreativen Annäherung an die Visuelle Poesie. *Reinhold Kreile,* vormaliges korrespondierendes Mitglied der »Gruppe 47« (er war lange Jahre mit Zentralfigur, Mentor und Nestor *Hans Werner Richter* befreundet) kann aus erster Hand und dem persönlichen Erleben Literaturgeschichte behandeln. Seine beachtenswerte Belesenheit erstaunt ohnehin immer wieder, denkt man an seine berufliche Ausgelastetheit.

Als Lernziel (Richtziel) ergibt sich im Konsens, daß es nicht schaden kann, wenn verbale wie graphische Kreativitätsübungen ein Ergänzungsprogramm darstellen, gerade in einer Abteilung der HFF, die schwerpunktmäßig mit Wirtschaft, Kalkulation und Verwaltung befaßt ist - eben mit den Kernbereichen Produktion und Medienwirtschaft. Der Angehörige einer solchen Abteilung wird - vergleichbar jedem Buchhändler - immer befaßt sein als *materieller* (Film als *Geschäft*) und als *ideeller* Vermittler (Film oder Fernsehproduktion als *Kunstwerk*). Zu sprechen ist bei einem Angebot um (Visuelle) Poesie nicht von einem *Kontrastprogramm,* sondern von einem *Enrichmentprogramm.*

- - -

Im Zuge eigener Mitarbeit an einem Projekt zur *Toleranzforschung,* die andere Akzente setzen will als das, was man unter »Konfliktforschung« oder unter »Friedensforschung« kennt, und aus einem zeitgeschichtlichen Anlaß heraus kommt es zur Wahl des Themas *»Das Motiv des Krieges* in der neueren Literatur und Kunst«. Der Golfkrieg und die sich bis heute, 1994, fortsetzenden Kriegshandlungen auf dem Gebiet des ehemaligen Jugoslawien geben den Anstoß, sich - diesmal *motivgeschichtlich* - mit dem Phänomen Krieg und Frieden zu befassen. Die ausgewählten Texte sind bewußt auf das 20. Jahrhundert begrenzt, also unter Verzicht auf das an sich üppig verfügbare Repertoire von der »Ilias« und »Odyssee« über *Grimmelshausens* »Simplicius Simplizissimus« bis zu *Schillers* »Wallenstein«-Trilogie. Auch die Malerei liefert Beispiele wie *Albrecht Altdorfers* »Alexanderschlacht«, Gemälde und Radierungen von *Francesco Goya, Franz Marc, Otto Dix* und *Pablo Picasso* bis zur unmittelbaren Gegenwart.

Dazu werden in der Diskussion Fragen der Materialbeschaffung aufgeworfen und an *Reinhold Kreile* gestellt; Detailfragen beziehen sich auf die »Quellenlage«: Es »gibt« generell Bilder (Photos, Diapositive), die gekauft, andere, die sozusagen mit Genehmigung in Ausstellungen oder Museen abgelichtet sind, diverse Beispiele, die mit oder ohne eingeholte Erlaubnis herausphotographiert sind, die aus Büchern oder von Postkarten stammen, von Prospekten, Katalogen, Plakaten und Druckvorlagen »übernommen« sein mögen. Es wird bezahlte oder unbezahlte Vorträge geben, unterschiedliche Zielgruppen: einen geschlossenen Kreis, Öffentlichkeit oder Teil-Öffentlichkeit. Im Zeitalter des Bildes und bei landeskundlichen Informationen im In- oder Ausland sind solche Möglichkeiten und Grenzen in bester pädagogischer Absicht wichtig und rechtlich bedenkenswert. *Reinhold Kreile* erweist sich als souveräner Kenner einer nicht unkomplizierten Rechtslage für Erwerb und Einsatz selbstproduzierter Medien.

– – –

Die anschließende Thematik *»Entwicklung der Bühnenformen«* (im Rahmen einer Einführung in die Theatergeschichte anhand von Projektionsbeispielen von der Antike bis zur Gegenwart) ist *gattungsorientiert* angelegt, dem Drama, dem Theater gewidmet. Im Mittelpunkt der dramatischen Gattungsformen steht das »abendfüllende« Bühnenstück, die dramatische literarische Ganzschrift. Das elektronische Zeitalter hat Neu-, Misch- wie Antiformen hinzugefügt, die vom herkömmlichen zum Neuen Hörspiel, dann zu Fernsehproduktionen und zum Spielfilm reichen.

Das *exemplarische Prinzip* muß hier den Vorzug erhalten, beginnend mit der antiken »Arenabühne« aus der griechischen und römischen Tradition, dann zur Theatertradition des Mittelalters (Schwerpunkt: geistliches Spiel zunächst *in,* dann *vor* der Kirche) mit der Simultanbühne, schließlich die Shakespeare-Bühne, die »Elizabethan Stage«. Die Neuzeit und ihre Guckkasten-Bühne präsentiert Beispiele, die vom Barock über die Weimarer Klassik und das 19.Jahrhundert bis zum Gegenwarts- und Experimentiertheater reichen. Je nach kategorialer Absicht, Material- oder Quellenlage gilt es Tief- oder Hochbauten, Außen- und Innenräume, die Hauptentwicklung der Theaterarchitektur vom Hoftheater bis zum Volkstheater zu berücksichtigen. Zur Bühnengestaltung gehört selbstredend das Bühnenbild, dessen sich ja so namhafte Künstler wie *Edvard Munch, Fernand Legér* oder *Marc Chagall* angenommen haben.

Als besonders informativ ist in Erinnerung, was *Reinhold Kreile* in der anschließenden Diskussion beizutragen weiß zum Thema »Theater und Recht«. Er, der Bayreuth-, Salzburg- und München-Musiktheater-Stammgast kann aus dem Stegreif ausgewählte Beispiele erläutern. Die aufgeworfenen Fragen gelten u.a. der Mode gewordenen Auslegung der »künstlerischen Freiheit« (bis hin zu den berühmt-berüchtigt gewordenen »Gegen-den-Strich-Inszenierungen«), den Organisationsformen der Inszenierungen (zwischen Regietheater und Kollektivtheater), den Fragen der Zensur (im Rahmen der Maßgaben der Grundrechte), den Sicherheitsvorschriften, auf der juristischen Seite dem Urheber-, dem Tarif- und dem Theater-Vertragsrecht. Als Brennpunkte werden fokussiert die Rechtsträgerschaft (z.B. in Stadt-, Staats-, Privattheatern), das Vertragsrecht (für nicht-künstlerische Berufe, für Solo- und Normalverträge, in Bühnenschiedsgerichten), vom Urheberrecht her die Urheberrechtsabgabe, die Weiterverwertung (in anderen Medien), die Leistungsschutzrechte (für Schauspieler) sowie Fragen der »Autorschaft«.

Aufschlußreiches erfährt man zu Bühnenmanuskript, Strichfassungen, Regiekonzepten, Weglassungen, Ergänzungen, »Modernisierungen«, zur bohrenden Frage nach dem Grad der »Werkstreue«. Will man sich ernsthaft befassen mit literatursoziologischen Aspekten, mit dem »Literaturbetrieb«, kommt man an Überlegungen zur ästhetischen oder polyästhetischen Erziehung (Erziehung zur aktiven Teilnahme an der Kultur als wichtiges Lernziel) nicht vorbei: eine der gewonnenen Einsichten im Zusammenhang mit dem legitim verknüpften Rahmenthema von Theater und Recht.

– – –

Der Wechsel vom motivgeschichtlichen (z.B.Kriegs-Motiv) zum *epochenspezifischen* Ansatz empfiehlt sich nicht zuletzt aufgrund der aufwendigen Ausstellung über den deutschen Expressionismus in Paris. Selbst die seit *Adenauer* und *de Gaulle* ausgehandelten deutsch-französischen Verträge haben, zumindest nach Meinung prominenter Kritiker und Beobachter, keine vergleichbare Wirkung im Sinne einer Bewußtseinsänderung erzielt wie diese Präsentation der literarisch und künstlerisch so bedeutsamen Richtung des *Expressionismus,* die man die vielleicht »deutscheste« aller Kunst- und Literatur-Strömungen zu nennen pflegt.

Ausgangspunkt unserer Betrachtungen, nach der Einführung – sie steht im Zeichen der Frage: was *war* oder was *ist* Expressionismus – ist das »Manifest des absoluten Expressionismus«, dann folgt der interpretative Einstieg in das prototypische Gedicht von *Georg Stadler* »Fahrt über die Kölner Rheinbrücke bei Nacht«. Die geradezu antithetische Denkweise der Expressionisten kommt zur Sprache, also Begriffspaare und Tendenzen wie: Großstadtfeindlichkeit und Großstadthörigkeit, Technikvergötzung und Technikangst, utopische Grundhaltung und pessimistische Einstellung, sensualistisch/sinnliche Haltung und spiritualistische Neigung, Artistik und Aktivistik (letztere ein Vorlauf von Entwicklungen wie in der Zeit nach 1968 mit »operativer«, d.h. handlungsorientierter Literatur), Genie- und Massengläubigkeit. Berücksichtigung findet die »Expressionismus-Debatte« in Literaturwissenschaft und Kulturbetrieb der ausgehenden 20er Jahre (es geht dabei vorrangig um die diametrale Entwicklung der Lyrik von *Gottfried Benn* und von *Johannes R. Becher*), ferner ist zu referieren über die Bedeutung Bayerns für die Entwicklung des Expressionismus. Vom *Lenbach*-Haus in München bis zum *Marc*-Museum und zum *Münter*-Haus in Oberbayern sowie zum neu eröffneten *Ernst-Ludwig-Kirchner*-Museum in Davos reichen die Bestandsaufnahmen unserer museumspädagogisch aufbereiteten Beispiele.

In der anschließenden Diskussion zum text- wie bildunterstützten Referat kommen jene Lernziele zur Sprache, die mit der Bereitschaft zu tun haben, sich mit epochalspezifischen Fragen und Rezeptionsmöglichkeiten zu befassen. In einem solchen Zusammenhang ist es eine Bereicherung, wenn der Musikwissenschaftler (und Musikkritiker) *Reinhold Kreile* auf die zeitgenössischen Ansätze der »modernen Musik« verweist, z.B. auf das von *Bela Bartok* 1911 in zwei Fassungen komponierte »Allegro barbaro«; in der Tat findet die Musik in der Zeit des Expressionismus noch zu wenig Beachtung im Vergleich zur bildenden Kunst und zur Literatur dieser Strömung und Epoche.

– – –

Als Förderer des Interdisziplinären regt *Reinhold Kreile* für das nächste Treffen einen Exkurs von der Linguistik und von der Semiotik her an, also von der modernen Sprachwissenschaft und von der Lehre der (sprachlichen und nicht-sprachlichen) Zeichen aus. Das Ergebnis dieser versuchten Zusammenschau ist ein Referat mit Projektionsbeispielen zum Thema *»Verhaltenssteuernde Texte im Bereich der Werbung«*. Es geht dabei um jene besondere Kategorie von appellativen Texten, die *Verhalten* steuern, Aufforderungscharakter besitzen, die etwas auslösen, etwas bewirken wollen: nach Möglichkeit eine Tat, eine Handlung, die Umsetzung einer Idee (z.B. die der karitativen Hilfe, oder ein Aufruf zur Toleranz und gegen Gewaltanwendung). Inhaltlich rechnet man auch Satzungen, Gesetze und Bestimmungen, Verordnungen dazu. Verhaltenssteuernde Texte gehen über die drei Hauptfelder der Werbung hinaus, also die Produktionswerbung, die Ideenwerbung und die Vertrauens- oder Public-Relations-Werbung. Linguisten sind längst skeptisch eingestellt gegenüber Begriffen wie Frage-, Befehls- oder Behauptungssätze. Heute spricht man (gerade in der Wirtschaftswerbung) von Sprachhandlungstypen, etwa von Empfehlungs-, Behauptungs-, Präskriptions-, Versicherungs-, Beurteilungs-, Präsentationshandlungen; hinzu kommen die besonders reizvollen (zuweilen auch raffiniert angelegten und problematischen) Mischformen. (Das »Superwahljahr 1994« wird ein übriges tun, um dazu Beispiele in Fülle zu präsentieren . . .)

Medienwirtschaft hat einiges mit Werbung zu tun, und so ist auf Anregung von *Reinhold Kreile,* aus linguistischer Sicht auf die Ein-, Mehr- oder auch Vieldeutigkeit von Wörtern und Begriffen einzugehen, was man als *Semantik* bezeichnet und womit die Lehre von der Bedeutung (der Wörter) gemeint ist. Unsere Bildbeispiele beziehen sich jedoch nicht nur auf Wortsemantik, sondern auch auf Bildsemantik. Die Projektionsbeispiele (Diapositive) umfassen fünf alternative Gruppen, nämlich erstens syntaktische, semantische und pragmatische Vorübungen und Anleitungen (mit »Blick« auf Abzeichen, Plakate, Posters, Graffiti), zweitens Einlassungen in Bild und Text auf Fragen wie Umwelt, Dritte Welt, Ausländerfeindlichkeit und Fremdenhaß. Zum dritten ist die Politik ins Spiel zu bringen, mit (bedrückend aufschlußreichen) Beispielen aus der Zeit von 1933-1945; viertens folgen verhaltenssteuernde Bildergeschichten, darunter Comics, fünftens die Gruppe der ethisch, religiös oder religiosistisch angelegten Wort-Bild-Texte. In der Diskussion mit *Reinhold Kreile* sprechen wir über Möglichkeiten und Probleme der Verhaltenssteuerung, über juristische wie moralische Grenzen adressatenbezogener Texte mit ihren so kennzeichnenden Appellstrukturen, den besonderen Textformanten und den vielfältigen Rezeptions- und Wirkungsaspekten.

- - -

Es kommt im Vorgespräch mit *Reinhold Kreile* und seinen bewährten Mitarbeitern *Klaus Keil* und *Michael Bünte* zur Anregung, sich nach der Arbeit mit Texten mit dem Bereich der *Zeichen* zu beschäftigen, woraus sich das Thema herauskristallisiert: *»Leben in einer Welt der Zeichen:* Versuch einer Orientierung« mit dem Untertitel ›Analysen zur Anwendung der Semiotik‹, traditionell verbunden mit ausgewählten Projektionsbeispielen zur Semiotik.

Die *Semiotik* - als Lehre von den Zeichen - gewinnt in den Bereichen von Text und Bild immer mehr an Bedeutung. Sie ist die allgemeine Theorie oder Lehre von den sprachlichen (verbalen) wie den nicht-sprachlichen (non-verbalen) Zeichensystemen. Als Untersuchungsaspekte gelten die Beziehungen (a) zwischen den Zeichen *(Syntax),* (b) zwischen Zeichen und ihrer Bedeutung *(Semantik)* und (c) zwischen den Zeichen und ihren Benutzern *(Pragmatik),* wobei man in der Relation zwischen Zeichen und Wirklichkeit von *Sigmatik* spricht.

Statt das Begriffliche über Aussagen von *Charles W. Morris* und *Umberto Eco* hinaus komplizieren zu wollen, ist in unserem Vorgespräch der Gedanke gereift, eine *angewandte* Semiotik anzubieten, entnommen der uns umgebenden »Zeichen-Wirklichkeit«, also mit Beispielen aus verschiedenen Lebensbereichen.

Ein Rückgriff auf die an früherer Stelle genannte und durchgeführte Thematik über Fragen um Plagiat, Dokument, Zitat mag in Erinnerung rufen, daß wir - möglicherweise und wie schon erwähnt - in einer Welt der Texte leben, einer Welt der vernetzten Worte und Wörter, und diese Vorstellung hat ja in Lehre wie Forschung zu Theorien um die Meta- und vor allem die Intertextualität geführt: sie alle münden eben als sprachliche Zeichen in die übergeordnete Gesamt-Semiotik oder Zeichenlehre ein. Die Datenverarbeitung (EDV) unterscheidet beispielsweise Buchstaben, Ziffern und Sonderzeichen (wobei Speichermedium und Zeichenvorrat eine gewichtige Rolle spielen). Zu fragen ist nach dem Vorkommen dieser Zeichen (und möglicherweise ihrer Systeme) im täglichen Leben, nach ihrer Bedeutung, nach den *Zeichen* und den hinter ihnen stehenden *Superzeichen,* nach der Relevanz der Zeichen und Zeichensysteme in einer zeichenvernetzten Welt. Das Thema wird abgehandelt mit einer Erläuterung zu den Zeichentypen Ikon, Index, Symbol, dann mit Exempla (a) zu pragmatisch-zweckorientierten Zeichensystemen des »Alltags« und (b) zur ästhetischen Verwendung von Zeichen und Zeichensystemen.

V. *Ausblick: Ad multos annos*

Befragt nach seinem »Traumberuf« - in Erinnerung an frühere Gespräche - hat *Reinhold Kreile* neben dem des *Orchester-Dirigenten* (als solcher ist er schon unter den kritischen Augen von *Joseph Haas* aufgetreten), den Beruf des *Pädagogen* genannt (auch wenn er letzteres später, rein fiskalisch gesehen, bestimmt bereut hätte). Aber die Neigung ist geblieben: Die Hochschularbeit und -zusammenarbeit und gewiß nicht nur diese, hat dies immer wieder bestätigt.

Wer wie *Reinhold Kreile* mit einer stattlichen Zahl hochkarätiger Schriftsteller, Schauspieler, Musiker und Komponisten persönlich bekannt und befreundet ist, wird vertraut sein mit Kultur-Informationen aus Erster Hand, kann aus dem vollen schöpfen. Dies erleichtert den Brückenschlag von Wissenschaft und Ästhetik, von Business und Kunst, von Theorie und Praxis, eröffnet den Dialog von den Gesellschafts- zu den Geisteswissenschaften. Wer den Erfahrungshintergrund von Wirtschaft und Politik einbringt, ist kompetent, von dem kann man als Kollege wie als Studierender einiges erfahren: Man merkt dem Generaldirektor eines Großunternehmens an, daß er die Diskussion um Spitzenqualifikationen und -profile nicht von einer nur theoretischen Warte aus führen muß.

Vom *Pädagogen* in *Reinhold Kreile* kann man lernen, Probleme objektiv anzugehen, die Einsicht gewinnen, daß sich ein Bemühen um Konsens lohnt, daß das Argumentieren-Können ein Zuhören-Wollen nicht verdrängen muß, daß auch bei kontroverser Erörterung Toleranzeinstellung angebracht ist, daß Geduld eine echte Tugend darstellt und Humor mit Sachlichkeit vereinbar ist.

In diesem Sinne sieht man den Absprachen zum nächsten - interdisziplinär angelegten - Kursthema mit Interesse entgegen: »Möglichkeiten der interkulturellen Annäherung durch visuelle Kommunikation« - im Sinne der HFF-Tradition nachzuweisen natürlich anhand von Projektionsbeispielen.

Eckhart Thomas

Urheberrecht an Zeitungsartikeln: Grenzen der freien Nutzung zum eigenen Gebrauch

Als Reinhold Kreile gerade den Hut mit der Aufschrift »Vorsitzender des Beraterkreises der Börsen-Zeitung« trug, wurde ihm 1991 zum ersten Mal folgender Sachverhalt vorgetragen: Zwei Großbanken aus dem großen Kreis der Kreditinstitute mit anerkannt gut geführten Archiven sammeln in diesen Archiven Zeitungsausschnitte. Jahrzehntelang taten sie dies, um das gesammelte Material nach erfolgter »Verschlagwortung« (der Jubilar wird diese bibliothekstechnische Verhunzung der deutschen Sprache noch immer nicht mögen) und entsprechender Ablage für interne Zwecke zur Hand zu haben. Typische Anwendungsfälle: Materialsammlungen für Vorträge der Bankangestellten oder für Kundengespräche.

Wie bei der typischen Parallelerfindung, entdeckten die Marketing-Fachleute in den erwähnten Häusern fast gleichzeitig die in den Archiven ruhenden Schätze und wie man sie heben, d.h. vermarkten könne: Durch Einbau in die bezahlten Beratungsdienste für die Kundschaft und zwar gegen besondere Vergütung oder im Rahmen der gesamten Beratungsleistung. Technisch läuft das so ab: Der Bankkunde erteilt der Bank einen Rechercheauftrag zu einem bestimmten Thema oder Themenkreis. Er bedient sich bei der Auftragserteilung in der Regel eines Formblatts, das die Bank in ihre Werbeaussendungen für die CB-infobank (so nennt eine Bank diesen Geschäftsbereich) integriert. Der Kunde kann auf diesem Formblatt u.a. den Auftrag erteilen, die dabei durch die Recherche ermittelten Unterlagen, z.B. Zeitungsartikel, zu kopieren und ihm mit dem Ergebnis der Recherche zu schicken. Er kann sich aber auch erst die Recherche bestellen und dann einen weiteren Auftrag erteilen, ihm Fotokopien, z.B. von bestimmten, von ihm bezeichneten Zeitungsartikeln anzufertigen und zuzusenden. Für die nachfolgenden Darlegungen ist entscheidend, daß weder die Verfasser noch deren Verleger vor Anfertigung der Kopien um Erlaubnis gefragt wurden und auch nachträglich keine Vergütungen erhielten.

Als die Verlage dessen gewahr wurden, interessierte sie an diesem neuen Geschäftszweig der Banken nicht die Recherche, sondern die Lieferung von Fotokopien der in Zeitungen erschienenen Artikel gegen Geld. Zunächst verlegten sie sich aufs Verhandeln. Grund genug, die Sache dem Beraterkreis und, zur Vorbereitung, dem Vorsitzenden zu unterbreiten, mitsamt einer Ausarbeitung der Rechtsabteilung. Sie kam zu dem Ergebnis, das Vorgehen der beiden Häuser, d.h. der Verkauf der Fotokopien von in Zeitungen veröffentlichten Artikeln, sei nicht rechtens. Wie Reinhold Kreile die Rechtslage beurteilte? Darüber mehr am Ende dieses Beitrags.

Aus dem Kreis der betroffenen Zeitungsverlage entschlossen sich zwei, der Verlag der Frankfurter Allgemeinen Zeitung (FAZ) und der Verlag Handelsblatt, zur Klage gegen eine der Banken. Die FAZ klagte beim Landgericht Frankfurt/Main, das Handelsblatt beim Landgericht Köln. Letzteres wies mit Urteil vom 1.12.1992 die Klage ab.[1] Das Landgericht Frankfurt/Main dagegen gab der Klage der FAZ mit Urteil vom 18.11.1993 statt.[2]

Die nachstehenden Ausführungen konzentrieren sich auf die Betrachtung der Begründung beider Urteile, soweit sie die Erlaubnis zum »freien« Kopieren, also ohne Vergütung für den Verlag als Inhaber des Urheberverwertungsrechts und den Verfasser als Inhaber des Urheberpersönlichkeitsrechts, betreffen. Prozeßtechnische, prozeßtaktische sowie wettbewerbsrechtliche Fragen bleiben daher außer acht, obwohl beide Urteile zu diesen drei Komplexen Ausführungen enthalten, die zur Kommentierung reizen.

Für das Landgericht Köln war § 53 Abs. 2 Ziff. 4a UrhG die maßgebliche Vorschrift für ihr die Klage abweisendes Urteil. Das UrhG gestattet es darin, einzelne Vervielfältigungsstücke eines Werkes herzustellen oder herstellen zu lassen und zwar zum »sonstigen eigenen Gebrauch, . . . wenn es sich . . . um einzelne Beiträge handelt, die in Zeitungen . . . erschienen sind«. Das Landgericht Köln zieht aus der Formulierung den Schluß, daß die Kopie zur eigenen beruflichen oder erwerbswirtschaftlichen Verwendung seitens des Bankkunden ebenso erlaubt sei wie die entgeltliche Herstellung solcher Kopien durch gewerbliche Unternehmen, wie etwa die Bank.[3]

Das Landgericht Frankfurt/Main prüft in seinem Urteil die gleiche Vorschrift auch. Es setzt eigenen und internen Gebrauch bei der Bank gleich und stellt fest, der Geltungsbereich der Vorschrift werde verlassen, sobald die Fotokopien zur Verwendung durch Dritte bestimmt seien.[4]

Das Urteil stützt sich ferner darauf, daß nur die Anfertigung einzelner Kopien erlaubt sei, unter Berufung auf den BGH in WM 1978, 1136 = NJW 1978, 2596 = GRUR 1978, 474.[5] Die Beschränkung auf 7 Kopien, wie dieses Urteil postuliert, sei einem Recherchendienst fremd: Er biete seine Dienste einer großen Auswahl potentieller Kunden an und dabei spiele die Beschränkung auf 7 Kopien keine Rolle.

Schließlich stellt das Landgericht Frankfurt/Main darauf ab, daß die Bank mit ihren Diensten nicht dem typischen Fall entspreche, daß der Kunde einen in seinem Besitz befindlichen Zeitungsartikel zu einem Copyshop bringe, um ihn dort kopieren zu lassen, weil er sich selbst keinen Kopierer leisten könne. Das Gesetz denke dabei nicht an den atypischen Fall, daß der Kopist die Auswahl der zu kopierenden Zeitungsartikel treffe.[6]

---

1 LG Köln 31 0 283/92, abgedruckt in WM Nr. 18 vom 8.5.1993, S. 807 - 810 = DZ Wir 1993, 7, S. 294 - 297, mit Anm. Borck, vgl. dazu auch Anm. Loewenheim in WuB V F. § 53 UrhG 1.9.

2 LG Frankfurt/Main 2/3 0 339/92. Bisher nicht veröffentlicht.

3 S. a.a.O. Fn. 1, S. 809.

4 Insoweit beruft sich das Urteil auf Fromm/Nordemann, Anm. 5 zu § 53 UrhG (a.a.O. Urteil LG Frankfurt, S. 9 f).

5 Aktz.: I ZR 111/76 (OLG Bremen) - Vervielfältigungsstücke, abgedruckt in GRUR 1978, 474 - 477.

6 Urteil LG Frankfurt/Main S. 14 ff.

Bei der Wertung der Urteilsgründe liegt es nahe, die Entstehungsgeschichte des § 53, Abs. 2, Ziff. 4a UrhG zu betrachten. Dabei stellt man zweierlei fest: Bei der Formulierung des Eingangssatzes von Abs. 2 hatte der Gesetzgeber den vom Landgericht Frankfurt/Main angeführten Fall im Sinn, daß sich jemand einen eigenen Kopierer nicht leisten kann.[7] Wer bei der Bank eine Recherche bestellt, gehört in aller Regel nicht zu diesem Personen- oder Firmenkreis. Insoweit trägt also die Entstehungsgeschichte des § 53, Abs. 2 die Gründe des Landgerichts Frankfurt/Main. Hinsichtlich der beiden anderen Begründungen differieren die beiden Urteile insofern, als das Landgericht Köln die Initiative für die Anfertigung der Kopien in der Sphäre des Bankkunden sieht, das Landgericht Frankfurt/Main jedoch in der Sphäre der Bank. Diesmal verhilft ein Blick in die Materialien des Gesetzes zu keiner Wegleitung. Der Gesetzgeber, noch nicht einmal der von 1985, hat schlicht nicht daran gedacht, daß jemand gegen Entgelt den Auftrag zu einer Datenbankrecherche mit einem Auftrag zur ebenfalls entgeltlichen Anfertigung von Fotokopien verbindet. Angesichts dieser Feststellung bleibt nur die Frage danach offen, wie er wohl entschieden hätte, wenn er die Problematik gesehen hätte und im Zusammenhang damit die Darlegung der Interessenlage der Beteiligten: Des Autors, des Bankkunden und der Bank selbst.

Der Verfasser

Seiner Interessenlage hat der Jubilar in ZUM 31/1991, S. 101ff grundlegende Ausführungen gewidmet.[8] Sie lassen sich dahin zusammenfassen, daß Wertschöpfer - also u.a. Verfasser und Wertvermittler - also u.a. Zeitungsverleger »ein Recht auf die vermögenswerten Ergebnisse ihrer Leistung« haben. Dies soll das Urheberrecht sicherstellen, das Kreile als »die Magna Charta für kulturelles Schaffen« bezeichnet. Er befaßt sich in diesem Zusammenhang mit der Entscheidung vom 7. Juli 1971[9] des Bundesverfassungsgerichts, das Urheberrecht als Eigentum im Sinne der Verfassung charakterisierte und damit »die grundsätzliche Zuordnung des vermögenswerten Ergebnisses der schöpferischen Leistung an den Urheber im Wege der privatrechtlichen Normierung« ebenso verband wie »seine Freiheit, in eigener Verantwortung darüber verfügen zu können«. Es folgerte daraus: »Das macht den grundgesetzlich geschützten Kern des Urheberrechts aus«.[10] Aus anderer Richtung kommt der BGH in seinem Urteil in BGHZ 17, 266,278, wenn er es als »Mindestforderung zum Schutz der materiellen Belange des Urhebers« bezeichnet, daß der Urheber an jedem Nutzen zu beteiligen ist, der aus seinem Werk gezogen wird. Die tiefsten Gründe dafür entnimmt der BGH nicht etwa nur den geltenden Gesetzen, sondern »aus der Natur der Sache,

---

7 Schricker/Loewenheim, N. 10 zu § 53 UrhG.

8 Kreile, »Vervielfältigung zum privaten Gebrauch, eine Herausforderung an den Kulturstaat und seine Urheberrechtsgesetzgebung, ZUM 31/1991, S. 101 ff.

9 Aktz. 1 BvR 765/66, BVerfGE 31, 229, abgedruckt in GRUR 1972, S. 481 - 485.

10 A.a.O. S. 483 f.

nämlich aus seinem geistigen Eigentum, das durch die positive Gesetzgebung nur seine Anerkennung und Ausgestaltung findet«.[11]

Die Auseinandersetzung mit dem aus beiden Urteilen sprechenden Eigentumsbegriff hat Kreile in der bei ihm gewohnten tiefgründigen und brillanten Art a.a.O.S. 114, 115 geführt, so daß dieser Aspekt hier nicht weiter vertieft werden braucht.[12]

Der Bankkunde

Er erteilt in den von den Landgerichten Köln und Frankfurt/Main entschiedenen Prozessen seinen Auftrag auf dem erwähnten Formular der Bank zur Recherche zu einem Thema und zur Kopie der im Rahmen der Recherche ermittelten Zeitungsartikel. Er bezahlt dafür einen Preis, der sich aus dem Preis für die Recherche und dem für die Kopien zusammensetzt. Die Kopien kann der Bankkunde denkgesetzlich nicht ohne die Recherche bestellen; das wäre auch nicht im Sinne der Bank, die ja ihre Dienstleistung »Recherche« verkaufen will. An dieser Verknüpfung zwischen Recherche und Kopierauftrag ändert sich auch dann nichts, wenn die Bank erst die Recherche ausführt und der Kunde dann die gewünschten Kopien bestellt. Man kann auch sagen: Die Lieferung der Kopien hat im Verhältnis zur Recherche einen komplementären Charakter. Die Recherche wird durch die Verknüpfung mit dem Kopierauftrag wertvoller. Dieser Mehrwert hat seine Bedeutung für die Bank, darüber wird später zu reden sein. Für den Kunden liegt der »Mehrwert« darin, daß er mit einem Bestellvorgang eine ganze Palette von Zeitungsartikeln (und anderen Veröffentlichungen) bestellen kann. Gäbe es die erwähnte Verknüpfung von Recherche und Kopierauftrag nicht, müßte der Kunde sich mit seiner Bestellung der Kopien an einen oder mehrere Zeitungsverlage oder an eine öffentliche Bibliothek wenden.

Der Bankkunde bestellt Recherche und Kopien zum eigenen Gebrauch. Es fragt sich, ob diese Kopien zum eigenen Gebrauch diejenigen sind, an die der Gesetzgeber bei der Formulierung »sonstiger eigener Gebrauch« gedacht hat. Aus den Materialien zum Gesetz ergibt sich, daß für den Gesetzgeber die Kopie zum eigenen Gebrauch von einem Zeitungsartikel gezogen wird, dessen Original sich im Besitz des Bankkunden befindet oder dessen Original ihm zugänglich ist, weil er es selbst kennt, bevor es kopiert wird, sei es von ihm selbst oder einem Dritten. Entscheidend ist dabei, daß die Kopie gezogen wird, ohne daß bei der Auswahl eine geschäftliche Transaktion, wie z.B. die Recherche der Bank, die entscheidende Rolle spielte, eine Rolle, die mit kausal für die Kopie wurde. Anders gesagt: Die Recherche kann nicht »hinweggedacht« werden, ohne daß der Erfolg, die Kopie, entfiele.

§ 53, Abs. 2 UrhG spricht in Ziff. 4, lit a u.a. von »einzelnen« Beiträgen, die in Zeitungen erschienen und ohne Vergütung an den Autor, hergestellt werden kön-

11 Aktz. I ZR 8/54, BGHZ 17, 266, 278, abgedruckt in GRUR 1955, S. 492 - 502.
12 A.a.O. S. 114 f.

nen. Einzelne Artikel, das heißt im Wortsinn das Gegenteil von allen Artikeln einer Zeitung und dies war auch, wie aus den gesetzgeberischen Materialien ersichtlich, die Stoßrichtung dieser Formulierung. »Einzelne« Artikel, das wirft als unbestimmte Zahlenangabe in diesem Sachzusammenhang die Frage auf, wieviele Beiträge einer Zeitungsausgabe kopiert werden dürfen, um noch die Qualifizierung als »einzelne« zu gestatten. Im Falle des Rechercheauftrags mit nachfolgenden Kopien ist diese Betrachtung nur dann von Bedeutung, wenn entweder ausnahmsweise eine ganze Ausgabe einem bestimmten Thema gewidmet ist[13] oder der Umfang von 20 % einer Ausgabe überschritten wird.

Die Rechtsprechung hat den Begriff »einzelne« aus § 53, Abs. 1 UrhG noch in ganz anderer Richtung interpretiert und zwar als es darum ging, wieviele Kopien man von einem Zeitungsartikel ziehen darf, d.h. von welcher Anzahl an man nicht mehr von »einzelnen« Artikeln sprechen kann. Der BGH hat in seinem Urteil vom 14. April 1978[14] (GRUR 1978, 474) diese Grenze bei sieben Kopien des gleichen Beitrags gezogen, eine Grenzziehung, die in der Literatur mit guten Gründen als zu hoch kritisiert wird.[15] Die dort vertretene Anzahl von drei (alle guten Dinge sind drei, sagt das Sprichwort) erscheint aber gleichfalls nicht plausibel, wenn man bedenkt, daß »einzeln« auch in Wortverbindungen stets nur auf eine Einheit hindeutet. Beispiele finden sich im Duden: Einzelrichter (das ist nur einer), Einzelzimmer, Einzelstück, usw. Zurück zum Bankkunden: In seiner Sphäre kommt diese letztere Interpretationsvariante überhaupt nicht zum Zuge, weil er in der Regel ja nur eine Kopie bestellt.

Die Verknüpfung zwischen Recherche und Kopien legt auch die Frage nahe, ob nicht insoweit der Begriff »einzelne« neu interpretiert werden muß. Der Denkansatz dazu könnte in der Erkenntnis liegen, daß der Bankkunde in dem Augenblick, in dem er die Recherche bestellt, nicht eine einzelne Kopie eines bestimmten Beitrags im Sinn hat, sondern eine unbestimmte Anzahl, beliebig viele: Fünf, zehn, eventuell nur eine, allerdings immer jeweils nur »einzelne«, die sich dann aber auch nicht notwendigerweise im Moment der Bestellung als »einzelne« im Sinne des § 53 Abs. 2 Ziff. 4a UrhG begreifen lassen.

Rechtsprechung und Literatur sind sich in einem wichtigen Punkt einig: § 53 UrhG legt Ausnahmen von der Regel fest, daß der Urheber, der Verfasser eines Beitrags, die freie Verfügung darüber besitzt, wie mit seinem Werk zu verfahren ist und daß er für die Nutzung eine Vergütung zu beanspruchen hat, wie sich aus §§ 16, 15 Abs. 1 Nr. 1, 38 Abs. 3 UrhG ergibt. Insofern hat Abs. 2 § 53 UrhG die Funktion einer Schutznorm für bestimmte sozial schutzwürdige Nutzungen. Dazu zweierlei: Als Ausnahme von einer Regel ist § 53 UrhG eng auszulegen[16] und: Bedarf der Bankkunde eines Schutzes auf Kosten des Urhebers unter sozialen Gesichtspunkten? Die erwähnte Auslegungsregel bedeutet, daß der Gesetzgeber den Fall einer Datenbankrecherche mit Kopierauftrag nicht geregelt hat, weil er ihn nicht kannte. Der Bankkunde kann deswegen nicht in den Genuß der Wohltat des

13 Schricker/Loewenheim, N. 19 ff zu § 53 UrhG.
14 A.a.O. Fn. 5.
15 Fromm/Nordemann, N. 3 zu § 53 UrhG.
16 Derselbe, N. 2 zu § 53 UrhG und N. 3 zu § 45 UrhG.

§ 53 Abs. 2 Ziff. 4a kommen. Dieses Ergebnis wird noch gestützt, aber nicht bedingt, durch die Betrachtung der sozialen Schutzwürdigkeit des Bankkunden. Sie ist hier nicht zu erkennen. Selbst wenn man sie ihm zubilligen würde, müßte sie nach den Grundsätzen der Rechtsprechung des Bundesverfassungsgerichts wie des BGH hinter den Interessen des Urhebers zurückstecken. Die Betrachtung des Urheberrechts als Naturrecht, wie sie der Jubilar hervorhebt, vertieft diese Erkenntnis nur noch.

Die Bank

Von ihr geht, wie geschildert, die Primärinitiative aus, die recherchierten Zeitungsartikel zu kopieren. In tatsächlicher Hinsicht lohnt es sich, den Geschäftsbereich Recherche und Kopie näher zu betrachten. Aus der Sicht der Bank setzt sich der Preis für Recherche und Kopien aus den betriebswirtschaftlich bei der Preisfindung üblicherweise zu berücksichtigenden Einzelelementen der Kalkulation zusammen. Sie hier alle aufzuzählen, würde zu weit führen. Für die Zwecke dieser Betrachtung genügt das Nachstehende.

Neben den bei so einer Recherche üblichen Positionen wie Zeitaufwand, kalkulatorische Abschreibungen auf die Dokumentationseinrichtungen sowie den Aufwand für die Zusammenstellung und Pflege des Bibliotheks- und Archivbestands nebst der Werbung für den Recherchedienst fließen in die Preisfindung kalkulatorische Zinsen sowie ein Gewinnaufschlag ein. Dies gilt in vergleichbarer Weise auch für die Kopien. Die Faustformel lautet daher: Je mehr Rechercheaufträge die Bank ausführt, desto größer der Gewinnbeitrag dieses Bereichs.

Zu den wichtigsten Rechtstatsachen gehört hier auch, daß, als Reflex des oben unter dem Absatz »Der Bankkunde« Ausgeführten,[17] die Bank dem Kunden einen Zusatznutzen bietet, indem sie die Kopien der bei der Recherche ermittelten Zeitungsartikel zu liefern anbietet. Der Kunde braucht also nicht dem einzelnen Zeitungsverlag seine Bestellung zu übermitteln. Auch wenn dies nur eine Unbequemlichkeit ist, so zeigt die Bank dem Kunden, daß sie ihm insoweit einen – geldwerten – Servicevorteil bietet, sozusagen einen Rationalisierungseffekt für den Kunden mit einem Kostenvorteil für ihn.

In rechtlicher Hinsicht fangen die Schwierigkeiten der Bank nicht da an, wo sie einen Zeitungsartikel kopiert oder ausschneidet und die Kopie oder den »Schnitt« (Dokumentationsjargon für Zeitungsausschnitte) bei sich archiviert, § 53 Abs. 2 Nr. 2 UrhG. Sie beginnen jedoch da, wo die Bank ihrem Kunden anbietet, die in der Recherche ermittelten Zeitungsartikel für ihn zu kopieren. Unabhängig von der Rechtslage beim Bankkunden, die oben erörtert wurde, greift die Bank sowohl in das Urheberpersönlichkeitsrecht des Verfassers ebenso ein wie in das Urheberverwertungsrecht des Verlags der betreffenden Zeitung, in dem Moment, wo sie für einen Dritten kopiert. Da dies nicht mehr »eigener Gebrauch« ist, sondern fremder, gilt die Freistellung durch § 53 Abs. 2 Nr. 4 UrhG nicht mehr, sondern

17 Siehe S. 758.

es gilt § 16 Abs. 1 UrhG: Ein Zeitungsartikel darf unter diesen Umständen erst kopiert werden, wenn der Urheber, bzw. der Verfasser, vorher zugestimmt hat.[18] Die Bank sagt, wir treten hier nur als Copyshop für den Kunden auf, der sich bei uns Kopien zu eigenem Gebrauch herstellen läßt und das ist vom § 53 Abs. 2 Nr 4 UrhG gedeckt, der Kunde kann die Kopien zum eigenen Gebrauch auch herstellen lassen. Abgesehen davon, daß es größte Mühe bereitet, unter den handelsrechtlichen Unternehmensgegenstand eines Kreditinstitutes das Betreiben eines Copyshops (für das dann natürlich auch § 54 Abs. 2 Nr. 2 UrhG gilt) zu subsumieren, unterscheidet sie sich von einem normalen seriösen Copyshop dadurch, daß das Copyshop nur die Zeitungsartikel kopiert, die der Kunde ihm bringt. Nie hörte man von einem Copyshop, das für sich mit dem Argument geworben hätte, wenn der Kunde nicht wisse, welche Zeitungsartikel er kopiert haben wolle, würde ihm das Copyshop schon die besten Beiträge aussuchen, es genüge eine Angabe des Themas.

Das Argument der Bank trägt daher nicht. Es kommt hinzu, daß Betreiber von Copyshops darauf achten, daß bei Kopien zum eigenen Gebrauch kein Übermaß an Kopien gezogen wird, - Stichwort »einzelne«, vergl. oben . . .[19]

Das Landgericht Frankfurt/Main greift das Stichwort »einzelne« in seinen Urteilsgründen[20] auf, um sein wichtiges Argument zu verstärken. Dieses Argument betrifft die Feststellung, die Bank kopiere nicht zum eigenen Gebrauch, sondern für Dritte und verlasse damit auf jeden Fall die Grenze zum eigenen Gebrauch. Zusätzlich dazu verweist das Landgericht Frankfurt/Main darauf, daß interner Gebrauch bei der Bank gar nicht vorliegen könne, da sie von vornherein gar keine Beschränkungen hinsichtlich der Anzahl der Kopien eines Zeitungsartikels plane, sondern sich die Zahl der Kopien nach der Menge der Rechercheaufträge richten solle. Die Argumentation hat das Manko, daß die Bank nicht für eigene Zwecke kopieren will, sondern für fremde und daß der einzelne Kunde jeweils nur eine Kopie eines Zeitungsartikels erhält.

Das Landgericht Frankfurt/Main verlängert seine Argumentationskette mit einer vergleichenden Betrachtung der Bank und einer Bibliothek. Dabei hatte das Gericht möglicherweise § 53 Abs. 2 Ziff. 1 UrhG, in Verbindung mit § 54 Abs. 2 UrhG im Sinn, freilich ohne den entscheidenden Unterschied herauszuarbeiten: Die Institutionen, die der Gesetzgeber privilegieren wollte, arbeiten durchweg nicht geschäftlich, sondern öffentlich, ganz im Gegensatz also zur Bank.[21]

Ergebnis

Das Zusammenspiel von Bankkunde und Bank bei der Abwicklung des Auftrags zur Recherche mit anschließender Lieferung von Fotokopien der bei der Recherche ermittelten Zeitungsartikel ist durch § 53 Abs. 2 Ziff. 4a UrhG nicht ge-

18 A.a.O. Fn. 13.
19 Siehe oben, S. 759.
20 Siehe S. 759.
21 Urteil LG Frankfurt, S. 14 - 16.

deckt. Es verletzt daher die Rechte der Urheber, der Verfasser von Zeitungsartikeln an ihren Werken, § 11 ff UrhG.

Zurück zur Einleitung: Nachdem ihm der Sachverhalt vorgetragen worden war, sah Reinhold Kreile den Vortragenden in der für ihn typischen Art durchdringend an und sagte nach einer Denkpause: »Das geht doch nicht«. Recht hatte er. Vivat und ad multos annos!

P.S.: Das gefundene Ergebnis führt natürlich sofort zu der Frage, wie die Rechte der Urheber praktikabel durchzusetzen wären. Sofern Redakteure ihre Zustimmung geben, daß ihre Beiträge über gewerbliche, auf Gewinnerzielung gerichtete Rechercheunternehmen überhaupt verbreitet werden dürfen, wäre die Aushandlung der Vergütung und, wie man in Bayern sagt, ihre Einhebung de lege ferenda vielleicht ein neues Betätigungsfeld für die VG Wort.

Norbert Thurow

Zur gemeinsamen Interessenlage von Musikurhebern, Künstlern und Tonträgerherstellern angesichts der Herausforderungen einer multimedialen Zukunft

Neue Schlagworte prägen seit einigen Monaten die Medienlandschaft: »Datenautobahn«, »Multimedia«, »digitaler Netzverbund«, »300 Fernsehkanäle für jedermann« sind Schlüsselwörter geworden in einer Diskussion, die in ganzer Breite aufgebrochen ist. Es geht um die »Informationsgesellschaft«, um die Auswirkungen der digitalen Revolution in der Informationsübermittlung. Das neutrale Wort »Information« kaschiert dabei allzuleicht den Umstand, daß darunter auch (ja hauptsächlich!) *Programme* zu verstehen sind - schlichte Textprogramme ebenso wie literarische Werke, Fernsehprogramme ebenso wie Filme, Hörfunkprogramme ebenso wie Musik. Informationsübermittlung könnte - so sieht es aus - zu einer Hauptform der *Kultur*vermittlung werden.

Diese Entwicklung kann kulturschaffende kreative Menschen ebensowenig unberührt lassen wie die Kulturwirtschaft, jenen Wirtschaftszweig nämlich, der die professionelle Vermittlung von Kultur betreibt und damit den Kreativen ihr Einkommen und die Möglichkeit zu weiterem kreativen Schaffen sichert.

Es besteht die Gefahr, daß die technische Perfektion und die grandiose Kapazitätserweiterung bei der Vermittlung von Information durch die neuen Medien so faszinieren, daß darüber in Vergessenheit zu geraten droht, daß es eigentlich die *Inhalte* sind, die vermittelt werden sollen. Um der Inhalte willen läßt der Bürger und Konsument sich verkabeln und vernetzen. Für ihn sind nicht die Schläuche das letztlich Attraktive, sondern der Wein, der in ihnen transportiert wird!

Die digitale Revolution

Es sei im folgenden versucht, herauszuarbeiten, wie sich die Interessen der Berechtigten an Musikprogrammen angesichts der digitalen Herausforderung definieren lassen. Zuvor jedoch sei kurz geschildert, worin die digitale Revolution für die Informationsübermittlung im wesentlichen besteht.

Das mathematische Prinzip der digitalen Definition einer Information beruht darauf, deren Inhalt in eine Unzahl von Ja/Nein-Informationen, nämlich von Bits zu zerlegen. Mathematisch läßt sich mit Bits buchstäblich jeder konkret faßbare Inhalt - sozusagen häppchenweise - definieren und umschreiben, vorausgesetzt, man setzt genügend Bits ein und kann diese Unmassen von Häppchen beherrschen, die nur in ihrer Gesamtheit eine Information bilden. Dazu bedarf es der Digitaltechnik. Sie besteht aus drei Elementen: Aufnahme- und Wandlertechnik,

Speichertechnik und Übertragungstechnik. Erst diese drei Elemente gemeinsam ergeben die digitale Revolution.

Aufnahme- und Wandlertechnik sind heute so ausgereift, daß elektrische Daten, die optische und akustische Informationen darstellen, mit hoher Geschwindigkeit und Präzision vom Analogen ins Digitale umgewandelt und wieder zurückverwandelt werden können.

Bei der *Speichertechnik* geht es um die Zahl an Bits, die auf einem Speicher untergebracht werden können. Auch die Compact Disc (CD) ist ein digitaler Speicher, und zwar ein ungewöhnlich leistungsfähiger (was übrigens ihre zweite Karriere als CD-ROM begründet hat). Bei einer guten Stunde Spieldauer enthält sie 600-700 Megabyte oder gut 5.000 Megabits (1 Byte entspricht 8 Bits). Man würde nicht weniger als 80 der neuesten 64 Megabit-Chips benötigen, um den Inhalt einer CD auf Chips »umzuladen«. Diese Chips sind sehr teuer und technisch aufwendig in der Herstellung, während die Herstellung einer CD nur 3 Sekunden dauert und weniger als DM 3,00 kostet (dies betrifft nur die technischen Kosten, natürlich nicht die - viel höheren - Kosten des gespeicherten Programms).

Die CD ist technisch etwas Erstaunliches: Mittlerweile mehr als 10 Jahre alt, ist sie immer noch unerreicht in der Kombination von Speicherfähigkeit, Preiswürdigkeit und Akzeptanz beim Publikum. Die Information ist auf der CD nicht elektronisch gespeichert, sondern wird im Spritzgußverfahren auf der Oberfläche in mikroskopisch kleinen Vertiefungen abgebildet - sie ist also dreidimensionaler, körperlicher Natur! Miniaturisierung und Präzision - dies ist das Geheimnis der CD.

Die CD war ein technischer Durchbruch und das erste digitale Massenprodukt der Konsumelektronik. Sie ist für die Speicherung von Musikprogrammen bis heute das Nonplusultra geblieben. Die Tonträgerhersteller dürfen mit Recht stolz darauf sein, an der Pforte zu einem neuen Zeitalter gestanden zu haben. Einführung und Durchbruch der CD im Markt für Unterhaltungselektronik waren aber für die Berechtigten an Musikprogrammen: für Künstler, Hersteller, Autoren und Verleger nach der tiefen Krise der frühen 80er Jahre auch von eminenter wirtschaftlicher Bedeutung. Ohne die CD wäre die Renaissance des Tonträgers als Massenkonsumartikel undenkbar gewesen, und heute sind die Einnahmen aus dem Verkauf von CDs für alle Berechtigten das Rückgrat ihrer wirtschaftlichen Existenz. Ohne den Erfolg der CD wären aber auch Repertoirebreite und Angebotsvielfalt des heutigen Tonträgermarktes undenkbar. Ohne Übertreibung läßt sich sagen: Hier war der technische Fortschritt segenstiftend für die Verbreitung von Kultur. Es muß darum gehen, dieses glückliche Ergebnis auch in das Zeitalter der allgemeinen Medien-Digitalisierung hinüberzuretten.

Bei der *Übertragungstechnik* digitaler Informationen gab es, hinsichtlich der Digitalisierung und Übertragung *bewegter* Bilder, von Filmen also, bis vor kurzem ein Problem. Die dazu benötigten Datenmengen sind so gewaltig, daß die Übertragungskapazität relativ schnell an ihre Grenzen stößt. Dadurch war die Zahl von parallel übertragbaren Fernsehkanälen beschränkt, jedenfalls in digitaler Qualität. Doch ist es vor kurzem mit Hilfe von mathematischen Verfahren, sog. Kompressionstechniken, gelungen, den Kapazitätsbedarf entscheidend zu verringern. Bei dieser Technik wird z.B. bei einer Filmszene, die in einem geschlossenen Raum spielt, nur die Bildinformation gesendet, die sich auf jene Teile des Filmbildes bezieht, die sich von Bild zu Bild ändern. Der weit überwiegende Rest bildet - zumindest für eine Reihe von Bildern - eine konstant bleibende Information, wird nur einmal erfaßt und übertragen und bleibt sozusagen, bis sie sich ändert, »vor die Klammer gezogen«. Nach dem gleichen Prinzip, jedoch mathematisch weit weniger anspruchsvoll, funktioniert auch die Technik der sog. Mini Disc und der Digitalen Compact Cassette (DCC), die auf dem Prinzip aufbauen, von der kompletten digitalen Audio-Information nur jene Signale auf den Tonträger zu übernehmen, die für das menschliche Ohr auch hörbar sind. Für das menschliche Ohr zu hohe oder zu tiefe Töne oder solche Töne, die von anderen Tönen so überlagert werden, daß sie unhörbar bleiben, werden gar nicht erst abgespeichert. Man gewinnt damit entweder auf einer herkömmlichen CD ein Vielfaches an Spieldauer oder aber, und das ist bei Mini Disc und DCC der Fall, man kann die entsprechenden Speichermedien miniaturisieren, weil sich die übliche, gut eine Stunde dauernde Spielzeit auf einem viel kleineren Speicher unterbringen läßt. Die Kapazitätsersparnis im Audio-Bereich liegt beim Kompressionsverfahren im Bereich von 4 oder 5 zu 1, im Video-Bereich ist sie viel größer, etwa bei 100 bis 150 zu 1.

Fazit für die Übertragungstechnik: Sie bildet seit kurzem keinen »Flaschenhals« mehr und steht universal zur Verfügung: kabelgebunden, über terrestrische Wellen, über Satellitenfunk und auch über Richtfunk aus dem Weltraum: Selbst interplanetarische Sonden können heute präzise Informationen und Fotos, wie z.B. vom Jupiter und seinen Monden geschehen, digital zur Erde funken, über Entfernungen von Hunderten von Millionen Kilometern.

Die neuen digitalen Medien

Die Folgen der digitalen Revolution für die Übermittlung von Musikprogrammen an das breite Publikum werden dramatisch sein. Seit 10 Jahren behauptet die CD einen doppelten Vorsprung bei der Versorgung des Publikums mit Musik: Sie ist in der Qualität unerreicht, und der Bedienungskomfort moderner CD-Player macht den augenblicklichen Zugriff auf den gewünschten Titel ebenso möglich wie ein in der Reihenfolge selbst zusammengestelltes Programm oder eine Zufallsabfolge der auf einer CD gespeicherten Musikstücke. Die CD wird diesen Doppelvorsprung bald verlieren. Musikprogramme werden in gleicher Qualität und mit gleichem oder größerem Komfort in unkörperlicher Form dem Konsumenten zur Verfügung stehen. Dafür zeichnen sich derzeit drei neue Angebotsformen für digitale Musik ab:

Digitaler Rundfunk - Digital Audio Broadcasting (DAB)

Private und öffentliche Rundfunkanstalten, Satellitenbetreiber, Gerätehersteller und Deutsche Bundespost/Telekom arbeiten bekanntlich mit Hochdruck an der Verwirklichung. Spätestens 1996 soll DAB starten und das erste digitale Radio in Europa werden.

Man verspricht sich davon - und das zu Recht - einen enormen technischen Qualitätssprung gegenüber dem bisherigen UKW-Standard. Fragt man bei den Rundfunkanstalten die Techniker, warum sie das Radio digitalisieren, so ist die Antwort klar: Das Bessere ist stets der Feind des Guten, und was besser machbar ist, wird besser gemacht. Die Programmacher aber führen ein Wort am meisten im Munde, das aufhorchen lassen sollte: »Endlich Radio in CD-Qualität!« Hinterfragt man genau, w a s denn nun in CD-Qualität gesendet werde solle (der Nachrichtensprecher? das Zeitzeichen? Hörspiele? Verkehrsmeldungen? Wirtschaftssendungen?), so wird bald klar (und unter der Hand auch zugegeben), daß es nur die digitale Qualität der *Musik* ist, die das digitale Radio in den Augen seiner Protagonisten so gebieterisch notwendig werden läßt. Diese Musik »in CD-Qualität« gedenkt man nicht selber zu produzieren - einmal abgesehen von den immer bedrohlicher abschmelzenden Rundfunkorchestern im öffentlich-rechtlichen Bereich - sondern man hat sie ja, die digitale Musik, und zwar von der Schallplattenindustrie. »Radio in CD-Qualität« hieße also besser »CD-Radio«, aber das würde den Etikettenschwindel allzu offensichtlich machen.

Digitale Kabeldienste

Weniger verschämt äußern sich zu ihren Zielen digitale Kabeldienste, die sich in Amerika und Japan derzeit mit großer Geschwindigkeit etablieren und auch in Europa heftig an alle Türen klopfen. Sie sagen geradeheraus, was sie dem umworbenen Kunden anbieten: Täglich 24 Stunden CD-Musik in vielen nach Musikgeschmacksrichtungen sortierten, anwählbaren Kanälen ohne störende Unterbrechungen durch Ansagen und Werbung. Derzeit machen besonders zwei amerikanische Netzangebote von sich reden:

- Digital Music Express (DMX), ein Netzangebot mit 86 parallelen Kanälen und
- Music Choice, dessen europäische Tochter Music Choice Europe (MCE) derzeit 65 parallele Kanäle anbietet.

In Japan gibt es ein Netzangebot namens »USEN cable radio«, das mit 440 Kanälen arbeitet. Nach einer Meldung der Fachzeitschrift MUSIC WEEK vom 16. April 1994 hat DMX kürzlich einen Vertrag abgeschlossen, der ihm ab November 1994 gestattet, über den ASTRA-Satelliten ca. 15 Millionen europäische Haushalte direkt zu erreichen. Für Verkauf bzw. Vermietung von Decodern und Tunern soll ab Sommer 1994 massiv geworben werden.

Die Betreiber solcher Angebote scheinen davon auszugehen - und das bei kräftiger Überstrapazierung des urheberrechtlichen Sendebegriffs nicht von vornherein zu unrecht - daß es sich bei der Verbreitung solcher Dienste um eine »Art Sendevorgang« handelt und ihrem Projekt jedenfalls kein *praktikables* Verbotsrecht der Rechtsinhaber entgegensteht. Eine gewisse Vergütung für die Rechte zu bezahlen scheint man zwar bereit zu sein, doch da das ganze Vergnügen für den Konsumenten nach den bisherigen Vorstellungen pro Monat etwa den Preis nur einer CD kosten soll, kann für Urheber, Künstler und Tonträgerhersteller nicht viel abfallen. Selten ist eine Rechnung unverfrorener ohne den Wirt aufgemacht worden.

Music on Demand

Natürlich hat sich auch die Tonträgerbranche Gedanken gemacht, wie sie der digitalen Zukunft gerecht werden kann, denn es unterliegt keinem Zweifel, daß netz- oder wellengebundene digitale Verbreitungsformen von Musikprogrammen in Zukunft dem Verkauf bespielter Tonträger Abbruch tun werden. Gestritten werden mag über die zeitliche Perspektive und den Umfang dieser Entwicklung sowie darüber, welches System schließlich die Nase vorn haben wird. Alles hängt in erster Linie von dem Tempo ab, mit dem die Haushalte in digitale Netzverbund-Systeme einbezogen werden, wie schnell DAB kommt und wie schnell es gelingt, die heutigen analogen Empfangs- und Aufzeichnungsgeräte durch einen digitalen Heimelektronik-Gerätepark zu ersetzen. Großtechnische Fragen müssen für eine flächendeckende Vernetzung und Digitalisierung nicht mehr gelöst werden. Dies ist nurmehr eine Frage der Investitionen und der Akzeptanz durch die Konsumenten.

Für die Tonträgerwirtschaft heißt die Wunschlösung: »Music on Demand«. Der einem *interaktiven* Netz angeschlossene Konsument soll mit intelligenter Heimelektronik Verbindung zu einer zentralen Musikdatenbank aufnehmen können und sich die Titel seiner Wahl in digitaler Qualität durchs Kabel gegen Bezahlung liefern lassen. Idealerweise gibt es eine Preisdifferenzierung nach der Aktualität der Titel und danach, ob die gewünschte Musik nur ephemer zum Anhören angefordert wird oder ob eine Überspielung stattfinden soll. Die Überspielung wird teurer sein.

Wenn es der Tonträgerwirtschaft gelingt, »Music on Demand« zu etablieren, dann kann sie den Verlust an körperlichen Umsätzen mit Tonträgern wahrscheinlich wirtschaftlich verschmerzen. Gelingt dies nicht, so sind für die Musikproduktion kritische Einbrüche zu befürchten.

Wie stehen die Chancen?

Es ist leicht auszumalen, was eine flächendeckende Etablierung von digitalen Multi-Channel-Kabelnetzen nach dem Muster von DMX oder MCE für »Music on Demand« bedeuten würde: Das Ende vor dem Anfang. Denn diese Multi-Channel-Projekte bauen darauf, mit einer feinabgestimmten Programmformatierung der parallel angebotenen Kanäle sich den Geschmacksrichtungen der Kundschaft optimal anzupassen. Sie machen sich damit die Bedienungsfreundlichkeit der digitalen Gerätewelt zunutze, die perfekten Zugriff und schnelle Menü-Verfügbarkeit garantiert. (Übrigens bietet auch DAB die Möglichkeit einer Vorauswahl von Programmsparten, die der Tuner dann automatisch ansteuert.)

Wer zwischen einer erdrückenden Anzahl von bis ins Feinste aufgeästelten Geschmacksrichtungen wählen kann, wird am seriös kalkulierten und deshalb viel teureren Einzelbezug von Musiktiteln kaum noch Interesse haben, denn fast jeder gewünschte Titel ist durch Wahl des entsprechend spezialisierten Kanals mit einiger Sicherheit dort ohnehin im laufenden Angebot. Ein Kabelnetzbetreiber könnte z.B. nicht einmal daran gehindert werden, die Plätze 1 – 100 der jeweiligen CD-

Hitparade säuberlich sortiert in Hörschleifen anzubieten. Geschieht das, so würden zwar viele Abonnenten gewonnen, doch die rentable Neuproduktion von Musik würde unmöglich.

Und die Chancen für eine harmonische Entwicklung stehen zur Zeit nicht gut. Denn »Digital Audio Broadcasting« und netzgestützte Angebote von CD-Musik im Abonnement stehen vor der Tür, während »Audio on Demand« noch einige Jahre auf sich warten lassen dürfte. Sind aber DAB und Netzangebote erst einmal etabliert, ohne daß ein rechtlicher Rahmen geschaffen ist, der es den Rechtsinhabern erlaubt, den Einsatz ihrer Produkte in diesen Medien zu kontrollieren, so werden die Chancen für »Audio on Demand« sehr schlecht sein.

Ohne die Hilfe des Gesetzgebers (oder der Gerichte) wird es wie oft im Leben so kommen, daß sich schneller und profitabler auf Feldern ernten läßt, die man nicht selbst bestellt hat. Das Rezept ist einfach: Man bediene sich des weltweiten Vorrats an CD-Musik, wie er seit 1983 entstanden ist und mache sich den Umstand zunutze, daß die Etablierung von interaktiven Netzen für einige Zeit noch »Zukunftsmusik« bleiben wird. Es gibt aber schon etwa 15 Millionen verkabelte Haushalte allein in Deutschland (und ca. 50 Millionen in Europa), die im one-way-Verfahren sozusagen »digital erreichbar« sind. Hinzu kommen 15 Millionen Haushalte mit Satelliten-Empfang.

Man darf bei all dem nicht vergessen, daß die digitale Übermittlung von Musik darüber hinaus auch noch den digitalen Mitschnitt ermöglicht. Digitale Recorder gibt es heute in drei verschiedenen Systemen, den beiden Bandsystemen DAT und DCC sowie dem Plattensystem Mini Disc. Diese Geräte lassen sich sowohl an einen CD-Player als auch an einen digitalen Tuner anschließen, wie ihn DAB oder digitale Netzangebote bereitstellen. Und das Szenario läßt sich leicht weiter ausmalen: Künftige weiterentwickelte digitale Recorder könnten ohne großen Aufwand mit einer kleinen Raffinesse ausgestattet werden, um dem Publikum einen nie dagewesenen Komfort zu offerieren: den »ISRC-Wächter«. ISRC steht für »International Standard Recording Code« und bezeichnet eine unverwechselbare internationale Standard-Aufnahmenummer, die im Subcode jeder CD mitgeführt wird. Der Besitzer eines Gerätes mit ISRC-Wächter gibt die ISRC-Nummer der von ihm zum Mitschnitt ersehnten Titel einfach in den Suchspeicher des Gerätes ein, und das Gerät horcht selbständig den Äther bzw. die Kabelprogramme daraufhin ab, ob der gesuchte Titel in irgendeiner Sendung aufscheint - und schon schaltet sich das Gerät automatisch zum digitalen Mitschnitt ein.

Erstverwertung - Zweitverwertung: Überholte Begriffe

Hier spätestens wird deutlich: Die traditionelle Einteilung bei der Nutzung von Tonträgermusik in Erstverwertung (gleich Schallplattenpressung und -verkauf) und Zweitverwertung (gleich Sendung und öffentliche Wiedergabe) ist obsolet geworden. Digitale Übermittlung durch Sendung oder Kabel wird künftig eine Form der Erstverwertung sein.

Sieht man die geschilderten Auswirkungen des digitalen Rundfunks und der digitalen Kabel-Musikangebote zusammen, so wird die Feststellung plausibel, daß sie in ihrer Massierung und in ihrer digitalen Qualität die doppelte Gefahr in sich bergen, zugleich den Absatz bespielter Tonträger zu gefährden und die zeitlich nur verspätet mögliche Einführung von »Music on Demand« unmöglich zu machen. Man kann es auch simpler ausdrücken: Es droht die galoppierende Entwertung der Leistungen der an den Musikprogrammen Berechtigten, *wenn* unkörperliche digitale Verbreitungsformen von Musik unter den herkömmlichen urheberrechtlichen Sendebegriff subsumiert werden. Tonträgerhersteller und Künstler besitzen de lege lata kein Exklusivrecht für die Sendung erschienener Tonträger, sondern sind nach §§ 76/86 des Urheberrechtsgesetzes auf einen bloßen Vergütungsanspruch angewiesen. Den Autoren (und in ihrem Gefolge den Musikverlegern) geht es nicht viel besser. Sie haben zwar nach § 20 UrhG ein exklusives Senderecht, müssen es aber sachnotwendig der GEMA übertragen. Die GEMA jedoch steht als Wahrnehmungsgesellschaft unter dem Kontrahierungszwang des Gesetzes (§ 11 UrhWG), was im Ergebnis auf nicht viel mehr als auch nur auf einen Vergütungsanspruch hinausläuft.

»Liefer-Zwang« statt Marktpreis?

Angesichts des ständig wachsenden »Programmhungers« der neuen Medien gewinnt die Situation etwas Absurdes: Wo aufgrund von Exklusivrechten an Programmen wirkliche Marktpreise als Ausdruck von Angebot und Nachfrage zustandekommen (z.B. bei Sportprogrammen, Filmen und Serien), sind die Preise in den letzten Jahren sehr stark gestiegen. Der Einsatz von Musik dagegen wird nur mit »angemessenen Vergütungen« abgefunden, auch wo Musik den Haupt-Programminhalt bildet wie im Hörfunk und (bei Musiksendungen) im Fernsehen (und natürlich erst recht in digitalen Kabeldiensten mit special interest-Charakter). Man muß sogar feststellen, daß Hörfunk- und Fernsehsender bei Vergütungsverhandlungen mit Musik-Verwertungsgesellschaften die Entgelte herunterzudrücken trachten, und zwar mit der Begründung, die Preise für Programme mit Exklusivrechten seien derart gestiegen, daß man bei den Vergütungsansprüchen sparen müsse. Die Einleitung von Schiedsverfahren hilft da kaum: Es drohen Verfahrensdauern von 5 bis 8 Jahren über drei Instanzen, und der zahlungsunwillige Nutzer darf das gesamte Repertoire weiter unbeschränkt einsetzen.

Dergestalt mit gesetzlichem »Lieferzwang bei nichtdefiniertem Preis« ausgestattet, gerät die Musikproduktion in eine doppelte Bedrohung. Einerseits droht der Verfall des Absatzes von Tonträgern, und zugleich wird eine Erhöhung angemessener Vergütungen für die Sendung von Musikprogrammen verweigert, und das bei ständig steigender Nachfrage. Der Musikwirtschaft wird auf diese Weise die Möglichkeit einer planmäßigen und wirtschaftlich auskömmlichen Vermarktung ihres Produktes genommen. Wo hingegen Exklusivrechte existieren, können marktwirtschaftliche Prinzipien greifen. Die Filmwirtschaft zeigt es. Filme werden in einer (auch preislich) fein abgestuften Kaskade verwertet: Zuerst Kinoaufführung, dann Videoverleih, dann Pay-TV, später Videoverkauf, Erstaufführung im Publikumsfernsehen und danach die gesamte Palette der Zweit- und Drittauswertungen. Erst die Gesamtheit dieser Auswertungen gewährleistet ein wirtschaftliches Umfeld, in dem die Kreativen ihr Auskommen finden *und* die Produzenten einen Gewinn erwirtschaften, der Investitionen in Neuproduktionen lohnend macht.

Auch die Musikwirtschaft muß Wege finden, den digitalen Einsatz von Musikprogrammen so zu steuern und so vergütet zu erhalten, daß der Musikgesamtmarkt in wirtschaftlichem Gleichgewicht gehalten werden kann. Wird hingegen das oben beschriebene Szenario für digitale Musikverwertung auch nur zu einem guten Teil Wirklichkeit, so gerät - um einen Begriff aus der Biologie zu gebrauchen - eine ganze »Nahrungskette« in Gefahr: Der Verkauf von CDs ist heute das finanzielle Rückgrat für die Existenz nicht nur von Künstlern und Tonträgerherstellern, sondern auch von Autoren und Verlagen. Weil dieser Musik-Erstverwertungsmarkt funktioniert, wird (was bisher »Zweitverwertung« heißt) die Nutzung von Musik in nachgelagerten Märkten zu sehr günstigen Preisen erst möglich: Auch Rundfunk und Diskotheken sind von Schallplattenmusik abhängig, und die gesamte ubiquitäre Nutzung von Musik in der Öffentlichkeit wird mittelfristig gefährdet, wenn die Erstvermarktung von Tonträgermusik nicht mehr zu auskömmlichen Bedingungen möglich sein sollte.

Das Ziel: Rückgewinnung der Kontrolle über das eigene Produkt

Die bevorstehende unkörperliche digitale Vermittlung von Musik ist nicht mehr »Sendung« im bisherigen Sinne, sondern der Konsument wird digital *beliefert,* sei es per Rundfunk, Kabel oder Satellit. Im Ergebnis entspricht die digitale Vermittlung des Produktes damit der traditionellen körperlichen Lieferung. Nach der eingeführten urheberrechtlichen Terminologie aber ist Lieferung eine Form der *Verbreitung.* Das Verbreitungsrecht gehört de lege lata für Autoren und Tonträgerhersteller und de lege ferenda nach der bevorstehenden Umsetzung der EG-Richtlinie zum Vermietrecht auch für die ausübenden Künstler in die Kategorie der *Exklusiv*-Rechte. Es ist deshalb zu fordern, die digitale Übermittlung von Musikprogrammen künftig für Urheber, ausübende Künstler und Tonträgerhersteller einem Exklusiv-Recht zu unterstellen und dieses Recht systematisch dem Verbreitungsrecht zuzuordnen.

Damit wäre für unkörperliche Lieferung von digitalen Programmen eine ähnliche Lösung gefunden wie im Jahre 1992 beim Vermiet- und Verleihrecht: Auch hier hat sich der (europäische) Gesetzgeber angesichts einer ähnlichen Problemlage (Anmietung von CDs zur überwiegenden privaten Vervielfältigung läuft auf »Kauf zum Mietpreis« hinaus und unterminiert den Tonträgermarkt) entschlossen, Urhebern, Künstlern und Tonträgerherstellern ein Exklusivrecht zur *gemeinsamen* Ausübung zuzuordnen.

Aus Urhebersicht könnte einer solchen Lösung entgegengehalten werden, daß damit die traditionelle Vorrangstellung der Autoren gegenüber den Leistungsschutzberechtigten aufgehoben werde. Doch wird die schöpferische Priorität des Autors nicht geleugnet, wenn sich Gesetze auf die Lebenswirklichkeit einstellen. In der Lebenswirklichkeit richtet sich das Interesse der unkörperlichen Verbreiter von Musik (Kabelunternehmen, Rundfunk, Satellitenbetreiber usw.) auf Programme, auf *Produkte,* die von den Tonträgerherstellern produziert, finanziert und kontrolliert werden. Urheberrechtlich sind Musikprogramme ein Mixtum Compositum aus Urheber-, Künstler- und Herstellerleistungen. Im (Pop-)Musikbereich richtet sich das Vermarktungsinteresse ganz überwiegend auf den ausübenden Künstler, der als »Star« Kristallisationspunkt der Hörernachfrage ist, wobei der öffentlichen Aufmerksamkeit sehr oft entgeht, daß in etwa drei Vierteln der Fälle der (Pop-)Musiker *zugleich* Autor seiner Melodie bzw. seines Textes ist. Es kann kaum im rechtverstandenen Interesse des Autoren(-Künstlers) sein, wenn organisierte Autoren-Interessen bei Überlegungen, wie der digitalen Herausforderung zu begegnen sei, die Interessen ihrer Künstler(-Autoren) aus dem Auge zu verlieren in Gefahr sind, weil sie - an der Lebenswirklichkeit vorbei - auf strikter Trennung der beiden Eigenschaften beharren, die doch in einer Person vereinigt sind. Künstler und Tonträgerhersteller verantworten gemeinsam ihr Produkt, das Musikprogramm. Die Programm- und Künstlerorientiertheit der Verwerter erfordert aber, daß ein Verbots- und Erlaubnisrecht *auch* beim Künstler und Hersteller angesiedelt werden muß.

Nur die Tonträgerhersteller sind (im Einvernehmen mit ihren Künstlern) in der Lage, unbehindert vom Kontrahierungszwang der Verwertungsgesellschaften ein solches Recht zum *gemeinsamen* Nutzen aller Beteiligten auszuüben. Für sie geht es dabei um eine Existenzfrage. Sie müssen bei ihrer Rechtsausübung die optimale Vermarktung von Tonträgern im Auge haben. Damit sichern sie zugleich über das mechanische Recht die wichtigste Einnahmequelle auch der Autoren.

Es wird in der nahen Zukunft darum gehen, die rechtlichen Rahmenbedingungen für die digitale Nutzung von Musik-Programmen neu zu definieren, denn es ist offensichtlich geworden, daß der technische Fortschritt Gewichte verschoben hat, von deren Unverrückbarkeit der Gesetzgeber bisher ausging. Jedenfalls für die digitale unkörperliche Musikvermittlung als *Haupt*programminhalt sollte gelten, was der Bundesgerichtshof schon (mit Urteil vom 18. Mai 1955) in seiner Magnettonband-Entscheidung festgestellt hat:

»Höher als der Wortlaut des Gesetzes steht sein Sinn und Zweck . . . Sollen neue Tatbestandsgruppen, die bei Erlaß des Gesetzes noch nicht bekannt waren, dem Gesetz eingeordnet werden, so ist zu prüfen, ob eine Gesetzesbestimmung, die ihrem buchstäblichen Sinn nach diesen neuen Sachverhalt erfaßt, auf ihn auch nach dem ihr zugrunde liegenden Rechtsgedanken angewendet werden kann. Auszugehen ist hierbei von dem Interessenkonflikt, den die fragliche Rechtsnorm vorfand, und dem Interessenausgleich, den sie herbeiführen wollte.«

Alle Berechtigten an Musikprogrammen sind gut beraten, diese Überlegungen auch heute wieder ins Feld zu führen.

Jean-Loup Tournier

Betrachtungen zu den Rechten der Urheber und den Rechten der ausübenden Künstler*

I. *Beitrag der einen und der anderen zur menschlichen Kultur*

Zunächst einmal geht es nicht darum, nach irgendeiner Wertordnung zwischen dem Urheber und dem ausübenden Künstler zu suchen. Der eine wie der andere können sie den Gipfel ihrer Kunst erreichen, und sie unterstützen einander in den lebenden Künsten der Unterhaltung, der Musik, des Theaters. Hier ist der ausübende Künstler sogar der unentbehrliche Übermittler des Werkes an die Öffentlichkeit, was bei einem Werk der Literatur oder der Bildhauerkunst nicht der Fall ist, da dieses von der Öffentlichkeit unmittelbar aufgenommen wird, ohne daß es eines Mittlers - zuweilen freilich schon - bedarf.

Hier hört die Analogie aber auch schon auf. Während der Urheber für die Kultur einen Beitrag in Form eines Werkes, also eines beweglichen, bleibenden, greifbaren und unvergänglichen Gutes leistet, erbringt der Künstler eine künstlerische Leistung, die nicht ohne das Werk auskommt, wohingegen das Werk, egal ob es aufgeführt wird oder nicht, existiert und bestehen bleibt. Die Leistung des Künstlers ist, selbst wenn sie auf einem Ton- oder Bildtonträger fixiert wird, ephemerischer Natur und endet mit ihrer Existenz. Außerdem verändert sie sich in dem Maße, wie sich der Künstler je nach seiner körperlichen oder geistigen Form, die von einem Abend zum nächsten schwanken kann, entwickelt. Von einem Tag zum andern ist er mehr oder weniger »gut«. Das Werk - ob gut oder schlecht - bleibt so, wie es ist, bestehen, für immer und ewig.

Der Urheber schafft, anders ausgedrückt, etwas Endgültiges und unendlich Interpretierbares, während der Künstler eine vergängliche Leistung erbringt, die nachgeahmt, aber niemals von einem anderen außer ihm selbst wiederhervorgebracht werden kann. Es gibt nur einen Arthur Rubinstein und wird immer nur einen geben, aber die Klavierkonzerte eines Ravel werden von endlosen Generationen von Pianisten immer wieder interpretiert werden.

Letztendlich kommt das Werk stets vor der Interpretation, und wenn schon keine Hierarchie, so gibt es immerhin eine Chronologie, die dem Werk den ersten Platz zuweist. Am Anfang steht der Urheber.

---

* Übersetzung aus dem Französischen durch Frau Brigitte Marcolla-Robert, München

II. *Historische Betrachtung zum Schutz des Werkes und der Interpretation*

Auch aus dieser Sicht ist festzustellen, daß der Urheber seit dem Ende des 18. Jahrhunderts im modernen Sinne geschützt wird, während die ersten Anfänge eines geistigen Schutzes des Künstlers auf den Beginn des 20. Jahrhunderts zurückreichen, also eigentlich mit der Entstehung der Schallplatte und des Kinos zusammenfallen.

Während dem Urheber schon im 19. Jahrhundert international vielfältige und sehr weitgehende Rechte zuerkannt wurden, insbesondere 1886 mit der Berner Konvention (Abkommen), erhielt der Künstler erst 1961 in Rom ein Abkommen von Weltgeltung.

Der Gedanke eines geistigen Rechts für den Künstler ist auch nicht aus der romanischen Tradition des Werkes in seiner unlösbaren Verknüpfung mit dem Urheber heraus entstanden, sondern aus dem Arbeitsrecht. So ist es auch nicht verwunderlich, daß es die Internationale Arbeitsorganisation (IAO) war, die den Künstler Mitte der 20er Jahre mit einem eigenen Schutz ausstatten wollte, während sich die Vereinigten Internationalen Büros zum Schutz des geistigen Eigentums (BIRPI - Berner Union) und später die Unesco widersetzten, eingestandenermaßen unter dem Druck der Confédération Internationale des Sociétés d'Auteurs et Compositeurs (CISAC) und der Internationalen Vereinigung für Literatur und Kunst (ALAI), die fürchteten, daß neue, den Urheberrechten nahestehende Rechte diese beeinträchtigen könnten.

Heute hingegen gehören diese Rechte wie die Rechte an Erfindungen, Patenten und Warenzeichen, usw. zur Familie der Weltorganisation für geistiges Eigentum (WIPO).

III. *Unterschiede zwischen den dem Werk zuerkannten und den dem Schutz des ausübenden Künstlers zuerkannten Rechten*

Der Hauptunterschied beruht in der Tatsache, daß dem Urheber generell ausschließliche Rechte zugestanden werden, die von seinem rein willkürlichen, persönlichen und allen entgegen zu haltenden Willen abhängen.

Dem Künstler wird im Rom-Abkommen das Recht zugestanden, sich der Festlegung, der Vervielfältigung und der Verbreitung seiner Leistung mit oder ohne Draht zu widersetzen, allerdings unter Vorbehalten in seinem Verhältnis zu den Rundfunksendern.

Vor allem aber wird ihm in Artikel 12 des Abkommens ein Recht auf angemessene Vergütung gemeinsam mit dem Tonträgerhersteller für die öffentliche Benützung der im Handel vertriebenen Schallplatten die keine Leistung wiedergeben zuerkannt.

Hier nähert sich der Künstler zweifellos dem Urheber, allerdings mit dem fundamentalen Unterschied, der zwischen dem ausschließlichen Recht des einen und dem Recht auf Vergütung des anderen besteht.

Diese Vergütung muß nämlich von einer vom Staat bestimmten Stelle festgelegt werden, und sie muß natürlich die finanziellen Möglichkeiten der Sender, die ja bereits zur Zahlung der Urheberrechtsgebühren verpflichtet sind, berücksichtigen.

Es ist für niemanden ein Geheimnis, daß die repräsentativen Künstler- und Tonträgerherstellerorganisationen nach einem ausschließlichen Recht, identisch mit dem des Urhebers streben, aber bisher mit diesem Anliegen gescheitert sind, abgesehen von bestimmten Staaten wie Großbritannien.

Gewiß ist es nicht ohne Gefahr für die Urheber, wenn die kürzlich in den Vereinigten Staaten verabschiedete Gesetzgebung zur privaten Vervielfältigung alle einzig und allein in die Kategorie der *Copyrightinhaber* einreiht, was unweigerlich zu großen Schwierigkeiten im Bereich der internationalen Übereinkünfte und im Verhältnis zwischen Nordamerika und Europa führen wird.

Man muß anerkennen, daß die Befürchtungen der Urheber, was die Anwendung des Artikels 12 angeht, berechtigt sind. Zweifellos ist es nicht allzu schwierig, die Leistungsschutzrechte dem Urheberrecht zuzuschlagen, wenn die Tarife des letzteren pauschal auf einem eher mittelmäßigen Niveau festgesetzt werden.

Sobald es aber um höhere Vergütungen geht, insbesondere in Form eines Prozentsatzes der Einnahmen des Senders, ist das auf dem Verwerter lastende Gewicht nicht von der Hand zu weisen.

In Frankreich, wo die angemessenen Vergütungssätze geltend für die FM-Hörfunksender auf eine Höhe festgesetzt worden sind, die den Urhebervergütungen entsprechen, läuft die Addition beider Vergütungen auf 12 % hinaus, was nicht gerade nichts ist und endlose Prozesse nach sich zieht. Zahlreiche Betriebe wie etwa Einzelhandelsgeschäfte, Friseursalons, usw. haben auf die zu teuer gewordene Musik ganz einfach verzichtet.

Neben diesen rechtlichen Betrachtungen sind weitere zwingende Überlegungen anzustellen, die mit der faktischen Situation zusammenhängen, in der sich die ausübenden Künstler heute gegenüber den Urhebern befinden.

IV. *Faktischer Unterschied*

Der Urheber existiert nur durch die Geltendmachung seiner immateriellen Rechte, die nur gewahrt werden können, wenn die rechtlichen Folgen der Verletzung seiner Rechte finanziell hoch bemessen und die Rechte schnell durchgesetzt werden, damit die Bestrafung der Rechtsverletzung abschreckend und nicht ermutigend wirkt.

Leider muß festgestellt werden, daß das Urheberrecht ob des in eklatanter Weise fehlenden Willens der ausführenden und der richterlichen Gewalt in diesem Sinne in den meisten Ländern der Welt häufig verhöhnt wird.

Dem hat der Künstler ganz andere Waffen entgegenzusetzen, arbeitet er doch künstlerisch wie manuell und körperlich. Damit besitzt er die unübertroffene Waffe des Streiks, die er auch häufig einsetzt.

Die Künstler werden meist durch Gewerkschaften vertreten, die gegenüber den Verwertungsgesellschaften der Urheber den ungeheuren Vorteil haben, daß sie nicht unter Antitrustgesetzgebungen fallen, was ihnen eine bemerkenswerte Handlungsfreiheit sichert.

Außerdem erhalten große Interpreten heutzutage dank ihrer starken Vermarktung in den Medien Gagen in absolut unerhörter Höhe, weshalb die Zahlung der Urhebervergütungen natürlich etwas zu kurz kommt.

Ein großer Pianist oder Opernsänger erhält 100 000 bis 500 000 Francs pro Abend! Was sie zu gewissen Überheblichkeiten (»paranoïaque« ist nicht zu stark, sondern sehr oft in der Umgangssprache verwendet) verleitet und sie manchmal sogar glauben macht, der Urheber sei nebensächlich und überflüssig.

Eine einfache Rechnung zeigt, daß der Künstler von den Einnahmen eines geschützten Konzertes stets unendlich mehr ausgezahlt bekommt als der Urheber.

Bei der Schallplatte teilten sich der Urheber und der Interpret die Vergütungen einst je zur Hälfte; heute sind es viel häufiger 1/3 für den Urheber und 2/3 für den Künstler, was es auch so schwierig macht, die Bedingungen des Normalvertrages BIEM/IFPI (Bureau International des Sociétés gérant les droits d'Enregistrement et de Reproduction Mécanique - International Federation of the Phonographic Industry) weiter durchzusetzen.

V. *Jüngste Entwicklung der Problematik*

Die vorangehenden rechtlich-philosophischen Betrachtungen erlangen heutzutage eine umso größere Bedeutung, als eine nicht abzuleugnende institutionelle Tendenz zur Verschmelzung des Urhebers und des Interpreten sowie des Herstellers im Umfeld der an diesem Gebiet interessierten öffentlichen Instanzen festzustellen ist.

Die Europäische Union zeigt deutlich eine Tendenz, in ihren jetzigen und künftigen Richtlinien stets die Themen der Urheberrechte und der verwandten Schutzrechte gleichzeitig abhandeln zu wollen.

Der GESAC ist es nicht ohne Mühe gelungen, beim Europäischen Parlament zu erwirken, daß in seine Richtlinien die Schutzklausel des Urheberrechts mit aufgenommen wird, die übrigens in Artikel 1 des Rom-Abkommens von 1961 festgeschrieben ist und dann in verbesserter Form in das französische Gesetz vom 3. Juli 1985 übernommen wurde.

Man kann verstehen, daß die den einen wie den anderen eingeräumten Rechte auf zahlreichen Gebieten von gleicher - insbesondere wirtschaftlicher - Bedeutung sind.

Dies ist bei der privaten Vervielfältigung, beim Satelliten, usw. der Fall. Doch die Künstler begnügen sich nicht mit dieser punktuellen Maßregel, sie wollen ganz einfach - wie übrigens auch die ihnen nacheifernden Hersteller - den Urhebern gleichgestellt werden.

Dieser Anspruch ist, wie ich bereits erklärt habe, insofern nicht berechtigt, als der Künstler wie der Hersteller als solcher niemals Urheber von Werken sind. Gewiß, wenn man diesen entscheidenden Unterschied vergißt, dann wird jeder zum Urheber von irgendetwas, weshalb Sänger sich heutzutage eine Urheberschaft anmaßen können, wenn sie vorgeben, ein Lied zu »kreieren«, wo sie es doch gerade erstmals interpretieren.

Die Europäische Union, die WIPO, das GATT (Allgemeines Zoll- und Handelsabkommen) und alle, die Gesetze auf unserem Gebiet beschließen, müssen sich davor hüten, der Versuchung nachzugeben, die sich in den angelsächsischen Ländern leider bereits breitgemacht hat, insbesondere in den Vereinigten Staaten, wo das Recht des Künstlers und das Recht des Urhebers unterschiedslos in die Kategorie des *»Copyright«* hineingestopft werden.

Hier wird der strukturelle und philosophische Antagonismus vielleicht am offensichtlichsten, der zwischen den Systemen des Urheberrechts und des Rechts am Exemplar *(Copyright)* herrscht.

VI. *Schlußbetrachtung*

Es war notwendig, den Künstlern den Urheberrechten verwandte Rechte einzuräumen, um ihnen zu ermöglichen, sich auf die technologische Entwicklung einzustellen, die ihre Beschäftigungsmöglichkeiten einschränkt und ihnen durch neu geschaffene Möglichkeiten wie die private Vervielfältigung schädlich ist.

Doch auf keinen Fall dürfen diese Rechte, bedingt durch ihren sekundären oder subsidiären Charakter, rechtlich oder finanziell höher eingestuft werden als die der Urheber, es sei denn man wollte die letzteren opfern.

Das ist auch der Grund, warum die Verwertungsgesellschaften sich grundsätzlich - außer in sehr seltenen Ausnahmefällen - weigern, Künstler als Mitglieder aufzunehmen - würden sich in gemischten Verwaltungsgremien doch unweigerlich fürchterliche moralische oder materielle Interessenkonflikte einstellen -, was sie nicht daran hindert, ihren Apparat für das Inkasso der Ansprüche auf angemessene Vergütung und der Entschädigungen bei privater Vervielfältigung zur Verfügung zu stellen.

Wenn man sich die Frage stellt nach dem Unterschied zwischen Urheber und Künstler, so genügt der Hinweis, daß der erstere bei seinem Tod Werke hinterläßt, die unendlich gegenwärtig sind, solange die Allgemeinheit sich dafür interessiert, während der Künstler bestenfalls eine zuweilen unvergeßliche Erinnerung hinterläßt, aber eben nur eine endgültig in der Vergangenheit verankerte Erinnerung.

Ulrich Uchtenhagen

Haben die Zwangslizenzen im Urheberrecht ausgedient?

Einleitung

Die Berner Übereinkunft zum Schutz von Werken der Literatur und Kunst (nachstehend »Berner Übereinkunft« genannt) läßt den ihr beigetretenen Ländern die Möglichkeit offen, die ausschließlichen Rechte der Urheber in den folgenden Fällen einzuschränken:

- mit Art. 13 der Berner Übereinkunft (seit der Fassung von Berlin 1908) bezüglich der Herstellung von Tonträgern mit Musik;
- mit Art. 11 bis der Berner Übereinkunft (seit der Fassung von Rom 1928) bezüglich der Sendung literarischer und künstlerischer Werke;

wobei in beiden Fällen der Anspruch der Urheber auf eine angemessene Entschädigung gewahrt bleibt.

Mit der Fassung von Paris 1971 erhielt die Berner Übereinkunft einen neuen Art. 9, der sich auf das Recht zur Herstellung von Werkexemplaren bezieht. Der zweite Absatz dieses Artikels erlaubt es den Mitgliedstaaten ebenfalls, dieses Recht zu begrenzen. Dabei handelt es sich indessen weniger um Zwangslizenzen des »klassischen Zuschnitts«, so daß sich die folgenden Ausführungen und Überlegungen auf die Art. 11 bis und 13 der Berner Übereinkunft beschränken.

Die Aufnahme und Beibehaltung der beiden Zwangslizenzen in der Berner Übereinkunft war Gegenstand zahlreicher und leidenschaftlich geführter Auseinandersetzungen während der Revisions-Konferenzen. Absolutisten und Pragmatiker des Urheberrechtes - wenn man die Gegner und Befürworter der Zwangslizenzen so bezeichnen darf - kreuzten auch in einem ausgedehnten Schrifttum ihre Klingen. Aber alle Vorstöße, auf diese Zwangslizenzen aus grundsätzlichen Überlegungen oder wegen ihrer Bedeutungslosigkeit zu verzichten, blieben erfolglos. Die Zwangslizenz in Art. 13 der Berner Übereinkunft hält sich nun schon seit mehr als 80 Jahren und jene in Art. 11 bis schon über 60 Jahre lang, ungeachtet aller bedeutenden Entwicklungen im Laufe dieses Jahrhunderts.

In jüngster Zeit unternahm die Weltorganisation für geistiges Eigentum (Organisation Mondiale de la Propriété Intellectuelle, nachstehend »OMPI« genannt) neue Anstrengungen, die beiden Zwangslizenzen in der Berner Übereinkunft auszumerzen. In ihrem Memorandum, das sie einer Experten-Kommission vorlegte, die sich im Frühjahr 1989 mit einem Mustergesetz über das Urheberrecht beschäftigte, äußerte sie die Meinung, die Zwangslizenzen seien nicht in ein Mustergesetz aufzunehmen, ungeachtet der Tatsache, daß die Berner Übereinkunft die Möglichkeit dazu biete.[1] In der Schrift »Gestion collective du Droit d'auteur et des Droits voisins«, welche die OMPI im Jahr 1990 herausgab, vertritt sie die Auffassung, der heutige Stand der kollektiven Verwertung von Urheberrechten lasse die Zwangslizenzen entbehrlich werden.[2] Auch bei den Vorarbeiten zu einem allfälligen Zusatz-Protokoll zur Berner Übereinkunft sprach sich die OMPI im Sommer 1993 dahingehend aus, die Zwangslizenzen seien obsolet geworden.[3]

Es dürfte sich lohnen, diese Vorstöße etwas näher zu betrachten und dabei vor allem den Fragen nachzugehen, aus welchen Beweggründen die beiden Zwangslizenzen in die Berner Übereinkunft Aufnahme fanden und ob die kollektive Verwaltung von Urheberrechten diesen Beweggründen zu entsprechen vermag.

I. *Die Beweggründe, Zwangslizenzen in die Berner Übereinkunft aufzunehmen*

1. *Die Zwangslizenz zur Herstellung von Tonträgern mit Musik*

Eine Zwangslizenz zur Herstellung von Tonträgern mit Musik war in der ursprünglichen Fassung der Berner Übereinkunft von 1886 nicht enthalten. Auch das Recht zur Herstellung von Werkexemplaren war nicht expressis verbis genannt, wohl aber, in Art. 10, ein Schutz gegen unerlaubtes Anfertigen von Werkexemplaren unter dem Vorwand der Adaptation oder der Bearbeitung. Dagegen schloß die Ziffer 3 des der Übereinkunft beigefügten Abschluß-Protokolls die Herstellung jener Instrumente vom Urheberrecht aus, die dazu dienen, Musik aufzunehmen und abzuspielen.[4] Diese Ziffer 3 entsprach einem schweizerischen Wunsch, die landeseigene Spieldosen-Industrie zu bevorzugen, ein Begehren, das

---

1 »L'ensemble de l'article figure entre crochets, dans l'intention de montrer que sa disposition n'est pas recommandée d'une façon générale, même si elle n'est pas contraire à la Convention de Berne.«
»L'application d'un système de licences non volontaires pour l'enregistrement d'oeuvres musicales ne peut se justifier que dans les pays où l'industrie du phonogramme est encore assez peu développée et serait donc volnérable sans cette mesure transitoire. Ce genre de situation est propre principalement à certains pays de développement.«
»Ce genre de licence non volontaire ne peut se justifier que dans les pays où, faute d'infrastructure appropriée, elle est temporairement nécessaire en vue de promouvoir les activités des organismes de radiodiffusion nationaux. . . . Dans d'autres pays, les problèmes qui peuvent naître de l'autorisation de radiodiffuser un grand nombre d'oeuvres - ainsi que l'expérience le montre - peuvent être résolus dans le cadre de la gestion collective des droits des auteurs.«
Memorandum der OMPI vom 25. 11. 1988, Dokument CE/MPC I 2-III, Ziffern 200, 201 und 217.

2 »L'expérience montre que l'industrie phonographique peut fonctionner correctement, sans rencontrer d'obstacles démesurés pour l'accès aux droits dont elle a besoin, même dans les pays où la nature exclusive des droits mécaniques n'est pas limitée et où ces droits sont gérés collectivement. C'est pourquoi l'avis se répand de plus en plus que ce type de licence non volontaire n'est pas justifié; la gestion collective constitue une solution plus appropriée.« Ziffer 58.

3 ». . . there is an increasingly broad opinion that the above-quoted provision of the Berne Convention allowing non-voluntary licences has become obsolete« OMPI-Dokument BCP/CE III 2-II, vom 12. März 1993, Ziffer M 106.

4 »Il est entendu que la fabrication et la vente des instruments servant à reproduire mécaniquement des airs de musique empruntés au domaine privé ne sont pas considérées comme constituant le fait de contrefaçon musicale.«

zuvor schon im französisch-schweizerischen Handelsvertrag vom 30. Juni 1864 seinen Niederschlag fand und in der Folge zu einem französischen Gesetzeserlaß im Jahr 1866 führte.[5] Auch das schweizerische Urheberrechts-Gesetz vom 23. April 1883 enthielt eine entsprechende Bestimmung.[6]

Die Auswirkungen dieser Ausnahme im Abschluß-Protokoll von 1886 waren verheerend; sie hatte zur Folge, daß die sich rasch entwickelnde Tonträger-Industrie während mehr als zwei Jahrzehnten weitgehend entschädigungsfrei die geschützte Musik zu ihren Zwecken verwenden konnte. Um den Schaden zu begrenzen, versuchte man, zwischen Instrumenten mit fest eingebauten Tonträgern (vor allem Walzen mit Stiften) und Geräten mit auswechselbaren Tonträgern (Platten, Bändern und Rollen) zu unterscheiden.[7] Von allen Seiten wurde gefordert, der freien Verwendung der Musik durch die Tonträger-Industrie müsse der Riegel geschoben werden.[8]

Diese Forderung bildete eines der Hauptanliegen der Revisions-Konferenz von 1908 in Berlin. Das Recht der Urheber, die Herstellung von Tonträgern erlauben und hierfür eine Entschädigung verlangen zu können, wurde zwar anerkannt, aber die Rücksichtnahme auf die Stellung und Entwicklung der Tonträger-Industrie

5 »Cette disposition, qui a soulevé tant de difficultés, était empruntée à une loi française de 1866, rendue pour tenir une promesse faite à la Suisse dans un traité de commerce du 30 juin 1864. Elle n'a pas été jusqu'à présent modifiée, mais, à la Conférence de 1896, elle avait donné lieu à une discussion.«
Actes de la Conférence de Berlin de 1908, Rapport présenté à la Conférence au nom de sa Commission, Seite 258.

6 »Eine Verletzung des Urheberrechtes wird nicht begangen:
...
...
11. durch die Benutzung musikalischer Kompositionen für Spielwerke.«
Bundesgesetz betreffend das Urheberrecht an Werken der Literatur und Kunst, vom 23. April 1883, Art. 11.
In der Botschaft des schweizerischen Bundesrates vom 9. 12. 1881 wird hierzu erläuternd angeführt:
»Die Bestimmung unter Ziff. 11 erscheint uns theoretisch und praktisch begründet zu sein. Die Fabrikanten von Ste Croix sagen in ihrer Petition vom 15. Februar 1861: Eine Spieldose, das Einschlagen von Stiften auf Walzen kann in seinen Resultaten nicht mit einer Vervielfältigung durch den Druck oder Stich auf eine Linie gestellt werden; mit einer solchen Nachahmung von Stücken aus Opern oder anderen musikalischen Kompositionen wird weder dem Komponisten noch dem Verleger Konkurrenz gemacht; weit entfernt, den Verkauf ihrer Kompositionen zu verhindern, wird derselbe dadurch erleichtert und begünstigt; außerdem ist diese Nachahmung nicht zu öffentlichen Produktionen bestimmt, sie beschränkt sich auf den Familienkreis, sie dient nur augenblicklicher Zerstreuung, häuslicher Erheiterung; sie kann für den Besitzer keine Quelle der Spekulation werden, und selbst, würde sie dies, so könnte sie dem künstlerischen Eigentum nicht den geringsten Eintrag tun.« Seite 15.

7 »Le bénéfice de cette disposition ne s'applique pas aux instruments qui ne peuvent reproduire des airs que par l'adjonction de bandes ou cartons perforés ou autres systèmes indépendants de l'instrument, se vendant à part et constituant des éditions musicales d'une notation particulière.«
Französischer Vorstoß in der Revisions-Konferenz von 1896 in Paris, erwähnt in Actes de la Conférence de Berlin de 1908, Seite 51.

8 »Les efforts faits pour restreindre ce régime au juste minimum ont engendré, dans les différents pays de l'Union, des dispositions légales ou une jurisprudence, qui, bien qu'elles soient toujors basées sur le n° 3 du Protocole de clôture de la Convention de Berne, choquent par leur multiplicité et leur diversité.«
Actes de la Conférence de Berlin de 1908, Seite 167.

führte zum Kompromiß der Zwangslizenz. Dabei wurden zwei Bedenken geäußert:

- die Häufung von ausschließlichen Rechten zur Tonträger-Herstellung in den Händen starker Industrie-Unternehmen könnte diesen eine monopolartige Stellung im Tonträger-Markt verschaffen;[9]
- ein ausschließliches Recht könnte zu Begehren nach höheren Entschädigungen für die Urheber und die Verleger führen und die Tonträger-Industrie dadurch wirtschaftlich gefährden.[10, 11]

Der Mittelweg, die Zwangslizenz, räumt dem Urheber das ausschließliche Recht ein, über die Herstellung von Tonträgern mit Musik zu entscheiden, das heißt, eine solche Verwendung seiner Werke zu erlauben oder zu verbieten. Hat er indessen einmal in die Herstellung von Tonträgern mit seiner Musik eingewilligt, so muß er auch Dritten im Inland erlauben, solche Tonträger herstellen zu dürfen.

In der Revisionskonferenz des Jahres 1928 in Rom wurde vergeblich versucht, an diesem Zwangslizenz-Kompromiß zu rütteln.[12] Gleiches vollzog sich in den Konferenzen von 1948 in Brüssel, von 1967 in Stockholm und von 1971 in Paris; die Mitgliedstaaten waren nicht bereit, auf die Zwangslizenz als Beschränkung des ausschließlichen Rechts zur Herstellung von Tonträgern mit Musik zu verzichten. Diese Zwangslizenzen hielten sich denn auch hartnäckig in den Landesgesetzen einer ganzen Reihe von Mitgliedstaaten, vor allem im angloamerikanischen Weltteil, in Deutschland, Österreich, der Schweiz und weiteren Ländern.

2. *Die Zwangslizenz zur Sendung von Werken*

Wenige Jahre nach der Betriebsaufnahme der ersten Radiostationen mit Sendungen für das Publikum schlug die italienische Regierung in der Revisions-Kon-

---

9 »Il ressort des délibérations tenues avec les représentants de l'industrie des instruments mécaniques en Allemagne que l'industrie se trouve entre les mains de deux groupes: d'un côté, il y a quelques grandes maisons qui disposent de capitaux considérables; de l'autre, un groupe nombreux de fabricants d'une situation plus modeste et qui redoute que la grande industrie, par des traités particuliers à conclure avec les compositeurs les plus en vue et avec les éditeurs de musique, ne se procure un véritable monopole, et qu'ils ne soient ainsi privés de tout moyen d'utiliser dans leur fabrication les compositions d'actualité.«
Actes de la Conférence de Berlin de 1908; Seite 168.

10 »Toutefois, la question reste bien ardue et délicate. Tout en rendant justice aux revendications légitimes des compositeurs, nous devons bien nous pénétrer du fait que cette industrie qui actuellement apporte la part considérable à la richesse nationale, au moins en Allemagne, est arrivée à son état florissant sous le régime actuel qui est un régime de liberté plus ou moins accentué. Il y a des intérêts économiques en jeu que nous devons ménager et qui ne seront pas compensés par les avantages que nous pourrons offrir aux compositeurs.«
Actes de la Conférence de Berlin de 1908; Seite 168.

11 »L'Administration allemande . . . se proposait de sauvegarder les intérêts des petits industriels en les protégeant tout à la fois contre les charges trop lourdes qui pourraient résulter pour eux d'évaluations exagérées de la part des auteurs et éditeurs, et contre le danger de l'établissement de monopoles en faveur de quelques industriels disposant de grands capitaux. C'est à quoi tendrait l'obligation d'accorder des licences.«
Actes de la Conférence de Berlin de 1908; Seite 260.

12 »En ce qui concerne l'alinéa 2 de l'art. 13 (de la Convention de Berne), qui prévoit pour les Etats la faculté d'apporter certaines restrictions, dont la principale est la licence obligatoire, au droit exclusif du compositeur, nous ne proposons aucune modification; la suppression de la licence obligatoire, très souhaitable cependant, ne serait pas acceptée par les Etats de l'Union.«
Actes de la Conférence de Rome de 1928; Seite 78.

ferenz von 1928 in Rom vor, den Urhebern ein neues, ausschließliches Recht zur Sendung ihrer Werke einzuräumen. Dieser Vorschlag stieß auf Einwände; es gelte, dem neuen Recht der Urheber die kulturellen und sozialen Anliegen der Rundfunkanstalten entgegen zu setzen. Darunter war vor allem zu verstehen:

- der freie Zugriff auf die gesamten inländischen und ausländischen Werke, soweit sie bereits veröffentlicht waren, das heißt, die Radiostationen sollten über alle Werke für ihre Sendungen verfügen dürfen, die bereits auf dem Markte waren;[13]
- die Überlegung, ein ausschließliches Recht der Urheber könne zu Begehren nach höheren Entschädigungen führen und die Sendeanstalten dadurch finanziell stark belasten.[14]

Auch die Zwangslizenz zur Sendung von Werken - erstmals im Art. 11 bis der Berner Übereinkunft, in ihrer Fassung von 1928 in Rom, verankert, widerstand in der Folge allen Versuchen, sie wieder von der Bildfläche verschwinden zu lassen, und überdauerte in diesem Sinne die Revisions-Konferenzen von 1948, 1967 und 1971.

II. *Die Wirkungen der kollektiven Verwaltung von Urheberrechten bezüglich der Beweggründe für die Zwangslizenzen*

1. *Die Gefahr der Entstehung von Monopolen in der Tonträger-Industrie*

Die Urheberrechts-Gesellschaft - um die kollektive Verwaltung von Urheberrechten mit ihrer häufigsten Form zu umschreiben - befassen sich grundsätzlich nur mit jenen Rechten, die ihnen von den Urhebern übertragen oder sonstwie anvertraut worden sind. Soweit es die Urheber vorziehen, ihre Rechte zur Herstellung von Tonträgern direkt den Tonträger-Herstellern einzuräumen, fehlen diese

---

13 »Plusieurs délégations ont par conséquent fait ressortir la nécessité de procéder avec grande prudence au règlement international de l'important problème et se sont montrées peu disposées à prendre des engagements qui pourraient entraver le développement de la radiodiffusion, en tant que service social. On a donc estimé que l'adoption de principes qui, tout en sauvegardant les droits des auteurs, concilieraient harmonieusement ces derniers avec les buts sociaux de la radiodiffusion, était indispensable.«
Actes de la Conférence de Rome de 1928; Seite 183.

14 »Il résulte que le texte adopté a le caractère de transaction entre les deux tendances opposées, celle d'assimiler entièrement le droit de diffusion radiophonique aux autres droits exclusifs de l'auteur (tendance défendue surtout par les Délégations britannique et francaise) et celle de considérer cette matière comme asujettie à l'intervention de l'autorité publique pour protéger les intérêts culturaux et sociaux liés à cette forme nouvelle et spéciale de divulgation populaire des oeuvres de l'esprit et particulièrement des oeuvres musicales, tendance défendue surtout par les Délégations australienne et néo-zélandaise.«
Actes de la Conférence de Rome de 1928; Seite 210.
»En outre, le monopole de fait des »performing right societies« - n'a-t-on pas dit qu'elles disposaient en Australie et en Nouvelle Zélande du 98 % des oeuvres dramatiques et musicales? - provoquait des abus aussi bien dans le domaine de la radiodiffusion que dans celui des exécutions directes . . . De nombreuses plaintes s'élevaient contre les sociétés de perception; on leur reprochait d'exiger des redevances inéquitables . . .«
Actes de la Conférence de Rome de 1928; Résumé des Propositions et de la discussion, Seite 258.

Rechte in der kollektiven Verwaltung der Urheberrechte. Von diesem Blickwinkel aus betrachtet bilden die Urheberrechts-Gesellschaften keine Schutzwälle gegen die Zusammenballung von Tonträger-Rechten in der Hand von Industrieunternehmen.

Weiter fällt ins Gewicht, daß in den Ländern der angloamerikanischen Welt, die in ihre Gesetze die Zwangslizenz zur Herstellung von Tonträgern mit Musik aufgenommen haben, gar keine umfassende kollektive Verwaltung der Tonträger-Rechte anzutreffen ist. In Großbritannien, in den Vereinigten Staaten von Amerika und anderen Ländern englischer Sprache sind es die Verleger, welche mit dem Abschluß der Verlagsverträge die Rechte zur Herstellung von Tonträgern von den Urhebern erwerben. Sie sind es, welche mit der Tonträger-Industrie die Bedingungen zur Aufnahme von Musik auf Tonträger verhandeln, soweit diese durch die Gesetzesbestimmungen nicht schon festgelegt sind. Die Tätigkeit der Urheberrechts-Gesellschaften für die Tonträger-Rechte im angloamerikanischen Weltteil beschränkt sich auf die Rechtsausübung in jenen Bereichen, in denen die Verleger nicht selber tätig werden wollen, somit vornehmlich in den Randzonen - womit nicht gesagt sein soll, daß diesen nicht auch erhebliche wirtschaftliche Bedeutung für die Urheber und die Verleger zukomme.

Ob sich das Verhalten der angloamerikanischen Verleger beim Wegfall der Zwangslizenz grundlegend ändern würde, ist schwer abzuschätzen. Sie könnten sich indessen - ungestört durch eine kollektive Verwaltung der Tonträger-Rechte - einem Monopol-Gehabe zuwenden. Angesichts der gewaltigen Konzentrations-Bewegung im ganzen Werkvermittlungs-Bereich, der zur Entwicklung von Medien-Giganten führte, welche auch reihenweise Verlage aufkauften, handelt es sich nicht nur um rein theoretische Erwägungen. Der Zwangslizenz fallen unter Umständen präventive Wirkungen zu, auf welche die schweizerischen Behörden hinwiesen, als sie die Beibehaltung der Zwangslizenz im neuen schweizerischen Urheberrechtsgesetz vom 9. Oktober 1992 begründeten.[15]

2. *Die Gefahr höherer Entschädigungen bei Wegfall der Zwangslizenz*

Den Urheberrechts-Gesellschaften wird es kaum gelingen, bei Wegfall der Zwangslizenzen höhere Entschädigungen zu fordern, soweit diese schon bis anhin mit der Tonträger-Industrie oder mit den Sendeanstalten ausgehandelt werden konnten. Diese Aussage stützt sich unter anderem auf die Tatsache, daß die Tarifansätze für die Anfertigung von Tonträgern in Deutschland, Österreich und in der Schweiz - Länder mit Zwangslizenz - nicht tiefer liegen als in Frankreich oder Italien, welche keine solche Zwangslizenz kennen. Die OMPI kann deshalb mit

15 »Diese Bestimmung übernimmt in den Grundzügen die geltende Regelung. Letztere hat zwar wegen der kollektiven Verwertung des Rechts zur Aufnahme von Musikwerken auf Tonträger keine praktische Bedeutung erlangt. Immerhin darf aber angenommen werden, die bloße Existenz der Norm habe dazu beigetragen, daß sie nie gerichtlich durchgesetzt werden mußte. Sie dient denn auch zur Verhinderung des Monopols eines bestimmten Tonträgerproduzenten, der weitere Aufnahmen mit neuen Interpreten verunmöglichen und so eine qualitative Verbesserung der Tonträgeraufnahmen eines bestimmten musikalischen Werkes verhindern könnte.«
Botschaft des schweizerischen Bundesrates vom 29. August 1984; Seite 54.

Recht darauf hinweisen, der Verzicht auf die Zwangslizenz schade niemandem - aber das Fortbestehen der Zwangslizenz eben auch nicht!

In dieser, gewissermaßen wertneutralen Stellung der Zwangslizenz kommt zum Ausdruck, daß das Verbotsrecht des Urhebers nicht jene überragende wirtschaftliche Bedeutung hat, die ihr von den »Absolutisten« gelegentlich beigemessen wird, und zwar ganz einfach deshalb, weil ein von Urheberrechts-Gesellschaften ausgesprochenes Verbot ganzen Industrie- oder Medien-Sektoren gegenüber unweigerlich vom Einschreiten des Staates wegen Monopolmißbrauchs von Seiten der Urheberrechts-Gesellschaft gefolgt wäre. Das unglückselige Vorgehen der amerikanischen ASCAP ist noch nicht in Vergessenheit geraten.

Eine Erhöhung der Entschädigungen bei Wegfall der Zwangslizenz kann indessen dort eintreten, wo der Gesetzgeber dem Urheber nicht nur bezüglich seiner Verbotsmöglichkeiten in den Arm fällt, sondern die Höhe des Entgeltes gleich auch noch selber festsetzt. Für diese Fälle hat sich der Ausdruck der »gesetzlichen Lizenz« eingebürgert. Solche Einschränkungen kommen den Tatbeständen einer Expropriation nahe. Ihnen sollte ein ganz besonderes Augenmerk geschenkt werden; es wäre meines Erachtens der Entwicklung des Urheberrechtes mehr gedient, wenn es gelänge, die gesetzlichen Lizenzen zu Zwangslizenzen zu mildern, anstatt die Zwangslizenzen »à tout prix« zum Verschwinden zu bringen.

3. *Der freie Zugriff auf alle Werke*

Eine gut ausgebaute kollektive Verwaltung von Urheberrechten, der es gelungen ist, durch den Abschluß von Verträgen mit allen landeseigenen Urhebern und Verlegern und mit allen ausländischen Schwester-Organisationen die Rechte am ganzen Weltrepertoire ihres Tätigkeitsbereiches in ihrer Hand zu vereinigen, bietet den besten und einfachsten Zugriff auf alle Werke. Sie ist jeder Zwangslizenz vorzuziehen, und zwar nicht nur deshalb, weil alle Umtriebe durch die Kontaktnahmen mit den Urhebern oder Verlegern dahinfallen, sondern auch aus dem Grunde, weil die bezahlten Entschädigungen am schnellsten und sichersten alle beteiligten Urheber und Verleger erreichen. Den Überlegungen der OMPI ist deshalb vorbehaltlos zuzustimmen.

Diese Wirkungen werden aber empfindlich beeinträchtigt, wenn sich ganze Gruppen von Urhebern oder Verlegern von der kollektiven Verwaltung von Urheberrechten fern halten - die sogenannten »Dissidenten« - oder wenn in einem Lande konkurrierende Urheberrechts-Gesellschaften tätig sind. Der freie Zugriff auf alle Werke wird deshalb nicht mit jeder kollektiven Urheberrechts-Verwaltung erreicht, sondern nur mit jener, die ganz bestimmten Anforderungen genügt, als da sind:

- ausschließliche Stellung in ihrem Lande für ihren Tätigkeitsbereich;
- Vertretungsbefugnis für alle unbekannten Urheber und Verleger;
- gesetzliche Pflicht, mit allen Werkvermittlern Nutzungsverträge abschließen zu müssen (sogenannter »Kontrahierungszwang«).

Vor allem die letzte der genannten Bedingungen, die Pflicht zum Abschluß von Verträgen mit allen Werkvermittlern, darf als das Spiegelbild zur Zwangslizenz in der kollektiven Verwaltung der Urheberrechte betrachtet werden.

III. *Der Einfluß der Zwangslizenz auf die kollektive Verwaltung der Urheberrechte*

Die wirtschaftliche Bedeutung der Zwangslizenzen in der kollektiven Verwaltung der Urheberrechte wurde bereits erörtert; sie hält sich in ganz engen Grenzen, soweit der Gesetzgeber dem Urheber - oder an seiner Stelle der Urheberrechts-Gesellschaft - das Verhandeln mit den Werkvermittlern über die von ihnen zu entrichtenden Entschädigungen überläßt.

Darüber hinaus entfalten die Zwangslizenzen indessen noch eine andere, in den Fachzeitschriften kaum erwähnte Wirkung. Sie bezieht sich auf die Vertretung der unbekannten, das heißt keiner Urheberrechts-Gesellschaft angehörenden Urheber und Verleger, deren Werke auf Tonträger aufgenommen oder gesendet werden.

Die Werkvermittler verlangen von den Urheberrechts-Gesellschaften eine Erlaubnis zur Nutzung aller Werke in- und ausländischen Ursprungs. Mit diesem Verlangen halten sie sich irgendwelche Ansprüche von dritter Seite vom Leibe. Die Urheberrechts-Gesellschaft kann diesem Begehren entsprechen, soweit es ihr erlaubt ist, unbekannte Urheber oder Verleger zu vertreten. Diese Vertretung kann sich auf eine besondere, ihr durch Gesetz oder Verordnung eingeräumte Ermächtigung stützen. Fehlt eine solche, so läßt sich mit der allgemeinen, zivilrechtlichen Geschäftsführung ohne Auftrag arbeiten. Diese Rechtsgrundlage läßt sich unbeschwerter anwenden, wenn es sich nicht darum handelt, für unbekannte Urheber die Verwendung ihrer Werke zu erlauben, sondern bloß darum dreht, für die von Gesetzes wegen erlaubte Verwendung eine Entschädigung zu fordern.

Aus den geschilderten Gründen sollte die Aufhebung von Zwangslizenzen mit einer Verstärkung der rechtlichen Stellung der Urheberrechts-Gesellschaften zur Vertretung unbekannter Urheber und Verleger verbunden werden.

Epilog

Haben die Zwangslizenzen im Urheberrecht ausgedient? Aus wirtschaftlichen Gründen sind sie bedeutungslos geworden. Die Urheberrechts-Gesellschaften vermögen heutzutage den freien Zugriff auf alle Werke besser zu gewährleisten, soweit sie über die Rechte am Weltrepertoire verfügen, auch unbekannte Urheber und Verleger vertreten können und dem Kontrahierungszwang unterworfen sind. Monopolbildung im Tonträger-Markt sind ohne Zwangslizenz und mit Hilfe des Urheberrechts zwar möglich, doch kann man sich fragen, ob die Maßnahmen gegen Ballungen wirtschaftlicher Macht nicht den Hütern des freien Wettbewerbes zuzuweisen sind. Es sind deshalb gute und triftige Gründe, welche die OMPI dazu bewegen, eine weitere Runde zum Abschied von den Zwangslizenzen einzuläuten.

Und doch . . . weshalb muß dennoch damit gerechnet werden, daß sich die Zwangslizenzen noch lange Zeit halten werden? Meines Erachtens bringen sie einen Gedanken zum Ausdruck, der mit der technischen Entwicklung der Werkvermittlung an Bedeutung gewinnt. Mehr und mehr reihen sich verschiedene Werknutzungen aneinander; so führt etwa das Erscheinen einer Schallplatte zu deren Verwendung für Radiosendungen und diese wieder zum öffentlichen Empfang der

Sendungen und zu deren Verbreitung in Kabelnetzen. Auch der in allen diesen Nutzungsbereichen mit ausschließlichen Rechten ausgestattete Urheber wird nicht in der Lage sein, die Kaskade der sich folgenden Nutzungen zu unterbrechen, und zwar ganz einfach deshalb nicht, weil er sich nicht gegen die Räderwerke eines riesigen Marktgeschehens stemmen kann. So läuft seine Entscheidung immer mehr darauf hinaus, ob und wann er mit seinem Werk an die Öffentlichkeit, auf den Markt treten soll. Hat einmal sein Werk im Publikum Anklang gefunden, so setzen sich die Marktmechanismen in Gang, die der Urheber ja von vornherein kennt und die er auch als Zeichen des Erfolges wertet, so daß es ihm leichter fällt, sich mit den bestehenden Verhältnissen abzufinden.

Diesem Bild vom Marktgeschehen entsprechen die Zwangslizenzen weitgehend. Sie halten am Grundsatz fest, daß nur der Urheber allein sein Werk erstmals zu Markte trägt. Sie sorgen dann dafür, daß das Werk je nach Erfolg in einzelnen oder in allen Kanälen der Werkvermittlung mitschwimmt. Und sie sichern dem Urheber zu, daß er eine angemessene Vergütung erhalten soll - unter Umständen mehr als das, was der Urheber als Einzelgänger auf dem Markt zu erhalten oder zu erstreiten vermöchte.

Die Zwangslizenzen bestätigen deshalb, daß es für das Urheberrecht von entscheidender Bedeutung ist, das Recht des Urhebers zur ersten Veröffentlichung des Werkes nicht anzutasten und die angemessene Entschädigung nicht gesetzlich anzuordnen, sondern zwischen den Partnern des Musikmarktes aushandeln zu lassen. So waren und so sind sie ein Versuch, die Rolle des privaten Eigentums mit den Anforderungen eines weltweiten Verkehrs mit geistigen Gütern einigermaßen in Einklang zu bringen.

Wenn sich in den kommenden Jahren wieder die Aufgabe stellt, die Interessen der Urheber, der Verleger, der Werkvermittler und der Konsumentenschaft gegeneinander abwägen zu müssen, dann werden Leute gefragt sein, die mit ihren Erfahrungen, mit ihrem Verhandlungsgeschick und mit ihrer Vernunft den Ausgleich finden. Diese Eigenschaften zeichnen den Jubilaren aus, dem ich auch an dieser Stelle ein fruchtbares und erfolgreiches weiteres Wirken wünsche.

Artur Wandtke

Zur Entwicklung der Urhebergesellschaften in der DDR bis zur Wiedervereinigung Deutschlands

I. *Die Teilung Deutschlands und die Urheberrechtsordnung in der DDR*

1. *Die Neugestaltung des Urheberrechts*

1.1. *Die Gründung der AWA und des BfU*

Die Urheberrechtsentwicklung in der DDR ist nur vor dem Hintergrund der Teilung Deutschlands zu verstehen. Nach dem 2. Weltkrieg hatten sich beide deutsche Staaten eine unterschiedliche Wirtschafts- und Eigentumsverfassung im Rahmen der jeweiligen politischen Strukturen geschaffen. Die Bewertung dessen, was letztlich in beiden deutschen Staaten historisch entstanden ist, wird noch Generationen beschäftigen. Das Urheberrecht in der DDR war nur ein Element in der Rechtsordnung, die den Inhalt und die Methoden seiner Entwicklung bestimmt hatte.

Die zentralistisch organisierte und geplante Gesellschaft, wie sie sich in der DDR entwickelte, schloß eine pluralistische Wirtschafts- und Kulturordnung aus. Der Politik der DDR lag eine monolithische Staatsauffassung zugrunde, die alle Bereiche des gesellschaftlichen Lebens durchdrang und im »demokratischen Zentralismus« ihren Ausdruck fand. Der demokratische Zentralismus war das Struktur- und Entwicklungsprinzip in der DDR, der dem Staat als Erfüllungsgehilfe der SED-Führung und deren Organe aggieren konnte. Nach den Prinzipien des demokratischen Zentralismus wurde die Verwaltung des Staates und die politischen Parteien sowie Organisationen geleitet. Das Prinzip der Gewaltenteilung war in der DDR nicht konstituiert.

Die zentrale Leitung und Planung wurde auch für die Urheberrechtsentwicklung in der DDR bestimmend. Hier war es vor allem das Ministerium für Kultur (MfK)[1], das 1954 gegründet wurde, nachdem die Länderstrukturen in der DDR zerschlagen waren. Sein erster Kulturminister, der Dichter J. R. Becher, war es, der 1957 mit dem damaligen Justizminister vereinbarte, daß das Urheberrecht in den Kompetenzbereich des Kulturministeriums fiel.

Bis zum Inkrafttreten des Urheberrechtsgesetzes am 01. Januar 1966 (URG) war das Kulturministerium federführend bei der Ausarbeitung dieser und anderer Rechtsvorschriften auf dem Gebiet des Urheberrechts.

Erste gesetzliche Grundsätze zum Schutz der Urheberrechte erfolgten 1951, 1955 und 1956. So wurde mit der Verordnung über die Wahrung der Aufführ-

---

1 GBL, I 25.

rungs- und Vervielfältigungsrechte auf dem Gebiet der Musik vom 05. April 1951 und vom 17. März 1955[2] (AWA) und der Anordnung über die Errichtung des Büros für Urheberrechte vom 23. Oktober 1956 (BfU)[3].

Damit war ein wichtiger Meilenstein in der Entwicklung des Urheberrechts gesetzt worden. Interessant ist dabei, daß die Gründung beider Urhebergesellschaften als kollektive Wahrnehmungsmodelle dem Gedanken des demokratischen Zentralismus entsprachen. Ihre Monopolstellung wurde durch die staatliche Unterstellung in besonderer Weise unterstrichen. Beide Urhebergesellschaften unterstanden dem Kulturministerium. Der staatliche Einfluß auf die kollektive Wahrnehmung war evident. Es gab gewissermaßen eine Kontinuität, was die staatliche Einflußnahme anbelangte, wenn man an die musikalische Verwertungsgesellschaft denkt, die am 15. Januar 1934 mit der STAGMA[4] gegründet wurde.

Bis zum 31. Dezember 1965 beruhte die Urheberrechtsentwicklung in der DDR auf dem Gesetz betreffend das Urheberrecht an Werken der Literatur und der Tonkunst (LUG) von 1901, dem Gesetz über das Verlagsrecht von 1901 und dem Gesetz betreffend das Urheberrecht an Werken der bildenden Künste und der Photographie (KUG) von 1907.

Damit existierte zwischen der DDR und der BRD bis zum Inkrafttreten beider Urheberrechtsgesetze am 01. Januar 1966 eine formale Rechtseinheit.[5]

Im Zuge des weiteren Ausbaus der Rechtsordnung in der DDR, mit den Arbeiten an einem neuen Zivil-, Familien- und Arbeitsrecht, spielte auch die Neugestaltung des Urheberrechts eine wesentliche Rolle.[6]

Bereits 1958 wurde eine Kommission beim MfK für die Urheberrechtsgesetzgebung gebildet, die Vorschläge für ein neues Urheberrechtsgesetz ausarbeiten sollte. Die Erfahrungen, die sowohl mit der AWA als auch mit dem BfU bisher gesammelt wurden, wurden bei den Vorbereitungsarbeiten berücksichtigt.

Diese Kommission legte 1959 einen ersten Gesetzentwurf vor, der in der Presse zur Diskussion gestellt wurde.[7] Dem gingen eine Reihe rechtstheoretischer Veröffentlichungen voraus, wobei vor allem die Kommissionsmitglieder Georg Münzer und Heinz Püschel durch Grundsatzartikel das Diskussionsniveau bestimmten. Der zweite Entwurf wurde 1960 veröffentlicht.[8] Beide Entwürfe spiegelten den Stand der theoretischen Auseinandersetzung um ein neues Urheberrechtsgesetz wieder.

Das Urheberrechtsgesetz vom 13. September 1965[9] entsprach der Vorstellung einer Interessenübereinstimmung zwischen dem Urheber und dem Verwerter, weil

2 GBL, 235 und GBL, I, 313.
3 GBL, II, 365.
4 Vogel, Wahrnehmungsrecht und Verwertungsgesellschaften in der BRD, GRUR 1993, S. 514.
5 Kaemmel, Das geltende Urheber- und Verlagsrecht der DDR, Leipzig 1956, S. 120.
6 Püschel (Hrsg), Urheberrecht der DDR, Berlin 1969, S. 43.
7 Münzer, Entwurf des neuen Urheberrechtsgesetzes liegt vor, in: Erfindungs- und Vorschlagswesen (Ausgabe B), Berlin 1959, S. 161 ff.
8 Münzer, Zu dem zweiten Entwurf des Gesetzes über das Urheberrecht, in: Erfindungs- und Vorschlagswesen (Ausgabe B/C) 1960, S. 215 ff.
9 GBL, I, Nr. 14, 209.

das Privateigentum abgeschafft war und damit keine Ausbeutungsverhältnisse in der DDR vorhanden waren.[10]

Diese vereinfachte Sicht auf die Rolle des Urheberrechts war die Grundlage für die scheinbare Abkehr von bürgerlichen Theorien. Vergleicht man mit dem heutigen Abstand die damaligen Auseinandersetzungen, dann fällt auf, daß die Väter des Urheberrechtsgesetzes in einer Weise disputiert haben, wie es später nicht mehr öffentlich getan wurde. Die kritische Suche nach eigenen Wegen war vorhanden. Die konzeptionellen Überlegungen der Gesetzgebungskommission haben letztlich das Urheberrechtsgesetz geprägt und damit auch die Stellung und Aufgaben des BfU und der AWA.

1.2. *Theoretische Grundlagen des Urheberrechtsgesetzes von 1965*

Die Frage war zu beantworten, ob man der monistischen oder der dualistischen Urheberrechtstheorie folgen wollte, d. h. ob das Urheberrecht ein reines Vermögensrecht oder eine Verbindung zwischen dem Vermögens- und Persönlichkeitsrecht darstellen würde. Keinen Streit gab es darüber, ob sich das Urheberrecht der DDR dem kontinentaleuropäischen Rechtskreis zugehörig fühlt. Für die Väter des Urheberrechtsgesetzes der DDR gab es keinen Zweifel, daß der Urheber der schöpferische Mensch ist, der Werke produziert. Damit entsprach diese Feststellung in den Entwürfen zum Urheberrechtsgesetz der Traditionslinie der deutschen Urheberrechtsentwicklung. Unterschiedliche Meinungen traten auf, wenn es sich um die rechtsdogmatische Einordnung der Rechte des Urhebers handelte. Im ersten Entwurf zum Urheberrechtsgesetz von 1959 wurde noch in § 13 das Urheberrecht - der monistischen Theorie folgend - als einheitliches Recht bezeichnet, aus dem Persönlichkeitsrechte und Vermögensrechte erwachsen.[11]

Begründet wurde diese Position damit, daß das Urheberrecht nicht nur den Urheber und dessen Werk schützen soll, sondern ihm erwachsen zugleich Vermögensrechte mit finanzieller Wirkung.

Wegen des sozialistischen Charakters des Urheberrechts wurden im Gesetzentwurf die Persönlichkeitsrechte des Urhebers gegenüber seinen materiellen Ansprüchen in den Vordergrund gestellt. Dies war eine Rechtsposition, die folgenschwere Konsequenzen haben sollte. So wurde z. B. mit dem Rechtsinstitut der »freien Werknutzung« im geltenden Urheberrechtsgesetz der Urheber nicht an der Nutzung seiner Werke durch die Gesellschaft finanziell beteiligt. Das Folgerecht für bildende Künstler wurde deshalb nicht in das Urheberrechtsgesetz aufgenommen, weil dies der kapitalistischen Warenproduktion entsprechen würde.[12]

Daß die Vermögensrechte nicht eine solche Bedeutung hatten, hing nicht nur damit zusammen, daß man dem Eigentum generell einen anderen Stellenwert als in der kapitalistischen Marktwirtschaft zubilligte, sondern es bestand die Vorstellung, daß das Urheberrecht eine kulturpolitische Aufgabe des Staates zu erfüllen

---

10 Püschel (FN 6), S. 45.
11 Münzer (FN 7), s. 162.
12 Wandtke, Rechtsvergleichendes zum Urheberrecht der DDR und der Bundesrepublik Deutschland, in: Ufita 115 (1991), S. 66.

hatte. Diese Aufgabe bestand darin, daß jeder Bürger am kulturellen Leben teilnehmen sollte. Die Vergütung der Urheber sollte vor allem über das Urhebervertragsrecht geregelt werden. Nur so ist auch erklärbar, daß außer der AWA und des BfU keine weiteren Urhebergesellschaften gegründet wurden.

Püschel hatte vehement gegen eine einseitige Auffassung des Urheberrechts polemisiert.[13]

Seine Grundauffassung über das Verhältnis von Vermögens- und Persönlichkeitsrechten gründet sich darauf, daß diese Trennung auf bürgerlichen Theorien beruht. Wörtlich heißt es dazu: »Das Dilemma, vor dem unsere Urheberrechtstheorie mit ihren gesetzgeberischen Schlußfolgerungen dabei steht, ergibt sich daraus, daß hier unbesehen bürgerliche Lehren übernommen und auf sozialistische Verhältnisse übertragen werden.

Entsprechen doch die oben wiedergegebenen Äußerungen über die Elemente des Urheberrechts ziemlich genau der Lehre Ulmers über den monistischen Charakter des Urheberrechts«.[14]

Nach Püschel ist die dualistische Form des Urheberrechts (Vermögens- und Persönlichkeitsrechte) bürgerlicher Natur und deshalb abzulehnen. Er versucht ein anderes Konzept vorzulegen, das letztlich darin mündet, daß das Urheberrecht der DDR ein Persönlichkeitsrecht ist, aus dem vermögens- und nichtvermögensrechtliche Befugnisse erwachsen. Diese Konzeption ist gegen die Theorie des geistigen Eigentums gerichtet gewesen[15] und fand im § 13 URG der DDR schließlich seinen Niederschlag. Analysiert man die von Püschel vorgetragene Argumentation, dann hat die Betonung des Urheberrechts als Persönlichkeitsrecht zu jener Zeit einen Vorteil insofern gehabt, als in der DDR auf subjektive Rechte nur behutsam in der Rechtswissenschaft eingegangen worden ist. Seine Argumentationslinie war insoweit nicht schlüssig, als er bürgerliche Theorien abzulehnen versuchte, aber im Grunde diese zu seinem Theoriengebäude benötigte. Münzer hat dies schon frühzeitig erkannt: »Jedoch muß auch erkannt werden, daß in jeder bisherigen Theorie durchaus Züge und Verbindungen zu früheren und ebenfalls zu anderen zeitgemäßen Auffassungen aus den verschiedensten bürgerlichen Rechtslehren zu finden sind. Ein völlig neuer Gedanke, der gar keine Verbindung zu früheren oder anderen Versuchen hat, das Urheberrecht rechtssystematisch zu bestimmen, ist noch nicht hervorgetreten.«[16]

Dies ist genau der springende Punkt. Püschel ist dem Primat der Persönlichkeit des Urhebers gefolgt, wie es bereits Gierke in seinem Werk getan hat. Mit der Individualisierung und Kraft der äußerlichen Fixierung soll das Geisteswerk Persönlichkeitsgut des Schöpfers und damit Objekt des Urheberrechts werden.[17]

---

13 Püschel, Das Urheberrecht als Teil des Zivilrechts, in: Erfindungs- und Vorschlagswesen (Ausgabe B) 1961, S. 85.

14 Ebenda, S. 89.

15 Püschel, Die Theorie vom geistigen Eigentum in der Entwicklung des bürgerlichen Urheberrechtes, in: Staat und Recht, Berlin 1967, S. 761.

16 Münzer (FN 7), S. 765.

17 Otto von Gierke, Deutsches Privatrecht, Teil I, Leipzig 1895, S. 765.

Püschels Begründung offenbart die Anlehnung an die Gierke'sche Persönlichkeitstheorie, indem er schreibt, daß sich im Werk die Persönlichkeit des Urhebers verkörpert.[18]

Er stützt sich dabei auf einen Artikel von Nathan, der ebenfalls davon ausging, daß sich im Werk ein Stück Persönlichkeit des Schöpfers darstellt.[19]

In Abgrenzung zur bürgerlichen Doktrin schreibt Püschel, daß das neue Urheberrecht der DDR im Zeichen des engsten Bündnisses von Geist und Macht steht und der Urheber im Unterschied zur bürgerlichen Gesellschaft zum bewußten Mitgestalter der gesellschaftlichen Entwicklung wird.[20] Die nichtvermögensrechtlichen Befugnisse sollten dabei die Persönlichkeit des Urhebers schützen und fördern.[21] Analysiert man wiederum die nichtvermögensrechtlichen und vermögensrechtlichen Befugnisse, dann muß man notwendigerweise feststellen, daß diese begriffliche Fassung von Befugnissen nichts anderes ist, als die Unterscheidung zwischen dem »droit moral« und den Verwertungsrechten des Urhebers, obwohl er sich dagegen wandte, daß die nichtvermögensrechtlichen Befugnisse mit dem »Urheberpersönlichkeitsrecht« oder dem »droit moral« gleichgesetzt werden.[22] So werden die nichtvermögensrechtlichen Befugnisse mit der Anerkennung der Urheberschaft (§ 14), der Erstveröffentlichung (§ 15), der Unverletzlichkeit des Werkes (§ 16) und des Schutzes des Ansehens (§ 17) des URG der DDR im Zusammenhang gebracht. Dagegen sind die vermögensrechtlichen Befugnisse als Verwertungsrechte in § 18 URG aufgeführt. Diesen Befugnisgruppen wird gleichsam das Urheberrecht als sozialistisches Persönlichkeitsrecht in § 13 URG vorgeschaltet. Die Gleichschaltung zwischen Urheberrecht und Persönlichkeitsrecht ist zwar theoretisch nicht haltbar gewesen, weil die Begründung sehr stark ideologisch gefärbt war. Aber aus heutiger Sicht war die Hinwendung zu den subjektiven Rechten und zum Persönlichkeitsrecht ein Vorzug der Urheberrechtswissenschaft in der DDR. Nur so ist auch erklärbar, warum gerade das Urheberrecht in der Praxis als bürgerliches Relikt abgestempelt wurde. Individualrechte zu postulieren war zu jener Zeit nicht opportun.

Eine Folge der Konzeption des Urheberrechts war, daß es im Grunde nur *eine* Verwertungsgesellschaft in Form der AWA gab. Andere vergleichbare Verwertungsgesellschaften wie die VG-Wort oder VG Bild-Kunst waren nicht denkbar. Da weder eine Bibliothekstantieme noch andere gesetzliche urheberrechtliche Vergütungsansprüche in der DDR geregelt wurden, bestand auch keine Notwendigkeit andere Verwertungsgesellschaften zu gründen, obwohl es Stimmen gab, die sich vor allem für die Autoren einsetzten.[23]

---

18 Püschel, (FN 6), S. 60.
19 Hans Nathan, Das Persönlichkeitsrecht, in: Neue Justiz 1964, S. 744.
20 Heinz Püschel, Wesenszüge des sozialistischen Urheberrechts der DDR, in: Neue Justiz 1965, S. 663.
21 Ebenda, S. 663.
22 Heinz Püschel, Zur Lehre vom Droit moral, in: Urheberrecht und Musik, Berlin 1975, S. 29.
23 Köhler, Probleme der Rechtswahrnehmung bei der auditiven Nutzung urheberrechtlich geschützter Sprachwerke in der DDR, Diss., Berlin 1985.

II. *Inhalt und Aufgaben der Urhebergesellschaften in der DDR*

2.1. *Die AWA und das BfU in der Urheberrechtsordnung*

2.1.1. *Zur Stellung der AWA*

In der Urheberrechtsordnung der DDR spielte die Wahrnehmung der Aufführungsrechte, den sog. »kleinen Rechte«, und der Rechte an mechanischen Vervielfältigungen von Musikwerken durch die AWA eine bedeutende Rolle. Schon 1951[24] wurde diese Urhebergesellschaft gegründet und 1955 durch die zweite AWA Verordnung[25] reorganisiert.

Auf der Grundlage dieser Rechtsvorschriften konnte die AWA kraft Gesetz bestimmte vermögensrechtliche Befugnisse der Urheber wahrnehmen, d. h. es war eine gesetzliche Ermächtigung. Mit der Anmeldung durch die Berechtigten wurde ihr tatsächliches Einverständnis mit der Wahrnehmung ihrer Rechte durch die AWA bestätigt.[26]

Soweit es die Urheberpersönlichkeitsrechte der Berechtigten der AWA betraf, war die AWA zwar nicht ermächtigt, aber sie konnte den Urheber bei der Wahrnehmung dieser Rechte unterstützen.[27] Eine andere Urhebergesellschaft als die AWA war auf diesem Gebiet gesetzlich untersagt worden.[28]

Damit wurde eine Monopolstellung konstituiert, die die AWA bis zur Wiedervereinigung am 03. 10. 1990 inne hatte.

Als juristische Person unterstand sie direkt dem Ministerium für Kultur, das auch das Statut der AWA erließ.[29] Insofern unterschied sich die AWA sehr wohl von der Rechtsstellung der GEMA, die in ihrer treuhänderischen Tätigkeit staatsunabhängig, aber einer staatlichen Aufsicht eigener Art unterworfen ist, die der Fachaufsicht näher steht als der Rechtsaufsicht.[30]

Der Spielraum der Tätigkeit der AWA war durch die direkte Unterstellung beim Ministerium für Kultur staatlich vorgegeben. Die AWA hatte zwar einen Beirat, der Fragen der Genehmigung, der Bilanzen, Finanzpläne, Tarife, Verteilungspläne und Vereinbarungen mit anderen Urhebergesellschaften entscheiden mußte, aber letztlich durch das Ministerium für Kultur kontrolliert wurde. Der Beirat bestand aus 7 Mitgliedern (4 Komponisten, einschließlich Musikwissenschaftler, 2 Schriftsteller und 1 Musikverleger), die das Ministerium für Kultur berief.[31]

---

24 Verordnung über die Wahrung der Aufführungs- und Vervielfältigungsrechte auf dem Gebiet der Musik vom 05. April 1951 (GBL, 235).

25 Verordnung über die Wahrung der Aufführungs- und Vervielfältigungsrechte auf dem Gebiet der Musik vom 17. März 1955 (GBL, 313).

26 Püschel (FN 6), S. 199.

27 Vgl. § 2 der zweiten Durchführungsbestimmung zur 2. AWA-Verordnung vom 15. 09. 1966 (GBL II, 675).

28 Vgl. § 9 Abs. 1 der AWA Verordnung (FN 25).

29 Vgl. Statut der AWA vom 01. 09. 1966, in: Verfügungen und Mitteilungen des Ministeriums für Kultur vom 31. 01. 1967, Nr. 1.

30 Schricker/Reinbothe, Urheberrecht, 1987, § 19 WahrnG, Rdnr. 3.

31 § 6 Abs. 2 der AWA Verordnung (FN 25).

2.1.2. *Aufgaben der AWA*

Die AWA nahm auf dem Gebiet der Musik die Rechte wahr, soweit es sich um Aufführungen durch mechanische Vorrichtungen wie Rundfunk, Fernsehfunk, Tonfilm, Schallplatten, Tonbänder oder ähnliche Verfahren handelte und Rechte an der mechanischen Vervielfältigung von Musikwerken.

Ausgenommen waren die »großen Rechte«, d. h. die dramatischen Aufführungen abendfüllender musikdramatischer Werke. Diese Aufführungsrechte konnten ohne Schwierigkeit durch die Bühnenvertriebe bzw. die Urheber selbst wahrgenommen werden.[32]

Soweit man den Katalog der Aufgaben der AWA betrachtet, waren in der Tat Ähnlichkeiten zur GEMA festzustellen. Das betrifft die »kleinen Rechte« und die Verteilung der Gebühren an die Berechtigten (Komponisten, Textautoren und Musikverleger).

Die Gebühren wurden aufgrund bestehender Verträge mit den Nutzern eingezogen (z. B. Rundfunk, Fernsehfunk, Lichtspieltheater, gesellschaftliche Organisationen - z. B. der FDGB). Da alle öffentlichen Veranstaltungen anmeldepflichtig waren, hatte die AWA entweder langfristige Verträge oder Verträge für einzelne Veranstaltungen abgeschlossen. Die Veranstalter mußten spätestens 5 Tage vor der Aufführung der Musikwerke die Anzeigepflicht erfüllen. Bei Nichterfüllung der Verpflichtungen des Veranstalters wurden Ordnungsstrafen verhängt oder bei Nichtzahlung der Gebühren wurde die doppelte Gebühr als angemessener Schadensersatz angesehen, ohne einen weiteren Nachweis des Schadens zu führen.

Die Verdoppelung der Gebühr als Schadenersatz galt als gesetzliche Regelung[33]. Dieser Grundsatz hat sich auch im Zusammenhang mit Verletzungen der Aufführungsrechte von Musikwerken in der Rechtsprechung[34] und später in der Gesetzgebung (§ 54 (5) UrhG) der BRD durchgesetzt.

Wegen der unterschiedlichen Wirtschafts- und Eigentumsverfassung zwischen der DDR und der BRD hat sich im Detail auch eine andere Rechtslage für die Verwertungsgesellschaften herausgebildet.

Eingangs wurde schon darauf hingewiesen, daß die Überbetonung der Urheberpersönlichkeitsrechte und des kulturellen Auftrages des Urheberrechts Regelungen einschloß, die zu keiner gesetzlichen Vergütung geführt haben, mithin die AWA keine Gebühren eintreiben konnte.

Eine bedeutende Regelung in diesem Sinne war der § 31 (1) URG der DDR, wonach eine Zahlungspflicht an die AWA nicht erfolgte, wenn die Musikwerke öffentlich wiedergegeben wurden. Es mußten aber 3 Voraussetzungen erfüllt sein. Die Veranstaltungen durften keinem Erwerbszweck dienen, zu denen Hörer ohne Entgelt zugelassen wurden und für die die Mitwirkenden kein Honorar erhiel-

32 Püschel (FN 6), S. 200.
33 § 12 Abs. 3 der zweiten AWA Verordnung (FN 25).
34 BGH GRUR 1973, 379 - Doppelte Tarifgebühr.

ten[35]. Eine ähnliche Regelung finden wir in § 52 (1) UrhG, nur mit dem Unterschied, daß eine angemessene Vergütung an die GEMA zu zahlen ist.

Alle Einnahmen, die die AWA erhielt, wurde zusammengefaßt und nach dem vom Beirat beschlossenen Verteilungsplan jährlich nach Abzug der Kosten an die Berechtigten verteilt. Ob dieser Verteilungsplan immer den Realitäten entsprach, ist stark anzuzweifeln, wenn man bedenkt, daß es ein Schlüssel der öffentlichen Wiedergabe von Ost - (60 %) und Westtiteln (40 %) in Veranstaltungen gab. Es war durchaus denkbar, daß mancher DDR-Titel nicht oder kaum gespielt, aber dennoch abgerechnet wurde.

2.2. *Das BfU und seine Funktion in der Urheberrechtsordnung*

2.2.1. *Zur Stellung des BfU*

Im Gegensatz zur AWA war das BfU keine Verwertungsgesellschaft westlichen Types oder wie die AWA mit der Eintreibung von Gebühren beauftragt.

Das BfU wurde 1956 gegründet und stand unter der Aufsicht des Ministeriums für Kultur[36].

Seine Aufgabe bestand vor allem darin, in internationalen und nationalen Einrichtungen mitzuarbeiten, die Urheberrechtsentwicklung auf dem Gebiet des Urhebervertragsrechts zu unterstützen, Künstlerverbände, Verlage und Organisationen sowie Betriebe zu beraten. Entscheidend waren aber die Vergabe und der Erwerb von Nutzungsrechten im In- und Ausland. Diese Tätigkeit war auch Gegenstand politischer Auseinandersetzungen mit Schriftstellern aus der DDR. Sie konnten nicht frei entscheiden, wo sie publizieren wollten. Verschärft wurde ihre Situation durch das Devisengesetz der DDR, wonach die Vergabe oder der Erwerb von Urheber- und Verlagsrechten einer devisenrechtlichen Genehmigung bedurfte.

Diese Genehmigung entfiel, wenn der Autor die Zustimmung vom BfU erhalten hatte[37].

Der Nachteil bestand darin, daß es einerseits als Zensurbehörde durch die Parteiführung mißbraucht wurde und andererseits die Vertragsfreiheit der Urheber bei der Vergabe ihrer Rechte ins Ausland einschränkte. Derartige Erscheinungen traten nicht nur in der DDR auf. So wurde im Zusammenhang mit dem Beitritt der UdSSR zum Welturheberrechtsabkommen 1973 die Allunionsagentur für Urheberrechte (WAAP) geschaffen, die als obligatorischer Vermittler bei der Vergabe von Urheberrechten im Ausland und bei deren Erwerb aus dem Ausland dem Außenhandelsmonopol des Staates unterlag. Erst durch die Perestroika wurde das Außenhandelsmonopol gebrochen[38]. Wie unfrei die Urheber in der UdSSR wa-

---

35 Barthel, Zu einigen Ergebnissen der Rechtssprechung auf dem Gebiet der freien Werknutzung in der DDR, in: Aktuelle Probleme des sozialistischen Urheberrechts, 1986, Heft 20, S. 10.

36 Vgl. § 1 Abs. 1 (FN 3).

37 § 10 der 3. DB zum Devisengesetz vom 19. 12. 1973 (GBL I Nr. 59, 584). DDR-Autoren mußten ihre Manuskripte einem DDR-Verlag zuvor anbieten, um überhaupt in den Kreis der Rechtevergabe im Ausland zu gelangen.

38 Gawrilow, Die neuere Entwicklung des sowjetischen Urheberrechts, GRUR Int. 1991, S. 340.

ren, zeigt die Regelung über die Rechtsfolgen, wenn der Urheber die Genehmigung zur Nutzung seines Werkes im Ausland nicht von der WAAP einholte. Bei Verletzung der festgesetzten Ordnung über den Erwerb oder die Vergabe der Nutzungsrechte im Ausland war der Vertrag gemäß Teil 3 Art. 14 der Grundlagen der Zivilgesetzgebung der UdSSR und der Unionsrepubliken ungültig. Stellte das Gericht fest, daß der Vertrag bewußt gegen die Interessen des sozialistischen Staates abgeschlossen wurde, - was immer man darunter verstand -, konnte das Gericht alle erfolgten und ausstehenden Einnahmen zugunsten des Staates einziehen[39]. Diese Regelungen kamen einer Enteignung der Urheber gleich. Es wurde das Recht dazu benutzt, politische Schriften zu verbieten und deren Urheber zu disziplinieren. Das BfU in der DDR wurde im Falle des Schriftstellers Stefan Heym auch dazu benutzt. Das, was die Urheberrechtsorganisation eigentlich sein sollte, nämlich als Interessenvertreter der Urheber aufzutreten, wurde ins Gegenteil verkehrt.

2.2.2. *Das Schicksal der AWA und des BfU nach dem Beitritt der DDR zur BRD am 03. 10. 1990*

Mit der Erstreckung des Geltungsbereiches des Wahrnehmungsgesetzes wurde durch die deutsche Vereinigung auch die Tätigkeit der GEMA auf die neuen Bundesländer erweitert. Die Rechte werden nunmehr von der GEMA wahrgenommen.

Die AWA befindet sich in Liquidation. Mit den Berechtigten wurden Wahrnehmungsverträge abgeschlossen[40].

Im Unterschied dazu wurde das BfU mit der Vereinigung aufgelöst, weil eine vergleichbare Verwertungsgesellschaft auf dem Gebiet der Sprachwerke nicht existierte.

39 Boguslawski, Urheberrecht in den internationalen Beziehungen, Berlin 1977, S. 235.

40 Stögmüller, Ringberg-Symposium über Urheberrecht und Kennzeichenrechte in der deutschen Einigung, GRUR Int. 1993, S. 35.

Ludolf von Wartenberg

Neue Industriestrukturen auf einer neuen politischen Landkarte in Europa

1. *Der Fall des Eisernen Vorhangs: Neue Chancen für die deutsche Industrie*

Die Kosten einer Arbeiterstunde (Stundenlohn + Lohnzusatzkosten) betrugen im Frühjahr 1993 am polnischen Standort eines deutschen Großunternehmens umgerechnet 3,90 DM - dies sind 8,5 % des Betrags, den das Unternehmen in Westdeutschland für die Arbeiterstunde zahlen muß.[1] In der tschechischen Niederlassung kostete die Arbeiterstunde sogar nur 2,90 DM (6 % der westdeutschen Kosten). Noch größer war die Kluft bei den höherqualifizierten Mitarbeitern: Ingenieure im tschechischen Werk verdienten gerade ein Zwanzigstel des Gehalts ihrer westdeutschen Kollegen - und dies bei praktisch gleicher Leistungsfähigkeit. Auch im Vergleich zu ostdeutschen Arbeitnehmern kosten polnische und tschechische Arbeitskräfte ungleich weniger: Der polnische Arbeiter erhielt weniger als 20 % des ostdeutschen Kollegen, der tschechische Ingenieur sogar nur gut 10 % eines Ingenieurs in den neuen deutschen Bundesländern. Diese Zahlen zeigen, daß die mittel- und osteuropäischen Staaten sowohl gegenüber West- wie Ostdeutschland große Vorteile auf der Kostenseite vorweisen können, die durch Unterschiede in der Arbeitsproduktivität und in der Qualität der Infrastruktur keineswegs ausgeglichen werden - in Ostdeutschland schon gar nicht.

Die Standortkonkurrenz ist enorm, und das ist - paradoxerweise - die Chance der deutschen Industrie. Durch den Fall des Eisernen Vorhangs ergeben sich Ricardosche komparative Kostenvorteile und damit völlig neue Austauschmöglichkeiten in ungeahnten Dimensionen. Ähnlich, wie sich Japan verlängerte Werkbänke in anderen südostasiatischen Ländern und Nordamerika in Mexiko und Lateinamerika geschaffen haben, hat sie nun auch Deutschland vor der eigenen Haustür.

Natürlich gibt es in der Europäischen Union ebenfalls große Differenzen bei den Arbeitskosten, den Steuern, (Umwelt-)Abgaben und Gebühren. Die Arbeitskosten betragen in Portugal weniger als 25 %, in Großbritannien und Irland nur knapp 50 % unseres Niveaus.

Aber jetzt steht der deutschen Industrie der Zugang zu

- großen hochindustrialisierten Volkswirtschaften mit erheblichem Forschungspotential
- in unmittelbarer geographischer Nähe
- mit einem zunächst eher unausschöpflichen Reservoir an qualifizierten und motivierten Arbeitskräften

---

1 iwd Nr. 44: »Gewinn durch Öffnung«, 4.11.1993, S. 6.

- bei extrem niedrigen Löhnen offen.

Deutschland hat damit deutlich mehr als ein Hongkong oder Korea an seiner Seite und kann in diesem Punkt im Triadenwettbewerb mit Japan und den USA mindestens gleichziehen.

Die deutsche Industrie kann in einem geschickten Mix Kostennachteile in Deutschland kompensieren, ohne auf wichtige Standortvorteile wie Marktnähe, Rechts- und Währungsstabilität, technische und kulturelle Infrastruktur in Deutschland zu verzichten. Weil die Möglichkeiten zur Auslagerung arbeitsintensiver Produktionsprozesse nach Osteuropa die Wettbewerbsfähigkeit gegenüber Ländern wie Japan und USA erhöht, können Absatz und Arbeitsplätze auch zu Hause gesichert werden.

Roland Berger hat die reale Vision der neuen Arbeitsteilung plastisch beschrieben: »Brained in Germany, produziert in Süd-, Mittel- und Osteuropa«.[2] Das ist sehr plakativ. Natürlich umfaßt »Brained« alle intelligenteren kreativen Arbeiten wie Erfinden, Entwickeln und Konstruieren, die Fertigung von technologischen Herzstücken, Spitzenprodukten und Pilotserien sowie Logistik, financial engineering und globales Marketing.

In Wirklichkeit wird die neue Arbeitsteilung jedoch viel vielschichtiger sein. Es kommt zum einen darauf an, auch die mittel- und osteuropäischen Entwicklungskapazitäten - eben die von hochindustrialisierten Niedriglohnländern - mit einzubeziehen. Zum anderen können auch Japaner und Amerikaner nicht einseitig durch eine Intensivierung des Handels und verstärkte Direktinvestitionen die Kostenvorteile der angrenzenden Regionen nutzen, um damit ihre eigene Konkurrenzfähigkeit im weltweiten Wettbewerb zu steigern. Vielmehr erhalten ihre Partner gleichzeitig den Zugang zu modernem technischen und kaufmännischen Know-how und beschleunigen damit ihren eigenen Entwicklungsprozeß. Von der Arbeitsteilung profitieren beide Seiten. Asien ist seit langem der Wirtschaftsraum, der weltweit die größte Dynamik aufweist, und auch Gesamtamerika gewinnt an Schwung.

Die Öffnung Osteuropas muß von den deutschen Unternehmen als *die* Möglichkeit gesehen werden, erfolgreiche und langfristige partnerschaftliche Wirtschaftsstrategien zu entwickeln. Es wird dabei nicht bei der Faustregel aus der Textil- und Bekleidungsindustrie bleiben, die lautet: Entwurf, Logistik und Marketing finden im Westen, Zuschnitt, Nähen und Bügeln hingegen im Osten statt.[3] Diese Arbeitsteilung hat sich zwar im Verhältnis mit südostasiatischen Ländern herausgebildet, aber in Gesamteuropa werden ganz neue Schnittmuster wahrscheinlich.

Dennoch: Die Kostenvorteile der mittel- und osteuropäischen Staaten bei arbeitsintensiven Produkten und Produktionsverfahren werden dazu führen, daß deutsche Industrieunternehmen zunächst ihre Produktionsbasis teilweise nach Mittel- und Osteuropa verlagern, während die komplementären Dienstleistungen

---

2 Berger, Roland: »Von den Japanern siegen lernen«, in: Die Welt vom 5.7.1993; ders: »Wettbewerbsfähigkeit durch neue Wirtschafts- und Managementstrukturen«, in: Energiewirtschaftliche Tagesfragen, November 1993, S. 738 ff.; ders.: Vortrag auf der Hannover-Messe 1993.

3 Reuter, Jochen: Regionale Entwicklungstendenzen in Europa, in: Europäische Regionalpolitik - Dokumentation eines BDI-Workshops am 8.12.1992, Hrsg.: Bundesverband der Deutschen Industrie, April 1993, Köln, S. 9-17 (S. 13).

zum Teil in Deutschland verbleiben. Insbesondere in der Produktion verfügen die mittel- und osteuropäischen Länder über erhebliche Erfahrungen. In der Organisation, im Marketing, in der Logistik und im Innovationsmanagement hingegen sind deutsche Unternehmen nach wie vor in der Vorhand. Diese Entwicklung könnte den Trend zur Dienstleistungsgesellschaft in Deutschland forcieren.

2. *Die Kehrseite der neuen Arbeitsteilung: Rasanter Strukturwandel, Tertiärisierung und Beschäftigungsprobleme*

Ist es daher denkbar, daß es in Deutschland zu einer umfassenden Deindustrialisierung kommt? Geht in Deutschland die Industrie den Weg der Landwirtschaft? Für die Landwirtschaft war das zunächst auch kaum vorstellbar. Lange Zeit galt die Parole: Hat der Bauer Geld, hat's die ganze Welt. Aber seit dem Ende des 19. Jahrhunderts hat sich Deutschland von einem Agrarland mit über 40 % aller Beschäftigten in der Landwirtschaft zu einem exportorientierten Industrieland entwickelt.[4] Bis 1970 sank die Beschäftigung in der Landwirtschaft kontinuierlich, dafür stieg die industrielle Beschäftigung massiv an und erreichte 1970 ihren Höchststand: Mit 49,3 % der Beschäftigten war beinahe jeder zweite Erwerbstätige im produzierenden Gewerbe tätig.[5] Der Anteil der im Dienstleistungssektor Erwerbstätigen hatte sich auf fast 43 % erhöht.

Heute kommen noch drei bis vier Prozent aller Beschäftigten aus dem Agrarbereich, auch mit der Rohstoffgewinnung und der Warenproduktion sind immer weniger Menschen beschäftigt. Gegenwärtig beträgt der Dienstleistungsanteil am Bruttosozialprodukt 54 %,[6] somit ist inzwischen mehr als jeder zweite Erwerbstätige mit der Verteilung der produzierten Güter oder anderen öffentlichen und privaten Dienstleistungen beschäftigt. Dienstleistungen erbringen insgesamt also einen größeren Beitrag zur deutschen Bruttoproduktion als das verarbeitende Gewerbe. Der Anteil des verarbeitenden Gewerbes an der gesamtwirtschaftlichen Wertschöpfung und Beschäftigung ist von 1950 - 1985 von fast 50 % auf rund 42 % gesunken.[7] Der Erwerbstätigenanteil hat in diesem Zeitraum von 43 % auf rund 41 % abgenommen.

Diese Entwicklung gilt nicht nur für die Bundesrepublik. Der Anteil des verarbeitenden Gewerbes an der gesamtwirtschaftlichen Wertschöpfung und Beschäftigung ist in allen Industrieländern zurückgegangen. Während jedoch in Belgien und Großbritannien eine ausgeprägte Deindustrialisierung zu beobachten war, blieb der Anteil der Industrie in Japan und Italien relativ stabil.[8]

---

4 Afheldt, Heik: »Wurzeln des Wohlstands«, in: Wirtschaftswoche Nr. 44/29.10.1993, S. 75.

5 Julius, DeAnne, Richard Brown: »Karten gezinkt«, in: Wirtschaftswoche Nr. 6/4.2.1994, S. 33-35 (S. 33).

6 Sanga, Michael; Dietmar Student: »Volk von Sängern«, in: Wirtschaftswoche Nr. 24/11.6.1993, S. 24-31, (S. 30).

7 iwd-Nr. 50: »Vom Rest zum Renner«, 16.12.1993, S. 4-5 (S. 4).

8 v. Hauff, Michael: Industriepolitik in der Bundesrepublik Deutschland - Zur Kontroverse ihrer Einordnung und Relevanz, in: Moderne Industriegesellschaft - Herausforderungen und Perspektiven, Festschrift für Prof. Dr. Ruth Endress, Hrsg.: Michael v. Hauff, Ludwigsburg-Berlin, 1991, S. 101-115 (S. 106).

Dabei ist festzustellen, daß sich die Grenzen zwischen Produktion und Dienstleistungen immer stärker verwischen: In Deutschland ist eine ausgeprägte Tendenz zur Tertiärisierung der Warenproduktion sowie zur Industrialisierung von Dienstleistungen zu beobachten: Viele Dienstleistungen werden vom sekundären Sektor intern erstellt oder gehen häufig als Vorleistungen an das produzierende Gewerbe in die Produktion mit ein. So betrug der Anteil der Erwerbstätigen mit Dienstleistungsberufen im verarbeitenden Gewerbe 1990 % in Deutschland fast 40 %. Also rund 40 % der Industriebeschäftigten arbeiten schon in Berufen, die strenggenommen dem Dienstleistungsbereich zuzuordnen sind. Dies sind vor allem Anlagenprogrammierer, Computersystembetreuer usw. In anderen Ländern mit hochqualifizierten Arbeitnehmern wie den USA lag er mit über 40 % und den Niederlanden mit fast 42 % noch höher. Dies zeigt die relativ hohe Bedeutung der unternehmensinternen Erstellung von Dienstleistungen im verarbeitenden Gewerbe.

Eine weitergehende Deindustrialisierung am Standort Deutschland ist daher prinzipiell schon denkbar und könnte durch die neue Arbeitsteilung mit Mittel- und Osteuropa massiv verstärkt werden. Laut Prognos[9] werden die Beschäftigtenzahlen im verarbeitenden Gewerbe bis 2010 weiterhin sinken, die Zahl der im Dienstleistungsbereich Beschäftigten hingegen weiter steigen. Auch der intraindustrielle Strukturwandel wird weiter fortschreiten: Die Tätigkeitsfelder verschieben sich, mit der Fertigung selbst sind immer weniger Menschen befaßt; immer mehr industrielle Arbeitnehmer nehmen dagegen vor- und nachgelagerte sowie angrenzende Dienstleistungsfunktionen wahr.

Und doch gibt es immanente Grenzen, die kaum überschritten werden können.

3. *Keine Deindustrialisierung, aber Gewinner und Verlierer der neuen Arbeitsteilung*

Tertiärisierung von Warenproduktion und Industrialisierung von Dienstleistungen zeigen: Industrie und Dienstleistungen bedingen sich gegenseitig, ohne Produkte der Industrie können insbesondere viele *hochwertige* Dienstleistungen kaum überleben und schon gar nicht expandieren, weil gerade sie zu einem großen Teil auf die Industrie ausgerichtet sind. Dabei ist auch zu berücksichtigen, daß der »Overhead« um so leaner ausfallen wird, je teurer die Dienstleistenden sind. Die Rationalisierung der Verwaltungen steht erst am Anfang. Sie wird vor allem gekennzeichnet sein durch weniger Mitarbeiter und hohe Anforderungsprofile.

Das bedeutet, daß Arbeitsplätze, die in der industriellen Produktion abgebaut werden, keineswegs ohne weiteres durch hochqualifizierte Dienstleistungsarbeitsplätze ersetzt werden können. Ohnehin wird längst nicht jeder Arbeitnehmer in der Lage sein, einen solchen Platz einzunehmen. Die Dramatik darf nicht unterschätzt werden. Ganze Berufsbilder werden verschwinden, Ausbildungssysteme

---

9 Prognos - Europäisches Zentrum für Wirtschaftsforschung und Strategieberatung: Deutschlandreport Nr. 1, Die Bundesrepublik Deutschland 2000-2005-2010 - Entwicklung von Wirtschaft und Gesellschaft, Basel 1993, S. XIII.

in Frage gestellt, Qualifizierung wird äußerst flexibel betrieben werden müssen. Dies muß zu Beschäftigungsproblemen führen, wenn es nicht zu einer Lohnflexibilität kommt, die wie in den USA eine rapide Ausweitung relativ niedrig bezahlter Dienstleistungsarbeitsplätze und auch teilweise industrieller Arbeitsplätze zuläßt. Es ist dringend zu empfehlen, daß diese Lohnflexibilität durch eine Umgestaltung der sozialen Sicherungssysteme gefördert wird. Ein Bürgergeld, das zur Aufnahme solcher Tätigkeiten motiviert, könnte ein Ausweg sein.

Im Grunde sind es zwei Überlegungen, die der Deindustrialisierung Grenzen setzen. Zum einen wird Osteuropa keineswegs bereit sein, einen vergleichsweise teuren westeuropäischen Overhead auszuhalten. Der muß vielmehr täglich seine Nützlichkeit beweisen, sonst wird auch er Konkurrenz aus Osteuropa spüren. In Forschung und Entwicklung ist das schon heute - zum Nutzen der deutschen Industrie - der Fall.

Vor allem aber wird Osteuropa nicht für seine aktive Handelsbilanz arbeiten wollen und damit Wohlstandsgewinne an Westeuropa verschenken. Sein Bedarf auch an industriellen Gegenleistungen ist vielmehr immens. Aus diesem Bedarf ergeben sich die industriellen Gewinner des Strukturwandels.

Auftrieb werden diejenigen Unternehmen im Westen bekommen, die Güter und Dienstleistungen produzieren, die in den Reformländern dringend benötigt werden. Denn die Devisen, die Osteuropa im Westexport verdient, werden unmittelbar für Käufe bei den Nachbarn im Westen eingesetzt. Das gilt vor allem für Investitionsgüter und kommt dem Maschinen- und Anlagenbau und der elektrotechnischen Industrie entgegen. Die Wechselkursentwicklung wird den Prozeß unterstützen. Sollten Importe aus Ost- und Mitteleuropa überproportional zunehmen, wird der DM-Wechselkurs tendenziell fallen und westeuropäische Exporte begünstigen. Wie sehr die mittel- und osteuropäischen Staaten als wichtige neue Nachfrager zu sehen sind, beweisen schon die Zahlen des Warenaustausches der letzten Jahre. So hat sich der Handelsbilanzsaldo der EG gegenüber den drei im Reformprozeß am weitesten fortgeschrittenen Staaten Polen, Ungarn und der Tschechischen Republik, der noch 1988 ein Defizit von 0,7 Mrd. $ aufwies, in einen Überschuß von fast 2,5 Mrd. $ in 1992 verwandelt.[10]

Die deutsche Industrie muß also darauf achten, daß der nach wie vor hohe Bedarf an hochwertigen Industrieprodukten, wie modernen Maschinen und Anlagen, in den mittel- und osteuropäischen Staaten mit von ihr gedeckt wird. In den nächsten Jahren geht es in den östlichen Staaten um die Erschließung neuer, rasch expandierender Märkte mit einem großen und dauerhaften Bedarf an Investitionsgütern mit hoher Wertschöpfung. Experten gehen davon aus, daß sich der EG-Export in diese Länder bis zum Jahr 2010 mindestens vervierfachen wird. Auch als Absatzmarkt für Konsumgüter wird die Region durch die entstehende Massenkaufkraft zunehmend an Attraktivität gewinnen.

Dies zeigt wiederum, daß Deutschland seinen verarbeitenden Sektor so weit fortentwickeln muß, daß er Basis und Promotor eines erfolgreichen Strukturwandels bleiben kann. Nur auf der Grundlage einer vielfältig strukturierten und international wettbewerbsfähigen Industrie mit Produkten hoher Wertschöpfung und

10 iwd Nr. 44: »Gewinn durch Öffnung«, a.a.O.

einem entsprechenden differenzierten Dienstleistungsangebot kann die deutsche Wirtschaft auf die Dauer der ideale Partner Mittel- und Osteuropas sein.

Für die Erhaltung des Wohlstandsniveaus - wie auch des Umweltschutzniveaus - in Deutschland wird dabei die Innovationskraft von entscheidender Bedeutung sein. Nur das - möglichst noch - konkurrenzlose Produkt oder die konkurrenzlose Dienstleistung kann eine hohe Wertschöpfung durch einen hohen Preis verbuchen und wird pro eingesetzter Arbeitsstunde teuer bezahlt. Deswegen dürfen wir gerade in Spitzentechnologien nicht hinter Japan und den USA zurückbleiben. In vielen Fällen wird ohne neue Produkte der Industrie auch die komplementäre Dienstleistung nicht aus Deutschland kommen können. Insoweit wird der Dienstleistungssektor nur dann so weiter wachsen, wie der industrielle Kern gesund ist.

Den potentiellen Gewinnern stehen die potentiellen Verlierer gegenüber, die rechtzeitig umsteigen müssen. Einzelne Branchen und Regionen, die mit den Niedriglohnländern nicht mehr konkurrieren können, werden unter massiven Druck geraten. Verluste von Marktanteilen und Arbeitsplätzen sind die Folge. Insbesondere betrifft dies westliche Hersteller von Massenware und Betriebe mit Lohnveredelung.

Die Exportschwerpunkte der mittel- und osteuropäischen Länder liegen nach wie vor in auch für die Europäische Union sensiblen Bereichen wie Textil und Bekleidung, Agrarprodukten, Düngemitteln, Basischemikalien und Stahl. Probleme in diesen Sektoren werden bei weiterer Marktöffnung trotz Schutzklauseln in den Europaabkommen eher noch deutlicher zutage treten. Dies verschärft zunächst die Anpassungsprozesse in den westlichen Industrieländern und auch in Deutschland.

Weiter ist zu berücksichtigen, daß die Niedriglohnländer Osteuropas hochindustrialisierte Volkswirtschaften mit teilweise technischen Spitzenleistungen sind. So stehen z.B. Trägerraketen in Rußland für die nächsten Jahrzehnte einsatzbereit und preiswert zur Verfügung. Dies bedeutet eine ernsthafte Konkurrenz für die westeuropäische Raumfahrtindustrie. Auch Softwareentwicklung und Reinstraumforschung finden bereits heute in Rußland zu einem Bruchteil der Kosten im Westen statt.

Dennoch gibt es für die westeuropäischen Industrieländer gegenüber dem Osten kein Problem der generellen Wettbewerbsfähigkeit, das etwa zu Massenarbeitslosigkeit führen könnte, insbesondere dann nicht, wenn Lohn- und Standortkosten flexibel reagieren. Vielmehr liegt die Kostenentlastung durch die neue Arbeitsteilung auf der Hand. Dazu gibt es keine vernünftige Alternative. Eine allgemeine Abschottung der Märkte gegenüber den östlichen Staaten wäre die falsche Antwort auf die neue Herausforderung und würde das Wohlstandsniveau ernsthaft gefährden. Die westeuropäischen Länder haben langfristig ein unmittelbares Eigeninteresse an möglichst freien Handelsbeziehungen und Investitionsströmen. Freier Handel zwischen Ost und West ist kein Null-Summen-Spiel, bei dem die eine Seite das verliert, was die andere gewinnt, sondern Voraussetzung für Gewinne auf beiden Seiten. Mit wachsender Kaufkraft importieren diese Länder in großem Umfang auch technologisch hochwertige Industriewaren aus Westeuropa und hier muß die deutsche Industrie überzeugen. Die Flexibilität der Lohn- und Standortkosten entscheidet über das kurzfristige Beschäftigungsniveau in

Deutschland. Die Innovationskraft der deutschen Industrie bestimmt das Wohlstandsniveau.

Dabei kann es keinem Zweifel unterliegen, daß sich die Chancen der deutschen Industrie durch die geopolitischen Veränderungen erheblich verbessert haben: Aus der künstlichen Randlage in Westeuropa wird wieder die natürliche Zentrallage in Gesamteuropa - gerade für Logistik und Marketing ideal, wie schon die Hanse bewiesen hat, die im übrigen nicht ohne eine produktive Basis in Bergbau und verarbeitendem Gewerbe Deutschlands so erfolgreich sein konnte. Wir müssen die Chancen durch weitsichtige Wirtschaftsstrategien nutzen: Eine Forcierung der Arbeitsteilung mit Mittel- und Osteuropa sowie eine Stärkung der Innovationskraft am Standort Deutschland.

4. *Veränderte Wirtschaftsgeographie durch die neue politische Landkarte*

Insgesamt ist zu erwarten, daß die Veränderungen auf der politischen Landkarte Europas mit den Chancen der neuen Arbeitsteilung für Deutschland und Europa zu einer Veränderung der wirtschaftlichen und vor allem der industriellen Landkarte führen werden. Wenn die Chancen wahrgenommen werden, bedeutet dies auch eine Änderung des Geflechts der industriellen Zentren. Die Wirtschaftszentren in Europa verschieben sich. Alte, bisher zentrale Wirtschaftsregionen müssen sich anstrengen, um in der Neuordnung Europas nicht von anderen Regionen überholt und abgelöst zu werden. Untersuchungen des Ifo-Instituts[11] haben ergeben, daß in der Europäischen Gemeinschaft der letzten Jahre die dominierenden Wirtschaftsstandorte zum einen auf der Achse London-Rhein-Main-Mailand, der sogenannten »Blauen Banane«, und zum anderen in der insbesondere im High-Tech-Bereich aufstrebenden Sunbelt-Region mit den Zentren Valencia, Barcelona, Lyon und Nizza lagen. Bisher gab es nur wenige bedeutende Wirtschaftsräume, die außerhalb dieser beiden Achsen zu finden waren.

Im Zuge der Vollendung des EG-Binnenmarktes wurde eine Konsolidierung oder sogar Verstärkung dieses Kräftegefüges zwischen ökonomisch starken und schwachen Wirtschaftsräumen erwartet. Dies bedeutet, daß zwar keine absoluten Verlierer zu befürchten waren, das relative Entwicklungsgefälle in Europa sich jedoch vermutlich vergrößert hätte. Dies wird schon dadurch deutlich, daß die Ziel-1-Regionen, die zum Teil einen Rückstand von 50 - 60 % gegenüber dem EG-Durchschnitt aufweisen, sich nach wie vor in den peripheren Lagen der Europäischen Union befinden, während sich wohlhabende und aufstrebende Regionen im Zentrum Europas konzentrieren.

Mit den geopolitischen Veränderungen in Europa im Zuge der Ostöffnung und der deutschen Einheit sind jedoch neue regionale Entwicklungstendenzen mit überdurchschnittlichen Entwicklungspotentialen absehbar, von denen auch Regionen profitieren können, die bisher eher zu den relativen Verlierern zu zählen

11 Nerb, G.; J. Reuter, H. Russ: Großräumige Entwicklungstrends in Europa und wirtschaftspolitischer Handlungsbedarf, in: Ifo-Schnelldienst 17-18/92, 17.6.1992, S. 13-21 (S. 13).

waren. Diese sich neu formierenden Ost-West-Achsen in Europa sind heute in ersten Ansätzen bereits erkennbar: Neben den Schienen Hamburg-Berlin und Randstad (Industriegebiet zwischen Amsterdam und Rotterdam)-Ruhrgebiet-Leipzig-Prag gehört die Achse München-Wien-Budapest dazu. Auch der norddeutsche Raum, d.h. das Dreieck Bremen-Hamburg-Hannover, der von der Erweiterung der Europäischen Union auf Skandinavien besonders profitieren dürfte, wäre zu den überdurchschnittlichen Gewinnern zu rechnen.[12] Eine Standort-Studie des Bonner Wirtschaftsforschungsinstituts Empirica zusammen mit der Wirtschafts-Woche[13] hat ergeben, daß nach dem holländischen Gelderland die Region Hannover als zweitbeste europäische Investitionsregion angesehen werden kann. Als besondere Vorteile der Region gelten dabei die günstige Verkehrslage, das gute Qualifikationsniveau, die Wachstumsdynamik und die Existenz vieler anwendungsorientierter Forschungseinrichtungen. Die Standorte der »Blauen Banane« werden vermutlich nach wie vor ihre zentrale Position ausbauen können. Für die »Sunbelt-Regionen« hingegen könnte sich die Konkurrenz der ostdeutschen und osteuropäischen Standorte durch Handels- und Kapitalumlenkungen als zu stark erweisen. Dafür spricht die überdurchschnittlich starke Abhängigkeit der südlichen High-Tech-Regionen von Auslandsinvestitionen vor allem im Industriebereich, bei denen die Konkurrenz der östlichen Standorte spürbar werden dürfte.

5. *Die Strategie für Deutschland: Technologische, organisatorische, soziale und politische Innovationen*

Deutschland kann sein relatives und absolutes Wohlstandsniveau nur halten, wenn es ihm gelingt, auch in Zukunft zur Spitzengruppe der Industriestaaten zu zählen und im Wettbewerb mit den USA und Japan zu bestehen. Die Mittel dazu sind Kostenreduzierung und Innovationsoffensive. Mit den Produkten und Verfahren von gestern sind die Spitzeneinkommen von morgen nicht zu erwirtschaften. Daraus ergeben sich folgende strategische Eckpunkte:

(1) Im scharfen Wettbewerb der Triade kommt die Öffnung Mittel- und Osteuropas wie gerufen. Die neue Arbeitsteilung bedeutet Kostenentlastung.

(2) Zur weiteren Entwicklung der neuen Arbeitsteilung ist Freihandel unabdingbar. Protektion gleich welcher Art macht alle ärmer und stellt keinen Ausweg dar. Abgesehen vom Kostenargument würde sich eine exportorientierte Nation wie Deutschland damit auch im Absatz schaden. Schließlich ist wirtschaftliche Arbeitsteilung effektiver als internationale Sozialpolitik, wenn es darum geht, Wanderungsbewegungen auf ein akzeptables Maß zu vermindern.

(3) Von strategischer Bedeutung wird sein, daß in Mittel- und Osteuropa europäische Normen und Standards für die Industrieprodukte zur Geltung kommen und die Zusammenarbeit in Forschung und Entwicklung weiter voranschreitet. Der BDI wird mit anderen entsprechende Initiativen fördern. Des weiteren

12 Nerb, G. u.a.: a.a.O., S. 15.
13 Canibol, Hans-Peter; Ruth Berschens: »Vor der Haustür«, in: Wirtschaftswoche Nr. 2/8.1.1993, S. 24-27.

sollten wir uns zunutze machen, daß Osteuropa für die deutsche Sprache aufgeschlossen ist. Es geht dabei nicht um Dominanz, sondern um die Sicherung natürlicher nachbarschaftlicher Wettbewerbsvorteile, die wir bitter nötig haben. Es geht um »Wohlstand für alle«, an dem Deutschland nur beteiligt bleibt, wenn es seine Chancen nutzt.[14] Es ist sicher wichtig, auf den Wachstumsmärkten in Asien und Amerika stärker präsent zu sein. Aber wir sind dort in der - nicht immer schlechten - Position des Nachzüglers. West- und Osteuropa zusammen haben dagegen die Chancen, gemeinsam Dynamik »zu Haus« zu entfachen, und dann sind wir im Heimvorteil. Natürlich hängt dabei viel vom (außen)politischen Management ab. Das Agieren der Europäischen Union in Jugoslawien läßt erahnen, wieviel hier noch verbessert werden kann.

(4) Große Infrastrukturprojekte müssen in die Zusammenarbeit einbezogen werden.

Der japanische Politiker und Schriftsteller Shintaro Ishihara wird nicht müde, auf die strategische Bedeutung der Hochtechnologie für wirtschaftliche und politische Zusammenarbeit hinzuweisen. Er schlägt vor, Sibirien mit Magnetschwebebahnen weiter verkehrsmäßig zu erschließen. In dem Vorwort zur deutschen Ausgabe des Buches »Wir sind die Weltmacht« des früheren japanischen Transportministers schreibt Johannes Groß, daß die Zeit der japanischen Exporterfolge aufgrund von Konsumverzicht im Innern zu Ende geht, daß aber der Vorsprung in den Fertigungstechniken und hochtechnologischen Innovationen in Zukunft für den Wirtschaftserfolg Japans genügen muß und genügen wird. Wir sollten diese Einschätzung auf Deutschland übertragen und uns ein Beispiel an den USA nehmen.

In einer bemerkenswerten Rede vor dem Kongreß der International Telecommunications Union in Buenos Aires vom 21. März 1994 hat US-Vizepräsident Al Gore eine Ausdehnung des Information Superhighway in globalem Maßstab angeregt. Obgleich die Einzelheiten der nationalen Initiative der Regierung nicht ausgereift sind - es ist von einer Verknüpfung von Datenbanken, Medien und Übertragungsmitteln die Rede, die auch in der einschlägigen Gesetzgebung in den USA zur Debatte steht - ist die wirtschafts- und kulturpolitische Bedeutung dieser Blickrichtung kaum zu unterschätzen. Die USA verfügen nicht nur über wahrscheinlich inzwischen fünf- bis sechstausend namhafte Datenbanken, über die wirtschaftlich stärkste Unterhaltungsindustrie, die entsprechenden Großrechner, die Satelliten und andere Übertragungsmittel sowie den entsprechenden Vorsprung in der Entwicklung von Software, sondern vor allem über die breiteste Akzeptanz dieser Schlüsselindustrien in der Gesellschaft. Die USA verstehen es, alle diese Ressourcen zu bündeln. Wir müssen strategischer denken, um auch für Mittel- und Osteuropa attraktiv zu bleiben.

(5) Die neue Arbeitsteilung wird nicht nach dem Muster »Brained in Deutschland, produziert in Osteuropa« verlaufen. Auch »Overhead«-Funktionen müssen sich im Wettbewerb bewähren. Sie können dies nur im Zusammenspiel mit einer rationalisierten industriellen Basis. Die japanische Industrie hat durch

---

14 Ginsberg, Hans Jakob: »Silesia Valley. Amerikaner in Führung«, in: Wirtschaftswoche Nr. 15/ 8.4.1994, S. 35.

Managementtechniken, logistische Verknüpfungen und optimierte Zulieferketten große Vorsprünge erzielt. Innovationsschübe und somit Wettbewerbsvorsprünge wurden realisiert, durch die bedeutende Teile der deutschen Industrie unter massiven Druck geraten sind. Durch das kompromißlos durch alle Produktionsstufen hindurch gezogene Konzept der Lean production haben sich die Japaner weitere Vorteile erkämpft. Dazu gehören zum einen eine Stärkung der Gruppenarbeit und Gruppenverantwortung im Unternehmen, zum anderen die Verringerung der Fertigungstiefe. Dies bedeutet nicht nur die Auslagerung von industrieller Wertschöpfung in Zulieferbetriebe, sondern auch die Auslagerung logistischer und anderer Dienstleistungen.

Deutschland sollte nicht einfach Japan kopieren, sondern einen besseren Weg der optimalen Verzahnung unter Wahrung kreativer Selbständigkeit der Zuliefer- und Dienstleistungsunternehmen finden, um sich als »industrieller Dienstleister« zu empfehlen. Ein erheblicher Teil insbesondere der hochqualifizierten Dienstleistungsjobs ist in der Warenproduktion entstanden. Genau darin liegt eine Stärke der deutschen Wirtschaft, denn die Know-how-intensiven Serviceangebote sind nur schwer zu imitieren. So kann die breite industrielle Basis in Deutschland - richtig genutzt - wiederum zu einem entscheidenden Wettbewerbsvorteil werden.[15]

(6) Die neue Arbeitsteilung wird rasanten Strukturwandel und temporäre Beschäftigungsprobleme mit sich bringen. Je starrer sich die politisch verursachten Standortkosten erweisen, desto radikaler ist der Zwang zur neuen Arbeitsteilung mit Mittel- und Osteuropa und damit zum Strukturwandel, um auf diese Weise Kostenentlastung unter Inkaufnahme temporärer Arbeitslosigkeit zu schaffen.

Die Verminderung der politisch verursachten Kosten - in Gestalt von Steuern, Abgaben und staatlicher Regulierung von Märkten - würde den Prozeß verlangsamen und erträglicher machen. Dazu gehört auch die Deregulierung der Arbeitsmärkte sowie eine gerade im Niedriglohnbereich stärker zur Arbeitsaufnahme motivierende Arbeitslosensicherung.

Dies verlangt vor allem von den Gewerkschaften Realitätssinn und Mut. In den letzten Jahren ist die Entwicklung der Löhne dem Produktivitätswachstum weit voraus geeilt. Die moderatere Entwicklung der Tarifabschlüsse in den alten Bundesländern im letzten und in diesem Jahr reicht keineswegs aus, die Fehlentwicklungen der Vorjahre zu korrigieren. Bei einem realen Rückgang des Sozialproduktes im letzten Jahr und einer zu erwartenden Stagnation in diesem Jahr gibt es »weniger als nichts« zu verteilen.

Die Verringerung der Arbeitskosten ist mit niedrigeren Lohnabschlüssen allein nicht zu erreichen. Gleichzeitig muß für eine stärkere Differenzierung der Lohnstruktur nach Regionen, Branchen und Betrieben gesorgt werden. Dringend notwendig ist es ebenso, durch Beseitigung von Verkrustungen im Arbeitsrecht mehr Dynamik auf dem Arbeitsmarkt zu schaffen sowie die Arbeitszeiten zu flexibilisieren.

Der Dienstleistungsbereich wird nur dann viele Beschäftigungsmöglichkeiten auch für Niedrigqualifizierte bringen, wenn eine entsprechende Lohnflexibilität

15 Vgl. Gerstenberger, Wolfgang, in: Die Zeit Nr. 16/15.4.1994, S. 23 »Dienen hat Zukunft«.

gilt. Dabei geht es meistens allerdings um Dienstleistungen außerhalb der Industrie für private Haushalte und Verbraucher. Hier hat Deutschland erhebliche Probleme im Gegensatz zu den USA.

Ein Ausweg könnte sein, die Lohnflexibilität durch eine besser konstruierte Sozialabsicherung zu erreichen. Durch ein geschickt konstruiertes Bürgergeld z.B. könnten die Arbeitslosen wieder motiviert werden, ihren Beitrag zum Sozialprodukt zu leisten und den Sozialetat zu entlasten.

Im übrigen spricht der Sozialkostenfaktor auch gegen eine ungezügeltc Einwanderungspolitik. Einwandern sollte nur dürfen, wer höchstwahrscheinlich seinen Beitrag zum Sozialsystem der Bundesrepublik bringt. Das setzt dem ökonomischen Personaltransfer keine Grenzen, macht aber Direktinvestitionen und die Zusammenarbeit in der Produktion vor Ort in Osteuropa sicher noch wichtiger.

(7) Die neue Niedriglohnkonkurrenz aus Mittel- und Osteuropa und die damit einhergehende Entwertung deutscher Konkurrenzprodukte wird nur dann für den Wohlstand in Deutschland nicht bedrohlich sein, wenn es gelingt, durch Innovationen das Niveau der Wertschöpfung zu halten. Die Innovationspolitik erhält zentrale Bedeutung.

(8) Leider ist in Deutschland eher ein gesellschaftliches Klima vorhanden, in dem technologische Entwicklungen und die damit verbundenen Möglichkeiten und Chancen zu häufig von vorneherein negativ beurteilt werden. Die begrenzte Technikakzeptanz behindert die Innovationsfähigkeit Deutschlands nachhaltig. In wichtigen Schlüsseltechnologien wurden von der Politik fast unüberwindliche Hürden aufgebaut. In der Gentechnik ist dieses jüngst gelockert worden, in der Kernenergie gilt es nach wie vor. Der einseitigen Risikobetrachtung muß die Aufklärung über die Chancen und über die Risiken des Verpassens der Chancen entgegengesetzt werden.

(9) Zur Innovationsoffensive gehört auch eine engere Zusammenarbeit zwischen Staat und Wirtschaft sowie Wissenschaft und Wirtschaft. Es kann nicht länger angehen, daß in Deutschland eine Vielfalt von Ideen und Basiserfindungen produziert wird, die Umsetzung dagegen in anderen Industriestaaten erfolgt. Der strategische Technologiedialog, den die Bundesregierung angestoßen hat, ist sehr zu begrüßen. Er ist ein Beitrag zur Innovationsoffensive. Für manche Innovationslinien kommt es besonders stark auf das Zusammenwirken von Politik und Industrie an. Ein Beispiel dafür ist der Transrapid. Mehr noch als in Westeuropa könnte er seine Einsatzmöglichkeiten im mittel- und osteuropäischen Raum finden. Immer mehr große, von Wissenschaft und Unternehmen vorbereitete Innovationslinien im Infrastrukturbereich lassen sich nur im Zusammenwirken mit dem Staat und unter Umständen mit Hilfe seiner Außenhandelspolitik durchsetzen.

(10) Die neue Arbeitsteilung bedeutet enormen Strukturwandel. Die deutsche Industrie muß mit diesem ökonomisch gerechtfertigten und geforderten Strukturwandel fertig werden. Um so weniger darf sie künstlichem Strukturwandel mit der Folge der Entwertung von Kapital und menschlichen Ressourcen ausgesetzt werden, der von außen politisch diktiert wird und die Konkurrenz gegen staatliche Kassen anderer Länder verlangt. Das Eintreten für den freien Außenhandel kann nicht bedeuten, daß wir Interventionismen anderer Länder tatenlos zusehen können. Die Bundesregierung muß sich für mehr Wettbewerbsgleichheit einsetzen

und zur Beendigung von europäischen und internationalen Subventionswettläufen beitragen. Es ist auch ordnungspolitisch unbefriedigend, wenn sich die deutsche Industrie überall dort zurückziehen muß, wo andere Staaten dieser Erde kräftige Subventionsprogramme auflegen oder Auftragsprotektionismus betreiben. Hier muß die Bundesregierung zu Gegenstrategien bereit sein.

Die neue politische Landkarte steckt voller Optionen für die Industrie in Deutschland. Die besten zu verfehlen, könnte verheerend sein. Sie zu ergreifen, fordert alle, Strukturen innovatorisch umzugestalten.

Matthias Wissmann

Der Wirtschaftsstandort Deutschland

- Chance und Herausforderung zugleich -

I.

In der letzten Jahre hat sich in Europa und der gesamten Welt eine starke Veränderung vollzogen. Neue Herausforderungen kommen auf uns zu. Sie zwingen uns altes Denken zu überprüfen und neue Prioritäten in Gesellschaft und Wirtschaft zu setzen.

Die aktuellen wirtschaftlichen Schwierigkeiten sind nicht über Nacht gekommen, Sie haben Ursachen, die sich im Windschatten des Booms seit 1983 sukzessive und kontinuierlich aufgebaut haben und die lange vernachlässigt wurden. Erst jetzt treten jedoch die Probleme in voller Schärfe zutage. Sie werden durch die hausgemachten Standortnachteile Deutschlands und die weltweite Rezession zusätzlich erschwert. Die Kapazitätsauslastung der deutschen Industrie liegt derzeit nur bei rund 80 %. Wir brauchen daher insbesondere strukturelle Veränderungen.

Es kommt deshalb darauf an, durch eine offensive Politik den deutschen Unternehmen im internationalen Wettbewerb wieder Standortvorteile zu verschaffen.

Die Voraussetzungen hierfür sind gegeben: Der Sachverständigenrat zur Begutachtung der gesamtwirtschaftlichen Entwicklung macht in seinem Herbstgutachten deutlich, daß die »konjunkturelle Grundtendenz in der nächsten Zeit nicht weiter nach unten gerichtet sein wird«. Die Gutachter rechnen mit einem Konjunkturanstieg von 7,5 % für 1994 in den neuen Bundesländern und mit einer Konsolidierung in den alten Bundesländern.

Große außenwirtschaftliche Herausforderungen liegen vor uns. Die Märkte werden immer globaler, die Produktionsstandorte immer internationaler. Wir konkurrieren weltweit um technisches Wissen und um Kapital. Hinzu kommen ein dramatisches Lohn- und Kostengefälle sowie weltweite Verteilungskämpfe um Investitionen und Absatzmärkte.

Insgesamt hat Deutschland damit eine schwierige Wegstrecke vor sich. Aber für Katastrophenstimmung gibt es keinen Anlaß. Es besteht eine realistische Chance, wichtige Exportmärkte wiederzugewinnen. Positive Entwicklungen zeichnen sich bereits ab. So konnten beispielsweise die Lohnstückkosten in diesem Jahr durch vernünftige Tarifabschlüsse gesenkt werden. Auch die ostdeutsche Bauwirtschaft hat wesentlich zum Produktionsanstieg im Jahre 1993 beigetragen. Es gilt diese positive Entwicklung für 1994 weiter auszubauen. Die Wachstumsraten werden in den nächsten Jahren noch mehr anziehen. International können wir mit Innovationsschüben rechnen die auf den Umweltmärkten und im Bereich hochmoderner Technologien liegen.

Es ist darum höchste Zeit die wirtschaftliche Durststrecke dazu zu nutzen, den früheren Produktivitätsvorsprung der deutschen Wirtschaft in vielen Branchen wiederzugewinnen. Gerade unter diesem Gesichtspunkt müssen wir den Lockungen einer Selbstbedienungsgesellschaft widerstehen und rechtzeitig gegensteuern.

Wir müssen in unserem eigenen Interesse wieder zurückfinden zu einer Leistungsgesellschaft und Leistungsgemeinschaft wie sie den ökonomischen Gesetzmäßigkeiten und ethischen Normen der Sozialen Marktwirtschaft entspricht. Im Zentrum einer Ökologischen und Sozialen Marktwirtschaft steht immer der Mensch. Ohne seine Eigenintiative, Flexibilität und Mobilität kann auch die beste Wirtschaftspolitik keinen Erfolg haben. Und hier ist »Umdenken« statt »Umverteilen« bei allen Akteuren der Wirtschaftspolitik, Staat, Tarifverbände und Parteien das Gebot der Stunde.

Die gegenwärtig schwierige Situation der deutschen Wirtschaft kann durchaus hilfreich sein, wenn sie als Chance der Erneuerung begriffen wird, die sich nicht nur in Kategorien von Gewinn, Produktionsauslastung und Absatz bewegt. Was wir brauchen ist die aktive Bereitschaft jedes einzelnen seinen Beitrag zu leisten, auch wenn dieser auf vielen Gebieten mit Verzicht verbunden ist.

II.

Leider müssen wir davon ausgehen, daß auch 1994 zuviel Personen in Deutschland entweder arbeitslos oder auf arbeitsmarktpolitische Hilfen angewiesen sein werden. Die Arbeitsmarktentwicklung weist in den nächsten Jahren auf eine erhebliche Differenz zwischen Arbeitsangebot und Nachfrage von Seiten der Industrie hin. Die Überwindung der Arbeitslosigkeit in Deutschland ist daher ohne Zweifel das zentrale Thema der nächsten Jahre.

Tatsache ist, daß die Sockelarbeitslosigkeit mit jedem Konjunkturzyklus ansteigt. Das ist fast schon ein gesetzlicher Trend. Und hier müssen wir ansetzen. Wir müssen deshalb die Arbeitsmarktbedingungen mit gemeinsamen Kräften verbessern. Nur so können wir die Durchschlagskraft aktiver Arbeitsmarktpolitik erhöhen. Industrie und Politik kommen nicht umhin an einer breiten abgestimmten Aktion für mehr Beschäftigung und mehr Wachstum zu arbeiten.

Im Rahmen der Arbeitsmarktpolitik müssen wir uns von Seiten des Staates insbesondere auf Maßnahmen konzentrieren, wie auf:

- die Ausrichtung einer vernünftigen Tarifpolitik,
- die wachstumsfördernde Maßnahmen (Subventionsabbau, Entschlackung öffentlicher Verwaltungen, Verwaltungsvereinfachungen),
- die staatliche Deregulierung sowie Privatisierung und
- die arbeitsmarktflankierende Maßnahmen (Qualifizierung und Weiterbildung).

Dies sind und bleiben Daueraufgaben der Wirtschaftspolitik.

Aber ohne einen Abbau der enormen Lücke zwischen Produktivitäts- und Lohnniveau lassen sich die Probleme des Standortes Deutschland nicht lösen. Die Umsatzrendite deutscher Unternehmen ist zur Zeit auf einem Tiefstpunkt. Die Kosten der Produktion sind aus dem Ruder geraten. Mit ca. 40,- DM pro Stunde haben wir nicht nur im exportorientierten verarbeitenden Gewerbe einen problematischen Spitzenplatz erreicht.

Die Lösung kann nicht bei immer mehr Entlassungen in der Industrie gefunden werden, denn der Staat kann nicht für die Sanierung der Unternehmen in die Bresche springen, indem er die Kosten für die von der Industrie freigesetzten Arbeitnehmer übernimmt. »Lean Management« allein löst nicht die gesamtwirtschaftlichen Strukturprobleme der deutschen Wirtschaft und ersetzt schon gar nicht die aktive »Eroberung« neuer Produktions- und Absatzmärkte.

Im Vordergrund muß künftig eine auf hohen Beschäftigungsstand ausgerichtete Lohnpolitik stehen. Hier sollten stärker als in der Vergangenheit Spielräume für betriebs- und branchenspezifische Lösungen gefunden werden: Beispielsweise könnten in angeschlagenen Betrieben oder Branchen ertragsabhängige Lohnkomponenten in stärkerem Maße vereinbart werden. Das kann durch Gewinn- oder auch Kapitalbeteiligung der Arbeitnehmer in den Unternehmen geschehen.

Darüber hinaus müssen wir über neue Formen im Bereich des Arbeitsmarktes nachdenken. Verkrustete Strukturen können wir nicht ohne die Abschaffung alter arbeitsmarktpolitischer Tabus beseitigen. Lohnerhöhungsspielräume dürfen künftig nicht mehr ausschließlich durch Tarifanhebungen ausgeschöpft werden. Die Tarifpolitik muß sich insgesamt stärker an den Knappheitsverhältnissen am Arbeitsmarkt orientieren. Im Vordergrund muß eine stärkere Differenzierung nach den regionalen und branchenspezifischen Gegebenheiten des Arbeitsmarktes stehen. Konkrete Maßnahmen hierzu wären:

- Der Ausbau von Teilzeitarbeit und befristeten Arbeitsverhältnissen,
- mehr private und gemeinnützige Arbeitsvermittlungsmöglichkeiten,
- Einstiegstarife für geringqualifizierte Arbeitskräfte,
- Ausbau der beruflichen Weiterbildungssysteme sowie
- Qualifizierungstarifverträge zur arbeitsplatzbezogenen Aus- und Weiterbildung.

Mit dem neuen Arbeitszeitrechtsgesetz hat die Bundesregierung hier den richtigen Weg eingeschlagen. Es ermöglicht flexiblere Arbeitszeiten, garantiert längere Maschinenlaufzeiten und bringt eine erhebliche Entbürokratisierung mit sich. Ich rechne mit zusätzlichen Beschäftigungseffekten bei gleichzeitig geringeren Produktionskosten. Zudem werden soziale Fortschritte erzielt, wie die Beseitigung der Benachteiligung von Frauen in der Arbeitsordnung, die noch aus dem Jahr 1938 stammt.

III.

Eine weitere Herausforderung, der wir uns stellen müssen, ist die Tatsache, daß eine neue Arbeitsteilung bei Wirtschafts- und Produktionsstandorten bevor steht, sowohl in den osteuropäischen Staaten als auch auf den asiatischen Märkten.

Immer häufiger findet das sogenannte »braining« zwar noch in den Industriestaaten statt, also Forschungstätigkeiten und denkintensive Arbeiten; die Fertigung wird allerdings häufig in Länder mit niedrigerem Lohnniveau ausgelagert.

Vor allem die Öffnung des Ostens bedeutet für uns die unmittelbare Grenzlage zu Ländern in denen auf absehbare Zeit deutlich niedrigere Löhne gezahlt werden. Das sind keine Länder mit niedriger Produktivität, sondern Länder wie Tschechien und Ungarn mit einer langen Industrietradition und einer Produktivität die teilweise Weltniveau hat. Hier liegen die Chance und die Herausforderung für den Wirtschaftsstandort Deutschland.

Wir können, was Lohn und Lohnnebenkosten anbetrifft, mit keinem der Reformländer Mittel- und Osteuropas konkurrieren. Wir müssen daher unsere Standortvorteile geltend machen und ausbauen. Dazu zählen in erster Linie:

- eine gut ausgebaute Infrastruktur,
- ein hoher Bildungsstand,
- anspruchsvolle Produktionstechniken,
- exzellente Forschungskapazitäten.

Wir müssen darüber hinaus auf breiter Front die politischen Rahmenbedingungen für die Zukunftstechnologien setzen. Die Novellierung des Gentechnikgesetzes ist nur ein Beispiel, bei dem wir nicht stehen bleiben dürfen. Den Technologien des 21. Jahrhunderts, wie Supraleitungen, Biosensoren und Plasmatechnik gehören die Zukunft.

Auch die Umwelttechnik bildet heute bereits einen der dynamischsten Wachstumsmärkte. Der Markt der Umweltindustrie einschließlich der Dienstleistungen belief sich schon 1990 auf weltweit rund 200 Mrd. US-Dollar. Die Bundesrepublik Deutschland war darum allein mit 16 Mrd. US-Dollar beteiligt. Nach Schätzungen des Umweltbundesamtes hängen in Deutschland rund 700.000 Arbeitsplätze von Umweltschutzmaßnahmen ab. Die Prognosen für weitere Entwicklungen sind äußerst optimistisch - bis zum Jahr 2000 ist mit einer realen Steigerung des Marktvolumens in den OECD-Länder um 50 % zu rechnen, im EG-Bereich sogar mit einer Verdreifachung.

Politik und Wirtschaft dürfen diese Entwicklungen nicht verschlafen.

Die Politik der Bundesregierung hat bereits wichtige Beiträge zur Stärkung des Wirtschaftsstandortes Deutschland geleistet:

Die Stabilität der Deutschen Mark ist unbestritten eines der wichtigsten Argumente für die wirtschaftliche Prosperität unseres Landes. Geldwertstabilität ist deshalb ein vordringliches Ziel der Politik der Bundesregierung. Unsere derzeitige Finanz- und Wirtschaftspolitik steht ganz im Dienst der Konsolidierung der Staatsfinanzen. Wir verdanken es der Haushaltspolitik der Bundesregierung sowie auch der straffen Geldpolitik der Bundesbank, daß die Inflation schon bald wieder unterhalb der 3-%-Grenze liegen wird. Das schafft die Grundlage für neue Investitionen.

IV.

Standortpolitik ist dabei immer eine Doppelstrategie bei der wir abwechselnd bremsen und gasgeben müssen und das wohldosiert. Dabei versuchen wir die Kostendynamik abzubremsen, die gesamtwirtschaftliche Produktivität jedoch durch gezielte Wettbewerbspolitik zu steigern. Zur Stärkung des Wirtschaftsstandortes

Deutschland hat die Bundesregierung wichtige Maßnahmen beschlossen und umgesetzt:

Mit dem Standortsicherungsgesetz werden die notwendigen Anreize für Investitionen, durch Steuersenkungen auf gewerbliche Einkünfte und durch niedrigere Ertragssteuern gegeben. Dies trägt zur Belebung des Wirtschaftswachstums bei und stärkt den Wirtschaftsstandort Deutschland im internationalen Wettbewerb. Der Körperschaftssteuersatz wurde ab dem ersten Januar 1994 von 50 % auf 45 % für einbehaltene bzw. von 36 % auf 30 % für ausgeschüttete Gewinne gesenkt. Der Einkommenssteuersatz für Personenunternehmen ist auf 47 % begrenzt.

Es werden damit keine Steuergeschenke für Besserverdienende geliefert sondern diese Maßnahme trägt dazu bei, daß die Bundesrepublik im internationalen »Wettkampf der Steuersysteme« bestehen kann. Da mit dem Standortsicherungsgesetz die Grundlagen für neue Arbeitsplätze geschaffen wird, profitiert auch jeder einzelne Arbeitnehmer davon.

Das Planungsvereinfachungsgesetz wurde im Bundesministerium für Verkehr erarbeitet und wird in Zukunft verhindern, daß Jahrzehnte zwischen Beschluß und Umsetzung von Investitions- und Infrastrukturentscheidungen vergehen. So können endlich langwierige Raumordnungsverfahren nachhaltig verkürzt werden, wenn dadurch wichtige Investitionen möglich gemacht werden. Es ist nämlich nicht einzusehen warum für eine ökologiefreundliche Bahntrasse zwanzig Jahre vergehen muß, wie das z.B. bei der Flughafen-S-Bahn in Stuttgart der Fall gewesen ist.

Das Gatt-Abkommen zur Liberalisierung des internationalen Dienstleistungshandels wird einen enormen Beitrag zur Steigerung unseres Beschäftigungsstandes leisten. Deutschland ist nach Frankreich und den USA der drittgrößte Dienstleistungsexporteur der Welt. Das ist etwa ein Viertel unserer gesamten Exportproduktion.

Aufgrund hochgradiger Industrialisierung und außenwirtschaftlicher Verflechtung sind offene Märkte für die Exportnation Deutschland von geradezu existentieller Bedeutung.

Eine Studie des OECD Development Center geht davon aus, daß eine angenommene Zollsenkung von 30 % zu einem Anstieg des Welthandels um 195 Mrd. US- Dollar pro Jahr in den nächsten zehn Jahren führen würde. Allein durch diesen Anstieg des Welthandels wird das Bruttoinlandsprodukt der EG im Jahr 2002 um 1 % höher liegen als ohne die Zollsenkung.

Aber die Stellung der »Exportnation Deutschland« im internationalen Wettbewerb hängt nicht nur von GATT alleine ab. Zur Sicherung der Arbeitsplätze unserer Exportwirtschaft sind zusätzliche Anstrengungen notwendig, um unsere Spitzenposition im freien Welthandel auszubauen. Sie wird entscheidend davon abhängen ob und inwieweit ein Schulterschluß zwischen Staat und Wirtschaft gelingt. Stärker als in der Vergangenheit müssen künftig Politik und Wirtschaft Exportstrategien bzw. außenwirtschaftspolitische Zielsetzungen definieren und umsetzen.

V.

Hierzu bedarf es eines veränderten Verständnisses der Rolle des Staates in der Export- bzw. Außenwirtschaftspolitik: Die Politik darf sich nicht zurückziehen. Im Gegenteil, die Akteure der Außenwirtschaftspolitik müssen ihre Verantwortung für die Wahrnehmung deutscher Exportinteressen im Ausland aktiv wahrnehmen. Auf der anderen Seite darf die Politik nicht den Versuch unternehmen mit interventionistischen Strategien den Unternehmen den Weg für Exporterfolge zu ebnen.

Das würde zu einer Lähmung der Kräfte am Markt führen, Wettbewerbsverzerrungen hervorrufen bzw. eine kontraproduktive Subventionsmentalität unterstützen. Am Ende einer solchen Entwicklung stünde Bürokratenwirtschaft anstelle von Marktwirtschaft. Die Grundlage des neuen Rollenverständnisses unserer Außenwirtschaftspolitik muß daher eine marktwirtschaftlich orientierte Industriepolitik sein. Die offensive Flankierung deutscher Exportinteressen durch die Politik kann künftig auf mehreren Ebenen stattfinden:

- Es gilt, eine gemeinsame Exportstrategie zwischen Staat und Industrie zu entwickeln. Dies ist insbesondere für den Export anspruchsvoller und prestigeträchtiger Technologieprojekte (z.B. des ICE's) notwendig.
- Flankierend hierzu muß das gesamte System der deutschen Außenwirtschaftsförderung voll genutzt werden. Ich denke hier an die Wirtschaftsdienste der Auslandsvertretungen, an Auslandshandelskammern und an die Bundesstelle für Außenhandelsinformation.
- In einem nächsten Schritt kommt es darauf an, die gemeinsam entwickelte Exportstrategie arbeitsteilig auf den Weltmärkten umzusetzen. Hierzu ist von Seiten des Staates ein breit gefächertes Instrumentarium einzusetzen. Ich denke an die aktive Vertretung deutscher Exportinteressen. Dazu zählt auch die Präsentation anspruchsvoller Exportprodukte im Ausland durch hochrangige Vertreter der Bundesregierung. Und nicht zuletzt muß die Auslandsmessepolitik auf wichtige Zukunftsmärkte und Exportprodukte ausgerichtet werden.

VI.

Gerade die Verkehrspolitik ist Standort- und Konsolidierungspolitik zugleich. Allein die Bruttowertschöpfung der Verkehrsbereiche in Deutschland wurde im letzten Jahr auf rund 90 Milliarden DM geschätzt. Das ist fast ein Drittel des Bruttoinlandproduktes der Bundesrepublik Deutschland. An dieser Zahl wird anschaulich welch gewaltigen Wirtschaftsfaktor der Verkehr darstellt. Unser Ziel ist es, Standortvorteile für die deutsche Industrie durch bessere Infrastrukturangebote zu schaffen.

Die Bahnreform, die am 1. Januar 1994 in Kraft getreten ist, ist ein Schritt in diese Richtung. Die Chance unserer Zeit wie sie die Geschichte nur selten einer Generation bietet, wird hier als Herausforderung verstanden ein Werk zu schaffen das bis in das nächste Jahrtausend wirkt.

Wir werden mit der Bahnreform den Staatshaushalt innerhalb von zehn Jahren mehr als 100 Milliarden DM entlasten. Gleichzeitig werden die Kunden aber ein preisgünstigeres Verkehrsangebot bekommen.

Die Staatsquote hat seit der Vereinigung durch die Transferleistungen in den Osten Deutschlands und durch die ehemals staatseigenen Betriebe über 50 % erreicht. Wir können sie nur durch eine konsequente Deregulierung und Privatisierung öffentlicher Unternehmen reduzieren.

Seit Januar hat eine privatwirtschaftlich organisierte »Deutsche-Bahn-Aktiengesellschaft« den Gütertransport, den Personenverkehr und die Unterhaltung der Schienenwege übernommen. Frühere Personalverpflichtungen bleiben beim Bund. Das Bundeseisenbahnamt, das eine Art TÜV für die Schiene ist und das Restsondervermögen sind die einzigen hoheitlichen Verantwortlichkeiten die nicht privatisiert werden.

Der Bund sorgt für eine restlose Entschuldung der Bundes- und Reichsbahn und kann der Bahn AG als Eigenkapital das Sachvermögen, insbesondere den Fuhrpark der bisherigen Bundes- und Reichsbahn übereignen.

In allen Geschäftsbereichen werden dritte Wettbewerber zugelassen die den Kunden ihre Leistungen anbieten.

Das Unternehmen Bahn wird dann auch mehr Gütertransport auf der Schiene verlagern können. So wird die Schiene auch für die Industrie und gerade für mittelständische Unternehmen wieder attraktiv.

Nur wenn wie bei der Bahn die Hemmnisse einer Staatsbürokratie wegfallen, kann sich das Verkehrsangebot ganz nach den Bedürfnissen der Kunden richten. Allein bei den Personalkosten wird die Entlassung aus dem öffentlichen Dienstrecht innerhalb von zehn Jahren eine Einsparung von fast 60 Milliarden DM bringen.

Der Markt zwingt die Unternehmen dazu alle denkbaren Rationalisierungspotentiale auszuschöpfen um damit die Preise für den Bürger und für die Wirtschaft attraktiv zu machen. Diese »sogenannten AG-Effekte« sind für die Bahn in bezug auf die notwendigen Transportwege im internationalen Wettbewerb ein enormer Standortvorteil.

Zudem bringt die Regionalisierung der Bahn ab 1996 mehr Bürgernähe. Eine Organisation des Nahverkehrs vor Ort kann viel besser beurteilen was der einzelne Bürger in seiner Region erwartet. Diesen Anteil von 40 % Nahverkehr wird die Bahn AG ausbauen. Ziel ist es, die Personenkilometer um 50 % bis zum Jahr 2000 zu steigern. Die Erfahrungen in den USA belegen, daß sogenannte short-lines auf Strecken die bisher als unrentabel galten Gewinne einfahren.

VII.

Gerade bei der Bahnreform zeigt es sich, wie wichtig es der Bundesregierung ist eine umweltfreundliche Politik zu betreiben. Ökologie und Ökonomie müssen in der Verkehrspolitik keine Gegensätze sein. Eine umweltverträgliche Einbindung aller Verkehrsträger in ein integriertes Gesamtverkehrssystem ist deshalb unser vorrangiges Ziel.

Unter Umweltaspekten wird mit Abstand das Auto am meisten kritisiert. Aber die Leistungen einer modernen, arbeitsteiligen Gesellschaft sind ohne das Auto nicht zu denken.

Die Globalprognose des Bundesministerium für Verkehr für die Jahre von 1988 bis 2010 geht von einer weiteren gewaltigen Steigerung des Verkehrs aus. Der Güterverkehr auf der Straße wird um 95 % zunehmen. Auch im Personenverkehr ist die Zunahme nicht viel weniger dramatisch. Man rechnet mit über 30 % Steigerung.

Die ökologischen Probleme sind auf unserem Planeten noch lange nicht gelöst. Wir müssen uns bemühen, daß der gesellschaftliche und wirtschaftliche Nutzen - insbesondere im Straßenverkehr - nicht vorschnell als Entschuldigung für die ökologischen und gesundheitlichen Schäden benutzt wird.

Der mittelfristige Erfolg der Automobilindustrie wird daher auch davon abhängen, ob sie die ökologische Herausforderung annimmt. Hier gibt es Lichtblicke. So werden z. B. die Belastung durch Stickoxide um 40 % und bei Kohlenmonoxiden zwischen dem Jahr 1988 und 2005 um über die Hälfte abnehmen.

Verkehrspolitisches Ziel ist es, einen Weg zu finden, der sowohl die Umwelt schützt als auch die Interessen der Menschen und der Wirtschaft berücksichtigt.

VIII.

Neben Schiene und Straße wird das Flugzeug in Zukunft immer mehr zu einem wichtigen Element des Wirtschaftsstandortes Deutschland. Das deutsch-amerikanische Luftverkehrsabkommen wurde nach jahrelangen Verhandlungen endlich zu einem erfolgreichen Abschluß gebracht.

Damit wird es der Lufthansa ermöglicht, im transatlantischen Verkehr wieder zu einem ernsthaften Konkurrenten zu werden. Ziel ist es, langfristig einen »open sky« zu schaffen auf dem die Luftverkehrsgesellschaften ohne nationale Einschränkungen konkurrieren können.

Gerade hier gilt dasselbe Prinzip wie bei der Bahn. Weniger Staat ist besser als mehr. Die dadurch ermöglichte Wettbewerbsfähigkeit der Lufthansa ist deshalb so wichtig um sie Schritt für Schritt in die Eigenverantwortung entlassen zu können.

IX.

Das Bundesministerium für Verkehr wird dieselbe Strategie auch beim Infrastrukturausbau anwenden. Wenn die Nachfrage nach Verkehrswegen in den nächsten Jahrzehnten befriedigt werden soll, brauchen wir privates Kapital.

Ein erster Schritt sind die ersten Privatfinanzierungsprojekte wie der Elb- und der Wesertunnel. Wir können hier nur mit Respekt nach Frankreich blicken. Dort entlasten private Autobahngesellschaften den Staatshaushalt bereits jetzt jährlich um 5 Milliarden DM.

Um die Effizienz der deutschen Verkehrswege zu erhöhen hat die Bundesregierung noch andere Modelle auf den Weg gebracht. Der Bund stellt allein sechs Milliarden DM für die nächsten Jahre zum Ausbau der Telematik zur Verfügung. Mit Telematik kann man:

- Kapazitäten der Infrastruktur um 15-30 % erhöhen,
- Verkehrsverlagerungen vom Individualverkehr auf den öffentlichen Personennahverkehr in Gang bringen,
- Umsteigeempfehlungen geben, dort wo sie für den Verkehrsfluß sinnvoll sind,
- Staus, Leerfahrten und Ziel-/Parkplatzsuchverkehr oder auch Umwege vermeiden,
- die Sicherheit im Verkehr erheblich verbessern.

Die als Beispiel genannte Verkehrspolitik nutzt also die Chance der Gegenwart und stellt sich der Herausforderung. Das Ziel, die Stärkung des Wirtschaftsstandortes Deutschland.

Auf dem eingeschlagenen Kurs müssen wir fortfahren und nicht gleich Entwarnung geben, wenn sich das konjunkturelle Schlechtwetter ein bißchen verzieht. Wenn wir den Atem aufbringen und den Um- und Ausbau des Wirtschaftsstandortes Deutschland so zügig voranbringen wie das am Beispiel der Verkehrspolitik derzeit geschieht, dann müssen wir uns keine Sorgen um die Zukunft des Wirtschaftsstandorts Deutschland machen.

Eberhard Witte

Zur Willensbildung in Kommissionen der Politikberatung

Die parlamentarische Demokratie ist von ihrem Grundgedanken her zur Willensbildung in Gremien verpflichtet. Nicht nur die Parlamente selbst werden durch Personenmehrheiten unterschiedlichen Standpunktes repräsentiert, sondern auch die parlamentarischen Ausschüsse, die Fraktionen und schließlich die Regierung als Exekutive.

Angesichts dieser demokratischen Gepflogenheit, ein Problem dadurch zu lösen, daß es in einem Kollegium kritisch und durchaus auch konfliktär von allen Seiten beleuchtet wird, verwundert es nicht, daß man sich auch im vorparlamentarischen Stadium der Willensbildung beratender Kommissionen bedient. Insbesondere bei innovativen Problemen, d.h. bei technischen, wirtschaftlichen, rechtlichen oder anderen fachspezifischen Neuerungen, kann eine parlamentarische Entscheidung (oder auch die Entscheidung der Regierungskoalition) nicht einfach durch Abstimmung erfolgen. Es würde die sachliche Begründung fehlen, um die notwendige breite Akzeptanz zu finden. Im Gegensatz zu diktatorischen Staatsformen, die ihre kurzfristige Überlegenheit oft aus der schnellen Entscheidung von Einzelpersonen herleiten, ist die Geschichte der demokratischen Willensbildung geradezu geprägt durch Enquete-Kommissionen, Sachverständigenräte, Expertenausschüsse und Beratungsgremien unterschiedlichen Zuschnitts und Benennung.

Hier setzt mein Beitrag zur Festschrift für Reinhold Kreile an: Wir haben über mehr als fünfzehn Jahre in Kommissionen der Politikberatung sowohl auf Bundesebene als auch auf der bayerischen Landesebene zusammengearbeitet. Da Reinhold Kreile bei verschiedenen zentralen Weichenstellungen der Kommissionsarbeit den für ihn charakteristischen konsensfindenden Beitrag geleistet hat, darf die folgende Kennzeichnung der Kommissionsarbeit sowohl der sachlichen Dokumentation als auch der persönlichen Würdigung dienen.

Als Erfahrungsgrundlage werden herangezogen:

- die Kommission für den Ausbau des technischen Kommunikationssystems (KtK), eingesetzt von der Bundesregierung, 1973 - 1976;
- die Projektkommission für das Kabelpilotprojekt München, eingesetzt von der Bayerischen Staatsregierung, 1980 - 1987.

I. *Kommissionsaufgabe*

Kommissionen der Politikberatung werden eingesetzt, wenn die parlamentarischen Gremien oder die Regierung auf eine Arbeitsvorbereitung angewiesen sind, d.h. ohne die Kommissionsarbeit nicht sachgerecht oder nicht mit dem notwendigen Konsensgrad entscheiden können. Deshalb liegt ein Wesensmerkmal der

Kommissionsaufgabe darin, daß eine gewisse Zeitspanne eingeräumt werden muß, um die notwendige Arbeit zu leisten.

Wenn die Aufgabe keinen Zeitverzug duldet, entsteht gar nicht die Möglichkeit einer politikberatenden Prozedur. Anders ausgedrückt: Ein schwieriges politisches Problem, das ohne fachliche Aufbereitung nicht lösbar ist, muß von den verantwortlichen Politikern so weitschauend, d.h. rechtzeitig erkannt werden, damit die notwendige Beratungszeit eingeräumt wird, bevor der politische Entschluß dringend wird.

Diese Feststellung führt allerdings in der politischen Praxis gelegentlich zu der Verlockung, die Kommissionsarbeit als Hilfsmittel zur Verzögerung politischer Entscheidungen zu mißbrauchen. Tatsächlich gibt es Beispiele für politische Ausweichhandlungen, die darin bestehen, eine an sich dringende Entscheidung zu verzögern, indem man eine Beratungskommission einsetzt. Durch solche Fälle wird die sinnvolle und sorgfältige Beratungsarbeit diskreditiert. Kommissionsaufgaben, die auch nur im Verdacht stehen, einer Verzögerungs- oder gar einer Vermeidungsstrategie gewidmet zu sein, sollten zurückgewiesen werden und sind auch in belegbaren Fällen tatsächlich zurückgewiesen worden.

Zu einer seriösen Kommissionsaufgabe gehört eine klare Formulierung der zu leistenden Arbeit. Unscharfe Fragestellungen sind nicht zu handhaben und führen schließlich auch nicht zu greifbaren Ergebnissen. Wenn dagegen neue Techniken wie z.B. die Digitalisierung im Fernmeldewesen, der Einsatz von Satelliten im Fernsehen und Hörfunk, die Verwendung der Glasfasertechnologie oder der Mikroelektronik in ihren Wirkungen auf neue Dienstleistungen, deren Kosten und deren Nutzen abzuschätzen sind, darüber hinaus die gesellschaftlichen und politischen Folgen z. B. des Kabelfernsehens erwogen werden sollen, dann sind parlamentarische Gremien überfordert. Die Einsetzung einer Beratungskommission ist geradezu der Beleg für das verantwortliche Handeln einer zu Letztentscheidung kompetenten politischen Instanz.

Als konkrete Arbeitsaufgaben stellen sich dar:

- Die Erfassung und Systematisierung der problembezogenen Informationen.
- Die Ermittlung der gegeneinander abzuwägenden Entscheidungsalternativen, also der unterschiedlichen Entscheidungsmöglichkeiten.
- Die Bewertung der Alternativen im Lichte der Informationen unter Heranziehung von Zielkriterien, die möglichst von der politischen Instanz vorgegeben werden. Sofern dies nicht bei Einsetzung der Kommission erfolgt ist, kann das Arbeitsergebnis der Politikberatung durchaus darin bestehen, alternative Antworten zu verschiedenen, noch zu entscheidenden politischen Absichten zu benennen.
- Die Konsenssuche, d.h. die Abwägung der Vor- und Nachteile bestimmter Lösungswege unter den verschiedenen Interessen und Bewertungsstandpunkten innerhalb der Kommission.
- Die Aktionslenkung nach erfolgter politischer Entscheidung. Dieser Aufgabe war z.B. die Projektkommission für das Kabelpilotprojekt in München gewidmet. An diesem Beispiel wird deutlich, daß nicht nur zur Vorbereitung von Entscheidungen, sondern auch zu deren planvoller Realisierung eine Ergänzung der politischen Verantwortung durch Kommissionsarbeit sinnvoll ist.

Insbesondere an dem letzten Punkt, der Aktionslenkung aufgrund einer bereits getroffenen politischen Entscheidung, wird deutlich, daß es günstig ist, wenn Repräsentanten der politischen Instanz entweder an der Kommissionsarbeit mitwirken oder zumindest anwesend sind, um in Zweifelsfällen über die Interpretation der Aufgabe befragt zu werden.

II. *Kommissionsmitglieder*

Hier stellt sich vor allem die Frage, ob die Kommissionsrunde lediglich aus Experten oder auch aus Repräsentanten der politischen Kräfte bestehen soll. Ein rein politisches Gremium ist nicht Gegenstand der Betrachtung, denn es sollen die Kommissionen der Politikberatung und nicht der Politik selbst untersucht werden.

Eine reine Expertenkommission hat den Vorteil, daß sie nicht auf die politische Konsensfähigkeit des Beratungsergebnisses Rücksicht nehmen muß. Es wird oft gesagt, daß sie sich »rein sachlichen Argumenten« widmen darf, worin das Mißverständnis eingekleidet ist, daß politische Argumente nicht sachlich seien. Aus langjähriger Kommissionserfahrung ist festzustellen, daß es sich nur um unterschiedliche Sachlichkeiten handelt, die umfassend zu diskutieren sind, um eine sinnvolle Politikberatung zu erreichen. Expertenvorschläge, die zur Mehrheitsfindung ungeeignet sind oder gar neue größere Probleme generieren, haben ihren Zweck verfehlt. Aus dem Mißverständnis dieser Expertensachlichkeit ist zu erklären, daß die Ergebnisse mancher Kommissionen unbeachtet blieben.

Andererseits spielen die Experten in einem gemischten Gremium die wichtige Rolle, auch neue Lösungsvorschläge, die bisher in der Politik nicht bekannt waren oder die man nicht kennen wollte, zur Diskussion zu stellen. Die anwesenden Politiker werden in Beweisnot gesetzt, ihre Ablehnung zu begründen. Auf der anderen Seite werden die Experten veranlaßt, den Hochmut ihrer vermeintlichen Sachlichkeit an der politischen Durchsetzbarkeit zu erproben.

Bereits durch diese Gegenüberstellung wird deutlich, daß Kommissionen der Politikberatung klug zusammengesetzt sind, wenn sie sowohl Experten, und zwar Experten verschiedener Fachrichtungen als auch Politiker unterschiedlicher Interessenstandpunkte umschließen. Aus der Organisationswissenschaft ist bekannt, daß zur Lösung komplexer und neuartiger Probleme eine Mischung aus Machtpromotoren und Fachpromotoren die geeignetste Konstellation bildet. Die Fachpromotoren verlieren sich gern in dem Detail, bauen Komplexität auf, sorgen aber auch für neue Ideen, für eine breitere Informationsbasis und für eine reichhaltige Alternativensuche. Mit anderen Worten: die Problemlösungsumsicht und die analytische Tiefe wachsen unter dem Einfluß der Experten.

Dem steht der Arbeitsbeitrag von Machtpromotoren gegenüber. Es handelt sich um Repräsentanten der Durchsetzungskraft. Da sie gewohnt sind, das parlamentarische Mandat zur Realisierung ihrer politischen Vorstellungen einzusetzen, sind sie viel eher zu einer Willensbekundung, also zum Treffen einer Entscheidung bereit als die in die verschiedensten Bedenklichkeiten verstrickten Experten.

Es kommt zu einer gegenseitigen Ergänzung, einem Wechselspiel zwischen fachspezifischem Wissen und politischer Entscheidungskraft. Ohne diese Kombination würden sich die Experten zuviel Zeit nehmen und vor allem auch unnötige (nicht durchsetzbare) Alternativen bearbeiten, während die Exponenten der politischen Macht eher zu vorschnellen, zwar durchsetzbaren, aber nicht mit der an sich möglichen Problemlösungsumsicht ausgestatteten Entscheidungen neigen. Auch Scheinkompromisse der Politiker, die sich letztlich als Nichtentscheidungen erweisen, werden im Wechselspiel zwischen Machtpromotoren und Fachpromotoren vermieden, weil die Experten den Formelkompromiß rechtzeitig aufdekken.

Als Ergebnis zeigt sich, daß gemischte Kommissionen aus Politikern und Experten die sinnvolle Kombination von Macht und Fachwissen repräsentieren. Sowohl die Kommission für den Ausbau des technischen Kommunikationssystems als auch die Kabelpilotprojektkommission waren in diesem Sinne gemischte Kommissionen und haben sowohl politisch konsensfähige als auch fachlich ausgewogene Ergebnisse hervorbringen können.

III. *Architektur des Konfliktes*

Eine der erfreulichsten Wirkungen politikberatender Kommissionen besteht in der Aufdeckung von Scheinkonflikten. Bereits in den ersten Sitzungen stellt sich häufig heraus, daß die öffentliche Diskussion ein verzerrtes Bild von der Problemstruktur des zu bearbeitenden Gegenstandes besitzt. So ist z.B. vor der Einsetzung der KtK behauptet worden, das Kabelfernsehnetz sei ein Instrument der politischen Macht. Die Bürgermeister und Landräte, ja auch einzelne Abgeordnete und vor allem die Regierungen könnten unmittelbar den »Draht« zum Bürger mit ihren politischen Indoktrinationen finden. Tatsächlich stellte sich später heraus, daß dies nicht nur rechtlich unzulässig, sondern auch wirtschaftlich untragbar ist, so daß ein Scheinproblem vorlag, das später niemals Realitätswert gewann und deshalb auch nicht der Lösung bedurfte.

Ein weiteres Beispiel bot die Sorge, das Kabelfernsehen könne zum Verstoß gegen den Datenschutz führen. In der ersten Sitzung der Pilotprojektkommission wurde der Landesdatenschutzbeauftragte gehört. Er trug erhebliche Bedenken vor, die sich später als gegenstandslos erwiesen. Auch die Mitwirkung der Kirchen und anderer gesellschaftlich relevanter Gruppen wurde ernstgenommen, aber später zur praktischen Gestaltung der Problemlösung nicht mehr weiterverfolgt. Die verschiedensten Bürgerinitiativen, die sich in den siebziger Jahren bildeten, um die Kinder vor Reizüberflutung und psychischer Erkrankung zu retten und den zur Passivität verurteilten Dauerfernseher zu schützen, können heute nur noch als historische Dokumente eines vermeintlichen Problems registriert werden.

Die wirklichen Konfliktpole bestanden zwischen dem Bund als kompetente Instanz für das technische Übertragungsnetz und den Ländern als medienpolitische und medienrechtliche Kompetenzträger. Aber auch die politischen Parteien vertraten differenzierte Standpunkte, die in einem Konfliktbewältigungsvorgang zu berücksichtigen waren.

In der Arbeit der KtK, die ja keineswegs auf die Massenmedien (Fernsehen, Hörfunk, Zeitungen, Zeitschriften) konzentriert war, sondern vor allem die Individualkommunikation (Telefon, Telefax, Datenkommunikation) bearbeiten mußte, wurde ein bemerkenswerter Unterschied zwischen politischer und wirtschaftlicher Macht festgestellt: Die Massenmedien repräsentieren bedeutende politische Machtpotentiale; wirtschaftlich sind sie dagegen vergleichsweise unbedeutend. Sie repräsentieren einen Jahresumsatz von wenigen Mrd. DM. Auf der anderen Seite ist die Individualkommunikation politisch unerheblich. Sie ist für niemanden ein Instrument der politischen Machtausübung, aber wirtschaftlich ist sie in der Größenordnung von 100 Mrd. DM ein ökonomischer Faktor ersten Ranges und der größte Wachstumssektor. Diese Einsicht wäre einer nur aus Politikern zusammengesetzten Diskussionsrunde nicht vor Augen getreten. Erst die Heranziehung technischer und wirtschaftlicher Zahlen zeigte den Unterschied.

Innerhalb der Massenmedien traten die Konflikte zwischen den elektronischen Medien und den Printmedien, insbesondere zwischen dem Fernsehen und den Zeitungen in den Vordergrund. Innerhalb der Individualkommunikation war der traditionelle Telefondienst als bürgernahe Daseinsvorsorge mit der Innovationskraft der modernen Datenkommunikation, der Datenbankabfrage und der elektronischen Textsysteme konfrontiert.

Diese Gegensätze zwischen Technik und Wirtschaft, zwischen verschiedenen wirtschaftlichen Argumenten und schließlich zwischen den verschiedenen politischen Standpunkten führten zu einem komplexen System von Konflikten, das erst der analytischen Aufhellung bedurfte, um überhaupt bearbeitet zu werden. Dieser Beitrag wurde im wesentlichen von den Experten geleistet, dann aber von den Politikern aufgegriffen und zur Konfliktlösung aufbereitet.

IV. *Hilfen zur Konfliktlösung*

Parlamentarier sind gewohnt, ihre Konflikte durch Mehrheitsabstimmung zu lösen. Zwar gibt es gewisse Regulative zum Schutz von Minderheiten, aber grundsätzlich gilt die Legitimierung eines Beschlusses mit der Mehrheit einer Stimme.

Andernfalls wären demokratische Institutionen handlungsunfähig.

Für Kommissionen der Politikberatung ist das Prinzip der Mehrheitsentscheidung untauglich. Es wäre niemandem geholfen, wenn eine starke Minderheit sich in dem Kommissionsergebnis nicht wiederfinden würde. Zumindest muß erreicht werden, daß die tragenden Empfehlungen der Kommission von einer breiten Mehrheit der Mitte unterstützt werden, während diejenigen, die nicht zustimmen können, untereinander gegensätzliche Standpunkte vertreten. Auch diese Lösung der sich gegenseitig aufhebenden polaren Gegensätze ist kein ideales Kommissionsergebnis. Vor allem darf es nicht das Gesamtergebnis, sondern allenfalls einzelne Teilempfehlungen betreffen. Es ist also festzustellen, daß eine Beratungskommission grundsätzlich zum Konsens finden muß, wenn sie ihre Arbeitsaufgabe hinreichend erfüllen will. Wie kann dies geschehen? Welches sind die Hilfen, die sich anbieten, wenn unterschiedliche Standpunkte, auch unterschiedliche Interessen zu einem wenn auch nur allseits geduldeten Endergebnis führen sollen?

Das erste Hilfsmittel zur Konsensfindung ist die gemeinsame Arbeit. Solange nur vorgeprägte Ansichten und Vorurteile ausgetauscht werden, besteht keine Chance für ein hochrangiges Beratungsergebnis. Wenn dagegen einzelne Kommissionsmitglieder, möglichst auch in Gruppen und schließlich als Gesamtkommission zur intensiven Arbeit finden, entdecken sie Informationen, Entscheidungsalternativen und Bewertungskriterien, die mit den von außen eingebrachten Vorurteilen nicht übereinstimmen und insoweit Nachdenklichkeit erzeugen. Natürlich gilt dies nur für Kommissionsmitglieder, die zur aktiven Mitarbeit bereit sind, aber dieser Gesichtspunkt führt zur Auswahl der Kommissionsmitglieder zurück. Nur wenn die Mitglieder einer Kommission, und zwar jeder einzelne, in die Tiefe der gestellten Aufgabe vordringen, besteht Aussicht auf Verständigung.

Der gemeinsame Leistungsdruck, lästige Nachtarbeit oder Klausurtagungen und Reisen bewirken schließlich eine Zusammengehörigkeit der Arbeitsgruppe, die das Zuhören erleichtert und die Anerkennung des anderen Standpunktes fördert.

Das Wichtigste zur Lösung neuartiger Probleme ist das gemeinsame Lernen. Manche Kommissionsmitglieder sind von vornherein entschlossen, ihr mitgebrachtes Urteil durchzusetzen und sich nicht durch gegensätzliche Argumente irritieren zu lassen. Wer so unvorsichtig ist, diesen Standpunkt zu verkünden und ein noch nicht ausgereiftes Urteil (eben ein Vorurteil) zu Protokoll zu geben, der macht es den Diskussionsgegnern leicht, anhand von dargelegten Sachinformationen als ein Nichtlernwilliger bloßgestellt zu werden. Wenn diese unerfreuliche Prozedur auch nur einmal in der Kommissionsarbeit absolviert wird, schreckt sie alle anderen Mitglieder ab, sich in ähnlicher Weise vorzuwagen. Dadurch entsteht eine gesunde Scheu, den jeweils aktuellen Stand der Willensbildung als endgültig zu erklären. Mit anderen Worten: Die Kommission wird lernfähig. Lernen ist der sicherste Weg zur Überwindung von Gegensätzen, die nur vermeintlich unauflösbar sind.

Eine scharfe Waffe zur Förderung der Konsensbildung ist die Heiterkeit. Wer seinen Standpunkt nur tiefernst vertritt, zeigt, daß er nicht mit sich reden läßt. Wer dagegen eine mutige Argumentation mit dem Unterton vorträgt, sich selbst nicht vollständig ernstzunehmen, kann es wagen, mehr zu behaupten als im Ernst vertretbar wäre. Er kann notfalls auch einen Schritt zurück treten, also mit leichter Hand ein Zugeständnis anbieten und wird schließlich mehr gewonnen haben als derjenige, der seinen Standpunkt nicht dem Unernst preisgeben will. In dieser Kunst gibt es Meister der Kommissionsarbeit.

Arbeitseinsatz, Lernfähigkeit und kollegialer Humor mögen wichtige Hilfen zur Konfliktlösung sein, aber sie bleiben nur Hilfen. Der inhaltliche Interessenausgleich verlangt schließlich konstruktive Vorschläge, die neue Gedanken enthalten, die die Interessen der Beteiligten aufrichtig berücksichtigen und einen politischen Weg zeigen, der auch gangbar ist. Hierzu bedarf es politisch phantasievoller und sachlich fundierter Kommissionsbeiträge. Es ist schließlich die Sachkompetenz, die auch den Widerstrebenden überzeugt, einer von ihm ursprünglich nicht gewünschten Lösung zuzustimmen. Wichtig ist auch, daß eine Empfehlung nicht ausschließlich zu Lasten des Argumentationsgegners gefunden wird. Wenn schon die häufig zitierten Kröten zu schlucken sind, dann müssen die Schluckbeschwerden einigermaßen gerecht unter den beteiligten Interessenvertretern verteilt sein.

Hierzu ist ein Unterschied zwischen der internen Kommissionsarbeit und der hinter jedem einzelnen Kommissionsmitglied existierenden Interessenszene zu betonen. Wenn eine Kommission ein oder zwei Jahre zu gemeinsamer Arbeit gefunden hat, dann vertrauen sich die Mitglieder gegenseitig. Es werden Informationen und Bewertungen schließlich ernstgenommen und geglaubt. Diesen gruppendynamischen Fortschritt haben die hinter den Mitgliedern stehenden Organisationen (Fachverbände, politische Parteien etc.) nicht mitvollzogen. Sie verharren gleichsam auf einem Standpunkt, der vor dem konsensbildenden Prozeß existierte. Wenn nun die Zwischenergebnisse der Kommission nach außen gegeben werden, so muß mit einem Widerstand gerechnet werden, der von den Kommissionsmitgliedern selbst bereits überwunden ist. Es ist deshalb sinnvoll, die Kommissionsarbeit im Stadium der Fertigstellung des Beratungsergebnisses so zu beschleunigen, daß die außenstehenden Organisationen nicht die Zeit finden, den kommissionsinternen Konsensprozeß wieder aufzuheben. Wichtige Mittel der Konfliktbewältigung sind also schließlich der Fleiß und die Geschwindigkeit des Fertigstellens.

Die Kommissionsmitglieder empfinden dies auch und sind bestrebt, als innere Gruppe sich nicht mehr von den Außeneinflüssen hindern zu lassen, zu einem konstruktiven Arbeitsergebnis zu gelangen. Wenn die Bereitschaft gewachsen ist, einen Kommissionserfolg herbeizuführen, dann ist der inhaltliche Konflikt bereits überwunden. Nun ist es nicht mehr prestigesteigernd, einen abweichenden Standpunkt zu vertreten. Dazu war Zeit genug während der Analyse des Problems und der Entwicklung der Problemlösungsalternativen. Jetzt entsteht eine gewisse Neigung, sich in der Überlappungsfläche der verschiedenen Interessenstandpunkte, also im Kern des Konsenses wiederzuerkennen. Die Kommission findet zu einem gemeinsamen Ergebnis.

Margret Wittig-Terhardt

Zum Verhältnis der Rundfunkveranstalter zu ihren angestellten Autoren und Mitwirkenden

Der Jubilar dieser Festschrift hat sich um die Urheber verdient gemacht. Sein Beitrag für die Entwicklung der Interessen der künstlerisch geistig Schaffenden bezieht sich nicht nur auf die maßgebliche Mitwirkung bei Gesetzgebungsvorhaben der letzten Jahrzehnte, sondern auch auf die pragmatische und praktische Umsetzung bei der Wahrnehmung der durch Gesetz eingeräumten Rechtspositionen. In vielen Verhandlungen und Gesprächen habe ich Herrn Prof. Kreile als einen der wohl umsichtigsten und geschicktesten Sachwalter für die Interessen der geistig Schaffenden kennengelernt.

Mancher mag es deswegen auch auf ihn zurückführen, wenn bis heute Probleme zwischen Rundfunkveranstaltern, die ihrerseits Rechte von angestellten Urhebern und Mitwirkenden haben, zu den Verwertungsgesellschaften ungelöst sind. Das dürfte aber auch noch an etwas anderem liegen: Die Nutzung der für den Rundfunk hergestellten Programme beschränkte sich bislang im wesentlichen auf die sendemäßige eigene Verbreitung durch die öffentlich-rechtlichen Rundfunkanstalten der Bundesrepublik Deutschland. Die wirtschaftliche Situation auch bei den Rundfunkanstalten, die Auflagen, alle Sparmöglichkeiten, aber auch darüber hinaus alle Zweitverwertungsmöglichkeiten einzusetzen, machen es erforderlich, neu darüber nachzudenken, wem die Verwertungserlöse bei einer Randnutzung oder sonstigen urheberrechtlichen Verwertung von Programmen öffentlich-rechtlicher und privater Rundfunkveranstalter zustehen.

1. *Leistungen der angestellten Mitarbeiter im öffentlich-rechtlichen und privaten Rundfunk*

Im öffentlich-rechtlichen Rundfunkunternehmen ist das Gesamtangebot nur mit einer größeren Anzahl von festangestellten Mitarbeitern herstellbar, als dies - jedenfalls tendentiell - in kommerziellen Rundfunkunternehmen der Fall ist. Zu unterscheiden sind dabei die *unmittalbar programmverantwortlichen* Mitarbeiter, insbesondere Redakteure, die *unmittelbar programmgestaltenden* Mitarbeiter wie Urheber und Interpreten, die *mittelbar programmbeteiligten* Mitarbeiter, insbesondere die Produktionsbeteiligten, und die *mittelbar dem Programm dienenden Mitarbeiter* in Redaktionen, Produktion, Technik und Verwaltung. Nur ein kleiner Teil dieser Mitarbeiter eines Rundfunkunternehmens bringt dabei eigene Urheber- oder Leistungsschutzrechte ein.

Neben den sog. Eigenproduktionen beschaffen sich die Rundfunkanstalten ihre Programme durch Auftragsproduktionen oder durch Erwerb von Lizenzrechten an vorbestehenden Werken.

Will man einmal eine grobe Gewichtung vornehmen, so dürfte es bei den öffentlich-rechtlichen bzw. public service-Unternehmen vielleicht ungefähr gleiche Anteile geben von Programmen, die

- entweder von den festangestellten Mitarbeitern selbst hergestellt werden
- oder von den festangestellten Mitarbeitern in Auftrag gegeben und bei der Entstehung begleitet werden - sog. Auftragsproduktionen
- und Produktionen, die für eine einmalige Einbindung in das Programm von anderen Rundfunkunternehmen oder Filmproduzenten hergestellt und überlassen sind (Lizenzrechte).

Mischformen sind sog. Coproduktionen, die von mehreren Rundfunkveranstaltern oder Rundfunkunternehmen und anderen Medien gemeinsam mit dem Ziel jeweils getrennter Nutzung für die eigenen Zwecke hergestellt werden.

Soweit die dritte Kategorie in Frage steht, nämlich der Lizenzerwerb, erfolgt der Rechteerwerb in der Regel für eine oder eine bestimmte Zahl von Sendungen. Der Lizenzrechteerwerb wird im folgenden nicht näher betrachtet werden.

Zurück zu den Festangestellten: Sämtliche Mitarbeiter der Rundfunkanstalten sind entweder konkret an der Herstellung von einzelnen Produktionen und Sendungen beteiligt oder sie dienen indirekt der Herstellung, Sendung und Abwicklung der Produktionsvorgänge; auf die vielfältigen Verwaltungsarbeiten schon bei der vertraglichen Gestaltung und Abwicklung allein im Bereich der Urheberrechtsverträge sei in diesem Zusammenhang als Beispiel für verwaltende dienende Tätigkeiten hingewiesen.

Der Natur der Sache nach sind die kommerziellen Rundfunkveranstalter nicht - jedenfalls nicht immer - so weitgehend auf die Mitarbeiter von Angestellten angewiesen, insbesondere wenn sie sich im wesentlichen auf die Übernahme von Produktionen Dritter und deren Zusammenstellung beschränken. Jedenfalls ist von der Struktur her klar, daß im Bereich der unmittelbar programmschaffenden Mitarbeiter eine weit größere Anzahl in den öffentlich-rechtlichen Rundfunkanstalten beschäftigt sind. Ihre Tätigkeit geht von der Herstellung der kleinsten Nachricht über die Sprechertätigkeit für solche Nachrichten, für Moderationen bis hin zur Herstellung von Manuskripten, Reportagen, Features und dergleichen.

Die Tätigkeit der festangestellten Programm-Mitarbeiter ist - wie wir gesehen haben - stets eingebunden in die Tätigkeit des Gesamtunternehmens. Das Ergebnis, das gestaltete Programm, ist als ein Angebot aller Beteiligten eines Rundfunkunternehmens zu verstehen, die aufeinander angewiesen sind. Nehmen wir das Beispiel der Leichtathletik-Weltmeisterschaft in Stuttgart: Dort waren ca. 500 festangestellte Mitarbeiter von ARD und ZDF tätig, um programmlich, organisatorisch und technisch die Herstellung des Signals für die internationalen und nationalen Übertragungen zu bewirken.

Urheberrechtliche Leistungen der Rundfunkbeschäftigten stellen nach alledem nur einen Teil der Leistungen dar, die für das Gesamtangebot des Rundfunks vom Veranstalter für die Teilnehmer erbracht werden. Alle Mitarbeiter werden zu diesem Zwecke verpflichtet und für ihren Leistungsanteil bezahlt.

Auch bei den sog. Auftragsproduktionen gilt zunächst vom Ansatz her nichts anderes. Sie werden bestellt und entsprechend dem Umfang der Leistung und der Wertigkeit bezahlt. Bei der Herstellung von Auftragsproduktionen sind ebenso wie bei Eigenproduktionen viele Mitwirkende in verwaltenden, organisierenden, technischen, darstellenden und sonstwie künstlerischen Funktionen tätig. Der Produktionswert des Gesamtwerks wird dabei zwar vielfach durch die urheberrechtliche Leistung von Autor/Regisseur oder Mitwirkenden inhaltlich maßgeblich geprägt, wirtschaftlich - d.h. in bezug auf die Produktionskosten - dominieren jedoch in der Regel die sonstigen Leistungen und der Wert der eingesetzten Produktionsmittel den Leistungsanteil der Urheber und Interpreten.

2. *Urheberrechtliche Folgerungen*

Es entspricht den Prinzipien des Arbeitsrechts und des Auftragsrechts, daß derjenige, der eine Leistung bestellt und bezahlt, auch deren Ergebnisse verwerten kann. Das gilt auch für urheberrechtliche Leistungen, die im Zusammenhang mit der Herstellung von Programmen und Programmteilen durch Mitarbeiter und Rundfunkanstalten erbracht werden. Das gilt gleichermaßen auch bei Auftragswerken, die zu 100 % vom Rundfunkunternehmen bezahlt werden.

Stimmt dieses Prinzip auch mit dem Grundsatz des Urheberrechts überein, daß der Urheber- und Leistungsschutzberechtigte (Performer) angemessen an seiner Leistung beteiligt sein soll? Ich meine ja: Auch der Wert der gedanklichen schöpferischen Leistung wird mit der Zahlung des Gehaltes abgegolten. Die Gehaltshöhe ist von Inhalt und Umfang der Leistung bestimmt.

3. *Grenzen der Einmalvergütung*

Das vorstehende Prinzip, daß mit der vollständigen Bezahlung der Leistung im Rahmen eines Angestelltenvertrages oder eines Auftragsvertrages auch die urheberrechtliche schöpferische Leistung mit abgegolten ist, dürfte unbestritten sein für den Bereich, der sich auf die konkret geplante Sendung durch das Rundfunkunternehmen bezieht. Auch soweit solche Sendungen etwa im Wege der Live-Übernahme von Dritten weitergesendet werden, gibt es dazu wenig Kritik. Schwieriger wird es bereits, wenn für einzelne Produktionen kommerzielle Programmabgaben an andere Rundfunkunternehmen erfolgen oder wenn die urheberrechtlichen Leistungen in anderen Medien - z.B. im Film - verwertet werden. Schließlich sind die sog. Zweitwiedergaberechte von Rundfunksendungen im Blickfeld der Fragestellung, ob der angestellte Urheber oder Mitwirkende eine zusätzliche Vergütung verlangen kann oder ob er seine urheberrechtlichen Befugnisse zusätzlich selbst vermarkten kann.

Es dürfte an dieser Stelle klar werden, daß dies in erster und entscheidender Linie Fragen der Vertragsgestaltung sind.

Urheberrechtliche Befugnisse sind teilbar in die verschiedensten Nutzungsrechte; beispielsweise das Senderecht, das öffentliche Wiedergaberecht, das Vorführungsrecht lassen sich zeitlich oder örtlich begrenzt übertragen.

Was ist die angemessene Form des Rechteerwerbs bzw. der Rechteübertragung bei festangestellten Mitarbeitern oder bei Auftragswerken? Die Einbindung des

Urhebers oder Mitwirkenden in die Gesamtheit der an der Produktionen und der Herstellung des Gesamtprogramms beteiligten festangestellten Mitarbeitern spricht auf jeden Fall dafür, daß sämtliche Rechte, bezogen auf das hergestellte Programm, mit allen Senderechten, Wiederholungsrechten und auch den abgeleiteten Weiterverbreitungsrechten - z.B. die Kabelweiterverbreitung - einschl. der bei der Produktion oder der Wiedergabe des Programms vorkommenden Nutzungsrechte durch das Gehalt oder die 100 %ige Bezahlung der Auftragsproduktion abgegolten sind und werden sollen. Insbesondere die umfassende Risikoübernahme durch das Programmunternehmen spricht für eine solche Vertragsgestaltung. Auch praktische Gründe lassen es geboten erscheinen, daß die Rundfunkanstalt möglichst umfassend über die Urheber- und Mitwirkendenrechte derjenigen Personen verfügt, die bei ihm angestellt und von ihm sozial abgesichert sind. Die Weitergabe von Programmen und Programmstrecken an Dritte, die Weitergabe und kommerzielle Verwertung einzelner Programme gehört zu den Notwendigkeiten eines Rundfunkunternehmens, das nach wirtschaftlichen Gesichtspunkten Refinanzierungen für die Aufwendungen suchen muß, auch wenn Hauptfinanzierungsquellen beispielsweise im öffentlich-rechtlichen Rundfunk die Gebühren oder die Werbung sind. Auch kann es nicht davon abhängig sein, ob im Einzelfall eine Mitwirkung oder eine urheberrechtliche Leistung besonders günstig verwertet werden kann. Das schon einmal genannte Beispiel der weltweiten Übertragung der Leichtathletik-WM mit vielen hundert Mitarbeitern, die gleichermaßen zum Erfolg beigetragen haben wie wenige Reporter und Kameraleute als Leistungsschutzberechtigte, belegt, daß mit der Einbindung in eine Rundfunkanstalt als Festangestellter auch der Verzicht auf zusätzliche Honorierungen bei Mehrfachverwertung einzelner Leistungsschutzrechte oder Urheberrechte eingeschlossen sein sollte.

Das bedeutet im Ergebnis zunächst, daß die Verträge mit den angestellten Mitarbeitern so gestaltet sein sollten, daß dem Rundfunkunternehmen die zeitlich unbefristeten und räumlich unbeschränkten Nutzungsrechte auf alle bekannten Nutzungsarten an der zu erstellenden Produktion/dem Programm eingeräumt werden.

Bei der Übertragung von Urheberrechten besteht bekanntlich die Möglichkeit, einfache oder ausschließliche Urheberrechte zu erwerben. Nach dem vorher Gesagten ist es notwendig, daß an der konkreten Leistung und bezogen auf das konkret vorliegende Programmergebnis der Rundfunkunternehmer allein die Berechtigung hat, über die Ergebnisse dieser Arbeit zu verfügen. Etwas anderes könnte und sollte m.E. dann gelten, wenn eine erneute Verwertung in Frage steht *und* das Rundfunkunternehmen weder das Interesse hat, eine solche neue Verwertung vorzunehmen, *noch* berechtigte Interessen hat, eine solche Verwertung durch Dritte - Konkurrenten - auszuschließen. Dem Urheber - bei Mitwirkenden ist dieser Fall in der Praxis kaum relevant - sollte deswegen die Möglichkeit verbleiben, hinsichtlich eines urheberrechtlich geschützten Werks - und ausschließlich bezogen auf seine eigene Leistung, z.B. das Manuskript für eine Produktion - die Freigabe für eine Zweitnutzung bei dem Sendeunternehmen zu beantragen mit der Maßgabe, daß sich das Sendeunternehmen binnen einer bestimmten Frist äußern sollte, ob es selbst eine solche Zweitnutzung vornehmen will oder ob eine Zweitnutzung gegen berechtigte, vor allem Konkurrenzinteressen, verstößt. Auf diese

Weise könnte gerade in dem Bereich, in dem größere urheberrechtliche Leistungen zur Debatte stehen, ein angemessener Ausgleich durch Ausnahmen von der Regel der Vollübertragung in begrenztem Umfang zugelassen werden.

Für sog. Auftragsproduktionen gilt im Prinzip nichts anderes. Das hergestellte Gesamtwerk muß dem bestellenden Rundfunkunternehmen in der Regel mit allen Nutzungsrechten auch für Refinanzierungszwecke zur Verfügung stehen. Dagegen kann in der Regel das einem Gesamtwerk zugrunde liegende Urheberrecht auf die gleiche Weise im Einvernehmen mit dem Sendeunternehmen einer Zweitverwertung durch die Urheber, insbesondere einer Produktion für andere Zwecke, zugeführt werden. Ein klassisches Beispiel dafür wäre die Verwendung eines urheberrechtlich geschützten Stoffs für Zwecke von eigenständigen Theateraufführungen, Kabaretten oder dergleichen. Will das Sendeunternehmen eine solche Verwertung verhindern, so müßte es in verständiger Weise auch zur Unterstützung der urheberrechtlichen Interessen des Autors an einer möglichst umfassenden Verbreitung eine solche Verwertung vornehmen oder vornehmen lassen. Das wiederum wird nicht in allen Fällen möglich sein, insbesondere da nicht, wo die Weiterverwertung einer zusätzlichen urheberrechtlichen Bearbeitung durch den Urheber bedarf.

Somit läuft die Interessenabwägung bei *größeren* eigenständigen *Werken* wohl in der Regel darauf hinaus, daß - abgesehen von der konkreten Produktion - eine neue Verwertungsmöglichkeit für den Urheber eröffnet wird. Dabei dürfte es eine schwierige Abgrenzung im Einzelfall sein, ob der Urheber wegen der vorausgegangenen 100 %igen Bezahlung durch das Rundfunkunternehmen dieses an den zukünftigen Erfolgen auch dieser Werknutzung angemessen beteiligen muß. Soweit bekannt, findet in diesen Ausnahmefällen, also bei großen urheberrechtlichen Werken, eine finanzielle Beteiligung bei Zweitnutzung durch den Urheber in der Regel nicht statt.

4. *Verhältnis zu den Verwertungsgesellschaften*

Zahlreiche Werknutzungsrechte werden kollektiv von Verwertungsgesellschaften wahrgenommen. Eine solche kollektive Wahrnehmung von Urheber- oder Mitwirkendenrechten besagt jedoch noch nichts darüber, wem der Ertrag aus dieser Verwertung zusteht. Nach den dargestellten Überlegungen müßte, bezogen auf die Urheber- und Mitwirkendenrechte von festangestellten Mitarbeitern, das Rundfunkunternehmen die Ansprüche gegen die Verwertungsgesellschaft aus abgeleiteten Rechten stellen. Die Verwertungsgesellschaften müßten also an das Sendeunternehmen und nicht an die einzelnen Mitwirkenden zahlen. Das gilt vor allem für Weitersenderechte, für öffentliche Aufführungsrechte und für Bibliothekstantiemen. Nicht vereinbar mit solchen Regelungen wären auch Zahlungen der Verwertungsgesellschaften an festangestellte Mitarbeiter für Wiederholungssendungen oder Übertragungen von Ton- oder Bildträgern, die bei den Rundfunkproduktionen entstanden sind. Aus praktischen Gründen - weil Unterscheidungen nicht immer leicht zu treffen sind -, aber auch grundsätzlich, nehmen manche Verwertungsgesellschaften, insbesondere bei der sog. Kleinen Münze im Bereich der musikalischen Rechte, diese Unterscheidung nicht immer vor. Die Rundfunkunternehmen kümmern sich nicht hinreichend um die ihnen an sich zustehenden Rechtspositionen. Ja selbst für die Erstsendung erfolgen im Bereich der Kleinen Rechte meines Wissens Doppelzahlungen durch die Rundfunkunternehmen als Arbeitgeber einerseits und durch die Verwertungsgesellschaften im Rahmen eines allgemeinen Verteilungssystems andererseits. Sie sind dem Grunde nach nicht gerechtfertigt.

Zusammenfassung

Bei den Rundfunkunternehmen, insbesondere bei öffentlich-rechtlichen oder public sevice-Rundfunkveranstaltern, sind die urheberrechtlichen und die Mitwirkendenleistungen der Angestellten im Rahmen der arbeitsrechtlichen Verpflichtung grundsätzlich mitvergütet. Es entspricht einem angemessenen Interessenausgleich, daß das Rundfunkunternehmen umfassend über die von ihm hergestellten oder als Auftragswerke voll bezahlten Programme verfügen kann. Dies gilt auch in bezug auf kommerzielle Verwertungen zum Zwecke der Refinanzierung bzw. Verbesserung des wirtschaftlichen Gesamtergebnisses.

Die urheberrechtlichen Befugnisse richten sich in der Regel nach Vertragslage. Die vorgenannten Interessen der Rundfunkunternehmer müssen deswegen beim Anstellungsvertrag ebenso wie bei den Verträgen über Auftragsproduktionen klar geregelt werden.

Das gilt auch für die von Verwertungsgesellschaften wahrgenommenen Rechte. Rundfunkunternehmen können und sollten diese Rechte, soweit sie vertraglich abgesichert sind, als abgeleitete Rechte bei den Verwertungsgesellschaften geltend machen. Ein angemessener Interessenausgleich zugunsten von Urhebern kann bei großen Urheberrechten dadurch stattfinden, daß ihnen die Rechte für eine Wiederverwertung dann zustehen, *wenn* diese nicht von dem Rundfunkunternehmen wahrgenommen werden *und* das Rundfunkunternehmen keine legitimen Interessen hat, z.B. aus Konkurrenzgründen die Wiederverwertung zu verhindern.

*

Ziel dieses Beitrags sollte es sein, auf die komplexen und möglicherweise widerstreitenden Interessen der Rundfunkunternehmen und ihrer Mitarbeiter hinzuweisen; für die Zukunft gilt es, auch das Verhältnis zu den bestehenden Verwertungsgesellschaften neu zu überprüfen und eine Beteiligung an den wachsenden Zweitverwertungserlösen für die von Rundfunkveranstaltern bezahlten Leistungen sicherzustellen.

Michael Wolffsohn

Fernsehend, wegsehend: unsere Moralisten und der Völkermord

Wieder einmal überwältigt die Gegenwart besonders die deutschen Bewältiger der Vergangenheit. Daß sie die Toten früherer Völkermorde (besonders die Millionen von Juden) beklagen, ist richtig und moralisch selbstverständlich - aber heute unverbindlich und ungefährlich, leider auch zum Teil folgenlos. Erfolglos sind sie bedauerlicherweise auch bei der Bekämpfung der ausländerfeindlichen Verbrechen sowie der vielen antisemitischen Provokationen und Gedankenlosigkeiten. Ganz abgesehen davon muß durchaus gefragt werden: Hat die ständige Häme über einen nach innen gerichteten deutschen Patriotismus nicht den extremen Nationalisten unfreiwillig Schützenhilfe gewährt? Ein geläuterter, aufgeklärter, zugleich auch kosmopolitisch geprägter deutscher Patriotismus wird von diesen Bewältigern mit dem mörderischen Nationalsozialismus verwechselt. Ein folgenreicher Irrtum, vermengt mit Böswilligkeit, Dummheit und Scheinheiligkeit. Ihre innenpolitischen Gegner werden von diesen bewältigenden Moralisten fast schon zu Sypathisanten einstiger Völkermorde abgestempelt. Die wirklichen Verbrecher werden auf diese Weise (wenngleich unbeabsichtigt) verharmlost, und es entsteht ein politisch moralischer Freiraum für den heutigen Völkermord außerhalb Deutschlands. Zum Beispiel in Bosnien-Herzegowina.

Weshalb kümmern sich diese Bewältiger kaum, eigentlich gar nicht um die lebenden Menschen in Sarajewo, Mostar oder anderen Orten in Bosnien-Herzegowina? Wo bleibt der Aufschrei? Nicht einmal zum demonstrativen Lippenbekenntnis, zur Lippenbewegung reicht es bei der Friedensbewegung und anderen »Guten Deutschen«.

Ihren Eltern und Großeltern werfen diese Bewältiger zurecht vor, beim Judenmord weggesehen und nichts getan zu haben. Und sie selbst? 1988 gedachten viele zurecht und dankenswerterweise der fünfzigjährigen Wiederkehr der »Reichskristallnacht«. Aber über die Verwicklung deutscher Firmen in das militärische Vernichtungsprogramm des irakischen Diktators Saddam Hussein wurde geflissentlich geschwiegen. Man blieb zumindest erheblich passiver, denn der Protest war riskanter. Und wer hatte sich über die millionenfachen Morde der Roten Khmer in Kambodscha erregt. Der Vietnamkrieg empörte. Weil dort die USA ein- und angriffen? Der Golfkrieg hatte die Bewältiger, die »Guten Deutschen« erregt. Weil die Amerikaner dort engagiert waren? Schon der Völkermord Sadats an den irakischen Kurden und Schiiten ließ sie kalt. Den Genozid im einstigen Jugoslawien ignorieren sie. Fernsehend sehen auch die Bewältiger weg (und leider nicht nur sie), und das Wegsehen hat Methode. Sie sitzen im Glashaus und haben moralische Hornhaut. Auch andere, aber sie stilisieren sich wenigstens nicht zu den Ewig Guten. Sie schweigen zynisch, auch ohne schlechtes Gewissen.

Die Bewältiger sind geschicktere Verstellungskünstler als ihre Vorfahren, denen kein Fernsehen Bilder vom Völkermord ins Wohnzimmer ausstrahlte. Brezeln oder Fischli kauend fernsehend, gelangweilt, desinteressiert oder bestenfalls Konferenzen und Talk Shows über Gewaltlosigkeit in der Politik organisierend verpacken unsere »Moralisten« ihre sittliche Verrohung als »Nichtintervention«, als Beweis verinnerlichter Gewaltlosigkeit, als Friedensliebe. Friedhofsruhe bewirken sie.

Aber noch können Menschen gerettet werden. Wo ist die praktizierte Hilfe bei der Verhinderung eines neuen Völkermordes? Die Völker»gemeinschaft«, die UNO, segnet demnächst den Genozid ab, und als Regisseur agiert der selbsttrunkene EG-Vermittler Lord Owen.

Was wir aus der Geschichte lernen? Daß Aggression als Mittel der Politik heute sogar noch belohnt, völkerrechtlich anerkannt und scheinmoralisch gebilligt wird. Die Völkergemeinschaft duldet Völkergemeinheit und Völkermord. »Nichts Neues unter der Sonne«, lesen wir schon in »Prediger Salomonis«, im Alten Testament. Heute Bosnien, gestern der noch viel mörderischere Holocaust, den zum Beispiel die BBC (wie wir jetzt dokumentiert wissen) faktisch aus höchst unehrenhaften Motiven verschwieg. Auch die US-Regierung blieb damals untätig. Man beweinte das Los der Opfer, aber weigerte sich beharrlich, Auschwitz oder die Zufahrtswege zu dieser Hölle zu bombardieren. Nichts Neues, nur Zynisches. Man verdecke es aber bitte nicht mit Bewältigungsphrasen.

Auch ohne militärisches Eingreifen gäbe es genügend Hilfs- und politische Interventionsmöglichkeiten.

Wegen Werksschließungen (wer bedauerte sie nicht?) entschließen sich hierzulande auch Nichtbetroffene, doch Dickbauchige zu Hungerstreiks, während in Bosnien-Herzegowina Tausende vom Hungertod bedroht sind. Was ist das für eine Moral? Während Menschen ermordet werden und verhungern müssen, interessieren wir uns vor allem um die Weizsäcker-Nachfolge und die Renten. Hauptsache, uns geht es gut.

Den islamischen Fundamentalismus fürchtet die Welt. Doch hilft sie den gemäßigten Muslimen in Bosnien-Herzegowina? Man wundere sich nicht, daß und wenn extreme Muslime meinen, ihnen helfe nur noch Gewalt. Unsere »Bewältiger« und »Moralisten« ermutigen sie in dieser Haltung.

Die Bewältiger betonen die Einzigartigkeit des Holocaust und ihre Sicht als einzig moralische Großartigkeit. Sie ist Großspurigkeit und Heuchelei, wenn sie zur verschönenden Tarnung der moralischen Verrohung dient.

Mit solchen Freunden brauche ich (auch als Jude) keine Feinde mehr. Ich halte mich lieber an meinen Glaubensgenossen Simon Wiesenthal. Rastlos setzt sich dieser von den Nazis und ihren Helfern Gemarterte dafür ein, nicht länger fernsehend von dem Völkermord auf dem Balkan wegzusehen. Er macht die heute (noch?) lebenden Bosnier nicht dafür verantwortlich, daß sich ihre Vorfahren gestern mit Adolf Hitler und dem Großmufti von Jerusalem aktiv an der Judenvernichtung beteiligten. Wiesenthal will als Jude, einfach als Mensch menschlich handeln und gemäßigte Muslime ermutigen, gemäßigt zu bleiben. Was für ein Beispiel!

Franz-Christoph Zeitler

Erfahrungen bei der EG-Steuerharmonisierung, insbesondere zu den Prinzipien der Subsidiarität und der Einstimmigkeit

I. *Einleitung*

Als erfolgreicher Steuerpolitiker und zugleich Steuerpraktiker - beide Eigenschaften sind ja bei den Akteuren der Gesetzgebung nicht immer deckungsgleich - hat Prof. Dr. Reinhold Kreile stets die »grenzüberschreitenden« Zusammenhänge des Steuerrechts im Auge gehabt.

So hat er - auch zur Steuervereinfachung - auf die Anpassung des Steuerrechts an das *Handelsrecht* hingewirkt - technisch vor allem die auf Maßgeblichkeit der Handelsbilanz für die Steuerbilanz (z.B. Lifo-Verfahren) bei der Vorbereitung der Steuerreform 1990.

Mit großer Leidenschaft hat er die *volkswirtschaftlich* gebotene Ausrichtung des Steuerrechts am Ziel der *Wachstumsfreundlichkeit* betrieben, wofür die wichtigen Steuergesetze der Jahre 1983, 1984 (z.B. Milderung der Gewerbesteuerlast durch verringerte Hinzurechnung von Dauerschulden und Dauerschuldzinsen, Senkung der betrieblichen Vermögensteuer) und die Etappen der »historischen« Tarifreform der Jahre 1986 bis 1990 als Beispiel dienen mögen.

Frühzeitig befaßte sich Prof. Dr. Reinhold Kreile auch mit den Auswirkungen der europäischen Einigung auf die Standortwahl der Unternehmen und die Steuergesetzgebung in den Mitgliedstaaten der Europäischen Gemeinschaft (seit 1. Januar 1993 »Europäische Union«). Als Beispiel hierfür möge seine Befassung mit dem seinerzeitigen Vorentwurf einer EG-Richtlinie über die Harmonisierung der steuerrechtlichen Gewinnermittlungsvorschriften dienen.[1]

Ich will versuchen, einige praktische Erfahrungen der europäischen Steuerharmonisierung darzustellen, bei der in den Entscheidungssituationen immer wieder die Frage nach »Einstimmigkeit« oder »Mehrheitsprinzip« als Konfliktlöser auftaucht. Es ist zu fragen, ob die häufig gebrauchte These, dem Einigungsprozeß sei am ehesten mit einer möglichst breiten Anwendung des Mehrheitsprinzips gedient, zutrifft und es nicht der Akzeptanz des Einigungsprozesses in den Mitgliedstaaten und somit der Vorbereitung weiterer notwendiger Harmonisierungsstufen mehr dient, wenn sich alle Mitgliedstaaten in der europäischen Rechtssetzung wiederfinden. Die Einstimmigkeit und damit die Möglichkeit eines Mitgliedstaates, den Abstimmungsprozeß im Extremfall zu blockieren, mag zwar zeitliche Verzögerungen auslösen, bei *wirklichen* Problemen und tatsächlichem, von der

1 Kreile, Zum Vorentwurf einer EG-Richtlinie über die Harmonisierung der steuerrechtlichen Gewinnermittlungsvorschriften, DB-Beilage Nr. 18 zu Heft 45/1988.

Sache her gebotenem Harmonisierungsbedarf ist der Druck zum Kompromiß erfahrungsgemäß so groß, daß sich einerseits eine »Blockadehaltung« kaum lange durchhalten läßt, andererseits aber die wesentlichen Interessen auch der in Minderheit befindlichen Mitgliedstaaten von der Mehrheit aufgenommen werden müssen.

II. *Grundsatzfragen der Steuerharmonisierung*

1. *Die steuerpolitische Diskussion im Rat*

Der EG-Vertrag weist der Kommission in vielen Fragen der Gesetzgebung ein Initiativrecht zu[2]. Ohne daß damit die Möglichkeit zur politischen Initiative im Rat beeinträchtigt würde, ist es deshalb Aufgabe der Europäischen Kommission, Harmonisierungskonzepte und -programme zu entwickeln. Dies erfolgt meist in einem »Weißbuch« (bei umfangreichen Vorhaben) oder in »Mitteilungen« (communications) an den Rat und das Europäische Parlament. Zwei Beispiele hierzu aus dem Steuerbereich mögen dies verdeutlichen: Das Weißbuch der EG-Kommission vom Juni 1985 zur Vollendung des Binnenmarktes für die indirekten Steuern[3] und die Leitlinien der Kommission zur Unternehmensbesteuerung vom April 1990[4] und vom Juni 1992[5].

In dem Weißbuch hatte die Kommission das Programm und den Zeitplan für die Schaffung des Europäischen Binnenmarktes festgelegt. Als neue wesentliche Voraussetzung hierfür nannte sie die Beseitigung der Steuergrenzen. Die Zielsetzung und der Zeitplan des Binnenmarkt-Programms sind nach Billigung durch den Europäischen Rat alsbald in die Einheitliche Europäische Akte im Jahre 1987 und in den EWG-Vertrag - jetzt EG-Vertrag (Art. 7 a) - aufgenommen worden. Die politische Grundsatzeinigung im Rat wurde dadurch rechtsverbindlich. Allerdings konnte die vorgeschlagene Umsatzbesteuerung nach dem Ursprungslandprinzip nicht erreicht werden, weil die meisten Mitgliedstaaten die Bedingungen dafür bis zum Zieldatum für die Vollendung des Binnenmarktes am 31. Dezember 1992 nicht als erfüllt ansahen.

In ihren Leitlinien vom April 1990 hat die Kommission die Maßnahmen festgelegt, deren Annahme durch den Rat sie ursprünglich unter Binnenmarkt-Aspekten - ebenfalls bis Ende 1992 - für erforderlich hielt. Diese Maßnahmen betreffen die Besteuerung der grenzüberschreitenden Einkommensströme (Dividenden, Zinsen, Lizenzgebühren). Gleichzeitig hat sie ihr Harmonisierungskonzept für die direkten Steuern grundlegend geändert, indem sie das bisher verfolgte Ziel einer *Vollharmonisierung* der Ertragsteuern *aufgab* und sich für ein Konzept einer

---

2 Z.B. Artikel 99, 100: »Der Rat erläßt auf Vorschlag der Kommission . . . Bestimmungen«.

3 Dok. KOM (85) 310 endg., BR-Drucks. 289/85.

4 Mitteilung der Kommission der Europäischen Gemeinschaften an das Parlament und den Rat über Leitlinien zur Unternehmensbesteuerung Dok. SEK (90) 601 endg.; BR-Drucks. 360/90.

5 Mitteilung der Kommission der Europäischen Gemeinschaften an den Rat und das Europäische Parlament im Anschluß an die Schlußfolgerungen des unabhängigen Sachverständigenausschusses über die Leitlinien für die Unternehmensbesteuerung im Rahmen der Vertiefung des Binnenmarktes, Ratsdok. 7021/92 FISC 100, BR-Drucks. 540/92.

»Minimal«-Harmonisierung entschied. Harmonisierungsmaßnahmen sollen danach künftig auf das zur Verwirklichung des Binnenmarktes unerläßliche Maß beschränkt werden. Die »Leitlinien« vom Juni 1992 befassen sich vorrangig mit der mittel- und längerfristigen Entwicklung der Unternehmensbesteuerung in der Gemeinschaft - aufbauend auf den Empfehlungen, die der sogen. Ruding-Ausschuß in seinem Bericht vom März 1992 ausgesprochen hat. Die Kommission geht hier zu Recht »behutsam« vor. Richtlinienvorschläge will die Kommission erst vorlegen, wenn das »Terrain« durch eine breit angelegte Diskussion mit den Mitgliedstaaten und der Wirtschaft sondiert ist und somit weitgehende Akzeptanz in der Öffentlichkeit besteht. Die Kommission will dabei pragmatisch und schrittweise vorgehen. Vorschläge für Gemeinschaftsregelungen sollen auf der Grundlage des *Subsidiaritätsprinzips* unter Berücksichtigung der Haushaltsverpflichtungen der Mitgliedstaaten im Zusammenhang mit der Wirtschafts und Währungsunion gemacht werden.

Unabhängig vom Initiativrecht der Kommission hat der *Rat* die Möglichkeit, sich von Richtlinienvorschlägen der Kommission zu lösen und auch ohne solche Vorschläge eine steuerpolitische Diskussion zu führen. Bei einer Einigung kann es dann zur Festlegung von »Eckdaten« für ein Harmonisierungsvorhaben kommen. Die Ausarbeitung, Beratung und Annahme eines »Rechtstextes« schließt sich dann an. Ein solches Vorgehen kann sich empfehlen oder gar erforderlich sein, wenn sich Lösungsvorschläge der Kommission trotz intensiver Beratungen als nicht konsensfähig erweisen, oder wenn die Vorlage einigungsfähiger Richtlinienvorschläge eine Entscheidung über Grundfragen voraussetzt. Der politische Kompromiß geht hier der Erarbeitung eines konkreten Rechtstextes voran.

So sind z.B. den Richtlinien aus den Jahren 1991 und 1992, die die geltenden Übergangsregelungen bei der Umsatzsteuer enthalten, Grundsatzbeschlüsse - oder wie es in der EG-Fachsprache heißt »Schlußfolgerungen« (conclusions) - des Rates in den Jahren 1989 und 1990 vorausgegangen. Desgleichen sind die Richtlinienvorschläge zur Festlegung der zu harmonisierenden und der nicht zu harmonisierenden Verbrauchsteuern sowie der ab 1. Januar 1993 gültigen Mindestsätze einem Grundsatzbeschluß des Rates vom Juni 1991 gefolgt. Dieser in einer langen Nachtsitzung in Luxemburg erreichte Beschluß brachte in dem schwierigen Gebiet der Verbrauchsteuern erst den entscheidenden Durchbruch.

Ein jüngstes Beispiel betrifft das nicht weniger schwierige Vorhaben der Harmonisierung der Zinsbesteuerung. Über den Richtlinienvorschlag der Kommission hierzu vom Februar 1989 konnte kein Konsens gefunden werden. Da das Problem infolge der mit dem Binnenmarkt verbundenen völligen Liberalisierung des Kapitalmarkts und (in Deutschland) durch ein Urteil des Bundesverfassungsgerichts für die Mitgliedstaaten immer drängender geworden ist, konnte der Rat im Oktober 1993 unter belgischer Präsidentschaft Einvernehmen darüber erzielen, *daß* die steuerliche Erfassung von Zinseinkünften innerhalb der Union angeglichen werden muß. Der wichtigste Schritt fehlt allerdings noch, nämlich der *rechtlich* verbindliche Beschluß für die Erfassung der Zinseinkünfte. Auch hier wird die Gestaltung einer Richtlinie erst nach einem Grundlagenbeschluß des Rates möglich sein. Wir wollen während der deutschen Präsidentschaft intensiv hieran arbeiten.

2. *Richtlinienharmonisierung und »stille Harmonisierung«*

Die Steuerharmonisierung nach dem EG-Vertrag erfolgt grundsätzlich durch Rechtssetzung auf Gemeinschaftsebene. Nach Artikel 99 - EG-Vertrag erläßt der Rat die Bestimmungen zur Harmonisierung der Rechtsvorschriften der Mitgliedstaaten über die Umsatzsteuern und Verbrauchsteuern; nach Artikel 100 erläßt er Richtlinien für die Angleichung von Rechts- und Verwaltungsvorschriften der Mitgliedstaaten (darunter auch der direkten Steuern), »die sich unmittelbar auf die Errichtung oder das Funktionieren des Gemeinsamen Marktes auswirken«. Die Rechtsakte der Gemeinschaft gelten entweder unmittelbar in den Mitgliedstaaten - wie die EG-Verordnung (Artikel 189 Abs. 2 EG-V) - oder sie sind - wie die Richtlinie (Artikel 189 Abs. 3 EG-V) - für die Mitgliedstaaten jedenfalls hinsichtlich ihres Ziels verbindlich. Im Zusammenhang mit der Harmonisierung durch Gemeinschafts-Rechtsakte spricht man hier von *»offener« Harmonisierung.*

Demgegenüber steht die *»stille Harmonisierung«* oder »stille Konvergenz«. Sie setzt auf eine Angleichung des Steuerrechts der Mitgliedstaaten infolge gleichgerichteter politischer Überzeugungen und Einsichten oder des Wettbewerbs der nationalen Steuersysteme, also der Marktkräfte. Ihr Vorteil wird vor allem in einem Verzicht auf eine zentrale, »gleichschaltende« Rechtsangleichung gesehen, die den Mitgliedstaaten gelegentlich einen »Kraftakt« abverlangt, zu dem sie - auch wegen damit verbundener Komplizierungen und Systembrüche im innerstaatlichen Recht - nicht immer bereit sein werden. Sie erlaubt zudem eine spätere Anpassung des innerstaatlichen Rechts an veränderte Verhältnisse. Die stille Harmonisierung kann unterstützt werden durch Konsultationen zwischen den Mitgliedstaaten (etwa auf der Ebene der »Steuerdirektoren«) mit dem Ziel einer »freiwilligen Konvergenz«.

Aus der Sicht der Gemeinschaftsorgane war und ist die stille Harmonisierung jedenfalls für den Bereich der *indirekten Steuern,* für den der EG-Vertrag einen klaren Harmonisierungsauftrag enthält, nicht akzeptabel. Insbesondere wäre es nicht hinnehmbar, daß sich die indirekte Besteuerung der Mitgliedstaaten mangels rechtlich bindender Verpflichtungen wieder auseinander entwickeln könnte. Hierfür spricht, daß indirekte Steuern den Preis einer Ware und damit die Wettbewerbsverhältnisse im Binnenmarkt unmittelbar beeinflussen, während die direkten Steuern Kostenfaktoren sind, die die Wettbewerbsposition nur mittelbar, ähnlich wie z.B. Lohnkosten und Energiekosten, beeinflussen.[6]

Die stille Harmonisierung ist aber für den Bereich der direkten Steuern diskutiert worden, für den es kein vertragliches Harmonisierungsgebot gibt. Die Frage war Gegenstand der Untersuchung des von der Europäischen Kommission eingesetzten Ruding-Ausschusses[7]. Der Ausschuß hatte zu prüfen, ob - von ihm festgestellte - Wettbewerbsverzerrungen infolge der bestehenden Steuerunterschiede in den Mitgliedstaaten durch die Marktkräfte und den Steuerwettbewerb beseitigt

6 Vgl. Zeitler/Jüptner, Europäische Steuerharmonisierung und direkte Steuern, BB-Beilage 17 zu Heft 32/1988, S. 3 f.

7 Commission of the European Communities (Ed.), Report of the Committee of Independent Experts on Company Taxation, Luxemburg, März 1992.

werden können oder ob die Notwendigkeit gemeinschaftlichen Vorgehens bestehe. Das Urteil des Ausschusses hierzu ist pessimistisch ausgefallen. Er stellte zwar eine gewisse Konvergenz der nationalen Steuervorschriften im europäischen Wirtschaftsraum seit 1980 fest. Immerhin hat sich die Bandbreite der KSt-Sätze auf den thesaurierten Gewinn erheblich verringert: bis 1990 waren es noch 26-%-Punkte (56 % in D, 30 % in Ö), 1994 sind es noch 12-%-Punkte (45 % in D, 33 % in GB). Dennoch bejahte der Ausschuß ein Bedürfnis für ein weiteres Tätigwerden auf Gemeinschaftsebene. Die Europäische Kommission ist dieser Analyse in ihren Leitlinien zur Unternehmensbesteuerung vom 26. Juni 1992 im wesentlichen gefolgt.

Die »stille Harmonisierung« hat somit eine nicht zu unterschätzende »Auffangfunktion« vor allem bei der Angleichung von Steuersätzen, wird aber i.d.R. nicht zur Harmonisierung der *Steuersysteme* führen.

3. *Der Grundsatz der Subsidiarität*

Eine der zentralen Fragen im Rahmen der Entwicklung der Europäischen Union ist ihr innerer Aufbau und der Umfang des Handlungsspielraums, der den Mitgliedstaaten verbleibt. Diese Frage ist unter dem Stichwort »Subsidiarität« diskutiert worden. Das »Subsidiaritätsprinzip« ist nunmehr im EG-Vertrag (Art. 3 b Abs. 2) verankert. Es ist damit nicht nur politischer Programmsatz, sondern definierter Rechtsbegriff, der strikte Anwendung verlangt. Zugleich ist es ein wesentliches Element für das Funktionieren Europas und die Akzeptanz bei den Bürgern.

Der Grundsatz der Subsidiarität gilt für alle Bereiche der konkurrierenden Gemeinschaftszuständigkeit. Zu diesen Bereichen gehören auch die Materien, die vom Binnenmarkt-Programm erfaßt werden, somit auch die Steuerharmonisierung.

Nach Artikel 3 b des Vertrags wird die Gemeinschaft nur tätig, sofern und soweit die Ziele der in Betracht gezogenen Maßnahmen auf der Ebene der Mitgliedstaaten nicht ausreichend erreicht werden können und sich daher wegen ihres Umfangs oder ihrer Wirkungen besser auf Gemeinschaftsebene erreichen lassen. Die praktische Anwendung des Prinzips vollzieht sich in zwei Stufen:

Zunächst ist zu prüfen, *ob* im Hinblick auf die angestrebten Ziele, den Umfang und die Auswirkungen des Problems sowie die Handlungsmöglichkeiten der Mitgliedstaaten überhaupt ein Handeln auf Gemeinschaftsebene notwendig ist. Bejahendenfalls ist zu fragen, *wie* unter Berücksichtigung des Verhältnismäßigkeitsgrundsatzes die Gemeinschaft handeln soll.

Über die Auslegung und Anwendung dieser Regelung hat es Differenzen mit der Europäischen Kommission gegeben. Auf diesen Streit soll hier nicht näher eingegangen und stattdessen auf das Urteil des Bundesverfassungsgerichts vom 12. Oktober 1993 und den Beschluß der Europakammer des Bundesrates vom 8. Dezember 1993 verwiesen werden.[8]

---

8 BVerfG, Urteil vom 12. 10. 1993 - 2 BvR 2134/92 und 2 BvR 2159/92, EuZW 1993 S. 667; Beschluß des Bundesrates - Europakammer -, BR-Drucksache 767/93 (Beschluß) vom 8. Dezember 1993.

Zwei wichtige Erkenntnisse sind hervorzuheben: Das Subsidiaritätsprinzip kann einmal stets nur kompetenzbegrenzend wirken, aber nie als Grundlage für eine Erweiterung der Gemeinschaftszuständigkeit dienen. Zum anderen kann ein bloßer »europäischer Mehrwert« eines Gemeinschaftshandelns nicht ausreichen, um dem Prinzip zu genügen. Ein Gemeinschaftshandeln scheidet vielmehr schon dann aus, wenn ein Ziel auf der Ebene der Einzelstaaten ausreichend erreicht werden kann.

Wie ist nun das Subsidiaritätsprinzip bei der Steuerharmonisierung zur Geltung zu bringen? Die Europäische Kommission scheint bisher auf dem Standpunkt zu stehen, die Subsidiarität sei bei Maßnahmen der Steuerrechtsangleichung bereits beachtet, wenn sie auf das für das Funktionieren des Binnenmarktes notwendige Maß beschränkt werden. Eine entsprechende Beschränkung hatte die Kommission, wie erwähnt, in ihren Leitlinien zur Unternehmensbesteuerung angekündigt. Wäre die Ansicht der Kommission richtig, hätte also das Subsidiaritätsprinzip im Steuerbereich keine weitergehenden Auswirkungen.

Diesem Standpunkt steht entgegen: Die Beschränkung auf das für Funktionieren des Binnenmarktes Notwendige ergibt sich bereits aus dem Grundsatz der Verhältnismäßigkeit und unmittelbar auch aus den Einzelermächtigungen für die Steuerrechtsangleichung in Art. 99 und 100 EG-Vertrag. Die Prüfung der Subsidiarität erfordert also zusätzliche Kriterien.

Die Bundesregierung will das Erfordernis der Subsidiarität bei ihrem Ziel der Harmonisierung der Zinsbesteuerung in den Vordergrund stellen. Notwendigkeit und Zulässigkeit einer Harmonisierung dieses Teilbereichs direkter Steuern folgen aus dem grenzüberschreitenden Charakter der Kapitalströme in einem liberalisierten Binnenmarkt ohne Kapitalverkehrskontrollen und der Bedeutung der Kapitalbewegungen für das Funktionieren des Binnenmarkts. Daraus folgt aber nicht die Notwendigkeit einer detaillierten Richtlinie, die einheitliche Rahmenbestimmungen für die Zinsbesteuerung entwickelt, die unabhängig von den historisch gewachsenen Unterschieden der einzelnen »Steuerkulturen« der Mitgliedstaaten zu beachten wären. M.E. darf deshalb nicht vorgeschrieben werden, ob die Zinsbesteuerung nach dem Modell einer »Anrechnungssteuer« oder einer »Abgeltungssteuer« zu erfolgen hat und es *braucht* jedenfalls auch nicht eine Entscheidung zwischen dem Kontrollmitteilungssystem ohne Bankgeheimnis und dem System einer Abzugssteuer mit Bankgeheimnis getroffen zu werden. Notwendig und hinreichend ist eine rechtliche Festlegung, wonach alle Mitgliedstaaten eines der beiden in Europa praktizierten Systeme zur Verifikation der Besteuerung von Kapitalerträgen anwenden müssen und zwar nicht nur für ihre eigenen Staatsbürger, sondern für alle »Unionsbürger« (Artikel 8 EG-Vertrag). Außerdem ist für die Staaten mit Abzugssteuer die Festsetzung eines Mindestsatzes erforderlich.

»Subsidiarität« bedeutet hier also eine rechtliche Verpflichtung im wesentlichen über das »Ob« und die Mindesthöhe der Besteuerung bei weitgehender Wahlfreiheit der Mitgliedstaaten über das »Wie«.

III. *Das Einstimmigkeitsprinzip in Steuerfragen*

1. *Abstimmungsgrundsätze nach dem EG-Vertrag*

Systematisch sieht der EG-Vertrag als Regel Ratsbeschlüsse mit einfacher Mehrheit vor (Art. 148 EG-V). Er enthält aber zahlreiche Ausnahmen hiervon, so daß tatsächlich die Abstimmungen mit qualifizierter Mehrheit oder mit Einstimmigkeit überwiegen. Die Einstimmigkeit ist Ausfluß der Souveränität der Staaten, also des allgemeinen völkerrechtlichen Grundsatzes, daß ein Staat nicht gegen seinen Willen rechtlich gebunden werden kann. Im EG-Vertrag ist sie für Bereiche vorbehalten worden, in denen der Vertrag für die Mitgliedstaaten besonders einschneidende und zudem generalklauselartig umschriebene Rechtssetzungskompetenzen des Rates einräumt. Die für die Steuern bedeutsamen Vorschriften der Artikel 99 und 100 EG-Vertrag sind wichtige Beispiele dafür.

In den römischen Verträgen war - bei einer aus sechs Mitgliedstaaten bestehenden Gemeinschaft - ursprünglich noch die Einstimmigkeit die Regel. Nachfolgende »Abstriche« von diesem Grundsatz mit dem Ziel, die Entscheidungsfindung im Rat und damit den Integrationsprozeß zu beschleunigen, waren stets eine »schwierige Geburt«. Das Einstimmigkeitsprinzip wurde erstmals zugunsten einer Beschlußfassung mit qualifizierter Mehrheit für das Gebiet der Landwirtschaft durchbrochen. Dies sollte mit Ablauf der sog. Übergangszeit zum 31. Dezember 1965 geschehen. Es kam jedoch zu Differenzen zwischen den Mitgliedstaaten. Insbesondere veranlaßte der Übergang zu Mehrheitsentscheidungen Frankreich zu einer Politik des »leeren Stuhls«. Man hat sich schließlich im sog. Luxemburger Kompromiß vom 26. Januar 1966 geeinigt. Nach der Vereinbarung trifft der Rat grundsätzlich keine Mehrheitsentscheidung gegen einen Mitgliedstaat, der geltend macht, bei einem anstehenden Beschluß handele es sich für ihn um eine Angelegenheit von »sehr wichtigem Interesse«. Jeder Mitgliedstaat konnte so also verhindern, durch eine Mehrheitsentscheidung überstimmt zu werden. Als Folge dieser Verständigung kam es in der Zeit von 1966 bis 1985 - bis auf wenige Ausnahmen - nur im Haushaltsbereich zu Mehrheitsbeschlüssen.

Mit der Einheitlichen Europäischen Akte vom 28. Februar 1986[9] wurde schließlich in verschiedenen Kompetenzbereichen die Einstimmigkeit durch das Mehrheitsprinzip ersetzt[10]. Damit sollte eine deutliche Beschleunigung der europäischen Integration erreicht werden. Allerdings wurde das Einstimmigkeitsprinzip in den besonders sensiblen Bereichen, die die wirtschaftlichen und politischen Interessen der Mitgliedstaaten nachhaltig berühren, beibehalten. Dies gilt insbesondere für Regelungen zu institutionellen Fragen und auf dem Gebiet der Steuerpolitik.

---

9 BGBl. II 1986, S. 1102.

10 Artikel 28, 59 Abs. 2, 70 Abs. 1, 84 Abs. 2, 100 a Abs. 1, 100 b Abs. 1 unter Abs. 2, 118 Abs. 2, 130 e Abs. 1, 130 k Abs. 2, 130 l Abs. 2, 130 q Abs. 2 EG-Vertrag.

An der Geltung des Einstimmigkeitsprinzips für die *Steuerharmonisierung* hat sich durch den Maastrichter Vertrag[11] nichts Grundsätzliches geändert. Die Bundesrepublik Deutschland war sich mit den meisten anderen Mitgliedstaaten darüber einig, daß die Einstimmigkeit bei der Harmonisierung der indirekten Steuern (Art. 99 EG-V) und bei der allgemeinen Ermächtigung zur Rechtsangleichung (Art. 100 EG-V) beibehalten werden muß. Ein während der Konferenz von Belgien gemachter Vorschlag, die in Art. 99 EG-V vorgeschriebene Einstimmigkeit zugunsten des Mehrheitsprinzips aufzugeben, um einen wettbewerbsverzerrenden »Steuerentlastungswettlauf« zwischen den Mitgliedstaaten zu begrenzen, wurde deshalb nicht aufgegriffen. In der Tat ist nicht ein Übermaß an Entlastungen, sondern eher der Anstieg der Steuerquote das Problem der meisten europäischen Staaten.

2. *Bedeutung der Einstimmigkeit für die Bundesrepublik Deutschland*

Der Grundsatz der Einstimmigkeit von Ratsentscheidungen im Steuerbereich hat gerade für das föderalistische Verfassungsgefüge der Bundesrepublik Deutschland zentrale Bedeutung. Ließe man nämlich Mehrheitsentscheidungen des Rates in Steuerfragen zu, würden die verfassungsmäßigen Mitwirkungsrechte des Bundesrats bei der Gesetzgebung zu den Gemeinschaftsteuern empfindlich beschnitten. Zu diesen Steuern gehört u.a. die Umsatzsteuer, die zwischenzeitlich weitgehend harmonisiert worden ist und an deren Aufkommen die Länder (ab 1995) mit 44 % beteiligt sind.

3. *Erfahrungen mit Einstimmigkeit und mit Mehrheitsentscheidungen*

a) *Verbrauchsteuern*

Im Zuge der Verbrauchsteuerharmonisierung hat die deutsche Seite infolge der notwendigen Einstimmigkeit gegen erheblichen Widerstand anderer Mitgliedstaaten eine Reihe von Maßnahmen durchsetzen können, die für wichtige Bereiche der deutschen Wirtschaft wettbewerbsnotwendig waren. Beispielhaft läßt sich hierfür anführen:

Bei der Biersteuer konnten wir durch hartes Verhandeln erreichen, daß für mittelständische Brauereien bis zu einem Jahresausstoß von 200.000 Hektolitern eine nach der Produktion gestaffelte Steuerermäßigung bis zu 50 % vorgesehen wurde. Dies hat es erlaubt, die in Deutschland übliche Mengenstaffel bis zu einer Jahreserzeugung von 200.000 Hektolitern beizubehalten. Für kleine und mittlere Brauereien bedeutet dies sogar eine Verbesserung gegenüber der bisherigen Steuerbelastung.

Die Europäische Kommission hatte ursprünglich vorgeschlagen, nur Brauereien mit einem Jahresausstoß bis zu 60.000 Hektolitern eine Ermäßigung, und dies nur bis zu maximal 20 % zuzugestehen.

---

11 Vertrag zur Gründung der Europäischen Gemeinschaft (EG) in der Fassung des Titels II des Vertrages über die Europäische Union vom 7. Februar 1992.

Auch bei der Branntweinsteuer haben wir wichtige Entscheidungen durchgesetzt, mit der die schwierige Existenz mittelständischer Abfindungsbrennereien nachhaltig gesichert wird. Es handelt sich hier größtenteils um landwirtschaftliche Familienbetriebe, die zur Einkommenssicherung insbesondere Obst brennen. Nach zähen Verhandlungen konnten höhere Abgaben und neue steuerliche Kontrollmechanismen für die mittelständischen Brennereien vermieden werden. Es blieb bei dem bisherigen Verfahren der Pauschalbesteuerung zum ermäßigten Steuersatz. Die Bundesregierung hatte von vornherein deutlich gemacht: Familienbetriebe mit einer Produktion, die am grenzüberschreitenden Wettbewerb nicht teilnehmen, dürfen nicht durch eine »Harmonisierung um der Harmonisierung willen« vom Markt verdrängt werden. Die Besteuerung der mittelständischen Kleinbrenner kann nach dem bisherigen Verfahren unbefristet beibehalten werden. Der gewonnene Alkohol von Kleinerzeugern gelangt schon mit seiner Herstellung in den freien Verkehr.

Die Vorschläge der Kommission zur Tabaksteuer sahen zunächst nur einen einheitlichen Steuersatz für Rauchtabak vor, der sich der Höhe nach an dem für Feinschnitt orientierte. In Deutschland wird Pfeifentabak, der anders als Feinschnitt, nicht als unmittelbares Substitutionsprodukt für Zigaretten gilt, wesentlich niedriger besteuert. Die wirtschaftliche Existenz der deutschen Pfeifentabakhersteller wäre durch die drohende Erhöhung der Steuer stark gefährdet worden. Obwohl Deutschland zunächst mit dieser Auffassung isoliert war, gelang dennoch eine Aufspaltung der Rauchtabakbesteuerung.

Bei den Verhandlungen in Brüssel haben wir außerdem die Abschaffung der Besteuerung von Kau- und Schnupftabak ab 1993 durchsetzen können. Die ursprünglichen Kommissionsvorschläge hätten eine Verdreifachung der Steuerbelastung des Endverbrauchspreises von etwa 14 % auf bis zu 43 % bedeutet und sich für die betroffenen mittelständischen Unternehmen existenzbedrohend ausgewirkt.

Schließlich ist es uns gelungen, die Einführung einer allgemeinen Weinsteuer zu verhindern. Der gefundene Kompromiß sieht zur Sicherstellung der Besteuerung in anderen EU-Ländern vor, Wein in das steuerliche überwachte Beförderungssystem einzubeziehen. Rund 90 % unserer mittelständischen Winzerbetriebe (mit bis zu 1.000 Hektoliter Jahreserzeugung) sind allerdings von den sonst vorgesehenen zusätzlichen Begleitdokumenten befreit, wenn sie in andere Länder der EU liefern.

b) *Umsatzsteuer*

Zur Erleichterung der Umstellung auf die neue umsatzsteuerliche Übergangsregelung im Rahmen des Binnenmarktes[12] hat die Bundesrepublik Deutschland durch einstimmigen Ratsbeschluß für kleine und mittlere Unternehmen die Möglichkeit erhalten, bestimmte *Vereinfachungen* vorzusehen. Dieser Ratsbeschluß vom 21. Dezember 1992[13] auf der Basis von Artikel 22 Abs. 12 Buchst. b der 6.

---

12 Richtlinie 91/680/EWG - ABl. EG Nr. L 376 S. 1.
13 ABl. EG Nr. L 408 S. 10.

EG-Richtlinie[14] hat zu einer gesetzlichen Regelung in § 18 a Abs. 6 des Umsatzsteuergesetzes geführt, wonach kleine und mittlere Unternehmen die Zusammenfassende Meldung unter bestimmten Voraussetzungen nicht vierteljährlich, sondern nur jährlich abgeben müssen. Diese Unternehmer sind somit nur einmal im Jahr verpflichtet, von ihnen ausgeführte innergemeinschaftliche Warenlieferungen bzw. -bewegungen auf einem Vordruck gegenüber dem Bundesamt für Finanzen zu erklären. Für den betroffenen Unternehmerkreis beinhaltet dies wesentliche verwaltungstechnische Erleichterungen.

Bei der Verabschiedung der sog. »Steuersatzrichtlinie« am 19. Oktober 1992[15] erhielt die Bundesrepublik Deutschland die Ermächtigung, bis zur Verabschiedung einer Sonderregelung für Goldumsätze deren Besteuerung selbst festlegen zu können. Auf dieser Basis konnte die Bundesrepublik Deutschland in § 4 Nr. 8 k des Umsatzsteuergesetzes eine Steuerbefreiung einführen. So gelang es, *Wettbewerbsverzerrungen* zu Lasten deutscher Unternehmer insbesondere im Verhältnis zu Belgien und Luxemburg zu *vermeiden.*

Bei der seit 1978 verhandelten Sonderregelung für die Besteuerung der Gebrauchtgegenstände, Kunstgegenstände, Sammlungsstücke und Antiquitäten schließlich wird die Bundesrepublik Deutschland ermächtigt, entweder für alle Bereiche die grundsätzlich vorgesehene Differenzbesteuerung einzuführen, oder aber das bisherige Besteuerungssystem - die Anwendung des ermäßigten Steuersatzes für Lieferungen von Kunstgegenständen und Sammlungsstücken bzw. des allgemeinen Steuersatzes für Umsätze mit Antiquitäten bei voller Bemessungsgrundlage - beizubehalten. Hintergrund der vereinbarten Sonderregelungen waren insbesondere befürchtete Steuerausfälle bei der Einführung der Margenbesteuerung für alle betroffenen Bereiche und die damit verbundene Komplizierung des Besteuerungsverfahrens. Die zu erwartenden Steuerausfälle sind nach neueren Schätzungen jedoch weit geringer ausgefallen. Außerdem haben sich die Länder und Verbände mit großer Mehrheit für die Einführung der Differenzbesteuerung auch für Kunstgegenstände, Sammlungsstücke und Antiquitäten ausgesprochen. Bei späteren Problemen, die eine Differenzbesteuerung in diesen Bereichen aufwerfen mag, kann jedenfalls die Verantwortung nicht im Gemeinschaftsbereich angesiedelt werden.

Umgekehrt hat auch das Prinzip der Einstimmigkeit nicht ausgeschlossen, daß Großbritannien seine mit der Sorge um den Landauer Kunstmarkt begründeten Vorbehalte gegen eine systemgerechte Besteuerung der Einfuhren von Kunstgegenständen und Antiquitäten letztlich doch aufgab. Der »Sachzwang« zur Einigung überwog. Großbritannien hat aber mit einem Mindeststeuersatz von nur 2,5 % einen Verhandlungserfolg erzielt, der die innenpolitische Akzeptanz der Richtlinie ermöglichen wird.

---

14 Richtlinie 77/388/EWG - ABl. EG 1977 Nr. L 145 S. 1.
15 Richtlinie 92/77/EWG - ABl. EG Nr. L 316 S. 1.

c) *Direkte Steuern*

Im Bereich der direkten Steuern sind bisher nur wenige Rechtsakte der Europäischen Union ergangen. An vorderster Stelle steht hier das »Richtlinien-Paket« aus dem Jahr 1990. Hierin sind die Fusionsrichtlinie[16], die Mutter-/Tochter-Richtlinie[17] und die Schiedsstellenkonvention[18] verbunden.

Dieses Richtlinien-Paket kann zwar einerseits als Beispiel dafür dienen, wie langwierig und schwierig es ist, Harmonisierungserfolge zu erzielen. Von dem Vorschlag der Rechtsakte im Jahr 1969 bis zu ihrer Verabschiedung vergingen immerhin rund 21 Jahre. Doch läßt sich andererseits an dem »Paket« verdeutlichen, daß die Einstimmigkeit dadurch zur Konsensfähigkeit vorgeschlagener Regelungen führen kann, daß sie die Berücksichtigung wichtiger Interessen einzelner Mitgliedstaaten zwingend voraussetzt.

Exemplarisch sei in diesem Zusammenhang insbesondere auf das Instrument der »Übergangslösung« hingewiesen. Sie ermöglicht es Mitgliedstaaten, die sich durch Rechtsakte der Europäischen Union in ihren Interessen beeinträchtigt sehen, gleichwohl zuzustimmen. Da die Wirkungen der betreffenden Maßnahmen erst in der Zukunft eintreten, haben die Mitgliedstaaten Zeit, sich auf die notwendigen Anpassungen einzustellen. Das Einstimmigkeitsprinzip führt so nicht automatisch zum Blockadeverhalten der Betroffenen, sondern ermöglicht es, einen harmonisierten Rechtszustand »nach und nach« herbeizuführen.

So hat die Bundesrepublik Deutschland im Rahmen der Verhandlungen zur Mutter-/Tochter-Richtlinie seinerzeit eine Übergangsregelung für notwendig gehalten, die ihr die Zustimmung zur Richtlinie insgesamt erleichterte. Die Richtlinie selbst sieht in ihrem Kernstück die Beseitigung der Quellensteuer auf Gewinnausschüttungen zwischen Tochter- und Muttergesellschaft vor. Handelt es sich um eine in Deutschland ansässige Tochtergesellschaft, so kann – übergangsweise – eine Kapitalertragsteuer in Höhe von 5 % als »Ausgleichsteuer« einbehalten werden. Diese Sonderregelung ist vor dem Hintergrund des »gespaltenen Körperschaftsteuersatzes« zu sehen, demzufolge ausgeschüttete Gewinne niedriger belastet werden als einbehaltene. Solange die Differenz im Steuersatz mindestens 11 % beträgt, kann die Bundesrepublik Deutschland übergangsweise – bis Mitte 1996 – eine 5%ige Quellensteuer einbehalten. In meinen Augen hat die Übergangszeit deutlich gemacht, daß der früher befürchtete »Ausländereffekt« überschätzt worden war. Die Direktinvestitionen ausländischer Muttergesellschaften blieben im Gegenteil sogar hinter volkswirtschaftlichen Wachstumszielen zurück. Die Senkung der Kapitalertragsteuer auf Null ab 1. Juli 1996 wird nunmehr wohl von allen Beteiligten des Gesetzgebungsverfahrens akzeptiert und nicht nur als »europäischer Rechtssetzungszwang« widerstrebend hingenommen.

---

16 Richtlinie des Rates vom 23. Juli 1992 über das gemeinsame Steuersystem für Fusionen, Spaltungen, die Einbringung von Unternehmensteilen und den Austausch von Anteilen, die Gesellschaften verschiedener Mitgliedstaaten betreffen (90/434/EWG), ABl. EG Nr. L 225 S. 1.

17 Richtlinie des Rates vom 23. Juli 1992 über das gemeinsame Steuersystem der Mutter- und Tochtergesellschaften verschiedener Mitgliedstaaten (90/435/EWG), ABl. EG Nr. L 225 S. 6.

18 Übereinkommen über die Beseitigung der Doppelbesteuerung im Falle von Gewinnberichtigungen zwischen verbundenen Unternehmen (90/436/EWG), ABl. EG Nr. L 225 S. 10.

Auch der für den innenpolitischen Konsens in Deutschland wichtige sogenannte Mitbestimmungsvorbehalt in Artikel 11 Absatz 1 Buchstabe b der Fusionsrichtlinie hätte möglicherweise ohne das Einstimmigkeitsprinzip nicht erreicht werden können und in der Öffentlichkeit den Vorwurf ermöglicht, die Europäische Union verschließe sich zu sehr gegenüber Interessen der Arbeitnehmer.

d) *Mehrheitsentscheidungen in anderen Bereichen*

In Bereichen, die der Mehrheitsabstimmung unterliegen, kommt es häufig zur Bildung von »Koalitionen« gegen die Interessen einzelner Staaten. Hierzu seien folgende zwei - aus deutscher Sicht - unerquickliche Beispiele genannt:

Im Vorschlag der Kommission für eine VO des Rates zur *Festlegung des Zollkodex* der Gemeinschaften[19] war vorgesehen, daß sich jedermann bei der Vornahme der das Zollrecht betreffenden Verfahrenshandlungen gegenüber den Zollbehörden direkt oder indirekt vertreten lassen kann. Die Vertretung war keinem Gewerbebereich oder einer bestimmten Berufsgruppe vorbehalten. Die südeuropäischen Mitgliedstaaten lassen jedoch als Vertreter nur Zollkommissionäre und Zollagenten zu. Daher verlangten sie eine Änderung des Verordnungsentwurfs zumindest dahin, daß die Mitgliedstaaten die Vertretung auf berufsmäßige Zollagenten einschränken dürfen. Die Kommission gab dem massiven Druck insbesondere dieser südlichen Mitgliedstaaten nach und revidierte den Entwurf, indem sie die geforderte Einschränkungsmöglichkeit der Vertretung darin aufnahm.

Bei der Verabschiedung des Zollkodex im Rat kam es zur Isolierung der deutschen Delegation, da auch die Staaten, für die die Einschränkung der Vertretungsmöglichkeit Nachteile für das Speditеurgewerbe bedeutete, dem geänderten Entwurf zustimmten. Artikel 5 Abs. 2 der Verordnung[20] gestattet es folglich, daß z.B. ein italienischer Zollagent in Deutschland ohne weiteres als Vertreter gegenüber den Zollbehörden auftreten darf, während deutsche Spediteure in Italien regelmäßig nicht als Zollagent und damit Vertreter zugelassen sind.

Ein zweites Beispiel bildet die Richtlinie 94/19/EG des Europäischen Parlaments und des Rates vom 30. Mai 1994 über Einlagensicherungssysteme[21]. Die Richtlinie wurde gegen die Stimme Deutschlands verabschiedet. Sie soll ausweislich der Erwägungsgründe einerseits die Einleger der Kreditinstitute schützen, andererseits auch die Stabilität des gesamten Bankensystems garantieren. Die Bundesrepublik Deutschland verfügt bereits über sehr gute und bewährte Einlagensicherungssysteme, die einen Einlegerschutz von fast 100 v.H. und damit innerhalb der EU das mit Abstand höchste Sicherungsniveau bieten. Aus unserer Sicht bestehen bereits Zweifel an der rechtlichen Tragfähigkeit der herangezogenen Rechtsgrundlage (Artikel 57 Abs. 2 Satz 1 und 3 EG-V) sowie im Hinblick auf das Subsidiaritätsprinzip. Jedenfalls trägt die Richtlinie aber in zwei wesentlichen Punkten dem Verhältnismäßigkeitsgrundsatz (Artikel 3 d Abs. 3 EG-V) nicht

---

19 Dok. KOM (90) 71 endg. - SYN 253, ABl. EG Nr. C 128 vom 23. 5. 1990 -.

20 (EWG) Nr. 2913/92 des Rates zur Festlegung des Zollkodex der Gemeinschaften (ABl. EG Nr. L 302 vom 19. 10. 1992).

21 ABl. EG Nr. C 135 S. 5 vom 31. 5. 1994.

Rechnung. So schreibt Artikel 4 Absatz 1 das sog. Exportverbot fest. Dies bedeutet, daß deutsche Kreditinstitute ihren umfangreichen Einlegerschutz nicht in anderen Mitgliedstaaten der EU bieten dürfen. Nach der in Artikel 4 Abs. 2 enthaltenen sog. ergänzenden Sicherung muß umgekehrt eine Zweigstelle aus einem anderen Mitgliedstaat, die in der Bundesrepublik Deutschland tätig wird, von einem deutschen Einlagensicherungssystem aufgenommen werden; die deutschen Einlagensicherungssysteme müssen dann die Differenz zwischen der vom Heimatland der Bank angebotenen Sicherung und dem deutschen Sicherungsniveau decken. Diese »Asymmetrie« ist umso weniger akzeptabel, als mit der Einführung des »Europäischen Passes« zum 1. Januar 1993 die deutsche Bankaufsicht keine Möglichkeit mehr hat, Zweigstellen von EU-Kreditinstituten in Deutschland zu prüfen. Deutsche Einlagensicherungssysteme müssen also aufgrund der Richtlinie Risiken übernehmen, die nicht kontrollierbar sind. Aus diesem Grunde wird die Bundesregierung wegen Vertragswidrigkeit der Richtlinie Klage vor dem Europäischen Gerichtshof erheben.

4. *Fazit*

Bei nüchterner Betrachtung erzeugt die Einstimmigkeit einen heilsamen Zwang zum Kompromiß. Kein Land der Gemeinschaft konnte sich bisher einer wichtigen Regelung *auf Dauer* verweigern, wenn für eine Entscheidung des Rates von der Sache her ein unabweisbares Bedürfnis bestand. Andererseits haben sich Beschlüsse, die der Mehrheitsabstimmung unterliegen, keineswegs unbedingt durch eine bessere Qualität ausgezeichnet. Ein eindrucksvolles Beispiel aus jüngster Zeit ist die Entscheidung zur Bananenmarktordnung und ihre negativen Folgen für viele Entwicklungsländer.

Es hat sich somit als sinnvoll erwiesen, auch bei der Revision des EWG-Vertrages durch den Vertrag von Maastricht am Einstimmigkeitsprinzip für die Steuern festzuhalten.

Bibliographie Reinhold Kreile

I. *Aufsätze in den Frankfurter Heften*

1951

Die Kleinstadt, in: Heft 8, S. 583-586.
Gesellschaftskritik als gesellschaftliches Erlebnis, in: Heft 10, S. 768-769.

1952

Der unbekannte Philosoph, in: Heft 1, S. 65-67.
Der Stein des Anstoßes, in: Heft 3, S. 390-392.

1953

Zeitgeschehen in Kursiv, in: Heft 3, S. 225.
Soldaten und Justiz, in: Heft 6, S. 417-427.
Nürnberg als Rechtsproblem, in: Heft 6, S. 479-481.
Das Porträt: Werner Egk, in: Heft 9, S. 968-705.
Die Lust an der Angst, in: Heft 9, S. 726-727.
Pommern und Procegovina, in: Heft 12, S. 973-976.

1954

Eine Deutsche Magna Charta der Selbstbesinnung, in: Heft 2, S. 83-91.
Skandinavische Außenpolitik, in: Heft 5, S. 459-462.
Referentenrecht und Urheberrecht, in: Heft 9, S. 650-653.
Von der Freiheit des Schriftstellers in dieser Zeit, in: Heft 10, S. 753-755.
Rückkehr zur Oper, in: Heft 10, S. 792-794.

1955

Die Klugen Schäker von Karlsruhe, in: Heft 1, S. 50.
Bayerischer Zauber, in: Heft 1, S. 70.
Notstand, Recht und Oberbefehl, in: Heft 3, S. 155-158.
Gesamtdeutscher Händel, in: Heft 4, S. 302-303.
Werner Egk - Reinhold Kreile Ausbruch aus der Hoffnungslosigkeit (Briefwechsel), in: Heft 5, S. 318-325.
Münchner Operndramaturgie, in: Heft 10, S. 748-751.

1956

Der feurige Engel, in: Heft 2, S. 141-142.

II. *Musikkritiken*[1]

1950

Kirchliche Bachwoche München vom 6.-13.5.1950, in: Zeitschrift für Musik, Juni 1950.

1954

Zum 70. Geburtstag von Alban Berg, in: Zeitungsdienst vom 5.1.1954.
Das Portrait: Richard Strauß, in: General-Anzeiger Duisburg vom 12./13.6.1954.

1955

»Fiesta« - ein schlechter Faschingsscherz, in: Neue Presse Coburg vom 22.2.1955.
Caesar und Columbus, in: Neue Presse Coburg vom 28.3.1955.
Zwischen Lehrstück und Operettenschmalz, in: Neue Presse Coburg vom 30.4.1955.
Episches Theater der Dialektik/Brecht Kaukasischer Kreidekreis in Frankfurt, in: Neue Presse Coburg vom 5.5.1955.
Episches Theater der Dialektik, in: Neue Presse Coburg vom 10.5.1955.
Oper »Luise« und »Die tote Stadt«, in Neue Presse Coburg vom 18.5.1955.
Lebendiges Gegenwartstheater/Nürnberg Mai 55, in: Neue Presse Coburg vom 23.5.1955.
Der gute Mensch von Sezuan/Erstaufführung Münchner Kammerspiele, in: Neue Presse Coburg vom 24.7.1955.
Kaffeehaus Österreich, Gastspiel des »Wiener Simpl«, in: KNA-Funkkorrespondenz vom 30.7.1955.
Ausbruch aus der Hoffnungslosigkeit, Egk: Irische Legende, in: Bunte Illustrierte vom 18.8.1955.
Venezianische Nächte in Nymphenburg und am Bodensee, in: Münchner Merkur vom 20.8.1955.
Ausbruch aus der Hoffnungslosigkeit
Welturaufführung der Oper »Irische Legende« von Werner Egk, in: Neue Presse Coburg vom 23.8.1955.
Ausbruch aus der Hoffnungslosigkeit, Egk: Irische Legende, in: ECKART vom 24.8.1955.
»Der feurige Engel« nach 30 Jahren uraufgeführt, in: Münchner Merkur vom 20.9.1955.
»Der feurige Engel«, in: Neue Presse Coburg vom 24.9.1955.
»Der feurige Engel«, in: Neue Ruhrzeitung Essen vom 24.9.1955.
»Der Kuß« von Friedrich Smetana, in: Münchner Merkur vom 12./13.11.1955.
»Der Kuß« von Friedrich Smetana, in: Neue Presse Coburg vom 26.11.1955.

1956

Faschingspremieren in München, in: Neue Presse Coburg vom 11.1.1956.
Faschingspremieren in München, in: Neue Presse Coburg vom 14.1.1956.
Welturaufführung des Don Juan de Manara, in: Neue Presse Coburg vom 10.4.1956.
Don Juan de Manara, in: Nachrichten der evangelischen Kirche in Bayern, 1. Mai-Ausgabe 1956.

1 Reinhold Kreile verfaßte die aufgeführten Musikkritiken im Münchner Merkur in zahlreichen Fällen unter den Pseudonymen »R. K. Peter« und »Johannes Justus«.

Der neue Nürnberger Generalmusikdirektor, in Münchner Merkur vom 4.5.1956.
Der neue Nürnberger Generalmusikdirektor, in Neue Presse Coburg vom 4.5.1956.
Alter Hut mit bunten Schleifen
Eröffnung Theaterwoche Nürnberg, in: Münchner Merkur vom 29.5.1956.
Alter Hut mit bunten Schleifen, in: Neue Presse Coburg vom 13.6.1956.
Augsburg dritte Mozartstadt?, in: Münchener Merkur vom 6.8.1056.
Othellos Lager am Roten Tor zu Augsburg, in: Münchner Merkur vom 10.8.1956.

1961

Viermal Kammerkonzert, in: Münchner Merkur vom 19.9.1961.
Staatliche Philharmonie Brünn, in: Münchner Merkur vom 16.10.1961.
Musik aus Böhmens Hain und Flur, in: Münchner Merkur vom 17.10.1961.
Udo Dammert, in: Münchner Merkur vom 23.10.1961.
Udo Dammert: Geburtstagsfeier am Klavier, in: Münchner Merkur vom 26.10.1961.
Ernst Haefljnger singt Lieder von Schubert, in: Münchner Merkur vom 27.10.1961.
Kubelik dirigiert die Neunte, in: Münchner Merkur vom 11./12.11.1961.
Johann Sebastian Bach und sein Großonkel, in: Münchner Merkur vom 28.11.1961.
Christian Bach - fast wie Mozart, in: Münchner Merkur vom 12.12.1961.

1962

Partituren nach Vorbild, in: Münchner Merkur vom 18.1.1962.
Händel mit 16 ersten Geigen, in: Münchner Merkur vom 24./25.2.1962.
Rafael Kubelik, in: Münchner Merkur vom 24./25.2.1962.
Boulez und die Zukunft der Avantgarde, in: Münchner Merkur vom 25.3.1962.
Karrikatur über Avantgarde?, in: Münchner Merkur vom 25.3.1962.
»Geist und Seele wird verwirrt . . .«, in: Münchner Merkur vom 22.6.1962.
Aus der Werkstatt junger Komponisten, in: Münchner Merkur vom 6.7.1962.
Samson, der geblendete Held, in: Münchner Merkur vom 9.7.1962.
Alte Musik - wie neu, in Münchner Merkur vom 16.7.1962.
Kurzchronik (Bayreuther Festspiele), in: Münchener Merkur vom 26.7.1962.
Wilhelm Kempff eröffnet den Festlichen Sommer, in: Münchener Merkur 4./5.8.1962.
Ein Müller namens Patzak, in: Münchner Merkur vom 7.11.1962.
Mit österreichischer Anmut
Kubelik dirigiert Bartk und Bruckner, in: Münchner Merkur vom 10./11.11.1962.
Seidene Leiter und Phantastische Symphonie, in: Münchner Merkur vom 24./25.11.1962.

1963

Brillendame, Ringer und Taschendiebe, in: Münchner Merkur vom 7.1.1963.
Party im Elfenbeinturm, in: Münchner Merkur vom 8.3.1963.
Lyrische Johannes-Passion, in: Münchner Merkur vom 19.3.1963.
Frühling mit Fritz Wunderlich, in: Münchner Merkur vom 21.3.1963.
75. Geburtstag Prof. Geierhaas, in: Münchner Merkur vom 26.3.1963.
Karl Richters Matthäus-Passion 1963, in: Münchner Merkur vom 28.3.1963.
Ein Ständchen für Clara, in: Münchner Merkur vom 1.4.1963.
Passion im Opernton, in Münchner Merkur vom 16.4.1963.
Höllers neuer Orgelstil, in: Münchner Merkur vom 11./12.5.1963.
Parsifal 1963: mehr Farben - mehr Symbolik, in: Münchner Merkur vom 26.7.1963.
As-Dur und die Begum in Zartrosa, in: Münchner Merkur vom 26.7.1963.

Wielands Nürnberger tanzen Cha-cha-cha, in: Münchner Merkur vom 27./28.7.1963.
Choreographische Prügelfuge mit derben Zwischenspielen, in: Mainzer Allgemeine Zeitung vom 27./28.7.1963.
Höhepunkt mit Tristan und Isolde, in: Münchner Merkur vom 29.7.1963.

1964

Virtuose Orgelmusik, in: Münchner Merkur vom 21.1.1964.
Matthäus-Passion, in: Münchner Merkur vom 2.3.1964.
Musik zur Ehre Gottes, in: Münchner Merkur vom 28.3.1964.
Das musikalische Opfer, in: Münchner Merkur vom 29.3.1964.
Schallplattenseite, in: Münchner Merkur vom 4.5.1964.
Wenn du zum Flügel gehst, vergiß die Peitsche nicht, in: Münchner Merkur vom 18./19.4.1964.
Andacht im Wohnzimmer
Messen von Haydn, Mozart und Gounod, in: Münchner Merkur vom 23.4.1964.
Dietrich Fischer-Dieskau singt Strauss-Lieder, in: Münchner Merkur vom 28.4.1964.
Musik für Sonderlinge, in: Münchner Merkur vom 17.5.1964.
Unverändert: Tristan und Isolde, in: Münchner Merkur vom 20.7.1964.
Tannhäuser flieht aus Wielands neuem Venusberg, in: Münchner Merkur vom 21.7.1964.
Die Meistersinger als Vereinsmeier, in: Münchner Merkur vom 22.7.1964.
Wiedersehen mit der Frau ohne Schatten, in: Münchner Merkur vom 27.7.1964.
Drei Strauss-Uraufführungen mit Hans Hotter, in: Münchner Merkur vom 4.8.1964.
Die ägyptische Helena, in: Münchner Merkur vom 11.8.1964.
Erholung bei Scheherazade, in: Münchner Merkur vom 26.8.1964.
Svjatoslav Richter spielt Brahms, in: Münchner Merkur vom 31.8.1964.
Brecht - der Widerhaken in Günter Grass, in: Münchner Merkur vom 13.9.1964.
Das einzige Gesicht der Macht, in: Münchner Merkur vom 21.9.1964.
Béla Bartks Klavierwerk, in: Münchner Merkur vom 26.9.1964.
Banditenstreiche und der Dreh mit dem Dreh, in: Münchner Merkur vom 28.10.1964.
Bach für alle Sonntage, in: Münchner Merkur vom 29.10.1964.
Klavierprofessor Schuchter, Salzburg, in: Münchner Merkur vom 15.11.1964.
Wunderlich am Wolgastrand, in: Münchner Merkur vom 25.11.1964.
Das Weihnachtsoratorium, in: Münchner Merkur vom 16.12.1964.

1965

Am Pult: Peter Jona Korn, in: Münchner Merkur vom 18.1.1965.
Barbier im Deutschen Theater: Marco Stecchi, in: Münchner Merkur vom 14.9.1965.
Sibelius-Tournee des Städtischen Symphonieorchesters Helsinki, in: Münchner Merkur vom 19.9.1965.
Finnische Besinnlichkeit, in: Münchner Merkur vom 20.9.1965.
Mit Sibelius durch Europa, in: Stuttgarter Nachrichten vom 21.9.1965.
Der Denker auf Saiten, in: Münchner Merkur vom 28.9.1965.
Erzengel Karl Böhm, in: Münchner Merkur vom 15.10.1965.
Italienische Oper auf deutsch, in: Münchner Merkur vom 16.10.1965.
Nordische Santuzza, in: Münchner Merkur vom 1.11.1965.
Ausgrabung mit Jan Koetsier, in: Münchner Merkur vom 13.11.1965.
Heitere Erbschleicherei, in: Münchner Merkur vom 24.11.1965.
Kammermusik von Franz Schubert, in: Münchner Merkur vom 4.12.1965.
Schubert in der Kassette, in: Münchner Merkur vom 9.12.1965.

1966

Zum erstenmal: die Budapester, in: Münchner Merkur vom 24.1.1966.
Bruder und Schwester Menuhin, in: Münchner Merkur vom 16.3.1966.
Rudolf Serkin spielt Regers Klavierkonzert, in: Münchner Merkur vom 15.5.1966.
Pique Dame bringt Tschaikowskys Spieler Unglück, in: Münchner Merkur vom 18./19.5.1966.
Der andere Falstaff, in: Münchner Merkur vom 20.7.1966.
Wochenende mit Bach - aber kein Bachwochen-Ende, in: Münchner Merkur vom 25.7.1966.
Siegreicher Sängerkrieg Tannhäuser, in: Münchner Merkur vom 25.7.1966.
Auf der Wartburg nur Sieger, in: Münchner Merkur vom 26.7.1966.
Der avantgardistische äParsifalô, in: Münchner Merkur vom 26.7.1966.
Götter-Disput am schnellfließenden Rhein, in: Münchner Merkur vom 28.7.1966.
Stürmische »Walküre« in Bayreuth, in: Münchner Merkur vom 29.7.1966.
Götterdämmerung zwischen Urweltblöcken, in: Münchner Merkur vom 2.8.1966.
Bartók und Zigeunerlieder aus Rußland, in: Münchner Merkur vom 29./30.10.1966.
Italienische Aida hielt deutschen Radames, in: Münchner Merkur vom 14.11.1966.
Zarter, leidenschaftlicher Kraftprotz, in: Münchner Merkur vom 22.11.1966.
Zwei neue Orgeln in München, in: Münchner Merkur vom 25.11.1966.

1967

Singende Philharmoniker mit Fes und Helm, in: Münchner Merkur vom Februar 1967.
Der Minnesänger Wiederkehr, in: Münchner Merkur vom 3.3.1967.
Leonid Kogan, in: Münchner Merkur vom 5.4.1967.
Westdeutscher Rundfunk - Auf ein Wort, in: Münchner Merkur vom 14.4.1967.
Zu Claudio Monteverdis Geburtstagsfeier, in: Münchner Merkur vom 24.4.1967.
Flötentöne zur Eröffnung des Münchner Bachfestes, in: Münchner Merkur vom 29.5.1967.
Bachfest mit »Gottes Zeit«, in: Münchner Merkur vom 3./4.6.1967.
Schleißheimer Schloßmusik fürs Prinzregententheater, in: Münchner Merkur vom 6.6.1967.
Klage und Kampf-Lied, in: Münchner Merkur vom 17.7.1967.
Karl Böhms neuer »Walküre«-Ton, in: Münchner Merkur vom 25.7.1967.
Ein Dirigent sucht sein Vorbild, in: Münchner Merkur vom 27.7.1967.
Zum 1. Mal: Applaus für den Gral, in: Münchner Merkur vom 31.7.1967.
Fournier und Firkusny, in: Münchner Merkur vom 2.8.1967.
Zwei Preisträger aus Moskau, in: Münchner Merkur vom 29.9.1967.
Die Eurovisions-Fanfare gibt den Auftakt, in: Münchner Merkur vom 30.9./1.10.1967.
Drei Münchner Debüts, in: Münchner Merkur vom 4.10.1967.

1968

Eifersucht in Götterkreisen, in: Münchner Merkur vom 31.7.1968.
Als wäre die »Walküre« ein Konversationsstück, in: Münchner Merkur vom 1.8.1968.
Lauter Absagen - und dann der Siegfried, in: Münchner Merkur vom 3./4.8.1968.
Ist Bayreuth ein Versuchsfeld für Dirigenten?, in: Münchner Merkur vom 5.8.1968.
Mit Bajazzo nach Italien reisen, in: Münchner Merkur vom 9.8.1968.
Ingrid Haeblers Mozart: mit edlem Anstand, in: Münchner Merkur vom 30.10.1968.

1969

Die verschollene Kunst, Clarin zu blasen, in: Münchner Merkur vom 15./16.3.1969.
Covent Garden ins Wohnzimmer holen, in: Münchner Merkur vom 8.5.1969.
Ein Wolf-Konzert aus Wien, in: Münchner Merkur vom 28.5.1969.
Wenn der Witz zum Spaßettl wird, in: Münchner Merkur vom 1.8.1969.
Hammer ohne Herr, in: Münchner Merkur vom 20./21.12.1969.

1970

Münchner Festspiele: »Meistersinger«, in: Münchner Merkur vom 21.7.1970.
Nach fünfeinhalb Stunden noch nicht genug, in: Münchner Merkur vom 21.7.1970.
Ponnelle als Massen-Beweger
Deutsche Erstaufführung des Ur-»Boris« in Köln, in: Münchner Merkur vom 3./4.10.1970.

1971

Böhm verzaubert mit der Ballade vom bleichen Mann, in: Münchner Merkur vom 3.8.1971.
Lohengrin, vielmehr: Elsa, in: Münchner Merkur vom 4.8.1971.

1979

So macht es nur Jean Pierre Ponnelle Salzburger Festspiele: »Cosi Fan Tutte«, in: Münchner Merkur vom 30.7.1979.

1981

Zum Achtzigsten
Geburtstagsgruß an Werner Egk, in: Bayernkurier vom 16.5.1981.
Lohengrin, vielmehr: Elsa, in: Münchner Merkur vom 4.8.1981.

1990

Er kannte alles, was Musik ausmacht (Nachruf Rosenberger), in: Neue Musikzeitung vom 6.12.1990, S. 13.

1994

Gedanken zu Geschichte, Wirkung und Zukunft des Münchner Bach-Chors, in: Jubiläumsheft 40 Jahre Münchner Bach-Chor, herausgegeben von Hans-Martin Schneidt, 1994, S. 60-64.

III. *Beiträge zu Kultur und Politik*

Ein großer katholischer Deutscher: Pater Rupert Mayer S.J., in: Süddeutsche Zeitung vom 2.11.1953.
Hochschulstadt, in: Süddeutsche Zeitung vom 31.12.1953.

1954

Die Sorgen der Münchener Universität, in: Süddeutsche Zeitung vom 28.1.1954.
Münchner Bibliotheks-Sorgen, in: Süddeutsche Zeitung vom 28.1.1954.
Notizen zu einem neuen Denken: Gebsers Weltbild, in: Süddeutsche Zeitung vom 16.2.1954.
Querköpfige Dioskuren
D.F. Strauß und F.Th. Vischer im Briefwechsel, in Die Neue Zeitung vom 17.2.1954.
Jean Gebsers aperspektivisches Zeitalter, in: Süddeutsche Zeitung vom 20./21.2.1954.
Zwischen Eisbär und Oper
Ein norwegischer Kulturbrief, in: Süddeutsche Zeitung vom 10./11.4.1954.
Dogmatische Mißverständnisse, in: Süddeutsche Zeitung vom 20.4.1954.
Weltbild gesucht, in: Süddeutsche Zeitung vom 13.5.1954.
Bestandsaufnahme einer unbeständigen Zeit, in: Süddeutsche Zeitung vom 24.5.1954.
Ein Strafrechtslehrer aus Padua, in: Süddeutsche Zeitung vom 2.6.1954.
Von der Freiheit des Schriftstellers in dieser Zeit, in: Musik und Recht vom 15.9.1954.
Hochschule für Politik in der Krise, in: Abendzeitung München vom 22.10.1954.
Buchbesprechung zu: Otto Zierer, Bild der Jahrhunderte, Historisches Lexikon, Murnau 1954, in: Süddeutsche Zeitung Nr. 144 von 1954.

1955

Zwischen Funkoper und musikalischem Hörspiel, in: Das Musikleben vom 2.2.1955.
Leonhard Reinisch: Kirche hinter Stacheldraht, in: KNA-Funkkorrespondenz vom 6.4.1955.
Die tote Stadt, Karl Turley, Breslau, in: KNA-Funkkorrespondenz vom 7.5.1955.
Kommunistische Theologie, in ECKART vom 12.6.1955.
Hau-ruck auf dem Kasernenhof/Dreharbeiten zu 08/15, in: Neue Presse Coburg vom 24.7.1955.
Musikleben zwischen Funkoper und musikalischem Hörspiel.
Hat die Funkoper eine Zukunft?, in: Neue Zeitschrift für Musik, Oktober 1955.
Lektion in Weisheit, in: ECKART vom 12.12.1955.

1962

Friedrich Högner zum 65. Geburtstag, in: Gottesdienst und Kirchenmusik, Jahrgang 1962/5.

1964

Buchbesprechung zu: Vera Elyashiv, Deutschland - Kein Wintermärchen, Düsseldorf 1964, in: Münchner Merkur vom 12./13.12.1964.

1976

Kulturpolitische Einfalt der FDP, in: Deutschland-Union-Dienst Nr. 169 vom 2.9.1976, S. 1.

1980

Hartmann und wir Jungen, in: musica viva vom Sommer 1980.

1990

Sentenzen am Wege, in: Festschrift für Kurt Biedenkopf zum Sechzigsten, herausgegeben von Meinhard Miegl, Stuttgart 1990, S. 132.

1992

Briefwechsel eines bayerischen Landtagsabgeordneten
von Ludwig Thoma, in: Lexikon der Weltliteratur, Band 2, 3. Auflage, Stuttgart 1992, S. 173.

IV. *Beiträge im Deutschen Bundestag* [1]

Bundestagsreden

1971

6. Wahlperiode
112. Sitzung, 31. 3. 1971
Zweites Steueränderungsgesetz 1971
(BT-Drucksache VI/1901 vom 3.3.1971),
in: Stenografische Berichte, S. 6644 C - 6646 C, 6650 C.

6. Wahlperiode
131. Sitzung, 24. 6. 1971
Entwurf eines Gesetzes zur Änderung des Einkommenssteuergesetzes und anderer steuerlicher Vorschriften (2. Steueränderungsgesetz 1971, BT-Drucksachen VI/1934 vom 9.3.1971, VI/2350 vom 18.6.1971, neu zu VI/2350 vom 23.6.1971),
in: Stenografische Berichte, S. 7638 A - 7640 A.

6. Wahlperiode
160. Sitzung, 16. 12. 1971
Entwurf eines Rentenreformgesetzes (BT-Drucksache VI/2916 vom 8.12.1971),
in: Stenografische Berichte, S. 9290 A - 9291 A.

1972

6. Wahlperiode
178. Sitzung, 16. 3. 1972
Entwurf des Ratifizierungsgesetzes zum Doppelbesteuerungsabkommen mit der Schweiz vom 11.08.1971 (BT-Drucksache VI/3233 vom 6.3.1972),
in: Stenografische Berichte, S. 10341 C - 10342 C.

6. Wahlperiode
191. Sitzung, 14. 6. 1972
Zur Herstellung der Einheit der Berufe des Steuerbevollmächtigten und des Steuerberaters
Pflicht der Kenntnis beider Interessen

---

1 Reinhold Kreile war Mitglied des Deutschen Bundestages von der 6. bis zur 10. Wahlperiode vom 26.10.1969 bis zum 18.2.1987 sowie in der 11. Wahlperiode vom 11.7.1988 bis zum 22.2.1990.

Dritte Beratung,
in: Stenografische Berichte, S. 1196 C - 1197 C.

6. Wahlperiode
191. Sitzung, 14. 6. 1972
Entwurf eines Gesetzes zur Änderung des Urheberrechtsgesetzes (BT-Drucksachen VI/911 vom 5.6.1970, VI/1076 vom 31.7.1972, VI/3264 vom 15.3.1972)
Zweite und dritte Beratung,
in: Stenografische Berichte, S. 1154 C.

6. Wahlperiode
195. Sitzung, 22. 6. 1972
Entwurf eines Gesetzes zur Wahrnehmung der steuerlichen Gleichmäßigkeit bei Auslandsbeziehungen und zur Verbesserung der steuerlichen Wettbewerbslage bei Auslandsinvestitionen
(BT-Drucksachen VI/2883 vom 2.12.1971, VI/3537 vom 15.6.1972, VI/3537 vom 19.6.1972)
Zweite und dritte Beratung,
in: Stenografische Berichte, S. 11478 C.

1973

7. Wahlperiode
26. Sitzung, 4. 4. 1973
Entwurf eines Steueränderungsgesetzes 1973 (BT-Drucksachen 7/419 vom 28.3.1973) i.V.m. einem Entwurf eines Gesetzes zur Änderung des Mineralölsteuergesetzes 1964 und des Gesetzes über das Branntweinmonopol (BT-Drucksachen 7/422 vom 28.3.1973), i.V.m. Haushaltsgesetz 1973 und Finanzplan des Bundes 1972 bis 1976
(BT-Drucksachen 7/250 vom 23.3.1973, 7/370 vom 20.3.1973) i.V.m. Renten- und Besoldungsanpassungsgesetzen (BT-Drucksachen 7/315 vom 26.3.1973, 7/411 vom 26.3.1973, 7/427 vom 30.3.1973, 7/442 vom 3.4.1973)
Erste Beratung,
in: Stenografische Berichte, S. 1261 A - 1264 A.

7. Wahlperiode
35. Sitzung, 23. 5. 1973
Entwurf eines Steueränderungsgesetzes 1973 (BT-Drucksachen 7/419 vom 28.3.1973, 7/591 vom 21.5.1973, 7/592 vom 22.5.1973, 7/603 vom 22.5.1973),
in: Stenografische Berichte, S. 1970 A - 1971 D.

1974

7. Wahlperiode
77. Sitzung, 25. 1. 1974
Entwurf eines Dritten Steuerreformgesetzes (BT-Drucksache 7/1470 vom 9.1.1974),
in: Stenografische Berichte, S. 4933 D - 4936 A.

7. Wahlperiode
104. Sitzung, 5. 6. 1974
Entwurf eines Gesetzes zur Vereinheitlichung des Familienlastenausgleichs (BT-Drucksachen 7/2032 vom 24.4.1974, 7/2163 vom 24.5.1974, 7/2174 vom 30.5.1974, 7/2190 vom 4.6.1974),
in: Stenografische Berichte, S. 7028 B - 7031 B.

1976

7. Wahlperiode
221. Sitzung, 12. 2. 1976
Entwurf eines Gesetzes zur Änderung des Bewertungsgesetzes (BT-Drucksache 7/4601 vom 19.1.1976)
Erste Beratung,
in: Stenografische Berichte, S. 15412 C - 15415 A.

7. Wahlperiode
250. Sitzung, 10. 6. 1976
Entwurf eines Dritten Steuerreformgesetzes (BT-Drucksachen 7/1470 vom 9.1.1974, 7/1722 vom 20.2.1974, 7/5303 vom 3.6.1976, 7/5310 vom 4.6.1976, 7/5346 vom 9.6.1976)
Zweite und dritte Beratung,
in: Stenografische Berichte, S. 17804 C - 17807 A.

7. Wahlperiode
259. Sitzung, 8. 12. 1976
Entwurf eines Gesetzes zur Neuregelung der Rechtsverhältnisse der Mitglieder des Deutschen Bundestages (BT-Drucksachen 7/5525 vom 29.6.1976, 7/5531 vom 30.6.1976, 7/5928 vom 8.12.1976, 7/5903 vom 30.11.1976)
Zweite und dritte Beratung,
in: Stenografische Berichte, S. 18578 B - 18579 D.

1977

8. Wahlperiode
23. Sitzung, 21. 4. 1977
Erste Beratung des von der Bundesregierung eingebrachten Entwurfs eines Gesetzes über steuerliche Vergünstigungen bei der Herstellung oder Anschaffung bestimmter Wohngebäude (BT-Drucksache 8/286 vom 14.4.1977),
in: Stenografische Berichte, S. 1532 C - 1539 D.

8. Wahlperiode
23. Sitzung, 21. 4. 1977
Entwurf eines Steueränderungsgesetzes 1977 (BT-Drucksache 8/292 vom 16.4.1977),
in: Stenografische Berichte, S. 1544 C, 1546 A, 1556 A.

8. Wahlperiode
42. Sitzung, 15.9.1977
Erste Beratung des Gesetzes zur Steuerentlastung und Investititionsförderung,
in: Stenografische Berichte, S. 3179 C, 3183 B,D.

8. Wahlperiode
47. Sitzung, 6. 10. 1977
Zweite Beratung des von der Bundesregierung eingebrachten Entwurfs eines Gesetzes zur Steuerentlastung und Investitionsförderung (BT-Drucksache 8/974 vom 3.10.1977),
in: Stenografische Berichte, S. 3560 C - 3566 A.

8. Wahlperiode
47. Sitzung, 6.10.1977
Dritte Beratung zum Gesetz zur Steuerentlastung und Investitionsförderung,in: Stenografische Berichte, S. 3588 D - 3589 A.

1978

8. Wahlperiode
111. Sitzung, 19. 10. 1978
Entwurf eines Steueränderungsgesetzes 1979 (BT-Drucksachen 8/2118 vom 22.9.1978, 8/2116 vom 21.9.1978, 8/2200 vom 18.10.1978, 8/2201 vom 19.10.1978, 8/2207 vom 19.10.1978)
Zweite und dritte Beratung,
in: Stenografische Berichte, S. 8746 B - 8750 D, 8782 C.

1979

8. Wahlperiode
154. Sitzung, 17. 5. 1979
Entwurf eines Umsatzsteuergesetzes 1979 (BT-Drucksachen 8/1779 vom 5.5.1978, 8/2827 vom 9.5.1979, 8/2864 vom 16.5.1979)
Zweite und dritte Beratung,
in: Stenografische Berichte, S. 12348 B - 12353 D.

8. Wahlperiode
172. Sitzung, 20.9.197
Erste Beratung zum Gesetz zur Änderung des Einkommensteuergesetzes,
in: Stenografische Berichte, S. 13648 D, 13651 C - D.

1980

8. Wahlperiode
203. Sitzung, 28. 2. 1980
Erste Beratung des von der Bundesregierung eingebrachten Entwurfs eines Gesetzes zur Änderung des Einkommensteuergesetzes, des Körperschaftsteuergesetzes und anderer Gesetze (BT-Drucksache 8/3648 vom 8.2.1980),
in: Stenografische Berichte, S. 16249 A - 16250 B.

8. Wahlperiode
218. Sitzung, 22. 5. 1980
Gesetz zur Vereinfachung des deutschen Steuerrechts (BT-Drucksache 8/2726 vom 2.4.1979),
in: Stenografische Berichte, S. 17521 B - 17525 C.

8. Wahlperiode
230. Sitzung, 4.7.1980
Gesetz zur Steuentlastung und Famlienförderung (Steuerentlastungsgesetz 1981) (Vermittlungsverfahren),
in: Stenografische Berichte, S. 18705 A - B.

1981

9. Wahlperiode
52. Sitzung, 16. 9. 1981
Erste Beratung zum Gesetz über die Feststellung des Bundeshaushaltsplans für das Haushaltsjahr 1982 (Haushaltsgesetz 1982),
in: Stenografische Berichte, S. 2986 C - 2990 A, 2991 C.

9. Wahlperiode
73. Sitzung, 10. 12. 1981
Krankenhauskostendämpfungsgesetz (BT-Drucksache 9/1146 vom 8.12.1981),
in: Stenografische Berichte, S. 4261 C - 4263 A.

1982

9. Wahlperiode
95. Sitzung, 26. 3. 1982
Beschäftigungsförderungsgesetz (BT-Drucksachen 9/1400 vom 2.3.1982, 9/1488 vom 23.3.1982)
Zweite und dritte Beratung des Entwurfs eines Gesetzes über steuerliche und sonstige Maßnahmen für Arbeitsplätze, Wachstum und Stabilität,
in: Stenografische Berichte, S. 5721 D - 5725 C.

9. Wahlperiode
103. Sitzung, 27. 5. 1982
Beratung der Beschlußempfehlung des Ausschusses nach Artikel 77 des Grundgesetzes (Vermittlungsausschuß) zu dem Gesetz über steuerliche und sonstige Maßnahmen für Arbeitsplätze, Wachstum und Stabilität (Beschäftigungsförderungsgesetz) (BT-Drucksache 9/1647 vom 12.5.1982),
in: Stenografische Berichte, S. 6214 C - 6216 D.

9. Wahlperiode
112. Sitzung, 10. 9. 1982
Erste Beratung des von den Fraktionen der SPD und FDP eingebrachten Entwurfs eines Gesetzes zur Änderung des Einkommensteuergesetzes (Einkommensteueränderungsgesetz 1983) (BT-Drucksache 9/1956 vom 7.9.1982),
in: Stenografische Berichte, S. 6839 D - 6844 B, 6849 D.

9. Wahlperiode
139. Sitzung, 15. 12. 1982
Gesetz über die Feststellung des Bundeshaushaltsplans für das Haushaltsjahr 1983, in: Stenografische Berichte, S. 8743 B - 8759 B.

1983

10. Wahlperiode
18.-20. Sitzung, 7.-9.9.1983
Erste Beratung über das Gesetz über die Feststellung des Bundeshaushaltsplans für das Haushaltsjahr 1984,
in: Stenografische Berichte, S. 1226 B - 1230 D.

1984

10. Wahlperiode
62. Sitzung, 30.3.1984
Erste Beratung über das Gesetz zur Änderung des Einkommensteuergesetzes und des Körperschaftssteuergesetzes,
in: Stenografische Berichte, S. 4429 C - 4430 D.

10. Wahlperiode
73. Sitzung, 6.6.1984

Erste Beratung über das Dritte Gesetz zur Änderung des Gesetzes über das Kreditwesen, in: Stenografische Berichte, S. 5270 B - 5272 A.

1985

10. Wahlperiode
120. Sitzung, 7.2.1985
Jahresgutachten 1984/85 des Sachverständigenrates zur Begutachtung der gesamtwirtschaftlichen Entwicklung,
in: Stenografische Berichte, S. 8903 D - 8906 C.

10. Wahlperiode
146. Sitzung, 20.6.1985
Politik zur Bekämpfung der Massenarbeitslosigkeit und Überwindung der Wachstumsschwäche,
in: Stenografische Berichte, S. 10849 B - 10851 A.

10. Wahlperiode
168. Sitzung, 24.10.1985
Die Lage der Weltwirtschaft und der deutschen Wirtschaft im Herbst 1985,
in: Stenografische Berichte, S. 12559 C - 12560 C.

1986

10. Wahlperiode
256. Sitzung, 11.12.1986

Steuerpolitik der Bundesregierung,
in: Stenografische Berichte, S. 20044 A - 20046 B.

1989

11. Wahlperiode
185. Sitzung, 14. 12. 1989
Zweite und dritte Beratung des von der Bundesregierung eingebrachten Entwurfs eines Gesetzes zur Bekämpfung der Produktpiraterie (BT-Drucksachen 11/4792 vom 15.5.1989, 11/5744 vom 8.12.1989),
in: Stenografische Berichte, S. 14281 D - 14283 C.

Große Anfragen

1979

8. Wahlperiode
9. 8. 1979
Subventionspolitik der Bundesregierung,
in: BT-Drucksache 8/3102 vom 9.8.1979.

1983

10. Wahlperiode
7. 12. 1983

Kulturförderungspolitik der Bundesrepublik,
in: BT-Drucksache 10/785 vom 7.12.1983.

Kleine Anfragen

1975

7. Wahlperiode
13.1. 1975
Konsequenzen der Bundesregierung aus dem Bericht der Bundesregierung über die wirtschaftliche und soziale Lage der künstlerischen Berufe,
in: BT-Drucksache 7/3071 vom 13.1.1975.

7. Wahlperiode
23. 4. 1975
Musikschulen,
in: BT-Drucksache 7/3556 vom 23.4.1976.

7. Wahlperiode
2. 10. 1975
Schuldenstand des Bundes,
in: BT-Drucksache 7/4088 vom 2.10.1975

1976

7. Wahlperiode
25. 2. 1976
Berücksichtigung des Freistaates Bayern bei Förderungsmaßnahmen der Bundesregierung in den Haushaltsjahren 1972 ff.,
in: BT-Drucksache 7/4811 vom 25.2.1976.

7. Wahlperiode
24. 9. 1976
Finanzierung von Exportaufträgen von Schiffen aus Entwicklungshilfemitteln,
in: BT-Drucksache 7/5768 vom 24.9.1976.

1977

8. Wahlperiode
23.3.1977
»Heimliche« Steuererhöhungen,
in: BT-Drucksache 8/226 vom 23.3.1977.

8. Wahlperiode
4.5.1977
Umfang und Kosten der Beirats- und Gutachtertätigkeit,
in: BT-Drucksache 8/346 vom 4.5.1977

8. Wahlperiode
28.6.1977
Fachzeitschriften und Fachpresse,
in: BT-Drucksache 8/694 vom 28.6.1977.

8. Wahlperiode
28. 7. 1977
Wirtschaftliche Situation der künstlerischen Berufe,
in: BT-Drucksache 8/787 vom 28.7.1977.

1978

8. Wahlperiode
12.4.1978
Entwicklung der Ausgaben und Einnahmen des Staates im Verhältnis zum Bruttosozialprodukt,
in: BT-Drucksache 8/1701 vom 12.4.1978.

8. Wahlperiode
27.4.1978
Ursachen und wirtschaftliche sowie arbeitsmarktpolitische Auswirkungen der bisherigen Verhinderung der Einführung neuer Kommunikationstechniken,
in: BT-Drucksache 8/1756 vom 27.4.1978.

8. Wahlperiode
28.6.1978
Lage des Hotel- und Gaststättengewerbes,
in: BT-Drucksache 8/1964 vom 28.6.1978.

8. Wahlperiode
19.10.1978
Probleme der Gemeinnützigkeit von Sportvereinen und - verbänden durch Eingriffe der Finanzverwaltung in die Sportautonomie,
in: BT-Drucksache 8/2227 vom 19.10.1978.

8. Wahlperiode
8.12.1978
Besteuerung gemeindlicher Einrichtungen nach den Körperschaftssteuerrichtlinien 1977,
in: BT-Drucksache 8/2367 vom 8.12.1978.

1979

8. Wahlperiode
12.2.1979
Regelung der Beteiligung bildender Künstler an öffentlichen Baumaßnahmen,
in: BT-Drucksache 8/2563 vom 12.2.1979.

8. Wahlperiode
14.2.1979
Zahl und Alter der seit 1969 in den einstweiligen Ruhestand versetzten politischen Beamten des Bundes,
in: BT-Drucksache 8/2572 vom 14.2.1979.

8. Wahlperiode
2.4.1979
Kinderbetreuungsbetrag,
in: BT-Drucksache 8/2724 vom 2.4.1979.

8. Wahlperiode
22. 8. 1979
Regelung der Beteiligung bildender Künstler an öffentlichen Baumaßnahmen,
in: BT-Drucksache 8/3130 vom 22.8.1979.

8. Wahlperiode
30. 11. 1979
Förderung von Auslandshandelskammern und von Auslandsmessen,
in: BT-Drucksache 8/3455 vom 30.11.1979.

1980

8. Wahlperiode
25. 6. 1980
Entwicklung der Leistungsbilanz der Bundesrepublik Deutschland,
in: BT-Drucksache 8/4312 vom 25.6.1980.

8. Wahlperiode
18. 9. 1980
Haushaltsentwicklung 1980,
in: BT-Drucksache 8/4483 vom 18.9.1980.

9. Wahlperiode
18. 12. 1980
Kreditaufnahme des Bundes im Ausland,
in: BT-Drucksache 9/61 vom 18.12.1980

1981

9. Wahlperiode
19. 2. 1981
Empfang von Satellitenprogrammen,
in: BT-Drucksache 9/181 vom 19.2.1981.

9. Wahlperiode
25. 3. 1981
Haushaltsmehrbelastungen im Bereich der Arbeitslosenversicherung,
in: BT-Drucksache 9/281 vom 25.3.1981.

9. Wahlperiode
27. 3. 1981
Öffentliche Verschuldung in der Bundesrepublik Deutschland,
in: BT-Drucksache 9/286 vom 27.3.1981.

9. Wahlperiode
1. 4. 1981
Steuerliche Kilometerpauschale und Entwicklung der Kfz-Unterhaltskosten,
in: BT-Drucksache 9/295 vom 1.4.1981.

9. Wahlperiode
6. 4. 1981
Entwicklung der Ausgaben und Einnahmen des Staates im Verhältnis zum Bruttosozialprodukt,
in: BT-Drucksache 9/309 vom 6.4.1981.

9. Wahlperiode
13. 4. 1981
Parafiskalische Sonderausgaben (Quasi-Steuern),
in: BT-Drucksache 9/338 vom 13.4.1981.

9. Wahlperiode
13. 8. 1981
6,3 Milliarden-DM-Programm der Kreditanstalt für Wiederaufbau,
in: BT-Drucksache 9/731 vom 13.8.1981.

1982

9. Wahlperiode
12. 3. 1982
Widersprüchliche Äußerungen aus den Reihen der Regierungskoalition zum Umfang der für 1984 beabsichtigten Steuerentlastung,
in: BT-Drucksache 9/1466 vom 12.3.1982.

9. Wahlperiode
1.4.1982
Parafiskalische Sonderabgaben (Quasi-Steuern),
in: BT-Drucksache 9/1548 vom 1.4.1982.

9. Wahlperiode
28. 4. 1982
Schäden und Risiken für den Bundeshaushalt durch Bürgschaften für Kredite an Ostblockländer,
in: BT-Drucksache 9/1606 vom 28.4.1982.

1983

9. Wahlperiode
12.3.1983
Widersprüchliche Äußerungen aus den Reihen der Regierungskoalition zum Umfang der für 1984 beabsichtigten Steuerentlastungen,
in: BT-Drucksache 9/1466 vom 12.3.1983.

Schriftliche Anfragen

1977

8. Wahlperiode
14.1.1977
Änderung des Umsatzsteuergesetzes hinsichtlich des Gutschriftverfahrens,
in: BT-Drucksache 8/33 Nr. 880, 881 vom 14.1.1977.

8. Wahlperiode
4.2.1977
Verlängerung befristeter steuerlicher Begünstigungen seit 1969,

Verwaltungsmehraufwand auf Grund der Gemeinschaftsaufgabengesetze,
in: BT-Drucksache 8/86 Nr. B 20, B 24 vom 4.2.1977.

8. Wahlperiode
25.2.1977
Stundung oder Erlaß der Steuerschuld bei einer Überforderung durch ertragsunabhängige Steuern,
Steuerentlastung der Arbeitnehmereinkommen angesichts der steuerfreien Sozialhilfeleistungen in vergleichbarer Höhe,
in: BT-Drucksache 8/129 Nr. B 52 - B 54 vom 25.2.1977.

8. Wahlperiode
18.3.1977
Gründe für die Streichung des Abzugs von Schuldzinsen als Sonderausgaben,
in: BT-Drucksache 8/206 Nr. B 33 vom 18.3.1977.

8. Wahlperiode
6.5.1977
Äußerung des Bundesministers für Jugend, Familie und Gesundheit über die Auswirkungen des Steueränderungsgesetzes 1977 auf die Höhe des Kindergeldes,
in: BT-Drucksache 8/357 Nr. B 42 vom 6.5.1977.

8. Wahlperiode
3.8.1977
Einnahmen aus der Umsatzbesteuerung von Sachleistung und sonstigen Leistungen an Arbeitnehmer,
in: BT-Drucksache 8/793 Nr. 26 vom 3.8.1977.

8. Wahlperiode
30.9.1977
Heranziehung der DDR-Außenhandelsbüros in der Bundesrepublik Deutschland zur Umsatz- und Körperschaftssteuer sowie Lohnsteuerabzug von westdeutschen Arbeitnehmern in der DDR,
in: BT-Drucksache 8/963 Nr. B 51-B 54 vom 30.9.1977.

8. Wahlperiode
14.10.1977
Beschäftigungsrückgang in der Werbeartikel-Branche durch die Herabsetzung der Wertgrenze für Werbegeschenke auf 50 DM,
in: BT-Drucksache 8/1014 Nr. 42, 43 vom 14.10.1977.

8. Wahlperiode
20.10.1977
Beseitigung der vom Bundesverfassungsgericht als verfassungswidrig bezeichneten steuerrechtlichen Vorschriften,
in: BT-Drucksache 8/1015 Nr. B 44, B 45 vom 20.10.1977.

1978

8. Wahlperiode
21.4.1978
Anwendung der Urteile des Bundesfinanzhofs durch die Finanzverwaltung seit 1976 sowie Durchführung des Vorwegabzugs von steuerfreien Arbeitgeberbeiträgen zur Sozialversicherung als laufende Sonderausgaben bei getrennt Lebenden,
in: BT-Drucksache 8/1728 Nr. B 32, B 33 vom 21.4.1978.

8. Wahlperiode
5.5.1978
Besteuerung von gemeinnützigen Vereinen bei Übernahme von Verkehrsunfallkosten eines ihrer ehrenamtlichen Vereinsfunktionäre,
in: BT-Drucksache 8/1773 Nr. B 27 vom 5.5.1978.

8. Wahlperiode
26.5.1978
Steuerliche Anrechnung der Aufwendungen von Selbständigen für Krankenversicherung und Altersversorgung auf die Vorsorgehöchstbeträge,
in: BT-Drucksache 8/1826 Nr. B 31, B 32 vom 26.5.1978.

8. Wahlperiode
19.9.1978
Tilgung von Steuerschulden durch Abgabe von Kunstwerken,
Einbeziehung des Zwischenberichts der Transfer-Enquete-Kommission in die Vorarbeiten der Bundesregierung zur besseren Abstimmung von Erwerbs- und Transfereinkommen,
in: BT-Drucksache 8/2083 Nr. 19, 20, 48, 49 vom 19.9.1978.

8. Wahlperiode
22.9.1978
Aktualisierung der Pauschbeträge für ausländische Einkünfte gem. § 34 c Abs. 3 EStG und § 26 Abs. 5 KStG sowie Steuerausfälle bei Fortschreibung der Freibeträge des § 16 EstG ab 1980,
in: BT-Drucksache 8/2117 Nr. B 17, B 18 vom 22.9.1978.

8. Wahlperiode
13.10.1978
Steuerausfälle durch die Anhebung der Freibeträge des § 16 Abs. 4 EStG für Veräußerungsgewinne im Jahre 1980,
in: BT-Drucksache 8/2186 Nr. B 26 vom 13.10.1978.

1979

8. Wahlperiode
19.1.1979
Nachweis früherer Ausbildungszeiten bei der Rentenberechnung für Künstler,
in: BT-Drucksache 8/2477 Nr. B 101, B 102 vom 19.1.1979.

8. Wahlperiode
23.3.1979
Belastung der betrieblichen Altersversorgung durch Absenkung des Sozialrentenniveaus im Zuge des 21. Rentenanpassungsgesetzes,
in: BT-Drucksache 8/2699 Nr. B 68 vom 23.3.1979.

8. Wahlperiode
15.6.1979
Einhaltung des Grundsatzes des Vertrauensschutzes durch die Finanzbehörden bei Verschärfung der Rechtsprechung,
in: BT-Drucksache 8/2969 Nr. B 14 vom 15.6.1979.

8. Wahlperiode
22.6.1979

Umsetzung der Richtlinie des Rates über die Amtshilfe zwischen den Behörden der EG-Mitgliedstaaten im Bereich der direkten Steuern,
in: BT-Drucksache 8/3000 Nr. B 13, B 14 vom 22.6.1979.

8. Wahlperiode
7.9.1979
Kritik an Bundesminister Matthöfer wegen angeblich parteilicher Personalpolitik im Bundesfinanzministerium,
in: BT-Drucksache 8/3158 Nr. B 67 vom 7.9.1979.

8. Wahlperiode
20.9.1979
Steuermindereinnahmen bei Anhebung der Wertgrenze für Werbegeschenke auf 80 DM,
in: BT-Drucksache 8/3187 Nr. 9 vom 20.9.1979.

8. Wahlperiode
9.11.1979
Steuermindereinnahmen bei Anhebung bestimmter Freibeträge ab 1980,
in: BT-Drucksache 8/3344 Nr. B 51-B 53 vom 9.11.1979.

8. Wahlperiode
23.11.1979
Erstattung der deutschen Auftraggebern in Rechnung gestellten ausländischen Umsatzsteuer,
in: BT-Drucksache 8/3424 Nr. B 42 vom 23.11.1979.

1980

8. Wahlperiode
11.1.1980
Beschränkung des Kreditaufnahmeverbots für Vorsorgeaufwendungen gem. § 10 EStG,
in: BT-Drucksache 8/3552 Nr. B 60 vom 11.1.1980.

8. Wahlperiode
8.2.1980
Verlängerung der Sonderabschreibungsregelung für Schiffe,
in: BT-Drucksache 8/3644 Nr. B 47 vom 8.2.1980.

8. Wahlperiode
29.7.1980
Überarbeitung der Richtlinien für das Programm zur Förderung von Erstinnovationen,
in: BT-Drucksache 8/4424 Nr. 16 vom 29.7.1980.

1981

9. Wahlperiode
6.2.1981
Mißstände beim automatisierten Steuereinzugsverfahren durch unzureichende Ausarbeitung des Computerprogramms,
in: BT-Drucksache 9/143 Nr. 24 vom 6.2.1981.

9. Wahlperiode
13.3.1981

Steuerneutrale Transformierung der EG-Bilanzrichtlinie,
in: BT-Drucksache 9/236 Nr. 21, 22 vom 13.3.1981.

9. Wahlperiode
10.4.1981
Anhörung von Verbänden vor Einbringung des Transformationsgesetzes,
in: BT-Drucksache 9/327 Nr. 20 vom 10.4.1981.

9. Wahlperiode
19.6.1981
Behandlung von Zinszahlungen im Außensteuerbereich,
in: BT-Drucksache 9/596 Nr. 21 vom 19.6.1981.

9. Wahlperiode
10.7.1981
Abbau der Überlastung der Finanzgerichte,
in: BT-Drucksache 9/650 Nr. 20 vom 10.7.1981.

9. Wahlperiode
17.7.1981
Einrichtung eines Fonds für Rentensparer aus Bundesbankgewinnen,
in: BT-Drucksache 9/672 Nr. 54 vom 17.7.1981.

9. Wahlperiode
24.7.1981
Vorlage eines Bilanz-Richtliniengesetzes,
Zahlungen der Bundesregierung an die Arbeitsgemeinschaft der Verbraucher,
in: BT-Drucksache 9/693 Nr. 13, 22 vom 24.7.1981.

9. Wahlperiode
21.8.1981
Absatzrückgang bei Zigaretten ab Juni 1982 bis 1985 auf Grund der Tabaksteuererhöhung,
in: BT-Drucksache 9/753 Nr. 7 vom 21.8.1981.

1982

9. Wahlperiode
22. 1. 1982
Beteiligung deutscher zeitgenössischer Komponisten an den von der Bundesregierung geforderten Auslandskonzertreisen,
in: BT-Drucksache 9/1292 Nr. 2, 3 vom 22.1.1982.

9. Wahlperiode
19.2.1982
Aussetzung der Einheitsbewertung von Ein- und Zweifamilienhäusern bis zur Entscheidung über die Verfassungsmäßigkeit des Wertsprungs im Ertragswertverfahren,
Vorschlag der EG-Kommission zur Einführung eines Informations- und Konsultationsverfahrens im Steuerbereich sowie divergierende deutsche Steuergesetze seit 1973,
in: BT-Drucksache 9/1379 Nr. 23-26 vom 19.2.1982.

9. Wahlperiode
19.3.1982
Steuervergünstigungen für Journalisten nach § 12 Abs. 2 Nr. 7c UStG,
in: BT-Drucksache 9/1484 Nr. 26, 27 vom 19.3.1982.

9. Wahlperiode
7. 5. 1982
Befreiung von Kunst und Literatur von der Umsatzsteuer,
in: BT-Drucksache 9/1634 Nr. 24 vom 7.5.1982.

9. Wahlperiode
6.8.1982
Überprüfung der Anwendungsvorschriften bei Doppelbesteuerungsabkommen,
in: BT-Drucksache 9/1904 Nr. 10 vom 6.8.1982.

1983

9. Wahlperiode
21.1.1983
Anerkennung der deutschen Sprache als Amtssprache in internationalen Organisationen, insbesondere in der UNESCO,
in: BT-Drucksache 9/2393 Nr. 6, 7 vom 21.1.1983.

1984

10. Wahlperiode
13. 1. 1984
Finanzielle Mehrbelastung der Bibliotheken bei Wegfall der Umsatzsteuerbefreiung für kleinere Einfuhren,
in: BT-Drucksache 10/879 Nr. 28, 29 vom 13.1.1984.

1985

10. Wahlperiode
22.3.1985
Internationale Zusammenarbeit in Steuersachen,
in: BT-Drucksache 10/3068 Nr. 14 - 16 vom 22.3.1985.

10. Wahlperiode
14.6.1985
Gesetzliche Festschreibung der Gepräge-Rechtsprechung betreffend Besteuerung von Personengesellschaften trotz Urteils des Bundesfinanzhofs vom 25.6.1984,
in: BT-Drucksache 10/3489 Nr. 29 vom 14.6.1985.

Mündliche Anfragen

1976

7. Wahlperiode
18. 8. 1976
Welche seit 1972 ergangenen und im Bundessteuerblatt veröffentlichten Urteile des Bundesfinanzhofs werden von der Finanzverwaltung mit Zustimmung des Finanzministers über den entscheidenden Einzelfall hinaus nicht angewendet?

Welche Urteile des Bundesfinanzhofs haben seit 1972 zu einer Änderung von Steuergesetzen geführt?,
in: BT-Drucksache 7/5701 Nr. 16, 17 vom 18.8.1976.

7. Wahlperiode
13.10. 1976
Aus welchen Gründen ist die Obergrenze des Werbungskostenpauschsatzes für Schauspieler im Rahmen der Lohnsteuerrichtlinien 1975 von 800 DM auf 500 DM monatlich herabgesetzt worden?

Ist der zuständige Verband vor der Herabsetzung gehört worden und, falls dies nicht der Fall war, ist die Bundesregierung bereit, die Höhe des Pauschsatzes nach Anhörung des Verbandes nochmals zu überprüfen?,
in: BT-Drucksache 7/5755 Nr. 28, 29 vom 13.10.1976.

7. Wahlperiode
11. 11. 1976
Trifft es zu, daß eine Müllverbrennungsanlage im Land Berlin im Endergebnis billiger sein würde als die Summe, die mit allen Nebenkosten und im voraus zugesagten Gebührenerhöhungen die Mülldeponie in der »DDR« erfordert und wie hoch ist jeweils die Gesamtsumme?,
in: BT-Drucksache 7/5878 Nr. 46 vom 11.11.1976.

7. Wahlperiode
22. 11. 1976
Trifft es zu, daß auf der Expertenkonferenz in Paris, die zu einem Entwurf der UNESCO zur »Gewährleistung des freien demokratischen Zugangs zur Kultur für die Allgemeinheit und ihre aktive Teilnahme am kulturellen Leben der Gesellschaft« Stellung nehmen sollte, die staatliche Zensur des künstlerischen Schaffens für legal und sogar für notwendig erklärt wurde, daß die westlichen Länder ihrerseits den Begriff der Freiheit nicht einmal in die Debatte einführten und sich beim Schlußvotum der Stimme enthielten, und welche Haltung hat mit welcher Begründung die deutsche Seite eingenommen?,
in: BT-Drucksache 7/5886 Nr. 7 vom 22.11.1976.

7. Wahlperiode
13. 12. 1976
Wann wird die Bundesregierung der am 1. 7. 1976 angenommenen Entschließung des Deutschen Bundestages folgen, über ihre Prüfung berichten, welche Maßnahmen getroffen werden können, um die derzeitige steuerliche Benachteiligung von geschiedenen Unterhaltspflichtigen zu beseitigen und wird sie ihre Prüfung so rechtzeitig abschließen, daß die notwendigen Maßnahmen noch rückwirkend ab 1. 1. 1976 getroffen werden können?,
in: BT-Drucksache 7/5990 Nr. 21 vom 13.12.1976.

1977

8. Wahlperiode
28.1.1977
Beabsichtigt die Bundesregierung, eine Verlängerung der Geltungsdauer des § 13 Abs. 3 EStG (Freibetrag für Land- und Forstwirte), des § 14a EStG (Freibetrag bei der Veräußerung des Betriebs oder einzelner land- und forstwirtschaftlicher Grundstücke) und der §§ 76 bis 78 EStDV (Begünstigung bei der Anschaffung oder Herstellung bestimmter Wirtschaftsgüter durch Land- und Forstwirte) vorzuschlagen, und wie wird sie bejahendenfalls sicherstellen, daß die zum nächsten Vorauszahlungstermin zu leistenden Einkommenssteuervorauszahlungen nicht unter Hinweis auf den Wegfall dieser Begünstigungen erhöht werden?,
in: BT-Drucksache 8/66 Nr. A 20 vom 28.1.1977.

8. Wahlperiode
10.6.1977
Mit welchen Steuermehreinnahmen gegenüber der bisherigen Handhabung rechnet die Bundesregierung, wenn die neuen Regelungen über die umsatzsteuerliche Behandlung von Sachzuwendungen an Arbeitnehmer wirksam werden?,
in: BT-Drucksache 8/571 Nr. A 21 vom 10.6.1977.

8. Wahlperiode
14. 10. 1977
Ist der Bundesregierung bekannt, daß als Folge der Herabsetzung der Wertgrenze für Betriebsausgabenabzug von Werbegeschenken (§ 4 Abs. 5 Ziff. 1 des Einkommensteuergesetzes) seit 1975 allein bei den Werbeartikelherstellern und -vertriebsfirmen rund 5 000 Arbeitsplätze in den Betrieben und zusätzlich mehrere tausend Arbeitsplätze für den Heimarbeiter vernichtet worden sind, und wenn ja, welche Folgerungen zieht sie daraus?

Ist der Bundesregierung bekannt, daß in der Werbebranche mit weiteren Umsatzeinbußen und mit dem Verlust weiterer Arbeitsplätze deshalb gerechnet wird, weil wegen der Kostenentwicklung zahlreiche Werbegeschenke über die Wertgrenze von 50 DM kommen und wegen der fehlenden Abziehbarkeit von den werbungtreibenden Firmen nicht mehr verschickt werden, und wenn ja, wird die Bundesregierung im Hinblick auf die genannten Folgen für den Arbeitsmarkt ihre bisherige Haltung (vgl. Antwort auf die Kleine Anfrage betreffend heimliche Steuererhebung, Drucksache 8/282) ändern und bei den Werbegeschenken zumindest eine Anpassung der Wertgrenze der Kostenentwicklung vorschlagen, und wann wird sie dies tun?,

Welche seit 1969 verabschiedeten steuerlichen Vorschriften wurden ganz oder teilweise vom Bundesverfassungsgericht für verfassungswidrig erklärt, welche tragenden Gründe hat das Bundesverfassungsgericht hierfür jeweils angegeben, und wie hat die Bundesregierung dafür Sorge getragen, daß den Beanstandungen des Bundesverfassungsgerichts Rechnung getragen wurde?

Welche Beanstandungen des Bundesverfassungsgerichts bestehen noch, ohne daß die Bundesregierung oder der Gesetzgeber von sich aus gesetzgeberische Maßnahmen zur Beseitigung des vom Bundesverfassungsgericht als verfassungswidrig oder nicht verfassungskonform bezeichneten Zustandes herbeigeführt haben?,
in: BT-Drucksache 8/1015 Nr. 42 - 45 vom 14.10.1977.

1978

8. Wahlperiode
19. 9. 1978
Welche Überlegungen haben die Bundesregierung davon abgehalten, in den Entwurf eines Steueränderungsgesetzes 1978 eine Regelung aufzunehmen, die es erlaubt, nach französischem und amerikanischem Vorbild Steuerschulden in Form von Kunstwerken abzutragen?

Ist die Bundesregierung bereit, diese Überlegungen vor dem Entschluß der parlamentarischen Beratung über den Entwurf des Steueränderungsgesetzes 1978 nochmals zu überprüfen?,
in: BT-Drucksache 8/2083 Nr. 19, 20 vom 19.9.1978.

8. Wahlperiode
20. 9. 1979
Um wieviel würde sich der Anstieg des Steueraufkommens verringern (bezogen auf das Entstehungsjahr), wenn die Wertgrenze für Werbeartikel (§ 4 Abs. 5 Nr. 1 EStG) mit Wirkung ab 1980 auf 80 DM angehoben würde?,
in: BT-Drucksache 8/3187 vom 20.9.1979.

1980

8. Wahlperiode
29. 7. 1980
Wann ist damit zu rechnen, daß die in der Antwort der Bundesregierung (BT-Drucksache 8/3052 vom 11.7.1979) bereits für 1979 angekündigte Überarbeitung der Richtlinien des Erstinnovationsprogramms abgeschlossen sein wird?,
in: BT-Drucksache 8/4424 vom 29.7.1980.

Gesetzentwürfe

1974

7. Wahlperiode
22. 1. 1974
Entwurf eines Dritten Gesetzes zur Änderung mietpreisrechtlicher Vorschriften in der kreisfreien Stadt München und im Landkreis München sowie in der Freien Hansestadt Hamburg,
in: BT-Drucksache 7/1576 vom 22.1.1974.

1979

8. Wahlperiode
26. 10. 1979
Entwurf eines Gesetzes zur Änderung des Investitionszulagengesetzes,
in: BT-Drucksache 8/3298 vom 26.10.1979.

1980

8. Wahlperiode
24. 1. 1980
Entwurf eines Gesetzes zur Änderung des Einkommensteuergesetzes und der Bewertungsgesetze (Künstlerhilfe),
in: BT-Drucksache 8/3616 vom 24.1.1980.

1981

9. Wahlperiode
23.10.1981
Entwurf eines Gesetzes zur Änderung des Gesetzes über die verbilligte Veräußerung, Vermietung und Verpachtung von bundeseigenen Grundstücken,
in: BT-Drucksache 9/938 vom 23.10.1981.

1982

9. Wahlperiode
25. 3. 1982
Entwurf eines Gesetzes zur Änderung dienstrechtlicher Vorschriften,
in: BT-Drucksache 9/1497 vom 25.3.1982.

1989

11. Wahlperiode
25.4.1989
Entwurf eines Gesetzes zur Änderung des Bürgerlichen Gesetzbuches und anderer Gesetze,
in: BT-Drucksache 11/4415 vom 25.4.1989.

Beschlußempfehlungen und Berichte

1981

9. Wahlperiode
14. 5. 1981
Vorschlag einer Richtlinie des Rates über die indirekten Steuern auf Geschäfte mit Wertpapieren,
in: BT-Drucksache 9/439 vom 14.5.1981.

9. Wahlperiode
19. 6. 1981
Entwurf eines Gesetzes zu dem Abkommen vom 13. 9. 1979 zwischen der Bundesrepublik Deutschland und der Demokratischen Sozialistischen Republik Sri Lanka zur Vermeidung der Doppelbesteuerung und zur Verhinderung der Steuerverkürzung auf dem Gebiet der Steuern vom Einkommen und vom Vermögen (BT-Drucksache 9/133 vom 2.2.1981),
in: BT-Drucksache 9/593 vom 19.6.1981.

9. Wahlperiode
22. 9. 1981
Entwurf eines Gesetzes zu dem Abkommen vom 5. 7. 1979 zwischen der Bundesrepublik Deutschland und der Republik Finnland zur Vermeidung der Doppelbesteuerung auf dem Gebiet der Steuern vom Einkommen und vom Vermögen sowie einiger anderer Steuern (BT-Drucksache 9/573 vom 12.6.1981),
in: BT-Drucksache 9/834 vom 22.9.1981.

9. Wahlperiode
19.6.1981
Entwurf eines Gesetzes zu dem Abkommen vom 13.9.1979 zwischen der Bundesrepublik Deutschland und der Demokratischen Sozialistischen Republik Sri Lanka zur Vermeidung der Doppelbesteuerung und zur Verhinderung der Steuerverkürzung auf dem Gebiet der Steuern vom Einkommen und vom Vermögen,
in: BT-Drucksache 9/593 vom 19.6.1981

1982

9. Wahlperiode
25. 3. 1982
Entwurf eines Gesetzes über steuerliche und sonstige Maßnahmen für Arbeitsplätze, Wachstum und Stabilität (Beschäftigungsförderungsgesetz),
in: BT-Drucksachen 9/1507 vom 25.3.1982.

9. Wahlperiode
13. 5. 1982
Zu dem Vorschlag der Kommission der Europäischen Gemeinschaften für eine Entscheidung des Rates zur Einführung eines Verfahrens zur vorherigen Information und Konsultation im Steuerbereich EG-Dok. Nr. 11 494/81 (BT-Drucksache 9/1272 Nr. 41 vom 14.1.1982),
in: BT-Drucksache 9/1652 vom 13.5.1982.

9. Wahlperiode
23. 6. 1982
Entwurf eines Gesetzes zu dem Abkommen vom 17. 7. 1981 zwischen der Bundesrepublik Deutschland und Kanada zur Vermeidung der Doppelbesteuerung auf dem Gebiet der Steuern vom Einkommen und bestimmter anderer Steuern,
in: BT-Drucksache 9/1790 vom 30.4.1982.

9. Wahlperiode
14. 9. 1982
Entwurf eines Gesetzes zu dem Abkommen vom 24. 11. 1981 zwischen der Bundesrepublik Deutschland und der Union der Sozialistischen Sowjetrepubliken zur Vermeidung der Doppelbesteuerung von Einkommen und Vermögen (BT-Drucksache 9/1698 vom 28.5.1982),
in: BT-Drucksache 9/1978 vom 14.9.1982.

1983

10. Wahlperiode
29.11.1983
Gesetz zum Zweiten Protokoll vom 17.2.1983 zur Änderung und Ergänzung des Abkommens vom 22.4.1966 zwischen der Bundesrepublik Deutschland und Japan zur Vermeidung der Doppelbesteuerung bei den Steuern vom Einkommen und bei einigen anderen Steuern,
in: BT-Drucksache 10/694 vom 29.11.1983.

10. Wahlperiode
1.12.1983
Vorschlag für eine zwölfte Richtlinie des Rates zur Harmonisierung der Rechtsvorschriften der Mitgliedstaaten über die Umsatzsteuern - Gemeinsames Mehrwertsteuersystem: Ausschluß des Vorsteuerabzugsrechts bei bestimmte Ausgaben,
in: BT-Drucksache 10/717 vom 1.12.1983.

1984

10. Wahlperiode
24.1.1984
Entwurf eines Gesetzes zu dem Abkommen vom 7.12.1982 zwischen der Bundesrepublik Deutschland und der Republik Ecuador zur Vermeidung der Doppelbesteuerung auf dem Gebiet der Stéuern vom Einkommen und vom Vermögen,
in: BT-Drucksache 10/913 vom 24.1.1984.

10. Wahlperiode
28.11.1984
Entwurf eines Gesetzes zu dem Abkommen vom 29.5.1980 zwischen der Bundesrepublik Deutschland und dem Staat Israel zur Vermeidung der Doppelbesteuerung auf dem Gebiet der Nachlaß- und Erbschaftssteuern in der Fassung des Änderungsprotokolls vom 20.1.1984,
in: BT-Drucksache 10/2524 vom 28.11.1984.

1985

10. Wahlperiode
27.3.1985
Entwurf eines Gesetzes zu dem Protokolll vom 28.6.1984 zur Änderung des am 18.3.1959 in Neu-Delhi unterzeichneten Abkommens zwischen der Regierung der Bundesrepublik Deutschland und der Regierung der Republik Indien zur Vermeidung der Doppelbesteuerung des Einkommens,
in: BT-Drucksache 10/3098 vom 27.3.1985

10. Wahlperiode
2.9.1985
Vorschlag für eine Richtlinie des Rates über die Niederlassungsfreiheit und den freien Dienstleistungsverkehr auf dem Gebiet des Hypothekarkredits,
in: BT-Drucksache 10/3776 vom 2.9.1985.

10. Wahlperiode
18.11.1985
Entwurf eines Gesetzes zu dem Abkommen vom 10.6.1985 zwischen der Bunderepublik Deutschland und der Volksrepublik China zur Vermeidung der Doppelbesteuerung auf dem Gebiet der Steuern vom Einkommen und vom Vermögen,
in: BT-Drucksache 10/4270 vom 18.11.1985.

1986

10. Wahlperiode
5.11.1986
Mitteilung der Kommission der Europäischen Gemeinschaften an den Rat über ein Programm zur Liberalisierung des Kapitalverkehrs in der Gemeinschaft,

Vorschlag für eine Richtlinie des Rates zur dritten Änderung der ersten Richtlinie zur Durchführung des Artikels 67 des EWG-Vertrages (Liberalisierung des Kapitalverkehrs),
in: BT-Drucksache 10/6360 vom 5.11.1986.

1989

11. Wahlperiode
4. 12. 1989
Bericht über die Auswirkungen der Urheberrechtsnovelle 1985 und Fragen des Urheber- und Leistungsschutzrechts (BT-Drucksache 11/4929 vom 14.9.1982),
in: BT-Drucksache 11/5958 vom 4.12.1989.

Anträge

1977

8. Wahlperiode
21.11.1977
Rechts- und Verwaltungsvereinfachung,
in: BT-Drucksache 8/1206 vom 21.11.1977.

1979

8. Wahlperiode
10. 7. 1979
Senkung des Kohlepfennigs,
in: BT-Drucksache 8/3050 vom 10.7.1979.

8. Wahlperiode
8. 11. 1979
Durchführung des Umsatzsteuergesetzes 1979,
in: BT-Drucksache 8/3345 vom 8.11.1979.

1980

8. Wahlperiode
22. 4. 1980
Förderung des künstlerischen Nachwuchses,
in: BT-Drucksache 8/3931 vom 22.4.1980.

1989

11. Wahlperiode
8. 5. 1989
Grundsätze und Ziele der staatlichen Kulturpolitik,
in: BT-Drucksache 11/4488 vom 8.5.1989.

V. *Beiträge zu Wirtschaft und Steuern*

1955

Sätze und Umsätze, in: Musik und Dichtung vom 1.1.1955.
Die Besteuerung der Künstler, in: Musik und Dichtung vom 15.3.1955.

Buchbesprechung zu: R. Korn, G. Dietz, Sammlung der in der Bundesrepublik Deutschland gültigen Doppelbesteuerungsabkommen, 1955, in: Musik und Dichtung vom 27.4.1955.
Aktuelle Steuerhinweise für künstlerische Berufe, in: Musik und Dichtung vom 14.6.1955.
Berechnung der Umsatzsteuer, in: Musik und Dichtung vom 14.6.1955.

1956

Die turnusmässige steuerliche Betriebsprüfung der Corona-Filmproduktion, in: Film-Spiegel vom 3.1.1956.
Die Ehegatten-Besteuerung, in: Film-Spiegel vom 6.1.1956.
Tantiemen oder Gewinnbeteiligung, in: Film-Spiegel vom 17.1.1956.
Glosse zum Entwurf eines Gesetzes gegen den Betriebs- und Belegschaftshandel, Bundestagsdrucksache 1873, In: Neue Ruhrzeitung vom 18.4.1956.

1960

Der Rechtsweg zum Bundesverfassungsgericht bei Grundrechtsverletzungen unter besonderer Berücksichtigung des Steuerrechts (mitverfaßt von Odilo Binder), in: Rechts- und Wirtschaftspraxis, Stuttgart 1960, S. 35-42.

1963

Einführung der Einkommensteuer in den USA, in: Münchner Merkur vom 16.2.1963.
Zur Feier der Steuer, in: Münchner Merkur vom 16./17.2.1963.

1970

Die Reform der direkten Steuern, in: Dialog-Bonn 7/1970, S. 22-27.
Europäisches Umwandlungssteuergesetz, in: Der Betriebsberater 1970, S. 793-796.
Möglichkeiten und Grenzen einer grundsätzlichen Reform des Körperschaftsteuerrechts, in: Der Betriebsberater 1970, S. 393-396.
Auswirkungen auf die Substanzerhaltung der Unternehmen, in: Der Betriebsberater 1970, S. 185-188.

1971

Reformvorschlag mit Fragezeichen, in: Frankfurter Allgemeine Zeitung vom 5.4.1971.
Ein Kampf um den Rechtsstaat, in: Bayernkurier vom 10.4.1971.
Höchstbelastung für deutsche Wirtschaft, in: Bayernkurier vom 8.5.1971.
Sozialdemokratische Nebelwerfer, in: Bayernkurier vom 29.5.1971.
Häufung innerer Widersprüche, in: Bayernkurier vom 3.7.1971.
Die Frage nach der Geldentwertung, in: Bayernkurier vom 10.7.1971.
Sicher sind nur höhere Steuern, in: Bayernkurier vom 17.7.1971.
Freiheit von Brüssel, in: Bayernkurier vom 31.7.1971.
Steuerliche Bewertung von musikalischen Urheberrechten, in: GEMA Nachrichten Nr. 90 vom September 1971, S. 57-59.
Opposition: Steuerreform gescheitert, in: Frankfurter Allgemeine Zeitung vom 2.10.1971.
Trotz großer Worte fünf vor zwölf, in: Bayernkurier vom 2.10.1971.
Die Taube auf dem Dach, in: Bayernkurier vom 23.10.1971.
In der Mühle der Steuerreform, in: Bayernkurier vom 13.11.1971.

Unabsehbare Folgen für die Wirtschaft, in: Bonner Kontakte vom 26.11.1971.
Keine Partei des Eigentums, in: Bayernkurier vom 4.12.1971.
Die Auswirkungen der Steuerreform, in: Zeitschrift Hotel Restaurant, Dezember 1971, S. 671-672.
Steuerfluchtgesetz, in: Der Betriebsberater 1971, S. 53-57.
Auswirkungen der Steuerreform auf die Substanzerhaltung der Unternehmen, in: Der Betriebsberater 1971, S. 185-188.
Das revidierte deutsch-schweizerische Doppelbesteuerungsabkommen, in: Der Betriebsberater 1971, S. 1227-1233.
Die Auswirkungen der Steuerreform auf die Substanzerhaltung der Unternehmen, insbesondere der Hotelbetriebe, in: »Überleben - Um die Existenz der selbständigen Hoteliers«, Herbsttagung der Deutschen Sektion der International Hotel Association (IHA), Sonderdruck 7, 1971, S. 7-12.
Auswirkungen der Steuerreform auf die Substanzerhaltung der Unternehmen, Vortrag vor dem Wirtschaftsbeirat der Union e.V., in: Marktwirtschaft 1971, S. 23-25.
Umsatzsteuergesetz, Kommentar, erläutert von Walter Eckhardt, Eberhard Weiss, Reinhold Kreile, Harro Muuss, Werner Gottwalles, München 1971.

1972

In falscher Geziertheit, in: Frankfurter Allgemeine Zeitung vom 15.1.1972.
Wettbewerbsfähigkeit und Investitionsneigung bedroht, in: Blick durch die Wirtschaft vom 12.2.1972.
Steuerpolitik: Aufklärung oder Verschleierung, in: Bilanz und Prognose 1972, S. 80-86.
Rücktritt Staatssekretär Prof. Haller, in: CSU-Pressemitteilungen vom 29.2.1972.
Brandts Opfer sind die Kleinen, in: Bayernkurier vom 18.3.1972.
Mißverstandene Körperschaftsteuerreform, in: Frankfurter Allgemeine Zeitung vom 24.3.1972.
Das revidierte deutsch-schweizerische Doppelbesteuerungsabkommen, in: Neues Steuerrecht von A-Z vom 15.3.1972, S. 1-21.
Stagflation und Finanzchaos, in: Bayernkurier vom März 1972.
Steuerreform und Marktwirtschaft, in: Bayernkurier vom April 1972.
Die Abstimmung über den Mißtrauensantrag müßte wiederholt werden, in: Die Welt vom 4.5.1972.
Finanzausschuß verschleppte das Außensteuergesetz nicht, in: Handelsblatt vom 12.5.1972.
Die Leistung nicht bestrafen, in: Bayernkurier vom 13.5.1972.
Eine Regierung ohne Haushalt mußte zurücktreten, in: Die Welt vom 7.6.1972.
Steuerreform belastet Unternehmen, in: Zeitschrift für Wirtschaftspolitik und Marktwirtschaft vom August 1972, S. 13-15.
Zur Steuerbelastung der Unternehmen, in Marktwirtschaft vom August 1972.
Aufklärung oder Verschleierung? Steuerpolitik, in: Politische Studien vom August 1972.
Ungleiche Besteuerung, in: Handelsblatt vom 8.10.1972.
Verschiedene Seiten derselben Medaille, in: Die Welt vom 11.10.1972.
Eigentumsbildung im privaten Wohnungsbau, in: Der Betrieb 1972, S. 1036-1043.
Zweifelsfragen bei den befristeten Sondervorschriften der Umwandlungs-Steuergesetzgebung, in: Der Betrieb 1972, S. 2127-2129.
Zum Außensteuergesetz, in: Der Betriebsberater 1972, S. 929-937.
Die steuerliche Abzugsfähigkeit von Werbeartikeln nach geltendem und künftigen Recht, in: Der Betriebsberater 1972, S. 1333-1340.
Steuerfragen der Kölner Modelle, in: Neues Steuerrecht von A-Z 1972.

1973

Kölner Modell, ein Kunstgriff in den Steuertopf?, in: Eigentumswohnung vom Februar/ März 1973 Nr. 9.
Ist die Regelung über die Besteuerung der Boden-Veräußerungsgewinne von Landwirten verfassungsgemäß?, in: Finanz-Rundschau vom 23.5.1973, S. 225-228.
Wohnungs- und Mietpolitik durch das Kölner Modell, in: Finanz Prisma, Juni/Juli 1973, Nr. 8.
Meine Meinung
Die Misere der Steuergesetzgebung, in: Finanz-Rundschau vom 6.6.1973, S. 251.
Fischer-Dieskaus Spaß an der Bosheit, in: Münchner Merkur vom 6.8.1973.
Vorsteuerabzug bei dem Bau und der Vermietung von Wohnungen, in: Neues Steuerrecht 1973.
Einzelfragen der Bibliotheksabgabe, Stellungnahme der VG Wort (mitverfaßt von Ferdinand Melichar), in: Buch und Bibliothek 1973, S. 31-34.

1974

Meine Meinung
Bundesrat hat ein Zeichen gesetzt, in: Finanz-Rundschau 2/1974, S. 27.
Wirtschaft und Politik: Verlustklauseln und negatives Kapitalkonto, in: Handelsblatt vom 11.4.1974.
Ein »Vorschaltgesetz« zur Steuerreform am 01.01.1975, in: Handelsblatt vom 27.5.1974.
Umsatzsteuergesetz (Mehrwertsteuer) in 2 Bänden, erläutert von Walter Eckhardt, Eberhard Weiß, Reinhold Kreile, Harro Muuss, Werner Gottwalles, München, Stand Juli 1974.
Umweltschutz ohne steuerliche Vergünstigungen, in: Handelsblatt vom 17.12.1974.
Sammelwertberichtigungen bei Kreditinstituten, in: Deutsches Steuerrecht 1974, S. 683-687.

1975

Die Abschreibungsvergünstigungen für Umweltschutz-Investitionen, in: Der Betrieb 1975, S. 514-518.
Staatsbedarf und Steuererhöhung, in: Deutsches Steuerrecht vom 28.8.1975.
Scharfe Trennung, in: Wirtschaftswoche vom 29.8.1975.
Sabotage an der Reform der Körperschaftsteuer, in: Handelsblatt vom 25.9.1975.
Nicht auf schöne Worte hereinfallen, in: Junge Wirtschaft vom 10.10.1975.

1976

Körperschaftsteuer bleibt wie sie ist, in: Handelsblatt vom 13.1.1976.
Porno-Steuer (Leserbrief), in: Frankfurter Allgemeine Zeitung vom 10.2.1976.
Steuerreform: SPD im Bummelstreik, in: Handelsblatt vom 15.2.1976.
Kreile kontra Lambsdorff, in: Handelsblatt vom 12.8.1976.
Streit um Kantinenzuschuß schlägt in Bonn Wellen, in: Handelsblatt vom 30.8.1976.
Der Finanzausschuß ist zum Notariat geworden, in: Handelsblatt vom 18.11.1976.
Die Besteuerung des Zweiten Deutschen Fernsehens (mitverfaßt von Konrad Laube), in: Film und Recht 1976, S. 544-577.
Wege und Irrwege der Abschreibungsgesellschaften, in: Deutsches Steuerrecht 1976, S. 283-284.

Einzelfragen zum Entwicklungsländer-Steuergesetz (mitverfaßt von Günter Söffing), in: Deutsche Steuerzeitung 1976, S. 52-53.
Die Einführung des Verlustrücktrages (mitverfaßt von Günter Söffing), in: Deutsche Steuer-Zeitung 1976, S. 195-201.
Die steuerlichen Bestimmungen im Kommissionsvorschlag für das Statut für europäische Aktiengesellschaften (mitverfaßt von Manfred Wachenhausen), in: Der Betrieb 1976, S. 1687-1693.
Wege und Irrwege der Abschreibungsgesellschaften, in: Deutsches Steuerrecht 1976, S. 283-284.

1977

Umsatzsteuer - Wohin ist es mit dir gekommen?, in: Frankfurter Allgemeine Zeitung vom 27.1.1977.
Einen Plafond für die Gesamtsteuerbelastung, in: Handelsblatt vom 1.2.1977.
Unsoziale Besteuerung niedriger Einkommen, in: Praline vom März 1977.
Die Steuern bringen uns noch um. Der Staat langt zu wie noch nie, in: Mindelheimer Zeitung vom 29.5.1977.
Ein neues Steuerpaket schnüren, in: dfz-Wirtschaftsmagazin, Heft 6/1977, S. 4.
Meine Meinung: Steuerpolitik im Jahre 1977, in: Finanz-Rundschau 1977, S. 187-188.
Das kann ein Schock sein - Werbegeschenke , in: Wirtschaftswoche vom 9.9.1977, S. 30.
Steuerpolitik vernichtet Arbeitsplätze, in: Handelsblatt vom 17./18.9.1977.
Ein kleinliches Gesetz, in: Frankfurter Allgemeine Zeitung vom 7.10.1977.
Zum Schuldzinsenabzug im Einkommensteuerrecht (mitverfaßt von Günter Söffing), in: Deutsche Steuer-Zeitung 1977, S. 259-264.
Die Steuergesetzgebung in der Bundesrepublik Deutschland aus der Sicht des Parlamentariers, in: Steuer und Wirtschaft 1977, S. 1-8.
Für und Wider die Mehrwertsteuer bei Schriftstellern, in: Zeitschrift des Freien Deutschen Autorenverbandes vom Oktober 1977.
Zum Schuldzinsenabzug im Einkommensteuerrecht (mitverfaßt von Günter Söffing), in: Deutsche Steuer-Zeitung 1977, S. 259-264.
Die Steuergesetzgebung in der Bundesrepublik Deutschland aus der Sicht des Parlamentariers, in: Steuer und Wirtschaft 1977, S. 1-8.

1978

Kantinenessen als Steuerproblem, in: Handelsblatt vom 16.1.1978.
Minister Apels Trick mit dem Kantinenessen, in: Handelsblatt vom 17.1.1978.
Was Vorrang haben muß, in: Bayernkurier vom 15.4.1978.
Hände weg von der Bundesbank, in: Bayernkurier vom 1.9.1978.
Auch die Handelsvertreter beanspruchen Vorwegabzug, in: Handelsblatt vom 6./7.10.1978.
Warum nicht gleich?, in: Bayernkurier vom 25.11.1978.
Die Wiederbeschaffungskosten - Bewertung - Ein steuerlicher Aspekt der 4. EG-Richtlinie (Bilanzrichtlinie) und seine Problematik (mitverfaßt von Manfred Wachenhausen), in: Der Betrieb 1978, S. 2421-2424.
Für und Wider. Die Umsatzsteuer bei Schriftstellern, in: Verbandszeitschrift Freier Deutscher Autorenverband (FDA) 1978.
Eine Lanze für steuerliche Kinderfreibeträge - Keine Begünstigung von Beziehern hoher Einkommen -, in: Deutschland-Union-Dienst 1978 Nr. 162, S. 1-2.

Anmerkung zum Urteil des BFH vom 29.4.1987, FinG 13, in: Erich Schulze, Rechtsprechung zum Urheberrecht, Entscheidungssammlung mit Anmerkungen, Loseblattausgabe, München, Stand: Februar 1993 (40. Lieferung)

1979

Standfestigkeit und Augenmaß, in: Literaturberater Wirtschaft 1/1979, S. 60.
Wer macht eigentlich die Steuergesetze, in: Wirtschaftswoche vom 5.3.1979.
Beklemmende Mixtur, in: Wirtschaftswoche vom 28.5.1979.
Steuerdiskussion - Positiver Beitrag der Unionsländer, in: Bayernkurier vom 25.8.1979.
München 1979, S. 32, 43f..
Besteuerung, in: Der Agrarbrief 1979, S. 9.
Das Gesetz zur Änderung des Entwicklungsländer-Steuergesetzes und des Einkommensteuergesetzes vom 21. Mai 1979, in: Deutsche Steuer-Zeitung 1979, S. 259-267.
Umsatzsteuer - Der Unsinn hat Methode, in: Handelsblatt vom 31.8.1979.
Das neue italienische Körperschaftssteuergesetz. Ein Modell für eine Vereinfachung des deutschen KStG? Mit Diskussionsbeiträgen eines Münchner Symposions, in: Münchner Schriftenreihe zum internationalen Steuerrecht, von Augusto Fantozzi, Siegfried Mayr, Johannes P. Müller-Dott, München 1979, S. 32, 43f.
Das Gesetz zur Änderung des Entwicklungsländer-Steuergesetzes und des Einkommensteuergesetzes vom 21.Mai 1979, in: Deutsche Steuer-Zeitung 1979, S. 259-267.
Besteuerung, in: Der Agrarbrief 1979, S. 9.
Matthöfers Bürgerfreundlichkeit, in: Deutschland-Union-Dienst 1979 Nr. 234, S. 6.
Der Entwurf eines § 15 a EStG, in: Vorteilhafte Geldanlagen, Handbuch für Anleger, Berater und Vermittler, herausgegeben von Bihr, Jahrmarkt, Knapp, Freiburg 1979, S. 325-375.
Anmerkung zu den Urteilen des BFH vom 14.3.1979, - I R 37/75 (FinG 11) und vom 23.5.1979 - I R 163/77 (FinG 12), in: Erich Schulze, Rechtsprechung zum Urheberrecht, Entscheidungssammlung mit Anmerkungen, Loseblattausgabe, München, Stand: Februar 1993 (40. Lieferung).

1980

Leuchtendes Beispiel der Steuervereinfachung - Umsatzsteuer auf Münzen, in: Handelsblatt vom 4.3.1980.
Steuerpolitik der achtziger Jahre, in: Politische Studien, Heft 251, Mai/Juni 1980, S. 287-297.

1981

Schuldzinsabzug: Das Verbot war falsch, in: Handelsblatt vom 19.2.1981.
Zur Staatshaftung für Finanzbeamte, in: Die Steuerberatung 6/1981, S. 163.
Es wird weitergewurstelt wie bisher, in: Handelsblatt vom 4.8.1981von Roegele, Lerch-Stumpf, München 1981, S.
Brandts Karawane in trostloser Wüste, in: Bayernkurier vom 15.8.1981.
Vor Sparsamkeit wird gewarnt, in: Bayernkurier vom 7.11.1981.
Zur Reform der Grunderwerbsteuer, in: Handelsblatt vom 27./28.11.1981.
Buchbesprechung zu: Lademann/Söffing/Brockhoff, Einkommenssteuergesetz, 1981, in: Der Betrieb 1981, S.1245.
Die steuerliche Behandlung von Musikkapellen, in: Film und Recht 1981, S. 526-532.
§ 15 a EStG (einschließlich Nebenregelung und Übergangsregelung), in: Vorteilhafte

Geldanlagen, Handbuch für Anleger, Berater und Vermittler, herausgegeben von Bihr, Jahrmarkt, Knapp, Freiburg 1981, S. 497-568.

1982

Zum Scheitern verurteilt, in: Bayernkurier vom 27.3.1982.
Der mißbrauchte Bundesbankgewinn, in: Deutschland-Union-Dienst vom 21.4.1982, S. 3-4.
Koalition zapft Kasse an, in: Bayernkurier vom 1.5.1982.
Silber und »Blech« buhlen um Käufergunst, in: status, Juli 1982, S. 64, 67.
Beim Splitting will die Union bremsen, in: Handelsblatt vom 8.7.1982.
Steuerpolitik am Wendepunkt, in: Politische Studien Nr. 265, September/Oktober 1982, S. 543-553.
Hektik der Steuergesetzgebung, Festvortrag auf dem Deutschen Steuerberatertag in Nürnberg am 8.11.1982, in: Protokoll Deutscher Steuerberatertag, S. 73-94.
Nochmals: Zur Diskussion um das Ehegattensplitting, in: Versicherungswirtschaft 1982, S. 1494.

1983

Entlastung statt Entlassungen, in: Deutschland-Union-Dienst vom 24.5.193, S. 3-4.
Immer weniger zahlen immer mehr Steuern, in: Handelsblatt vom 31-5-1983.
Damit sich die Leistung wieder lohnt, in: Bayernkurier vom 2.7.1983.
Soziale Marktwirtschaft und leistungsgerechte Steuerpolitik, in: trend vom 17.12.1983, S. 26-31.
Aktuelle Steuergesetzgebung mit besonderer Betonung der Land- und Forstwirtschaft, in: Fachseminar 1983 »Aktuelle Probleme bei der Besteuerung der Land- und Forstwirte«, Bonn 1983.

1984

Die intakten Familien sind nicht bevorzugt, in: Handelsblatt vom 19.3.1984.
Intakte Familien nicht benachteiligen, in: Deutschland-Union-Dienst vom 23.3.1984, S. 3.
Grußwort vor dem Deutschen Steuerberaterkongreß/Steuerberaterkammer am 7.5.1984, in: Steuerberaterkongreßreport 1984, S. 16-34.
Vorsteuerpauschale für Landwirte steigt um fünf Prozent, in: Deutschland-Union-Dienst vom 20.6.1984, S. 2.
Die Steuerpolitik ist kein geeignetes Thema für den Bonner Sommer 1984, in: Handelsblatt vom 13.8.1984.
Niedergang oder Neuordnung des deutschen Einkommensteuerrechts?, Rede zum fünfzigjährigen Bestehen des Instituts für Steuerrecht/Münster am 1.10.1984, in Münsterraner Symposium 1. Band, Münster 1984, S. 258.
Realistische Finanz- und Steuerpolitik erforderlich, in: Der Selbständige, Oktober/November 1984, S. 2.
In der Mühle der Steuerreform, in: Bayernkurier vom 13.11.1984.
Familienförderung durch generelle Steuerentlastung, in: Handelsblatt vom 27.11.1984.
Die parlamentarischen Beratungen der KWG-Novelle, in: Die Bank, Dezember 1984.
Der Einfluß der BFH-Rechtsprechung auf die Steuergesetzgebung, in: Steuerberaterjahrbuch 1984/85, S. 39-54.
Besteuerung des Urhebers im internationalen Steuerrecht und die Madrider Konvention über die Vermeidung der Doppelbesteuerung bei grenzüberschreitenden Urheberrechtsge-

bühren, in: kommunikation audiovisuell, Beiträge aus der Hochschule für Fernsehen und Film, München, zum Thema: »Geistiges Eigentum und die Audiovisuellen Medien«, Band 11, herausgegeben von Reinhold Kreile, Otto B. Roegele, Albert Scharf, München 1984, S. 101-118.

Die Besteuerung des Urhebers im internationalen Steuerrecht und die Madrider Konvention über die Vermeidung der Doppelbesteuerung bei grenzüberschreitenden Urheberrechtsgebühren, in: Gewerblicher Rechtsschutz und Urheberrecht Internationaler Teil 1984, S. 341-347.

Dr. Heinrich Reiter neuer Präsident des BFG, in: Neue Zeitschrift für Arbeits- und Sozialrecht 1984, S. 81.

1985

Konjunkturlage berechtigt zum Optimismus, in: Deutschland-Union-Dienst vom 20.2.1985, S. 2.

Das amerikanische Beispiel einer Indexierung ist eher bedenklich, in: Handelsblatt vom 26.2.1985.

Beschlossen: steuerliche Förderung schadstoffarmer Pkws, in: Deutschland-Union-Dienst vom 17.4.1985, S. 2.

Festschrift für Hugo von Wallis zum 75. Geburtstag am 12. April 1985, herausgegeben von Franz Klein, Klaus Vogel, Bonn 1985, S. 183-194.

Gemeinsame Verantwortung für Wachstum und Stabilität, in: Deutschland-Union-Dienst vom 22.4.1985, S. 2.

in: Handelsblatt vom 26.2.1985.

Beschlossen: steuerliche Förderung schadstoffarmer Pkws, in: Deutschland-Union-Dienst vom 17.4.1985, S. 2.

Gemeinsame Verantwortung für Wachstum und Stabilität, in: Deutschland-Union-Dienst vom 22.4.1985, S. 2.

Der Traum von einer Euro-Währung, in: Rheinischer Merkur vom 27.4.1985.

Investitionsfreundliche Steuerpolitik der Sozialdemokraten?, in: Deutschland-Union-Dienst vom 1.7.1985, S. 2.

Den mit dem Steuersenkungsgesetz 1986/88 eingeschlagenen Weg weitergehen, in: Deutschland-Union-Dienst vom 23.7.1985.

Der Monatsbericht der Deutschen Bundesbank, in: Deutschland-Union-Dienst vom 16.8.1985, S. 1.

Lichtblick für Schuldner, in: Bayernkurier vom 17.8.1985.

Realistischer Dollarkurs hilft protektionistische Tendenzen eindämmen, in: Deutschland-Union-Dienst vom 24.9.1985, S. 3.

Realistischer Dollarkurs hilft protektionistische Tendenzen eindämmen, in: Wirtschaftsbild vom 27.9.1985.

Ziel: Verstetigung der Steuereinnahmen, in: Der Gemeinderat vom Oktober 1985.

Die Entscheidungen des Bundesfinanzhofes und ihre Auswirkungen auf die Tätigkeit des Finanzausschusses des Deutschen Bundestages, in: Der Bundesfinanzhof und seine Rechtsprechung Grunafragen - Grundlagen, Festschrift für Hugo von Wallis zum 75. Geburtstag am 12. April 1985, herausgegeben von Franz Klein, Klaus Vogel, Bonn 1985, S. 183-194.

Der Einfluß der BFH-Rechtsprechung auf die Steuergesetzgebung, in: Steuerberaterjahrbuch 1984/85, herausgegeben von R. Curtius-Hartung, Norbert Herzig, Ursula Niemann, Köln 1985, S. 39-54.

1986

Lebenshaltungskosten, in: Deutschland-Union-Dienst vom 7.1.1986.
Nichts Neues von der Steuererhöhungspartei!, in: Deutschland-Union-Dienst vom 21.1.1986, S. 1.
Die Europäische Union kann nur Vorstufe eines Bundesstaates sein, in: Weltwirtschaft vom 5.3.1986.
Walter Eckhardt zum 80. Geburtstag, in: Finanz-Rundschau vom 8.4.1986, S. 165-166.
Steuersenkung - Je früher - je besser, in: Bayernkurier vom 26.4.1986.
SPD ist eine Steuererhöhungspartei, in: Deutschland-Union-Dienst vom 3.6.1986, S. 5.
Das wirtschaftspolitische Heil der SPD: Steuererhöhung, in: Deutschland-Union-Dienst vom 18.7.1986, S. 2.
Anziehen der Steuerschraube, in: Bayernkurier vom 26.7.1986.
Das Patentrezept der SPD: Höhere Steuern und Inflation, in: Deutschland-Union-Dienst vom 6.8.1986, S. 2.
Steuerpolitik - familienfreundlich, in: Bayernkurier vom 9.8.1986.
Auch die Unternehmensbesteuerung bedarf noch weiterer Verbesserungen, in: Handelsblatt vom 8.9.1986.
Die Unheilspropheten sind gründlich widerlegt, in: Deutschland-Union-Dienst vom 9.10.1986, S. 3.
Von der Gepräge-Rechtsprechung zur Gepräge-Gesetzgebung, in: Deutsche Steuerzeitung 1986, S. 4-11.
Das Doppelbesteuerungsabkommen zwischen der Bundesrepublik Deutschlandund der Volksrepublik China, in: Chinesisches Recht, Kommentar, 2. Band, München 1986.

1987

Der Finanzausschuß und die steuerneutrale Transformation der EG-Bilanzrichtlinie, in: Deutsche Steuer-Zeitung 1987, S. 449-455.
Fortschritte bei der Liberalisierung des Kapitalverkehrs in der Gemeinschaft, in: Handelsblatt 1987.
Die Besteuerung des Urhebers im internationalen Steuerrecht und die Madrider Konvention über die Vermeidung der Doppelbesteuerung bei grenzüberschreitenden Urheberrechtsgebühren, in: INTERGU Jahrbuch 1987, Wien 1987, S. 141-158.
Anmerkung zum Urteil des BFH vom 29.4.1987, FinG 13, in: Erich Schulze, Rechtsprechung zum Urheberrecht, Entscheidungssammlung mit Anmerkungen, Loseblattausgabe, München, Stand: Februar 1993 (40. Lieferung).
Die Auswirkungen der Steuerreform auf die Lohnsteuerhilfevereine, in: Der Lohnsteuerzahler, Dezember 1987, S. 1-3.

1988

Zum Vorentwurf einer EG-Richtlinie über die Harmonisierung der steuerlichen Gewinnermittlungsvorschriften, in: Der Betrieb 1988, S. 1-19.
Gesellschaftsrechtliche und steuerrechtliche Probleme bei Produktion und Vertrieb von Spielfilmen, insbesondere bei ausländischen Coproduktionen, in: Beiträge zum Film- und Medienrecht, Schriftenreihe des Archivs für Urheber-, Film-, Funk- und Theaterrecht, Band 77, Baden-Baden 1988, S. 31-46.

1989

Die Auswirkungen der Steuerharmonisierung im EG-Binnenmarkt auf den Buchhandel, in: Börsenblatt vom 27.6.1989, S. 2015-2019.
Franz Klein zum 60. Geburtstag, in: Finanz-Rundschau vom 8.9.1989, S. 505-506.
Die Auswirkungen der Steuerharmonisierung im EG-Binnemarkt auf denBuchhandel, in: Der Buchhandel im Europäischen Binnenmarkt, herausgegeben von Jürgen Becker, Frankfurt 1989, S. 85-92.

1993

§ 15a - Erklärungsirrtum des Gesetzgebers, in: Festschrift für Karl Beusch zum 68. Geburtstag am 31.10.1993, Berlin/New York 1993, S. 437-449.

VI. *Beiträge zum Urheber- und Medienrecht*

1954

Musik und Recht - Urheberrechtsreform, in: Süddeutsche Zeitung vom 14.8.1954.
Die Musen und ihr Preis, in: Süddeutsche Zeitung vom 14./15.8.1954.
Abgelehnt (Urheberrechtsreform), in: Süddeutsche Zeitung vom 18.10.1954.

1955

Buchbesprechung zu: Erich Schulze, Rechtsprechung zum Urheberrecht, Entscheidungssammlung mit Anmerkungen, München/Berlin 1954, in: GEMA Nachrichten Nr. 23 vom Januar 1955, S. 55-56.
Buchbesprechung zu: Ludwig Delp, Das künftige Urheberrecht, in: Musik und Dichtung vom 20.6.1955.
Recht und Unrecht
Eine Studie zur Urheberrechtsreform, in: Mannheimer Morgen vom 8.7.1955.
Münchener Kulturtagebuch
Universität: vom geistigen Eigentum, in: Süddeutsche Zeitung vom 25.11.1955.

1956

Der Stand der Urheberrechtsreform, in: Süddeutsche Zeitung vom 25.3.1956.
Das Recht am geistigen Eigentum, in: Süddeutsche Zeitung vom 26.3.1956.
Der Stand der Urheberrechtsreform, in: Neue Presse Coburg vom 4.4.1956.

1957

Buchbesprechung zu: Heinrich Lehmann, Über das Wesen des Urheberrechts; Gustav Ermecke, Die Verantwortung von Staat und Gesellschaft für das geistige Schöpfertum, Band 2 der INTERGU-Schriftenreihe, Berlin 1956, in: GEMA Nachrichten Nr. 34 vom März 1957, S. 20-21.
Buchbesprechung zu: Rudolf Reinhardt, Urheberrecht und Grundgesetz, Eine Untersuchung zu § 27 LUG, Band 4 der INTERGU-Schriftenreihe, Berlin 1957, in: GEMA Nachrichten Nr. 37 vom März 1958, S. 33-35.

1962

Vorzeitige Kündigung eines Bühnenverlagsvertrages, Mitteilung des Urteils des LG München I vom 19.9.1961, in: Archiv für Urheber-, Film-, Funk- und Theaterrecht, Band 38, Baden-Baden 1962, S. 380-383.

1973

Einzelfragen der Bibliotheksabgabe, Stellungnahme der VG Wort (mitverfaßt von Ferdinand Melichar), in: Buch und Bibliothek 1973, S. 31-34.

1975

Die Stellung des Fernsehproduzenten im Urheberrrecht, in: Film und Recht 1975, S. 293-299.
Soziale Lage der künstlerischen Berufe, in: Deutscher Musikrat Heft 31/1975, S. 26-31.

1976

Rechtsvergleichende Darstellung über die Bibliotheksabgabe, in: INTERGU Jahrbuch 1975, Wien 1976, S. 47-72.
Bibliothekstantieme in der VG Wort, in: Film und Recht 1976, S. 599-602.

1979

Vervielfältigung zum persönlichen Gebrauch, in: INTERGU Jahrbuch 1979, Wien 1979, S. 95-114.

1980

Mut zur Telekommunikation oder Rede auf das Selbstverständliche, in: Telekommunikation für den Menschen/Human Aspects of Telecommunication, Vorträge des Kongresses vom 29.-31.10.1979 in München, herausgegeben von E. Witte, Berlin/Heidelberg/New York 1980, S. 332-335.
Diskussionsveranstaltung an der Hochschule für Fernsehen und Film, München, in: Neue Medien - Neues Recht 1981, S. 118.

1982

Technischer Fortschritt und Urheberrecht, in: Festschrift für Georg Roeber zum 10. Dezember 1981, herausgegeben von Wilhelm Herschel, Heinrich Hubmann, Manfred Rehbinder, Freiburg 1982, S. 245-255.

1983

Technischer Fortschritt und Urheberrecht, in: INTERGU Jahrbuch 1983, Wien 1983, S. 207-218.

1985

Rechtsentwicklung und urheberrechtliche Problematik des Kabelfernsehens, Vortrag beim X. INTERGU-Kongreß am 11. Juni 1985 in München, in: Zeitschrift für Urheber- und Medienrecht 1985, S. 360-364.
Die deutsche Urheberrechtsnovelle 1985, Referat auf der 7. Internationalen Konferenz vor dem Intenationalen CISAC/CIAGP Rat der Verwertungsgesellschaften für bildende Kunst und Fotografie in Berlin am 12./13.1985, in: Zeitschrift für Urheber- und Medienrecht 1985, S. 609-613.
»Geistiges Eigentum und die audiovisuellen Medien« UNESCO-Symposium zu aktuellen Fragen des Medienrechts 1985, in: Beiträge aus der Hochschule für Fernsehen und Film, Band 11, herausgegeben von Reinhold Kreile, Otto B. Roegele, Albert Scharf, München 1985, S. 9-15.

1986

Besonderer Freund des Hörfunkprogramms Bayern 4 Klassik, Leserbrief, in: Münchner Merkur vom 1.9.1986.

1988

Georg Kahn-Ackermann zum 70. Geburtstag, in: Zeitschrift für Urheber- und Medienrecht 1988, S. 1-2.

1989

Auf hohem Niveau (Interview), in: Neue Medien vom Oktober 1989, S. 48-50.

1990

Urheberrecht, in: Musikforum Nr. 73 vom Dezember 1990, S. 13-16.
Dr. Albrecht Krieger, Ministerialbürokratie.
Sache und Person in Übereinstimmung gebracht, in: Börsenblatt 1990, S. 2139-2140.
Der Bericht der Bundesregierung über die Auswirkungen der Urheberrechtsnovelle 1985 und Fragen des Urheber- und Leistungsschutzrechts vom 4.7.1989 und seine gesetzgeberische Umsetzung in der 11. Legislaturperiode, in: Urheberrechtliche Probleme der Gegenwart: Festschrift für Ernst Reichardt zum 70. Geburtstag, herausgegeben von Andreas Scheuermann, Angelika Strittmatter, in: Archiv für Urheber-, Film-, Funk- und Theaterrecht, Band 92, Baden-Baden 1990, S. 51-77.

1991

Es darf keine urheberrechtliche Spaltung Europas geben, in: musik vom 24.1.1991, S. 22-24.
Vervielfältigung zum privaten Gebrauch, in: Autorenzeitung 2/1991, S. 22-23.
Begrüßungsrede auf den MEDIENTAGEN München 1991 am 14.10.1991, in: Programmheft S. 5ff.
Saison zu allen Zeiten, in: Bayernkurier vom 2.11.1991.
Vervielfältigung zum privaten Gebrauch - eine Herausforderung an den Kulturstaat und seine Urheberrechtsgesetzgebung, in: Zeitschrift für Urheber- und Medienrecht 1991, S. 101-115.

Einnahme und Verteilung der gesetzlichen Geräte- und Leerkassettenvergütung für private Vervielfältigung in Deutschland -Ein System hat sich bewährt-, in: GEMA Jahrbuch 1991, Baden-Baden 1991, S. 46-68.

1992

Europäische Urheberrechtspolitik am Vorabend des Europäischen Binnenmarktes, in: Medien Dialog, Heft 4/1992, S. 12-14.
Virtuose am Füllhorn (Interview), in: newmag vom April 1992.
Man muß für das Gesamte da sein, in GEMA Nachrichten Nr. 145 vom April 1992 , S. 2-4.
Zur Situation der Musikurheber, in: Musikforum, Referate und Informationen des Deutschen Musikdienstes vom 30.10.1992, S. 4-8.
Collection and Distribution of the Statuory Remuneration for Private Copyingwith Respect to Recorders and Blank Cassettes in Germany, in: International Review of Industrial Property and Copyright Law, Vol. 23 No. 4, 1992, S. 449-466.
Einnahme und Verteilung der gesetzlichen Geräte- und Leerkassettenvergütung für private Vervielfältigung in Deutschland -Ein System hat sich bewährt-, in: Gewerblicher Rechtsschutz und Urheberrecht Internationaler Teil 1992, S. 24-36.
Stand der Harmonisierungsbemühungen der EG auf dem Gebiet des Urheberrechts am Vorabend des Europäischen Binnenmarktes (mitverfaßt von Jürgen Becker), in: Zeitschrift für Urheber- und Medienrecht 1992, S. 581-594.
Die Sozialbindung des geistigen Eigentums
Ein Beitrag zur Lehre über die Schranken des Urheberrechts vor dem Hintergrund der Entscheidung des BGH »Altenwohnheim II«, in: GEMA Jahrbuch 1992, Baden-Baden 1992, S. 48-63.
Der Kulturstaat und seine Urheberrechtsgesetzgebung, in: Tractatus de musica bavariae, Festschrift für Alexander L. Suder zum 65. Geburtstag, herausgegeben von Günther Weiß, Tutzing 1992, S. 65-77.
Probleme beim Wohnungseigentum, dargestellt am Zustimmungserfordernis von Miteigentümern bei Installierung von Satellitenempfangsanlagen (Parabolspiegel) (mitverfaßt von Johannes Kreile), in: Festschrift für Alfred-Carl Gaedertz zum 70. Geburtstag, herausgegeben von Gisela Wild, Ine-Marie-Schulte-Franzheim, Monika Lorenz-Wolf, München 1992, S.317-330.

1993

Die Sozialbindung des geistigen Eigentums
Ein Beitrag zur Lehre über die Schranken des Urheberrechts, in: Wege und Verfahren des Verfassungslebens, Festschrift für Peter Lerche zum 65. Geburtstag, herausgegeben von Peter Badura, Rupert Scholz, München 1993, S. 251-266.
Das Urheberrecht im sich wandelnden Europa, in: INTERGU Jahrbuch 1992, Wien 1993, S. 83-90.
In the Beginning was the Author . . ., in: Billboard vom 4.12.1993.
Zur Situation der Musikurheber in Deutschland, in: Musikhandel vom 8.12.1993, S. 369-370.
GEMA-Vorstand Kreile gegen anglo-amerikanische Verwertungsgesellschaft in Zentraleuropa (Interview), in: Der Musikmarkt 2/1993, S. 10-14.
EMRO - Zukunft oder Gefährdung der Musiklizensierung in Europa?, in: Der Musikmarkt 12/1993, S. 33-42.

Das Urheberrecht im Europäischen Binnenmarkt, in: Europäische Zeitschrift für Wirtschaftsrecht 1993, S. 24-26.
Laudatio zum 80. Geburtstag von Erich Schulze, in GEMA Nachrichten Nr. 147 vom April 1993, S. 25-30.
Aufgaben und Arbeitsweise von Verwertungsgesellschaften (mitverfaßt von Jürgen Becker), in: Handbuch der Musikwirtschaft, herausgegeben von Rolf Moser, Andreas Scheuermann, 2. Auflage, Starnberg und München 1993, S. 453-467.
GEMA (mitverfaßt von Jürgen Becker), in: Handbuch der Musikwirtschaft, herausgegeben von Rolf Moser, Andreas Scheuermann, 2. Auflage, Starnberg und München 1993, S. 468-483.
Der Schutz des geistigen Eigentums in Europa vor dem Hintergrund des Vertrages von Maastricht über die Europäische Union, in: »Deutschland und die Völker Europas«, Festschrift für Walter Althammer, herausgegeben von Hans Peter Lins, Roland Schönfeld, München 1993, S. 249-262.
Musik im Kulturraum Europa - Perspektiven und Strategien (mitverfaßt von Gabriel M. Steinschulte), in: Musikforum 1993, Heft 79, S. 4-14.
EMRO - Zukunft oder Gefährdung der Musiklizenzierung in Europa?, in: GEMA Jahrbuch 1993, Baden-Baden 1993, S. 65-89.
Die Lizenzierung musikalischer Urheberrechte für den Satellitenrundfunk, in: Europarecht, Kartellrecht, Wirtschaftsrecht: Festschrift für Arved Deringer, Baden-Baden 1993, S. 536-564.

1994

Am Anfang steht der Urheber, in: rundy vom 17.3.1994, S. 4-5.
Am Anfang steht der Urheber.
Der technische Fortschritt im digitalen Zeitalter, in: Digital Audio »Von Werbung und Wahrheit«, Sonderheft der Frankfurter Musikmesse 1994, S. 13.
Wir müssen rechtzeitig die Parkuhren aufstellen (Interview), in: Musikwoche vom 27.6.1994, S. 24-26.
Musik als Kommunikation begreifen, in: Messe-Katalog Klassik Komm-Köln 1994, Köln 1994, S. 76.
Europa - sein kultureller Auftrag und die musikalische Grundversorgung, in: Zeitschrift für Urheber- und Medienrecht 1994, S. 291-293.
Musik im Kulturraum Europa.
Perspektiven und Strategien (mitverfaßt von Gabriel M. Steinschulte), in: Kulturmanagement Theorie und Praxis einer professionellen Kunst, herausgegeben von Hermann Rauhe, Christine Demmer, Norbert Aust, Berlin/New York 1994, S. 411-425.
Neuordnung des Urheberrechts in der EU (mitverfaßt von Jürgen Becker), in: GEMA Jahrbuch 1994, Baden-Baden 1994 und GRUR Int. 1994.

VII. *Herausgeberschaften*

ECKART, Vierteljahreszeitschrift, Eckart-Verlag, Witten/Ruhr, ab 26. Jahrgang 1956 bis 30. Jahrgang; herausgegeben von Heinz Flügel unter Mitarbeit von Reinhold Kreile.
Zeitschrift für Urheber- und Medienrecht, NOMOS-Verlag, Baden-Baden, seit 1984; herausgegeben von Albert Scharf, Rolf Dünnwald, Ferdinand Melichar, Manfred Rehbinder, Erich Schulze, Ferdinand Sieger, Norbert Thurow, Reinhold Kreile; Schriftleitung: Jürgen Becker.
GEMA Jahrbuch, NOMOS-Verlag, Baden-Baden, seit 1990.
MEDIENTAGE MÜNCHEN, seit 1987.

Die Autoren

Professor Dr. *Manfred Abelein*, Vizepräsident, Europäische Bank für Wiederaufbau und Entwicklung Osteuropas, London.

Dr. *Rainer Barzel*, Bundestagspräsident a.D., Vorsitzender der CDU/CSU-Bundestagsfraktion von 1963 - 1973, Grainau.

Professor Dr. *Jürgen Becker*, Chefsyndikus der GEMA, Mitglied des Vorstandes des Instituts für Urheber- und Medienrecht, München, Professor an der Rechtswissenschaftlichen Fakultät der Universität Freiburg (Br.).

Günter Bendig, Musikkritiker, langjähriger Musikredakteur im Deutschlandfunk, Köln.

Professor Dr. *Kurt Biedenkopf*, Ministerpräsident des Freistaates Sachsen, Dresden.

O. Professor Dr. *Dieter Blumenwitz*, Geschäftsführender Vorstand des Instituts für Völkerrecht, Europarecht und Internationales Wirtschaftsrecht der Universität Würzburg.

Dr. *Arno Bordewin*, Richter am Bundesfinanzhof, Bonn/München.

Dr. hc. mult. *Pierre Boulez*, Professor am Collège de France, Präsident des Ensemble Inter-Contemporain, Directeur honoraire der IRCAM, Dirigent, Komponist, Paris.

Dr. *György Boytha*, Universitätsdozent, Botschafter, Ständiger Vertreter der Republik Ungarn bei den Vereinten Nationen, Genf.

Christian Bruhn, Komponist, Musikproduzent, Aufsichtsratsvorsitzender der GEMA, München.

Professor *Arved Deringer*, Rechtsanwalt, Köln/Stuttgart.

Professor *Milo Dor*, Schriftsteller, Wien.

Professor Dr. *Rolf Dünnwald*, Rechtsanwalt und Geschäftsführer der Gesellschaft zur Verwertung von Leistungsschutzrechten mbH (GVL), Hamburg.

Professor Dr. *Carl-Eugen Eberle*, Justitiar des ZDF, Mainz.

Professor *August Everding*, Staatsintendant und Präsident der Bayerischen Theaterakademie, München.

Dr. iur. *Norbert P. Flechsig*, Rechtsanwalt, Justitiariat des SDR, Stuttgart/Remseck.

Professor Dr. h.c. *Heinz Friedrich*, Präsident der Bayerischen Akademie der Schönen Künste, München. Honorarprofessor für Neuere Deutsche Literatur an der Ludwig Maximilians-Universität München.

Univ.-Professor Dr. *Gerhard Frotz*, Institut für Handels- und Wertpapierrecht der Universität Wien.

Dr. jur. *Ernst W. Fuhr*, Honorarprofessor, Rechtsanwalt, bis 1990 Justitiar des ZDF, Mainz.

Dr. *Klaus Geiger*, Ministerialdirigent a.D., Sprecher der Geschäftsführung VALOR Wilhelm von Finck'sche Vermögensberatung GmbH, München.

Professor Dr. Dr. h.c. *Leonhard Gleske*, ehem. Mitglied des Direktoriums der Deutschen Bundesbank, Frankfurt.

Professor Dr. phil. *Peter Glotz*, Publizist, Mitglied des Deutschen Bundestages, München/Bonn.

Dr. *Péter Gyertyánfy*, Titulardozent, Generaldirektor, Ungarisches Büro zur Wahrung der Urheberrechte, Budapest.

Dr. jur. *Peter Hanser-Strecker*, Musikverleger, Vorsitzender der Geschäftsführung des Musikverlages B. Schott's Söhne, Mainz.

Professor Dr. *Erich Häußer*, Präsident des Deutschen Patentamts, München.

Professor *Hans Werner Henze*, Komponist, Marino.

Hans-Peter Hillig, Rechtsanwalt, Stellvertretender Justitiar des WDR, Vorsitzender des Aufsichtsrats und stellvertretender Vorsitzender des Beirats der Verwertungsgesellschaft der Film- und Fernsehproduzenten mbH (VFF), Frechen bei Köln.

Sylvia Hofheinz, Regierungsdirektorin, Leiterin des Sprachendienstes Verwaltung, Deutscher Bundestag, Bonn.

Professor Dr. *Rainer Jacobs*, Rechtsanwalt (Sozietät Gaedertz Vieregge Quack Kreile), Honorarprofessor an der Universität Köln.

Professor Dr. *Helmut Jedele*, Autor/Produzent, Grünwald.

Georg Kahn-Ackermann, Generalsekretär des Europarats a.D., Ehrenpräsident VG WORT, Generalsekretär des ICSD für Europa, Vorsitzender der Europakommission des DJV, Ammerland.

Professor Dr. *Joachim Kaiser*, Professor an der Staatlichen Hochschule für Musik, Stuttgart. Leitender Redakteur der SZ, Kritiker für Literatur/Theater und Musik, München.

Professor *Klaus Keil*, Professor an der Hochschule für Fernsehen und Film, München.

Professor Dr. *Franz Klein*, Präsident des Bundesfinanzhofs a.D., München.

Dr. h.c. *Hans Klein*, MdB, Vizepräsident des Deutschen Bundestages, Journalist und Schriftsteller, München.

Dr. *Johannes Kreile*, Rechtsanwalt, München.

Dr. jur. *Michael Kunze*, Freier Schriftsteller, Liedertexter und Librettist, Grünwald/München und New York.

Professor Dr. jur. *Peter Lerche*, Direktor des Instituts für Politik und öffentliches Recht an der Universität München.

Dr. *Silke von Lewinski*, Max-Planck-Institut für ausländisches und internationales Patent-, Urheber- und Wettbewerbsrecht, München.

Professor *Siegfried Matthus*, Komponist, Künstlerischer Leiter der Kammeroper Schloß Rheinsberg, Berlin.

Professor Dr. *Ferdinand Melichar*, Geschäftsführendes Vorstandsmitglied der VG WORT, Rechtsanwalt und Lehrbeauftragter an der Universität München.

Professor Dr. Dr. rer. pol. h.c. *Ernst-Joachim Mestmäcker*, Direktor am Max-Planck-Institut für ausländisches und internationales Privatrecht, Hamburg.

Margret Möller-Goddard, Ministerialdirigentin, Bundesministerium der Justiz, Bonn.

Rudolf Mühlfenzl, Präsident a.D. der Bayerischen Landeszentrale für Neue Medien (BLM), Journalist, 1990 - 1991 Rundfunkbeauftragter der Neuen Bundesländer, Seefeld-Hechendorf.

Professor Dr. jur. *Wilhelm Nordemann*, Rechtsanwalt und Notar, Honorarprofessor an der Freien Universität und der Humboldt-Universität zu Berlin.

Professor Dr. *Helmut Oeller*, Präsident der Hochschule für Fernsehen und Film, München.
Dr. jur. *Klaus Offerhaus*, Honorarprofessor für Steuerrecht, Präsident des Bundesfinanzhofs, München.
Professor Dr. *Johannes Overath*, Apostolischer Protonotar, Preside Onorario des Pontificio Istituto di Musica Sacra - Rom, Ehrenpräsident der Consociatio Internationalis Musicae Sacrae - Rom, Gründungs- und Ehrenmitglied der INTERGU, Köln.

Gerhard Pfennig, Rechtsanwalt, Geschäftsführendes Vorstandsmitglied der Verwertungsgesellschaft (VG) Bild-Kunst, Bonn.
Manfred Purzer, Geschäftsführer der Münchner Gesellschaft für Kabelkommunikation (MGK), München.

Karlheinz Quack, Rechtsanwalt, Berlin.

Professor Dr. phil. *Hermann Rauhe*, Präsident der Hochschule für Musik und Theater, Ordinarius der Universität Hamburg.
Dr. jur. utr. *Hans Hugo Ritter und Edler von Rauscher auf Weeg*, Rechtsanwalt, München.
Professor Dr. *Manfred Rehbinder*, o. Professor der Universität Zürich, Honorarprofessor der Universität Freiburg (Br.), Direktor des Instituts für Urheber- und Medienrecht, München.
Professor *Wolfgang Rihm*, Komponist, Karlsruhe.
Professor Dr. *Wolf-Dieter Ring*, Präsident der Bayerischen Landeszentrale für neue Medien (BLM), München.
Professor *Wolfgang Ritter*, Vorsitzender des Steuerausschusses des Bundesverbandes der Deutschen Industrie, Ludwigshafen/Rhein.
Professor Dr. *Peter Ruzicka*, Komponist, Intendant der Hamburgischen Staatsoper, Hochschullehrer, Hamburg.

Alfred Sauter, Staatssekretär, zuständig für die Bayerische Staatsbauverwaltung, München.
Dr. *Wolfgang Schäuble*, Vorsitzender der CDU/CSU-Fraktion im Deutschen Bundestag, Bonn.
Anke Schierholz, Assessorin, München.
Peter M. Schmidhuber, Assessor jur. Diplomvolkswirt, Mitglied der Kommission der EU 1987/95, Bayerischer Staatsminister a.D., Brüssel.
Professor Dr. *Rupert Scholz*, MdB, Universitätsprofessor am Lehrstuhl für Staats- und Verwaltungsrecht, Verwaltungslehre und Finanzrecht an der Juristischen Fakultät der Ludwig-Maximilians-Universität München, Berlin.
Professor Dr. jur. Dr. h.c. mult. *Gerhard Schricker*, Universitätsprofessor, Geschäftsführender Direktor des Max-Planck-Instituts für ausländisches und internationales Patent-, Urheber- und Wettbewerbsrecht, München.
Dr. *Mathias Schwarz*, Rechtsanwalt, München.
Dr. *Fedor Seifert*, Rechtsanwalt und Notar, Berlin.
Professor Dr. rer. pol. *Hans W. Sikorski*, Musikverleger, Vize-Präsident des Deutschen Musikverleger-Verbands, stellvertretender Aufsichtsratsvorsitzender der GEMA, Hamburg.
Professor Dr. *Günter Söffing*, Rechtsanwalt und Steuerberater, München.
Hansgeorg Sönksen, Rechtsanwalt und Steuerberater, Berlin.
Dr. *Karl Stocker*, Universitätsprofessor, Inhaber des Lehrstuhls für die Didaktik der Deutschen Sprache und Literatur (Schwerpunkt: Literatur, Medien) am Institut für Deutsche Philologie der Universität München.

Eckhart Thomas, Niederdorfelden.

Professor Dr. Dr. *Norbert Thurow*, Hauptgeschäftsführer der Deutschen Landesgruppe der IFPI e.V. und des Bundesverbandes der Phonographischen Wirtschaft e.V., Geschäftsführer der Gesellschaft zur Verwertung von Leistungsschutzrechten mbH (GVL), Lehrtätigkeit an der Hochschule für Musik und Theater Hamburg, Mitherausgeber der Zeitschrift für Urheber- und Medienrecht (ZUM), Mitglied der Sachverständigen-Kommission für Urheberrecht beim Bundesminister der Justiz, Mitglied des Verwaltungsrates der Deutschen Bibliothek, Frankfurt/Leipzig.

Dr. *Jean-Loup Tournier*, Président du Directoire de la SACEM, Neuilly sur Seine.

Dr. *Ulrich Uchtenhagen*, Generaldirektor der Suisa a.D., Richterswil.

Professor Dr. *Artur Wandtke*, Inhaber des Lehrstuhls Urheberrecht an der Humboldt-Universität zu Berlin.

Dr. *Ludolf von Wartenberg*, Hauptgeschäftsführer und Mitglied des Präsidiums Bundesverband der Deutschen Industrie, Köln.

Matthias Wissmann, Rechtsanwalt, Bundesminister für Verkehr, Bonn.

Professor Dr. Dres. h.c. *Eberhard Witte*, Universitätsprofessor, München.

Margret Wittig-Terhardt, Direktorin für Finanzen und Recht im Süddeutschen Rundfunk, Stuttgart.

Professor Dr. *Michael Wolffsohn*, Universitätsprofessor und Publizist, München.

Dr. jur. *Franz-Christoph Zeitler*, Staatssekretär im Bundesministerium der Finanzen, Bonn.